BRAVO!

OK ONE

7 Intermediate to Late Intermediate Piano Solos with Spirit and Flair

Martha Mier

BRAVO! is a collection of seven exciting piano solos that are wonderfully suited for recital performances. The spirited and energetic nature of these solos will encourage the pianist to perform with flair and showmanship. The fast finger action, stirring rhythms and dramatic sounds of *BRAVO!* will captivate both the performer and the listener. I hope you will enjoy this collection!

Martha Mier

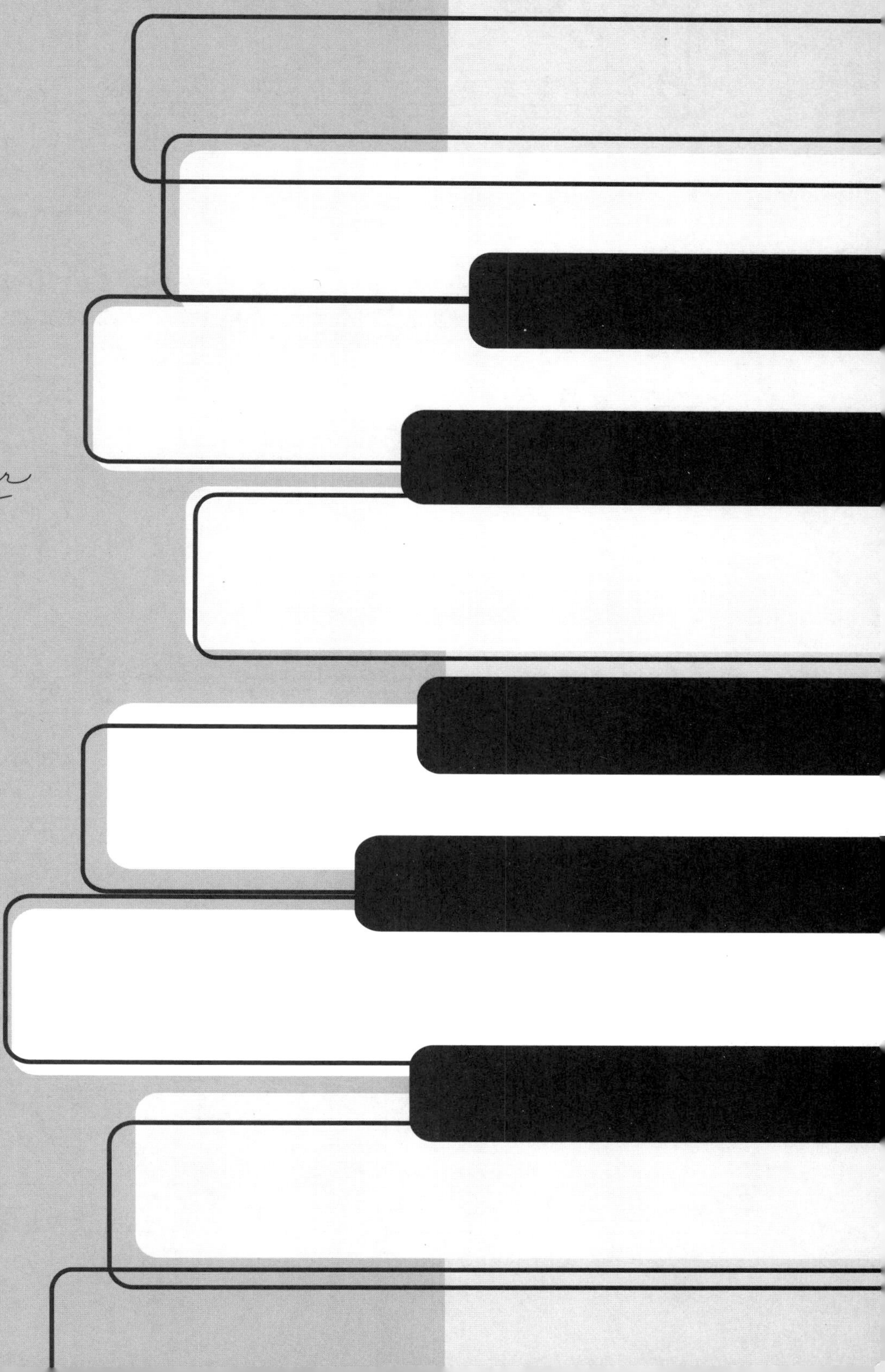

Alfred

ISBN 0-7390-1179-0

Swirling Winds

Martha Mier

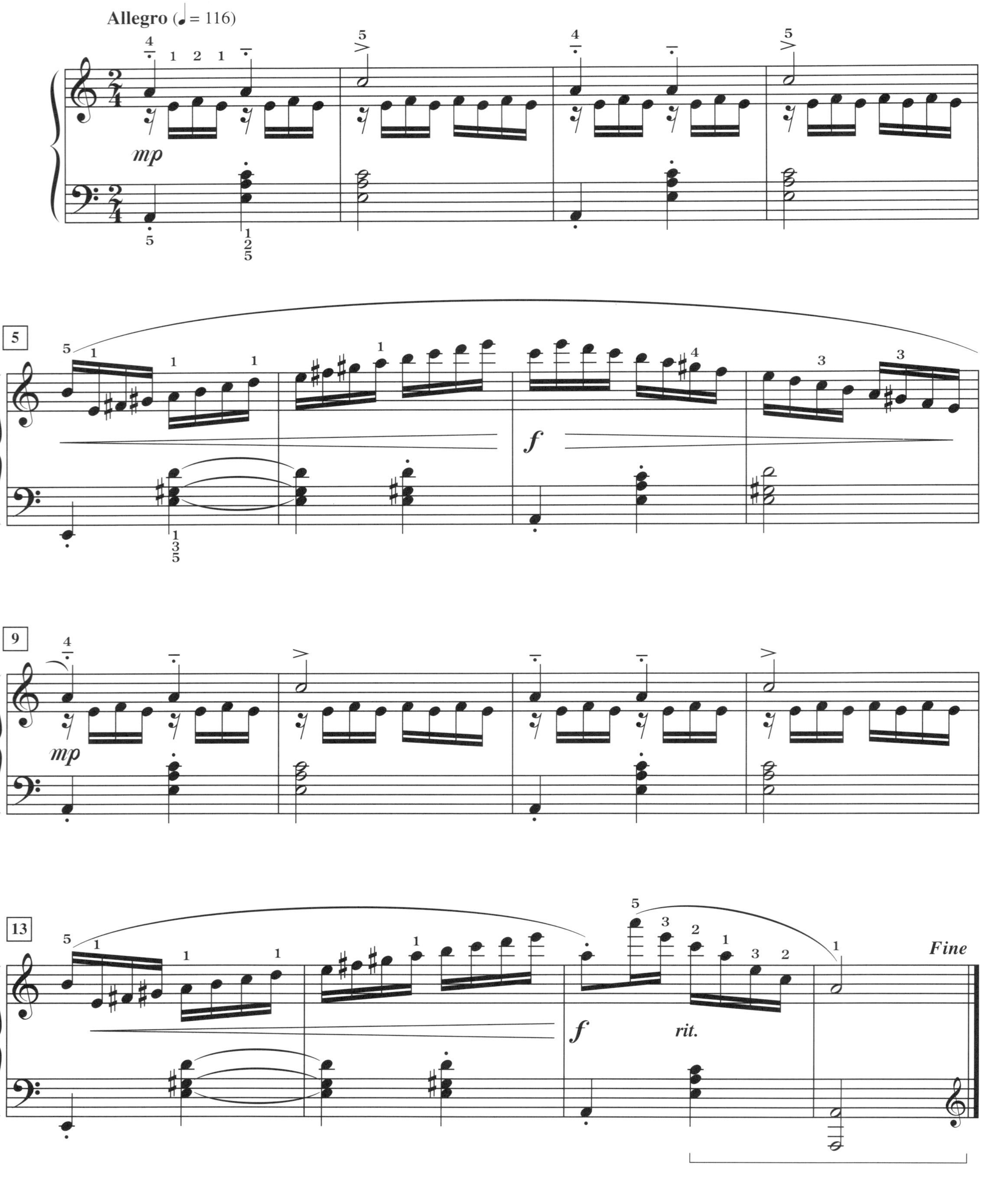

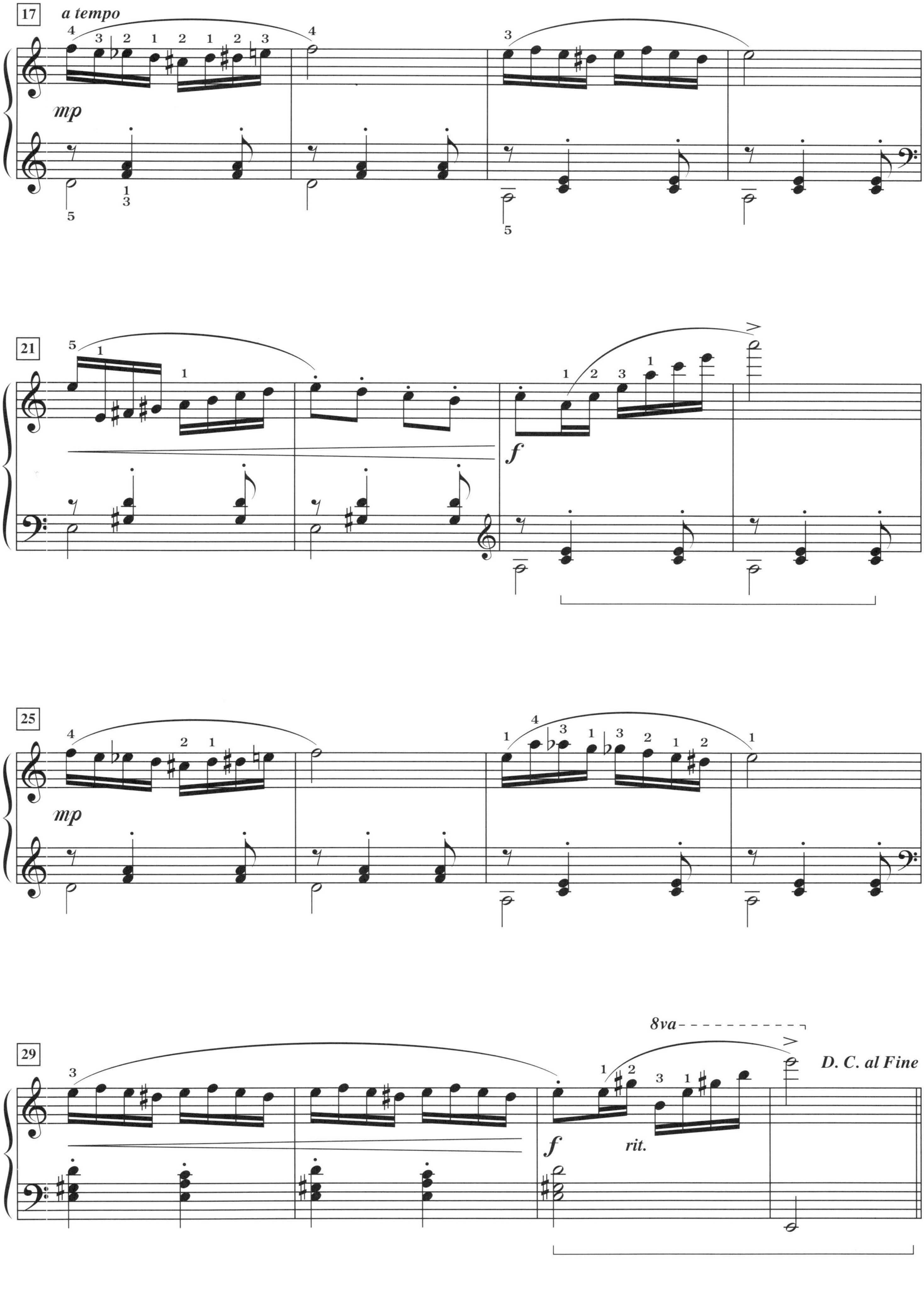
17
a tempo
mp
21
f
25
mp
29
8va
D. C. al Fine
f
rit.

Baroque Expressions

Martha Mier

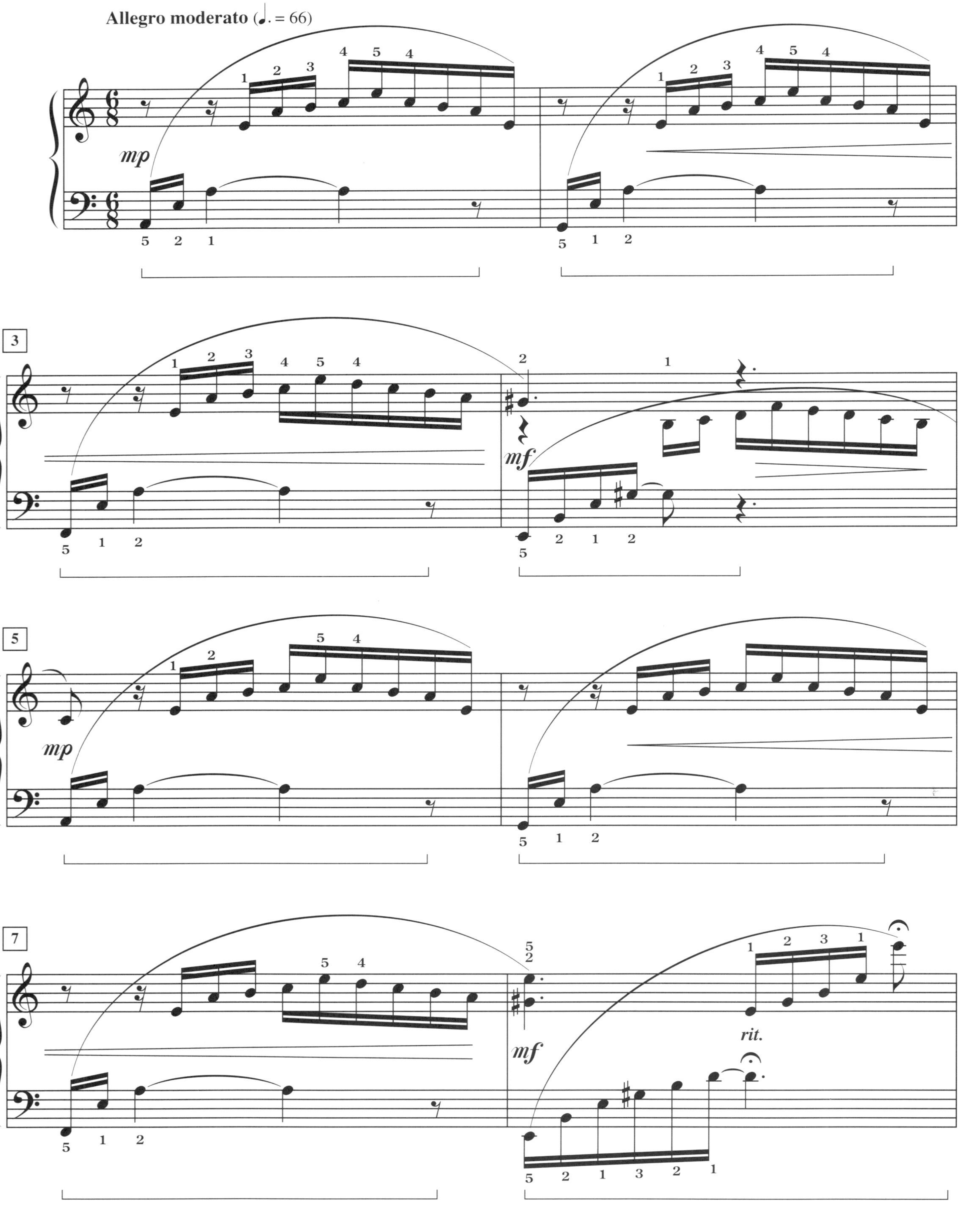

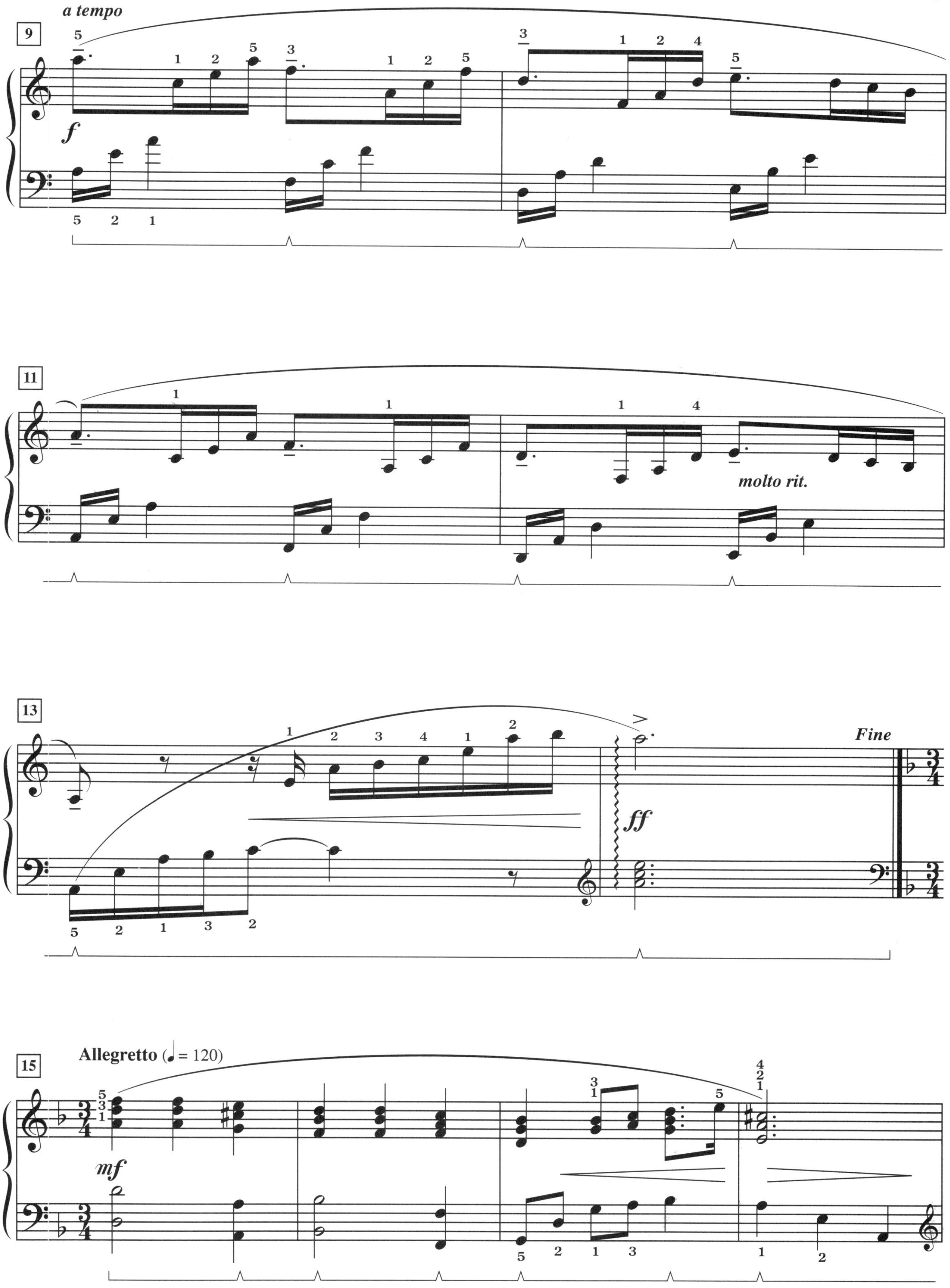
a tempo
molto rit.
Fine
Allegretto (♩ = 120)

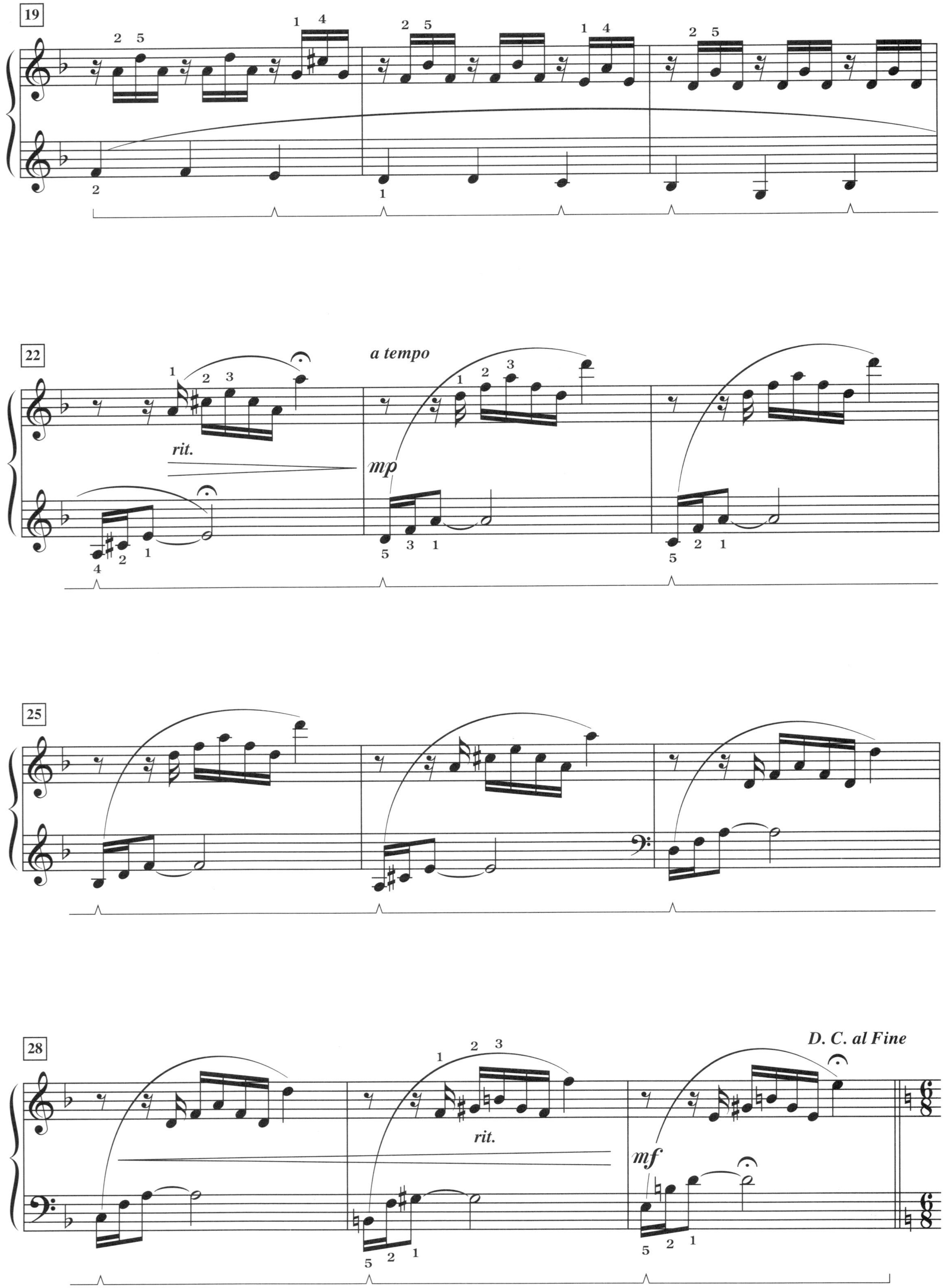
19
22
rit.
a tempo
mp
25
28
rit.
mf
D. C. al Fine

Music Box Delight

Martha Mier

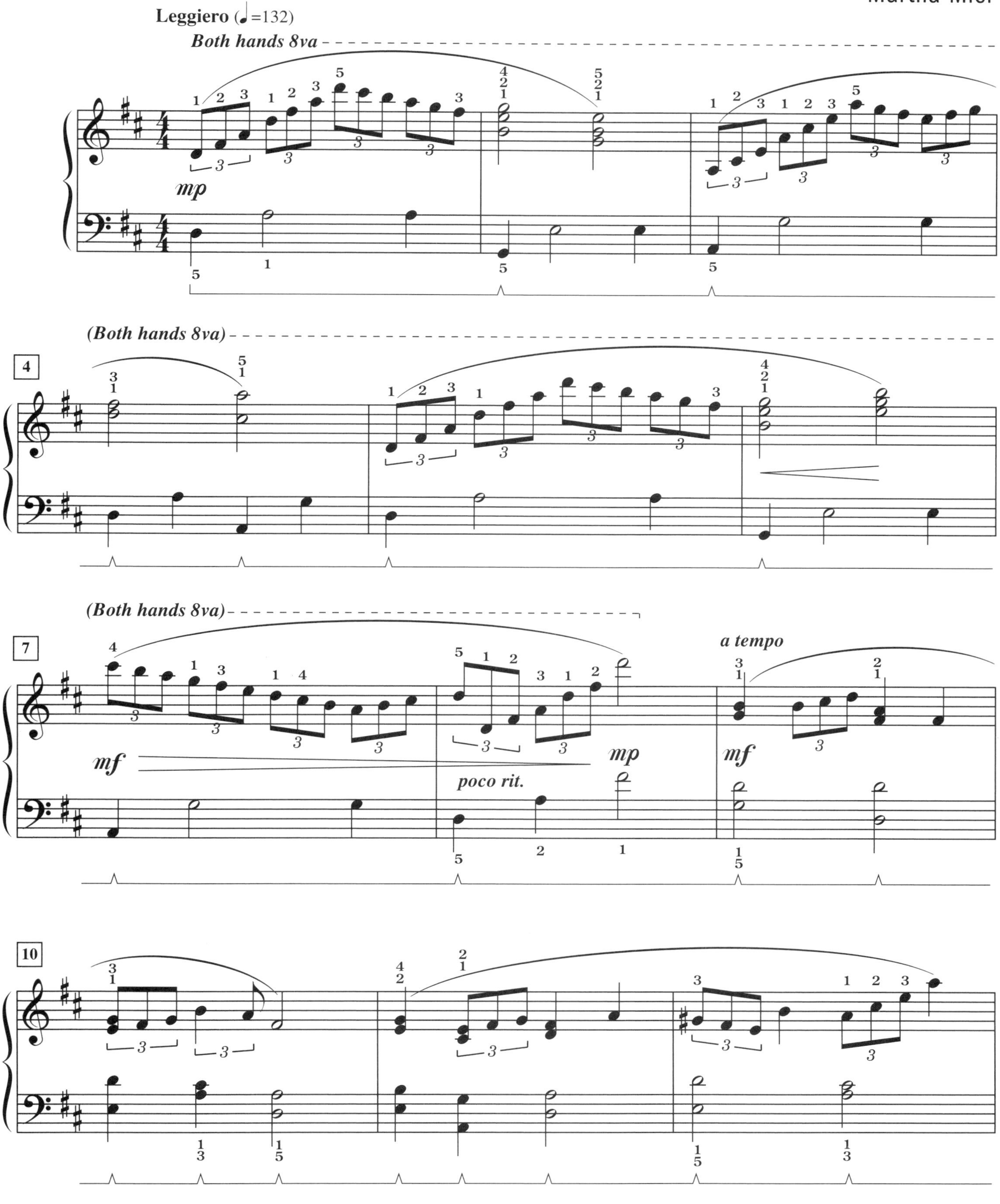

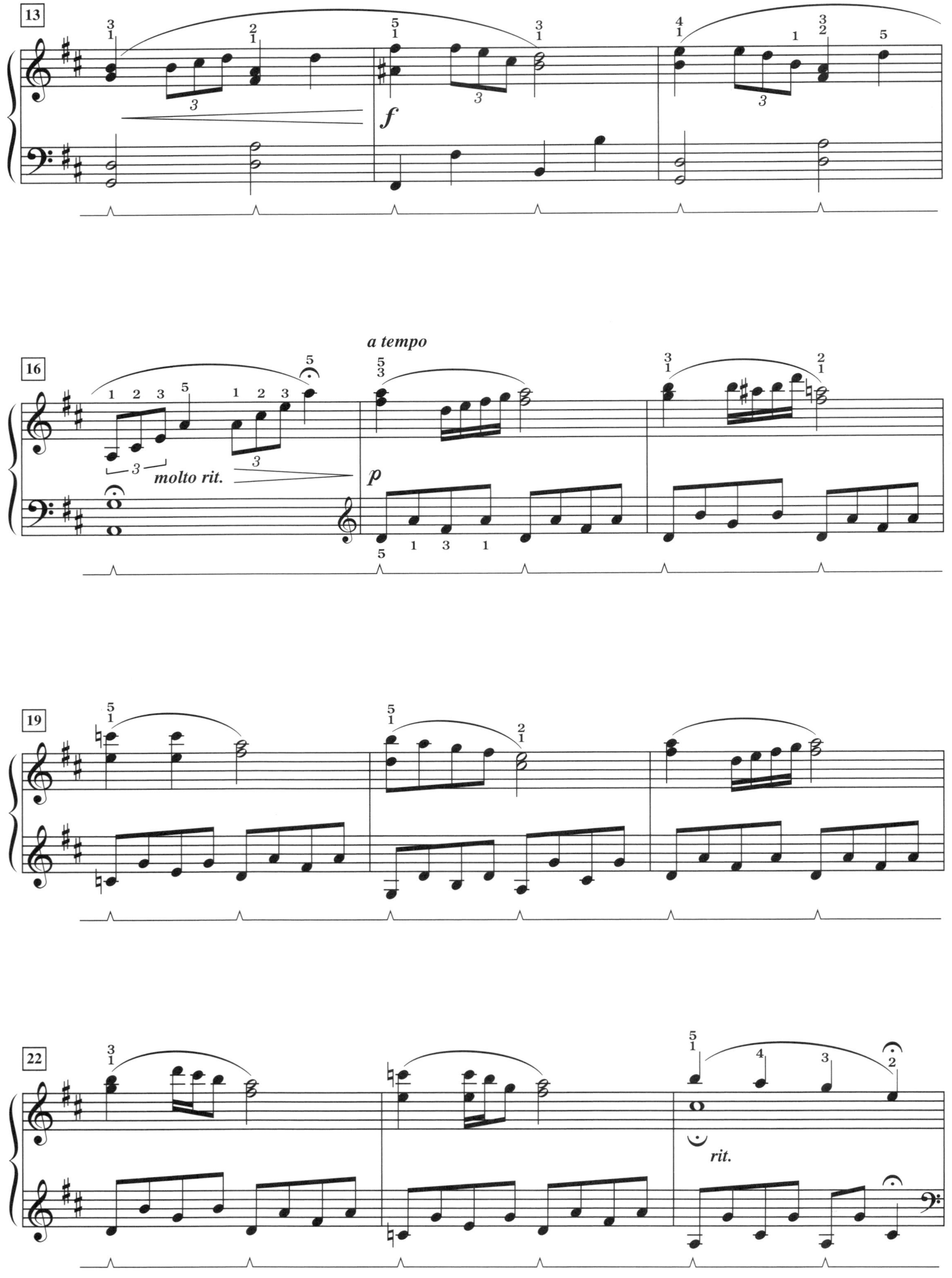
13
f
16
a tempo
molto rit.
p
19
22
rit.

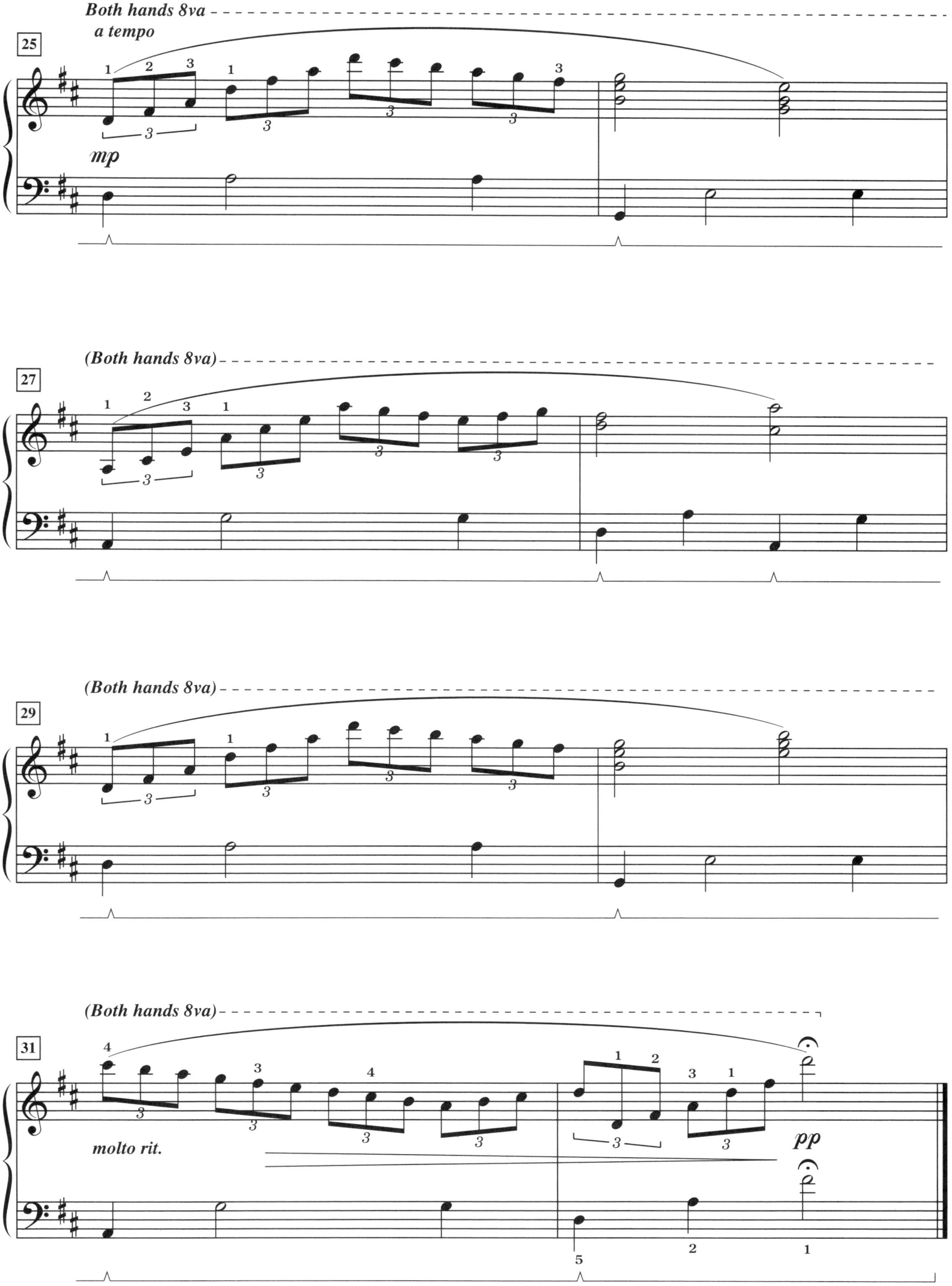
Both hands 8va
a tempo
25
mp
(Both hands 8va)
27
(Both hands 8va)
29
(Both hands 8va)
31
molto rit.
pp

Tales from Hungary

Martha Mier

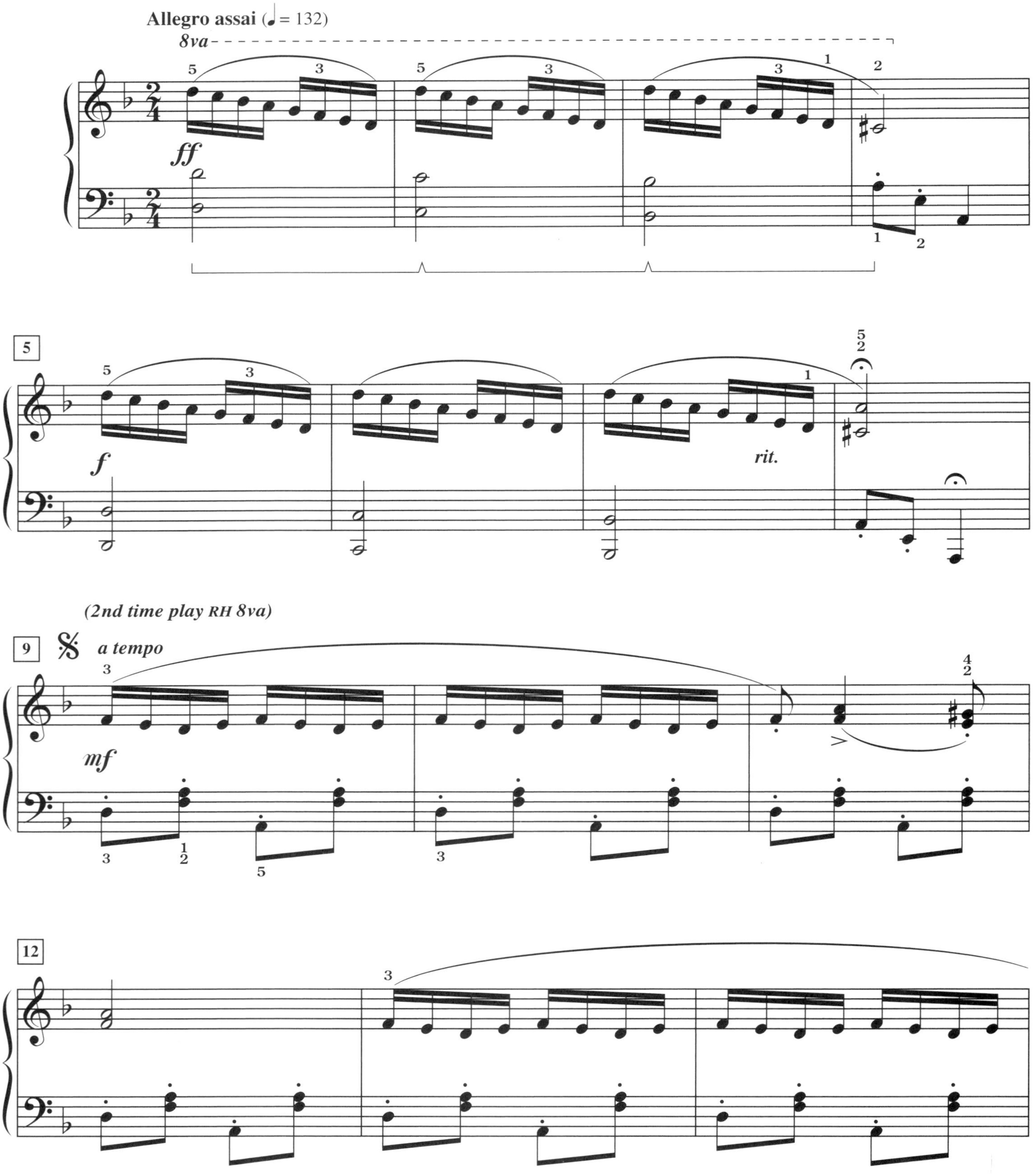

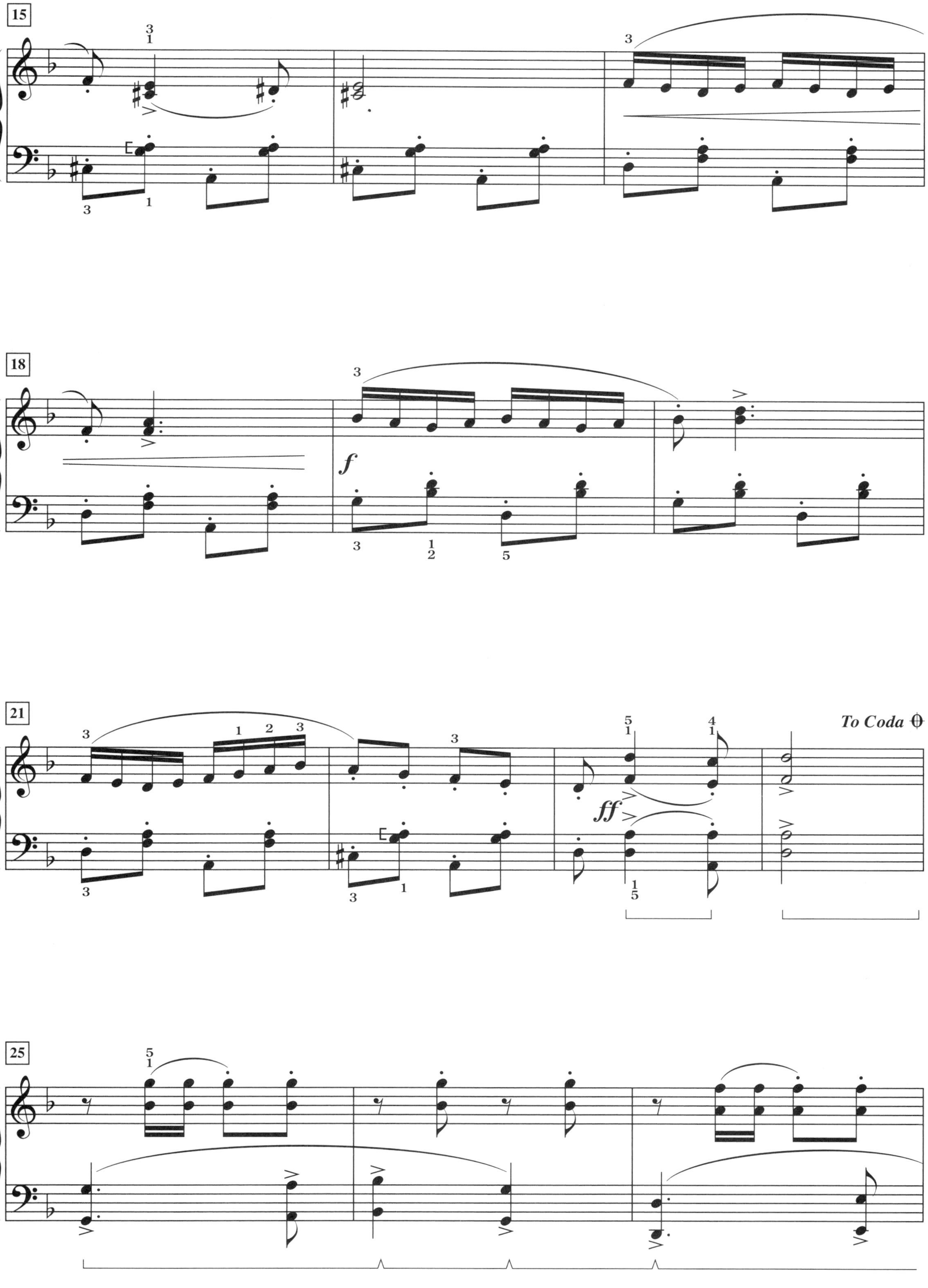
15
18
f
21
To Coda
ff
25

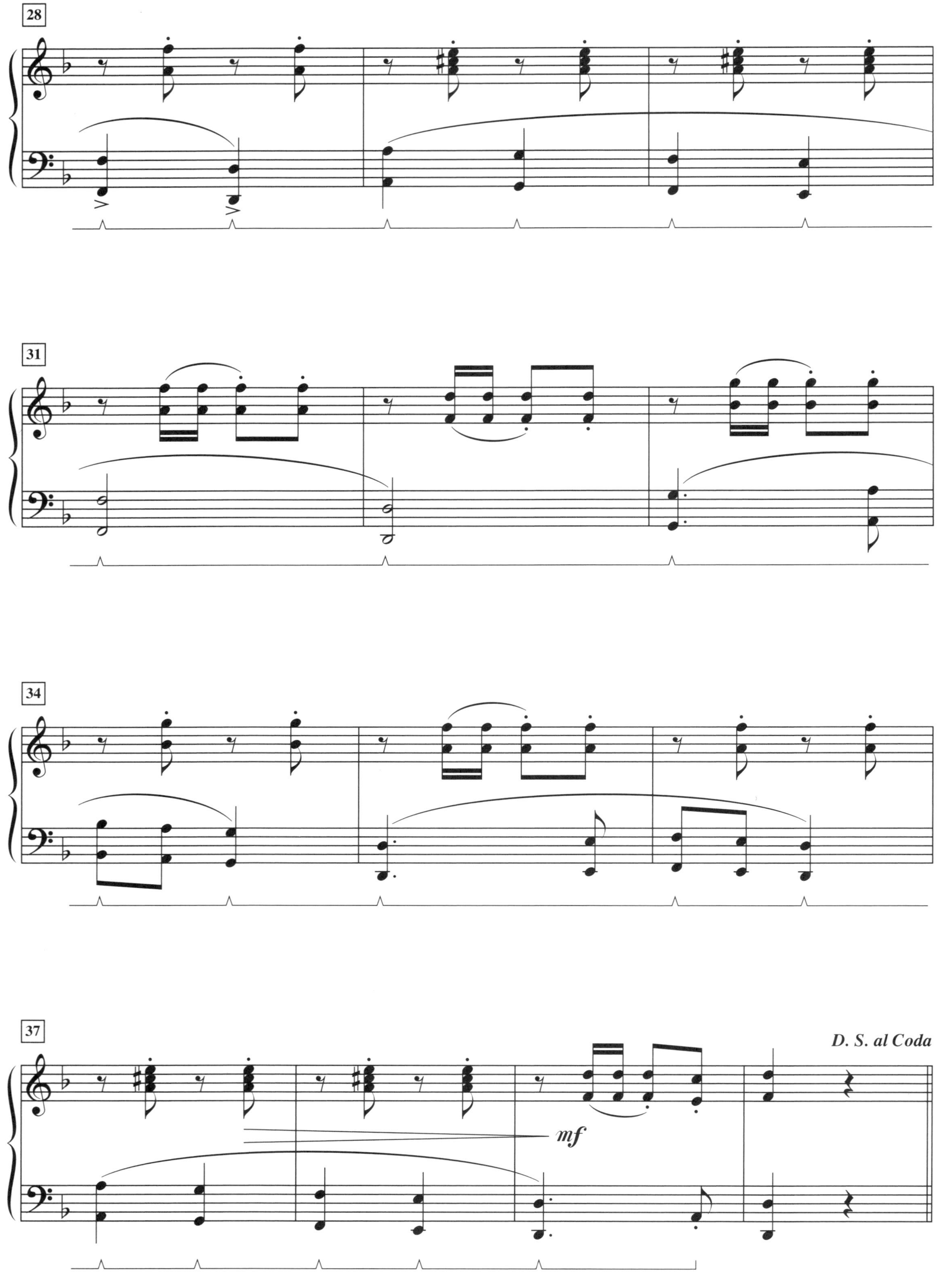
28
31
34
37
D. S. al Coda
mf

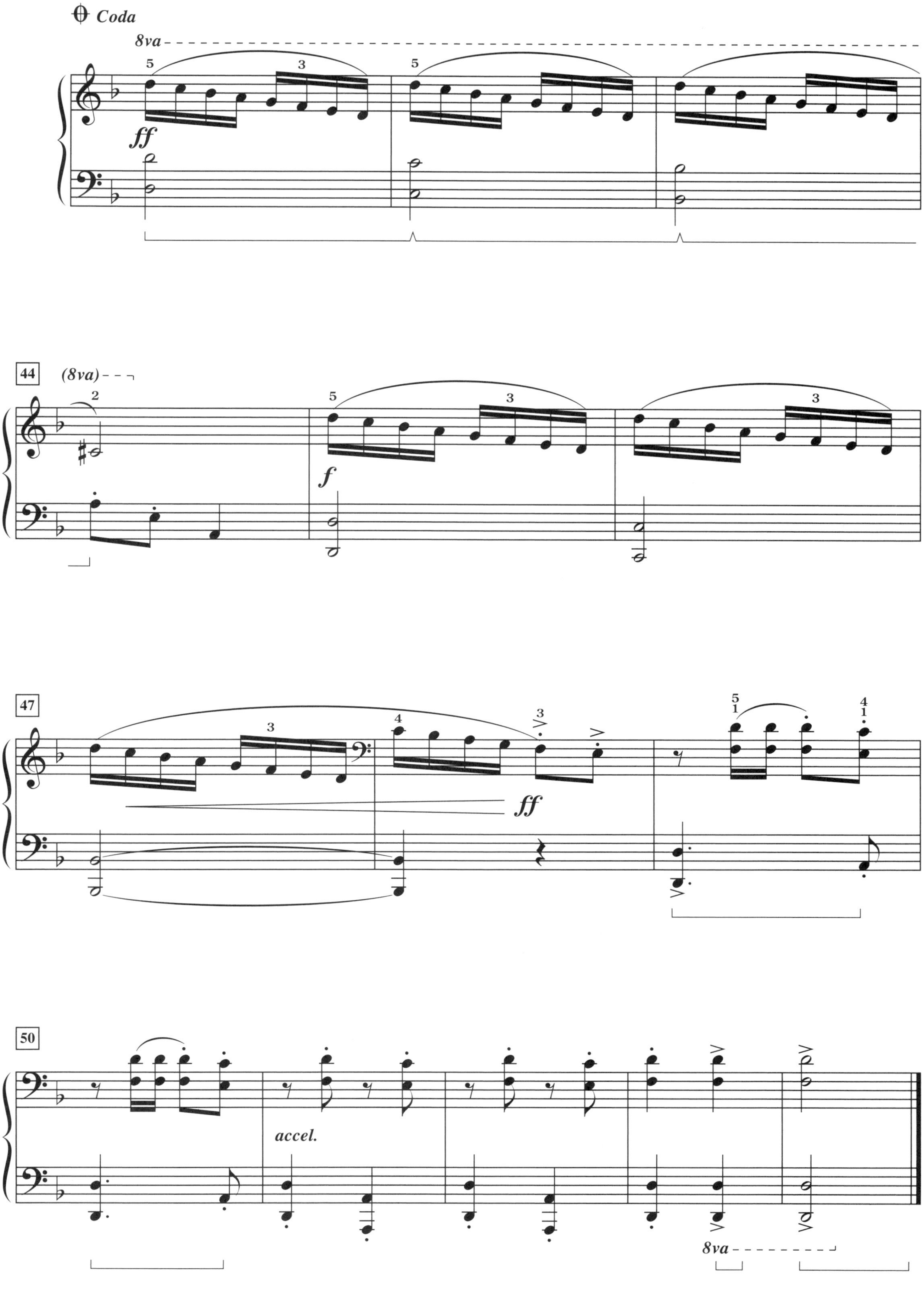
Coda
8va
ff
44
(8va)
f
47
ff
50
accel.
8va

A Russian Legend

Martha Mier

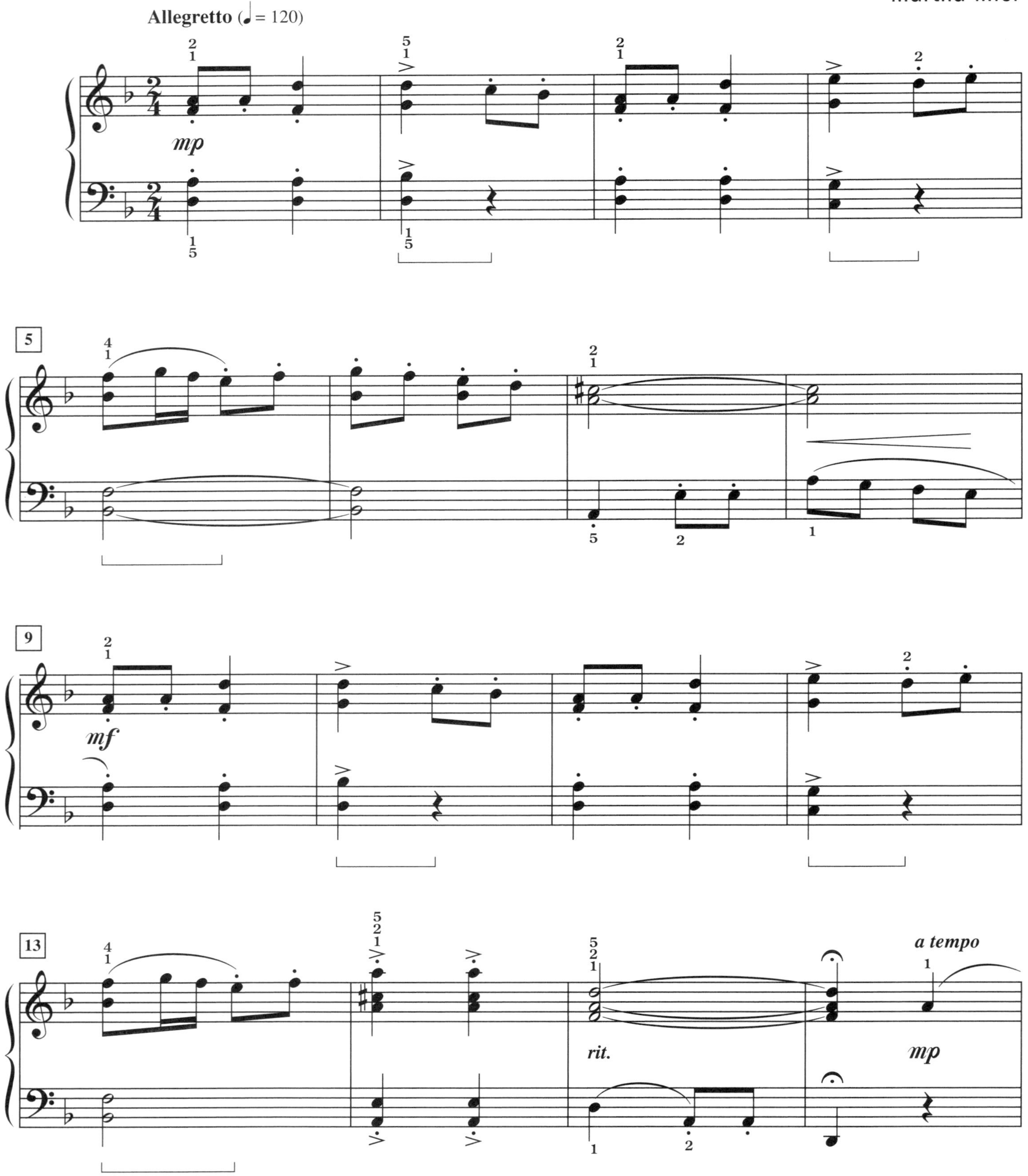

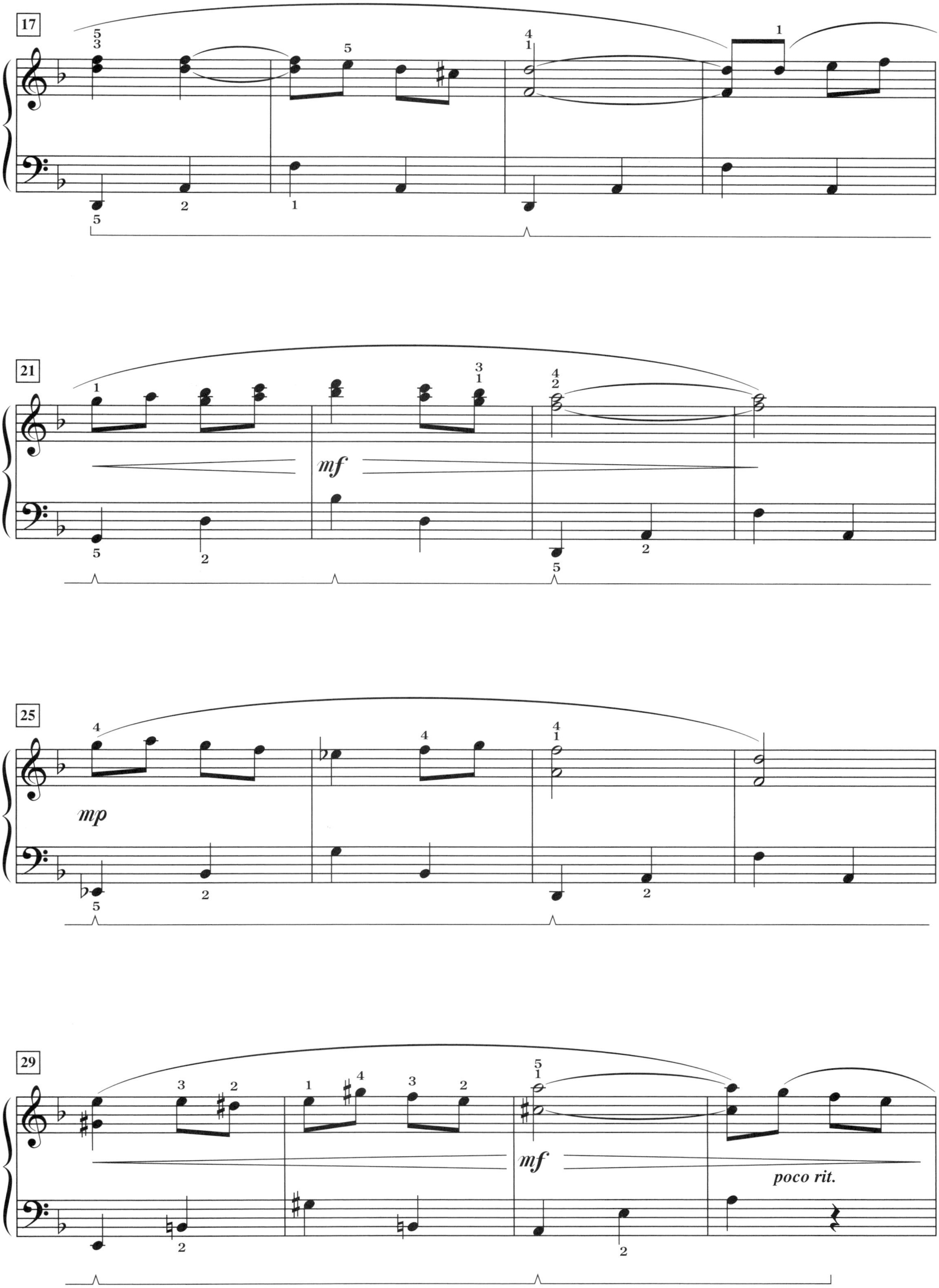
17
21
mf
25
mp
29
mf
poco rit.

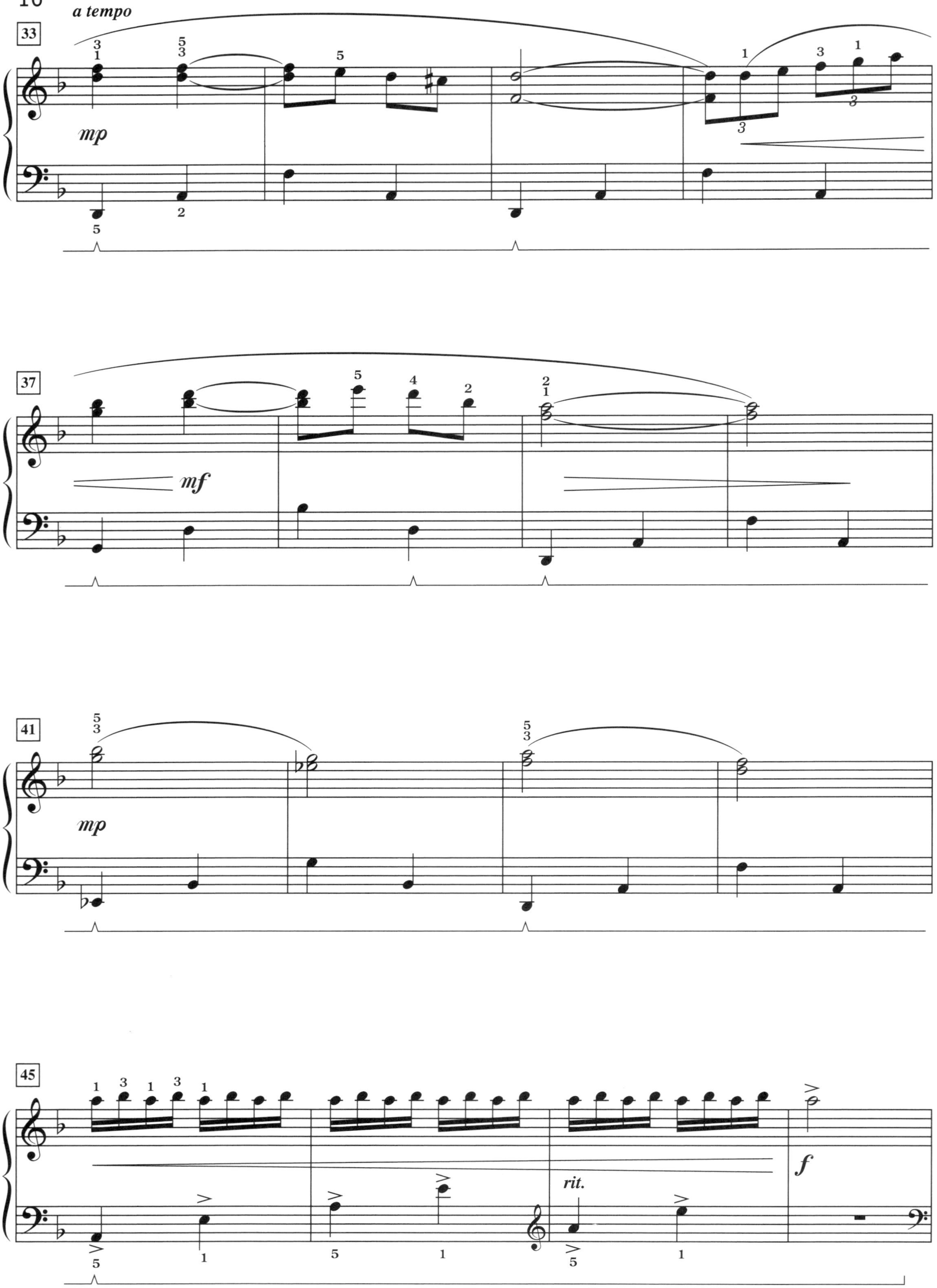
a tempo
33
mp
37
mf
41
mp
45
rit.
f

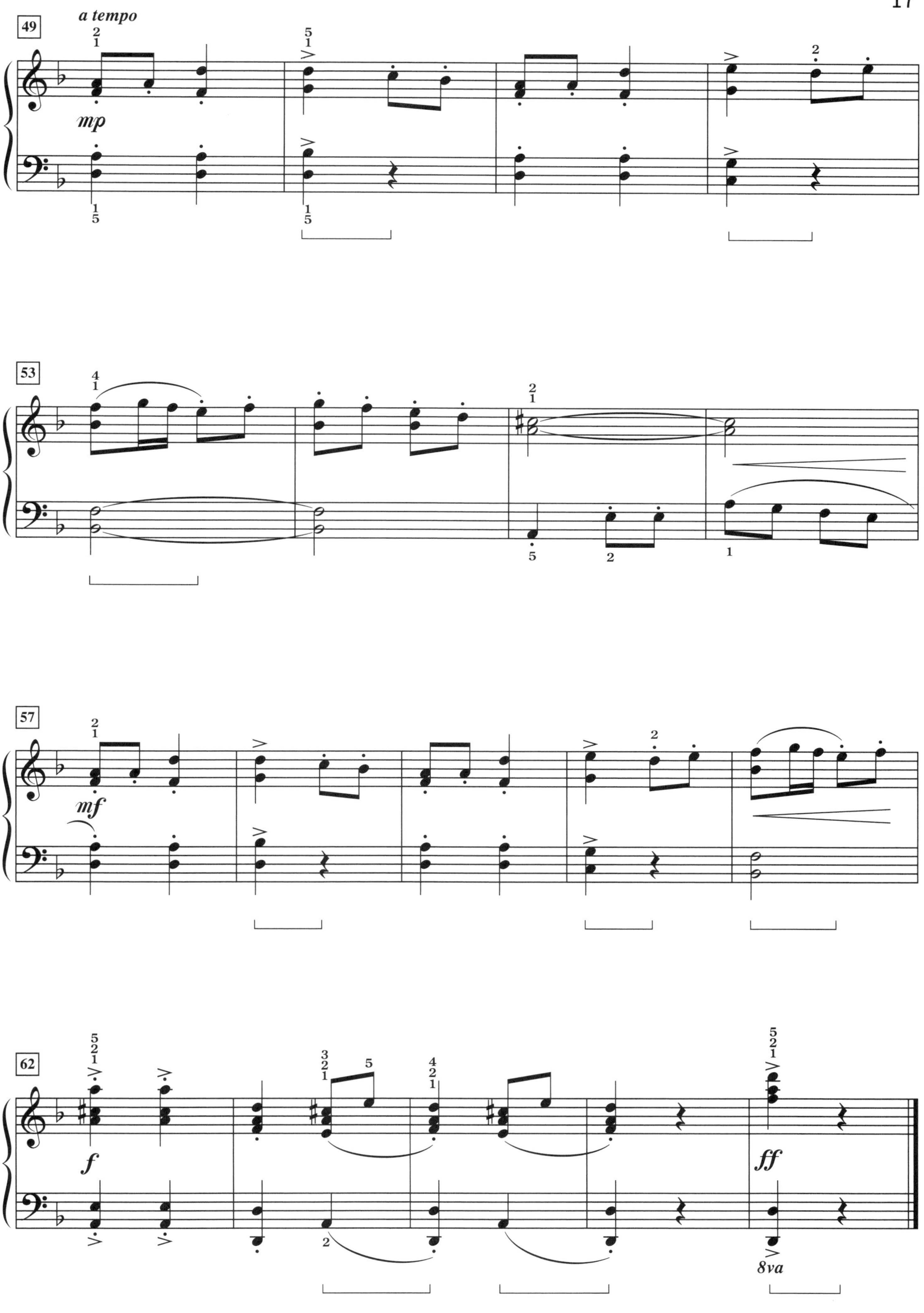
49
a tempo
mp
53
57
mf
62
f
ff
8va

Gypsy Folk Dance

Martha Mier

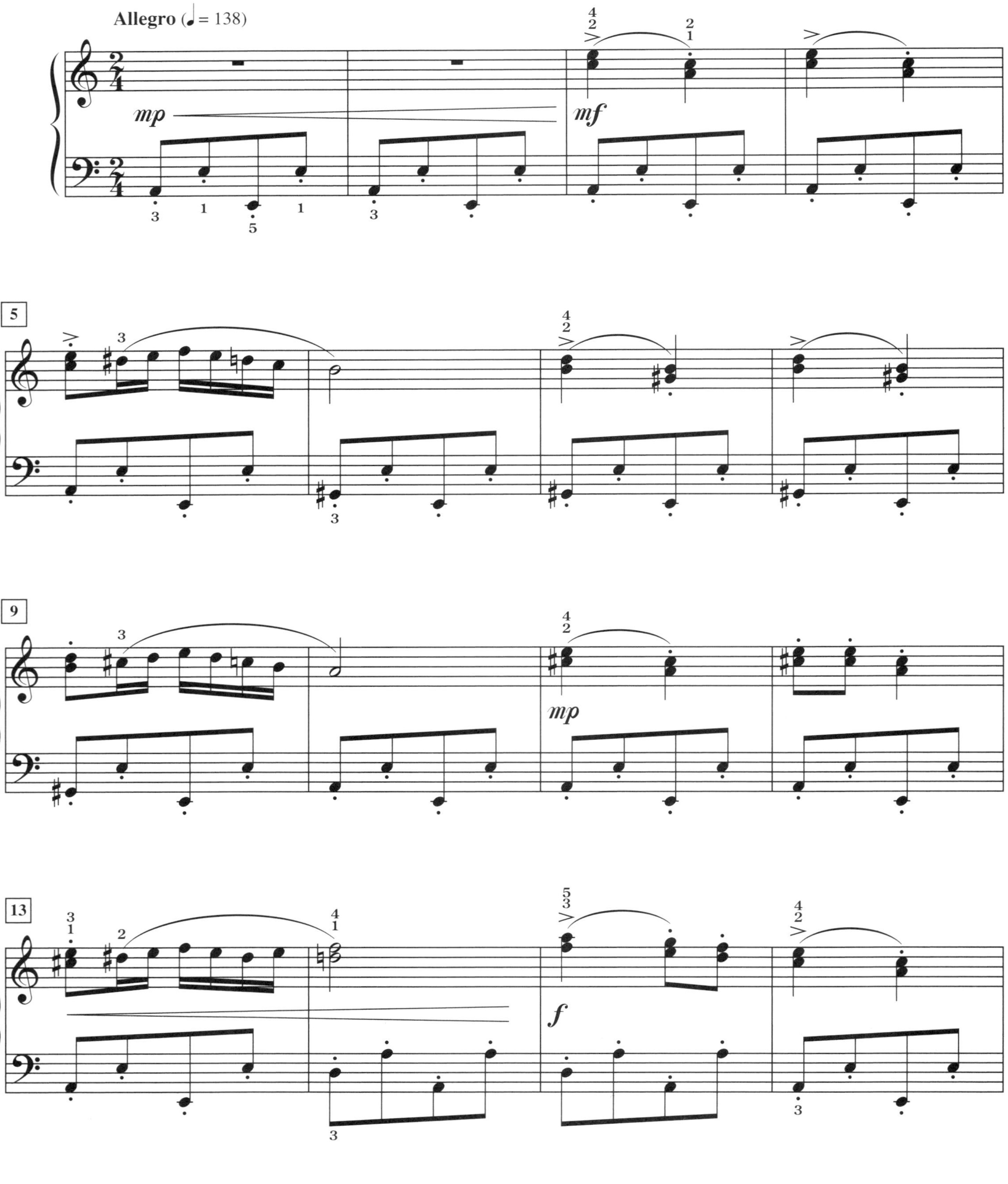

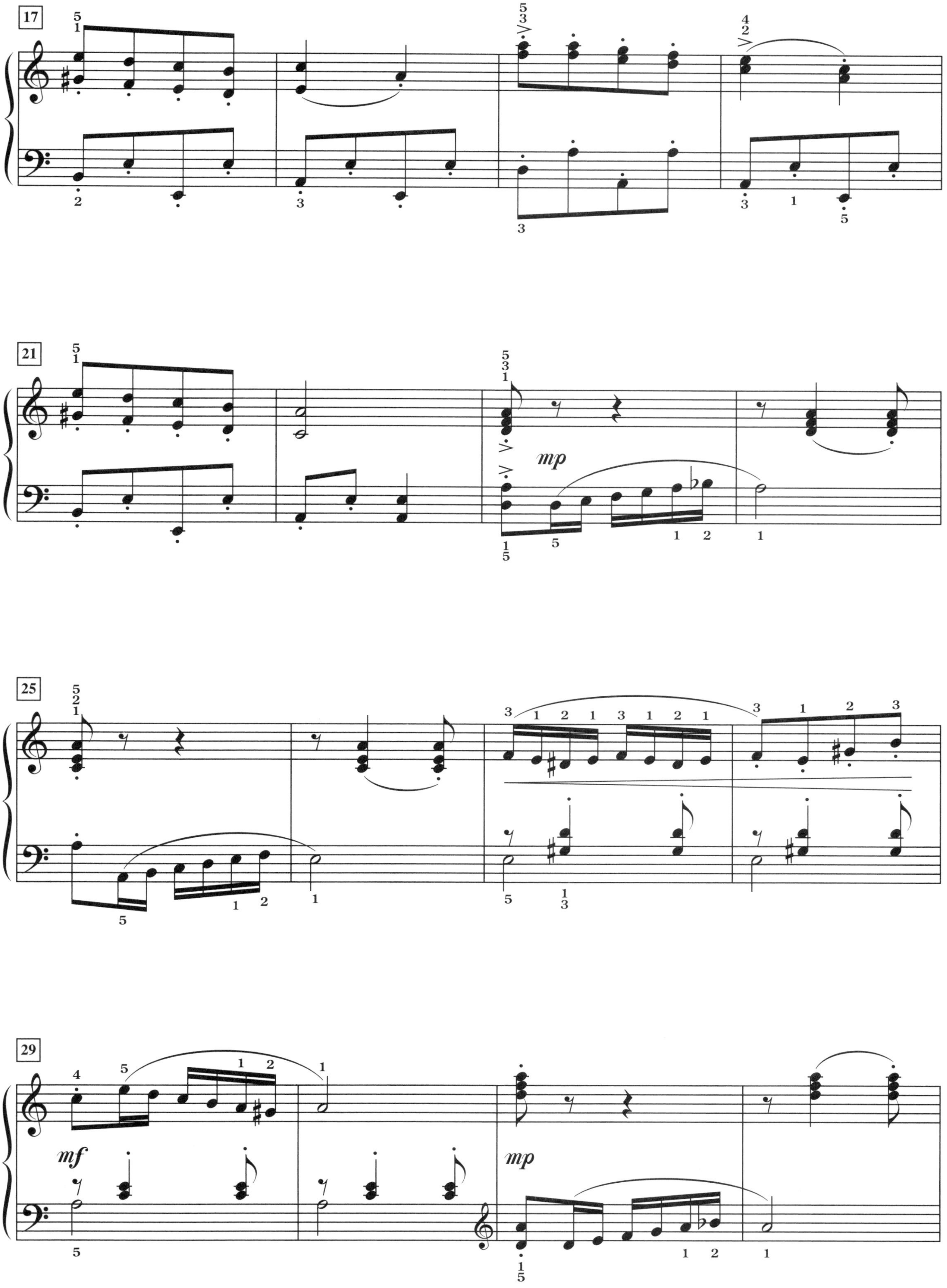
17
21
mp
25
29
mf
mp

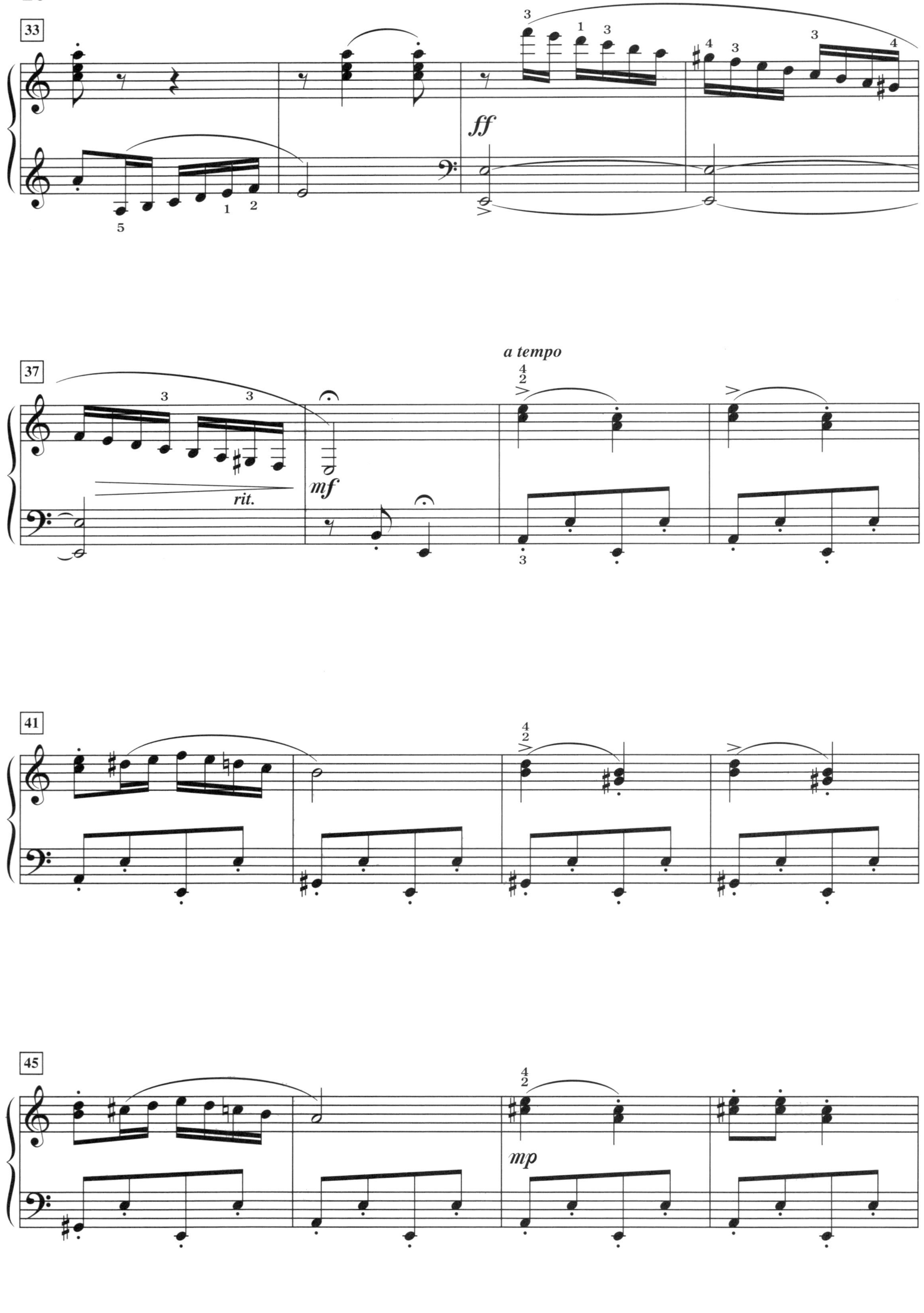
33
ff
37
rit.
mf
a tempo
41
45
mp

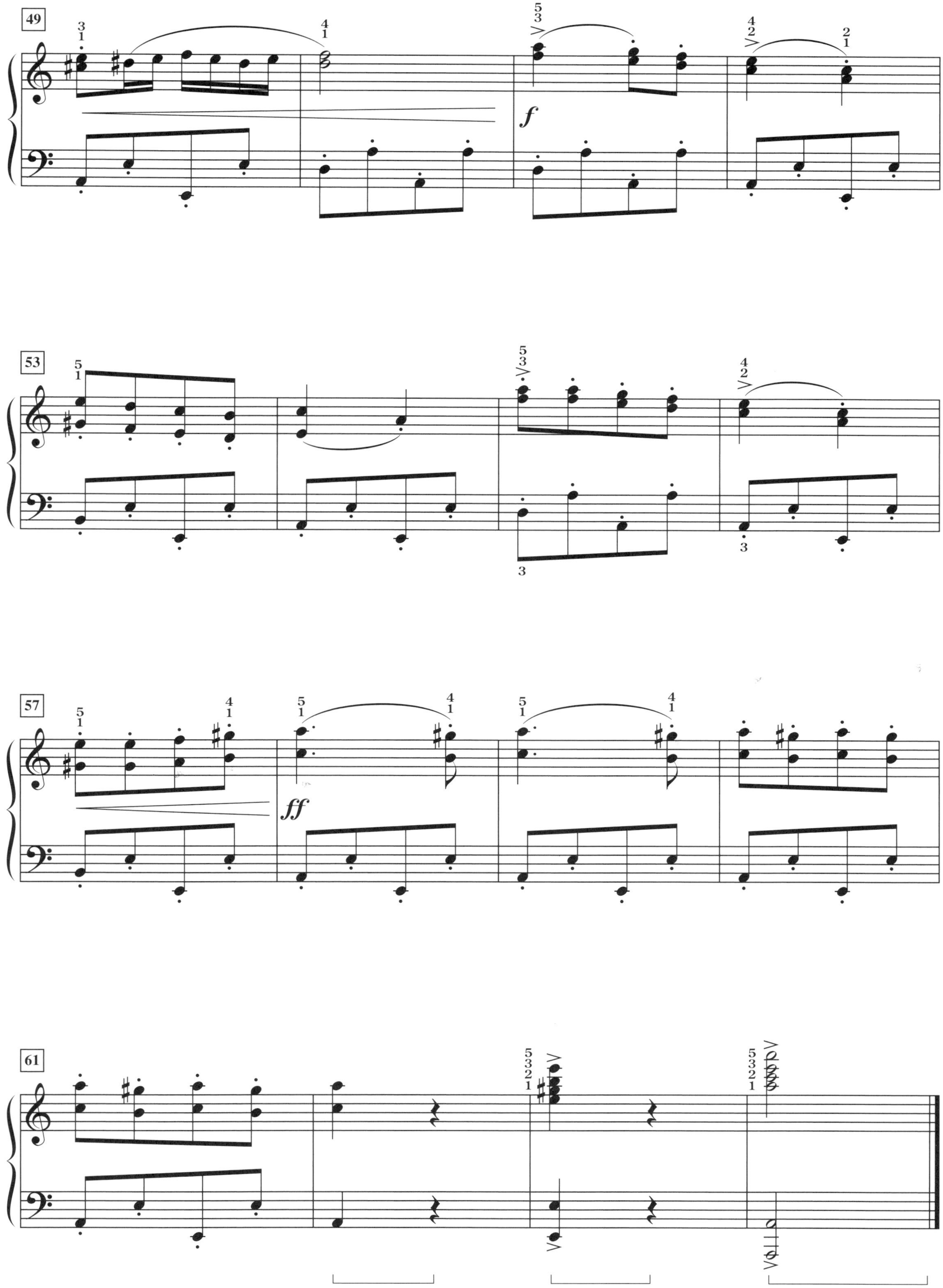
49
f
53
57
ff
61

Hilarity Rag

Martha Mier

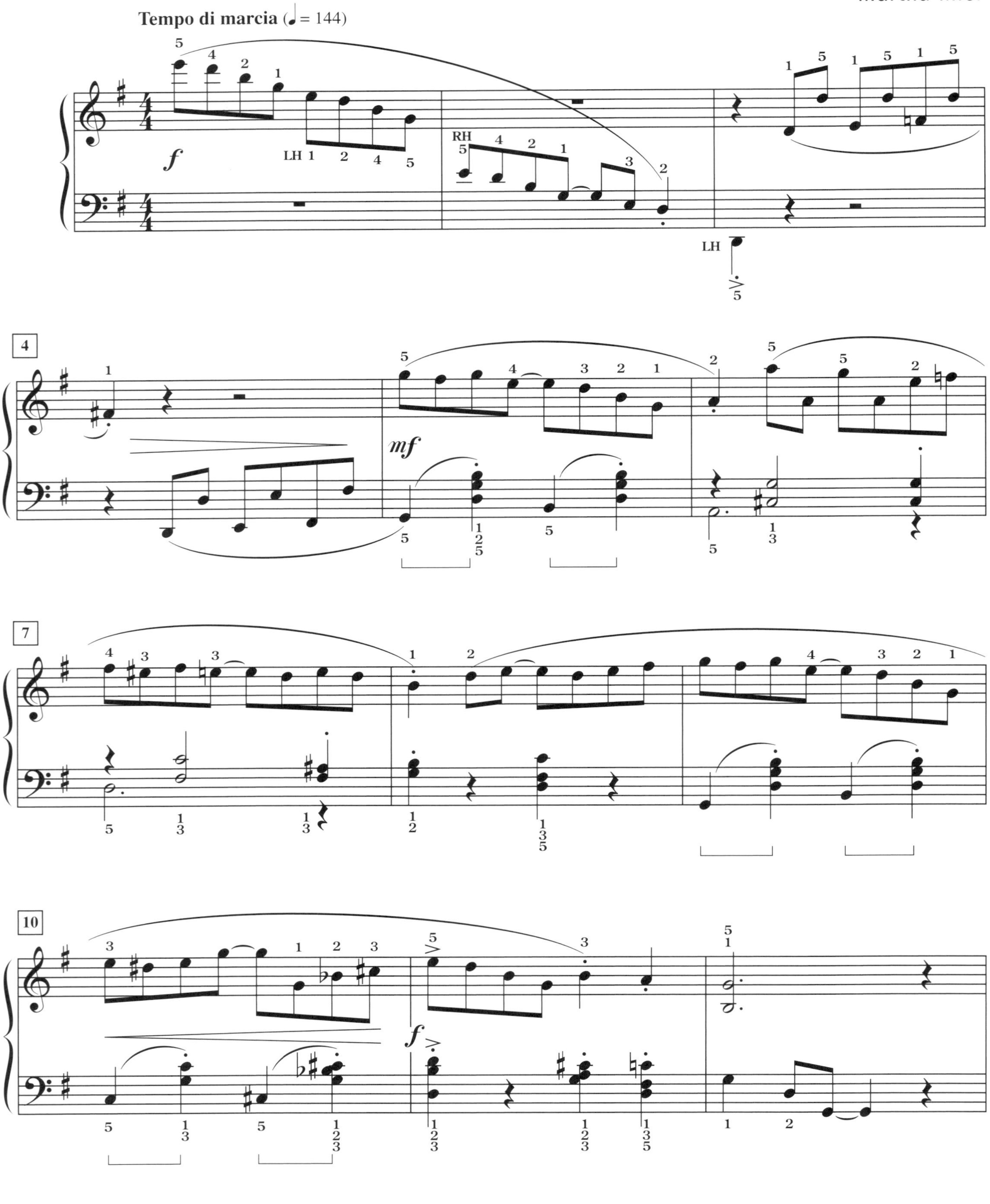

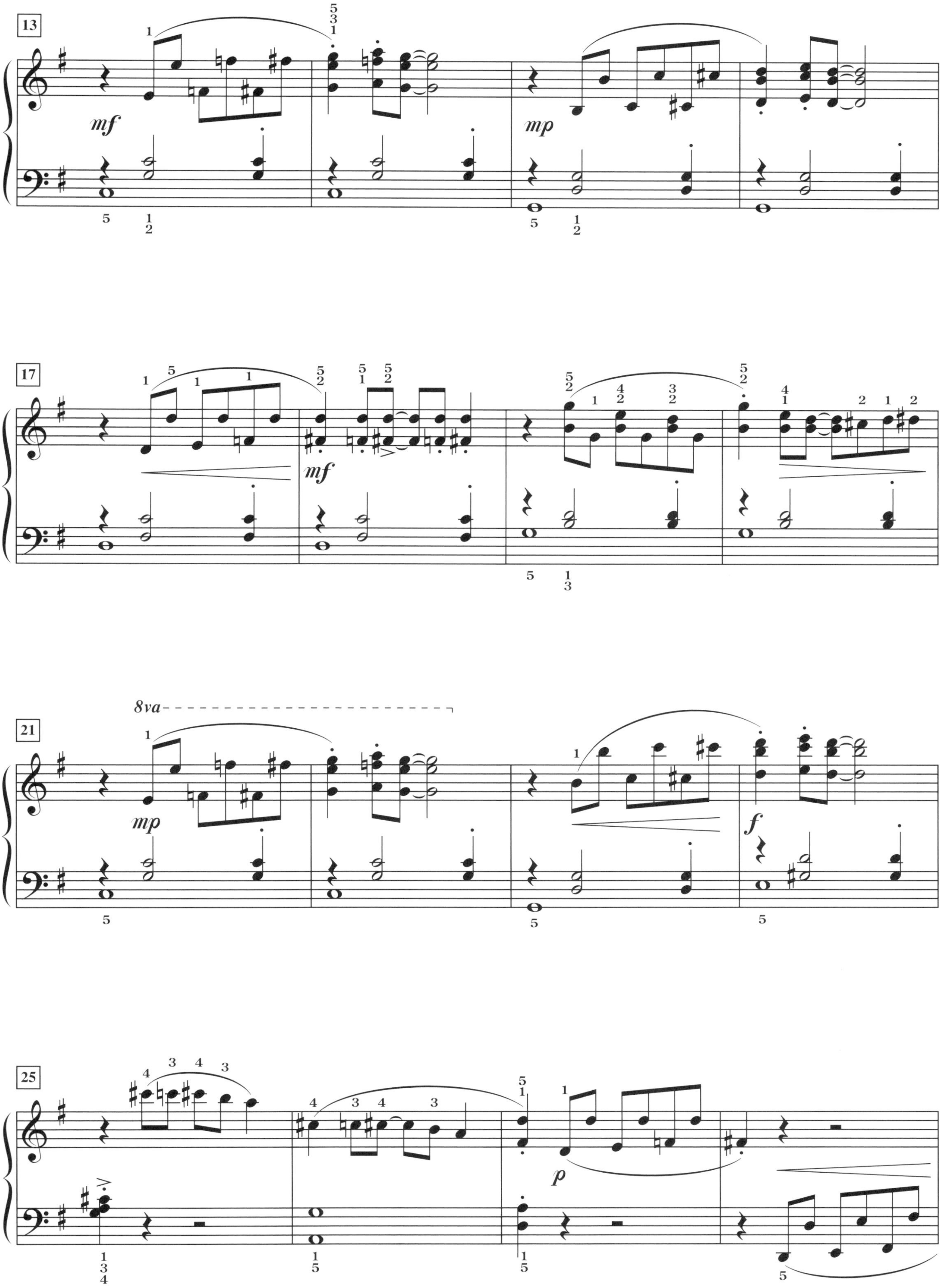
13
mf
mp
17
mf
21
8va
mp
f
25
p

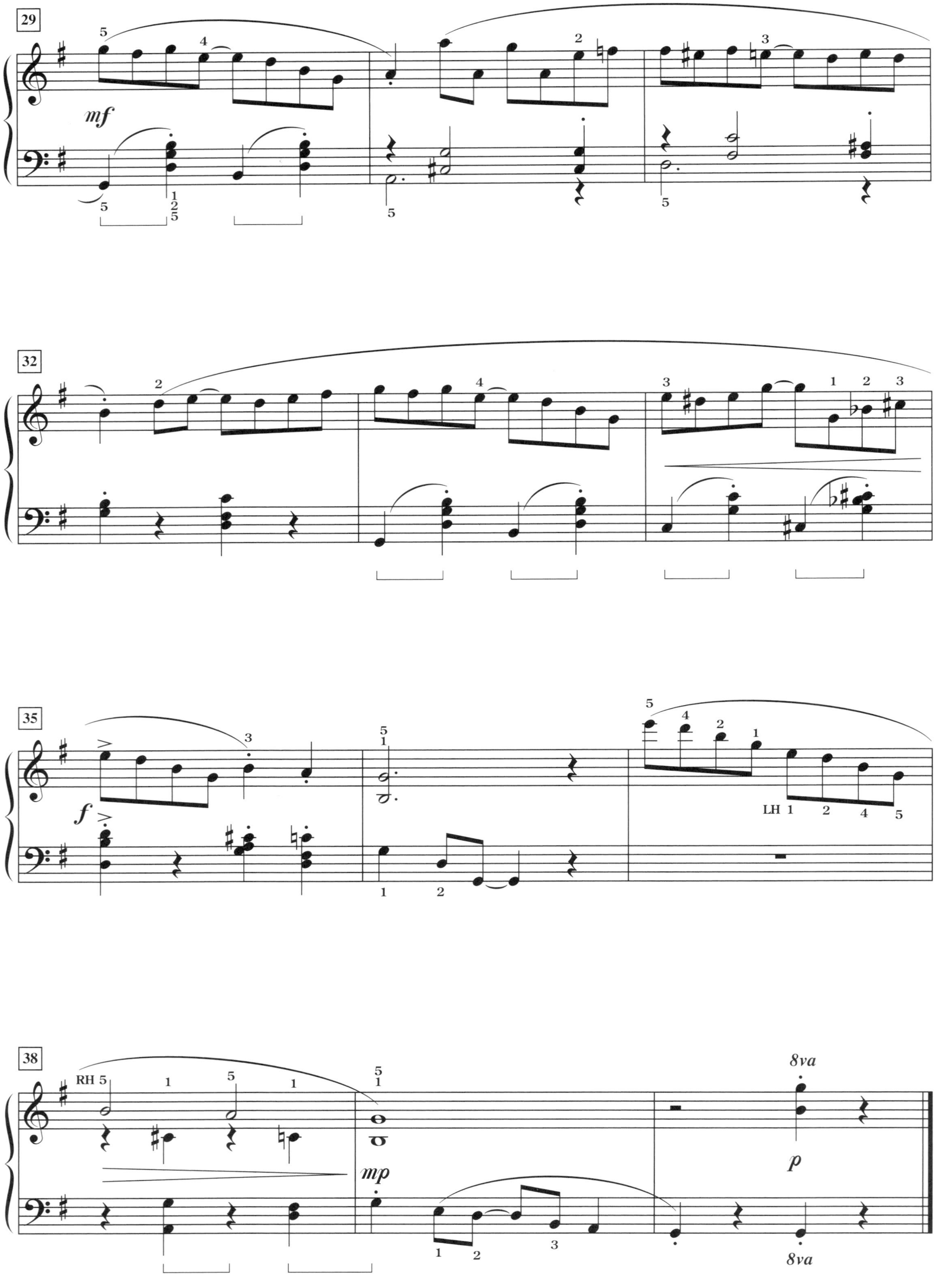
29
mf
32
35
f
LH
38
RH
mp
8va
p
8va

M. Th. Brünnichii Zoologiae Fundamenta Praelectionibus Academicis Accommodata = Grunde I Dyrelaeren

Brünnich, M. Thr. (Morten Thrane), 1737-1827

M. TH. BRÜNNICHII

ZOOLOGIÆ FUNDAMENTA

PRÆLECTIONIBUS ACADEMICIS ACCOMMODATA.

Grunde i Dyrelæren.

HAFNIÆ ET LIPSIÆ MDCCLXXII.
APUD FRIDER. CHRIST. PELT.

LITTERIS *GODICHIANIS*.

Regi Optimo,

CHRISTIANO VII.,

Qvi

In Universitate Hafniensi

Primum Robur Scientiæ dedit,

Primum Antistitem Artis instituit,

Primum Theatrum Naturæ adornavit;

Qvi

Conatus meos, Regia munificentia suffultos,

Munere & honore clementissime decoravit;

Devotissima Mente

consecrat

Auctor.

Den beste Konge,
Christian
den Syvende,

Som

ved Kiøbenhavns Universitæt gav

denne Videnskab

Sin første Styrke,

Sin første Lærere,

Sit første Natur-Theater,

Som

Med Embede og Ære allernaadigst værdigede

Mine, ved Kongelig Gavmildhed understøttede,

Bestræbelser;

I dybeste Underdanighed

helliged

af

Forfatteren.

Etiamſi ſint alia graviora atqve meliora, tamen nos ſtudia noſtra naturæ regula metimur.

Cic. de Officiis Lib. I. Cap. 31.

Lad der være andet nyttigere og bedre, ſaa agte vi dog det hvorudi, vi arbeyde, ſaa høyt ſom Naturen.

Lectori.

In uſum eorum, qvi regni animalis aliqvam ſibi comparare ſtudent cognitionem, ſeqventia ſunt collecta, qvæ uberrimam materiam prælectionibus meis ſuppeditabunt. Tabulis, ſecundum qvas progredi eſt animus, multum temporis impendi, non dubitans fore, ut auditores plus levaminis in ejusmodi inſtituta naturæ comparatione generaliori inveniant, qvam ſyſtematice progrediendo per genera ſine cognitis ex oppoſito characteribus. Enumeratio ſpecierum nimis foret prolixa, notatu maxime dignæ tyronibus ſufficiunt, nec omittentur prælegendæ & demonſtrandæ. Introitus, qvi generaliora paucis abſolvit, ſingulæ animalium claſſi præfixus, ex parte maximis debetur viris, qvorum ſuccinctæ brevitati propria meditata fundare ſtudui. *Lapidea provincia* & *principia chemica* brevi ſubſeqventur. Exceptiones à generalioribus pro meo ſcopo non ſemper erant removendæ, ſuo tamen commemorabuntur tempore. Errorum, qvi detegantur, emendationi haud deerit occaſio & ſtudium.

Introi-

Til Læseren.

For Begyndere i Dyreriget har jeg paa disse Ark villdet samle alt det, som skal give overflødig Anledning til mine Forelæsninger. Tabellerne efter hvilke jeg agter at gaae frem, have kostet megen Tid at bringe tilsammen, men jeg tvivler ikke heller paa, at jo mine Tilhørere skal finde dem mere hiulpne ved disse Naturens almindeligere Sammenligninger, end naar de efter Systemer skulle gaae frem Slægt for Slægt, uden at see de betydeligste Kiendetegn hinanden modsatte. Arterne ville blevne os til for stor Vidtløftighed at anføre, de meest merkværdige kan ikkun være Begynderes Sag at vide; dem skal jeg ikke forbigaae at melde noget om og forevise. Indledningen, som indeholder det almindelige med faa Ord afveyet, og gaaer foran enhver Dyre Klasse, er for endeel taget af de største Skribentere, paa hvis fyndige Korthed jeg har søgt at grunde mine egne Tanker. **Steen Riget** skal følge strax efter tillige med de **chymiske Grunde**. Afvigelser fra det almindelige kunde efter mit Øyemeed ikke altid komme i Betragtning: De skal dog blive talet om naar Tid er. Opdagede Feyl skal ikke mangle Leylighed og Lyst til at blive rettede.

Introitus.

Naturalia ſunt corpora cuncta, tellurem conſtituentia eoqve contenta.

Cultores ea in tria regna dividunt, qvorum limites ubiqve concurrunt, vix diſtinguendi.

Regna ſingula complectuntur ſubditos proprios & communes.

Foſſilia, corpora congeſta, nec viva nec ſentientia.

Vegetabilia, corpora organiſata, viva, non ſentientia.

Animalia, corpora organiſata viva & ſentientia.

Hiſtoria naturalis omni extenſione ſumta, debet continere omnem cognitionem, qvæ ad animal, vegetabile & foſſile referri poteſt.

Ejusmodi cognitio tot reqvirit diviſiones hiſtoriæ naturalis, qvot accumulantur diverſæ ſcientiæ.

Reſtringatur itaqve ſtudium intra juſtos limites, ne compilatio cognitionum locum ſcientiæ occupet.

Hiſtoria naturalis reſtrictior recenſet in naturæ productis differentias & ſimilitudines, ſuppeditat oeconomiam naturæ, & de ea ad uſum vel noxam concludit.

Oeconomia naturæ generatione, conſervatione & deſtructione abſolvitur.

Scientia Naturæ eſt habitus cognitionis Naturæ.

Cogni-

Indledning.

Naturalier ere alle de Ting, som udgiøre vores Jordklode og der indeholdes.

Dyrkerne har inddeelt dem udi trende Riger, hvis Grændser overalt støde sammen og neppe kan skilles.

Rigerne indbefatte, et hvert for sig, egne og tilfælles Underdanere.

Steene ere sammenpakkede Legemer uden Liv og Følelse.

Planter ere organiske Legemer, som leve uden Følelse.

Dyr ere organiske Legemer, som leve og føle.

Naturhistorien, taget i ald muelig Vidtløftighed, bør indeholde ald den Kundskab, som kan henføres til Dyr, Planter eller Steene.

Saadan Kundskab udfodrer i Naturhistorien saa mange Inddelinger, som der sammenbringes forskiellige Videnskaber.

Fliden maae altsaa sættes visse Grændser, at et Sammenskeab af forskiellige Kundskaber ikke skal faae Stæd for en Videnskab.

Naturhistorien mere indknebén, opregner Forskiellene og Lighederne hos Naturens frembragte, angiver Naturens Huusholdning, og slutter derfra til Nytten eller Skaden.

Naturens Huusholdning udgiøres ved Fremavlingen, Vedligeholdelsen og Ødeleggelsen.

Naturvidenskaben er en Færdighed i Naturkundskaben.

Cognitio Naturæ eſt cognitio hiſtoriæ naturalis applicata.

Media eam acqvirendi optima ſunt deſcriptio & obſervatio, qvæ relationi methodicæ fundari debent.

Compendia artis ſunt nomenclatura & tabulæ ſyſtematicæ, juxta certam methodum compoſitæ.

Methodi differunt pro varia obſervata relatione partium, qvæ apud auctores varia.

Methodorum multiplicitate meliorantur deſcriptiones, qvo enim plures ſunt methodi eo plures deſcriptiones partium.

Deſcriptio verſatur circa imaginem: Obſervatio circa hiſtoriam ejusdem entis. Relatio methodica eſt productum utriusqve, qvod plures uno reſpectu combinat, ſimulqve alio reſpectu diſtinguit.

Fundantur combinationes & diviſiones in ipſis corporum partibus & dotibus, prout hæ oeconomiam naturæ eandem reddunt v. variant.

Ordine diſpoſuit natura opera ſua, ut diverſo reſpectu plura convenirent vel ab invicem diſcederent: Singula tamen inter ſe contexuit arctisſimo affinitatis vinculo, ut in rete cohæreat univerſum.

Naturam conſuluit ars humana, ſed non potuit eadem veſtigia premere: Individua ad ſpecies, ſpecies ad genera, hæc ad ordines, ordines ad tribus & claſſes,

easqve

Naturkundskaben er en anvendt Kundskab i Naturhistorien.

Midlerne, hvorved den best faaes er Beskrivelsen og Jagttagelsen, hvilke bør grundes paa et methodisk Forhold.

Gienveyen til Kunsten ere Benævnelsen og systematiske Tabeller, som ere indrettede efter en vis Methode.

Methoderne ere forskiellige, ligesom man har iagttaget Delenes forskiellige Forhold, som hos Forfatterne er adskillig.

Methodernes Mængde forbedre Beskrivelserne, thi jo flere Methoder, jo flere Beskrivelser paa Deelene.

Beskrivelsen har at giøre med Billedet. Jagttagelsen med Historien derom. Det methodiske Forhold er Udtog af begge, som i een Henseende samler flere, i en anden Henseende adskiller dem.

Samlelsen og Adskillelsen grunde sig paa Legemernes Dele selv og deres Egenskaber, ligesom disse gier til, at Naturhusholdningen bliver den samme eller forskiellig.

Orden benyttede Naturen sig af, til at inddele sine Verker, paa det at flere Ting skulle i forskiellig Henseende komme overeens eller indbyrdes afvige. Dog føyede den enhver indbyrdes tilsammen med et nøye knyttet Slegtskabs Baand, at det hele skulle hænge i Hob som et Garn.

Menneskelig Kunst raadførte sig med Naturen, men kunde ikke følge dens Fodspor; Overlægget har, som oftest trivlsom, henbragt de enkelte til Arter, Arterne til easqve ad regna retulit, in bivio sæpius positum, judicium. Systemata fundamentis ejusmodi innixa & mutila condidere ingenia, qvæ naturam a latere intuebantur.

Systemata itaqve imperfecta omnia, qvæ non vitiosa; methodo tyronibus viam monstrant, provectiores seducunt, nomenclatura memoriam sublevant, cognitionem limitant, tabulis opposita dilucidant, sed generum nexus oculo perlustranti occultant: Cultoribus tamen conspectum totius generalem porrigunt.

Generalia de animalibus.

C*orporum constructioni* debentur motus diversi, affines, magis vel minus limitati: determinant illi corpora bruta esse vel viva, gradum inter rude & organisatum monstrant.

Organica corpora machinæ sunt hydraulicæ, sed innato omneqve punctum vivificante principio qvodam activo nobilitatæ.

Machina animalis, a vegetabili minus remota, Cum illa convenit generaliter

Medullari, intima, mollusca.

Interanea, crusta induranda, priorem vestiens.

Corticali

Slægter, disse til Ordener, Ordenerne til Stammer og Klasser, og dem igien til Riger. Paa saadanne Grunde støttede og brøstfældige Systemer har Vittigheden oprejst, der ikkun fra Siden af betragtede Naturen.

Systemerne ere altsaa ufuldkomne, naar de end ikke ere fejlende, ved Methoden vise de Begyndere Vejen, men forføre de fuldkomnere; Ved Benævnelsen styrke de Hukommelsen, men indskrenke Kundskaben; Ved Tabellerne oplyse de det modsatte, men skiule Slægternes Sammenhæng; Dog give de Dyrkerne et almindelig Øyekast af det hele.

Om Dyrene i Almindelighed.

Legemernes Sammensætning afstædkommer Bevægelserne, de forskiellige, de beslægtede og de mere eller mindre indskrænkede: Disse bestemme om Legemerne ere livløse eller levende, og vise Graden mellem det Sammenpakkede og det Organiske.

Organiske Legemer ere vædsketrækkende Maskiner, som have Fortrinet i den virkende alle Deele oplivende og indfødde Begynde-Kraft.

Dyre **Maskinen**, som fra Væxternes er mindre affondret, kommer dermed overeens.

almindelig udi

Marvebygningen, som er den inderste og blødeste.

Indklædningsbygningen, den forhaardnede Skal, som omgiver den forrige.

Yder-

Corticali, extima radicata interius, e cujus ultima dichotomia Fructifieatio genitalium.

Specialiter

Trachearum in insectis & plantis simili fere natura.

Fructificatione & hermaphroditica natura molluscorum.

Virtute gemmascente artuum, pilorum, cornuum, pennarum, imo dentium, unguium & forte sqvamarum, eaqve in perfectioribus animalium classibus.

Consolidatione vulnerum & *ossificatione.*

Renascentia amissæ partis in corpore.

Restitutione integri animalis e singulis suis fragmentis.

Ab illa discedit

Motu suo arbitrario, in sensatione & perceptione fundato.

Operatio machinæ animalis absolvitur *vitæ conservatione* & *speciëi propagatione*, idqve seqventi ordine: Heterogeneas particulas humido dilutas canalibus propriis recipit, transmittit, præparat, inqve sui nutrimentum convertit, aerem aptis organis spirat, omnibusqve eo tendit, ut similis machinæ primordium generet.

Organa ad hanc operationem concurrentia sunt.

Alimen-

Yderbygningen, som indvendig er rodfæstet, hvis sidste Trist er Avlelemmernes Befrugtnings Dele.

særdeles udi

Luftrørene, som hos Insecter og Planter ere næsten af samme Natur.

Befrugtningen og Tvetulle Naturen hos Sliim-Dyrene.

Udskydnings Kraften hos Ledemodene, Haarene, Hornene, Fiærene, ja Tænderne, Næglene, og maaskee Skiællene, og dette i de fuldkomnere Dyre Klasser.

Sammengroeningen hos Saarene og Beenforvandlingen.

Udvoxningen af mistede Legemets Deele.

Igienstillelsen med hele Dyr af ethvert Stykke deraf.

afviger derfra udi

Frie-Bevægelsen som er grundet paa Følelsen og Fornemmelsen.

Dyremaskinens Forretning udgieres af Vedligeholdelsen og Slægtens Fremavling, og det paa følgende Maade: Den imodtager giennem sine egne Kanaler fremmede Deele i Vædsker fortynnede, den sender dem der igiennem, laver dem til og forvandler dem til sin egen Underholdning, den trækker Luften ved beqvemme Redskaber, og i ald Ting gaaer ud paa, at frembringe en Begyndelse til en ligesaadan dannet Maskine.

Organiske Redskabe, som tilhobe bidrage til denne Forretning ere:

Under-

Alimentaria, inteſtina digeſtiva, qvæ ingeſtum cibum capiunt, & liqvorem nutritivum præparant: a vaſis lacteis primo receptus chylus, ſubactior per venas & arterias diſtributus, ſangvis dicitur, qvi reciproce in corde receptus & propulſus per totum in ſuccos addendos v. auferendos tranſit.

Vitalia, pneumatica; interni vaſculoſisſimi *pulmones*, exſertæ fereqve nudæ *branchiæ*, per totum corpus diſtributæ *tracheæ*, qvæ aerem pro nutritiva maſſa hauriunt, ne flammula animalis exſtinguatur.

Genitalia, ſpermatica, ſexualia, pro novo animalis compendio combinatoria.

Perceptoria, peculiaris medulla, firmior in nervos extenſa, qvaqvaverſum per fila ramoſe deſtributa, organis alimentariis intertexta, in ſenſoriis præcipue explicata atqve modificata: principium animale & origo facultatum, unde tota gubernatur machina.

Motoria, contractili virtute pollentes fibræ, faſciculatim collectæ in folia muſcularia, carnoſa, determinate ſparſa, apice tendineo proximo articulo etiam affixa. Ibi vires poſitæ, qvibus omnis motus peragitur.

Senſoria, qvibus inſertæ ſunt extremitates nervorum ſenſorio cerebri proximorum, qvæ animali remota indicant.

Oculus

Underholdende, de fordøyende Indvolde, som imodtage Maden og tillave Fødevædskerne: I Melke-Aarerne modtages den første Melkesaft, som mere udarbeydet deles om i Blod-Karrene og Puls-Aarerne, hvor det kaldes Blod, som i Hiertet modtages og udstødes, gaaer siden over det hele, og forvandles i tilførelige og afførelige Vædsker.

Livholdende, de aandedragende, indvortes Karfulde **Lunger**, de udstaaende og næsten blotte **Giæller**, de over hele Legemet uddeelte **Luftrør**, som drage Luften til den underholdende Masse, at Livslueu ikke skal udslukkes.

Avlende, de sædkastende, Kiønnets Forskieller, som maae forcenes under Frembringelsen af et nyt og engt indviklet Dyr.

Følende, en besynderlig Marv, med mere Fasthed udstrakt til Nerver, med Traader overalt uddelet, indføyet i de underholdende Redskaber; men i sær i Sandse-Redskaberne udviklet og bestemt. Dyrets Begyndelse og Evnernes Udspring, hvorved den hele Maskine styres.

Bevægende, de med sammentrækkende Kraft begavede Trævler, i Bundter samlede til kiøddede Muskelblade, som ere nøyagtig uddeelte og med deres sneenede Ender hæftede ogsaa paa det næste Leed. Derudi ere alle Bevægelsernes Kræfter nedlagde.

Sandsende, i hvilke Yderenderne ere indhæftede, af de Nerver som ligge Hiernens Sandseplads nærmest, som tilkiendegive Dyrene fraværende Ting.

Øyet,

Oculus, camera obſcura, imaginem proportione, figura, colore depingens.

Auris, tympanum, membranæ corda tenſa à motu ætheris tremens.

Naſus, membrana, latisſima, humida, contortuplicata, aeris perreptantis volatilia figens.

Lingva, ſpongiolæ bibulæ, ſparſæ, humido ſolutum attrahentes.

Tactus, papillæ molliusculæ, figuram impreſſam brevi aſſumentes.

His gaudent perfectiora animalia, eminent præ aliis nonnulla. Indicat oculus ex luce, auris ex æthere appropinqvantia, percipit tactus ex unione ſolida præſentia; examinat naſus volatilia nervis, lingva ſolubilia fibris, aſſumenda. Ignota manent, qvæ nobis non ſunt conceſſa.

Interna animalium ſtructura inprimis differt qvoad

Cor biloculare, biauritum,
  Sangvinem rubrum, calidum,
    Pulmones reſpirantes reciproce
      lactiferis — MAMMATIS.
      incubantibus — AVIBUS.

Cor uniloculare, uniauritum,
  Sangvinem rubrum, frigidum,
    Pulmones ſpirantes arbitrarie
      incurioſis — REPTILIBUS.
    Branchias extus ſpirantes
      deſerentibus — PISCIBUS.

Cor

Øyet, Formørknings Kammeret, som afmaler Billederne med deres Forhold, Figur og Farve.

Øret, Trommen, hvis udspændte Hinde-Strænge zittre ved Luftens Bevægelse.

Næsen, en bred og vædskefuld indviklet Hinde, som opholder de med Luften sig indsnigende flygtige Deele.

Tungen, smaae hist og her spredde Suesvampe, som trække til sig hvad i Fugtighed opløses.

Følelsen, bløde Vorter, som for en kort Tid antage den indtrykte Figur.

Disse besidde de fuldkomnere Dyr, hos nogle ere de i en høy Grad. Øyet lærer os af Lyset og Øret af Luften, hvad der er i Nærværelsen. Følelsen fornemmer ved en tæt Forening det nærværende, Næsen tager imod og prøver det flygtige ved Nerverne, Tungen det opløselige ved Trævlerne. De blive os ubekiendte, som vi ikke have eyet.

Dyrenes indvortes Skabning adskilles meest ved

Hiertet som har tvende Kamre og tvende Øren,

Blodet som er rødt og varmt,

Lungerne, som aande vexelviis

hos de mælkende — Pattedyr.

udruende — — Fugle.

Hiertet som har et Kammer og et Øre,

Blodet som er rødt og koldt,

Lungerne som aande efter Behag

hos de uomhyggelige - Krybdyr.

Giællerne som puste ud ad

hos de forladende — Fiske.

Cor uniloculare inauritum,
Saniem albam frigidam,
Tracheas diſtinctas,
vagis — — INSECTIS.
Reſpirationem obſcuram,
vegetantibus - MOLLUSCIS.

Externa animalium differentia maxima qvoad

Tegmen piloſum,
Copulam durantem,
Partum vivum,
Mammas lactantes,
Maxillas incumbentes tectas,
Senſuum organa omnia præſentia,
Reſpirationem per os & nares reciprocam,
Pedes IV. — — QVADRUPEDIBUS.
Pinnas muticas carnoſas — CETACEIS.

Tegmen plumoſum,
Copulam momentaneam,
Ova cruſtaceo-calcarea,
Incubationem,
Maxillas exſertas nudas incumbentes corneas,
Senſuum organa omnium præſentia,
Reſpirationem per os & nares reciprocam.
Pedes bini, alæ binæ — — — AVIBUS.

Tegmen membranaceum læve rugoſum v. ſcutellatum,
Fœcundationem per copulam durantem,
Ova membranacea, rarius vivos fœtus,
Maxillas

Hiertet som har eet Kammer ingen Øren,
Edder som er hvidadtigt og koldt,
Luftrørene, som ere tydelige
hos de omvankende — **Insekter.**
Aandedraget som er utydelig
hos de Planteartede - **Sliimdyr.**

Dyrenes udvortes Forskiel er størst i Henseende til

Haared Skiul eller Huud,
Vedvarende Parring,
Levende Foster,
melkende Patter,
paa hinanden faldende og skiulte Kiæber,
alle tilstædeværende Sandseredskaber,
ordentlig afvexlende Aandedræt giennem Næsebore og Mund,
Firefødder — — **Firefødde.**
Kiødede Finner uden Kløer — **Hvalene.**

Fiæred Skiul,
hastig Parring,
Kalkskallede Eg,
Udrueningen,
paa hinanden faldende udstaaende blotte Kiæber,
alle tilstædeværende Sandseredskaber,
ordentlig afvexlende Aandedræt giennem Næsebore og Mund,
Tvende Fødder og Vinger — — **Fugle.**

Hindeagtig glat rynket eller skiolded Huud,
Befrugtningen ved varig Parring,
hindeskallede Eg, sielden levende Foster,

Maxillas incumbentes tectas,

Lingvam, nares, oculos ſemper, aures qvibusdam diſtinctos,

Reſpirationem per os & nares arbitrariam,

Corpus pedatum v. omni fulcro deſtitutum teres — — REPTILIBUS.

Tegmen cutaceum nudum, v. ſqvamoſum, mucoſum,

Fœcundationem ſæpius extra abdomen,

Ova membranacea, qvibusdam vivos fœtus,

Maxillas incumbentes,

Lingvam, Oculos, & foramina naſalia, qvibusdam aures diſtinctos,

Reſpirationem per os & aperturam thoracis,

Pinnas natatorias. — — PISCIBUS.

Tegmen corneum v. oſſeum,

Fœcundationem intra abdomen,

Ova membranacea,

Maxillas laterales,

Antennas, oculos, ſemper diſtinctos,

Reſpirationem per poros laterales,

Pedes VI. & ultra,

Alas plurimis — — INSECTIS.

Tegmen calcareum vel nullum, carnem mucoſam interdum ſpinis horridam.

Fœcundationem hermaphroditis, androgynis, dubiam,

Ova membranacea plures plenosqve fructus continentia,

Maxillas multifarias,

Reſpiratio-paa hinanden faldende skiulte Kiæber,

Tunge, Næsebore, Øyne, og undertiden Øren,

Aandedræt giennem Mund og Næsebore efter Behag.

Kroppen med Fødder eller uden Fødder og smalrund. — — **Krybdyr.**

Skindet bart, skiællet og slimed Skiul,

Befrugtningen oftest uden for Livet,

Hindeskallede Eg, sielden levende Foster,

Paa hinanden faldende Kiæber,

Tunge, Øyne, Næsehuller og undertiden tydelige Ørehuller,

Aandrættet igiennem Munden og Brystets Aabning,

Svømfinner. — — **Fiske.**

Hornagtigt eller beenagtigt Skiul,

Befrugtningen udi Underlivet,

Hindeskallede Eg,

Side Kiæber,

Famlestænger og Øyne altid tydelige,

Aandedrættet giennem Kroppens Sidehuller,

Fødderne 6 og flere,

Vinger for de fleste — — **Insekter.**

Kalkagtigt Skiul eller intet; Slimed Kiød, undertiden med Pigger besat,

Befrugtningen af Hermaphroditer eller de Kienſamlede, uvis,

Hindskallede Eg, som indeholde flere og fuldkomne Frugter,

Mangeslags dannede Kiæber,

Senſuum organa obſcura: Tentacula,
Reſpirationem obſcuram,
Pedes aut pinnas nullas, filamenta variis,
— — MOLLUSCIS.

Vivarium naturæ alit itaqve piloſa mammata, plumoſas aves, tunicata reptilia, ſqvamatos piſces, cataphracta inſecta; excoriata molluſca. Clamant in terra gradientia, cantant in aere volitantia, ſibilant in calore ſerpentia, poppyzant in aqva natantia, tinnitant in ſicco reptantia, obmuteſcunt in humido expanſa. Victus hic cuiqve ſuus, carnivoris alius, phytiphagis alius: Omnia ſatisfaciunt neceſſitati, homines intemperantiæ. Noxia ſunt, qvæ deſtrunt, effectu tamen omnia bona. Qvæ ob magnitudinem ſpecioſa, ob numerum ſunt minima; minimis autem animalculis abundat terra. Generatione ut renovellantur ſpecies, ita morte deſtruuntur vel violenta vel naturali, qvæ terram purgat & ſuperpondium tollit, perpetuam juventutem conſervat & productionum numerum limitat.

Hiſtoria animalium abſolvitur deſcriptione, habitatione, motu, propagatione, moribus & victu.

Mammata.

QVADRUPEDA piloſa, ex ſtructura, viſceribus, organis homini proxima, nobiſcum continentem inhabitant, ſub

variis

Vandseredskaberne utydelige. Føle-Horn,
Aandedrættet utydelig,
Fødder eller Finner ingen, Trævler hos adskillige
— — Sliimdyr.

Naturens Dyreplads føder altsaa de haarede Pattedyr, de fiædrede Fugle, de hammede Krybdyr, de skiællede Fiske, de pantserede Insekter, de huudtrakte Sliimdyr. Paa Jorden skrige de gaaende; i Luften synge de flyvende, i Heeden hvisle de krybende, i Vandet smaske de svømmende, paa det Tørre pidre de kravlende, i det Fugtige tie de udstrakte. Enhver har sin Føde, nogle æde Kiød, andre leve af Planter: Alle opfylde Nødvendigheden, Menneskene Umaadeligheden. De ere skadelige som ødelegge, i Virkningen blive de dog alle gode. De af Størrelsen anseelige ere i Tallet de mindste, men af de mindste Smaaedyr vrimler Jorden. Ligesom Arterne fornyes ved Avlingen, saa ødelegges de ved en voldsom eller naturlig Død, som renser Jorden og letter Overvægten, som vedligeholder en bestandig Ungdom og indskrenker det frembragtes Tall.

Dyrenes Historie skal udgiøre Beskrivelsen, Opholds Stædet, Maaden at bevæge sig paa, Forplantelsen, Levemaaderne og Underholdnings Midlerne.

Pattedyrene.

De **Fireføde** haarede, som udi udvortes og indvortes Skabning samt organiske Redskaber ere Mennesket nærmest, beboe med os det faste Land; ere forskiellige under adskillige Climer; De selvsamme forandres dog variis climatibus diverſa; eadem moribus tamen & externa facie pro natura climatis varia.

Cicurata, naturæ contracta, rarius perfecta, sæpius alterata, defigurata & ſemper impedimentis circumdata, vel peregrinis ornamentis onuſta. Huc referenda ſunt *Pecora*, ob carnes, lac, corium, vellera, pingvedinem utilisſima; *Jumenta* ad onera neceſſaria; *Familiaria*, domeſtici cuſtodes, vel pro venatu inſtituta; *Rariora*, vivariis aſſervata.

Fera, homini nondum ſubjecta, naturæ ſimplicis libera, pulchritudine & reliqvis independentiæ qvalitatibus conſpicua. Qvæ manſvetiora & maxime innocentia in campis degunt; ſuſpicioſa ferocia ſylvas qværunt, ſecuritatem deſperantia pavida in cavernas vel ſummitates montium refugiunt; Superba inhabitant deſerta & climata torrida, ubi homo æqve ferus non poteſt illis diſputare imperium.

Veſtitus corporis e pilis iisqve fertilioribus in frigidis qvam æſtuantibus terris, parcisſimus æqvoreis, ne in ſiccum madida exeant. Pili ſubſtantiæ corneæ, flexiles, molles, diſtincti, injuriæ minus obnoxii plerumqve annui; colore ludunt, non ſplendent, variant tempeſtate & climate; colliguntur ad ſuturas, interdum in jubam elongatas. E pilis coaleſcunt ſetæ, indurantur aculei, explanantur ſqvamæ, coadunantur ſcuta; obtegitur facies verrucis ſetiferis, labia vibriſcis, mentum barba: Corroborantur pedes pectusqve callis.

Gene-

i Sæder og deres udvortes Anseelse efter Climets naturlige Beskaffenhed.

De tæmmede, i Natur tilsammenknebne, sielden fuldkomne, oftest forandrede, vanskabte, og altid med Hindringer omgivne, eller med fremmed Prydelse besværede. Dertil maae regnes **Qvæget**, som for Kiød, Melk, Huud, Skind og Fet ere de nyttigste; **Lastdyrene**, til Byrder fornødne; De **venlige** Huusvogtere ere de til Jagten afrettede; **de rarere**, i Dyrehusene indsluttede.

De vilde, Mennesket endnu ikke underlagte, den rene Naturs friegivne, af Smukhed og øvrige Utvungenheds Egenskaber anseelige. De rolige og mest uskyldige leve paa Marken; de mistænkelige, stolte søge Skovene; de om Sikkerhed tvivlende, frygtsomme, flygte i Huler eller paa Biergetoppene; de overmodige boe i Ørkener og varme Lande, hvor det ligesaa vilde Menneske ikke kan aftvinge dem Herredømmet.

Kroppens Klædning er Haar, som i de kolde Lande ere tykkere end i de varme. De mest tyndhaarede ere Havdyrene, at de ikke skal komme vaade paa Land. Haarene ere hornagtige, bøyelige, blede, tydelig adskildte, ald Vold ikke ganske underkastede, som oftest aarlige; Deres Farve ere mange slags, men glimrer ikke; De samle sig ved Hvirveler, som iblant ere udvorne til Manker. Haaret voxer sammen til **Børster**, hærdes til **Pigge**, flad udvikles til **Skiæl**, forenes til **Skiolde**. Ansigtet skiules med haarige Vorter; Læbene med Værhaar, Hagen med Skiæg. Fødder og Bryst forstærkes med haard Huud.

Generationis organa diverſa, ſexuum differentias conſtituunt. Penis ſtructura & ſubſtantia copulam intra vulvam fœminæ modificat. Venere *vaga* pruriunt pleraqve ubi mares dimicant, qvo valentiores polleant pro ſobole vivaciore. *Polygama* nonnullis, ubi mas gynæceum ex pluribus fœminis ſibi aſſociatis defendit. *Monogama* paucisſimis, ubi mas & fœmina individui ſocii curam gerunt fœtus.

Viviparæ fœminæ, certo vel qvolibet anni tempore gravidatæ, plures vel unicum fœtum intra ſe excludunt; enixos partus lactant, defendunt, curant in proximas nuptias, adultioremve ætatem.

Mammæ omnibus, *lactantes* fœminis, numero determinato pares, ſæpius binæ pro ſingulo fœtu ordinario, in pectore, abdomine aut inguine diſpoſitæ.

Cibaria inſtrumenta latent intra labia. *Maxillæ* invicem incumbunt, inferior movetur. Dentes e latentibus ſtaminibus nati, pluribus adſunt, in certa ætate decidui, renaſcentes, hi ultimi deſtructi amittuntur, id qvod ordinarie ſenii indicium. *Inciſores* ex uſu, *primores* e ſitu dicuntur; ita *Canini* Laniarii, absqve antagoniſta occurſante *angulares* ſalutati; ex uſu ſolo nomen trahunt molares poſtici, phytiphagis obtuſi, carnivoris acutiores lobati. *Lingva* carnoſa lambit, ſuget, cibum verſus dentes vel in fauces dirigit; Lævis eſt dentatis plerisqve, ſed denticulato-ciliata canibus, ſcrabra pecoribus,

Avlingens organiske Redskaber ere forskiellige, de udgiør Kiønnets Forskielle. Det Mandliges Dannelse og Væsen bestemmer Parremaaden, som skeer i Hunkiønnets Fødsels Dele. De fleste lyster en frie Elskov, da Hannerne slaaes, at de Stærkeste kan faae Overhaanden til en fyrig Afkom. Nogle leve i Polygamie, hvor Hannen forsvarer en Flok Hunner, som have slaget sig paa hans Side. Faa leve i Monogamie, hvor en Han og en Hun boe sammen, og opdrage deres Foster.

Hunnerne føde levende, og besvangres paa en vis eller enhver Aarsens Tid, legge flere eller et enkelt Foster, give die, forsvare det og drage Omsorg derfor til næste Parring eller moednere Alder.

Bryste have de alle, diende have Hunnerne; Tallet er parviis bestemmet, oftest tvende for ethvert ordentlig Foster, siddende paa Brystet, Bugen eller Lyskerne.

Spiseredskaberne ligge skiulte inden for Læberne. Kiæfterne falde paa hinanden, den nederste bevæges. Tænder som voxe ud fra skiulte Begyndelser have de fleste; i en vis Alder fældes de og voxe ud igien; Disse, de sidste, fordervees og mistes, ordentlig viis et Tegn paa Alderdommen. Skiære-Tænder af Bruget kaldes Fortænder af Pladsen, saaledes heder Huggetænderne, som har ingen modsatte til at torne paa, Hiørnetænder. Kindtænderne ere de bageste Malere, paa de plantædende Dyr stumpe, paa de Kiødædende spidse og udskaarne. Den kiøddede Tunge slikker, suer og vender Maden mod Tænderne og til Svælget. De fleste tandede Dyr har den glat, men Hundens er med smaae

Tænder

ribus, aculeata ſangviſugis, teres & extenſilis viſcida edentulis, bifida paucis.

Alimentaria organa inteſtina digeſtiva, ungulatis ruminantibus ampliora. *Ventriculi* qvatuor ſunt: *Rumen* macerans, *Reticulum* cancellatum recipiens, *omaſus* multiplicatus conſumens, *Abomaſus* faſciatus aceſcens coagulo pro ſebo, ut minus alcaleſcant. *Ægagropilæ* his freqventes, e pilis deglutitis collectæ, etiam in aliis qvadrupedibus obviæ. Uno ſtomacho & inteſtinis brevioribus gaudent reliqva.

Cuſtodes animalium, ſenſus ſunt pro conſervatione individui, eminent *auriculis* terreſtria; oculi *pupilla orbiculari* diurna, *lineari expandenda* nocturna; membrana nictitante pauca; *palpebris* mobilibus, unica vel binis, omnia; *naſi nariumqve figura varia* diverſa.

Pedes motus inſtrumenta, fugæ vel prædæ adaptata, omnibus qvatuor, anteriores *palmis*, poſteriores *plantis* innituntur, *talis* firmius perſiſtunt; laxa inter pedes expandenda pelle aera ſcandunt vel velificant pauca. Aqvam intrantibus membrana connectuntur digiti; volantibus in radios membranacearum alarum longisſime protenduntur palmarum phalanges; curſu properantibus finduntur palmæ plantæqve, manu prehendentibus removetur pollex. *Ungula* ſolida vel diviſa, tanqvam calceolis, induuntur paſcentium digiti, ſæpe includuntur

Tænder udtakket, Qvægets er hvas, de Blodsuendes pigged, de Tandløse har en smal og langstrekkelig slimed Tunge. Nogle faa have den kløftet.

Underholdningens organiske Redskaber, de fordøyende Indvolde, som hos de drøvtyggende ere af mere Vidtløftighed. De fire Maver ere: den opløsende **Vom**, den imodtagende celluløse **Rongshat**, de fordøyende foldede **Ladelebber**, det rynkede **Kallun**, hvis suure Lebe i Steden for Talg hindrer de alkaliske Egenskaber. **Haarbolde** forekomme her ofte som samles af nedslugte Haar, og findes ligeledes hos andre Fiirefødde. Een Mave og mindre Indvolde have de øvrige.

Vogterne, Dyrenes Sandser, tiene til enkelte Dyrs Bevarelse, i sær kiendes af **Ørelipperne** Landdyrene, af den **runde Øyesteen**, de som vandre om Dagen; af den **linie dannede udvidelige**, Nattegiængerne; Af **Falhinden** faae; af et eller trende bevægelige **Øynelaage** alle; af **Næsens** og **Næseborenes forskiellige Figur** adskillige.

Fødderne Bevægelsens Redskaber, dannede til Flugt eller Rov, ere altid fire. De **forreste** støttes paa **Laller**, de **bageste** paa **Fodblade**; som staae endnu fastere paa **Hælene**. Nogle faa stige i Luften eller styre sig i Farten ved Hielp af en slap udspendelig Huud. De som gaae i Vand have Tæerne samlede i en Svømhud, de som flyve have Lallernes Fingre overmaade lange og udstrakte som Straaler paa de hindeagtige Vinger; Paa de løbende ere Tæerne splittede, paa de som bruge Lallen til Haand er Tomelfingeren langt tilbage fra Linien med de andre; Hiordenes Tæer ere indklædde i hele eller kløftur succenturiati tali. Superimpositis *ungvibus* pro varia figura roborantur vel armantur phalangiorum apices, rarissime mutici.

Arma decus & tutamen, qvibus adversarium occursant, penetrant, verberant, eludunt, fugiunt, subministrant scuta, sqvamæ & aculei imbecillium nonnullorum; ungula, ungves & dentes aliorum; cornua cartilaginea capiti inserta, solida, perennia vel annua, sexualia qvibusdam, simplicia vel ramosa; cava, vaginantia, calida. Fœtore, clamore & aliis naturæ adminiculis hostem fugant vel ipsa terrefacta scandendo, fodiendo, natando, urinando, volitando fugiunt.

Umbraculum est *cauda* e vertebris dorsi multiplicatis postice composita, paucis nulla; abbreviata aliis, nec femoribus longior; elongata reliqvis ad pedum longitudinem & ultra. Harum singulæ nudæ vel pilosæ, prehensiles convolvendæ, vel comosæ longis setis, vel floccosæ apice penicilliforme, vel distichæ utrinqve pilosæ, flabellantes.

CETACEA pinnata pelagica, genitalibus, copula, graviditate, mammis, sensoriis organis, structura interna visceribusqve omnibus a qvadrupedibus minus remota, licet habitu ab iis diversissima. Nuda, qvibus brachia intra latus retracta in pinnas pectorales, carnosas, muticas; femora postica plantis coadunata in pinnam horizontalem muticam; dorsum in paucis pinna

eminet,

tede Hover, (Klover), ofte indsluttes og de baghængende Hæle. Kløerne som ligge øverst, styrke eller bevæbne Tæernes Yderender, som sielden ere blottede derfor.

Vaabnene Pyntningen og Forsvaret, hvormed de gaae Fienden i Møde, stikke ham igiennem, slaae, drive Spot med ham, eller undflye ham, ere Skiolde, Skiæl og Pigger paa nogle frage Dyr; Hover, Kløer og Tænder paa andre; Blødagtige Horn som sidde i Hovedet indgroede, og ere massive, altid vedvarende eller aarlige, nogles Forskiel i Kiønnet, enkelte eller greenede, hule, eller med fremmed Materie fyldte og varme. Ved Stinken, Skrigen og andre Naturens Hielpemidler drive de Fienden for sig; eller og, selv redde, søge at undgaae ved Klyven, Graven, Svømmen, Dukken eller Flyven.

Skiulet giør Halen, som er sammensat bagtil af en Mængde Rygbeen. Nogle have ingen, paa andre er den afstumpet, og naaer ikke længere end med Laarene; De øvrige have den af Længde med Fedderne og derover. Enhver saadan er skalled eller haared, fattende hvor den kaster sig rund omkring; Langhaared, strie eller totted, med Dusk i Enden, eller og tvekløftet, til begge Sider haared og tienlig til Vifte.

Hvalene de finnede Hardyr, som i Henseende til Avlings Delene, Parrings Maaden, Svangerheden, Patterne, Sandseredskaberne, den indvortes Skabning og alle Indvolde vige ikke meget af fra de Firefødde, endskiønt de til Udseendet ere fra dem meget forskiellige. Deres Krop er nøgen, Armene ere indtrakte i Siderne og udgiøre kiedede stumpe Brystfinner, Baglaarene ere

forenede

eminet. Fiſtula verticali aqvam ſpirant. Labium ſuperius unius ſpeciei perforat dens elongatus. Dentes numeroſi aliis & occulti; per laminas corneas, e maxilla ſuperiore dentium loco faſciculatim dependentes, aqvam cribrant edentula reliqva.

Auctores præcedentis ſeculi præcipui numerantur *Geſnerus*, *Aldrovandus*, *Jonſtonus*, *Sibbaldus*; præſentis ſeculi illuſtriores *Rajus*, *Linne*, *Briſſon*, *d'Aubenton*, *Buffon*, *Kleinius*, *Pallas*, *Pennant*.

Diviſio obtinetur naturæ minus contraria, ſi juxta pedum differentiam maximam formantur *Tribus*, ſi pro dentium inciſorum præſentia vel abſentia componuntur *Ordines*; ſi ſitus, numerus vel exſtantes aliæ congruentiæ conſtituant *Familiam*; ſi peculiares notæ una cum vitæ ratione determinant *Genera*, ſub qvibus militant *Species*, ob characteres proprios qvorum nonnulli pro differentia climatum & victus etiam in adultis interdum leviter *variant*.

Tribus.		*Ordo.*
Ungviculata		
Dentes	primores nulli utrinqve - -	BRUTA.
	primores ſupra & infra - -	FERÆ.
Ungulata		
Dentes	primores infra - -	PECORA.
	primores ſupra & infra - -	BELLUA.
Mutica pinnata		
Dentes	Laminæ corneæ / Dentes oſſei - - - -	CETACEA.

I. BRUTA

forenede med Fodbladet og udgiøre en flad og stump Finne. Paa nogles Ryg staaer en Finne i veyret. Igiennem en Aabning paa Issen udpuste de Vandet, Overlæben af eet Slags er giennemboret af en lang udstrakt Tand. Andre have mange men skiulte Tænder; de som ingen have, sie Vandet giennem hornagtige Plader (Barder) som i Steden for Tænder bundteviis henge ned oven i Munden.

Skribenterne af forrige Aarhundrede ere fornemmelig **Gesner, Aldrovand, Jonston, Sibbald.** I dette nærværende regnes de berømteste **Ray, Linne, Brisson, d'Aubenton, Buffon, Klein, Pallas, Pennant.**

Inddelingen som mindst strider mod Naturen faaes, naar Føddernes største Forskiel afgior **Stammerne**, naar Fortændernes Fra- eller Tilstædeværelse udgiør **Ordenerne**; naar Stedet, Tallet og andre tydelige Overeensstemmelser afdeeler **Familierne**, naar besynderlige Kiendetegn og Livets Forhold bestemmer **Slægterne**, under hvilke **Arterne** adskilles, formedelst egentlige Kiendetegn, hvoraf nogle efter Climernes og Fødens Forskiellighed, endog hos de fuldvoxne, undertiden ere noget fra hinanden afvigende.

Stammen.			Ordenen.
Kløvede			
	Fortænderne	ingen oven eller neden	**Uskiellige.**
		oven og neden	**Vilde.**
Klovede			
	Fortænderne	neden til	**Hiordqvæg.**
		oven og neden til	**Beester.**
Stumpfinnede			
	Tænderne	Hornplader Beentænder	**Hvalene.**

C I. Uskiel.

Ordinum Characteres.

I. BRUTA.

Dentes primores nulli ſuperius aut inferius;
Pedum ungves majores validi;
Inceſſus ineptior,
Victus varius comprimendo.

Dentes ubiqve

nulli.	- Molares,	- Laniarii & Molares.
Myrmecophaga.	*Daſypus.*	*Elephas.*
Manis.	*Bradypus.*	*Manatus & Rosmarus.*

II. FERÆ.

Dentes primores ſupra & infra;
Pedum ungviculi minores, robuſti;
Curſus ſaltando & ſcandendo velo;
Victus ex animalibus & plantis, rodendo, lacerando, incidendo.

Dentes inciſores ſuperiores

a) 2 Solitarii,		6 & plures,	
Hyſtrix.	*Caſtor.*	*Phoca.*	*Urſus.*
Lepus.	*Mus.*	*Lutra.*	*Viverra.*
Cavia.	*Sciurus.*	*Hyæna.*	*Muſtela.*
b) 2 & laniarii.		*Felis.*	*Talpa.*
Erinaceus.	*Sorex.*	*Canis.*	*Didelphis.*

4.
Simia.
Cercopithecus.
Lemur.
Veſpertilio.

III. PECORA

Ordenernes Kiendemerker.

I. Uskiellige

Fortænderne ingen oven eller neden i Munden;
Kløerne store og stærke;
Gangen ubeqvem;
Føden er forskiellig og qvasses tilsammen.

Ingen Tænder.	Kindtænder.	Hug og Kindtænder.
Myreslugeren.	Armadillen.	Elephanten.
Skiældyret.	Dovendyret.	Søekoen og Havhesten.

II. Vilde

Fortænderne oven og neden,
Kløerne mindre og stærke,
Løbet i Spring og Klyven hastig.
Føden, af Dyr og Planter, gnaves, sønderrives, overbides.

De øverste Fortænder

a) 2 eenlige:		6 og flere:	
Piildyret.	Beveren.	Sælen.	Biørnen.
Haren.	Musen.	Odderen.	Fritten.
Pakarotten.	Egernet.	Hyjænen.	Væsselen.
b) 2 og Hugtænder:		Katten.	Muldvarpe.
Pindsvinet,	Spidsmusen.	Hunden.	Posedyret.

4:
Aben.
Marekatten.
Hunde=Aben.
Aftenbakken.

 III. Hiord=

III. PECORA.

Dentes primores inferiores plures, ſuperiores nulli;
Ungula biſulca;
Inceſſus levis;
Victus evellendo plantas ruminandas.

Laniarii præſentes,	Laniarii nulli,
Cornua nulla.	Cornua maris præſentia.

Camelus.	*Cervus.*	*Capra.*	*Antilope.*
Moſchus.	*Giraffa.*	*Ovis.*	*Bos.*

IV. BELLUA.

Dentes primores, ſupra & infra;
Ungulæ ſolidæ & ſulcatæ;
Inceſſus gravis;
Victus extrahendo vegetabilia.

Eqvus.	*Rhinoceros.*
Hippopotamus.	*Tapirus.*
Sus.	*Hydrochæris.*

V. CETACEA.

Dentes oſſei vel laminæ corneæ. Narium fiſtula unica vel duo;
Pedum loco pinnæ pectorales & caudalis plana;
Ungves aut ungulæ nullæ;
Inceſſus natando;
Victus e molluſcis, piſcibus.

Laminæ corneæ.	Dentes oſſei,		
Balæna.	*Monodon.*	*Phyſeter.*	*Delphinus.*

Gene-

III. Hiord-Qvæg.

Fortænderne neden til; ingen oven til;
Kloverne tvekløftede;
Gangen let;
Føden ved at afrive Planterne og tygge Drøv.

Hugtænder tilstædeværende, Hornene ingen:

Kamelen.
Desmerdyret.

- Hugtænder ingen, - Horn for Hankiønnet:

Hiorten.	Antilopen.
Kamelparden.	Faaret.
Giedden.	Oxen.

IV. Beester.

Fortænder oven og neden;
Kloverne hele eller kløftede;
Gangen tung;
Føden ved at oprykke Planter.

Hesten.	Næsehornet.
Flod-Hesten.	Tapiretten.
Svinet.	Elve-Svinet.

V. Hvalene.

Beentænder eller Hornbarder. En eller tvende Næse-Piber;
Brystfinner og Flak-Spore i Steden for Fødder;
Kløer og Klover borte;
Gangen ved at svømme;
Føden af Sliimdyr og Fisk.

Barder.

Fin-Hvalen.

— Beentænder.

Nar-Hvalen. Svin-Hvalen. Spring-Hvalen.

Generum
Tabulæ Synopticæ.

Mammata qvadrupeda, qvibus

Pedes IV.

Ungviculati,

Dentes incifores nulli,

Pedes ambulatorii,

Os edentulum

roftratum, lingva extenfilis,

Veftitus fqvamofus - - MANIS.

Veftitus pilofus - - MYRMECOPHAGA.

Os dentatum

molaribus,

Veftitus offeus - - DASYPUS.

Veftitus pilofus - - BRADYPUS.

caninis exfertis recurvis,

Probofcis longisfima flexibilis - ELEPHAS.

Pedes natatorii,

Poftici retrorfum fpectantes,

In unum coaliti,

Dentes exferti nulli - - - MANATUS.

Diftincti,

Dentes canini exferti incurvi - ROSMARUS.

Mam-

Slægternes

Udtogs-Tabeller.

Pattede Firefødde, som have

Fire Fødder med
Kløer,
Ingen Fortænder,
Gangfødder,
Munden aldeles tandfrie og
langsnudet; Tunge til at udstrekke,
Klædningen af Skiæl - **Skiældyret.**
Klædningen af Haar - **Myreslugeren.**
Munden tanded,
Kindtænder allene,
Klædningen af Been - **Armadillen.**
Klædningen af Haar - **Dovendyret.**
Hugtænder, som udhænge krummede,
Snabel, som er lang og bøyelig - **Elefanten.**
Svømfødder,
De bageste siddende bag ud,
Sammengroede,
Tænder som ikke udhænge - **Søekoen.**
Adskilte,
Hugtænder krumme og ud-
hængende - - **Havhesten.**

Mammata quadrupeda, qvibus

Pedes IV. ungviculati,

Dentes incisores supra & infra,

Palmarum digiti (excepto pollice) in radios membranearum alarum longissime protensi,

Cauda nulla } - VESPERTILIO.
Cauda membranæ annexa }

Palmarum digiti subæqvales liberi,

Corpus aculeatum,

Dentes canini - - ERINACEUS.

Dentium caninorum locus - - HYSTRIX.

Corpus læve,

Dentes incisores supra II. infra IV.

Rostrum acute elongatum - - - SOREX.

Rostrum obtusum - - CAVIA.

Dentes incisores supra & infra II.

Cauda major,

Latior depressa nuda - - CASTOR.

Planior pilis tumida - - SCIURUS.

Teres parce pilosa - - - MUS.

Cauda brevissima vel nulla,

Auriculi longi - - LEPUS.

Dentes incisores supra & infra IV.

Cauda abrupta vel nulla - - SIMIA.

Cauda elongata - - - - CERCOPITHECUS.

Dentes incisores supra IV. infra VI.

Cauda elongata v. nulla - - LEMUR.

Dentes incisores supra VI. infra IV.

Pedes pinniformes,

Postici retrorsum extensi - - PHOCA.

Mam-

Pattede Firefødde, som have

Fire Fødder med Kleer,

Fortænder oven og neden til,

Forlallernes Tæer, (den første undtagen) meget lange udspilede som Straaler i deres Skindvinger,

Halen borte } - Aftenbakken.
Halen angroed til Skindet }

Forlallernes Tæer næsten af lige Længde og frie,

Kroppen pigged,

Hiørnetænder - - Pindsvinet.

Hiørnetændernes Plads aaben - Piildyret.

Kroppen glat,

Fortænder oven til 2, neden til 4,

Snuden langspidset - - Spidsmusen.

Snuden butted - - - Pakarotten.

Fortænder oven og neden til 2,

Halen stor,

Bred, fladtrykt og bar - - Beveren.

Noget flad med brusende Haar - Egernet.

Trind og lidet haared - - - Musen.

Halen stumped eller aldeles borte,

Ørene lange - - Haren.

Fortænder oven og neden til 4,

Halen afstumped eller aldeles borte - Aben.

Halen langstrakt - - - Marekatten.

Fortænder oven til 4, neden til 6,

Halen langstrakt eller ingen - Hundeaben.

Fortænder oven til 6, neden til 4,

Fødderne finnede,

De bagerste bag til udstrakte - - Sælen.

Mammata qvadrupeda, qvibus

Pedes IV. ungviculati,
Dentes incisores supra & infra,
Palmarum digiti subæqvales liberi,
Corpus læve,
Dentes incisores supra & infra VI.
Digiti palmati, ambulatorii & natatorii - - LUTRA.
Digiti fissi ambulatorii,
Antici & postici IV. - - HYÆNA.
Antici V. postici IV.
Ungves hamati retractiles,
Lingva retrorsum aculeata - - FELIS.
Ungves arcuati exserti,
Lingva lævis - - - CANIS.
Antici & postici V.
Nasus prominens,
Vestitus e pilis laxis tumidus,
Pedes calcaneis incedentes - URSUS.
Rostrum acutum,
Pollex reliqvis digitis propior,
Cauda annulata,
Lingva aculeata - - - VIVERRA.
Pollex a reliqvis remotus,
Caudæ pars maxima unicolor,
Lingva lævis - - - MUSTELA.
Dentes incisores supra VI. infra VIII.
Pedes brevissimi valide ungviculati,
Rostrum acutum - - - TALPA.
Dentes incisores supra X. infra VIII.
Plantarum pollex muticus,
Cauda seminuda,
Folliculus abdominalis - - DIDELPHIS.

Pattede Firefødde, som have

Fire Fødder med Kløer,
Fortænder oven og neden til,
Forlallernes Tæer næsten af lige Længde og frie,
Kroppen glat,
Fortænder oven og neden til 6,
Tæerne i Svømhud til at gaae og svømme med - - **Odderen.**
Tæerne splittede til at gaae med,
De forreste 4, de bageste 4, - - **Hyjænen.**
De forreste 5, de bageste 4,
Kløerne krogede, tilbagetrækkelige,
Tungen op ad skarp pigged - **Katten.**
Kløerne krumme udstaaende,
Tungen glat - - **Hunden.**
De forreste og bagerste 5,
Næsen fremstaaende,
Klædningen løs- og brusthaarig,
Fødderne hvile paa Hælene - **Biørnen.**
Snuden spids,
Tomeltaaen nær ved de andre Tæer,
Halen ringed,
Tungen skarp - - **Fritten.**
Tomeltaaen fra de andre vidt adskilt,
Halens største Deel eensfarved,
Tungen glat - - - **Væsselen.**
Fortænderne oven til 6, neden til 8,
Fødderne korte med stærke Kløer,
Snuden spids - - - **Muldvarpen.**
Fortænderne oven til 10 neden til 8,
Fodbladets Tommeltaae uden Kloe,
Halen halv nøgen,
Pose under Maven - - **Posedyret.**

Mammata qvadrupeda, qvibus

Pedes IV.

Ungulati,

Incifores utrinqve,

Pedum ungula integra - - EQVUS.

Pedum ungula divifa,

Labium fuperius propendens extenfile,

Corpus fubnudum, cutis plicata,

Nafus cornutus - - RHINOCEROS.

Corpus brevibus pilis tectum,

Nafus muticus - - - TAPIRUS.

Labium fuperius prominens,

Roftrum truncatum,

Laniarii exferti,

Veftitus fetofus - - - SUS.

Labia craffa obtufisfima, vibrisfis tecta,

Laniarii folitarii truncati,

Cauda brevis,

Corpus nudum - - HIPPOPOTAMUS.

Laniarii nulli,

Cauda nulla,

Corpus fetofum,

Digiti palmati - - HYDROCHÆRIS.

Mam-

Pattede Firefødde, som have

Fire Fødder med

Klover,

Fortænder oven og neden til,

Kloven heel - - - **Hesten.**

Kloven splittet,

Overlæben udhængende og kan udvies,

Kroppen næsten nøgen, Huden foldet,

Næsen horned - - - **Næsehornet.**

Kroppen korthaared,

Næsen uden Horn - - **Tapiretten.**

Overlæben udstaaende,

Snuden fladstumpet,

Hiørnetænderne udstaaende

Klædningen af Børster - - **Svinet.**

Læberne tykke, buttede, skiulte med Værhaar,

Hiørnetænderne enkelte, afstumpede,

Halen kort,

Kroppen nøgen - - - **Flodhesten.**

Hiørnetænder ingen,

Hale ingen,

Kroppen skiult med Børster

Tænderne i Svømhad - **Elvesvinet.**

Pattede

Mammata qvadrupeda, qvibus

Pedes IV.

Ungulati

Incisores infra

VI.

Pedes didactyli,

Labium fissum - - CAMELUS.

VIII.

Ungula bisulca,

Cornua solida

Simplicia - - GIRAFFA.

Ramosa - - CERVUS.

Cornua concava

Complanata,

Vestitus lanosus - - OVIS.

Vestitus pilosus - - - CAPRA.

Tereti-angularia

Annulis distincta - ANTILOPE.

Lævia - - BOS.

Cornua nulla,

Laniarii superiores exserti - MOSCHUS.

Pattede Firefødde, som have

Fire Fødder med

Klover

Fortænder neden til

6.

Fødderne tvekløftede,

Læben splittet - - Kamelen.

8.

Fødderne tvekløfted,

Hornene massive,

Enkelte - - Kameelparden.

Greenede - - Hiorten.

Hornene hule,

Fladtrykte,

Klædningen af Uld - - - Faaret.

Klædningen af Haar - - Gieden.

runde med Kanter og

Ringe - - Antilopen.

Glatte - - - - Koen.

Hornene ingen,

Hiørnetænderne oven til og ud-

staaende - - - - Desmerdyret.

Mammata pinnata
(Cetacea)
qvibus

Pinnæ muticæ carnoſæ,

Fiſtula verticis duplex,

Dentes nulli,

Laminæ corneæ maxillæ ſuperioris - BALÆNA.

Fiſtula verticis unica,

Dentes infra tantum,

Alveoli reſpondentes ſupra - - PHYSETER.

Dentes ſupra tantum,

Duo vel unicus longisſimus rectus,

Antrorſum exſertus - - CERATODON.

Dentes ſupra & infra - - DELPHINUS.

Aves.

Pattede Findyr, (Hvalene) som have

Kiødfinner uden Kløer eller Klover,

Dobbelt Pustehul i Panden,

Tænderne ingen,

Hornagtige Barder i Overkiæben. - **Finhvalen.**

Enkelt Pustehul i Panden,

Tænderne neden til,

Aabne imod Tænderne svarende

Huller oven til - - **Svinhvalen.**

Tænderne oven til,

Tvende, eller en eneste meget lang og lige,

Foran udstaaende - - **Narhvalen.**

Tænder oven og neden til. - **Springhvalen.**

Aves.

VOLUCRES, qvibus corpus plumis imbricatum, roſtrum corneum, alæ duæ pennatæ, & pedes duo; calido incubatu qvadrupedibus proximæ; recedunt deſtitutæ auriculis, labiis, cauda, ſcroto, dentibus deciduis, utero, epiglottide, fornice, corpore calloſo & diaphragmate.

Vivendi genus ut & ſtructura, ab homine nimis diverſa, pauca *cicurata* permiſit. In aviariis coluntur nonnulla ob carnes, ova, plumas, pennas, pulchritudinem, muſicam. In uſum plurium regionum & gentium *migrantur* annui æſtatis & hiemis internuncii: Ad loca, ob defectum alimenti & congelatas aqvas antea relicta, revocantur iterum per dies longiores, ciborum copiam, denſiores veſtitus & nuptias paratas. Aſyla qværunt nonnullæ per hiemem torpentes, qvas vernum tempus iterum emergere jubet. Semper vigent aliæ, certis addictæ climatibus.

Loca, in qvibus degunt, varia mutant illis diætam nunqvam naturam: Committuntur pelago nunqvam incedentes, compeditæ, nec volantes, impennes, ſed amphibiæ, urinatrices, palmipedes. Vadunt longipedes, ſcandunt, incedunt, currunt leviores fiſſipedes, dum ſedent feroces harpyjæ.

Diverſis negotiis occupantur ſingula, ut minuantur aqvarum hoſpites, paludum animalcula, qvisqvilio-

rum

Fuglene.

De Flyvende, som have Kroppen tækket med Fiære, Næbbet hornagtig, tvende fiædrede Vinger og tvende Fødder; hvilke ved deres varme Udruenings Kraft nærme sig meest til de Firefødde, men vige af i det de mangle Ørelipper, Læber, Hale, Punge, affældige Tænder, Bæremoder, Luftrørets Lap, Hiernens hvælvede og dens haarde Dele, samt Mellemgulvet.

Deres Levemaade og deres Skabning, som er fra Menneskets heel forskiellig, har ikke kundet giøre uden et lidet Antal tæmmede. Nogle holder man i Fuglehuse for deres Kiød, Eg, Fiær, Fiædre, Smukhed eller Sang. Til Nytte for flere Lande og Folk flytte de aarlige Forbud for Vinter og Sommer. De lange Dage, overfledig Føde, tykkere Klædning og tilstundende Parretid kalde dem tilbage igien til de Steder, de før forlod af Mangel paa Næring, og fordi Vandet var tilfrossen. Nogle søge Tilflugts Steder for at ligge Vinteren over i Dvale, som Foraaret igien bringer for Dagen. Andre leve bestandig vel, anviste sig visse Climer.

De adskillige Opholds Steder giør Forandring i Levemaaden, men aldrig i Naturen. De overlades til Havet som ikke kan gaae, hvis Been ere indbundne, som ikke heller kan flyve, hvis Vinger ere uden Fiædre; men ere Amphibier, Dykkere og Lapfodede. De Langbenede vader; de lettere Splitfodede flyver, gaaer og løber, medens de graadige Rovdyr sidde stille.

Enhver har sine forskiellige Forretninger, for at mindske Tallet paa Havets Indvaanere, Kiærenes Smaae-

 dyr,

rum vermes, ut legantur grana, carpantur ſemina & inſecta, auferantur cadavera & tollantur inutilia imo noxia terræ pondera.

Volatu cantuqve diſtinguuntur telluris vigiles diurni nocturniqve, æthera ſcandunt alis, viam cauda pedibusqve dirigunt. His adminiculis hoſtem effugiunt timendum, armis præter roſtrum & ungves deſtitutæ pleræqve. Alimenta non ubiqve obvia ſubito e longinqvis accelerant, ſemina plantarum & ova piſcium inſectorumqve ubivis diſſeminant, imo ſponſas invitant vel qværunt libidinoſæ, aereæ vocales.

Copula brevisſima junguntur omnes, nuptias celebrant veſtitu, muſica, ludibus pleræqve. *Monogamia* gaudent plurimæ, qvæ conjunctis viribus ſæpius nidum, uteri ſuccedaneum, artificioſisſime ſtruunt, mollisſime ſubſternunt, ovis incubant, pullos alunt oſtendendo, porrigendo, regurgitando; fovent, curant, defendunt; dum in his otientur polygami mares.

Veſtitus corporis ſunt *pennæ* avibus propriæ, materiæ corneæ, ſupra convexæ ſubtus concavæ, conſtantes e ſua baſi concava, vaſe, lymphaticis ſimili, gravido, porro rachi ejusqve ramis lateralibus. Imbricatim tegunt corpus, cui in qvincuncem irradicatæ. Pro annuatim deciduis ſub defluvio enaſcuntur e corpore aliæ. Coloribus ludunt, ſed ætate, ſexu, tempeſtate climate variant minores, *plumæ*, totius corporis tectrices; conſtantiores

ſunt

dyr, Skarnets Orme; for at samle Korn, opplukke Frøet og Insekter, for at udrydde Aadseler, og afføre de unyttige ja de skadelige Jordens Byrder.

Af Flyvendet og Sangen kiendes Jordens Dag- og Nat-Vægtere. De stige i Veyret med Vingerne, og styre Veyen med Stierten og Fødderne. Saaledes undgaae de deres frygtelige Fiende, som næsten alle have intet Forsvar uden Næb og Kløer. Næringen som ikke faaes overalt, bringe de hastig tilsammen fra bortliggende Steder; de udsaae, hvor de komme hen, Frøe af Planter, og Eg af Fiske og Insekter; ja tillokke deres Mage eller opsøge hende, naar de ere geyle, og i Luften give Lyd af sig.

Deres **Parring** varer meget kort, de fleste lave sig dertil med opreiste Fiær, Sang og Leeg. Paa nogle faa nær leve **han og hun i Selskab**, og med samled Flid, oftest med anvendt Kunst, bygge sig en Rede, som tiene dem i Steden for Bæremoder, de reder den blød, rue paa Eggene, opføde Ungerne ved at anvise dem, bringe eller ophulke dem Maden; de varme, beskierme og forsvare dem; i Stæden for at de Hanner, **som parre i Flæng**, leve ledige og frie for alt dette.

Kroppens **Klædning** er Fiædre, som hør Fuglene allene til: Deres Væsen er hornagtig, deres Overflade er convex, men neden under ere de concav, de bestaae af en huul Rod, hvorudi ligger et lymphatiskartet Kar; fremdeles af en Stilk og de derpaa siddende Side-Grene. De dække Kroppen lagviis, og have derudi deres Rødder, i en femrad Orden indhæftede. I Steden for dem, som aarlig fældes, voxer der midt under

 Fældſunt majores, alas caudamqve terminantes remiges & rectrices. *Plumulæ* molles, ſubtiles & fibrilloſæ ſub pennis minoribus ſuperioribus, qvas interſtinguunt, reconditæ, in aqvaticis denſiores.

Dividitur corpus in Caput, Truncum & Artus.

Caput, in qvo obſervanda veniunt

Pileus, caput ſupra tegens, e *Vertice*, *Fronte*, *Occipiteqve* unitis.

Mandibulæ, antice prominentes, exporrectæ, corneæ, nudæ, edentulæ vel ſerratæ, qvarum ſuperior *naribus* pertuſa immobilis. Utræqve complicatæ efficiunt *Roſtrum* in variis varie figuratum.

Cera, tunica calloſa, nuda, baſin mandibulæ ſuperioris cingens.

Capiſtrum, plumæ baſin mandibulæ ſuperioris cingentes, interdum recumbentes, rarius in *Myſtaces* elongatæ.

Lorum, linea nuda, utrinqve a roſtro ad oculos ducta.

Vibriſſæ, ſetæ rigidæ pectinatim ciliatæ, ad faucis exterioris margines diſpoſitæ.

Lingva, latens, carnoſa vel cartilaginea, lacera vel pennacea.

Oculi, *palpebris* & *membrana nictitante* detergendi; eos ambiunt *Orbitæ*, ſupra qvas *Supercilia* picta vel carunculata.

Fældningen nye Fiær ud af Kroppen. De spiller med Farver, som Alderen, Kiønnet, Aarsens Tid og Climet forandrer paa de Smaae-Fiær, som dækker hele Kroppen: Af mere Bestandighed ere de større, Vingens Sving-Fiædre og Gumpens Styrere. De bløde og fine trevlede Duun, som skiules under de øverste Smaae-Fiære, som de omgive, ere overflødigst hos Søefuglene.

Kroppen inddeles i Hoved, Skrog og Ledemode.

Hovedet, hvor man lærer at kiende

Hætten, Hovedets øvre Skiul, som indbefatter Issen, Panden og Baghovedet.

Kiæberne, foran udstaaende, udtrakte, hornagtige, blotte, tandfrie eller savtandede; Overkiæben er igiennemboret med Næsehuller, og er ubevegelig. Begge tilsammen udgiør Næbbet, som hos adskillige er adskillig dannet.

Voxhuden, er et haart Skind, som er bløt og omgiver Roden af Overkiæben.

Fiærgrimen, er de Fiær, som omgiver Roden af Overkiæben, de ligge undertiden forudover, stelden ere de forlængede til Knebelsbarter.

Rimmen, den blottede Linie paa hver Side fra Næbbet til Øyet.

Værhaar, stive Børster, som staae i Rad sammen ved Svælgets yderste Bredder.

Tungen, som er skiult, kiødfuld eller bruskagtig, heel, sønderreven eller fiærdannet.

Øynene, holdes rene med Øynelaagene og en Blinkhinde; dem omringer Øyekrindsen,

 hvor

Aures, absqve auriculis, pennatæ.

Tempora, regio inter oculos & aures.

Gula, principium plumarum in parte prona, a mandibulæ inferioris bifurcatione inclusum.

Genæ, regio oculos inter & gulam.

Collum, pone caput elongatum, erectiusculum, teres; supra incipit *Nucha*, continuatur *Cervice*; infra pone gulam continuatur *jugulo*, usqve ad *sterni* principium tendente.

Truncus, ovatus, constans

Dorso, coadunato, macro.

Claviculis, in furcam coadunatis.

Sterno, magno carinato, cui superjacet musculosissimum *pectus*.

Abdomine, minore parte, infra pectus posita, molli, ossibus orba, postice perforata.

Ano, genitalibus communi, terminato

Crisso, margine labiali cingente pennato.

Artus sunt

Alæ, brachiales, compressæ, ossium articulis mobiles, terminatæ interdum spina pollicari, adjacente spina setacea; tectæ pinnis, *tectricibus primis* & *secundis*; postice ciliatæ *remigibus*, pennis maximis, infimam alarum seriem constituentibus, longioribus, *primoribus* X. qvarum

I-IV.

hvor oven for ere de malede eller vortede Øyne-bryne.

Ørene, ere uden Ørelipper, befiærede.

Tindingerne, Pladsen mellem Øyet og Øret.

Struben, Fiærenes Begyndelse under Fuglen, som indsluttes af Underkiæbens Kløft.

Kinderne, Pladsen mellem Øynene og Struben.

Halsen, bag Hovedet udrakt, oprakt, smaltrind, oven til begynder den med Nakken, hvorpaa følger Knikket; neden under efter Struben kommer Overken, som naaer til Brystbenets Begyndelse.

Skrogget, som er eggerund, bestaaer af

Ryggen, som er sammenvoxet og maver.

Nøglebenene, som ere sammenvoxne til en Fork.

Brystbenet, som er stort og kiøldannet, hvorpaa ligger det stærk muskede Bryst.

Underlivet, den mindste Deel, neden for Brystet, er blød, frie for Been, og bag til aabnet ved

Gadboret, som er ogsaa Veyen til Fødselslemmerne, og endes med

Gadballen, den omringede, læbede, befiærede Rand.

Ledemodene.

Vingerne, nærme sig til Arme, ere sammentrykkede, og bevægelige i Benenes Leder, de endes undertiden med en Pig for Tommelfingeren, og derved sidder en anden Vorstepig. De ere skiulte med Fiær, de forreste og bageste Dækfiær; bag til ere de straalede med Svingfiære, som ere de største og udgiøre Vingens sidste Rad:

I-IV. digiti, V-X. metacarpi, brevioribus, *ſecundariis* X-XVIII. cubiti, *poſticæ* in aqvaticis longiores ſubbrachiales. *Alula ſpuria* pennis III-V pollici inſidet. *Ala notha* ſunt pennæ longiores rigidæ, in aqvaticis ſub axillis ſitæ. Explicantur hæ alarum remiges in fornicatum ventilabrum volitanti, complicantur ſtabulanti primoribus ſubeuntibus ſecundariis, qvæ latere antico depingunt ſæpe ſpecificum *Speculum* nitidum: nec deficiunt, niſi in *Impennibus* pelagicis, vel volatu ponderoſioribus terreſtribus.

Pedes ex femore, tibia digitis ungvibusqve.

Femora, ex oſſe femoris, crurisqve binis; carnoſa, pennis tecta, vel inferius denudata vadantibus & aqvaticis. Plerisqve æqvilibrio ſuppoſita, niſi in compedibus ambulare neſciis, qvibus intra commune abdominis tegmen recondita.

Tibiæ, ex oſſe tarſi elongato; macilentæ, anguſtæ, tendinoſæ, tenui membrana vel craſſa cute coriacea veſtitæ; villoſæ. plumoſæ, vel freqventius nudæ; paucis, inprimis, maſculis, poſtice ſpina calcaratæ.

Articulatio tibiam inter & crus *Genu* dicitur.

Digiti,

De længste ere de forreste 10. hvoraf 1-4 henhøre til Fingeren, 5-10 til Haandbladet. Kortere ere de mellemste 10-18 som henhøre til Nederarmen; De bageste ere paa Søefuglene længere og sidde næsten paa Overarmen. Bievingen bestaaer af 3 eller 5 Fiære, som sidde paa Tommelfingeren. Blindvingen er lange stive Fiære, som Vandfugle have under deres Vingehuller. Disse Vingernes Svingfiære udslaaes til en hvælved Vifte, naar de flyve, sammenfoldes naar de hvile, og det saaledes, at de forreste gaae ind under de mellemste, hvilkes Malning forpaa ofte udgiør et anseeligt og skinnende Speyl. De mangle aldrig uden paa de ubefiærede Søefugle, eller de sværeste Landfugle.

Fødderne bestaaer af Laar, Skinbeen, Tæer og Kløer.

Laarene, af Laarbenet og et dobbelt Skenkelbeen sammensatte, er kiødfulde, befiærede eller neden til nøgne paa de vadende Vandfugle. Under de fleste staae de efter Ligevægten, dem undtagen, som ere ligesom indbundne og kan ikke gaae, hvor de ligge skiulte inden for Underlivets Huud.

Skinnebenene, bestaae af et forlænget Ankelbeen, ere magre, smale og seenefulde, skiulte med en tynd Hinde eller tyk lederagtig Hud, ere loddene, befiærede eller oftest nøgne; Nogle Hanner ere bagtil sporede.

Ledet mellem Skinbenet og Skenkelen kaldes Knæet.

Tæerne,

Digiti, metatarſi phalanges, plerumqve IV. unico poſtico breviore, ſed *ſcanſoriis* digiti antici II. poſticiqve II.; *curſorii*, deſtituti poſtico, tridactyli, rarisſime didactyli. Sunt digiti diſtincti *fisſipedibus*, vel intermedius adnatus laterali *greſſoriis*, vel anteriores intertexti membrana integra natatoriis *palmatis*, qvæ fisſa in *lobatis*, vel baſi tantum connexa *ſemipalmatis* vadantibus, vel membranula marginali dilatati digiti in *pinnatis*.

Ungves acuti, qvibusdam obtuſi, paucis marginati vel ſerrati.

Uropygium ſesſile, cordatum, glandula gemina tumidum, ſupra pertuſum *poro* oleifero, cincto penicillo; ambitu ciliatum pennis majoribus, *rectricibus*, caudam conſtituentibus.

Rectrices ſæpe XII. plures vel pauciores, qvarum laterales ſubeunt intermedias, inde componitur

Cauda, vel pedibus brevior *brachyura*, vel longior *macroura*, ex rectricibus æqvalibus *integra*, ad latera gradatim brevioribus *cuneata*, aut lateribus longioribus *forficata*.

Ornamenta corporis ſunt picturæ & colores varii metallorum æmuli, qvibus ſplendent maxime calidiorum climatum volucres; barba myſtacea, criſta

pennacea,

Tæerne, Fodbladets Endespidser, ere gemeenlig 4. en Bagtaae er kortere, men Klyvfødderne har 2 Tæer foran og 2 bag til, Løbefødderne mangle Bagtaaen, og ere tretaaede, eller meget sielden toetaaede. Tæerne ere adskilte paa de **Splitfodede**, eller den mellemste er med Sidetaaen sammenfammengroet paa **Gangerne**, eller de forreste ere under en heel Hud sammenføyede paa de Svømmende **Bladfodede**; hvilken Hud er splittet paa de **Lapfodede**, eller inden ved Foden heel og holden paa de **halv bladfodede** Vadere, eller Tæerne ere langs ved Siderne forseete med en Strimmel paa de **Finfodede**.

Kløerne ere skarpe, paa andre stumpe, paa nogle faa randede eller savtandede.

Gumpen sidder tæt til Skrogget, er hiertedannet, poser op af en dobbelt Kirtel, har oven paa et oliesvedende Hul, som er omringet med en Fiærbørste, Omkredsen er straalet med store Fiædre, **Styrerne**, som udgiøre Stierten.

Styrerne ere ofte 12 flere eller ferre, de fra Siderne gaae ind under de mellemste, deraf udgiøres

Stierten, som er kortere end Fødderne **stumprumpet**; eller længere **langrumpet**; af lige lange Styrere **heelrumped**; paa Siderne efterhaanden kortere **spidsrumpet**; eller paa Siderne længere **splitrumpet**.

Prydelserne ere Malningerne og de forskiellige høye Metalfarver, hvoraf meest de varmere Lands Fugle glimre; Knæbelsbarderne, Fiærtoppen, have pennacea, carunculæ carnoſæ nudæqve capitis & alia ſpeciebus propria.

Arma ſunt omnibus Roſtrum & Ungves, paucis Cornua, Calcaria aut Spinæ pollicares.

Auctores numerantur eminentiores

VETERUM *Belonius* 1555 & *Gesnerus* 1555. patres artis; horum aves collegit & auxit *Aldrovandus* 1599. Braſilienſes novas addente *Marcgravio* 1648. has omnes digesſit & auxit *Willughby* 1676. cum ſuo *Rajo* 1713. iconesqve varios dedit *Marſiglius* 1726.

RECENTIORES nova luce vivis coloribus illuſtrarunt artem; Germanicas *Friſchius* 1734. Europæas *Albinus* 1731. Rariorum avium centuriam unam elaboravit ſplendidus *Catesby* 1731. ſed tres & ultra centurias communicavit eximius *Edward* 1745. qvas exactis ſuis locupletavit nitidus *Pennant* 1766. Iconum copiam adaugent ornithologiæ *Laurentii* 1767. ſeqq.

SYSTEMATICAM in formam aves reducere tentarunt varii, inter qvos, poſt varia tentamina felicia, prodiere *Linnei* ſpecimina; integrum exercitum notarum & novarum poſteris obtulere labores & muſeum *Reaumurii*, unde duplo plures recentiori methodo nuperrime collegit *Briſſonius*, verum

numerum

have dets nøgne Kiødknopper og andet, som Arterne har for sig.

Vaabnene ere hos alle Næbbet og Kløerne, faa bær Horn, Sporer eller Tommelpigger.

Skribenterne regnes de betydeligste,

De Gamles Belon 1555 og Gesner 1555 som ere Videnskabens første Dannere; Deres Fugle samlede og forøgede Aldrovand 1599. De nye Brasiliske bleve tillagde af Marcgrav 1648. Alle disse forbedrede og formerede Willugby 1676, med sin Ven Ray 1713. Adskillige Kobbere gav os Marsigli 1726.

De Yngere gav Videnskaben et nyt Lys og malede dem med levende Farver, de Tydske udgav Frisk 1734, de Europæiske Albin 1731. Hundrede sieldnere Fugle udarbeydede den prægtige Catesby 1731. men mere end tre hundrede udgav den ypperlige Edward 1745. som ved nogle vel trofne nye bleve formerede af den smukke Pennant 1766. Malningernes Tall er voxet ved Lorentzes Fugleböger 1767 o. f.

Systematiske Methoder forsøgte adskillige at bringe Fuglene under; Efter adskillig Forsøg fremkom Linnes lykkelige Prøver. En ganske Hær af bekiendte og ubekiendte fik Efterkommerne ved Reaumurs Flid og hans Samling, hvorved Brisson fik sammensamlet dobbelt saa mange efter en nyere Methode. Det virkelige Tall formeres og Methoderne forbedres iblant andre af den ved sin utrettelige Flid anseelige Pallas.

Ikke

numerum augent & methodos emendat inter alios indefessis laboribus conspicuus *Pallas*. Merita qvoqve sua habent *Kleinii* aliorumqve tentamina.

Qvoniam toto habitu, natura & forma externa differunt ab aqvaticis terrestres, vitæ ratio autem in primis e pedibus determinatur; desumantur ab illis differentiæ maximæ, qvæ *Tribus* constituant, dum rostri figuræ diversæ aliqvatenus indicant ordines. Familiares notæ plures, ordini propriæ, rem verificant.

Tribus.	*Ordo.*
Pedes ad tibias usqve plumosi,	
Rostrum hamatum, compressum -	ACCIPITRES.
Rostrum cultratum convexum - -	PICÆ.
Rostrum conicum acuminatum - -	PASSERES.
Rostrum convexum inæqvale, apice incurvum - -	GALLINÆ.
Pedes supra genua denudati,	
Rostrum sulcatum nudum - -	GRALLÆ.
Rostrum læve epidermide tectum -	ANSERES.

Ikke heller fattes det sine Fortienester, hvad Klein og andre have forsøgt.

Eftersom Landfuglene adskilles fra Vandfuglene i deres hele Udseende, Natur og udvortes Skabning, men Levemaaden fornemmelig kan bestemmes af Fødderne, saa maae af dem tages den største Forskiel, som udgiør Stammerne, da Næbbets forskiellige Figur nogenledes tilkiendegiver Ordenerne. Flere Kiendetegn af Familierne tagne, som allene hør til en vis Orden, ere mere Beviis paa Tingens Rigtighed.

Stammen.	Ordenen.
Fødderne til Skinnebenene beskærede,	
Næbbet kroget og sammentrykt -	Ørnearteде.
Næbbet skarprygget og convex -	Skadearteде.
Næbbet kegeldannet og spidset -	Spurvarteде.
Næbbet convex og ulige, i Enden krum indboyet - - -	Hønsearteде.
Fødderne oven for Knæerne nøgne,	
Næbbet stribet og blottet -	Sneppearteде.
Næbet glat og klædt med en tynd Hud - - - -	Gaasearteде.

ORDINUM *Charaćteres.*

I. ACCIPITRES.

Roſtrum hamatum; Mandibula ſuperior pone apicem utrinqve in lobum dentiformem dilatata: Nares patulæ.

Pedes breves, robuſti, ultra genua plumis veſtiti: Tibiæ cute coriacea rugoſa tectæ: Digiti IV. ſubtus verrucoſi: Ungves hamati acutisſimi.

Victus: Laniena rapinaqve animalium.

Nidus in altis: Ova circiter IV. Pullis cibus porrigendus.

Monogamia.

Vultur. *Falco.* *Strix.*

II. PICÆ.

Roſtrum cultratum convexum.

Pedes breves validiusculi, ad genua usqve plumoſi, tetradactyli; ſcanſorii, greſſorii, vel ambulatorii.

Victus varius polyphagis.

Nidus in arboribus: Mas alens fœminam incubantem: Pullis cibus porrigendus.

Monogamia plerisqve.

Pedes ſcanſorii:

Torqvilla. *Picus.* *Galbula.*
Ramphaſtos. *Bucco.* *Pſittacus.*
Trogon. *Crotophagus.* *Cuculus.*

Pedes greſſorii:

Pipra. *Momotus.* *Todus.*
Buceros. *Alcedo.* *Merops.*

Pedes ambulatorii:

Trochilus. *Certhia.* *Upupa.*
Oriolus. *Sturnus.* *Paradiſæa.*
Buphaga. *Corvus.* *Coracias.*
Xanthornus. *Sitta.* *Gracula.*
Lanius. *Turdus.*

III. PAS-

Ordenernes Kiendemerker.

I. Ørnearted e.

Næbbet kroget, Overkiæben ved Spidsen paa begge Sider udvidet med et tanddannet Snit: Næseborene aabne.

Fødderne korte, stærke, klædte med Fiær neden for Knæerne. Skinnebenene overdragne med en læderagtig rynked Hud. Tæerne 4. neden under vortefulde. Kløerne krogede og meget skarpe.

Føden, Rov og Bytte af Dyr.

Reden i Høyden: Eggene omtrent 4. Ungerne bringes Maden.

Han og Hun leve i Selskab.

Griffen. Falken. Uglen.

II. Skadeartede.

Næbbet skarpryggget og convex.

Fødderne korte og stærke, bestærede lige til Knæerne; fireretaaede; klyvende, trinende eller gaaende.

Føden er adskillig for de i Fleng ædende.

Reden i Træer; Hannen føder Hunnen som ruer: Ungerne faaer Maden tilbragt.

Han og Hun leve blant de fleste tilsammen.

Klyvfødder:

Dreihalsen.	Spetten.	Jakamaren.
Tukanen.	Skiægfuglen.	Papegøyen.
Kurakujen.	Løskefuglen.	Gøyen.

Triinfødder:

Manakinen.	Momotkragen.	Tomtitten.
Roehornet.	Isfuglen.	Biefuglen.

Gangfødder:

Honningfuglen.	Træpikken.	Herfuglen.
Guulskiæren.	Stæren.	Paradisfuglen.
Roehakken.	Ravnen.	Kragen.
Redehængeren.	Spetmeissen.	Kaaeskiæren.
Tornskaden.	Kramsfuglen.	

III. PASSERES.

Roſtrum conicum, acuminatum.

Pedes ſalientes, teneri, fisſi, tetradactyli.

Victus: ſemina crasſiroſtribus; inſecta & vermes tenuiroſtribus.

Nidus ſupra terram. Pullis cibus inculcandus.

Monogamia.

Roſtrum gibboſum:	Roſtrum triqvetrum:	
Fringilla.	*Muſcicapa.*	*Ampelis.*
Loxia.	*Parus.*	*Ficedula.*
Emberiza.	*Tangara.*	*Caprimulgus.*
Colius.	*Alauda.*	*Hirundo.*

IV. GALLINÆ.

Roſtrum convexum, mandibula ſuperior fornicata ſupra inferiorem, incurva: Nares membrana fornicatæ.

Pedes curſorii, ad tibias usqve vel ultra plumoſi; Tibiæ cute rugoſa tectæ: Digiti IV, ſubtus verrucis ſcabri.

Victus e granis: Pulveratrices.

Nidus in terra absqve arte: Ova numeroſa: Pullis cibus demonſtrandus.

Polygamia plerisqve.

Didus.	*Columba.*	*Gallopavo.*	*Gallus.*
Numida.	*Tetrao.*	*Perdrix.*	*Phaſianus.*

III. Spurvartede:

Næbbet konisk og spidset.

Fødderne hoppende, smekre, splittaaede, firetaaede.

Føden er Frøe for de tyknebbede; Insekter og Orme for de smalnebbede.

Redet over Jorden; Ungerne mades.

Han og Hun leve i Selskab.

Næbbet tykt:	Næbbet trekantet:	
Finken.	Fluefangeren.	Silktrosten.
Dumpapen.	Meisen.	Irrisken.
Verlingen.	Tangartrosten.	Natravnen.
Koljuen.	Lærken.	Svalen.

IV. Hønseartede.

Næbbet convex, Overkiæben hvælved ud over den underste, og indbøyet: Næseborene med en Hinde hvælvede.

Løbefødder; til Skinnebenene eller derover fiærede. Skinnebenene overdragne med rynket Hud. Tæerne 4. neden under skarpvortede.

Føden af Korn. Støvkastere.

Reden paa Jorden uden Kunst: Eggene mange: Ungerne anvises Føden.

De fleste leve i Selskab, en Han med mange Hener.

Dronten. Duen. Kalekuten. Smaaehønset.
Pentaden. Urhønset. Agerhønset. Fasanen.

V. GRALLÆ.

Roſtrum ſulcatum ſubcylindricum.
Pedes vadantes longiores: Femora ſeminuda:
Digiti IV. III. rarisſime II. ſæpius membranula aucti.
Victus in paludibus, animalcula.
Nidus in terra ſæpius.
Nuptiæ variæ.

Digitus poſticus:

Fulica.	*Parra.*	*Anhima.*
Platalea.	*Ardea.*	*Ciconia.*
Tringa.	*Rallus.*	*Glareola.*
Phalaropus.	*Phœnicopterus.*	*Cochlearius.*
Mycteria.	*Numenius.*	*Grus.*
Scolopax.	*Avoſetta.*	*Corrira.*
Scops.	*Cariama.*	

Digitus poſticus nullus.

Struthio. *Otis.* *Charadrius.* *Hæmatopus.*

VI. ANSERES.

Roſtrum læve, multiforme, epidermide tectum.
Pedes natatorii: Digiti membrana aucti IV vel III.
Tibiæ compreſſæ, breves: Genua denudata.
Victus in aqvis, plantæ, piſces &c.
Nidus ſæpius terreſtris: Mater rarius porrigit pullis.
Polygamia plerisqve.

Femora intra abdomen recondita:

Pengvinus.	*Spheniſcus.*	*Plautus.*
Colymbus.	*Uria.*	*Alca.*

Femora extra abdomen poſita:

Pelecanus.	*Anhinga.*	*Phaëton.*	
Sterna.	*Rynchops.*	*Larus.*	*Anas.*
Mergus.	*Procellaria.*	*Albatroſſa.*	

Gene-

V. Sneppeartede.

Næbbet indskuret og noget cylindriskartet.

Fødderne vadende, lange: Laarene halv nøgne: Tæerne 4, 3, meget sielden 2, oftest med en liden Hud forøgede.

Føden i Kær, er smaae Dyr.

Reden oftest paa Jorden.

Elskoven forskiellig.

En Bagtaae:

Bleshønset.	Pandeslippen.	Sporvingen.
Skuffelen.	Heyren.	Storken.
Tyten.	Rixen.	Engrønnen.
Vandsneppen.	Flamingen.	Skeefuglen.
Snipskuren.	Buesnablen.	Løberen.
Langnæbbet.	Tranen.	Kariamen.
Skyggefiæren.	Klyden.	

Ingen Bagtaae:

Strudsen. Trappen. Loefuglen. Kielden.

VI. Gaaseslægten.

Næbbet glat og af adskillig Skabning, med en tynd Hud overdragen.

Svømfødder: Tæerne, med Svømhud, ere 4, eller 3.

Skinnebenene flad trykte og korte: Knæerne nøgne.

Føden i Vandet af Planter, Fisk o. f.

Reden oftest paa Jorden. Moderen mader rart Ungerne.

De fleste leve i Selskab, flere Hunner med en Han.

Laarene indtrækkede udi Underlivet:

Pengvinen.	Lapvingen.	Brillefuglen.
Lommen.	Lomvien.	Alken.

Laarene uden for Underlivet:

Pelekanen.	Slængehalsen.	Tropiken.
Tærnen.	Halvnæbbet.	Maagen. Anden.
Skrækken.	Stormfuglen.	Albatrossen.

Generum
Tabulæ Synopticæ.

Aves, qvibus

Crura in parte inferiori plumis denudata,
Pedes corpore postico multo longiores,
Alæ ad volatum ineptæ,
Digiti antici 3 vel 2, posticus 0,
Rostrum conicum, brevissimum,
Rectrices nullæ,
Sternum callosum - - - STRUTHIO.
Alæ ad volatum aptæ,
Digiti antici III, posticus I.
Pinnati per totam longitudinem,
Membranis simplicibus vel emarginatis,
Rostrum conico-compressum,
Frons callosa, nuda - - - FULICA.
Rostrum gracile, rectum, apice incurvum,
Frons plumis tecta - PHALAROPUS.
Palmati per totam longitudinem,
Rostrum denticulatum,
Mandibulæ latiores, infracto-
incurvatæ - PHOENICOPTERUS.
Rostrum edentulum,
Gracile depressum,
Elongato, recurvatum - AVOSETTA.
Crassius,
Breve, rectum - - CORRIRA.

Aves,

Slægternes
Udtogs-Tabeller.

Fuglene, som have
Skenklernes nederste Deel nøgen,
Fodderne meget længere end Kroppens Bagdeel,
Vingerne uskikkede til Flyven,
Fortæerne 3 eller 2, Bagtaaen 0,
Næbbet konisk og meget kort,
Styrerne ingen,
Brystet haarhudet,
Tæerne tre eller tvende - **Strudsen.**
Vingerne beqvem til flyven,
Fortæerne 3, Bagtaaen 1,
Finnede langs ud ad,
Hudlappen eens eller udskaaren,
Næbbet konisk sammentrykt,
Panden haarhudet og nøgen - **Blishønset.**
Næbbet smekkert, ret, i Enden indbøyet,
Panden befiæret - **Vandsneppen.**
Bladfodede heel ud ad,
Næbbet tandfuld,
Kiæberne brede,
Ved Brækning indbøyede - **Flamingen.**
Næbbet uden Tænder,
Smekkert, flad nedtrykt,
Langstrakt, tilbagekrummet - **Klyden.**
Tykkere,
Kort, ret - - **Løberen.**

Aves, qvibus

Crura in parte inferiori plumis denudata,
Pedes corpore poſtico multo longiores,
Alæ ad volatum aptæ,
Digiti antici III, poſticus I,
Membranis deſtituti digitis æqvalibus,
Roſtrum gibboſum,
Mandibula ſuperior cymbæformis,
Apice ungviculata - COCHLEARIUS.
Roſtrum planiusculum, depreſſum,
Apex dilatatus orbiculatus - PLATALEA.
Roſtrum validum compreſſum,
Caput longitudine ſuperans,
Apice acutum,
Genæ nudæ - - - ARDEA.
Orbita ocularis nuda - CICONIA.
Frons ſqvamoſa nuda - MYCTERIA.
Apice aduncum,
Facies plumis tecta - - SCOPS.
Caput longitudine æqvans,
Rectum acutum,
Facies lanuginoſa - - GRUS.
Roſtrum conicum,
Mandibula ſuperior adunca,
Frons cornuta,
Alæ calcaratæ - - ANHIMA.
Frons criſtata,
Alæ inermes - - CARIAMA.

Aves,

Fuglene, som have

Skenklernes nederste Deel nøgen,
Fodderne meget længere end Kroppens Bagdeel,
Vingerne beqvemme til flyven,
Fortærerne 3, Bagtaaen 1,
Uden Finner eller Blade heel ud ad,
Næbbet pukligt,
Overkiæben som en omkeert Baad,
Spidsen nægeldannet - **Skeefuglen.**
Næbbet flad nedtrykt,
Spidsen rund udbredet - **Skuffelen.**
Næbbet stærk og sammentrykt,
Længer end Hovedet,
Spids i Enden,
Nogne Kinder - - **Heyren.**
Nøgen Øyekrinds - **Storken.**
Nøgen og skiælled Pande **Snipskjuren.**
Kroget i Enden,
Forhovedet befiæret - **Skyggefiæren.**
Af Længde med Hovedet,
Ret og spids,
Forhovedet fugget - - **Tranen.**
Næbbet konisk,
Overkiæben kroget,
Panden hornet,
Vingerne sporede - **Sporvingen.**
Panden toppet,
Vingerne ubevæbnede - **Kariamen.**

Aves, qvibus

Crura in parte inferiori plumis denudata,
Pedes corpore postico multo longiores,
Alæ ad volatum aptæ,
Digiti antici III, posticus I,
Membranis destituti digitis æqvalibus,
Rostrum gracile,
Teretiusculum,
Subulatum,
Arcuatum leviter,
Genæ nudæ - - NUMENIUS.
Obtusum,
Caput longitudine superans - SCOLOPAX.
Caput longitudine æqvans - TRINGA.
Ante apicem crassius,
Frons caruncu lata - - PARRA.
Compressum,
Rectum, acutum,
Corpus compressum - - - RALLUS.
Incurvum apice - - GLAREOLA.
Digiti antici III, posticus o,
Rostrum conicum, incurvum, breve - OTIS.
Rostrum teretiusculum, rectum,
Ante apicem crassius - CHARADRIUS.
Rostrum angustum, compressum,
Apice cuneiforme - HÆMATOPUS.

Aves,

Fuglene, som have

Skenklernes nederste Deel nøgen,

Fødderne meget længere end Kroppens Bagdeel,

Vingerne beqvemme til Flyven,

Fortæerne 3, Bagtaaen 1,

Uden Finner eller Blade heel ud ad,

Næbbet smekkert,

Trindagtig,

Sylspidt,

Buekrummet noget lidet,

Kinderne nøgne - **Buesnablen.**

Buttet,

Længere end Hovedet - **Langnæbbet.**

Af Længde med Hovedet - **Tyten.**

Tyk ved Enden,

Panden kiødvortet - **Pandeslippen.**

Sammentrykt,

Ret og spids,

Kroppen sammentrykt - - - **Rixen.**

Krummet til Enden - - **Engrønnen.**

Fortæerne 3, Bagtaaen 0,

Næbbet konisk, krum og kort, - **Trappen.**

Næbbet smekkert, ret,

Tykkere ved Enden - - - **Loefuglen.**

Næbbet smal, og sammentrykt,

Endespidsen kiledannet - - - **Kielden.**

Aves, qvibus

Crura in parte inferiori plumis denudata,

Pedes ultra corpus poſtice vix prominentes,

Femora intra abdomen recondita,

Alæ ad volatum ineptæ,

Digiti antici, palmati III.

Poſticus unicus ſolutus,

Roſtrum compreſſum, latius,

Apice incurvum,

Mandibula inferior integra - PENGVINUS.

Mandibula inferior truncata - SPHENISCUS.

Poſticus o,

Roſtrum compreſſum latius,

Apicibus incurvum - - - PLAUTUS.

Alæ ad volatum aptæ,

Digiti antici palmati III.

Poſticus unicus ſolutus,

Roſtrum rectum, acuminatum,

Membrana digitorum lobata vel integra - - - COLYMBUS.

Poſticus o,

Roſtrum anguſtum, rectum, acuminatum - - URIA.

Roſtrum latum, compreſſum, transverſim ſtriatum - - ALCA.

Aves,

Fuglene, som have

Skenklernes nederste Deel nøgen,

Fødderne neppe længere end Kroppens Bagdeel,

Laarene skiulte i Underlivet,

Vingerne ubeqvemme til flyven,

Fortæerne bladede, 3.

En løs Bagtaae,

Næbbet sammentrykt og bredt,

Endespidsen indkrummet,

Underkiæben heel - - **Pengvinen.**

Underkiæben afstumpet - - **Lappingen.**

Bagtaae 0,

Næbbet sammentrykt og bredt,

Endespidserne indkrummede - **Brillefuglen.**

Vingerne beqvemme til flyven,

Fortæerne bladede, 3,

En løs Bagtaae,

Næbbet ret, spidset,

Tæernes Skindlap udskaaren

eller heel - - **Lummen.**

Bagtaae 0,

Næbbet smal, ret, spidset - **Lumvien.**

Næbbet bredt, sammentrykt,

Tverstribet - - **Alken.**

Aves, qvibus

Crura in parte inferiori plumis denudata,

Pedes ultra corpus poſtice vix prominentes,

Femora extra abdomen poſita,

Alæ ad volatum aptæ,

Digiti IV. palmati, membrana connexi,

Facies nuda,

Roſtrum rectum, apice aduncum,

Gula ſaccata nuda - PELECANUS.

Facies tecta,

Roſtrum rectum, acuminatum - ANHINGA.

Roſtrum cultratum, acuminatum,

Rectrices binæ elongatæ - PHAETON.

Digiti III. membrana connexi,

Poſticus ſolutus,

Roſtrum denticulatum,

Cylindrico-ſubulat. apice adunc. - MERGUS.

Semicylindricum apice ungviculatum - ANAS.

Roſtrum edentulum,

Compreſſum lateraliter,

Rectum, acutum,

Mandibulæ æqvales - STERNA.

Mand. inferior longior - RYNCHOPS.

Apice aduncum,

Nares roſtro impresſæ - - - LARUS.

Nares tubuloſæ eminentes PROCELLARIA.

Poſticus nullus,

Roſtrum lateraliter compreſſum,

Mandibula ſuperior apice adunca,

Inferior truncata - - ALBATROSSA.

Aves,

Fuglene, som have
Skenklernes nederste Deel nøgen,
Fødderne neppe længere end Kroppens Bagdeel,
Laarene uden for Underlivet,
Wingerne beqvemme til flyven,
Tæerne 4, under en Svømhed,
Forhovedet nøgen,
Næbbet ret, i Enden kroget,
Struben posende og nøgen - **Pelikanen.**
Forhovedet befiæret,
Næbbet ret og spidset - **Slængehalsen.**
Næbbet skarprygget og spidset,
Tvende lange Styrere - - **Tropiken.**
Tæerne 3, under en Svømhud,
En løs Bagtaae,
Næbbet tandet,
Cylindrisk, sylspidset og krogendet - **Skrækken.**
Halv cylindrisk, næglendet - - **Anden.**
Næbbet tandfrie,
Sammentrykt paa Siderne,
Ret, spids,
Kiæberne lige store - - **Tærnen.**
Underkiæben længst - **Halvnæbbet.**
Kroget i Endespidsen,
Næseborene indtrykt i Næbbet - **Maagen.**
Næseboerne som Piber ud-
staaende - **Stormfuglen.**
Bagtaae 0,
Næbbet paa Siderne sammentrykt,
Overkiæben krogendet,
Underkiæben afstumpet - **Albatrossen.**

Aves, qvibus

Crura ad tibiam usqve plumoſa,

Pedes ſcanſorii,

Roſtrum teretiuſculum, acuminatum, rectum,

Rectrices flexiles,

Lingva longisſima - - - TORQVILLA.

Roſtrum polyedro-cuneatum, rectum,

Rectrices rigidæ,

Lingva longisſima,

Nares pennis tectæ - - PICUS.

Roſtrum tetrangulare acuminatum, rectum,

Lingva brevis - - GALBULA.

Roſtrum cultratum,

Inane maximum, ſerratum,

Apicibus incurvum,

Lingva pennacea - - RAMPHASTOS.

Solidum breve,

Tectum ſetis ad baſin recumbentibus - BUCCO.

Tectum cera baſeos,

Mandibula ſuperior adunca - PSITTACUS.

Nudum,

Marginibus ſerratum - - TROGON.

Marginibus integrum,

Dorſo carinatum - - CROTOPHAGUS.

Dorſo convexum - - CUCULUS.

Aves,

Fuglene; som have

Skenklerne indtil Skinnebenet befiærede,

Klyvfydder,

Næbbet trind og tilspidset, ret,

Styrefiærene bøyelige,

Tungen meget lang - - **Dreyhalsen.**

Næbbet mangekantet, kilespidset, ret,

Styrefiærene stive,

Tungen meget lang,

Næseborene med Fiær bedækkede - **Spetten.**

Næbbet firekantet, tilspidset, ret,

Tungen kort - - **Jakamaren.**

Næbbet skarprundrygget,

Tomt, meget stort, savtandet,

Enderne indkrummede,

Tungen fiærdannet - - **Tukanen.**

Massiv og kort,

Dækket ved Roden med udliggende

Berster - - **Skiægfuglen.**

Dækket ved Roden med en Voxhud,

Overkiæben krogendet - - **Papegøyen.**

Blottet,

Kandterne savtandede - - **Kurukujen.**

Kandterne hele,

Paa Ryggen kiøldannet - **Løstefuglen.**

Paa Ryggen convex - - - **Giøgen.**

Aves, qvibus

Crura ad tibiam usqve plumoſa,

Pedes greſſorii,

Roſtrum capite brevius,

Apice incurvum compreſſum,

Baſi ſubtrigonum,

Cauda brevisſima - - - PIPRA.

Roſtrum capite longius,

Serratum marginibus,

Conicum,

Apicibus incurvum, - - MOMOTUS.

Falciforme,

Frons oſſeo-gibboſa vel lævis - BUCEROS.

Integrum marginibus,

Rectum, acuminatum,

Subtrigonum,

Validum, acutum - - ALCEDO.

Plano-depreſſum,

Apice obtuſum - - TODUS.

Arcuatum,

Angulato-compreſſum, acutum - - MEROPS.

Aves,

Fuglene, som have

Skenklerne indtil Skinnebenet befiærede,
Trinfedder,
Næbbet kortere end Hovedet,
Krum og sammentrykt i Endespidsen,
Trekantig ved Roden,
Stierten meget kort - - **Manakinen.**
Næbbet længere end Hovedet,
Savtandet i Bredderne,
Konisk,
Krummet i Endespidserne - **Momotkragen.**
Segelkrummet,
Panden beenknudet eller glat - **Roehornet.**
Heel i Bredderne,
Ret og tilspidset,
Noget trekantet,
Stærk og spids - - **Isfuglen.**
Flad nedtrykt,
Stump for Enden - - **Tomtitten.**
Buekrummet,
Kantet, sammentrykt og spids - **Biefuglen.**

Aves, qvibus

Crura ad tibiam usqve plumoſa,
Pedes ambulatorii,
Cute coriacea rugoſa tecti,
Alæ ad volatum ineptæ,
Roſtrum medio coarctatum rugoſum,
Mandibula utraqve apice inflexa - - DIDUS.
Alæ ad volatum aptæ,
Roſtrum aduncum,
Caput antice denudatum - - VULTUR.
Caput pennis arcte tectum,
Cera ad baſin roſtri - - FALCO.
Setæ reverſæ ſupra baſin roſtri - - STRIX.
Roſtrum conicum apice incurvum,
Nares membrana molli tumida tectæ - - COLUMBA.
Nares membrana cartilaginea convexa ſemitectæ,
Palea unica gutturis - GALLOPAVO.
Paleæ plicæve binæ,
Sub gutture pendulæ - GALLUS.
Ad angulos oris pendulæ,
Calcaria nulla - - NUMIDA.
Paleæ plicæve nullæ,
Supercilia nuda papilloſa,
Pedes plumoſi - - TETRAO.
Pedes nudi - - - PERDRIX.
Genæ nudæ papilloſæ,
Cauda elongata - - PHASIANUS.

Aves,

Fuglene, som have
Skenklerne indtil Skinnebenet befiærede,
Gangfødder,
Skiulte med en læderagtig rynket Hud,
Vingerne ubeqvemme til flyven,
Næbbet midt paa indknebet og rynket,
Kiæberne i Endespidsen indbøyede - **Dronten.**
Vingerne beqvemme til flyven,
Næbbet kroget,
Hovedet foran nøget - - - **Griffen.**
Hovedet meget befiæret
Vorhud ved Roden af Næbbet - **Falken.**
Stive Haar tilbage vendte ud over
Næbbets Rod - - **Uglen.**
Næbbet konisk, i Endespidsen indkrummet,
Næseborene skiulte med en posende
blød Hud - - - **Duen.**
Næseborene halvskiulte med en haard
convex Hinde,
En Skæglap under Struben - **Kalekuten.**
Tvende Skæglappe eller Folder,
Under Struben nedhængende - **Smaahønset.**
Ved Mundkrogene nedhængende,
Uden Sporer - - **Pentaden.**
Ingen Skæglapper eller Folder,
Øynebrynene nøgne og vortede,
Fødderne befiærede - - **Urhønset.**
Fødderne nøgne - - **Agerhønset.**
Kinderne nøgne og vortede,
Stierten langstrakt - - **Fasanen.**

Aves, qvibus

Crura ad tibias usqve plumoſa,

Pedes ambulatorii,

Tenui membrana ſqvamata tecti,

Roſtrum gracile, elongatum,

Filiforme, apice tubuloſum,

Arcuatum vel rectum - - TROCHILUS.

Subtrigonum, apice acutum,

Arcuatum - - - CERTHIA.

Convexum apice obtuſiuſculum - - UPUPA.

Roſtrum validum, brevius,

Ad criſtam compreſſum,

Cylindraceum, acuminatum, rectum,

Mandibulæ æqvales,

Angulus frontis nudus - XANTHORNUS.

Angulus frontis tectus - - ORIOLUS.

Mandibula ſuperior apice latior

& obtuſior - - STURNUS.

Compreſſum ſubulatum - - SITTA.

Subqvadrangulare, breve,

Obtuſum - - - BUPHAGA.

Aves,

Fuglene, som have

Skenklerne indtil Skinnebenet befiærede,

Gangfødder,

Skiulte med en tyndskiællet Hinde,

Næbbet smækkert og langstrakt,

Traaddannet i Endespidsen som et Rør,

Buekrummet eller ret - **Honningfuglen.**

Noget trekantet, spidsendet,

Buekrummet - - **Træepikkeren.**

Convex stumpendet - - **Herfuglen.**

Næbbet søert og maadelig langt,

Ved Toppen sammentrykt,

Cylindrisk tilspidset og ret,

Kiæberne ligestore,

Pandevinklen nøgen - **Redehængeren.**

Pandevinklen befiæret - **Guulskiæren.**

Overkiæben bredere og stumpendet - **Stæren.**

Sammentrykt, sylspids - **Spetmeisen.**

Noget firekantet, kort,

Stumpendet - - **Roehakken.**

Aves, qvibus

Crura ad tibias usqve plumoſa,

Pedes ambulatorii,

Tenui membrana ſqvamata tecti,

Roſtrum validum, brevius,

Ad criſtam compreſſum,

Cultratum,

Integrum marginibus,

Tectum ad baſin

Setis recumbentibus - - CORVUS.

Capiſtro plumoſo - - PARADISÆA.

Denudatum,

Apice incurvum - - - CORACIAS.

Ad apicem incurvum - - GRACULA.

Emarginatum ad apicem,

Aduncum - - LANIUS.

Deflexum - - TURDUS.

Ad criſtam gibboſum,

Conico-attenuatum,

Margo mandibularum undiqve æqvaliter prominens - - FRINGILLA.

Margo mandibularum utrinqve introrſum depreſſus - - EMBERIZA.

Conico-gibbum,

Supra & infra - - LOXIA.

Supra tantum,

Apice aduncum - - COLIUS.

Aves,

Fuglene, som have
Skenklerne til Skinnebenene befiærede,
Gangfødder,
Skiulte med en tynd skiælled Hinde,
Næbbet kort og maadelig langt,
Ved Toppen sammentrykt,
Skarp buerygget,
Heelt i Randen,
Skiult ved Roden
Med udliggende Børster - Ravnen.
Med en smaafiæret Grime - Paradisfuglen.
Nøget,
I Enden indkrummet - - Kragen.
Med Enden indbøyet - Raaskiæren.
Udskaaren ved Endespidsen,
Kroget - - Tornskaden.
Nedbøyet - - Kramsfuglen.
Ved Toppen bugrundet,
Konisk tilspidset,
Kiæbernes Rand
allevegne lige udstaaende - - Finken.
paa begge Sider indad nedtrykt - Verlingen.
Konisk og buget,
Oven og neden - - - Dumpapen.
Oven til allene,
Krogendet - - Koljuen.

Fuglene,

Aves, qvibus

Crura ad tibias usqve plumoſa,

Pedes ambulatorii,

Tenui membrana ſqvamata tecti,

Roſtrum validum, brevius,

Ad criſtam triqvetrum,

Emarginatum ad apicem,

Depreſſum,

Os vibrisſis inſtructum - MUSCICAPA.

Conicum,

Apice declive - - TANAGRA.

Mandibula ſuperior ſubincurvata longior - - AMPELIS.

Integrum,

Cylindraceo - ſubulatum,

Rectum,

Setis ad baſin tectum - - PARUS.

Setis denudatum,

Ungvis poſticus ſubrectus, digito longior - - - ALAUDA.

Ungvis poſticus arcuatus, digito brevior - - - FICEDULA.

Incurvum,

Baſi depreſſum,

Rictus oris amplior,

Vibriſſæ ad os - CAPRIMULGUS.

Vibriſſæ nullæ - - - HIRUNDO.

Repti-

Fuglene, som have
Skenklerne til Skinnebenene beſiærede,
Gangfødder,
Skiulte med en tynd ſkiælled Hinde,
Næbbet ſtort og maadelig langt,
Ved Toppen trekantet,
Udſkaaret ved Endeſpidſen,
Nedtrykt,
Gabet beſat med Værhaar - **Fluefangeren.**
Koniſk,
Endeſpidſen nedbøyet - **Tangartroſten.**
Overkiæben noget indkrummet
og længere - - **Silktroſten.**
Heelt,
Cylindriſk ſylſpidſet,
Ret,
Roden dækket med Børſter - - **Meiſen.**
Roden blottet uden Børſter,
Bagkloen ret, og
længere end Taaen - - **Lærken.**
Bagkloen krummet, og
kortere end Taaen - - **Irriſken.**
Indkrummet,
Ved Roden flad nedtrykt,
Gabet meget ſtort,
Beſat med Værhaar - **Natravnen.**
Uden Værhaar - - **Svalen.**

Reptilia.

Reptilia tetra, ſuſpecti habitus, nuda, frigida, corde uniloculari, uniaurito, pulmonibus arbitrariis, vicaria pro diaphragmate gula dignoſcuntur.

Plurimam ſpecierum & varietatum diverſitatem dant ætas, anni tempus, habitatio, victus, & ſexus ratio, hinc coloribus ludunt, ſæpius luridis, raro floridis, difficile deſcribendis; adeo ut minus ſint manifeſta, qvæ veneno horrent. Sceleton oſſeo-cartilagineum, circulatio tardior, veſiculæ pulmonales majores, vita tenax, tranſpiratio levisſima, odor ex glandulis putoriis teter, ſonus raucus, habitatio in ſqvalidis. Diutisſime hybernant, diutius abſtemia. Cibum non maſticant pleraqve, ſed integrum deglutiunt, tardisſime digerunt. Prædam niſu aſtuve aſſeqvuntur, vel faſcino qvaſi eandem in fauces revocant. Perfectiorem vitam plerisqve conciliat metamorphoſium evolutio vel exuta cum exuviis ſenectus. Copula diu cohærent, ova ponunt, vel vivos fœtus pariunt. Omnia ob faciem torvam, obtutum meditabundum, nobis & omnibus mammatis ſuſpecta; ideoqve in horum numero parcisſima fuit polymorpha natura.

Pedata, Gradientia, aqvæ terræve propiores incolæ, auribus denudatis diſtincta, variam vitam ex ſtructura agunt; muniuntur teſta tardisſime incedentia: Sqvamata vel nuda relicta alis pedibusve velocisſime

fugiunt,

Krybdyrene.

De Krybende, heslige af Anseende mistænkte, nøgne, kolde; skiønnes af deres eenlige Hiertekammer, friepustende Lunger og den for Mellemgulvet tienende Strube.

Arternes og deres Afvigelsers største Forskiel giør Alderen, Aarsens Tid, Boepælen, Føden og Kiønnets Aarsag, derfor spille de med Farver, som gierne ere smudsige, sielden høye, vanskelige at beskrive; saa at de ere mindre kiendte, som ere skrekfulde ved deres Gift. Beenraden er imellem Been- og bruskagtig, Vædskernes Omløb langsom, Lungekarrene store, Livet seyt, Uddampningen meget liden, Lugten af Stinkekiertlerne heslig, Lyden hæs, Opholdsstædet skident. De ligge meget længe i Vinterleye, og kan endnu længere holde Livet uden Føde. De fleste tygge ey Maden, men sluge den heel, og fordøye den meget langsom. De giør deres Bytte med Stræben og Snedighed, eller ligesom ved Tryllerie lokke det i Gabet. De fleste blive fuldkomnere ved deres Forvandlingers Udvikling, eller ved at afskyde med Hammen deres Alder. I Parringen hænge de længe tilsammen, lægge Eg eller føde levende Unger. De ere os og alle Pattedyrene mistænkte af deres fæle Udseende og alvorlige Øyesyn. Derfor har den forandringsfulde Natur været sparsommeligst i disses Tall.

De Føddede, Fiirkryb, Vandets eller Jordens nærmere Indbyggere, kiendelige af deres blottede Ørehuller, leve forskiellig efter deres Skabning: De ere bevæbnede med en Skal, som komme fugiunt, currunt, saltant, natant, abscondita petunt. Omnium acrimonia vix ulla nota.

Apoda SERPENTIA, ubi collum, truncus caudaqve in unum corpus teretiusculum elongatum, apodum, uniforme conjuncta; reticulatim vestita scutis sqvamisqve, qvorum ordo genus, numerus speciem certius determinant; umbrosa, humida, calidiora inhabitant. Hæc in nuda terra rejecta corpora per contorsiones peculiares & attritu, ad humum in æqvalem antrorsum seu retrorsum undulatim facto, incedunt, deglutiunt, vomunt, spiraliter scandendo æqvilibrant: Per maxillas dilatabiles, nec inarticulatas, in oesophagum laxissimum prædam, duplo majorem, ingurgitant. Lingva illis est bifida: Genitalia duplicata contigua; penis duplex, muricatus, vicino ano est oppositus: Renascitur mutilata cauda. Omnium injuriæ exposita armavit natura conservatrix horrenda facie propriisqve armis, exsecrabili veneno, pessimorum pessimo, in diversis diverso. Sunt autem hæc tela dentibus simillima, in ore sed extra maxillam superiorem collocata, proqve lubitu exserenda & retrahenda, affixa sacculo repleto sanie, qvam vulnere inflant in sangvinem, tum diri effectus causam, ceterum inertem. Istiusmodi telis tantum decima qvæqve species est instructa, ne nimium sævirent metuentia misera, langsomme afsted; De skiællede, eller nøgne forladte, have Vinger eller Fødder, dannede til at flygte med; de løbe, hoppe, svømme og søge Smuthuller. Ingen af disse er bekiendt for nogen synderlig bidende Vædske.

De uføddede **Slanger**, hvilkes Hals, Skrog og Hale ere samlede i et trindt, langstrakt, ufødedet, eensdannet Legeme, som netviis er klædet med Skiolde og Skiæl, hvis Orden bestemme Slægten, men Tallet Arten; beboe de skyggefulde, fugtige og varmere Egne. Disse, paa det blotte Land henkastede Legemer, komme afsted ved besynderlige Snoeninger og Gnidning mod den ujævne Jord, med hvilke de bølgeviis bevæge sig baade frem og tilbage, og saaledes svælge og udspye. Ved deres snirklede Klyven, holde de sig i Ligevægt; formedelst deres Kiæber, som kan vides fra hinanden, skiønt de i hverandre ere ledede, indsluge de i deres slappe Mave et Bytte, som er dobbelt større: Tungen er tvekløftet: De dobbelte Fødselslemmer ligge tæt til hinanden; Hankiønnets dobbelte Lem er pigged, og ligger ved Gadboret, hver paa sin Side: Den afslagne Hale voxer ud igien. Dem som ere udsatte for alles Voldsomhed har den vedligeholdende Natur bevæbnet med et skrækfuld Udseende, og egne Vaaben, som ere en fordervelig Gift, den værste af alle, i hver Art forskiellig. Disse Vaaben see ud som Tænder, satte i Munden, men uden for Overkiæben, og kan efter Behag strekkes ud eller trekkes ind. De ere heftede til en Pose, som er fyldt med en Edder, hvilken de under Saaret puste ind i Blodet, som da er Aarsag til grusomme Følger, men ellers giør ingen Skade. Saadanne Pile er ikkun den tiende Art

 forsynet

qvæ larvata, verſipellia, ut metuerentur omnes. Superpondium tollunt Indorum ichneumon, Americanus ſus & Europæa ciconia: Vulnera ſanant, horum olea, illorum ſenega, iſtorum ophioriza. Venenatos Marſii Pſylliqve Arabiæ & Americæ excantare feruntur Ariſtolochiæ ſpeciebus.

Auctores omnium paucisſimi:

Seba 1734 & 1735 numero ſtupendo ſibi ignota pulchre collegit & delineavit, ſed multiplicavit, & obiter deſcripſit.

Catesbæus 1731 & 1743 ſerpentum copiam pulchrius pinxit qvam notavit.

Gronovius 1756 ſerpentes vivos rite deſcripſit.

Garden, *Carolinenſis* obſervator hodiernus, verum numerum hujus & reliqvarum clasſium qvotidiana indagatione novorum animalium continuo auget.

forsynet med, at ikke disse elendige, frygtsomme, skulle tage for grumt afstæd; som igien ere forklædte og med Huden farveskiftende, at de alle skulle kunde ansees for befrygtelige. Deres Overvægt lættes i Indien ved Ikneumon, i America ved Svinet, i Europa ved Storken; Biddet læger disses Olie, hiines Senega, og de andres Slangerod. De Giftige siges de arabiske og americanske Slangetryllere med Roden af Aristolokia at skulle kunde fortrylle fra at bide.

Skribenterne udgiør i denne Klasse meget faa:

Seba 1734 og 1735 giorde en smuk Samling af de Dyr han ikke kiendte, tegnede dem vel, men giorde for mange deraf, og beskrev dem leseligen.

Catesby, 1731 og 1743 gav en Mængde Slanger ud med smukkere Malninger end hans Forklaringer derover ere.

Gronov, 1756 beskrev regelmæsig de Slanger han saae.

Garden, vore Tiders Jagttager paa **Carolina**, forøger jævnlig ved nye Dyrs Opfindelse det virkelige Tall i denne og de andre Dyreklasser.

Linné horum labores ad suam amussim examinavit, redegit, imo reptilia multa de novo descripsit, aliisqve antea ignotis scientiam auxit oculatus testis; unde palmam reliqvis præripit ejus systematis editio ultima 1766.

Exiguæ classis animalia in duas tribus secundum absentes vel præsentes suos pedes abire coguntur. Sufficiunt iidem characteres, deficientibus aliis, etiam ad determinandum ordinem, siqvidem singulæ tribui unicus est.

Tribus.	*Ordo.*
Pedata,	
Corpora varie figurata - -	GRADIENTIA.
Apoda,	
Corpora teretia elongata - - -	SERPENTIA.

Linne prøvede disses Arbeider efter sin Regel, bragte dem derhen, ja beskrev paa nye mange Krybdyr og forøgede Videnskaben ved andre ubekiendte, som han selv havde seet; saa at hans sidste Udgave af Systemet 1766 bærer Prisen for alle andre.

Denne liden Dyreklasse deles i tvende Stammer, eftersom de have Fødder eller mangle dem. Disse Kiendemerker ere tilstrekkelige, i Mangel af andre, endog til at bestemme Ordenerne, eftersom der udi enhver Stamme er ikkun en eneste.

Stammen.	Ordenen.
Føddede,	
Kroppen af adskillig Skabning -	Fiirkryb.
Ufødde,	
Kroppen trind og langstrakt - - -	Slanger.

Ordinum *Charactéres.*

I. GRADIENTIA.

Corpus tetrapodum: Tegmen osseum vel cutaceum, sqvamis tectum vel nudum.

Aurium foramina plurimis.

Incessus rependo, saltandò vel natando.

Victus varius: ova piscium, insecta & mollusca.

Testudo. *Draco.* *Lacerta.* *Rana.*

II. SERPENTIA.

Corpus apodum, teres, elongatum: Tegmen cutaceo-sqvamosum.

Aurium foramina distincta nulla.

Incessus supra ventrem, undulatus.

Victus varius: Terrestria animalia fere omnia, qvæ lambendo & sugendo integra deglutiunt.

Crotalus.	*Coluber.*	*Amphisbæna.*
Boa.	*Angvis.*	*Cæcilia.*

Gene-

Ordenernes Kiendemerker.

I. Fiirkryb.

Kroppen fiirfoddet: Skiulet beenagtigt eller hudagtigt, dækket med Skiæl eller noget.

Orehuller paa de fleste.

Gangen krybende, springende eller svømmende.

Foden forskiellig: Fiske-Eg, Insecter og Sliimdyr.

Skilpadden. Dragen. Fiirbenet. Frøen.

II. Slanger.

Kroppen uden Fødder, trind og udstrakt; Skiulet hudagtig skiællet.

Orehuller ingen tydelige.

Gangen paa Bugen, bølgeformig.

Føden forskiellig: Næsten alle Landdyr, som de ved at slikke og sue svælge levende.

Klapperslangen. Hugslangen. Ringslangen. Kongeslangen. Snogslangen. Blindslangen.

Generum

Tabula Synoptica.

Reptilia, qvibus

Corpus tetrapodum,	
Caudatum,	
Testa ossea obtectum - - -	TESTUDO.
Sqvamis vel cute nuda vestitum,	
Hypochondria in alas cutaceas expansa - - -	DRACO.
Hypochondria stricta - -	LACERTA.
Ecaudatum,	
Cute nuda vestitum - - -	RANA.
Corpus apodum,	
Imbricatum	
Scutis abdominalibus,	
Scutis caudalibus,	
Cauda crepitaculo terminata -	CROTALUS.
Cauda simplex - - - -	BOA.
Sqvamis caudalibus - -	COLUBER.
Sqvamis abdominalibus	
Sqvamis caudalibus - - -	ANGVIS.
Annulatum - - -	AMPHISBÆNA.
Rugosum - - -	CÆCILIA.

Pisces

Slægternes

Udtogs-Tabelle.

Krybdyrene, som have

Kroppen firefoddet,

Haled,

Skiult med Beenskal - - - **Skilpadden.**

Klædt med Skiæl eller bar Hud,

Tyndsiderne udvidede til hudagtige

Vinger - - - **Dragen.**

Tyndsiderne stramskinnede - - **Fiirbenet.**

Uden Hale,

Klædt med nøgen Hud - - **Frøen.**

Kroppen uden Fødder,

Tækket med

Bug-Skiolde,

Hale Skiolde,

Halen endes med en Skralle - **Klapperslangen.**

Halen enkelt - - - - **Kongslangen.**

Hale Skiæl - - - **Hugslangen.**

Bug-Skiæl,

Hale Skiæl - - **Snogslangen.**

Ringet - - - **Ringslangen.**

Rynket - - - **Blindslangen.**

Piſces.

Aqvei elementi muti, ſi non ſurdi, volucres compendioſisſimi, reſpirant per os & latera thoracis, natant pinnis, veſtiuntur ſqvamis cartilagineis vel muco gelatinoſo, nec omnes toxico expertes.

Reptilibus ſangvine frigido & cordis uniauriti camera unica accedunt eorum ſinguli: — *Propiores*, *ambigui* ob pulmones internos affines, *Chondropterygii*, & *Branchiostegi*; His organa generationis duplicata, oſſa cartilaginea, branchiæ intra ſpiracula adnatæ incompletæ, fœda cutis, cetera: Sed piſcibus commune vitæ genus exercentes, ob externam faciem & mores potius ad eos referendi: Pelagi feræ voracisſimæ in his metuendæ; Pauci ſapidi fluvios ſcandunt; Oceani calidiora climata inhabitant pleriqve. — A Reptilibus *Remotiores*, pulmonibus tantum externis, branchiis dictis, eisqve liberis operculatis, completis, latere extrorſum aqvam ſpirantes, *Piſces proprii* dicti, a præcedentibus etiam peculiari aliqva inteſtinorum ſtructura avulſi: Vitam tenuem præbent edules fere omnes; ſapidiores thoracici, inprimis aſſati.

Omnium *corpus* dividitur in *Caput* & *Truncum*, qvibus inarticulantur *artus*, *pinnæ* dicti.

Caput figura, proportione, integumentis & appendicibus variat; Compreſſum *cathetoplateum*, depreſſum, *plagioplateum*, auctoribus dictum; nudum, alepi-

Fiskene.

Vand-Elementets stumme om ey døve flyvende, med de mindste Redskaber forseete, aander igiennem Munden og Overlivets Sider, svømmer med Finner, klædes med bruskagtige Skiæl, eller en sey Slim, og ere ikke heller alle aldeles frie for en Gift.

Til Krybdyrene nærme sig enhver af dem formedelst et koldt Blod og det eenørede eenlige Hiertekammer — Nærmere ere de tvetydige, formedelst deres indvortes Lunge beslægtede Bruskefinnede og Giællelukte. Disse have dobbelte Avlelemmer, bruskagtige Been, Giællerne tilvoxne inden for Pustehullerne og ufuldstændige, en sty Hud og flere Egenskaber. Men da de leve paa samme Maade som Fiskene, saa bør de formedelst deres udvortes Anseelse og deres Forhold hellere regnes blant dem: Heriblant ere de grummeste Dyr til at frygte sig for; faa ere velsmagende og gaae op i Floderne; de fleste beboe de varmere Hav-Climer. — Fra Krybdyrene mere afvigende ere de, som udpuste Vandet paa Siderne med deres udvortes Lunger, som kaldes Giæller, der staae frie, have Dækkel, og ere fuldstændige, de egentlige Fiske kaldte, som endog ved nogen indvortes besynderlig Indretning ere fra de foregaaende udsatte: En let Føde give næsten alle de ædelige; de mere velsmagende ere de Livsinnede, i sær naar de steges.

Alles Krop deles i Hoved og Skrog, hvorudi ere indleddede Leddemodene, Finnerne kaldte.

Hovedet er Forandring underkastet i Skabning, Forhold, Beklædning og Tilhæng; er sidetrykt eller flad

nedtrykt,

alepidotum, vel sqvamosum, loricatum, muricatum, læve, spinosum, muticum. Complectitur

Os cavum, labiis carnosis aut osseis clausile; antice rictu, lateraliter branchiarum operculis, postice gula s. faucibus, superne & inferne palato terminatum: lingvam & ossicula palati includit.

Rostrum, capitis pars anterior, ab oculis & naribus ad maxillarum apices protensa.

Maxillæ, semper binæ, labiis tectæ vel nudæ; dentatæ vel edentulæ.

Dentes situ varii; mobiles vel immobiles.

Lingva vel ejus rudimentum, plerisqve immobilis, figura & natura diversa.

Palatum, pars oris interna, a rictu ad gulam usqve imam s. originem oesophagi continuata; Huc pertinet pars inferna oris, pone lingvam sita, *fauces* dicta.

Nares sunt foramina, organi olfactorii instrumenta, in rostro ante oculos sita; numero differunt.

Aures, foramina pone oculos, utrinqve unum, paucis, chondropterygiis propria.

Ossicula palati utplurimum IV. in utroqve latere faucium gemina, qvibus adhærent per meram cartilaginem branchiæ.

Oculi bini, nudi, *membrana nictitante*, *pupilla* plerisqve globosa, & *iride* colorata constantes.

Aper-

nedtrykt, neget, skiælfrie eller skiællet, pandseret, pigget, glat, tiørnet, ubevæbnet. Indbefatter

Mundens Huulhed, som kan tillukkes med kiøddede eller beenagtige Læber; foran ender sig med Gabet, paa Siderne med Giælledæklerne, bag til med Struben og Svælget, oven og neden til med Ganen; indslutter Tænderne, Tungen og Ganebenene.

Trynen, Hovedets forreste Deel, udstrakt fra Øyne og Næsebore til Kiæbernes Endespidser.

Kiæberne, altid tvende, skiulte med Læber eller nøgne; tandede eller tandfrie.

Tænderne, forskiellige i Henseende til Stædet; bevægelige eller ubevægelige.

Tungen eller dens Begyndelse, hos de fleste ubevægelig, af Skabning og Beskaffenhed forskiellig.

Ganen, Mundens innere Deel, som naaer fra Gabet til det innerste af Struben eller Begyndelsen af Mavepiben: Herhid hører Mundens nedere Deel, som ligger bag Tungen og kaldes **Svælget**.

Næseborene ere Huller, Lugte-Redskabernes Deele, som staae i Trynen foran Øynene, og ere forskiellige i Tallet.

Ørene, Huller bag Øynene, paa hver Side enkelte; hos nogle faa, og egentlige hos de Bruskfinnede.

Ganebenene, gierne 4, paa hver Side af Svælget dobbelte, hvortil Giællerne formedelst en blot Bruske ere fæstnede.

Øynene, tvende, nøgne, bestaae af **Blinkhinden**, **Øyestenen**, som hos de fleste er kugelrund, og den farvede **Øyering**.

Giælle-

Apertura branchiarum, rima lateralis vel foramen unicum aut plura, per branchias in os hiantia.

Opercula, laminæ osseæ, unica vel plures, ad maxillarum partes posteriores, mobiles, qvæ branchias tegunt, aperturas claudunt, pinnamqve branchialem sustinent.

Pinnæ branchiales, plicatiles membranæ branchiostegæ, ossiculis numero variis radiatæ, operculis branchiarum subtus adhærentes. Utrinqve unica.

Nucha pars capitis posterior & infima, qva istud trunco jungitur; e regione aperturæ branchialis.

Collo proprie dicto carent pisces.

TRUNCUS, corporis pars ab apertura branchiarum ad caudam usqve extensa. Ubi observandæ

Branchiæ, respirationis organa, caput inter & thoracem sitæ, extus spirantes, comprimendæ; cujuslibet lateris sæpius IV. pectinatæ, liberæ, vel vasi arcuato cylindrico tubuloso adnatæ, radio osseo vel nullo instructæ.

Incompletæ, operculo, aut membrana branchiostega aut utroqve carentes, ideoqve *denudatæ* dictæ.

Gula est pars trunci, aperturis branchialibus respondens, ipsisqve subtus interjecta.

Thorax minimam cavitatem occupans, per branchias a capite distinctus, ab extrema gula incipit, & terminatur linea ad pinnarum pectoralium exortum ducta; refertus corde intra pericardium suum; destitutus costis; vertebris tantum, sterno, claviculis scapulisqve constat.

Dorsum

Giællegabet, Sidesprække eller Hul, eet eller flere, som formedelst Giællerne gaae lige ind i Munden.

Giælledæklerne ere Beenplader, een eller flere, ved Kiæbernes bagerste Dele bevægelige, som skiule Giællerne, lukke deres Gab, og bære Giællefinnen.

Giællefinnerne, foldede Giællelukkende Hinder udspilede paa flere eller færre Beenstraaler, og hænge neden til fast paa Giælledæklerne. Paa hver Side ere de enkelte.

Nakken, Hovedets bagerste og sidste Deel, hvorved det hænger fast til Skroget, lige over Giællegabet.

Hals, egentlig saa kaldet, have ikke Fiskene.

Skrogget, den Deel af Kroppen, som strækker sig lige fra Giællegabet til Halen: Her er at iagttage

Giællerne, Aande-Redskaberne, liggende imellem Hoved og Overliv, som puste ud ad, trykkende sig tilsammen; paa hver Side oftest 4, kamformige, frie, eller vorne til et krumt cylindrisk rørdannet Kar, forseete med een eller ingen Beenstraale. **Ufuldstændige**, naar de mangle Dæklet, Finnen eller begge Dele, og derfor kaldte **blottede**.

Struben er en Deel af Skrogget, som svarer til Giællegabene, og ligger neden under mellem begge.

Overlivet, indtager den mindste Plads, er ved Giællerne skilt fra Hovedet, begynder fra Enden af Struben og ender sig ved den Linie, som begyndes ved Brystfinnerne; indslutter Hiertet i dets Hiertesrob; har ingen Ribbeen, men bestaaer allene af Rygraden, Brystbenet, Nøglebenene og Skulderbladene.

Ryggen,

Dorſum eſt corporis pars ſupera, a nucha ad baſin caudæ extenſa.

Latera, regiones a branchiis ad anum utrinqve excurrentes; interdum varie picta.

Abdomen ſ. *venter* eſt corporis infima pars, inter thoracem extremum & caudæ initium ſita; coſtatum, viſceribus, inteſtinis, veſicula aerea, genitura prole ovisve repletum.

Linea lateralis, utrinqve per latera corporis a capite ad caudam producta.

Anus, inteſtini recti exitus abdomen terminans, ſæpius communis inteſtinis, veſicæ & genitalibus.

Cauda, e columna vertebrarum, ab ano ad extremum corpus protenſa, formata; ſolida, muſculoſa, truncum terminans pars.

Artus, *pinnæ*, qvibus ſe movet corpus, dum explicantur membranaceæ radiis ejusdem cum ſqvamis ſubſtantiæ; *Radii* ſunt *ſpinoſi*, duriores, osſei, ſimplices, pungentes *acanthoptherygiis*; *mutici* flexiles, tendinei, dichotomi, *malacoptherygiis*. *Pinnæ* ipſæ dicuntur a loco

Dorſales, dorſo longitudinaliter impoſitæ, impares ſæpius I, rarius II. paucisſimis III. Si radiis deſtituitur talis, *Spuria* vel *adipoſa* dicitur.

Pectorales, ad latera thoracis poſitæ, pares.

Ventra-

Ryggen, den øverste Deel af Kroppen, fra Nakken til Begyndelsen af Halen.

Fladerne, Pladsen som paa begge Sider strækker sig fra Giællerne til Gatboret; undertiden ere de adskillig malede.

Bugen eller **Vommen**, er den underste Deel af Kroppen mellem det sidste af Overlivet og Begyndelsen af Halen; ribbed, og opfyldt med Indvolde, Tarme, Luftblære, Avlelemmer, Foster eller Eg.

Fladelinien, draget paa begge Sider af Kroppen fra Hovedet til Halen.

Gatboret, Endetarmens Udgang, som slutter Bugen, og er oftest eene men tilfælles for Tarmene, Blæren og Avlelemmerne.

Halen, dannet af Rygraden, som strækker sig fra Gatboret til det yderste af Kroppen; en tæt og muskelfuld Deel, som ender Skrogget.

Ledemodene, **Finner**, hvormed Kroppen bevæges, da de hindeagtige udspiles ved Hielp af Straaler, som er af samme Væsen med Skiællene; **Straalerne** ere hvasse, haarde, beenagtige, enkelte, stikkende, paa de **Tornfinnede**; stumpe, bøyelige, seenagtige, splittede, paa de **Blødfinnede**. **Finnerne** selv kaldes af deres Plads

Rygfinner, siddende langs ad Ryggen, uden Sidemage, oftest 1, sieldnere 2; meget faa have 3. Om en saadan feyler Straaler, kaldes den **Blindfinne**.

Brystfinnerne, paa Siderne af Overlivet, ere altid tvende.

Ventrales, corpori ſubtus annexæ inter caput & anum, pares, rarisſime in unam coalitæ.

Analis pone anum, ſub cauda longitudinalis, impar.

Caudalis, terminalis, perpendicularis, impar, varie figurata.

Integumenta piſcium conſtituunt vel nuda cutis ſqvalida aut mucoſa, vel ſqvamæ, plerisqve cartilagineæ, rarius ciliatæ, nonnullis oſſeæ, ut piſcis evadat loricatus, cataphractus vel ſpinoſus.

Appendices ſunt cirri filiformes, vel digiti ſetacei, articulati, liberi, trunco adnexi; an piſcaturæ inſtrumenta?

Sceleton piſcium, non ſecus ac aliorum animantium, compages eſt osſium plurium, vario articulationum genere diverſimode nexorum. Latitant intra propriam muſculorum aut viſcerum ſubſtantiam oſſa vaga, nec cum aliis nec inter ſe vinculo nexa; item cerebri & cerebelli osſicula libera, auditus organa credita. Cartilaginea chondropterygiorum oſſa, dum exſiccantur, formam, molem & colorem amittunt.

Viſceribus conveniunt omnes, cerebro & medulla ſpinali, corde uniloculari, uniaurito, branchiis, diaphragmate, hepate, veſiculaqve fellea, liene, pancreate, renibus, veſicaqve urinaria, veſiculis ſeminalibus ovariisve, inteſtinis, nec non veſica natatoria plerisqve.

Gene-

Bugfinnerne fæstede neden under Kroppen mellem Hovedet og Gatboret, ere altid tvende, som meget sielden ere sammenvoxne til en eeneste.

Gumpfinnen bag Gatboret, langs under Halen, uden Sidemage.

Spolen, det allerbagerste, staaer lodret, uden Sidemage, og er forskiellig danned.

Beklædningen paa Fiskene bestaaer enten i en blot Hud, er skiden eller slimed, eller og i Skiæl, som paa de fleste ere bruskagtige, sieldnere frønsede, paa nogle faa beenagtige, at Fisken bliver pantseret, harnisket eller tiørnet.

Tilhængene ere traaddannede Trævler, eller leddede børstedannede Stengler, som hænge frie, til Skrogget hæftede; maaskee Fiskerredskaber?

Beenraden i Fiskene er ligesom de andre Dyrs en Sammenfældning af flere Been, som ved adskillig Sammenledning ere forskiellig samlede. I Musklernes og Indvoldenes egen Substans ligge skiulte løse Been, som hverken hænge sammen med andre eller imellem dem selv, ligeledes Hiernens og Baghiernens Friebeen, som man har anseet for Høreredskaber. De Bruskfinnedes bruskeagtige Been miste naar de tørres, deres Skabning, Størrelse og Farve.

Indvolde have de alle tilfælles, Hiernen, Rygmarven, det eenørede enkelte Hierte, Giællerne, Mellemgulvet, Leveren, og Galdeblæren, Milten, Pankreas, Nyrene, Vandblæren, Sædkarrene, eller Eggestokkene, Tarmene, og ligeledes Svømblæren som er hos de fleste.

Generatio piſcium pro diverſis organis genitalibus diverſa; fœminas intrant mares pene duplici inſtructi. Deſiderantur circa pleroſqve obſervata pro determinando ſtructuram genitalium & verum coeundi modum. Veroſimilior videtur eorum ſententia, qvi putant mares fœminea ova ſpermate proprio irrorare, ac erit illorum, qvi dicunt fœminas liqvorem maris ſpermaticum vorare.

Coeunt non eodem anni tempore omnes; Vivos fœtus ponunt paucisſimi: Littora adeunt *marinorum* pleriqve pro generandis & pariendis ovis, calidiore aqva excludendis, niſi mere *pelagici*, qvorum natantia ova a littoribus ſemper aliena: Aqvas dulces inhabitant inprimis *lacuſtres*, fluvios aſcendunt varii *fluviatiles*, ſtatis temporibus ad mare rediturì. *Diurni* in aqva plerumqve natant; dum *Nocturni* in fundo paſcuntur. Alii ſubſolitarii vagantur, alii gregatim degunt, migrationibus ſæpius addicti: Emigrantur haud raro vitæ neceſſariis deſtituti vel nimis inqvietati. Exſtirpantur a variis hoſtibus limitibus anguſtioribus circumſcripti. Diſſeminantur iterum ab anatibus ova.

Piſces hi, ſi vel grunniunt, vocem non edunt; ſonum articulatum vix audiunt, aëris licet tremorem ſentiant, reſpirant latere extrorſum aqvam. Movent ſe veris ſuis alis pedibusqve, pinnis explicatis: Caudali propelluntur, dorſali analiqve tanqvam gubernaculo reguntur, pectoralibus tanqvam alis attolluntur, ventralibus tanqvam pedibus

Fortplantelsen blant Fiskene er forskiellig efter deres forskiellige Avlelemmer; I Hunnens Fødselslemmer passe Hannens dobbelte Avlelem. Vi mangle hos de fleste Jagttagelser for at bestemme Avlelemmernes Skabning og deres sande Parrings Maade. Rimeligere synes deres Mening, som holde for, at Hannerne overstænke med deres egen Sæd Hunnernes Eg, end deres kan blive, som sige, at Hunnerne opsluge Hannens Sædsafter.

De parres ikke alle paa een Tid af Aaret; meget faa legge levende Unger. De fleste Søefiske søge Strandbredderne for at avle og føde Eg, som behøve varmere Vand til at udklækkes, dog undtages de blotte Havfiske, hvis svømmende Eg blive altid langt fra Strandbreddene. Ferske Vande beboes i sær af Indsøefiskene. I Floderne opstige Flodfiskene, som igien paa visse Aarets Tider gaae tilbage. Dagfiskene svømme gierne omkring i Vandet, naar Natfiskene føde sig paa Bunden. Nogle gaae næsten eenlige, andre leve i Flokketal og ere oftest hengivne til Flytning. Iblant drage de reent bort, som mangle Næring eller Rolighed. Ere de i alt for engt Rum indsluttede, udryddes de af forskiellige Fiender. Eggene faaes igien ud af Ænderne.

Disse Fiske om de end murrer, give de dog ingen Røst; de høre neppe en tydelig Lyd, endskiønt de fornemme Luftens Zittrende. Vandet puste de ud paa Siderne: De bevæge sig med deres virkelige Vinger og Fødder, de udspilede Finner; de drives frem ad med Spolen, de styre Veyen med Ryg- og Gumpfinnen, som ere deres Roer, de skyde sig op ad med Brystfindibus insistunt. Fugiunt natatu diversimodo; Defenduntur muco, sqvamis, spinis vel lorica contra injuriam aqvæ & hostium. Victitant muco, insectis, vermibus, cadaveribus, piscibus, molluscis & plantis.

Ætas piscium a circulis concentricis vertebrarum vel laminis sqvamarum, si numeranda, non determinanda, ultra terminum reliqvorum animalium se extendere videtur.

Auctores:

Figuris artem illustrarunt, sed ob defectum methodi non semper exactis: *Belonius* 1552. *Rondeletius* 1554. *Salvianus* 1554. *Gesnerus* 1558. *Aldrovandus* 1605. *Willughbæus* 1685. *Rajus* 1710. *Marsilius* 1726. *Seba* 1760.

Valentyni 1726. Orientis monstrosi pisces æri insculpti, colorumqve descriptionibus aucti, factitii perperam declarantur.

Catesbæus 1731 sqq. Americanos qvosdam pulchre depinxit.

Pennant 1769. Anglicos monstravit.

Methodo artem reddidit certiorem *Artedius* 1735, propriam tentavit *Linné* 1758. Suam construxit nerne, de staae paa Bugfinnerne som paa Fødder. De flygte ved forskiellig Svømmende. De have deres Forsvar i Sliim, Skiæl, Torner, eller Pandser, som frie dem fra Vandets og Fienders Overlast. De leve af Slim, Insecter, Ormer, Aadseler, Fisk, Slimdyr og Planter.

Alderen hos Fiskene, om den kan tælles af de til en Middelpunct henhorende Cirkler, som sees i deres Rygbeen eller af Skiællenes Plader, kan den dog ikke bestemmes, men synes at strække sig længere end hos de andre Dyr.

Skribenterne:

Ved Figurer, som dog af Mangel paa Methode ikke altid ere nøyagtige, have de forklaret Videnskaben: Belon 1552. Rondelet 1554. Salvian 1554. Gesner 1558. Aldrovand 1605. Willugby 1685. Ray 1710. Marsigli 1726. Seba 1760.

Valentins 1726. Orientalske vanskabte Fisk, som ere i Kobber stukne, og hvortil er føyet Farvernes Beskrivelse, er feil at kalde selvgiorte.

Catesby 1731 o. f. afmalede meget smukt nogle Americanske.

Pennant 1769 forelagde os de Engelske.

Ved Methode er Videnskaben bleven giort tilforladeligere af Artedi 1735. En egen Meſtruxit *Kleinius* 1740 ſqq. Peculiare ſchema propoſuit *Gronovius* 1763. Novis obſervationibus ſcientiam amplificat *Pallas*. Artedi commentata ex parte dilucidata propoſuit *Gouanus* 1770. Qvædam nuperrime edidit *Duhamel*. Ad meliorandam methodum etiam inſervire credimus, qvæ *Ichthyologia noſtra Masſilienſis* 1770 complectitur obſervata.

Qvos nimia affinitas partium externarum idemqve vivendi genus conjunxit, ſeparant reſpirationis organa diverſa. His ſuperſtruitur prima piſcium diviſio, utpote in interna corporis ſtructura fundata; a pinnis autem deſumuntur characteres ordinum.

Tribus.	*Ordo.*
Branchiæ incompletæ,	
Pinnæ cartilagineæ - -	CHONDROPTERYGII.
Pinnæ membranaceæ oſſibus radiatæ - -	BRANCHIOSTEGI.
Branchiæ completæ,	
Pinnæ ventrales o - - -	APODES.
Pinnæ ventrales ante pectorales -	JUGULARES.
Pinnæ ventrales ſub pectoralibus -	THORACICI.
Pinnæ ventrales pone pectorales -	ABDOMINALES.

thode forsøgte Linne 1758. Sin egen dannede Klein 1740 o. f. Et eget Udkast fremsatte Gronov 1763. Med nye Jagttagelser foregede Pallas denne Videnskab. Artedi Afhandlinger ere for en Deel oplyste af Gouan 1770. Nyelig har Duhamel udgivet noget. Til at forbedre Methoden troe vi og at de Jagttagelser biedrage, som vores marsellianske Fiskebog 1770 indeholder.

Dem, som i de udvortes Dele og een og samme Levemaade komme alt for meget overeens til at kunde skilles fra hinanden, giør Aande-Redskaberne Skilsmisse imellem. Derpaa beroer Fiskenes første Inddeling, saasom den der er grundet paa deres indvortes Skabning; men af Finnerne tages Ordenernes Kiendemærker.

Stammen.	Ordenen.
Ufuldstændige Giæller,	
Bruskagtige Finner - - -	**Bruskfinnede.**
Hindeagtige Finner med Beenstraaler - - -	**Giælleskiulte.**
Fuldstændige Giæller,	
Bugfinnerne o - - - -	**Fodfrie.**
Bugfinnerne foran Brystfinnerne -	**Halsfinnede.**
Bugfinnerne under Brystfinnerne -	**Livfinnede.**
Bugfinnerne efter Brystfinnerne -	**Bugfinnede.**

Ordinum Characteres.

I. CHONDROPTERYGII.

Branchiæ incompletæ.

Spiracula thoracis lateralia.

Pinnæ cartilagineæ.

Aurium foramina pone oculos.

Nares solitariæ vel binæ.

Victus e cadaveribus & præda animalium.

Petromyzon. *Raja.*
Acipenser. *Sqvalus.* *Chimæra.*

II. BRANCHIOSTEGI.

Branchiæ incompletæ.

Apertura thoracis linearis.

Pinnæ membranaceæ radiatæ.

Nares utrinqve geminatæ.

Corpus sæpius cataphractum vel muricatum.

Pinnæ ventrales nullæ:

Syngnathus. *Ostracion.*
Balistes. *Tetrodon.* *Diodon.*

Pinnæ ventrales præsentes:

Lophius. *Cyclopterus.* *Centriscus.*
Pegasus.

III. APO-

Ordenernes Kiendemærker.

I. Bruskefinnede.

Giællerne ufuldstændige.

Overlivets Pustehuller paa Siderne.

Finnerne bruskagtige.

Ørehullerne bag Øynene.

Næseborene enkelte eller tvende.

Føden af Aadsler og Rov.

Lampreten. Rokken.

Størren. Haaen. Isgalten.

II. Giællelukte.

Giællerne ufuldstændige.

Overlivets Aabning liniedannet.

Finnerne hindeagtige, straalede.

Næseborene paa hver Side dobbelte.

Kroppen oftest pandseret eller pigget.

Bugfinnerne ingen:

Søenaalen. Kofferfisken.

Balisten. Klypfkiæben. Heelkiæben.

Bugfinnerne tilstæde:

Havtasken. Steenbideren. Sneppefisken.

Slagerfisken.

III. Foed-

III. APODES.

Branchiæ completæ.

Apertura thoracis hians.

Pinnæ membranaceæ radiatæ; Ventrales nullæ.

Nares utrinqve geminatæ;

Corpus ſæpius alepidotum, vel desqvamatum.

Xiphias. *Ammodytes.* *Ophidium.*
Anarhichas. *Stromateus.* *Gymnotus.*
Trichiurus. *Muræna.*

IV. JUGULARES.

Branchiæ completæ.

Apertura thoracis hians.

Pinnæ membranaceæ; Ventrales ſub jugulo.

Nares utrinqve geminatæ.

Corpus ſqvamis minutis tectum vel nudum.

Lepadogaſter. *Gadus.* *Callionymus.*
Blennius. *Uranoſcopus.* *Trachinus.*

III. Foedfrie.

Giællerne fuldstændige.

Overlivets Aabning gabende.

Finnerne hindeagtige, straalede; Bugfinner ingen.

Næseborene paa begge Sider dobbelte.

Kroppen oftest skælfrie eller afskallet.

Sværdfisken.	Sandgravlingen.	Snogfisken.
Ulvfisken.	Mavefisken.	Barryggen.
Barbugen.	Aalen.	

IV. Halsfinnede.

Giællerne fuldstændige.

Overlivets Aabning gabende.

Finnerne hindeagtige, straalede; Bugfinner under Qverken.

Næseborene paa begge Sider dobbelte.

Kroppen skiult med smaae Skiæl eller nøgen.

Bugskioldet.	Torsken.	Liren.
Qvabben.	Himmeløyet.	Fiersingen.

V. Liv=

V. THORACICI.

Branchiæ completæ.

Apertura thoracis hians.

Pinnæ membranaceæ, radiatæ;
Ventrales in thorace.

Nares utrinqve geminatæ.

Corpus ſæpius ſqvamoſum qvam alepidotum.

* Malacopterygii:

Cepola. *Coryphæna.* *Pleuronectes.* *Echeneis.*

** Acanthopterygii.

Gobius.	*Scomber.*	*Gaſteroſteus.*
Sparus.	*Trigla.*	*Scorpæna.*
Labrus.	*Chætodon.*	*Cottus.*
Mullus.	*Perca.*	*Zeus.*

VI. ABDOMINALES.

Branchiæ completæ.

Apertura thoracis hians.

Pinnæ membranaceæ, radiatæ; Ventrales in abdomine;

Nares utrinqve geminatæ.

Corpus ſqvamatum, loricatum vel alepidotum.

* Malacopterygii:		** Acanthopterygii:
Eſox.	*Cyprinus.*	*Silurus.*
Salmo.	*Mormyrus.*	*Loricaria.*
Argentina.	*Amia.*	*Teuthis.*
Exocoetus.	*Fiſtularia.*	*Elops.*
Cobitis.	*Atherina.*	*Polynemus.*
Clupea.		*Mugil.*

Gene-

V. Livfinnede.

Giællerne fuldstændige.
Overlivets Aabning gabende.
Finnerne hindeagtige, straalede;
Bugfinnerne paa Overlivet.
Næseborene paa begge Sider dobbelte.
Kroppen oftere skiællet end skiælfrie.

* Blødstraalede:

Flamfisken. Doraden. Flynderen. Suehaleren.

** Hvasstraalede:

Kutlingen.	Makrelen.	Hundstikken.
Blankesteen.	Rioten.	Skorpænen.
Gylten.	Baandfisken.	Ulken.
Mullen.	Aborren.	Petersfisken.

VI. Bugfinnede.

Giællerne fuldstændige.
Overlivets Aabning gabende.
Finnerne hindeagtige, straalede; Bugfinnerne paa Underlivet.
Næseborene paa begge Sider dobbelte;
Kroppen skiælled pantsered, eller skiælfrie.

* Blødstraalede:		** Hvasstraalede:
Giedden.	Karpen.	Mallen.
Laxen.	Mormyren.	Pandserfisken.
Sølvblæren.	Mudderfisken.	Lærfisken.
Flyvfisken.	Pibefisken.	Dobbelgiællen.
Smerlingen.	Sølvbaandet.	Fingerfisken.
Silden.		Mugillen.

Slæg=

Generum

Tabulæ Synopticæ.

Pisces, qvibus

Branchiæ incompletæ,

Pinnæ cartilagineæ,

Spiracula VII. lateralia,

Fistula verticalis,

Corpus teretiusculum elongatum,

Pinnæ pectorales & ventrales o PETROMYZON.

Spiracula V. subtus,

Corpus depresso-planum,

Os sub capite - - - RAJA.

Spiracula V. lateralia,

Corpus oblongum teretiusculum,

Os in antica capitis parte - - - SQVALUS.

Spiracula solitaria subtus,

Qvadripartita,

Dentes primores utrinqve bini - CHIMÆRA.

Spiracula solitaria lateralia,

Linearia,

Os subtus, edentulum,

Rostrum cirratum - - - - - ACIPENSER.

Slægternes

Udtogs-Tabeller.

Fiskene, som have

Giællerne ufuldstændige,
Finnerne bruskeagtige,
Pustehullerne 7 paa Siderne,
Aabning oven i Hovedet,
Kroppen trind og langstrakt,
Bryst- og Bugfinner 0 - - **Lampreten.**
Pustehullerne 5 neden under,
Kroppen ovenfra fladtrykt,
Munden under Hovedet - - - **Rokken.**
Pustehullerne 5 paa Siden,
Kroppen aflang og trindagtig,
Munden foran paa Hovedet - - - **Haaen.**
Pustehullerne enkelte, neden under,
Med fire Afdelinger,
Fortænderne paa begge Sider 2 - **Isgalten.**
Pustehullerne enkelte, paa Siden,
Liniedannede,
Munden neden under, tandfrie,
Trynen trævled - - - - - **Størren.**

Pifces, qvibus

Branchiæ incompletæ,

Pinnæ membranaceæ, radiis offeis fulcitæ,

Ventrales nullæ,

Corpus cataphractum, articulatum,

Roftrum fubcylindricum, operculatum,

Nucha foramine fpirans - SYNGNATHUS.

Corpus loricatum offe integro,

Apertura branchiarum linearis - OSTRACION.

Corpus fqvamis corio coadunatis tectum,

Apertura branchiarum fupra pectorales,

Abdomen carinatum - - BALISTES.

Corpus muricatum,

Maxillæ porrectæ bipartitæ,

Apertura branchiarum linearis - TETRODON.

Maxillæ porrectæ indivifæ,

Apertura branchiarum linearis - - DIODON.

Ventrales ante pectorales,

Pectorales brachiis infidentes,

Apertura branchiarum pone brachia - LOPHIUS.

Ventrales fub pectoralibus,

In orbiculum connatæ,

Caput obtufum - - CYCLOPTERUS.

Ventrales pone pectorales,

Caput roftratum,

Corpus compreffum,

Abdomen carinatum,

Apertura branch. repanda - CENTRISCUS.

Corpus depreffum,

Apertura branch. ante-pectorales - PEGASUS.

Pifces,

Fiskene, som have

Giællerne ufuldstændige,
Finnerne hindeagtige med Beenstraaler,
Bugfinnerne ingen,
Kroppen pandsered og ledded,
Trynen noget cylindrisk og laaget,
Nakken puster giennem en Sprække - Søenaalen.
Kroppen harnisked med et heel Been,
Giælle-Aabningen liniedanned - Kofferfisken.
Kroppens Skiæl med Skindet sammenvoxne,
Giælle-Aabningen over Brystfinnerne,
Bugen underkiøled - - - - - Balisten.
Kroppen skarppigged,
Kiæberne fremstaaende, tveklæftede,
Giælle-Aabningen liniedanned - Kløftanden.
Kiæberne fremstaaende, hele,
Giælle-Aabningen liniedanned - Heeltanden.
Bugfinnerne foran Brystfinnerne,
Brystfinnerne siddende paa Armer,
Giælle-Aabningen bag Armerne - Havtasken.
Bugfinnerne under Brystfinnerne,
Sammenvoxne i Runddeel,
Hovedet buttet - - Steenbiden.
Bugfinnerne bag Brystfinnerne,
Hovedet langtrynet,
Kroppen sammentrykt,
Bugen underkiøled
Giælle-Aabn. vendende op ad - Sneppefisken.
Kroppen nedtrykt,
Giælle-Aabn. foran Brystfinn. - Flagerfisken.

Pisces, qvibus

Branchiæ completæ,

Pinnæ ventrales nullæ,

Dorsum pinnatum,

Maxilla superior ensiformis, prolongata,

Corpus teretiusculum alepidotum,

Os edentulum - - - XIPHIAS.

Maxillæ subæqvales,

Pinna dorsalis a caudali distincta,

Corpus teretiusculum,

Caput obtusum,

Dentes primores conici - ANARHICHAS.

Caput angustum,

Dentes acerosi - - - AMMODYTES.

Corpus ensiforme, elongatum,

Cauda subulata - - TRICHIURUS.

Corpus ovatum,

Cauda bifida - - STROMATEUS.

Pinna dorsalis cum caudali unita,

Corpus teretiusculum,

Spiracula ad pinnas pectorales - MURÆNA.

Corpus ensiforme,

Membrana branchiarum patula - OPHIDIUM.

Dorsum impenne,

Corpus compressum,

Subtus pinna carinatum - GYMNOTUS.

Pisces,

Fiskene, som have

Giællerne fuldstændige,
Bugfinnerne ingen,
Ryggen finned,
Overkiæben sværddannet, udstrakt,
Kroppen trindagtig, skiælfrie,
Munden tandfrie - - - **Sværdfisken.**
Kiæberne næsten ligestore,
Rygfinnen adskilt fra Spolen,
Kroppen trindagtig,
Hovedet buttet,
Fortænderne koniske - - - **Ulvfisken.**
Hovedet smallet,
Tænderne tynde og spidse - - **Sand-gravlingen.**
Kroppen sværddannet, langstrakt,
Halen sylspids - - **Barbugen.**
Kroppen eggerund,
Halen splitted - - **Mavefisken.**
Rygfinnen foreenet med Spolen,
Kroppen trindagtig, langstrakt,
Pustehuller ved Brystfinnerne - - **Aalen.**
Kroppen sværddannet,
Giællefinnen aabenliggende - **Snogfisken.**
Ryggen uden Finne,
Kroppen sammentrykt,
Med en Finne underkielet - **Barryggen.**

Pisces, qvibus

Branchiæ completæ,

Pinnæ ventrales sub jugulo,

Pinna unica in extremo dorsi,

Pectorales duplicatæ,

Scutum ventrale - - LEPADOGASTER.

Pinna unica pluresve per totum dorsum,

Pinnæ ventrales didactylæ,

Corpus lanceolatum,

Caput glabrum - - BLENNIUS.

Pinnæ ventrales polydactylæ,

Caput læve,

Ventrales in acumen attenuatæ - - GADUS.

Caput asperum,

Depressum,

Os simum,

Apertura branch. linearis - URANOSCOPUS.

Aperturæ foramina plura - CALLIONYMUS.

Compressum,

Lamina operculorum inferior ferrata - - TRACHINUS.

Pisces,

Fiskene, som have

Giællerne fuldstændige,

Bugfinnerne under Qværken,

Een Finne paa det yderste af Ryggen,

Brystfinnerne dobbelte,

Et Bugskield - - **Bugskioldet.**

Een eller flere Finner over hele Ryggen,

Bugfinnerne tostraalede,

Kroppen lancedanned,

Hovedet glat - - **Qvabben.**

Bugfinnerne mange straalede,

Hovedet glat,

Bugfinnerne til en Spids smalløbende - **Torsken.**

Hovedet hvast,

Nedtrykt,

Munden oven fra bragløbende,

Giælle-Aabn. liniedannet - **Himmeløyet.**

Giælle-Aabn. i Huller afdeelt - **Liren.**

Sammentrykt,

Giælledæklernes nederste Plade

savtandet - - **Fiærsingen.**

Pisces, qvibus

Branchiæ completæ,
Pinnæ ventrales in thorace,
Pinnarum radii molles,
Pinna unica per totum dorsum extensa,
Caput subrotundum, compressum,
Corpus ensiforme,
Os simum - - - CEPOLA.
Caput truncato-declive,
Corpus cuneiforme - - CORYPHÆNA.
Caput applanatum,
Corpus applanatum,
Oculi in unico latere - PLEURONECTES.
Pinna unica in extremo dorsi,
Caput supra planum, sulcatum - ECHENEIS.
Pinnarum radii aliqvot spinosi,
Caput glabrum,
Pinnæ ventrales unitæ in ovatam - - GOBIUS.
Pinnæ ventrales distinctæ,
Sqvamæ corporis tenaces,
Pinnæ pectorales acuminatæ - - SPARUS.
Pinnæ pectorales rotundatæ - - LABRUS.
Sqvamæ facile deciduæ v. nullæ,
Linea lateralis vix conspicua,
Caput declive sqvamosum - - MULLUS.
Linea lateralis postice carinata,
Caput alepidotum,
Dorsum sæpius pinnis spuriis - SCOMBER.

Pisces,

Fiskene, som have

Giællerne fuldstændige,
Bugfinnerne paa Overlivet,
Finnestraalerne bløde,
En Finne over hele Ryggen,
Hovedet rundagtigt, sammentrykt,
Kroppen sværddannet,
Munden ovenfra brakløbende - **Slamfisken.**
Hovedet ned ad afstumpet,
Kroppen kiledannet - - **Doraden.**
Hovedet flat,
Kroppen flad,
Øynene paa den ene Side - **Flynderen.**
En Finne paa det yderste af Ryggen,
Hovedet oven paa flad, furet - **Suehaleren.**
Finnestraalerne, nogle tornespidsede,
Hovedet glat,
Bugfinnerne forenede til een
eggerund - - **Rutlingen.**
Bugfinnerne adskilte,
Kroppens Skiæl fastsiddende,
Brystfinnerne tilspidsede - **Blankesteen.**
Brystfinnerne rundagtige - - **Gylten.**
Kroppens Skiæl løse eller ingen,
Fladelinien neppe synlig,
Hovedet nedløbende, skiælled - **Mullen.**
Fladelinien bag til kiøldanned,
Hovedet skiælfrie,
Ryggen oftest blindfinnet - **Makrelen.**

Pisces, qvibus

Branchiæ completæ,

Pinnæ ventrales in thorace,

Pinnarum radii aliqvot spinosi,

Caput asperum,

Loricatum,

Radii liberi ad pinnas pectorales - TRIGLA.

Sqvamosum,

Pinna dorsi aniqve carnosa sqvamosa,

Corpus pictum - - CHÆTODON.

Pinnæ omnes nudæ membranaceæ,

Opercula serrata - - - PERCA.

Nudum,

Dorsum ante pinnam spinis solitariis,

Caudæ latera carinata - GASTEROSTEUS.

Dorsum ante pinnas muticum,

Corpus ovatum leviter compressum,

Caput magnum,

Rictus obliqvus - - - SCORPÆNA.

Rictus horizontalis - - - COTTUS.

Corpus ovatum, applanatum,

Caput compressum - - - - ZEUS.

Pisces,

Fiskene, som have

Giællerne fuldstændige,

Bugfinnerne paa Overlivet,

Hovedet hvast,

Pandserklædet,

Friestraaler ved Brystfinnerne - - **Ryten.**

Skiællet,

Gatfinnen og Rygfinnen kiødded og skiælled,

Kroppen malet - - **Baandfisken.**

Alle Finnerne nøgne og hindeagtige,

Giælledæklerne savtandede - - **Aborren.**

Nøget,

Foran Rygfinnen enkelte Torne,

Halens Sider i Kiøl ophøyede - **Hundstikken.**

Foran Rygfinnen ingen Torne,

Kroppen eggerund noget sammentrykt,

Hovedet stort,

Gabet skiævt - - - - **Skorpænen.**

Gabet vandret - - - **Ulken.**

Kroppen eggerund, flad,

Hovedet sammentrykt - - **Peterfisken.**

Pisces, qvibus

Branchiæ completæ,

Pinnæ ventrales in abdomine,

Pinnarum radii molles,

Pinna dorsi postica adiposa,

Lingva dentata,

Corpus sqvamosum - - SALMO.

Corpus nudum - - ARGENTINA.

Pinna dorsi adiposa nulla,

Caput osseum, excoriatum, scabrum,

Cirri nasales duo - - AMIA.

Caput sqvamosum v. cute nuda tectum,

Tubulosum apice maxillosum - FISTULARIA.

Rostratum,

Maxilla inferior longitudinaliter poris pertusa,

Utraqve dentata, elongata, sæpius inæqvalis,

Pinna dorsi sæpius unica - - - ESOX.

Maxillæ imperforatæ,

Pinna dorsi unica,

Opercula frænata,

Oculi verticales prominuli - COBITIS.

Opercula patula absqve frænulo,

Os edentulum - - CYPRINUS.

Os dentatum,

Pinnæ pectorales longisſ. - EXOCOETUS.

Pinnæ pectorales breves - CLUPEA.

Opercula brevissima vel o,

Apertura branch. linearis - MORMYRUS.

Pinna dorsi duplex,

Fascia lateralis argentea - - - ATHERINA.

Pisces

Fiskene, som have
Giællerne fuldstændige,
Bugfinnerne paa Underlivet,
Finnestraalerne bløde,
Den bagerste Rygfinne blind,
Tungen tanded,
Kroppen skiælled - - Laxen.
Kroppen nøgen - - Sølvblæren.
Ingen Blindfinne paa Ryggen,
Hovedet beenagtig, hudtrakt, hvas,
Næsetrævler tvende - - Mudfisken.
Hovedet skiælled eller med Hud beklædet,
Rørdannet i Enden kiæbed - Pibefisken.
Trynet,
Underkiæben langs ad giennemprikked,
Begge tandede, lange, ofte uligestore,
Een Rygfinne, sielden flere - Giedden.
Kiæberne uprikkede,
Een Rygfinne,
Giællelaagene tilbundne,
Øyne i Issen fremstaaende - Smerlingen.
Giællelaagene aabne uden Baand,
Munden tandfrie - - - Karpen.
Munden tanded,
Brystfinnerne meget lange - Flyvfisken.
Brystfinnerne korte - - - Silden.
Giællelaagene korte eller o,
Giælleaabningen liniedanned - Mormyren.
Trende Rygfinner,
Kropp. maled med et Sølvb. - Sølvbaandet.

Pisces, qvibus

Branchiæ completæ,

Pinnæ ventrales in abdomine,

Pinnarum radii aliqvot ſpinoſi,

Corpus nudum,

Os cirroſum,

Radius pectoralium aut dorſalium ſpinoſus - - - SILURUS.

Corpus cataphractum,

Os edentulum retractile - - - LORICARIA.

Corpus ſqvamoſum,

Pinna dorſi unica,

Caput antice declive ſubtruncatum - - TEUTHIS.

Caput compreſſum, ſupra planiusculum,

Membrana branchiarum duplicata - ELOPS.

Pinna dorſalis duplex,

Pectorales radiis liberis auctæ,

Roſtrum obtuſisſimum - - POLYNEMUS.

Pectorales ſolitariæ,

Os intus carinatum edentulum - - MUGIL.

Inſe-

Fiskene, som have

Giællerne fuldstændige,
Bugfinnerne paa Underlivet,
Finnestraalerne, nogle tornspidsede,
Kroppen nøgen,
Munden trevled,
Tornspidset Straale i Bryst= eller Ryg=
finnerne - - - - **Mallen.**
Kroppen pandserklædet,
Munden tandfrie tilbagetrækkelig - **Pandserfisken.**
Kroppen skiælled,
Rygfinnen enkelt,
Hovedet foran og ned ad noget af=
stumpet - - **Lærfisken.**
Hovedet sammentrykt, oven til fladagtigt,
Giællefinnen dobbelt - **Dobbelgiællen.**
Rygfinnerne tvende,
Brystfinnerne med enkelte Friestraaler,
Trynen meget buttet,
Brystfinnerne eenlige,
Munden inden til ved Kiøl ophøyet,
tandfrie - - **Mugillen.**

Insecta.

Animalcula polypoda, poris lateralibus spirantia, cute ossea cathaphracta, antennis exsertis mobilibus capitis instructa.

Insecta ob corpus, in varias incisuras, segmenta & commissuras transversim divisum, a veteribus *vermium* classi sunt combinata, qvorum tamen tanta differentia, qvanta inter illa & pisces, osseo corporis tegumento munitos. Ossibus internis destituta insecta induuntur lorica plus minusve ossea; sic injurias externas facilius tolerant, nec metuunt solis ardorem, exsiccationem & perspirationem nimiam, aut rigorem hyemalem, qvem etiam intensissimum sine humorum consistentiam perferre possunt. *Antennis*, exqvisitæ sensationis organo, sine dubio grata ab ingratis accurate distinguunt: An isto aërem sonorum qvoqve percipiunt, an sensum nobis plane incognitum hic posuit natura, nondum fuit detectum. *Oculi*, ex innumeris lenticulis, in unico bulbo aggregatis, *compositi*, propinqva vident, dum *simplices*, multis generibus simul concessi, remotiora percipiunt. *Pedes*, ubi tantum VI. adsunt, semper pectori nunqvam abdomini simul adnexi; in paucis plures, rarissime ultra centum, pectori cum capite unito, vel etiam abdomini, a thorace multiarticulato vix distincto, adhærent. Per plures *tracheas* variaqve loca aërem hauriunt, qvi per plurimos & innumeros poros

iterum

Insekter.

Smaae Dyr med mange Fødder, som aander giennem Sidehuller, ere pandserklædde med en beenagtig Hud, og forsynede paa Hovedet med udstaaende og bevæglige Famlestængler.

Insekterne ere formedelst deres Legeme, som tvertover er afdeelt i adskillige Indsnit, Stykke og Sammenfældninger, af de Gamle sammenføyet i en og samme Klasse med Ormene, hvis Forskiel er dog saa stor, som den er imellem dem og de Fiske, hvis Krop er bevæbnet med et beenagtigt Skiul. Disse Insekter, som indvortes i Kroppen have ingen Been ere overdragne med et mere eller mindre beenagtigt Pandser; saaledes udholde de lettere udvortes Vold, og frygte ey heller for Solens Brand, Udtørring og alt for stærk Uddampning, eller for Vinterens Strenghed, som de, endog den allerskarpeste, kan udholde uden at Vædskerne skal standse. Ved Famlestænglerne, et nøyagtigt Sandseredskab, kan de uden Trivl med Vished skille det behagelige fra det ubehagelige: Om de dermed fornemme Luftens bevægende Lyd, om Naturen her har nedlagt en os ganske ubekiendt Sands, er endnu ikke opdaget. Øynene, som ere sammensatte af utallige Smaaekglober, i en Klode samlede, seer det, som er i Nærheden, naar de enkelte, som mange Slægter tillige ere begavede med, fornemme de længere fraværende Ting. Fødderne, hvor kun 6 ere tilstæde, ere altid føyede til Brystet, aldrig til Bugen; faa have flere, men sielden over hundrede, som hænge enten ved Brystet, som giør et Stykke iterum transit. *Cor* uniloculare uniauritum & reliqva vasa, corosivam *saniem* continentia, ventriculus & intestina, qvibus referta sunt eorum corpora, simplicioris structuræ, vitam plurimis brevissimam concedunt: Pauca senectutem una cum tegmine exuunt, in plures annos crescentia. Scatent nonnulla acrioribus spiculis s. particulis vesicatoriis; inflammationem sangvinis causat per aculeum qvorundam injectum virus, etiam lethale.

Diverso sed stato anni tempore prodeunt, revocata vita, per hiemem torpentia, novaqve forma, exuta ultima tunica; congregantur & copulantur cum fœminis mares; *venere vaga* stimulantur pleraqve, *polyandra* parcissima. Vivipara dantur pauca, reliqva deponunt ova fœcundata, multiformia, putamine, brevi indurescente corneo circumdata, pellucida vel opaca & diversimode colorata, gummi, serico pilisve vestita. Ea non promiscue & ubiqve deponunt; ejusmodi enim sibi ipsis norunt loca eligere, qvæ proli recens exclusæ atqve sæpius derelictæ a parentibus, plerumqve antea emortuis, victum aliaqve implendis naturæ desideriis necessaria, sponte sua suppeditant; vel externam violentiam impediunt.

Singulæ

ud med Hovedet, eller ved Bugen, som neppe er adskilt fra det mangeleddede Overliv. Igiennem adskillige **Luftrør** og forskiellige Stæder, drage de Luften, som gaaer igien ud igiennem mange og utallige Smaahuller. Det enkelte, eenørede Hierte og øvrige Kar, som indeholde den bidende **Edder**, deres Mave og Indvolde, hvormed Kroppen er opfyldt, hvis Dannelse er saa enkelt, tillade de fleste ikkun en kort Levetid. Faa afdrage sig Alderen med Skiulet og voxe i flere Aar. Nogle ere fulde af skarpe Spidser eller blæretrækkende Smaaedele; Forraadnelse i Blodet foraarsages ved en giennem nogles Braad indskudt Gift, som ogsaa er dræbende.

Paa adskillige men visse Aarsens Tider fremkomme de til Live, som Vinteren over have lagt i Dvale, og i en nye Skikkelse afdragne den sidste Ham; de samles og parres Hannerne med Hunnerne; for den største Deel ere de optændte af frie Elskov, meget faa leve med mange Hanner. Nogle føde levende Yngel, Resten legge befrugtede Eg af forskiellig Skabning, omgivne med en Skal som inden kort Tid bliver haard og er hornagtig; de ere giennemskinlige eller mørke og forskiellig farvede, overdragne med en Gummi, Silke eller Haar. Dem lægge de ikke i Fleng og hvor de komme, thi de veed at udsøge sig saadanne Stæder, som giver af sig Føde og andre Nødvendigheder til at opfylde Naturens Begierligheder for den spæde Yngel, som nyelig er udklækket og oftest forladt af deres som tiest forud bortdøde Forældre; eller som kan frie dem fra udvortes Vold.

Singulæ plantæ alúnt plures ſpecies ſed non eodem in loco nec eodem modo: Aliæ cacumina, aliæ truncum, aliæ radices, aliæ flores, aliæ folia, aliæ corticem occupant; foliorum ſuperficiei ſuperiori vel inferiori ova ſparſa vel in qvincuncem adglutinant qvædam, caules ramosve annulorum inſtar vel ſpiræ ſuis circumdant aliæ, epidermidem variarum herbæ vel arboris partium perforant aliæ, ibiqve ova demittunt: ipſis animalibus vivis, qvadrupedibus, avibus, piſcibus imo ipſis inſectis eorumqve ovis ſua concredunt ſemina, eaqve vel ſuperficiei adglutinant vel intra corpus deponunt haud paucis; aqvæ ejusqve plantis vario & diverſo modo ova ſua committunt nonnullæ; humo, fimetis vel ſtercoribus aliæ, putrefactis aliæ, cibis aliæ, utenſilibus aliæ & deniqve ova ſecum circumferunt nonnullæ.

Ex *ovulo*, juſto calore excluſo, prodit *unicum* animalculum exiguum, apterum, ſterile, vel parentibus apteris ſæpius ſimillimum, vel alatis aut præcipue aut ſolummodo alarum reſpectu, aut tota facie & ſtructura disſimile: Omnia poſt varias tunicas ſub eadem vel diverſa forma depoſitas, parentibus omni parte & ſtructura, etiam colore, ſimillima evadunt, perfecta, aptera, vel alata, *mares* vel *fœminæ*; omnia ante ſupremum diem, anni vertentis ſole raro colluſtratum, generantia; paucisſima *neutra* ſemper ſterilia manent, operarii. Hinc

anima-

Enhver Plante føder flere Arter, men ikke paa samme Stæd, ikke heller paa een og sämme Maade: Nogle søge Toppene, andre Bullen, andre Rødderne, andre Blomstret, andre Bladene, andre Barken; Paa Bladenes øvre eller bagerste Side lime nogle deres Eg, enten strøede hist og her, eller i en femb Rad Orden. Stenglerne eller Grenene omgive nogle med sine, ligesom med Ringe eller Sneglegange, andre giennembore Huden paa adskillige Dele af Urterne eller Træerne og der nedlade deres Eg; De betroe deres Eg til levende Dyr, til de Fireføddede, til Fuglene, Fiskene, ja Insekter selv, og hæfte dem enten uden paa, eller og legge dem ned i Kroppen paa endeel; I Vandet og paa dets Planter legge nogle deres Eg paa særskilt og forskiellig Maade; I Jorden, Møddinger og Møget legge nogle deres, andre i forraadnede Ting, andre i Madvare, andre i Boeskab, og endelig ere nogle, som ombære Eggene.

Af Egget, naar det ved fornøden Varme er udklækket, fremkommer et eneste lille Dyr, uden Vinger, ufrugtbar, oftest liig sine Forældre, om de vare uvingede, eller ulig de vingede enten i sær eller blot allene i Henseende til Vingerne, eller og i hele Udseendet og Skabningen: De alle naar de have afskudt adskillige Hammer med eller uden Forandring af deres forrige Skikkelse, blive de i alle Dele og Størrelse, ogsaa i Farven Forældrene lige, fuldkomne, uvingede eller vingede, Hanner eller Hunner; Alle avle førend deres Dødsdag, som sielden udebliver Aaret over; Meget faa ere Ukiøn, som altid blive ufrugtbare Arbeydsdyr. Altsaa faaes om disse Dyr forskiellig Kundskab, ligesom de, animalium horum pro exutis diverſis tunicis diverſa prodit forma & diverſa cognitio.

Metamorphoſis eſt mutatio formæ ejusdem animalis, exutis partium tunicis facta; plurimis triplex, paucisſimis nulla.

LARVA *(vermis, eruca)* ex ovo excluſum animal, ſuccoſum, mollius, apterum, ſterile, tardius, apodum, ſæpeqve polypodum, vorax alimento proprio, in majus volumen creſcens, tunicas deponens ante tranſitum proximum.

PUPA *(Nympha, Chryſalis, Aurelia)* ſiccior, coarctata, durior, nuda ſ. folliculata, ſæpe absqve ore.

Pedata,

Completa, omnibus partibus agilis, tunicas, dum augetur corporis moles, exuens varias.

Semicompleta, ſolis alarum rudimentis, magnitudine & coloribus a perfecto animali diverſa.

Incompleta, alis pedibusqve viſibilibus complicatis immobilis.

Apoda,

Obtecta, thorace abdomineqve diſtincto; corticata, immobilis; nuda vel folliculata.

Coarctata intra globum corticalem, omnia obtegentem.

IMAGO, revelata, declarata, perfecta, generans, agilis, antennis inſtructa.

ved at afskyde forskiellig Ham, faae forskiellig Skikkelse.

Forvandlingen er et og samme Dyrs Forandring i Skikkelse, som er skeet, naar det har skudt sine Hammer; hos de fleste er den tredobbelt, meget faa undergaae ingen.

Larven (Ormen) det af Egget udklækkede Dyr, som er saftefuld, blød, uvinget, ufrugtbar, langsom, ufødtet og ofte mangefoddet, begierlig efter sin særdeles Føde, voxer immer større, aflegger Hammer førend næste Forvandling.

Pupen (Nymphen, Krysaliden, Aurelien), som er tørrere, indkneben, haardere, nøgen eller indspunden, ofte uden Mund.

Føddeð,

Fuldkommen, i alle Dele bevægelig, som afskyder adskillige Hammer, medens Kroppen tager til i Størrelse.

Halvfuldkommen, som er forskiellig fra det fuldkomne Dyr i den blotte Begyndelse til Vingerne, i Størrelsen og Farverne.

Ufuldkommen, som er ubevægelig med sigtbare Vinger og Been.

Ufødded,

Skiuled, med tydelig Over- og Underliv, inden for en Bark, ubevægelig, nøgen eller indspunden.

Indsluttet, i en Barkkugle, som tildækker alting.

Billedet, som er aaben fremlagt, fuldkommen, avlende, bevægelig, forsynet med Famlestængler.

Ad varias has & diversas formas subeundas vario diversoqve modo, partim contra injuriam animalium, partim contra solis calores, aëris humiditatem vel nimium gelu se muniunt societate juncta vel seorsim degentia: pro diverso itaqve respectu involucro sericeo, contortis foliis vel utroqve sese involvunt; in rimis foraminibusqve arborum, sub pilis vel cute animalium, qvorum viscera qvoqve intrant, sub cespite terræ, vel in fundo aqvæ aliisve in locis se abscondunt; vel personatæ incedunt proprio obducta stercore; vel sua se tegunt spuma, rasura lignorum, aliisve cuilibet aptis & obviis materiis; vel cucullos cylindraceos e villis, qvos rodunt, vel e gramine, arena sive conchis aqvaticis sibi fabricantur; vel spurcitie obtecta qvisqvilias mentiuntur; donec e singulis, juste præservatis, perfecta prodeunt insecta, ad priora incommoda toleranda vel evitanda aptiora.

Corpus insectorum, varie figuratum, varie tectum vel nudum, alatum (pennatum) vel apterum (impenne) dividitur naturaliter secundum recentiores in *Caput*, *Truncum*, *Abdomen* & *Artus*.

Caput rarius cum trunco unitum, sæpius distinctum & trunco inarticulatum, variat figura & partibus, qvæ sunt

Oculi omnibus; simplices vel ex millenis angulis reticulatim compositi, bini vel plures, capiti innati

immo-

For at giennemgaae disse adskillige og forskiellige Skikkelser, forvare de sig paa adskillige og forskiellige Maader, deels mod Dyrenes Vold, deels mod Solens Heede, Luftens Fugtighed eller alt for store Kulde, og leve saaledes i Selskab, eller hver for sig: Efter deres forskiellige Hensigt indspinde de sig med Silke-Sveb eller indvikle sig i indsnoede Blade eller i begge Dele; skiule sig i Træernes Sprækker og Huller, under Dyrenes Haar eller Hud, hvis Indvold de ogsaa søge ind udi; under Jordens Skorpe, paa Bunden af Vandet eller andre Stæder; eller og de gaae formummede skiulte med deres eget Skarn; eller de giemme sig i deres egen Fraade, i gnavede Træspaaner, eller i andre for enhver beqvemme og forekommende Materier; eller de giøre sig cylindriske Kræmmerhuse af de Klude de opgnave, eller af Græs, Sand og Vandsnekker; eller tildækkede med Støv see ud som Skarn; indtil af enhver i sær, naar de tilbørlig har været bevarede, fremkomme fuldkomne Insekter, som ere mere i Stand til at udholde eller undgaae de forrige Uleyligheder.

Insekternes **Krop**, som er af adskillig Skabning, adskillig dækket eller nøgen, vinget eller uvinget, deles naturligviis af de nyere i **Hovedet, Skrogget, Vommen** og **Ledemodene**.

Hovedet, som sielden giør et ud med Skrogget, oftest adskilt og indleddet i Skrogget, haver adskillig Skabning og adskillige Dele, som ere:

Øynene, hvilke alle have; enkelte eller af nogle tusinde Kanter nætviis tilsammensatte, to eller flere, indgroede i Hovedet og ubevægelige, eller satte immobiles, vel pedunculati mobiles. Usus forte in propinqvo.

Stemmata nonnullis; verticis puncta prominula communiter II. vel III. nitida. *Ocelli* forte pro remotioribus.

Antennæ omnibus; cornicula sunt mobilia, articulis composita, lateribus capitis inserta, tanqvam sensoria, qvibus objecta forte explorare valent, tentacula.

Variant in paucis numero, semper longitudine, forma, positione aliisqve. Notantur inprimis setaceæ, pectinatæ, clavatæ, filiformes, moniliformes, prismaticæ, filatæ, subulatæ, plumatæ, pediformes.

Os, organum, qvo nutrimenta sumunt, qvibusdam in pectore, plerisqve in anteriori & inferiori capitis parte; instructum

Rostro s. aculeo fistuloso corneo, ex una vel pluribus valvulis composita, qvod pungendo corporum superficiem penetrat & succos attrahit. Pro vario situ vel figura dicitur setaceum, conicum, rectum, porrectum, geniculatum, inflexum, pectorale, nutans vel arcuatum.

Maxillæ,

paa en Stilk og bevæges. Deres Brug er maaskee i Nærheden.

Glasknopper paa nogle; gemeenlig 2 eller 3 skinnende paa Issen udstaaende Knopper, som ere maaskee Smaaøyen for fraværende Ting.

Famlestengler have alle; bevægelige Horn, sammensatte af Ledder, indsatte i Hovedets Sider, ligesom Sandseredskaber, med hvilke Følehorn de maaskee ere i Stand til at udforske, hvad der er for dem.

De ere forskiellige i Tallet hos nogle faa; adskilles altid i Længden, Skikkelsen, Maaden de sidde paa og flere Egenskaber. Man merker i sær de børstespidse, de kamtandede, de kiølledannede, de traadsmale, de perleradede, de prismatiske, de traadjævne, de sylspidse, de fiærbuskede, de foddannede.

Munden, det Redskab hvormed de tage til sig Næringsmidlerne; nogle have den paa Brystet, de fleste foran paa, og neden under Hovedet; Den er forsynet med

Sucerør, eller en hornagtig huul Braad, som bestaaer af en enkelt eller flere tilsammensatte Skeder, som ved at stikke trænger sig igiennem Legemernes Overflade, og drager til sig Vædskerne. Efter den adskillige Plads det indtager eller af Skabningen, kaldes det børstespidset, kegeldannet, lige, udstrakt, knæbøyet, indbøyet, brystrør, ludende eller buekrummet.

Kiæber,

Maxillæ transverſæ, forcipatæ, corneæ, ſæpius prominentes vel intra labia cornea occultata, qvibus rodunt, ſecant, & maſticant cibum.

Proboſcis, tubulus plicatilis, retractilis, expanſioni v. contractioni aptus, qvi e ſuperficie corporis humores ſuget.

Lingva, qvæ e valvulis conſtructa, ſetacea, tubuloſa, ſpiraliter involvenda; vel e laminulis pluribus compoſita extenſa vel inflexa; cujus ope liqvores e poris minutisſimis hauriuntur.

Singula hæc inſtrumenta qvibusdam ſeorſim data, aliis junctim conceſſa, aliis omnino deſunt, qvorum *os muticum* rima aperta, loco inſtrumenti cibarii, hiat.

Palpi plerisqve, oris appendices, antennis ſubſtantia & articulationibus æmuli, breviores, varie figurati. Horum uſus nobis minus eſt cognitus.

Truncus, ubi a capite diſtinctus, ſecunda corporis eſt diviſio, inter caput & abdomen ſita; *qvibusdam* ſegmento transverſo *in duas dividitur partes*, qvorum anteriori annectuntur pedes antici, poſteriori inſident alæ; *aliis* eſt *ſimplex* absqve omni ſegmento. Supra thorace & ſcutello, ſubtus pectore & ſterno conſtat.

Thorax,

Kiæber tverstaaende, mod hinanden faldende, horn-
agtige, oftest fremstaaende, eller inden for deres
hornagtige Læber skiulte; hvormed de gnave,
skiære og tygge Maden.

Snabel, et Rør som lader sig folde og tilbagetræk-
ke, beqvem til at udvide eller sammentrække, som
af Legemernes Overflade udsuer Vædskerne.

Tungen, som er sammensat af Skeder, børstespids,
rørdanned, kan snirkelformig indvikles; eller er
sammensat af flere Plader, udstrakt eller indbøyet;
ved hvis Hielp Safterne indpumpes fra de mind-
ste Huller.

Ethvert af disse Instrumenter er for sig givet til nog-
le, andre have flere tilsammen, andre fattes dem
aldeles, hvis **Mund**, som er ubevæbnet, gaber
med en aaben Sprække i Steden for et Spise-
redskab.

Mundstænglerne have de fleste; Mundens Tilhæng,
som ligne Famlestænglerne i Væsen og Leedning,
men ere kortere, og adskillig dannede. Deres
Brug er os mindre bekiendt.

Skrogget, naar det er delet fra Hovedet, udgier
den anden Inddeling af Kroppen, som er mellem Hove-
det og Vommen; Paa nogle er det ved et Tværsnit
delet i tvende Stykker, paa det forreste sidde Forbe-
nene, paa det bagerste Vingerne; paa andre er det
enkelt uden noget Tværsnit. Oven paa bestaaer det af
Overlivet og Rygskiltet, neden under af Brystet og
Brystsværdet.

Thorax, ſupina trunci pars, cujus poſticæ parti inſident in alatis alæ vel elytra vel utraqve, deſcribitur ex *figura* & *ſuperficie*, *marginibus* & *diſco*.

Scutellum, apex qvaſi thoracis, a qvo ſutura diſtinguitur, prominulus, abdominis dorſo antico incumbens, rarius totum obtegens.

Pectus, regio trunci prona, cui annectuntur pedes, rarius inſeritur roſtrum.

Sternum proceſſus pectoris poſticus mucronatus, integer vel bifidus.

Abdomen, corporis ultima pars; Ventriculo inteſtinis, viſceribus & genitalibus fœtum, thoraci, ſacculi inſtar, adhærens, ſegmentisqve transverſalibus imbricatis annulatum, ſpiraculis lateralibus trachearum pertuſum, ad contractionem & expanſionem aptum, qva actione non ſolum reſpiratio trachearum promovetur, ſed etiam facilitatur inteſtinalis motus. Variat figura unde dicitur ſeſſile, petiolatum, falcatum, lobatum &c. Superior pars *Dorſum* eſt, inferior *Venter* dicitur: Inſtruitur poſtice

Ano, qvi ſimplex eſt vel dentatus, aculeum condens vel exſerens, nudus vel barbatus, ſæpius communis *genitalibus*, raro alibi collocatis.

Artus ſunt cauda, pedes alæ, elytra, halteres, pectines.

Cauda

Overlivet, Overdelen af Skrogget, hvor bag paa sidde paa de Vingede Vingerne eller Vingedækkerne eller begge Dele; beskrives af sin Skabning og Overflade, Bredderne og Skiven.

Rygskiltet, er saa at sige Overlivets Endespidse, hvorfra det skilles ved en Rand, staaer ud og hviler paa det forreste af Vommens Bag, eller sieldnere skiuler den hele.

Brystet, Skroggets Underdeel, hvortil ere føyede Fodderne, sieldnere indhæftet Suerøret.

Brystsværdet er en fra Brystet bag til udstaaende Spidse, som er heel eller kløftet.

Vommen, Kroppens sidste Deel; opfyldt med Maven, Tarmene, Indvoldene og Avlingslemmerne, hængende som en Sæk ved Skrogget, og inddeelt i Ringe, som ere de paa hinanden liggende Tversnit, igiennemboret paa Siderne med Luftrørets Aabninger, skikket til Sammendragning og Udvidning, hvorved ikke allene Luftrørenes Aandetrækning forfremmes, men ogsaa den udvortes Bevægelse hielpes. Den er af adskillig Skabning, hvoraf den kaldes tætpaasiddende, stilket, segeldannet, rundlappet o. s. v. Overdelen kaldes **Ryggen**, Underdelen **Bugen**; Bag til er den forsynet med

Gatboret, som er enkelt eller tandet, skiulende eller udstrækkende en Braad, negen eller skiægget, oftest tilfælles for Avlelemmerne, som sielden sidde paa andre Steder.

Leddemodene ere Stierten, Fodderne, Vingerne, Vægtstangene, Kammene.

Stierten

Cauda, ſegmenta pauciora vel plura coarctata, abdomen terminantia, qvorum ultimum interdum inſtruitur filis, ſetis, foliis, forcipe, furca, chela, vel mucrone.

Pedes communiter VI. rarius octo vel plures, paucisſimis C. & ultra; vario uſu ambulatorii, curſorii, ſaltatorii, natatorii; ſitu varii, pectori ſoli, vel unito cum capite, vel pectoris & abdominis ſegmentis ſimul annexi. Singuli conſtant

Femore, corpori ſæpius ope brevisſimi ſegmenti proxime inarticulato. Crasſisma audiunt *ſaltatoria*, nonnulla dentata, alia mutica.

Tibia, ſecunda eſt portio, femori inarticulata, longior, dentata vel mutica.

Tarſo, ſ. planta, foliacea vel ſimplici, qvæ tertia eſt pars pedem terminans, e pluribus vel paucioribus articulis prolongata, interdum ſubtus villoſa vel ſpongioſa, terminata *ungvibus* 2 4. vel 6 hamatis, acutis.

Alæ veteribus *pennæ*, membranaceæ nervis venoſæ vel reticulatæ, nudæ, hyalinæ vel ſqvamis imbricatæ; coloribus variæ, feneſtratæ, ocellatæ, coecæ vel unicolores; figura diverſæ, caudatæ angulatæ, crenatæ, croſæ, digitatæ; Situ multiplices, planæ, plicatiles, complicatæ, cruciatæ, in-

Stierten bestaaer af flere eller færre Afsnit, som ende Vommen; det sidste af disse er undertiden forsynet med Traader, stive Haar, Tang, Fork, Knibesax eller Spidsodde.

Fødderne almindelig 6, sielden 8 eller flere, meget faa have 100 og derover; de ere efter deres adskillige Brug Gang- Løbe- Spring- eller Svømfødder; de ere adskilte i Henseende til deres Stæd, som er paa Brystet allene, eller paa dette, som med Hovedet udgior et Stykke, eller paa Brystet og Vommens Afdeelinger tillige. Enhver bestaaer af

Laaret, som oftest er indleddet til Kroppen ved Hielp af et meget kort Afsnit. De meget tykke kaldes springende, nogle ere tandede, andre glatte.

Skinnebenet, det andet Stykke til Laaret indleddet, længere, tandet eller tandfrie.

Ankelen eller Fodbladet, som er lappet eller flæt, er det tredie Stykke, som ender Foden, af flere eller færre Leed sammensat, undertiden neden under haarig eller svampagtig, endet med 2, 4 eller 6 krogede og spidse Kløer.

Vingerne, af de Gamle Fiære kaldte, ere hindeagtige, med Seener aarede eller nætrudede, blotte, vandklare, eller med Skiæl tækkede, af Farve adskillige, glasplættede, øyneplættede, blinde eller eensfarvede; af Skikkelse forskiellige, halede, kantede, karvede, indgnavede, fingrede; siddende paa mange Maader, flade, foldede, sammenfoldede, overkrydsede, hvilende, nedboyede, cumbentes, deflexæ, reversæ; Numero differunt binæ vel qvatuor; in qvibusdam plane desunt, nota ordinis vel sexus. Harum notetur

Basis, qva irradicatur ala.

Costa, margo alæ exterior nerveus crassior.

Margo interior, alæ margo tenuior introrsum vergens.

Pagina superior, alæ supina pars.

Pagina inferior, alæ pars prona corpus spectans.

Elytra, veteribus *vaginæ*, crustaceæ alæ, thoraci supra alas tenuiores inarticulatæ easqve v. totas vel earum basin vel abdominis dorsum apterum tegentes. Semper bina, distincta vel coadunata, mobilia vel immobilia; integra vel dimidiata; flexilia vel rigida, figura & superficie varia. Horum notetur

Basis, latus thoraci proximum.

Margo, latus exterius, abdominis margini sæpius æqvale & parallelum.

Sutura, margines utrorumqve elytrorum interiores, combinati vel coadunati, lineaqvi longitudinali distincti.

Apex, ultimus elytri terminus, integer vel truncatus.

Discus, regio elytri a marginibus undiqve inclusa.

Home-

de, tilbagebøyede. De ere forskiellige i Tallet, tvende eller fire; nogle have ingen, hvoraf man kiender en vis Orden eller Kiønnet. Man merker deres

Rod, hvorved Vingerne ere indhæftede.

Rib, Vingens yderste Rand, som er seneagtig og tyk.

Indere Rand, Vingens tyndere Rand, som vender ind ad.

Overfladen, Vingernes øverste Deel.

Underfladen, Vingens underste Deel, som vender til Kroppen.

Vingedækkene, hos de Gamle kaldte Skeder, ere skorpagtige Vinger, indleddede i Overlivet over de tyndere Vinger, som de skiule, enten ganske eller allene deres Rod, eller og Ryggen af den uvingede Bom. De ere altid tvende, adskilte eller sammenvoxne, bevægelige eller ubevægelige, hele eller halve, bøyelige eller stive, i Henseende til Figuren og Overfladen adskillige. Man merker deres

Rod, den Side, som er Overlivet nærmest.

Rand, den yderste Side, som oftest slutter lige med Bommens Rand og er dermed parrellel.

Søm, de inderste Rande af begge Vingedækker, sammenføyede eller til een foreenede, og med een paa langs løbende Linie adskilte.

Spidsen, det yderste af Vingedækket, heel eller afstumpet.

Skiven, den Plads, som Vingedækkets Rande rundt om indslutte.

Hemelytra audiunt elytra cruſtacea, ſi apice membranaceo terminantur,

Alarum elytrorumqve numerus & fabrica ſeqventes cauſarunt inſectorum denominationes:

Coleoptrata, elytris coriaceis totis tecta.

Hemiptera, hemelytris tecta.

Lepidoptera, alis IV. membranaceis ſqvamatis tecta.

Neuroptera, alis membranaceis nervoſo-reticulatis inſtructa.

Hymenoptera, alis IV. membranaceis parce nervoſis inſtructa.

Diptera alis duabus membranaceis halteribusqve inſtructa.

Aptera alis vel elytris omnino nullis prædita.

Halteres, capitella petiolata, mobilia ſolitaria, ſub baſi ſingulæ alæ thoraci poſtico plurimorum dipterorum inſerta. Teguntur ſæpius *Sqvamula*, membranula opaca concava qvæ halteri ſupra incumbit.

Pectines, radii bini approximatis dentibus ab unico latere inſtructi, pone pedes inter pectus & ventrem ſiti, dentium numero ſpeciem determinantes.

Reſpirationis organa ſunt

Stigmata ſ. *ſpiracula*, trachearum orificia externa, valvulis qvandoqve inſtructa, qvibus utrinqve perforantur trunci & abdominis ſegmenta.

Tracheæ,

Halvdækker, ere skorpagtige Vingedækker, som endes med en klar Hinde.

Vingernes og Vingedækkernes Tall og Struktur har givet Anledning til følgende Navne paa Insekterne.

Skeedvingede, de som ere skiulte med skorpagtige Vingedækker.

Halvvingede, som ere skiulte med Halvdækker.

Skiælvingede, med 4 hindeagtige af Skiæl bestøvede Vinger.

Nærvevingede, med 4 hindeagtige af Nærver nettede Vinger.

Klarvingede, med 4 hindeagtige meget sparsom nærvede Vinger.

Tovingede, med 2 hindeagtige Vinger.

Uvingede, som aldeles ingen Vinger eller Vingedækker have.

Vægtstængerne ere fine bevægelige Stilke med Hoved paa Enden, som sidde enkelte bag paa Overlivet under Roden af hver Vinge hos de fleste Toevingede. De skiules ofteſt med et **Skiæl**, en tyk huul Hindelap, som hviler over Vægtstangen.

Kammene, tvende Straaler, paa den ene Side forsynede med tætte Tænder; siddende bag Fødderne imellem Brystet og Bugen: Tændernes Tall bestemmer Arten.

Aandedragets Redskaber ere

Aandehullerne, Luftrørenes udvortes, undertiden med Smaaklappe forsynede Aabninger, ved hvilke Skroggets og Vommens Affnit paa begge Sider giennembores.

 Luft-

Tracheæ, pellucidæ, argenteo ſplendore nitentes fiſtulæ, ex annulis cartilagineis elaſticis, membrana inter ſe junctis, compoſitæ, ſemper poſt animalis mortem qvoqve patentes, in minutisſimos ramos tandem diviſæ, variisqve anaſtomaſibus per omnes corporis partes deſtributæ.

Siphone oris ſugunt haud pauca, per *exitum ani* halant nonnulla.

Sexus differentiæ ſunt

Magnitudo corporis, qva fœmina lege, reliqvis animalium clasſibus contraria, antecellit.

Antennarum ſtructura & longitudine, qva ſuperant fœminas mares.

Prominentiæ capitis thoracisqve in qvibusdam maribus, dum in fœminis vix obſervantur rudimenta.

Alæ, qvibus deſtitutæ ſunt nonnullæ omnium ordinum fœminæ.

Partes genitales, *penis*, duplici hamo inſtructus, raro duplicatus, qvi comprimendo corpus maris prodit, dum ſimili compresſione fœminæ nil apparet, vel tantum *canalis*, vaginæ inſtar illi ſerviens. Ad extremum abdominis ordinario, in paucis prope pectus, ſita ſunt genitalia; rarisſime in ipſo capite ſua gerunt nonnulli mares.

Inſecta omnia *muta*, qvædam præprimis mares, maxime circa tempus coeundi, proprio ſed diverſo inſtrumento varie *ſonora*, motu palporum, ictu capitis, nu-

chæ

Luftrørene, igiennemsigtige, sølvfarvede Piber, sammensatte af bruskeagtige elastiske Ringe, som med Hinder ere tilsammenføyede; de holdes altid aabne endog i det døde Dyr, ere tilsidst deelt i adskillige Grene, og med adskillige Overkrydsninger uddeelt over alle Kroppens Dele.

Mundpumpen, sue en Deel til sig med. Nogle udpuste igiennem Gatborets Aabning.

Kiønnets Forskieller ere

Kroppens Størrelse, som Hunnen har forud, tvertimod den Regel, som gielder i de andre Dyreklasser.

Samlestænglernes Struktur og Længde, hvorved Hannerne ere kiendelige frem for Hunnerne.

Hovedets og Overlivets udstaaende Spidser, som nogle Hanner have, men deres Hunner neppe et Mærke deraf.

Vingerne alle Ordener igiennem fattes nogles Hunner.

Avlings Delene: Mandlemmen, med en dobbelt Krog forsynet, sielden selvdobbelt, som ved Sammentrykning kommer frem af Hannens Krop, naar ved lige Trykning paa Hunnen intet sees, eller og blot en Canal, som tiener den i Stæden for en Moderskede. Ordentligviis sidde Avlingsdelene ved Bommens Ende, nogle have dem oppe ved Brystet, meget faa Hanner bære deres paa Hovedet.

Alle Insekter ere stumme, nogle i sær Hannerne, meest ved Parretiden, lyde adskillig med et dem egentlig og forskiellig Middel, ved Mundstænglernes Bevæchæ ad thoracem vel thoracis ad abdomen attritu, lamellis ventralibus, alarum concusſione tremula eaqve vel mutua vel contra abdomen, vel contra halteres; femorum prælongorum attritu cum alis: *Stridorem* hunc *ætheris* percipiunt alia, organis auditus diſtinctis notis licet careant cuncta. *Odore* & *guſtu* pollent plurima, tactu omnia, viſu diurno pleraqve, nocturno reliqva. Inodora qvædam, ſvaveolentia nonnulla, fœtida alia, phosphorea pauca: Moventur omnia pro diverſo elemento diverſo modo, natando, ambulando, ſaltando, curſitando, rependo, volitando, filumve trahendo.

Societate fœderata ſunt qvædam, turmatim degunt nonnulla, ſeorſim ſparſaqve inde a coitu vivunt reliqva. Absqve ullo alimento ſtatum ſuum perfectum abſolvunt qvædam, omnia e contra delibant nonnulla, propriis tantum veſcuntur alia, plantas appetunt plurima, in iisqve tantum e qvibus victitant, habitare dicuntur; ſangviſuga alia; carnivora alia putrida inhabitant alia, prædantur alia, in ipſam familiam imo propriam ſpeciem ſæviunt nonnulla; interdiu victum qværunt pleraqve, noctu reliqva.

Plura ubiqve ſunt plantarum ſpeciebus inſecta, ſed ob patentiorem ſibi regionem in orbe *pauciora:* Nota Tropica & Arctica; aqvatica ubiqve maxima; ſingula reſpectu reliqvorum animalium minima, ſed univerſa maximæ molis animantia; Hodie ignota Antar-

ctica,

gelse, Hovedets Banken, Nakkens Skuren paa Overlivet eller dettes paa Vommen, ved Bagplader, Vingernes zittrende Bevægelse paa hinanden eller mod Vommen, eller og mod Vægtstængerne; de lange Laares Skavende paa Vingerne: Denne **Luftens** surrende Bevægelse fornemme andre, endskiønt ingen har bekiendte kiendelige Hørelemmer. De fleste have **Lugt** og **Smag**; alle føle; Mængden seer om Dagen, Resten om Natten. Nogle have ingen Lugt, endeel lugte vel, andre lugte ilde, faa lyse i Mørket. Alle bevæge sig efter sit forskiellige Element paa forskiellig Maade, de svømme, gaae, hoppe, løbe, krybe, flyve, eller spinde sig frem.

Nogle leve i Selskab; endeel samle sig i Sværme; Resten leve lige fra Parrelsen af for sig og adskilte. Nogle tilendebringe deres fuldkomne Tilstand uden Underholdning; tvertimod smage nogle alle Slags; andre æde intet uden en dem egentlig Føde; de fleste holde sig til Planteriget; og siges allene at boe paa de Planter, hvoraf de leve; andre sue enten Blod; æde Kiød; eller boe i forraadnede Ting; nogle røve; andre husere mod deres egen Slægt, ja imod dem, med hvilke de ere af samme Art. De fleste søge deres Føde om Dagen, Resten om Natten.

De ere allevegne **flere** end Planterne paa samme Stæd, men synes, formedelst det store Rum, de have for sig, at være **færre**; De bekiendte ere inden for Vendecirklerne og Nordpolen; i Vandet ere allevegne de største; sammenlignes enhver med de øvrige Dyr, ere de mindst, men alle tilsammen udgiøre den største Dyresværm;

ctica, minutissima, & reliqva nunqvam indagata: Maxima effectu eoqve vario, ob usum qvem præstant vel ob noxam qvam producunt; Ex his sericum, mel, cera, thura atqve tincturæ variæ; nonnullæ a variis populis olim vel hodie adhibita fercula. Mutua horum ope exstirpantur noxia & terræ inutilia, sic aërem & aqvam ab inqvinamentis putridis purificant.

Horum labore fœcundatur stercorata terra, fructificantur germina, plantantur semina, excrescunt arbores, maturescunt fructus, & lætam messem sibi promittunt coloni: Hæc vero insecta, munere suo probe functa, sapienti naturæ consilio tandem redeunt in alimentum terrestrium, volatilium & natatilium, vitæ conservandæ necessarium. E contra per hæc vexantur, sæpe exulcerantur homines; labefactantur horti; deformantur nemora; depasti relinqvuntur agri; denudantur prata; dedecorantur sylvæ; destruuntur utensilia; depilantur vestimenta; consumuntur promptuaria; excavantur robora; evertuntur domus, deturpantur cameræ; delentur animalium plantarumqve musea; violantur, disperguntur, necantur greges jumentorum & pecorum; adgravantur aves; exstirpantur pisces; interimuntur ex propria familia cum noxiis utilissima, eorumqve devastantur labores.

Horum effectus multos ex improviso pro miraculis vel prognosticis habuit credulum vulgus; generatio-

nem

sværm; de hidtil ubekiendte ere de ved Sydpolen, de allermindste og de øvrige som aldrig ere opdagede; Alle ere store i Henseende til deres adskillige Virkninger, formedelst den Nytte de tilbringe os eller den Skade de foraarsage; Af disse haves Silken, Honningen, Voxet, Viraken og adskillige Farver; nogle af adskillige Folk forhen eller nu brugelige Retter. Ved disses fælles Hielp ødelægges de skadelige og de unyttige paa Jorden, saaledes rense de Vandet og Luften fra Forraadnelser.

Ved deres Arbeyde frugtbargiøres den giødede Jord, befrugtes Frøet, plantes Sæden, opvoxe Træerne, moednes Frugterne og en riig Høst forventes af Landmanden; Men disse Insekter, naar de saaledes vel har tilendebragt deres Forretninger, blive de efter Naturens vise Raad til det fornødne Livets Ophold for Jordens, Luftens og Havets Indbyggere. Tvertimod ved dem plages Menneskene og ofte befænges med onde Saar; ved dem herges Haverne; vanzires Lundene; opædes Agrene; blottes Engene; udskæmmes Skovene; forderves Boeskab; mølædes Klæderne; fortæres Forraadshusene; igiennembores Skibstømmeret; omkastes Husene; besudles Værelserne; ødelægges Dyre- og Plantesamlinger; overfaldes, adsplittes, ja dræbes hele Fæe- og Qvægflokke; besværes Fuglene; udryddes Fiskene; omkommes af Insekterne selv, med de skadelige de nyttigste, og deres Arbeyder blive ganske udplyndrede.

Mange af disses Virkninger, har den lettroende Almue uden Overlæg holdt for Mirakler eller Forvarsler; Ligeledes har deres hastige Formerelse giort at mange fal-

skelig

nem qvoqve e putridis verosimilem multis falso persvasit eorum subitanea multiplicatio.

Auctores præstantiores inclaruere

Veteres seculi XVII. qvi defectus artis figuris aliqvatenus suppleverunt.

Hoefnagel, Mouffetus, Aldrovandus & *Jonstonus:* Metamorphoses primas dedit *Goedart* & sexu seqvior arte præstantior *Meriana*, cum suis coævis philosophis *Redi* & *Swammerdam*. Inclaruit suis observatis Monographicis *Lister*.

Recentiores, seculi præsentis

Metamorphosii: *Albinus, Frisch, Roesel* ejusqve coætaneus *Wilkes* cum hodiernis *Ammiral* & *Harris* &c.

Philosophi: *Reaumur* ejusqve *de Geer*, cum hodierno *Bonneto*.

Iconographi, in limine seculi *Petiver;* post *Sebam, Clerck,* hodierni *Schæffer, Drury* &c.

Systematicorum princeps *C. de Linné*, cujus commentator *Sultzerus;* ingeniosus *Geoffroy* & laboriosus *Scopoli*.

Pedum

skelig have anseet Forplantelsen af Forraadnelser som en rimelig Ting.

Skribentere som have Fortrinet, ere i sær

De Gamle af det 17 Aarhundrede, som med Kobbere have nogenledes bødet paa det, som Videnskaben manglede:

Hoefnagel, Mouffet, Aldrovand og Jonston: De første Forvandlinger beskrev os Goedart, og den af det andet Kiøn i Konsten ypperligere Meriane, med hendes medaldrende Philosopher Redi og Svammerdam. Ved sine enkelte Beskrivelser giorte Lister sig berømt.

De Nyere af indeværende Aarhundrede.

Forvandlingslærerne: Albin, Frisch, Roesel, og hans medaldrende Wilkes, med de nu levende Ammiral, Harris o. s.

Philosopherne: Reaumur og hans de Geer, med den nu levende Bonnet.

Aftegnerne: først i Aarhundret Petiver; efter Seba og Clerk de nu levende Schæffer, Drury o. s.

Den systematiske Anfører C. de Linne, hvis vidtløftigere Tolk er Sulzer, den vittige Geoffroy, og den arbeydsomme Scopoli.

End-

Pedum numerus licet in inſectis varius, ſuos tamen certos & fixos habet limites: Qvæ qvatuor pedibus tantum prædita apparent, anticos alios binos poſſident minutiſſimos; ita ut hexapoda ad minimum ſint, qvæ pluribus non gaudent: Hæc vita, ſtructura & facie tota ab illis facile diſtinguuntur; itaqve pedum numerus, ſenarius vel major, primam ſiſtit inſectorum diviſionem. Separantur invicem hexapoda maxime alarum conditione, numero vel abſentia; polypoda autem, vix alata ulla, diviſione corporis ejusqve ſegmentis inprimis videntur differre. Ejusmodi fundamentis ſuperſtruuntur ſeqventes characteres tribuum & ordinum.

Tribus.	*Ordo.*
Pedes VI.	
Elytra - - -	COLEOPTERA.
Hemelytra - - -	HEMIPTERA.
Alæ IV. ſqvamoſæ - -	LEPIDOPTERA.
Alæ nervoſo-reticulatæ -	NEUROPTERA.
Alæ membranaceæ parce venoſæ -	HYMENOPTERA.
Alæ duæ & halteres - - -	DIPTERA.
Elytra alæqve nullæ - - -	APTERA.
Polypoda;	
Caput & truncus ſub unico ſcuto unita	- CRUSTACEA.
Caput a trunco multiarticulato diſcretum	

ORDI-

Endskient Føddernes Tall er hos Insekterne forskiellig, saa har det dog sine visse og faste Grændser: De som synes ikkun at have fire Fødder, have endnu foran tvende andre meget smaae; saa at de altid ere Sexføddede, som ikke have flere: Disse skille sig i Levemaade, Skabning og Udseende lættelig fra hine; altsaa gier Føddernes Tall, som bestemmes til Sex eller et større, den første Inddeling af Insekterne. De Sexføddede skilles mellem dem selv helst efter Vingernes Beskaffenhed, Tall eller Mangel; Men de Mangeføddede, hvoraf neppe nogen har Vinger, synes i sær at være adskilte ved deres Legems Afdeling og dets Tværsnit. Paa saadanne Grunde bygges de følgende Kiendemærker af Stammerne og Ordenerne.

Stammen.	Ordenen.
Sex Fødder,	
Vingedækker - -	Skeedvingede.
Halvdækker - -	Halvvingede.
Vingerne 4. skiællede - - -	Skiælvingede.
Vingerne med Nerver nætrudede -	Nærvevingede.
Vingerne hindeagtige med faa Nerver -	Klarvingede.
Vingerne tvende, og Vægtstænger -	Tovingede.
Vingedækker og Vinger aldeles borte -	Uvingede.
Mange Fødder,	
Hoved og Skrog foreenede under et Skiold / Hovedet adskilt fra det mangeleddede Skrog -	Skaldækkede.

Orde-

Ordinum *Charactéres.*

I. COLEOPTERA.

Corpus hexapodum, glabrum. Truncus diſtinctus.

Elytra cruſtacea vel coriacea, opaca, bina vel in unum coadunata, mobilia vel immobilia, per ſuturam rectam conniventia.

Alæ plurimis; ſemper binæ, ſub elytris reconditæ vel poſtice denudatæ; plicatiles, complicatæ.

Oculi bini immobiles. Stemmata nulla.

Maxillæ corneæ, transverſim forcipatæ, rarisſime nullæ: Palpi ſemper.

Metamorphoſis ſæpius in abſconditis: Larva vermiformis; Pupa incompleta.

* Antennæ clavatæ v. filiformes:

Scarabæus.	*Bruchus.*
Lucanus.	*Casſida.*
Dermeſtes.	*Ptinus.*
Hiſter.	*Chryſomela.*
Byrrhus.	*Hispa.*
Gyrinus.	*Meloe.*
Attelabus.	*Tenebrio.*
Curculio.	*Lampyris.*
Silpha.	*Mordella.*
Coccinella.	*Staphylinus.*

** Antennæ ſetaceæ:

Cerambyx.	*Bupreſtis.*
Leptura.	*Dytiſcus.*
Cantharis.	*Carabus.*
Elater.	*Necydalis.*
Cicindela.	*Forficula.*

II. HE-

Ordenernes Kiendemærker.

I. Skeedvingede.

Kroppen sexfoddet, og glat: Bullen kiendelig adskilt.

Vingedækkene skorpagtige eller læderagtige, uigiennemskinlige, tvende eller til een forenede, bevægelige eller ubevægelige, som slutte tilsammen med en lige Søm.

Vinger have de fleste; altid tvende, skiulte under Vingedækkerne eller bag til blottede; foldede, sammenfoldede.

Øynene tvende. Glasknopperne ingen.

Kiæberne hornagtige, paa tvers sammenknibende, meget sielden ingen: Mundstængler altid tilstæde.

Forvandlingen oftest i skiulte Stæder: Larven ormdanned; Pupen ufuldkommen.

* Famlestænglerne kiolledannede, eller traadsmale:

Torbisten.	Sædebillen.
Træhiorten.	Skioldbillen.
Klanneren.	Ormstikkeren.
Skarnbillen.	Guldbillen.
Ødebillen.	Hvasbillen.
Vandkalven.	Oliebillen.
Smalnakken.	Skrubben.
Snudebillen.	Natfaklet.
Aadselgraveren.	Jordloppen.
Marihønen.	Rovbillen. Skiulnakken.

** Famlestænglerne børstespidsede:

Træbukken.	Bobben.
Tømmerbukken.	Grundvreulet.
Dagfaklet.	Skovtiggeren.
Smælderen.	Barvingen.
Glandsbillen.	Øretvisten.

II. HEMIPTERA.

Corpus hexapodum, glabrum: Truncus diſtinctus.

Hemelytra v. vaginæ ſemicoriaceæ, cruciatæ plerisqve; qvibus alæ membranaceæ binæ: Reliqvis hemelytra aut vaginæ nullæ, his alæ IV. v. II. membranaceæ; Halteres nulli.

Oculi bini immobiles: Stemmata qvibusdam.

Maxillæ transverſæ, corneæ, & palpi qvibusdam; reliqvis roſtrum absqve palpis.

Metamorphoſis plurimis aperta: Ex ovo, rarisſime e matre, prodit pupa ſemicompleta.

* Os maxilloſum:

Blatta. *Mantis.* *Gryllus.*

** Os roſtratum:

Fulgora. *Nepa.* *Chermes.*
Cicada. *Cimex.* *Coccus.*
Notonecta. *Aphis.* *Thrips.*

III. LEPIDOPTERA.

Corpus hexapodum, piloſum: Truncus diſtinctus.

Alæ IV. membranaceæ, ſqvamulis imbricatim tectæ.

Oculi bini, reticulatim compoſiti, immobiles. Stemmata III. plurimis minutisſima; ſub villis recondita.

Os inſtructum lingva filiformi, ſpiraliter involvenda, nonnullis brevisſima.

Metamorphoſis aperta vel velata: Ex ovo larva, eruca 12 annulis & capite diſtincta, pedibus nec infra VIII. nec ſupra XVI. inſtructa, XVIII. ſtigmatibus perforata; hæc nuda, vel ſub folliculo vel ſub terra abit in pupam obtectam.

Papilio. *Sphinx.* *Phalæna.*

IV. NEU-

II. Halvdækkede.

Kroppen sexføddet, glat: Skrogget kiendelig adskilt.

Halvdækker eller halvlæderagtige overkrydsede Skeder paa de fleste, som ogsaa har 2 hindeagtige Vinger. De øvrige have ingen Halvdækker eller Skeder, men 4 eller 2 hindeagtige Vinger; ingen Vægtstænger.

Øynene tvende, ubevægelige; Glasknopper paa nogle.

Kiæber tværstaaende hornagtige og Mundstængler have nogle: De øvrige et Suerør uden Mundstængler.

Forvandlingen med de fleste skeer aabenlyst: Af Egget, meget sielden af Moderen, udkommer en halvfuldkommen Pupe.

* Munden forsyned med Kiæber:

Kakelaken. Galeeren. Græshoppen.

** Munden forsynet med Suerør:

Lygtedrageren.	Vandskorpionen.	Bladsueren.
Høeskrækken.	Tægen.	Koskenillen.
Rygsvømmeren.	Bladluset.	Blærefoden.

III. Skiælvingede.

Kroppen sexføddet, haared; Skrogget kiendelig adskilt.

Vingerne fire, tækkede med Smaaskiæl.

Øynene 2, nætviis sammensatte, ubevægelige. Glasknopperne 3, paa de fleeste meget smaae, under Haartottene.

Munden forsynet med en traadsmal Tunge, som kan snirkelviis indrulles: Nogle have den overmaade kort.

Forvandlingen aabenlyst eller overdækket: Af Egget kommer Larven, sammensat af 12 Ringe, foruden Hovedet; har i det mindste 8, i det høyeste 16 Fødder, og 18 Sidehuller: Denne forandrer sig til Puppe, enten i sin nøgne Tilstand, eller i et Spind, eller i Jorden.

Dagfuglen. Tusmørkefuglen. Natfuglen.

IV. NEUROPTERA.

Corpus hexapodum ſubvilloſum; Truncus diſtinctus; Abdomen ſæpius adminiculo ſexus terminatum, inerme.

Alæ IV. membranaceæ, nervis reticulatæ.

Oculi bini, reticulatim compoſiti. Stemmata plurimis.

Os maxilloſum vel edentulum, palpis inſtructum.

Metamorphoſis aperta. Ex ovo prodit pupa ſemicompleta.

Libella. *Phryganea.*
Ephemera. *Hemerobius.*
Myrmeleon. *Panorpa.* *Raphidia.*

V. HYMENOPTERA.

Corpus hexapodum ſæpius villoſum; Truncus diſtinctus; Abdomen ſæpius aculeo terminatum.

Alæ IV. membranaceæ, parce venoſæ.

Oculi bini, immobiles, reticulatim compoſiti. Stemmata omnibus.

Os maxilloſum, qvibusdam lingva auctum.

Metamorphoſis occulta. Ex ovo larva, qvæ dat pupam incompletam.

Cynips. *Chryſis.*
Tenthredo. *Veſpa.*
Sirex. *Apis.*
Ichneumon. *Bugo.*
Sphex. *Formica.* *Mutilla.*

IV. Nætvingede.

Kroppen sexfoddet noget ulden. Skrogget kiendelig adskilt, Vommen ofteſt endet med noget Redſkab for Kiønnet, ubevæbnet.

Vingerne 4. hindeagtige formedelſt Nærver nætrudede.

Øynene 2. nætviis ſammenſatte; Glasknoppe have de fleſte.

Munden kiæbed eller utandet, forſynet med Mundſtængler.

Forvandlingen ſkeer aabenlyſt: Af Egget udkommer en halv fuldkommen Pupe.

Guldſmeden. Ugget.
Døgnfluen. Stinkfluen.
Myreløven. Skorpionſtierten. Rameelhalſen.

V. Klarvingede.

Kroppen sexfoddet, ofteſt ulden: Skrogget kiendelig adskilt; Vommen ofteſt endet med en Stikkebraad.

Vingerne 4. hindeagtige, og meget lidet aarede.

Øynene 2. ubevægelige, nætviis ſammenſatte. Glasknopper have alle.

Munden kiæbed, nogle har derforuden en Tunge.

Forvandlingen er ſkiult: Af Egget kommer en Larve, ſom giver en fuldkommen Pupe.

Gallehvepſen. Muurhvepſen.
Saughvepſen. Hamſen.
Træehvepſen. Bien.
Giøghvepſen. Leerhvepſen.
Gindingen. Myren. Mautlingen.

VI. DIPTERA.

Corpus hexapodum glabrum v. tomentoſum. Truncus diſtinctus. Tarſi pedum V-articulati.

Alæ II. membranaceæ: Halteres ſub ſqvamula propria.

Oculi bini, immobiles, reticulatim compoſiti; Stemmata plurimis.

Os absqve maxillis, munitum roſtro, proboſcide v. utroqve v. o.

Metamorphoſis: in impuris: Ex ovo, rariſſime e matre, excluditur larva, cujus pupa coarctata.

Oeſtrus.	*Tabanus.*	*Conops.*
Tipula.	*Culex.*	*Aſilus.*
Muſca.	*Empis.*	*Bombylius.*
		Hippoboſca.

VII. APTERA.

Corpus hexapodum, apterum; glabrum; Truncus diſtinctus.

Oculi bini, immobiles, ſimplices vel compoſiti: Stemmata o.

Os varium.

Metamorphoſis nulla: Ex ovo pupa completa, excepta ultimi larva in pupam folliculatam tranſeunte.

Lepisma.	*Termes.*	
Podura.	*Pediculus.*	*Pulex.*

VIII. CRU-

VI. Tovingede.

Kroppen sexfoddet, glat eller lodden: Skrogget kiendelig adskilt. Fodbladet femleddet.

Vingerne 2. hindeagtige: Vægtstænger under et eget Smaaskiæl.

Øynene 2. ubevægelige, nætviis sammensatte. Glasknopper paa de fleste.

Munden uden Kiæber, forsyned med Suerør, Snabel, begge Dele eller o.

Forvandlingen i urene Stæder: Af Egget, meget sielden af Moderen, udlægges Larven, hvis Pupe er indkneben.

Værren.	Bræmsen.	Stingfluen.
Stankelbeen.	Myggen.	Rovfluen.
Snabelfluen.	Dandsemyggen.	Hummelfluen.
		Tægfluen.

VII. Uvingede.

Kroppen sexfoddet, uvinged, glat: Skrogget kiendelig adskilt.

Øynene 2. ubevægelige, enkelte eller sammensatte: Glasknopperne o.

Munden forskiellig.

Forvandlingen ingen: Af Egget kommer en fuldkommen Puppe, den sidstes Larve undtagen, som gaaer over til en indspunden Puppe.

Sølvkreet.	Vægsmeden.	
Stiertfoden.	Luusen.	Loppen.

VIII. CRUSTACEA.

Corpus polypodum, rarius ultra C. Crusta nonnullis calcarea: Truncus cum capite v. cum abdomine unitus.

Oculi bini vel plures, paucis mobiles: Stemmata?

Os varium, palpis instructum.

Metamorphosis nulla: Viviparis & Oviparis pupa completa, senium cum crusta exuens.

Acarus.	*Scorpio.*	*Xiphisura.*
Phalangium.	*Cancer.*	*Oniscus.*
Aranea.	*Monoculus.*	*Scolopendra.*
		Julus.

Gene-

VIII. Skorpede.

Kroppen mangeføddet; meget sieldent over 100: Nogle ere skiulte med en kalkartig Skorpe. Skrogget giør eet ud med Hovedet eller Vommen.

Øynene 2. eller flere. Faaes ere bevægelige. Glasknopper?

Munden forskiellig, forsynet med Mundstængler.

Forvandlingen ingen: De som føde levende eller lægge Eg, frembringe en fuldkommen Pupe, som afskyder sig Alderen med Hammen.

Miden.	Skorpionen.	Giellefoden.
Meyeren.	Krabben.	Skrukketrolden.
Edderkoppen.	Eenøyet.	Skaalormen.
		Tusindbeenet.

Generum
Tabulæ Synopticæ.

Insecta, qvibus

Elytra per totam longitudinem crustacea,

Pedes natatorii,

Antennæ clavatæ } - - - - DYTISCUS.
Antennæ setaceæ }

Pedes ambulatorii,

Tibiæ spinosæ,

Antennæ clavatæ,

Clava pectinato-fissilis,

Maxillæ porrectæ - - LUCANUS.

Clava foliacea,

Maxillæ occultæ - - SCARABÆUS.

Clava solida,

Os forcipatum - - - HISTER.

Tibiæ muticæ,

Elytra dimidiata,

Alas tegentia,

Antennæ extrorsum crassiores - STAPHYLINUS.

Antennæ extrorsum tenuiores - FORFICULA.

Alæ postice nudæ,

Antennæ setaceæ - - NECYDALIS.

Insecta,

Slægternes

Udtogs-Tabeller.

Insekterne, som have

Vingedækkene heel igiennem skorpagtige,

Svømfødder,

Famlestænglerne køllledannede Famlestænglerne børstespidsede	-	Grundvreulet.

Gangfødder,

Skinnebenene tandede,

Famlestænglerne kiølledannede,

Køllen splittet som Kamtænder,

Kiæberne fremstrakte	- - -	Træhiorten.

Køllen bladet,

Kiæberne skiulte	- -	Torbisten.

Køllen heel,

Munden med Tang forsynet	-	Skarnbillen.

Skinnebenene frie for Tænder,

Vingedækkerne halvstumpede,

Vingerne skiulte,

Famlestænglerne udad tykkere	-	Rovbillen.
Famlestænglerne ud ad tyndere	-	Øretvisten.

Vingerne bag til nøgne,

Famlestænglerne børstespidse	-	Barvingen.

Insek-

Insecta, qvibus

Elytra per totam longitudinem crustacea,

Pedes ambulatorii,

Tibiæ muticæ,

Elytra integra,

Mollia,

Thorax immarginatus,

Antennæ moniliformes - - - MELOE.

Thorax marginatus,

Caput occultans cingensqve,

Antennæ filiformes - - - LAMPYRIS.

Capite prominente brevior,

Antennæ setaceæ - - - CANTHARIS.

Rigida,

Thorax immarginatus interdum spinosus,

Caput rostratum,

Attenuatum antice - - - CURCULIO.

Attenuatum postice - - ATTELABUS.

Caput obtusum,

Inflexum,

Antennæ clavatæ,

Clava perfoliata - - DERMESTES.

Clava solida - - BYRRHUS.

Antennæ filiformes,

Lamina ante femora - MORDELLA.

Insecta,

Insekterne, som have

Vingedækker heel igiennem skorpagtige,

Gangfødder,

Skinnebenene frie for Tænder,

Vingedækkerne hele,

Bløde,

Overlivet uden Rand,

Famlestænglerne perleradede - **Oliebillen.**

Overlivet med en Rand,

Skiulende og omgivende Hovedet,

Famlestænglerne traadsmale - **Natfaklet.**

Kortere end det fremstaaende Hoved,

Famlestænglerne børstespidse - **Dagfaklet.**

Stive,

Overlivet uden Rand, undertiden tiørnet,

Hovedet snudet,

Smalløbende fortil - - **Snudebillen.**

Smalløbende bagtil - - **Smalnakken.**

Hovedet butted,

Indbøyet,

Famlestænglerne køllедannede,

Køllen igiennembladet - **Klanneren.**

Køllen heel og holden - - **Ødebillen.**

Famlestænglerne traadsmale,

En Plade foran Laarene - **Jordloppen.**

Insek-

Insecta, qvibus

Elytra per totam longitudinem crustacea,

Pedes ambulatorii,

Tibiæ muticæ,

Elytra integra,

Rigida,

Thorax immarginatus, interdum spinosus,

Caput obtusum,

Porrectum,

Antennæ extrorsum crassiores,

Approximatæ porrectæ,

Thorax & elytra sæpius aculeata - HISPA.

Distantes, divergentes,

Regio podicis nuda,

Femora crassa - - - BRUCHUS.

Regio podicis elytris tecta,

Corpus ovatum v. oblongum - CHRYSOMELA.

Antennæ setaceæ,

Oculi valde prominuli,

Maxillæ exsertæ dentatæ - CICINDELA.

Oculi ultra caput vix prominentes,

Elytra linearia,

Thorax mucronato-callosus - CERAMBYX.

Elytra apice attenuata,

Thorax teretiusculus - LEPTURA.

Intrusum thoraci,

Antennæ filiformes,

Articuli ultimi longiores - PTINUS.

Insecta,

Insekterne, som have

Vingedækker heel igiennem skorpagtige,
Gangfødder,
Skinnebenene frie for Tænder,
Vingedækkerne hele,
Stive,
Overlivet uden Rand, undertiden tiørnet,
Hovedet buttet,
Fremstrakt,
Famlestænglerne udad tykkere,
Nærstaaende, fremstrakte,
Overlivet og Vingedækkerne ofteſt tiørnede - - Hvasbillen.
Afstaaende, til Siderne vendte,
Bagdelen blottet,
Laarene tykke - - Sædbillen.
Bagdelen skiult med Vingedækkerne,
Kroppen eggerunde aflang - Guldbillen.
Famlestænglerne børstespidse,
Øynene meget fremstaaende,
Kiæb. udstaaende, tandede - Glandsbillen.
Øynene neppe udstaaende,
Vingedækkerne jævn brede,
Overlivet spidsknudet - Træebukken.
Vingedækkerne mod Enden smalere,
Overlivet trindagtig - Tømmerbukken.
Indtrykt i Overlivet,
Famlestænglerne traadsmale,
De yderste Leed af størst Længde - Ormstikkeren.

Insek-

Insecta, qvibus
Elytra per totam longitudinem crustacea,
Pedes ambulatorii,
Tibiæ muticæ,
Elytra integra,
Rigida,
Thorax marginatus,
Margo in clypeum dilatatus,
Caput obumbrans - - CASSIDA.
Capite brevior,
Corpus depressum,
Palpi setacei - - SILPHA.
Corpus hemisphæricum,
Palpi clavati - - COCCINELLA.
Margo angustus,
Pectus mucronatum, poro ventrali respondens,
Thorax postice utrinqve in dentem productus - - ELATER.
Pectus simplex,
Caput thoraci impressum,
Antennæ setaceæ thoracis longitudine - BUPRESTIS.
Antennæ filiformes thorace longiores - CRYPTOCEPHALA.
Caput exsertum,
Antennæ setaceæ - - - CARABUS.
Antennæ moniliformes - TENEBRIO.

Insecta,

Insekterne, som have

Vingedækker heel igiennem skorpagtige,
Gangfødder,
Skinnebenene frie for Tænder,
Vingedækkerne hele,
Stive,
Overlivet med en Rand,
Randen udvidet til et Skiold,
Udstaaende over Hovedet - **Skioldbillen.**
Kortere end Hovedet,
Kroppen flad nedtrykt,
Mundstænglerne børstespidse - **Aadselgraveren.**
Kroppen halv kugelrund,
Mundstængl. kølledannede - **Marihønen.**
Randen smal,
Brystet spidsoddet, svarende til et Hul i Bugen,
Overlivet bag til paa hver Side med en Tand udstaaende - **Smælderen.**
Brystet stumpendet,
Hovedet indtrykt i Overlivet,
Famlestænglerne saa lange som Overlivet - - - **Bobben.**
Famlestænglerne længere end Overlivet - - **Skiulnakken.**
Hovedet udstrakt,
Famlestængl. børstespidse - **Skovtiggeren.**
Famlest. perleradede - - **Skrubben.**

Insecta, qvibus

Elytra ad basin crustacea, apice membranacea,

Os rostro filiformi rigido auctum,

Antennæ thorace longiores,

IV-articulatæ - - - CIMEX.

Antennæ thorace breviores,

Filiformes vel setaceæ,

Pedes antici cheliformes - - NEPA.

Pedes postici villosi - - - - NOTONECTA.

Os, rimula longitudinalis, rostrum obscurum,

Elytra alæqve corpore angustiores,

Antennæ filiformes

Thoracis longitudine - - THRIPS.

Insekterne, som have

Vingedækker ved Roden skorpagtige, i Enden hindeagtige,

Munden forlænget i et traaddannet stiv Suerør,

Famlestænglerne længere end Overlivet,

Fireleddede - - - Tægen.

Famlestænglerne kortere end Overlivet,

Traaddannede eller børstespidse,

Forfødderne krabbekloede - Vandskorpionen.

Bagfødderne haartottede - Rygsvømmeren.

Munden, en langagtig Sprække, Suerøret ukiendelig,

Vingedækkerne og Vingerne smalere end Kroppen,

Famlestænglerne traaddannede,

Af Længde med Overlivet - - Blærefoden.

Insecta, qvibus

Alæ membranaceæ,

Pulvere ſqvamæformi colorato tectæ,

Qvatuor,

Corpus pilosum,

Antennæ filiformes apice crasſiores,

Lingva involuta ſpiralis - - - - - PAPILIO.

Antennæ medio crasſiores ſubprismaticæ,

Lingva involuta ſpiralis - - SPHINX.

Antennæ a baſi ad apicem attenuatæ,

Lingva ſpiralis vel nulla - - PHALÆNA.

Nudæ, interdum coloribus tinctæ,

Nervis plurimis reticulatæ,

Roſtrum filiforme, rigidum, absqve palpis,

Sub capite,

Frons producta, inanis,

Antennæ capitatæ, brevisſimæ,

Alæ deflexæ, IV. - - FULGORA.

Frons obtuſa,

Antennæ ſetaceæ,

Thorace non longiores,

Alæ deflexæ, IV. - - - - - CICADA.

Thorace longiores,

Alæ erectæ, IV. - - APHIS.

Sub pectore,

Alæ deflexæ, IV. vel II. - - - CHERMES.

Alæ erectæ, II. - - - COCCUS.

Insekterne, som have

Vingerne hindeagtige,

  Dækkede med skiældannet Støv,

    Fire,

      Kroppen haarig,

        Famlestænglerne traaddannede, i Enden tykkere,

          Tungen indrullet - - Dagfuglen.

        Famlest. midt paa tykkere, noget prismatiske,

          Tungen indrullet - - Tusmørkefuglen.

        Famlest. fra Roden til Spidsen smalere,

          Tungen indrullet eller ingen - - Natfuglen.

  Regne undertiden farvede,

    Med mange Nerver nætrindede,

      Snereret traaddannet, stiv, uden Mundstængler,

        Under Hovedet,

          Panden langt fremstaaende, huul,

            Famlest. knopendede, korte,

              Vingerne nedbøyede, 4. - Lygtedrageren.

          Panden kortbuttet,

            Famlestænglerne børstespidse,

              Ey længere end Overlivet,

                Vingerne nedbøyede, 4. - Høeskrækken.

              Længere end Overlivet,

                Vingerne opreiste, 4. - - Bladluset.

        Under Brystet,

          Vingerne nedbøyede, 4 ell. 2. - Bladsneren.

          Vingerne opreiste, 2. - - Koskenillen.

Inſecta, qvibus

Alæ membranaceæ,
Nudæ, interdum coloribus tinctæ,
Nervis plurimis reticulatæ,
Os maxilloſum,
Alæ inferiores plicatæ,
Thorax linearis elongatus,
Pedes curſorii, antici chelati,
Alæ IV. planæ cruciatæ - - MANTIS.
Thorax orbicularis, planiusculus,
Pedes curſorii, ſpinoſi,
Alæ planæ IV. cruciatæ - - BLATTA.
Thorax lateraliter compreſſus,
Pedes ſaltatorii,
Alæ deflexæ, cruciatæ - - GRYLLUS.
Alæ expanſæ omnes, IV.
Deflexæ circa corpus,
Thorax elongatus - - RAPHIDIA.
Thorax brevis,
Antennæ breves clavatæ - MYRMELEON.
Antennæ longiores ſetaceæ - HEMEROBIUS.
Extenſæ a corpore,
Abdomen foliolis terminatum - - LIBELLA.
Os edentulum,
Palpis munitum,
Alæ deflexæ inferiores plicatæ - PHRYGANEA.
Alæ expanſæ,
Labium elongatum - - PANORPA.
Palpis deſtitutum,
Alæ erectæ, IV. v. II.
Abdomen ſetis terminatum - EPHEMERA.

Inſecta,

Insekterne, som have

Vingerne hindeagtige,
Nøgne undertiden farvede,
Med mange Nerver netrudede,
Munden kiæbed,
Undervingerne foldede,
Overlivet jævnbred, langstrakt,
Løbefødder, de forreste krabbekloede,
Vingerne 4, flade, overkrydsede - Galeeren.
Overlivet cirkelrund, fladagtig,
Løbefødder, tiørnede,
Vingerne flade, krydsede - - Kakelaken.
Overlivet paa Siderne sammentrykt,
Springfødder,
Vingerne nedbøyede, krydsede - Græshoppen.
Vingerne udslagne alle, 4.
Nedbøyede om Kroppen,
Overlivet langstrakt - - Kameelhalsen.
Overlivet kort,
Famlest. korte kølleendede - Myreløven.
Famlest. længere, børstespidse - Stinkfluen.
Udstrakte fra Kroppen,
Vommen med Blade endet - Guldsmeden.
Munden uden Tænder,
Med Mundstængler,
Vingerne nedbøyede, de underste foldede - Ugget.
Vingerne udslagne,
Læben langstrakt - - Skorpionstierten.
Uden Mundstængler,
Vingerne opreiste 4. ell. 2,
Vommen endet med Børstehaar - Døgnfluen.

Insecta, qvibus

Alæ membranaceæ,

Nudæ, interdum coloribus tinctæ,

Nervis paucioribus venosæ,

Qvatuor,

Abdomen sessile,

Mucronatum,

Aculeus ani exsertus bivalvis, rigidus - - SIREX.

Obtusum,

Aculeus ani intra laminas, vix prominens - - TENTHREDO.

Abdomen pendulum,

Venter fornicatus,

Ani regio dentata,

Corpus auratum,

Aculeus subexsertus - - - CHRYSIS.

Venter convexus,

Aculeus ani intra valvulas abdominis ovato-compressi latens - - CYNIPS.

Aculeus ani cum valvulis exsertus, abdumen terminans,

Antennæ setaceæ - - ICHNEUMON.

Insecta,

Insekterne, som have

Vingerne hindeagtige,

Øgne undertiden farvede,

Med faa Nerver aarede,

Fire,

Bommen tætpaasiddende,

Spidsoddet,

Gatborets Braad udstrakt, tve-
skedet, stiv - - - **Træhvepsen.**

Kortbuttet,

Gatborets Braad neppe uden for
sine Plader - **Saughvepsen.**

Bommen stilket,

Bugen indhulet,

Gatborets Plads tandet,

Kroppen guldfarved,

Braadden noget udstrakt - **Muurhvepsen.**

Bugen rund ophøyet,

Gatbor. Braad skiult i Skederne af den eg-
gernnde sammentrykte Bom - **Gallhvepsen.**

Gatbor. Braad tilligemed Skederne udstrakt,
endende Bommen,

Famlest. børstespidse - - **Giøghvepsen.**

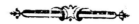

Insecta, qvibus

Alæ membranaceæ,
Nudæ, interdum coloribus tinctæ,
Nervis paucioribus venosæ,
Qvatuor,
Abdomen pendulum,
Undiqve convexum,
Aculeus ani simplex, retractilis,
Alæ plicatæ,
Oculi semilunares,
Corpus glabrum,
Antennæ filiformes - - - VESPA.
Alæ expansæ,
Sqvamula abdomini thoraciqve interjecta,
Antennæ medio fractæ,
Corpus glabrum - - - FORMICA.
Sqvamula pone thoracem nulla,
Antennæ setaceæ articulis X. longioribus,
Lingva brevissima v. o - - SPHEX.
Antennæ filiformes articulis plurimis brevissimis,
Lingva bivalvis,
Inflexa,
Oculi ovales - - APIS.
Retractilis,
Oculi semilunares - - BUGO.
Lingva nulla,
Palpi multiarticulati,
Corpus pubescens - MUTILLA.

Insekterne, som have

Vingerne hindeagtige,
Nøgne, undertiden farvede,
Med faa Nerver aarede,
Fire,
Bommen stilket,
Overalt rund ophøvet,
Gatborets Braad enkelt, tilbagetrækkelig,
Vingerne foldede,
Øynene halvmaanede,
Kroppen glat,
Famlest. traaddannede - - **Hamsen.**
Vingerne udslagne,
Skiæl mellem Bommen og Overlivet,
Famlest. midt paa brudte,
Kroppen glat - - **Myren.**
Uden Skiæl bag Overlivet,
Famlest. børstespidse, af 10 lange
Leed sammensatte,
Tungen kort eller 0 - - **Gindingen.**
Famlest. traaddannede, af flere
korte Leed sammensatte,
Tungen tveskedet,
Indbøyet,
Øynene eggerunde - - - **Bien.**
Tilbagetrækkelig,
Øynene halvmaanede - **Leerhvepsen.**
Uden Tunge,
Mundstænglerne mangeleddede,
Kroppen dunet - **Mautlingen.**

Insecta, qvibus

Alæ membranaceæ,

Nudæ, interdum coloribus tinctæ,

Nervis paucioribus venosæ,

Duæ,

Sqvamula & halteres sub alis,

Os nullum, puncta tria,

Proboscis vel rostrum nullum exsertum - - - OESTRUS.

Os, instructum

Proboscide &

Palpis incurvatis - - - TIPULA.

Palpis rectis - - - TABANUS.

Palpis nullis - - - MUSCA.

Rostro porrecto,

Recto,

Subulato - - - ASILUS.

Setaceo,

Corpus ovatum - - BOMBYLIUS.

Corpus lineare angustum - CULEX.

Geniculato - - - CONOPS.

Rostro inflexo prolongato - - - EMPIS.

Rostro nutante brevissimo,

Corpus depressum - - - HIPPOBOSCA.

Insekterne, som have

Vingerne hindeagtige,
Regne, undertiden farvede,
Med faa Nerver aarede,
Tvende,
Skiæl og Vægtstænger under Vingerne,
Ingen Mund, 3 Prikker,
Ingen Snabel eller Suerør at fornemme - - **Værren.**
Munden forsynet med
Snabel og
Krummede Mundstængler - **Stankelbenet.**
Rette Mundstængler - - - **Bræmsen.**
Ingen Mundstængler - - **Snabelfluen.**
Suerør som er fremstrakt,
Ret,
Sylspids - - - **Rovfluen.**
Børstespids,
Kroppen eggerund - **Hummelfluen.**
Kroppen jævnbred og smal - **Myggen.**
Knæebeyet - - **Stingfluen.**
Suer. indbøyet og langstr. - **Dandsemyggen.**
Suerør som luder og er meget kort,
Kroppen flad nedtrykt - - - **Tægfluen.**

Insecta, qvibus

Alæ nullæ,

Thorax a capite & abdomine distinctus,

Pedes VI,

Cauda setosa,

Os palpis instructum,

Corpus sqvamis imbricatum - - LEPISMA.

Cauda bifurca inflexa,

Antennæ setaceæ elongatæ,

Oculi II. compositi ex octonis - - PODURA.

Cauda simplex, mutica,

Pedes cursorii,

Os maxillosum,

Antennæ setaceæ - - TERMES.

Os aculeo exserendo instructum,

Abdomen depressum - PEDICULUS.

Os rostro inflexo setaceo instructum,

Abdomen compressum,

Antennæ filiformes - - - - PULEX.

Insecta,

Insekterne, som have

Ingen Vinger,

Overlivet kiendelig adskilt fra Hoved og Vom,

Sex Fødder,

Halen børstehaaret,

Munden forsynet med Mundstængler,

Kroppen tækket med Skiæl - - **Sølvkreet.**

Halen tvekløftet, indbøyet,

Famlestænglerne børstespidse og lange,

Øynene tvende, sammensatte af 8 - **Stiertfoden.**

Halen enkelt, uden Tilhæng,

Løbefødder,

Munden kiæbed,

Famlestænglerne børstespidse - **Væggesmeden.**

Munden forsynet med en udrækkende Braad,

Vommen flad nedtrykt - - - **Luusen.**

Munden forsynet med et børstespids indbøyet

Euerør,

Vommen sammentrykt,

Famlestænglerne traadsmale - **Loppen.**

Insecta, qvibus

Alæ nullæ,
Caput & thorax unita ſub unico ſcuto,
Pedes VI.
Antennæ ramoſæ,
Oculi bini approximati v. in unum coadunati - - MONOCULUS.
Pedes VIII.
Palpi articulati, ſimplices,
Oculi II. - - - ACARUS.
Palpi clavati,
Oculi VIII. - - ARANEA.
Palpi chelati,
Oculi verticales bini,
Abdomen rotundatum - PHALANGIUM.
Abd. cauda articulata terminatum - SCORPIO.
Pedes X.
Primi chelati,
Oculi bini, pedunculati, mobiles,
Cauda articulata - - - CANCER.
Pedes XII, qvorum
X. chelati,
Oculi bini immobiles - - XIPHOSURA.
Caput a thorace multiarticulato diſcretum,
Pedes numero varii,
Caudæ ſegmenta apoda - - ONISCUS.
Caudæ & totius corporis ſegmenta pedata,
Pedum paria totidem qvot corporis ſegmenta,
Corpus depreſſum - - - SCOLOPENDRA.
Pedum paria duplo utrinqve plura qvam corporis ſegmenta,
Corpus ſemicylindricum - - - JULUS.

Mollu-

Insekterne, som have

Ingen Vinger,
Hoved og Overliv i et Skiold forenede,
Fødderne 6,
Famlestænglerne grenede,
Øynene tvende nærstaaende, eller til
eet forenede - - Eenøyet.
Fødderne 8,
Mundstænglerne leddede og enkelte,
Øynene 2. - - - Miden.
Mundstænglerne kølleendede,
Øynene 8. - - Edderkoppen.
Mundstænglerne krabbekloede,
Øynene i Toppen tvende,
Vommen rundagtig - - Meyeren.
Vommen endet i en leddet Hale - Skorpionen.
Fødderne 10,
De forreste krabbekloede,
Øynene tvende paa Stilke bevægelige,
Halen leddet - - - Kræbsen.
Fødderne 12,
De 10 krabbekloede,
Øynene ubevægelige - - - Giællefoden.
Hovedet skilt fra det mangeleddede Overliv,
Fødderne i Tallet forskiellige,
Halens Affnit uden Fødder - Skrukketrolden.
Halens og hele Kroppens Affnit med Fødder,
Fødderne saa mange Par som Kroppens Affnit,
Kroppen flad nedtrykt - Skaalormen.
Fødderne saa mange Par paa hver Side,
som Kroppens Affnit,
Kroppen halv cylindrisk - - Tusindbeenet.

Mollufca.

Motus tardioris animalcula, mollia, pandentia, vitæ tenacisſima, redintegranda, humida, ore inſtructum obſcurum caput, tentaculata apoda.

Vermes, ſimplicia, loco motiva, imperfecta a veteribus dicta, animantia, deſtituuntur plurimis attributis nobis perſpectis; e minus notis characteribus difficile deſcribuntur ab obſervatoribus nimis remotæ viſcerum vel abysſi incolæ. In diſſectis inſignis partium vel integri animalis ex ſingulis fragmentis fit reſtitutio. Hermaphroditica natura gaudet eorum maxima turba, licet qvoqve diſtincti inveniantur ſexus, imo alia, qvibus ſexuales notæ plane deeſſe videntur. Dantur, qvi veros proferunt fructus, ovula vel vivos tandem fœtus continentes; plures plerumqve eodem loculo embryones ſervant plurimorum ovaria veſiculata, membranacea, fibris unita, aliisqve objectis adhærentia, *favagines* dicta, mollia, glutinoſa, poſt partum indies volumine creſcentia. Veterum *alcyonia, veſicæ marinæ*, Indorum nutrimenta. Aliorum ovula dura obducta ſunt membrana: in ſpecie glutinis acervata jacent nonnulla.

Inteſtina, infeſta viventia, exosſia nuda, partim animalia occulte intrant, inhabitant, ibiqve multiplicantur, animalibus interdum coæva, ſæpeqve commorientia. Non primas tantummodo vias, ſed clauſas viſcerum latebras incolunt animalia, extra animalium corpora

Slimdyrene.

Smaaedyr med langsommere Bevægelse, blode, udstrækkende sig, meget seilivede, hvis Stykker kan vore til hele, hvis utydelige Hoved er forsynet med Mund, hvis uleddede Krop har Følehorn.

Ormene enkelte, Stadskiftende, hvad de gamle kaldte ufuldkomne Smaaedyr, mangle de fleste Egenskaber, som vi kiende til; efter de mindre kiendelige Kiendemerker ere de vanskelige at beskrive, som alt for langt fra Jagttagerne beboe Indvoldene eller Dybet. Paa dem som overskiæres sættes Delene besynderligen i Stand igien, eller og bliver et heelt Dyr af hver Stykke. Den største Hob ere af Tvetulle-Arten, endskient man og finder nogle af forskiellig Kiøn, ja endog nogle, som synes ganske at mangle Kiønnenes Kiendetegn. Nogle frembringe virkelige Frugter eller omsider en levende Yngel, flere Fostere i et og samme Rum indeholde de flestes Eggeklaser, som ere blæredannede, hindeagtige med Traader sammenføyede og hængte til fremmede Ting, opkaldte efter Biernes Honningkager, ere blede, limagtige, tage daglig til i Størrelse efter at de ere lagde; de Gamle kaldte dem Grundved, Søeblærer, Indianerne spise dem. Andres Eg ere overklædte med en haard Hinde, i en Art af Slim ligge nogle sammenpakkede.

Tarmormene de skadelige Kryb, de negne Beenfrie, gaae tildeels hemmelig ind i Dyrene, beboe dem og der formeres, ere undertiden ligesaa gamle som Dyrene, og ofte leve lige med dem. Ikke allene de første Tilgange, men Indvollenes skiulte Læddiker beboes af vix ullibi in rerum natura obvia? Horum ortum ab omni ævo eruere laborarunt naturæ consulti, nec tamen huc usqve nisi meris conjecturis attigerunt. Terram perforant nonnulla, aqvis inhærent alia, ibiqve cadavera vel viva animalia destruunt.

Fimbriata, *Nuda* horumqve *Echinodermata*; vel *Testacea*, tentaculis brachiisve instructa: Vagantur pleraqve per maria, qvorum tenebricosum abyssum tanqvam totidem lucernis illuminant phosphorea. Vis qvibusdam pruritu mordax, venenata alia, edulia reliqva. Terebrant ligna vel petras nonnulla, in aliis corporibus adnascuntur, iisve adglutinantur vel sugendo adhærent littorea: in fundo pelagi latent arenæqve infixa inhærent rarissima. Calcarea domuncula, Testaceis coæva, augetur cum incola calcifica & sæpe calcivora; destructa autem ipsa destruitur testa, restant tamen fossiles hodie deperditorum conchyliorum reliqviæ, olim abyssi cimelia. Terrestres sunt cochleæ minores aliqvot tenui testa donatæ, fluvios lacusqve inhabitant fragiliora testacea pauca, littora vero, maria vel pelagum maxime solidiora, insectis opposita specierum numero, magna naturæ ludentis varietate multiplicata. Locus plerisqve etiamnum in arte deficit; Europæa pauca: Nobis ignotæ Veterum purpuræ, violacea & punicea, unde murice tinctæ vestes & conchyliata peristromata. Incolarum examini incubuere

pauci,

Dyr, hvilke uden for Dyrenes Legemer neppe findes nogensteds i Naturen? Deres Opspring har Naturdyrkerne giort sig Umage for at udfinde, dog ere de hidtil ikke kommen nærmere end til blotte Gisninger. Nogle grave sig igiennem Jorden, andre flyde i Vandet, og der ødelegge Aadsler eller levende Dyr.

Bræmme-Ormene, de nøgne og derhen hørende **pigskinnede** eller **Skaldyrene**, med Følehorn eller Armer forsynede; De fleste vanke om i Søer, hvis mørke Dyb de lysenende opblinke, ret som de vare ligesaa mange Fakler. Nogle kan foraarsage en brændende Kløen, andre ere giftige, Resten kan spises. Nogle giennembore Træ eller Stene; paa fremmede Legemer voxe de op, klæbe sig paa, eller ved at sue hænge sig faste, som leve ved Strandbredderne; paa Havbunden ligge de skiulte og i Sandet indfæstede, som ere de sieldneste at see. Kalkhuset, som Skaldyrene fødes med, voxer med den kalkydende og ofte kalkædende Beboer; men naar denne er ødelagt ødelegges Skallen, hvoraf dog haves tilbageblevne opgravne Levninger af de nu tabte Skaldyrshuse, som før udgiorde hele Samlinger i Dybet. Paa Landet opholde sig nogle af de mindre tyndskallede Snekkedyr; Floderne og Søerne beboe nogle faa sprødskallede Skaldyr, men de stærkskallede leve ved Strandene, i Søerne og i Havet, hvilke i Tallet kan sættes mod Insekterne, og ere formerede ved den spillende Naturs mange Afendringer. De flestes Opholds Stæd har Videnskaben endnu ingen Kundskab om: Faa ere Europæiske. De gamles Purpursnekker, den violette og den purpurrøde ere os ubekiendte, hvoraf de havde deres snekkepauci, evacuatas testas attente legit summa curiositas, difficile distribuit vagiens adhuc in cunis scientia, sub barbaris nominibus care emit erudita luxuria, easqve a qvisqviliis ad pretiosiores vitiando nobilitat artificum politura, ut pulchrius pateant vividi sub calce vel epidermide latentes colores.

Conchylia, ex unica testa formata, *univalvia* dicta, ob spiram omnibus fere communem COCHLEÆ sunt; e duabus autem pluribusve testis componuntur *bivalves* aut *multivalves* CONCHÆ.

Omnia suo proprio, testæ connexo, gaudent animali e fimbriatorum ordine; nec tamen fimbriata omnia testacea. In perfectioribus, qvorum pars cochleas inhabitat, distingvenda veniunt *tentacula* II. v. IV. retractilia, vel semper exserta *brachia*, *oculi* in tentaculorum apice vel ad eorum basin conspicui, *os* ejusqve *maxillæ* vel *rostrum*, *spiraculum*, *anus*, *branchiæ* & *pes*, cui insidet cochlearum *operculum* corneum v. calcareum, veterum *umbilicus veneris*, pro lubitu aperturam domicilii claudens, probe distingvendum a crusta, qva terrestres cochleæ suas per hiemen obturant testas. Minus distinctis partibus gaudent concharum animalia, in qvibus tantummodo aperta jacent *os* IV-labiatum, *pes*, *spiracula* bina & *branchiæ*: Luxuriantur nonnulla *margaritis* una v. pluribus qvorum dos in candore, magnitudine, orbe, lævore & pondere constat: Filis byssi affi-

guntur

farvede Klæder, og i Sneglesaften dyppede Tapeter. Inddyrenes Undersøgning har faa lagt sig efter, de udtemmede Skaller har den store Videlyst agtsom opsamlet, den spædaldrende Videnskab vanskelig inddeelt, og den lærde Ødselhed dyrt kiøbt under fremmede Navne; og dem fra den ringeste til de kostbareste forædler Kunstneren, naar han ved sin Polering forfalsker dem, at de levende Farver, som ligge skiulte i Kalken eller under Overhuden kan komme smukkere frem.

Skaldyrshusene som bestaae af et eneste Skal, kaldes Eenskallede; so medelst Snegletrækket, som næsten alle have tilfælles, ere de **Snekker**: Men af tvende eller flere Skaller sammensættes de **Toskallede** eller **mangeskallede Muskler**.

Alle eye deres eget til Skallen anvoxne Dyr, som henhører til Bræmmeormenes Orden, dog ere ikke alle Bræmmeormene Skaldyr. Hos de fuldkomnere, hvoraf endeel beboe Snekkehusene, kan man adskille 2 eller 4 tilbagetrækkelige **Følehorn**, eller nogle altid udstrakte **Armer**, **Øynene**, som kan sees paa Enden eller ved Roden af Følehornene, **Munden** og dens **Kiæber** eller **Snerør**, **Lufthullet**, **Gatboret**, **Giællerne** og **Foden**, hvorpaa sidder det hornagtige eller kalkartige **Sneglelaag**, de gamles **Venus-Navle**, som lukker, naar de vil, Husets Munding, og er vel at skille fra den Skorpe, hvormed Landsnekkerne lukke deres Skal om Vinteren. Muskeldyrenes Dele ere mindre tydelige; man seer ikkun den firelæbede **Mund**, **Foden**, tvende **Lufthuller** og **Giællerne**: Nogles Overflod bestaaer i een eller flere **Perler**, hvis Pragt sættes i Reenheden,

 Størguntur qvædam. Omnibus commune eſt *integumentum*, qvo involvitur integrum corpus, vel ejus pars.

Cochlearum ſtructuram internam maxime diverſam offerunt *concameratæ* teſtæ, qvæ pluribus gaudent diſſepimentis *ſiphone* connexis, dum reliqvæ *uniloculares* tota cavitate patent. Figura, ſuperficies vel reliqva conditio deſcribitur denominationibus variis e ſimilibus aliis depromtis; Partes unde deſumuntur characteres notabiliores ſunt ſeqventes:

Spira revolutio teſtæ, qvam vel intra ſe facit involuta *cochlea diſcoidea*, vel qva apex in altera extremitate eminet *turbinata*, vel qva tota patet prolongata *turrita*.

Anfractus eſt pars ſpiræ, unica revolutione deſcripta: ſi revolutio motui ſolis reſpondet, anfractus dicitur *ſecundus*, qvod in Cochleis *dextris* obtinet; in *ſiniſtris* autem, rarioribus, revolutio fit contrario motu, unde anfractus vocatur *contrarius*.

Notantur inprimis anfractus læves, ſulcati, ſtriati, angulati, carinati, nodoſi, aculeati, ſpinoſi, frondoſi: Superne tantum mucronati vel tuberculati teſtas *coronatas*, *calvis* oppoſitas, conſtituunt.

Sutura

Størrelsen, Kuglen, Glatheden og Tyngden: Nogle hæfte sig fast ved en Søe-Silke. Alle har et tilfælles Skiul, hvori hele Legemet eller en Deel deraf er indsvøbt.

Den meest besynderligste af Snekkernes indvortes Struktur giver os de i Rum afdeelte Skaller, som bestaae af flere Skillerumme, hvilke hænge sammen ved et Ror eller en Hævert, da de øvrige Snekker ikkun har et eenlig Rum, som naaer dem heel igiennem. Figuren, Overfladen og øvrige Beskaffenhed, beskrives med adskillige Navne, som man tager af andre Ting, som de ere lige. Delene, hvoraf de betydeligste Kiendemerker tages ere følgende:

Snægletrækket, er Skallens Omvrid snoed i sig selv, som giør Snekken **Tallerkenrund**, eller saaledes snoed, at dens Endespidse staaer uden for en af Snekkens Ender, da den er **hvirvelet**, eller saaledes at den heel er udtrækket, og kaldes **Taarned**.

Snæglegangen, er den Deel af Snægletrækket, som beskrives ved eet Omvrid: Svarer Omvridet til Solens Gang, kaldes Snekkegangen **medløbende**, saaledes er det i **Retsnekkerne**; men i **Forkeertsnekkerne**, som ere rarere, skeer Omvriddet tvert derimod, hvoraf Snekkegangen siges **modløbende**.

Man merker i sær de Snekkegange som ere glatte, furede, stribede, kantede, skarprandede, knudede, piggede, tiørnede, bladede; De som oven paa have Spidser eller Knorter udgiør de **kronede** Skiæl, som sættes mod de **kronragede**.

Sutura connectuntur anfractus *contigui*, ibiqve omnino distant *disjuncti*.

Mucro, apex spiræ in vertice testæ prominulus, clausus; sæpius acuminatus nonnullis decollatus, qvibusdam impresſione verticis umbilicatus.

Columella, basis circa qvam revolvuntur anfractus, qvibusdam subtus *prominula*, interdum foramine patet, *umbilicus* dicto, qvod ubi deest, *testa imperforata* dicitur.

Apertura, introitus cochleæ a labris inclusus; respectu ad testæ longitudinem parallela, vel obliqve ducta; varie figurata, orbicularis sc. tetragona, semilunaris, ovalis, linearis, dilatata, coarctata, emarginata vel effusa, sæpiusqve ita genera determinans.

Labrum, limbus cochleæ, aperturam vel totam vel ex parte determinans; datur labrum *exterius* semper liberum, & *interius* columellæ sæpius adnatum, interdum supra eam explanatum, unde *columella gibba* vel *plicata*; qvibusdam abrasum *columellam planam* constituit. Dilatatur labrum subinde in lacinias lineares, lobos, vel alio modo, unde dicitur *digitatum*, *lobatum* v. *ampliatum*.

Sømmen, er hvor de lukte Snekkegange røre hinanden, og der staae de aabne aldeles fraskilte.

Pyndten, den lukte Ende af Snegletrækket, som staaer uden for Snekkens Endetop; oftest er den tilspidset, paa nogle er den afbrækket, paa andre er den ved Endetoppens Indtryk bleven **Navleboret**.

Sneglestangen, den Grund om hvilken Sneglegangene omvrides, paa nogle er den neden til udstaaende, undertiden er den udboret med et **Navlehul**, men naar det fattes, siges Skallen **ugiennemboret**.

Mundingen, Indgangen til Snekken, omgivet af Lipperne; er i Henseende til Skallens Længde paralel eller skiævtrækket; forskiællig skabt, nemlig cirkelrund, firekantet, halvmaaned, eggerund, jevnbred, udvidet, sammenknebet, indskaaren eller udløbende; og ofte saaledes bestemmer Slægterne.

Lippen, Snekkens Yderrand, som enten for en Deel eller aldeles bestemmer Aabningen; man har **Yderlippen**, som altid er frie, og **Inderlippen**, som oftest er angroet til Snekkestangen, undertiden udbredet derover, hvoraf Snekkestangen bliver **pukkelrund** eller **foldet**; paa nogle er den ligesom bortskaaren og giør Snekkestangen **fladtrykt**. Undertiden udvides Lippen i smale Flipper eller Tunger, eller paa andre Maader, da den siges **fingred**, **tunged** eller **vidmundet**.

Stierten,

Cauda eſt anguſtatum labrum una cum columella elongata poſtice productum, deſinens in *canalem dextrum*, *ſiniſtrum* vel *rectum*.

Concharum valvulæ numerandæ ſunt, æqvalesqve ab inæqvalibus, æqvilateres ab inæqvilateribus diſtingvendæ: Partes in bivalvibus maxime obſervandæ ſunt:

Valvulæ, dextra & ſiniſtra, ex partibus conchæ anticis & poſticis determinandæ.

Cardines, interius dentati ſæpius, valvularum hypomochlion ſub conchæ apertura conſtituunt, interdum ope ligamenti cornei exterius cohærentes.

Nates, conchæ umbones bini, ſæpius mucronati, ad cardines exterius utrinqve eminentes.

Aures, prominentiæ alæformes marginales, ad nates poſitæ.

Vulva, regio conchæ marginalis, extrorſum figura, ſpinis, ſulcis vel colore diſtincta, ad cardines prope nates ſita, clauſæ conchæ utramqve teſtam, rimula ſæpe hiantem, qvaſi connectens.

Anus, regio conchæ marginalis exterior, impresſione vel colore diſtincta, e regione vulvæ pone interjectas nates ſita, binas valvulas combinans.

Limbus

Stierten, er den smalløbende Lippe, som med den langstrakte Snekkestang er bag til udløbende, endende sig i en høyreløbende, venstreløbende, eller retløbende Rende.

Musklernes Skaller maae tælles, de ligestore skilles fra de uligestore, og de ligesidede fra de uligesidede. De Dele som paa de Toskallede mest maae lægges Merke til, ere:

Skallerne, den høyre og den venstre, som maae bestæmmes af Musklens For- og Bag-Dele.

Hængslerne, indvortes som oftest tandede, udgiør Skallernes Hvilepunkt naar Musklen aabnes; undertiden ere de ved Hielp af et hornagtigt Baand udvortes sammenhængende.

Næbbene, Musklens trende Forhøyninger, som oftest tilspidsede, udstaaende uden til paa begge Sider af Hængslerne.

Ørene, vingedannede Udhæng paa Bredderne ved Næbbene.

Venusplætten, en Plads paa Musklens Brædder, som udvortes ved Figur, Torner, Fuurer eller Farve er kiendelig adskilt, som ved Hængslerne nær Næbbene paa den lukte Muskel ligesom samler begge Skaller, der ofte gabe med en liden Sprekke.

Gatplætten, en Plads paa Musklens udvortes Bredder, kiendelig ved Indtrykning eller Farve, siddende lige over for Venusplætten bag Næbbene, sammenføyende begge Skaller.

Randen

Limbus valvulæ *exterior*, circumſcribitur *margine clauſo* vel *biante*, *ſuperiore* ante vulvam, *poſteriore* pone anum, *exteriore* natibus oppoſito.

Superficies exterior valvularum varia; hinc diſtingvendæ inprimis

Concha antiqvata, cujus teſtæ longitudinaliter ſulcatæ, ſed transverſis appoſitionibus qvaſi interceptæ.

Concha pectinata, qvæ longitudinaliter ſulcata vel ſtriata, ſtriis autem vel ſulcis antice ad angulum acutum divergentibus.

Lineæ longitudinales, a natibus ad marginem decurrentes.

Lineæ transverſales, a natibus ad nates arcu margini parrallelo deſcriptæ.

Zoophyta in bivio animalium vegetabiliumqve paradoxa facie conſtituta, animalia vere vegetantia, plantæ qvaſi animatæ. Simplici gemma ex ovulo emergunt pleraqve ſæpius radicata; novisqve ſucceſſive evolvendis gemmis in trunculum elongantur. Apice creſcit truncus & multiplicata vita ſæpius in ramoſam ſuæ ſpeciei præfixam formam & limitatam magnitudinem conſtanti lege ſpargitur & adoleſcit, in multis proportionato ſimul in craſſitiem incremento formatur ſtirps, dum in aliis gracilis manet. Animalis medulla prodit in animalcula florida, ſponte ſe claudentia, aperientia, moventia, ſentientia, alimentum affluens colligentia, per os ingurgitantia.

Randen af Skallen uden til omridses af den lukte eller gabende Bredde; Den øverste foran Venuspletten, den bagerste bag Gatpletten, den yderste tvert for Næbbene.

Overfladen uden til er paa Skallerne adskillig, i sær maa kiendes

Overstrygskiæl, hvis Skaller ere paa langs fuurede, men ligesom forekomne med Tværlæg.

Ramskiæl, som paa langs er fuuret eller stribet, saaledes at Fuurerne eller Striberne foran gaae ud til en Spidsvinkel.

Langlinier, de som løbe fra Næbbene til Bredden.

Tværlinier, de som ere beskrevne fra Næbbene til Næbbene med en Bue, som er parrallel til Bredden.

Dyreplanter, ere satte midt imellem Dyrene og Planterne med et underligt Udseende, Dyr, som virkelig groe, Planter, som ligesom have Dyreliv. Fra et lidet Eg udskyde de med en enkelt Knop næsten alle, som oftest ere rodfæstede; og formedelst nye Knopper som efterhaanden udvikles forlænges de til en Stamme. Stammen udgroer i Enden og i at formeres oftest spreder sig og tager til efter en bestandig Indretning til en grened i sin Art fastsat Skikkelse og Størrelse, Nogles Væxter dannes tillige med i proportioneret Tykkelse, naar andre blive altid smekre. Dyremarven bryder ud til blomstrende Dyr, som selv lukke sig, aabne sig, bevæge sig, føle, samle til sig overflødig Føde og svælge den igiennem Munden. Den afstædbevægende Evne, som allene tilhører Dyrene, har neppe nogen af disse, endskiønt, tantia. Facultas animalibus solemnis loco motiva vix ullis horum concessa, licet plantarum instar nonnullarum nativitatis locum mutent libera & vaga pauca; deniqve vita animalis & voluntarii motus in nonnullis torpent insigniter. Lapidescunt calcifica lithoptyta; corneam indolem assumunt indurescentia Ceratophyta; cortice contrariæ naturæ, semper organico, vestiuntur nonnulla. Qvoniam latent animales characteres plurimi, descriptionibus sufficiant sceletorum diversæ qvalitates & substantiæ.

Auctores hanc partem tardius coluerunt, paucissimi observatores.

Intestina plurima egregie absolvit *Pallas* in diss. Lugd. B. 1760. qvæ haud innotuit Medico ichnographo *Palmer* in diss. Edenb. 1766.

Fimbriata ex propriis observatis descripserunt

In Mediterraneo mari *Bohadshius* 1761. borealia minuta *Mullerus* 1771. Varia illustravit *Basterus* 1762 sq. Anatomica nonnulla proposuerunt *Swammerdam*, *Tyson*, *Lister* &c.

Testacea figuris illustrarunt sæpius pretiosissimi *Bonannus* 1681. *Listerus* 1685. *Rumphius* 1705. *Petiver* 1702. *Gualtierus* 1742. *Argenville* 1742. *Regenfusii* Commentatores 1758. *Adansonus* 1757. Sua contulere *Columna*, *Barrelierus*, *Plancus*, *Kleinius*, superflua censenda sunt *Sebæ* infelici partu edita.

Metholigesom visse Planter, nogle faa frie og omvankende kan forandre deres Fødested; endelig er Dyrelivet og de frie Bevægelser hos nogle meget mat og ukiendelig. De kalkydende Steenplanter blive Steen, de haardnende Hornplanter faae Hornets Beskaffenhed; nogle omklædes med en Bark, som er af modsat Natur, men altid organisk. Da de fleste Dyremerker ligge skiulte, saa maae Skelettets Egenskaber og Væsen være os nok for Beskrivelserne.

Skribenterne have sildigst lagt sig efter denne Deel, faa have selv været Jagttagere.

Tarm-Ormene, de fleste ere vel afhandlede ved Pallas 1760. hvilket var ubekiendt for Lægen Palmer, som samlede Tegninger 1766.

Bræm-Ormene beskrev efter egne Jagttagelser

I Midlanske Søen Bohadsch 1761. Smaae Nordiske Müller 1771. Adskillige har Baster 1762 givet Oplysning om. Anatomiske Opdagelser skylde vi Svammerdam, Tyson, Lister o. f.

Skaldyrene ere ved Figurer oplyste af de som oftest kostbareste Bonann 1681. Lister 1685. Rumph 1705. Petiver 1702. Gvaltier 1742. Argenville 1742. Afhandlerne til Regenfuses 1758. Adanson 1757. Biedragende dertil have været Columna, Barreliere, Bianchi, Klein; til Overflod kan man regne hvad Seba har haft, og uheldig er kommen for Lyset.

Methodici præcipui *Linné*, *Adanſon*, *Argenville*, *Lange*, *Rumpſius*; Omnium methodos collegit *Bergen* 1760.

Zoophyta plantis annumerabantur usqve ad initium præſentis ſeculi 1726, qvo floriformia animalcula detexit *Marſiglius*, qvos veros habuit flores, ſentita licet animali natura. *Peyſonellus* 1727. eos animalia dixit vix audiendus, niſi *Tremblæus* 1739. hydræ vitam animalem & reſtaurationem ex diſſectis detexiſſet. *Peyſonelli* ſententiam reſuſcitarunt *Reaumurius* & ad littora allecti *Juſſiæus* & *Guettardus* 1741. qvorum veſtigium *Linneo* duce premebant *Loeflingius* & *Vit. Donati* 1745. Viam magis aperuit per Sertularias lynceus *Elliſius* 1755. qvem initio ad littora comitabatur *Büttnerus*. Lucem his omnibus addidit clarisſimam ſolidis obſervatis celebris *Pallas* 1766. Borealia Zoophyta & reliqva marina egregie dilucidat *Gunnerus*. Meritis qvoqve inclaruere *Roeſelius* ceteri.

Methodisterne ere i sær Linne, Adanson, Argenville, Lange, Rumpf; Alles Methoder ere samlede af Bergen 1760.

Dyreplanterne, regnedes til Væxterne indtil nærværende Aarhundres Begyndelse 1726. da Marsigli opdagede de blomsterdannede Dyr, som han holdte for virkelige Blomster, endskiønt han merkede den dyreagtige Natur. Peysonel 1727. kaldte dem Dyr, men troedes neppe, om ikke Trembley 1739 havde opdaget Polypens Dyreliv og de overskaarnes Igienvoxning, Peysonels Mening toges op igien af Reaumur og de til Søestranden henlokkede Jussieux og Guettard 1741. hvis Fodspor bleve fulgte under Linnes Anførsel af Loefling og Donati 1745. Nu aabnedes Veyen mere ved Dyremossene af den skarpsynede Ellis 1755, hvilken Büttner i Begyndelsen fulgte til Strandkanten. Alt dette har den af grundige Jagttagelser berømte Pallas 1766 sat i større Lys. Nordiske Dyreplanter og øvrige Søeting ere ypperlig forklarede af Gunnerus. Ved Fortienester ere og Roesel og øvrige bragte i Anseelse.

Simplicisſima animalis forma, partesqve vitales diſtinctæ, compoſitis ſtirpibus medullam animalem veſtientibus oppoſitæ, diviſionem reqvirunt generalem, qvæ pro varia corporum & ſtructuræ conditione alias ſubdiviſiones exigit.

Tribus.	*Ordo.*
VERMIS, animal ſimplex, varie mobile,	
Inarticulatum, nudum - - -	INTESTINUM.
Articulatum, nudum vel teſtæ incola -	FIMBRIATUM.
ZOOPHYTON, molluſcum, vegetans, compoſitum, ſtirpeſcens,	
Stirps radicata lapidea - -	ZOOPHYTON.
Stirps ſæpius radicata cornea v. mollior - -	CERATOPHYTON.

ORDINUM *Characteres.*

I. INTESTINA.

Corpus apodum, inteſtiniforme, exoſſe, glutinoſum.
Caput indiſcretum, Ore inſtructum.
Cor uniloculare vel obſcurum.
Locus in viſceribus terræ & animalium maxime freqvens.

* Pertuſa poro laterali.

Lumbricus. *Sipunculus.* *Faſciola.*

** Imperforata, poro laterali nullo.

Gordius. *Aſcaris.* *Hirudo.* *Myxine.*

II. FIM-

Den meest enkelte Dyreskikkelse, og de tydelige Livsdele, imodsatte de sammensatte Vexter, som omgive en Dyremarv, udfodre en almindelig Inddeling, som efter Legemernes og Bygningens adskillige Beskaffenhed udkræver andre Afdelinger.

Stammen.	Ordenen.
Ormen, et enkelt Dyr med adskillig Bevægelse;	
Uden Ledemoder, nøgen - - -	Tarmormen.
Med Ledemoder nøgen ell. i Skal -	Bræmormen.
Dyreplanten, Slimdyr, groende, sammensat, Stammevoxende,	
Stammevæxten rodfæstet, steenarted -	Steenplanten.
Stammevæxt, oftest rodfæstet, hornagtig eller blødere - - -	Hornplanten.

Ordenernes Kiendemærker.

I. Tarmormene.

Kroppen uden Fødder tarmdannet, uden Been, limagtig.
Hovedet uadskilt, forsynet med Mund.
Hiertet eenkamret eller utydelig.
Opholdsstadet somtiest i Jordens eller Dyrenes Indvolde.

* Igiennemborede med et Sidehul.

Qveisen. Sprøyteren. Ikten.

** Uigiennemborede, uden Sidehul.

Vandtarmen. Spolormen. Iglen. Sleepmaken.

II. FIMBRIATA.

Corpus apodum, tentaculis vel brachiis (flagellis) instructum, interdum osſiculum continens; mucoſum, nudum aut calcarea teſta obtectum.

Caput indiſcretum, ore instructum maxilloſo vel roſtrato.

Cor uniloculare vel obſcurum.

Locus fere omnibus in Mari.

* *Animalia nuda.*

a) Ore ſupero; baſi ſe affigentia.
Actinia. *Aſcidia.*

b.) Ore antico; corpore pertuſo laterali foraminulo.
Limax. *Aplyſia.* *Doris.* *Tethys.*

c.) Ore antico; Corpore tentaculis antice cincto.
Holothuria. *Terebella.*

d.) Ore antico; Corpore brachiato.
Triton. *Sepia.* *Clio.*
Lernæa. *Scyllæa.*

e.) Ore antico; corporis tentacula pediformia.
Aphrodita. *Nereis.*

f.) Ore infero centrali.
Meduſa. *Aſteria.* *Echinus.*

** *Ani-*

II. Bræmormen.

Kroppen uden Fødder, forsynet med Følehorn, eller Armer; undertiden indeslutter et Been; er slimed, nøgen eller skiult i en kalkartig Skal.

Hovedet uadskilt, forsynet med Mund, som har Kiæber eller Suerør.

Hiertet eenkamret, eller utydelig.

Opholdsstædet næsten for alle i Havet.

* Nøgne Dyr.

a.) Munden oven paa; ved Foden fasthæftende.

Søekusen. Vandblæren.

b.) Munden foran; Kroppen med Sidehul.

Sneglen. Søeharen. Doriden. Søepungen.

c.) Munden foran; Kroppen foran med Følehorn omringet.

Holothurien. Træeormen.

d.) Munden foran; Kroppen armed.

Tritonen. Blækspruten. Søevingen. Toknetrolden. Tangvragget.

e.) Munden foran; Kroppens Følehorn fodlignende.

Søemusen. Nereiden.

f.) Munden neden under Middelpunkten.

Goplen. Korstrolden. Igelkiæret.

** *Animalia Testacea.*

a.) Multivalvia.

Chiton. *Lepas.*

b.) Bivalvia.

Pholas.	*Mactra.*	*Spondylus.*
Mya.	*Cardium.*	*Ostrea.*
Solen.	*Chama.*	*Anomia.*
Tellina.	*Venus.*	*Mytilus.*
Donax.	*Arca.*	*Pinna.*

c.) Univalvia spira regulari:

Nautilus.	*Trochus.*	*Cypræa.*
Orthoceros.	*Helix.*	*Tonna.*
Ammonia.	*Nerita.*	*Cassida.*
Argonauta.	*Bulla.*	*Buccinum.*
Haliotis.	*Conus.*	*Strombus.*
Turbo.	*Voluta*	*Murex.*

d.) Univalvia spira nulla vel irregulari.

Patella. *Dentalium.* *Serpula.* *Teredo.* *Sabella.*

Incolæ testarum paucæ rite notæ: Chitonem inhabitat *Doris*, Lepades *Triton*. Bivalvia hiantia & divaricata *Ascidia*, cui accedit Mytuli *animal*; Pinnæ incola est *Limax*; ceteris annumeratur *Tethys*; Univalvia multilocularia qvoad *animal* minus sunt nota; in argonauta velificat *Sepia*; reliqvorum incola est *limax*, sed Tubulos implet *Terebella*.

III. LITHO-

** Dyr i Skal.

a.) Mangeskallede.

Slangekronen. Søeruret.

b.) Toskallede.

Mandelskiællet. Trugskiællet. Klapskiællet.
Sandmigen. Hierteskiællet. Østersen.
Langskiællet. Roeskiællet. Borskiællet.
Tellinen. Venusskiællet. Muslingen.
Kiileskiællet. Arken. Skinken.

c) Eenskallede med regelret Snekkelinie.

Skibssnekken. Topsnekken. Snogpanden.
Langhornet. Soelhornet. Tøndesnekken.
Ammonhornet. Svømsnekken. Stormhuen.
Kronjagten. Boblesnekken. Kruksnekken.
Søeøret. Keglsnekken. Skruvsnekken.
Hvirvelsnekken. Valsesnekken. Purpursnekken.

d.) Eenskallede med ingen eller uregelret Snekkelinie.

Fløeskiæl. Søetanden. Ormrøret. Jægteboret.
Sandrøret.

Faa af Skallenes Beboere ere retmæssig bekiendte: Slangekronens Dyr er Doriden, Seeurets er Tritonen. De gabende og frastaaende Toeskallede beboer Vandblæren, som Dyret i Muslingen ligner, Skinkens Dyr er Sneglen, de øvriges føres til Søepungen: De eenskallede i Rum inddeelte ere i Henseende til Dyret lidet bekiendte; i Kronjagten segler Blækspruten; de øvriges Beboere er Sneglen, men udi Rørene fidder Træormen.

III. LITHOPHYTA.

Stirps calcarea, sæpius ramificata, fixa, vasculosa; orificia patentia.

Medulla animalis vegetans, efflorescens, prolifera, simplex vel composita, sæpius polyparia.

Locus: in alto pelago ejusqve cavernis in omnem directionem vegetat.

Tubipora. *Madrepora.* *Millepora.*
Cellepora. *Isis.*

IV. CERATOPHYTA.

Stirps cornea vel mollior, membranacea, ramificata simplex vel polymorpha; basi affixa vel vaga nuda vel cortice calcareo organisato obtecta, orificia patentia.

Medulla animalis vegetans, efflorescens, prolifera, polyparia.

Locus in pelago & ad littora, liberis nonnullis alibi.

* Fixata.

Gorgonia. *Tubularia.*
Antipathes. *Corallina.*
Alcyonium. *Eschara.*
Spongia. *Sertularia.*

** Vaga vel libera.

Hydra. *Tænia.*
Brachionus. *Volvox.*
Pennatula. *Furia.* *Chaos.*

Gene-

III. Steenplanterne.

Væxten kalkagtig, oftest grened, fastgroed, karfuld, Mundingerne aabenstaaende.

Dyremarven, groende, udblomstrende, yngelsom, enkelt eller sammensat, oftest Polyparted.

Opholdsstædet: i Havdybet og dets Huler til alle Sider groende.

Orgelkorallen. Stiernekorallen. Punktkorallen. Hulkorallen. Stribekorallen.

IV. Hornplanterne.

Væxten hornagtig eller blødere, hindeagtig, grened, enkelt eller mangedannet; med Roden fasthæftet, eller omflydende. Nøgen eller skiult med en kalkartig organiseret Bark. Mundingerne aabne.

Dyremarven, groende, udblomstrende, yngelsom, Polypartet.

Opholdsstædet i Havet og ved Strandkanterne; Nogle løse opholde sig andensteds.

* Rodfæstede.

Søetræet. Pibemosset.
Havgrenen. Koralmosset.
Grundveddet. Bladkorallinen.
Søesvampen. Dyremosset.

** Omvankende, løse.

Polypen. Bændelormen.
Dyrblomstret. Trilleren.
Søefiæren. Furien. Kaosset.

Slæg-

Generum

Tabulæ Synopticæ.

Molluſcum,

Vermis,

Inteſtinum,

Pertuſum poro laterali,

Corpus teres,

Annulatum, exaſperatum,

Cingulo carnoſo cinctum - - LUMBRICUS.

Læve,

Roſtrum cylindric. anguſtatum - SIPUNCULUS.

Corpus depreſſum, applanatum,

Porus ventralis & terminalis - - FASCIOLA.

Imperforatum,

Corpus æqvaliter filiforme - - - GORDIUS.

Corpus teres,

Apterygium,

Extremitatibus ſubulatum - - - ASCARIS.

Extremitatibus truncatum - - - HIRUDO.

Pinna ſubtus carinatum,

Os cirris maxillisqve inſtructum - MYXINE.

Mollu-

Slægternes

Udtogs-Tabeller.

Slimdyr,

- Ormen,
  - Tarmormen,
    - Igiennemboret med Sidehul,
      - Kroppen smaltrind,
        - Ringed, hvas,
          - Omgiret med et Kiødbaand - - Qveisen.
        - Glat,
          - Suerøret cylindrisk og smal - Sprøyteren.
      - Kroppen flad nedtrykt,
        - Hullet i Bugen og Enden - - - Ikten.
    - Uigiennemboret,
      - Kroppen jævntraaddet - - Vandtarmen.
      - Kroppen smaltrind,
        - Uden Finner,
          - Sylspids i Enden - - Spolormen.
          - Afstumpet i Enderne - - Iglen.
        - Med Finne langs neden under,
          - Munden trævled og kiæbed - Sleepmaken.

Molluscum,

Vermis,
Fimbriatum,
Os superum,
Apertura unica, intus tentaculata,
Corpus basi se affigens - - ACTINIA.
Aperturæ binæ, altera humilior,
Corpus basi affixum - - ASCIDIA.
Os anticum,
Foramina lateralia,
Unicum dextrum,
Ano & genitalibus commune,
Tentacula supra os IV. - - - LIMAX.
Anus distinctus, dorsalis,
Ciliis nullis,
Tentacula IV. antica - APLYSIA.
Ciliis cinctus,
Tentacula II. intra foramina retra-
ctilia - - - DORIS.
Gemina sinistra.
Proboscis cylindrica sub labio expli-
cato - - - TETHYS.
Foramina lateralia nulla,
Tentacula antica plura,
Carnosa,
Corpus ovato-oblongum,
Anus terminalis - HOLOTHURIA.
Capillaria,
Corpus filiforme,
Os anticum, tubam exserens - TEREBELLA.

Mollu-

Slimdyr,

Ormen,
Bræmormen,
Munden oven til,
Aabningen en eneste, inden til Følehorn,
Kroppen hæftende sig fast med Foden - Søekusen.
Aabningerne tvende, den ene lavere,
Kroppen med Foden fasthæftet - Vandblæren.
Munden foran,
Huller paa Siden,
Et paa høyre Siden,
Tilfælles for Gatbor og Avlelemmer,
Følehornene over Munden 4 - Sneglen.
Gatboret fraskilt, paa Ryggen,
Uden Frøndser,
Følehornene 4. foran - - - Søeharen.
Med Frøndser,
Følehorn. 2, i Huller indtrækkelige - Doriden.
Dobbelte paa venstre Siden,
Cylindrisk Snabel under den udvidede Læbe - - Søepungen.
Ingen Huller paa Siden,
Følehornene foran mange,
Kiøddede,
Kroppen langagtig eggerund,
Gatboret i Enden - - - Holoturien.
Haaragtige,
Kroppen traaddannet,
Munden foran, udstikkende et Rør - - - Træormen.

Molluſcum,

Vermis,

Fimbriatum,

Os anticum,

Foramina lateralia nulla,

Brachia XII. bipartita, poſtica chelifera,

Corpus oblongum,

Lingva involuta ſpiralis - - - - TRITON.

Brachia VIII. v. X. cotylis aſperſa,

Corpus vaginatum,

Os corneum, terminale - - - SEPIA.

Brachia VI, diverſæ, figuræ per paria remota,

Corpus compreſſum, dorſo canaliculatum,

Os foramine edentulo terminale - SCYLLÆA.

Brachia II. dilatata, alæformia oppoſita,

Corpus vaginatum - - - - CLIO.

Brachia II. v. III. teretia,

Corpus oblongum, teretiusculum - LERNÆA.

Articuli utrinqve plures pediformes,

Corpus ovale ſæpius ſqvamatum,

Os inerme, tentacula II ſetacea - APHRODITA.

Corpus lineare elongatum,

Os ungviculatum, tentacula plumoſa - NEREIS.

Os inferum, centrale,

Corpus gelatinoſum, læve - - MEDUSA.

Corpus ſubcoriaceum, tentaculis muricatum,

Oris valvulæ V. - - - - ASTERIAS.

Corpus cruſta oſſea tectum, ſpinis mobilibus,

Oris valvulæ V. - - - - ECHINUS.

Mollu-

Slimdyr,

Ormen,

Bræmormen,

Munden foran,

Ingen Sidehuller,

Armene 12 dobbelte, de bageste krabbekloede,

Kroppen aflang,

Tungen indrullet - - Tritonen.

Armene 8 ell. 10 med spredte Suevorter besatte,

Kroppen i en Skede,

Munden hornagtig, yderst - Blækspruten.

Armene 6, forskiellig dannede, parviis adskilte,

Kroppen sammentrykt, Ryggen fuuret,

Mundsprækken yderst - - Tangvragget.

Armene 2, brede, vingedannede, modsatte,

Kroppen i en Skede - - Søevingen.

Armene 2 eller 3 smaltrinde,

Kroppen aflang trindagtig - Toknetrolden.

Foddannede Leed, paa begge Sider mange,

Kroppen eggerund, oftest skiællet,

Mund. tandfrie, 2 børstesp. Foleh. - Søemusen.

Kroppen jevnbred, langstrakt,

Munden kloetandet, fiærede Foleh. - Nereiden.

Munden neden under, og i Middelpunkten,

Kroppen geleeagtig, glat - - Goplen.

Kroppen læderagtig med Felehorn pigged,

Mundklappene 5 - - Korstrolden.

Kroppens Skiul beenagtig, med bevægelige Torne,

Mundklappene 5 - - Igelkiæret.

Molluscum,

Testaceum,

Multivalve,

Testæ longitudinaliter digestæ - CHITON.

Testæ inæqvales, per paria oppositæ,

Basis affixa - - - LEPAS.

Bivalve,

Divaricatum,

Accessoriis minutis postice clausum - PHOLAS.

Hians altera extremitate,

Dens crassus vacuus - - MYA.

Hians utraqve extremitate,

Dentes laterales teneres, remoti - - SOLEN.

Clausum,

Dentes laterales a postico remoti,

Alterius testæ vacui,

Testa ovata vel orbiculata,

Antice acuta, ad alterum latus flexa - TELLINA.

Antice obtusissima - - DONAX.

Testas mutuo intrantes,

Dens posticus complicatus,

Foveola adjecta,

Testa inæqvilatera - - MACTRA.

Dentes postici bini alternati,

Testa cordata - - CARDIUM.

Dens posticus obsoletus vel nullus,

Testa varie figurata, grossior - CHAMA.

Dentes laterales postico approximati, divaricati,

Testa cordata vel orbiculata - - VENUS.

Mollu-

Slimdyr,

Skaldyr,

Mangeskallet,

Skall. følgende langs efter hinanden - Slangekronen.

Skallerne uligestore, parviis imodsatte,

Foden fasthæftet - - - Søeruret.

Toskallet,

Skrævende,

Bagtil lukt med smaae Hielpesk. - Mandelskiællet.

Gabende i den ene Ende,

Tanden tyk og friestaaende - - Sandmigen.

Gabende i begge Ender,

Sidetænderne, tynde og afstaaende - Langskiællet.

Lukket,

Sidetænderne langt fra den bagerste,

Friestaaende i den ene Skal,

Musklen eggerund eller cirkelrund,

Foran spids, bøyed til en af Siderne - Tellinen.

Foran meget stumpbutted - Kiileskiællet.

Indbyrdes indgribende i Skallerne,

Bagtanden foldet,

En Fordybning derhos,

Musklen uligesidet - - Trugskiællet.

Bagtænderne 2, vexelviis indgribende,

Musklen hiertedannet - Hierteskiællet.

Bagtanden utydelig eller borte,

Musklen adskillig danned, tyksk. - Roeskiællet.

Sidetænderne tæt til den bageste, skrævende,

Musklen hiertedannet eller cirkelrund - Venus-skiællet.

Mollufcum,

Teftaceum,

Bivalve,

Dentes laterales nulli,

Poftice omnes,

Numerofa ferie alternatim intrantes,

Tefta æqvivalvis - - - - ARCA.

Bini, foraminulo diftincti,

Tefta inæqvivalvis depreffa,

Plicata, fpinisve rigida - - SPONDYLUS.

Nulli,

Cardinis foffula & ftriæ laterales,

Tefta planiuscula,

Pectinata aurita, }
Rudis } - - OSTREA.

Cardinis cicatricula linearis marginalis, prominens introrfum dente laterali,

Tefta altera fæpe planiuscula perforata,

Radii II. offei intus elevati - - ANOMIA.

Cardinis linea fubulata, excavata, longitudinalis,

Tefta rudis, byffo fæpius affixa - MYTILUS.

Cardines coaliti,

Tefta fubbivalvis,

Byffum emittens - - - PINNA.

Slimdyr,

Skaldyr,
Toskalled,
Ingen Sidetænder,
Alle bag til,
En stor Række, som vexelviis gribe i hinanden,
Musklen ligeskalled - - Arken.
Tvende, ved et Hul adskilte,
Musklen uligeskalled, fladtrykt,
Folded, eller stivtorned - - Klapskiællet.
Ingen bag til,
Hængselhul og Sidestriber,
Musklen fladagtig,
Kamskallet, øret, } - - Østersen.
Sletskallet }
Hængselskramme, liniedanned, i Bredden,
fremstaaende indad med en Sidetand,
En af Skallerne ofte fladagtig, giennembored,
Indvendig tvende opløftede Been-
straaler - - Börskiællet.
Hængsellinien sylspidsed, udhuled, langsløbende,
Musklen sletskalled, oftest ved Søesilke
fasthæfted - - Muslingen.
Hængslerne sammenvorne,
Musklen næsten toskalled,
Udstikkende Søesilke - - Skinken.

Molluscum,

Testaceum,

Univalve,

Multiloculare,

Siphone interiori communicans,

Spirale rotundatum - - NAUTILUS.

Elongatum rectiusculum - ORTHOCEROS.

Siphone exteriori communicans - AMMONIA.

Uniloculare,

Spirale,

Apertura integra,

Dilatata,

Testa cymbiformis,

Spira involuta occulta - ARGONAUTA.

Testa auriformis,

Spira lateralis occulta - HALIOTIS.

Coarctata,

Orbicularis - - - TURBO.

Tetragono-rotundata - TROCHUS.

Lunaris - - - HELIX.

Semiorbicularis - - NERITA.

Longitudinaliter oblonga,

Columella lævis v. plicata - - BULLA.

Apertura effusa,

Coarctata,

Linearis,

Columella lævis - - CONUS.

Columella plicata - - VOLUTA.

Columella & labrum multidentata - - CYPRÆA.

Slimdyr,

Skaldyr,

Eenskalled,

Mangekamret,

Med en inderlig Hævert samlede,

Snirkelløbende rundagtig - - Skibsnekken.

Langstrakt og lige - - Langhornet.

Med en yderlig Hævert samlede - Ammonhornet.

Eenkamret,

Snirkelløbende,

Mundingen heel,

Udvided,

Skiællen baaddanned,

Snegletrækk. indrullet og skiult - Kronjagten.

Skiællen øredanned,

Snegletrækket paa Siden skiult - Søøret.

Sammentrukken,

Cirkelrund - - Hvirvelsnekken.

Firekant-rundet - - Topsnekken.

Halvmaanerund - - Soelhornet.

Halv cirkelrund - - Svømsnekken.

Langagtig aflang,

Snekkestangen glat ell. foldet - Boblesnekken.

Mundingen udløbende,

Sammentrukken,

Jævnbred,

Snekkestangen glat - - Keglsnekken.

Snekkestangen foldet - - Valsesnekken.

Snekkestangen og Lippen mange-
tandet - - Snogepanden.

Mollufcum,

Teftaceum,
Univalve,
Uniloculare,
Spirale,
Apertura effufa,
Dilatata,
Ecaudata,
Anfractus ampullacei - - TONNA.
Caudata,
Cauda reflexa,
Integra - - CASSIDA.
Truncato-retufa - - - BUCCINUM.
Cauda ftricta,
Canalis finiftrorfum tendens - STROMBUS.
Canalis rectus f. fubafcendens - MUREX.
Concavum,
Acuminatum in verticem fubconicum - - PATELLA.
Tubulofum,
Calcareum,
Rectum vel incurvum, liberum,
Utraqve extremitate pervium-DENTALIUM.
Flexuofum fuperficiebus adnatum,
Ifthmis fæpe interceptum - - SERPULA.
Corpora penetrans - - TEREDO.
Membranaceum, liberum,
Arenulis veftitum - - SABELLA.

Mollu-

Slimdyr,

Skaldyr,
Eenskalled,
Eenkamret,
Snekkeløbende,
Mundingen udløbende,
Udvidet,
Uden Hale,
Snekkegangene storbugede - Tøndesnekken.
Med Hale,
Halen tilbagebøyet,
Heel - - Stormhuen.
Afstumpet indtrykt - - Krugsnekken.
Halen udrakt,
Renden til venstre løbende - Skruesnekken.
Renden lige eller noget op=
stigende - - Purpursnekken.
Udhulet,
Spidsløbende til en noget konisk Top - Fløeskiællet.
Rørdannet,
Kalkagtig,
Lige eller krummed, frie,
Aaben igiennem begge Ender - Søetanden.
Bugted, voxed paa Overflader,
Med Mellemrum ofte afdeelt - Ormøret.
Voxet igiennem andre Legemer - Jægteboret.
Hindeagtig, frie,
Beklædet med Sandkorn - Sandrøret.

Molluſcum,

Zoophyton,
Lithophyton,
Nudum,
Tubuloſum - - TUBIPORA.
Stellatum - - MADREPORA.
Poroſum - - MILLEPORA.
Celluloſum - - CELLEPORA.
Cortice obtectum papilloſo,
Striatum, - - - ISIS.
Ceratophyton,
Radicatum,
Stirps articulata,
Cortice articulato calcareo obducta,
Subſtantia fibroſa - - CORALLINA.
Nuda fibroſa,
Subſtantia corneo-membranacea - SERTULARIA.
Stirps continua,
Subſtantia cornea ſolida,
Cortice calcareo molliori obducta - GORGONIA.
Cortice gelatinoſo obducta - ANTIPATHES.
Subſtantia membranacea lapideſcens,
Foliacea,
Per ſeries celluloſa - - ESCHARA.
Subſtantia membranaceo-cornea,
Tubuloſa - - - TUBULARIA.
Subſtantia cartilaginea,
Stellata - - - ALCYONIUM.
Subſtantia ſtupea,
Fibroſa - - SPONGIA.

Mollu-

Slimdyr,

Dyreplante,

Steenplante,

Nøgen,

Rørdannet - - Orgelkorallen.

Stierned - - Stiernekorallen.

Prikked - - Punktkorallen.

Hulled - - Hulkorallen.

Overdraget med en vorted Bark,

Stribed - - Stribekorallen.

Hornplante,

Rodfæstet,

Væxten leddet,

Overdraget med en leddet kalkagtig Bark,

Træet traaddet - - Koralmosset.

Nøgen, traaddet,

Træet hornhindeagtig - - Dyremosset.

Væxten bestaaende af et heel Stykke,

Træet hornagtigt fast,

Overdraget med kalkagtig blød Bark - Søetræet.

Overdraget med geleeagtig Bark - Havgreenen.

Træet hindeagtig, steenagtig,

Bladet,

I Rader overmaade hullet - Bladkorallinen.

Træet hornhindeagtigt,

Rørdannet - - Pibemosset.

Træet blødhornet,

Stiernet - - Grundvoddet.

Træet verkagtig,

Traaddet - - Søesvampen.

Slim,

Molluscum,

Zoophyton,
Ceratophyton,
Locomotivum,
Stirps vaga,
Medullosa, mollis, contractilis,
Linearis, cirris setaceis coronata,
Proles laterales deciduæ - - - HYDRA.
Limbo contractili undulante coronata - - BRACHIONUS.
Coriacea, caulescens, osficulo sæpius suffulta,
Margo soboliferus - - - PENNATULA.
Animalia libera, mollia,
Corpus articulatum, planum, attenuatum,
Caput in apice IV papillis eminens,
Pori articulatim sparsi, oscula nutritoria - - TÆNIA.
Corpus rotundatum, artubus destitutum,
Vertiginoso-gyratile,
Proles rotundatæ, sparsim intra poros nidulantes - - VOLVOX.
Corpus lineare filiforme,
Aculeis reflexis corpori appresfis utrinqve ciliatum - - FURIA.
Corpus multiforme, redivivum,
- - CHAOS.

Slimdyr,

Dyreplante,
Hornplante,
Stædskiftende,
Værten omflydende,
Marvagtig, blød, tilsammentrækkelig,
Jævnsmal, med Haartræver krandsed,
Sideyngel, som affalde - - - **Polypen.**
Med en sammentrækkelig bølgevis bevægelig Rand krandsed - **Blomsterdyret.**
Læderagtig, stilket, oftest bened,
Randen yngelsom - - **Søefiæren.**
Dyr, som ere frie, bløde,
Kroppen leddet, flad og tyndet,
Hovedet i Endespidsen, med 4 Vorter udstaaende,
Huller leedviis strøede, som ere Næringsaabninger - **Bændelormen.**
Kroppen rund uden Leed,
Fremrullende,
Ynglen rund, spred i de udklækkende Huller - - **Trilleren.**
Kroppen jævnsmal, traaddannet,
Med tilbagebøyede til Kroppen trykte Pigger paa begge Sider frøndset - **Furien.**
Kroppens Skikkelse meget forskiellig,
Paa nye oplevende - - **Kaosset.**

Errores emendati & Addenda.

Pag. 28. lin. 6. l. omasum multiplicatum
abomasum fasciatum
32. lin. 16. *del. comma postponendum voci* proprios.
50. lin. 8. l. paucas cicuratas lin. 9 l. nonnullæ
112. l. 19 & 20. l. *acanthopterygiis — malacopterygiis*
176. lin. 24. *pone voc. Staphylinum* adde: *Cryptocephalum.*
186. lin. 7. *post voc.* DYTISCUS *adde:* & GYRINUS.

Rettede Feil og Tillæg.

Pag. 27. Lin. 19. l. Kiæfterne.
45. sidste Lin. l. Tæerne.
57. Lin. 22. l. omringende.
63. Lin. 1. l. Hovedets.
69. Lin. 10 og p. 93. Lin. 22. i stæden for Irrisken
l. Spinken.
71. L. 19. l. Gaaseartede.
73. L. 11. Tæerne 3 eller 2, gaaer ud.
143. Lin. 19. læg til: Fingerfisken.
181. Lin. 23. l. ufuldkommen.
187. Lin. 7. Grundvreulet læg til: og Vandkalven.

CPSIA information can be obtained at www.ICGtesting.com
Printed in the USA
BVOW03s1759060116
431961BV00015B/165/P

9 781172 018789

WRITING FOR BUSINESS

Martin Wilson

Nelson

Nelson English Language Teaching
100 Avenue Road
London NW3 3HF

An International Thomson Publishing Company

London • Bonn • Boston • Madrid • Melbourne • Mexico City •
New York • Paris • Singapore • Tokyo

First published by Thomas Nelson and Sons Ltd 1987
ISBN 0-17-555686-5
NPN 9 8

Printed in China

Acknowledgements

The publishers would like to thank the following for their co-operation in the publication of this book:
American Express Europe Limited for copies of their pattern letters.
Iraj Tavakoli of **Eastern Exports** for giving advice and loaning sample letters.
Lloyds of London for permission to reproduce the documents on pages 89 and 92.
Barclays Bank for permission to reproduce the documents on pages 79, 83 and 119.
Manhattan Products (Birmingham) Ltd for permission to use their advertisement on page 8.
Trailfinders Travel Centre for the advertisement on page 10.
Fidelity Colour Printers for the advertisement on page 10.
The Ryan Tourist Group for the advertisement on page 42.
N.B. Manhattan Windsor will not reply to individual enquiries about their products, unless accompanied by a business letter heading.

The author would like to acknowledge the debt he owes to the authors of earlier books on Business English which have influenced his own approach to teaching the writing of business letters. He would like to thank Jenny Wootton for typing the manuscript and for assisting with letter layout. He would also like to thank Lili, Sarah and Joe for the help and support they have given him during the preparation of this book.

INTRODUCTION

This book has been written for intermediate students of English who want to write business letters. It has been specifically designed for students working for companies which have a need for regular communication with overseas customers, agents, etc. Students who want to use this book should have a basic knowledge of English grammar and a small vocabulary. In fact it has been assumed that students are familiar with the first three levels of the *Cambridge English Lexicon* (2207 words). Most words above this level are listed in the glossary.

The book has been very carefully organised to give systematic presentation and practice of the main functional patterns used in writing the most common forms of business letters. Each unit is task based and deals with a small number of functions. Students are given extensive graded practice in writing full letters. An answer key is provided for many of the exercises so that the material is suitable for use either by a teacher with a class or by students studying on their own.

Unlike many textbooks on business letters, *Writing for Business* aims to help people to *write* letters – it is not just a reference work. Therefore there are only a small number of language patterns presented. However, if students work carefully throughout the book, they should gain active control of these and learn to write clear and simple business letters. Students who at the end of the course want a more detailed reference work at Upper Intermediate or Advanced level could use *A Handbook of Commercial Correspondence* by A Ashley (Oxford University Press, 1984). The *Longman Dictionary of Business English* by J H Adam should also be useful for students when they have finished this book and want to begin more advanced study.

TO THE SELF-STUDY STUDENT

This book has been specially designed for self-study. If you work through the units carefully, you will learn to write clear and simple business letters. However, it is always better to have some help from a teacher or English-speaking friend. Even if you are studying on your own, it would be very useful for you to ask someone to check those letters which do not have answers provided in the key.
I suggest that you use the following procedure:

All units except 10, 20 and 30:

Aims

1 Look at the **Aims** and the photograph or illustration (where there is one). Make sure you understand the aims. If you don't, check the new words in the glossary or a dictionary.

↓

Letters

2 Read the **Letters** checking new words (underlined and asterisked (*) in the glossary). Answer the comprehension questions in writing and, if necessary, check the answers in the key. Exercises with answers are marked **(K)**.

↓

Language focus

3 Look carefully at the **Language focus** section. Make sure you understand the names of the functions (e.g. Requesting action). If you don't, check in your dictionary – it is important that you understand what you are doing with the language.

↓

Practice exercises

4 Write down the answers to the **Practice exercises**. Check those marked **(K)** with the model answer provided in the key. (The others will follow a similar pattern.)

↓

Letter writing practice

5 a) Complete the gapped letter (or form) in the **Letter writing practice**, or write the answers on a separate piece of paper. Check with the answer key.
b) Write the first full letter writing task (for which an answer is always provided) and check it against the key.
c) You may practise writing any of the other letters but there are no answers provided.

Revision Units 10, 20 and 30:

Revision

These provide additional practice of all the letters studied earlier. If you want more practice, work carefully through the units and either check against the sample letters listed at the end of each revision unit, or ask someone to check your letters.

Good luck. I hope you enjoy using the book!

TO THE TEACHER

Although this book can be used for self-study, it is also suitable for using with a class. It could be used either for a non-intensive letter-writing class or as one part of an intensive course. In the latter case, it should be used alongside a general course or other Business English materials (reading texts, dialogues, etc.).
For use with a class, I suggest the following procedure:

Elicitation

1 Outline the **Aims**, using the photograph or illustration (if there is one). Try to elicit suitable language from the students for the letter(s) that need to be written.

↓

Presentation and Comprehension

2 Ask students to read **Letter A** silently, then you read it aloud. Ask students to write down answers to comprehension questions and check answers orally. Ask additional questions and explain any difficult vocabulary. With more advanced students you can discuss the differences between the sample letter and the students' original suggestions. Repeat the procedure with **Letter B**.

↓

Language focus

3 Explain functional labels and, if necessary, the grammatical structure of the patterns. Ask for additional realisations, but avoid producing an excessively long list because we are aiming at active mastery of the language.

↓

Practice exercises

4 These should be done orally, unless students find the patterns difficult to master.

↓

Letter writing practice

5 a) Ask students to complete the gapped letter (document, form, etc.) in class, working individually or in pairs. Check as soon as possible.
b) Ask students (individually or in pairs) to write one or two of the letters in class. Alternatively, this could be done for homework. It is not necessary for students to complete all the practice letters.
c) It is interesting to finish each unit by asking the students to complete the **Pair work** section so that they can have their letters read and answered.

Additional points

a) The Revision Units (10, 20, 30) provide additional letter-writing tasks without introducing any new functions or vocabulary. Most of the activities are chained and provide useful pair or group work material.
b) Teachers can easily increase the variety of activity by providing additional input both to the initial elicitation/presentation stage and to **Letter writing practice**. At the elicitation stage the task can be presented by using a recorded dialogue, and the presentation letters in the book can be supplemented by providing examples of authentic letters (if the students are able to cope with them).
In **Letter writing practice** the writing task can be presented through a short recorded dialogue or instruction, which can itself be used as a listening exercise.

c) Words underlined and marked with an asterisk (*) are to be found in the glossary at the back of the book. Comprehension questions, practice exercises and letter writing tasks marked **(K)** are given answers in the key at the back of the book.

CONTENTS

CONTENTS

1 MAKING ENQUIRIES

AIMS

A Replying to an advertisement and asking for information, prices and *samples.

B Asking for a catalogue and information.

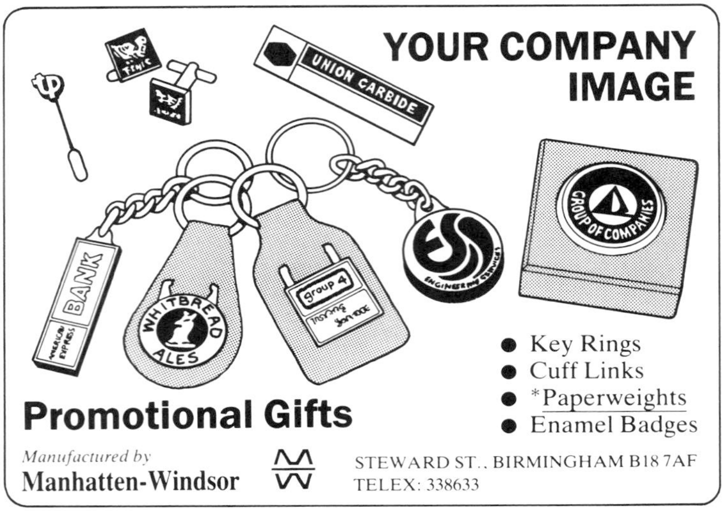

A

JUSTIN BOX
14 Trist Road, Hastings, Sussex HA3 6CE

Your ref:
Our ref: SB/SM

Manhattan-Windsor
Steward Street
Birmingham B18 7AF

17 May 1986

Dear Sirs

*With reference to your advertisement in yesterday's Times, would you please send me *full details, prices and samples of your *promotional gifts.

Yours faithfully

S Bowen

S BOWEN
Marketing Manager

THE LETTERS

1. Who is the *Marketing Manager of Justin Box Ltd? **(K)**
2. In which newspaper were the gifts advertised? **(K)**
3. What does Mr Bowen ask for? **(K)**

Note: **(K)** = answer in the Key on page 121.
* = described in the Glossary on page 157.

1 Which address will be typed on the envelope? **(K)**

2 Why has L Waters written this letter? **(K)**

3 What is the normal length of guarantees on Borg's models? **(K)**

THOMAS GREEN LTD
16 CLEAR STREET, TORQUAY, DEVON TQ1 6BD

Borg Corporation
10 Oslo Avenue
Malmo
Sweden

Your ref:
Our ref: LW/MG

18 May 1986

Dear Sirs

Could you please send me a copy of your 1986 catalogue and details of any special trade *discounts you are offering. I would also like to know whether all your models are now covered by your *standard two-year *guarantee.

Yours faithfully

L. Waters

L WATERS
Manager

LANGUAGE FOCUS

1 **Replying to an advertisement** (letter, enquiry, etc.)

> With reference to your advertisement in . . .
> With reference to your letter (enquiry) of . . .

2 **Requesting action** (sending)

> Would / Could } you please send me . . .
> Please send me . . .

3 **Requesting information**

> I/We would like to know whether . . .

PRACTICE EXERCISES

Write sentences as directed. Show incomplete (unfinished) sentences by three dots (. . .).

1 Reply to an advertisement in the
- a) *Daily Mail* – last Monday **(K)**
- b) *Economist* – last week
- c) *Radio Times* – last Tuesday
- d) *Guardian* – today
- e) *Financial Times* – yesterday

2 Ask a company to send you
- a) a *catalogue and price-list. **(K)**
- b) a new price-list.
- c) free samples and price-list.
- d) full details and prices.
- e) a free *brochure.

3 Ask for information about whether
- a) the price includes delivery charges. **(K)**
- b) the *filing cabinets are available in green.
- c) they could send the order by air.
- d) they have an office in Paris.
- e) you can pay in US dollars.

LETTER WRITING PRACTICE

Look at the advertisements:

LET THE LOW FARE SPECIALIST LOOK AFTER YOU
Scheduled 747 flights to
AUSTRALIA & NEW ZEALAND
With stopovers available in Bangkok, Bali, Hong Kong, Singapore, Kuala Lumpur, Manila, Jakarta, Los Angles, Fiji and Honolulu.

HERMIS TRAVEL

Hermis Travel
35 Whitehall, London SW 1
01-930 2556/7. Telex 296421

LOW COST WORLDWIDE FLIGHTS
Sydney one way £341
return £531
Around the world from £748
London/New Zealand return from £699
TRAILFINDERS TRAVEL CENTRE
46 Earls Court Rd. London W8
Tel. 01-937 9631 (Long-haul)
Tel. 01-937 5400 (Europe)
Govt. Licensed & Bonded
ABTA ATOL 1458

When you need 1,000 colour leaflets – or even 100,000 – printed in a hurry –
ONE CALL DOES IT ALL
☎ BASILDON 44066
When you need prestige brochures of the highest standard
ONE CALL DOES IT ALL
☎ BASILDON 44066
CALL FIDELITY
Because we do everything from initial design to final print, in our own complex- we can do it quicker, easier and a lot cheaper.
For example: 5000 A4 COLOUR LEAFLETS INCLUDING PHOTOGRAPHY ONLY £189
For FREE colour brochure, price lists and samples – call
Fidelity
COLOUR PRINTERS
☎ BASILDON 44066
ONE CALL DOES IT ALL
8, 10, 12 Hornsby Square, Southfields Ind. Park, Laindon, Basildon, Essex SS15 6SD *5 mins. from M25*
NOW OPEN FIDELITY WEST
Customer Service Office in SWINDON *10 minutes from the M4*
Phone: 0793 616858

I

1 Complete this letter to Hermis Travel requesting full details and prices of flights to Kuala Lumpur. **(K)**

JOHN WILLIAMS LTD
16 Tot Way, Norwich, Norfolk N16 7BH

Hermis Travel
(1) ....
....

Your (2) ....
..../MH

(3) .... 19..

Dear (4) ....

With (5) ....
Guardian, would you (6) .... yesterday's
of (7) ....
....

Yours (8) ....

M. Saunders

M SAUNDERS
Export Manager

2 Write a letter to Trailfinders Travel Centre asking for full details and prices of flights to New Zealand.

3 Write a letter to Fidelity asking for a free colour brochure, price-lists and samples of their leaflets. Also ask whether air freight can be arranged to your country. (Use your own name and company and today's date.) **(K)**

4 Write a letter to Allwood and Sons Ltd (22 Highland Way, Ashford, Kent) asking for full details and prices of their radios and televisions. Also ask whether they can arrange for their instruction booklets to be translated into the language used in your country.

5 Write to one of your regular suppliers in England or America and ask for their latest catalogue and price-list.

Pair work

a) Write a small advertisement for a travel agent.
b) Take your partner's advertisement and write a letter asking for prices and specific details.

2 REPLYING TO ENQUIRES

AIM

Replying to an *enquiry about a product.

JUSTIN BOX
14 Trist Road, Hastings, Sussex HA3 6CE

Manhattan-Windsor
Steward Street
Birmingham B18 7AF

Your ref:
Our ref: SB/SM

17 May 1986

Dear Sirs

*With reference to your advertisement in yesterday's Times, would you please send me *full details, prices and samples of your *promotional gifts.

Yours faithfully

S Bowen

S BOWEN
Marketing Manager

A

Manhattan–Windsor
STEWARD ST., BIRMINGHAM B18 7AF

Your ref: SB/SM
Our ref: MH/JW

Mr S Bowen
Marketing Manager
Justin Box Ltd
14 Trist Road
Hastings
Sussex HA3 6CE

20 May 1984

Dear Mr Bowen

Thank you for your letter of 17 May enquiring about our promotional gifts.

We are pleased to *enclose our new brochure and price list together with samples of our promotional gifts.

We *look forward to receiving your first order.

Yours sincerely

Mary Hardy

MARY HARDY
Sales Manager

Enc: 3

THE LETTERS

This is a reply to Letter A in Unit 1.

1 Who is MH? **(K)**

2 Who wrote the letter on 17 May? **(K)**

3 What items (things) were sent with the letter? **(K)**

B 2

This is a reply to Letter B in Unit 1.

1 Who is LW? **(K)**

2 Who are 'we' in paragraph 2? **(K)**

3 Why is F Wilander 'looking forward' to hearing from Thomas Green Ltd? **(K)**

BORG CORPORATION
10 OSLO AVENUE MALMO SWEDEN

L Waters
Thomas Green Ltd
16 Clear Street
Torquay
Devon TQ1 6BD
England

Your ref: LW/MG
Our ref: FW/KW

25 May 1986

Dear Mr Waters

Thank you for your enquiry of 18 May.

We *have pleasure in enclosing a copy of our latest catalogue and a *leaflet giving details of our special trade discounts. All the *items are now covered by our standard two-year guarantee.

We look forward to hearing from you.

Yours sincerely

F. Wilander

F WILANDER
Sales Director

Enc: 2

LANGUAGE FOCUS

1 Thanking (for a letter/enquiry)

Thank you for your letter (enquiry) of . . .

Note: *Thank you* . . . is less formal than *With reference to* . . .

2 Referring (to the contents of a letter)

With reference to Thank you for	} your letter . . . enquiring about . . .

Note: 1. *enquiring about* can be replaced by any suitable verb + *ing*, e.g. *requesting*.
2. *letter enquiring about* = the letter in which you enquired about.

3 Enclosing (sending)

We are pleased to enclose . . . We have pleasure in enclosing/sending . . . We enclose/We are sending . . .

4 Closing a letter (with hope for future business)

We look forward to ________-*ing* . . .	
e.g. We look forward to	{ *hearing* from you. *receiving* your first order/your reply.

2

PRACTICE EXERCISES

Write sentences (or parts of sentences) as directed below:

1 Thank for the following:

a) 16 June – letter **(K)**
b) 11 April – inquiry
c) 22 March – postcard
d) 1 December – inquiry

2 Thank for and refer to the following:

a) 19 May – letter – inquired about the price of gold pens **(K)**
b) 16 March – letter – enclosed latest price-list
c) 20 June – inquiry – requested information on new ZIS cameras
d) 9 September – letter – requested information on 16M photocopier

3 Enclose the following:

a) new price-list **(K)**
b) sample cassette and price-list
c) latest brochure
d) sample company tie

4 Write a closing sentence using the following words:

a) first order **(K)**
b) hearing **(K)**
c) reply
d) receiving

LETTER WRITING PRACTICE

1 Complete the following reply to a letter (20 June) from S Blackmore *(Ms), Marketing Manager, Downland Fuels Ltd, Lake Road, Southampton, Hampshire, (Ref: SB/MT). The letter asked for full details, a price-list and samples of re-usable envelopes. **(K)**

2 Answer a letter (10 August) from Stephen Watson, *Personnel Manager, John Rawlinson Ltd, 20 West Way, Plymouth, Devon, D62 1MT. He requested details of the sizes and prices of the brown envelopes. (Use the same company as in Letter 1 – Paper Products plc.) **(K)**

Paper Products PLC 16 Rushthorne Way, Bolton, Lancashire BL63 6SG

S Blackmore
(1) ....
....
....
....

Your (2) ....
Our (3) ..../MC

(4) ....

Dear (5) ....

Thank (6) ....
.... envelopes.

We have pleasure (7) ....
....

We (8) .... hearing (9) ....

Yours (10) ....

M. Walker

M WALKER
(11) ....

Enc: (12) ....

3 Write a more formal reply (*With reference to* . . .) to a letter (11 September) from the Manager of World Travel, 610 Rahman Street, Kuala Lumpur, Malaysia, requesting samples of your *envelope files and a *current price-list. (Again write from Paper Products plc as in Letter 1.)

Pair work

a) Write a letter asking for some detailed information about a new photocopier (e.g. price, size, speed).
b) Take your partner's letter and answer it.

SALES LETTERS/SENDING OUT ADVERTISING 3

AIM

Writing a letter to be sent out with a catalogue (which has not been asked for).

THE LETTERS

1 What does the writer especially want the reader to look at? **(K)**

2 What special discount will be given before 1 March? **(K)**

3 What is enclosed? **(K)**

A

Millways Toys Ltd
10 Horndean Way, Bristol BS2 6CS

Mr J Williams
Home Stores
16 Tootbridge Avenue
Westwood
Surrey SU2 1CH

Your ref:
Our ref: DY/sw

15 November 1984

Dear Mr Williams

We have pleasure in sending you a copy of our catalogue, which includes details and prices of our complete range of toys.

We would *particularly like to *draw your attention to our new Plastica range of model cars, which you will find on page 63 of the catalogue.

We can offer you a special *discount of 5 per cent on all toys ordered before 1 March.

We look forward to receiving your first order.

Yours sincerely

Don Young

DON YOUNG
Sales Manager

Enc: 1

3

B

1 What is illustrated on page 63 of the catalogue? **(K)**

2 Where is the order form? **(K)**

3 Why does Mr Young use 'Yours faithfully'? **(K)**

Millways Toys Ltd
10 Horndean Way, Bristol BS2 6CS

15 November 1984

Dear Sir or Madam

I enclose a copy of our latest catalogue and price-list.

May I draw your attention in particular to our new range of Plastica Cars which is *illustrated on page 63.

We are offering a special discount of 5 per cent on all orders received before 1 March. Please use the special order form at the back of the catalogue and *deduct 5 per cent from the prices on our list.

We hope that you will be pleased with the catalogue and look forward to receiving your order.

Yours faithfully

Don Young

DON YOUNG
Sales Manager

Enc: 1

LANGUAGE FOCUS

1 Focusing attention

We/I would (particularly) like to May I	draw your attention to our . . . (new range of cars).

Note: *May* is a little more formal but both *may* and *would like* are very polite.

2 Offering

We are offering . . . We can offer . . . We are able to offer . . .	(a special discount) . . .

3 Expressing hope

We hope (that) you will be (pleased with the catalogue).

Note:
orders received = orders which are received/we receive.
cf. *accounts paid* = accounts which are/have been paid.

PRACTICE EXERCISES

Write sentences as directed below:

1 Focus attention on
   a) new L60 model. **(K)**
   b) new system of ordering.
   c) introductory discount.
   d) latest range of stainless steel knives.

2 Offer
   a) free delivery in the London area. **(K)**
   b) a discount of 11%.
   c) free samples.
   d) a discount of 12% on all orders above £500.

3 Express hope
   a) that your customer will be pleased with the samples you are sending him. **(K)**
   b) that your customer will decide to order the clothes illustrated in your new catalogue.
   c) that you will be able to supply your customer again in the coming year.
   d) that the customer will order from the new catalogue.

LETTER WRITING PRACTICE

1 Complete this letter. **(K)**

2 Write a letter to yourself from Millways Toys (address in letter A), enclosing their latest price-list and catalogue. Draw attention to the new plastic animals for small children and offer 10% discount on orders above £500. **(K)**

3 Write a letter to yourself from J Roberts Ltd, 21 South Avenue, Bolton, Lancs., enclosing a catalogue and details of special summer offers. Point out the special discount on all orders in the next 30 days. Offer six months' free credit on all orders over £75.

GH FURNITURE PLC
42 West Lane, Plymouth, Devon

Mr Leblanc
17 rue St Denis
Paris
France

Your ref: DL/ML
Our ref: HH/DR

(1) ....

Dear (2)..........

We are (3).......................a copy of our furniture catalogue, which includes (4)......................of all our latest models.

We would (5)...........................to our Snowy range of bedroom furniture (6)..................on page 26.

We (7)........................a discount of 5 per cent on (8)....... ....over £1000.

We hope (9)..................and look (10)........................ ....

Yours (11)...............

H HAMPTON
Export Manager

Enc: (12).....

Pair work

a) Write down details of a special offer for a company selling bicycles.
b) Take your partner's details and write a sales letter to a company in Italy to go with the special offer.

4 PLACING ORDERS

AIM

Placing orders with and without official order forms.

Redways Company Ltd
Unit 61, New Kowloon Industrial Estate,
Kowloon, Hong Kong

To: Manhattan-Windsor
Steward Street
Birmingham B18 7AF

Purchase Order
No: 4462M
Date: 10 June 1984

Quantity	Description	Unit	Total
200	large Cat *paperweights	£1.75	350.00
100	large Bird paperweights	£1.75	175.00
300	small Rabbit paperweights	£1.00	300.00
		Total:	£825.00

Delivery Date Required:	*Terms	For Redways Company Limited
10 August 1984	30 days from receipt	H. Walters

A

Redways Company Ltd
Unit 61, New Kowloon Industrial Estate,
Kowloon, Hong Kong

Your ref: MH/JW
Our ref: HJ/MD

Manhattan-Windsor
Steward Street
Birmingham
England B18 7AF

10 June 1984

Dear Sirs,

Purchase Order No. 4462M

Thank you for your letter of 1 June, enclosing your catalogue, price-list and samples of paperweights.

We have tested the samples and are pleased with their quality.

We enclose our official purchase order and will open an *irrevocable Letter of Credit as soon as we receive your *pro forma invoice.

Yours faithfully

Hugh Jones

HUGH JONES
Marketing Manager
Enc: 1

THE LETTERS

*With an official *purchase order*

1. What does 'their' in paragraph 2 refer to? **(K)**
2. What does 'irrevocable' (paragraph 3) mean? **(K)**
3. What does 'pro forma invoice' mean? **(K)**
4. How will Redways pay for the paperweights? **(K)**

Without an official purchase order

1 What does 'your' (paragraph 2) refer to? **(K)**

2 What does 'Cat. Ref.' mean? **(K)**

3 How will Redways pay? **(K)**

Redways Company Ltd
Unit 61, New Kowloon Industrial Estate,
Kowloon, Hong Kong

Manhattan-Windsor
Steward Street
Birmingham
England B18 7AF

Your ref:
Our ref: HJ/MD

10 June 1984

Dear Sirs

Purchase Order No. 4462M

Thank you for your letter of 1 June.

We have examined your samples and would like to place the following order:

200 large 'Cat' paperweights (Red) Cat.Ref.B 1613
100 large 'Bird' paperweights (Blue) Cat.Ref.B 1617
300 small 'Rabbit' paperweights (Blue) Cat.Ref.B 1621

We shall pay for the goods by *banker's draft on receipt of your pro forma invoice.

Yours faithfully

Hugh Jones

HUGH JONES
Marketing Manager

LANGUAGE FOCUS

1 Ordering/Placing orders

We would like to / We are pleased to } place the following order: . . .

We enclose our (your) official order form/purchase order . . .

2 Describing payment methods (conditional)

We will (shall) pay for the goods by . . . (banker's draft) *on receipt of . . . (documents)

Note: *shall* is much more formal.

We will (shall) . . . (open a letter of credit) as soon as we receive . . . (your pro forma invoice).

Grammar note:
Look at these sentences, taken from the letters:

We *have tested* the samples . . .
We *have examined* your samples . . .

We use *have* (or *has*) + past participle for an action completed at an indefinite (not fixed) time in the past. This is the **present perfect** tense. Now look at these sentences:

We *tested* it *last Thursday*.
We *examined* it on *10 March*.

Here we use the simple past tense with a definite time.

PRACTICE EXERCISES

1 Place the following orders:

a) 300 Z 500 beds (Cat. Ref. 16732H)
   120 LD chairs (Cat. Ref. 17894D) **(K)**
b) 7500 5cm No. 6 wood screws (Ref. 16/WL16)
c) 1600 packets of XLM staples (Cat. Ref. 17298M)
d) 25 Xelox photocopiers (Your Ref. M16Z)
e) 1750 metal desks Type FP 22

2 Describe methods of payment and conditions:

	Method of payment	Condition	
a)	Letter of Credit	receipt of pro forma invoice	**(K)**
b)	Sterling cheque	within 30 days from date of delivery	**(K)**
c)	Banker's draft	receipt of Shipping Documents	
d)	Banker's transfer	receipt of pro forma invoice	
e)	Irrevocable Letter of Credit	receipt of pro forma invoice	

LETTER WRITING PRACTICE

1 Complete this order. **(K)**

K. de Silva Ltd, Unit 16, Mel Trading Estate,
Colombo, Sri Lanka

Halls Ltd
16 Highton Way
Liverpool 12
England

Your ref:
(1) ....: KS/WN

19 December (2)....

Dear (3)....

Thank (4) .... of 1 June and the enclosed catalogue.

We have studied your catalogue very carefully and (5) .... order:-

1500	XL	watches	Cat.(6)....	M1626
1000	ZM8	wall clocks	Cat.(7)....	M1626

We will (8) .... by banker's (9) .... within 20 days (10) ....

Yours (11) ....

K de Silva

K de SILVA
Purchasing Manager

2 Write a letter from A J Wadekar of 212 Shastri Street, Bombay, India to H Priston plc of 88 West Road, Norwich, Norfolk. Thank for a catalogue, enclose an official order form, state condition of payment (irrevocable Letter of Credit opened on receipt of pro forma invoice), request delivery within two months. **(K)**

3 Write a letter from Redways Company Ltd to H Priston Ltd (addresses are in earlier parts of the unit), and order 70 M63 tractors and 21 M92 ploughs. Payment – banker's draft within 21 days of delivery.

4 Write a letter to a *mail order firm in England ordering three different sets of English language textbooks for your class. (Use your own address and an invented one for the mail order firm.)

5 Write a letter to a British company ordering your favourite car. Choose your method of payment.

Pair work

a) Write one page of a catalogue with about six different items on it.
b) Take your partner's catalogue and write a letter to him/her ordering the two most interesting items on it.

5 DEALING WITH ORDERS

AIM

*Dealing with orders:
*Acknowledging and
*advising of *despatch.

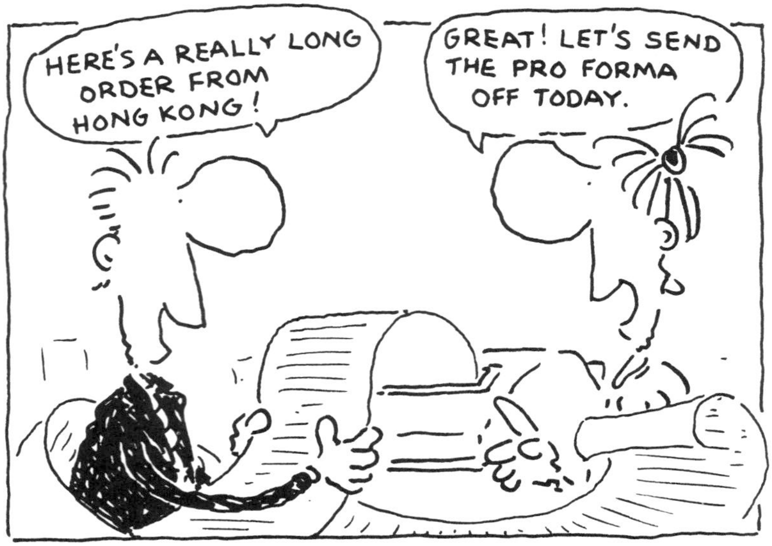

A

Manhattan–Windsor
STEWARD ST., BIRMINGHAM B18 7AF

Your ref: HJ/MD
Our ref: MH/JW

Redways Ltd
Unit 161
New Kowloon Industrial Estate
Kowloon
Hong Kong

14 June 1984

Dear Sirs

Purchase Order No. 4462M

We are pleased to acknowledge your order of 10 June for:

200 large Cat paperweights
100 large Bird paperweights
300 small Rabbit paperweights

We enclose our pro forma invoice as requested. The goods will be despatched by air on receipt of your banker's draft.

Yours faithfully

Mary Hardy

MARY HARDY
Sales Manager

Enc: 1

THE LETTERS

Acknowledging letters

1. Who sent order no. 4462M? **(K)**
2. Who requested the invoice? **(K)**
3. When will the goods be sent? **(K)**
4. What is enclosed? **(K)**

Advising of despatch

1 How will the order be sent to Hong Kong? **(K)**

2 Who does 'you' (paragraph 3) refer to? **(K)**

3 What are the enclosures? **(K)**

Manhattan–Windsor
STEWARD ST., BIRMINGHAM B18 7AF

Redways Ltd
Unit 161
New Kowloon Industrial Estate
Kowloon
Hong Kong

Your ref: HJ/MD
Our ref: MH/JW

Dear Sirs

28 June 1984

Purchase Order No. 4462M

We are pleased to advise you of the despatch of your order No. 4462M, which was collected today for transport by British Caledonian Airways to Hong Kong.

The *air way-bill, *insurance certificate and invoice for *freight charges and insurance are enclosed.

We look forward to receiving further orders from you in the future.

Yours faithfully

Mary Hardy

MARY HARDY
Sales Manager

Enc: 3

LANGUAGE FOCUS

1 Acknowledging orders

We are pleased to acknowledge . . . (your order) . . .

Note: Where no action is described in your own letter, add *which is receiving attention.*
We are pleased to acknowledge your letter/order of 10 July which is receiving attention.

2 Advising of despatch

We are pleased to advise	you of the despatch of your order . . . that your order . . . was despatched . . .

Note:
as requested (in letter A) = as you requested, which you asked for.

5

PRACTICE EXERCISES

1 Acknowledge the following:

	Date	Item	
a)	22 June	Order for 3000 X20 clocks	**(K)**
b)	20 July	Letter	**(K)**
c)	1 August	Order for 165 XM16 *generators	
d)	15 October	Enquiry	
e)	2 December	1500 L63 Audio Cassette Recorders 1000 M16 Video Cassette Recorders	

2 Advise the despatch of the following:

a) order number ML.1627 **(K)**
b) order number 1700 H/LD
c) the 10 generators missing from order HD/17/T6000
d) order numbers 16 ML 64 and 17 ML 69
e) the 6 replacement photocopiers damaged on delivery from order number 17KLM N/165

LETTER WRITING PRACTICE

1 Complete the following letter advising of the despatch of order ML/D6320 by Air India to London. **(K)**

Indian Steel Company Industrial Unit 62, Bombay

Your ref: ML/2Y
Our ref:(1).../pr

H Walker Ltd
16 Foot Avenue
Northampton
England

(2)..............

Dear (3)....

We are (4)........................... despatch of (5)............ .... which was collected this morning for (6)............... ....

We enclose the (7)................, (8)......................., and (9)................ freight and insurance charges.

We look forward to (10)..

Yours (11)..............

Dilip Patel

DILIP PATEL
Export Manager

Enc: (12).....

2 Write a letter from the Indian Steel Company to John Brown plc, 19 Tratton Way, Ashford, Kent acknowledging an order for 10,000 M20 steel *girders and 20,000 L47 steel sheets. Enclose a pro forma invoice and advise conditions of despatch (CIF London : ship : on confirmation of opening of an *Irrevocable Letter of Credit). **(K)**

3 Write a letter advising despatch of an order (LM/260/C4) by air for Khartoum (Sudan) from London. The order is for 20,000 pairs of pink rubber gloves (small), and 25,000 pairs of green rubber gloves (large). Enclose an air way-bill, insurance certificate, and freight and insurance invoice. (Invent companies and addresses.)

4 Write a letter to your own company or yourself acknowledging receipt of an order. State how and under what conditions the order will be sent. (Invent a suitable order and exporting company.)

5 Write a letter to your own company or yourself advising despatch of the order in question 4, and stating what documents are enclosed.

Pair work

a) Write a letter ordering 1000 each of 3 different items from M Arthur plc, 17 Lodge Road, Birmingham, England.
b) Take your partner's letter and acknowledge it.
c) Write a letter advising your partner of the despatch of his order.

6 REMINDING

AIM

Writing *reminders (when letters have not been answered).

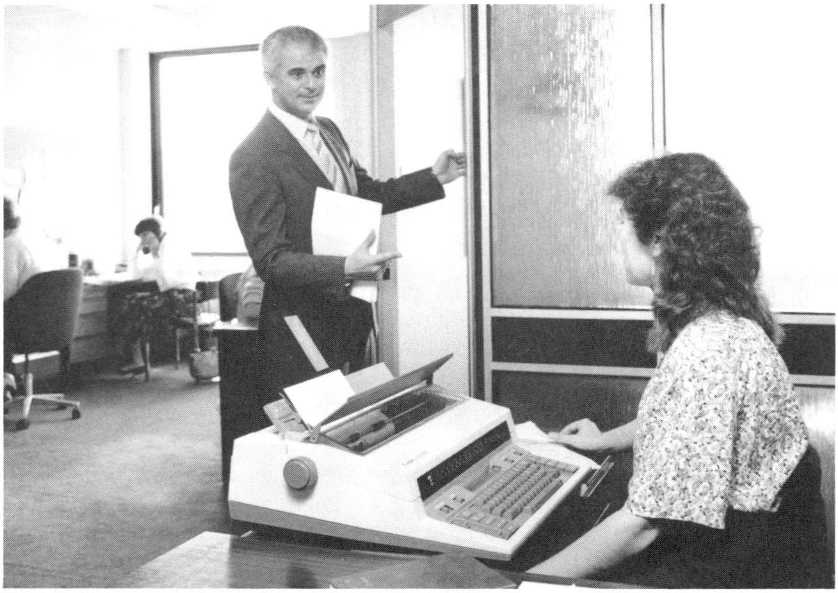

"Have we received details of their trade discounts?"
"No, we haven't, we wrote on 19 July and sent a reminder on 3 August but they've still not replied."

A

Michel Artois Limited
13 rue Jean, Dieppe, France

Your ref:
Our ref: MW/CC

The Sales Manager
Loot Mills
Leeds
England LE2 6MD

3 August 1984

Dear Sir or Madam

On 19 July I wrote you a letter requesting details of your special trade discounts but I have not yet received your reply.

The details are *required *urgently and I should be grateful if you could send them *without further delay.

Yours faithfully

M WORSHIP
Manager

THE LETTERS

Polite first reminder

1 Has Mr Worship's first letter been answered? **(K)**

2 What does 'them' (paragraph 2) refer to? **(K)**

3 How do we know that Mr Worship wants the details quickly? **(K)**

Much stronger second reminder

1 How many times has Mr Worship written to Loot Mills? **(K)**

2 What does 'by return' mean? **(K)**

3 What will Mr Worship do if he doesn't receive a reply? **(K)**

Michel Artois Limited
13 rue Jean, Dieppe, France

The Sales Manager
Loot Mills
Leeds
England LE2 6MD

Your ref:
Our ref: MW/CC

21 August 1984

Dear Sir or Madam

On 19 July I wrote to you and requested details of your trade discounts. On 3 August I wrote again but have still not received a reply.

If I do not receive your reply *by return, I will be *forced to *approach an *alternative *supplier.

Yours faithfully

M WORSHIP
Manager

LANGUAGE FOCUS

1 Expressing urgency

(the details) . . . are required *urgently*
. . . send them †*without further delay*
. . . send them *by return* (of post)

† Only use this expression with a reminder.

2 *Threatening (consequence of inaction)

If I do not . . . (receive your reply by return),
If you do not . . . (send your reply by return),
} I will . . . (be forced to approach an alternative supplier).

Note: *If* + present tense (negative): *will* + verb
If you do not reduce the price, I will *cancel my order.

3 Requesting action (formal and polite)

I should be grateful if you could . . . (send them).

PRACTICE EXERCISES

Write sentences as directed.

1 Request that the following actions be completed urgently:
   a) sending latest catalogue. **(K)**
   b) replying to your last letter. **(K)**
   c) sending latest price-list.
   d) answering your enquiry of 21 March.
   e) sending samples you requested two months ago.

2 Make threats if actions are not carried out.

	Action	Threat	
a)	reply to our enquiry	cancel our last order	**(K)**
b)	send discount details	approach an alternative supplier	**(K)**
c)	settle last month's account	stop supplying you	
d)	*replace broken items	cancel our last order	
e)	send latest price-list	approach another supplier	

LETTER WRITING PRACTICE

1 Complete the following letter. A customer is writing to his supplier complaining that he has not received the price-list which he asked for three weeks ago. **(K)**

Arthur Hill plc, 22 Nuthatch Road,
Weybridge, Surrey KT6 2LM

Your ref:
Our ref: (1).../LD

Jose Alva
21 Plata Street
Madrid
Spain

20 July 1986

Dear Sir

On 30 June I wrote (2).................... asking for (3)......
.... but I have (4)..........................

The price list (5)............................ and I (6)....
....

Yours (7)..................

J.Hill

J HILL
Import Manager

2 Write a letter from Arthur Hill plc to Jose Alva. Complain that you have had no reply to your last two letters asking for a price-list. Threaten to place your next order with an alternative supplier. **(K)**

3 Write a letter (from your own company or yourself) to Northern Metals (Unit 63, Hump Trading Estate, Norwich, Norfolk), complaining that you have not received their spring catalogue that you asked for three weeks ago.

4 Write a letter (from your own company or yourself) to Northern Metals complaining that you have had no reply to either of your last two letters. Threaten to use an alternative supplier.

5 Write a letter from Michel Artois Limited (13 rue Jean, Dieppe, France) complaining that you have not received any reply to your last two letters requesting 10 table lamps as replacements for items found to be broken when order MY/76342 was delivered. Threaten to cancel all current orders if you do not receive an immediate reply.

Pair work

a) Write a letter complaining that you have not received a reply to a request for prices and detailed *specifications of a new range of Delta electric pumps. (Invent companies and addresses.)
b) Take your partner's letter and write a follow-up letter complaining that you have not received a reply to either of your *previous letters. Threaten suitable action.

7 APOLOGISING (1)

AIM

Writing a letter of *apology (because there has been a delay).

WHY HASN'T THEIR LETTER BEEN ANSWERED?
I'M AFRAID MR CARSON'S ON HOLIDAY AND JOHN'S *OFF SICK...

A

LOOT MILLS

Leeds LS2 6MD, England

Your ref: MW/CL
Our ref: JA/DY

The Manager
Michel Artois Limited
13 rue Jean
Dieppe
France

5 August 1983

Dear Sir

Thank you very much for your letter of 3 August, which we received this morning.

I must apologise for the delay in replying to your letter of 19 July. Unfortunately a number of our staff have recently been *off sick. This, at a time when several of our employees take their *annual holiday, has resulted in *unavoidable delays in replying to letters.

I enclose the details of our trade discounts as requested and look forward to receiving your order.

Yours faithfully

J. Ainsworth

J AINSWORTH
Assistant Manager

Enc : 1

THE LETTERS

*Apologising for a minor delay

1 On what date did the second letter from Michel Artois arrive? **(K)**

2 What does 'this' (paragraph 2) refer to?

3 What are the two causes of the delay? **(K)**

7

B

Apologising for a major delay

1 What does 'this' (paragraph 2) refer to? **(K)**

2 Why has there been some delay? **(K)**

3 Who are 'us' in the final paragraph? **(K)**

LOOT MILLS

Leeds LS2 6MD, England

The Manager
Michel Artois Limited
13 rue Jean
Dieppe
France

Your ref: MW/CL
Our ref: JA/DY

23 August 1984

Dear Sir

Thank you very much for your letter of 3 August.

We sincerely apologise for the delay in replying to this and your *previous letter. We have recently moved our main office to a new *location in the north of the city and this has resulted in some *considerable delay in replying to enquiries. The move has now been completed and I can *assure you that there will be no more delays in the future.

The details you require are enclosed and I hope that you will now continue to use us as your main supplier.

Yours faithfully

J. Ainsworth

J AINSWORTH
Assistant Manager

Enc : 1

LANGUAGE FOCUS

1 Apologising

I/We must apologise for . . . { (the delay in replying to your letter).
(not replying to your letter).

It is more apologetic and therefore politer to use *sincerely*.
We apologise most sincerely is a little more formal.

2 Expressing result

(This/The move to a new office) . . . has resulted in . . . (delays).

3 Assuring

I/We (can) assure you that . . . (there will be no more delays in future).

7

PRACTICE EXERCISES

Write sentences as directed.

1 Apologise for the following:
   a) no reply to an enquiry – 3 July **(K)**
   b) major delay – price-list requested – 4 September **(K)**
   c) no catalogue sent – requested 2 June
   d) major delay – request for replacement lamps – 11 October
   e) no reply to letter – 4 December

2 Express these results:

	Action	Result	
a)	staff have been absent	deliveries have been delayed	**(K)**
b)	the weather has been bad	deliveries have been late	**(K)**
c)	there have been shortages of *clerical staff	there have been long delays in replying to enquiries	

3 Assure your customer of the following:
   a) no similar errors in future. **(K)**
   b) similar mistake not allowed to occur again. **(K)**
   c) the member of staff *concerned no longer working for the company.
   d) orders more carefully packed in future.
   e) no delays in future.

LETTER WRITING PRACTICE

1 Complete the letter opposite to the manager of Loot Mills (Leeds, England, LE2 6MD), apologising for the delay in sending a pro forma invoice. **(K)**

2 Write a letter to the manager of Loot Mills apologising for the delay in replying to his last two letters. Explain that your company's offices have just been *redecorated and this has caused delays. Enclose the *quotations that were requested in the first letter. **(K)**

3 Write a letter to Mr A Mills (16 Malvern Avenue, Salisbury, Wiltshire, England) from Kandy Holidays, P.O. Box 192, Colombo, Sri Lanka. Apologise for the delay in replying to a request to change holiday departure date from 20 July to 4 August. Explain that the letter was delivered to the wrong office. Agree to the request.

7

BENGAL EXPORTERS COMPANY, P.O. BOX 1171
CALCUTTA, INDIA

The Manager
(1)................
(2)...............
(3)...........

Your Ref: HC/MN
Our Ref: (4).../ML

Dear (5)..........

20 July 1986

Thank you (6)...............letter of 15 July, (7)..............
.................this morning.

I (8)..
.... Unfortunately two members of our Accounts Department have been on sick *leave and (9)..................
....

I enclose (10)..
(11)..and assure you

Yours (12)..............

JOHN WATTS
Head of Accounts Department

Enc:1

4 Write a letter to Ms M Hawkins (122 Wordsworth Avenue, York, England) from The West African Bank, P.O. 832, Lagos, Nigeria. Apologise for not replying to her last two letters. Explain that the main *branch in Lagos has been closed for one month because of a serious fire. Enclose the bank statement that Ms Hawkins requested.

5 Write a letter to Mr L Roberts (Waterloo House, Norwich, Norfolk, England) from your own company (or one that you know). Apologise for the delay in replying to his last three letters requesting a repayment of £100 for damaged articles in the last order he received from you. Think of a good reason for the delay!

Pair work

a) Write a letter complaining that you have received no answers to your last two letters written to a London exporter, pointing out two *calculation errors made in a quotation for some goods you want to order. (Invent the two companies and the actual errors in the quotations.)
b) Take your partner's letter and write an answer. Apologise and give a detailed explanation for your delay in replying.

8 REPORTING ERRORS

AIM

Writing a letter to report an incorrect delivery.

A

DELOS COMPANY 17 Paxos Avenue, Athens

Our ref: SN/SI
Your ref: CM/OH

Roots Ltd
17 Argyle Way
Chelmsford
Essex
England ES1 6DP

16 July 1984

Dear Sirs

Order MDX/13/16B

We *took delivery of the above order this morning.

Everything seems to be correct and in good condition except for *crate 17. We ordered 20,000 HB Itex pencils but the crate only contains 12,000.

We need the pencils to *complete deliveries already promised to our customers. Therefore we must ask you to despatch the additional 8,000 pencils at once.

Yours faithfully

S. Niclos

S NICLOS
Manager

THE LETTERS

Reporting an incorrect delivery

1 When was the order delivered? **(K)**

2 How many pencils are missing? **(K)**

3 Why must they be sent at once? **(K)**

8

B

Complaining about an incorrect delivery

1 Which 'documents' is Mr Niclos referring to in paragraph 1? **(K)**

2 What does MV (paragraph 1) mean? **(K)**

3 How many pencils were sent? **(K)**

4 Why is the writer very angry? **(K)**

5 What does 'this' paragraph 4, line 3 refer to?

DELOS COMPANY 17 Paxos Avenue, Athens

Roots Limited
17 Argyle Way
Chelmsford
Essex
England ES1 6DP

Our ref: SN/sl
Your ref: CM/DH

Dear Sirs

16 July 1984

Order MDX/13/16B

We have received the documents and taken delivery of the above order which arrived at Piraeus on the M.V. Spitfire.

On checking the goods we found that crate 17 contained only 12,000 HB 'ITEX' pencils, although 20,000 had been *entered on both the *packing list and the *invoice.

The full *consignment is urgently required to complete orders for two of our major customers so it is *absolutely essential that you ship the additional 8,000 pencils on the earliest possible flight from London.

This is the third time in the last twelve months that you have *short-shipped one of our orders. If there is any further *repetition of this we will be forced to look for an alternative supplier.

Your faithfully

S. Niclos

S NICLOS
Manager

LANGUAGE FOCUS

1 **Expressing need** (and reason)

> We need (the pencils) . . . to (complete deliveries)
> (The full consignment) is urgently required to (complete orders)

Require is more formal than *need*.

2 **Expressing obligation**

> We must ask you to despatch the additional 8000 pencils = you must despatch . . .
> It is absolutely essential that you ship the additional 8000 pencils = you must ship . . .

3 Expressing contrast

a) Using *but*:

(i) We ordered 20,000 HB Itex pencils (ii) *but* the crate only contains 12,000.

Phrase (ii) contrasts with phrase (i).

b) Using *although*:

(iii) . . . crate 17 contained only 12,000 HB Itex pencils, (iv) *although* 20,000 had been entered on both the packing list and the invoice.

Phrase (iii) contrasts with phrase (iv).

4 Expressing reason

Using *therefore* and *so*:

We need the pencils . . . *Therefore* we must ask you to despatch the additional 8000 pencils . . . The full consignment is urgently required . . . *so* it is absolutely essential that you ship the additional 8000 pencils. . .

Note: We often use *because* to express the reason for something:
It is absolutely essential that you ship the additional 8000 pencils . . . *because* the full consignment is urgently required . . .

PRACTICE EXERCISES

Write sentences as directed.

1 Express need and reason, using *to*: **(K)**

	Need	Reason
a)	the 100 new engines	complete our orders
b)	300 X26 motors	supply our customers
c)	200 copies of your summer catalogue	send to our agents
d)	the remaining 10 cookers	complete our deliveries
e)	more detailed information	answer customer enquiries

8

2 Express obligation (of another person) for the following:
a) air-freighting the additional 2000 cameras by 10 June **(K)**
b) despatching the complete order at once
c) replying to our request by return
d) explaining the reason for the long *delay
e) giving a precise delivery date

3 Express contrast using the word given:

	Event A	Event B	Word	
a)	ordered 1000 cakes	received only 100	but	**(K)**
b)	invoiced for 100 N52 engines	only 85 delivered	but	
c)	not received the replacements	ordered 3 weeks ago	although	**(K)**
d)	order N6/M712 not delivered	MV SATURN docked 8 days ago	although	
e)	wrote 7 weeks ago	not received your latest catalogue	but	

4 Express reasons using the information in column (1) and the word given in column (3):

	(1) **Information**	(2) **Reason**	(3) **Word**	
a)	you must send the bicycles at once	the bicycles are needed next week	therefore	**(K)**
b)	we will not require any more deliveries of sheet metal after 31 August	we are closing our factory in Northern Italy	so	**(K)**
c)	we have not placed our usual order for garden furniture	we have not received your catalogue this spring	therefore	
d)	we are unable to supply you	we have sold all our X27 radios	so	
e)	we were unable to send your complete order	we didn't have all the items *in stock	because	

8

LETTER WRITING PRACTICE

1 Complete this letter to Roots Limited (of 17 Argyle Way, Chelmsford, Essex, England ES1 6DP). Report that crate 42 contained only 400 Halex watches. It should have contained 600. Explain they are needed urgently for a special customer. **(K)**

RIOTO COMPANY, P.O. 7164, Bangkok, Thailand

Roots Ltd
(1) ....
(2) ....
(3) ....
(4) ....

Your ref: CM/DH
Our ref: MT/LM

(5) ....

Dear Sirs

Order LMD/14/171L

The (6) .... delivered to our *warehouse yesterday.

Everything seemed to be (7) .... This contained (8) .... although we had (9) .... and paid for (10) .... The extra 200 watches (11) .... Therefore (12) .... airfreight them (13) ....

Yours (14) ....

M TU
Manager

2 Write a letter to Wallace Hooper plc, 16 Wannock Street, Poole, Dorset from H Decker, Fall Street, Lagos, Nigeria. Complain that 5000 10cm. hooks are missing from your last order. Explain that they are needed urgently and threaten to use an alternative supplier if any similar mistakes occur in the future. (This is the fourth mistake in eighteen months.) **(K)**

3 Write a letter to Wallace Hooper plc, (address in question 2) from L Ricardo, 21 Via del Pontiere, Verona, Italy. Complain that 8000 M21 screws were missing from order LD/7261/LH2. Say that the screws are needed urgently and have now been purchased from a German company. Ask for a credit note as the order has already been invoiced.

4 Write a letter from your own company to William Hockey plc, Unit 22, Woodfill Estate, Norwich, Norfolk. Complain that your last order contained 200 plastic tables of the wrong colour (white instead of red). Ask for the correct tables to be sent out and whether William Hockey would like the others return or sold for them locally.

5 Write a letter to William Hockey plc, (address above), from De Silva Mills, Unit 71, East Industrial Estate, Colombo, Sri Lanka. Complain that the items of furniture on your last order were of inferior quality and not as advertised. Say that you have now decided to order from an alternative supplier.

Pair work

a) Write a letter advising that a particular order has been despatched to your partner's company. (Invent companies if necessary.) Include a list of items despatched.

b) Take your partner's letter and write a letter complaining that there are two errors on the order (for example, items short-shipped, wrong colour). Threaten your partner!

APOLOGISING (2) (FOR ERRORS)

9

AIM

Writing a letter apologising for an error.

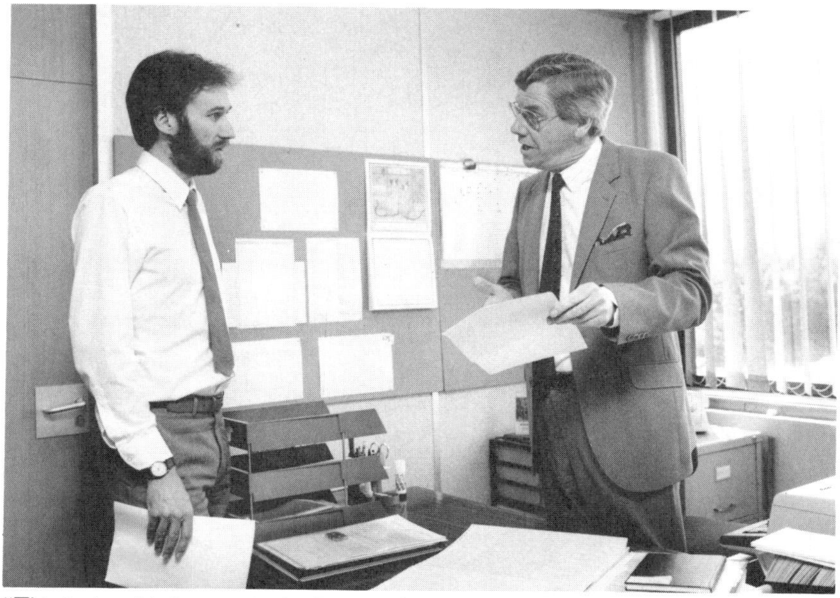

"This is the third error in the last twelve months. We'll *have* to get new packing agents."

A

ROOTS LIMITED
17 Argyle Way, Chelmsford, Essex ES1 6DP

S Niclos
The Manager
Delos Company
17 Paxos Avenue
Athens

Our ref: CM/dh
Your ref: SN/sl

20 July 1984

Dear Mr Niclos

Order MDX/13/16B

Thank you for your letter of 16 July. We are very sorry to learn that a mistake was made in packing your order.

The additional 8000 pencils have now been despatched by British Airways from Heathrow Airport and the documents have been mailed to you *under separate cover.

Please accept our apologies for the *inconvenience this error has caused you.

Yours sincerely

Colin Marshall

COLIN MARSHALL
Export Manager

THE LETTERS

This is a reply to Letter A in Unit 8.

1 What was the mistake referred to in paragraph 1? **(K)**

2 What are 'the documents' (paragraph 2)? **(K)**

3 What is 'this error' (paragraph 3)? **(K)**

9

This is a reply to Letter B in Unit 8.

1 Where have the documents been sent? **(K)**

2 What is 'this' (paragraph 3, line 2)? **(K)**

3 Why does Mr Marshall offer 'sincere apologies'? **(K)**

B

ROOTS LIMITED
17 Argyle Way, Chelmsford, Essex ES1 6DP

S Niclos
The Manager
Delos Company
17 Paxos Avenue
Athens

Our ref: CM/dh
Your ref: SN/sl

Dear Mr Niclos

20 July 1984

Order MDX/13/16B

Thank you for your letter of 16 July. We are *extremely sorry to learn that an error was made in packing crate 17 of the above order.

The *missing 8,000 pencils were sent this morning by Olympic Airways and the documents have already been *forwarded to you.

We greatly *regret the inconvenience caused by this and the previous two errors and offer our sincere apologies. We can assure you that every effort will be made to *ensure that similar errors do not *occur again.

Yours sincerely

Colin Marshall

COLIN MARSHALL
Export Manager

LANGUAGE FOCUS

1 Expressing regret

We are very/extremely sorry to learn that . . . (a mistake was made in the packing . . .) † We (greatly) regret the . . . (inconvenience caused . . .)

† This is usually used when the writer (or his company) is responsible for an error or mistake.

2 Apologising (see also Language focus section, Unit 7)

Please accept our apologies for . . . (the inconvenience this error has caused you). We . . . offer our sincere apologies.

These are a little more formal than the examples given in Unit 7 and the second example ('sincere apologies') is used when a serious error has been made.

PRACTICE EXERCISES

Write sentences as directed.

1 Express regret for the following:
   a) 16 of the colour televisions were damaged. **(K)**
   b) (An importer) received the wrong models. (writer responsible) **(K)**
   c) The order no: ML/621/8V has not been delivered.

2 Apologise for the following:
   a) The wrong engines have been sent. **(K)**
   b) There have been long delays in despatching orders. **(K)**
   c) Your customer has been greatly inconvenienced.

LETTER WRITING PRACTICE

1 Complete the following letter apologising for failing to send an order on time. **(K)**

2 Write a letter from Waterman Products plc (address in question 1 above) to L Otago, 192 Oporto Ave., Lisbon. Express regret for sending the wrong motors for the XL50 pumps and offer apologies for this and three previous errors. The despatch system has now been computerised. **(K)**

3 Write a reply to Letter 2 in Letter writing practice, Unit 8. (See Answer key.)

Pair work

a) Write a letter to your partner's company (or an invented company), complaining about some errors it has made with an order. Threaten to use another company.

b) Take your partner's letter and reply to it, apologising for the errors and giving your excuses (reasons) for the errors.

WATERMAN PRODUCTS PLC, 161 Rawlings Way
Gloucester GL2 7GH

M Santiago
161 Porta Street
Rio de Janeiro
Brazil

Our ref: LW/ML
Your ref: CH/RF

28 August 1986

Dear (1) ....

<u>Order L7/MN2/6C</u>

(2) ....

We are (3) .... 20 August.

The goods have (4) .... Heathrow Airport and the documents are enclosed.

Please (5) ....

(6) .... We can assure you that ....

Yours (7) ....

L Waterman

L WATERMAN
Export Director

Enc: Air way-bill, insurance certificate, import licence.

10 REVISION (UNITS 1 – 9)

1 a) Write a letter (from yourself) to Ryan's Tourist Group asking for more information about their motoring holidays. Say that you are particularly interested in staying in a hotel and playing golf in the West of Ireland.

b) Reply to the above letter. Enclose brochures and a price-list and advise staying at the Westport Hotel.

Superb motoring holidays in Ireland...
...visit the lakes of Killarney and see Galway Bay
Ryan's Go-as-you-please motoring holidays from only £89 a week. Discover Ireland for yourself, choose where you want to go and where you'd like to stay.
From town and country homes and farmhouses to choice hotels with free Golf at Westport and Sligo hotels. It's the only way to see Ireland.
For more information, contact your local travel agent or Ryan's Tourist Group, 47 Fulham Broadway, London SW6 1AE. Tel: 01-278 6731.
The most interesting people go to Ireland.
RYANS

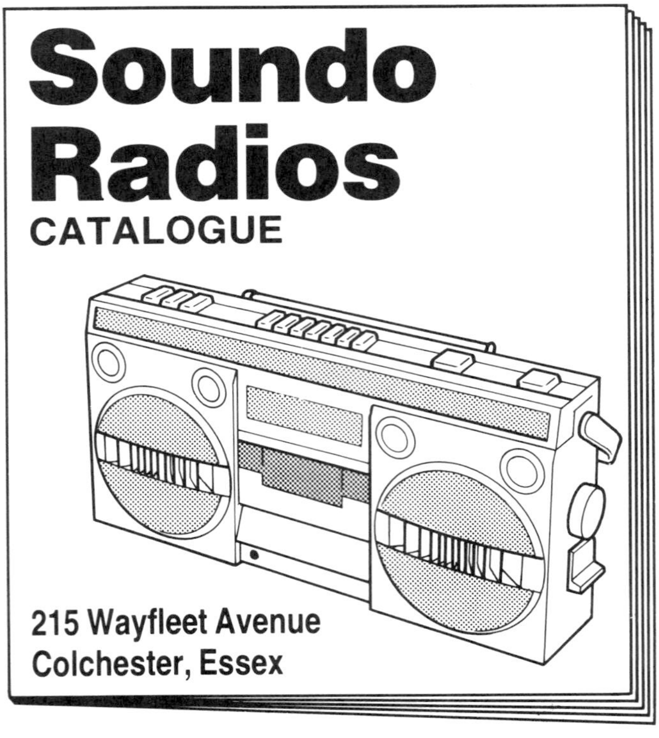

2 a) Write a letter from Soundo Radios to an importer in your own country to be sent out with their catalogue. Draw your customer's attention to your new X79B model available in six colours. Offer an increased trade discount of 7½ per cent.

b) Write a letter from the importer to accompany their official order. The importer wants 500 X79B (£80 each), 1000 X78A (£60 each) and 1000 X74B (£50 each). You can also prepare the official order. (Use the model in Unit 4 if you have forgotten the layout.)

c) Write a letter acknowledging the order.
d) Write a letter advising of despatch of the order.

3 a) Write a letter (from your own company or one that you know) to J Powell and Sons Ltd (Unit 71B, Halewood Trading Estate, Northampton, NL6 3BN, England) complaining that they have not answered your last letter. You wrote a month ago and asked for prices and samples of their new nylon string.

b) Write a reply from J Powell and Sons apologising for the delay. They have had a fire in one of their offices and this has delayed a lot of their clerical work.

4 a) Write a letter from your own company to an Australian exporter (Holix Corporation, 97 Roo Way, Perth, W. Australia). When your order BL/78312 arrived, you found that crate 16 contained 5000 tins of grapes instead of peaches. Ask for the peaches to be air-freighted at once and complain that this is the fourth mistake that has been made in the last six months.

b) Write a reply from the Holix Corporation apologising for the error and assuring your company that there will be no similar mistakes in the future.

There is no answer key for this unit and if possible you should ask a friend or a teacher to check your letters. However, if this is not possible you can check your letters against the ones in Units 1 to 9 as listed below:

Letter 1a) with Unit 1 Letter **A** + **B**	Making enquiries	pp. 8–9
Letter 1b) with Unit 2 Letter **B**	Replying to an enquiry	p. 13
Letter 2a) with Unit 3 Letter **A**	Sales letters	p. 15
Letter 2b) with Unit 4 Letter **A**	Official purchase orders	p. 18
Letter 2c) with Unit 5 Letter **A**	Acknowledging orders	p. 22
Letter 2d) with Unit 5 Letter **B**	Advising of Despatch	p. 23
Letter 3a) with Unit 6 Letter **A**	First reminder	p. 26
Letter 3b) with Unit 7 Letter **A**	Apology for delay	p. 30
Letter 4a) with Unit 8 Letter **B**	Complaining of errors	p. 35
Letter 4b) with Unit 9 Letter **B**	Apologising for errors	p. 40

11 REQUESTING CREDIT

AIMS

A Writing a letter asking for *credit.
B Writing a letter asking for a credit reference.

A

BASIL BUSH LTD 81 Kingsway, Swindon SN1 6YT

Your ref:
Our ref: AB/YH

Accounts Department
Eric Olsen Ltd
17 Olaf Street
Malmo
Sweden

10 December 1986

Dear Sirs

We have now been purchasing goods from you for nearly 18 months. In the coming year we intend to increase our regular orders and will probably double the *volume of our business with you.

Our present method of payment is by Letter of Credit. However, with the proposed increase in business this will become inconvenient, therefore we would like you to supply us on monthly terms, *payment against statement within 30 days.

As references we can offer Waterson & Roberts Ltd of 7 Bridge Street, Bolton, with whom we have traded for six years, and our bankers, Lloyds (Swindon Branch).

We look forward to receiving your early reply.

Yours faithfully

A. Bush

A BUSH
Managing Director

THE LETTERS

Requesting credit

1 By how much will the volume of business increase next year? **(K)**

2 Why do Basil Bush want monthly terms? **(K)**

3 Who are the two credit references? **(K)**

Request for a credit reference

1 What do Basil Bush want? **(K)**

2 Why do Eric Olsen want to know about Basil Bush's financial reliability? **(K)**

3 What will be 'strictly confidential'? **(K)**

ERIC OLSEN LTD 17 OLAF STREET, MALMO

Waterson & Roberts Ltd
7 Bridge Street
Bolton
England

Your ref:
Our ref: HR/CH

17 December 1986

Dear Sirs

Your name has been given to us as a reference by Basil Bush Ltd of Swindon, who have requested us to *grant them monthly trading terms.

We are proposing to grant them a *credit limit of £5000 and we should be extremely grateful if you could give us your opinion of their *financial reliability.

Any information that you provide will, of course, be treated as *strictly *confidential.

Yours faithfully

H Roberts

H ROBERTS
Financial Director

LANGUAGE FOCUS

1 Stating intention

We intend to . . . (increase our regular orders with you).

This is stronger than . . . *we are going to* . . .

2 Guaranteeing confidentiality

Any (information) . . . that you provide will, of course, be treated as strictly confidential.

cf. . . . treated in the strictest confidence.

3 Requesting an opinion

We should be extremely grateful if you would give us your opinion of . . . (their financial reliability).

11

PRACTICE EXERCISES

Write sentences as directed.

1 State your intention to do the following:
- a) move your offices to the city centre **(K)**
- b) reduce your monthly orders by 50%
- c) offer a 20% discount to all new customers
- d) increase your export markets

2 Guarantee confidentiality for the following:
- a) details **(K)**
- b) documents
- c) plans
- d) financial details

3 Request an opinion on the following:
- a) the *respectability and *standing of the above-named company **(K)**
- b) the samples we sent you
- c) the company's financial reliability

LETTER WRITING PRACTICE

1 Complete this letter from a customer asking for monthly terms and offering two references. He has been importing goods from M Browning Ltd for two years and expects to *treble his volume of business in the coming year. **(K)**

2 Write a letter from M Browning Ltd to the first reference given in Letter 1. Say you intend to grant H Eduardo monthly terms and a credit limit of £4000. Ask for an opinion on H Eduardo's financial reliability. **(K)**

Pair work

a) Write a letter from your own company (or a friend's) requesting a credit limit (on monthly terms) of £10,000 from an English exporter (invent the name of the company). Offer two references.

b) Take your partner's letter and write to one of the references he has given. Ask whether they feel £10,000 is a reasonable credit limit. Say that you are particularly concerned about whether your partner's company settle their accounts *promptly.

H. EDUARDO, *da Alegna Street, Lisbon, Portugal*

M Browning Ltd
22 Oak Lane
Maidstone
Kent KL6 1HD

Your ref:
Our ref: HE/mn

19 February 1986

Dear (1)......

We (2)................................ goods from you (3)..... .... In the coming year we intend to (4).......... .... and will probably treble (5)................... ....

Currently we are paying by Irrevocable Letter of Credit. However, as we are proposing to (6).................... our business we (7).. ....

As (8).. .... and (9)........................... ....

We (10)..

Yours (11)..............

H Eduardo

H EDUARDO
Managing Director

GRANTING CREDIT

12

AIMS

A Giving a credit reference.
B Granting a request for credit.

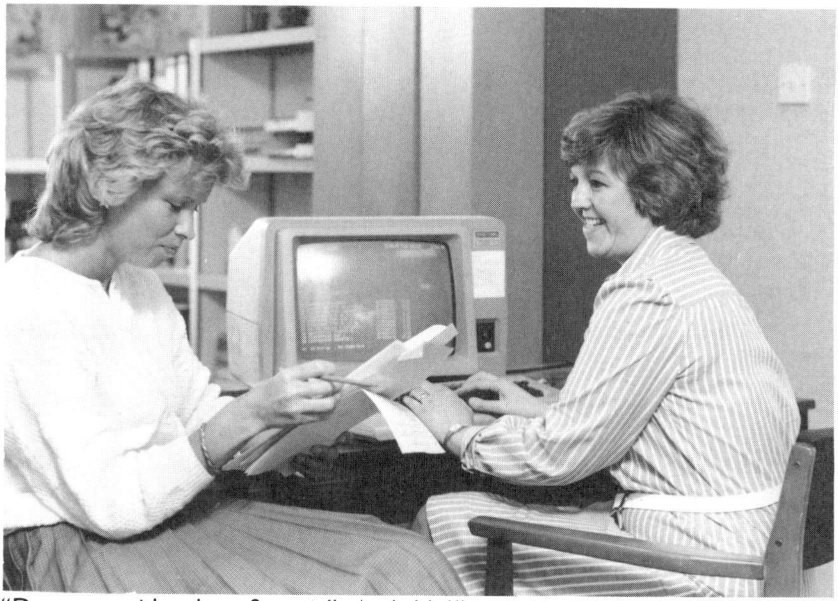

"Do we consider them financially *reliable?"
"Definitely, they've always *settled their account promptly."

A

WATERSON & ROBERTS LTD

7 Bridge Street,
Bolton

H Roberts
Financial Director
Eric Olsen Ltd
17 Olaf Street
Malmo
Sweden

Your ref: HR/CH
Our ref: JF/DM

20 December 1986

Dear Mr Roberts

Thank you for your letter of 17 December inquiring about the financial reliability of Basil Bush Ltd.

We have traded with the company on monthly terms for three years and they have always settled their accounts promptly. We consider that the credit limit you propose is *appropriate.

We hope that this information will be of assistance to you.

Yours sincerely

J Farmer

J FARMER
Head of Accounts Department

THE LETTERS

Giving a credit reference

This is a reply to Letter B, Unit 11.

1 Who does 'they' (paragraph 2) refer to? **(K)**

2 Have Basil Bush Ltd always paid Waterson and Roberts on time? **(K)**

3 What was the limit referred to in paragraph 2? **(K)**

12

Granting credit

This is a reply to Letter A, Unit 11.

1 Which 'arrangements' is Mr Roberts referring to in paragraph 2? **(K)**

2 How much credit will be allowed each month? **(K)**

B

ERIC OLSEN LTD 17 OLAF STREET, MALMO

A Bush
Managing Director
Basil Bush Ltd
81 Kingsway
Swindon
England SN1 6YT

Your ref: AB/YH
Our ref: HR/CH

24 December 1986

Dear Mr Bush

Thank you for your letter of 10 June requesting monthly credit terms payment against *statement within 30 days.

We are willing to agree to these credit arrangements which can start immediately. The credit limit at any one time should be £5000.

We look forward to supplying your orders in the coming year.

Yours sincerely

H. Roberts

H ROBERTS
Financial Director

LANGUAGE FOCUS

1 Giving opinions

> We consider that . . . (the credit limit you propose is appropriate.)

cf. In our opinion . . . (the credit limit you propose is appropriate.)

2 Agreeing to/Granting a request

> We are willing to agree to . . . (the credit arrangements.)

cf. We are prepared to grant . . . (the credit arrangements.)
This is less friendly and enthusiastic.

PRACTICE EXERCISES

Write sentences as directed.

1 Give opinions on the following topics:

	Topic	Opinion
a)	price *quoted	far too high
b)	proposed delay in delivery	not acceptable
c)	insurance cover	totally inadequate
d)	financial position	very strong
e)	credit limit proposed	appropriate

(K)

2 Agree to the following requests:
a) for a two months' *extension of credit. **(K)**
b) for an *additional discount of two per cent.
c) for an additional *charge of £250.
d) for a three-week delay in despatching the goods.
e) for monthly terms payment against statement within sixty days.

LETTER WRITING PRACTICE

1 Complete this letter from Waylink PLC giving a credit reference for John Walsh Ltd, 217 Houndean Way, Manchester MN7 2CY. You've done business with them on monthly terms for four years and they've always settled accounts on time. You feel a credit limit of £3000 is appropriate. **(K)**

WAYLINK PLC 212 East Lane, Southend, Essex, SM6 2BL

L Pirelli
162 Via S. Maria Antica
Pisa
Italy

Your ref: MP/sb
Our ref: MW/dp

17 July 1986

Dear (1).....

Thank you for your letter of 10 July (2)........................
.... John Walsh Ltd.

We have traded with the company (3)...........................

We consider (4)..

We hope that (5)...

Yours (6)..................

M Wells

M WELLS
Accounts Director

2 Write a letter from L Pirelli to John Walsh Ltd (addresses in Letter 1). Grant them monthly terms payment against statement within 60 days with a credit limit of £3000. **(K)**

3 Write a letter from Wallace Shoes plc (183 Redwood Trading Estate, Newhaven, East Sussex BN7 2CF) to Nippon Sports Corporation (PO Box 912, Tokyo, Japan) giving a credit reference for the Dev Company (180 Kanpur Way, Bombay, India). The Dev Company want to have monthly terms payment against invoice within 90 days. Advise a credit limit below £10,000.

4 Write a letter from the Nippon Sports Corporation to the Dev Company granting the credit terms requested (see Letter 2) and giving a credit limit of £9000.

Pair work

a) Write a letter from your company (or a friend's) to Total Plastics plc, 21 Bristol Way, Exeter, Devon, England, giving a credit reference for another company in your own country.
b) Take your partner's letter. Then, write a letter from Total Plastics granting the credit referred to in the letter.

13 REFUSING TO GRANT CREDIT

AIMS

A Giving an *unfavourable credit reference.

B Refusing to grant credit to a firm which has requested it.

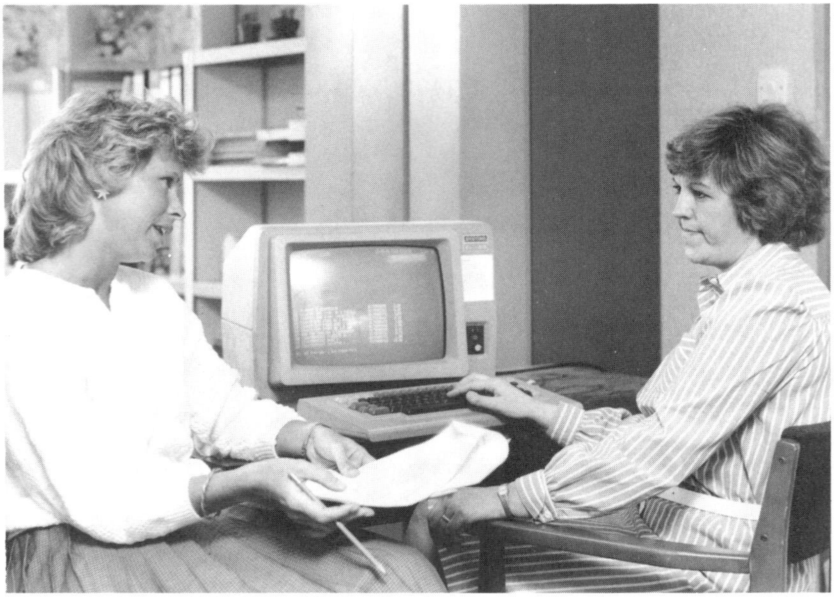

"Are they financially reliable?"
"Financially reliable? They've never settled their account *on time!"

A

WATERSON & ROBERTS LTD

7 Bridge Street,
Bolton

H Roberts
Financial Director
Eric Olsen Ltd
17 Olaf Street
Malmo
Sweden

Your ref: HR/ch
Our ref: JF/dm

20 December 1986

Dear Mr Roberts

Thank you for your inquiry of 17 December asking for our *opinion of the financial reliability of Basil Bush Ltd.

We have done a small amount of business with the company on monthly terms for just over a year. However, they *frequently delay payment of their accounts until a second reminder is sent to them. We would advise you to act with great *caution and consider that £500 would be an appropriate credit limit.

This information is, of course, given in strict confidence.

Yours sincerely

J Farmer

J FARMER
Head of Accounts Department

THE LETTERS

Giving an unfavourable credit reference

This is a reply to Letter B, Unit 11.

1 Do Basil Bush settle their accounts promptly? **(K)**

2 What advice is given in paragraph 2? **(K)**

3 Why does the writer use the words 'strict confidence' at the end of the letter? **(K)**

Refusing to grant credit

This is an unfavourable reply to Letter A, Unit 11.

1 Why are Eric Olsen pleased? **(K)**

2 What is 'the matter' in paragraph 2? **(K)**

3 What is the 'present method'? **(K)**

ERIC OLSEN LTD 17 OLAF STREET, MALMO

A Bush
Managing Director
Basil Bush Ltd
81 Kingsway
Swindon SN1 6YT

Your ref: AB/yh
Our ref: HR/ch

23 December 1986

Dear Mr Bush

Thank you for your letter of 10 December requesting monthly *trading terms.

We are very pleased to learn that you *intend to increase the volume of your business with us but we are unfortunately unable to agree to your request for credit. However, we will *review the *matter in six months' time. Until then we must ask you to continue the present method of payment.

We look forward to supplying your increased orders.

Yours sincerely

H Roberts

H ROBERTS
Financial Director

LANGUAGE FOCUS

1 Advising/Giving advice

We (would) advise you to . . . (act with great caution).

Would is more formal.

2 Refusing a request

We are (unfortunately) unable to agree to your request for . . . (credit).

Unfortunately is more polite.

PRACTICE EXERCISES

Write sentences as directed.

1 Advise your reader to do the following:
a) refuse to grant them *monthly terms. **(K)**
b) grant a credit limit of £2000. (be formal) **(K)**
c) change your supplier.
d) use an XL50 container.
e) refuse any extension of their current credit terms. (be formal)

2 Refuse the following requests:

a) Could you increase our credit limit to £3000? **(K)**
b) Could you give us an additional discount of 2%?
c) Could you bring forward the delivery date to 20 March?
d) Could you grant us monthly terms?

LETTER WRITING PRACTICE

1 Complete the letter on the right. M L Lewis have asked for a credit reference for S Miguel (of Lisbon). Say he has frequently been late with payments and advise against credit. **(K)**

> **Fuller Foods plc,** 21 Highway Estate, Lancaster LA6 2LH
>
> M L Lewis Ltd
> 16 Carlton Way
> Exeter
> Devon LM6 4DH
>
> Your ref: HE/fc
> Our ref: MB/cf
>
> Dear (1).....
>
> 16 July 1986
>
> Thank you for your letter of 10 July asking (2)..
>
> We have done business with Mr Miguel on monthly terms for two years but (3).. We advise (4)...
>
> This information (5)...
>
> Yours sincerely
>
> M. Bradbury
>
> M BRADBURY
> Director Accounts

2 Write a letter from M L Lewis Ltd (address in Letter 1) to Mr S Miguel (63 Rua de Belem, Lisbon, Portugal). Refuse his request for monthly terms but say you are prepared to review the position after twelve months. Currently he pays by Letter of Credit. **(K)**

3 Write a letter from Wallace Plastics plc (21 Westwood Trading Estate, Bristol, England, BR6 2FT). Wallace Plastics have been asked by The Cina Chemicals Corporation (192 rue Anglais, Paris, France) to give a credit reference for S Nasr of Cairo. Advise great caution as payments for S Nasr's last four monthly accounts have been several months late.

4 Write a letter from The Cina Chemicals Corporation (address in 3) to S Nasr (197 Wadi Street, Cairo, Egypt). Say you are pleased his orders will increase and you *appreciate his need for credit and the difficulty of his using Letters of Credit. However, refuse his request for monthly terms.

Pair work

a) Write a letter from your own company (or one you know) to a British company, giving an unfavourable credit reference for another company in your own country.
b) Take your partner's letter and write a letter refusing to grant credit to the company that has been given the unfavourable credit reference.

REQUESTING PAYMENT

14

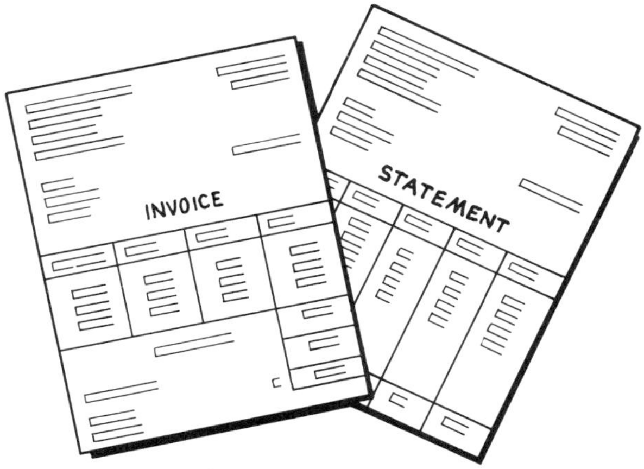

AIMS

A Sending out invoices and statements.

B Sending out first reminders for unsettled accounts.

THE *DOCUMENTS AND LETTER OF REMINDER

A

The invoice

An invoice is always sent with an order. Customers who do not have credit must pay the total amount of the invoice.

1 Who has sent the invoice? **(K)**

2 Who must pay the invoice? **(K)**

3 What discount is given? **(K)**

4 What does 'c.i.f. Newhaven' mean? **(K)**

5 How much must be paid? **(K)**

6 What do the following mean?
a) Terms: 30 days 2½%
b) M.V. Atlas
c) 1 case C6/182/14 **(K)**

Timeright Watches Plc
Time House
Fell Road
Manchester M6 8LK

Tel: (061) 836142
Telex: 66 33 21

J R Gomez
60 Rua Braancamp
Lisbon
Portugal

Date: 7 January 1986

INVOICE No. MT 18375

Your order number: NP/6821

Catalogue No.	Quantity	Price	£
8321	100	£10.50	1,050.00
9874	50	£20.00	1,000.00
6212	120	£15.40	1,848.00
8816	10	£31.76	317.60
			4,215.60
	less 10% discount		421.56
Terms: 30 days 2½%	*c.i.f. Newhaven		3,794.04
			100.00
M.V. Atlas 1 case C6/182/14		£	3,894.04

14

B

The statement

Regular customers usually have monthly accounts. These are normally sent at the end of each month and include details of all invoices sent during the month. One payment is made *to cover all the invoices on the statement.

1 How many invoices are included on the statement? **(K)**

2 What is the total amount to be paid? **(K)**

3 By which date must the account be settled? **(K)**

Timeright Watches Plc
Time House
Fell Road
Manchester M6 8LK

Tel: (061) 836142
Telex: 66 33 21

J R Gomez
60 Rua Braancamp
Lisbon
Portugal

Date: 1 April 1986

STATEMENT

Date	Invoice Ref No.	Debit	Credit	Balance
7.1.1986	MT 18375	3,894.04		£ 3,894.04
11.2.1986	MT 18662	1,000.00		£ 4,894.04
21.2.1986	MT 19003	2,300.00		£ 7,194.04
17.3.1986	MT 19172	1,631.00		£ 8,825.04

TERMS 30 DAYS

AMOUNT DUE → £ 8,825.04

The letter – a first reminder

Companies do not usually send (*covering) letters with invoices or statements. However, if accounts are not settled within the agreed period, a company will send a polite first reminder to its customer.

1 Who does 'our' refer to? **(K)**

2 What must be settled? **(K)**

3 Has Mr Gomez paid the money? **(K)**

Timeright Watches Plc
Time House
Fell Road
Manchester M6 8LK

Tel: (061) 836142
Telex: 66 33 21

J R Gomez
60 Rua Braancamp
Lisbon
Portugal

Your Ref:
Our Ref: HN/DL

Dear Sir

10 May 1986

STATEMENT - 1 APRIL

We enclose a copy of our statement dated 1 April for £8825.04.

We would like to remind you that our terms are 30 days and we would be pleased if you could arrange an early settlement.

If you have settled the account in the last few day, please *disregard this letter.

Yours faithfully

H Newman

H NEWMAN
Chief Accountant

Enc.

LANGUAGE FOCUS

1 **Reminding** (polite and formal)

We would like to remind you that . . . (our terms are 30 days).

2 **Expressing conditions** (for disregarding reminders)

If you have . . . (settled the account in the last few days) . . . please disregard . . . (this reminder).

Note: *If* + verb (present perfect) . . . *please* + verb (imperative)
(If you have sent . . . please disregard . . .)

PRACTICE EXERCISES

Write sentences as directed.

1 Politely remind your customers of the following:
- a) their January account has not been settled. **(K)**
- b) your terms are 60 days from receipt of statement.
- c) that their last two accounts have not been settled yet.
- d) the specifications have already been agreed.
- e) full payment must be made within 30 days of receipt of the goods.

2 Express the following conditions for disregarding reminders (or letters):
- a) sent the cheque during the last week. **(K)**
- b) settled the account in the last six days.
- c) sent the information during the last week.
- d) sent the cheque in the last few days.
- e) settled the account since this reminder was written. **(K)**

14

DOCUMENTS FOR COMPLETION

1 *Invoice*

Timeright Watches Plc
Time House
Fell Road
Manchester M6 8LK

Tel: (061) 836142
Telex: 66 33 21

(1)........................
....
....

Date: (2).........

INVOICE No. JL/17372

Your Order No: (3)...........

Catalogue No.	Quantity	Price	£
(4).........	....	....	....
(5).........	....	....	....
(6).........	....	....	....

(8)........................ (7) ....

(9) ....

(10)........ (11)........................

PLEASE PAY AMOUNT SHOWN → (12) £...........

Complete the invoice for goods to be sent to L Leblanc, 63 rue des Arbres, Dieppe, France. The order (No. MT/67382) is for 100 × Cat.no. 7271 at £15 each, 200 × Cat.no. 7358 at £7 each and 50 × Cat.no. 6871 at £10 each. The goods are to be sent c.i.f. Dieppe. There is a 10% discount. Terms are 30 days with an additional 1½% discount if the account is settled within that period. The goods will be in two cases marked C6/182/73 and C6/182/74 and will be shipped on 'M.V. Pisa'. **(K)**

2 *Statement*

Timeright Watches Plc
Time House
Fell Road
Manchester M6 8LK

Tel: (061) 836142
Telex: 66 33 21

(1) ....

....

....

Date: 31 July 1986

STATEMENT

Date	Reference	Debit	Credit	Balance
(2).......	....	....		....
(3).......	....	....		....
(4).......	....	....		....
Terms (5)............			AMOUNT DUE →	(6).........

Send the statement to L Leblanc, 63 rue des Arbres, Dieppe, France. The items are Invoice No. (Reference) JL/19356 on 3 July for £1220, No. JL/19421 on 22 July for £895 and No. JL/19575 on 26 July for £2160. Terms are 30 days. **(K)**

LETTER WRITING PRACTICE

1 Send out a first reminder from Timeright Watches plc to L Leblanc for his July statement. (See previous exercise for details.) **(K)**

2 Send a reminder from J H Heath Ltd (21 Townley Road, Hanley, Staffordshire, England) to L Leblanc for his April statement. Their terms are 15 days. (L Leblanc is in financial difficulties!)

Pair work

a) Prepare a statement from your own company (or one that you know). It should contain at least four items plus details of terms of payment. Send it to a British company.

b) Take your friend's statement and write a reminder as payment has not been received. (Remember you are working for the same company but are another member of the staff.)

15 DEMANDING PAYMENT

AIMS

A Sending out second (and third) reminders.

B Sending out final demands (threatening *legal action).

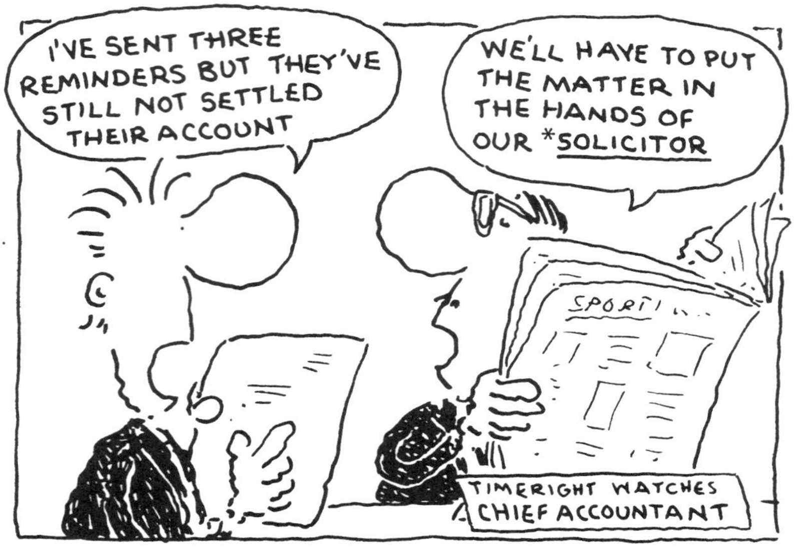

A

Timeright Watches Plc
Time House
Fell Road
Manchester M6 8LK

Tel: (061) 836142
Telex: 66 33 21

Your Ref:
Our Ref: HN/DL

J R Gomez
60 Rua Braancamp
Lisbon
Portugal

Dear Sir

Statement - 1 April

On 10 May we reminded you that your April account for £8825.04 had not been settled. *According to our *records we have not yet received payment and I therefore enclose another copy of the statement.

Please give this matter your immediate attention and let us have your *remittance by return.

Yours faithfully

H Newman

H NEWMAN
Chief Accountant

Enc: 1

THE LETTERS

A second request for payment

1 Why is another copy of the statement enclosed? **(K)**

2 How soon must Mr Gomez settle the account? **(K)**

15

B

A final demand for payment

1 Has Mr Gomez sent any money to Timeright? **(K)**

2 What action will Timeright take if the account is not settled? **(K)**

Timeright Watches Plc
Time House
Fell Road
Manchester M6 8LK

Tel: (061) 836142
Telex: 66 33 21

J R Gomez
60 Rua Braancamp
Lisbon
Portugal

Your ref:
Our ref: HN/DL

1 August 1985

Dear Sir

<u>Statement - 1 April</u>

We have sent you two reminders for your April account for £8825.04, but we have neither received your remittance nor any explanation of why the account has not been settled.

We regret to inform you that, unless you settle the account by 10 August, we shall be forced to place the matter in the hands of our solicitor.

Yours faithfully

H Newman

H NEWMAN
Chief Accountant

LANGUAGE FOCUS

1 Stating that something has not been done (polite and allowing for error)

> According to our records we have not yet received . . . (payment).

We have not yet received is not the same as *you have not paid* because perhaps a letter has been lost in the post or an accounting error has been made.

2 Threatening legal action

> . . . unless you . . . (settle the account) by . . . (10 August) we shall be forced to place the matter in the hands of our solicitors (lawyers).

PRACTICE EXERCISES

Write sentences as directed.

1 Politely state that the following things have not been done/happened:

a) received your cheque. **(K)**
b) received confirmation that the Export Licence has been *<u>obtained</u>.
c) received payment for your last five orders.
d) received your credit note for £150.
e) the balance not *<u>cleared</u>. **(K)**

2 Threaten legal action unless the following things are done:
a) the account is settled within 7 days. **(K)**
b) the goods are returned within 28 days.
c) we receive your cheque for £925 by 21 January.
d) the machines are replaced within 28 days.
e) the account is settled by 25 March.

LETTER WRITING PRACTICE

1 Complete this second reminder from Timeright Watches plc to L Leblanc (63 rue des Arbres, Dieppe, France) *concerning the non-payment of the account sent on 31 July. (Amount: £4275; first reminder sent 1 September.) **(K)**

Timeright Watches Plc
Time House
Fell Road
Manchester M6 8LK

Tel: (061) 836142
Telex: 66 33 21

L Leblanc
(1) ....
....
....

Your Ref:
Our Ref: MJ/DL

(2) ....

(3) ....

(4) ....

On (5) .... According to our records (6) ....

Please give this matter (7) ....

Yours (8) ....

H Newman

H NEWMAN
Chief Accountant

Enc: 1

2 Now write a final demand (third reminder) from Timeright Watches plc, to L Leblanc. Use the information given in Letter 1 above. **(K)**

3 Write a second reminder from Nigerian Buildings Ltd (129 Edward Street, Lagos, Nigeria) to M Wallace (13 Huffhouse Trading Estate, Dover, Kent). M Wallace has not paid his April account for £3960 sent on 1 May. A first reminder was sent on 22 May.

4 Write a final demand from Nigerian Buildings Ltd to M Wallace for payment of the account sent on 1 May. (Details in Letter 3 above.)

Pair work

a) Write a second reminder about an unpaid account from your own company (or one that you know) to a customer.
b) Take your partner's letter and write the final demand to the customer.

MAKING AND ACKNOWLEDGING PAYMENTS 16

AIMS

A Writing letters to *accompany payments or advise that payments have been made.

B Writing letters acknowledging payments.

THE LETTERS

Making payments/Advising of payment

1 Who has sent invoice no. YD/632186? **(K)**

2 How are Green Tools making the payment? **(K)**

A

GREEN TOOLS PLC 16 East Street, Bishops Stortford, Herts HM 6 2DZ Tel: Bishops Stortford (0297) 613726

M Pinelli Ltd
16 Garibaldi Street
Turin
Italy

Your ref: MN/LD
Our ref: MD/CT

20 June 1986

Dear Sirs

INVOICE No. YD/632186

Thank you for your invoice no. YD/632186 dated 10 June 1986.

We have today *instructed our bank to remit the *sum of £21,627 for the credit of your account at the Bank of North Italy in Turin.

Yours faithfully

Clive Thomas

CLIVE THOMAS
Accounts Director

Note: Payments made by cheque (or money order) are usually accompanied by this type of letter:
Thank . . .
We enclose our cheque for £200 in settlement of your invoice no. YD/632185.

16

Acknowledging payments

1 Which letter has Pinelli Ltd just received? **(K)**

2 Has the payment been completed? **(K)**

Note: For payments made by cheque (or money order) a suitable reply would be:
Thank you very much for your cheque for £200 in settlement of invoice no. YD/632185.
Your account is now completely clear and we look forward to receiving your next order.

B

M. PINELLI LTD
16 GARIBALDI STREET TURIN ITALY

Accounts Director
Green Tools PLC
16 East Street
Bishops Stortford
Herts
England

Your ref: MD/CT
Our ref: CH/DM

26 June 1986

Dear Sir or Madam

INVOICE No. YD/632186

Thank you for your letter of 20 June 1986 advising us that you have instructed your bank to credit our account at the Bank of North Italy with the sum of £21,627.

Our bank has now advised us that they have received the credit.

We thank you for your prompt settlement of the account and look forward to receiving your next order.

Yours faithfully,

Luciano Dante

LUCIANO DANTE
Accounts Director

LANGUAGE FOCUS

1 **Describing an action** (completed at some *indefinite recent time in the past)

Our bank has (now) received the credit.

cf. The credit has (now) arrived.
The account has (now) been settled.

2 **Reporting an instruction** (completed at some indefinite recent time in the past)

We/I have (today) instructed (. . . our bank) to . . . (remit the sum of . . .)

cf. We have instructed (. . . our solicitors) to . . . (*commence proceedings against them).

Grammar note:
Single actions in the past at a definite time are usually reported in the **simple past**. For example, *He cashed the cheque at 4.30 p.m.*, but for actions at an indefinite time we use the **present perfect**. In business letters 'today' often takes the present perfect.

Remember: The present perfect (active) is formed like this:

I (you, we, they) + have + past participle (e.g. cash*ed*)
he, she, it + has + past participle (e.g. cash*ed*)

The present perfect (passive) is formed with *been*:
it/they + has/have + been + past participle
e.g. *We have been instructed to transfer the funds.*
It has been completed today.

PRACTICE EXERCISES

Write sentences as directed.

1 Describe the following recently completed actions:

a)	cheque	credited	to your account	**(K)**
b)	report	sent	to the bank	
c)	payment	made	today	
d)	draft	sent	11.30 a.m.	**(K)**
e)	*transfer	completed	2 July	

2 Report the following instructions:

	Institution/Person	Action	
a)	solicitors	commence legal proceedings against him.	**(K)**
b)	bank	transfer £10,000 to your account.	
c)	the Exit Bank	open a Letter of Credit in your favour.	
d)	our Tokyo branch	*investigate the problem.	
e)	bank	*remit the sum of £5000 to your Melbourne account.	

16

LETTER WRITING PRACTICE

1 Complete this letter to Nesco Incorporated, 215 Hardangar Street, Oslo, Norway. Green Tools have received invoice no. ML/72615, dated 15 January, and have asked their bank to send £13,722 to Nesco's account with the Bergen Bank in Oslo. **(K)**

GREEN TOOLS PLC 16 East Street, Bishops Stortford,
Herts HM 6 2DZ Tel: Bishops Stortford (0297) 613726

(1) ....
....
....
....

Your ref: YL/CV
Our ref: MD/CT

(2) ....

Dear Sir

Thank you for (3) ....
....

We have today (4) ....
....
....

Yours (5) ....

Clive Thomas

CLIVE THOMAS
Accounts Director

2 Write a letter from Nesco Incorporated to Green Tools. Acknowledge receipt of the letter above, and say that Nesco's bank has received the credit. (All information in Letter 1.) **(K)**

3 Write a letter from Nesco Incorporated (215 Hardangar Street, Oslo, Norway) to H D Lucas plc (88 Pots Road, Stoke-on-Trent, Staffordshire). Nesco have received invoices HB/71234 and HB/71276, dated 16 and 18 March *respectively. They have asked their London bank to transfer £8602 to H D Lucas's account at Lloyds Bank in Stoke-on-Trent to cover the two invoices.

4 Write a reply from H D Lucas plc acknowledging the receipt of Letter 3 and saying that their bank has received the transfer.

Pair work

a) Write a letter from your own company (or one that you know) advising that instructions have been *issued for a payment for goods on an invoice.

b) Take your partner's letter and write a reply acknowledging receipt of the letter and saying that the payment has been received.

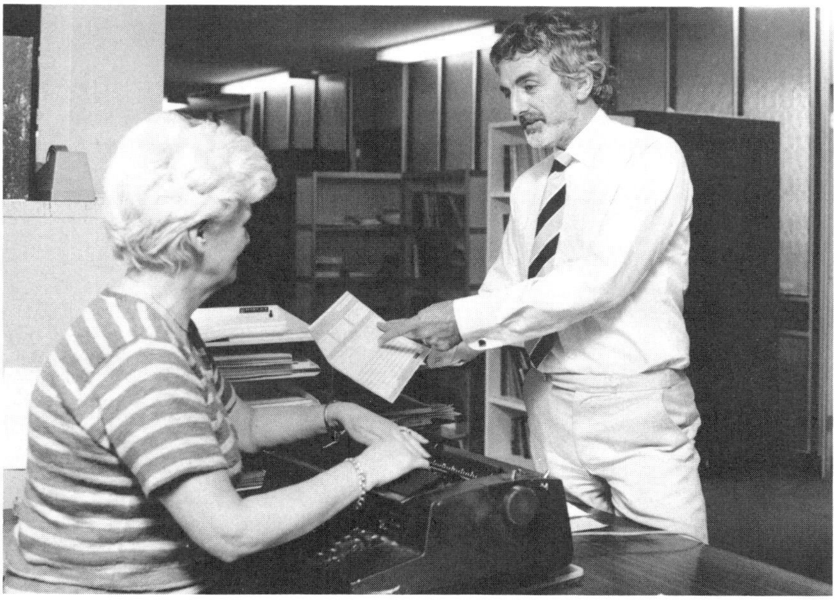

"There are *two* errors on this statement! Please draft a letter of complaint."

AIM

Writing a letter complaining about an error on a statement.

THE LETTERS

Complaining about an error on a statement

1 What are the two discrepancies mentioned in paragraph 1? **(K)**

2 What must M Pinelli Ltd investigate? **(K)**

3 What does 'comments' mean? **(K)**

A

GREEN TOOLS PLC 16 East Street, Bishops Stortford, Herts HM 6 2DZ Tel: Bishops Stortford (0297) 613726

M Pinelli Ltd
16 Garibaldi Street
Turin
Italy

Your ref: MN/LD
Our ref: CT/MD

4 August 1986

Dear Sirs

STATEMENT - JULY 1986

We have received your statement for July but must *point out two *discrepancies in your entries.

1. On 10 July you *debit us £820 against invoice No. YD/632896. However, we have no record of this invoice in our *files nor any *relevant documents that might explain this entry.

2. On 17 July you debit us £280 against invoice no. YD/632971. According to the invoice which arrived with the order the correct figure is £208.

We should be *obliged if you could investigate these matters as soon as possible and let us have your *comments

Yours faithfully,

CLIVE THOMAS
Accounts Director

17

Complaining about an error on an invoice

1 What error has been made on the invoice? **(K)**

2 What do Green Tools plc want M Pinelli Ltd to do? **(K)**

B

GREEN TOOLS PLC 16 East Street, Bishops Stortford, Herts HM 6 2DZ Tel: Bishops Stortford (0297) 613726

M Pinelli Ltd
16 Garibaldi Street
Turin
Italy

Your ref: MN/LD
Our ref: CT/MD

Dear Sirs

10 September 1986

INVOICE No. YD/633009

With reference to your invoice No. YD/633009 of 2 September, we must point out that you seem to have made an error in the total. You have entered £742.20 but we calculate that the correct figure is £722.20.

We enclose our cheque for £722.20 and would be obliged if you could either let us have your *credit note for £20 or amend the invoice appropriately.

Yours faithfully

CLIVE THOMAS
Accounts Director

LANGUAGE FOCUS

1 **Complaining** (about accounting errors)

> We/I must point out (two) discrepancies (errors) in your . . . (entries/statement).
> We/I must point out that you have made an error . . . (in the total).

2 **Stating politely that an error has been made**

> We/I have no record of this (. . . invoice) in our/my files.
> We/I have no documents (e.g. packing notes) that might explain this entry.
> According to our (. . . invoice) . . . the correct figure is (. . . £208).

cf. Expressing unfulfilled (not done) action:
According to our records we have not yet received . . . (payment).

3 Requesting action (formally, politely and *firmly)
This is really a demand and does not give the reader a possibility of refusing.

We should be obliged if you could . . .	investigate these matters. let us have your comments/credit note. *amend the invoice.

PRACTICE EXERCISES

Write sentences as directed.

1 Complain about the following errors:
- a) entered invoice MD/76302 twice. **(K)**
- b) made an error in the total.
- c) not allowed our usual discount.
- d) entered 1106 china elephants instead of 116.
- e) not allowed us our special discount of 4½%.

2 State politely that the following errors have been made:
- a) the correct figure is £113. **(K)**
- b) the invoice was not sent. **(K)**
- c) the discount agreed was 4%.
- d) the documents were not sent.
- e) the goods were despatched on 3 June.
- f) the Insurance Certificate was not sent.

3 Firmly, formally but politely request the following action:
- a) amend the statement. **(K)**
- b) send the credit note.
- c) send us an explanation by return.
- d) despatch the goods on the earliest available flight.
- e) return the sample goods within seven days.

17

LETTER WRITING PRACTICE

1 Complete the following letter from Nesco Incorporated complaining that they have no record of an entry on their June statement (received on 11 July). The entry was invoice no. MF/63121 for £696, dated 9 June. **(K)**

NESCO INCORPORATED
215 Hardangar Street
Oslo, Norway

Tel: 0324-6815
Telex: NESC 100

Arthur Hills Ltd
Unit 26
Huffhouse Trading Estate
Fareham
Hampshire
England

Your ref:
Our ref: MD/CU

Dear Sirs

14 July 1986

STATEMENT - JUNE 1986

We have received (1) ....

but (2) ....
....

On 9 June you debit (3) ....

However, we have (4) ....
....

We should be (5) ....
....

Yours faithfully

MARC DALSTROM
Head of Accounts

2 Write a letter from Nesco Incorporated to Arthur Hills Ltd (addresses in Letter 1 above) complaining about an error on an invoice (LB/67321, dated 10 July). The second item has been incorrectly calculated. 100 calculators at £9.25 should be £925, not £995, and therefore the invoice total should be £2705, not £2775. **(K)**

3 Write a letter from Dampmart plc (Heywood House, 19 White Road, Plymouth, Devon) to Wangto Incorporated (176 High Wall Road, Kowloon, Hong Kong). Complain that an entry on their April statement is incorrect. Invoice no. FC/173289 sent on 18 April should have a total of £112.28, not £1122.08.

4 Write a letter from Dampmart plc to Wangto Incorporated (addresses in 3), complaining about two errors on invoice no. FC/173394, sent on 20 May. One item, 100 VX radios (at £17.50), was neither ordered nor received. Another item, 200 M60 headphones (at £10 each), was incorrectly totalled at £2200, instead of £2000.

5 Write a letter from your company (or one that you know) to a British company complaining about an error on a statement or an invoice.

For **Pair work** see Unit 18.

REPLYING TO COMPLAINTS

18

AIMS

A Apologising for errors.
B *Rejecting *complaints.

THE LETTERS

Replying to a letter of complaint and apologising for errors

This is a reply to Letter A in Unit 17.

1 Do Pinelli Ltd agree that two errors have been made? **(K)**

2 Why do Pinelli say that a 'temporary member' of staff made the errors? **(K)**

3 What is enclosed? **(K)**

A

M. PINELLI LTD
16 GARIBALDI STREET TURIN ITALY

Green Tools plc
16 East Street
Bishops Stortford
Herts, ENGLAND

Your ref: MD/CT
Our ref: LD/MN

Dear Sirs,

9 August 1986

Statement - July 1986

Thank you for your letter of 4 August concerning your July statement.

We have investigated the two entries that you referred to and found that there are indeed two discrepancies with our *original records. We apologise most sincerely for these unfortunate errors, which were made by a *temporary member of our clerical staff.

A suitably amended statement is enclosed. We are sorry that you have been inconvenienced by these errors and assure you that we will take all possible care to ensure that there will be no similar mistakes in the future.

Yours faithfully

Luciano Dante

LUCIANO DANTE
Accounts Director

Enc : 1

B

M. PINELLI LTD
16 GARIBALDI STREET TURIN ITALY

Your ref: MD/CT
Our ref: LD/MN

Green Tools plc
16 East Street
Bishops Stortford
Herts, ENGLAND

17 September 1986

Dear Sirs

Invoice No. YD/633009

Thank you for your letter of 14 September and the enclosed cheque for £722.20.

We have checked the invoice carefully but cannot agree with your calculation. We feel that you may have *overlooked the *carriage charge (£20) for item six, which is entered separately on the invoice.

We hope that you will now feel able to agree with our calculations. We enclose a debit note for £20 and would be grateful if you could let us have a cheque for this amount at your earliest convenience.

Yours faithfully

Luciano Dante

LUCIANO DANTE
Accounts Director

Encl: 1

Replying to a letter of complaint and politely rejecting the complaint

This is a reply to Letter B in Unit 17.

1 Do Pinelli Ltd agree that an error has been made on the invoice? **(K)**

2 What may Green Tools have overlooked? **(K)**

3 What is enclosed? **(K)**

18

LANGUAGE FOCUS

1 Disagreeing politely

We . . . cannot agree with your . . . (figures).

2 *Indicating the source of error politely

This gives the possibility that the writer may be wrong. Notice the use of *may*.

We feel/think that you may have overlooked . . . (the carriage charge).

This is much politer than *You have forgotten* . . . or *You have not included* . . .

3 Requesting agreement politely

We hope that you will (now) feel able to agree . . . (with the calculations).

PRACTICE EXERCISES

Write the sentences as directed.

1 Politely disagree with the following:
  a) a customer's calculations. **(K)**
  b) an *interpretation of a *contract. **(K)**
  c) the date entered on a contract.
  d) the calculation of the VAT due.
  e) (some) figures.

2 Indicate (suggest) the following sources of error:
  a) the 3% discount to which we are *entitled. **(K)**
  b) our call-out charge of £25.
  c) the requirement in *clause 21 of our agreement.
  d) the cost of insurance.
  e) the increased transport charge which *came into operation on 11 November.

3 Politely request agreement to the following:
  a) our interpretation of the contract. **(K)**
  b) the additional charges we have made.
  c) the changes in specification which are required.
  d) our accountant's calculations.
  e) the *revised charges.

18

LETTER WRITING PRACTICE

1 Complete this letter from Arthur Hills Ltd. (It is a reply to Letter 1 of 14 July in Letter writing practice – Unit 17.) Apologise for the incorrect entry on Nesco's June statement. The invoice was another company's and was incorrectly entered on the statement by a *junior member of staff. **(K)**

ARTHUR HILLS LTD Unit 26, Huffhouse Trading Estate, Fareham
Hampshire HL2 2IM, England

Nesco Incorporated
215 Hardangar Street
Oslo
Norway

Your ref: YL/CV
Our ref: AH/DW

20 July 1986

Dear Sirs

Thank you for (1) ....

We have investigated (2) .... and have found that (3) .... We apologise (4) ....

A suitably amended invoice (5) .... We are sorry that (6) .... and assure you that (7) ....

Yours faithfully

A. Hills

ALEX HILLS
Head of Accounting

Encl: 1

2 Write a letter from Arthur Hills Ltd in reply to Letter 2 (Letter writing practice – Unit 17), written to Nesco Incorporated. Get the details from the answer key at the back of the book. Disagree with the calculation and suggest that Nesco Incorporated have forgotten to include the cost of plastic cases for the calculators (at 70p each). Request a draft for £70. **(K)**

3 Write a letter from Wangto Incorporated (176 Highwall Road, Kowloon, Hong Kong) to Dampmart plc (Heywood House, 19 White Road, Plymouth, Devon). Apologise for the error on their April statement. The total for invoice No. FC/173289 should have been £112.28, not £1112.08. (This is a reply to Letter 3 in Letter writing practice – Unit 17.)

4 Write a letter from Wangto Incorporated (address in 3) to Dampmart plc (address in 3). This is a reply to Letter 4 in Letter writing practice – Unit 17, concerning invoice no. FC/173394. Apologise for incorrectly entering 100 XV radios but point out that 220 M60 headphones were actually sent, not 200. (This letter is quite difficult. Be careful and look at the instructions for Letter 4 in Unit 17 or your copy of the letter.)

Pair work

a) Write a letter from your company (or one that you know) to a British company complaining about an error (or several errors) on a statement or invoice.

b) Read your partner's letter and then write two letters, one accepting the complaint and apologising, and the other refusing to accept the complaint.

19 APPOINTING OVERSEAS AGENTS

AIMS

A Writing a letter requesting a *sole *agency.

B Writing a letter *appointing an *overseas *agent.

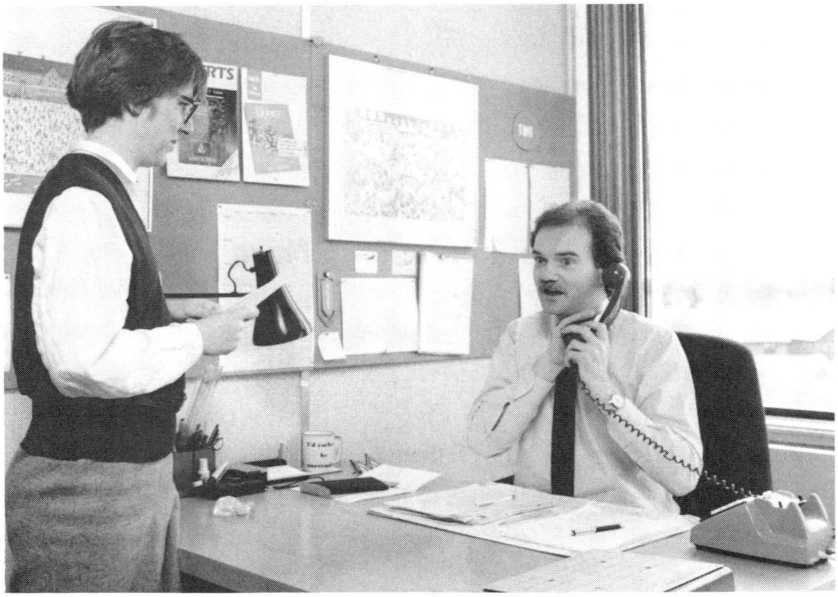

"They want the sole agency for our products in Italy. Do you think we should agree?"
"Mm, it depends on what *commission they want."

A

P. Marco Ltd

62 Angelo Bassini Street
00189, Rome, Italy

Your ref:
Our ref: LP/LD

H Bird PLC
16 Stonecroft Way
Crawley
Sussex CR6 6LG

14 October 1986

Dear Sirs

At the recent 'Cook English' Trade Fair in Rome we viewed the full range of your *catering equipment. We were very *impressed by the quality and *competitive pricing of your *products and feel that they could be *marketed very successfully in our country.

We are interested to know whether you have *considered appointing an Italian agent to *handle your sales. As the leading *importers of catering equipment in Italy we have an *extensive sales organisation and a very wide knowledge of the local market, and, therefore, feel that we would be able to market your products successfully. We are particularly interested in handling a sole agency for you.

Mr del Garda, from our Paris office, will be in London next month and would be pleased to call on you to discuss detailed terms if you are interested in our *proposal.

We look forward to receiving your reply.

Yours faithfully

L Papotti

L PAPOTTI
Managing Director

THE LETTERS

Request for a sole agency

This letter would be written to make the initial approach.

1 Why did P Marco Ltd like the catering equipment? **(K)**

2 Why do P Marco Ltd think they can market the equipment successfully? **(K)**

3 Will Mr del Garda visit H Bird plc? **(K)**

Appointing an agent

This final letter of appointment would follow detailed *negotiations.

1 Where was the agency agreement made? **(K)**

2 How long will the agency continue for? **(K)**

3 What commission was agreed? **(K)**

4 If H Bird cancel the contract on 1 January 1988, what damages will they have to pay? **(K)**

H BIRD PLC
16 Stonecroft Way, Crawley, Sussex CR6 6LG

P Marco Ltd
62 Angela Bassini Street
00189 Rome
Italy

Your ref: LP/LD
Our ref: MB/DH

Dear Sirs

8 December 1986

We are pleased to *confirm the *agreement reached at the recent meeting in London between your Mr del Garda and our Marketing Manager, Mr Hewson.

The terms of the agency are as follows:

1. The agency will commence on 1 January 1987 and will *run for an initial period of three years.
2. You will receive a commission of 10% on all sales of our catering equipment in Italy.
3. You will *render us monthly sales accounts and accept our monthly drafts for the *net amount of these sales.
4. You will *maintain a *comprehensive range of our products and *spares in your main Rome warehouse.
5. If either *party wishes to *discontinue the agreement during the *initial three year period, the agreed *damages are £4000 for each remaining year of the contract.

When we have received your written *acceptance of these terms, we will *draw up a contract for *signature.

We look forward to successful *co-operation between our two companies.

Yours faithfully

M Bird

M BIRD
Managing Director

LANGUAGE FOCUS

1 Requesting information (about possible action)

We are interested to know whether you have considered . . . (appointing an Italian agent).

Note: the verb *consider* is followed by a verb + *-ing*.

2 Confirming spoken agreement (formal)

(a) We are pleased to confirm the agreement reached in (London) on (20 July) between . . . (Mr del Garda) and . . . (Mr Hewson).

(b) The terms of the agreement are as follows:
1. The agency will . . . (commence on 1 January 1987 . . .)

PRACTICE EXERCISES

Write sentences as directed.

1 Ask your supplier if he has considered doing the following:
- a) sending the goods by air. **(K)**
- b) using larger containers.
- c) appointing a sole agent.
- d) extending his product range.
- e) offering a discount to regular customers.

2 Confirm the following agreements:

Place	**Date**	**Your Negotiator**	**Our Negotiator**
London	13 July	Mr Schmidt	Mrs Taylor
Paris	14 October	Mme Leblanc	Mr Nixon
Cairo	21 June	Mr Ahmed	Mr Wallace
Bombay	10 May	Mr Nehru	Mr Wilson
Caracas	2 April	Mrs Wallace	Mr Ferrara

(K)

LETTER WRITING PRACTICE

1 Complete this letter to Green Tools plc from M Ahmadi, 17 Nile Way, Cairo. He has seen their range of tools at the July trade *exhibition in Athens and would like to set up a sole agency in Egypt. He wants to visit Green Tools in March to discuss the proposal. **(K)**

M. AHMADI, 17 NILE WAY, CAIRO, EGYPT

Green Tools plc
16 East Street
Bishops Stortford
Herts, ENGLAND

Your ref:
Our ref: MA/CH

14 May 1987

Dear Sirs

At the July (1) ....
.... I (2) ....
.... I was very impressed with the (3) ...
.... and feel that I could market them successfully in Egypt.

I am interested to know whether you have considered appointing (4) ....
.... I have an extensive sales organisation and feel that I could (5) ....
.... I am particularly interested in (6) ....

I will be in England (7) .... and would be pleased (8) ....

I look forward to (9) ....

Yours faithfully,

M. Ahmadi

M AHMADI

2 Write a letter from Green Tools plc to M Ahmadi confirming the agreement on sole agency reached in London at a meeting between himself and Mr Williams of Green Tools. Include the following details:

Length: 5 years from 1 September 1987
Commission: 11½% (on Egyptian sales)
3-monthly accounts – payment by draft
No other tool imports
Damages for breaking agreement: £500 per month. **(K)**

3 Write a letter from M Rodriguez (P O Box 926, Caracas, Venezuela) to Fuller Chemicals plc (192 Boots Way, Birmingham, BR2 8LP). He has visited some farms in Brazil on which Fuller's *agricultural chemicals have been used and was very impressed with the results. He would like to act as Fuller's agent in Venezuela.

4 Write a letter from Fuller Chemicals plc to M Rodriguez confirming an agency agreement reached in Caracas. You should decide the terms of the agreement. (Addresses in Letter 3.)

Pair work

a) Write a letter from a company in your own country offering to become an agent for a British manufacturing company. (You choose the products.)
b) Take your partner's letter and confirm an agency agreement reached in London between the two companies your partner has written about. You can choose the terms of the agreement.

20 REVISION (UNITS 11 – 19)

NORTHERN MILK CORPORATION
14B EASTERN ESTATE, WELLINGTON, NEW ZEALAND

Intec Corporation
10 Via Lepanto
02314 Milano
Italy

Your ref:
Our ref: LW/DC

10 November 1986

Dear Sirs

We have now been purchasing goods from you for over 15 months and we intend to increase our orders considerably during the next year.

Our present method of payment is by Letter of Credit but this has now become inconvenient. We would, therefore, like you to supply us on monthly terms.

We can offer as references Robert Dodd Limited of 71 Hendon Way, Luton LC6 3BM, and our bankers, the National Bank of New Zealand (Wellington Central Branch).

We hope you are able to agree to our request and look forward to receiving your early reply.

Yours faithfully

L WALKER
Managing Director

1 a) Write a request for a credit reference for the Northern Milk Corporation to Robert Dodd Limited.
b) Give an unfavourable credit reference for the Northern Milk Corporation – (they are very, very slow in settling accounts) – from Robert Dodd Limited.
c) Write a polite letter to the Northern Milk Corporation refusing to grant them monthly terms.

2 Timeright Watches plc (Time House, Fell Road, Manchester ME6 8LK) have sent M. Leblanc (16 rue de St Michel, Lyons) a statement on 1 March for £6320.00 (Terms – 30 days) but no payment has been made.
a) Write a polite reminder dated 11 April.
b) Write a second reminder dated 2 May.
c) Write a final reminder (threatening legal action) dated 25 May.

3 Wanted – agent to handle sales and distribution of our office furniture. We are prepared to offer a sole national agency to an agent with suitable experience. Please write to Mr C A Bone, Offurn plc, Unit 3B, Howletts Trading Estate, Worcester, England.

a) Imagine you are an agent with experience in selling furniture. Write a letter to Mr C A Bone offering to become his sole agent in your country.
b) Write a letter from Mr Bone appointing you as his sole agent.

Timeright Watches Plc
Time House
Fell Road
Manchester ME6 8LK

Tel: (061) 836142
Telex: 66 33 21

R Galtieri
91 Rosa Avenue
Santiago
Chile

Date: 10 December 1986

<u>Invoice No. MT/18426</u>

Your order number: YG/3784

Catalogue No.	Quantity	Price	£
62184 B	100	£ 7.50	750.00
53198 A	120	£11.00	1,420.00
			2,170.00
		less 10% discount	217.00
			1,963.00
Terms: 60 days 2½%		c.i.f. VALPARAISO	640.00
M/V BOXER 3 crates CM/194/1-3			£2,603.00

4 a) Write a letter from R Galtieri complaining about the error in the above invoice.
b) Write a letter from Timeright Watches plc apologising for the error and enclosing an amended invoice.
c) Write a reply from R Galtieri advising Timeright that the amended invoice has now been paid.
d) Finally write a letter from Timeright acknowledging the payment.

There is no answer key for this unit and if possible you should ask a friend or a teacher to check your letters. However, if this is not possible you can check your letters against the ones in Units 11 – 19 as listed below:

Letter 1a)	with Unit 11 Letter **B**	Request for a credit reference	p. 45
Letter 1b)	with Unit 13 Letter **A**	Unfavourable credit reference	p. 50
Letter 1c)	with Unit 13 Letter **B**	Refusing credit	p. 51
Letter 2a)	with Unit 17 Letter **B**	Complaint about an invoice	p. 76
Letter 2b)	with Unit 18 Letter **A**	Apologising for errors	p. 69
Letter 2c)	with Unit 16 Letter **A**	Advising of payment	p. 61
Letter 2d)	with Unit 16 Letter **B**	Acknowledging payment	p. 62
Letter 3a)	with Unit 14 Letter **C**	A first reminder	p. 54
Letter 3b)	with Unit 15 Letter **A**	A second request for payment	p. 58
Letter 3c)	with Unit 15 Letter **B**	A final demand for payment	p. 59
Letter 4a)	with Unit 19 Letter **A**	Request for a sole agency	p. 72
Letter 4b)	with Unit 19 Letter **B**	Appointing an agent	p. 73

21 OVERSEAS PAYMENTS

AIMS

A Requesting payment by a Letter of Credit.
B Completing a Letter of Credit.
C Advising that a Letter of Credit has been opened.

THE LETTERS AND DOCUMENTS

Requesting payment by Letter of Credit

1 Who ordered the drills? **(K)**

2 What does CIF mean? **(K)**

3 When will arrangements be made for shipping? **(K)**

A

SPEIRS AND WADLEY LIMITED
Adderley Road Hackney London E8

Woldal Incorporated
Broadway
New York
U.S.A.

Your ref: CH/MY
Our Ref: AB/LO
10 July 1986

Order No. M/621684

Dear Sirs

Thank you for the above order for 400 electric power drills.

We note that the order must be shipped by 10 August and is to be sent *CIF New York. We enclose our pro forma invoice and request you to open an irrevocable credit in our favour for £4108. As soon as we receive *notification that the credit has been opened we will arrange for the shipment of the order.

We are pleased to be supplying you once again and look forward to further co-operation with you in the future.

Yours faithfully

ARTHUR BLUNT
Sales Manager

Encl: 1

The Letter of Credit

21

Look at the irrevocable Letter of Credit and answer the questions overleaf. **(K)**

B

BARCLAYS International

168 Fenchurch Street, London, EC3P 3HP.

DOCUMENTARY CREDITS DEPARTMENT

date 20th July 19..

SPECIMEN

IRREVOCABLE CREDIT No:- FDC/2/6789

To be quoted on all drafts and correspondence.

*Beneficiary(ies)	Advised through
Speirs and Wadley Limited, Adderley Road, Hackney, London, E.8.	

*Accreditor	To be completed only if applicable
Woldal Incorporated, Broadway, New York, U.S.A.	Our cable of Advised through Refers

Dear Sir(s)

In accordance with instructions received from The Downtown Bank & Trust Co. we *hereby issue in your favour a Documentary Credit for £4108 (say) Four thousand, one hundred and eight pounds sterling available by your drafts drawn on us at *sight for the 100% c.i.f. invoice value, accompanied by the following documents:-

1. Invoice in *triplicate, signed and marked *Licence No. LHDL 22 19..
2. *Certificate of Origin issued by a *Chamber of Commerce.
3. Full set of *clean *on board Shipping Company's *Bills of Lading made out to order and blank endorsed, marked "Freight Paid" and "Notify Woldal Inc., Broadway, New York."
4. Insurance Policy or Certificate in *duplicate, covering *Marine and War Risks up to buyer's warehouse, for invoice value of the goods plus 10%.

Covering the following goods:-

400 Electric Power Drills

To be shipped from London to New York c.i.f.

not later than 10th August 19..

*Partshipment not permitted *Transhipment not permitted

The credit is available for *presentation to us until 31st August 19..

Documents to be presented within 21 days of shipment but within credit validity.

Drafts drawn hereunder must be marked "Drawn under Barclays Bank International Limited 168 Fenchurch Street London branch, Credit number FDC/2/6789"

We *undertake that drafts and documents drawn under and in strict *conformity with the terms of this credit will be honoured upon presentation.

Yours faithfully,

[signature] [signature: R. E. Davis]

Co-signed (Signature No. 9847) Signed (Signature No. 10247)

21

1 Which company is the exporter?
2 Which company is the importer?
3 Which bank has issued the credit?
4 What is the total value of the credit?
5 Who will arrange insurance and freight?
6 What four documents must be sent before payment is made?
7 What goods have been bought?
8 Which port will they be shipped to?
9 Can the credit be used for more than one shipment?
10 What is the latest date for the presentation of the documents?

C

BARCLAYS

Your ref: /
Our ref: MB/CH

Speirs & Wadley Limited
Adderley Road
Hackney
London E.8

22 July 1986

Dear Sirs

We advise you that the Downtown Bank and Trust Co. of New York have opened an irrevocable Letter of Credit with us in your favour on the account of Woldal Incorporated of Broadway, New York to the amount of £4108. The credit is *valid until 31 August 1986. Your draft for the above amount will be paid if accompanied by the documents listed below.

1. Invoice in triplicate, signed and marked Licence No. LHDL 22 19.

2. Certificate of Origin issued by a Chamber of Commerce.

3. Full set of clean on board Shipping Company's Bills of Lading made out to order and blank endorsed, marked 'Freight Paid' and 'Notify Woldal Inc., Broadway, New York'.

4. Insurance Policy or Certificate in duplicate, covering Marine and War Risks up to buyer's warehouse, for invoice value of the goods plus 10%.

Yours faithfully

Marc Buller

MARC BULLER
Assistant Manager

Advising that a Letter of Credit has been opened

1 Why is Barclays Bank writing the letter? **(K)**

2 How long is the credit valid for? **(K)**

3 How many copies of the invoice must be sent? **(K)**

4 Who must insure the goods during shipment? **(K)**

LANGUAGE FOCUS

1 Acknowledging/Accepting an instruction (formal requests)

> We/I note that (. . . the order) must be (. . . shipped) / we must (. . . ship the order) } by 10 August.

2 Stating conditions

> (Your draft) . . . *will be* . . . (paid) . . . *if* . . . (accompanied by the documents listed below).

Note: The *if* and *will be* parts of the sentence may be *reversed to produce the following:
If your draft is accompanied by the documents listed below, it will be paid.
However, it is best to keep *listed below* as close as possible to the list of documents. Note the use of the passive in this formal letter. The active can also be used.

PRACTICE EXERCISES

Write sentences as directed.

1 Acknowledge (and accept) the following instructions:
- a) open the credit before 2 June. **(K)**
- b) ship the goods by air.
- c) despatch the order before 20 September.
- d) debit our account for the full amount. **(K)**
- e) credit our account in US dollars.

2 State conditions for the following actions:

	Action	Condition	
a)	open the Letter of Credit	receive your pro forma invoice before 1 April	**(K)**
b)	give a larger discount	increase your orders	
c)	send (you) the samples	pay a deposit	
d)	pay the account	send us another copy of the statement	
e)	give (you) a discount	order before 1 July	

21

PRACTICE LETTERS AND DOCUMENT COMPLETION

1 Complete this letter to The Binny Company from John Watson Ltd requesting that an irrevocable credit for £17,223 be opened to pay for 1200 stainless steel taps. The order should be sent CIF Bombay and be shipped from London by 15 December. **(K)**

John Watson Limited, 121 High Street, Newhaven, Sussex

The Binny Company
16 South Road
Bombay
India

Your ref: HF/FG
Our ref: LH/EO

1 November 1986

Dear Sirs

Order No. LH/63492

Thank you for (1)..
....

We note that the order (2)..
.... We enclose our pro forma invoice and request you to open an (3) ....
.... As soon as we receive notification (4) ....
.... we will arrange for the shipment of the order.

We are pleased to be supplying you and (5) ....
....

Yours faithfully

L Hunt

L HUNT
Sales Manager

2 The Binny Company arrange for an irrevocable credit (HMD/6/8726) to be opened through the International Bank of Bombay. The advising (and paying bank) is Barclays International. The documents required are:

1. Invoice in triplicate, signed and marked Licence No. MD/1612.
2. Certificate of Origin issued by a Chamber of Commerce.
3. Full set of clean on board Shipping Company's Bills of Lading made out to order and blank endorsed, marked 'Freight Paid' and 'Notify The Binny Company, 16 South Road, Bombay'.
4. Insurance Policy or Certificate in triplicate; covering Marine and War Risks up to buyer's warehouse for the invoice value of the goods plus 10%.

The credit must be presented within 21 days of shipment but within the credit *validity (by 31 December). Neither partshipment nor transhipment is allowed.
Complete the Letter of Credit opposite using both the information above and that in Practice Letter 1. You may prefer to write down the numbers 1 to 18 in your notebook and write the appropriate information against each number. **(K)**

21

BARCLAYS International 168 Fenchurch Street, London, EC3P 3HP.

DOCUMENTARY CREDITS DEPARTMENT

date 20th July 19..

SPECIMEN

IRREVOCABLE CREDIT No:- (1)
To be quoted on all drafts and correspondence.

Beneficiary(ies)	Advised through
(2)	

Accreditor	To be completed only if applicable
(3)	Our cable of
	Advised through Refers

Dear Sir(s)

In accordance with instructions received from (4)
we hereby issue in your favour a Documentary Credit for (5)
(say) available by your drafts
drawn on (6)
at sight
for the (7) invoice value, accompanied by the following documents:-

(8)

Covering the following goods:-
(9)

To be shipped from (10) to (11)

not later than (12)

Partshipment (13) Transhipment (14)

The credit is available for (15) until (16)

(17)

Drafts drawn hereunder must be marked "Drawn under Barclays Bank International Limited 168 Fenchurch Street London branch, Credit number (18)"

We undertake that drafts and documents drawn under and in strict conformity with the terms of this credit will be honoured upon presentation.

Yours faithfully,

3 Write a letter from Barclays International advising John Watson Limited that the credit for £17,223 has been opened in their favour. All the information required is in Practice Letters and Document Completion 1 and 2, which should be completed before you attempt this question. **(K)**

Pair work

a) Write a letter from a British company to your own company (or one that you know) requesting that an irrevocable credit be opened to pay for a large order.

b) Take your partner's letter and complete the required Letter of Credit. Use the blank Letter of Credit as a model, write down the numbers 1 to 18 in your notebook and write the appropriate information next to each number. You will need to invent some of the information, e.g. which documents are required.
Then write a letter from the bank advising the exporter that the Letter of Credit has been opened.

22 SHIPPING

AIMS

A Completing Bills of *Lading.
B Writing an advice of despatch.

THE DOCUMENT AND LETTER

The Bill of Lading

A

SPECIMEN

B/L No. 529

Shippers Ref. SW/46293

F/Agents Ref. S/291

Shipper
SPEIRS & WADLEY LTD.,
ADDERLEY ROAD,
HACKNEY,
LONDON E.8.

Consignee (If 'Order' state Notify Party)
ORDER

Notify Party (ONLY if not stated above; otherwise leave blank)
WOLDAL INCORPORATED,
BROADWAY,
NEW YORK,
U.S.A.

Prince Ellerman *Joint Service*

PRINCE LINE LTD.
14-19 LEADENHALL ST., LONDON EC3V 1NP
Telephone 01-283 4321
Telegraphic Address: Spardeck London
Telex 388487

ELLERMAN CITY LINERS
The Shipping Division of Ellerman Lines Ltd
12-20 CAMOMILE ST., LONDON, EC3A 7EX
Telephone 01-283 4311
Telegraphic Address: Buccaneer London
Telex 884771/2

• Local vessel	• From (Local port of loading)		
Ocean *vessel: IONIAN	Port of Loading: LONDON		
Port of *Discharge: NEW YORK	• Final destination (if on-carriage)	Freight payable at: LONDON	Number of original Bs/L: THREE

Marks and Numbers	Number and kind of packages; description of goods	Gross Weight KILOS	Measurement M
SW WOL.INC. NEW YORK 1 TO 5	5 CASES ELECTRIC DRILLS	254	0.255 cubic metres per case

FREIGHT PAID

***Notwithstanding** any*thing **to the contrary** stated elsewhere in this Bill of Lading
***General Average** to be *adjusted in accordance with YORK – ANTWERP Rules 1974.

TOTAL WEIGHT IN KILOS: 254

Particulars Furnished by Shippers under Articles III & IV of the Rules Scheduled to the Carriage of Goods by Sea Act 1924

SHIPPED on board in apparent good order and condition the within mentioned Merchandise stated to be marked, numbered and described in this Bill of Lading (weight, measure, brand, contents, quality and value unknown) to be conveyed via any port or ports (for loading or discharging or for any other purpose), and as otherwise provided herein. In accepting this Bill of Lading the Shipper, Consignee, Owner of the goods and the holder of the Bill of Lading expressly agree to all its terms, conditions and exceptions, whether written, printed, stamped or incorporated.

Weights as shewn in this Bill of Lading as declared by Shippers, and the Master is unable to check same.

TRANSHIPMENT

Where goods are consigned to a destination other than the port of discharge named above the responsibility of the Carrier shall extend only to that part of the transit performed by the above vessel and the Carrier shall in no event be liable for any loss of or damage or delay to the goods arising after the goods have been delivered at the ship's rail at the port of discharge. The Shipper, Consignee and Owner of the goods hereby constitute the Carrier their agent to enter into contracts for the carriage, storage and transhipment of and other dealings with the goods for or in relation to the forwarding of the goods to their destination. The Carrier shall be entitled to enter into such contracts with whatever persons and on whatever terms he may think fit, and shall not be under any liability to the Shipper, Consignee or Owner of the goods in relation to any act, omission or delay in respect of the making of such contracts. The Carrier or his agents may in respect of dutiable goods transhipped at the port of discharge give such undertakings as the Custom Authorities require with respect to dealing with the goods at the place where duty is payable and all charges or liabilities incurred shall be borne by the Owner of the goods.

• Applicable only when document used as a Through Bill of Lading **(CONTINUED ON REVERSE SIDE)**

In witness whereof the Master, Owner or Agent of the ship has affirmed to the number of Bills of Lading stated above, all of this tenor and date, one of which being accomplished, the others to stand void.

Number of Packages (in words): FIVE

A.J. Spillman.

Dated in London: 1ST AUGUST, 19..

22

This copy of a Bill of Lading (opposite) is for the order for which the Letter of Credit in Unit 21 was opened. A Bill of Lading is a receipt given by the shipping company. In this case, there are three original copies any one of which can give ownership of the goods. The specimen is a shipped Bill of Lading which means that the goods involved have been received on board the ship.

Look at the Bill of Lading and answer the following. **(K)**

1. Who is shipping (= exporting) the consignment?
2. What is the name of the shipping company?
3. Who is the importer (the person/company to be notified)?
4. Which vessel will the consignment be shipped in?
5. Where will it be loaded?
6. Where will it be discharged (= unloaded)?
7. How many original copies are there?
8. Has the freight been paid?
9. What goods were sent?
10. How are they marked?
11. How many packages are there?
12. What is the total weight?
13. What is the total volume of the consignment?

Advice of despatch

1. When should the drills arrive in New York? **(K)**
2. Where have the documents been sent? **(K)**
3. Who has paid Speirs and Wadley? **(K)**

B

SPEIRS AND WADLEY LIMITED
Adderley Road Hackney London E8

Woldal Incorporated
Broadway
New York
U.S.A.

Your ref: CH/MY
Our ref: AB/LD

Dear Sirs

4 August 1986

<u>Order No. M/621684</u>

We are pleased to advise you that the above order has now been despatched.

The electric drills are in five separate crates marked SW WOL INC. NEW YORK and numbered 1 to 5.

The consignment is on the M.V. Ionian, which left London on 2 August and is due in New York on 11 August.

We have sent to Barclays Bank at 168 Fenchurch Street, clean, shipped on board Bills of Lading in triplicate endorsed and marked as requested, Insurance Certificates in duplicate, a Certificate of Origin and our invoice in triplicate.

We have also *<u>presented</u> our draft for £4108 which has now <u>been paid</u> by the bank.

We hope that the drills prove suitable for your customers' needs and look forward to receiving your next order.

Yours faithfully

A Blunt

A BLUNT
Sales Manager

22

LANGUAGE FOCUS

I Describing packing details

> The (. . . electric drills) *are* (*packed*) *in* (. . . 5 separate crates) *marked* (. . . SW WOL INC. NEW YORK) and *numbered* I to 5.

PRACTICE EXERCISES

Write sentences as directed.
Describe the following packing details:

a)	MACHINES	I CRATE	M H WON KUALA LUMPUR	**(K)**
b)	CAMERAS	2 CRATES	L ALIPUR LAGOS	I – 2 **(K)**
c)	TOOLS	6 CRATES	M LEMAN DIEPPE	I – 6
d)	PAINT	†15 *DRUMS	WALK LTD. LIVERPOOL	I – 15
e)	BOOKS	8 CRATES	H HERTZ	I – 8

† Use *is*, not *packed*.

PRACTICE LETTERS AND DOCUMENT COMPLETION

I Bill of Lading
Complete the Bill of Lading opposite. This is for the order for The Binny Company (16 South Road, Bombay) sent by John Watson Limited (121 High Street, Newhaven, Sussex) which you wrote about in Practice letters and Document completion I to 3 – Unit 21.
The Binny Company should be notified and the goods are to be sent freight paid from London to Bombay on the M.V. Snowdon. There are four crates of stainless steel taps marked 'Binny Bombay I to 4'. The crates weigh 800 kilos with a *volume of 0.75 cubic metres per case. The freight is to be paid in London and there are three original Bills of Lading. **(K)**

2 Write a letter from John Watson Ltd to The Binny Company advising them that their order no. LH/63492 has been despatched. John Watson Ltd have presented their draft for £17,223 and have received payment. Other details are in Letter I above. Document details are in Unit 21 – Document completion 2. (Complete Exercise I above before you try to write this letter.) **(K)**

3 Complete a Bill of Lading using the following information. Order for H Lytra (17 Patros Road, Athens, Greece) sent by H Walker Ltd (Unit 72, New Industrial Estate, Maidstone, Kent KL2 6BL). H Lytra to be notified and the goods sent to Athens on the M. V. Corinth. There is one drum of chemicals marked 'Lyt – Athens'. The weight is 120 kilos and the volume 1.2 cubic metres. The freight will be paid in Athens and there are four original Bills of Lading.

4 Write a letter from H Waller Ltd advising H Lytra that his order (no. MC/3/6271) has been despatched. The cost is £625. (Other details are in Exercise 3 above.)

Pair work

a) Your company (or one that you know) has ordered some goods from an Indian company. The goods are being sent from Bombay. Complete the Bill of Lading for the shipping of the order.
b) Take your partner's Bill of Lading and, adding extra information where it is necessary, write a letter from the Indian company advising that the order has been despatched.

22

SPECIMEN

Shipper (1)	B/L No. 529 Shippers Ref. SW/46293 F/Agents Ref. S/291
Consignee (If 'Order' state Notify Party) (2)	**Prince Ellerman** *Joint Service*
Notify Party (ONLY if not stated above; otherwise leave blank) (3)	**PRINCE LINE LTD.** **14-19 LEADENHALL ST., LONDON EC3V 1NP** Telephone 01 283 4321 Telegraphic Address Spardeck, London Telex 888487

★ Local vessel (4)	★ From (Local port of loading) (5)	**ELLERMAN CITY LINERS** The Shipping Division of Ellerman Lines Ltd **12-20 CAMOMILE ST., LONDON, EC3A 7EX** Telephone 01 283 4311 Telegraphic Address Buccaneer, London Telex 884771/2
Ocean vessel (6)	Port of Loading	

Port of Discharge	★ Final destination (if on-carriage)	Freight payable at (7)	Number of original Bs/L (8)

Marks and Numbers	Number and kind of packages; description of goods	Gross Weight KILOS	Measurement M³
(9)	(10)	(11)	(12)
	(13)		

Notwithstanding anything to the contrary stated elsewhere in this Bill of Lading General Average to be adjusted in accordance with YORK – ANTWERP Rules 1974.

TOTAL WEIGHT IN KILOS (14)

Particulars Furnished by Shippers under Articles III & IV of the Rules Scheduled to the Carriage of Goods by Sea Act 1924.

SHIPPED on board in apparent good order and condition the within mentioned Merchandise stated to be marked, numbered and described in this Bill of Lading (weight, measure, brand, contents, quality and value unknown) to be conveyed via any port or ports (for loading or discharging or for any other purpose), and as otherwise provided herein. In accepting this Bill of Lading the Shipper, Consignee, Owner of the goods and the holder of the Bill of Lading expressly agree to all its terms, conditions and exceptions, whether written, printed, stamped or incorporated.

Weights as shewn in this Bill of Lading as declared by Shippers, and the Master is unable to check same.

TRANSHIPMENT

Where goods are consigned to a destination other than the port of discharge named above the responsibility of the Carrier shall extend only to that part of the transit performed by the above vessel and the Carrier shall in no event be liable for any loss of or damage or delay to the goods arising after the goods have been delivered at the ship's rail at the port of discharge. The Shipper, Consignee and Owner of the goods hereby constitute the Carrier their agent to enter into contracts for the carriage, storage and transhipment of and other dealings with the goods for or in relation to the forwarding of the goods to their destination. The Carrier shall be entitled to enter into such contracts with whatever persons and on whatever terms he may think fit, and shall not be under any liability to the Shipper, Consignee or Owner of the goods in relation to any act, omission or delay in respect of the making of such contracts. The Carrier or his agents may in respect of dutiable goods transhipped at the port of discharge give such undertakings as the Custom Authorities require with respect to dealing with the goods at the place where duty is payable and all charges or liabilities incurred shall be borne by the Owner of the goods.

★ Applicable only when document used as a Through Bill of Lading **(CONTINUED ON REVERSE SIDE)**

In witness whereof the Master, Owner or Agent of the ship has affirmed to the number of Bills of Lading stated above, all of this tenor and date, one of which being accomplished, the others to stand void.

Number of Packages (in words) (15)

A.J. Spillman.

Dated in London, (16)

23 INSURANCE RELATED CORRESPONDENCE

AIMS

A Completing an Insurance Certificate for an export consignment.
B Writing a letter to request that a claim is made against an insurance company.

THE DOCUMENT AND LETTER

The Certificate of Insurance

Regular exporters usually have an agreement with an insurer to cover all exports during a specific period. This avoids the necessity of obtaining a separate policy for each shipment. Individual certificates are issued for each shipment by the insurer or the exporter.
The certificate below is for the shipment referred to in Units 21 and 22. The certificate is based on a general *policy valid from 1 January to 31 December covering all Speirs and Wadley's exports from the United Kingdom to the United States of America.

Look at the Certificate of Insurance opposite and answer the following questions. **(K)**

1. Who is the insurer?
2. Who is the insured (= person who has taken out the policy)?
3. What is the maximum cover provided under the policy?
4. When does the policy expire (= finish)?
5. What ports and places are covered by the policy?
6. What sum is the consignment insured for?
7. Where and to whom can claims be made?
8. What is the consignment?
9. Who has signed the certificate?
10. What is the date of issue?

23

A

LLOYD'S

THIS CERTIFICATE REQUIRES *ENDORSEMENT

Lloyd's Agent at New York is authorised to adjust and settle on behalf of the Underwriters, and to purchase on behalf of the Corporation of Lloyd's, in accordance with Lloyd's Standing Regulations for the Settlement of Claims Abroad, any claim which may *arise on this Certificate.

Certificate of Insurance No. C238462

This is to Certify that there has been *deposited with the Committee of Lloyd's an Open Cover *effected by Barclays Insurance Brokers International Ltd of Lloyd's, acting on behalf of Speirs and Wadley Limited dated the 1st day January 19.. with *Underwriters at Lloyd's and British Marine Insurance Companies (in the *proportions shown on the back hereof) and that the said Underwriters and Companies have undertaken to issue to Speirs and Wadley Limited Policy/Policies of Marine Insurance to cover, up to £ 100,000 in all by any one steamer or sending by air and or parcel post, machine tools, other interests held covered to be shipped on or before the 31st day of December 19.. from any port or ports, place or places in the United Kingdom to any port or ports, place or places in the United States of America ; and that Speirs and Wadley Limited are *entitled to *declare against the said Open Cover the shipments attaching thereto.

Dated at Lloyd's, London, 1st January 19..

£ 4520.00 Stg.

We hereby declare for Insurance under the said Cover Four thousand five hundred and twenty

*Pounds sterling on interest as *specified hereon so valued*

**per* Ionian

at and from Warehouse, U.K.

to Warehouse, New York

subject to the terms of the Standard Form of Lloyd's Marine Policy providing for the settlement of claims abroad and Standard Form of Companies Policy with the inclusion of similar provision for the settlement of claims abroad and to the special conditions stated below and on the back hereof.

This Certificate not valid unless the *Declaration be signed by

Speirs and Wadley Limited

INTEREST, MARKS AND NUMBERS

400 Electric Drills
5 Cases marked SW
WOL. INC.
NEW YORK

1 TO 5

p.p. Speirs and Wadley Limited

Signed W. H. [signature]

Dated at London 30.7.19 ..

Underwriters agree losses, if any, shall be payable to the order of Speirs and Wadley Limited on *surrender of this Certificate

In the event of loss or damage which may result in a claim under this Insurance, immediate notice should be given to the Lloyd's Agent at the port or place where the loss or damage is discovered in order that he may examine the goods and issue a survey report.

Brokers Barclays Insurance Brokers International Ltd
India House, 81-84 Leadenhall Street, London E.C.3.

23

B

Requesting that an insurance claim is made

1 Why did the agent examine the order? **(K)**

2 Who will make the claim? **(K)**

3 Why does Woldal Incorporated want 20 replacement drills? **(K)**

WOLDAL INCORPORATED
BROADWAY, NEW YORK, U.S.A.

Speirs and Wadley Ltd
Adderley Road
Hackney
London E.8

Your ref: AB/LO
Our ref: AS/MY

21 September 1986

Dear Sirs

Order No. M/621684

The above order arrived on the M.V. Ionian yesterday and we collected it this morning. However, we noticed that case No.3 was damaged and immediately had it opened and examined by the Lloyds agent. He found that 20 of the power drills were badly damaged and quite unsaleable.

We enclose a copy of the agent's report and would be obliged if you would make a claim on our *behalf against the underwriters. The insurance certificate number is C238462.

Please air-freight us 20 replacement drills as soon as possible so that we can complete our customers' orders.

We look forward to your early reply.

Yours faithfully

A. Simms

ARTHUR SIMMS
Director of Importing Department

Enc : 1

LANGUAGE FOCUS

1 Expressing purpose (for making a specific request)

> Please (. . . air-freight us 20 replacement drills . . .) *so that* we can (. . . complete our customer's orders).

Note: We can also use *to*, *in order to* or *in order that* to express purpose.

> Please air-freight us 20 drills { *to enable us* to complete our orders.
> *in order that we can* complete our orders. }

2 Expressing contrast (two sentences)

> The order arrived yesterday. We noticed, *however*, that one case was damaged.

However shows a contrast (= unexpected relationship) between the first and second sentences.
See also Language focus, Unit 8.

PRACTICE EXERCISES

Write sentences as directed.

1 Express the purpose for a (requested) action, using *so that*:

	Requested action	Purpose	
a)	send pro forma invoice	open a credit for the appropriate amount	**(K)**
b)	send a catalogue	place our order	
c)	give us the precise dates	make our reservations	
d)	quote us a price	budget appropriately	
e)	send a replacement motor	restart production	

2 Express the following contrasts, using *however*:
a) We received your catalogue yesterday.
Your prices are too high. **(K)**
b) Order No. MVD/73219 was delivered.
Three machines were badly damaged.
c) We have seen your new cameras.
The new cameras are not of a suitable quality. **(K)**
d) The new carpets have arrived.
The new carpets are the wrong colour.
e) The factory is now fully equipped.
The factory has not yet begun production.

PRACTICE LETTERS AND DOCUMENT COMPLETION

1 **Insurance Certificate**
Complete the blank certificate below for the order sent by John Watson Ltd to the Binny Company. The policy is for £100,000 to cover bathroom fittings and other items sent from the United Kingdom to India. Claims on this certificate are to be settled by the Lloyds agent in Bombay. The certificate is for £19,500 and covers the consignment of 1200 stainless steel taps (in four crates marked 'BINNY BOMBAY' 1 to 4) to be shipped from the UK to Bombay on the M. V. Snowdon. **(K)**

2 Write a letter from the Binny Company (16 South Road, Bombay) to John Watson Ltd (121 High Street, Newhaven, Sussex) complaining that on arrival in Bombay one crate had been very badly damaged and 100 taps were missing. The agent's report is enclosed and the Binny Company asks John Watson to send out replacement taps by air and make a claim on their behalf against the insurers. (Any further details needed should be taken from the completed insurance certificate in question 1 above.) **(K)**

3 Complete an insurance certificate for an order shipped by a British company to Lagos (Nigeria). The order is for 1500 telephones shipped in 10 crates from Liverpool to Lagos. The insurance cover is for £42,000. (Invent other details such as addresses.)

4 Write a letter from the company in Lagos (see Letter 3) complaining that 3 crates were damaged on arrival in Lagos and 75 telephones were so badly damaged that they couldn't be sold. (Complete Letter 3 first.)

23

LLOYD'S

THIS CERTIFICATE
REQUIRES ENDORSEMENT

Lloyd's Agent at........(1)........ is authorised to adjust and settle on behalf of the Underwriters, and to purchase on behalf of the Corporation of Lloyd's, in accordance with Lloyd's Standing Regulations for the Settlement of Claims Abroad, any claim which may arise on this Certificate.

Certificate of Insurance No. C238462

This is to Certify that there has been deposited with the Committee of Lloyd's an Open Cover effected by Barclays Insurance Brokers International Ltd of Lloyd's, acting on behalf of (2) dated the 1st day January 19.. with Underwriters at Lloyd's and British Marine Insurance Companies (in the proportions shown on the back hereof) and that the said Underwriters and Companies have undertaken to issue to (3) Policy/Policies of Marine Insurance to cover, up to £ (4) in all by any one steamer or sending by air and or parcel post, (5) to be shipped on or before the 31st day of December 19.. from any port or ports, place or places in (6) to any port or ports, place or places in (7) ; and that (8) are entitled to declare against the said Open Cover the shipments attaching thereto.

(9)

Dated at Lloyd's, London, (10)

£ (11) *Stg.*

We hereby declare for Insurance under the said

Cover (12)

Pounds sterling on interest as specified hereon so valued

per (13)

at and from (14)

to (15)

subject to the terms of the Standard Form of Lloyd's Marine Policy providing for the settlement of claims abroad and Standard Form of Companies Policy with the inclusion of similar provision for the settlement of claims abroad and to the special conditions stated below and on the back hereof.

This Certificate not valid unless the Declaration be signed by

INTEREST, MARKS AND NUMBERS

(16)

(17)

Signed

Dated at (18)

Underwriters agree losses, if any, shall be payable to the order of (19) on surrender of this Certificate

In the event of loss or damage which may result in a claim under this Insurance, immediate notice should be given to the Lloyd's Agent at the port or place where the loss or damage is discovered in order that he may examine the goods and issue a survey report.

Brokers Barclays Insurance Brokers International Ltd
India House, 81-84 Leadenhall Street, London E.C.3.

Pair work

a) Complete an insurance certificate for an order sent by your company (or one that you know) to a British company. You should think up (= invent) all the details.

b) Take your partner's completed certificate and (inventing details where necessary) write a letter from the British importer complaining that some of the articles were damaged during their journey to Britain.

APPLYING FOR A JOB

24

PERSONAL ASSISTANT/SECRETARY
required for Chief Executive of a new Company involved in film and television industry.

Requirements include:

- Ability and initiative to work on your own and to develop the position to its full potential.
- Good administrative and secretarial skills.
- Experience in the film and television industry would be useful, but not essential.

Good salary, negotiable according to age and experience.

Please reply with typed c.v. to:

Mrs Cynthia Dryden,
44 Randolph Square,
London EC1 4BE

AIM

Writing a letter of *application for a job.

LETTERS OF APPLICATION

*Letter to accompany a typed *curriculum vitae*

1 What job is Edith Roberts applying for? **(K)**

2 How long has she worked as a personal secretary? **(K)**

3 What does 'this' mean in paragraph 2? **(K)**

4 Is she available for interview on 20 September? **(K)**

A

6 Carlswood Street
Redhill
Surrey
Tel: Redhill 62196

Mrs Cynthia Dryden
44 Randolph Square
London EC1 4BE

17 September 1986

Dear Mrs Dryden

I would like to apply for the post of personal assistant/secretary advertised in today's Guardian.

As you can see from my curriculum vitae, I have had six years' experience as a personal secretary. Five of these have been in films and television and I am particularly keen to continue working in this industry.

I enclose my curriculum vitae and will be available for interview any day after 21 September and able to take up a new appointment from 1 October.

I look forward to your reply.

Yours sincerely

Edith Roberts

EDITH ROBERTS

Enc: 1

24

CURRICULUM VITAE: EDITH ANNE ROBERTS

Age:	28
Date of Birth:	17 August 1958
Nationality:	British
Home Address:	6 Carlswood Street Redhill Surrey
Tel.No.:	Redhill 62196
Business Address:	E.M.F. 17 Stringer Road Croydon Surrey
Tel.No.:	Croydon 52319
*Marital Status:	Single

Education: Secondary: Redhill Comprehensive School 1969-76
Higher: South Surrey College 1976-79

Qualifications:

'O' Level 1974 English Language
English Literature
History
Maths
Geography
French

'A' Level 1976 English Literature
French

HND Business Studies	1979
Pitmans Typing and Shorthand	1976
RSA Shorthand 100 wpm	1978

Experience:

1979-80 Personal Secretary to Marketing Manager of Universal Toys in Reading.

1980 - Personal Assistant to Finance Director of EMF in Croydon.

Interests: Squash, tennis, reading, playing the piano and travelling.

B

Curriculum vitae (C.V.)

Note: This should always be typed.

1 How old will she be on 1 January 1987? **(K)**

2 Which town does she work in? **(K)**

3 Is she married? **(K)**

4 Did she go to university? **(K)**

5 How many 'O' levels does she have? **(K)**

6 What is her present job? **(K)**

7 What are her favourite sports? **(K)**

Letter to be sent without a curriculum vitae

If you do not send a curriculum vitae, it is necessary to include the information relevant to the application in the letter. This, of course, requires a different letter of application for each job.

1 Where did she obtain her HND in Business Studies? **(K)**

2 Why is she looking for a new post? **(K)**

3 When could she start a new post? **(K)**

C

6 Carlswood Street
Redhill
Surrey
Tel: Redhill 1986

17 September 1986

Mrs Cynthia Dryden
44 Randolph Square
London EC1 4BE

Dear Mrs Dryden

I have seen your advertisement for a personal assistant/secretary in the Guardian and would like to apply for the post.

I am 28 years old and was educated at Redhill Comprehensive School and the South Surrey College. I have an HND in Business Studies and have also passed the Pitman Examination (Stage 111) in shorthand and typing. I studied French to 'A' level and can speak it *fluently.

For the last six years I have been working as the personal assistant to Mr Mares, the Finance Director of E.M.F. of Croydon. Unfortunately the company is moving its main offices to Bristol and I have therefore decided to look for a new *position in the London area.

Before joining E.M.F. I worked for one year as the Personal Secretary to Mr Handley, Marketing Manager of Universal Toys in Reading.

Both Mr Mares and Mr Handley are willing to give me references.

I am on holiday until 21 September but will be available for an interview on any day after that. I would be able to take up a new post on any date from 1 October.

I look forward to your reply.

Yours sincerely

Edith Roberts

EDITH ROBERTS

LANGUAGE FOCUS

Applying (for a job or post) formally

> I would like to apply for the post of (. . . personal assistant) advertised in (. . . today's *Guardian*).

or:

> I have seen your advertisement for a (. . . personal assistant) in (. . . today's *Guardian*) and would like to apply for the post.

PRACTICE EXERCISES

Write sentences as directed.
Apply for the following posts:

	Post	**Where advertised**
a)	Finance Director	today's *Times*
b)	Sales Representative	last Tuesday's *Daily Telegraph*
c)	Marketing Manager	last week's *Watermouth Advertiser*
d)	Assistant Manager	today's *Guardian*
e)	Clerical Assistant	Thursday's *Daily Mail*

(K)

CURRICULUM VITAE AND LETTER WRITING PRACTICE

1 Complete the letter on page 96 from Ken Dodds to accompany his curriculum vitae. He is applying for the post of Marketing Manager with Robert Morris Ltd which he saw advertised in yesterday's *Telegraph*. He has had 10 years' experience in marketing and for the last three years has been the Marketing Manager of a small firm. He now wants to work for a larger firm. He could attend for interview on any afternoon in August and could start a new job on 1 November. **(K)**

2 Using the information in Letter 1 above and inventing other information where necessary, prepare a curriculum vitae to accompany the letter from Ken Dodds. (When you have finished, check the plan of your curriculum vitae against the one on page 94.)

24

73 Waywood Avenue
Brighton
Sussex
BN1 5GL

22 July 1986

Jane Walls
Robert Morris Ltd
33 Beech Road
Portsmouth
Hampshire
HR3 6LT

Dear (1) ....

I would like (2) .... advertised
....
in (3) ....

As you can see (4) .... I have had
10 years (5) .... Three of these have
been as (6) .... and I am
keen to (7) ....

I enclose (8) .... and will be
available (9) .... I will be
free (10) ....

I (11) ....

Yours sincerely

Ken Dodds

KEN DODDS

Enc: 1

3 Using the information below, write a full letter of application, not to be accompanied by a C.V. **(K)**

Name	– Arthur Foot
Job wanted	– Export Manager for Walter Heath Ltd (21 Cowslip Way, Exeter, Devon), advertised in yesterday's *Guardian*
Age	– 36
Address	– 116 Rockway Hill, Worthing, Sussex
Education	– Worthing Grammar School Lancaster University
Qualifications	– BA (Hons) Economics MA in Business Administration
Languages	– Fluent French and Arabic
Present position	– Arthur Bow plc, 16 Tooth Way, Littlehampton, Sussex. Assistant Export Manager for the last 8 years.
Reason for application	– Wants more responsibility and move to the West Country (i.e. West of England).
References	– Mr Walker and Mr Platt (at Arthur Bow plc).
Availability	– Start a new job – one month's notice.

4 Write a curriculum vitae for yourself.

5 Imagine the job you would most like to have. Write a letter of application for it to accompany your curriculum vitae.

Pair work

a) Interview your friend asking him questions about his education and experience. Make notes of his answers so that you can write his C.V. (Don't look at the one he/she has already written.)

b) When you have finished your interview, prepare a curriculum vitae for your friend.

PERSONAL REFERENCES

25

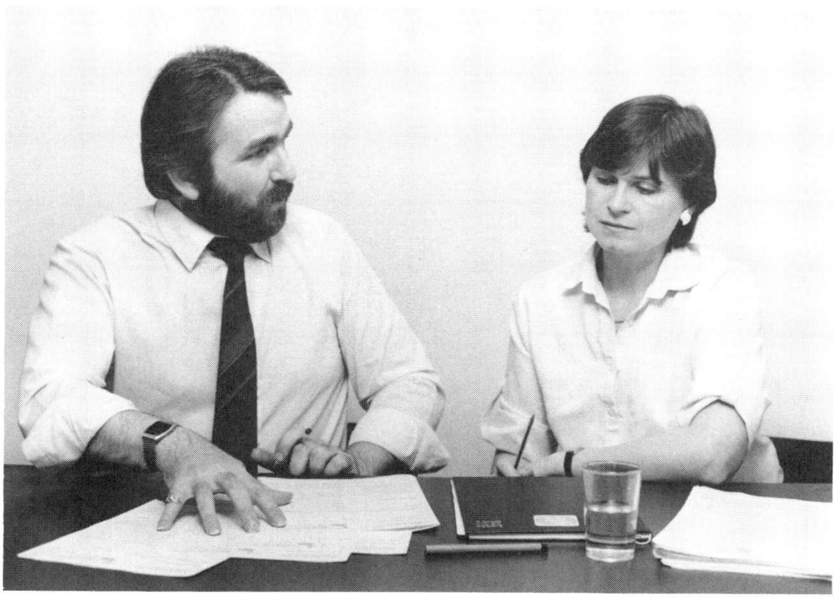

"Let's *take up the references of these four applicants."

AIMS

A Asking for a written reference.
B Giving a personal reference.

THE LETTERS

Requesting a written reference

1 What position has she applied for? **(K)**

2 What do Video Enterprises especially want to do? **(K)**

3 Why does John Biggins say 'of course' in paragraph 3? **(K)**

A

VIDEO ENTERPRISES
44 Randolph Square, London EC1 4BE

Mr Mares
Finance Director
E.M.F.
Croydon, Surrey

Your ref:
Our ref: JB/CL

19 September 1986

Dear Mr Mares

Ms Edith Roberts has applied for the position of personal assistant to the Chief Executive of our company and has given your name as a reference.

We would be grateful if you could let us have your opinion of her suitability for such a position. We are particularly interested in appointing someone with *administrative skills and an ability to work independently.

Any information that you give will, of course, be treated as strictly confidential.

Yours sincerely

John Biggins

JOHN BIGGINS
Director of Personnel

25

Giving a personal reference

B

1 For how long has Ms Roberts been working as Mr Mares' personal assistant? **(K)**

2 Has Ms Roberts' ability to speak French been useful in her work? **(K)**

3 Is this a very favourable (= good) reference? **(K)**

E.M.F. PLC
6 South Road, Croydon, Surrey CR2 6LB

John Biggins
Director of Personnel
Video Enterprises
44 Randolph Square
London EC1 4BE

Your ref: JB/CL
Our ref: EM/DL

22 September 1986

Dear Mr Biggins

Reference for Edith Roberts

Thank you for your letter of 19 September asking for a reference for Ms Roberts.

Ms Roberts has been working as my personal assistant since 1980 and has gained considerable experience of work in the film and TV industry.

In both her administrative and secretarial work she is extremely *efficient, hard-working and reliable. Much of our work is for French clients and Ms Roberts' ability to speak and write French has been a great help to us.

We are extremely sorry that she feels unable to move to Bristol with us and will miss her very much.

We are confident that she would be a highly suitable person for the position of personal assistant/secretary to the Chief Executive of your company and warmly recommend her to you.

Yours sincerely

F MARES
Finance Director

LANGUAGE FOCUS

1 Expressing *disappointment (at a refusal)

> We are extremely sorry that (. . . she) feels unable to (. . . move to Bristol with us).

Note: This can also be used directly, using *you*.

> We are extremely sorry that *you* feel unable to . . .

2 Recommending (very strong and positive)

> We are confident that (. . . she would be a highly suitable person . . .) and *warmly recommend (. . . her) to you.

PRACTICE EXERCISES

Write sentences as directed.

1 Express disappointment at the following:
   a) someone will not help **(K)**
   b) a company will not increase their discount **(K)**
   c) a supplier cannot meet the required delivery date

2 Give a strong and positive recommendation for the following:
   a) suitability of a company's products **(K)**
   b) reliability of a company's service
   c) suitability of a man for a senior managerial position

LETTER WRITING PRACTICE

1 Complete the following letter from Walter Heath Ltd to Mr Walker of Arthur Bow plc asking for a reference for Arthur Foot, who has applied for the position of Export Manager and has given Mr Walker's name as a reference. **(K)**

WALTER HEATH LTD

21 Cowslip Way, Exeter,
Devon DE2 7CL

Mr Walker
Arthur Bow
16 Tooth Way
Littlehampton
West Sussex BN4 8LD

Your ref:
Our ref: HH/CL

(1) ....

Dear Mr Walker

Mr Arthur Foot has applied (2) .... and has given (3) ....
We would be grateful if you could let us have (4) .... We are particularly interested in appointing someone with (5) ....
Any information that you give will, of course, (6) ....

Yours sincerely

H Henry

H HENRY
Personnel Director

2 Write a reference for Mr Foot from Mr Walker (see Letter 1 above). Further information on Mr Foot is in Exercise 3 on page 96. **(K)**

3 Write a letter from M Arnaud (17 rue d'Angleterre, Rouen, France) to F Pullen (Personnel Director, Garden Products plc, 17 Harbour Way, Newhaven, Sussex), asking for a reference for Mary Foster, who has applied for the post of Senior Research Chemist with their company. (Remember to ask about her knowledge of French!)

Pair work

a) Write a letter from an English or American company to your own asking for a reference for you. (Invent the job you have applied for.)
b) Take your friend's letter and write a suitable reference for him. It doesn't have to be a good reference!

26 JOB APPLICATIONS

AIMS

A Rejecting an application.
B Calling an applicant for interview.
C Writing an official letter of appointment.

WE'VE RECEIVED 425 APPLICANTS FOR THE JOB!
WELL YOU'D BETTER PREPARE 419 LETTERS OF REJECTION, BECAUSE I'M ONLY INTERVIEWING SIX.
VIDEO ENTERPRISES

A

VIDEO ENTERPRISES
44 Randolph Square, London EC1 4BE

Your ref:
Our ref: CD/YM

Ms Edith Roberts
6 Carlswood Street
Redhill
Surrey

20 September 1986

Dear Ms Roberts

Thank you for your recent application for the post of personal assistant/secretary.

I have read your letter and curriculum vitae with much interest but am sorry to tell you that on this occasion you have not been *selected for interview. We have had a very large number of applications and have been able to identify several *candidates whose background and experience are more closely matched to our specific requirements than your own.

With many thanks for your interest and for the time you have taken in forwarding your application.

Yours sincerely

Cynthia Dryden

CYNTHIA DRYDEN

THE LETTERS

Rejecting an application

This is a reply to Letter A in Unit 24.

1 Has Ms Roberts' application been successful? **(K)**

2 Why has she not been asked for an interview? **(K)**

B

VIDEO ENTERPRISES
44 Randolph Square, London EC1 4BE

Your ref:
Our ref: CD/YM

Ms Edith Roberts
6 Carlswood Street
Redhill
Surrey

23 September 1986

Dear Ms Roberts

Thank you for your recent application for the post of personal assistant/secretary.

I should like to take your application a stage further and would be pleased if you could come for an interview at 32 Eccleston Square at 2.30 p.m. on 29 September. I would be grateful if you could let me know as soon as possible, preferably by telephone, whether this would be *convenient.

I look forward to hearing from you and to meeting you on Monday.

Your sincerely
Cynthia Dryden

CYNTHIA DRYDEN

26

Calling a candidate for interview

1 When is Ms Roberts' interview? **(K)**

2 How should she confirm that the time and date are convenient? **(K)**

Letter of appointment

This would be sent to the successful applicant after the interview.

1 Has Ms Roberts definitely been offered the position? **(K)**
2 What form is enclosed? **(K)**
3 When should she begin her new job? **(K)**

C

VIDEO ENTERPRISES
44 Randolph Square, London EC1 4BE

Ms Edith Roberts
6 Carlswood Street
Redhill
Surrey

Your ref:
Our ref: JB/CL

30 September 1986

Dear Ms Roberts

Further to your recent interview, I am pleased to offer you the position of personal assistant to the Chief Executive of Video Enterprises at a salary of £9,500*p.a.

This offer is made *subject to a medical examination.

Other conditions of your employment are set out in the enclosed booklet: 'Employment at Video Enterprises'.

To indicate your formal acceptance of this offer, would you please sign the enclosed form and return it to me.

We would like you to commence employment on 10 October. Please report to reception at Video Enterprises Head Office, 44 Randolph Square, London EC1 4BE at 9.30 a.m.

I would like to take this opportunity to welcome you to Video Enterprises and look forward to meeting you again in October. Please do not *hesitate to contact me if there are any points you would like to discuss.

Yours sincerely
John Biggins

JOHN BIGGINS
Director of Personnel

26

LANGUAGE FOCUS

1 Refusing an application (i.e. informing of a refusal)

> I am sorry to inform you that (on this occasion) (. . . you have not been selected for interview).

2 Offering (formal)

> I am pleased to offer you (. . . the position of personal assistant).

cf. Unit 3

3 Formal welcome (also thanking, congratulating, etc.)

> I would like to take this opportunity to { welcome you to . . . / thank you for . . . / congratulate you on . . . }

4 Expressing willingness to provide extra information or help

> Please do not hesitate to contact/write to me if (. . . there are any points you would like to discuss).

PRACTICE EXERCISES

Write sentences as directed.

1 Inform people of the following:
   a) their application has been unsuccessful. **(K)**
   b) they have not been recommended for appointment by the board.
   c) their grant application has been unsuccessful.
   d) they are not *eligible for an end-of-contract *gratuity.

2 Formally offer the following positions:
   a) export director. **(K)**
   b) senior secretary.
   c) clerical assistant.

3 Formally welcome, thank or congratulate (as appropriate):
   a) Welcome – to Hightec Electronics plc. **(K)**
   b) Thank – for help. **(K)**
   c) Congratulate – on winning the Hightec Award for Electronics. **(K)**

4 Express willingness to provide the following:
   a) further information. **(K)**
   b) further opportunity to discuss the plans in greater detail. **(K)**
   c) more detailed information.

LETTER WRITING PRACTICE

26

1. Complete this letter of rejection from Walter Heath Ltd to Arthur Foot, who has applied for the position of Export Manager but has not been selected for interview. **(K)**

WALTER HEATH LTD

21 Cowslip Way, Exeter,
Devon DE2 7CL

Arthur Foot
116 Rockway Hill
Worthing
Sussex

Your ref:
Our ref: HH/CL

(1) ....

Dear Mr Foot

Thank you for your (2) ....

I have read your letter and curriculum vitae (3) .... but am sorry (4) .... We have had a large number of applications and have been able (5) ....

With many thanks for (6) ....

Yours sincerely

H HENRY
Personnel Director

2 Write a letter from Walter Heath Ltd calling Arthur Foot for interview. He has applied for the position of Export Manager. **(K)**

3 Mr Foot has a successful interview. Write a formal letter of appointment for Walter Heath Ltd. His salary will be £13,000. He must start work at the Head Office at 9.00 a.m. on a date to be chosen by you. **(K)**

4 Write a letter from A.M. Trucks Inc. (199 Wadi Avenue, Riyadh) to M Storey (21 Wilkins Walk, Colchester, Essex EF2 1ML). Mr Storey has applied for the position of Senior Translator but has not been selected for interview because of his lack of experience in commercial translation.

5 Write a letter from A.M. Trucks Inc. (199 Wadi Avenue, Riyadh) to Colin Wardle (83 Rooster Way, Durham City, Durham). Mr Wardle has also applied for the post of Senior Translator and the letter is to call him for interview at the Mayflower Hotel, London WC1 2MC.

6 Mr Wardle has had a successful interview. Write a formal letter of appointment from A.M. Trucks Inc. The salary will be £10,400 p.a. and you can include details on contract length, medical insurance, air fares and accommodation.

Pair work

a) Write a letter of application for a job you would like to have.
b) Take your partner's letter and either write a letter of rejection, or one calling him for interview.

27 HOTEL RESERVATIONS

AIMS

A Writing a letter making a *reservation.

B Writing a letter confirming a reservation.

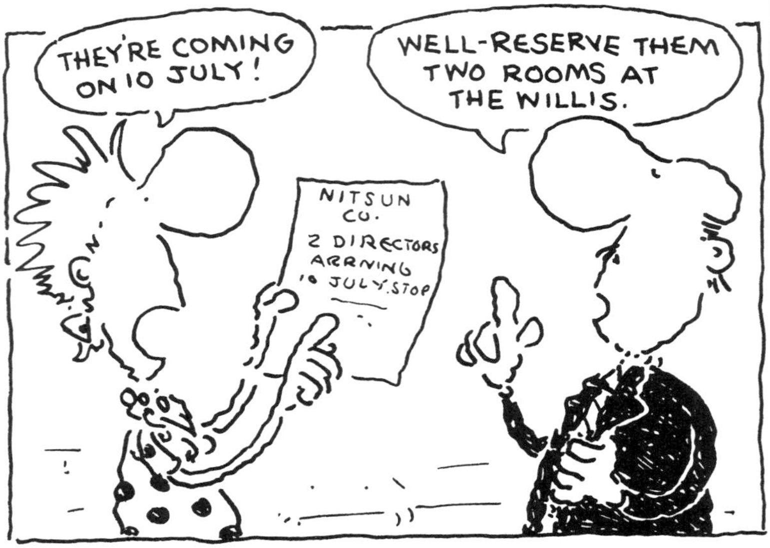
THEY'RE COMING ON 10 JULY!
NITSUN CO.
2 DIRECTORS ARRIVING 10 JULY. STOP
WELL-RESERVE THEM TWO ROOMS AT THE WILLIS.

A

Wallford Engineering Plc,
21 Toot Road, London E.C.6

Willis Hotel
6 Dollis Avenue
London W.3

Your ref:
Our ref: MH/CF

2 July 1986

Dear Sirs

Two senior directors of the Nitsun Company of Japan will be visiting our London Headquarters next week.

Could you please reserve two single rooms with showers for 3 nights from 10 to 12 July? The directors will require *continental breakfast served in their rooms and particularly want to be on the top floor overlooking the Park. We expect them to arrive at the hotel at about 6.00 p.m.

We look forward to your confirmation by return.

Yours faithfully

Mary Hammond

MARY HAMMOND
Personal Assistant

THE LETTERS

Making a reservation

1 Why will the directors be staying in London? **(K)**

2 Where will the directors be staying in London? **(K)**

3 When will the directors probably arrive at the hotel? **(K)**

B

Confirming a reservation

1 Have the rooms been reserved? **(K)**

2 Why are the rooms not on the top floor? **(K)**

Willis Hotel

6 Dollis Avenue, London W3
Tel: 01-378 2166

Ms M Hammond
Wallford Engineering PLC
21 Toot Road
LONDON E.C.6

Your ref: MH/CF
Our ref: JK/CL

4 July 1986

Dear Ms Hammond

Thank you for your letter of 2 July.

We are pleased to confirm that we have reserved two single rooms with showers from 10 to 12 July. The rooms have an excellent view over the park but are, unfortunately, on the second floor, as all our top floor rooms are fully *booked for the whole of July.

We look forward to welcoming your guests at about 6 p.m. on 10 July and can assure you that we will do everything possible to make their stay in London enjoyable.

Yours sincerely

John King

JOHN KING
Manager

LANGUAGE FOCUS

1 Expressing reason (for not providing exact requirements)

(The rooms are) unfortunately (on the second floor) *as* (all our top floor rooms are fully booked for the whole of July).

As (= *because*) is a little more formal than *because*.

2 Expressing strong probability

We expect them to arrive at the hotel at about 6 p.m.

Note: Without changing the meaning, we could write:

They will probably arrive
They should arrive } at about 6 p.m.

However, *expect* is usually a little stronger (= more certain).

27

PRACTICE EXERCISES

Write sentences as directed.

1 Give reasons for supplying the following facilities which were not the exact ones asked for:

	Facility provided	Reason
a)	single rooms	all double rooms fully booked
b)	room on the first floor	no bedrooms on the ground floor
c)	room only available from 1 April	we are closed from December to March
d)	car must be parked in the street	no garage space available
e)	room overlooks the industrial estate	all rooms with a sea view fully booked

(K)

2 Express the strong probability of the following happening:

a) consignment – arrive on 21 June. **(K)**
b) goods – despatched early next week.
c) cost – be approximately £817.
d) *representative – depart 10 July.
e) production – begin next month.

LETTER WRITING PRACTICE

1 Complete the letter opposite from the National Electronics Company of Portugal requesting a reservation at the Willis Hotel for the Managing Director, his wife and the Finance Director. One single and one double room with showers, if possible on the top floor, are needed for the nights of 17 and 18 October. The Managing Director and his party are likely to arrive at about 4.30 p.m. on 17 October. **(K)**

2 Now write the letter of confirmation from the Willis Hotel. Unfortunately the single room is on the fourth floor as all the rooms on the top floor are doubles. **(K)**

3 Write a letter from R B Davies (162 Mehdi Way, Lahore, Pakistan) to the Starlight Hotel (Wogan Avenue, Sydney, Australia). Reserve six single rooms with showers for a group of senior *executives from your company from 17 to 21 April. You also want a small conference room to accommodate up to 20 people from 19 to 21 April and use of the hotel's telex facilities.

NATIONAL ELECTRONICS COMPANY OF PORTUGAL
17 Rua do Ouro, Oporto

Willis Hotel
6 Dollis Avenue
London W.3

Your ref:
Our ref: MR/CF

1 September 1986

Dear Sirs

Our Managing Director, (1) ....
....

Could you please reserve (2) ....
.... If possible (3) ....
They expect (4) ....

We look forward (5) ....
....

Yours faithfully

M RODRIGUES
Personal Assistant to the Managing Director

4 Write a reply to Letter 3 (above) confirming the room reservations and availability of telex facilities. However, the hotel has no suitable conference room so it has reserved a suitable room in the Spring Gardens Hotel, which is only 500 metres away.

5 Write a letter from your own company to the Starlight Hotel (Wogan Avenue, Sydney, Australia) reserving a room for yourself for a week in November. Ask for whatever *facilities you would like!

6 Write a reply from the Starlight Hotel confirming the reservations but saying that they are unable to provide one of the facilities that you have requested.

Pair work

a) Write a letter to any hotel in the world reserving a room with whatever facilities you would like to have.

b) Take your partner's letter and write to him/her confirming the reservation but saying that you are unable to provide the facilities that you (not the hotel) think your partner doesn't really need!

28 INVITATIONS

AIMS

A Sending an invitation (by letter).
B Refusing an invitation.
C Accepting an invitation.

THE LETTERS

Sending an invitation

1 Why is the dinner being held? **(K)**

2 When will the dinner begin? **(K)**

3 Has the Corporation reserved a hotel for Mr Williams? **(K)**

A

THAI MOTOR CORPORATION
11 Thong Road, Bangkok, Thailand

Mr C Williams
Basil Williams PLC
17 Shooters Walk
Derby DB6 2LD
England

Our ref: WT/CM
Your ref:

Dear Mr Williams

10 July 1986

We are organising a special *reception and dinner for our overseas clients to mark the twenty-fifth *anniversary of the *founding of our company and we would very much like you to attend. The dinner will be held at the Ashohi Club in Bangkok at 8.00 p.m. for 8.30 p.m. on Monday, 10 November. Dress will be informal.

If you require hotel accommodation in Bangkok please send us a telex or letter and we will make the appropriate reservations.

We very much hope that you will be able to attend our dinner and look forward to meeting you on 10 November.

Yours sincerely

WAN TU
Managing Director

Note: A more formal invitation might be printed on a card.

The Directors of the
Thai Motor Corporation

request the company of

Mr C. Williams

on the occasion of the twenty-fifth anniversary of the foundation of the company at the Ashohi Club, Bangkok on Monday, 10 November 1986 at 8.00 p.m. for dinner at 8.30 p.m.

(Dress – Informal)

R.S.V.P. Wan Tu, Thai Motor Corporation,
11 Thong Road, Bangkok, Thailand.

28

B

BASIL WILLIAMS PLC 17 Shooters Walk, Derby DB6 2LD

Mr Wan Tu
Thai Motor Corporation
11 Thong Road
Bangkok
Thailand

Our ref: CW/CH
Your ref: WT/CM

18 July 1986

Dear Mr Tu

Thank you very much for your invitation to the reception and dinner marking the twenty-fifth anniversary of your company at the Ashohi Club on 10 November.

Unfortunately, I have already agreed to speak at a *conference in Oslo on 10 November and therefore will be unable to attend your dinner.

Please send my apologies to the Directors and tell them that I hope to visit your company during a planned visit to Thailand in February 1987.

Yours sincerely

C. Williams

C WILLIAMS
Managing Director

Refusing an invitation

This is a reply to Letter A.

1 Why is he unable to attend the anniversary dinner? **(K)**

2 When does he hope to visit the company? **(K)**

Note: A very formal reply to the printed card would be:

"Mr Williams thanks the directors of the Thai Motor Corporation for their kind invitation to their twenty-fifth anniversary dinner at the Ashohi Club in Bangkok on 10 November but regrets that he cannot attend due to a *prior engagement in Norway on the same day."

Accepting an invitation

1 Does he intend to go to the dinner? **(K)**

2 How many nights will he spend in Bangkok? **(K)**

Note: A very formal reply to the printed card would be:

"Mr Williams thanks the Directors of the Thai Motor Corporation for their kind invitation to their twenty-fifth anniversary dinner at the Ashohi Club in Bangkok on 10 November and will be delighted to attend."

C

BASIL WILLIAMS PLC 17 Shooters Walk, Derby DB6 2LD

Mr Wan Tu
Thai Motor Corporation
11 Thong Road
Bangkok
Thailand

Our ref: CW/CH
Your ref: WT/CM

18 July 1986

Dear Mr Tu

Thank you very much for your kind invitation to the reception and dinner marking the twenty-fifth anniversary of your company at the Ashohi Club on 10 November.

I would be *delighted to attend and would like you to reserve a single room for me at the Bangkok Palace for the night of 10 November.

I look forward to meeting you on 10 November.

Yours sincerely,

C. Williams

C WILLIAMS
Managing Director

28

LANGUAGE FOCUS

1 Inviting

a) Formal

(The Directors . . .) request the company of (. . . Mr Williams) on the occasion of (. . . the twenty-fifth anniversary . . .) at (. . . the Ashohi) on (. . . 10 November) at (. . . 8.30 p.m.)

b) Less Formal

We are organising (. . . a dinner to mark the twenty-fifth anniversary of our company) and would (very much) like you to attend.

2 Refusing an invitation

a) Formal

(Mr Williams thanks . . .) but regrets that he cannot/is unable to attend due to (. . . a prior engagement).

b) Less Formal

Unfortunately I have already agreed (. . . to speak at a conference in Oslo) and will therefore be unable to attend (. . . your dinner).

3 Accepting an invitation

a) Formal

(Mr Williams thanks (. . . the Directors . . .) for (their) kind invitation to . . . (their . . .) and will be delighted/pleased to attend.

b) Less Formal

I would be delighted to attend (. . . your party on . . .)

PRACTICE EXERCISES

Write sentences as directed.

1 Invite Mr H Hudson formally or less formally (as indicated) to the following:

a)	Reception	– Opening of new factory – Wilton Hotel – 7.00 p.m. – 10 July – Nop Engineering	(Formal)	**(K)**
b)	Dinner	– 10th anniversary of a company	(Informal)	**(K)**
c)	Dinner	– 50th anniversary of P Gower Ltd – Glendower Hotel – 8.00 p.m. – 11 September	(Formal)	
d)	Reception	– Visit of Director of Summa Plastics Inc.	(Informal)	
e)	Dinner	– 25th anniversary of Walter Hill plc – Malthouse Club – 7.30 p.m. – 15 October	(Formal)	
f)	Luncheon	– 20th anniversary of the Playbox Corporation	(Informal)	

2 Refuse invitations to a dinner for the reasons given below. Use formal/informal language as directed:

	Person	**Reason**		
a)	Mr Jones	– meeting in Paris	(Informal)	**(K)**
b)	Mr Jones	– attending a meeting in Manchester at 7.30 p.m.	(Formal)	**(K)**
c)	Ms Watkins	– on a business trip to Brazil	(Informal)	
d)	Miss Slater	– attending a meeting in Madrid	(Formal)	
e)	Mr Robertson	– giving a presentation in London to a group from Japan	(Informal)	

3 Accept the following invitations (formally or less formally, as indicated) received by Mr Rook:

a)	Dinner	– Cumberland Hotel – from Directors of International Clocks Inc.	(Formal)	**(K)**
b)	Reception	– 21 July – Paris Club.	(Less formal)	**(K)**
c)	Luncheon	– Taj Hotel – the Directors of The Metal Company.	(Formal)	
d)	Dinner	– Ambassador Hotel – 3 June.	(Less formal)	
e)	Dinner	– Globe Restaurant – Mr C Turk	(Formal)	

28

LETTER WRITING PRACTICE

1 Complete the following invitation. Mr Friend is being invited to a *banquet to celebrate the 50th anniversary of the Indonesian Import Company. It is to be held at the International Club of Jakarta at 8.15 p.m. (for 9.00 p.m.) on 10 September. Dress will be formal. **(K)**

INDONESIAN IMPORT COMPANY
182 Serang Road, Jakarta, Indonesia

Your ref:
Our ref: HT/hm

Mr A Friend
Woolcat Ltd
17 Beech Road
Woodstock
Oxfordshire, England

21 July 198-

Dear Mr Friend

We are organising (1) ....
to celebrate (2) ....
and we would (3) ....
The dinner will be held (4) ....
at (5) .... Dress (6) ....
....

If you require hotel accommodation in Jakarta please (7) ....
....

We very much hope you will be able to attend our dinner and (8)....
....

Yours sincerely

H TU
Managing Director

2 Rewrite the above invitation more formally. **(K)**

3 Write an informal letter refusing the invitation in Letter 1. Mr Friend is attending a board meeting in London. **(K)**

4 Write a formal refusal to Letter 2.

5 Write an acceptance to Letter 1.

6 Write a formal acceptance to Letter 2.

7 Write a letter from your own company (or one that you know) inviting Mr A Bradman (17 Perth Way, Melbourne, Australia) to the opening *ceremony of your new *headquarters to be followed by a formal dinner. (You provide the details.)

8 Write a letter from Mr Bradman either accepting or refusing the invitation in Letter 7.

Pair work

a) Write a letter from a company in your own country inviting the Managing Director of a British company to a dinner to mark the tenth anniversary of the company.
b) Take your partner's letter and write a polite refusal.

TELEXES AND CABLES

29

If speed is particularly important in an international transaction, it is likely that any firm will use a telex message (or cable) instead of a letter. Cables (telegrams) are both slower and more expensive than telexes so wherever possible telexes are used in international business.

AIMS

A Sending a telex.

B Sending a cable (telegram).

C Sending a letter to confirm a telex or cable.

TELEXES AND CABLES

A

```
337861 MJLBC

  PLEASE QUOTE TWO THOUSAND MV/60 ENGINES
  CIF CAIRO
  YASSAR CAIRO

  2000 MV/60 +?
```

Sending a telex

1 Who has sent the telex? **(K)**

2 What does he want the receiver to do? **(K)**

3 How soon does he want a reply? **(K)**

```
684727 LBCFD

  CONFIRM RECEIPT ORDER MD/43672
  WILL DESPATCH CIF LONDON SOONSETXXXXX
  SOONEST
  NINN TOKYO

  MD/43672 ++
```

4 Who will send the order to London? **(K)**

5 When will the order (= goods) be sent? **(K)**

6 What does XXXXX show? **(K)**

B

```
WONSET BOMBAY

FIONA WILSON ARRIVING BOMBAY
12 JUNE P M   BA321  PLEASE MEET
STOP  PLEASE CONFIRM SOONEST

FLUHEN LONDON
```

Sending a cable (telegram)

1 When is Fiona Wilson arriving in Bombay? **(K)**

2 What is her flight number? **(K)**

3 What must be confirmed? **(K)**

29

Writing a letter to confirm a telex or cable

Important messages, such as those involving a financial or legal *commitment, should be confirmed by letter.
Below is written confirmation of the telex on page 113, sent from Tokyo.

1 Why is a copy of the telex enclosed? **(K)**

2 Why is the word 'hope' used? **(K)**

C

J NINN, 183 Osaka Way, Tokyo

L Benn PLC
23 Angel Road
London SE6 32F

Your ref: ML/DF
Our ref: JK/LD

21 January 1986

Dear Sir or Madam

Order MD/43672

We confirm our telex of 20 January, a copy of which is enclosed.

We are now packing your order and hope to arrange for it to be shipped before 25 January.

We are pleased that you have now become one of our regular customers and look forward to receiving your next order.

Yours faithfully

J Koruko

J KORUKO
Sales Manager

Enc: 1

LANGUAGE FOCUS

Layout

The Telex

A

*Answerback code (Receiver's) →	337861 MJLBC
Information/message →	PLEASE QUOTE TWO THOUSAND MV/60 ENGINES CIF CAIRO
Sender's name →	YASSAR CAIRO
*Collation →	2000 MV/60 +?

+? = reply, confirm or a new message will be sent
++= end of message (no immediate reply or confirmation needed)
XXXXX (e.g. HUTXXXXX HATS) shows an error

The Cable (telegram)

B

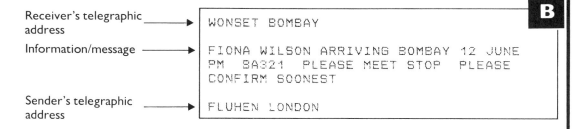

Receiver's telegraphic address →	WONSET BOMBAY
Information/message →	FIONA WILSON ARRIVING BOMBAY 12 JUNE PM BA321 PLEASE MEET STOP PLEASE CONFIRM SOONEST
Sender's telegraphic address →	FLUHEN LONDON

Note: 'stop' is used in place of a full-stop.

SPECIALISED LANGUAGE

When sending cables and telexes it is important to use as few words as possible. This is especially important with cables as the charges are based on the number of words sent. Telex charges are based on the time taken to send a message and therefore economy of words is not quite so important. However, it is very important to send clear messages and any specialised or *abbreviated forms must not be confusing.

1 *Omission of words

1.1 It is common in sending cables and telexes to omit articles (e.g. *the*), pronouns (e.g. *he*, *it*) and prepositions (e.g. *in*, *at*). Therefore, the message:

> *We* will despatch *the* two machines *on* 2 July.

becomes:

> WILL DESPATCH TWO MACHINES JULY SECOND.

1.2 Participles (e.g. *despatched*, *awaiting*) are frequently used to replace whole clauses (e.g. *which we received yesterday*).
So:

> Could you please replace the goods *which were damaged*?

becomes:

> PLEASE REPLACE *DAMAGED* GOODS

1.3 Other omissions may be made e.g. replacing clauses with nouns or omitting auxiliaries (e.g. *will*, *have*). However, this must only be done when the message will not become confused.

2 **Use of abbreviations or reduced forms**
In both cables and telexes reduced or abbreviated forms can be used, but it is important that only standard abbreviations are used. Here are a few of the most frequently used ones.

SOONEST	= as soon as possible
LOWEST	= your lowest price
B/E	= bill of exchange
ETA	= expected/estimated time of arrival
OK	= we agree
OK?	= do you agree?
RPT	= repeat
CIF	= cost, insurance, freight
COD	= cash on delivery
B/L	= bill of lading
L/C	= letter of credit

There are also a number of more specialised telex forms such as RAP = 'I shall call you back', and anyone making regular use of a telex should obtain a full list of currently accepted forms from his telex company.

3 **Use of words not figures**

e.g. £2000 TWO THOUSAND POUNDS STERLING
27 kg. TWENTY-SEVEN KILOGRAMS

4 **Repetition of very important or surprising information**

e.g. 200 TWO HUNDRED
DO NOT REPEAT DO NOT DESPATCH

PRACTICE EXERCISES

Change the following into suitable telex or cable messages:

1 We will send the 200 machines on 3 July. **(K)**

2 Could you please send us a copy of the invoice as soon as possible? **(K)**

3 Please advise us of your expected time of arrival in London. **(K)**

4 The order which you asked for yesterday has been despatched by British Airways today on flight BA321. **(K)**

5 Please advise us of the date on which you will be arriving in Baghdad. **(K)**

6 Please quote us your lowest price for 3000 nylon shirts. **(K)**

7 John Watts Limited have asked for payment by a Letter of Credit. **(K)**

8 We regret that we are unable to supply your order until the end of September. **(K)**

9 Unless we receive a satisfactory reply from you by 1 August we shall instruct our solicitor to commence legal proceedings against you. **(K)**

10 When order MV/72163 arrived we found that crate number 16 was very badly damaged. Please air freight replacements as soon as possible. **(K)**

TELEXES, TELEGRAMS AND LETTER WRITING PRACTICE

1 Complete the following telex. The sender cannot supply item ML61 but is able to *substitute item ML61E. He wants to know immediately whether this will be acceptable. **(K)**

```
263171 FL NP B

UNABLE (1) ___________________________ ORDER FD/7642

(2) _______________________________ PLEASE (3) ____

________________________

HOUSEMAN NEWCASTLE

(4) ____________________
```

2 Now send an immediate reply to the telex above, accepting the offer. **(K)**

3 Complete the following telegram from L Sahli (Cairo) requesting Flaxton Industries (Mansfield) not to ship order FL/73216 until further shipping instructions have been received. The new instructions will follow as soon as possible. **(K)**

```
FLAX MANSFIELD

DO (1) ________________________________________ STOP

NEW (2) ______________________________________________

(3) __________________________
```

4 Write a confirmation of the above telegram. Give reasons for your request and say when you expect to cable the new instructions.

5 Write a telex from your company (or one that you know) asking for a quotation for 100 each of 3 different items (e.g. typewriters, desks and filing cabinets).

6 Send a telex in reply to the above (question 5).

7 Send a telex from your company (or one that you know) informing a British importer that his order has been shipped (remember to state where the documents have been sent).

Pair work

a) Send a telex from your own company complaining that all the items that you received on your last order from a British firm were badly manufactured. Demand either a complete refund or immediate replacement of all the items.

b) Take your partner's telex and send a reply. Say that you are sorry that your customer is not satisfied with the goods but that they were manufactured to normal British standards. Refuse to give a refund or send replacements.

(You can continue the dispute by sending further telexes or letters, if you wish.)

30 REVISION (UNITS 21 – 29)

1 a) Complete the blank Letter of Credit opposite using the following information:

An importer, The Nigerian Sports Company (21 River Avenue, Lagos, Nigeria) wishes to open an Irrevocable Letter of Credit in favour of Jollyfun plc (313 Oakfield Way, Northampton, England). It has instructed the National Bank of Nigeria to open a credit for £3600 drawn on Barclays and available for Jollyfun's drafts at sight for the 100% c.i.f. value of an order for 50 large plastic swimming pools to be shipped from Liverpool to Lagos before 10 February 198–. Partshipment and transhipment are not allowed. The credit must be presented by 28 February.

Documents needed are:
Invoice in triplicate
Full set of Bills of Lading
Insurance Certificate

b) Now write a letter from Barclays International to Jollyfun plc advising them that the credit has been opened.

c) Write a letter from Jollyfun plc to the Nigerian Sports Company advising them that the order (F/739281) has been despatched in 4 crates marked NIG SPORT LAGOS and numbered 1 to 4. The swimming pools left Liverpool on 30 January on M/VPUFFIN, which is due in Lagos on 21 February.

d) Write a letter from the Nigerian Sports Company to Jollyfun plc complaining that when they inspected order F/739281 on its arrival in Lagos 12 of the swimming pools were badly damaged. The agent's report is enclosed and the Company want Jollyfun to airfreight replacement pools and make an insurance claim on their behalf. The insurance certificate number is FL/732222.

2

EXPERIENCED SALES REPRESENTATIVE

required for our expanding Central London office. Applicants must have a car and smart appearance. Good salary and commission. Applications by telephone or in writing to Michael Pullen, Roger Lewis Ltd, 19 Hull Way, Colchester, Essex.
0206-396248

(*The West London Examiner* – 10 August)

a) Write a letter of application for the above post from yourself or a friend.
b) Write a letter to one of the referees in the letter of application requesting them to give a reference for the applicant.
c) Now write a letter calling the applicant for an interview at 2.30 p.m. on Thursday, 29 August.
d) Finally, write the applicant a letter of appointment asking him/her to start on 1 October.

30

BARCLAYS International

168 Fenchurch Street, London, EC3P 3HP.

DOCUMENTARY CREDITS DEPARTMENT

date 20th July 19..

SPECIMEN

IRREVOCABLE CREDIT No:- FDC/2/6789

To be quoted on all drafts and correspondence.

Beneficiary(ies)	Advised through
Accreditor	To be completed only if applicable Our cable of Advised through Refers

Dear Sir(s)

In accordance with instructions received from
we hereby issue in your favour a Documentary Credit for
(say) available by your drafts
drawn on

at sight
for the invoice value, accompanied by the following documents:-

Covering the following goods:-

To be shipped from to

not later than

Partshipment Transhipment

The credit is available for until

Documents to be presented within 21 days of shipment but within credit validity.

Subject to Uniform Customs and Practice for Documentary Credits (1974 Revision.) I.C.C. Publication No. 290

Drafts drawn hereunder must be marked "Drawn under Barclays Bank International Limited 168 Fenchurch Street London branch, Credit number FDC/2/6789 "

We undertake that drafts and documents drawn under and in strict conformity with the terms of this credit will be honoured upon presentation.

Yours faithfully,

Co-signed (Signature No. 9847) Signed (Signature No. 10247)

CRE 202 (replacing CRE 83, 606 series) PLEASE SEE REVERSE

30

3

The Directors of the
Boxit Cardboard Company

request the company of

Mrs. L. Karemi

at
the Imperial Hotel, Nottingham
on Wednesday, 20 June
at 1.00 p.m. for luncheon
on the occasion of the opening
of their new Midlands headquarters

(Dress – Informal)

R.S.V.P. Miss R Rule, Boxit Cardboard Company
21 Ridge Road, Nottingham

a) Write an informal acceptance of this invitation.
b) Write a letter from Mrs L Karemi (21 St Marco Road, Nicosia, Cyprus) to the Robin Hood Motel (Nottingham), asking for a single room (with shower and TV) to be reserved for her for the nights of 19 and 20 June. She wants a room on the top floor, overlooking Sherwood Forest.
c) Write a reply from the Robin Hood Motel. Confirm the reservation but say that all the top floor rooms overlook their garden, not Sherwood Forest, so they have reserved her a room on the third floor.
d) Send a telex from Mrs Karemi, requesting *cancellation of the booking for 19 June and changing the single to a double room for 20 June. (Mr Karemi is also coming.)
e) Send a telex from the Robin Hood Motel, confirming the cancellation and room change.

Note: There are no model answers for these revision exercises and you are strongly advised to ask a friend to check your letters if you do not have a teacher. However, if you are unable to get help, you can check the letter content and style against the sample letters as follows:

Letter 1a) with Unit 21 Letter **B**	The Letter of Credit	p.	79
Letter 1b) with Unit 21 Letter **C**	Advice of opening of Letter of Credit	p.	80
Letter 1c) with Unit 22 Letter **B**	Advice of despatch	p.	85
Letter 1d) with Unit 23 Letter **B**	An insurance claim	p.	90
Letter 2a) with Unit 24 Letter **C**	Letter of application	p.	94
Letter 2b) with Unit 25 Letter **A**	Requesting a written reference	p.	97
Letter 2c) with Unit 26 Letter **B**	Calling a candidate for interview	p.	101
Letter 2d) with Unit 26 Letter **C**	Letter of appointment	p.	101
Letter 3a) with Unit 28 Letter **C**	Accepting an invitation	p.	109
Letter 3b) with Unit 27 Letter **A**	Making a reservation	p.	104
Letter 3c) with Unit 27 Letter **B**	Confirming a reservation	p.	105

ANSWER KEY

THE LETTERS

A

1 S Bowen
2 *The Times*, 16 May 1984
3 full details, samples and prices of the promotional gifts

B

1 Borg Corporation, 10 Oslo Avenue, Malmo, Sweden
2 He wants a catalogue and some information on trade discounts and guarantees.
3 two years

PRACTICE EXERCISES

1 a) With reference to your advertisement in last Monday's *Daily Mail*...
2 a) (Could you) / (Would you) } please send me a catalogue and price-list.
3 a) I would like to know whether the price includes delivery charges.

LETTER WRITING PRACTICE

1 (1) 35 Whitehall, London SW1
(2) reference Our reference: MS
(3) today's date
(4) Sirs
(5) reference to your advertisement in
(6) please send me full details and prices
(7) your flights to Kuala Lumpur
(8) faithfully

3

My Company
My Address

Fidelity
8,10,12 Hornsby Square
Southfields Ind. Park
Laindon

Your ref:
Our ref: MN/†MS

Today's date

Dear Sirs

With reference to your advertisement in (yesterday's) edition of the Sunday Times , would you please send me your colour brochure with full details and some samples of your quality print packages. I would also like to know whether you can arrange air freight to ...

Yours faithfully

MY NAME
My position

†MS = my secretary

2 ANSWER KEY

THE LETTERS

A

1. Mary Hardy
2. S Bowen
3. Manhattan-Windsor's new brochure, price-list and samples of promotional gifts

B

1. L Waters
2. The Borg Corporation
3. The Borg Corporation wants an order from Thomas Green Ltd.

PRACTICE EXERCISES

1 a) Thank you for your letter of 16 June.
2 a) Thank you for your letter of 19 May inquiring about the price of our gold pens . . .
3 a) We have pleasure in enclosing (sending) our new price-list.
4 a) We (I) look forward to receiving your first order.
b) We (I) look forward to hearing from you.

LETTER WRITING PRACTICE

1
(1) Marketing Manager, Downland Fuels Ltd, Lake Road, Southampton, Hampshire.
(2) reference SB/MT
(3) reference MW/MC
(4) Today's date
(5) Ms Blackmore
(6) you for your letter inquiring about our re-usable envelopes.
(7) in enclosing our price-list, brochure and a sample envelope.
(8) look forward to
(9) from you
(10) sincerely
(11) Sales Manager (or other)
(12) 3

2

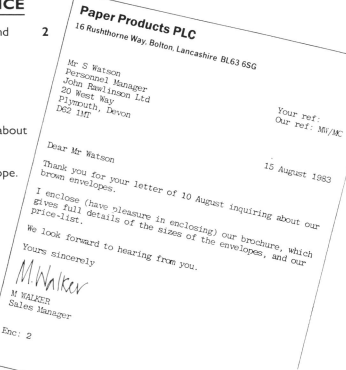

Paper Products PLC
16 Rushthorne Way, Bolton, Lancashire BL63 6SG

Mr S Watson
Personnel Manager
John Rawlinson Ltd
20 West Way
Plymouth, Devon
D62 1MT

Your ref:
Our ref: MW/MC

Dear Mr Watson

15 August 1983

Thank you for your letter of 10 August inquiring about our brown envelopes.

I enclose (have pleasure in enclosing) our brochure, which gives full details of the sizes of the envelopes, and our price-list.

We look forward to hearing from you.

Yours sincerely

M.Walker

M WALKER
Sales Manager

Enc: 2

ANSWER KEY 3

THE LETTERS

A

1 the new Plastica range model cars
2 5 per cent
3 a copy of Millways 1985 catalogue

B

1 the new range of Plastica cars
2 at the back of the catalogue
3 because he started the letter 'Dear Sir'

PRACTICE EXERCISES

1 a) I/We would particularly like to draw your attention to our new L60 model.
2 a) We are offering/can offer free delivery in the London area.
3 a) We hope that you will be pleased with the enclosed samples/samples we are sending you.

LETTER WRITING PRACTICE

1
(1) (Today's date)
(2) M Leblanc
(3) pleased to enclose/send you
(4) details (and prices)
(5) like to draw your attention
(6) illustrated/described
(7) are able/can offer you/are offering
(8) (all) orders
(9) you will like/be pleased with our catalogue
(10) forward to receiving your order/ serving you in the coming year
(11) sincerely
(12) I

2

Millways Toys Ltd
10 Horndean Way, Bristol BS2 6CS

My Name
My Address

Your ref:
Our ref: MN/MS

Dear My Name

today's date

I enclose a copy of our latest catalogue and price list.

I would (particularly) like to draw your attention to our new range of plastic animals (specially produced) for small children.

We can offer you a special discount of 10% on all orders above £500.

We (hope you are pleased with our catalogue and) look forward to receiving your first order.

Yours sincerely

Don Young

DON YOUNG
Sales Manager

4 ANSWER KEY

THE LETTERS

A

1. the samples
2. cannot be stopped/changed
3. an invoice sent to a buyer who has to pay for goods before they are sent
4. an Irrevocable Letter of Credit

B

1. Manhattan-Windsor's
2. catalogue reference
3. by banker's draft

PRACTICE EXERCISES

1 a) I/We would like/are pleased to place the following order:–
  30 Z 500 Beds (Cat.Ref. 16732 H)
  120 LD Chairs (Cat.Ref. 17894 D)

2 a) We will open a Letter of Credit as soon as we receive your pro forma invoice.
  b) We will pay for the goods by Sterling cheque within 30 days from the date of delivery.

LETTER WRITING PRACTICE

1

(1) Our ref.
(2) 198–
(3) Sirs
(4) you for your letter
(5) would like to place the following
(6) Ref.
(7) Ref.
(8) pay for the goods
(9) order
(10) from the date of delivery
(11) faithfully

2

A.J. Wadekar, 212 Shastri Street
Bombay, India

H Priston plc
88 West Road
Norwich
Norfolk

Your ref:
Our ref:

(Today's date)

Dear Sirs,

Thank you for your catalogue (which we have studied carefully).

We enclose our official order and will open an irrevocable Letter of Credit in your favour as soon as we receive your pro forma invoice.

We require delivery of the goods by ________ (two months from today).

Yours faithfully

H. Wadekar

H. WADEKAR
Purchasing Director

Enc: 1

ANSWER KEY

5

THE LETTERS

A

1 Redways Ltd
2 Redways Ltd
3 when Manhattan-Windsor receive the banker's draft
4 the pro forma invoice

B

1 by air (British Caledonian Airways)
2 = Redways Ltd
3 air way-bill, insurance certificate and invoice for freight and insurance

PRACTICE EXERCISES

1 a) We are pleased to acknowledge receipt of your order of 22 June for 3000 X20 clocks.
b) We are pleased to acknowledge receipt of your letter of 20 July, which is receiving attention.

2 a) We are pleased to advise you of the despatch of your order number ML.1627; *or*
We are pleased to advise that your order number ML.1627 was despatched . . . (e.g. by British Airways).

LETTER WRITING PRACTICE

1
(1) DP
(2) today's date
(3) Sirs
(4) pleased to advise you of the
(5) order number ML/D6320
(6) transport/air freighting to London by Air India
(7) air way-bill
(8) insurance certificate
(9) invoice for
(10) receiving your next order/further orders from you
(11) faithfully
(12) 3

2

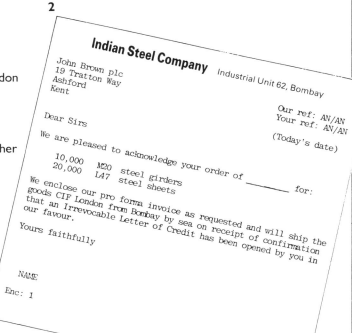

Indian Steel Company Industrial Unit 62, Bombay

John Brown plc
19 Tratton Way
Ashford
Kent

Our ref: AN/AN
Your ref: AN/AN

(Today's date)

Dear Sirs

We are pleased to acknowledge your order of ________ for:

10,000 M20 steel girders
20,000 L47 steel sheets

We enclose our pro forma invoice as requested and will ship the goods CIF London from Bombay by sea on receipt of confirmation that an Irrevocable Letter of Credit has been opened by you in our favour.

Yours faithfully

NAME

Enc: 1

6 ANSWER KEY

THE LETTERS

A

1 no
2 details (of special trade discounts)
3 He uses the phrases 'required urgently' and 'without further delay'.

B

1 twice, as well as this letter of 21 August
2 at once, by the next post
3 He will ask another company to supply his order.

PRACTICE EXERCISES

1 a) I should be grateful if you could send your latest catalogue by return; *or*
The catalogue is required urgently and I should be grateful if you could send it without further delay.
b) I should be grateful if you could reply to my last letter by return/without further delay.

2 a) If we do not receive a reply to our enquiry by return we will be forced to cancel our last order.
b) If you do not send us details of your discounts by return/next Friday, we will be forced to approach an alternative supplier.

LETTER WRITING PRACTICE

1
(1) JH
(2) you a letter
(3) your (latest) price-list
(4) not yet received a reply/it
(5) is required/needed urgently
(6) should be grateful if you could send it without further delay/by return.
(7) faithfully

2

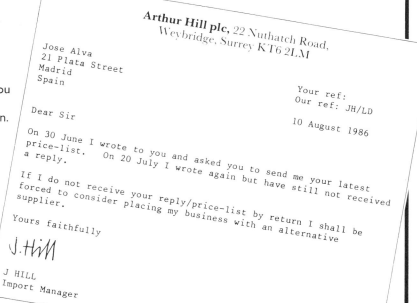

Arthur Hill plc, 22 Nuthatch Road,
Weybridge, Surrey KT6 2LM

Jose Alva
21 Plata Street
Madrid
Spain

Your ref:
Our ref: JH/LD

10 August 1986

Dear Sir

On 30 June I wrote to you and asked you to send me your latest price-list. On 20 July I wrote again but have still not received a reply.

If I do not receive your reply/price-list by return I shall be forced to consider placing my business with an alternative supplier.

Yours faithfully

J.Hill

J HILL
Import Manager

ANSWER KEY 7

THE LETTERS

A

1 5 August
2 'a number of staff' being 'off sick'
3 a) staff off sick
b) staff taking 'annual holiday'

B

1 the letter of 3 August
2 because Loot Mills have moved their main office
3 Loot Mills

PRACTICE EXERCISES

1 a) We must apologise for not replying to your enquiry of 3 July.
b) We sincerely apologise for the delay in sending you our price-list (which you requested on 4 September).

2 a) Staff absences have resulted in delays to deliveries.
b) Bad weather has resulted in late deliveries.
c) Shortages of clerical staff have resulted in long delays in replying to enquiries.

3 a) I can assure you that there will be no similar errors in future.
b) I can assure you that a similar mistake will not be allowed to occur again.

LETTER WRITING PRACTICE

1
(1) Loot Mills
(2) Leeds
(3) England LE2 6MD
(4) JW
(5) Sir
(6) very much for your
(7) which we received
(8) apologise for the delay in sending the pro forma invoice you requested
(9) this has resulted in unavoidable delays (in sending out invoices and accounts)
(10) the pro forma invoice
(11) that we will despatch your order as soon as possible *or* that there will be no similar delays in the future
(12) faithfully

2

My Company
My Address

The Manager
Loot Mills
Leeds
England LE2 6MD

Your ref:
Our ref:

Today's date

Dear Sir or Madam

Thank you very much for your letter of ______________

I sincerely apologise for the delay in replying to this and to your letter of ______________, requesting a quotation for the supply of ______________. Our main offices have just been redecorated and this has resulted in considerable delay in replying to enquiries from our customers. The redecoration has now been completed and we can assure you that there will be no similar delays in the future.

The quotation you require is enclosed and we hope that you will decide to place your order with us.

Yours faithfully

MY NAME
My position

Enc: 1

8 ANSWER KEY

THE LETTERS

A

1 the morning of 16 July 1984
2 8000
3 customers are waiting for them (to be delivered)

B

1 shipping documents (e.g. Bill of Lading, Insurance Certificate)
2 merchant vessel (= ship)
3 12,000
4 because this is the third time that this kind of mistake has been made
5 'this mistake' = short-shipping

PRACTICE EXERCISES

1 a) We need the 100 new engines to complete our orders. *or*
The 100 new engines are required to complete our orders.
2 a) We must ask you to air-freight the additional 2000 cameras by 10 June *or*
It is absolutely essential that you air-freight the additional 2000 cameras by 10 June.
3 a) We ordered 1000 cakes but we have only received 100.
c) We have not received the replacements although they were ordered 3 weeks ago.
4 a) The bicycles are needed next week. Therefore you must send them at once.
b) We are closing our factory in Northern Italy so we will not require any more deliveries of sheet metal after 31 August.

LETTER WRITING PRACTICE

1 (1) 17 Argyle Way
(2) Chelmsford
(3) Essex
(4) England ES1 6DP
(5) today's date
(6) above order was
(7) correct and in good condition except for crate 42
(8) only 400 Halex watches
(9) ordered
(10) 600
(11) are urgently required to complete a special order
(12) we must ask you to
(13) at once/on the next available flight
(14) faithfully

2

H. DECKER, Fall Street, Lagos, Nigeria

Wallace Hooper plc
16 Wannock Street
Poole
Dorset
England

Your ref: -/-
Our ref: -/-

Today's date

Dear Sirs

Order No. ----

We took delivery of the above order this morning.

(Unfortunately) on checking the goods we found that 5000 10cm hooks were missing (although they had been invoiced/entered on the packing list).

The hooks are needed urgently and it is absolutely essential that you ... (air-freight them on the earliest possible flight from London).

This is the fourth error that your company has made in the last eighteen months. If any similar error occurs in future we will be forced to look for an alternative supplier.

Yours faithfully

H Decker

H. DECKER
Manager

ANSWER KEY

9

THE LETTERS

A

1 12,000 pencils were sent instead of 20,000
2 = Air Way-bill, Insurance Certificate, Certificate of Origin, etc.
3 sending the wrong number of pencils

B

1 to the Delos Company in Athens
2 = sending the wrong number of pencils
3 because his company has made three errors

PRACTICE EXERCISES

1 a) We are very (extremely) sorry to learn that 16 of the colour televisions were damaged.
b) We greatly regret that you received the wrong models.

2 a) Please accept our apologies for sending you the wrong engines.
b) Please accept our apologies for the long delays in despatching your orders.

LETTER WRITING PRACTICE

1 (1) Mr Santiago
(2) Thank you for your letter of
(3) very sorry to learn that you have not received the above order.
(4) now been despatched by (British Airways) from
(5) accept our sincere apologies for the inconvenience the delay (error) has caused you.
(6) every effort will be made to ensure that similar delays (errors) do not occur in future.
(7) sincerely

2

WATERMAN PRODUCTS PLC, 161 Rawlings Way
Gloucester GL2 7GH

L Otago
192 Oporto Avenue
Lisbon
Portugal

Our ref: LW/ML
Your ref: AO/AO

Today's date

Dear Mr Otago

Order No: ----

Thank you for your letter of ________. We are extremely sorry to learn that the wrong motors were sent for your XL50 pumps.

The correct motors have now been despatched by air to Lisbon and the documents forwarded under separate cover.

We greatly regret the inconvenience caused by this and the previous three errors and offer our sincere apologies. Our despatch system has been computerised during the last month and we can assure you that similar errors will not occur in future.

Yours sincerely

L. Waterman

L WATERMAN
Export Director

ANSWER KEY

THE LETTERS

A

1. it will double (increase by 100%)
2. because Letters of Credit will be inconvenient with increased business
3. i) Waterson & Roberts Ltd
   ii) Lloyds (Bank)

B

1. to pay monthly
2. they are intending to give them monthly credit of £5000
3. information given about Basil Bush's financial reliability

PRACTICE EXERCISES

1 a) We intend to move our offices to the city centre.

2 a) Any details that you provide will, of course, be treated as strictly confidential/in the strictest confidence.

3 a) We should be extremely grateful if you would give us your opinion of the respectability and standing of the above-named company.

LETTER WRITING PRACTICE

1

(1) Sir
(2) have been purchasing (importing)
(3) for two years
(4) (greatly) increase our (regular orders)
(5) our volume of business with you
(6) (greatly) increase
(7) would like you to supply us on monthly terms (. . . payment against statement within (30) days)
(8) references we can offer . . .
(9) . . . our bankers . . .
(10) look forward (to receiving) your early reply
(11) faithfully

2

M. BROWNING LTD, 22 Oak Lane,
Maidstone, Kent KL6 1HD

Name from Letter 1
Address of Letter 1

Your ref: HE/m
Our ref: /

Dear Sir

Today's date

Your name has been given to us as a reference by .... who have requested us to supply them on (grant them) monthly (trading) terms.

We are proposing to grant them a credit limit of £4000 and should be extremely grateful if you could give us an opinion of their financial reliability.

Any information that you provide will, of course, be treated as strictly confidential.

Yours faithfully

A NAME

THE LETTERS

A
1 Basil Bush Ltd
2 yes
3 £5000

B
1 the arrangement for monthly credit terms payment against statement within 30 days
2 £5000

PRACTICE EXERCISES

1 a) We consider that the price quoted is far too high.
2 a) We are willing to agree to a two months' extension of credit.

LETTER WRITING PRACTICE

1 (1) Sir
(2) enquiring about the financial reliability of
(3) on monthly terms for four years and they have always settled their account promptly/on time.
(4) that a credit limit of £3000 is appropriate *or*
that you can extend them monthly credit up to a limit of £3000.
(5) this information will be of assistance to you.
(6) faithfully

2

L. PIRELLI
162 VIA S. MARIA ANTICA, PISA, ITALY

John Walsh Ltd
217 Houndean Way
Manchester
England M7 2CY

Your ref: /
Our ref: MP/SB

Dear Sir

Today's date

Thank you for your letter of ...... requesting monthly credit terms payment against statement within 60 days.

We are willing to agree to these (credit) arrangements which can start immediately. The credit limit at any one time should be £3000.

We are pleased that your customers are satisfied with our products and look forward to supplying you in the coming year.

Yours faithfully

G Pirelli

G PIRELLI
Sales Director

13 ANSWER KEY

THE LETTERS

A
1 no
2 to act with great caution (very carefully) and set a credit limit of £500
3 he doesn't want Basil Bush to know what he has said

B
1 because Basil Bush Ltd intend to increase their orders
2 = the request for credit
3 Letter of Credit

PRACTICE EXERCISES

1 a) We advise you to refuse to grant them monthly terms.
b) We would advise you to grant a credit limit of £2000.
2 a) We are (unfortunately) unable to agree to your request for an increased credit limit.

LETTER WRITING PRACTICE

1 (1) Sir
(2) for our opinion of the financial reliability of Mr Miguel/for a credit reference for Mr Miguel.
(3) have found that he has frequently delayed the payment (the settlement) of his account.
(4) you to act with the greatest caution and refuse to grant him credit.
(5) This information is, of course, given in the strictest confidence.

2

M L Lewis Ltd,
16 Carlton Way, EXETER, Devon LM6 4DH

Your ref: LB/th
Our ref: RL/fc

Mr S Miguel
63 Rua de Belem
Lisbon
Portugal

Today's date

Dear Mr Miguel

Thank you very much for your letter of ...... requesting monthly trading terms.

We appreciate (understand) that payment by Letter of Credit is inconvenient for you, but are unfortunately unable to grant you monthly terms at the moment. We will review the position in twelve months' time but, until then, we must ask you to continue to pay by the present method.

We look forward to supplying your orders in the coming year.

Yours sincerely

R. Lewis

R LEWIS
Manager

ANSWER KEY

14

THE DOCUMENTS AND LETTER OF REMINDER

A

1 Timeright Watches plc
2 J R Gomez
3 10%
4 Cost including freight and insurance (to Newhaven)
5 £3894.04
6 a) = If the invoice is paid within 30 days there is an additional discount of 2½%.
   b) = Merchant Vessel or Motor Vessel (= ship) Atlas
   c) = The goods are packed in one case marked C6/182/14.

B

1 4
2 £8825.04
3 1 May 1986

1 = Timeright Watches plc's.
2 the account
3 He may have paid but Timeright Watches plc have not received the payment.

PRACTICE EXERCISES

1 a) We would like to remind you that your January account has not been settled.
2 a) If you have sent the cheque during the last week, please disregard this letter (reminder).
   e) If you have settled the account since this reminder was written, please disregard it.

DOCUMENTS FOR COMPLETION

1 **Invoice**

(1) L Leblanc
63 rue des Arbres
Dieppe
France
(2) today's date
(3) MT/67382
(4) 7271 100 £15.00 £1500.00
(5) 7358 200 £7.00 £1400.00
(6) 6871 50 £10.00 £500.00
(7) £3400.00
(8) less 10% discount £340
(9) £3060
(10) Terms 30 days 1½%
M.V. Pisa
C6/182/73–4
(11) CIF Dieppe £250
(12) £3310.00

2 Statement

(1) L Leblanc
63 rue des Arbres
Dieppe
France

(2)	3 July	JL/19356	£1220	£1220.00
(3)	22 July	JL/19421	£895	£2115.00
(4)	26 July	JL/19575	£2160	£4275.00

(5) 30 days

(6) £4275.00

LETTER WRITING PRACTICE

1

Timeright Watches Plc
Time House
Fell Road
Manchester M6 8LK

Tel: (061) 836142
Telex: 66 33 21

L Leblanc
63 rue des Arbres
Dieppe
France

Your ref:
Our ref: MJ/DL

1 September 1985

Dear M. Leblanc (Sir)

Statement - 31 July

We enclose a copy of our statement dated 31 July for £4275.

We would like to remind you that our terms are 30 days and would be pleased if you could arrange an early settlement.

If you have settled the account in the last few days, please disregard this letter.

Yours sincerely (faithfully)

H Newman

H NEWMAN
Head of Accounts Division

Enc: 1

ANSWER KEY

THE LETTERS

A
1 because the account has not been paid (perhaps it has been lost)
2 immediately

B
1 no
2 They will ask their solicitors (lawyers) to take legal action to recover the money.

PRACTICE EXERCISES

1 a) According to our records we have not yet received your cheque.
e) According to our records the balance has not yet been cleared.

2 a) Unless the account is settled within 7 days we shall be forced to place the matter in the hands of our solicitor.

LETTER WRITING PRACTICE

1
(1) 63 rue des Arbres
Dieppe
France
(2) 1 October
(3) Dear Sir
(4) Statement – 31 July
(5) 1 September we reminded you that your July account for £4275 had not been settled.
(6) we have not yet received payment (your cheque) and therefore I (we) enclose another copy of the statement.
(7) your immediate attention and let us have your remittance (cheque) by return.
(8) faithfully

2

Timeright Watches Plc
Time House
Fell Road
Manchester M6 8LK

Tel: (061) 836142
Telex: 66 33 21

L Leblanc
63 rue des Arbres
Dieppe
France

Your ref:
Our ref: HN/DL

Date

Dear Sir

Statement - 31 July

We have sent you two reminders for your July account for £4275 but we have neither received your remittance (payment) nor any explanation of why the account has not been settled.

We regret to inform you that, unless you settle the account by ________ we shall be forced to place the matter in the hands of our solicitor.

Yours faithfully

H Newman

H NEWMAN
Chief Accountant

THE LETTERS

A
1 Green Tools plc
2 by transfer to Green Tools' bank

B
1 the advice of payment (10 June 1986)
2 yes

PRACTICE EXERCISES

1 a) The cheque has now been credited to your account.
  d) The draft was sent at 11.30 a.m.
2 a) We have instructed our solicitors to commence legal proceedings against him.

LETTER WRITING PRACTICE

1 (1) Nesco Incorporated
  215 Hardangar Street
  Oslo
  Norway
 (2) 20 January (or other date)
 (3) invoice no. ML/72615, dated 15 January (1986)
 (4) instructed our bank to remit the sum of £13,722 for the credit of your account with the Bergen Bank in Oslo (Account No. . . . .).
 (5) faithfully

2

NESCO INCORPORATED
215 Hardangar Street
Oslo, Norway

Tel: 0324-6815
Telex: NESC 100

Green Tools plc
16 East Street
Bishops Stortford
Herts HM6 2DZ
England

Your ref: MD/CT
Our ref: YL/CV

30 January 1986

Dear Sirs

INVOICE No. ML/72615

Thank you for your letter of 20(?) January advising us that you have instructed your bank to credit our account at the Bergen Bank in Oslo with the sum of £13,722.

Our bank has now advised us that they have received the credit.

We thank you for your prompt settlement of the account and look forward to ... (receiving your next order).

Yours faithfully

Marc Dalstrom

MARC DALSTROM
Head of Accounts

THE LETTERS

A

1 The entry for 10 July (£820) is incorrect (Green Tools think).
The entry for 17 July should be £208, not £280.
2 the two discrepancies
3 'reply' or 'explanation'

B

1 The total should be £722.20 not £742.20.
2 send a credit note or amend (= change) the invoice

PRACTICE EXERCISES

1 a) We must point out that you have entered MD/76302 twice.
2 a) According to our records (invoice) the correct figure is £113.
b) We have no record of receiving this invoice.
We have no record of this invoice in our files.
3 a) We should be obliged if you could amend the statement.

LETTER WRITING PRACTICE

1
(1) your statement for June
(2) but must point out a discrepancy in one of your entries.
(3) us £696 against invoice no. MF/63121.
(4) no record of this invoice nor any relevant documents that might explain this entry.
(5) obliged if you could investigate this matter as soon as possible and let us have your comments.

2

NESCO INCORPORATED
215 Hardangar Street
Oslo, Norway

Tel: 0324-6815
Telex: NESC 100

Arthur Hills Ltd.
Unit 26
Huffhouse Trading Estate
Fareham
Hampshire
England

Your ref: AH/DW
Our ref: MD/CU

1 August 1986

Dear Sirs

With reference to your invoice LB/67321 of 10 July, we must point out that you seem to have made an error in calculating the total cost of the second item. 100 calculators at £9.25 each should be £925, not £955, and the total payment due should therefore be £2705 not £2775.

We enclose our draft for £2705 and would be obliged if you could either let us have your credit note for £70 or amend the invoice appropriately.

Yours faithfully

Marc Dalstrom

MARC DALSTROM
Head of Accounts

Enc: 1

18 ANSWER KEY

THE LETTERS

A

1 yes
2 It's an excuse, as a 'temporary' member of staff would only work for a short time and therefore not be likely to make the same mistake again.
3 the amended (corrected) invoice

B

1 no
2 the carriage charge of £20 (for item 6)
3 a debit note for £20

PRACTICE EXERCISES

1 a) We cannot agree with your customer's calculations.
b) We cannot agree with your interpretation of the contract.
2 a) We feel that you may have overlooked the 3% discount to which we are entitled.
3 a) We hope that you will now feel able to agree with our interpretation of the contract.

LETTER WRITING PRACTICE

1 (1) for your letter of 14 July concerning your June statement.
(2) the entry you referred to
(3) that there was a discrepancy with our original records
(4) (most) sincerely for this (unfortunate) error (which was made by a junior member of our clerical staff).
(5) is enclosed.
(6) you have been inconvenienced by this error.
(7) we will take every possible care to ensure that there will be no similar mistakes in the future.

2

ARTHUR HILLS LTD Unit 26, Huffhouse Trading Estate, Fareham
Hampshire HL2 2IM, England.

Nesco Incorporated
215 Hardangar Street
Oslo
Norway

Your ref: YL/
Our ref: AH/

7 August 1986

Dear Sirs

Thank you for your letter of 1 August and the enclosed draft for £2 705.

We have checked the invoice carefully but cannot agree with your calculation. We feel that you may have overlooked the charge for the plastic cases (100 at 70p), which is included in the total cost of item six.

We hope that you will now feel able to agree with our calculations. We enclose a debit note for £70 and would be grateful if you could let us have your draft for this amount at your earliest convenience.

Yours faithfully

Alex Hills.

ALEX HILLS
Head of Accounting

Encl: 1

ANSWER KEY

19

THE LETTERS

A

1 because of the quality and price
2 because they have a large sales organisation and wide knowledge of the (local) market
3 We don't know. He will only call if H Bird plc ask him to.

B

1 in London (at a meeting)
2 (initially) for 3 years
3 10% on all Italian sales
4 £8000

PRACTICE EXERCISES

1 a) We are interested to know whether you have considered sending the goods by air.
2 a) We are pleased to confirm the agreement reached in London on 13 July between your Mr Schmidt and our Mrs Taylor.

LETTER WRITING PRACTICE

1 (1) trade exhibition in Athens
(2) saw your range of garden tools.
(3) quality and competitive pricing
(4) an Egyptian agent to handle your sales.
(5) market your products successfully.
(6) handling (organising) a sole agency for you.
(7) in March
(8) to call on you to discuss detailed terms (if you are interested in our proposal).
(9) receiving your reply.

2

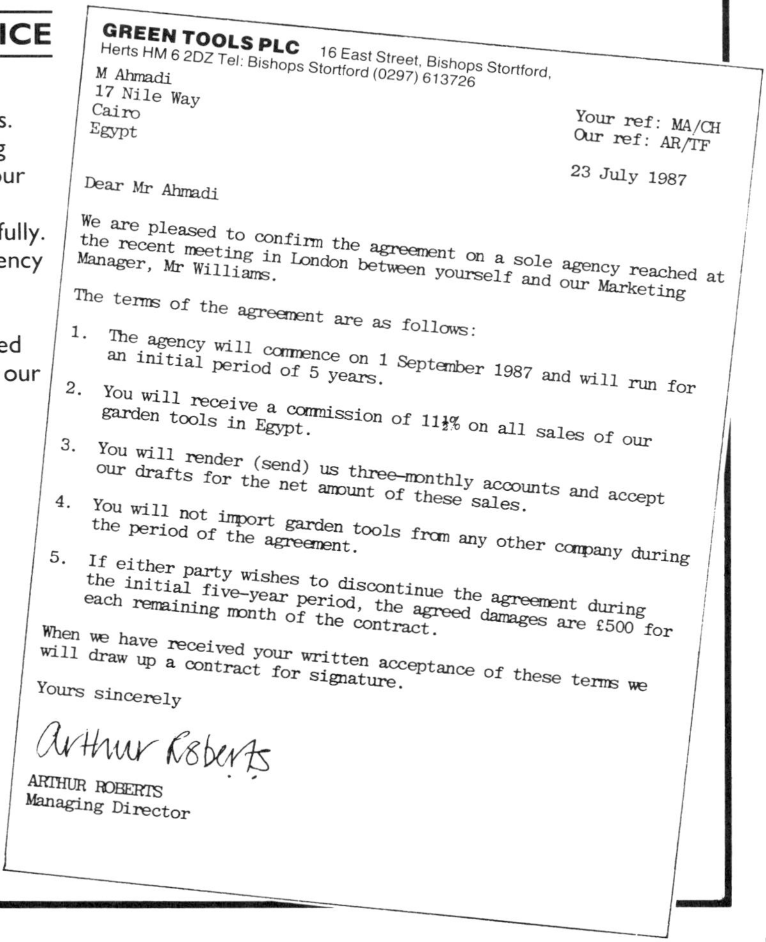

GREEN TOOLS PLC 16 East Street, Bishops Stortford, Herts HM 6 2DZ Tel: Bishops Stortford (0297) 613726

M Ahmadi
17 Nile Way
Cairo
Egypt

Your ref: MA/CH
Our ref: AR/TF

23 July 1987

Dear Mr Ahmadi

We are pleased to confirm the agreement on a sole agency reached at the recent meeting in London between yourself and our Marketing Manager, Mr Williams.

The terms of the agreement are as follows:

1. The agency will commence on 1 September 1987 and will run for an initial period of 5 years.
2. You will receive a commission of 11½% on all sales of our garden tools in Egypt.
3. You will render (send) us three-monthly accounts and accept our drafts for the net amount of these sales.
4. You will not import garden tools from any other company during the period of the agreement.
5. If either party wishes to discontinue the agreement during the initial five-year period, the agreed damages are £500 for each remaining month of the contract.

When we have received your written acceptance of these terms we will draw up a contract for signature.

Yours sincerely

Arthur Roberts

ARTHUR ROBERTS
Managing Director

21 ANSWER KEY

THE LETTERS AND DOCUMENTS

A

1 Woldal Incorporated
2 Cost, Insurance and Freight
3 When Speirs and Wadley are advised that the credit has been opened.

The Letter of Credit

B

1 Speirs and Wadley Limited
2 Woldal Incorporated
3 The Downtown Bank and Trust Co.
4 £4,108
5 Speirs and Wadley Limited
6 a) Invoice
   b) Certificate of Origin
   c) Bills of Lading
   d) Insurance Policy (or Certificate)
7 400 Electric Power Drills
8 New York
9 No
10 31 August 19—

C

1 To advise Speirs and Wadley that a credit has been opened in their favour.
2 until 31 August 1986 *or* for 40 days
3 3
4 Speirs and Wadley

PRACTICE EXERCISES

1 a) We note that the credit must be opened before 2 June.
  d) We note that your account must be debited for the full amount.
2 a) We will open the Letter of Credit if we receive your pro forma invoice by 1 April.
  or
  The Letter of Credit will be opened if we . . .

PRACTICE LETTERS AND DOCUMENT COMPLETION

1 (1) the above order for 1200 stainless steel taps.
  (2) must be shipped by 15 December and sent CIF Bombay.
  (3) irrevocable credit (or Irrevocable Letter of Credit) in our favour for £17,223.
  (4) that the credit has been opened
  (5) look forward to further co-operation with you/orders from you in the future.

2 (1) HMD/6/8726
  (2) John Watson Limited, 121 High Street, Newhaven, Sussex
  (3) The Binny Company, 16 South Road, Bombay, India
  (4) International Bank of Bombay
  (5) £17,223 . . . (say) seventeen thousand, two hundred and twenty-three pounds sterling
  (6) us
  (7) 100% C.I.F.

(8) 1. Invoice in triplicate signed and marked licence No. MD/1612
2. Certificate of Origin issued by a Chamber of Commerce.
3. Full set of clean on board Shipping Company's Bills of Lading made out to order and blank endorsed, marked 'Freight paid' and 'Notify The Binny Company, 16 South Road, Bombay'.
4. Insurance Policy or Certificate in triplicate covering Marine and War Risks up to buyer's warehouse for the invoice value of the goods plus 10%.

(9) 1200 stainless steel taps
(10) London
(11) Bombay C.I.F.
(12) 15 December
(13) not permitted
(14) not permitted
(15) presentation to us
(16) 31 December 1986
(17) Documents to be presented within 21 days of shipment but within credit validity
(18) HMD/6/8726

3

BARCLAYS INTERNATIONAL

168 Fenchurch Street
London EC3P 3HP

John Watson Ltd
121 High Street
Newhaven
Sussex

Your ref: /
Our ref: MB/CH

1 November 1986

Dear Sirs

We advise you that the International Bank of Bombay have opened an irrevocable Letter of Credit with us in your favour on the account of The Binny Company, Bombay to the amount of £17,223. The credit is valid until 31 December. Your draft for the above amount will be paid if accompanied by the documents listed below.

1. Invoice in triplicate, signed and marked licence No. MD/1612.
2. Certificate of origin issued by a Chamber of Commerce.
3. Full set of clean on board Shipping Company's Bills of Lading made out to order and blank endorsed, marked 'Freight Paid' and 'Notify The Binny Company, 16 South Road, Bombay'.
4. Insurance Policy or Certificate in triplicate covering Marine and War Risks up to buyer's warehouse for the invoice value of the goods plus 10%.

Yours faithfully

MARC BULLER Marc Buller
Assistant Manager

22

ANSWER KEY

THE DOCUMENT AND LETTER

A ***The Bill of Lading***

1. Speirs and Wadley Ltd
2. Prince Ellerman
3. Woldal Incorporated
4. Ionian
5. London
6. New York
7. 3
8. Yes
9. Electric drills
10. SW WOL INC. NEW YORK 1 to 5
11. 5
12. 254 kilos
13. 1275 cubic metres (5 × 0.255)

B ***Advice of Despatch***

1. 11 August
2. to Barclays Bank (168 Fenchurch Street)
3. Barclays Bank (for Woldal Incorporated)

PRACTICE EXERCISES

a) The machines are packed in one crate marked M H WON KUALA LUMPUR.
b) The cameras are packed in two (separate) crates marked L ALIPUR LAGOS and numbered 1 to 2.

PRACTICE LETTERS AND DOCUMENT COMPLETION

1 Bill of Lading

(1) John Watson Limited, 121 High Street, Newhaven, Sussex
(2) 'Order'
(3) The Binny Company, 16 South Road, Bombay, India
(4) M. V. Snowdon
(5) London
(6) Bombay
(7) London
(8) 3
(9) 'Binny Bombay' 1 to 4
(10) 4 crates stainless steel taps
(11) 800 kilos
(12) 0.75 cubic metres per crate
(13) FREIGHT PAID
(14) 800 kilos
(15) four
(16) any suitable date

2

John Watson Limited, 121 High Street, Newhaven, Sussex

The Binny Company
16 South Road
Bombay
INDIA

Your ref: HF/FG
Our ref: LH/EO

... December 1986

Dear Sirs

Order No. LH/63492

We are pleased to advise you that the above order has now been despatched.

The stainless steel taps are in four crates marked 'BINNY BOMBAY' and numbered 1 to 4.

The consignment is on the M.V. Snowdon, which left London on .... and is due in Bombay on ....

We have sent to Barclays Bank at 168 Fenchurch Street clean, shipped on board Bills of Lading in triplicate and marked as requested, Insurance Certificates, Certificate of Origin and our invoice in triplicate.

We have presented our draft for £17,223 which has now been credited to our account by the bank.

We hope that the taps will be popular with your customers and look forward to supplying your next order.

Yours faithfully

L Hunt

L HUNT
Sales Manager

23

ANSWER KEY

THE DOCUMENT AND LETTER

A

1 Lloyds
2 Speirs and Wadley Limited
3 £100,000
4 31 December
5 from UK ports to US ports
6 £4520
7 Lloyd's Agent (New York)
8 400 Electric drills
9 W H Speirs
10 30 July

B

1 Woldal Incorporated asked him to examine the order (because case no. 3 was damaged).
2 Speirs and Wadley Limited
3 They want to complete their customers' orders.

PRACTICE EXERCISES

1 a) Please send your pro forma invoice so that we can open a credit for the appropriate amount.
2 a) We received your catalogue yesterday. However, we find your prices are too high.
c) We have seen your new cameras. However, they are not of a suitable quality.

PRACTICE LETTERS AND DOCUMENT COMPLETION

Insurance Certificate:
(1) Bombay
(2) John Watson Ltd
(3) John Watson Ltd
(4) £100,000
(5) bathroom fittings, other interests held covered
(6) the United Kingdom
(7) India
(8) John Watson Ltd
(9) . . . any signature
(10) 1 January 198–
(11) £19,500
(12) Nineteen thousand five hundred
(13) M.V. Snowdon
(14) Warehouse, UK
(15) Warehouse, Bombay
(16) 1200 stainless steel taps
4 crates marked 'Binny Bombay' 1 to 4
(17) pp. John Watson Ltd
. . . any signature
(18) any suitable date
(19) John Watson Ltd

2

The Binny Company
16 South Road, Bombay

John Watson Ltd
121 High Street
Newhaven
Sussex

Your ref: LH/EO
Our ref: HG/HH

__________ 1986

Dear Sirs

Order No. LH/63492

The above order arrived on the M.V. Snowdon this morning and we collected it this afternoon. However, we noticed that one crate had been badly damaged. We immediately had it opened and examined by the (local) Lloyd's agent. He found that 100 of the taps entered on the packing list for that particular crate were missing.

We enclose a copy of the agent's report and would be obliged if you would make a claim on our behalf against the underwriters (as you hold the policy). The certificate number is C238462.

Please send 100 additional taps with our next order to replace those that have been lost.

We look forward to your early reply.

Yours faithfully

H Gaekwal

H GAEKWAL
Assistant Manager

Enc.: 1

LETTERS OF APPLICATION

A

1. post of personal assistant/secretary
2. 6 years
3. = film and television
4. no (only from 21 September)

B

1. 28
2. Croydon
3. no
4. no
5. 6
6. Personal Assistant to the Finance Director of EMF
7. squash and tennis

C

1. South Surrey College
2. Her present company is moving to Bristol (she wants to stay in the London area).
3. from 1 October

PRACTICE EXERCISES

(a) I would like to apply for the post of Finance Director advertised in today's edition of *The Times*. *or* I have seen your advertisement for a Finance Director in today's *Times* and would like to apply for the post.

CURRICULUM VITAE AND LETTER WRITING PRACTICE

1
(1) Ms Walls
(2) to apply for the post of Marketing Manager
(3) yesterday's edition of the *Daily Telegraph*
(4) from my curriculum vitae
(5) 10 years' experience in marketing
(6) Marketing Manager of a small company
(7) increase my experience by working for a larger firm
(8) my curriculum vitae
(9) for interview on any afternoon in August
(10) to take up a new appointment from 1 November
(11) look forward to your reply

3

116 Rockway Hill
Worthing
Sussex

Personnel Manager
Walter Heath Ltd
21 Cowslip Way
Exeter
Devon

Any date

Dear Sir or Madam

I would like to apply for the position of Export Manager advertised in yesterday's (edition of the) Guardian.

I am 36 years old and was educated at Worthing Grammar School and Lancaster University. I have an honours degree in Economics and a masters (degree) in Business Administration. I also speak French and Arabic fluently.

For the last eight years I have been working as the Assistant Export Manager at Arthur Bow plc (16 Tooth Way, Littlehampton, Sussex). However, I now feel ready to take on a post with greater responsibility and would particularly like to work in the West Country.

Both Mr Walker and Mr Platt of Arthur Bow plc are willing to provide references for me.

I can be available for interview on any Friday but would have to give one month's notice to my present employer before I could take up a new appointment.

I look forward to your reply.

Yours sincerely

ARTHUR FOOT

25 ANSWER KEY

LETTERS

A
1 personal assistant to the Chief Executive
2 appoint someone who has adminstrative skills and can work independently
3 because confidentiality would be expected but it is still necessary to mention it

B
1 for (about) six years
2 yes, very useful
3 yes, 'highly suitable' and 'warmly recommend' are very favourable comments.

PRACTICE EXERCISES

1 a) We are extremely sorry that you feel unable to help us.
b) We are extremely sorry that you feel unable to increase your discount.

2 a) We are confident that the company's products are suitable (for your needs) and strongly recommend them to you.

LETTER WRITING PRACTICE

1
(1) any suitable date
(2) for the position as/post of Export Manager with our company
(3) your name as a reference
(4) your opinion of his suitability for such a position
(5) (for example) extensive experience and the ability to manage a large and expanding department
(6) be treated as strictly confidential/in the strictest confidence.

2

ARTHUR BOW PLC
16 Tooth Way, Littlehampton, West Sussex BN4 8LD

H Henry
Personnel Director
Walter Heath Ltd
21 Cowslip Way
Exeter
Devon DE2 7CL

Your ref: HH/CL
Our ref: RW/BB

(Any suitable date)

Dear Mr Henry

Reference for Arthur Foot

Thank you for your letter of .... asking for a reference for Arthur Foot.

Mr Foot has been working as our Assistant Export Manager for the last eight years and has gained wide experience of exporting to Europe, the Middle East, Africa and South America.

In his work he has shown efficiency, reliability, energy and enthusiasm and he now has an extensive knowledge of all aspects of exporting. His knowledge of French and Arabic has also been of great help in his work.

I know that he is particularly keen to move to a position of greater *responsibility and that he has always wanted to live in the West Country.

I am confident that he has both the ability and the energy to efficiently manage a large export department and warmly recommend him to you.

Yours sincerely

Roy Walker

ROY WALKER
Export Manager

ANSWER KEY

26

THE LETTERS

A
1 no
2 because several applicants have more suitable background and experience

B
1 2.30 p.m. on 29 September
2 'by telephone' (if possible)

C
1 Yes, though she must pass a medical examination.
2 an 'acceptance' form
3 10 October at 9.30 a.m.

PRACTICE EXERCISES

1 a) I am/We are sorry to inform you that your application has been unsuccessful.
2 a) I am/We are pleased to offer you the position of Export Director.
3 a) I would like to take this opportunity to welcome you to Hightec Electronics plc.
b) I would like to take this opportunity to thank you for your help.
c) I would like to take this opportunity to congratulate you on winning the Hightec Award for Electronics.
4 a) Please do not hesitate to write to me if you require (any) further information.
b) Please do not hesitate to contact (or write to) me if you would like to discuss the plans in greater detail.

LETTER WRITING PRACTICE

1 (1) 'any suitable date'
(2) recent application for the position of Export Manager.
(3) with much/great interest
(4) to tell you that (on this occasion) you have not been selected for interview.
(5) to identify several candidates whose experience is more closely matched to our particular requirements than your own.
(6) your interest and the time you have taken to prepare/forward your application.

2

WALTER HEATH LTD 21 Cowslip Way, Exeter, Devon DE2 7CL

Arthur Foot
116 Rockway Hill
Worthing
Sussex

Your ref:
Our ref: HH/CL

(Any suitable date)

Dear Mr Foot

Thank you for your recent application for the post of Export Manager.

I should now like to take your application a stage further and would be obliged if you could come for interview at 21 Cowslip Way at __________ on __________________________. I would be grateful if you could let me know as soon as possible whether this would be convenient.

I look forward to your reply and to meeting you on ____________________.

Yours sincerely

H Henry

H HENRY
Personnel Director

3

WALTER HEATH LTD 21 Cowslip Way, Exeter, Devon DE2 7CL

Arthur Foot
116 Rockaway Hill
Worthing
Sussex

Your ref:
Our ref: HH/CL

(Any suitable date)

Dear Mr Foot

Further to your recent interview, I am pleased to offer you the position of Export Manager at a salary of £13,000 p.a.

This offer is made subject to the company's standard medical examination.

Other conditions of employment are set out in the enclosed booklet.

To indicate your formal acceptance of this offer, please sign the enclosed form and return it to me as soon as possible.

We would like you to commence your employment at our Head Office on ______________________________ at 9.00 a.m.

I would like to take this opportunity to welcome you to Walter Heath Ltd and look forward to working with you. Please do not hesitate to telephone or write to me if you require any further details.

Yours sincerely

H Henry

H HENRY
Personnel Director

Encs: 2

THE LETTERS

A *Making a reservation*

1 They want to visit the London Headquarters of Wallford Engineering plc.
2 at the Willis Hotel
3 at 6 p.m. (on 10 July)

B *Confirming a reservation*

1 yes
2 because all the top floor rooms are already fully booked

PRACTICE EXERCISES

1 a) The rooms are unfortunately singles as all our double rooms are already fully booked.
2 a) We expect the consignment to arrive on 21 June.

LETTER WRITING PRACTICE

1 (1) his wife, and our Finance Director will be visiting London in October.
(2) one single and one double room with showers for the two nights of 17 and 18 October?
(3) they would like rooms on the top floor (of the hotel).
(4) to arrive at about 4.30 p.m. on 17 October.
(5) to receiving your confirmation by return.

2

Willis Hotel

6 Dollis Avenue, London W3
Tel: 01-378 2166

Your ref: MR/CF
Our ref: JK/CL

M Rodrigues
National Electronics Company of Portugal
17 Rua do Ouro
Oporto, Portugal

(Any suitable date)

Dear Mr Rodrigues

Thank you for your letter of 1 September.

We are pleased to confirm that we have reserved one single and one double room (both with showers) for the nights of 17 and 18 October. The double room is on the top floor but unfortunately the single room is on the fourth floor as all our top floor rooms are doubles.

We look forward to welcoming your Managing Director, his wife and your Finance Director at about 4.30 p.m. on 17 October and can assure you that we will do everything possible to make their stay in London enjoyable.

Yours sincerely

John King

JOHN KING
Manager

28 ANSWER KEY

THE LETTERS

Sending an invitation

1 to mark the twenty-fifth anniversary of the Thai Motor Corporation
2 at 8.30 p.m.
3 no, but it will if it is asked

Refusing an invitation

1 because he must speak at a conference in Oslo
2 in February 1987

Accepting an invitation

1 yes
2 one

PRACTICE EXERCISES

1 a) The Directors of Nop Engineering request the company of Mr H Hudson on the occasion of the opening of their new factory at a reception at the Wilton Hotel on 10 July at 7.00 p.m.
b) We are organising a dinner to mark the tenth anniversary of our company and would very much like you to attend.

2 a) Unfortunately, I have already agreed to attend a meeting in Paris and will therefore be unable to attend your dinner.
b) Mr Jones (. . .) regrets that he is unable to attend due to a prior engagement.
Note: It is not necessary to explain the reason in a formal reply.

3 a) Mr Rook thanks the Directors of International Clocks Inc. for their kind invitation to a Dinner at the Cumberland Hotel and will be delighted (pleased) to attend.
b) I would be delighted to attend your reception at the Paris Club on 21 July.

LETTER WRITING PRACTICE

1 (1) a (special) banquet
(2) the fiftieth anniversary of our company
(3) very much like you to attend
(4) at the International Club in Jakarta
(5) at 8.15 p.m. for 9.00 p.m. on 10 September
(6) will be formal
(7) telex us so that we can make the appropriate reservations
(8) look forward to seeing (meeting) you on 10 September

2

The Directors of the Indonesian Import Company
request the company of

Mr A Friend

on the occasion of the fiftieth anniversary
of their company at the International Club
in Jakarta on 10 September at 8.15 p.m.
(for 9.00 p.m.)

(Dress – Formal)

R.S.V.P.
H Tu, Indonesian Import Company, 182 Serang Road,
Jakarta, Indonesia

3

WOOLCAT LTD
17 Beech Road, Woodstock, Oxfordshire

H Tu
Indonesian Import Company
182 Serang Road
Jakarta
Indonesia

Your ref: HT/hm
Our ref: AF/MT

29 July 198-

Dear Mr Tu

Thank you very much for your invitation to a special banquet to mark the fiftieth anniversary of your company at the International Club on 10 September.

Unfortunately I must attend a board meeting in London on the morning of 10 September and will be unable to attend.

Please send my apologies to the Directors and inform them that I am extremely *disappointed to be unable to accept their invitation.

Yours sincerely

A.Friend

A FRIEND
Managing Director

29 ANSWER KEY

TELEXES AND CABLES

1 Yassar from Cairo. (Yassar is possibly the name of a company.)
2 He wants the receiver to give a quotation, including the cost of insurance and freight, for 2000 MV/60 engines.
3 He wants an immediate reply on the telex. This is indicated by the ending +?
4 Ninn of Tokyo
5 as soon as possible
6 It shows an error has been made (5 X's must always be used.)

1 on 12 June, in the afternoon or evening
2 BA321
3 that 'Wonset' can meet Fiona Wilson in Bombay on 12 June, sometime after midday

1 so that the order can be checked against the telex message
2 because J Ninn is not certain that he can ship the order before 25 January

PRACTICE EXERCISES

1 WILL SEND TWO HUNDRED MACHINES JULY THIRD
2 PLEASE SEND COPY INVOICE SOONEST
3 PLEASE ADVISE ETA LONDON
4 ORDER REQUESTED YESTERDAY DESPATCHED BA321 TODAY
5 PLEASE ADVISE ARRIVAL DATE BAGHDAD
6 PLEASE QUOTE LOWEST THREE THOUSAND NYLON SHIRTS
7 WATTS REQUEST PAYMENT L/C
8 REGRET UNABLE SUPPLY ORDER UNTIL END SEPTEMBER
9 UNLESS REPLY RECEIVED AUGUST FIRST LEGAL PROCEEDINGS COMMENCED
10 ORDER MV/72163 ARRIVED CRATE SIXTEEN BADLY DAMAGED PLEASE AIRFREIGHT REPLACEMENTS SOONEST

TELEXES, TELEGRAMS AND LETTER WRITING PRACTICE

1 (1) SUPPLY ITEM ML61 (ON)
(2) BUT ML61E AVAILABLE/CAN SUPPLY ML61E
(3) CONFIRM ACCEPTANCE
(4) ML61 FD/7642 ML61E +?

2

```
(372181 BD FGC)

CONFIRM ACCEPTANCE ML61 ORDER FD/7642

(LIVI ATHENS)

ML61  ++
```

3 (1) NOT REPEAT NOT SHIP ORDER FL/73216
(2) INSTRUCTIONS FOLLOW SOONEST
(3) SAHLI CAIRO

FUNCTIONAL INDEX

FUNCTIONAL INDEX

FUNCTION	UNIT	SENTENCE PATTERN
Ordering	4	We would like to place the following order.
Describing **packing details**	22	. . . are packed in . . . marked . . .
Describing **payment methods**	4	We will pay for the goods by . . .
Expressing strong **probability**	27	We expect them to . . .
Expressing **purpose**	23	. . . so that . . ./. . . to . . ./. . . in order to . . .
Giving **reasons**	8	. . . therefore . . ./. . . so . . .
	27	. . . as . . .
Recommending	25	. . . we warmly recommend . . . to you.
Referring	2	. . . letter . . . inquiring about . . .
Refusing a request	13	We are unable to agree to (your request)
Refusing an application	26	I am sorry to inform you that on this occasion . . .
Expressing **regret**	9	We are extremely sorry to learn that . . .
	9	We regret . . .
Reminding (formal)	14	We would like to remind you . . .
Replying – to an advert	1	With reference to your advertisement . . .
– to a letter	1	With reference to your letter . . .
– to an inquiry	1	With reference to your inquiry . . .
Requesting action (polite)	1	Would you please (send) . . .
(very polite)	6	I should be grateful if you could . . .
(polite but firm)	17	We should be obliged if you could . . .
Requesting information	1	We would like to know whether . . .
	19	We are interested to know whether . . .
(Expressing) **result**	7	. . . has resulted in . . .
Stating something has not been done	15	. . . according to our records we have not received . . .
Thanking	2	Thank you for . . .
Thanking (formal)	26	I would like to take this opportunity to thank you . . .
Threatening	6	If you do not . . . I will be forced to . . .
Threatening legal action	15	Unless you . . . we shall be forced to . . . hands of our solicitor.
Expressing **urgency**	6	. . . urgently/by return/without further delay.
Welcoming (formal)	26	I would like to take this opportunity to welcome you . . .
Expressing **willingness** to provide extra information	26	Please do not hesitate to . . .

Note: The unit number indicates the unit where the function is presented in the **Language focus** section.

GLOSSARY

This contains most of the words used in the book which are not in the *Cambridge English Lexicon* (Levels 1–3). The number in brackets relates to the unit in which an item is first used. The explanation is suitable for that use, although the word may have other meanings.

abbreviated (29) = shortened
absolutely (8) = completely
acceptance (19) = agreement
(to) accompany (16) = go with
(in) accordance with (22) = in agreement with
according to (15) = as shown by
accreditor (21) = person/company opening a credit/paying money
(to) acknowledge (5) = say that you have received something
additional (12) = added, extra
(to) adjust (22) = change a little (to make correct)
administrative (25) = relating to the control of business
(to) advise (5) = inform, 'give advice'
agent (19) = person/company acting for another person or company
agency (19) = office or position of being an agent
agreement (19) = 'things' agreed on
agricultural chemicals (19) = chemicals used for farming
air way-bill (5) = document that is a receipt of and contract for air transport of goods
alternative (6) = another
(to) amend (17) = change (by removing errors)
anniversary (28) = a day which is a fixed number of years after an event
annual (7) = yearly
answerback code (29) = code indicating a telex operator has obtained the correct number
(to) apologise (7) apology = say you are sorry
application (24) = official written request
(to) appoint (19) = choose for a job
(to) appreciate (13) = understand
(to) approach (6) = go to (someone to request something)
appropriate (12) = suitable
(to) arise (23) = happen
(to) assure (7) = promise
(un) avoidable (7) = can(not) be prevented
banker's draft (4) = banker's cheque (drawn by a bank and treated as cash)
banquet (28) = special dinner
behalf (23) = for, in place of, e.g. on our behalf
beneficiary (21) = person/company receiving money
(on) board (21) = (already) on the ship
(to) book (27) = reserve
branch (7) = one division (e.g. of a bank)
brochure (1) = small, thin book
by return (6) = by the earliest possible post
calculation (7) = working out,
(to) cancel (6) cancellation (30) = stop permanently something that has been planned
candidate (26) = someone trying to get a position or job
carriage (18) = transport
catalogue (1) = list of firm's products and prices
catering equipment (19) = equipment for cooking
caution (13) = care
ceremony (28) = a special well-established event
certificate of origin (21) = document showing where goods were manufactured
cf. (3) = compare the following
Chamber of Commerce (2) = association of local businessmen
charge (12) = cost
c.i.f. (14) = cost, insurance, freight
clause (18) = part (of a written document)
clean (21) = certifying goods are undamaged at the time of despatch
clear (a balance) (15) = pay all (of an account)
clerical (7) = connected to office work
collation (29) = repetition of important words figures at the end of a telex
(to) come into operation (18) = start
commence proceedings against (16) = begin legal action against
comments (17) = views, opinion
commission (19) = percentage of money for sale of goods paid to a salesman
commitment (29) = promise, obligation
competitive (price) (19) = reasonable/good value
complaint (18) = statement of dissatisfaction
complete (8) = finish
comprehensive (19) = large
concerned (7) = involved
concerning (15) = about
conference (28) = meeting (for exchanging ideas)
confidential (11) = private, secret

GLOSSARY

	confirm (19)	= repeat (in writing)
	conformity (21)	= agreement
	consider (19)	= think about
	considerable (7)	= fairly large (size) or long (time)
	consignment (8)	= goods (sent together)
	continental breakfast (27)	= breakfast with only coffee and rolls
(a)	contract (18)	= a (signed) written agreement
(to the)	contrary (22)	= in the opposite (way)
	convenient (26)	= suitable (for a person's needs)
	co-operation (19)	= help
(to)	cover (14)	= be enough for
	covering (14)	= accompanying
	crate (8)	= box (usually of wood)
	credit (11)	= system of paying for goods after they have been received
	credit limit (11)	= maximum credit
	credit note (17)	= note acknowledging overcharging on an invoice
	current (2)	= at the moment, now
	curriculum vitae (24)	= details of education and employment
	damages (19)	= money that must be paid (e.g. for breaking a contract)
(to)	deal with (5)	= handle
(to)	debit (17)	= charge
(to)	declare (23) declaration (23)	= state formally (usually for legal document)
(to)	deduct (3)	= take from, take away
(to)	delay (6)	= not to do at once cf. 'without further delay' = at once, now
	delighted (28)	= very pleased
(to)	deposit (23)	= place
	despatch (*or* dispatch) (5)	= sending
(to be)	disappointed (28)	= sorry or sad
	disappointment (25)	= sadness
	discharge (22)	= unloading
(to)	discontinue (19)	= stop
	discount (1)	= reduction (in price)
	discrepancy (17)	= difference (between two things that should be the same)
(to)	disregard (14)	= take no notice of
	documents (14)	= (official) papers
	draft (4)	= order to pay
(to)	draw attention to (3)	= ask (you) to look at
(to)	draw up (19)	= prepare
	drum (22)	= circular container for liquids
(in)	duplicate (21)	= two (copies)
	durability (11)	= ability to last (for a long time)
(to)	effect (23)	= do
	efficient (25)	= working well with no waste
	eligible (26)	= able to be chosen
(to)	enclose (2)	= to send (with a letter in one envelope)
(to)	endorse (23)	= sign (to make legal or official)
	endorsement (23)	
	enquiry (2)	= asking (for information)
(to)	ensure (9)	= make sure,
(to)	enter (8)	= write (down)
(to)	entitle (18)	= have a right to, be allowed to
	envelope file (2)	= file looking like a large envelope
	executive (27)	= (senior) businessman
	exhibition (19)	= show
	extension (12)	= extra (period), longer (period)
	extensive (19)	= large
	extremely (9)	= very
	facilities (27)	= things that can be used
	file (17)	= written records
	filing cabinet (1)	= furniture with drawers for storing files
	financial reliability (11)	= how far a company can be trusted with credit
	firmly (17)	= strongly
	fluently (24)	= easily (without unnecessary stops)
(to be)	forced to (6)	= have to, be obliged to
(to)	forward (9)	= send
(to)	found (28)	= start, establish
	freight (5)	= transport
	frequently (13)	= often
	full details (1)	= all the information
	general average (22)	= sharing a partial insurance loss resulting from an attempt to avoid a total loss (e.g. throwing cargo into the sea)
	generator (5)	= machine for producing electricity
	girder (5)	= long thin piece of metal
(to)	grant (11)	= give, allow (someone) to have
	gratuity (26)	= money given at the end of a period of employment
	guarantee (1)	= promise to repair or replace goods if they are found to have a fault
(to)	handle (19)	= manage, deal with
(to)	have pleasure (in) (2)	= to be pleased (to)
	headquarters (28)	= main office
	hereby (21)	= by (writing) this [*formal/legal*]
(to)	hesitate (26)	= wait (before doing something) because you are uncertain

GLOSSARY

(to) illustrate (3)	= show in a picture or photograph
importer (19)	= buyer of foreign goods
(to be) impressed (19)	= like very much
inconvenience (9)	= difficulties, problems
indefinite (16)	= not fixed
(to) indicate (18)	= show, point out
initial (19)	= first
in stock (8)	= available (e.g. of goods in a shop)
(to) instruct (16)	= tell [*formal*]
insurance certificate (5)	= document for insurance of one consignment
(to) intend (13)	= plan
interpretation (18)	= explanation of meaning
(to) investigate (16)	= study
invoice (8)	= account sent with goods
irrevocable (Letter of Credit) (4)	= (Letter of Credit) that cannot be cancelled
(to) issue (16)	= give
item (2)	= thing, article
junior (18)	= low in position or importance ≠ senior
(Bill of) Lading (22)	= document acknowledging receipt of goods for shipping
leaflet (2)	= printed sheet of paper (often folded)
leave (7)	= holiday cf. sick leave (absent because of sickness)
legal (action) (15)	= to take to court
Letter of Credit (4)	= method of payment in international trade
licence (21)	= official document giving permission to do something
location (7)	= place, position
(to) look forward to (2)	= expect (with pleasure)
mail order firm (4)	= a company that sells through the post
(to) maintain (19)	= keep
marine (21)	= (connected with) the sea
marital (status) (24)	= married or unmarried
(to) market (19)	= to sell cf. Marketing Manager (1)
matter (13)	= subject
(to be) missing (9)	= not to be there (when it should be), lost
monthly terms (11)	= making payment once a month for all orders
Ms (2)	= Miss or Mrs,
negotiations (19)	= discussions, talks
net (amount) (19)	= (amount) less commission, taxes etc. [*cf. 'gross amount'*]
notification (21)	= informing
notwithstanding (22)	= despite
(to be) obliged (17)	= grateful

(to) obtain (15)	= get
(to) occur (9)	= happen
(to be) off sick (7)	= to be away (absent) because of illness
omission (29)	= not including, leaving out
on board (21)	= certifying goods have been loaded onto ship
on time (13)	= at the correct time
opinion (13)	= view
original (18)	= first
(to) overlook (18)	= not see, not notice
overseas (19)	= abroad
p.a. (26)	= every year (per annum)
packing list (8)	= written details of items to be packed
paperweight (1)	= heavy object used to hold down papers
particularly (3)	= specially
partshipment (21)	= shipping an order in separate parts
party (to an agreement) (19)	= person or company (making an agreement)
payment against statement (11)	= payment when a statement is sent, not against the invoices
per (23)	= by (means of)
Personnel Manager (2)	= person responsible for staff
(to) point out (17)	= show, speak (write) about
(insurance) policy (23)	= printed insurance contract
position (24)	= job
(to) present (22) presentation (21)	= bring and show (e.g. present a draft for payment)
previous (6)	= earlier
prior (28)	= before, earlier
product (19)	= manufactured article
pro forma invoice (4)	= invoice which tells the customer the price of goods before they are despatched
promotional gift (1)	= present given as a form of advertising
promptly (11)	= at once, now, quickly
proportion (23)	= (relative) amount
proposal (19)	= suggestion
purchase (4)	= buying
(to) quote (12) quotation (7)	= say or give a price
on receipt of ____ (4)	= when ____ has been received
reception (28)	= formal party
records (15)	= written information
(to) redecorate (7)	= paint (inside of a building)
with reference to (1)	= in connection with
(to) regret (9)	= be sorry
(to) reject (18)	= not accept
relevant (17)	= related, connected

GLOSSARY

reliable (12)	= able to be trusted cf. financially reliable
(to) remind (6)	= tell again
(to) remit (16) remittance (15)	= send (especially payment)
(to) render (19)	= send, give
repetition (8)	= repeating, doing something again
(to) replace (6)	= send something in place of something
representative (27)	= sales representative (of a company)
(to be) required (6)	= needed
reservation (27)	= booking
respectability (11)	= having acceptable (business) standards
respectively (16)	= in the order written here
(by) return (6)	= by the earliest possible post, as soon as possible
(to) reverse (21)	= to put in the opposite position: AB → BA
(to) review (13)	= look at (again), think about (again)
(to) revise (18)	= change
(to) run (19)	= continue
sample (1)	= example
(to) select (26)	= choose
(to) settle (an account) (12)	= to pay (an account)
(to) short-ship (8)	= send too few/little
(to be off) sick (7)	= ill
(at) sight (21)	= when presented, when first seen
signature (19)	= signing
sole agency (19)	= only agency
solicitor (15)	= lawyer
spares (19)	= spare parts (for repairs)
specifications (6)	= technical description
specified (23)	= written, noted
standard (1)	= usual
standing (11)	= position (in the business world)
statement (12)	= account (with details of all invoices sent during a fixed period of time)
strictly (11)	= completely
(in) stock (8)	= available (in a shop)
(to be) subject to (26)	= on condition that
(to) substitute (29)	= replace with
sum (16)	= amount
supplier (6)	= person/company selling goods
(to) surrender (23)	= give (up)
(to) take delivery of (8)	= receive
(to) take up (a reference) (25)	= ask for a (written) reference
temporary (18)	= for a short time ≠ permanent
terms (4)	= conditions
trading terms (13)	= conditions for buying (or selling)
(to) threaten (6)	= tell someone you will take unpleasant action if something is or is not done by him/her
transfer (16)	= sending (from one bank to another)
transhipment (21)	= changing a consignment from one ship to another
(to) treble (11)	= increase three times
(in) triplicate (21)	= three (copies)
unavoidable (7)	= cannot be escaped/ prevented
under separate cover (9)	= in a different letter/ envelope
(to) undertake (21)	= promise, agree
underwriter (23)	= someone who accepts or sells insurance
unfavourable (13)	= bad
urgently (6)	= at once
valid (21)	= effective, can be used cf. 'validity'
vessel (22)	= ship
volume (of business) (11)	= amount
volume (of capacity) (22)	= size
warehouse (8)	= large building for keeping goods
warmly (25)	= strongly
without further delay (6)	= at once, now
with reference to (1)	= in connection with

C090225289

Touring Guide Scotland

CONTENTS

INTRODUCTION

HOW TO USE THIS GUIDE

This new edition of the *Touring Guide Scotland* features over 1700 visitor attractions and is one of the most comprehensive gazetteers of places to visit and things to do in Scotland.

Attractions are listed alphabetically, according to the name of the attraction. The location is only given when it is part of the attraction name, eg Alloa Tower. The exceptions to this are attractions in Aberdeen, Dundee, Edinburgh, Glasgow, Inverness and Perth – as there are so many attractions close together, they are listed under the name of the city, to make planning a day out easier.

Each attraction is numbered (eg **56**) and the numbers appear on the location maps (see pages 10–23). The number is also used for reference in the index (see pages 326–36). Attractions are indexed within subject areas. Each attraction also has a map reference (eg **2 E4**) to help you pinpoint the location of each attraction on the maps. The first number (**2**) refers to the location map, the letter and number (**E4**) refer to the grid square in which the attraction is located.

Many of the properties listed in this guide are owned or managed by charities or statutory bodies. We have indicated where an attraction is under the care of Historic Scotland (HS), The National Trust for Scotland (NTS), Forest Enterprise (FE) and the Royal Society for the Protection of Birds (RSPB).

The following information is given on each attraction: address/location; how to get to the attraction by public transport (if relevant); opening times; admission charge (if free, stated thus, otherwise, based on the adult admission price – up to £3 indicated by *£*, £3–£5 indicated by *££*, £5 and over indicated by *£££*); facilities such as refreshments and parking; followed by a brief description of what the attraction has to offer. We assume that guided tours (where available) are in English. If they are provided in other languages, or if translated material is available, this is stated.

For disabled visitors, we have used three categories to describe access: *wheelchair access* (most or all of the site is accessible, no more than one step, no rough terrain, but not all the footpaths may be suitable); *wheelchair access with assistance* (two or more steps, but not as many as a flight); *limited wheelchair access* (easy access to part of the site, but the rest may not be possible because of stairs, rough ground). Where no access is indicated this is because it is strenuous or dangerous. We assume that all attractions welcome guide dogs. Where dogs are not admitted, this is mentioned in the text. Special facilities for deaf and blind visitors are mentioned.

Visitor attraction opening and closing times, and other details, often change. It is always advisable to check with the visitor attraction in advance. Telephone numbers and, where available, websites are listed for each attraction.

SCOTLAND BY REGION

We have split Scotland into eight regions and a brief description of each is given below. For further information on the areas highlighted, contact the relevant Area Tourist Board (see page 8).

South of Scotland

The **Scottish Borders** is an area of tranquil villages and textile towns, with a soft rolling landscape and a rugged coastline. Visitors can enjoy a wide range of attractions, from craft workshops to magnificent historic houses and the great Border abbeys. The beautiful natural surroundings of **Dumfries and Galloway** – lochs and craggy hills, rugged cliffs and long sandy beaches, are ideal for fishing, golfing, birdwatching, walking and cycling, and there are a large number of beautiful gardens. **Ayrshire and Arran** offer all the contrasts of mainland and island life. The island of Arran, easily reached by ferry, has been a playground for generations of outdoor enthusiasts. On the mainland visitors can explore the area's industrial history, numerous golf courses and enjoy the heritage of Robert Burns, Scotland's most famous poet.

Edinburgh and Lothians
Edinburgh, Scotland's capital, needs little introduction. Edinburgh Castle dominates the skyline and, from the castle, the Royal Mile sweeps down through the medieval Old Town. As well as hosting the largest arts festival in the world, Edinburgh offers a wide range of galleries, theatres and museums. The surrounding **Lothians** ring Edinburgh with country houses and ruined castles and offer space for outdoor activities as well as a variety of nature and heritage-based attractions.

Greater Glasgow and Clyde Valley
Glasgow is Scotland's largest city and one of Europe's great cultural destinations, with over 20 museums and galleries. It is the UK's biggest retail centre outside London, with the top names in fashion and design. The **Clyde Valley** is a complete contrast, with dramatic ruined castles, industrial heritage and country parks.

West Highlands and Islands, Loch Lomond, Stirling and Trossachs
From the islands of Coll and Tiree, lying in the Hebridean Sea to the west, to the green slopes of the Ochil Hills east of Stirling, this area of Scotland straddles Highland and Lowland and encompasses Scotland's first national park, Loch Lomond and the Trossachs National Park. Peaceful glens, shapely peaks and clear lochs contrast vividly with the gentle hills and historic towns of the lowlands.

Perthshire, Angus and Dundee, and the Kingdom of Fife
Perthshire, located just 80 miles (129km) north of Edinburgh and Glasgow, is an ideal holiday destination. The area has mountains, lochs and castles, as well as fine theatres, museums and restaurants. **Angus and Dundee** make a good touring base, with mountainous glens, rugged coastline, pleasant beaches and plenty to see and do. The ancient **Kingdom of Fife** has plenty of character. The attractive East Neuk fishing villages nestle amongst the natural harbours of the coastline, and St Andrews is the location of the oldest university in Scotland, and, of course, the home of golf.

Aberdeen and Grampian Highlands – Scotland's Castle and Whisky Country
This quiet corner of Scotland is rich in historic castles, royal connections and whisky distilleries. The **North East Coast** has more than 100 miles (160km) of unspoilt coastline and the **Grampian Highlands** contain more mountain tops over 4000 feet (1219m) than anywhere else in Scotland. Follow the Castle Trail or take the Royal Road along the beautiful Dee Valley and visit Balmoral Castle.

The Highlands of Scotland
One of the last wildernesses in Europe and the location of Scotland's newest national park, Cairngorms National Park. From the soaring crags of Glen Coe to the wide rolling moors of Caithness, from the old pinewoods of upper Speyside to the spectacular Cuillin mountains of Skye, the north and west offer unmatched scenic splendour. **The Highlands of Scotland** are rich in places to visit, with castles, battlefields and forts to remind you of a turbulent past, while distilleries, woollen mills and other crafts contribute to today's diverse Highland economy.

The Outer Islands
The Outer Islands are for those looking for a totally different experience. **Orkney** is made up of 70 islands, rich in historical and archaeological remains. Here you will find villages, burial chambers and standing stones built before the great pyramids of Egypt. **Shetland**, a cluster of islands set between Scotland and Scandinavia, shares something of the character of both, while guarding a rich local identity. Magnificent seascapes and fine seabird colonies are among the many features of these untamed islands. The **Western Isles**, a 130-mile long chain of islands lying to the north west of Scotland, offer a unique experience. The combinations of land, sea and loch produced landscapes which have been designated areas of outstanding scenic value.

TRANSPORT AND ACCOMMODATION

Driving

Many visitors choose to see Scotland by road – distances are short and roads are generally uncrowded. The motorways and trunk roads are fast and efficient, with plenty of services en route. If you are not in a hurry, follow one of the many designated routes and trails. National Tourist Routes (see page 6) take the visitor off the motorways and main trunk roads along attractive routes. There are also varied special interest trails – from the Malt Whisky Trail in Speyside to the Castle Trail in Aberdeenshire. Contact Scotland's National Booking and Information Centre (see page 7) for further information.

Comprehensive touring and leisure information can be found on the companion *Touring Map Scotland*.

As you travel around Scotland look out for the tourist signposting – distinctive brown signs bearing the thistle symbol. These signs will direct you to a wide variety of things to do and places to visit. They are also used to indicate the National Tourist Routes and the tourist trails mentioned above.

In common with the rest of the UK, all driving in Scotland is on the left and overtaking is permissible only on the right. Particular care is needed at roundabouts (priority is given to traffic from the right, and you should go round the roundabout in a clockwise direction) and on single track roads, where passing places must be used to overtake.

Speed limits are as follows: dual carriageways 70mph (112kph); single carriageways 60mph (96kph); built-up areas (unless otherwise signposted) 30mph (48kph). The maximum speed limit for camper vans and caravans is 50mph (80kph).

Parking is restricted on yellow lines. Many towns have a system of metered or 'pay and display' parking. Car parks can be found in most cities, towns and villages. Look out for the P symbol.

Although there are no tolls on Scottish roads, four bridges do have a toll charge – the Forth, Tay, Erskine and Skye bridges.

All filling stations provide LRP (lead replacement petrol), unleaded petrol and diesel. In remote areas distances between stations may be greater and opening hours shorter.

It is compulsory to wear seatbelts at all times. Small children and babies must be restrained with an appropriate child seat or carrier.

Public Transport

There is a good internal rail network in Scotland. Multi-journey tickets and discount cards allow you to save on fares. Local bus companies in Scotland offer explorer tickets and discount cards. Postbuses (normally minibuses) take passengers on rural routes throughout Scotland. Ferries to and around the islands are regular and reliable; most ferries carry vehicles, although some travelling to smaller islands convey only passengers.

Contact Scotland's National Booking and Information Centre (see page 7), or call in to any Tourist Information Centre for information. Alternatively, contact the following travel companies direct:

Airlines
British Airways
Telephone (0845) 7733377
www.ba.com

bmi
Telephone (0870) 6070555
www.flybmi.com

easyJet
www.easyjet.com

Flybe
Telephone (01392) 268500
www.flybe.com

Ryanair
Telephone (0871) 246000
www.ryanair.com

Scotairways
Telephone (0870) 6060707
www.scotairways.com

National Public Transport Timetable
For all bus, coach and rail enquiries
Telephone (0870) 6082608
www.traveline.org.uk

Bus companies
National Express Coaches
Telephone (08705) 808080
www.nationalexpress.com

Scottish Citylink Coaches
Telephone (08705) 505050
www.citylink.co.uk

Ferry companies
Caledonian MacBrayne
(west coast of Scotland and Firth of Clyde)
Telephone (01475) 650100
www.calmac.co.uk

Corran
(Ardgour and Nether Lochaber)
Telephone (01397) 709000
www.lochabertransport.org.uk/corranferry.html

John o'Groats Ferries
(John o'Groats and Orkney)
Telephone (01955) 611353
www.jogferry.co.uk

Macleod Vehicle Ferry
(Glenelg and Kylerhea)
Telephone (01599) 511302
www.skyeferry.co.uk

Northlink Ferries (Orkney and Shetland)
Telephone (0845) 6000449
www.northlinkferries.co.uk

Orkney Island Ferries Ltd
(Orkney mainland and islands)
Telephone (01856) 872044
www.orkneyferries.co.uk

Pentland Ferries
(Gills Bay and Orkney)
Telephone (01856) 831226
www.pentlandferries.com

Serco Denholm
(Islay and Jura)
Telephone (01496) 840681
www.juradevelopment.co.uk/ferry

Shetland Island's Tourism
(Inter-island services)
Telephone (01595) 693434
www.visitshetland.com

Western Ferries
(Gourock and Dunoon)
Telephone (01369) 704452
www.western-ferries.co.uk

Rail companies
National Rail Enquiries
Telephone (0845) 7484950
www.nationalrail.co.uk

GNER
Telephone (08457) 225225
www.gner.co.uk

Scotrail
Telephone (08457) 550033
www.scotrail.co.uk

Virgin Trains
Telephone (08457) 222333
www.virgintrains.co.uk

Where to stay
There is an extensive choice of bed and breakfast (B&B) accommodation in Scotland, and somewhere to stay for all budgets – hotels, guest houses, youth hostels, lodges, caravan and camping parks and self-catering accommodation. VisitScotland produces four accommodation guides, revised annually, covering all types of accommodation and including VisitScotland's star system – the more stars, the better the quality.

Information for visitors with mobility difficulties
VisitScotland operates an inspection scheme to assess accommodation with disabled provision. These form three categories of accessibility – unassisted wheelchair access, assisted wheelchair access, access for those with mobility difficulties. Many establishments will be able to cater for those with a sensory impairment but please do check with the proprietor before booking.

Capability Scotland
Advice Service
11 Ellersly Road
Edinburgh EH12 6HY
Telephone 0131 313 5510
www.capability-scotland.org.uk

Radar
Information Department
12 City Forum, 250 City Road
London
EC1V 8AF
Telephone 020 7250 3222
www.radar.org.uk

Holiday Care Service
7th Floor, Sunley House
4 Bedford Park, Croydon
Surrey, CR0 2AP
Telephone 0845 1249971
www.holidaycare.org.uk

NATIONAL TOURIST ROUTES

Scotland has 12 National Tourist Routes designed to provide an alternative to the main trunk roads and motorways. Varying in length and as diverse as the Scottish landscape itself, these routes also offer a variety of things to see and do on the way to your chosen destination. They are all well signposted and easy to follow.

Angus Coastal Route ***(58 miles/93km)***
Begins in Dundee, with its fascinating industrial heritage and maritime traditions, and takes you north towards Aberdeen. Along the way you will discover a spectacular coastline with picturesque seaside resorts, sandy beaches, championship golf courses, nature reserves, country parks and a fertile countryside reaching inland through the Mearns and the Vale of Strathmore to the scenic splendour of the Angus Glens and the Grampians.

Argyll Coastal Route ***(149 miles/238km)***
From Tarbet on the bonny banks of Loch Lomond, climb steadily to a famous beauty spot called, aptly, Rest-and-be-Thankful. Descend to Inveraray and continue to follow the shores of Loch Fyne to Lochgilphead. Turning north, pass the lovely Crinan Canal and proceed to the bustling holiday town of Oban. Here there is an exceptionally fine view across the Firth of Lorn and the Sound of Mull to the Inner Hebrides. From Oban, cross the impressive Connel Bridge and journey on up through Ballachulish to Fort William at the foot of Ben Nevis.

Borders Historic Route ***(95 miles/152km)***
Travelling in either direction between the great border city of Carlisle and Scotland's capital, Edinburgh, savour the area which has been at the heart of Scotland's history and culture for centuries and a major inspiration for Sir Walter Scott's romantic novels. Follow in the footsteps of the Reivers by crossing the border between England and Scotland at Scots Dyke and explore Royal Burghs, historic houses and visitor centres. Borders hospitality, local goods, crafts and culture make this journey a memorable start or finish to your visit to Scotland.

Clyde Valley Route ***(42 miles/67km)***
Turn off the M74 at Abington (or Hamilton from the opposite direction) to follow the River Clyde through an area of contrasting landscapes, rich in historical interest. Attractions include the nominated World Heritage village of New Lanark, the model community brainchild of philanthropist, Robert Owen, founded by his father-in-law David Dale. Visit the magnificently restored Chatelherault, the David Livingstone Centre at Blantyre or the cluster of fascinating museums around the market town of Biggar. Or take advantage of the extensive watersport facilities, theme park and nature trails at Strathclyde Country Park.

Deeside Tourist Route ***(107 miles/171km)***
From Perth all the way to Aberdeen. The area around Blairgowrie has long been associated with soft fruit growing, and Blairgowrie itself is a popular touring base. Thereafter, the Highland landscape takes over as the route climbs to 2182 feet (665m) on Britain's highest main road. Enjoy spectacular views in every direction as you pass through the Glenshee Ski Centre before descending to Braemar. In Royal Deeside drive past Balmoral Castle, summer residence of the Royal family. Continue through the delightful villages of Ballater, Aboyne and Banchory before finally reaching Aberdeen.

Fife Coastal Route ***(85 miles/136km)***
Between the Firths of Forth and Tay lies the historic Kingdom of Fife. Best known is St Andrews, home of golf and seat of Scotland's oldest university. Just south of St Andrews are the picturesque villages of the East Neuk with their distinctive pantiled roofs and unspoilt beaches. More golden sands can be enjoyed at Burntisland and Aberdour. Dunfermline is the country's ancient capital, the Westminster of the North and final resting place of Robert the Bruce. Don't miss Deep Sea Wworld at North Queensferry, or Culross, a 16th-century town.

Forth Valley Route ***(39 miles/62km)***
This short route from Edinburgh to Stirling takes in the attractive old burgh of South Queensferry, dominated by the mighty Forth Bridges. Nearby are Dalmeny House and the elegant Hopetoun House, one of Scotland's finest mansions. Alternatively, take a trip on the Union Canal from Ratho or delve into the Lothians' clay mining heritage. Visit the bustling town of Falkirk, with its impressive Callendar House, or take a nostalgic ride on the Bo'ness and Kinneil Steam Railway.

Galloway Tourist Route ***(96 miles/154km)***
This route, stretching from Gretna to Ayr, links the Robert Burns attractions in both Dumfries and Ayr. En route, it gives you an introduction to the Galloway Forest Park and the industrial heritage of the Doon Valley. Look out for the Old Blacksmith's Shop at Gretna Green, the award-winning Robert Burns Centre and Bridge House Museum in Dumfries, or the Carsphairn Heritage Centre. Enjoy the peace and tranquility of colourful Threave Garden, or ponder over the bloody history of Threave Castle, ancient stronghold of the Black Douglas. The Galloway Tourist Route connects with the Solway Coast Heritage Trail at Dalbeattie, providing an opportunity to visit the castles, abbeys, gardens and harbours further west.

Highland Tourist Route ***(118 miles/189km)***
From Aberdeen to Inverness, passing the Grampian Transport Museum at Alford. Continue through the lovely valley of Upper Donside and on up the heather-clad slopes of the Lecht to Tomintoul in the fringes of the Cairngorms, at the heart of whisky country. Take a guided tour round one of the many distilleries and continue on through Grantown-on-Spey, a popular salmon fishing centre, to Inverness, capital of the Highlands.

Moray Firth Route ***(80 miles/128km)***
A semi-circular route around three of the most beautiful inlets on the east coast of Britain – the Beauly, Cromarty and Dornoch Firths – north from Inverness in to the heart of the northern Highlands. On the way you can enjoy wonderful scenery (the Struie viewpoint over the Dornoch Firth will take your breath away), seals and clan history at Foulis Ferry, salmon leaping at Shin Falls, whisky being made at Glen Ord and Highland wine at Moniack Castle. Walk to the Fyrish Monument, visit Beauly Priory or learn about the archaeology of the north at Ferrycroft, Lairg.

North and West Highlands Route ***(140 miles/224km)***
This route boasts some of the wildest and magnificent scenery in Europe – wild mountains and lochs, foaming salmon rivers, rugged coastlines with mighty sea cliffs and secluded sandy bays, isolated crofts and large farms, small fishing villages and bustling towns. Starting at the thriving fishing village of Ullapool, the route winds its way north through magnificent mountain country to Durness in the north west corner of Scotland. From Durness, the route heads east through gradually softening scenery to John o' Groats, taking you from one end of Scotland's north coast to the other.

Perthshire Tourist Route ***(45 miles/72km)***
Beginning north of Dunblane and ending at Ballinluig near Pitlochry. An attractive alternative to the main A9, the route runs through fertile, rolling farmland before arriving at the peasant hillside town of Crieff. Beyond Crieff the cultivated landscape changes dramatically and gives way to the rugged splendour of the Sma' Glen, associated with Bonnie Prince Charlie. Descend to Aberfeldy and skirt the River Tay on the A827, rejoining the A9 near Pitlochry.

TOURIST INFORMATION

For further information on any aspect of your visit to Scotland, contact Scotland's National Booking and Information Centre on (0845) 2255121 (within the UK), (01506) 832121 (outwith the UK) or visit www.visitscotland.com

Scotland's National Tourist Office
19 Cockspur Street
London SW1Y 5BL
(just off Trafalgar Square, personal callers only)

Area Tourist Boards and Tourist Information Centres

There are 14 Area Tourist Boards in Scotland. They can provide accommodation listings and information on what to see and do in the area. They will also give the locations and telephone numbers of local Tourist Information Centres (look out for the symbol) – of which there are 130 throughout Scotland. Tourist Information Centres can provide free information and advice on places to visit; an accommodation booking service, either in the local area or, if you are planning ahead, in any other part of Scotland and throughout the rest of the UK; tickets for events and activities; maps, guide books and reference material; bureau de change (in the larger centres).

Aberdeen and Grampian
Tourist Board
Visitor Information Centre
23 Union Street
Aberdeen AB11 5BP
Telephone (01224) 288828
www.aberdeen-grampian.com

Angus and Dundee
Tourist Board
21 Castle Street
Dundee DD1 3AA
Telephone (01382) 527527
www.angusanddundee.co.uk

Argyll, the Isles, Loch
Lomond, Stirling and
Trossachs Tourist Board
7 Alexandra Parade
Dunoon PA23 8AB
Telephone (08707) 200629
www.visitscottishheartlands.com

Ayrshire and Arran
Tourist Board
15A Skye Road
Prestwick KA9 2TA
Telephone (01292) 678100
www.ayrshire-arran.com

Dumfries and Galloway
Tourist Board
64 Whitesands
Dumfries DG1 2RS
Telephone (01387) 253862
www.visit-dumfries-and-galloway.co.uk

Edinburgh and Lothians
Tourist Board
3 Princes Street
Edinburgh EH2 2QP
Telephone (0845) 2255121
www.edinburgh.org

Greater Glasgow and
Clyde Valley Tourist Board
11 George Square
Glasgow G2 1DY
Telephone 0141 204 4400
www.seeglasgow.com

Highlands of Scotland
Tourist Board
Peffery House
Strathpeffer IV14 9HA
Telephone (0845) 2255121
www.highlandfreedom.com

Kingdom of Fife
Tourist Board
70 Market Street
St Andrews KY16 9NU
Telephone (01334) 472021
www.standrews.com/fife

Orkney Tourist Board
6 Broad Street
Kirkwall KW15 1NX
Telephone (01856) 872856
www.visitorkney.com

Perthshire Tourist Board
Lower City Mills
West Mill Street
Perth PH1 5QP
Telephone (01738) 450600
www.perthshire.co.uk

Scottish Borders Tourist Board
Shepherd's Mill
Whinfield Road
Selkirk TD7 5DT
Telephone (0870) 6080404
www.visitscottishborders.com

Shetland Islands Tourism
Market Cross
Lerwick ZE1 0LU
Telephone (01595) 693434
www.visitshetland.com

Western Isles Tourist Board
26 Cromwell Street
Stornoway
Isle of Lewis
HS1 2DD
Telephone (01851) 703088
www.seehebrides.com

Visitor Attraction Quality Assurance
VisitScotland operates an inspection scheme for visitor attractions. The scheme provides an assurance that the condition and standard of the facilities and services have been assessed, alongside the all important warmth of welcome, efficiency and friendliness of service, level of cleanliness and standard of the overall visitor services. The grades are indicated by one to five stars. Look out for the stars when planning your day out.

Association of Scottish Visitor Attractions (ASVA)
As you travel round Scotland, you may see the ASVA symbol displayed at visitor attractions. Over 500 key visitor attractions are members. All are committed to providing a quality service and are always striving to ensure that the highest standards are maintained.

Argyll's Lodging
Castle Wynd
Stirling FK8 1EG
Telephone (01786) 475152
www.asva.co.uk

Welcome Host
When you visit an attraction in Scotland, you may see the Welcome Host badge being worn by staff who have taken part in the Welcome Host training programme, and who have given a personal commitment to providing quality service during your visit.

Other Useful Contacts
British Waterways Scotland
Canal House, Applecross Street
Glasgow G4 9SP
Telephone 0141 332 6936
www.scottishcanals.co.uk

Forestry Commission
Silvan House
231 Corstorphine Road
Edinburgh EH12 7AT
Telephone 0131 334 0303
www.forestry.gov.uk

Historic Houses Association
2 Chester Street
London SW1X 7BB
Telephone 0207 259 5688
www.hha.org.uk

Historic Scotland
Longmore House, Salisbury Place
Edinburgh EH9 1SH
Telephone 0131 668 8800
www.historic-scotland.gov.uk

Landmark Trust
Shottesbrooke, Maidenhead
Berkshire SL6 3SW
Telephone (01628) 825925
www.landmarktrust.co.uk

National Cycle Network
(Sustrans)
162 Fountainbridge
Edinburgh EH3 9RX
Telephone 0131 624 7660
www.sustrans.org.uk

The National Trust for Scotland
Weymss House
28 Charlotte Square
Edinburgh EH2 4ET
Telephone 0131 243 9300
www.nts.org.uk

Royal Society for the
Protection of Birds
Dunedin House
25 Ravelston Terrace
Edinburgh EH4 3TP
Telephone 0131 311 6500
www.rspb.org.uk/scotland

Scotland's Gardens Scheme
22 Rutland Square
Edinburgh EH1 2BB
Telephone 0131 229 1870

Scotland's Churches Scheme
Dunedin, Holehouse Road
Eaglesham, Glasgow G76 0JF
Telephone (01355) 302416
www.churchnet.org.uk/
scotchurch

Scottish Natural Heritage
12 Hope Terrace
Edinburgh EH9 2AS
Telephone 0131 447 4784
www.snh.org.uk

Scottish Tourist Guides
Association
Old Town Jail, St John Street
Stirling FK8 1EA
Telephone (01786) 447784
www.stga.co.uk

Scottish Wildlife Trust
Kirk Cramond
Cramond Glebe Road
Edinburgh EH4 6NS
Telephone 0131 312 7765
www.swt.org.uk

Scottish Youth Hostels
Association
7 Glebe Crescent
Stirling FK8 2JA
Telephone (01786) 891400
www.syha.org.uk

LOCATION MAPS

These maps show the locations of the numbered visitor attractions listed in this guide. The country has been split into six areas as shown. Each attraction has a map reference (eg 6 E4). The first number (6) refers to the location map, the letter and number (E4) refer to the grid square in which the attraction is located.

Comprehensive touring and leisure information can be found on the companion *Touring Map Scotland.*

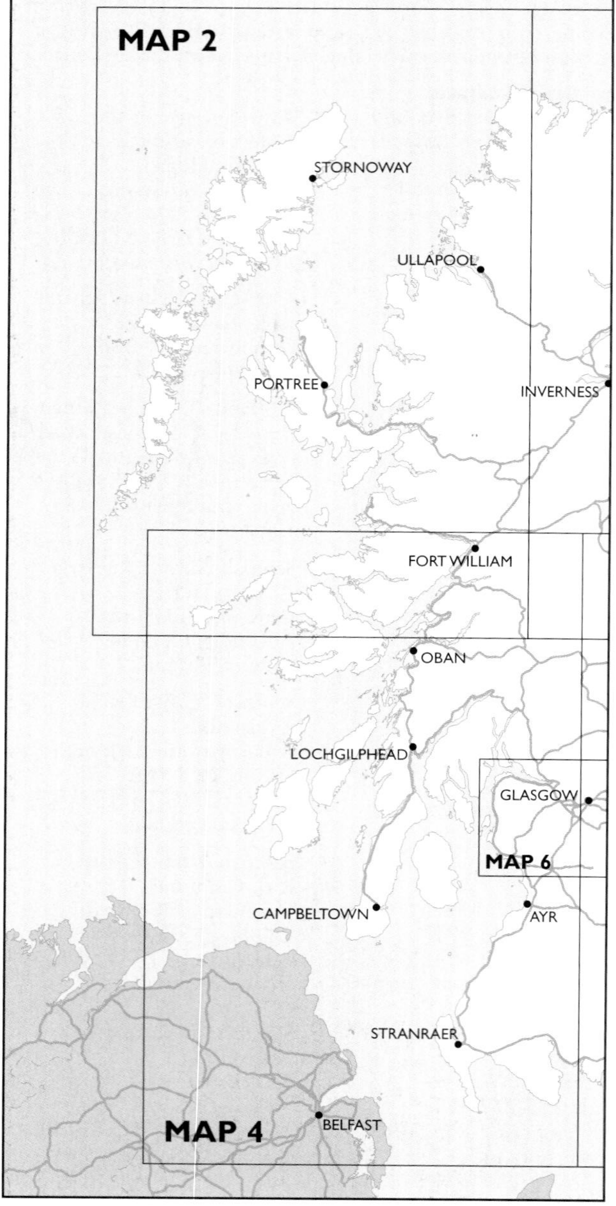

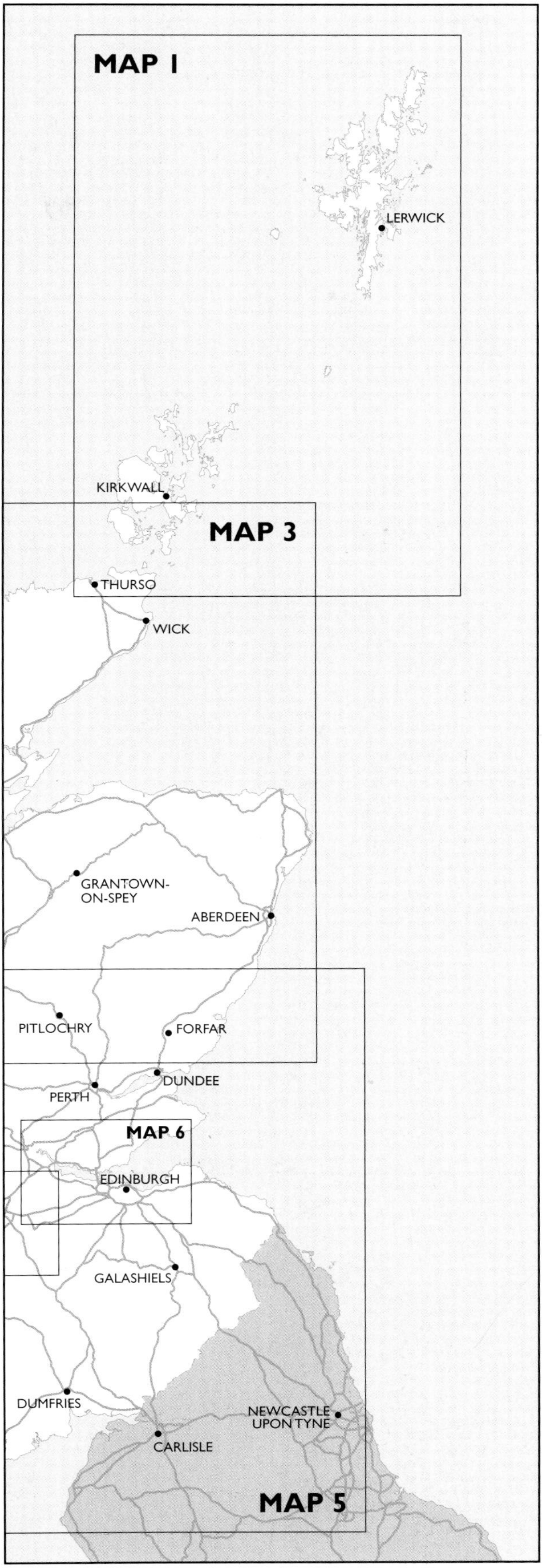
MAP 1
LERWICK
KIRKWALL
MAP 3
THURSO
WICK
GRANTOWN-
ON-SPEY
ABERDEEN
PITLOCHRY
FORFAR
DUNDEE
PERTH
MAP 6
EDINBURGH
GALASHIELS
DUMFRIES
NEWCASTLE
UPON TYNE
CARLISLE
MAP 5

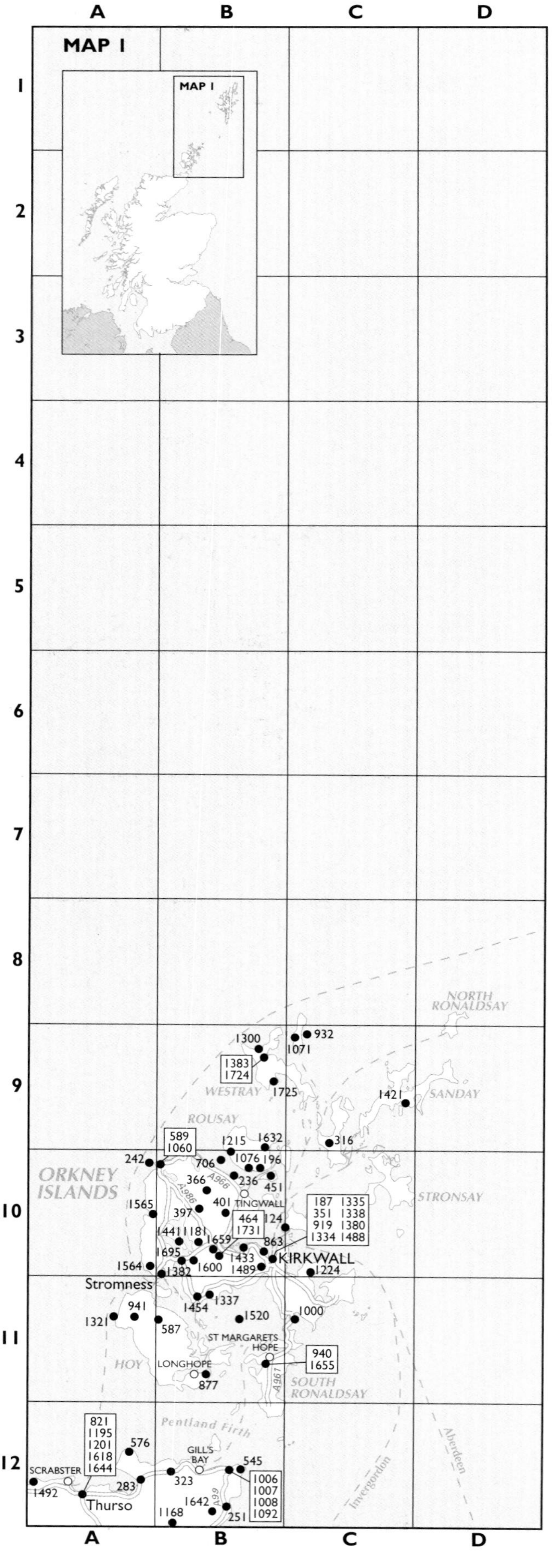
MAP 1
MAP 1
A
B
C
D
1
2
3
4
5
6
7
8
9
10
11
12
NORTH RONALDSAY
WESTRAY
ROUSAY
SANDAY
STRONSAY
ORKNEY ISLANDS
TINGWALL
KIRKWALL
Stromness
HOY
LONGHOPE
ST MARGARETS HOPE
SOUTH RONALDSAY
Pentland Firth
GILL'S BAY
SCRABSTER
Thurso
Invergordon
Aberdeen
A966
A986
A961
A99
1300
932
1071
1383
1724
1725
1421
1215
1632
316
589
1060
242
706
1076
196
366
236
451
1565
401
397
187
351
919
1334
1335
1338
1380
1488
464
1731
124
1441
1181
1659
863
1695
1433
1564
1600
1489
1382
1224
1337
1454
941
1321
587
1520
1000
940
1655
877
821
1195
1201
1618
1644
576
545
283
323
1006
1007
1008
1092
1492
1642
1168
251

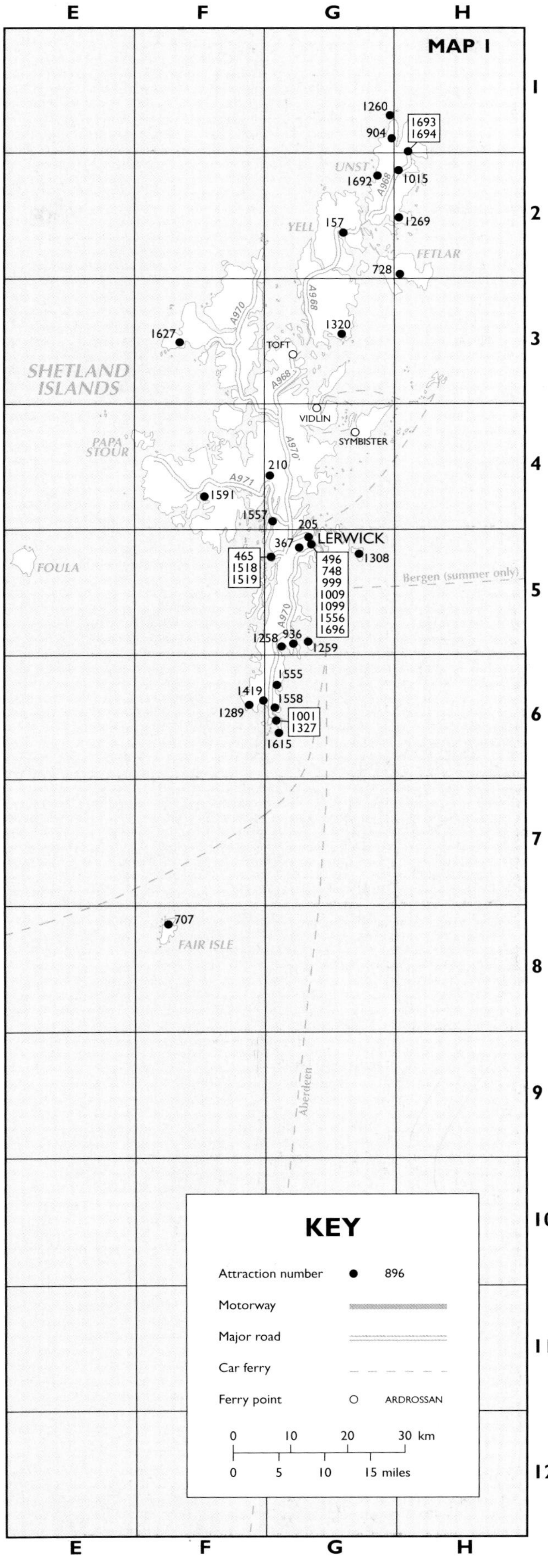

E
F
G
H
MAP 1
1
2
3
4
5
6
7
8
9
10
11
12
1260
904
1693
1694
UNST
1692
1015
A968
YELL
157
1269
FETLAR
728
A968
A970
1320
1627
TOFT
SHETLAND ISLANDS
A968
VIDLIN
SYMBISTER
PAPA STOUR
A970
210
A971
1591
1557
205
LERWICK
367
465
1518
1519
496
748
999
1009
1099
1556
1696
1308
FOULA
Bergen (summer only)
A970
1258
936
1259
1555
1419
1558
1289
1001
1327
1615
707
FAIR ISLE
Aberdeen
KEY
Attraction number 896
Motorway
Major road
Car ferry
Ferry point ARDROSSAN
0 10 20 30 km
0 5 10 15 miles

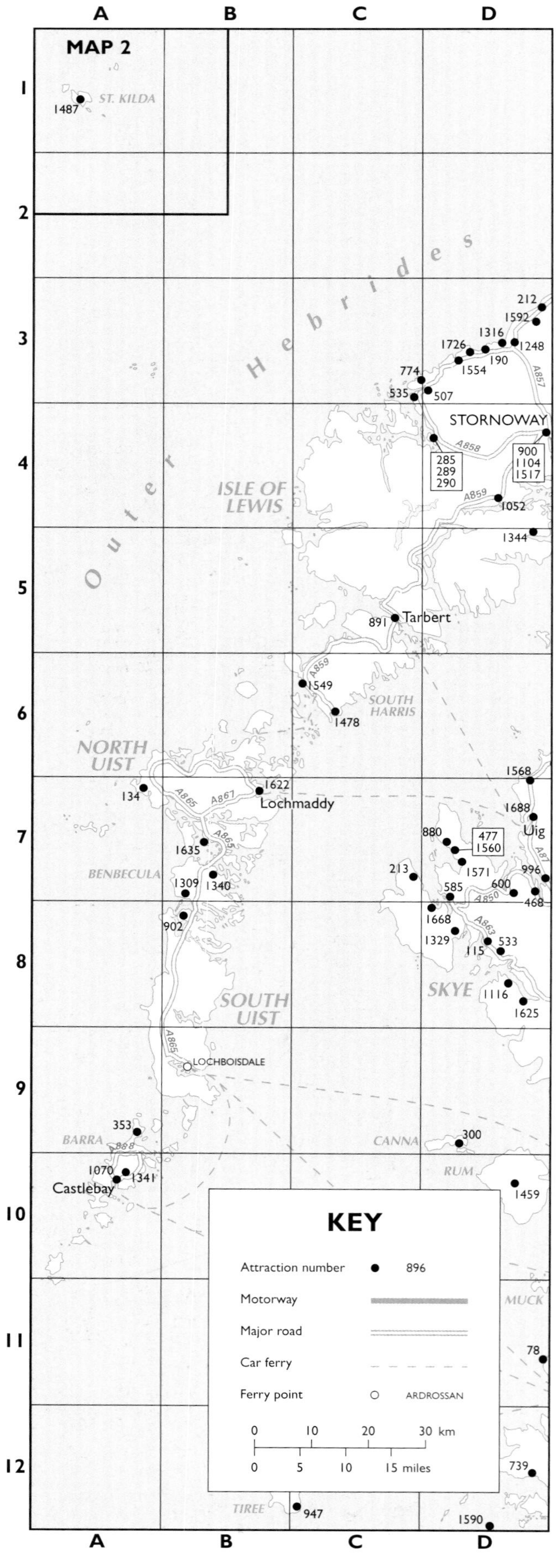
MAP 2
A
B
C
D
1
2
3
4
5
6
7
8
9
10
11
12
ST. KILDA
1487
Outer Hebrides
212
1592
1316
1248
1726
190
1554
774
535
507
A857
STORNOWAY
A858
285
289
290
900
1104
1517
ISLE OF LEWIS
A859
1052
1344
891
Tarbert
A859
1549
1478
SOUTH HARRIS
NORTH UIST
134
A865
A867
1622
Lochmaddy
1568
1688
Uig
880
477
1560
1635
A865
1571
A87
BENBECULA
1309
1340
213
996
585
600
468
A850
902
1668
A863
1329
533
115
SKYE
1116
1625
SOUTH UIST
A865
LOCHBOISDALE
353
BARRA
888
CANNA
300
1070
1341
Castlebay
RUM
1459
KEY
Attraction number
896
Motorway
Major road
Car ferry
Ferry point
ARDROSSAN
0
10
20
30 km
0
5
10
15 miles
MUCK
78
739
TIREE
947
1590

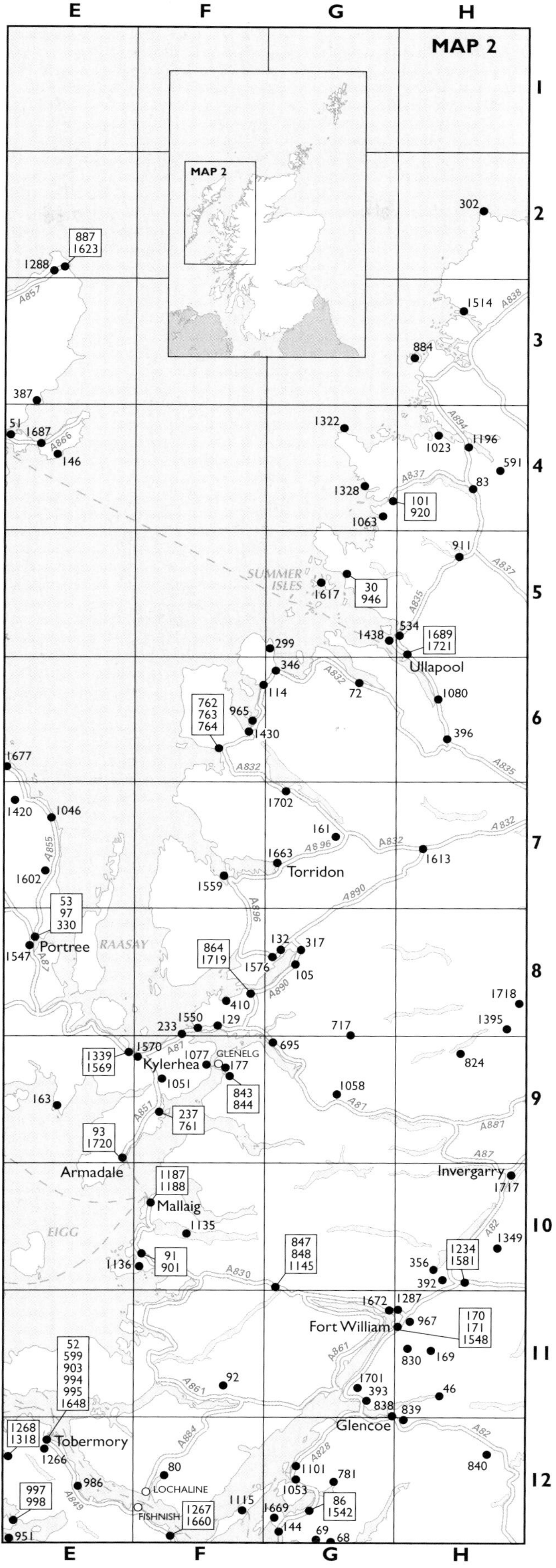

MAP 2
E
F
G
H
1
2
3
4
5
6
7
8
9
10
11
12
302
887
1623
1288
A857
1514
A838
884
387
51
1687
A866
146
1322
1023
A894
1196
591
A837
83
1328
101
920
1063
911
A837
SUMMER ISLES
1617
30
946
A835
534
1438
1689
1721
299
346
A832
Ullapool
114
72
1080
762
763
764
965
1430
396
A835
1677
A832
1702
1420
1046
161
A832
A855
A896
A832
1613
1663
1602
Torridon
1559
A890
53
97
330
A896
864
1719
132
317
Portree
RAASAY
1547
A87
1576
105
A890
1718
410
1550
129
717
1395
233
695
1570
A87
1339
1569
1077
GLENELG
177
824
Kylerhea
1051
843
844
1058
163
A851
237
761
A87
A887
93
1720
A87
Armadale
1187
1188
Invergarry
1717
Mallaig
EIGG
1135
A82
1349
847
848
1145
1234
1581
91
901
356
1136
A830
392
1672
1287
967
170
171
1548
Fort William
A861
830
169
52
599
903
994
995
1648
92
1701
A861
393
46
838
839
Glencoe
1268
1318
Tobermory
A884
A82
1266
A828
840
80
1101
781
986
1053
LOCHALINE
997
998
A849
1115
86
1542
FISHNISH
1267
1660
1669
144
69
951
68

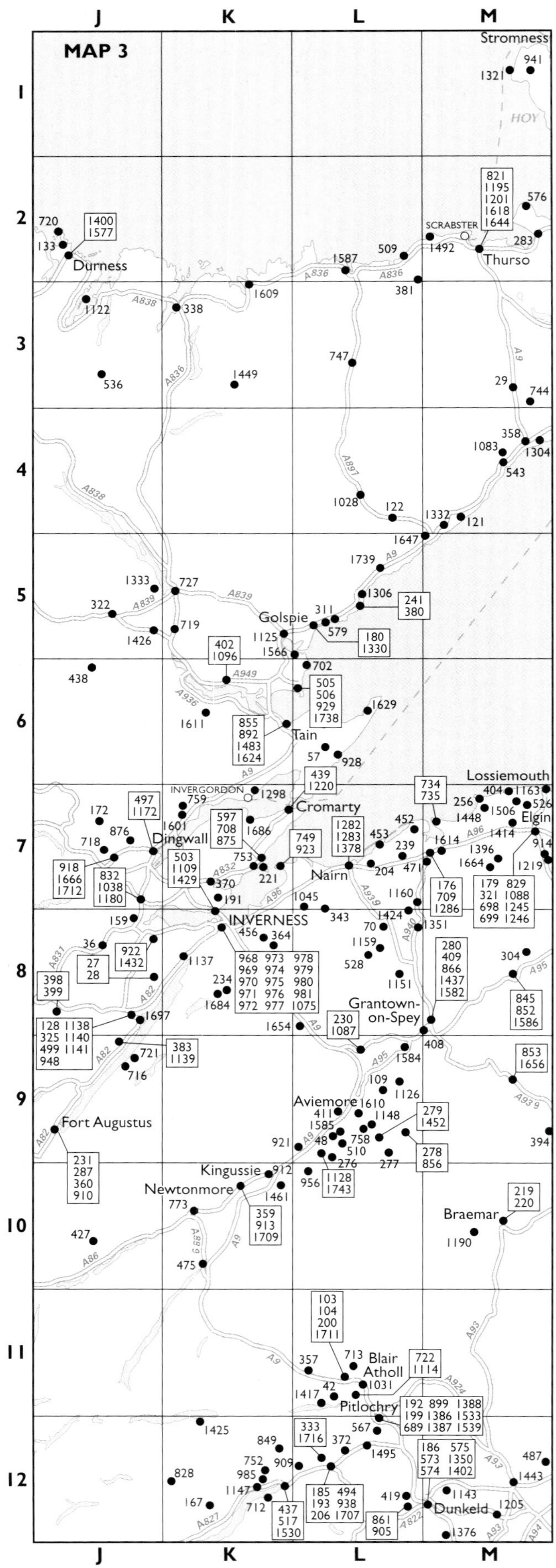
MAP 3
J
K
L
M
1
2
3
4
5
6
7
8
9
10
11
12
Stromness
941
1321
HOY
821
1195
1201
1618
1644
576
720
1400
1577
133
Durness
SCRABSTER
1492
283
Thurso
509
1587
A836
A836
381
1609
A838
338
1122
747
A9
536
1449
A836
29
744
358
1304
1083
543
A838
A897
1028
122
1332
121
1647
1739
A9
1333
727
A839
322
A839
1306
241
380
311
Golsprie
579
719
1426
1125
180
1330
402
1096
1566
702
438
A949
505
506
929
1738
A936
1629
1611
855
892
1483
1624
Tain
57
928
A9
439
1220
Lossiemouth
INVERGORDON
759
1298
734
735
404
1163
256
526
1448
1506
Elgin
172
497
1172
1601
Cromarty
452
876
597
708
875
1686
1282
1283
1378
453
A96
1414
Dingwall
749
923
1614
1396
914
718
239
918
1666
1712
503
1109
1429
753
1664
1219
832
1038
1180
A832
221
Nairn
204
471
370
176
709
1286
179
321
698
699
829
1088
1245
1246
A96
A939
1160
191
1045
159
343
1424
INVERNESS
A940
70
1351
36
456
364
922
1432
1159
280
409
866
1437
1582
304
A831
968
969
970
971
972
973
974
975
976
977
978
979
980
981
1075
1137
528
27
28
A95
234
1151
398
399
1684
A82
Grantown-on-Spey
845
852
1586
128
325
499
948
1138
1140
1141
1697
1654
A9
230
1087
408
383
1139
A95
1584
853
1656
A82
721
716
109
1126
A939
Aviemore
1610
411
1148
279
1452
Fort Augustus
1585
A82
758
394
921
48
A9
510
278
856
276
277
231
287
360
910
Kingussie
912
956
1128
1743
Newtonmore
1461
219
220
773
359
913
1709
Braemar
A889
A9
1190
427
A86
475
103
104
200
1711
A93
A9
357
713
Blair Atholl
722
1114
1031
A924
1417
42
Pitlochry
192
199
689
899
1386
1387
1388
1533
1539
1425
333
1716
567
849
372
1495
186
573
574
575
1350
1402
A93
487
752
909
828
985
1443
1147
185
193
206
494
938
1707
419
1143
167
712
A827
437
517
1530
861
905
A822
Dunkeld
1205
A93
A94
1376
J
K
L
M

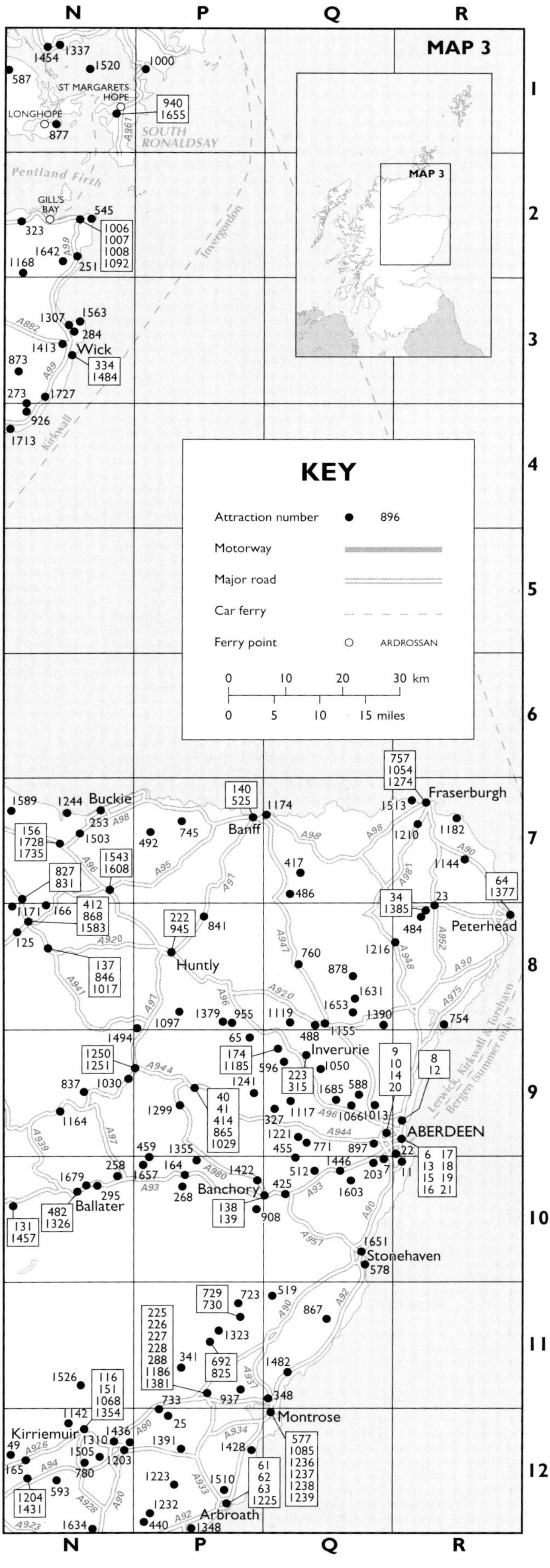
MAP 3
N
P
Q
R
1
2
3
4
5
6
7
8
9
10
11
12
ST MARGARETS HOPE
LONGHOPE
SOUTH RONALDSAY
A961
Pentland Firth
GILL'S BAY
Invergordon
Wick
Kirkwall
A99
A882
KEY
Attraction number 896
Motorway
Major road
Car ferry
Ferry point ARDROSSAN
0 10 20 30 km
0 5 10 15 miles
Buckie
Banff
Fraserburgh
Peterhead
Huntly
Inverurie
ABERDEEN
Banchory
Ballater
Stonehaven
Montrose
Kirriemuir
Arbroath
Lerwick, Kirkwall & Torshavn Bergen (summer only)
A98
A95
A96
A97
A920
A941
A947
A981
A952
A948
A90
A975
A944
A980
A93
A939
A957
A92
A937
A934
A933
A926
A94
A928
A923
1454
1337
1520
1000
587
940
1655
877
545
323
1006
1007
1008
1092
1642
251
1168
1307
1563
284
1413
873
334
1484
273
1727
926
1713
757
1054
1274
1589
1244
253
140
525
1174
1513
1182
156
1728
1735
1503
492
745
1210
1543
1608
417
1144
827
831
486
64
1377
34
1385
23
1171
166
412
868
1583
222
945
841
484
125
1216
137
846
1017
760
878
1631
1653
1390
754
1097
1379
955
1119
1155
1494
65
488
174
1185
9
10
14
20
8
12
1250
1251
596
223
315
1050
837
1030
1241
40
41
414
865
1029
1685
588
1164
1299
327
1117
1066
1013
1221
771
897
459
1355
455
22
6
17
13
18
15
19
16
21
258
164
1422
1446
203
7
11
1679
1657
295
268
512
425
1603
482
1326
138
139
908
131
1457
1651
578
729
730
723
519
867
225
226
227
228
288
1186
1381
1323
341
692
825
1482
1526
116
151
1068
1354
937
348
733
25
1142
1436
1310
1391
1428
577
1085
1236
1237
1238
1239
49
1505
1203
61
62
63
1225
165
780
593
1223
1510
1204
1431
1232
440
1634
1348

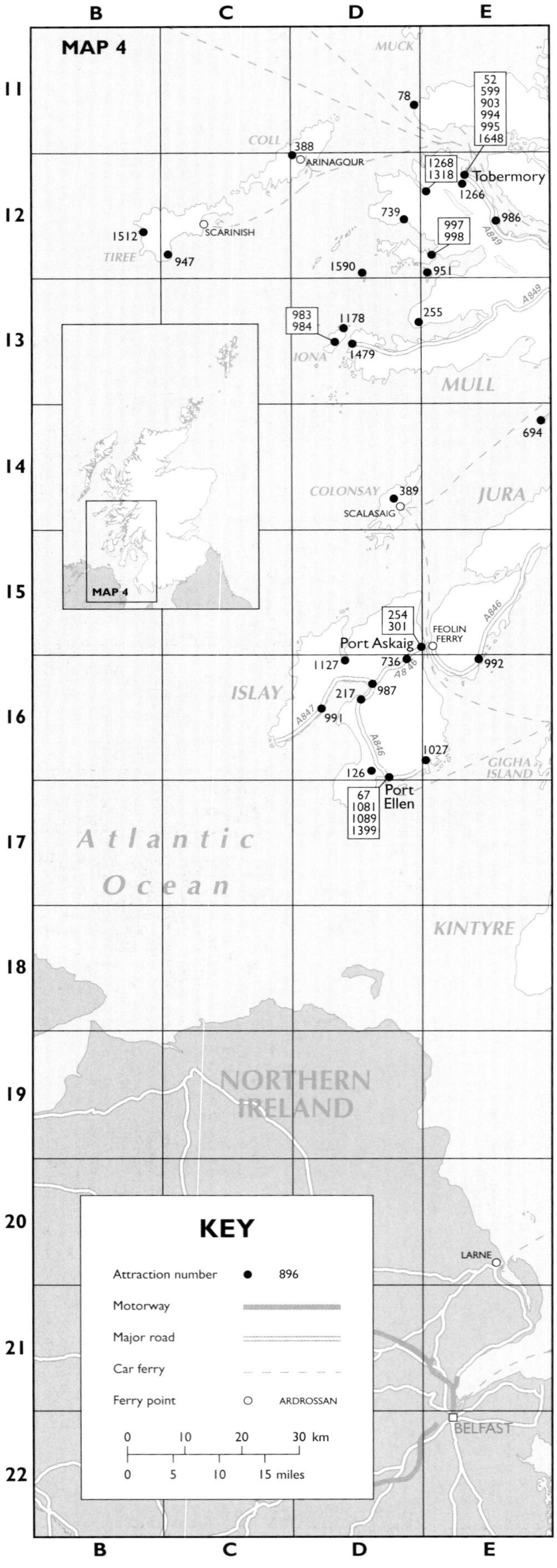

MAP 4
B
C
D
E
11
12
13
14
15
16
17
18
19
20
21
22
MUCK
COLL
TIREE
IONA
MULL
COLONSAY
JURA
ISLAY
GIGHA ISLAND
KINTYRE
Atlantic Ocean
NORTHERN IRELAND
ARINAGOUR
SCARINISH
Tobermory
SCALASAIG
Port Askaig
FEOLIN FERRY
Port Ellen
LARNE
BELFAST
A849
A846
A847
52
599
903
994
995
1648
78
388
1268
1318
1266
739
986
1512
947
997
998
1590
951
255
983
984
1178
1479
694
389
254
301
1127
736
992
987
217
991
1027
126
67
1081
1089
1399
MAP 4
KEY
Attraction number 896
Motorway
Major road
Car ferry
Ferry point ARDROSSAN
0 10 20 30 km
0 5 10 15 miles

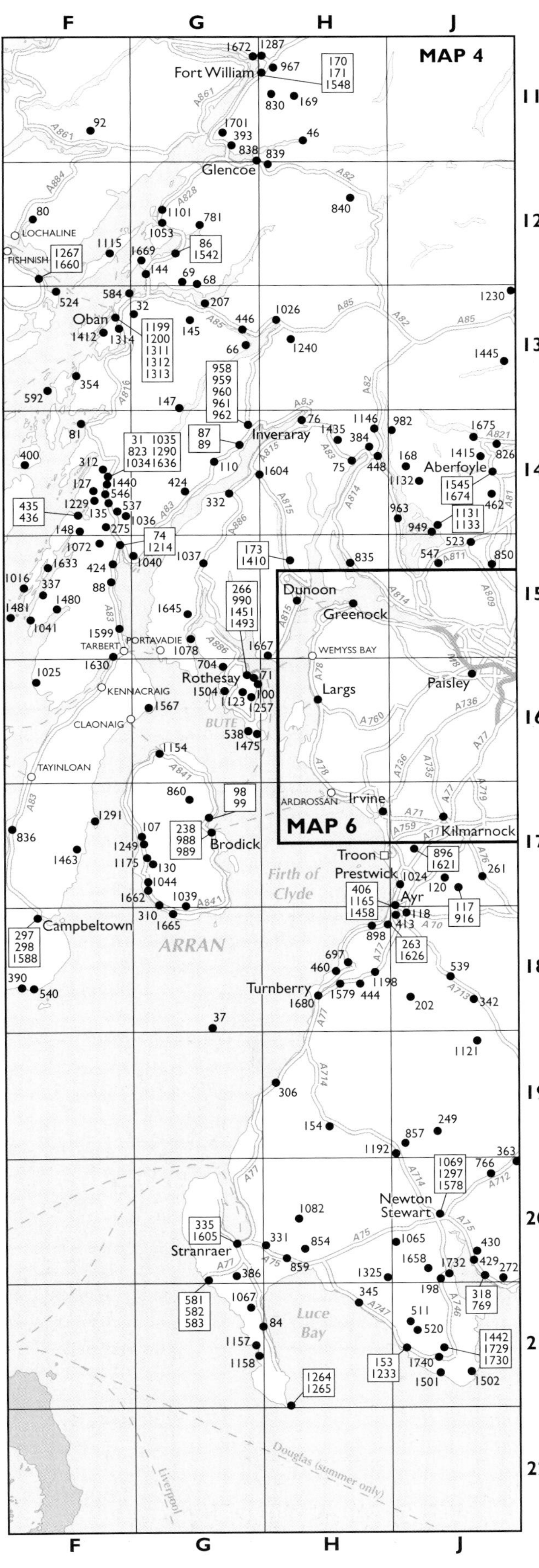
MAP 4
F
G
H
J
11
12
13
14
15
16
17
18
19
20
21
22
Fort William
Glencoe
LOCHALINE
FISHNISH
Oban
Inveraray
Aberfoyle
TARBERT
PORTAVADIE
KENNACRAIG
CLAONAIG
TAYINLOAN
Dunoon
Greenock
WEMYSS BAY
Largs
Paisley
Rothesay
BUTE
Brodick
ARDROSSAN
Irvine
Kilmarnock
MAP 6
Troon
Prestwick
Ayr
Firth of Clyde
ARRAN
Campbeltown
Turnberry
Newton Stewart
Stranraer
Luce Bay
Douglas (summer only)
Liverpool

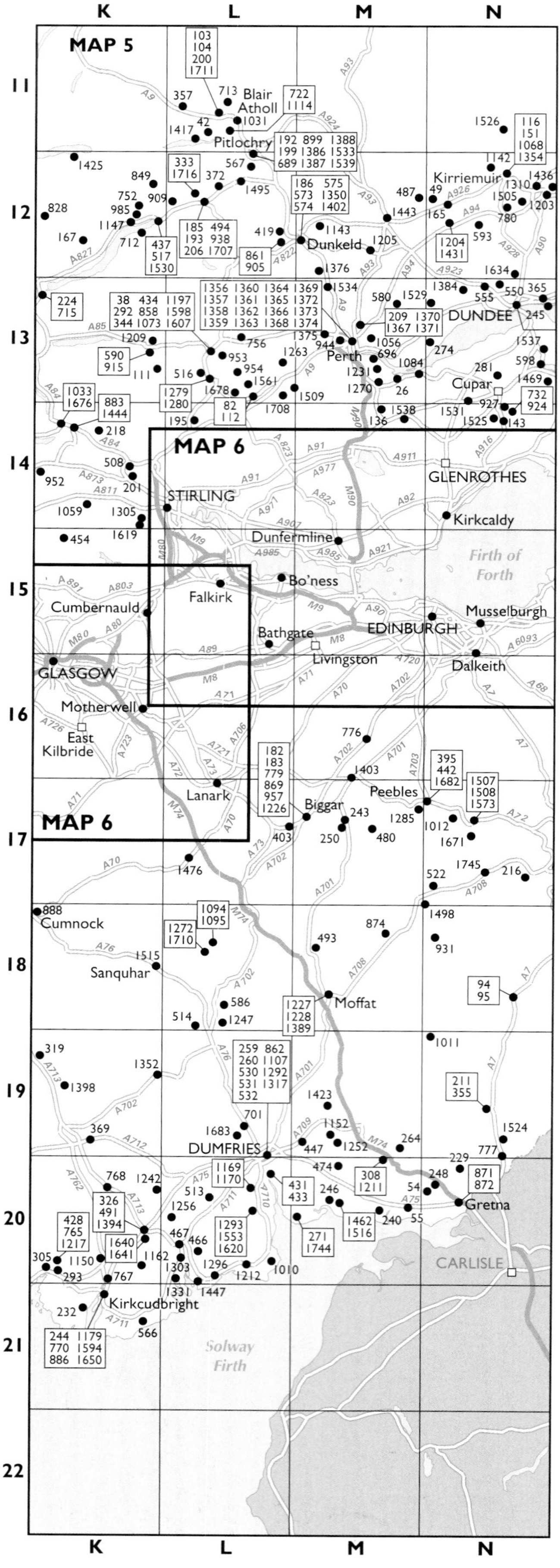
K
L
M
N
MAP 5
MAP 6
MAP 6
Blair Atholl
Pitlochry
Kirriemuir
Dunkeld
DUNDEE
Perth
Cupar
GLENROTHES
STIRLING
Kirkcaldy
Dunfermline
Firth of Forth
Bo'ness
Falkirk
Cumbernauld
Musselburgh
Bathgate
EDINBURGH
Livingston
Dalkeith
GLASGOW
Motherwell
East Kilbride
Lanark
Peebles
Biggar
Cumnock
Sanquhar
Moffat
DUMFRIES
Gretna
CARLISLE
Kirkcudbright
Solway Firth
11
12
13
14
15
16
17
18
19
20
21
22

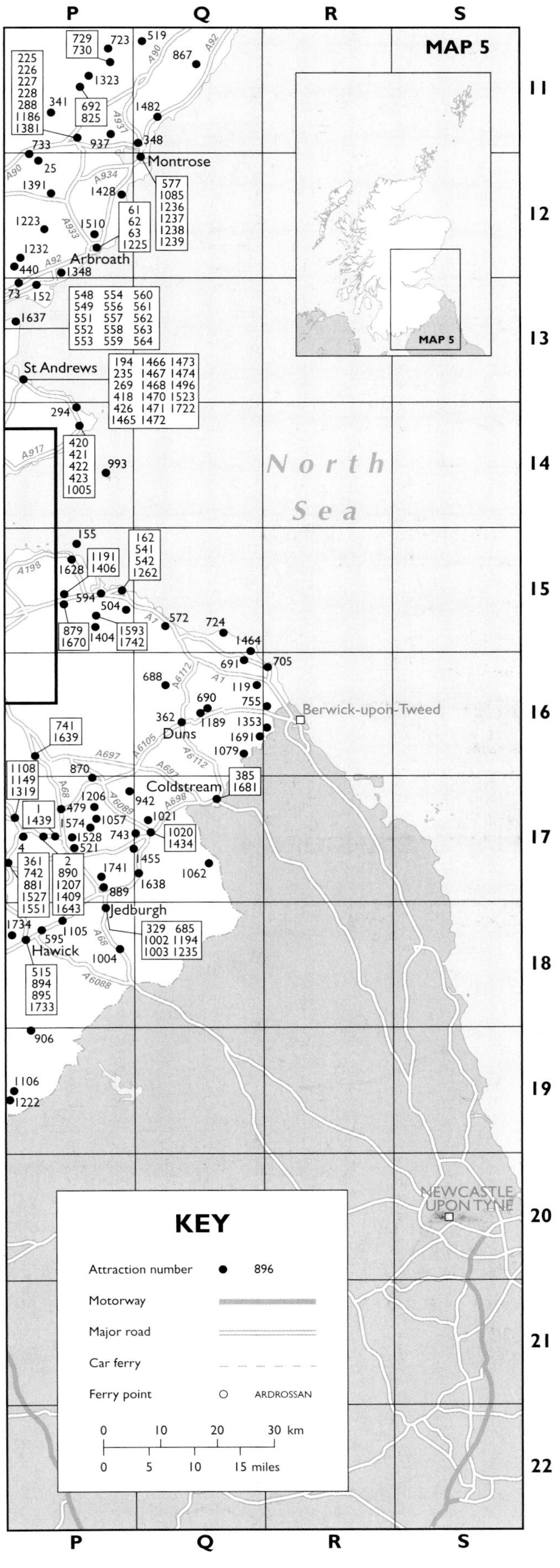
P
Q
R
S
MAP 5
11
12
13
14
15
16
17
18
19
20
21
22
729
730
723
519
867
225
226
227
228
288
1186
1381
341
1323
692
825
1482
733
937
348
25
Montrose
1391
1428
577
1085
1236
1237
1238
1239
1223
1510
61
62
63
1225
1232
Arbroath
440
1348
73
152
548 554 560
549 556 561
551 557 562
552 558 563
553 559 564
1637
St Andrews
194 1466 1473
235 1467 1474
269 1468 1496
418 1470 1523
426 1471 1722
1465 1472
294
420
421
422
423
1005
993
North
Sea
155
162
541
542
1262
1191
1406
1628
594
504
879
1670
1404
1593
1742
572
724
1464
691
705
688
119
755
690
Berwick-upon-Tweed
362
1189
1353
Duns
1691
1079
741
1639
1108
1149
1319
870
385
1681
Coldstream
1206
942
1
1439
479
1574
1057
1021
1528
743
1020
1434
4
521
361
742
881
1527
1551
2
890
1207
1409
1643
1455
1741
1062
1638
889
Jedburgh
1734
1105
595
Hawick
329 685
1002 1194
1003 1235
1004
515
894
895
1733
906
1106
1222
NEWCASTLE
UPON TYNE
MAP 5
A90
A92
A937
A934
A933
A917
A198
A1
A6112
A6105
A697
A68
A6089
A698
A6088
KEY
Attraction number 896
Motorway
Major road
Car ferry
Ferry point ARDROSSAN
0 10 20 30 km
0 5 10 15 miles
P
Q
R
S

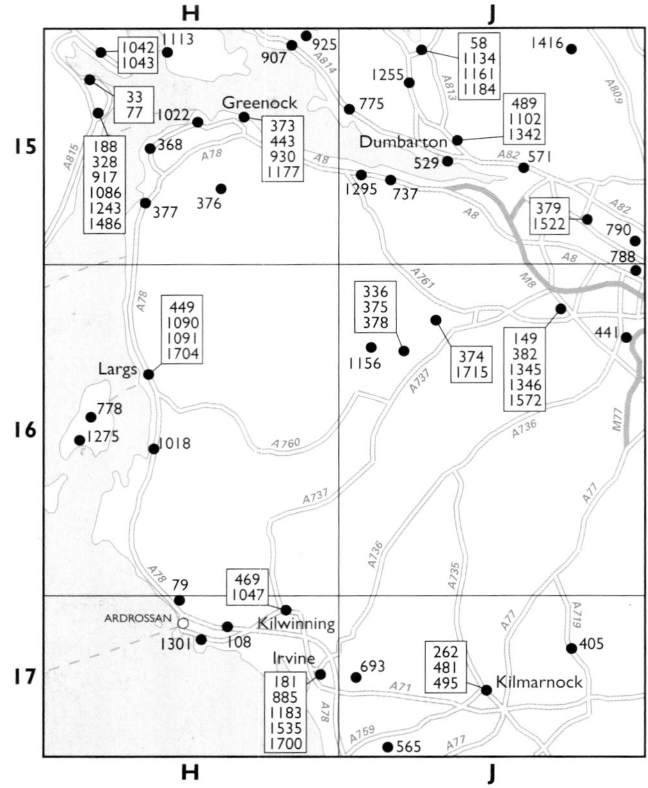

MAP 6 GLASGOW

MAP 6 EDINBURGH

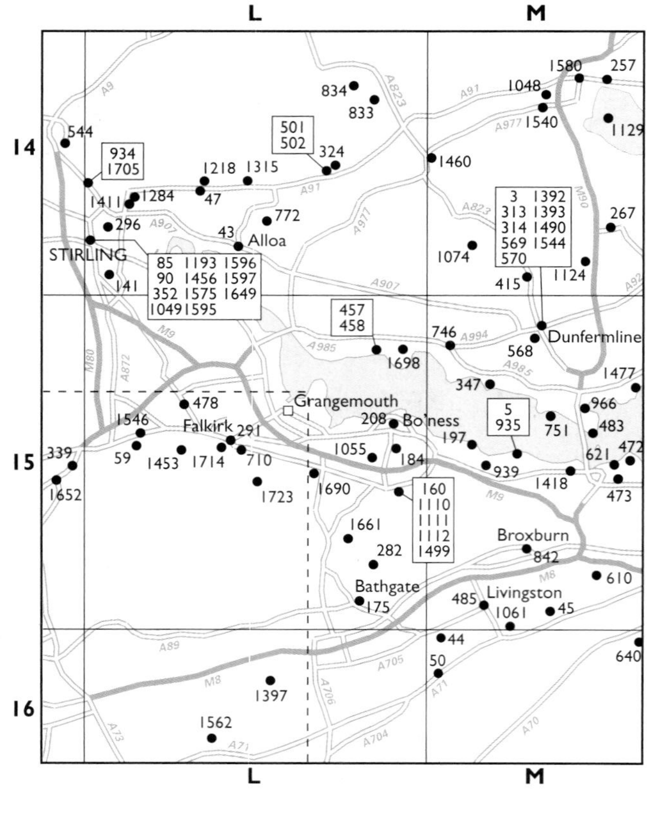

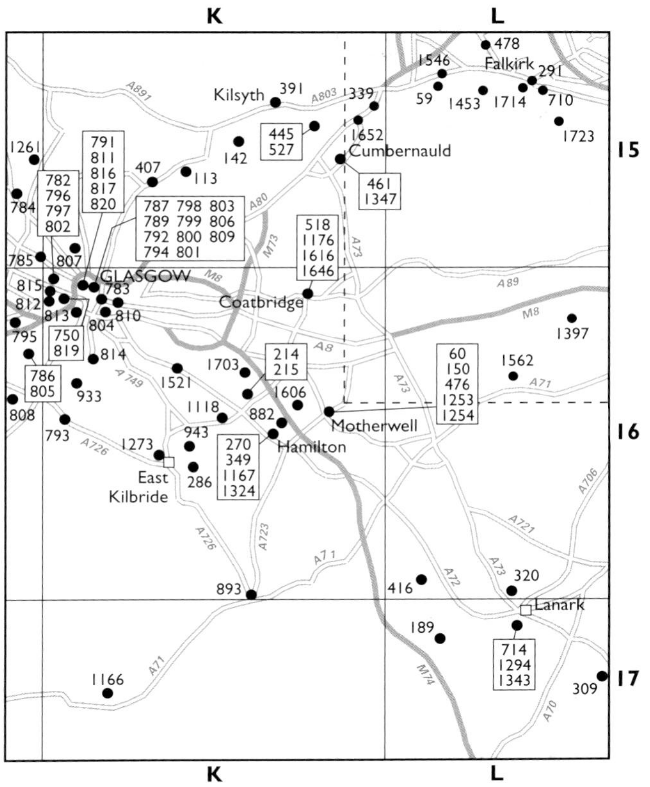

KEY

Attraction number	● 896	0 5 10 15 km	0 5 10 miles
Motorway		Car ferry	
Major road		Ferry point	○ ARDROSSAN

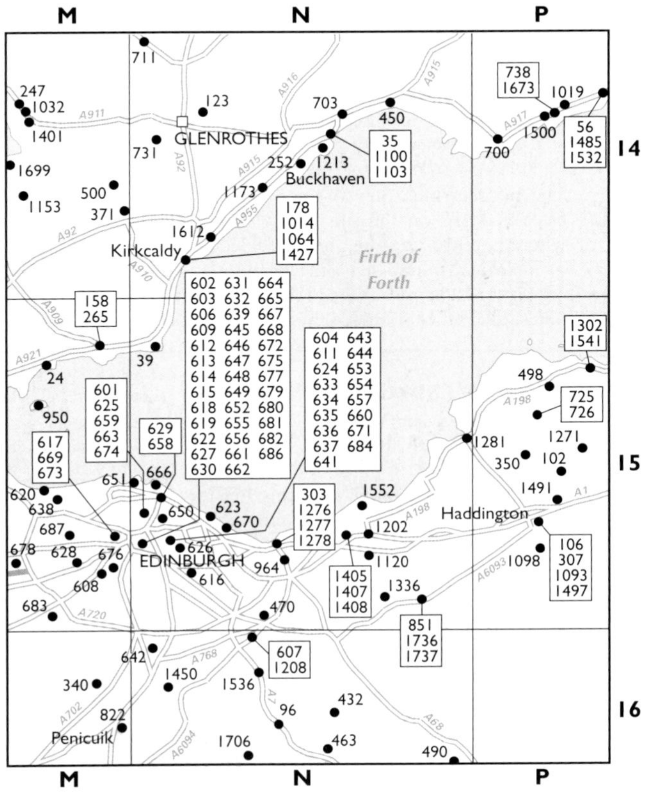

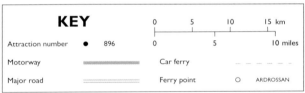

1 **100 AKER WOOD VISITOR CENTRE** **5 P17**

The Old Sawmill, Annay Road, Melrose. On the B6361 between Melrose and Newstead. Buses to Melrose then 5 minute walk. Open all year, Mon–Sat 0900–1730, Sun 1000–1700. Free. Coffee shop with outside seating. WC. Wheelchair access. Disabled WC. Car and coach parking. Telephone (01896) 823717. www.1stforfencing.com

Visitor centre with a well-stocked garden centre, gift and coffee shop with wonderful views overlooking Melrose Abbey and the Eildon Hills. Secure children's play area and woodland walk.

---

2 **THE ABBEY MILL** **5 P17**

Annay Road, Melrose. Close to Melrose Abbey. Bus service to Melrose. Open all year, Mon–Fri 0900–1730. Free. Gift shop. Tearoom. WC. Limited wheelchair access. Car and coach parking. Telephone (01896) 822138. www.ewm.co.uk

The original corn mill, known as Abbey Mill, was built during the early Middle Ages and probably belonged to the abbey up until the reformation. Today the building houses a fine selection of Scottish knitwear.

---

3 **ABBOT HOUSE HERITAGE CENTRE** **6 M15**

Maygate, Dunfermline, Fife. 2 miles (3km) from M90 (signposted). Walking distance from Dunfermline railway and bus station. Coach parking nearby. Open all year (except Christmas and New Year's Day), daily 1000–1700. Charge £. Accompanied children free. Garden and ground floor free. Group concessions. Guided tours (French, German, Spanish and Korean available). Explanatory displays. Gift shop. Restaurant with outside seating in garden. Garden. WC. Limited wheelchair access to ground floor (with video display) and gardens. Car parking for disabled. Disabled WC. Car parking. Telephone (01383) 733266. www.abbothouse.co.uk

This award-winning heritage centre is in the restored 15th-century residence of the Abbot of Dunfermline. Learn Scotland's story from Pictish to modern times and find out about King Robert the Bruce, St Margaret and other important figures who played a role in the history of Scotland's ancient capital. Attractive art work by Alasdair Gray and other artists. Enjoy the garden with access to Dunfermline Abbey next door (see 568).

---

4 **ABBOTSFORD** **5 P17**

Abbotsford, Melrose, Roxburghshire. On the B6360 between Selkirk and Melrose, 2 miles (3km) from Melrose. Bus from Galashiels or Melrose to within 0.25 mile (0.5km). Open Mar–Oct, Mon–Sat 0930–1700; Jun–Sep, Sun 0930–1700; Mar–May and Oct, Sun 1400–1700. Charge ££. Group concessions. Guided tours for groups (French available). Gift shop. Tearoom and picnic area. Garden, woodland walk. WC. Limited wheelchair access via private entrance. Disabled WC. Car and coach parking. Telephone (01896) 752043.

The house which Sir Walter Scott, the 19th century novelist, built in 1812 on the site of the Cartley Hole farmhouse, and where he lived until he died in 1832. Features Scott's collection of historical relics, including armour and weapons, Rob Roy's gun and Montrose's sword; his library with over 9000 rare volumes, and other rooms including the chapel.

---

5 **ABERCORN CHURCH AND MUSEUM** **6 M15**

Hopetoun Estate, South Queensferry. 4 miles (6.4km) west of South Queensferry off the A904. Open all year daily. Free. Explanatory displays and brochure. Wheelchair access. Car parking. Telephone (01506) 834331.

There has been a church on this site for 1500 years. Abercorn was the first bishopric in Scotland, dating from 681 AD. The present church (dedicated to St Serf), on the site of a 7th-century monastery, dates from the 12th century. The museum contains Viking burial stones.

---

6 **ABERDEEN ART GALLERY** **3 R9**

Schoolhill, Aberdeen. City centre, off Union Street. 15 minute walk from Aberdeen railway and bus stations. Open all year, Mon-Sat 1000–1700, Sun

1400–1700. Free. Guided tours. Explanatory displays. Gift shop. Licensed café. Baby changing facilities. Highchairs and pushchairs available. WC. Wheelchair access. Disabled WC. Telephone (01224) 523700. www.aagm.co.uk

One of the city's most important tourist attractions, Aberdeen's splendid art gallery houses an important fine art collection with particularly good examples of 19th- and 20th-century works, a rich and diverse applied art collection and an exciting programme of special exhibitions.

---

7 ABERDEEN, BRIDGE OF DEE **3 Q10**

Access at all times. Free.

Built in the 1520s by Bishop Gavin Dunbar in James V's reign. Seven arches span 400 feet (122m) and it formerly carried the main road south. The medieval solidity of the structure is enlivened by heraldic carvings.

---

8 ABERDEEN, BRIG O' BALGOWNIE **3 R9**

At Bridge of Don, north of Aberdeen, upstream of main A92 bridge. Access at all times. Free.

Also known as the Auld Brig o'Don, this massive arch, 62 feet (19m) wide, spans the deep pool of the river and is backed by fine woods. It was completed circa 1320 and repaired in 1607. In 1605 Sir Alexander Hay endowed the bridge with a small property. This so increased in value that it built the New Bridge of Don downstream (in 1830 at a cost of £26,000), bore most of the cost of the Victoria Bridge, and contributed to many other public works. Now closed to motor vehicles.

---

9 ABERDEEN, CATHEDRAL CHURCH OF ST MACHAR **3 Q9**

The Chanonry, Old Aberdeen. Bus from city centre. Open all year, daily 0900–1700 (note that a weekly Sunday service is held at 1100 and the church regularly hosts weddings, funerals and unscheduled special events). Admission by donation (£2 suggested). Guided tours by arrangement. Explanatory displays. Gift shop. WC. Induction loop system during services. Wheelchair access. Disabled WC. Car and coach parking. Telephone (01224) 485988. www.stmachar.com

On an ancient site of worship dating from 580 AD, becoming a cathedral church in 1140, the present building dates from 1350-1520. It is a twin-towered granite building with stone pillars and impressive stained glass windows on three sides. A heraldic ceiling of panelled oak dates from 1520 and depicts notable sovereigns of Europe and the nobles and ecclesiastical households of Scotland. There is also a collection of medieval charters in the Charter Room. Outside is the tomb of Bishop Gavin Dunbar.

---

10 ABERDEEN, CRUICKSHANK BOTANIC GARDEN **3 Q9**

Old Aberdeen Campus, Aberdeen University, Aberdeen. Nearest railway station Aberdeen, bus from city centre. Open all year, Mon–Fri 0900–1630; May–Sep, Sat and Sun 1400–1700. Free. Guided tours. Refreshments available at Kings College, Old Aberdeen. Wheelchair access. Telephone (01224) 272704.

Originally founded in 1898 as the University of Aberdeen's teaching and research garden. The 11 acres (4.5ha) are laid out in an ornamental style. Rock garden and ponds, herbaceous border, rose garden, terrace and arboretum.

---

11 ABERDEEN, DOONIES FARM **3 R10**

Coast Road, Nigg, Aberdeen. Off A956 to village of Cove, signposted from there (look for golf course). Bus from city centre to Torry or Cove then walk 1 mile (2km). Open all year, daily 1000–1830 summer and 1000–1600 winter. Charge £. Children under 5 free. Group concessions. Guided tours. Explanatory displays. Picnic area. Play area. WC. Wheelchair access. Disabled WC. Car and coach parking. Telephone (01224) 875879. www.aberdeencity.gov.uk

A 182 acre (74ha) working farm populated with rare breeds (animals and birds). Visitors can wander around freely.

12 ABERDEEN, GLOVER HOUSE 3 R9

79 Balgownie Road, Aberdeen. Bridge of Don, north of Aberdeen. Local bus service passes the entrance. Open all year, Mon–Sat, by arrangement. All visitors are guided around the house, so please telephone in advance to confirm your arrival time. Charge £. Group concessions. Tours available in Japanese, other languages by arrangement. Explanatory displays. Gift shop. Garden. WC. Limited wheelchair access. Disabled WC. Telephone (01224) 709303.

Glover House celebrates the 19th-century Scottish entrepreneur Thomas Blake Glover whose fascinating story unfolds as you are shown through each room of this, his former family home. Apart from texts and photographs associated with the beginnings of Japan's industrial, political, transport, mining and shipping development, there is a full set of samurai armour, several swords, three kites (including a Japanese fighting kite) and many large examples of Japanese art (shodo). These are all displayed in an original Victorian house setting, complete with old-fashioned kitchen, servants' quarters and genuine period furniture. Children have the opportunity to put on a samuria armour helmet, and to handle a sharkskin handled sword

---

13 ABERDEEN, GORDON HIGHLANDERS MUSEUM 3 R9

St Luke's, Viewfield Road, Aberdeen. Aberdeen, off North Anderson Drive and Queens Road roundabout. Bus from city centre. Open Apr–Oct, Tue–Sat 1030–1630, Sun 1330–1630. Other times by arrangement. Charge £. Group concessions by arrangement. Guided tours by appointment. Explanatory displays, both audio-visual and interactive. Temporary exhibitions. Gift shop. Tearoom. Baby changing facilities. Gardens. WC. Induction loop system in audio-visual room, handling facilities for blind visitors. Wheelchair access. Disabled WC. Car parking. Telephone (01224) 311200. www.gordonhighlanders.com

The regimental museum of the Gordon Highlanders. Striking displays of the regiment's unique collection recalling 200 years of service and gallantry. Housed in the former home and studio of the famous Victorian artist Sir George Reid PRSA.

---

14 ABERDEEN, KINGS COLLEGE CENTRE 3 Q9

College Bounds, Old Aberdeen, Aberdeen. In the University of Aberdeen campus, 2 miles (3km) from city centre. Open all year (except Christmas and New Year), Mon–Fri 1000–1700, Sat 1100–1600, Sun 1200–1600. Free. Explanatory displays. Gift shop. Coffee shop. WC. Wheelchair access. Disabled WC. Car parking. Telephone (01224) 273702.

A multi-media centre giving history of the university.

---

15 ABERDEEN, KIRK OF ST NICHOLAS 3 R9

Union Street, Aberdeen. In churchyard bounded by Union Street, Back Wynd, Schoolhill and Correction Wynd, 0.25 mile (0.5km) from bus and rail stations. Open May–Sep (except local holidays) Mon–Fri 1200–1600, Sat 1300–1500. Other times by arrangement. Admission by donation. Guided tours. Guide book available in English, French, German, Dutch and Spanish. Explanatory displays. Churchyard. WC. Wheelchair access with assistance. Disabled WC. Telephone (01224) 643494.

A complex building of Aberdeen's original parish church. Main features – 12th-century transept, refurbished in 1990, 15th-century vaulted lower church (variously used as a chantry chapel, witches' prison, soup kitchen, place of worship for Gaelic and Russian Orthodox services and presently as a Third World centre), 18th-century West Kirk, retaining its characteristic reformed layout, 19th-century East Kirk, medieval effigies, medieval and 17th-century carved woodwork, 17th-century needlework, 48-bell carillon, 20th-century Scottish stained glass.

---

16 ABERDEEN, MARISCHAL MUSEUM 3 R9

Marischal College, Broad Street, Aberdeen. In city centre, next to Town House. Nearest railway station Aberdeen, then ten minute walk. Local buses stop outside. Open all year, Mon-Fri 1000–1700, Sun 1400–1700. Free. Explanatory displays. WC. Disabled WC. Telephone (01224) 274301. www.abdn.ac.uk/diss/historic/museum

Lying inside a spectacular granite building, Marischal Museum displays the collections of graduates and friends of Aberdeen University over 500 years. Exhibitions include the Enclyclopedia of the North East, containing objects from all periods and parts of the region, exploring its character; and Collecting the World, which includes objects from Africa, Australia, America, India and the Pacific, ancient Egyptian mummies and much more.

---

17 ABERDEEN, MARITIME MUSEUM 3 R9

Shiprow, Aberdeen. City centre, off Union Street. 15 minute walk from Aberdeen railway and bus stations. Open all year, Mon-Sat 1000–1700, Sun 1200–1500. Free. Guided tours. Explanatory displays. Gift shop. Restaurant. WC. Induction loop system in auditorium. Wheelchair access. Disabled WC. Telephone (01224) 337700.

Aberdeen Maritime Museum tells the story of the city's long and fascinating relationship with the sea through a unique collection of ship models, paintings, artefacts, computer interaction and set-piece exhibitions. A major display about the offshore oil industry features a 28 foot (8.5m) high model of the Murchison oil platform. Situated on four floors and incorporating the 16th-century Provost Ross's House, the complex is linked by a modern glass structure to Trinity Church.

---

18 ABERDEEN, PROVOST SKENE'S HOUSE 3 R9

Guestrow, Aberdeen. City centre, off Broad Street. 15 minute walk from Aberdeen railway and bus stations. Open all year, Mon–Sat 1000–1700, Sun 1300–1600. Free. Guided tours. Explanatory displays. Coffee shop serving snacks and light meals. WC. Telephone (01224) 641086.

One of Aberdeen's few remaining examples of early burgh architecture. Splendid room settings including a suite of Georgian rooms, an Edwardian nursery, magnificent 17th-century ceilings and wood panelling. The painted gallery houses the most important cycle of religious painting in north east Scotland. Archaeological and social history displays. Costume gallery with changing displays of fashion and dress.

---

19 ABERDEEN, ST ANDREW'S CATHEDRAL 3 R9

28 King Street, Aberdeen. At the junction of Union Street and King Street. Railway and bus stations close by. Open May–Sep, Tue–Fri 1100–1600. Free. Explanatory displays. Gift shop. Tearoom Fri am only. WC. Induction loop, large print information. Wheelchair access. Disabled WC. Car parking. Telephone (01224) 640290. www.cathedral.aberdeen.anglican.org

Birthplace of the Anglican Communion overseas. The first Anglican Bishop outside of the UK, Bishop Samuel Seabury of Connecticut, was consecrated in Aberdeen in 1784. He sought consecration in England but was refused. Three Scottish Bishops agreed to act as consecrators to form a link with the American Episcopal Church, strongly maintained to this day.

---

20 ABERDEEN, ST MACHAR'S CATHEDRAL TRANSEPTS 3 Q9

HS. In Old Aberdeen. Nearest railway station Aberdeen, bus from city centre. Access at all times. Free. Telephone (01466) 793191. www.historic-scotland.gov.uk

The nave and towers of the cathedral remain in use as a church, and the ruined transepts are in care. The fine tomb of Bishop Dunbar is in the south transept.

---

21 ABERDEEN, SATROSPHERE 3 R9

The Tram Sheds, Constitution Street, Aberdeen. In Aberdeen, 0.5 miles (1km) from the railway and bus stations. Open daily (except Christmas and New Year) Mon–Sat 1000–1700, Sun 1130–1700. Charge ££. Group concessions. Explanatory displays. Gift shop. Restaurant. Baby changing facilities. WC. Wheelchair access. Disabled WC. Car parking. Telephone (01224) 640340. www.satrosphere.net

An interactive science centre with more than 70 exciting exhibits covering all aspects of science and technology. Science gifts, kits and books on sale.

22 ABERDEEN, DAVID WELCH WINTER GARDENS AND RESTAURANT 3 R9

Duthie Park, Polmuir road, Aberdeen. By bus from city centre. Open daily, Apr 0930–1730; May–Sep 0930–1930; Oct–Mar, 0930–1630. Free. Guided tours (charge £). Explanatory displays. Gift shop. Restaurant. WC. Wheelchair access. Disabled WC. Car and coach parking. Telephone (01224) 585310. www.aberdeencity.gov.uk

One of Britain's most popular attractions. Two acres (1ha) of covered gardens displaying plants from around the world. Features entrance hall and Bromeliad house, cacti and succulent hall, Victorian corridor and outside gardens, floral hall, corridor of perfumes and fern house.

---

23 ABERDEENSHIRE FARMING MUSEUM 3 R8

Aden Country Park, Mintlaw, Peterhead. 10 miles (16km) east of Peterhead on A950. Bus from Aberdeen to Mintlaw. Open May–Sep, daily 1100–1630; Apr and Oct, Sat–Sun and school holidays 1200–1630. Free. Guided tours. Explanatory displays. Gift shop. Tearoom and picnic area. WC. Limited wheelchair access. Disabled WC. Car and coach parking. Telephone (01771) 622906. www.aberdeenshire.gov.uk/heritage

Visitors can relive the story of north east Scotland's famous farming past. Unique semi-circular home farm steading where visitors can explore the *Aden Estate Story* and the *Weel Vrocht Grun* exhibitions, and visit Hareshowe, a working farm set in the 1950s. Features award-winning displays and audio-visual show, guided tours and costumed guides. Temporary exhibitions. See also 34 Aden Country Park.

---

24 ABERDOUR CASTLE 6 M15

HS. Aberdour, Fife. In Aberdour, 5 miles (8km) east of the Forth Bridges on the A921. Nearest railway station Aberdour, bus from Kirkcaldy and Inverkeithing. Open Apr–Sep, daily 0930–1830; Oct–Mar, Mon–Sat 0930–1630 (closed Thu pm and Fri), Sun 1400–1630. Charge £. Group concessions. Explanatory displays. Gift shop. Tearoom. WC. Limited wheelchair access. Disabled WC. Car parking. Telephone (01383) 860519. www.historic-scotland.gov.uk

A 13th-century fortified residence overlooking the harbour. Extended in the 15th, 16th and 17th centuries with splendid residential accommodation and a terraced garden and bowling green. There is a fine circular dovecot.

---

25 ABERLEMNO SCULPTURED STONES 5 P12

HS. At Aberlemno on the B9134, 6 miles (9.5km) north east of Forfar, Angus. Nearest railway station Arbroath, bus from Arbroath to Forfar. Access at all times. Free. Telephone 0131 668 8800. www.historic-scotland.gov.uk

A magnificent upright cross-slab sculptured with Pictish symbols stands in the churchyard. Three other stones (covered in winter) stand beside the B9134 road.

---

26 ABERNETHY ROUND TOWER 5 M13

HS. In Abernethy on the A913, 9 miles (14.5km) south east of Perth. Nearest railway station Perth, bus from Perth to Kintillo. Open summer only (for access apply to key holder). Free. Telephone 0131 668 8800. www.historic-scotland.gov.uk

One of two round towers of the Irish style surviving in Scotland. Dates from the end of the 11th century. Beside it is a Pictish stone.

---

27 ABRIACHAN FOREST 3 J8

Tyeantore, Abriachan, Inverness. On the shores of Loch Ness, 9 miles (14.5km) south of Inverness on A82 between Abriachan Garden Nursery (see 28) and the Clansman Hotel. Nearest railway station Inverness. Hourly bus service from Inverness passes wood. Access at all times. Free. Guided tours on request (donations appreciated). Explanatory displays. Picnic areas. Rain shelters, Bronze Age round house, tree house, wildlife viewing hide. WC. Sound signs along boardwalks. Wheelchair access. Disabled WC. Car parking. Telephone (01463) 861259. www.abriachan.org

This community woodland is situated in the hills overlooking Loch Ness and connects with footpaths which rise from the lochside, up and over Carn na Leitise (435m). Visitors can enjoy panoramic views by climbing or discover surprising rainshelters and interpretation boards along the easy access paths. Something for all the family to enjoy.

---

28 **ABRIACHAN GARDEN NURSERY** **3 J8**

Loch Ness side, Inverness. North shore of Loch Ness, 9 miles (14.5 km) south west of Inverness on the A82. Bus services from Inverness, Fort William and Fort Augustus. Open Feb–Nov, daily 0900–1900 (or dusk if earlier). Charge £. Group concessions on application. Guided tours. Explanatory displays. Reading room with drinks vending machine, picnic area. Limited wheelchair access. Car and coach parking. Telephone (01463) 861232. www.lochnessgardens.com

Exciting garden on Loch Ness side. A combination of native and exotic plants in a beautiful woodland setting. Hardy perennial plantings are a speciality. The adjacent nursery sells many unusual plants. Catalogue available.

---

29 **ACHAVANICH STANDING STONES** **3 M3**

Caithness, approximately 5 miles (8km) from Latheron on the A895 to Thurso.

The stones are set in an unusual U shape and are thought to date from the Bronze Age. Thirty-six stones survive out of a possible 54.

---

30 **ACHILTIBUIE SMOKEHOUSE** **2 G5**

The Smokehouse, Achiltibuie, Ullapool, Ross and Cromarty. At Altandhu, 5 miles (8km) north west of Achiltibuie village, 25 miles (40km) north west of Ullapool. Open Easter–Oct, Mon–Fri 0930–1700, also Sat during summer. Free. Explanatory displays. No guide dogs. Car parking. Telephone (01854) 622353.

A smokehouse where visitors can view the work areas and see fish being prepared for smoking and other processes.

---

31 **ACHNABRECK CUP AND RING MARKS** **4 F14**

HS. Kilmartin Glen. 1.5 miles (2.5 km) north west of Lochgilphead, Argyll. Nearest railway station Oban, then Lochgilphead bus to Kilmartin. Access at all times. Free. Telephone 0131 668 8800. www.historic-scotland.gov.uk

The exposed crest of a rocky ridge with well-preserved cup and ring marks. Bronze Age.

---

32 **ACHNALARIG RIDING CENTRE** **4 G13**

Achnalarig Farm, Glencruittein, Oban, Argyll. 1.5 miles (2.5km) from Oban town centre. Open all year (except Christmas Day and New Year's Day). Reduced hours during winter. Charge £££. Group concessions. WC. Wheelchair access with assistance. Car and coach parking. Telephone (01631) 562745.

Hacking, riding and trekking through beautiful countryside. Lessons available for all ages. Advanced booking necessary.

---

33 **ADAM'S GRAVE** **6 H15**

Dunoon. Near Ardnadam Farm, 3 miles (5km) north of Dunoon on A815. Access at all times. Free.

Local name for a neolithic cairn. Two portals and one cap stone still remain and are believed to date from 3500 BC.

---

34 **ADEN COUNTRY PARK** **3 R8**

Mintlaw, Aberdeenshire. 10 miles (16km) east of Peterhead on A92. Bus to Mintlaw, 1.5 mile (2.5 km) walk to Park. Open daily Apr–Oct, 0700–2200; Nov–Mar 0700–1900. Free. Gift shop. Restaurant, picnic and barbecue area. WC. Sensory garden. Limited wheelchair access. Disabled WC. Car and coach parking. Telephone Ranger Service 01771 622857; Heritage Service 01771 622906; for picnics and barbecues 07770 314634.

A 230 acre (93 ha) country park containing Wildlife Discovery Centre (open for groups only on request), woodland walks, nature trails and tree trail, orienteering course, sensory garden, adventure play area, lake and caravan park. Ranger service with special events run throughout the year. Aden is also the home of the award-winning Aberdeenshire Farming Museum (see 23).

---

35 ADVENTURELAND AND BEACHCOMBER AMUSEMENTS 6 N14

Promenade, Leven, Fife. Car and coach parking nearby. Open Apr–Oct, daily 1100–2100. Gift shop. Tearoom. WC. Telephone (01333) 423690. www.msl-leisure.co.uk

A family amusement centre.

---

36 AIGAS DAM 3 J8

Inverness-shire. By A831, between Beauly and Struy.

This dam, part of the River Beauly Hydro scheme, is by-passed by a fish lift which allows the salmon to migrate upstream.

---

37 AILSA CRAIG 4 G18

Island in the Firth of Clyde, 10 miles (17km) west of Girvan. To arrange a visit telephone the Lighthouse Attendant on (01465) 713219.

A granite island rock, 1114 feet (339.5m) high with a circumference of 2 miles (3km). The rock itself was used to make some of the finest curling stones and the island has a gannetry and colonies of guillemots and other sea birds.

---

38 AITON FINE ARTS 5 L13

63 King Street, Crieff, Perthshire. Nearest railway station Gleneagles. Open all year, Mon–Fri 0900–1700, Sat 0900–1200. Free. WC. Wheelchair access. Car parking. Telephone (01764) 655423.

Family-run art gallery showing contemporary Scottish artists' painting, prints and sculpture.

---

39 ALEXANDER III MONUMENT 6 N15

By A921, south of Kinghorn at Pettycur Promontory. Access at all times. Free. Car parking.

On the King's Crag, a monument marks the place where Alexander III was killed in a fall from his horse in 1286.

---

40 ALFORD HERITAGE CENTRE 3 P9

Mart Road, Alford, Aberdeenshire. 25 miles (40km) west of Aberdeen on A944 Highland Tourist Route. Local bus from Aberdeen. Open Apr–Oct, Mon–Sat 1000–1700, Sun 1300–1700. Charge £. Group concessions. Guided tours for parties by arrangement. Explanatory displays. Gallery and shop featuring work by local crafts people. WC. Wheelchair access. Disabled WC. Car and coach parking. Telephone (019755) 62906.

The centre is located in the old cattle mart, a unique building preserved in its original state, and holds a huge collection of items (from tractors to teaspons) illustrating a century of rural life. There is a room dedicated to local poet Charles Murray. Special events programme and an opportunity to hear the local dialect (the Doric).

---

41 ALFORD VALLEY RAILWAY 3 P9

Alford Station, Station Yard, Alford, Aberdeenshire. At Alford Station. Alford is 25 miles (40km) west of Aberdeen on the A944 Highland Tourist Route. Nearest railway station Insch 11 miles (18km), bus service to Alford from Aberdeen (Stagecoach). Open Apr, May and Sep, Sat and Sun; Jun, Jul and Aug daily. 30 minute service from 1300, last train at 1630. Charge £. Explanatory displays. Gift shop. Picnic area. Play area. WC. Wheelchair access. Disabled WC. Car and coach parking. Telephone (019755) 62811.

Narrow gauge railway running a 30 minute trip from the restored Alford Station to Haughton Caravan Park, which is approximately 1 mile (1.5 km) away. Train collection includes a former Aberdeen suburban tram, a steam locomotive from Durban in South Africa, three diesel Simplex locomotives and a diesel hydraulic locomotive.

---

42 **ALLEAN FOREST** **3 L11**

FE. 7 miles (11km) west of Pitlochry, on B8019. Access at all times. Free. Explanatory displays on archaeological features. WC. Disabled WC. Car parking. Telephone (01350) 727284. www.forestry.gov.uk

Magnificent views of Loch Tummel and surrounding mountains from waymarked walks through this working forest. The trails pass a reconstructed 18th-century farmhouse and the remains of an 8th-century ring fort.

---

43 **ALLOA TOWER** **6 L14**

NTS. Alloa Park, Alloa. On A907 in Alloa. Bus from Alloa centre. Open Apr–Sep, daily 1330–1730. Charge £. Group concessions. Explanatory displays. WC. Limited wheelchair access. Disabled WC. Car parking. Telephone (01259) 211701. www.nts.org.uk

Alloa Tower was the ancestral home of the Earls of Mar and Kellie for four centuries. The present building dates from 1497 and was built by the 3rd Lord Erskine. In the early 18th century, the 6th Earl remodelled the tower to tie in with the adjoining mansion house, which was destroyed by fire in 1800. Impressive parapet walk around the tower's battlements offering spectacular views of the Forth. Fine collection of family portraits, including works by Jamesone and Raeburn.

---

44 **ALMOND VALLEY HERITAGE CENTRE** **6 M16**

Millfield, Livingston Village, West Lothian. Off A705, 2 miles (3km) from junction 3 on M8, 15 miles (24km) west of Edinburgh. Bus from Edinburgh. Open all year, daily 1000–1700. Charge £. Group concessions. Explanatory displays. Gift shop. Tearoom. WC. Wheelchair access. Disabled WC. Car and coach parking. Telephone (01506) 414957. www.almondvalley.co.uk

The history and environment of West Lothian brought to life in an exciting and innovative museum combining a working farm, restored watermill and museum of social and industrial history. Award-winning interactive displays for children, indoor play areas, nature trail, trailer rides and a narrow-gauge railway.

---

45 **ALMONDELL AND CALDERWOOD COUNTRY PARK** **6 M15**

Broxburn, West Lothian. On B7015 (A71) at East Calder or off A89 at Broxburn. 12 miles (19km) south west of Edinburgh. Park open all year. Visitor centre open Apr–Sep, Mon, Tue and Thu 0930–1700, Wed 0930–1630, Sat 1000–1700 (Sun closes 1730); Oct–Mar, Mon–Thu 0915–1700, Sat and Sun 1000–1630. Closed for lunch 1200–1300. Free. Guided tours cost £. Explanatory displays. Gift shop. Refreshments in visitor centre. Garden. WC. Wheelchair access to visitor centre, partial access to country park. Disabled WC. Car and coach parking. Telephone (01506) 414957.

Extensive riverside and woodland walks in former estate, with large picnic and grassy areas. The visitor centre, housed in an old stable block, has a large freshwater aquarium, displays on local and natural history, and a short slide show. Ranger service, guided walks programme.

---

46 **THE ALUMINIUM STORY LIBRARY AND VISITOR CENTRE** **2 H11**

Linnhe Road, Kinlochleven. 7 miles (11km) from Glencoe and 21 miles (34km) from Fort William at the head of Loch Leven. Bus service from Fort William. Open Apr–Oct, Mon–Fri 1000–1300 and 1400–1700. Free. Explanatory displays. Gift shop. WC. Induction loop system. Wheelchair access. Disabled WC. Car and coach parking. Telephone (01855) 831663.

The Aluminium Story uses audio-visual displays and a video presentation system to tell the story of the British Aluminium Company which opened a smelter here in 1908. Visitors can learn how the industry and the company's hydro scheme altered the life of the area.

47 **ALVA GLEN** 6 L14

Alva. 0.3 miles (0.5km) north of Alva village, at foot of Ochil Hills. Bus from Alloa and Stirling. Access at all times. Free. Explanatory displays. Refreshments and facilities in Alva. Limited wheelchair access. Car parking. Telephone (01259) 450000. www.clacksweb.org.uk

Situated above the village of Alva, at the foot of the Ochil Hills. Formal gardens and a more rugged area (where care is required), offering views down into a steep gorge. Also the remnants of an old dam that supplied the mills with fast flowing water to drive their machines. A kestrel is often spotted in the upper part of the glen around the rocky cliffs. The long tailed grey wagtail can also be seen in the lower part of the glen all year round.

---

48 **ALVIE ESTATE** 3 L9

Kincraig, Kingussie, Inverness-shire. On the B9152, 4 miles (6.5km) south of Aviemore. Citylink bus from Glasgow to Inverness stops at Kincraig. Open daily (except Christmas Day and New Year's Day) 0900–1700. Entrance to estate free, charges for activities. Guided tours. Gift shop. Picnic area and children's play area in holiday park. WC. Limited wheelchair access. Car and coach parking. Telephone (01540) 651255.

A traditional Highland sporting estate which has been in the same family since 1927. Now diversified into tourism – clay pigeon shooting, fishing, horse riding, 4x4 off-road driving, estate tours and corporate entertainment. Spectacular views across the Spey Valley to the Cairngorms.

---

49 **ALYTH MUSEUM** 5 N12

Commercial Street, Alyth, Perthshire. In Alyth centre. Bus from Perth or Dundee. Open May–Sep, Wed–Sun 1300–1700. Free. Explanatory displays. Car parking. Telephone (01738) 632488.

Displays of local history relating to Alyth and the surrounding agricultural area.

---

50 **AMAZONIA RAINFOREST EXPERIENCE** 6 M16

Freeport Leisure Village, West Calder, West Lothian. 4 miles (6.5km) from junction 4 off M8. Rail and bus service to West Calder. Open all year, daily 1000–1730. Charge £££. Group concessions. Guided tours available for parties of ten or more (book in advance). Explanatory displays. Gift shop. Picnic area. WC. Limited wheelchair access. Disabled WC. Car and coach parking. Telephone (01501) 763746. www.ama-zone-ia.com

An indoor tropical environment giving visitors the opportunity to experience a recreated rainforest, waterfalls and lush vegetation. Hundreds of free-flying butterflies. Visitors are encouraged to explore this tropical habitat where there are many animals and birds, including parrots, toucans, poison dart frogs, snakes spiders and the world's smallest monkeys. Daily animal handling sessions. Admission includes entry into West Lothian's largest outdoor adventure playground.

---

51 **AN LANNTAIR** 2 E4

Town Hall, South Beach, Stornoway, Isle of Lewis. On the seafront in Stornoway adjacent to ferry and bus station. Open all year, Mon–Sat 1000–1730. Free. Gift shop. Tearoom. WC. Wheelchair access. Car and coach parking. Telephone (01851) 703307. www.lanntair.com

The main public arts facility in the Western Isles since 1985. A forum for local, national and international arts, promoting a diverse year-round programme of exhibitions and events.

---

52 **AN TOBAR ARTS CENTRE, GALLERY AND CAFÉ** 4 E12

Argyll Terrace, Tobermory, Isle of Mull. Ferry from Oban to Craignure, then bus to Tobermory. Open Mar–Jun and Sep–Dec, Tue–Sat 1000–1600; Jul–Aug, Mon–Sat 1000–1700, Sun 1300–1600. Free. Explanatory displays. Gift shop. Café and picnic area. WC. Wheelchair access. Disabled WC. Car parking. Telephone (01688) 302211. www.antobar.co.uk

Based in a renovated Victorian primary school, the building has retained its historic detail and atmosphere and commands breathtaking views over Tobermory Bay. Monthly touring local art and craft exhibitions. The best of traditional and contemporary music. Concerts and informal ceilidhs, usually on Tuesday and Friday evenings. Art, craft and music workshops with local and visiting artists.

---

53 **AN TUIREANN ARTS CENTRE** **2 E8**

Struan Road, Portree, Isle of Skye. On the B885, 0.5 mile (1km) from Portree centre. Open summer, daily Mon–Sat 1000–1700; winter, Tue–Sat 1000–1700. Free. Guided tours on request. Explanatory displays. Gift shop. Restaurant/café. WC. Induction loop system. Wheelchair access. Disabled WC. Car parking. Telephone (01478) 613306. www.antuireann.org.uk

An exhibition gallery for the visual arts and crafts and related educational events.

---

54 **ANNAN ACTIVITIES** **5 N20**

Westlands, Annan, Dumfries and Galloway. On the B6357 between Annan and Kirkpatrick Fleming, 2 miles (3.5km) from junction 21 on the M74. Open Easter–Oct, Mon–Tue and Thu–Sun 1000–1700; after 1700 and during winter by appointment. Charge per activity. Group concessions. Explanatory displays. Tearoom and picnic area. WC. Limited wheelchair access. Disabled WC. Car and coach parking. Telephone (01461) 800274. www.westlands-activities.co.uk

The 70 acre (29ha) site has activities for all the family: quad bike tracks, paintball, fishing pond, fly fishing lochans, clay pigeon shooting, go-karts for children and adults. Activities suitable for all ages. All equipment available for hire. Visitors can see emus and lorikeets.

---

55 **ANNAN HISTORIC RESOURCES CENTRE** **5 M20**

Bank Street, Annan. Open all year, Wed–Sat and Bank Holiday Mondays 1100–1600. Free. Explanatory displays. WC. Wheelchair access. Disabled WC. Car parking. Telephone (01461) 201384. www.annan.org.uk

Museum with a regular programme of local history, archeology, photographic and arts and craft exhibitions.

---

56 **ANSTRUTHER PLEASURE TRIPS TO THE ISLE OF MAY** **6 P14**

The Harbour, Anstruther, Fife. Nearest railway station Leuchars or Kirkcaldy. Buses from Edinburgh, Glasgow or Kirkcaldy. Open May–Sep, telephone for sailing times. Charge £££. Children under 3 years free. Group concessions midweek only, May–Jun group leader of groups numbering 30+ free. Explanatory displays. Snack bar on board. Visitor centre and picnic area on Isle of May. WC. Limited wheelchair access. Disabled WC on Isle of May. Car and coach parking. Telephone (01333) 310103. www.isleofmayferry.com

Daily boat trips to the Isle of May nature reserve to view large numbers of sea birds, including puffins. Also colony of grey seals, remains of a 12th-century monastery and light houses. Five hour trip, including three hours ashore and a cruise around the island. Boat carries 100 passengers.

---

57 **ANTA SCOTLAND** **3 L6**

Fearn, Tain, Ross-shire. Off the A9, 35 miles (56km) north of Inverness. Nearest railway station at Fearn. Bus service from Tain. Open spring and summer, Mon–Sat 0930–1800, Sun 1100–1700; winter Mon–Sat 0930–1800. Free. Guided tours by appointment. Gift shop. WC. Wheelchair access with assistance. Car and coach parking. Telephone (01862) 832477. www.anta.co.uk

A pottery and textile design and manufacturing workshop and factory shop.

---

58 **ANTARTEX VILLAGE** **6 J15**

Lomond Industrial Estate, Heather Avenue, Alexandria. 1 mile (2km) from A82, 15 miles (24km) north of Glasgow. Bus and rail service from Glasgow. Open daily all year, 1000–1800 (except Christmas and New Year). Free. Explanatory displays and sheepskin cutting demonstrations. Gift shop. Restaurant. WC.

Wheelchair access. Disabled WC. Car and coach parking. Telephone (01389) 752393. www.ewm.co.uk

Watch the famous Antartex sheepskins being made and choose from a vast selection of sheepskin and leather goods. Also golfing equipment and whisky tasting. Restaurant offers traditional Scottish dishes. Large Edinburgh Woollen Mill section with gifts, shoes and clothing.

---

59 ANTONINE WALL — 6 L15

HS. From Bo'ness to Old Kilpatrick, best seen off A803 east of Bonnybridge, 12 miles (19km) south of Stirling. Access at all reasonable times. Free. Explanatory board. Telephone 0131 668 8800. www.historic-scotland.gov.uk

This Roman fortification stretched from Bo'ness on the Forth to Old Kilpatrick on the Clyde. Built circa 142-3 AD, it consisted of a turf rampart behind a ditch, with forts approximately every two miles. It was probably abandoned around 163 AD. Remains are best preserved in the Falkirk/Bonnybridge area. See 142 Bar Hill Fort, 339 Castlecary, 445 Croy Hill, 527 Dullatur, 784 Glasgow Bearsden Bathhouse, 1453 Rough Castle, 1546 Seabegs Wood, 1652 Tollpark and Garnhall, and 1714 Watling Lodge.

---

60 AQUATEC — 6 K16

1 Menteith Road, Motherwell. Five minute walk from Motherwell railway station. Open daily all year, 1000–2200 (except Christmas Day and New Year's Day). Charges vary. Children under 3 years free. Group concessions. Gift shop. Café and vending machines. WC. Wheelchair access. Disabled WC. Car and coach parking. Telephone (01698) 276464. www.northlan.gov.uk

The Aquatec is a leisure facility with a free form leisure pool with tyre ride, wild water channel and outdoor pool, children's beach area and lagoon. A leisure ice rink and ice cavern, snow machines and video wall. Health suite and conditioning gym.

---

61 ARBROATH ABBEY — 5 P12

HS. Abbey Street, Arbroath, Angus. In Arbroath town centre. Nearest railway station Arbroath, bus services from Dundee and Montrose to Arbroath. Open Apr–Sep, Mon–Sat 0930–1830, Sun 1400–1830; Oct–Mar, Mon–Sat 0930–1630. Charge £. Group concessions. Guided tours. Explanatory displays. Easy wheelchair access to visitor centre. Telephone (01241) 878756. www.historic-scotland.gov.uk

The substantial ruins of a Tironesian monastery founded by William the Lion in 1178 and intended as his own burial place. Parts of the Abbey Church and domestic buildings remain, notably the gatehouse range and the abbot's house. Famous for its association with the Declaration of Arbroath in 1320, which asserted Scotland's independence from England. The visitor centre tells the story of the abbey.

---

62 ARBROATH ART GALLERY — 5 P12

Public Library, Hill Terrace, Arbroath. In the centre of Arbroath. Nearest railway station Arbroath 0.5 mile (1km), bus station 0.5 mile (1km). Open all year, Mon–Sat 1000–1700. Free. Guided tours by arrangement. WC. Loop system. Car parking. Telephone (01241) 872248.

Two galleries feature changing displays from Angus Council's art collections. Also exhibitions from elsewhere and locally generated shows.

---

63 ARBROATH MUSEUM — 5 P12

Signal Tower, Ladyloan, Arbroath. 16 miles (26km) north of Dundee on A92. Six minute walk from Arbroath bus and railway stations. Open all year (except 25–26 Dec and 1–2 Jan), Mon–Sat 1000–1700; Jul–Aug also Sun 1400–1700. Free. Guided tours (booking required). Explanatory displays. Gift shop. Garden. WC. Limited wheelchair access. Car and coach parking. Telephone (01241) 875598.

Housed in the shore station for the Bell Rock lighthouse, the museum features displays devoted to this renowned lighthouse as well as exhibits exploring the fishing community with life-size models which converse in the local dialect. Recreated 1950s schoolroom, Victorian parlour and wash house complete with noises and smells. Displays on Arbroath's linen and engineering industries plus maritime wildlife tableaux.

---

64 ARBUTHNOT MUSEUM 3 R8

St Peter Street, Peterhead. In Peterhead town centre. Bus from Aberdeen. Car and coach parking nearby. Open Mon–Tue, Thu–Sat 1100–1300 and 1400–1630; Wed 1100–1300. Closed public holidays. Free. Guided tours. Explanatory displays. Gift shop. Telephone (01771) 477778. www.aberdeenshire.gov.uk/heritage

One of Aberdeenshire's oldest museums, once privatly owned. Features Peterhead's maritime history, Inuit art, Arctic whaling and animals, and one of the largest coin collections in northern Scotland. Temporary exhibitions and changing programme.

---

65 ARCHAEOLINK PREHISTORY PARK 3 P9

Barryhill, Oyne village, Insch, Aberdeenshire. At Oyne village, 1 mile (1.5km) off the A96 Aberdeen to Inverness road, 25 miles (40km) west of Aberdeen. Railway station Insch (2.5 miles/4km), bus service to Insch from Aberdeen. Open Apr–Oct, daily 1100–1700. Charge ££. Group concessions. Guided tours. Explanatory displays. Gift shop. Restaurant. Children's play area. WC. Induction loop. Wheelchair access. Disabled WC. Car and coach parking. Telephone (01464) 851500. www.archaeolink.co.uk

Discover Scotland's prehistoric past – from Stone Age to Iron Age. Indoor and outdoor displays make it a unique living history experience for all ages.

---

66 ARDANAISEIG GARDENS 4 G13

Ardanaiseig Hotel, Kilchrenan, Taynuilt, Argyll. On the B845, 10 miles (11.5km) east of Taynuilt. Nearest railway station Taynuilt. Open all year (except Jan and first two weeks of Feb) 0900–dusk. Charge £. Explanatory displays. Refreshments and WC in hotel. Car parking. Telephone (01866) 833333. www.ardanaiseig.com

Ardanaiseig Gardens comprises over 100 acres (40.5ha) of Victorian woodlands on the shores of Loch Awe, under the shadow of Ben Cruachan. Many exotic shrubs and trees.

---

67 ARDBEG DISTILLERY VISITOR CENTRE 4 D16

Port Ellen, Isle of Islay. 3 miles (5km) east of Port Ellen on the southern tip of Islay. Ferry from Kennacraig; by air from Glasgow to Islay. Open Jun–Aug, daily 1000–1700; Sep–May, Mon–Fri 1000–1600. Charge £. Guided tours. Explanatory displays. Gift shop. Restaurant. WC. Limited wheelchair access to restaurant and shop. Disabled WC. Car and coach parking. Telephone (01496) 302244. www.ardbeg.com

Take a step back in time and experience the history and mystique of the Ardbeg Distillery. Visitors enjoy a personal guided tour and a dram of Ardbeg's extraordinary malt whisky.

---

68 ARDCHATTAN GARDENS 4 G12

Ardchattan Priory, Connel, Oban. On the north shore of Loch Etive, 5 miles (8km) east of Connel. Bus from Oban. Open Apr–Oct, daily 0900–1800. Charge £. Children under 16 free. WC. Wheelchair access. Disabled WC. Car and coach parking. Telephone (01796) 481355. www.gardens-of-argyll.co.uk

Four acres (1.6ha) of garden surrounding Ardchattan Priory, a private home, with a ruined chapel and interesting stones. Herbaceous borders and extensive lawn facing the loch. Rose, Sorbus and many varieties of Hebe.

---

69 ARDCHATTAN PRIORY 4 G12

HS. On the north side of Loch Etive, 6.5 miles (10.5km) north east of Oban, Argyll. Nearest railway station Oban. Access at all times. Free. Telephone 0131 668 8800. www.historic-scotland.gov.uk

The ruins of a Valliscaulian priory founded in 1230 and later converted to secular use. The meeting place in 1308 of one of Robert the Bruce's parliaments. Burned by Cromwell's soldiers in 1654. The remains include some carved stones.

---

70 ARDCLACH BELL TOWER **3 L8**

HS. Off A939, 8.5 miles (13.5km) south east of Nairn. Nearest railway station Nairn, then post bus to Ardclach (no bus for return). Access at all times (for access apply to keyholder). Free. Telephone (01667) 460232. www.historic-scotland.gov.uk

A remarkable little two-storey fortified bell tower built in 1655 on the hill above the parish church of Ardclach. It summoned worshippers to the church and warned in case of alarm.

---

71 ARDENCRAIG GARDENS **4 G16**

Ardencraig Lane, Rothesay, Isle of Bute. 2 miles from Rothesay. Bus service from Rothesay. Open May–Sep, Mon–Fri 0900–1630, Sat and Sun 1300–1630. Free. WC. Wheelchair access. Car parking. Telephone (01700) 504644.

A working greenhouse and garden which produces plants for floral displays on Bute, built between 1919 and 1923. A collection of rare plants, an aviary with many foreign bird species and ornamental fish ponds.

---

72 ARDESSIE FALLS **2 G6**

Beside the A832 at Dundonnel, Ross and Cromarty.

Waterfalls and impressive views of Little Loch Broom.

---

73 ARDESTIE AND CARLUNGIE EARTH HOUSES **5 P13**

HS. Ardestie, about 6 miles (9.5km) east of Dundee and 1.25 miles (2km) north of Monifieth, at junction with B962. Nearest railway station Dundee, bus to Monifieth. Carlungie is 1 mile (1.5km) north on an unclassified road. Open all year. Free. Telephone 0131 668 8800. www.historic-scotland.gov.uk

Two examples of large Iron Age earth houses attached to surface dwellings (both now uncovered). At Ardestie the gallery is curved and 80 feet (24m) in length. The Carlungie earth house is 150 feet (45.5m) long and most complex.

---

74 ARDFERN RIDING CENTRE **4 F15**

Craobh Haven, Lochgilphead, Argyll. 25 miles (40km) south of Oban on A816. Open all year, daily. Charges vary. Group concessions. WC. Riding for the disabled. Wheelchair access with assistance. Car parking. Telephone (01852) 500632. www.aboutscotland.com/argyll/appaloosa

Day rides along the seashore or into the hills and glens on Quarterhorses and Appaloosas, bred, born and trained at this riding centre. Western riding, Natural Horsemanship and various courses.

---

75 ARDGARTAN VISITOR CENTRE **4 H14**

FE. Glen Croe, Arrochar, Argyll. On A83 west of Arrochar on Cowal Peninsula. Nearest railway station Tarbet then local bus service. Open Apr–Oct, daily 1000–1700. Free. Explanatory displays. Gift shop. Picnic area. Forest walks and cycleways. Wheelchair access. Car and coach parking. Telephone (01301) 702432. www.forestry.gov.uk

Situated in Argyll Forest Park and close to the Arrochar Alps, the visitor centre is a good access point for the forest and its surroundings. Many special events are held throughout the year (nominal charge) and include Deer Watch, guided walks on the hills to see local wildlife and archaeology, and barbecues.

---

76 ARDKINGLAS WOODLAND GARDEN **4 H14**

Ardkinglas Estate, Cairndow, Argyll. In Cairndow, on the A83, 8 miles (13km) north of Inveraray. Buses from Glasgow, Oban or Campbeltown. Open daily, dawn to dusk. Charge £. Children under 16 free. Group concessions. Guided tours for groups. Explanatory displays. Gift shop nearby. Picnic area. WC. Limited wheelchair access. Car and coach parking. Telephone (01499) 600261. www.ardkinglas.com

One of the finest collections of conifers in Britain, including Europe's mightiest conifer, nominated as one of only 50 Great British Trees to celebrate the Queen's Golden Jubilee. Also a spectacular display of rhododendrons and a gazebo.

---

77 ARDNADAM HERITAGE TRAIL **6 H15**

Dunoon. Near to the village of Sandbank, 3 miles (5km) north of Dunoon on A815. Access at all times. Free.

Excellent walk including a climb to the Dunan viewpoint, approximately 2 miles (3km) long.

---

78 ARDNAMURCHAN POINT VISITOR CENTRE **2 D11**

Kilchoan, Acharacle, Argyll. On B8007, 6 miles (10km) west of Kilchoan. Ferry terminal at Kilchoan. Open Apr–May and Oct, daily 1000–1700; Jun–Sep, daily 1000–1730. Charge £. Group concessions. Guided tours. Explanatory displays. Gift shop. Picnic area. WC. Wheelchair access. Disabled WC. Car parking. Telephone (01972) 510210. www.ardnamurchan.u-net.com

Ardnamurchan lighthouse is set amongst spectacular scenery on mainland Britain's most westerly point, embracing world-class views of the Hebrides and the Small Isles. Listen to the keepers' radio conversations, learn how the light tower was built, join in the centre's Whale Watch, visit the beautifully restored original room and trace the history of Ardnamurchan through anecdotes of people past and present.

---

79 ARDROSSAN CASTLE **6 H17**

Ardrossan, on a hill overlooking Ardrossan Bay. Access at all reasonable times. Free.

Mid 12th-century castle on a hill with fine views of Arran and Ailsa Craig. The castle was destroyed by Cromwell and only part of the north tower and two arched cellars remain.

---

80 ARDTORNISH ESTATE **4 F12**

Morvern, by Oban, Argyll. 40 miles (64km) south west of Fort William via the Corran Ferry. Gardens open Apr–Oct, daily 0900–1800. Charge £. Market garden free. Leaflet available. Picnic area. Garden. WC. Car and coach parking. Telephone (01967) 421288. www.ardtornish.co.uk

Ardtornish estate is a 35,000 acre (14,164ha) Highland estate with 24 acres (10ha) of established gardens around the Grade A listed Ardtornish House. Fly-fishing for brown trout, sea trout and salmon on three rivers and 16 hill lochs. Free loch fishing to residents of estate's self catering properties.

---

81 ARDUAINE GARDEN **4 F14**

NTS. Arduaine, Argyll. On A816, 20 miles (32km) south of Oban. Infrequent bus service from Oban. Open all year, daily 0930–sunset. Charge £. Group concessions. Explanatory displays (information sheets in French and German). Plant sales. WC. Wheelchair access (wheelchair available). Disabled WC. Car and coach parking. Telephone (01852) 200366. www.nts.org.uk

Twenty acre (8ha) garden on promontory with fine views overlooking Loch Melfort. Noted for rhododendrons, azaleas, magnolias and other interesting trees and shrubs. The garden also has a series of ponds and watercourses and many beautiful herbaceous perennials flowering throughout the season.

---

82 ARDUNIE ROMAN SIGNAL STATION **5 L13**

HS. At Trinity Gask, 4 miles (6.5km) north of Auchterarder, Perthshire. Nearest railway station Perth, bus from Perth to Crieff, then bus to Kinkell Bridge. Access at all times. Free. Telephone 0131 668 8800. www.historic-scotland.gov.uk

The site of a Roman watchtower, one of a series running

between Ardoch and the River Tay. First century AD. See 1263 Muir O'Fauld Signal Station.

83 **ARDVRECK CASTLE** 2 H4

A837, 11 miles (18km) east of Lochinver, on Loch Assynt. Access at all reasonable times. Free.

Built by the MacLeods, who in the mid-13th century obtained Assynt through marriage, the three-storeyed ruins stand on the shores of Loch Assynt. After his defeat at Culrain in 1650, the Marquess of Montrose fled to Assynt but was soon captured and confined here before being sent to Edinburgh and executed.

84 **ARDWELL GARDENS** 4 H21

Ardwell Estate, Ardwell, Stranraer, Wigtownshire. On the A716, 10 miles (16km) south of Stranraer. Nearest railway station Stranraer, bus from Stranraer. Open Mar–Sep, daily 1000–1700. Charge £. Guided tours by arrangement. Plant sales. Picnic area. WC. Limited wheelchair access. Disabled WC. Car and coach parking. Telephone (01776) 860227.

Gardens surrounding an 18th-century country house (not open to the public). The formal layout around the house blends into the informality of woods and shrubberies. Daffodils, azaleas, camellias, rhododendrons. Walled garden and herbaceous borders. Walks and fine views over Luce Bay. Plants for sale and pick-your-own fruit.

85 **ARGYLL AND SUTHERLAND HIGHLANDERS REGIMENTAL MUSEUM** 6 L14

Stirling Castle, Stirling. In Stirling Castle. Nearest railway station Stirling, buses from Glasgow and Edinburgh. Open daily, Easter–Sep 0930–1700; Oct–Easter 1000–1615. Free. Fee for entry to castle. Explanatory displays. Gift shop. Refreshments and WC in castle. Car and coach parking. Telephone (01786) 475165. www.argylls.co.uk

A fine museum which brings alive the Regiment's history from 1794 to the present day. Features weapons, colours, uniforms, medals, pictures, World War I trench. See 1595 Stirling Castle.

86 **ARGYLL POTTERY** 4 G12

Barcaldine, Oban, Argyll. On the A828, on the south shore of Loch Creran. Infrequent bus from Oban. Open all year, Mon–Fri 1000–1800, Sat 1300–1800. Free. Explanatory displays. Gift shop. Wheelchair access. Car parking. Telephone (01631) 720503.

A pottery producing mostly domestic ware on the wheel, with some individual pieces.

87 **ARGYLL RIDING** 4 G14

Dalchenna Farm, Inveraray, Argyll. 2 miles (3km) south of Inveraray on A83. Bus service to Inverary from Oban and Glasgow. Open all year, daily. Charges vary. WC. Limited wheelchair access. Car parking. Telephone (01499) 302611. www.horserides.co.uk

Scenic pony trekking, lessons and children's pony rides.

88 **ARGYLL TRAIL RIDING** 4 F15

Brenfield Farm, Ardrishaig, Argyll. 2 miles (3km) south of Ardrishaig on the A83. Bus service from Glasgow. Open all year for day rides; Apr–Oct for week trails. Charge varies. Group concessions. Car parking. Telephone (01546) 603274. www.brenfield.co.uk

Riding for everyone, from beginner to expert – a one hour trek, a full day's pub ride with beach gallop, picnic rides, family and children's holidays, tuition and training. Also clay pigeon shooting and mountain bike hire.

89 **ARGYLL WILDLIFE PARK** 4 G14

Dalchenna, Inverary, Argyll. On the A83, 1.25 miles (2km) from Inveraray. Bus from Glasgow. Open daily, Easter–Oct 1000–1700. Charge ££. Group concessions. Guided tours. Explanatory displays. Gift shop. Tearoom and picnic area. Baby changing facilities. WC. Limited wheelchair access. Disabled WC. Car and coach parking. Telephone (01499) 302264. www.animals@argyllwildlifepark.co.uk

A 55 acre (22ha) park with many animals wandering freely. Ponds with water birds. Natural surroundings to view red and arctic foxes, red and fallow deer, wallabies, racoons, monkeys, Scottish wild cats, badgers, buzzards, owls and others.

---

90 ARGYLL'S LODGING 6 L14

HS. Castle Wynd, Stirling. At the top of Castle Wynd in centre of the town. Nearest railway station Stirling, buses from Glasgow and Edinburgh. Open Apr–Sep, daily 0930–1830; Oct–Mar, Mon–Sat 0930–1830, Sun 1400–1630. Charge ££. Joint ticket with Stirling Castle (see 1596) available. Group concessions. Explanatory displays. Gift shop. WC. Limited wheelchair access. Disabled WC. Car and coach parking. Telephone (01786) 461146. www.historic-scotland.gov.uk

A superb mansion built around an earlier core in about 1630 and further extended by the Earl of Argyll in the 1670s. It is the most impressive town house of its period in Scotland. The principal rooms are now restored to their former glory.

---

91 ARISAIG – THE LAND, SEA AND ISLANDS CENTRE 2 F10

Arisaig, Inverness-shire. On the A830 34 miles (54.5km) west of Fort William and 8 miles (13km) south of Mallaig. Rail and bus service to Arisaig. Open Apr–Oct, Mon–Sat 1000–1500, Sun 1200–1600. Charge £. Children under 10 free. Explanatory displays. Gift shop. Picnic table. WC. Wheelchair access. Disabled WC. Car parking. Telephone (07973) 252923. www.arisaigcentre.co.uk

The visitor centre is located on the site of a derelict smiddy in a stunning situation in the heart of Arisaig village. A community project, it houses an exhibition that celebrates the social and natural history of the area with photographic displays and artefacts. Subjects include crofting, fishing, church history, marine life, World Word II's Special Operations Executive's training grounds and films made in the area. The old forge has been renovated and forms a focal part of the display.

---

92 ARIUNDLE 2 F11

North of Strontian village (on north shore of Loch Sunart). Follow signs for Forestry Commission Airigh Fhionndail car park 2 miles (3km) north of Strontian. Access nature reserve via a track, which also forms part of the Forestry Commission Strontian River Trail, leading to the reserve's nature trail. Access at all times. Free. Car parking. Telephone 01397 702184 (Forestry Commission). www.snh.org.uk

Nature reserve. Ancient mossy oakwoods like this one were once widespread along the Atlantic coast. The trees are covered in a lush growth of mosses, ferns, liverworts and lichens, which thrive in this damp west coast climate. The woodland is also home to a wide variety of woodland birds. Nature trail and interpretation boards.

---

93 ARMADALE CASTLE GARDENS AND MUSEUM OF THE ISLES 2 E9

Armadale Castle, Sleat, Isle of Skye. 0.5 mile (1km) north of Armadale ferry terminal, 21 miles (34km) south of the Skye Bridge at Kyle of Lochalsh on A851. Car and passenger ferry from Mallaig to Armadale. Bus from Kyle of Lochalsh. Open Apr–Oct, daily 0930–1730 (last entry 1700). Charge ££. Carers of disabled visitors free. Group concessions. Guided tours. Also tour of gardens or small groups. Gift shop. Restaurant and tearoom. Children's play area. WC. Wheelchair access (wheelchairs available for use). Disabled WC. Car and coach parking. Telephone (01471) 844305. www.clandonald.com

A 40 acre (16ha) garden set within the 20,000 (8094ha) Armadale Estate where some of the flora otherwise associated with warmer climes can be grown because of the gulf stream passing close to these shores. Woodland walks and meadows ablaze with wild flowers, seascapes around every corner.

Museum explaining the sometimes complex story of Highland history. See also 1720 West Highland Heavy Horses.

94 **JOHNNIE ARMSTRONG GALLERY** 5 N18

Henderson's Knowe, Teviothead, By Hawick. 9 miles (14.5km) south of Hawick on A7. On Carlisle–Edinburgh bus route. Open all year, Wed–Mon 0900–1800. Free. Explanatory displays. Gift shop. Wheelchair access. Car parking. Telephone (01450) 850237.

Located in an historic smithy, the gallery specialises in the design, production and sale of high quality gold and silver jewellery in celtic, Scottish and Viking styles. There is also a small but regularly changing display of historic artefacts, covering many aspects of Scottish history but in particular the Border reivers of the 16th century.

95 **JOHNNIE ARMSTRONG OF GILNOCKIE MEMORIAL** 5 N18

Carlanrig, Teviothead. Take the A7 south from Hawick for 9 miles (14.5km) then turn right on to unclassified road. Memorial is 100 yards (91m) south on left next to churchyard. Access at all times. Free. Information plaque. Wheelchair access via nearby field gate. Car parking.

A stone marks the mass grave of Laird of Gilnockie and his men, hanged without trial by King James V of Scotland in 1530.

96 **ARNISTON HOUSE** 6 N16

Gorebridge, Midlothian. On the B6372, 1 mile (2km) from the A7 and 10 miles (16km) from Edinburgh. Bus on A7. View house by guided tour only: Apr, May and Jun Tue and Wed 01400 and 1530; Jul–mid-Sep Sun–Fri 1400 and 1530. Grounds open 1400–1700 on these days. Charge ££. Children under 5 years free. Grounds free. Guided tours. WC. Limited wheelchair access. Disabled WC. Car and coach parking. Telephone (01875) 830515. www.arniston-house.co.uk

An outstanding example of the work of William Adam, built in the 1720s. Contains an important collection of furniture, Scottish portraiture and other fascinating items.

97 **AROS EXPERIENCE** 2 E8

Viewfield Road, Portree, Isle of Skye. On A850 south of Portree. Bus service from Portree. Open daily, Apr–Sep 0900–2100; Oct–Mar 1000–1700. Charge ££. Children under 12 free. Group concessions. Guided tours. Explanatory displays. Gift shop. Restaurant and café. Crèche and play area. WC. Wheelchair access. Disabled WC. Car and coach parking. Telephone (01478) 613649. www.aros.co.uk

An exhibition 'Skye the Island' displays the scenery of the island at its very best. An audio-visual presentation and a number of live cameras bring pictures of herons, sea eagles, a variety of other birds and, at times, seals, direct to the centre. There are often live concerts, theatrical presentations and cinema in the evenings.

98 **ARRAN AROMATICS VISITOR CENTRE** 4 G17

The Home Farm, Brodick, Isle of Arran. 1 mile (1.5km) from Brodick on road north to Lochranza. Ferry and bus terminal in Brodick. Open Apr–May daily, 0930–1700; Jun–Sep daily, 0930–1730; Oct–Nov, Tue–Sun 0930–1700; Dec, Tue–Sun 0930–1630; Jan–Mar, Tue–Sat 1000–1630. Free. Explanatory displays. Gift shop. Restaurant and tearoom. WC. Wheelchair access. Disabled WC. Car parking. Telephone (01770) 302595. www.arranaromatics.com

Visitors can watch the production of natural soaps and body care products. Set in a courtyard next to a cheese factory and seafood restaurant.

99 **ARRAN BREWERY** 4 G17

Arran Brewery, Cladach, Brodick. 1 mile (1.5ha) north of Brodick. Ferry from Ardrossan to Brodick. Bus from pier stops close to brewery. Open all year, Mon–Sat 1000–1700, Sun 1230–1700. Telephone for winter hours. Nominal charge per adult (including sample). Children free. Concessions by arrangement. Explanatory displays and self-guided tour. Guided tours by arrangement. Gift shop. Refreshments nearby (open Apr–Oct only). Wheelchair access. Car and coach parking. Telephone (01770) 302353. www.arranbrewery.com

Arran's first and only commercial craft brewery, producing three different real ales using traditional methods. Visitors may see the beer fermenting and watch the bottling when in progress. Displays explain the story of brewing; questions about the process are welcomed.

---

100 ASCOG HALL, FERNERY AND GARDENS 4 G16

Ascog Hall, Ascog, Isle of Bute. 3 miles (5km) south of Rothesay on A886. Nearest railway station Wemyss Bay, then ferry (30 minutes) to Rothesay. Bus service from Rothesay to Ascog Hall (request stop). Open Easter–end Oct, Wed–Sun 1000–1700, closed Mon and Tue. Charge £. Children free. Group concessions. Guided tours. Explanatory displays. Picnic area. Wheelchair access with assistance. Car and coach parking. Telephone (01700) 504555. www.ascoghallfernery.co.uk

Built circa 1870, this magnificent Victorian fernery, with beautiful rock work and water pools, has been restored and refurnished with an impressive collection of sub-tropical ferns. The only surviving fern from the original collection is said to be 1000 years old. After decades of neglect, the garden has been lovingly restored and an hour or so speant meandering through its colourful beds and borders is a truly delightful experience.

---

101 ASSYNT VISITOR CENTRE 2 G4

Main Street, Lochinver, Sutherland. 98 miles (157km) north of Inverness. Bus service from Inverness. Open Easter–Oct, Mon–Sat 1000–1700; Jun–Sep also Sun. Free. Explanatory displays. Gift shop. WC. Wheelchair access. Disabled WC. Car and coach parking. Telephone (01571) 844373. www.highlandfreedom.com

Tourist information, wildlife ranger service and informative displays on the Assynt area, for example, live action and recorded highlights from a heronry.

---

102 ATHELSTANEFORD, FLAG HERITAGE CENTRE 6 P15

Athelstaneford, East Lothian. Behind Athelstaneford Church. Off B1347, 3 miles (4.5km) off the A1, 2.5 miles (4km) east of Haddington off B1343. Nearest railway station Drem, 2.5 miles (4km). Bus from North Berwick to Haddington stops in village. Open Apr–Oct, daily 0900–1800. Free. Explanatory displays. WC. Wheelchair access. Disabled WC. Car and coach parking. Telephone (01620) 880378.

A 16th-century dovecot restored to house an audio-visual dramatisation of the battle in 832 AD at which an army of Picts/Scots encountered a larger force of Saxons under Athelstan. The appearance of a cloud formation of a white saltire (the diagonal cross on which St Andrew had been martyred) against a blue sky inspired the Scots to victory. Since that time, the St Andrew's Cross has been the national flag of Scotland. There is a viewpoint overlooking the battle site, and visitors can also inspect the Saltire Memorial, the *Book of the Saltire*, and walk through the historic churchyard.

---

103 ATHOLL COUNTRY LIFE MUSEUM 3 L11

Blair Atholl, Perthshire. In Blair Atholl on A924. Nearest railway station Blair Atholl. Bus from Pitlochry. Open Easter, then Jun–Sep daily 1330–1700; Jul–Sep, Mon–Fri 1000–1700. Charge £. Group concessions. Guided tours by arrangement. Explanatory displays. Gift shop. Picnic area. WC. Blind visitors may handle artefacts. Wheelchair access. Car and coach parking. Telephone (01796) 481232. www.blairatholl.org.uk

Folk museum with lively displays showing past life in the village and glen, including blacksmith's smiddy, crofter's stable, byre and living room. Road, rail and postal services, the school, the kirk, the vet and gamekeeper are all featured. Attractions include the Trinafour post office and shop, the Caledonian Challenge Shield for rifle shooting and a photographic display of wildflowers.

104 ATHOLL ESTATES INFORMATION CENTRE **3 L11**

Old School Park, Blair Atholl, Perthshire. 5 miles (8km) north of Pitlochry off A9. Railway station and bus stop close by. Open Easter–Oct, daily 0900–1645. Staff available 0900–1000 and 1530–1645. Free. Explanatory displays. Café next door. Picnic area beside River Tilt. Toilets close by. Car parking. Telephone (01796) 481646. www.athollestatesrangerservice.co.uk

Displays on the estates throughout the year, ideas on what to see and do, details of waymarked trails and a children's corner. The rangers will give advice on walks, off-road cycling and wildlife opportunities. A good place to visit before exploring the wider countryside around Blair Atholl.

---

105 ATTADALE GARDEN AND WOODLAND WALKS **2 G8**

Strathcarron, Ross and Cromarty. On south shore of Loch Carron, 2 miles (3km) south of Strathcarron on A890. Nearest railway station Attadale on main Inverness to Kyle of Lochalsh line, then walk 0.5 mile (1km). Open Apr–Oct, Mon–Sat 1000–1730. Charge £. Group concessions. Guided tours by arrangement. Explanatory displays. Restaurant close by. Nursery sells unusual plants. WC. Limited wheelchair access. Disabled WC. Car and coach parking. Telephone 01520 722217 or 01520 722603. www.attadale.com

Attadale House was built in 1755 by Donald Matheson. The gardens and woodlands were started in 1890 by Baron Schroder and planted with rhododendrons, azaleas and specimen trees. Since the storms of the 1980s, more old paths have been revealed, bridges have been built and water gardens have been planted with candelabra primulas, gunnera, iris and bamboo. Restored sunken garden, vegetable and herb gardens, Japanese garden. Tree list. Sculpture. Visitors are advised to wear waterproof shoes.

---

106 AUBIGNY SPORTS CENTRE **6 P15**

Mill Wynd, Haddington. In Haddington, five minute walk from High Street. Bus from Edinburgh. Open daily all year (except Christmas and New Year) Mon–Fri 0900–2200, weekends 0900–1700. Charges dependent on activity. Group concessions. Café. Crèche. WC. Wheelchair access. Disabled WC. Car and coach parking. Telephone (01620) 826800.

Sports centre with a swimming pool, a toddlers pool, sauna, steam room, activity hall, bodyworks gym, aerobics studio, soft play area and a variety of coached activities.

---

107 AUCHAGALLON STONE CIRCLE **4 G17**

HS. Isle of Arran. 4 miles (6.5km) north of Blackwaterfoot on the Isle of Arran. By ferry from Ardrossan to Brodick. Bus from Brodick to Blackwaterfoot. Access at all times. Free. Telephone 0131 668 8800. www.historic-scotland.gov.uk

A Bronze Age burial cairn surrounded by a circle of 15 standing stones.

---

108 AUCHENHAKVIE LEISURE CENTRE **6 H17**

Saltcoats Road, Stevenston, Ayrshire. Open all year except Christmas to New Year. Mon 1000–1900, Tue 0900–2000, Wed 1000–1800, Thu 1000–2100, Fri 0900–2100, Sat 1000–1700, Sun 0900–1230. Charges dependant on activity. Group booking advised. Vending machines for tea, coffee and soft drinks. WC. Car and coach parking. Telephone (01294) 605126.

Twenty-five metre pool, split-level ice rink, hi-tech fitness salon, health suite and studio fitness centre.

---

109 AUCHGOURISH GARDENS **3 L9**

Auchgourish Gardens, Street of Kincardine, Boat of Garten, Inverness-shire. On B970 between Boat of Garten and Aviemore. Open Apr–Sep, daily 1000–1700; Oct–Mar, Sat–Sun 1000–1500. Opening subject to weather. Charge ££. Children free but must be accompanied by an adult. Group concessions. Guided tours by special arrangement. Plant sales. Picnic area. Wheelchair access. Car and coach parking. Telephone (01479) 831464. www.auchgourishgardens.com

A botanic garden laid out in bio-geographic regions. Includes a large Japanese garden (the largest open to the public in the north of Scotland) and features plants from Korea, the Himalayas, China, Asia and Europe. Also rockeries containing Scottish alpine plants. Further areas are being developed including a St Andrew's Garden and rare white Highland cattle.

---

110 AUCHINDRAIN TOWNSHIP OPEN AIR MUSEUM 4 G14

By Inveraray, Argyll. 6 miles (10km) south west of Inveraray on A83. Nearest railway station Arrochar, bus from Glasgow or Oban to Inveraray. Open Apr–Sep, daily 1000–1700. Charge ££. Group concessions. Explanatory displays. Gift shop. WC. Car and coach parking. Telephone (01499) 500235.

Auchindrain is an original West Highland township of great antiquity and the only communal tenancy township in Scotland to have survived on its centuries-old site, much of it in its original form. The various township buildings and surrounding lands look as they would have done at the end of the 19th century and give visitors a fascinating glimpse of Highland life.

---

111 AUCHINGARRICH WILDLIFE AND HIGHLAND CATTLE CENTRE 5 K13

Comrie, Perthshire. 2 miles (3km) south of Comrie on B827. Open all year, daily 1000–dusk. Charge ££. Children under 3 and visitors in wheelchairs free. Group concessions. Guided tours. Explanatory displays. Gift shop. Restaurant, tearoom and picnic/barbecue area. Indoor play barn. WC. Handling facilities for blind visitors. Limited wheelchair access. Disabled WC. Car and coach parking. Telephone (01764) 679469 or 670486.

Wildlife centre set in 100 acres (40ha) of scenic Perthshire countryside. Abundance of animals and birds including foxes, otters, meerkats, deer, Highland cattle, birds of prey and wildcats. Hatchery where visitors can handle newly born chicks. Covered walkway. Falconry centre with flying displays and photo opportunities. Trout fishery. The Highland Cattle Centre tells the story of the cow's evolution. See all the different types of Highland cattle, from young calves to hugh bullocks. The cattle can be touched.

---

112 AUCHTERARDER HERITAGE 5 L13

Auchterarder Tourist Office, 90 High Street, Auchterarder, Perthshire. Nearest railway stations Perth and Gleneagles. Bus from Perth. Open Apr–Oct, Mon–Sat 0930–1700, Jul–Aug also Sun 1100–1600. Free. Explanatory displays. Telephone (01764) 663450.

History of the town and area told in descriptive panels using old photographs. Information on the railway, local history, the territorial army and church history.

---

113 AULD KIRK MUSEUM 6 K15

Cowgate, Kirkintilloch, Glasgow. Take A803 from Glasgow to Kirkintilloch. Bus service to Kirkintilloch from Buchanan Street Bus Station, Glasgow. Open all year, Tue–Sat 1000–1300 and 1400–1700. Closed Sun and Mon. Free. Explanatory displays. Gift shop. WC. Wheelchair access. Disabled WC. Car parking. Telephone 0141 578 0144. www.eastdunbarton.gov.uk

The award-winning Auld Kirk Museum is an opportunity to experience a time journey that traces the town from Roman times to the present day. The building dates back to 1644 when it was the parish church of Kirkintilloch. The museum describes the domestic and working life of people in the area. Temporary exhibition programme of crafts, photography and local history throughout the year.

---

114 AULTBEA WOODCRAFT AND HARDWOOD CAFÉ 2 F6

Drumchork, Aultbea, Achnasheen, Ross and Cromarty. Off the A832, 6 miles (9.5km) north of Inverewe Garden (see 966). Bus from Inverness. Open all year Mon–Sat 0930–1800. Free. Gift shop. Tearoom. Garden. WC. Wheelchair access. Disabled WC. Car parking. Telephone (01445) 731394. www.eweview.com

A wood-turning workshop, craft shop and tearoom with superb views over loch and mountains. Large display of wood-turning in native and exotic woods. Wood-turning tuition available.

---

115 AURORA CRAFTS **2 D8**

2 Ose, Struan, Isle of Skye. In Ose, 0.25 mile (0.5km) off the A863, 6 miles (9.5km) south of Dunvegan. Open Apr–Oct, daily 0900–1900. Free. Gift shop. Wheelchair access. Car parking. Telephone (01470) 572208.

A craft shop where visitors can see demonstrations of lace-making on most days. Lace, embroidery, knitwear, spinning, wood-turned articles and other articles made on the premises.

---

116 AVIATION MUSEUM **5 N12**

Bellies Brae, Kirriemuir. Off the A90, near Forfar. Local bus service. Open Apr–Sep, Mon–Thu and Sat 1000–1700, Fri and Sun 1100–1700. Admission by donation. Guided tours. Explanatory displays. Picnic area nearby. Wheelchair access with assistance. Car and coach parking. Telephone (01575) 573233.

Open since 1983, the museum displays a large and varied collection of ephemera associated with flight, from radar and radio equipment, model planes and photographs, to uniforms and operation manuals.

---

117 AYR GORGE WOODLANDS **4 J17**

At Failford, south of A758 Ayr–Mauchline road. Access at all times. Free. Viewing platform. Car parking.

Gorge woodland, semi-natural, dominated by oak and some coniferous plantation. Situated by the River Ayr. Historic sandstone steps and extensive network of well-maintained footpaths.

---

118 AYR RACECOURSE **4 J18**

2 Whitletts Road, Ayr. Close to Ayr town centre, 5 minutes from A77. Well signposted from all directions. Rail and bus service to Ayr. Charges vary. Beer garden and champagne bar. Children's play areas. WC. Wheelchair access. Disabled WC. Car and coach parking. Telephone (01292) 264179. www.ayr-racecourse.co.uk

The racecourse hosts both Flat and National Hunt fixtures, usually holding at least 25 days racing every year, including the Scottish Grand National (Apr) and the Ayr Gold Cup (Sep).

---

119 AYTON CASTLE **5 Q16**

Ayton, Eyemouth, Berwickshire. 7 miles (11km) north of Berwick on A1. Nearest railway station Berwick-upon-Tweed. Open May–Sep, Sat and Sun only 1400–1700. Other times by appointment. Charge £. Under 15s free. Guided tours. Explanatory displays. WC. Wheelchair access with assistance. Disabled WC. Car and coach parking. Telephone (01890) 781212.

Historic castle, built in 1846 and an important example of the Victorian architectural tradition. Ayton Castle has been restored in recent years and is lived in as a family home.

---

120 BACHELORS' CLUB **4 J17**

NTS. Sandgate Street, Tarbolton, South Ayrshire. A77 south of Kilmarnock and off A76 at Mauchline. Bus from Ayr. Open Apr–Sep, daily 1330–1730, weekends in Oct 1330–1730. Charge £. Group concessions. Explanatory displays. Limited wheelchair access. Car parking. Telephone (01292) 541940. www.nts.org.uk

Robert Burns and his friends founded a debating society here in 1780. Period furnishings.

---

121 BADBEA OLD VILLAGE **3 M4**

Caithness. North of Ousdale on A9. Footpath leads from the lay-by to groups of ruined crofthouses perched above cliffs.

Tenants evicted from inland straths during the infamous

Clearances founded this lonely settlement. The site is very exposed – tradition has it that children and livestock had to be tethered to prevent them being blown over the cliffs. Many of the inhabitants emigrated to America or New Zealand, as the monument, erected in 1911, testifies.

---

122 BAILLE AN OR, GOLDRUSH TOWN 1869 3 L4

Sutherland. 4 miles (6.5km) north west of Helmsdale, on A897 Strath of Kildonan road.

Gold panning still takes place and you can get all the necessary equipment from the craft shop in Helmsdale.

---

123 BALBIRNIE CRAFT CENTRE 6 N14

Balbirnie Park, Markinch, Fife. On eastern outskirts of Glenrothes in Markinch. Nearest railway station Markinch, bus service from Glenrothes. Open all year, Mon–Sat 1000–1700, Sun 1400–1700. Individual workshop times may vary. Park open all year round. Free. Guided tours by appointment. Gift shop. Restaurant and WC in park. Limited wheelchair access. Car and coach parking. Telephone (01592) 753743. www.murrayjewellers.co.uk

Independently owned craft workshops producing leather goods, wrought ironwork, paintings and prints, gold and silver jewellery and glass blowing. The craft centre is located in the centre of Balbirnie Park with woodland walks, specimen trees and rhododendrons. Bronze Age stone circle. Hotel, golf course, picnic area and children's play area within park boundaries.

---

124 BALFOUR CASTLE 1 C10

Shapinsay Island, Orkney. 25 minute car ferry journey from Kirkwall. Open all year for resident guests, May–Sep for guided tours Sun only, 1415 from Kirkwall (buy tickets from Tourist Information Centre). Charge £££. Guided tours. Gift shop. Picnic area. Garden. WC. No guide dogs. Car and coach parking. Telephone (01856) 711282. www.balfourcastle.com

Personally guided tours by member of family around this Victorian castle with original furnishings and 3 acre (1.2ha) walled garden. One of the tour highlights is a traditional Orkney tea with home produce from the island, inclusive in tour price.

---

125 BALLINDALLOCH CASTLE AND GOLF COURSE 3 N8

Near Aberlour, Banffshire. On the A95, 13 miles (20km) north east of Grantown-on-Spey. Open Easter–Sep, Sun–Fri 1000–1700. Charge for castle and grounds £££ (children under 6 free), grounds only £. Group concessions. Self-guided tours. Explanatory displays in French, German, Italian and Spanish. Gift shop. Tearoom and picnic area. Audio-visual display, pitch and putt, dog-walking area, golf course. WC. Limited wheelchair access. Disabled WC. Car and coach parking. Telephone (01807) 500206. www.ballindallochcastle.co.uk

One of the few privately owned castles to be lived in continuously by its original family, the Macpherson-Grants, since 1546. Ballindalloch exemplifies the transition from the stark tower house, necessary for survival in 16th-century Scotland, to the elegant and comfortable country house so beloved of Victorians in the Highlands. Ballindalloch is also the home of the famous Aberdeen Angus herd of cattle founded by Sir George Macpherson-Grant in 1860, and now the oldest herd in continuous existence.

---

126 BALLIVICAR PONY TREKKING CENTRE 4 D16

Ballivicar Farm, Port Ellen, Isle of Islay. 2 miles (3km) from Port Ellen on Kintra road. Open all year. Jun–Aug treks at 1100 and 1400; winter afternoons only. Charge £££. WC. Rides tailored to suit abilities/disabilities. Wheelchair access. Car and coach parking. Telephone (01496) 302251. www.ballivicar.co.uk

Family-run trekking centre catering for all abilities. Beach rides.

---

127 BALLYGOWAN CUP AND RING MARKS 4 F14

HS. Kilmartin Glen. 1 mile (2km) south west of Kilmartin, near Poltalloch,

Argyll. Nearest railway station Oban, then bus to Kilmartin. Access at all times. Free. Telephone 0131 668 8800. www.historic-scotland.gov.uk

Bronze Age cup and ring marks on natural rock faces.

---

128 BALMACAAN WOOD 3 J8

Lewiston, Drumnadrochit. 0.5 mile (1km) off A82. Nearest car park in Drumnadrochit, 15 minutes walk from wood. Access at all times. Free. Information boards. Public toilets (including disabled toilets) in car park at Drumnadrochit. Telephone (01764) 662554. www.wwodland-trust.org.uk

Since ancient times native trees such as oak, birch, alder, rowan and hazel have been widespread in Glen Urquhart (in Gaelic Gleann Urchadainn meaning wooded glen). The laird encouraged the protection and planting of the woods, including exotic trees such as giant redwood, Douglas fir and rhododendron. Visitors can still see these trees today, with one grand fir measuring 180 feet (55m) in height and 25 feet (7.5m) in girth – one of the largest grand firs in Scotland.

---

129 BALMACARA ESTATE AND LOCHALSH WOODLAND GARDEN 2 F8

NTS. Lochalsh House, Balmacara, Ross and Cromarty. On A87, 3 miles (4.8km) east of Kyle of Lochalsh. By bus from Inverness and Glasgow. Open all year, daily 0900–sunset; information kiosk (unstaffed) open Apr–Sep, daily 0900–1700. Charge £ (honesty box). Explanatory displays. Car parking. Telephone (01599) 566325. www.nts.org.uk

A beautiful Highland estate where traditional crofting is still carried out. Includes the village of Plockton, an outstanding conservation area and location for the television series *Hamish Macbeth*. The garden provides sheltered lochside walks among pine, ferns, fuchsias, hydrangeas and rhododendrons.

---

130 BALMICHAEL VISITOR CENTRE 4 G17

Shiskine, Isle of Arran. 7 miles (11km) from Brodick on B880. Bus service from Blackwaterfoot or Brodick. Open Apr–Oct, Mon–Sat 1000–1700, Sun 1200–1700; Nov–Mar, Wed–Sat 1000–1700, Sun 1200–1700. Free. Charge for activities. Group concessions. Gift shop. Tearoom and picnic area. WC. Wheelchair access. Disabled WC. Car and coach parking. Telephone (01770) 860430. www.thebalmichaelcentre.co.uk

Converted farm buildings and courtyard including ice cream parlour and jewellery/craft shop, working pottery, antique and tapestry shops. Adventure playground and indoor play barn. Off-road quad biking for all ages. Scenic tours of Arran by helicopter. Heritage area with working mill wheel.

---

131 BALMORAL CASTLE 3 N10

Balmoral, Ballater, Aberdeenshire. 8 miles (13km) west of Ballater off A93. Nearest railway station Aberdeen, bus service from Aberdeen to Ballater (some buses to Braemar) stop at Crathie for Balmoral. Open daily Apr–Jul, 1000–1700. Last admission 1630. Charge ££. Explanatory displays. Gift shop. Cafeteria. WC. Wheelchairs and battricars available free of charge from estates office. Wheelchair access. Disabled WC. Car and coach parking. Telephone (013397) 42354. www.balmoralcastle.com

The Highland holiday home of the Royal Family since 1852. Queen Victoria visited the earlier castle in 1848 and Prince Albert bought the estate in 1852. The new castle was designed by Prince Albert and William Smith of Aberdeen and was completed in 1855. Exhibition of paintings and works of art in the castle ballroom. Wildlife, travel and changing exhibition in the carriage hall. Grounds and garden with country walks. Pony trekking and pony cart rides.

---

132 BALNACRA POTTERY 2 G8

The Smithy, Lochcarron, Wester Ross. On the A896, 1 mile (2km) east of Lochcarron. Nearest railway station Strathcarron, then 1.5 mile (2.5km) walk. Open all year, Mon–Fri 1030–1700, Sat by appointment. Free. Car and coach parking. Telephone (01520) 722722. www.balnacra.com

Pottery inspired by animals, archeology, history, anthropology and ancient art, created and fired in custom-built workshop. See also 1576 Smithy Heritage Centre.

133 BALNAKEIL CRAFT VILLAGE 3 J2

Balnakeil, Durness, Sutherland. 1 mile (1.5km) west of Durness, off the single track road to Balnakeil Bay. Nearest railway station Lairg, post bus from Lairg to Durness. Bookshop open all year, Easter–Oct, Tue–Thu 1000–1730, Fri–Mon 1000–2030; Nov–Easter, Wed, Thu 1000–1700, Fri–Sun 1000–2030. Craft shops open Easter or May–Oct. Free. Gift shop. Licensed restaurants and picnic area. Baby changing facilities. WC. Wheelchair access with assistance. Disabled WC. Car and coach parking. Telephone (01971) 511277 or (01971) 511777 for bookshop.

Craft village including print and painting galleries, pottery and ceramic sculpture, weaving, spinning and feltwork, clothes, enamelwork, basketry, woodwork and bookshop. Stone polishing and geology display. The bookshop stocks a wide range of general titles and features a restaurant serving everything from a pot of tea to a three-course dinner. Theme nights, occasional live music and other events.

134 BALRANALD RSPB NATURE RESERVE 2 A7

RSPB. North Uist, Western Isles. 3 miles (5km) north of Bayhead. Turn for Hougharry off A865. Post bus service only. Reserve open at all times. Visitor centre open Apr–Aug, daily 0900–1800. Free. WC. Limited wheelchair access. Disabled WC. Car and coach parking. Telephone (01870) 560287. www.rspb.org.uk/scotland

Sandy beaches and a rocky foreshore are separated from the machair and marshes by sand dunes; there are also shallow lochs. The visitor centre explains the importance of traditional crofting agriculture for the now rare corncrake and other wildlife. Many species of wading birds nest on the flower-rich machair and the croftland.

135 BALUACHRAIG CUP AND RING 4 F14

HS. Kilmartin Glen. 1 mile (2km) south south-east of Kilmartin, Argyll. Nearest railway station Oban, then bus to Kilmartin. Access at all times. Free. Telephone 0131 668 8800. www.historic-scotland.gov.uk

Several groups of Bronze Age cup and ring marks on natural rock faces.

136 BALVAIRD CASTLE 5 M14

HS. About 6 miles (9.5km) south east of Bridge of Earn, Perthshire. Nearest railway station Perth, bus from Perth to Glenfarg. Limited opening; confirm by telephone. Charge £. Limited wheelchair access. Car and coach parking. Telephone (01786) 431324. www.historic-scotland.gov.uk

A late 15th-century tower on an L-plan, extended in 1581 by the addition of a walled courtyard and gatehouse. Refined architectural details.

137 BALVENIE CASTLE 3 N8

HS. Dufftown, Banffshire. At Dufftown on the A941, 16 miles (25.5km) south south-east of Elgin. Nearest railway stations Elgin or Keith, then bus to Dufftown. Open Apr–Sep, daily 0930–1830. Charge £. Group concessions. Gift shop. Picnic area. WC. Car parking. Telephone (01340) 820121. www.historic-scotland.gov.uk

Picturesque ruins of a 13th-century moated stronghold originally owned by the Comyns. Additions in the 15th and 16th centuries. Visited by Edward I in 1304 and Mary, Queen of Scots in 1562. Occupied by Cumberland in 1746.

138 BANCHORY MUSEUM 3 Q10

Bridge Street, Banchory. In the centre of Banchory. Car and coach parking nearby. Bus service from Aberdeen. Open May–Sep, Mon–Sat 1100–1300 and

1400–1630; Jul–Aug also Sun 1400–1630; Apr and Oct telephone for details. Free. Guided tours. Explanatory displays. Gift shop. Wheelchair access. Telephone (01771) 622906. www.aberdeenshire.gov.uk/heritage

Features the life of Banchory-born musician and composer J. Scott Skinner, the 'Strathspey King', royal commemorative china, 19th-century tartans, Deeside natural history.

---

139 BANCHORY WOOLLEN MILL **3 Q10**

North Deeside Road, Banchory. Just before village of Banchory, on A93. Bus service from Aberdeen. Open all year, Mon–Sat 0930–1730, Sun 1200–1600. Free. No refreshments at mill but Banchory has several excellent restaurants. WC. Wheelchair access. Car and coach parking. Telephone (01330) 823231. www.ewm.co.uk

The Mill Shop has a superb selection of gifts, woollens and outdoor clothing.

---

140 BANFF MUSEUM **3 P7**

High Street, Banff. In the centre of Banff. Car and coach parking nearby. Bus service from Aberdeen. Open Jun–Sep, Mon–Sat 1400–1630. Free. Guided tours. Explanatory displays. Gift shop. Limited wheelchair access. Telephone (01771) 622906. www.aberdeenshire.gov.uk/heritage

One of Scotland's oldest museums, founded in 1828. Features an electrotype copy of the Deskford Carnyx, a unique 2000-year-old Iron Age war trumpet, award-winning natural history display, local geology, nationally-important collections of Banff silver, arms and armour.

---

141 BANNOCKBURN HERITAGE CENTRE **6 L14**

NTS. Glasgow Road, Stirling. 2 miles (3.2km) south of Stirling, off M80/M9 at junction 9. By bus from Stirling. Open daily, Mar and Nov–Christmas 1030–1600; Apr–Oct 1000–1730. Charge £. Group concessions. Explanatory displays, audio-visual programme and guidebook in French and German. Gift shop. Café. WC. Induction loop system, braille guidebook. Wheelchair access (wheelchair available). Disabled WC. Car and coach parking. Telephone (01786) 812664. www.nts.org.uk

Site of the famous battle in 1314 when Robert the Bruce, King of Scots, defeated the English army of Edward II. Colourful exhibition with life-size figures of Bruce and William Wallace, heraldic flags. Equestrian statue of Bruce outside.

---

142 BAR HILL FORT **6 K15**

HS. 0.5 mile (1km) east of Twechar, Stirlingshire (signposted from the village). Nearest railway station Glasgow, bus from Glasgow (Buchanan Street). Access at all times. Free. www.historic-scotland.gov.uk

The highest on the line of the Antonine Wall, containing the foundations of the headquarters building and bathhouse. A small Iron Age fort lies to the east. See 59 Antonine Wall.

---

143 BARBARAFIELD RIDING SCHOOL **5 N14**

Barbarafield Farm, Craigrothie, by Cupar, Fife. 2 miles (3km) south of Cupar on A916 before Craigrothie. Nearest railway station at Cupar. Open all year, daily during daylight hours. Charge £££. Refreshments available nearby. WC. Limited wheelchair access. Car and coach parking. Telephone (01334) 828223. www.barbarafield.co.uk

Hacking and lessons on farmland. Activities for adults and children held throughout the year. Groups and beginners welcome.

---

144 BARCALDINE CASTLE **4 G12**

Ledaig, Oban, Argyll. 9 miles (14.5km) north of Oban off A828. Open Jul–Aug afternoons only. Please check for details if travelling any distance. Charge ££. Group concessions. Explanatory displays (in English, French, German and Italian). Souvenirs available for purchase. Garden. WC. No guide dogs. Car parking. Telephone (01631) 720598. www.barcaldinecastle.co.uk

The oldest intact castle on the Argyll mainland open to the

public. Family home of the Campbells of Barcaldine and last of Black Duncan's seven castles remaining in Campbell hands. Historically associated with the massacre of Glencoe and the Appin Murder. Haunted. Explore secret passages, view the bottle dungeon. Family friendly.

---

145 BARGUILLEAN'S ANGUS GARDEN 4 G13

Barguillean Farm, Taynuilt, Argyll. 2 miles (3km) from Taynuilt along Glen Lonan road. Nearest railway and bus station in Taynuilt. Open all year, daily 0900–1800. Charge £. Children free. Group concessions. Guided tours on request. Explanatory displays. Limited wheelchair access. Car and coach parking. Telephone (01866) 822335.

The garden was established in 1957 and is set within semi-natural woodland, bordered by Loch Angus with magnificent views of Ben Cruachan and Glen Etive. Famous for its collections of hybrid rhododendron and azaleas, the garden is noted for its charm and tranquility. Created in memory of Angus MacDonald, journalist and writer, who was killed in Cyrpus in 1956. Woodland walks for all abilities.

---

146 THE BARN GALLERY 2 E4

2 Eagleton, Lower Bayble (Pabail Iarach), Isle of Lewis. 6 miles (10km) from Stornoway on the Eye Peninsular. Coach parking by arrangement. Timetabled bus service from Stornoway. Open all year, Mon–Sat; visitors welcome any time (if no reply try house opposite). Free. Explanatory displays. Spanish spoken. Wheelchair access with assistance. Car parking. Telephone (01851) 870704.

A small gallery displaying the original work of four artists, in watercolour, oil, pastel, acrylic and liquid wax at modest prices.

---

147 BARNALINE WALKS 4 G13

Dalavich, on an unclassified road along west shore of Loch Awe. Access at all times. Free. Car parking.

Three walks starting from Barnaline car park and picnic site, taking in Dalavich Oakwood Forest Nature Reserve (an interpretive trail with information point), Avich Falls and Loch Avich. Panoramic views of Loch Awe.

---

148 BARNLUASGAN VISITOR CENTRE 4 F14

FE. Near Lochgilphead. Follow B841 towards Crinan then B8025 from Bellanoch towards Tayvallich. Barnluasgan visitor centre is at the junction of the road to Achnamara village. Access at all times. Free. Explanatory displays. Wheelchair access. Car parking. www.forestry.gov.uk

This unstaffed visitor centre provides information on Knapdale Forest with exhibits on local and natural history. See also 1072 Knapdale Forest.

---

149 BAROCHAN CROSS 6 J16

HS. In Paisley Abbey (see 1346), in the centre of Paisley. Nearest railway station Paisley Gilmour Street. For access see guide entry for Paisley Abbey. Free. Telephone 0131 668 8800. www.historic-scotland.gov.uk

A fine free-standing Celtic cross that formerly stood in Houston parish, west of Paisley.

---

150 BARON'S HAUGH RSPB NATURE RESERVE 6 K16

RSPB. By Motherwell, North Lanarkshire. Motherwell, Lanarkshire, off North Lodge Avenue. Nearest railway station Airbles (Motherwell), local bus services stop near reserve (Adele Street). Reserve open at all times. Free. Explanatory displays and scheduled events. Limited wheelchair access. Car and coach parking. Telephone (01505) 842663. www.rspb.org.uk/scotland

Baron's Haugh is an urban nature reserve with a variety of habitats: flooded meadow (or haugh), marshland, river, woodland and scrub. This rich mix is important for a wide variety of wildlife.

151 **J. M. BARRIE'S BIRTHPLACE AND CAMERA OBSCURA** **5 N12**

NTS. 9 Brechin Road, Kirriemuir, Angus. On A90/A926 in Kirriemuir, 6 miles (10km) north west of Forfar. By bus from Dundee. Open Apr–Sep, Mon–Sat 1100–1730, Sun 1330–1730; Oct, Sat 1100–1730, Sun 1330–1730. Charge £. Group concessions. Explanatory displays (information in Dutch, German, French, Italian, Spanish, Swedish and Japanese). Tearoom. WC. Induction loop, braille information sheets. Limited wheelchair access. Car and coach parking. Telephone (01575) 572646. www.nts.org.uk

Birthplace of J. M. Barrie, creator of Peter Pan. Exhibition about his work, with his first theatre – an outside wash-house – also on display. Camera Obscura, within the cricket pavillion on Kirrie Hill, presented to Kirriemuir by the author.

---

152 **BARRY MILL** **5 P13**

NTS. Barry, Carnoustie, Angus. North of Barry village between A92 and A930, 2 miles (3km) west of Carnoustie. By bus from Dundee or Arbroath (stop in Barry 0.5 mile from the Mill). Open Apr–Sep, daily 1100–1700; weekends in Oct. Charge £. Group concessions. Guided tours. Explanatory displays. Picnic area. Waymarked walks. WC. Wheelchair access. Disabled WC. Car and coach parking. Telephone (01241) 856761. www.nts.org.uk

A working 19th-century meal mill. Full demonstrations on weekend afternoons and by prior arrangement. Attractive country walk to mill lade.

---

153 **BARSALLOCH FORT** **4 J21**

HS. Off A747, 7.5 miles (12km) west north-west of Whithorn, Wigtownshire. Nearest railway station Stranraer, bus from Stranraer or Newton Stewart to Whithorn. Above Barsalloch Point, 0.75 mile (1km) west of Monreith. Car parking. Telephone 0131 668 8800. www.historic-scotland.gov.uk

Remains of an Iron Age hill fort on the edge of a raised beach bluff. Defended by a deep ditch in horseshoe form.

---

154 **BARWINNOCK HERBS** **4 H19**

Barrhill, Ayrshire. 12 miles (19km) north west of Newton Stewart, turning right off B7027 near Loch Maberry. Open Apr–Oct, daily 1000–1700. Free. Guided tours for groups by prior arrangement. Explanatory displays. Picnic area. Plant sales. Wheelchair access with assistance. Car and coach parking. Telephone (01465) 821338. www.barwinnock.com

A garden and nursery with a fascinating collection of culinary, medicinal and aromatic herbs. Also Rural Life exhibition describing herbs for healing and flavour, and the local countryside, its natural materials and wildlife.

---

155 **BASS ROCK** **5 P15**

Off North Berwick. Boat trips from North Berwick go round the Bass Rock. Telephone (01620) 892838 (boat trips) or (01620) 892197 (Tourist Information Centre). Car parking.

A massive 350-feet (106.5m) high rock whose many thousands of raucous sea birds include the third largest gannetry in the world.

---

156 **BAXTERS HIGHLAND VILLAGE** **3 N7**

Fochabers, Moray, Speyside. 1 mile (1.5km) west of Fochabers on the A96. Nearest railway stations Keith and Elgin. Local bus service. Open daily Jan–Mar, 1000–1700; Apr–Dec, 0900–1730. Free. Explanatory displays and audio-visual presentation, cooking demonstrations and tastings. Gift shop. Restaurant. Children's play area. WC. Wheelchair access (visitor centre only). Disabled WC. Car and coach parking. Telephone (01343) 820393. www.baxters.com/village

The Baxter family has been producing fine foods in the heart of Speyside since 1868. Baxters Highland Village allows the visitor to take a walk through history to see how the company has developed into the success it is today. Various shops.

---

157 **BAYANNE HOUSE** **1 G2**

Sellafirth, Yell. On A968, 1.5 miles (2.5km) south of Gutcher ferry terminal. Open all year, daily 0900–2100. Free. Guided tours. Explanatory displays. Gift shop. Coffee and biscuits available. Picnic area. WC. Wheelchair access. Car and coach parking. Telephone (01957) 744219. www.bayanne.co.uk

A purpose built workshop, on the beach at Basta Voe, providing facilities for visitors including internet micro-café, Shetland genealogy research, textile design, archaeological site and access to a working croft. Otters, seals, wading birds and wild flowers.

---

158 BEACON LEISURE CENTRE **6 M15**

Lammerlaws Road, Burntisland, Fife. 7 miles (11km) west of Kirkcaldy. Railway station at Burntisland. Open all year, daily. Charges dependent on activities. Café overlooking poolside/beach. Picnic area. WC. Wheelchair access. Disabled WC. Car and coach parking. Telephone (01592) 872211. www.thebeaconfife.com

The centre contains a 25m pool with waves. Also classes, fitness suite, health suite, and sunbed and relaxation area.

---

159 BEAULY PRIORY **3 J8**

HS. The Square, Beauly, Inverness-shire. On A9 in Beauly, 12 miles (19km) west of Inverness. Nearest railway and bus station Inverness, bus to Beauly. Open daily mid Jun–Sep, 0930–1830. Charge £. Group concessions. Guided tours. Gift shop. WC. Limited wheelchair access. Car parking. Telephone (01667) 460232. www.historic-scotland.gov.uk

Ruins of a Valliscaulian priory founded in about 1230, although much of the building was later reconstructed. Notable windows and window-arcading.

---

160 BEECRAIGS COUNTRY PARK **6 L15**

The Park Centre, Linlithgow, West Lothian. 2 miles (3km) south of Linlithgow. Nearest railway station Linlithgow; also bus from Edinburgh, Easter-Oct, Sun only. Open all year, daily. Park centre closed 25–26 Dec and 1–2 Jan. Free. Charge for activities. Ranger service Events programme. Explanatory displays. Gift shop. Restaurant and refreshments. Barbecues to hire. WC. Braille map of park. Wheelchair access to park centre. Disabled WC. Car and coach parking. Telephone (01506) 844516. www.beecraigs.com

Nestled high in the Bathgate hills, Beecraigs offers a wide range of leisure and recreational pursuits within its 915 acres (370ha). Archery, orienteering, fly-fishing, walks and trails. Trim course, play area, picnic areas, barbecue sites, fish farm, deer farm, caravan and camping site. Ranger service.

---

161 BEINN EIGHE NATIONAL NATURE RESERVE **2 G7**

South of Loch Maree near Kinlochewe, Ross and Cromarty. Visitor centre on A832, 1mile (1.5km) north west of Kinlochewe. Nearest railway station at Achnasheen. Limited bus service from Inverness. Nature reserve open at all times. Visitor centre open Easter–Oct, daily 1000–1700. Free. Picnic area. No dogs allowed in the reserve. Limited wheelchair access (easy access to visitor centre, three trails suitable for wheelchairs). Car parking. Telephone (01445) 760254. www.snh.org.uk

Britain's first National Nature Reserve, set up in 1951, and one of Scotland's most attractive mountain areas. The reserve includes rugged peaks and scree-covered slopes between Loch Maree and Glen Torridon, and the ancient pinewood west of Kinlochewe. Trails from the visitor centre include artworks and interpretation.

---

162 BELHAVEN BREWERY VISITOR CENTRE **5 P15**

Spott Road, Dunbar, East Lothian. Nearest railway station Dunbar, bus from Edinburgh. Tours available all year, morning and afternoon. Advance booking advised. Charge £. Group concessions. Guided tours. Explanatory displays. Gift shop. In-house bar and soft drinks available. WC. Wheelchair access with assistance. Disabled WC. Car and coach parking. Telephone (01368) 864488. www.belhaven.co.uk

Fascinating guided tour of the brewery and brewery process, ending with a sampling session in the in-house bar.

---

163 BELLA JANE BOAT TRIPS **2 E9**

Elgol, Isle of Skye. 15 miles (24km) from Broadford on B8083. Post bus from

Broadford twice a day, Mon-Fri. Sailings Apr–mid Oct daily. Nov–Mar by arrangement. Booking essential, telephone between 0730–1000 or visit website. Charge £££. Group concessions. Guided tours. Refreshments on trip. Binoculars and water capes provided. WC. Wheelchair access with assistance (by prior arrangement). Car and coach parking. Telephone (0800) 7313089. www.bellajane.co.uk

Bella Jane runs a three-hour trip from Elgol which sails to Loch Coruisk in the Cuillin Mountains, pausing to see a seal colony then landing ashore. Hot drinks and shortbread on the return journey. Knowledgeable skipper and crew. Award-winning. Also day excursions aboard *AquaXplorer* to the magical Isles of Rum and Canna.

---

164 BELWADE FARM 3 P10

Aboyne, Aberdeenshire. Between Kincardine O'Neil and Aboyne. Follow brown tourist signs on A93. Open all year, Wed, Sat, Sun and Bank Holidays 1100–16000. Free. Guided tours. Explanatory displays. Gift shop. Picnic area. WC. Limited wheelchair access. Car and coach parking. Telephone (01339) 887176. www.ilph.org

A recovery and rehabilitation centre for rescued horses and ponies, set in stunning Deeside. Meet the horses during a guided tour of the stables and close paddocks. For the more adventurous, there are longer walks through woodland and over the hills. Bring a picnic and enjoy the views.

---

165 BELWOOD TREES 5 N12

Belwood Trees, Brigton of Ruthven, Meigle, Perthshire. On A926 between Blairgowrie and Kirriemuir. Open all year, Mon–Sat 1000–1600. Free. Guided tours. Picnic area. WC. Limited wheelchair access. Disabled WC. Car parking. Telephone (01828) 640219. www.belwoodtrees.co.uk

Britains leading large tree specialist with over 250 varieties of semi-mature trees, conifers and specimen shrubs.

---

166 BEN AIGAN CYCLE TRAILS 3 N8

FE. Off A95, 1.5 miles (2km) south of Mulben to eastern end (car park); or from north of Craigellachie, follow the Speyside Way via Arndilly to western end (no car park). Open all year except when timber harvesting – contact District Office. Free. Explanatory displays at car park. Leaflet available. Car parking. Telephone (01343) 820223. www.forestry.gov.uk

Two forest mountain bike trails giving excellent views over the winding River Spey. Colour-coded routes: the red trail of 4.5 miles (7km) follows part of the Speyside Way, the blue trail of 6 miles (10km) covers demanding terrain.

---

167 BEN LAWERS 5 K12

NTS. Off A827, 6 miles (9.5km) north east of Killin. Office at Lynedoch, Main Street, Killin, Perthshire. Visitor centre open Apr–Sep, daily 1000–1700. Charge for audio-visual programme £ (honesty box). Explanatory displays, special audio-visual programme for children. Guided walks by rangers, nature trails. WC. Induction loop. Wheelchair access to visitor centre. Disabled WC. Car and coach parking. Telephone (01567) 820397. www.nts.org.uk

Perthshire's highest mountain (3984 feet/1214m) with views from the Atlantic to the North Sea. Noted for the rich variety of mountain plants and the bird population – birds include raven, ring-ouzel, red grouse, ptarmigan, dipper and curlew. Nature trail. Extensive information on site at the visitor centre. Ranger service.

---

168 BEN LOMOND 4 J14

NTS. Ardess Lodge, Rowardennan, by Drymen, Stirlingshire. By B837, 11 miles (17.5km) beyond Drymen off A811. By bus from Glasgow to Drymen, then to Balmaha. Open all year. Free. Explanatory displays. Guided walks by rangers. WC. Car and coach parking. Telephone (01360) 870224. www.nts.org.uk

Rising from the east shore of Loch Lomond to 3194 feet (973.5m), the mountain offers exhilarating walking and spectacular views. It is part of the Ben Lomond National Memorial

Park commemorating war dead. See also 1131 Loch Lomond, 1132 Loch Lomond National Park, 1161 Lomond Shores and 1184 Maid of the Loch.

---

169 **BEN NEVIS** **2 H11**

2 miles (3km) from Fort William.

Britain's highest (4406 feet/1344m) and most popular mountain for both rock climber and hill walker. It is best seen from the north approach to Fort William, or from the Gairlochy Road, across the Caledonian Canal (see 287).

---

170 **BEN NEVIS DISTILLERY VISITOR CENTRE** **2 H11**

Lochy Bridge, Fort William. On the A82, 2 miles (3km) north of Fort William. Nearest railway station Fort William, bus from Fort William. Open all year Mon–Fri 0900–1700; Jul and Aug closes at 1930, also open Sun 1200–1600. Easter–Oct, Sat 1000–1600; large groups book in advance. Charge £. Admission refunded upon certain whisky purchases. Guided tours (leaflets in French, German and Italian). Explanatory displays. Gift shop. Tearoom. WC. Guide dogs welcome in visitor centre. Limited wheelchair access. Disabled WC. Car and coach parking. Telephone (01397) 702476. www.bennevis.co.uk

Visitors can tour distillery and taste the famous whisky, the Dew of Ben Nevis. Exhibition and video programme. Award-winning whiskies available.

---

171 **BEN NEVIS WOOLLEN MILL** **2 H11**

Belford Road, Fort William, Inverness-shire. 0.5 mile (1km) outside Fort William town centre at entrance to Glen Nevis. Railway station in town centre, regular bus service. Apr–Oct, daily 0900–1730; Nov–Mar, daily 1000–1600. Free. Gift shop. Restaurant. WC. Wheelchair access. Disabled WC. Car and coach parking. Telephone (01397) 704244. www.ewm.co.uk

At the end of the West Highland Way, Ben Nevis Woollen Mill stocks fleeces, waterproofs and accessories. Also knitwear, tweeds and Scottish gifts. Whisky shop and daily tastings.

---

172 **BEN WYVIS** **3 J7**

Off A835, 15 miles (24km) west of Inverness. Nearest railway station at Garve (4 miles/6.5km). On bus route between Inverness and Ullapool. Car park on A835. Access at all times. Free. Telephone 01349 865333 (Scottish Natural Heritage). www.snh.org.uk

Nature reserve. The great whaleback of Ben Wyvis, covered in a carpet of woolly hair moss, is one of the highest mountains in Easter Ross. It is home to many interesting plants and animals, including red and roe deer, pine marten and golden eagle. The lower slopes support dwarf shrub heath and boglands with plants like dwarf birch, cloudberry and dwarf cornel. Footpath through the forest onto reserve is signposted from car park.

---

173 **BENMORE BOTANIC GARDEN** **4 H15**

Benmore, Dunoon, Argyll. 7 miles (11km) north of Dunoon, on A815. Bus from Dunoon. Open Mar–Oct, daily from 1000; Mar and Oct closes 1700; Apr–Sep closes 1800. Charge £. Group concessions. Guided tours Tue–Thu and Sun 1400. Explanatory displays. Gift shop. Licensed café with indoor and outdoor seating. Exhibitions and events. WC. Limited wheelchair access. Disabled WC. Car and coach parking. Telephone (01369) 706261. www.rbge.org.uk

Some of Britain's tallest trees can be found here, as can over 250 species of rhododendrons and an extensive magnolia collection. Other features include an avenue of giant redwoods planted in 1863, a formal garden, and a variety of waymarked trails. Benmore Botanic Garden is a regional garden of the Royal Botanic Garden Edinburgh (see 663). See also 1410 Puck's Glen.

---

174 **BENNACHIE CENTRE** **3 Q9**

F.E. Esson's Car Park, Chapel of Garioch, Inverurie. Off A96 on a minor road, approx 2 miles (3km) south of Chapel of Garioch. Nearest bus and railway stations Inverurie. Open Apr–Sep, Tue–Sun 1030–1700; Oct–Mar, Tue–Sun 0930–1600 (closed every Mon except public holidays). Free. Explanatory displays and leaflets. Gift shop. Snacks available. Picnic area. WC. Wheelchair access. Disabled WC. Car and coach parking. Telephone (01467) 681470. www.forestry.gov.uk

The centre describes the local social and natural history through visual displays, CD-Rom presentations and video. A wide range of activities take place throughout the year, including guided walks, bat and bird box building, fungal forays and classes for beginners on painting, bodging, drystone dyke building and other countryside skills. Plenty of walks up and around the Bennachie Hills.

---

175 BENNIE MUSEUM 6 L15

9-11 Mansefield Street, Bathgate, West Lothian. 3 miles (5km) east of Livingston off M8. Nearest railway station Bathgate. Bus service from Edinburgh. Open Apr–Sep, Mon–Sat 1000–1600; Oct–Mar, Mon–Sat 1100–1530. Closed Christmas and New Year. Free. Guided tours on request. Gift shop. WC. Limited wheelchair access. Disabled WC. Car parking. Telephone (01506) 634944. www.benniemuseum.homestead.com

Local heritage museum with almost 5000 artefacts illustrating the social, industrial, religious and military history of Bathgate, a former burgh town. Displays of postcards and photographs from the 1890s onwards. Fossils, Roman glass and coins, relics from Prince Charles Edward Stuart and the Napoleonic Wars.

---

176 BENROMACH DISTILLERY 3 M7

Invererne Road, Forres, Moray. Off A96, 0.33 mile (0.5km) on north side of Forres bypass. Nearest railway station Forres. Open Apr–Sep, Mon–Sat 0930–1700, also Jun–Aug, Sun 1200–1600; Oct–Mar, Mon–Fri 1000–1600. Closed Christmas and New Year. Charge £. Children free. Group concessions. Guided tours. Last tour 1 hour before closing. Leaflets available in French, German, Spanish, Italian and Japanese. Explanatory displays. Gift shop. Picnic area. Children's toys. WC. Limited wheelchair access. Disabled WC. Car and coach parking. Telephone (01309) 675968. www.benromach.com

Benromach Distillery and Malt Whisky Centre is Moray's smallest distillery, re-opened by Prince Charles in 1998. The attractive wood panelled malt whisky centre, sited in the former drier house, describes 100 years of history and tradition in whisky making.

---

177 BERNERA MUSEUM 2 F9

Bernera, Lewis. On B8059, 2 miles (3km) from Bernera Bridge. Bus on request to local operator (01851) 612224 or 612350. Open Jun–early Sep, Tue–Sat 1200–1600. Charge £. Group concessions. Explanatory displays. Café. Children's play area. WC. Wheelchair access. Disabled WC. Car and coach parking. Telephone (01851) 612331.

Opened in 1995 as part of a community centre, the museum displays information on genealogy, archaeology and historical sites, also archives, old photographs and a lobster fishing exhibition in summer.

---

178 BEVERIDGE PARK 6 N14

Kirkcaldy, Fife. Close to the town centre off Abbotshall Road. Nearest railway station Kirkcaldy. Open all year. Free. Children's play area. Car and coach parking. www.thebeveridgepark.com

Public park with woodland and formal gardens and extensive leisure facilities. Rowing boat hire, crazy golf, bowling, miniature railway, pets' corner and football, rugby and hockey pitches.

---

179 BIBLICAL GARDEN 3 M7

King Street, Elgin, Moray. At Cooper Park in Elgin by the cathedral. Bus and railway station in Elgin. Open daily, May–Sep 1000–1930. Free. Explanatory displays. Wheelchair access. Car and coach parking.

A 3 acre (1.2ha) garden created using the Bible as a reference. A desert area depicts Mount Sinai and the cave of resurrection and there is an area of marsh contained with the garden. An impressive central walkway is laid in the shape of a Celtic cross. Planted with every species of plant mentioned in the Bible. Also life-size statues depicting various parables.

---

180 BIG BURN WALK — 3 L5

Start point of walk in Golspie, Sutherland.

One of the finest woodland walks in Sutherland. The extensive and well-maintained paths cross the burn by a series of bridges and allow access up to a waterfall.

---

181 THE BIG IDEA — 6 H17

The Harbourside, Irvine, Ayrshire. Nearest railway station Irvine, then 1 mile (1.5km) walk. Open Mar–Oct, Mon–Fri 1000–1700, Sat and Sun 1000–1800. Charge £££. Children under 5 free. Group concessions by arrangement. Explanatory displays and guidance. Gift shop. Café. Baby changing facilities. Children's play area. WC. Induction loop in auditorium. Wheelchair access. Disabled WC. Car and coach parking. Telephone Customer information line 08708 404030. www.bigidea.org.uk

The world's first centre devoted to invention and discovery. Take a mind-blowing journey through the history of inventions with over 30,000 square feet (9144 square metres) of attractions to explore. Experience a ride through the history of explosions, interact with exhibits through unique technology and the inventors workshop. Please telephone to confirm opening.

---

182 BIGGAR GASWORKS MUSEUM — 5 M17

HS. On the A702 in Biggar, Lanarkshire. Nearest railway station Lanark, bus from Lanark and Edinburgh. Open daily, Jun–Sep 1400–1700. Charge £. Group concessions. Guided tours. Explanatory displays. Picnic area. WC. Wheelchair access with assistance. Car parking. Telephone (01899) 221050. www.historic-scotland.gov.uk

Typical of a small town coal-gas works, the only surviving example in Scotland (dates from 1839). Managed by the Biggar Museum Trust.

---

183 BIGGAR KIRK — 5 M17

High Street, Biggar, Lanarkshire. In the centre of Biggar, 28 miles (45km) south west of Edinburgh, 12 miles (19km) east of M74 junction 13. Nearest railway station Lanark, bus service from Lanark and Edinburgh. Open daily during summer months. Free. Explanatory displays. Induction loop for church services. Car parking. Telephone (01899) 220227.

Cruciform 16th-century church with fine examples of modern stained glass.

---

184 BIRKHILL FIRECLAY MINE — 6 L15

3 miles (5km) west of Bo'ness. Accessed by the Bo'ness and Kinneil Railway, no bus service. Open Apr–Jun and Sep–Oct, weekends; Jul–Aug, daily except Mon; telephone for other opening. Charge £. Joint ticket with Bo'ness and Kinneil Railway available. Group concessions. Guided tours. Explanatory displays. Picnic area. WC. No guide dogs. Car parking. Telephone (01506) 825855. www.srps.org.uk

The caverns of Birkhill Fireclay Mine are set in the picturesque Avon Gorge. A mine guide takes visitors on a tour of the mine workings where you can discover how fireclay was mined. There are also fossils which are over 300 million years old. The mine can only be reached by descending 130 steps into the Avon Gorge so access for the disabled and elderly is difficult. See also 208 Bo'ness and Kinneil Railway.

---

185 BIRKS OF ABERFELDY — 5 L12

Crieff Road, Aberfeldy. Short walk from the centre of Aberfeldy. Access at all reasonable times. Free. Guided tours by arrangement with ranger service.

Explanatory displays (on-site panel), leaflet available. Picnic area. WC nearby in Aberfeldy. Limited wheelchair access. Car parking.

Robert Burns wrote *The Birks of Aberfeldy* here in 1878. The birks (Scots for birch trees) still cloak the steep slopes of the Moness gorge, along with oak, ash and elm. A narrow path climbs to a bridge directly above the Falls of Moness, providing spectacular views.

---

186 BIRNAM OAK **5 M12**

Close to the centre of Birnam. Access at all reasonable times. Free.

An ancient tree believed to be the last surviving remnant of Birnam Wood, the great oak forest made famous in Shakespear's *Macbeth*. The tree's lower branches are supported on crutches and the first 10 feet (3 metres) of its trunk are hollow.

---

187 BISHOP'S AND EARL'S PALACES **1 B10**

HS. Watergate, Kirkwall, Orkney. In Kirkwall. Open Apr–Oct, daily 0930–1830. Charge £. Group concessions. Guided tours. Explanatory displays. Gift shop. Telephone (01856) 875461. www.historic-scotland.gov.uk

The Bishop's Palace is a 12th-century hall house, later much altered with a round tower built by Bishop Reid between 1541 and 1548. A later addition was made by the notorious Patrick Stewart, Earl of Orkney, who built the adjacent Earl's Palace between 1600 and 1607 in a splendid Renaissance style.

---

188 BISHOP'S GLEN **6 H15**

Dunoon, main entrance Nelson Street.

Once the source of Dunoon's water supply, now a favoured beauty spot and delightful walk leading to the Bishop's Seat, 1655ft (504m).

---

189 BLACK HILL **6 L17**

NTS. South Lanarkshire. Off B7018 between Kirkfieldbank and Lesmahagow, 3 miles (5km) west of Lanark. Open all year. Free. Explanatory displays. www.nts.org.uk

This is the site of a Bronze Age burial cairn, Iron Age hill fort, and outlook point over the Clyde Valley.

---

190 BLACK HOUSE **2 D3**

HS. 42 Arnol, Barvas, Isle of Lewis. At Arnol, on the A858. 15 miles (24km) north west of Stornoway. Ferry from Ullapool to Stornoway, bus from Stornoway. Open Apr–Sep, Mon–Sat 0930–1830; Oct–Mar, Mon–Thu and Sat 0930–1630. Charge £. Group concessions. Guided tours. Explanatory displays. Gift shop. WC. Limited wheelchair access. Car and coach parking. Telephone (01851) 710395. www.historic-scotland.gov.uk

A traditional Hebridean thatched house with byre, attached barn and stackyard, complete and furnished.

---

191 BLACK ISLE WILDLIFE AND COUNTRY PARK **3 K7**

Drumsmittal, North Kessock, by Inverness. North of Inverness off A9, take first junction right after Kessock bridge to Drumsmittal, park is 1.5 miles (2.5 km) on left. Nearest railway station Inverness; bus from Inverness to North Kessock. Open Apr–Oct, Mon–Sun 1000–1800. Last admission 1700. Charge £. Group concessions. Gift shop. Tearoom. WC. Wheelchair access with assistance. Disabled WC. Car and coach parking. Telephone (01463) 731656.

Ducks, geese, swans, goats, rabbits, pigs, llamas, wallabies, zebras, lemurs, meerkats, racoons, snakes, deer, sheep and cattle. Train rides and children's play area.

---

192 BLACK SPOUT WOOD, PITLOCHRY **5 L12**

Perth Road, Pitlochry. South of Pitlochry town centre off the A924. Nearest railway station Pitlochry, buses from Perth or Inverness. Access at all reasonable times. Free. Guided tours by arrangement with ranger service. Explanatory displays (on-site panel). Picnic area. WC nearby. Car parking.

Attractive oak woodland deriving its name from the spectacular waterfall, the Black Spout. The wood forms part of the Pitlochry walks system.

---

193 BLACK WATCH MONUMENT **5 L12**

Taybridge Drive, Aberfeldy. In Aberfeldy, 10 miles (16km) west of A9 at Ballinluig. Nearest railway station Pitlochry, local bus service. Free. WC. Wheelchair access. Disabled WC. Car parking.

A cairn surmounted by a statue of Private Farquhar Shaw dressed in the original uniform of the Black Watch Regiment. The monument was unveiled in 1887 by the Marquess of Breadalbane to commemorate the first muster of the regiment in May 1740. The muster took place on the north bank of the Tay, on what is now part of the golf course.

---

194 BLACKFRIARS CHAPEL **5 P13**

HS. In South Street, St Andrews, Fife. Nearest railway station Leuchars 4 miles (6.5km), connecting bus to St Andrews. Buses from Dundee and Edinburgh. Access at all times. Free. Telephone 0131 668 8800. www.historic-scotland.gov.uk

The vaulted side apse of a church of Dominican friars. Rebuilt about 1516.

---

195 BLACKHALL ROMAN CAMPS **5 L14**

HS. Ardoch. 0.5 mile (1km) north of Braco, Perthshire. Nearest railway station Dunblane, bus from Dunblane to Braco (ask driver for Ardoch Roman Fort). Access at all times. Free. Telephone 0131 668 8800. www.historic-scotland.gov.uk

Parts of the defences of two Roman marching camps, probably dating from the early 3rd century AD.

---

196 BLACKHAMMER CAIRN **1 B10**

HS. North of the B9064 on the south coast of the island of Rousay, Orkney. Bus from Kirkwall to Tingwall then ferry to Rousay. Access all year. Free. Telephone (01856) 751360. www.historic-scotland.gov.uk

A long Neolithic cairn bounded by a retaining wall with a megalithic burial chamber divided into seven compartments.

---

197 BLACKNESS CASTLE **6 M15**

HS. Blackness, West Lothian. On the B903, 4 miles (6.5km) north east of Linlithgow, West Lothian. Nearest railway station Linlithgow, buses from Bo'ness and Linlithgow to Blackness. Open Apr–Sep, daily 0930–1830; Oct–Mar, Mon–Sat 0930–1630 (except Thu pm and Fri), Sun 1400–1630. Charge £. Group concessions. Explanatory displays. Gift shop. Picnic area. WC. Car parking. Telephone (01506) 834807. www.historic-scotland.gov.uk

A 15th-century stronghold, once one of the most important fortresses in Scotland and one of the four castles which the Articles of Union left fortified. A state prison in Covenanting times; a powder magazine in the 1870s. More recently, for a period, a youth hostel.

---

198 BLADNOCH DISTILLERY **4 J20**

Bladnoch, Wigtown, Dumfries and Galloway. 1 mile (1.5km) south west of Wigtown on A746. Open Mar–Nov, Mon–Fri 1000–1700. Charge £. Children free of charge. Guided tours. Explanatory displays. Gift shop. Tearoom and picnic areas. WC. Riverside walks adapted for wheelchairs. Limited wheelchair access. Car and coach parking. Telephone (01988) 402605. www.bladnoch.co.uk

Scotland's most southerly distillery and visitor centre. The distillery is an attractive old stone/slate building dating from 1817 set in a charming location adjacent to the River Bladnoch with fishing, canoeing and camping nearby.

199 BLAIR ATHOL DISTILLERY 5 L12

Perth Road, Pitlochry, Perthshire. 1 mile (1.5km) south of Pitlochry town centre on A924. Pitlochry railway station 1.5 miles (2.5km), bus service. Open Apr–Sep, Mon–Sat 0900–1700, Jun–Sep also Sun 1200–1700; Oct, Mon–Fri 1000–1700; Nov–Mar, Mon–Fri 1100–1600. Last tour 1 hour before closing. Charge ££. Group concessions by arrangement. Guided tours. Explanatory displays. Gift shop. Banqueting suite available for private parties. WC. Wheelchair access to shop only. Disabled WC. Car and coach parking. Telephone (01796) 482003.

Established in 1798 in the popular Highland resort of Pitlochry, Blair Athol distillery is the home of Bell's 8 Year Old Extra Special, the biggest selling blended whisky in the UK. Exhibition.

---

200 BLAIR CASTLE 3 L11

Blair Atholl, Pitlochry, Perthshire. 7 miles (11km) north of Pitlochry off A9. Railway station 874 yards (800m), bus stop 765 yards (700m). Open 1 Apr or Easter (whichever is earlier) to last Friday in Oct, daily 1000–1800, last entry at 1700. Charge £££. Group concessions. Guided tours for groups. Explanatory displays. Gift shop. Licenced restaurant, tearoom and picnic areas. Children's play area. WC. Wheelchair access to ground floor and facilities only. Disabled WC. Car and coach parking. Telephone (01796) 481207. www.blair-castle.co.uk

A white turreted baronial castle, the ancient seat of the Dukes and Earls of Atholl. The oldest part, Cumming's Tower, dates back to 1269. Visited by Mary, Queen of Scots, Prince Charles Edward Stewart and Queen Victoria. The last castle in Britain to be besieged (1746). The present Duke of Atholl maintains the only private army in Europe – the Atholl Highlanders. Fine collections of furniture, portraits, lace, china, arms, armour, Jacobite relics and Masonic regalia. Deer park, pony trekking, caravan park, woodland, riverside and mountain walks. Admission to grounds allows access to the 18th-century walled garden restoration project.

---

201 BLAIR DRUMMOND SAFARI AND ADVENTURE PARK 5 K14

Blair Drummond, Stirling. 4 miles (6.5km) towards Doune on A84, take junction 10 off M9. Nearest railway and bus stations Stirling. There is transport around the park for visitors without vehicles. Open Apr–Oct, daily 1000–1730, last admission 1630. Telephone to confirm details. Charge £££. Children under 3 free. Group concessions. Explanatory displays, guide books with maps. Gift shop. Restaurant, bar, picnic and barbecue areas. WC. Wheelchair access. Disabled WC. Car and coach parking. Telephone (01786) 841456. www.safari-park.co.uk

Drive through wild animal reserves, boat safari around chimpanzee island, pets' farm, adventure playground. Giant astraglide and flying-fox cable slide across lake. Five-seater pedal boats. Amusement arcade, bouncy castle, dodgem cars.

---

202 BLAIRQUHAN 4 J18

Blairquhan Estate Office, Maybole, Ayrshire. 14 miles (22.5km) south east of Ayr. Bus service from Maybole (7 miles/11km) and Ayr. Open mid Jul–mid Aug, daily (except Mon) 1400–1700, last entry 1645 (telephone to confirm dates). Gardens open 1400–1800. Charge ££. Group concessions in advance. Guided tours available (also in French). Explanatory displays. Gift shop. Tearoom. Garden. WC. Limited wheelchair access. Disabled WC. Car and coach parking. Telephone (01655) 770239. www.blairquhan.co.uk

Four families have lived at Blairquhan. The first tower-house was built in 1346. The new house was designed and built by the Scottish architect William Burn between 1821 and 1824. Walled garden with original glasshouse. Pinetum. Sir James Hunter Blair's Collection of Scottish Colourists.

---

203 THE BLAIRS MUSEUM 3 Q10

South Deeside Road, Aberdeenshire. 5 miles (8km) south west of Aberdeen on B9077. Telephone for details of opening times and admission charges. Group concessions. Guided tours by prior arrangement. Limited wheelchair access. Car parking. Telephone (01224) 863767.

Roman Catholic school and seminary founded in 1829. The school closed in 1986 but is still home to an internationally renowned collection of fine and decorative art, embroidered vestments and church plate. Also objects and paintings relating to the Stewarts and Mary, Queen of Scots.

---

204 BOATH DOOCOT 3 L7

NTS. Auldearn, Nairn, Highland. 2 miles (3km) east of Nairn, off A96. Nearest railway station Nairn. Open all year. Charge £ (honesty box). Explanatory displays. www.nts.org.uk

A 17th-century doocot on the site of an ancient motte. Montrose defeated the Covenanters nearby in 1645; battle-plan on display.

---

205 BOD OF GREMISTA 1 G5

Gremista, Lerwick, Shetland. 1.5 miles (2.5km) north of Lerwick town centre. Open Jun–Sep, Wed–Sun 1000–1300 and 1400–1700. Free. Guided tours. Explanatory displays. WC. Limited wheelchair access. Car and coach parking. Telephone (01595) 694386.

A restored 18th-century fishing booth, the birthplace of local shipowner and politician Arthur Anderson. Displays tell the story of Anderson's life and service to Shetland, and of the fisheries 200 years ago. Also recreated room interiors of the kitchen and bedroom, including many original objects such as furniture, models, utensils, fishing gear and paintings.

---

206 BOLFRACKS GARDEN 5 L12

Aberfeldy, Perthshire. 2 miles (3km) west of Aberfeldy on A827. Nearest railway station Pitlochry, buses to Aberfeldy. Open Apr–Oct, daily 1000–1800. Charge £. Under 16s free. No dogs please. Guided tours by appointment. WC. Car and coach parking. Telephone (01887) 820207.

A garden overlooking the Tay Valley with spectacular views. A wide range of trees, plants, shrubs, perennials and bulbs. Specialities are rhododendrons, mecanopsis, old and rambling roses, all contained within a walled garden and a less formal wooded garden with stream.

---

207 BONAWE IRON FURNACE 4 G13

HS. Taynuilt, Argyll. At Bonawe, close to Taynuilt on the A85, 12 miles (19km) east of Oban. Nearest railway station Taynuilt, bus to Oban via Taynuilt then 15 minute walk. Open Apr–Sep, Mon–Sat 0930–1830, Sun 1400–1830. Charge £. School parties free. Group concessions. Guided tours (leaflets in French and German). Explanatory displays. Gift shop. Picnic area. WC. Limited wheelchair access. Disabled WC. Car parking. Telephone (01866) 822432. www.historic-scotland.gov.uk

The restored remains of a charcoal furnace for iron smelting. Established in 1753, it functioned until 1876. The most complete example of its type. Displays illustrate how iron was made here.

---

208 BO'NESS AND KINNEIL RAILWAY 6 L15

Bo'ness Station, Bo'ness. On A904 and A706. Buses from Edinburgh, Glasgow and Falkirk, nearest railway station Linlithgow. Open Apr–Oct (weekends) and Jul–Aug daily except Monday; exhibition 1130–1700, steam train journeys between 1100 and 1615. Charge ££. Children under 5 free (except for special events). Group concessions. Explanatory displays. Gift shop. Tearoom and picnic area. WC. Wheelchair access and adapted coach for wheelchair users and companions. Disabled WC. Car and coach parking. Telephone (01506) 822298. www.srps.org.uk

Savour the nostalgia of the railway age and travel by steam train from Bo'ness to visit the man-made caverns of Birkhill Fireclay Mine (see 184). Also at Bo'ness the Scottish Railway exhibition tells the story of the movement of goods and people in the days before motorway travel, with a display of carriages, wagons and locomotives, some over 100 years old.

209 BONHARD NURSERY 5 M13

Murrayshall Road, Scone, Perth. 2 miles (3km) north east of Perth, just off A94. Coach parking by arrangement. Open all year, daily 0900–1700. Free. Coffee shop. WC. Wheelchair access. Disabled WC. Car parking. Telephone (01738) 552791.

The nursery is set within a Victorian walled garden with the original glasshouses still housing productive grape vines. There is a vast range of trees, shrubs, heathers, alpines and herbaceous plants, many of which can be seen in the display borders.

210 BONHOGA GALLERY 1 G4

Weisdale, Shetland. 12 miles (19km) west of Lerwick. Bus service from Lerwick and Westside. Open all year, Tue–Sat 1030–1630, Sun 1200–1630. Free. Guided tours. Gift shop. Café. WC. Wheelchair access. Disabled WC. Car and coach parking. Telephone (01595) 830400.

Bonhoga Gallery displays local, national and international art and craft exhibitions. Plus the Shetland Textile Working Museum. Café in conservatory overlooking the Weisdale Burn.

211 BORDER FINE ARTS GALLERY 5 N19

Market Place, Langholm, Dumfriesshire. 20 miles (32km) north of Carlisle, 7 miles (11km) from the Border. Nearest railway station Carlisle. On main A7 Edinburgh bus route. Open all year, Mon–Fri 0900–1700, Sat 1000–1600; Easter–Christmas also Sun 1100–1600. Free. Explanatory displays. Gift shop. Wheelchair access. Car parking. Telephone (01387) 383033.

Border Fine Arts have been producing high quality ceramic figurines for over twenty-five years and have many collectors throughout the world. Visitors can see an extensive display of long-retired sculptures which collectors find enthralling.

212 BORGH POTTERY 2 D3

Fivepenny House, Borgh, Isle of Lewis. On A857 to Ness, 18 miles (29km) from Stornoway. Local bus service. Open all year, Mon–Sat 0930–1800. Free. Guided tours by request. Gift shop. Picnic area. Wheelchair access with assistance. Car and coach parking. Telephone (01851) 850345. www.borghpottery.com

Established in 1974, for the production of hand thrown stoneware. The glazes are mixed from raw materials, ensuring the individuality of each piece. As well as pottery, the showroom displays a range of gifts, including Celtic patterned knitwear, jewellery, cards and wallhangings, candles and soaps. The pottery is set in an attractive garden and visitors are welcome to walk around (fishpond – children must be supervised at all times).

213 BORRERAIG PARK 2 C7

Dunvegan, Isle of Skye. 8 miles (13km) north west of Dunvegan on the Glendale Visitor Route. Open all year, daily 1000–1800. Charge £. Group concessions. Guided tours. Explanatory displays. Gift shop. WC. Wheelchair access. Disabled WC. Car and coach parking. Telephone (01470) 511311.

A local history museum incorporating the history of the McCrimmon Pipers and bagpiping in general. Craft shop selling the work of many local artisans, local wool and knitwear; also bagpipes and accessories, music and CDs.

214 BOTHWELL CASTLE 6 K16

HS. Uddingston, near Glasgow. At Uddingston off the B7071, 7 miles (11km) south east of Glasgow. Nearest railway station Uddingston, bus from Glasgow or Hamilton. Open Apr–Sep, daily 0930–1830; Oct–Mar, Mon–Sat (except Thu pm and Fri) 0930–1630, Sun 1400–1630. Charge £. Group concessions. Guided tours. Explanatory displays. Gift shop. WC. Limited wheelchair access. Car and coach parking. Telephone (01698) 816894. www.historic-scotland.gov.uk

In a picturesque setting above the Clyde valley, the largest and finest 13th-century stone castle in Scotland. Much fought over during the Wars of Independence. Most of the castle dates from the 14th and 15th centuries.

215 BOTHWELL PARISH CHURCH 6 K16

Main Street, Bothwell. On B7071 in centre of Bothwell, 2 miles (3km) from Hamilton. Nearest railway station at Uddingston (1.5 miles/2.5km). Local bus service. Open May–Sep, Mon–Fri 1030–1230 and 1400–1600. Free. Explanatory displays. Gift shop. Wheelchair access with assistance. Car parking. Telephone (01698) 853189.

The oldest collegiate church in Scotland. Choir built in 1398 with stone vaulted roof and knave built in 1833.

---

216 BOWHILL HOUSE AND COUNTRY PARK 5 N17

Bowhill, Selkirk. 3 miles (5km) west of Selkirk on A708. Nearest bus at Selkirk. Park open Easter-Aug, daily (except Fri) 1200–1700; house and park open Jul 1300-1630. Also open all year for educational groups by appointment. Charge ££. Free to wheelchair users. Group concessions. Guided tours. Explanatory displays. Gift shop. Licensed restaurant, tearoom and picnic area. Garden. WC. Personal guided tours for blind visitors. Wheelchair access. Disabled WC. Car and coach parking. Telephone (01750) 22204.

For many generations Bowhill has been the Border home of the Scotts of Buccleuch. Inside the house, begun in 1812, there is an outstanding collection of pictures, including works by Van Dyck, Reynolds, Gainsborough, Canaletto, Guardi, Claude Lorraine, Raeburn. There is also a selection of the world-famous Buccleuch collection of portrait miniatures. Also porcelain and furniture, much of which was made in the famous workshop of André Boulle in Paris. Restored Victorian kitchen. In the grounds are an adventure woodland play area, loch, river and woodland walks. Audio-visual presentation, theatre and visitor centre. The popular visitor attraction featuring the life and work of James Hogg, the Ettrick Shepherd, is now installed at Bowhill. Accompanying the story of James Hogg are memorabilia, books, paintings and Ann Carrick's exquisite costume figures.

---

217 BOWMORE DISTILLERY VISITOR CENTRE 4 D16

School Street, Bowmore, Isle of Islay. Bus service to Bowmore from ferry terminals and airport. Open May–Sep, Mon–Fri, guided tours at 1030, 1130, 1400 and 1500, Sat 1030, closed Sun; Oct–Apr, Mon–Fri 1030 and 1400. Charge £. Under 18s free. Group concessions. Guided tours (foreign language video). Explanatory displays. Gift shop. Visitors receive a dram of whisky. WC. Wheelchair access. Disabled WC. Car and coach parking. Telephone (01496) 810671. www.morrisonbowmore.co.uk

Malt whisky distillery, licensed since 1779 with guided tours explaining the process of whisky making. Traditional floor maltings are a major feature. Across the entrance yard, a former warehouse, gifted to the local community, is now a swimming pool heated by waste energy from the distillery.

---

218 BRACKLINN FALLS 5 K14

1 mile (2km) east of Callander. Follow minor road from Callander, signposted Bracklinn Falls/Golf Course. Bus to Callander. Access at all times. Free. Car parking.

A series of dramatic waterfalls on the Keltie Water to the north east of Callander. The falls are approached along a woodland walk from a car park by the Callander Crags at Callander. Take care as ground can be muddy and slippery.

---

219 BRAEMAR CASTLE 3 M10

Braemar, Aberdeenshire. 0.5 mile (1km) north east of Braemar on A93. Daily bus service from Aberdeen to Braemar. Special transport available from two local hotels, Fife Arms and Invercauld Arms. Open Apr–Oct, Sat–Thu 1000–1800; Jul, Aug also Fri. Charge ££. Group concessions. Guided tours. Explanatory sheets (available in French, German, Italian and Spanish). Gift shop. Refreshments and picnic area. WC. Car and coach parking. Telephone (013397) 41219. www.braemarcastle.co.uk

A turreted stronghold, built in 1628 by the Earl of Mar, Braemar Castle was burned in 1689 by the Black Colonel (John Farquharson of Inverey). Repaired by the Government after the 1745 Rising, it was garrisoned by Hanoverian troops. Later transformed into a private residence by the Farquharsons of Invercauld who had purchased it in 1732. L-plan with a central round tower and spiral stair. Barrel vaulted ceilings, massive iron gate (yett), underground prison. Star-shaped defensive curtain wall. Fully furnished residence.

---

220 BRAEMAR HIGHLAND HERITAGE CENTRE — 3 M10

Mar Road, Braemar, Ballater. In centre of Braemar. Bus service from Aberdeen. Open daily, Apr, May and Sep 0900–1700; Jun 0900–1730; Jul and Aug 0900–1800; Oct–Mar 1000–1700. Free. Explanatory displays (with French and German translations). Gift shop. WC. Wheelchair access. Disabled WC. Car and coach parking. Telephone (013397) 41944.

A 15 minute audio-visual presentation about Braemar: its history, heritage and royal connections. There are also displays of Highland dress and the famous Braemar Highland Gathering, together with storyboards to give a more in-depth view.

---

221 BRAHAN SEER PLAQUE, CHANONRY POINT — 3 K7

On the shore near Chanonry Lighthouse, Fortrose, Black Isle.

Commemorating the burning at the stake of Kenneth MacKenzie (Coinneach Odhar) – the Brahan Seer. This cruel act was instigated by the Countess of Seaforth when the Brahan Seer, on the insistence of the Countess, told of the 'goings on' of her husband who was on state business in Paris and was away longer than his wife thought necessary. The famous Brahan Seer, who lived in the first half of the 17th century, made many prophecies about the Highlands, some of which are still coming true.

---

222 BRANDER MUSEUM — 3 P8

The Square, Huntly. In centre of Huntly. Nearest railway station and bus services Huntly. Car and coach parking nearby. Open all year (closed public holidays), Tue–Sat 1400–1630. Free. Explanatory displays. Gift shop. Wheelchair access with assistance. Telephone (01771) 622906. www.aberdeenshire.gov.uk/heritage

A display about Huntly-born author George Macdonald. Also extensive collection of communion tokens, finds from archaeological excavations at Huntly Castle, and arms and armour from 19th-century Sudan.

---

223 BRANDSBUTT SYMBOL STONE — 3 Q9

HS. About 1 mile (2km) north west of Inverurie, Aberdeenshire. Bus from Aberdeen to Inverurie then 1 mile (2km) walk. Access at all times. Free. Telephone (01466) 793191. www.historic-scotland.gov.uk

An early Pictish symbol stone with an ogham inscription.

---

224 BREADALBANE FOLKLORE CENTRE — 5 K13

Falls of Dochart, Killin, Perthshire. 2 miles (3km) along A827 from A85 at Lix Toll junction. 12 miles (19km) east of Crianlarich, 20 miles (32km) north west of Callander. Car and coach parking nearby. Nearest railway station Crainlarich, post and school bus from Callander, Mon-Fri, term-time only. Open Mar-Oct, daily; Mar–May 1000–1700; Jun 1000–1800; Jul–Aug 0930–1830; Sep 1000–1800; Oct 1000–1700. Closed Nov–Jan, Feb open weekends only 1000–1600. Charge £. Group concessions. Explanatory displays. Gift shop. WC. Induction loop. Limited wheelchair access (to ground floor only). Disabled WC. Telephone (01567) 820254.

Scotland's Celtic and Christian peoples lived in a world where devils and demons, sprites and spirits, mystic visions and miraculous events were a part of their everday lives. Housed in a restored working watermill overlooking the Falls of Dochart, the centre brings to life the folklore and fables of ancient Breadalbane. The centre includes a Tourist Information Centre.

---

225 BRECHIN BRIDGE — 3 P11

In Brechin, Angus.

Known locally as the Auld Brig, this is one of the oldest stone bridges in Scotland. Until the 1780s it was the only bridge over the River South Esk.

---

226 BRECHIN CASTLE CENTRE 3 P11

Haughmuir, Angus. At the southern Brechin junction off A90, 25 miles (40km) north of Dundee. Nearest railway station Montrose (9 miles/14.5km) bus service to Brechin (1 mile/2km). Minibus service runs from Stonehaven to centre daily. Open summer months, Mon–Sat 0900–1800, Sun 1000–1800; winter months, Mon–Sat 0900–1700, Sun 1000–1700; closed Christmas and New Year. Charge £. Group concessions. Guided tours by prior arrangement. Explanatory displays. Gift shop. Restaurant and picnic areas. Play area for under fives and main play area in country park. WC. Wheelchair access. Disabled WC. Car and coach parking. Telephone (01356) 626813. www.brechincastlecentre.co.uk

Brechin Castle Centre is part of the Dalhousie Estates. Scottish breeds of domestic animals, pets' corner and pheasantry, farm buildings and display of traditional agricultural machinery and implements. Garden centre, country park and coffee shop.

---

227 BRECHIN CATHEDRAL ROUND TOWER 3 P11

HS. In Brechin, Angus. Nearest railway station Montrose, bus to Montrose. View exterior only. Access at all times. Telephone 0131 668 8800. www.historic-scotland.gov.uk

One of the two remaining round towers of the Irish type in Scotland. Built in the late 11th century with a remarkable carved doorway. Capped by a stone roof added in the 15th century. Now attached to the Cathedral. See also 1346 Paisley Abbey.

---

228 BRECHIN MUSEUM 3 P11

The Old Townhouse, 28 High Street, Brechin. 9 miles (15km) from Montrose on A935, two miles from turn-off on A94. Bus service from Montrose, Caledonian steam railway. Open all year (except Christmas and New Year), Mon–Tue and Thu–Sat 1000–1700, Wed 1000–1300. Free. Explanatory displays. WC. Limited wheelchair access. Disabled WC. Car parking. Telephone (01307) 464123. www.angus.gov.uk

Local collections tell the story of the development of Brechin from the Celtic church of the 10th century to the last days of the burgh in 1975. There is a small display of some of the works of D. Waterson, etcher and colourist.

---

229 BRIDGE END NURSERIES 5 N20

Gretna Green, Dumfries and Galloway. 1.5 miles (2.5km) north of Gretna Green. Nearest railway station Gretna Green, bus from Dumfries or Carlisle. Open all year, daily 0930–1700. Free. Guided tours. Explanatory displays. Self-service refreshments available. WC. Wheelchair access with assistance. Car parking. Telephone (01461) 800612. www.bridgendnurseries.co.uk

A unique cottage garden nursery specialising in rare and unusual varieties of hardy perennials. Mature plants can be seen in all their glory in the herbaceous borders and also in the stock beds. The proprietors are well-known and respected exhibitors at major flower shows, having won a host of gold medal awards. Friendly advice and assistance is always available.

---

230 BRIDGE OF CARR 3 L9

Carrbridge. Access at all times. Free.

High and narrow single-arch bridge. Built by John Niccelsone, mason, in summer 1717, for Sir James Grant.

---

231 BRIDGE OF OICH 3 J9

HS. On the A82, 4 miles (6.5km) south of Fort Augustus, Inverness-shire. Bus service from Inverness or Fort William. Telephone (01667) 460232. www.historic-scotland.gov.uk

A splendid suspension bridge designed by James Dredge in 1854.

It employs a patented design of double cantilevered chains with massive granite pylon arches at each end.

---

232 BRIGHOUSE BAY TREKKING CENTRE 5 K21

Brighouse Bay, Borgue, Kirkcudbright. 6 miles (10km) south west of Kirkcudbright off the B727 Borgue road. Open Easter–Oct, telephone to confirm times. Charge £££. Gift shop. Bistro, licensed lounge, take-away food and picnic area. Childrens play area, swimming pool, golf course. WC. Disabled riders telephone in advance. Wheelchair access. Disabled WC. Car and coach parking. Telephone (01557) 870267. www.brighouse-bay.co.uk

Approved by the British Horse Society, the trekking centre offers riding for all abilities. Hard hats are provided. The treks are within the 1200 acre (486ha) holiday/farm complex. Also holiday park.

---

233 BRIGHT WATER VISITOR CENTRE 2 F8

The Pier, Kyleakin, Isle of Skye. Approximately 1 mile (1.5km) left of Skye Bridge on the Isle of Skye. Nearest railway station Kyle of Lochalsh then bus to Kyleakin; or coach to Kyleakin/Skye. Open May–Oct, Mon–Fri 1000–1700. Donation box, charge for walking tour of island. Group concessions. Guided tours. Explanatory displays. Gift shop. Wheelchair access. Car and coach parking. Telephone (01599) 530040. www.eileanban.com

Set in idyllic surroundings on the pier in Kyleakin, the Bright Water Visitor Centre makes the ideal, all weather activity. This unique experience unfolds the secrets of the area's dramatic history and celebrates the wealth of wildlife in the local environment. Also exclusive tours of the nature reserve on the lighthouse island.

---

234 BRIN HERB NURSERY 3 K8

The Old School, Flichity, Farr, Inverness. 7 miles (11km) from A9 on Daviot-Fort Augustus road. Infrequent local bus service from Inverness. Open Mar–Oct, Mon–Sat 1000–1800; May–Aug also Sun 1230–1700. Free. Guided tours (small groups by arrangement). Explanatory displays. Gift shop. Tearoom. Garden. WC. Wheelchair access with assistance. Disabled WC. Car parking. Telephone (01808) 521288. www.brinherbnursery.co.uk

Over 300 varieties of herb and wild flower plants are grown on the nursery at 700 feet (213m) above sea level. Display gardens give planting ideas. Shop sells herb related products, books, cards and gifts.

---

235 BRITISH GOLF MUSEUM 5 P13

Bruce Embankment, St Andrews, Fife. Ten minutes walk from town centre, opposite the Royal and Ancient Golf Club. Nearest railway station Leuchars 4 miles (6.5km), connecting bus to St Andrews. Buses from Dundee and Edinburgh. Open Easter–Oct, daily 0930–1730; Nov–Mar, Thu-Mon 1100–1500. Charge ££. Children under 5 free. Group concessions. Explanatory displays. Gift shop. Braille guide available. Wheelchair access. Disabled WC. Car and coach parking. Telephone (01334) 478880. www.britishgolfmuseum.co.uk

At the British Golf Museum visitors encounter many famous professionals and amateurs of status. Touch screen videos allow visitors to look deeper into the lives of champions and to test their skills and knowledge of the game of golf. An interactive gallery, The 18th Hole, provides visitors with the opportunity to try out old clubs and balls on a mini-putting green.

---

236 BROCH OF GURNESS 1 B10

HS. Evie, Orkney. Off the A966 at Aikerness, about 14 miles (22.5km) north west of Kirkwall. Tour bus from Kirkwall. Open Apr–Sep, daily 0930–1830. Charge £. Group concessions. Explanatory displays. Gift shop. Wheelchair access with assistance. Car and coach parking. Telephone (01856) 751414. www.historic-scotland.gov.uk

An Iron Age broch over 10 feet (3m) high, surrounded by stone huts, deep ditches and ramparts.

237 LAURENCE BRODERICK SCULPTURE EXHIBITION 2 F9

Gallery An Talla Dearg, Eilean Iarmain, Isle Ornsay, Isle of Skye. On the A851 between Broadford and Armadale, 8 miles (13km) from Broadford. Nearest railway station Kyle of Lochalsh or Mallaig; bus from Broadford or Armadale. Open Aug and Sep, Mon–Fri 0900–1700, Sat 0900–1300. Free. Guided tours on request. WC. Wheelchair access with assistance. Disabled WC. Car and coach parking. Telephone (01767) 650444. www.laurencebroderick.co.uk

A gallery displaying the work of the sculptor, especially carvings of otters and turtles. Work in various stones, including Skye marble, and in bronze. Sculptor usually available to discuss his work and to give demonstrations.

---

238 BRODICK CASTLE 4 G17

NTS. Isle of Arran, Bute. 2 miles (3km) north of Brodick. By ferry from Ardrossan to Brodick, by bus from Brodick. Open Apr–Jun and Sep–Oct, daily 1100–1630; Jul–Aug daily 1100–1700. Charge £££. Group concessions. Guided tours by arrangement. Explanatory displays. Guidebook in French and German. Text in eight languages. Gift shop. Restaurant with terrace overlooking sea, picnic area. WC. Braille information sheet. Limited wheelchair access (wheelchairs available). Disabled WC. Car and coach parking. Telephone (01770) 302202. www.nts.org.uk

Mainly Victorian castle, but original parts date from the 13th century. Fine collections of furniture, paintings, porcelain and silver collected by the Dukes of Hamilton. Beautiful walled garden, and woodland garden with famous rhododendron collection. The castle occupies a fine site overlooking Brodick Bay, on the slopes of Goatfell (2866 feet/873m). Nature trail and other walks in country park.

---

239 BRODIE CASTLE 3 L7

NTS. Brodie, Forres, Moray. Off A96, 4.5 miles (7km) west of Forres. By bus from Inverness. Open Apr–Sep (and weekends in Oct), Mon–Sat 1100–1730, Sun 1330–1730. Charge £££. Group concessions. Guided tours (with information sheets in six languages). Explanatory displays. Gift shop. Tearoom and picnic area. Garden and adventure playground. WC. Braille guides and personal audiotape for blind visitors. Limited wheelchair access (wheelchair available). Disabled WC. Car and coach parking. Telephone (01309) 641371. www.nts.org.uk

The oldest parts of the castle are 16th century, with 17th- and 19th-century additions. Fine collections of furniture and porcelain and a major art collection. Woodland walk, 4 acre (1.6ha) pond with wildlife observation hides. Famous daffodil collection in spring.

---

240 BROOM FISHERIES 5 M20

The Lodge, Broom Farm Estate, Newbie, Annan, Dumfries and Galloway. Off B724, 2 miles (3km) west of Annan. Nearest railway station at Annan. Open all year, daily 0830–dusk; Oct–Jan closed Tue only. Charge £££. Mid-week OAP concession on first two fish ticket. Tackle and flies for sale. Fishing lodge with refreshments available. WC. Limited wheelchair access. Car and coach parking. Telephone (01461) 700209. www.broomfisheries.co.uk

Five fly only lochs, well stock with rainbow, brown and golden trout, set in beautiful surroundings. Prolific natural aquatic life forms make these waters ideal for nymph and dry fly fishing.

---

241 BRORA HERITAGE CENTRE 3 L5

Fascally, Brora, Sutherland. Signposted from centre of Brora. Open May–Sep, Mon–Sat 1030–1730. Free. Guided tours on request. Explanatory displays. Tea and coffee machine, picnic area. Baby changing facilities. WC. Wheelchair access. Disabled WC. Car parking. Telephone (01408) 622024. www.highland.gov.uk/cl/publicservices/visitorcentres/broraheritage.htm

Hands-on exhibition illustrating the history of Brora with historical photographs and local artefacts. The story of the area is told from stone age times to the present day, including exhibits on the local whisky, coal and woollen industry, and genealogy. Dinosaur play area. Fantastic views.

242 BROUGH OF BIRSAY **1 A10**

HS. On the island of Birsay, at the north end of mainland Orkney. 20 miles (32km) north west of Kirkwall. Tourist bus from Kirkwall to Birsay. Telephone to confirm opening times. Charge £. Group concessions. Explanatory displays. Telephone (01856) 841815. www.historic-scotland.gov.uk

The remains of a Romanesque church and a Norse settlement.

---

243 BROUGHTON GALLERY **5 M17**

Broughton, Biggar, Lanarkshire. On the A701 just north of Broughton village. Bus from Peebles or Biggar. Open Apr–Sep and mid Nov–Christmas, Thu–Tue 1030–1800. Free. Gift shop. Garden. WC. Wheelchair access with assistance. Access for small coaches only. Car parking. Telephone (01899) 830234.

Sells paintings and crafts by living British artists and makers in Tower House, designed in 1937 by Sir Basil Spence.

---

244 BROUGHTON HOUSE AND GARDEN **5 K21**

NTS. 12 High Street, Kirkcudbright. Off A711/A755. By bus from Dumfries and Castle Douglas. Open Apr–Oct, daily 1300–1730. Charge ££. Group concessions. Explanatory displays (information sheets in French and German). Small shop. WC. Limited wheelchair access. Car parking. Telephone (01557) 330437. www.nts.org.uk

Eighteenth-century town house, home and studio (1901-33) of artist E. A. Hornel, one of the Glasgow Boys. Permanent exhibition of his work. Extensive collection of Scottish books including Burns' works. Attractive Japanese-style garden, added by Hornel, leading down to River Dee estuary.

---

245 BROUGHTY CASTLE **5 N13**

HS. In Broughty Ferry, east of Dundee. Nearest railway station Dundee, bus service from Dundee. Open all year, Mon 1100–1700, Tue–Thu and Sat 1000–1700, closing between 1300–1400. Jul-Sep, Sun 1400–1700. Closed Fri, Christmas and New Year. Free. Explanatory displays. Telephone (01382) 436916. www.historic-scotland.gov.uk

A 16th-century tower adapted for changing defence needs during the 19th century. Now houses a branch of Dundee Arts and Heritage Department.

---

246 BROW WELL **5 M20**

On B725, 1 mile (1.5km) west of Ruthwell. Access at all times. Free.

Ancient mineral well visited by Robert Burns in July 1796, when at Brow Sea bathing under his doctor's orders.

---

247 MICHAEL BRUCE'S COTTAGE **6 M14**

The Cobbles, Kinnesswood, Kinross. 4 miles (6.5km) east of Milnathort. Bus from Kinross. Open Apr–Sep, daily 1000–1800. Donations welcome. Guided tours by appointment. Garden. No guide dogs. Telephone (01592) 840255.

An 18th-century pantiled weaver's cottage and a museum since 1906. The museum houses a collection relating to the life of the poet and to local history, including the manufacture of vellum and parchment.

---

248 ROBERT THE BRUCE'S CAVE **5 N20**

Cove Lodge, Kirkpatrick Fleming, Dumfries and Galloway. 3 miles (5km) north of Gretna Green, 10 miles (16km) south of Lockerbie. Nearest railway at Gretna, bus stop in Kirkpatrick Fleming then 0.25 mile (0.5km) walk. Open all year, daily; Apr–Sep 0900–2100; Oct–Mar 0900–1700. Charge £. Guided tours. Explanatory displays. Gift shop. Picnic area. Family wash rooms and baby changing area. Wheelchair access with assistance. Disabled WC. Car and coach parking. Telephone (01461) 800285. www.brucescave.co.uk

Situated in an 80-acre (32ha) estate high above the River Kirtle, the cave is reputed to be where Robert the Bruce hid for three months in 1313. Watching a spider try and retry to spin its web, he found inspiration – going on to beat the English at the Battle of Bannockburn in 1314. Scenic area with abundant wildlife.

249 BRUCE'S STONE 4 J19

North side of Loch Trool, unclassified road off A714, 13 miles (21km) north of Newton Stewart. Access at all times. Free.

A massive granite memorial to Robert the Bruce's first victory over the English, which led to his subsequent success at Bannockburn. Fine views of Loch Trool and the hills of Galloway. Start of hill climb to the Merrick (2764 feet/842.5m), the highest hill in southern Scotland.

---

250 JOHN BUCHAN CENTRE 5 M17

Broughton, Biggar, Lanarkshire. On the A703, 6 miles (9.5km) east of Biggar and 28 miles (45km) from Edinburgh. Bus service from Edinburgh. Open Easter and May–Sep, daily 1400–1700. Charge £. Explanatory displays. Second-hand books for sale. Bookshop. WC. Wheelchair access with assistance. Car and coach parking. Telephone (01899) 221050.

The Centre tells the story of John Buchan, 1st Lord Tweedsmuir, author of *The Thirty Nine Steps* and also lawyer, politician, soldier, historian, and Governor-General of Canada. Broughton village was his mother's birthplace, and a much-loved holiday home.

---

251 BUCHOLIE CASTLE 3 N2

Caithness. South of Freswick on the A9 John O' Groats to Wick road.

The 12th-century stronghold of Sweyn Asliefson, the Norse pirate. The Mowats brought the present name of Bucholie with them from their estates in Aberdeenshire.

---

252 BUCKHAVEN MUSEUM 6 N14

College Street, Buckhaven. 8 miles (13km) east of Kirkcaldy. Bus service stops outside museum. Open all year, Mon 1400–1700 and 1730–1900, Tue 1000–1300 and 1400–1700, Thu 1000–1300, 1400–1700 and 1730–1900, Fri 1400–1700, Sat 1000–1230. Closed Wed, Sun and public holidays. Free. Explanatory displays. Gift shop. Limited wheelchair access. Car and coach parking. Telephone (01592) 412860.

Museum displays Buckhaven's history with a focus on the fishing industry. Stained glass windows made by local people with the help of a community artist. Recreation of a 1920s kitchen.

---

253 BUCKIE DRIFTER 3 N7

Freuchny Road, Buckie. 18 miles (29km) east of Elgin on A98. Bus service from Aberdeen or Elgin. Nearest railway station Keith, regular local bus service from station. Open Apr–Oct, Mon–Sat 1000–1700, Sun 1200–1700. Other times by arrangement. Charge £. Group concessions. Guided tours for pre-booked groups. Explanatory displays. Gift shop. Restaurant. Baby changing facilities. WC. Wheelchair access. Disabled WC. Car and coach parking. Telephone (01542) 834646. www.moray.org/area/bdrifter/mbdrifter

A journey back in time to discover why thousands of north east Scotland's fisherfolk spent their lives following the herring. Clamber on board a Buckie drifter and catch a glimpse of life on a recreated 1920s quayside. Explore a 37 foot (11m) retired Oakley class lifeboat.

---

254 BUNNAHABHAIN DISTILLERY 4 D15

Port Askaig, Isle of Islay. Limited post bus service from Bowmore. Telephone Mundells (01496) 840273 from ferry terminals and airport. Tours available Apr–Sep, Mon–Thu 1030, 1300 and 1500, Fri 1030 only; Oct–Mar by appointment only. Free. Guided tours and tasting. Gift shop. Free tea and coffee. WC. Car and coach parking. Telephone (01496) 840646.

Visitors can see the malt whisky distillation process and sample the results. Individuals and groups welcome.

---

255 BURG 4 D13

NTS. Isle of Mull, 7 miles (11km) west of Tiroran off B8035, then rough path. Car parking at Tiroran. Access at all times. Free. Telephone (01631) 570000. www.nts.org.uk

Covering a distance of 1405 acres (568.5ha), this is a spectacular and remote part of Mull. The high cliffs here are known as the Wilderness. MacCulloch's Fossil Tree is 50 million years old, and can be reached by a steep iron ladder down to the beach at low tide.

---

256 BURGHEAD WELL 3 M7

HS. In King Street, Burghead, Moray. Nearest railway station Elgin, bus from Elgin to Burghead. Access at all times. Free. Telephone (01667) 460232. www.historic-scotland.gov.uk

A rock-cut well, identified by some as an early Christian baptistry associated with the local cult of St Ethan.

---

257 BURLEIGH CASTLE 6 M14

HS. Near Milnathort, off the A911, 2 miles (3km) north east of Kinross, Perthshire. Nearest railway station Perth, bus from Perth to Milnathort. Open Apr–Sep, Mon–Sat 0900–1830, Sun 1400–1830. Keys collected from 16 Burleigh Road, Milnathort, (01577) 862408. Free. Telephone 0131 668 8800. www.historic-scotland.gov.uk

The roofless but otherwise complete ruin of a tower house of about 1500 with a section of defensive barmkin wall and a remarkable corner tower with a square cap-house corbelled out. The seat of the Balfours of Burleigh; much visited by James IV.

---

258 BURN O VAT 3 N10

On A93 and A97, immediately to the north and west of Dinnet village. Nature reserve open at all times. Visitor centre open mid May–Sep, Thu–Mon 1000–1800. Free. Picnic area. WC (summer only). Car parking.

Situated within the Muir of Dinnet National Nature Reserve. Extensive birchwood, wetlands and heather moor surrounding two lochs. To the west is the Vat, a spectacular geological feature. Many fine circular walks. The visitor centre has displays on natural history, geology and archaeology.

---

259 ROBERT BURNS CENTRE 5 L19

Mill Road, Dumfries. Situated on the west bank of the River Nith. 15 minute walk from Dumfries railway station, five minute walk from Whitesands bus station. Open Apr–Sep, Mon–Sat 1000–2000, Sun 1400–1700; Oct–Mar, Tue–Sat 1000–1300 and 1400–1700. Free. Charge £ (for audio-visual presentation only). Group concessions by advance booking. Explanatory displays. Leaflet guides in European languages, Russian and Japanese. Gift shop. Café. WC. Induction loop. Wheelchair access. Disabled WC. Car and coach parking. Telephone (01387) 264808.

Award-winning centre illustrates the connection between Robert Burns, Scotland's national poet, and the town of Dumfries. Situated in the town's 18th-century watermill, the centre tells the story of Burns' last years spent in the busy streets and lively atmosphere of Dumfries in the 1790s. Film theatre shows feature films in the evening.

---

260 BURNS HOUSE 5 L19

Burns Street, Dumfries. Five minute walk from Dumfries town centre. Dumfries railway station 15 minutes walk, Loreburn Centre bus stance two minute walk. Open Apr–Sep, Mon–Sat 1000–1700, Sun 1400–1700; Oct–Mar, Tue–Sat 1000–1300 and 1400–1700. Free. Explanatory displays. Gift shop. Leaflets in European languages and Japanese. Wheelchair access with assistance. Car parking. Telephone (01387) 255297. www.dumgal.gov.uk/museums

It was in this ordinary sandstone house that Robert Burns, Scotland's national poet, spent the last years of his brilliant life. Now a place of pilgrimage for Burns enthusiasts around the world. The house retains much of its 18th-century character and contains many relics of the poet. Visitors can see the chair in which he wrote his last poems and many original letters and manuscripts. The famous Kilmarnock and Edinburgh editions of his work are also on display.

261 **BURNS HOUSE MUSEUM** 4 J17

Castle Street, Mauchline, Ayrshire. 11 miles (18km) from Ayr and Kilmarnock. Nearest railway and bus stations Ayr and Kilmarnock, bus stop close to museum. Open Easter–mid-Oct, Tue–Sat 1000–1700, otherwise by appointment only. Free. Guided tours by appointment. Explanatory displays. Gift shop. Garden available for picnics. WC. Limited wheelchair access. Disabled WC. Car and coach parking. Telephone (01290) 550045.

A museum with a gallery devoted to Burns memorabilia. On the upper floor is the room Burns took for Jean Armour in 1788. Furnished in the style of the period. Visitors can also see a large collection of Mauchline boxware and an exhibition devoted to curling and curling stones. Nearby is Mauchline churchyard in which are buried four of Burns' daughters and a number of his friends and contemporaries.

---

262 **BURNS MONUMENT** 6 J17

Kay Park, Kilmarnock. 0.5 mile (1km) from centre of Kilmarnock. View from outside only.

Victorian red sandstone monument with statue of Burns by W. G. Stevenson. Set in an attractive park with boating, pitch and putt, and children's play area.

---

263 **BURNS NATIONAL HERITAGE PARK** 4 J18

Murdochs Lone, Alloway, Ayr. 2 miles (3km) south of Ayr on B7024. Nearest railway station Ayr. Bus service to Alloway from Ayr. Open all year except Christmas and New Year. Tam o'Shanter Experience Apr–Sep 0930–1730; Oct–Mar 1000–1700. Burns Cottage Apr–Sep 0930–1730; Oct–Mar Mon–Sat 1000–1700, Sun 1000–1700. Charge ££. Group concessions. Explanatory displays (with translations in French, German and Japanese). Gift shop. Restaurant, tearoom and picnic area. Gardens and children's play area. WC. Wheelchair access. Disabled WC. Car and coach parking. Telephone (01292) 443700. www.burnsheritagepark.com

The Burns National Heritage Park was established in 1995. It embraces Burns' Cottage, Museum, Monument, Auld Brig o' Doon and Alloway Kirk together with the Tam o' Shanter Experience. The old and new are linked in time by a 5-minute walk which transports the visitor from 1759 (when Burns was born) to the exciting, humorous and action-filled Tam o' Shanter Experience (see 1627).

---

264 **BURNSWARK HILL** 5 M19

By unclassified road, 1.5 miles (2.5km) north of B725, Ecclefechan to Middlebie road. Access at all reasonable times. Free.

A native hill fort (circa 6th century BC) with extensive earthworks, flanked by a Roman artillery range. Thought to have been a series of Roman practice seige works, best seen from the hilltop. The excavated ditches and ramparts of Birrens Fort are nearby.

---

265 **BURNTISLAND EDWARDIAN FAIR MUSEUM** 6 M15

102 High Street, Burntisland, Fife. 7 miles (11km) west of Kirkcaldy. Nearest railway station Burntisland. Coach parking nearby. Open all year, Mon, Fri and Sat 1000–1300 and 1400–1900, Tue and Thu 1000–1300 and 1400–1900. Closed Wed, Sun and public holidays. Free. Explanatory displays. WC. Telephone (01592) 412860.

Permanent display about the Edwardian Fair that visited Burntisland every year, plus displays on the local history of Burntisland.

---

266 **BUTE MUSEUM** 4 G16

Stuart Street, Rothesay, Isle of Bute. Located in the centre of Rothesay. Car ferry from Wemyss Bay to Rothesay Pier or from Colintraive to Rhubodach at north end of Bute. Open Apr–Sep, Mon–Sat 1030–1630, Sun 1430–1630; Oct–Mar, Tue–Sat 1430–1630. Charge £. Groups normally admitted by donation. Accompanied school parties free by prior arrangement. Guided tours by arrangement.

Explanatory displays. Gift shop. WC. Touch table for blind visitors. Wheelchair access. Car and coach parking. Telephone (01700) 505067.

Custom-made museum, gifted by the fourth Marquis of Bute in 1926. A recognised source of information on the Island of Bute. Archaeology, natural history, geology, photography, archives and social history.

---

267 BUTTERCHURN AND SCOTTISH FOOD AND CRAFT CENTRE — 6 M14

Cocklaw Mains Farm, Kelty, Fife. By junction 4 of M90, on B914. Car parking. Coaches by prior arrangement. Open all year, daily (except Christmas and New Year) 0900–2100 (telephone to confirm winter opening hours). Free. Explanatory displays. Gift shop. Restaurant (telephone to book). Children's play area. Garden. Farmyard pets. WC. Wheelchair access. Disabled WC. Telephone (01383) 830169. www.butterchurn.co.uk

Courtyard setting with quality food and craft centre. Free demonstrations Saturday and Sunday. Taste of Scotland restaurant.

---

268 BUTTERWORTH GALLERY — 3 P10

Ballogie Shop, Ballogie, Aboyne, Aberdeenshire. 4 miles (6km) south east of Aboyne. Nearest railway station at Aberdeen. Bus service to Aboyne. Open all year, May–Oct, Thu–Sun 1100–1600; Nov–Apr, Sat–Sun 1100–1600. Free. Guided tours by arrangement in advance. Explanatory displays. Gift shop. Coffee and soft drinks available. WC. Limited wheelchair access. Car and coach parking. Telephone (013398) 86104. www.butterworthpaintings.co.uk

A permanent exhibition of publications and prints by Royal Deeside's artist, Howard Butterworth. The range includes originals, prints, cards and jigsaws. Howard Butterworth has painted full time for over 30 years and has a well-established following.

---

269 THE BYRE THEATRE OF ST ANDREWS — 5 P13

Abbey Street, St Andrews, Fife. Nearest railway station at Leuchars. Bus service to St Andrews. Open all year, Mon–Sat 1000–2400. Charges vary per production. Group concessions. Explanatory displays. Café-Bar Restaurant. WC. Signed and audio described performances. Wheelchair access. Disabled WC. Telephone 01334 476288; Box Office 01334 475000; Café-Bar Restaurant 01334 468720. www.byretheatre.com

A year round programme of contemporary and classic drama, dance, concerts, opera, comedy and innovative education and community events.

---

270 CADZOW CASTLE — 6 K16

HS. Chatelherault Country Park, Hamilton. In the grounds of Chatelherault Country Park, Hamilton, Lanarkshire. Nearest railway and bus stations Hamilton, bus from Hamilton. Access at all times. View exterior only. Telephone 0131 668 8800. www.historic-scotland.gov.uk

Constructed between 1500 and 1550, the castle was known as 'the castle in the woods of Hamilton'.

---

271 CAERLAVEROCK CASTLE — 5 M20

HS. Glencople, Dumfries. Off the B725, 9 miles (14.5km) south of Dumfries. Bus from Dumfries to Shearington. Open Apr-Sep, daily 0930–1830; Oct–Mar, Mon–Sat 0930–1630, Sun 1400–1630. Charge £. Group concessions. Guided tours. Explanatory displays and visitor centre. Gift shop. Tearoom and picnic area. Children's park and nature trail to old castle. WC. Limited wheelchair access. Disabled WC. Car and coach parking. Telephone (01387) 770244. www.historic-scotland.gov.uk

One of the finest castles in Scotland – its remarkable features are the twin-towered gatehouse and the Nithsdale Lodging, a splendid Renaissance range dating from 1638.

---

272 CAIRN HOLY CHAMBERED CAIRNS — 4 J20

HS. 6.5 miles (10.5km) south east of Creetown, Kirkcudbrightshire. Nearest railway station Dumfries, buses from Dumfries, Newton Stewart or Stranraer. Car parking. Telephone 0131 668 8800. www.historic-scotland.gov.uk

Two remarkably complete Neolithic burial cairns situated on a hill giving good views over Wigtown Bay.

---

273 **CAIRN O' GET** 3 N4

HS. 5 miles (8km) north east of Lybster, Caithness. Dunnet's buses to Ulbster (request stop for Cairn o' Get), then 2 mile (3km) walk. Access at all times. Free. Telephone (01667) 460232. www.historic-scotland.gov.uk

A horned and chambered burial cairn.

---

274 **CAIRN O'MOHR FRUIT WINERY** 5 N13

East Inchmichael, Errol, Perth. 8 miles (13km) east of Perth, off A90. Follow brown tourist signs. Nearest railway stations in Perth and Dundee (10 miles/16km). Open all year, Mon–Fri 0900–1800, Sat 1000–1700, Sun 1230–1700. Free. Guided tours (glass of wine, tour and tastings) by appointment (charge). Explanatory displays. Gift shop. Picnic area. WC. Wheelchair access with assistance. Car and coach parking. Telephone (01821) 642781. www.cairnomohr.co.uk

Visitors can study wine-making displays and sample, for free, the full range of 12 different types of wine, all fermented on the premises from locally grown leaves, fruits and flowers. Visitors are welcome to bring a picnic and sit at tables on the deck overlooking the winery.

---

275 **CAIRNBAAN CUP AND RING MARKS** 4 F14

HS. Kilmartin Glen. Near to the Cairnbaan Hotel on the A841, 2.5 miles (4km) north west of Lochgilphead, Argyll. Nearest railway station Oban, then bus to Lochgilphead. Access at all times. Free. Telephone 0131 668 8800. www.historic-scotland.gov.uk

Cup and ring marks on a natural rock surface.

---

276 **CAIRNGORM GLIDING CLUB** 3 L9

Feshie Airstrip, Feshiebridge, Kincraig, Inverness-shire. 2 miles (3km) east of Kincraig. Nearest railway stations Kingussie and Aviemore, bus to Kincraig or taxi. Open all year, weekends, bank holidays and midweek at certain periods, dependent on weather. Telephone to confirm. Charge £££. Group concessions. Explanatory displays. Snacks available. WC. Wheelchair access. Disabled WC. Car and coach parking. Telephone (01540) 651317. www.gliding.org

Founded in 1966 by a group of ten pilots and would-be pilots, this members club offers trial lessons and week (5 day) courses.

---

277 **CAIRNGORM MOUNTAIN RAILWAY** 3 L9

Cairngorm Mountain, Aviemore, Inverness-shire. 9 miles (14.5km) east of Aviemore, 30 minute drive from Inverness. Nearest railway station Aviemore, local bus service. Open May–Oct, daily 1000–1730 (last train up 1630); Nov–Apr opening times vary. Charge £££. Group concessions. Explanatory displays. Ranger guided walks May-Sep. Gift shop. Restaurant (evening dining Jul and Aug). Mountain walking trails, one suitable for wheelchair use. WC. Wheelchair access. Disabled WC. Car and coach parking. Telephone (01479) 861261. www.cairngormmountain.com

Scotland's only mountain railway, taking visitors on a spectacular journey to Cairngorm Mountain – the United Kingdom's fifth highest mountain. A safe and comfortable adventure for all ages and abilities. Interactive mountain exhibition.

---

278 **CAIRNGORM REINDEER CENTRE** 3 L9

Reindeer House, Glenmore, Aviemore, Inverness-shire. 6 miles (10km) east of Aviemore on A951. Nearest railway station Aviemore, bus service to Glenmore. Open Feb half-term holiday–New Year (closed Christmas Day and New Year's Day). Tours to the reindeer May–Sep 1100 and 1430; Oct–Apr 1100 only. Centre open daily, 1000–1700. Charge £££. Group concessions. Guided tours. Explanatory displays. Gift shop. Refreshments available nearby. No dogs. Limited wheelchair access. Car and coach parking. Telephone (01479) 861228. www.reindeer-company.demon.co.uk

Britain's only free-ranging herd of reindeer. Visitors can join the guide for a walk to the reindeer's hillside grazing (weather permitting – stout footwear and suitable outdoor clothing advisable, wellinton boot hire available). For visitors unable to make the walk, reindeer can also be seen at the centre. Exhibition and gift shop. Opportunity to adopt your own reindeer.

279 CAIRNGORM SLEDDOG ADVENTURE CENTRE — 3 L9

Moormore Cottage, Rothiemurchus Estate, Aviemore. 3 miles (5km) from centre of Aviemore. Nearest railway station in Aviemore. Local bus service. Open all year. Daily tours at 1000 and 1400. Trips and courses held Oct–Apr. Charge £££. Group concessions. Guided tours. Explanatory displays. WC. No dogs other than guide dogs. Wheelchair access with assistance. Car and coach parking. Telephone (07767) 270526. www.sled-dogs.co.uk

The first and only sleddog centre in Britain. Meet the musher and his sleddogs, who live in whisky barrels at the foot of the Cairngorms. Visitors can experience the thrill of a sleddog ride through the spectacular scenery of Rothiemurchus Estate, having helped to water and harness a 12-dog team. Museum cabin dedicated to Alex 'Scotty' Allan, the Scotsman who organised the very first sleddog race in Alaska in 1908. Lots of wildlife in this beautiful area. All visitors must book in advance.

280 CAIRNGORMS NATIONAL PARK — 3 M8

Cairngorms National Park Authority, 14 The Square, Grantown-on-Spey, Moray. Telephone (01479) 873535. www.cairngorms.co.uk

The Cairngorms National Park is Scotland's second, and Britain's largest, national park, an area of outstanding natural beauty. Many sports are available within the park, including downhill skiing, snowboarding, mountain biking, gliding, golfing, salmon fishing, pony trekking and walking. Contact the national park authority for more information.

281 CAIRNIE FRUIT FARM AND MEGA MAZE — 5 N13

Cairnie Lodge, Cupar, Fife. 2 miles (3km) north of Cupar. Nearest railway station in Cupar. Local bus service. Open Jul–Sep, daily: pick your own 0930–1900; maze 1000–1800 (last entry 1600). Charge for maze and for pick your own fruit. Tearoom and picnic area. Children's play area. Wheelchair access. Car and coach parking. Telephone (01334) 652384. www.cairniefruitfarm.co.uk

Growers of Grade I fruit since 1970. Pick your own strawberries, raspberries, tayberries, gooseberries, red and blackcurrants and brambles. Also ready picked fruit, fresh local produce and Cairnie Fruit Farm james. Five acre (2ha) maze, sown in maize. The labyrinth of pathways and blind alleys follow a different theme each year.

282 CAIRNPAPPLE HILL — 6 L15

HS. Near Torphichen, off the B792, 3 miles (5km) north of Bathgate, West Lothian. Bus from Linlithgow to Bathgate via Torphichen, then a 3 mile (5km) walk. Open Apr–Sep, daily 0900–1830; Oct–Mar, daily 0900–1630. Charge £. Group concessions. Guided tours. Explanatory displays. Car parking. Telephone (01506) 634622. www.historic-scotland.gov.uk

One of the most important prehistoric monuments in Scotland. It was used as a burial and ceremonial site from around 3000 to 1400 BC. Excellent views.

283 CAITHNESS AND SUTHERLAND NATURAL HISTORY DISPLAY — 3 M2

Dunnet Pavilion, Dunnet, Castletown, Caithness. On the A836, 7 miles (11km) east of Thurso, next to caravan site. Nearest railway station Thurso, bus from Thurso. Open Jun–Sep, Sun–Fri 1400–1700 (closed Sat). Free. Explanatory displays and guided walks. Picnic area. WC. Limited wheelchair access. Car and coach parking. Telephone (01847) 821531.

A display illustrating the natural history of Caithness and Sutherland.

284 CAITHNESS GLASS VISITOR CENTRE, WICK 3 N3

Airport Industrial Estate, Wick, Caithness. On outskirts of Wick beside the airport. Nearest railway station Wick. Bus service from Wick passes visitor centre. Open all year, Mon–Sat 0900–1700; Easter–Dec, Sun 1100–1700. Free. Explanatory displays. Gift shop. Licensed restaurant. Baby changing facilities. WC. Wheelchair access. Disabled WC. Car and coach parking. Telephone (01955) 602286. www.caithnessglass.co.uk

Visitors can see glass-making and watch glass cutting, engraving and jewellery making. Factory shop. Exhibition telling the history of the company.

---

285 CALANAIS (CALLANISH) STANDING STONES 2 D4

HS. At Calanish, off A858, 18 miles (29km) west of Stornoway, Isle of Lewis (Western Isles). Bus service from Stornoway. Site open all year. For details of visitor centre see 290 Callanish, Stones, Sky and Sacred Landscape. Free. Charge for visitor centre. Explanatory displays. Gift shop. Tearoom. WC. Wheelchair access with assistance. Disabled WC. Car and coach parking. Telephone (01851) 621422. www.historic-scotland.gov.uk

A unique cruciform setting of megaliths second in importance only to Stonehenge. Erected about 3000 BC. An avenue of 19 monoliths leads north from a circle of 13 stones, with rows of more stones fanning out to the south, east and west. Inside the circle is a small chambered tomb. See also 289 Callanish, 5000 Years' Old Standing Stones and 290 Callanish, Stones, Sky and Sacred Landscape.

---

286 CALDERGLEN COUNTRY PARK 6 K16

Strathaven Road, East Kilbride, South Lanarkshire. 1 mile (1.5km) from East Kilbride town centre on A726/Strathaven Road. Nearest railway and bus station East Kilbride. Country park open all year at all times. Visitor centre open summer Mon–Fri 1030–1700, weekends and public holidays 1130–1830; winter, daily 1130–1600. Free. Guided tours by arrangement. Explanatory displays. Gift shop. Courtyard café, snack bar and picnic area. Conservatory. WC. Large print text leaflet. Wheelchair access to buildings. Partial access to nature trails. Disabled WC. Car and coach parking. Telephone (01355) 236644.

The park consists of over 440 acres (180ha) of attractive wooded gorge and parkland, including several fine waterfalls. All are accessible by an extensive network of paths and nature trails. Visitor centre, conservatory, ornamental garden, children's zoo, pets' corner, toddler's play area, adventure and special needs play area centred around the historic Torrance House. Horticultural staff, animal keepers and a countryside ranger service run a year-round programme of activities and events.

---

287 CALEDONIAN CANAL HERITAGE CENTRE 3 J9

Ardchattan House, Canalside, Fort Augustus. On the Inverness to Fort William bus route. Open Apr–Jun and Oct, Mon–Fri 1000–1700; Jul–Sep, daily 1000–1700. Free. Explanatory displays. Gift shop. Wheelchair access. Disabled WC. Telephone (01320) 366493. www.scottishcanals.co.uk

The centre describes the fascinating histroy of the Caledonian Canal, from its conception to its present day refurbishment. Visitors can see the dramatic lock flight in operation. See also 970 Caledonian Canal and 1288 Neptune's Staircase.

---

288 CALEDONIAN RAILWAY, BRECHIN 3 P11

The Station, 2 Park Road, Brechin, Angus. Near Brechin town centre, follow road signs. Nearest railway station Montrose, bus or tour bus from Montrose. Open Easter, May–Sep and Dec, Sun only; telephone to confirm. Charge ££. Higher fares may apply during special events. Group concessions. Guided tours by prior arrangement. Explanatory displays. Gift shop. Light refreshments, picnic area at Bridge of Dun. Baby changing facilities at Brechin. WC. Wheelchair access with assistance (telephone to request). Disabled WC. Car and coach parking. Telephone (01561) 377760 publicity, (01356) 622992 station. www.caledonianrailway.co.uk

From the unique Victorian terminus at Brechin, board a steam train and journey back in time as you travel the falling grade to Bridge of Dun. The station at Bridge of Dun was a junction on the former Strathmore main line and a frequent stopping point for Royal Trains. A short distance from the station, visitors can take interesting walks along both banks of the South Esk and part of the Montrose Basin bird sanctuary. Static display of model trains. Special events held throughout the year, particularly Easter, June, July, August and December.

289 CALLANISH, 5000 YEARS' OLD STANDING STONES 2 D4

Olcote, New Park, Callanish, Isle of Lewis. On A858, 1 mile (1.5km) north of Callanish. Bus service from Stornoway. Tours available all year, Mon–Sat by arrangement. £££ per hour per group of 1–15 people. Visitors must provide their own transport for tour, with seat for Margaret Curtis. Limited wheelchair access. Car and coach parking. Telephone (01851) 621277.

The tours are led by archaeologist Margaret Curtis (Ponting). She has lived locally, excavated and researched the standing stones for 30 years, giving her intimate professional knowledge of Callanish. The tours give an insight into how and why prehistoric people set up and used the Callanish stones. The connection between the Callanish Stones, the moon and the 'sacred' landscape culminates in a special lunar event every 18.5 years, the next in 2006. The basic tour visits four of the 20 sites, uses explanatory diagrams, and can be modified to suit individual interests. See also 285 Calanais (Callanish) Standing Stones.

290 CALLANISH, STONES, SKY AND SACRED LANDSCAPE 2 D4

Olcote, New Park, Callanish, Isle of Lewis. On A858, 1 mile (1.5km) north of Callanish. Bus service from Stornoway. Open all year, Mon–Sat 0900–2200. Free (donations welcome). Explanatory displays. Gift shop sells postcards, guide books and videos. Wheelchair access. Car and coach parking. Telephone (01851) 621277.

This indoor exhibition explains why prehistoric peoples erected the stones, how they used them and why Callanish is as important as Stonehenge. The exhibition links conventional archaeology with atronomy and geometry, and with Celtic festivals and legends. There are genuine prehistoric stone tools and a hands-on opportunity to grind grain with a saddle-quern stone. An outdoor exhibition demonstrates how stones could have been transported and erected as megaliths – more hands-on exhibits appealing to children and adults. See also 285 Calanais (Callanish) Standing Stones.

291 CALLENDAR HOUSE 6 L15

Callendar Park, Falkirk. 1 mile (2km) east of town centre. Ten minute walk from railway and bus station. Open all year, Mon–Sat 1000–1700 (also Suns from Apr–Sep 1400–1700 and most public holidays). Charge £. Children under 6 free. Group concessions. Guided tours by arrangement (£££). Explanatory displays. Gift shop. Tearoom. Garden and children's play area, leisure facilities in park. WC. Braille map of exhibition. Wheelchair access. Disabled WC. Car and coach parking. Telephone (01324) 503770. www.falkirkmuseums.demon.co.uk

Callendar House encapsulates 600 years of Scotland's history from medieval times to the 20th century and was visited by great historical figures like Mary, Queen of Scots, Cromwell and Bonnie Prince Charlie. Permanent attractions include displays on the Story of Callendar House, and on the Falkirk area during the great social revolution of 1750–1850. Costumed interpretations bring this history to life, while a programme of temporary exhibitions provides for a wide range of interests. The house's research centre contains an extensive archive and other material on the area's history.

292 EPPIE CALLUM'S TREE 5 L13

Walk from the centre of Crieff. Access at all reasonable times. Free.

A 600-year-old oak tree standing 70 feet (21m) high, named after a local woman. The tree is said to have once sheltered notorious outlaw Rob Roy Macgregor from his enemies. Bonnie Prince Charlie is also said to have hid in the tree.

---

293 CALLY GARDENS 5 K20

Gatehouse-of-Fleet, Castle Douglas, Dumfries and Galloway. Off A75 taking the road to Gatehouse-of-Fleet, turn off towards Cally Palace Hotel. Nearest railway station Dumfries, bus service from Dumfries. Car parking. Coach parking nearby. Open Easter–Sep, Tue–Fri 1400–1730, Sat–Sun 1000–1730. Charge £. Children under 13 free. Group concessions. WC. Wheelchair access. Telephone 01557 815029 for information. www.callygardens.co.uk

A specialist nursery in an 18th-century walled garden. There is a unique collection of over 3,500 varieties, mainly perennials, planted out in 32 large borders. Plants for sale.

---

294 CAMBO GARDENS 5 P14

Cambo Estate, Kingsbarns, St Andrews. 1 mile (1.5km) south of Kingsbarns on A917, 2.5 miles (4km) north of Crail. Nearest railway station Leuchars, hourly bus service from St Andrews. Open all year, daily 1000–dusk. Charge £. Children free. Guided tours by arrangement. Refreshments can be arranged for large groups, picnics allowed. WC. Limited wheelchair access. Car and coach parking. Telephone (01333) 450313. www.camboestate.com

Walled garden full of romantic charm designed around the Cambo burn, which is spanned by ornamental bridges and a greenhouse. Carpets of snowdrops and bulbs in spring, a lilac walk, magnificent herbaceous borders, an extensive rose collection and ornamental potager are highlights in summer. There is a September border and a colchicum meadow in autumn. Woodland walks follow the burn to a secluded sandy beach.

---

295 CAMBUS O' MAY FOREST 3 N10

FE. 2.5 miles (4km) east of Ballater on A93. Bus stops on main road, 655 feet (200m) downhill from forest entrance. Access at all times unless timber harvesting in progress. Free. Charge for ranger guided walks/events. Explanatory displays. Information board at viewpoint. Leaflet available. Picnic area. Orienteering course, 4 waymarked walks, wheelchair accessible paths. Car parking. www.forestry.gov.uk

A wonderful forest with four waymarked walks (some surfaced, some through rough and natural terrain), a permanent orienteering course, and a dog walkers car park and dog loop. One of the car parks has wheelchair accessible paths leading to a viewpoint and to two forest lochans. Novel interpretive posts note points of interest, and map boards, a leaflet and waymarking keep people on the right route. No cycling or horseriding permitted.

---

296 CAMBUSKENNETH ABBEY 6 L14

HS. 1 mile (2km) east of Stirling. Nearest railway station Stirling, bus from Glasgow and Edinburgh. Access at all times. View exterior only. Telephone 0131 668 8800. www.historic-scotland.gov.uk

Ruins of an abbey founded in 1147 as a house of Augustinian canons. Scene of Robert the Bruce's parliament in 1326 and the burial place of James III and his queen. The fine detached tower is the only substantial survivor, but extensive foundations remain of the rest.

---

297 CAMPBELTOWN HERITAGE CENTRE 4 F18

Big Kiln, Campbeltown, Argyll. 38 miles (61km) south of Tarbet, Loch Fyne on A82. Daily bus service from Glasgow. Open Easter–Sep, Mon–Sat 1200–1700, Sun 1400–1700. Charge £. Group concessions. Explanatory displays. Gift shop. Refreshments available. WC. Wheelchair access. Disabled WC. Car and coach parking. Telephone (07783) 485387.

A treasure-trove of information and exhibits covering many aspects of the history and development of south Kintyre, including a working model of the Campbeltown/Machrihanish Light Railway. Many of the countless commercial and industrial enterprises over the centuries are depicted in the centre.

298 CAMPBELTOWN MUSEUM 4 F18

Hall Street, Campbeltown, Argyll. 38 miles (61km) south of Tarbet, Loch Fyne on A82. Daily bus service from Glasgow. Open all year, Tue and Thu 1000–1300, 1400–1700 and 1730–1930, Wed, Fri and Sat 1000–1300 and 1400–1700. Closed Sun and Mon. Free. Explanatory displays. WC. Wheelchair access with assistance. Car parking. Telephone (01586) 552366.

A listed building, designed by the renowned Scottish architect J. J. Burnet. The collections are mainly archaeology and natural history with some local history and maritime material. Natural history displays and a diorama depicting the landscape and birdlife of Kintyre.

---

299 CAMUS A CHARRAIG 2 G5

Ross and Cromarty. On the main road to Mellon Udrigle, north of Gairloch on A832.

A beautiful white sand beach which borders a broad sandy bay of sparkling blue-green waters surrounded by mountains.

---

300 CANNA 2 D9

NTS. Inner Hebrides. Access by ferry (no cars) from Mallaig. Open all year. Free. Telephone (01687) 462466. www.nts.org.uk

This beautiful Hebridean island offers spectacular views, interesting archaeological remains and fascinating birdlife. The small farming population still uses traditional crofting systems. There is a post office, but no shops, pubs or roads. For details of work camps and holiday accommodation, contact the NTS Head Office in Edinburgh on 0131 243 9300.

---

301 CAOL ILA DISTILLERY 4 D15

Port Askaig, Isle of Islay. On the A846, on the east side of Islay, just by Port Askaig. Bus on island, 0.5 mile (2km) walk to distillery. Open Apr–Oct, Mon–Thu by appointment only. Charge ££. No children under 8. Guided tours by arrangement. Visitor centre. Gift shop. WC. Car parking. Telephone (01496) 302760.

A distillery built in 1846 by Hector Henderson. It stands in a picturesque setting at the foot of a steep hill with its own small pier overlooking the Sound of Islay and Paps of Jura.

---

302 CAPE WRATH 2 H2

12 miles (19.5km) north west of Durness. Ferry telephone (01971) 511376. Minibus telephone (01971) 511287 or 511343.

The most northerly point of Scotland's north west seaboard. A passenger ferry (summer only) connects with a minibus service to the cape. Also mainland Britain's highest sea cliffs at Clo Mor which stand 920 feet (280.5m) high.

---

303 CARBERRY CANDLE COTTAGE 6 N15

Carberry Candle Cottage, Carberry, Musselburgh. Signposted from Wallyford exit off A1. Open all year, Mon–Sat 0900–1700, Sun 1200–1700. Free. Gift shop. Tearoom. Garden. WC. Wheelchair access. Car parking. Telephone 0131 665 5656.

Visitors can see live and video demonstation of candle manufacture. Also factory shop.

---

304 CARDHU DISTILLERY VISITOR CENTRE 3 M8

Knockando, Aberlour. From Elgin take the A941 south to Rothes, continue for 3 miles (5km) then travel west on the B9102 for approximately 7 miles (11km). From Grantown-on-Spey take the B9102 north east for approximately 17 miles (27km). Tours Jan–Easter, Mon–Fri 1100, 1300, 1400; Oct–Dec, Mon–Fri 1100, 1300, 1400. Open Easter–Jun, Mon–Fri 1000–1700; Jul–Sep, Mon–Sat 1000–1700, Sun 1200–1600 (last tour one hour before closing). Charge ££. Charge £ (includes voucher). Guided tours. Explanatory displays. Gift shop. Picnic area. WC. Limited wheelchair access. Disabled WC. Car parking. Telephone (01340) 872555.

The origins of Cardhu go back to the heyday of illicit distilling, when farmers made use of their own barley and local water. Licensed since 1824, the Cumming family expanded and improved the distillery over many years. Now a major element in the Johnnie Walker brand. Visitor centre, gift and souvenir shop.

---

305 CARDONESS CASTLE 5 K20

HS. Gatehouse-of-Fleet, Kirkcudbrightshire. On A75, 1 mile (2km) south west of Gatehouse-of-Fleet. Situated on main bus route from Stranraer to Dumfries. Open Apr–Sep, daily 0930–1830; Oct–Mar, Sat and Sun 0930–1630. Charge £. Group concessions. Guided tours. Explanatory displays. Gift shop. Picnic area. Blind visitors may touch carvings. Car and coach parking. Telephone (01557) 814427. www.historic-scotland.gov.uk

The well-preserved ruin of a 15th-century tower house, the ancient home of the McCullochs of Galloway. Four storeys with a vaulted basement. Features include the original stairway, stone benches and elaborate fireplaces.

---

306 CARLETON CASTLE 4 H19

Off A77, 6 miles (9.5km) south of Girvan. Access at all reasonable times. Free.

One in a link of Kennedy watchtowers along the coast. Now a ruin, it was famed in a ballad as the seat of a baron who got rid of seven wives by pushing them over the cliff, but who was himself disposed of by May Culean, his eighth wife.

---

307 JANE WELSH CARLYLE MUSEUM 6 P15

2 Lodge Street, Haddington, East Lothian. Located at west end of Haddington High Street. Bus service from Edinburgh. Open Apr–Sep, Wed–Sat 1400–1700. Charge £. Group concessions. Guided tours. Explanatory displays. Garden. WC. Wheelchair access to garden. Car and coach parking. Telephone (01620) 823738.

The childhood home of Jane Baillie Welsh has been restored to perpetuate her memory. Jane was the only child of Dr John Welsh, a 19th-century Haddington medical practitioner. In 1821, she met and was courted by Thomas Carlyle, writer and philosopher who was to become the 'sage of Chelsea'.

---

308 THOMAS CARLYLE'S BIRTHPLACE 5 M20

NTS. The Arched House, Ecclefechan, Lockerbie. On A74 in Ecclefechan, 5.5 miles (9km) south east of Lockerbie. Bus from Lockerbie. Open May–Sep, Fri–Mon 1330–1730. Charge £. Group concessions. Explanatory displays. WC. Car and coach parking. Telephone (01576) 300666. www.nts.org.uk

Birthplace of writer Thomas Carlyle (born 1795). Furnished to reflect domestic life in his time, with an important collection of family portraits and belongings.

---

309 CARMICHAEL HERITAGE CENTRE 6 L17

Warrenhill Farm, by Biggar. 4 miles (6.5km) south of Lanark on A73. Nearest railway and bus stations Lanark, bus to Biggar. Open all year except Jan and Feb, daily 1000–1700. Farm and gift shop open all year, daily (except Christmas and New Year) 1000–1700. Oct–Mar hours may vary, please telephone to confirm. Charge ££. Group concessions. Guided tours by prior arrangement (available in French and German). Explanatory displays. Gift shop. Restaurant and picnic area. WC. Wheelchair access. Disabled WC. Car and coach parking. Telephone 01899 308336 or 01899 030169. www.carmichael.co.uk

Scotland's only wax model collection tells Scotland's and Carmichael's story using Madame Tussaud-quality models. The Clan Centre for southern Scotland concentrates on the Carmichaels who have lived here throughout the Millennium. It also includes information on many other southern Scottish families and clans as well as the history of the estate's agriculture and environment. Wind energy exhibit. Deer park. Venison farm shop. Adventure playground. Animal farm. Clydesdale horse and cart rides. Heritage walks. Orienteering and way-finding. Ladies Nightingales fashion shop.

310 **CARN BAN** **4 G17**

HS. 3.5 miles (5.5km) north east of Lagg on south coast of Isle of Arran. By ferry from Ardrossan to Brodick, bus from Brodick to Corriecravie. Access at all times. Free. Telephone 0131 668 8800. www.historic-scotland.gov.uk

One of the most famous Neolithic long cairns of south west Scotland.

---

311 **CARN LIATH** **3 L5**

HS. By the A9, 3 miles (5km) east north-east of Golspie, Sutherland. Nearest railway station Dunrobin. Bus service from Inverness, alight past Dunrobin Castle. Access at all times. Free. Car parking. Telephone (01667) 460232. www.historic-scotland.gov.uk

A typical broch, surviving to first-floor level, with associated settlement.

---

312 **CARNASSERIE CASTLE** **4 F14**

HS. Off A816, 9 miles (14.5km) north of Lochgilphead, 2 miles (3km) north of Kilmartin, Argyll. Nearest railway station Oban, then bus to Kilmartin. Open at all times. Free. Picnic area. Car and coach parking. Telephone 0131 668 8800. www.historic-scotland.gov.uk

A handsome combined tower house and hall, home of John Carswell, first Protestant Bishop of the Isles and translator of the first book printed in Gaelic. Fine architectural details of the late 16th century. The castle was captured and partly blown up during Argyll's rebellion in 1685.

---

313 **ANDREW CARNEGIE BIRTHPLACE MUSEUM** **6 M15**

Moodie Street, Dunfermline, Fife. 18 miles (29km) from Edinburgh on A823 off M90. Nearest railway and bus stations Dunfermline. Frequent service all year. Open Apr–Oct, Mon–Sat 1100–1700, Sun 1400–1700. Charge £. Children free. Guided tours by arrangement. Explanatory displays. Gift shop. WC. Wheelchair access. Photo album of cottage (inaccessible) available. Disabled WC. Car and coach parking. Telephone (01383) 724302. www.carnegiemuseum.com

Birthplace of Andrew Carnegie in 1835. The adjoining memorial hall was provided by his widow in 1928. The displays tell the extraordinary rags to riches story of Andrew Carnegie, the weaver's son who emigrated to America and forged a fortune from the furnaces of the American steel industry. He went on to endow a range of trusts which still operate today. Weaving demonstrations on the first Friday of the month from May to October.

---

314 **CARNEGIE LEISURE CENTRE** **6 M15**

Pilmuir Street, Dunfermline, Fife. Situated in the centre of Dunfermline near firestation. Railway station less than 1 mile (1.5km), bus station five minute walk. Open all year, Mon–Fri 0700–2200, Sat, Sun and bank holidays 0800–2200. Charges vary dependent on activity. Group concessions. Guided tours by prior arrangement only. Explanatory displays. Café and vending machines. Crèche. WC. Wheelchair access with lift to upper floors and pool hoist. Also lift to basement, chair lift and ramps to other facilities. Disabled WC. Car parking. Telephone (01383) 314200. www.fifeleisure.com

Listed building dating from 1904. Donated by Andrew Carnegie to the town of his birth. The building is now a fully equipped leisure centre with three swimming pools, squash courts, sports hall, gymnastics hall, combat room, health suite, climbing wall. Wide range of classes.

---

315 **CARNEGIE MUSEUM** **3 Q9**

Town Hall, The Square, Inverurie. In Inverurie. Nearest railway and bus service Inverurie. Car and coach parking nearby. Open all year (closed public holidays), Mon and Wed–Fri 1400–1630, Sat 1000–1300 and 1400–1600. Free. Explanatory displays. Gift shop. Telephone (01771) 622906. www.aberdeenshire.gov.uk/heritage

Local archaeology including Beaker folk and Pictish carved stones and transportation.

316 CARRICK HOUSE 1 C9

Eday, Orkney Islands. At the end of a private road. 20 miles (32km) north of Kirkwall by ferry. Ferry runs twice daily, air service from Kirkwall on Wed. Taxis and bicycles available from pier, 7 miles (11km) to house. Open end Jun–mid Sep, Sunday afternoons. Other times by arrangement. Charge £. Guided tours (available in French and German). Explanatory displays. Postcards for sale. Picnic area. Garden. WC. Limited wheelchair access. Car parking. Telephone (01857) 622260.

Historic private house dating from the 17th century, built by John Stewart, Earl of Carrick, younger brother of Patrick Stewart, Earl of Orkney. The house was the scene of the capture of Pirate Gow in 1725. It was renovated into a larger house incorporating earlier buildings in the mid 19th century. It is built of local sandstone and is harled and crow-stepped in the traditional Orkney style. The guided tours take in the house, garden and other parts of the island. Spectacular views.

---

317 CARRON POTTERY, CRAFT SHOP AND ART GALLERY 2 G8

Cam-Allt, Strathcarron, Ross and Cromarty. 1 mile (1.5km) south of Strathcarron railway station on A890. Open Mar–Dec, Mon–Sat 0900–1800. Closed Sun. Free. Gift shop. Restaurant next door. WC. Wheelchair access with assistance. Disabled WC. Car and coach parking. Telephone (01520) 722321.

Well-established craft shop selling a wide range of Scottish and local crafts. Visitors can view the pottery attached to the shop. Art Gallery with work by local and professional artists. Occasional solo exhibitions. Sculptures and ceramics.

---

318 CARSLUITH CASTLE 4 J20

HS. On A75, 7 miles (11km) west of Gatehouse-of-Fleet, Kirkcudbrightshire. Nearest railway station Dumfries, buses from Dumfries, Newton Stewart or Stranraer. Open at all times. Free. Car parking.

The delightful and well-preserved ruin of a 16th-century tower house with 18th-century ranges of outhouses still in use by the farmer. One of its owners was the last abbot of Sweetheart Abbey.

---

319 CARSPHAIRN HERITAGE CENTRE 5 K19

Carsphairn. On A713, 25 miles (40km) south of Ayr and 25 miles (40km) north of Castle Douglas. Limited bus service from Castle Douglas and Ayr. Open Easter–May and early Oct, Sat 1030–1700, Sun and bank holidays 1400–1700; Jun–Sep, Mon–Sat (except Wed) 1030–1700, Sun 1400–1700. Free. Explanatory displays. Gift shop. Picnic area. Garden. WC. Wheelchair access. Disabled WC. Car and coach parking. Telephone (01644) 460653. www.carsphairnheritage.co.uk

Carsphairn Heritage Centre houses a permanent display on the parish together with a temporary annual exhibition, featuring local history. There is also a reference section which pays particular attention to family history records relevant to the area and a small display of locally made articles for sale together with other relevant momentos of the area.

---

320 CARTLAND BRIDGE 6 L16

On A73 west of Lanark. Access at all times. Free.

An impressive bridge built by Telford in 1822 over a gorge, carrying the Mouse Water. It is one of the highest road bridges in Scotland.

---

321 CASHMERE VISITOR CENTRE 3 M7

Johnstons of Elgin, Newmill, Elgin, Moray. 35 miles (56km) east of Inverness on A96 near Elgin Cathedral. Rail and bus service to Elgin from Inverness and Aberdeen. Open all year, Mon–Sat 0900–1730; Jul–Sep, Mon–Fri closes at 1800; Apr–Dec, Sun 1100–1700. Free. Guided tours (information available in French, German, Italian, Spanish and Japanese). Explanatory displays. Audio-visual in European languages and Japanese. Gift shop. Licenced coffee shop. WC. Wheelchair access. Disabled WC. Car and coach parking. Telephone (01343) 554099. www.johnstonscashmere.com

The only British mill to transform cashmere from fibre to garment. Knitwear, travel rugs and fabrics are dyed, spun, woven, knitted and finished using traditional skills and the latest technology. The story of luxury fine fibres interwoven with the 200-year history of the Johnstons (who started manufacturing on this site) is told through an audio-visual presentation, hands-on displays and information boards.

---

322 CASSLEY FALLS — 3 J5

At Invercassley, Sutherland, on A837.

Attractive falls and walkway by Rosehall. Salmon can be seen leaping during the summer months.

---

323 THE CASTLE AND GARDENS OF MEY — 3 N2

Mey, Thurso, Caithness. 14 miles (22.5km) east of Thurso on A836. Nearest railway station at Thurso. Local bus and taxi service. Opening times for 2004 (telephone to confirm for 2005) 24 May–30 Jul and 12 Aug–30 Sep, Tue–Sat 1100–1630, Sun 1400–1700. Charge ££. Group concessions. Gift shop. WC. Limited wheelchair access. Disabled WC. Car and coach parking. Telephone (01847) 851473. www.castleofmey.org.uk

The Caithness home of the late Queen Mother and the only property that she ever owned. The gardens and the principal rooms of the castle are open to the public.

---

324 CASTLE CAMPBELL — 6 L14

HS. Dollar, Clackmannanshire. In Dollar Glen, 1 mile (2km) north of Dollar. Bus via Dollar from Stirling or St Andrews then 20 minute walk. Open Apr–Sep, daily 0930–1830; Oct–Mar, Mon–Sat (except Thu pm and Fri) 0930–1630, Sun 1400–1630. Charge £. Group concessions. Guided tours. Explanatory displays. Gift shop. Tearoom. Garden. WC. Limited wheelchair access. Car parking. Telephone (01259) 742408. www.historic-scotland.gov.uk

Once known as Castle Gloom, the castle was built towards the end of the 15th century by the 1st Earl of Argyll. Located on a steep mound with extensive views to the plains of the Forth. Burned by Cromwell in the 1650s. The original tower is well preserved. The 60 acres (24ha) of woodland in the glen make an attractive walk to the castle. See also 501 Dollar Glen.

---

325 CASTLE CRUISES ON LOCH NESS — 3 J8

The Art Gallery, The Green, Drumnadrochit. 14.5 miles (23km) west of Inverness on A82. Regular bus service from Inverness. Sailings Mar–Oct, daily at 1000, 1100, 1200, 1400, 1500, 1600, 1700 and 1800 (dependent on passenger numbers and local weather conditions, maximum of 12 passengers per cruise). Charge £££. No charge for babies. Commentary available in Spanish. Explanatory displays. Gift shop in the art gallery. WC. Wheelchair access with assistance. Disabled WC. Car and coach parking. Telephone (01456) 450695. www.lochnesscruises.com

Loch-side born and raised skipper gives personal commentary on the loch and its legendary resident – discover the facts, legends and history. The skipper has been personally involved in research on the loch for over 50 years. Colour echo sounder and audio-visual presentation.

---

326 CASTLE DOUGLAS ART GALLERY — 5 K20

Market Street, Castle Douglas, Dumfries and Galloway. Adjacent to Castle Douglas library at the east end of the town. Nearest railway station Dumfries, bus to Castle Douglas. Open Mar–Dec, Mon–Sat 1100–1600; telephone to confirm. Free (charge for some exhibitions). Wheelchair access. Telephone (01557) 331643.

First opened in 1938, having been gifted to the town by Mrs Ethel Bristowe, a talented artist in her own right. The gallery now forms an excellent venue for an annual programme of temporary exhibitions between Easter and Christmas, ranging from fine art and craft to photography.

327 CASTLE FRASER 3 Q9

NTS. Sauchen, Inverurie. Off A944, 16 miles (25.5km) west of Aberdeen. Bus from Aberdeen. Open Easter–May and Sep, daily 1330–1730; Jun–Aug, daily 1100–1730; weekends in Oct 1330–1730. Garden and grounds open all year, daily 0930–1800 (grounds close at sunset). Charge £££. Group concessions. Guided tours by arrangement. Explanatory displays (information sheets in six languages). Gift shop. Tearoom and picnic area. Adventure playground. WC. Limited wheelchair access. Disabled WC. Car and coach parking. Telephone (01330) 833463. www.nts.org.uk

Magnificent castle completed in 1636 and one of the most sophisticated Scottish buildings of the period, with a particularly fine Great Hall. Notable paintings and furnishings. Peaceful walled garden and interesting woodland walks.

328 CASTLE HOUSE MUSEUM 6 H15

Castle Gardens, Dunoon, Argyll. Opposite the pier in Dunoon. Open Easter–mid Oct, Mon–Sat 1030–1630, Sun 1400–1630. Charge £. Accompanied children free. Group concessions. Guided tours. Explanatory displays and audio-visual presentation. Gift shop. Picnic area in grounds. Ornamental gardens. WC. Wheelchair access. Car parking. Telephone (01369) 701422. www.castlehouse-museum.org.uk

The museum illustrates the history of Dunoon and district from pre-history to the recent past. Four rooms have been set aside to give the visitor a reflection of life in Victorian times. Set in pleasant gardens, opposite Dunoon's beautiful Victorian Pier with excellent views of the surrounding area.

329 CASTLE JAIL 5 P18

Castle Gate, Jedburgh, Roxburghshire. Short walk from town centre up the Castlegate. Nearest railway station Edinburgh; bus from Edinburgh. Open late Mar–Oct, Mon–Sat 1000–1645, Sun 1300–1600. Open on bank holidays. Last entry 30 minutes before closing time. Charge £. Children and Scottish Borders residents admitted free. Group concessions. Guided tours if pre-booked. Explanatory displays. Gift shop. Picnic area, drinks available. Children's play area. WC. Limited wheelchair access. Disabled WC. Car and coach parking. Telephone (01835) 863254.

Jedburgh Castle, which was built in 1824, is one of the few remaining examples of a Howard Reform prison. It stands on the site of the old Jedburgh Castle, which was razed to the ground in the mid 1400s. It takes its architectural appearance from the earlier castle.

330 CASTLE KEEP 2 E8

The Steadings, Strathaird, Isle of Skye. On the outskirts of Portree on the Dunvegan Road. 1 mile (1.5km) from the town centre. Open all year, Mon–Fri 1000–1630. Free. Explanatory displays. Gift shop. WC. Car parking. Telephone (01471) 866376. www.castlekeep.co.uk

Bladesmith making hand-forged swords, knives, dirks and traditional Scottish weaponry.

331 CASTLE KENNEDY GARDENS 4 H20

Stair Estates, Rephad, Stranraer, Dumfries and Galloway. 4 miles (6.5km) east of Stranraer on A75. Open Apr–Sep, daily 1000–1700. Charge £. Group concessions. Gift shop. Tearoom. WC. Limited wheelchair access. Disabled WC. Car and coach parking. Telephone (01776) 702024. www.castlekennedygardens.co.uk

Situated on a peninsula between two lochs, the gardens around the old castle were first laid out in the early 18th century. Noted for their rhododendrons and azaleas and a walled kitchen garden with fine herbaceous borders, the gardens contain many avenues and walks amid beautiful scenery.

332 CASTLE LACHLAN 4 G14

4 miles (6.5km) south west of Strachur on A886/B8000. Access at all times. Free.

Ruins dating from the 12th century. The MacLachlans are believed to have had lands in Strathlachlan for over 900 years.

333 **CASTLE MENZIES** 5 L12

Weem, Aberfeldy, Perthshire. 1.5 miles (2.5km) west of Aberfeldy. Nearest railway station Pitlochry (12 miles/19km). Bus service to Aberfeldy. Coach parking by prior arrangement . Open Apr–Oct, Mon–Sat 1030–1700, Sun 1400–1700. Last entry 1630. Charge ££. Group concessions. Explanatory displays and self-guided leaflet (also available in French and German). Gift shop. Tearoom. Walled garden. WC. Limited wheelchair access. Disabled WC. Car parking. Telephone (01887) 820982.

Imposing 16th-century castle restored by the Menzies Clan Society, a fine example of the transition between a Z-plan clan stronghold and a later mansion house. Seat of the clan chiefs for over 400 years, Castle Menzies was involved in a number of historic occurrences. Bonnie Prince Charlie stayed here on his way to Culloden in 1746. Small clan museum.

---

334 **CASTLE OF OLD WICK** 3 N3

HS. 1 mile (2km) south of Wick, Caithness. Nearest railway station Wick, bus service from Wick. Free. Telephone (01667) 460232. www.historic-scotland.gov.uk

Ruinous early Norse tower house on a spectacular site on a spine of rock, known as the Brig O' Trams, projecting into the sea between two deep narrow gulleys. Great care required.

---

335 **CASTLE OF ST JOHN** 4 G20

Charlotte Street, Stranraer, Wigtownshire. In Stranraer centre. Nearest railway station Stranraer, bus from Glasgow or ferry from Belfast. Open Easter–mid Sep, Mon–Sat 1000–1300 and 1400–1700. Free. Explanatory displays. Gift shop. Telephone (01776) 705088.

Medieval tower house built circa 1500. An exhibition tells the castle's story, highlighting its use by Government troops during the suppression of the Covenanters, and its Victorian use as a prison. Family activities.

---

336 **CASTLE SEMPLE COLLEGIATE CHURCH** 6 J16

HS. Castle Semple, Ayrshire, 4 miles (6.5km) west of Howwood. Access at all times, view exterior only. Telephone 0131 668 8800. www.historic-scotland.gov.uk

A late gothic church with a three-sided east end with windows of an unusual style. See also 375 Clyde Muirshiel, Castle Semple Visitor Centre.

---

337 **CASTLE SWEEN** 4 F15

HS. On east shore of Loch Sween, 15 miles (24km) south west of Lochgilphead, Argyll. Bus from Lochgilphead to Achanamara, then 14 mile (22.5km) walk. Access at all times. Free. Telephone 0131 668 8800. www.historic-scotland.gov.uk

Probably the oldest stone castle on the Scottish mainland. Built in the mid 12th century with later towers in addition to now vanished wooden structures. Destroyed by Sir Alexander Macdonald in 1647.

---

338 **CASTLE VARRICH** 3 K3

Tongue, Sutherland. Ruin located above Kyle of Tongue on a promintory. Steep path to castle accessible from the gate beside the Royal Bank of Scotland.

A 14th-century MacKay stronghold. Beautiful views along Kyle of Tongue

---

339 **CASTLECARY** 6 K15

HS. On the B816, east of Castlecary village, Stirlingshire. Nearest railway and bus stations Falkirk. Access at all times. Free. Telephone 0131 668 8800. www.historic-scotland.gov.uk

The reduced earthworks of a fort on the Antonine Wall (see 59).

---

340 **CASTLELAW HILL FORT** 6 M16

HS. 1 mile north west of Glencorse, Midlothian, off the A702, 7 miles (11km)

south of Edinburgh. Nearest railway station Edinburgh, bus from Edinburgh then 1 mile (2km) walk. Open at all times. Free. Car and coach parking. Telephone 0131 668 8800. www.historic-scotland.gov.uk

A small Iron Age hill fort consisting of two concentric banks and ditches. An earth house is preserved in the older rock-cut ditch. Occupied in Roman times.

---

341 CATERTHUNS 3 P11

HS. Near the village of Menmuir about 5 miles (8km) north west of Brechin, Angus. Nearest railway station Montrose, bus to Brechin. Open all year. Free. Telephone 0131 668 8800. www.historic-scotland.gov.uk

Two spectacular large Iron Age hill forts standing either side of the road from Balrownie to Pitmundie. The Brown Caterthun has four concentric ramparts and ditches; the White Caterthun is a well-preserved fort with a massive stone rampart, defensive ditch and outer earthworks.

---

342 CATHCARTSTON VISITOR CENTRE 4 J18

Carthcartston, Dalmellington. Nearest railway station Ayr, bus from Ayr. Open all year, Mon–Fri 1000–1300 and 1330–1630. Free. Explanatory displays. WC. Wheelchair access. Car parking. Telephone (01292) 550633.

Local history museum with a fine collection of photographs and maps illustrating the Doon Valley over the centuries. Also local history displays combined with changing art exhibitions and a weaving tableau.

---

343 CAWDOR CASTLE 3 L7

Nairn. 5 miles (8km) south west of Nairn on B9090 off the A96. Bus service from Inverness and Nairn. Open May–mid Oct, daily 1000–1730, last admission 1700. Charge £££. Free to blind visitors. Group concessions. Explanatory displays. Gift shop. Licensed restaurant, snack bar and picnic area. WC. Limited wheelchair access. Disabled WC. Car and coach parking. Telephone (01667) 404615. www.cawdorcastle.com

Cawdor Castle is the name romantically associated by Shakespeare with *Macbeth*. The medieval tower and drawbridge are still intact and generations of art lovers and scholars are responsible for the eclectic collection of paintings, books and porcelain to be found in the castle. There are beautiful gardens, five nature trails, a nine-hole golf course and putting green, gift, book and wool shop with a wide range of Scottish knitwear and children's clothes.

---

344 CERAMIC EXPERIENCE, CRIEFF 5 L13

Bennybeg, Muthill Road, Crieff, Perthshire. One mile (1.5km) from Crieff on the A822. Local bus service. Open all year, Mon–Fri 1000–1700, Sat–Sun 1000–1730. Free. Charge £–££ to paint ceramics. Explanatory displays. Café and picnic area. Nature trail. WC. Special needs workshops. Wheelchair access. Disabled WC. Car parking. Telephone (01764) 655788. www.ceramicx.biz

Visitors can paint their own designs onto a plate or mug. Holiday classes for children (items can be taken away same day). Also adult evening classes and children's parties. Soft play area. Ceramics for sale.

---

345 CHAPEL FINIAN 4 H21

HS. 5 miles (8km) north west of Port William, Wigtownshire. Nearest railway station Stranraer, then bus to Port William. Access at all times. Free. Telephone 0131 668 8800. www.historic-scotland.gov.uk

The foundation remains of a small chapel or oratory, probably dating from the 10th or 11th century, in an enclosure about 50 feet (15m) wide.

---

346 CHAPEL OF SAND 2 G6

In Laide, north of Gairloch, Ross and Cromarty.

Said to have been constructed by St Columba in the 6th century. Parts of the intricately carved windows of the chapel are still intact and a large remnant of an arch can be seen.

---

347 CHARLESTOWN LIME HERITAGE TRUST 6 M15

Granary Building, Rocks Road, Charlestown. Off A985, 4 miles (6.5km) south of Dunfermline. Nearest railway station Dunfermline, local bus service. Open May–Sep, guided walks Sun 1400; groups by arrangement. Charge £. Group concessions. Guided tours. Explanatory displays. Gift shop. Restaurant and tea-room. WC. Limited wheelchair access. Car and coach parking. Telephone (01383) 872006.

Charlestown is a very early example of a planned village and has a fascinating, unique story to tell. Established in 1756 by Charles Bruce, 5th Earl of Elgin and 9th of Kincardine, the village was a self-sufficient complete industrial complex based on the large deposits of limestone in the surrounding area. Today there are 14 kilns. The works closed in 1956.

---

348 CHARLETON FRUIT FARM AND DRIED FLOWER FARM 3 Q11

Hillside, By Montrose, Angus. On A92, 1 mile (1.5km) north of Montrose. Nearest railway station at Montrose. Local bus service. Open Apr, May and Jun, Tue–Sun 1100–1600; Jul–Aug, daily 0900–1700, Sep, Nov and Dec, Wed–Sun 1100–1600. Free. Gift shop. Tearoom with outdoor seating. Children's play area. WC. Wheelchair access. Disabled WC. Car and coach parking. Telephone (01674) 830226. www.charleton-fruit-farm.co.uk

A good day out for the whole family. Pick your own fruit (raspberries, strawberries, gooseberries, black and redcurrants). Dried flower barn for ready-made dried flower arrangements or made-to-order. Giftshop. Bedding plants in season.

---

349 CHATELHERAULT COUNTRY PARK 6 K16

Carlisle Road, Ferniegair, Hamilton. Nearest railway station Hamilton, bus from Hamilton. Open all year. Visitor centre, Mon–Sat 1000–1700, Sun 1200–1700; Lodge, Mon–Thu and Sat 1030–1630, Sun 1230–1630. Free. Guided tours. Explanatory displays. Gift shop. Tearoom and picnic area. Children's play area. WC. Large print text. Limited wheelchair access. Disabled WC. Car and coach parking. Telephone (01698) 426213.

A magnificent hunting lodge and kennels built in 1732 by William Adam for the Duke of Hamilton, since restored. Extensive country walks. Exhibition on the Clyde Valley, geology and natural history of the park, 18th-century gardens, terraces and parterre.

---

350 CHESTERS HILL FORT 6 P15

HS. 1 mile (2km) south of Drem on unclassified road to Haddington, East Lothian. Nearest railway station Drem, bus from Edinburgh to North Berwick, then bus to Drem, then walk 1 mile (2km). Open all year. Free. Car parking. Telephone 0131 668 8800. www.historic-scotland.gov.uk

One of the best examples of an Iron Age hill fort with multiple ramparts. A souterrain is built into one of the ditches.

---

351 CHURCH OF ST MAGNUS 1 B10

HS. On the Isle of Egilsay, Orkney. Bus from Kirkwall to Tingwall, ferry from Tingwall to Egilsay. Access at all times. Free. Telephone (01856) 841815. www.historic-scotland.gov.uk

The complete, but roofless, ruin of a 12th-century church with a remarkable round tower of the Irish type. Dramatically sited.

---

352 CHURCH OF THE HOLY RUDE 6 L14

St John Street, Stirling. Nearest railway and bus station Stirling. Open all year; Sunday services Jan–Jun 1000, Jul–Dec 1130; also open May–Sep, Mon–Sun usually 1000–1700. Free. Guided tours by prior arrangement. Explanatory displays. Postcards and leaflets available. WC. Induction loop system. Wheelchair access. Telephone (01786) 471848.

Believed to be the only church in the United Kingdom apart from Westminster Abbey which has held a coronation, that of James VI, son of Mary Queen of Scots. John Knox preached the coronation sermon. Scottish monarchs of the 15th- and 16th-centuries worshipped here, and developed the church. Extensively renovated during the 1990s. Magnificent romantic organ.

---

353 CILLE BHARRA — 2 A9

At Eolaigearraidh (Eoligarry), at the north end of Isle of Barra. Access at all times. Free. Telephone (01871) 810336 (Castlebay Tourist Office).

The ruined church of St Barr, who gave his name to the island, and the restored chapel of St Mary formed part of the medieval monastery. Among the gravestones preserved there was a unique stone carved with a Celtic cross on one side and Norse runes on the other. A replica of this stone now stands in Cille Bharra.

---

354 CLACHAN BRIDGE — 4 F13

B844 off A816, 12 miles (19k) south west of Oban. Access at all times. Free.

This picturesque single-arched bridge, built in 1792 and linking the mainland with the island of Seil, is often claimed to be the only bridge to span the Atlantic (although there are others similar). The waters are actually those of the narrow Seil Sound, which joins the Firth of Lorne to Outer Loch Melfort, but they can, with some justification, claim to be an arm of the Atlantic.

---

355 CLAN ARMSTRONG MUSEUM — 5 N19

Lodge Walk, Castleholm, Langholm, Dumfries and Galloway. Off the A7 in Langholm, north of Carlisle. Regular bus service from Edinburgh to Carlisle passes on A7. Open Easter–mid Oct, Tue–Wed and Fri–Sun, 1400–1700. Charge £. Clan Armstrong Trust members free on production of card. Group concessions. Guided tours. Explanatory displays. Gift shop. Picnic area nearby. Garden. Wheelchair access. Car and coach parking. Telephone (01387) 381610.

The world's largest Armstrong Museum, containing the most extensive Armstrong archives and displaying the history of this formidable Borders' family from the reiving days of the 15th and 16th centuries to the present.

---

356 CLAN CAMERON MUSEUM — 2 H10

Achnacarry, Spean Bridge, Inverness-shire. 5 miles (8km) from the Commando Memorial on B8005. Signposted. Open Apr–mid Oct, daily 1330–1700; Jul–Aug, daily 1100–1700. Charge £. Children free. Group concessions. Guided tours if requested. Explanatory displays. Gift shop. Garden. WC. Wheelchair access. Car and coach parking. Telephone (01397) 712090. www.clan-cameron.org

The history of the Cameron Clan, its involvement in the Jacobite Risings and the subsequent resurgence of the clan. Visitors can also learn about the story of Achnacarry and its wildlife. There are sections on the Queen's Own Cameron Highlanders and the Commandos who trained at Achnacarry during World War II. The building is on the site of a croft burned by Cumberland's soldiers in 1746.

---

357 CLAN DONNACHAIDH MUSEUM — 3 L11

Bruar, by Pitlochry, Perthshire. 4 miles (6.5km) north of Blair Atholl, close to A9. Nearest railway station Blair Atholl, local bus service. Open Easter–Oct, Mon–Sat 1000–1730, Sun 1100–1730. Free. Guided tours on request. Explanatory displays. External seating area and garden. Wheelchair access. Car and coach parking. Telephone (01796) 483770. www.donnachaidh.com

Clan Donnachaidh history and artefacts from the 14th century to the present day.

---

358 CLAN GUNN HERITAGE CENTRE AND MUSEUM — 3 M4

Latheron, Caithness. On A99, 200m north of intersection with A9, 16 miles (25.5km) from Wick. Nearest railway station at Wick. On Wick bus route. Open Jun–Sep, Mon–Sat 1100–1300 and 1400–1600; Jul–Aug also Sun 1400–1600.

Charge £. Group concessions. Audio-visual introduction. Explanatory displays. Gift shop. WC. Limited wheelchair access. Disabled WC. Car and coach parking. Telephone (01593) 741700.

The Clan Gunn Heritage Centre tells the story of one of Scotland's oldest clans from its Norse origins to the present day, set against the background of the history of the north of Scotland. Descended from the Norse Earls of Orkney and Sweyn Asleifs' son, the hero of the Orkneyenga Saga and the Celtic Mormaers of Caithness, the clan has played a major role in the turbulent history of Caithness and Sutherland. An early chief of the clan is reputed to have been part of an expedition to America 1000 years before Columbus. The evidence is in the centre! One of the best clan archives covering the Clan Gunn and its many septs.

---

359 CLAN MACPHERSON MUSEUM — 3 K10

Clan House, Main Street, Newtonmore. 15 miles (24km) south of Aviemore on A86. Nearest railway station 0.5 mile (1km), Citylink bus service stops outside. Open Apr–Oct, Mon–Sat 1000–1700; Jul–Aug also Sun 1400–1700. Admission by donation. Guided tours. Explanatory displays. Gift shop. WC. Wheelchair access. Disabled WC. Car parking. Telephone (01540) 673332. www.clan-macpherson.org

Museum depicting the history of the Clan Macpherson with portraits, photographs and other Macpherson memorabilia.

---

360 CLANSMAN CENTRE — 3 J9

Canalside, Fort Augustus, Inverness-shire. On A82, 38 miles (61km) west of Inverness at the southern end of Loch Ness. Bus service from Inverness and Fort William. Open Apr–Oct, daily 1000–1800. Charge £. Group concessions. Guided tours (also available in Dutch, French and German). Explanatory displays. Gift shop. Picnic area. WC. Wheelchair access with assistance. Car and coach parking. Telephone (01320) 366444. www.scottish-swords.com

See how the 17th-century Highland clans lived, ate and survived inside a reconstructed turf house. Hear a live presentation by an authentically dressed clansman, including clothing and weapons demonstration. Craft shop and scottish armoury.

---

361 ROBERT CLAPPERTON'S DAYLIGHT PHOTOGRAPHIC STUDIO — 5 P17

The Studio, 28 Scotts Place, Selkirk. 15 minute walk from Selkirk market place. Open May–Aug, Fri–Sun 1400–1600. Telephone for other times. Charge £. Group concessions. Guided tours. Explanatory displays. Wheelchair access. Telephone (01750) 20523.

One of the oldest surviving daylight photographic studios in the UK. The studio is set up as a working museum and photographic archive, in the building originally used by Robert Clapperton in 1867. Photographic equipment, cameras and prints. Demonstrations of black and white print processing in the original dark room can be arranged. Archive photographs and postcards for sale.

---

362 JIM CLARK ROOM — 5 Q16

44 Newtown Street, Duns, Berwickshire. 15 miles (24km) west of Berwick-upon-Tweed. Nearest railway station Berwick-upon-Tweed, bus service to Duns. Limited free parking outside Room but provision can be made for pre-arranged bookings. Open Easter–Sep, Mon–Sat 1030–1300 and 1400–1630, Sun 1400–1600; Oct, Mon–Sat 1300–1600. Charge £. Children free. Group concessions. Explanatory displays. Gift shop. Wheelchair access with assistance. Telephone (01361) 883960.

A museum devoted to the twice world motor racing champion, Jim Clark. A collection of trophies, photographs and memorabilia including a video presentation.

---

363 CLATTERINGSHAWS VISITOR CENTRE — 4 J20

FE. New Galloway, Castle Douglas. Open daily Apr–Sep, 1000–1700; Oct, 1030–1630. Free. Explanatory displays. Gift shop. Tearoom and picnic area.

WC. Wheelchair access. Disabled WC. Car and coach parking. Telephone (01644) 420285. www.forestry.gov.uk

Situated in Galloway Forest Park. Forest wildlife exhibition. Guided walks. Fishing (by permit). Waymarked walks and cycle trails.

---

364 CLAVA CAIRNS **3 K8**

HS. Near Culloden, Inverness-shire, off B9006, 6 miles (10km) east of Inverness. Nearest railway station Inverness, bus from Inverness to Culloden Battlefield, then 2 mile (3km) walk. Access at all times. Free. Car and coach parking. Telephone (01667) 460232. www.historic-scotland.gov.uk

Two chambered cairns and a ring cairn in a row, each surrounded by a circle of stones. Of late Neolithic or early Bronze Age date. An extensive and well-preserved site in a beautiful setting.

---

365 CLAYPOTTS CASTLE **5 N13**

HS. South of A92, near Broughty Ferry, Angus. Nearest railway station Dundee, bus service from Dundee. Opening hours limited; telephone to check. Charge £. Group concessions. No guide dogs. Telephone (01786) 431324. www.historic-scotland.gov.uk

An unusually complete tower house with circular towers at diagonally opposite corners corbelled out to form overhanging cap houses. Built in the late 16th century for the Strachan family and later the property of Bonnie Dundee, John Graham of Claverhouse.

---

366 CLICK MILL **1 B10**

HS. At Dounby, on mainland Orkney. Bus from Kirkwall. Access at all times. Free. Telephone (01856) 841815. www.historic-scotland.gov.uk

The last surviving and working horizontal water mill in Orkney, a type well represented in Shetland and Lewis.

---

367 CLICKIMIN BROCH **1 G5**

HS. About 1 mile (2km) south west of Lerwick, Shetland. Bus from Lerwick. Access at all times. Free. Telephone (01466) 793191. www.historic-scotland.gov.uk

A good example of a broch tower with associated secondary buildings of Iron Age date.

---

368 CLOCH LIGHTHOUSE **6 H15**

A770, 3 miles (4.5km) south west of Gourock. View exterior only.

This notable landmark stands at Cloch Point with fine views across the upper Firth of Clyde estuary. The white-painted lighthouse was constructed in 1797.

---

369 CLOG AND SHOE WORKSHOP **5 K19**

Balmaclellan, Dumfries and Galloway. 13 miles (21km) north of Castle Douglas in Balmaclellan. Bus service from Castle Douglas or Dalmellington. Open Easter–Dec, Mon–Fri 1000–1700. Workshop available to view all year round, but telephone in advance out of season. Free. Guided tours by appointment (charge £££). Explanatory displays. Gift shop. Wheelchair access. Disabled WC. Car parking. Telephone (01644) 420465. www.clogandshoe.com

Rural workshop where visitors can watch ongoing work which includes the making of modern and traditional clogs, boots, sandals, baby footwear, bags and purses. Footwear can be made to measure.

---

370 CLOOTIE WELL **3 K7**

Munlochy, south of Fortrose, Black Isle.

Wishing well dedicated to St Boniface (or Curidan). Although no trace of it can now be found there is said to have been a chapel on this site. The trees and fence around the well are draped with thousands of rags. To have your wish granted you must spill a small amount of water three times on the ground, tie a rag on a nearby tree, make the sign of the cross and then drink from the well. Tradition states that anyone removing a rag will succumb to the misfortunes of the original owner.

---

371 CLUNY CLAYS 6 M14

Cluny Mains Farm, By Kirkcaldy, Fife. 2 miles (3km) north of Kirkcaldy on B922, also signposted from A92. Nearest railway station Kirkcaldy. Visitors can be collected if pre-arranged. Open daily (except Christmas and New Year), 1000–2100. Charges dependent on activity. Concessions negotiable. Gun and shooting accessory shop, archery shop, gofl and clothing shop. Licensed restaurant, coffee lounge with daily papers and home baking, snack bar. Picnic area with nearby children's play area. Purpose-built meeting rooms, outdoor seating, parkland areas, woodland and riverside walks. WC. Wheelchair access. Disabled WC. Car and coach parking. Telephone (01592) 720374. www.clunyclays.co.uk

Activity complex with clay-pigeon shooting ranges covering all disciplines, indoor and outdoor archery ranges, indoor air-rifle ranges, 27 bay golf driving range and nine hole golf course (intermediate standard, full length). Instruction and all equipment required available. Also off-roading, indoor and Highland games, treasure hunts, children's play park, putting and trampoline.

---

372 CLUNY HOUSE GARDENS 5 L12

Aberfeldy, Perthshire. 3.5 miles (5.5km) north east of Aberfeldy on the minor road between Weem and Strathtay. Car parking. Coach parking by arrangement. Nearest railway station Pitlochry (13 miles/21km), occasional bus service from Aberfeldy and Pitlochry. Open Mar–Oct, daily 1000–1800. Charge £. Under 16s free. Guided tours. Explanatory displays. Picnic area. Plant stall. Telephone (01887) 820795.

Cluny is a Himalayan woodland garden created and planted by the late Mr and Mrs Robert Masterton from 1950 onwards. It is situated on a slope in the Strathtay valley where the climate and soil provide perfect conditions for growing a profusion of primulas, meconopsis, rhododendrons, lilies, trilliums and spring bulbs. Cluny is at its most colourful in spring and autumn, but at all times of the year there is much of interest.

---

373 CLYDE MARINE CRUISES 6 H15

Victoria Harbour, Greenock. 25 miles (40km) west of Glasgow. Nearest railway station Greenock Central then five minute walk. Sailings all year (Kenilworth); May–Sep (Second Snark). Charges variable. Group concessions. Licensed bar with refreshments. Commentary in English. WC. Car and coach parking. Telephone (01475) 721281. www.clyde-marine.co.uk

Set sail for spectacular west coast scenery on board the *Second Snark*. Day trips to the islands of Arran, Bute, Cumbrae and the highland village of Tighnabruaich via the magnificent scenery of the Kyles of Bute. Frequent sightings of seals, dolphins and porpoises. Departures from Greenock, Helensburgh, Dunoon, Largs, Millport, Rothesay and Tighnabruaich.

---

374 CLYDE MUIRSHIEL REGIONAL PARK, BARNBROCK FARM 6 J16

Park headquarters and campsite, Barnbrock, Renfrewshire. 4 miles (6.5km) north of Lochwinnoch just off B786. Nearest railway and bus service Lochwinnoch. Open all year, Mon–Fri 0900–1630; campsite open Apr–Oct at all times. Free. Charge for camping. Guided tours by arrangement. Picnic area. WC. Car and coach parking. Telephone (01505) 614791. www.clydemuirshiel.co.uk

Barnbrock Farm incorporates the headquarters of the Clyde Muirshiel Regional Park. Campsite, wigwams, picnic area and easy access to nearby Locherwood Community Woodland.

---

375 CLYDE MUIRSHIEL REGIONAL PARK, CASTLE SEMPLE CENTRE 6 J16

Castle Semple Centre, Lochlip Road, Lochwinnoch, Renfrewshire. Just off A760 in Lochwinoch. Nearest railway station Lochwinnoch 1 mile (1.5km) from town centre, bus from Glasgow or Largs. Open daily, summer months 1000–2000 or dusk, whichever is earlier; winter months 1100–1630. Free. Guided tours. Explanatory displays. Gift shop. Tearoom, picnic area and barbecue facilities. WC. Wheelchair access. Disabled WC. Car and coach parking. Telephone (01505) 842882. www.clydemuirshiel.co.uk

On the edge of Castle Semple loch. Ranger service, woodland walks and nature trails in Parkhill Wood. Historical landmarks in the vicinity include Peel Castle, Collegiate Church, grotto, maze and fishponds. Outdoor activities available from the centre (for taught courses, group taster sessions and equipment hire) include kayaking, sailing, rowing boats, trail biking, hill walking, orienteering and archery. Fishing permits available. See also 336 Castle Semple Collegiate Church.

---

376 CLYDE MUIRSHIEL REGIONAL PARK, CORNALEES CENTRE — 6 H15

Loch Thom, near Inverkip. Nearest railway and bus service Greenock (Branchton or Inverkip stations) 3 miles (5km). Open Apr–Oct, daily 1200–1700; Nov–Mar weekends 1200–1600. Free. Guided tours. Explanatory displays. Gift shop. Drinks and snacks available. Picnic and barbecue areas. WC. Wheelchair access. Disabled WC. Car and coach parking. Telephone (01475) 521458. www.clydemuirshiel.co.uk

By scenic Loch Thom. Stepped boardwalk trails and woodland walks through Sheilhill Glen, access to the Greenock Cut and Kelly Cut for scenic walks and views of the Clyde estuary. Natural and local history exhibitions. Children's nature club, special events, guided walks. Ranger service.

---

377 CLYDE MUIRSHIEL REGIONAL PARK, LUNDERSTON BAY — 6 H15

Lunderston Bay, near Inverkip, Inverclyde. On A78 Gourock to Inverkip road. Nearest railway station Inverkip 2 miles (3km). Open all year, daily. Free. Guided tours. Snack bar, picnic area. Children's play area. WC. Sensory garden. Wheelchair access. Car and coach parking. Telephone (01475) 521129 or 521458. www.clydemuirshiel.co.uk

On the Clyde Coast. The bay offers panoramic views to the Cowal peninsula. Ranger service, coastal walks, rock pools, marine birds and plants, children's play area, beach and picnic spots.

---

378 CLYDE MUIRSHIEL REGIONAL PARK, MUIRSHIEL CENTRE — 6 J16

Calder Glen Road, near Lochwinnoch. 4 miles (6.5km) north west of Lochwinnoch, off B786. Nearest railway and bus service Lochwinnoch. Open Apr–Oct, daily 1200–1700; Nov–Mar weekends 1200–1600. Free. Guided tours. Explanatory displays. Gift shop. Snack machines, picnic and barbecue areas. WC. Wheelchair access. Disabled WC. Car and coach parking. Telephone (01505) 842803 or 842882. www.clydemuirshiel.co.uk

On top of Calder Glen, originally a Victorian sporting estate. Woodland, riverside and waterfall walks along signposted rails, picnic and barbecue sites and boardwalk access to scenic viewpoint, Windy Hill. The area is rich in archaeological sites including a Barytes Mine with much to offer the botanist and ornithologist. Orienteering and navigation courses run throughout the year. Ranger service. Special events.

---

379 CLYDEBANK MUSEUM — 6 J15

Town Hall, Dumbarton Road, Clydebank. 2 miles (3km) north west of Glasgow on A814. Nearest railway stations Clydebank Central and Singer, frequent bus service. Open all year, Mon and Wed–Fri 1400–1630, Tue and Sat 1000–1630. Closed public holidays. Other times by appointment. Free. Guided tours. Explanatory displays and audio-visual presentation. Gift shop. Refreshments nearby. WC. Wheelchair access. Disabled WC. Car and coach parking. Telephone (01389) 738702.

Community museum describing local social and industrial history. Displays on ship building, engineering and sewing machines including the Singer Sewing Machine Collection. Technical archive on Singer machines. Display on the Clydebank blitz.

380 CLYNELISH DISTILLERY 3 L5

Brora, Sutherland. 58 miles (93km) north of Inverness on A9. Rail and bus service to Brora. Open Apr–Oct, Mon–Fri 0930–1600; Nov–Mar by appointment. Charge ££. Children free. Guided tours. Gift shop. Garden. WC. No dogs. Wheelchair access to shop and visitor centre only. Disabled WC. Car and coach parking. Telephone (01408) 623000. www.malts.com

The original Clynelish Distillery was built in 1819 by the Marquis of Stafford, later to become Duke of Sutherland. The superb quality of Clynelish whisky was so much in demand that only private customers at home and abroad could be supplied. Trade orders were refused. The distillery was extended in 1896 by the Leith Whisky blenders, Ainslie and Co. In 1967 the new Clynelish Distillery was built alongside the original building with three times the production capacity. Clynelish is available as a 14-year old single malt and is the heart of Johnnie Walker's Gold Label blend.

---

381 CNOC FREICEADAIN LONG CAIRNS 3 L2

HS. 6 miles (9.5km) west south-west of Thurso, Caithness. Nearest railway and bus stations Thurso. Access at all times. Free. Telephone (01667) 460232. www.historic-scotland.gov.uk

Two unexcavated Neolithic long-horned burial cairns, set at right-angles to each other.

---

382 COATS OBSERVATORY 6 J16

49 Oakshaw Street West, Paisley. 7 miles (11km) west of Glasgow. Nearest railway station Paisley Gilmour Street. Open all year, Tue–Sat and bank holidays, 1000–1300 and 1400–1700, Sun 1400–1700. Last entry 15 minutes before closing. Telescope viewing end Oct–Mar, Thu 1900–2100. Free. Groups by prior arrangement. Explanatory displays. Telephone 0141 889 2013.

Designed by John Honeyman, Coats Observatory continues a tradition of astronomical, meteorological and seismic observing which started in 1883. Displays relate to the history and architecture of the building, astronomy and astronautics, meteorology and seismicity.

---

383 COBB MEMORIAL 3 J9

Between Invermoriston and Drumnadrochit by A82. Access at all times. Free.

A cairn commemorates John Cobb, the racing driver, who lost his life near here in 1952 when attempting to beat the water speed record, with his jet speedboat, on Loch Ness.

---

384 THE COBBLER 4 H14

Part of the Arrochar Alps, overlooking Arrochar and Loch Long. Access at all times. Free.

So-called because of its curious rock formation summit, The Cobbler – or Ben Arthur – is one of Scotland's most distinctive peaks.

---

385 COLDSTREAM MUSEUM 5 Q17

12 Market Square, Coldstream, Berwickshire. 15 miles (24km) south west of Berwick-upon-Tweed. Nearest railway station Berwick, bus from Berwick. Open Easter–Sep, Mon–Sat 1000–1600, Sun 1400–1600; Oct, Mon–Sat 1300–1600. Free. Explanatory displays. Gift shop. Fountain courtyard picnic area. Nappy changing facilities. WC. Wheelchair access (all on step-free, ground level with unrestricted free parking outside). Disabled WC. Car and coach parking. Telephone (01890) 882630.

Permanent displays focus on the history of the parish of Coldstream, its people and customs, including the story of the Regiment of Coldstream Guards Second to None. Exhibition gallery with varied programme of temporary exhibitions and related events. Children's creative play area with puppet theatre, dressing-up clothes, puzzles and books.

386 **COLFIN SMOKEHOUSE** 4 G20

Colfin Creamery, Portpatrick, Stranraer. 2 miles (3km) from Portpatrick on A77 at Colfin. Bus service from Stranraer passes close within 200 yards (200m). Open all year, Mon–Sat 0900–1700, Sun 1000–1500, closed Christmas and New Year. Free. Guided tours. Explanatory displays. Gift shop. WC. Wheelchair access. Disabled WC. Car and coach parking. Telephone (01776) 820622.

Visitors can observe the salmon smoking process in detail and purchase the product.

---

387 **COLL POTTERY** 2 E3

Fear an Eich, Back, Isle of Lewis, Western Isles. In township of Coll on the B895, 6 miles (9.5km) north east of Stornoway. Bus from Stornoway. Open Apr–Sep, Mon–Sat 0900–1730; Oct–Mar, Mon–Sat 0900–1700. Free. Explanatory displays. Gift shop. Tearoom. WC. Wheelchair access. Disabled WC. Car and coach parking. Telephone (01851) 820219. www.scottishpottery.com

A working pottery making a wide range of items, from the unique marbled ware of the Hebridean range and the figurines of the Highlands and Islands, to traditional thistleware and Highbank Porcelain dolphins and seabirds. Craft shop and tearoom.

---

388 **COLL RSPB NATURE RESERVE** 4 D12

Isle of Coll, Argyll and Bute. 6 miles (9.5km) west of Arinagour. Ferry from mainland. Reserve open at all times. Please avoid walking through fields of hay and crops. Free. Guided walks available in summer. Information bothy and corncrake viewing platform (summer only). Limited wheelchair access. Car and coach parking. Telephone (01879) 230301. www.rspb.org.uk/scotland

The reserve on the island of Coll has long, white shell sand beaches, sand dunes and machair grassland, all typical Hebridean habitats. The reserve is a stronghold for the rare corncrake. The RSPB are managing the reserve with local farmers to help corncrake numbers recover. There are also many other breeding birds on the reserve, including redshanks, lapwings and snipe. In the winter, large numbers of barnacle and Greenland white-fronted geese use the site.

---

389 **COLONSAY HOUSE GARDENS** 4 D14

Kiloran, Isle of Colonsay, Argyll. 2 miles (3km) from pier. Car ferry from Oban. Open Easter–Sep, Wed 1200–1700 and Fri 1500–1730. Charge £. Group concessions. Explanatory displays. Gift shop. Tearoom and picnic area. Children's play area. WC. Limited wheelchair access. Car and coach parking. Telephone (01951) 200211. www.colonsay.org.uk

Famous rhododendron garden of 20 acres (8ha), adjacent to Colonsay House, home of Lord Strathcona. In the woods surrounding the house, rocks, streams and contours of land have been used to create a natural woodland garden where native trees and rare rhododendrons, bluebells and mecanopsis flourish together. Due to the mildness of the climate and the shelter of the woods, many tender and rare shrubs from all parts of the world grow happily including mimosa, eucalyptus and palm trees.

---

390 **COLUMBA'S FOOTSTEPS** 4 F18

West of Southend at Keil, Mull of Kintyre.

Traditionally it is believed that St Columba first set foot on Scottish soil near Southend. The footsteps are imprinted in a flat topped rock near the ruin of an old chapel.

---

391 **COLZIUM ESTATE** 6 K15

Colzium Lennox Estate, Stirling Road, Kilsyth. From Glasgow follow A803 to Kilsyth from where Colzuim House is well signposted. Bus from Kilsyth. Open daily, dawn to dusk. Free. WC. Limited wheelchair access. Car and coach parking. Telephone 0141 304 1800. www.northlan.gov.uk

Outstanding collection of conifers and rare trees in a beautifully designed small walled garden. All trees well labelled – excellent for learning the difference between varieties of conifers.

Fabulous display of snowdrops and crocuses in spring. Other attractions include a 17th-century ice house, glen walk, 15th-century tower house, arboretum, curling pond, clock theatre and pitch and putt course.

---

392 COMMANDO MEMORIAL 2 H10

Off A82, 11 miles (17.5km) north east of Fort William. Access at all times. Free. Car parking.

An impressive sculpture by Scott Sutherland, erected in 1952 to commemorate the commandos of World War II who trained in this area. Fine views of Ben Nevis and Lochaber.

---

393 CONFECTIONARY FACTORY VISITOR CENTRE 2 G11

Old Ferry Road, North Ballachulish, Fort William. On the A82, 13 miles (20km) south of Fort William. Local bus service from Fort William to Oban, Glasgow or Kinlochleven. Open all year. Free. Video viewing room (video on chocolate production). Explanatory displays. Gift shop. Tea and coffee available. Picnic area. WC. Limited wheelchair access. Car and coach parking. Telephone (01855) 821277.

Displays of products and an explanation of the history of Islay tablet, its origins on Islay and reason for the use of goats' milk. Also speciality Scottish food shop. Scenic views of Loch Ballachulish bridge.

---

394 CORGARFF CASTLE 3 M9

HS. Corgarff, Strathdon, Aberdeenshire. Off A939, 15 miles (24km) north west of Ballater, Aberdeenshire. Bus from Aberdeen to Strathdon only, then 9 mile (14.5km) walk. Open Apr–Sep, daily 0930–1830; via keyholder in winter at weekends only, 0930–1630. Charge £. Group concessions. Guided tours. Explanatory displays. Gift shop. Limited wheelchair access. Car and coach parking. Telephone (01975) 651460. www.historic-scotland.gov.uk

A 16th-century tower house converted into a barracks for government troops in 1748 by being enclosed within a star-shaped loopholed wall. The castle was burned in 1571 by Edom o' Gordon, killing the family and household of Alexander Forbes, the owner.

---

395 CORNICE MUSEUM OF ORNAMENTAL PLASTERWORK 5 N17

Innerleithen Road, Peebles. Near Peebles town centre, opposite the Park Hotel. Nearest railway station Edinburgh, bus service with stop close to museum. Open all year, Mon–Thu 1030–1200 and 1400–1600, Fri 1030–1200 and 1400–1530; closed weekends and holiday periods such as Easter, 2 weeks in summer and 2 weeks at Christmas, telephone to check. Admission by donation. Guided tours. Explanatory displays. Some items for sale. WC. Wheelchair access with assistance. Car and coach parking. Telephone (01721) 720212.

The museum is a plasterer's casting workshop virtually unchanged since the turn of the century and illustrates the main methods of creating ornamental plasterwork in Scotland at that time. It also displays probably the largest surviving collection of 'masters' in Scotland.

---

396 CORRIESHALLOCH GORGE 2 H6

NTS. Braemore, by Ullapool, Ross-shire; 12 miles (19.5km) south east of Ullapool, on A835. Open all year. Charge £ (honesty box). Explanatory displays. Car and coach parking. Telephone (01445) 781200. www.nts.org.uk

Here is one of the finest examples of a box canyon in Britain, forming a spectacular 200 feet (61m) deep, mile-long gorge. A viewing platform stretched across the gorge looks up towards the Falls of Measach.

---

397 CORRIGALL FARM MUSEUM 1 B10

Harray, Orkney. Off A986, south east of Mirbister. Open Mar–Oct, Mon–Sat 1030–1300 and 1400–1700, Sun 1400–1700. Free. Explanatory displays. WC. Wheelchair access with assistance. Car parking. Telephone (01856) 771411. www.orkney.org/museums

A working museum set on an ancient farmstead, originally dating from the 18th century. Visitors can get a vivid insight into the lives of the typical Orcadian farmer. Working barn with grain kiln. Traditional crafts and livestock. Horse drawn implements and machines. See also 1060 Kirbuster Farm Museum.

---

398 CORRIMONY CAIRN — 3 J8

HS. In Glen Urquhart, 8.5 miles (13.5km) west of Drumnadrochit, Inverness-shire. Bus service from Inverness to Cannich, then walk from Cannich. Open all year. Free. Telephone (01667) 460232. www.historic-scotland.gov.uk

A chambered burial cairn surrounded by a kerb of stone slabs, outside of which is a circle of standing stones.

---

399 CORRIMONY RSPB NATURE RESERVE — 3 J8

RSPB. By Cannich, Inverness-shire. 22 miles (35km) south west of Inverness off A831 between Cannich and Glen Urquhart. Request bus stop 1.5 miles (2.5km) from reserve. Reserve open at all times. Free. Nature trail way-marked to Loch Comhnard. Car and coach parking. Telephone (01467) 715000. www.rspb.org.uk/scotland

Set in one of the most superb landscapes in Britain, Corrimony has moorland, conifer plantations and native woodland. A nature trail is way-marked to guide visitors to Loch Comhnard, which in summer attracts common sandpipers, green shanks and curlews, along with occasional red-throated divers and ospreys. In winter, look for golden eyes and whooper swans. Black grouse are often seen in the birchwood and spotted flycatchers, bullfinches and wood warblers nest in the pinewoods.

---

400 CORRYVRECKAN WHIRLPOOL — 4 F14

Between the islands of Jura and Scarba.

This treacherous tide race, dangerous for small craft, covers an extensive area and may be seen from the north end of Jura or from Craignish Point. The noise can sometimes be heard from a considerable distance.

---

401 COTTASCARTH AND RENDALL MOSS RSPB RESERVE — 1 B10

RSPB. By Finstown, Orkney. 3.5 miles (5.5km) north of Finstown, off A966. Linked to Mainland by North Link Ferries. Reserve open at all times. Free. Car and coach parking. Telephone (01856) 850176. www.rspb.org.uk/scotland

Cottascarth and Rendall Moss is a wonderful place to see hen harriers, merlins and short-eared owls. Rendal Moss has one of the highest densities of breeding curlews in Europe.

---

402 COTTON MILL, SPINNINGDALE — 3 K6

In Spinningdale, between Dornoch and Bonar Bridge, Sutherland.

The ruins of an 18th-century cotton mill destroyed by fire in 1808.

---

403 COULTER MOTTE — 5 L17

HS. Off A72, 2 miles (3km) north of Coulter, 1.5 miles (2.5km) south west of Biggar, Lanarkshire. Nearest railway station Lanark, bus from Edinburgh or Lanark to Biggar. Telephone (01555) 860364. www.historic-scotland.gov.uk

Early medieval castle mound, originally moated and probably surrounded by a palisade enclosing a timber tower.

---

404 COVESEA GOLF COURSE — 3 M7

Duffus, Elgin. On the B9040, 2 miles (3km) west of Lossiemouth. Open Mar–Oct or Nov, daily 0900–2000; telephone to confirm times. Charge ££. Cold drinks available. WC. Limited wheelchair access. Disabled WC. Car and coach parking. Telephone (01343) 814124.

A links course, 12-hole 3-par short course, set on the spectacular Moray Firth coast. Equipment for hire.

405 COWANS LAW TROUT FISHING AND COUNTRY SPORTS 6 J17

Hemphill Road, Moscow, Galston, Ayrshire. From A77 take A719 to Moscow, signposted. Nearest railway and bus station Kilmarnock. Special transport from local hotels. Open summer months, daily 0800–dusk; winter months, daily 1000–1600. Charge £££. Group concessions. Restaurant and clubhouse. WC. Staff have sign language. Limited wheelchair access. Car and coach parking. Telephone (01560) 700666. www.countrysports-scotland.com

A 4 acre (1.7ha) trout loch set in the heart of Ayrshire's farming country. Also clay shooting, archery and air rifle range. Families and beginners welcome.

---

406 CRAFT DAFT 4 J17

2 Cow Wynd, Alloway Street, Ayr. In Ayr town centre, diagonally opposite Hourstons department store. Railway and bus station in Ayr. Open all year, Mon, Wed, Fri and Sat 1000–1730, Tue and Thu 1000–2100, Sun 1200–1730. ££ plus cost of chosen piece (from 99p–£33). Group concessions. Explanatory displays. Gift shop. Refreshments available. WC. Wheelchair access. Disabled WC. Car parking. Telephone (01292) 280844.

A drop-in craft studio. Visitors can try ceramic paining, silk painting, the potters' wheel and pyrography. Suitable for all ages and abilities. Parties welcome.

---

407 CRAFT DAFT ON A RAFT 6 K15

Forth and Clyde Canal, Glasgow Bridge, Kirkintilloch Road, Kirkintilloch. On A803 between Bishopbriggs and Kirkintilloch. Nearest railway station in Bishopbriggs. Local bus service. Open during school term, Mon, Tue, Thu and Fri 1300–2100, Wed and Sun 1300–1530, Sat 1030–1730. During school holidays, Mon–Sat 1030–1730, Sun 1300–1730. ££ plus cost of piece. Group concessions. Car and coach parking. Telephone (01292) 280844.

Drop in craft studio located on a canal boat on the Forth and Clyde Canal. Suitable for all ages and abilities. Ceramic painting, silk painting, glass painting and pyrography. Parties welcome.

---

408 CRAGGAN FISHERY AND GOLF COURSE 3 M8

Craggan, Grantown-on-Spey, Moray. 1 mile (2km) south of Grantown-on-Spey on A95. Bus service from Grantown, Aviemore and Carrbridge. Fishery open Apr–Oct, daily 0800–1800. Golf course open all year, daylight hours, weather permitting. Charges dependant on activity. Group concessions. Tearoom and picnic area. WC. Limited wheelchair access. Disabled WC. Car and coach parking. Telephone (01479) 873283. www.cragganforleisure.co.uk

An 18-hole 3-par golf course suitable for individuals and families of all levels. Fly fishing and bait fishing for adults and children.

---

409 CRAGGAN MILL RESTAURANT, CRAFTS AND ART GALLERY 3 M8

Grantown-on-Spey, Moray. 1 mile (1.5km) south of Grantown-on-Spey on A95. Bus service from Grantown, Aviemore and Carrbridge. Open all year, summer daily 1030–2200; winter, Mon–Sat 1830–2200, telephone to check. Closed for two weeks in Oct. Free. Gift shop. Restaurant and beer garden. WC. Limited wheelchair access. Car and coach parking. Telephone (01479) 872288.

Old converted water mill displays local crafts and paintings, wooden sculptures, dried flowers and wrought iron work in art gallery. Restaurant.

---

410 CRAIG HIGHLAND FARM 2 F8

Plockton, Ross-shire. Situated between Plockton and Achmore on shore road. Nearest railway station Duncraig, request stop. Postbus from Kyle of Lochalsh. Open Easter–Oct, daily 1000–dusk. Charge £. Group concessions. Explanatory displays. Picnics or barbecues welcome on beach. WC. Car parking. Telephone (01599) 544205.

Rare breeds farm and animal sanctuary situated in bay on shore of Loch Carron. Visitors can feed the llamas, ponies, donkeys, goats and poultry and observe the owls, pigs and rabbits. Low tide gives access to Scottish Wildlife Trust island via Coral Beach heronry.

411 CRAIGELLACHIE 3 L9

Park at Aviemore Tourist Information Centre and take track between youth hostel and caravan park. Access the reserve via the subway under A9. Nearest railway station in Aviemore. Access at all times. Free. Car parking. Telephone 01479 810477 (Scottish Natural Heritage). www.snh.org.uk

Directly to the west of Aviemore is the hill and nature reserve of Craigellachie, the lower slopes of which are cloaked in mature birch woodland. Scenic trails through the birchwood provide fine views across Aviemore and Strathspey to the Cairngorms. Visitors may even spot peregrine falcons, which regularly nest on the cliff here. Woodland trails and viewing platform.

---

412 CRAIGELLACHIE BRIDGE 3 N8

Near A941, just north of Craigellachie, 12 miles (19km) south south-east of Elgin. Access at all times. Car parking.

One of Thomas Telford's most beautiful bridges. Opened in 1814, it carried the main road until 1973 when a new bridge was built alongside. It has a 152 feet (46m) main span of iron, cast in Wales, and two ornamental stone towers at each end.

---

413 CRAIGIE ESTATE 4 J18

On the outskirts of Ayr. Nearest railway station Ayr, then a few minutes walk. Open all year, daily 1000–1700. Free. Guided tours. Explanatory displays. Shop with plant sales. Tearoom and picnic area. WC. Wheelchair access. Disabled WC. Car and coach parking. Telephone (01292) 263275.

Craigie Estate, situated on the banks of the River Ayr, provides a range of attractions, including woodland walks, the River Ayr walkway, formal gardens and Craigie Horticultural Centre, with tropical and temperate houses.

---

414 CRAIGIEVAR CASTLE 3 P9

NTS. Alford, Aberdeenshire. On A980, 26 miles (42km) west of Aberdeen. Open May–Sep, daily 1330–1730. Charge £££. Explanatory displays. Information sheets in four languages. Gift shop. Picnic area. Woodland walk. Car parking. Telephone (013398) 83635. www.nts.org.uk

A 'fairytale' castle, a masterpiece of Scottish Baronial architecture, which seems to grow out of the hillside. Much of the building is still as it was when completed in 1626. Fine collection of family portraits and 17th- and 18th-century furniture.

---

415 CRAIGLUSCAR ACTIVITIES 6 M14

Craigluscar Farm, By Dunfermline, Fife. 3 miles (5km) north of Dunfermline. Nearest railway in Dunfermline, local bus service. Open all year. Charges dependent on activity. Forest walks. Car parking. Telephone (01383) 738429. www.craigluscar.co.uk

Ride four-wheel quad bikes over rough, hilly ground or pilot a single seat hovercraft around a circuit.

---

416 CRAIGNETHAN CASTLE 6 L16

HS. Blackwood, Lesmahagow, Lanarkshire. 2.5 miles (4km) west of A72 at Crossford, 5 miles (8km) north west of Lanark. Nearest railway station Carluke then bus to Lanark. Bus from Lanark or Hamilton to Crossford then 15 minute walk. Open Mar–Oct, daily 0930–1830. Charge £. Group concessions. Guided tours by arrangement. Explanatory displays. Gift shop. Tearoom, open at weekends only. WC. Limited wheelchair access. Car parking. Telephone (01555) 860364. www.historic-scotland.gov.uk

An extensive and well-preserved ruin of an unusual and ornate tower house built by Sir James Hamilton of Finnart in the 16th century. It is defended by an outer wall pierced by gun ports, also by a wide and deep ditch with a most unusual caponier (a stone vaulted chamber for artillery). Attacked and dismantled by the Protestant party in 1579. In a very picturesque setting overlooking the River Nethan.

417 CRAIGSTON CASTLE 3 Q7

Turriff, Aberdeenshire. 5 miles (8km) from Turriff on the B9105. Nearest bus station Turriff. Open end Jul–early Sep, telephone to confirm exact dates. Wed–Sun 1000–1600 (last tour 1500). Other times by appointment. Charge ££. Guided tours. Explanatory displays. Picnic area. Garden. WC. Car and coach parking. Telephone (01888) 551228.

Craigston Castle was built between 1604 and 1607 and is still owned by the original family. Few changes have been made to the castle's exterior in 400 years. The main exterior feature is a sculpted balcony unique in Scottish architecture. It depicts a piper, two grinning knights, and David and Goliath. The interior decoration dates mainly from the early 19th century. Remarkable carved wood panels. Library. Beautiful mixed woodland.

---

418 CRAIGTOUN COUNTRY PARK 5 P13

St Andrews, Fife. 2.5 miles (4km) south west of St Andrews on the B939. Nearest railway station Leuchars 10 miles (16km), connecting bus to St Andrews. Buses from Dundee and Edinburgh. Infrequent bus service from St Andrews, then 0.5 mile (1km) walk to main entrance. Open Easter–Oct, daily 1045–1730. Apr and Sep open Sat–Sun only. Park open all year for garden, other facilities available in main season only. Telephone to confirm charge. Group concessions. Gift shop. Tearoom and picnic area. Baby changing facilities. WC. Wheelchair access with assistance. Disabled WC. Car and coach parking. Telephone (01334) 473666.

Craigtoun Country Park was formerly the grounds of Mount Melville House. In 1947 the grounds were purchased by Fife Council. The park consists of 50 acres (20ha) including formal gardens, two ponds (with boating pond), landscaped areas, Dutch village and cypress walk. Also putting, crazy golf, trampolines, bouncy castle, bowling green, train, adventure playground, glasshouses and countryside centre.

---

419 CRAIGVINEAN 5 L12

FE. 1 mile (1.5km) west of Dunkeld, on A9. Nearest railway station and coach stop at Dunkeld. Access at all reasonable times. Free. Car and coach parking. www.forestry.gov.uk

Craigvinean (Gaelic for *crag of the goats*) is one of Scotland's oldest managed forests. A waymarked walk provides superb views over the Hermitage (see 905) and Dunkeld to Craig a Barns and passes a reconstructed Victorian folly at Torryvald.

---

420 CRAIL GUIDED WALKS 5 P14

Crail Museum & Heritage Centre, Marketgate, Crail. On A917, 4 miles (6.5km) from Anstruther, 10 miles (16km) from St Andrews. Local bus route from Leven to Dundee passes Crail. Guided walks late Jun–late Aug, Sun 1430. Charge £. Group concessions. Guided tours. WC. Limited wheelchair access. Car and coach parking. Telephone (01333) 450869.

Walking tours (lasting 1.5-2 hours) of the oldest parts of Crail, taking in buildings of architectural and historic interest.

---

421 CRAIL MUSEUM 5 P14

62-64 Marketgate, Crail, Fife. 10 miles (16km) south of St Andrews in the centre of Crail. Nearest railway station Leuchars, bus service from Edinburgh and St Andrews. Open Easter, weekends, bank holidays and Jun–Sep, Mon–Sat 1000–1300 and 1400–1700, Sun 1400–1700. Free. Guided tours on request. Explanatory displays. Gift shop. Limited wheelchair access. Car and coach parking. Telephone (01333) 450869.

The museum provides an insight into the past life of this ancient Royal Burgh. Visitors can learn about the seafaring tradition, 200-year-old golf club and *HMS Jackdaw*, a World War II Fleet Air Arm station. Also Tourist Information Centre.

---

422 CRAIL POTTERY 5 P14

75 Nethergate, Crail, Fife. In centre of Crail, down Rose Wynd. Nearest railway station Leuchars, connecting bus to St Andrews and Crail. Bus service from St

Andrews. Open all year, Mon–Fri 0800–1700, Sat and Sun 1000–1700. Closed Christmas and New Year. Free. Explanatory displays. Showroom. Limited wheelchair access. Car and coach parking. Telephone (01333) 451212. www.crailpottery.com

Tucked away in a flower and pot-filled medieval yard, three generations of potters produce a huge variety of hand-thrown pottery from porcelain to gardenware, sculpture, teapots and jardinières.

---

423 CRAIL TOLBOOTH — 5 P14

Marketgate, Crail. 9 miles (14.5km) south east of St Andrews.

The Tolbooth, now a library and town hall, dates from the early 16th century, displaying a fish weather vane, and a coat of arms dated 1602. In the striking Dutch Tower is a bell dated 1520, cast in Holland. There have been 18th- and 19th-century additions. Elsewhere in this picturesque fishing village see the Collegiate Church dating back to the 13th century, the Mercat Cross topped by a unicorn, the harbour and the crowstepped, red-tiled houses.

---

424 CRARAE GARDENS — 4 G14

NTS. Crarae, Inveraray, Argyll. 10 miles (16km) south of Inveraray on A83. Nearest railway station Arrochar, bus from Glasgow or Oban to Inveraray then bus from Inveraray to Lochgilphead. Open all year daily, summer months 0900–1800; winter months daylight hours only. Charges under review. Guided tours by prior arrangement. Explanatory displays. Gift shop. Refreshments and picnic area. WC. Limited wheelchair access. Disabled WC. Car and coach parking. Telephone (01546) 886388. www.crarae-gardens.org

A superb natural gorge with a series of waterfalls and extensive walks through a unique collection of rhododendrons, azaleas, conifers and eucalyptus.

---

425 CRATHES CASTLE — 3 Q10

NTS. Banchory. On A93, 3 miles (5km) east of Banchory and 15 miles (24km) west of Aberdeen. Bus from Aberdeen. Open Apr–Sep, daily 1030–1730; Oct 1030–1630 (timed ticket system). Garden and grounds open all year, daily 0900–sunset. Charge £££. Group concessions. Guided tours by arrangement. Explanatory displays. Information sheets in 12 languages. Gift shop. Restaurant and picnic area. Plant sales, garden and adventure playground. WC. Leaflet lists facilities available to disabled visitors. Audio guide for blind visitors. Limited wheelchair access (wheelchairs available). Disabled WC. Car and coach parking. Telephone (01330) 844525. www.nts.org.uk

Sixteenth-century castle built on lands granted to the Burnett family in 1323 by Robert the Bruce. Remarkable original painted ceilings and a collection of Scottish furniture; some of it contemporary with the castle building. Famous walled garden contains eight separate gardens designed for colour combinations.

---

426 CRAWFORD ARTS CENTRE — 5 P13

93 North Street, St Andrews, Fife. In centre of St Andrews opposite police station. Nearest railway station Leuchars 6 miles (10km), connecting bus to St Andrews. Buses from Dundee, Edinburgh and Glasgow. Open all year, Mon–Sat 1000–1700, Sun 1400–1700. Closed Christmas and New Year. Free. Charge for workshops. Guided tours by prior arrangement. Gift shop. Coffee available. WC. Wheelchair access. Telephone (01334) 474610. www.crawfordarts.free-online.co.uk

Founded in 1977, the centre provides exciting exhibitions of all kinds of visual art from sculpture and painting to photography, craft and design, and architecture.

---

427 CREAG MEAGAIDH — 3 J10

On A86 between Newtonmore and Spean Bridge, 10 miles (16km) west of Laggan. Nearest railway stations at Newtonmore and Tulloch. Access at all times. Free. No dogs please. Car parking. Telephone 01528 544265 (Scottish Natural Heritage). www.snh.org.uk

Creag Meagaidh is 3706 feet (1130m) high and the magnificent ice-carved crags of Corie Ardair are just one of the attractions of this varied wildlife reserve, stretching from lochside shore to mountain top. The area provides a vivid demonstration of how readily native woodland of birch, alder, willow, rowan and oak recovers when the number of grazing animals is controlled. Sleeper walkway to Coire Lochan from car park.

---

428 CREAM O' GALLOWAY 5 K20

Rainton, Gatehouse-of-Fleet, Castle Douglas, Dumfries and Galloway. 4 miles (6.5km) south of Gatehouse-of-Fleet off A75. Open daily, Apr–Jun 1000–1800, Jul–Aug 1000–2000, Sep 1000–1700; Nov–Mar, weekends and holidays only 1000–1600. Free. Adventure playground £ (over 60s and under 5s free). Explanatory displays. Gift shop selling souvenirs, local crafts, preserves and art. Tearoom and picnic area. Designated dog walk. WC. Limited wheelchair access. Disabled WC. Car and coach parking. Telephone (01557) 814040. www.creamogalloway.co.uk

Cream o' Galloway is a small farm-based ice cream manufacturer specialising in traditional quality ice cream and frozen yoghurt with unusual flavours. There is a farm shop and a viewing gallery where visitors can watch the manufacturing process. Also 4 miles (6.5km) of nature trails, 2 of which are wheelchair and buggy accessible, cycle hire, garden, guided walks and events, extensive adventure playground (with 3 D maze), treasure hunt and nature quizzes.

---

429 CREETOWN EXHIBITION CENTRE 4 J20

91 St John Street, Creetown, Newton Stewart. On the main village street. On Dumfries to Stranraer bus route, local services from Newton Stewart. Open Easter–May and Sep–mid Oct, Sun–Tue and Thu–Fri 1100–1600; Jun–Aug, daily 1100–1600. Charge £. Group concessions by prior arrangement. Guided tours by prior arrangement. Explanatory displays. Children's activities available. WC. Wheelchair access. Disabled WC. Car and coach parking. Telephone (01671) 820343.

Creetown is portrayed from its origin as an 18th-century fishing hamlet, through the growth and decline of its famous granite quarries, to the present day. Displays include a large collection of old photographs, war-time memorabilia, village shop, information on local nature reserve, work of local artists, wood-carver and sculptor.

---

430 CREETOWN GEM ROCK MUSEUM 4 J20

Chain Road, Creetown, Newton Stewart. 7 miles (11km) east of Newton Stewart on A75. Bus service from Dumfries or Stranraer. Open Mar–Easter, daily 1000–1600; Easter–Sep, daily 0930–1730; Oct–Nov, daily 1000–1600; Dec and Feb, weekends only 1000–1600; closed Christmas and Jan . Charge ££. Tickets valid 2 weeks. Group concessions. Guided tours. Explanatory displays. Gift shop. Tearoom. Internet café. WC. Wheelchair access. Disabled WC. Car and coach parking. Telephone 0845 456 0245. www.gemrock.net

The museum houses one of the finest collections of privately owned gemstones, crystals, minerals and fossils in Europe. Visitors can witness the spectacular Crystal Cave and a 15-minute audio-visual programme 'Fire in the stones'. Geology and gemology quizzes.

---

431 THE CRICHTON 5 L20

Bankend Road, Dumfries. 1.5 miles (2.5km) south of Dumfries centre. Nearest railway station Dumfries, local bus service. Open at all reasonable times. Free. Garden or project tours for special interest groups by arrangement. Range of leaflets available. Restaurant and bar. Disabled WC. Car and coach parking. Telephone (01387) 247544. www.crichton.co.uk

The Crichton is on the site of the former Crichton Royal (psychiatric) Hospital. It covers 100 acres (62.5km) of conservation parkland and gardens within which are many fine sandstone buildings, including the outstanding cathedral-style Crichton Memorial Church dating from 1897. The estate has been substantially redeveloped as the UK's first multi university and college campus and a business park, but it also operates effectively as a major public park. The project has received five major national awards across the field of planning, architecture, landscape quality and property and economic regeneration, and has much to offer visitors from a wide range of interests.

432 CRICHTON CASTLE 6 N16

HS. Crichton, Pathhead, Midlothian. Off the A68, 2.5 miles (4km) south south-west of Pathhead. Bus from Edinburgh to Pathhead then 2.5 mile (4km) walk. Open Apr–Sep, daily 0930–1830. Charge £. Group concessions. Guided tours. Blind visitors may touch carvings. Limited wheelchair access. Car and coach parking. Telephone (01875) 320017. www.historic-scotland.gov.uk

A large and sophisticated castle built around a 14th-century keep. The most spectacular part is the arcaded range erected by the Earl of Bothwell between 1581 and 1591. This has a façade of faceted stonework in an Italian style. The small Collegiate Church nearby dates from 1499 and is notable for its tower and barrel vaulting.

433 CRICHTON ROYAL MUSEUM 5 L20

Easterbrook Hall, Bankend Road, Dumfries. 1.5 miles (2.5km) south of Dumfries centre on Bankend road, enter site via Crichton Church Gate. Nearest railway station Dumfries, local bus service. Open all year (except Christmas and New Year) Thu and Fri, 1330–1630; Easter–Sep, Sat 1330–1630. Other times by appointment. Free. Guided tours on request. Explanatory displays. Small gift shop. Café/bar and tearoom. Gardens, church. WC. Talks and personal guided tour for blind visitors. Wheelchair access. Disabled WC. Car and coach parking. Telephone (01387) 244228.

The Museum tells the story of mental health care in south west Scotland over a period of more than 200 years, a story featuring the part played by Dumfries Infirmary in the 18th century; the Crichton family and its wealth; stylish architecture; elegant furniture; stained glass; beautiful gardens; operating theatre and medical equipment; exhibits accruing from the various therapies, especially art therapy; and topical health-related exhibitions.

434 CRIEFF VISITOR CENTRE 5 L13

Muthill Road, Crieff. On the A822 Crieff to Stirling road. Bus service from Perth. Open all year, daily 0900–1700. Drover exhibition 1000–1630. Free. Explanatory displays. Gift shop. Licensed restaurant with outside terrace. Baby changing facilities. Children's play area. WC. Wheelchair access. Disabled WC. Car and coach parking. Telephone (01764) 654014. www.crieff.co.uk

The Story of the Highland Drovers traces their origins and follows their journeys. Also factory showroom, plant centre and experts to give advice. Large children's play area.

435 CRINAN CANAL 4 F14

Crinan Canal Office, Pier Square, Ardrishaig. Crinan to Ardrishaig, by Lochgilphead. Nearest bus station Ardrishaig. Open all year (except during winter maintenance), daily 0830–1700. Telephone to confirm times. Free. Explanatory displays. Picnic area. Limited wheelchair access. Car parking. Telephone (01546) 603210. www.scottishcanals.co.uk

Constructed between 1793 and 1801 to carry ships from Loch Fyne to the Atlantic without rounding Kintyre. The 9-mile (14.5km) stretch of water with 15 locks is now almost entirely used by pleasure craft. The towing path provides a pleasant, easy walk with the interest of canal activity. There are magnificent views to the Western Isles from Crinan. The Crinan basin, coffee shop, boatyard and hotel make a visit well worthwhile.

436 CRINAN WOOD 4 F14

Crinan, Argyll & Bute. Crinan, 6 miles (9.5km) north west of Lochgilphead on B841. Nearest railway station Oban; bus from Oban to Lochgilphead , then from Lochgilphead to Crinan (infrequent service). Access at all times. Free. Explanatory displays. Wheelchair access along woodland edge, on Crinan canal towpath. Car parking. Telephone (01764) 662554. www.woodland-trust.org.uk

Crinan Wood is categorised as a temperate rainforest, benefitting from sea mists and plentiful rain. Over 13 types of fern grow here, together with many varieties of mosses and lichens. Waymarked trails and good views of Jura and Corryvreckan to the west, Ben More to the north.

---

437 CROFT-NA-CABER WATERSPORTS AND ACTIVITY CENTRE 5 K12

Kenmore, Perthshire. 6 miles (10km) west of Aberfeldy on A827, 14 miles (22.5km) east of Killin on A827. Nearest railway station Pitlochry, bus services from Pitlochry or Aberfeldy. Open all year, daily 0900–1700. Charge dependent on activity. Group concessions. Restaurant, tearoom and bar with views over the loch. WC. Limited wheelchair access. Car and coach parking. Telephone (01887) 850236. www.croftnacaber.com

On the banks of Loch Tay, offering an unrivalled variety of water sports and other activities for individuals, families and groups. Suitable for all abilities. Power boating, windsurfing, sailing, canoeing, jetbiking, surfbiking, kayaking, aqua-sausage, ringo, quad bike trekking, golf, fishing, archery, clay shooting and mountain biking.

---

438 CROICK CHURCH 3 J6

At Croick, Sutherland, 9 miles (14.5km) west of Ardgay.

Made famous in 1845, during the Highland clearances, when many of the tenants of nearby Glencalvie were evicted to make way for sheep. They took refuge in the churchyard and even now names scratched on the east window bear witness to their distress.

---

439 CROMARTY COURTHOUSE MUSEUM 3 K7

Chruch Street, Cromarty. 25 miles (40km) north of Inverness on A832. Bus service from Inverness. Open Apr–Oct, daily 1000–1700. Telephone to check winter opening hours. Charge £. Group concessions. Guided tours (tape tour in French and German). Explanatory displays. Gift shop. Induction loop. Car and coach parking. Telephone (01381) 600418. www.cromarty-courthouse.org.uk

The courthouse, which dates from 1773, has been converted into an award-winning museum interpreting the history of the well-preserved town of Cromarty. Displays include a reconstructed trial in the courtroom, prison cells, animated figures and costumes. A personal tape tour of the town is included in the admission price.

---

440 CROMBIE COUNTRY PARK 5 P12

Monikie, Broughty Ferry, Angus. Follow A92 to Muirdrum then clearly signposted at crossroads. Nearest railway station Dundee, bus service from Dundee to Monikie then 2.5 mile (4km) walk. Open May–Aug, daily 0900–2100; Sept–Apr, daily 0900–1700. Free. Parking £ (disabled free). Guided tours by prior arrangement. Explanatory displays. Vending machine, picnic and barbecue area (two free marquees available Apr-Sep). WC. Wheelchair access. Disabled WC. Car and coach parking. Telephone (01241) 860360.

A Victorian reservoir with the appearance of a natural loch. Set in 250 acres (101ha). Wildlife hide, trails, displays and interpretation centre, ranger service, guided walks, child play park. Barbecue area. Also angling, telephone Monikie Angling Club (01382) 370300.

---

441 CROOKSTON CASTLE 6 J16

HS. Off Brockburn Road, Pollock, 4 miles (6.5km) south west of Glasgow city centre. Nearest railway station Glasgow Central, bus from Union Street. Open at all times (see keyholder). Free. Telephone 0131 668 8800. www.historic-scotland.gov.uk

The altered ruin of an unusual 15th-century castle. It consists of a central tower with four square corner towers, set within 12th-century earthworks. Affords excellent views of south west Glasgow.

442 **CROSS KIRK** **5 N17**

HS. In Cross road, Peebles. Open at all times (key from custodian in nearby house). Free. Limited wheelchair access. Telephone 0131 668 8800. www.historic-scotland.gov.uk

The remains of a Trinitarian friary founded in the late 13th century. Consists of nave, west tower and foundations of domestic buildings.

---

443 **CROSS OF LORRAINE** **6 H15**

Lyle Hill, Greenock (access via Newton Street). Access at all reasonable times. Free. Car parking.

Monument to the contribution made by the Free French Navy during World War II, located at a viewpoint overlooking the Clyde.

---

444 **CROSSRAGUEL ABBEY** **4 H18**

HS. Maybole, Ayrshire. On the A77, 2 miles (3km) south west of Maybole. Nearest railway station Maybole, bus service via Maybole from Ayr to Girvan. Open Apr–Sep, daily 0930–1830. Charge £. Group concessions. Guided tours. Picnic area. WC. Wheelchair access. Car and coach parking. Telephone (01655) 883113. www.historic-scotland.gov.uk

A Cluniac monastery built in 1244 by the Earl of Carrick. Inhabited by Benedictine monks until the end of the 16th century. Extensive and remarkably complete remains of high quality, including the church, cloister, chapter house and much of the domestic premises.

---

445 **CROY HILL** **6 K15**

HS. Between Croy and Dullatur, Stirlingshire. Nearest railway station Croy. Access at all times. Free. Telephone 0131 668 8800. www.historic-scotland.gov.uk

The site of a Roman fort (not visible) on the Antonine Wall. Part of the wall ditch can be seen, beside two beacon platforms on the west side of the hill. See also 59 Antonine Wall.

---

446 **CRUACHAN POWER STATION** **4 G13**

Dalmally, Argyll. 18 miles (29km) east of Oban on A85. Nearest railway station Cruachan, bus service from Oban and Glasgow. Open Easter–Nov, daily 0930–1700. Jul–Aug closes at 1800. Charge £. Group concessions. Guided tours. Explanatory displays. Gift shop. Café and picnic area. WC. Wheelchair access with assistance. Disabled WC. Car and coach parking. Telephone (01866) 822618.

A guided tour takes visitors 0.5 mile (1km) inside Ben Cruachan to see a reversible pumped storage scheme. An exhibition houses touch screen and computer video technology.

---

447 **CRUCK COTTAGE** **5 M19**

Torthorwald, left off A709. Key from Manor Country House Hotel, Torthorwald (arrangements are posted on the cottage). Car parking.

An example of an early 19th-century thatched cottage, restored using traditional skills and local materials.

---

448 **CRUISE LOCH LOMOND** **4 H14**

The Boatyard, Tarbet, Loch Lomond, Argyll & Bute. On A82, on west shore of Loch Lomond. Daily cruises for coach tours, groups and individuals – telephone to confirm departure times. Lunch cruise to Inversnaid Hotel departs most days at 1130. Charge dependent on cruise. Group concessions. WC. Wheelchair access with assistance. Car parking. Telephone (01301) 702356. www.cruiselochlomond.com

Daily cruises around the scenic, northern fjord-like end of the loch.

---

449 **CRUSADER HOBBY CERAMICS** **6 H16**

18 Irvine Road, Largs, Ayrshire. 25 miles (40km) from Glasgow on A78. Nearest railway station Largs, bus from Glasgow. Open Tue–Thu 1300–1500,

Fri and Sat 1100–1600. Price dependent on activity. WC. Wheelchair access with assistance. Telephone (01475) 686852. www.crusader-hobby-ceramics.com

Hobby ceramics studio, supplying all materials and holding regular classes and parties.

---

450 ROBINSON CRUSOE STATUE — 6 N14

Lower Largo. Bus from Edinburgh or St Andrews. Access at all times. Free.

Bronze statue of Alexander Selkirk, the real life mariner on whom Daniel Defoe based his famous character. The statue has stood on the site of his home for over 100 years.

---

451 CUBBIE ROW'S CASTLE — 1 B10

HS. On the island of Wyre, Orkney. Bus from Kirkwall to Tingwall and ferry from Tingwall to Wyre. Access at all times. Free. Telephone 0131 668 8800. www.historic-scotland.gov.uk

Probably the earliest stone castle authenticated in Scotland. Built circa 1145 by Norseman Kolbein Hruga, it consists of a small rectangular tower enclosed in a circular ditch. Nearby are the ruins of St Mary's Chapel, late 12th-century in the Romanesque style.

---

452 CULBIN FOREST — 3 L7

FE. Moray. A96 from Nairn to Brodie, then unclassified road to Cloddymoss; or A96 from Forres to Findhorn bridge then Kintessack road for 3 miles (5km) to Wellhill car park. Nearest bus at Nairn, 1 mile (2km) to Kingsteps (western end of forest); or Brodie on A96, 1.5 miles (3km) to Cloddymoss (centre of forest); nearest railway stations Nairn and Forres. Open daily all year. Free. Guided tours by appointment through Moray Forest District Office (01343) 820223. Explanatory displays. Leaflet available. Picnic areas. WC at Cloddy Moss (closed in winter). Guided walks and events. Limited wheelchair access (Easy blue trail from Wellhill car park). Car parking. Telephone (01343) 820223. www.forestry.gov.uk

An extensive pine forest, from Nairn to Findhorn Bay. Planted from the 1920s to stabilise the drifting sands. Unique natural history. Botanical trail. Five waymarked low level walks, from 1 to 3.5 miles (1.5 to 5.5km) from Wellhill car park. One walk of 3 miles (5km) and cycle trails of 9 and 11 miles (14.5 and 17.5km) from Nairn east beach (western forest). Informal walks throughout the forest. Ranger service.

---

453 CULBIN SANDS RSPB NATURE RESERVE — 3 L7

RSPB. By Nairn. On the coastline between Nairn and Findhorn Bay. Car and coach parking in Nairn (East Beach car park). Nearest railway and bus stations in Nairn, then 1 mile (1.5km) walk. Reserve open at all times. Free. Explanatory displays. Refreshments and facilities in Nairn. Limited wheelchair access. Disabled WC. Telephone (01463) 715000. www.rspb.org.uk/scotland

Overlooking the Moray Firth. The reserve has sandy beaches, saltmarsh, mudflats and shingle ridges. Thousands of ducks and waders winter here and in the summer visitors can see butterflies, dragonflies and wild flowers. Much of the reserve is remote and undisturbed.

---

454 CULCREUCH CASTLE AND COUNTRY PARK — 5 K15

Fintry, Stirling. Nearest railway station Stirling, nearest bus station Balfron. Open all year, daily 1100–2300. Free. Guided tours for groups only by prior arrangement. Gift shop. Refreshments available. WC. Limited wheelchair access. Disabled WC. Car and coach parking. Telephone (01360) 860555. www.culcreuch.com

A 14th-century castle, ancestral home of the Clan Galbraith, set in a 1600 acre (647.5ha) estate. Woodland, river and moorland walks. Pinetum. Walled garden and children's play area. The castle houses a hotel and conference centre.

---

455 CULLERLIE FARM PARK — 3 Q10

Cullerlie, Echt, Aberdeenshire. On the B9125, 12 miles (19km) west of

Aberdeen and 5.5 miles (9km) from Banchory. Nearest railway station Aberdeen. Local bus service. Open daily, Apr–May and Sep–Oct 1030–1700; Jun–Aug 1000–1730. Other times by appointment. Charge £. Group concessions. Explanatory displays. Gift shop. Tearoom with home baking. Baby changing facilities. WC. Wheelchair access. Disabled WC. Car and coach parking. Telephone (01330) 860549.

A family-run park with one of the largest privately owned collections of farming memorabilia. Lots of farm animals, including Clydesdale horses.

---

456 CULLODEN 3 K8

NTS. Visitor Centre, Culloden Moor, Inverness. On B9006 5 miles (8km) east of Inverness. Bus from Inverness. Visitor Centre open mid Jan–Mar and Nov–Dec, daily 1000–1600; Apr–Oct, daily 0900–1800. Site of battle open all year. Charge ££. Group concessions. Guided tours in summer. Explanatory displays, audio-visual programme in five languages. Guidebook in French and German. Gift shop. Restaurant. WC. Braille guide, raised maps and audio tape for blind visitors. Induction loop, subtitled audio-visual programme and special audio-visual channel for hard of hearing. Wheelchair access (wheelchairs available). Disabled WC. Car and coach parking. Telephone (01463) 790607. www.nts.org.uk

Site of the battle on 16 April 1746, when the forces of Bonnie Prince Charlie were defeated by the Hanoverian army, so ending the Forty-Five Jacobite uprising. Visitor centre with Jacobite exhibition, displays, audio-visual programme and bookshop.

---

457 CULROSS ABBEY 6 L15

HS. In Culross, Fife. Off A985, 12 miles (19km) west of Forth Road Bridge. Bus from Dunfermline. Open daily, summer 1000–dusk; winter 1000–1600. Sunday service 1130. Free. Telephone 0131 668 8800. www.historic-scotland.gov.uk

The remains of a Cistercian monastery founded in 1217. The eastern parts of the Abbey Church form the present parish church. There are also ruins of the nave, cellars and other domestic buildings.

---

458 CULROSS PALACE 6 L15

NTS. Culross, Fife. Off A985, 12 miles (19km) west of Forth Road Bridge, 6 miles (9.5km) west of Dunfermline. Bus from Glasgow or Dunfermline. Palace and Town House open Apr, May and Sep, daily 1230–1630; Jun–Aug, daily 1000–1700; Oct, Sat–Sun 1230–1630. Charge ££. Group concessions. Explanatory displays. Guidebook and video programme in French and German, information sheets in seven languages. Gift shop. Tearoom. Town trail, palace garden. WC. Induction loop and Braille guide. Limited wheelchair access. Disabled WC. Car and coach parking. Telephone (01383) 880359. www.nts.org.uk

Many buildings from the 16th and 17th centuries survive in this ancient royal burgh on the north shore of the River Forth. Most spectacular is the palace, built 1597–1611 for local entrepreneur Sir George Bruce. Visitor reception in Town House, with exhibition and video.

---

459 CULSH EARTH HOUSE 3 P9

HS. On B919 at Culsh, 1 mile (2km) east of Tarland, Aberdeenshire. Nearest railway station Aberdeen, bus from Aberdeen. Access by Culsh Farmhouse at all times. Free. Telephone 0131 668 8800. www.historic-scotland.gov.uk

A well-preserved underground passage with roofing slabs intact over the large chamber and entrance. About 2000 years old.

---

460 CULZEAN CASTLE AND COUNTRY PARK 4 H18

NTS. Maybole. On A719, 12 miles (19km) south of Ayr. Bus from Ayr. Open Apr–Oct, daily 1100–1730; park open all year, daily 0930–sunset. Charge £££. Group concessions. Guided tours of castle by arrangement; guided walks by rangers in park. Explanatory displays. Information sheets in six languages, guidebook in French and German. Gift shop. Two restaurants and several snack bars and picnic areas. Gardens, plant sales, adventure playground. WC. Induction loop and basic language audio tape tour. Braille guidebooks and tactile models.

Wheelchair access (wheelchairs and batricars available). Disabled WC. Car and coach parking. Telephone (01655) 884455. www.nts.org.uk

High on a cliff above the Firth of Clyde, Robert Adam's Culzean Castle is one of the most romantic in Scotland. Designed at the end of the 18th century, the elegant interior includes the spectacular Oval Staircase and the Circular Saloon. Fascinating associated buildings in the 563 acre (227ha) country park include the Fountain Court and the Camellia House. Swan pond, deer park, woodland and beach walks.

---

461 CUMBERNAULD MUSEUM 6 K15

Cumbernauld Library, 8 Allander Walk, Cumbernauld. In Cumbernauld town centre. Nearest railway station Cumbernauld, local bus service. Open all year, Mon–Fri 0900–1900 (Wed closes 1200), Sat 0900–1700. Free. Guided tours. Explanatory displays. WC. Wheelchair access. Car and coach parking. Telephone (01236) 725664. www.northlan.gov.uk

Telling the history of Cumbernauld from the setting of a Roman camp, past the fireside chat of a medieval lord, to the parlour of a 1930s miner. Audio-visual techniques bring the past to life.

---

462 CUNNINGHAME GRAHAM MEMORIAL 4 J14

NTS. Gartmore, Stirling. 2 miles (3km) south west of Aberfoyle, off A81. Access at all times. Free. Explanatory displays. Wheelchair access with assistance. Car and coach parking. www.nts.org.uk

A cairn commemorates the extraordinary life of R. B. Cunninghame Graham (1852–1936). He was a radical politician, writer, traveller and renowned horseman. An interpretive panel gives details of his life and the estate of Gartmore, his family home.

---

463 CURRIE WOOD 6 N16

Borthwick, Midlothian. On A772/A7, 12 miles (19km) south east of Edinburgh and 1.5 miles (2.5km) south east of Gorebridge. Access at all times. Free. Car parking. Telephone (01764) 662554. www.woodland-trust.org.uk

A 52-acre (21-ha) site of diverse woodland in a steep sided, sheltered valley with a burn running through it. The wood is of local and regional significance for wildlife. A footbridge over the Middleton South burn and a series of boardwalks through the wetter areas enable visitors to complete a satisfying circular route around the wood. Good spring and autumn colour.

---

464 CUWEEN HILL CAIRN 1 B10

HS. On A965, 0.5 mile (1km) south of Finstown, Orkney. Bus service from Kirkwall or Stromness then 1 mile (2km) walk. Access at all times. Free. Car parking. Telephone (01856) 841815. www.historic-scotland.gov.uk

A low mound covering a Neolithic chambered tomb with four cells. When discovered, it contained the bones of men, dogs and oxen.

---

465 CYCHARTERS LTD 1 G5

Muckle Yard, Scalloway Harbour, Shetland, (bookings can be made through Shetland Tourist Office). 7 miles (11km) west of Lerwick. Local bus service. Regular sailings Jun–Sep. Telephone to confirm times. Charges vary. Group concessions. Toilet facilities onboard. Wheelchair access with assistance. Car and coach parking. Telephone (01595) 696598. www.cycharters.co.uk

Cycharters take visitors to the island of Foula, 25 miles (40km) west of the Shetland Mainland, for sightseeing. This unique island has the second highest cliffs in the UK, and thousands of seabirds. Whales are often spotted around the coast. Also boat trips through the Scalloway Isles and evening trips to Hildasay, Oxna, Papa or South Havra. The *MV Cyfish* is available for private hire and sea angling trips.

466 **DALBEATTIE FOREST** 5 L20

FE. 9 miles (14.5km) west of Dumfries. Free access at all times. Forest walks including Red Squirrel Interpretation Trail. Wheelchair access. Car parking. Telephone (01387) 247745. www.forestry.gov.uk

Dalbeattie Forest cloaks the granite outcrops that surround the town itself. Its name means 'valley of the birches' and even today these trees are common throughout. At the heart of the forest lies the Plantain Loch, a tranquil retreat where birds and dragonflies can be viewed from the boardwalk. Mountain biking for all abilities, from quiet roads to technical single track.

---

467 **DALBEATTIE MUSEUM** 5 L20

1 Southwick Road, Dalbeattie. On A711 13 miles (21km) west of Dumfries. Local bus service. Open Jun–Sep, Mon–Sat 1100–1600, Sun 1400–1600. Charge £. Children free if accompanied by adult. Guided tours. Explanatory displays. Gift shop. Play material for children. WC. Limited wheelchair access (stairs to first floor). Car and coach parking. Telephone (01556) 610437.

Victorian and Edwardian household memorabilia. Most items can be handled by visitors, from a machine for crushing seashells and the first wooden electrical washing machine to a blow billiards game. A museum with a difference.

---

468 **DALDON BORDER COLLIES** 2 D7

Daldon, Bernisdale, Portree, Isle of Skye. On A850 between Portree and Dunvegan. Demonstrations Jun–Oct, daily at 1000 and 1600. Charge £. No charge for children. Group concessions. Car and coach parking. Telephone (01470) 532331.

A new venture to show the public the abilities of the Border Collie working in his natural surroundings. The shepherd, a Scottish and International Sheep Dog Brace Champion, demonstrates with both sheep and ducks in a relaxed atmosphere where visitors are encouraged to participate. Also guided tours through the croft museum, with a detailed history of Skye over the past 400 years and lots of photographs.

---

469 **DALGARVEN MILL AND COUNTRY LIFE MUSEUM** 6 H17

Dalgarven, Dalry Road, Kilwinning, Ayrshire. On the A737 between Dalry and Kilwinning. Bus from Dalry or Kilwinning (or express bus from Glasgow). Open Easter–Oct, Tue–Sun and bank holidays, 1000–1700; Nov–Mar, Tue–Fri 1000–1600, Sat–Sun 1000–1700. Charge ££. Group concessions and guided tours available by prior arrangement. Explanatory displays. Antiques shop. Gift shop. Coffee shop. Riverside walk and wild flower meadow. WC. Limited wheelchair access. Disabled WC. Car and coach parking. Telephone (01294) 552448. www.dalgarvenmill.org.uk

A 17th-century restored water mill, set in a secluded hollow, housing an exhibition of traditional flour production. In the adjoining granary there is a museum of Ayrshire country life, with collections of farming and domestic memorabilia and local costume, including some good examples of Ayrshire whitework. Room reconstructions of 1880 lifestyle.

---

470 **DALKEITH COUNTRY PARK** 6 N15

Dalkeith, Midlothian. In Dalkeith High Street, off A68, 7 miles (11km) south of Edinburgh. Bus from Edinburgh. Open Apr–Sep, daily 1000–1800. Charge £. Children under 5 free. Group concessions. Guided tours. Explanatory displays. Gift shop. Restaurant, tearoom and picnic area. WC. Wheelchair access. Disabled WC. Car and coach parking. Telephone 0131 654 1666 or 663 5684.

The extensive grounds of Dalkeith Palace (not open to the public), an 18th-century planned landscape. Farm animals, including working Clydesdale horses, adventure woodland play area, nature trails, woodland walks, 18th-century bridge, orangery and ice house. Ranger service.

---

471 **DALLAS DHU HISTORIC DISTILLERY** 3 M7

HS. Mannachie Road, Forres, Morayshire. Off the A940, 2 miles (3km) south of

Forres, Moray. Nearest railway station Forres, bus from Inverness or Aberdeen, then 2 mile (3km) walk. Open Apr–Sep, daily 0930–1830; Oct–Mar, Mon–Sat 0930–1630, Sun 1400–1630, closed Thu pm and Fri. Charge ££. Guided tours. Explanatory displays. Visitor centre. Audio-visual presentation in several languages. Gift shop. Picnic area. WC. Limited wheelchair access. Disabled WC. Car and coach parking. Telephone (01309) 676548. www.historic-scotland.gov.uk

A picturesque small distillery built in 1898 to supply malt whisky for Wright and Greig's Roderick Dhu blend. Video on the history of Scotch whisky. Visitors may sample whisky.

---

472 DALMENY HOUSE **6 M15**

South Queenferry, West Lothian. Off the B924, 7 miles (11km) west of Edinburgh. Bus or rail (Dalmeny station) from Edinburgh. Open Jul–Aug, Sun–Tue 1400–1730; groups by special arrangement at other times. Charge ££. Group concessions. Guided tours. Tearoom. WC. Limited wheelchair access. Disabled WC. Car and coach parking. Telephone 0131 331 1888. www.dalmeny.co.uk

The home of the Earls of Rosebery for over 300 years, but the present Tudor Gothic building, by William Wilkins, dates from 1815. Interior Gothic splendour of hammer-beamed hall, vaulted corridors and classical main rooms. Works of art include a magnificent collection of 18th-century British portraits, 18th-century furniture, tapestries, porcelain from the Rothschild Mentmore collection and the Napoleon collection. Lovely grounds and a 4.5 mile (7km) shore walk.

---

473 DALMENY PARISH CHURCH **6 M15**

Main Street, Dalmeny, West Lothian. 10 miles (16km) west of Edinburgh. A90 to South Queensferry then follow signs to Dalmeny. Nearest railway station Dalmeny then 1 mile (1.6km) walk, bus service from Edinburgh. Open Apr–Sep, Sun 1400–1630; other times by request. Admission by donation. Guided tours by arrangement. Leaflets (available in French, German and Japanese). Gifts available. WC. Wheelchair access. Car and coach parking. Telephone 0131 331 1479.

The best preserved Romanesque (Norman) church in Scotland, dating from the 12th century. Coach tours should book in advance.

---

474 DALTON POTTERY ART CAFÉ **5 M20**

Meikle Dyke, Dalton, Dumfries and Galloway. Signposted on the B725, 1 mile (2km) towards Dalton from Carrutherstown (off A75 between Dumfries and Annan). Bus from Dumfries. Open all year, Mon–Fri 1000–1700, Sat–Sun 1000–1700 (closed 23 Dec–4 Jan). Free. Guided tours by prior arrangement. Explanatory displays. Gift shop. Tearoom and picnic area. Adventure play park. WC. Wheelchair access. Disabled WC. Car parking. Telephone (01387) 840236. www.daltonpottery.co.uk

A working pottery where visitors can see porcelain and raku ceramics being made and decorated. The pottery produces a wide selection of clocks, vases, bowls and cat and fish themed ceramics. Visitors can also choose from a range of glazed pots to decorate themselves and take home, or try out the potter's wheel.

---

475 DALWHINNIE DISTILLERY VISITOR CENTRE **3 K10**

Dalwhinnie, Inverness-shire. Off the A9, 50 miles (80km) north of Perth. Nearest railway station Dalwhinnie, bus from Inverness or Perth stops 2 miles (3km) on A9. Open Easter–Sep, Mon–Fri 0930–1700; Jun–Sep also Sat 0930–1700; Jul and Aug also Sun 1230–1700; Oct Mon–Fri 1100–1600; Nov–Easter 1300–1600 (appointments advised). Charge ££. Groups of students under 18 £. Children under 8 not allowed into production area. Group concessions. Guided tours. Explanatory displays. Leaflets available in Dutch, French, German, Italian, Japanese and Spanish. Gift shop. WC. Guide dogs to visitor centre only. Limited wheelchair access. Disabled WC. Car and coach parking. Telephone (01540) 672219.

The highest distillery in Scotland, opened in 1898. Tour guides explain the secrets of distilling. The exhibition features the history and geography of the area, and the classic malts.

476 **DALZELL PARK** 6 K16

Adele Street, Motherwell. Nearest railway station Motherwell, bus from Glasgow. Open from dawn to dusk. Free. Limited wheelchair access. Car and coach parking. Telephone (01698) 266155. www.northlan.gov.uk

Peaceful woodland with spectacular scenery and heritage monuments such as Dalzell House and Lord Gavin's Temple. Wildlife includes woodpeckers, roedeer and squirrels. Ranger service.

---

477 **DANDELION DESIGNS AND IMAGES GALLERY** 2 D7

The Captain's House, Stein, Waternish, Isle of Skye. On the B886, Waternish Road, betwen Edinbane and Dunvegan. By bus from Portree or Dunvegan (limited service). Open Mar–Oct, daily 1100–1700. Nov–Feb by arrangement. Free. Gift shop. Refreshments nearby. Wheelchair access. Car and coach parking. Telephone (01470) 592218 or 592223. www.dandelion-designs.co.uk

A craft workshop and gallery. A local artist demonstrates craft work and painting techniques. Situated in a fine listed building on the shore of Loch Bay with spectacular views.

---

478 **BARBARA DAVIDSON POTTERY** 6 L15

Muirhall Farm, Larbert, Stirlingshire. On the A88 north side of Larbert, 9 miles (14.5km) south of Stirling, signposted from the A9. Nearest railway station Larbert, then 12 minute walk, or bus from Stirling or Falkirk. Open all year, Mon–Sat 1000–1700; closed Christmas, New Year and local holidays – telephone to confirm. Free. Guided tours by arrangment; demonstration (£). Gift shop. Wheelchair access. Car parking. Telephone (01324) 554430. www.barbara-davidson.com

A working pottery in a picturesque converted 17th-century farm steading. Products are hand-thrown stoneware, mostly functional. In July and August, visitors can try their hand at making a pot (small charge).

---

479 **TOM DAVIDSON GALLERY** 5 P17

High Street, Earlston, Berwickshire. On the A68, 14 miles (22km) north of Jedburgh, 38 miles (61km) south of Edinburgh. Bus from Edinburgh, Jedburgh, Galashiels or Berwick-upon-Tweed. Open all year, including bank holidays, Mon-Sat. Free. Explanatory displays. Gift shop. Wheelchair access with assistance. Car and coach parking. Telephone (01896) 848898. www.tomdavidson.co.uk

A gallery featuring mostly landscape paintings, etchings and linocuts. Davidson is known as one of Scotland's leading exponents of the linocut and he can be seen at work either cutting or printing the block. Time is given to explain the process to visitors.

---

480 **DAWYCK BOTANIC GARDEN** 5 M17

Stobo, Peeblesshire. On the B712, 8 miles (13km) south west of Peebles. Bus from Peebles. Open daily, Apr–Sep 1000–1800; Mar and Oct closes 1700; Feb and Nov closes 1600. Charge £. Group concessions. Guided tours by arrangement. Explanatory displays. Gift shop. Tearoom and picnic area. WC. Car and coach parking. Telephone (01721) 760254.

A specialist garden of the Royal Botanic Garden, Edinburgh (see 663). A historic arboretum with landscaped walks. The mature trees include the unique Dawyck Beech. There are also many varieties of flowering trees, shrubs and herbaceous plants. Visitors can explore Heron Wood and the world's first Cryptogamic Sanctuary and Reserve to see non-flowering plants. Other notable features include the Swiss Bridge, stonework and terracing created by Italian craftsmen in the 1820s.

---

481 **DEAN CASTLE AND COUNTRY PARK** 6 J17

Dean Road, Kilmarnock. On A77. Nearest railway station Kilmarnock (15 minute walk), bus service from Kilmarnock. Park open all year, daily from dawn to dusk. Castle open all year, daily 1200–1700; closed Christmas and New Year. Free. Guided tours. Explanatory displays. Gift shop. Restaurant and picnic areas. WC. Wheelchair access. Disabled WC. Car and coach parking. Telephone (01563) 554702.

A magnificent collection of buildings dating from the 1350s. For 400 years Dean Castle was the stronghold of the Boyds of Kilmarnock, and today important collections of arms and armour, musical instruments and tapestries are on display in public rooms. The country park comprises 200 acres (81ha) of mixed woodland. Ranger service and programme of events.

---

482 DEE VALLEY CONFECTIONERS — 3 N10

Station Square, Ballater, Aberdeenshire. 44 miles (70km) west of Aberdeen. Bus service from Aberdeen. Shop open Apr–Oct, Mon–Thu 0900–2000; factory open to visitors Apr–Oct, Mon–Thu 0900–1200 and 1400–1630. Free. Gift shop. Wheelchair access. Car and coach parking. Telephone (01339) 755499.

The visitor can observe sweets being made from a viewing area. Watch the process of colours and flavours being added to the candy, followed by the stretch and pull methods for stripes and lettering. The old-fashioned machines form the sweets and cool the candy. Free samples.

---

483 DEEP SEA WORLD — 6 M15

North Queensferry, Fife. In village of North Queensferry. Nearest railway station North Queensferry, bus services (Fife Scottish). Take junction 1 off M90 and follow signs. Open Mar–Oct, daily 1000–1800, Jul–Aug closes 1830; Nov–Mar, Mon–Fri 1100–1700, Sat–Sun and public holidays 1000–1800. Charge £££. Carers with ID badges go free. Group concessions. Guided tours. Explanatory displays. Gift shop. Café and picnic area. WC. Wheelchair access. Disabled WC. Car and coach parking. Telephone 0906 941 0077. www.deepseaworld.co.uk

A triple award-winning aquarium. Visitors can enjoy a spectacular diver's eye view of our marine environment on an underwater safari through the world's longest underwater tunnel; come face to face with Europe's largest collection of sand tiger sharks and watch divers hand feed a spectacular array of sea life; touch the live exhibits in the large rockpools; and visit the stunning Amazonian Experience which features ferocious piranhas and electrifying eels. Other exhibits include the dangerous animals tank, seahorses, octopuses, wolf fish and many many more fascinating creatures. New exhibits include the Amazing Amphibians display featuring the world's most poisonous frog, and animal handling sessions including snakes. Free behind the scenes tours.

---

484 DEER ABBEY — 3 R8

HS. Off A950 at Old Deer, 10 miles (16km) west of Peterhead, Aberdeenshire. Bus to Mintlaw then 1.5 mile (2.5km) walk. Access at all times. Free. Car parking. Telephone (01466) 793191. www.historic-scotland.gov.uk

Scant remains of a Cistercian monastery founded in 1218.

---

485 DEER PARK GOLF AND COUNTRY CLUB — 6 M15

Golf Course Road, Livingston, West Lothian. Signposted from M8, junction 3. Open all year, daily. Charges vary. Several bars and dining areas. WC. Wheelchair access with assistance. Disabled WC. Car and coach parking. Telephone (01506) 446699.

A regional qualifying course for the British Open and host to Scottish PGA championships – a 6688 yard, 18 hole, par 72 parkland course. Also squash courts, gym, tenpin bowling, snooker, pool, spa and sauna.

---

486 DELGATIE CASTLE — 3 Q7

Delgatie, Turriff, Aberdeenshire. Off the A947, on the B9170. 3 miles (5km) north east of Turriff. Nearest railway and bus station Aberdeen. Open Apr–Oct, daily 1000–1700; Nov–Mar, Tue–Thu 1000–1600 (not Christmas and New Year weeks). Charge £. Group concessions. Guided tours. Explanatory displays. Gift shop. Tearoom and picnic area. WC. Wheelchair access to ground floor and tearoom. Disabled WC. Car and coach parking. Telephone (01888) 563479 or 562750. www.delgatiecastle.com

An 11th-century tower house, home of the late Captain Hay of

Delgatie who restored it over the last 50 years. The castle contains late 16th-century painted ceilings and has the widest turnpike stair in Scotland. Mary, Queen of Scots stayed here after the Battle of Corrichie.

---

487 DEN OF ALYTH 5 M12

Bamff Road, Alyth. 300 yards (300m) west of Alyth on the Bamff Road. Access at all reasonable times. Free. Guided tours by arrangement with ranger service. Explanatory displays (on-site panel), leaflet available. Picnic area. WC nearby. Limited wheelchair access. Car and coach parking. www.pkc.gov.uk

The Den of Alyth is the deep-sided wooded valley of the Alyth Burn. Designated as a Site of Special Scientific Interest, it is a valuable wildlife area. There are several walks of varying length running through the shady broadleaved woodland. There is also a large picnic area with play equipment.

---

488 DEN WOOD 3 Q8

4 miles (6.5km) north east of Inverurie, close to Old Meldrum. Access at all times. Free. Car parking. Telephone (01764) 662554. www.woodland-trust.org.uk

Formerly part of the Meldrum Estate, Den Wood is situated in a rich agricultural landscape. There are a range of woodland habitats and clearings, supporting badgers, roe deer and native plants and insects. Four circular trails, including one to the summit of the wood, offering panoramic views.

---

489 DENNY SHIP MODEL EXPERIMENT TANK 6 J15

Castle Street, Dumbarton, Dunbartonshire. 200 yards (182m) east of Dumbarton town centre. Bus or rail from Glasgow. Open all year (except Christmas and New Year), Mon–Sat 1000–1600. Charge £. Group concessions. Guided tours on request. Explanatory displays. Gift shop. Picnic area. WC. Limited wheelchair access. Car and coach parking. Telephone (01389) 763444.

A ship model experiment tank constructed in 1882 and retaining many of its original features. Fully restored to working order by the Scottish Maritime Museum so that the original process can be demonstrated.

---

490 DERE STREET ROMAN ROAD 6 N16

HS. On the B6438 (off the A68) beside Soutra Aisle, Midlothian. Bus from Edinburgh to Jedburgh, alight at top of Soutra Hill then 0.6 mile (1km) walk. Access at all times. Free. Telephone 0131 668 8800. www.historic-scotland.gov.uk

A good stretch of the Roman road which ran from Corbridge beside Hadrian's Wall to Cramond on the Firth of Forth. Beside the road are scoops, pits from which the gravel for building the road was taken.

---

491 DESIGNS GALLERY AND CAFÉ 5 K20

179 King Street, Castle Douglas, Dumfries and Galloway. On the A75, 18 miles (29km) west of Dumfries. Bus from Dumfries. Open all year (except Christmas and New Year), Mon–Sat 0930–1730. Free. Shop and exhibition gallery. Café/restaurant. Garden. WC. Limited wheelchair access. Disabled WC. Telephone (01556) 504552. www.designsgallery.co.uk

A focal point for arts and crafts in south west Scotland. Changing exhibitions of high quality crafts. Adjacent shop sells cards, prints, ceramics, knitwear, studio glass and jewellery.

---

492 DESKFORD CHURCH 3 P7

HS. Off B9018, 4 miles south of Cullen, Banffshire. Nearest railway station Elgin, bus from Elgin then 0.5 mile (1km) walk. Access at all times. Free. Telephone (01466) 793191. www.historic-scotland.gov.uk

Ruin of a small, late medieval church with a richly carved sacrament house characteristic of north east Scotland.

493 DEVIL'S BEEF TUB **5 M18**

A701, 6 miles (9.5km) north of Moffat. Access at all times. Free. Car parking.

A huge, spectacular hollow among the hills, at the head of Annandale. In the swirling mists of this out-of-the-way retreat, Borders reivers hid cattle lifted in their raids. Can be seen from the road.

---

494 DEWARS WORLD OF WHISKY **5 L12**

Aberfeldy Distillery, Aberfeldy, Perthshire. 20 miles north of Perth on A827, off A9. Bus service from Pitlochry or Perth. Open Apr–Oct, Mon–Sat 1000–1800, Sun 1200–1600; Nov–Mar, Mon–Fri 1000–1600. Last entry one hour before closing. Charge ££. Group concession or private booking by arrangement. Guided tours (distillery); audio guided tour (visitor centre). Explanatory displays. Gift shop. Tearoom. Garden, forest walk and nature trail. WC. Wheelchair access. Disabled WC. Car and coach parking. Telephone (01887) 822010. www.dewarsworldofwhisky.com

Celebrating the lives of the entrepreneurial Dewer family and the art of blending whisky, visitors will enjoy this interactive, contemporary attraction with a traditional working distillery tour. Fun for all the family.

---

495 DICK INSTITUTE **6 J17**

Elmbank Avenue, Kilmarnock. Nearest railway station Kilmarnock (ten minute walk). Open all year, Mon–Tue and Thu-Fri 1000–2000, Wed and Sat, 1000–1700. Free. Explanatory displays. Craft shop selling contemporary works predominantely from local makers. WC. Wheelchair access. Disabled WC. Car and coach parking. Telephone (01563) 554343. www.east-ayrshire.gov.uk/comser/arts_museums/main.asp

Temporary and permanent exhibitions over two floors of this grand Victorian building. Fine art, social and natural history collections are upstairs whilst galleries downstairs house temporary exhibitions of international, national and regional visual arts and crafts.

---

496 DIM RIV NORSE LONGSHIP BOAT TRIPS **1 G5**

Lerwick, Shetland. Open Jun–Aug, Mon only unless hired privately. Book at Tourist Information Centre. Charge ££. Group concessions. Car and coach parking. Telephone (01595) 693097.

Harbour tours on a working replica of a Norse longship.

---

497 DINGWALL MUSEUM **3 J7**

Town House, High Street, Dingwall, Ross and Cromarty. 11 miles (18km) north of Inverness via A9 and A835. Nearest railway station Dingwall; bus service from Inverness, Strathpeffer and the north. Open May–Sep, Mon–Fri 1000–1630. Charge £. Courtyard free. Group concessions. Guided tours. Explanatory displays. Gift shop. Picnic area. Garden and outdoor display area. Amplified hearing units available. Personal guides for blind visitors. Limited wheelchair access. Car and coach parking. Telephone (01349) 865366.

The award-winning museum contains a reconstructed smiddy and kitchen; military room and artefacts relating to the history of the ancient burgh. Special attractions including giant jigsaws for children. Changing exhibitions and activities such as spinning and blanket stamping.

---

498 DIRLETON CASTLE AND GARDENS **6 P15**

HS. Dirleton, North Berwick. Off A198 in Dirleton village, 8 miles (13km) west of North Berwick, East Lothian. Nearest railway station North Berwick, bus to Dirleton from Edinburgh and North Berwick. Open Apr–Sep, daily 0930–1830; Oct–Mar, daily 0930–1630. Charge £. Group concessions. Guided tours. Explanatory displays. Gift shop. Main garden has a selection of scented flowers and plants. Limited wheelchair access. Car and coach parking. Telephone (01620) 850330. www.historic-scotland.gov.uk

A romantic castle dating from the 13th century with 15th- to 17th-century additions. First besieged in 1298 by Edward I. Destroyed in 1650. The adjoining gardens include an early

20th-century Arts and Crafts garden and a restored Victorian garden. Also a 17th-century bowling green.

---

499 **DIVACH FALLS** **3 J8**

A82 from Inverness through Drumnadrochit, turning right at Lewiston onto Balmacaan road (Falls signposted). Car park at top.

A 100 foot (30.5m) fall above the village of Drumnadrochit. The falls are overlooked by Divach Lodge where J. M. Barrie once stayed.

---

500 **DOGTON STONE** **6 M14**

HS. Off B922, at Dogton farmhouse, near Cardenden. 5 miles (8km) north west of Kirkcaldy, Fife. 1.5 miles (2.5km) east north-east of Cardenden railway station, bus from Kirkcaldy or Dunfermline. www.historic-scotland.gov.uk

An ancient Celtic cross with traces of animal and figure sculpture.

---

501 **DOLLAR GLEN** **6 L14**

0.3 miles (0.5km) north of Dollar, Clackmannanshire. Bus from Alloa and Stirling. Access at all times. Free. Explanatory displays. Refreshments and facilities in Dollar. Car parking.

At the foot of the Ochil Hills, Dollar Glen is unmistakable with its imposing castle, Castle Campbell, at its head. A path crosses Dollar Burn and follows the west side of the glen to emerge at the rear of the castle. See also 324 Castle Campbell.

---

502 **DOLLAR MUSEUM** **6 L14**

Castle Campbell Hall, 1 High Street, Dollar. At the top of East Burnside. Open from Easter–Christmas, Sat 1100–1300 and 1400–1630, Sun 1400–1630, and by appointment (contact curator on 01259 742895). Free. Guided tours on request. Explanatory displays. Gift shop. Children's corner. WC. Wheelchair access (except reading room). Disabled WC. Car parking. Telephone (01259) 742895.

A small award-winning museum with frequently changing, temporary exhibitions. Also permanent exhibitions on the history of Dollar, Castle Campbell, Dollar Academy, the Devon Valley Railway and the prehistory of Dollar. Reading room with local history material, including many photographs.

---

503 **DOLPHINS AND SEALS OF THE MORAY FIRTH** **3 K8**

Tourist Information Centre, North Kessock, by Inverness. Off the A9, just north of the Kessock Bridge. Bus from Inverness. Open Jun–Sep, daily 0930–1630. Free. Explanatory displays and group talks. Gift shop. Picnic area. WC. Wheelchair access with assistance. Disabled WC. Car and coach parking. Telephone (01463) 731866.

An exhibition about the local bottle-nosed dolphin population. Video display. Children's activities. Reference corner and interpretive staff. Visitors may watch the dolphins and hear them through underwater microphones.

---

504 **DOONHILL HOMESTEAD** **5 P15**

HS. Off A1, 2 miles (3km) south of Dunbar, East Lothian. Nearest railway station Dunbar. Bus from Edinburgh to Dunbar, then 2 mile (3km) walk. Access at all times. Free. Car parking. Telephone 0131 668 8800. www.historic-scotland.gov.uk

The site of a wooden hall of a 6th-century British chief, and of an Anglian chief's hall which superseded it in the 7th century. A rare record of the Anglian occupation of south east Scotland.

---

505 **DORNOCH CATHEDRAL** **3 L6**

Dornoch, Sutherland. On A9, 40 miles (64km) north of Inverness. Bus from Inverness or Tain (station). Open all year 0900–dusk. Free. Guided tours after Sun eve service in summer; other times with advance notice. Explanatory displays. Small gift shop (summer, Mon-Fri 1000-1600). Crèche during Sunday church service. WC. Induction loop and personal radio receivers available on request. Wheelchair access. Car and coach parking. Telephone (01862) 810357.

A small well-maintained cathedral founded in 1224 by Gilbert, Archdeacon of Moray and Bishop of Caithness. Partially destroyed by fire in 1570 and restored 1835-37, and again in 1924. The fine 13th-century stonework is still visible.

---

506 **DORNOCH LOCHANS** **3 L6**

Davochfin Farm, Dornoch, Sutherland. 1 mile (2km) west of Dornoch on Cuthill Road. Bus from Dornoch. Open Apr–Nov, Mon–Sat 1000–2200, Sun 1400–1800. Charges vary. Picnic and barbecue area. WC. Wheelchair access with assistance. Disabled WC. Car and coach parking. Telephone (01862) 810600. www.dornochlochans.co.uk

A trout fishery with four ponds. Also pitch and putt, croquet and boule and golf driving range.

---

507 **DOUNE BROCH CENTRE** **2 D3**

Carloway, Isle of Lewis. On A858, 22 miles (35km) from Stornoway. Local bus service. Open Jun–Sep, Mon–Sat 1000–1630. Free. Explanatory displays. Gift shop. WC and disabled WC open all year. Wheelchair access. Car and coach parking. Telephone (01851) 643338.

The visitor centre is down the hill from the Doune Broch and is built into the hillside with a turf roof. There is a reconstruction of how the broch might have been lived in.

---

508 **DOUNE CASTLE** **5 K14**

HS. Castle Road, Doune. Off A84 at Doune, 8 miles (13km) north west of Stirling. Nearest railway station Dunblane, bus via Doune from Stirling or Callander. Open Apr–Sep, daily 0930–1830; Oct–Mar, Mon–Sun 0930–1630, closed Thu and Fri. Charge £. Group concessions. Guided tours. Explanatory displays. Gift shop. Picnic area. Blind visitors may touch carvings. Limited wheelchair access. Car parking. Telephone (01786) 841742. www.historic-scotland.gov.uk

A magnificent late 14th-century courtyard castle built for the Regent Albany. Its most striking feature is the combination of tower, gatehouse and hall with its kitchen in a massive frontal block. Later possessed by the Stuarts of Doune, Earls of Moray.

---

509 **DOUNREAY VISITOR CENTRE** **3 L2**

Dounreay, Thurso, Caithness. On A836, 9 miles (14.5km) west of Thurso. Bus service from Thurso. Open May–Oct, daily 1000–1600. Free. Explanatory displays. Tearoom and picnic area. WC. Limited wheelchair access. Car and coach parking. Telephone (01847) 802572.

The Dounreay Visitor Centre tells the story of the remarkable work carried out at the site in the past, the present and looking into the future, which can be easily understood and enjoyed by the whole family. Visitors can also hear how UKAEA Dounreay is developing world-class expertise in decommissioning, waste management and environmental reclamation of the site.

---

510 **JACK DRAKE'S ALPINE NURSERY** **3 L9**

Aviemore, Inverness-shire. On the B970, 4 miles (6.5km) south of Aviemore. Nearest railway station Aviemore. Open Mar–Oct, daily 1000–1700. Free. Large groups by appointment only. Tearoom serving homebaked cakes and tea and coffee. WC. Limited wheelchair access. Car and coach parking. Telephone (01540) 651287. www.drakesalpines.com

Informal garden and hardy plant nursery with a wide range of hardy plants in idyllic woodland. Viewing room overlooking red squirrel/bird feeders.

---

511 **DRUCHTAG MOTTE** **4 J21**

HS. At the north end of Mochrum village, 2 miles (3km) north of Port William, Wigtownshire. Nearest railway station Stranraer, bus from Newton Stewart or

Stranraer to Mochrum or Port William. Access at all times. Free. Telephone 0131 668 8800. www.historic-scotland.gov.uk

A well-preserved Norman motte castle.

---

512 DRUM CASTLE AND GARDENS 3 Q10

NTS. Drumoak, Banchory, Aberdeenshire. Off A93, 10 miles (16km) west of Aberdeen. By bus from Aberdeen. Open Easter–May, Sep and weekends in Oct, daily 1330–1730; Jun–Aug, daily 1100–1730. Grounds open all year, daily 0930–sunset. Charge for house and gardens £££, gardens only £. Group concessions. Guided tours by arrangement. Explanatory displays. Information sheets in five languages. Gift shop. Tearoom. Garden and play area. WC. Wheelchair access with assistance (wheelchair available). Disabled WC. Car and coach parking. Telephone (01330) 811204. www.nts.org.uk

The 13th-century tower of Drum is one of the three oldest tower houses in Scotland and was the work of Richard Cementarius, first Provost of Aberdeen and King's Master Mason. Jacobean and Victorian extensions make this a fine mansion house with notable portraits and furniture, much from the 18th century. The grounds contain a 16th-century chapel and a unique garden of historic roses.

---

513 DRUMCOLTRAN TOWER 5 L20

HS. Off A711, 8 miles (13km) south west of Dumfries. The tower can be found among farm buildings. Nearest railway station Dumfries, bus services from Dumfries, Stranraer, Dalbeattie then walk. Open at all times (apply to keyholder). Free. Car parking. Telephone 0131 668 8800. www.historic-scotland.gov.uk

A well-preserved mid 16th-century tower house. Simple and severe.

---

514 DRUMLANRIG CASTLE 5 L18

Thornhill, Dumfries and Galloway. Off A76, 4 miles (6.5km) north of Thornhill (16 miles/25.5km from M74, junction 14). Nearest railway station at Dumfries (18 miles/29km). Nearest bus stop 1.5 mile (2.5km). Open May–Aug, Mon–Sat 1100–1600, Sun 1200–1600. Charge £££. Group concessions. Gift shop. Licensed restaurant. WC. Wheelchair access. Disabled WC. Car and coach parking. Telephone (01848) 330248. www.buccleuch.com

Dumfriesshire home of the Duke of Buccleuch and Queensberry, built between 1679 and 1691 by William Douglas, 1st Duke of Queensberry. Includes works by Rembrandt, Holbein and Leonardo. Associations with Bonnie Prince Charlie, Robert Bruce and Mary, Queen of Scots. French furniture, 300-year-old silver chandelier and cabinets made for Louis XIV's Versailles. Douglas family exhibition room. Extensive gardens now being restored to original 18th-century plans. Woodland walks. Craft centre. Children's adventure playground. Visitor centre with live wildlife TV. Ranger service. Cycle museum and cycle hire. Mountain bike trails.

---

515 DRUMLANRIG'S TOWER 5 P18

1 Towerknowe, Hawick. In the centre of Hawick, off the High Street. Bus from Edinburgh or Carlisle. Open Mar–Oct, Mon–Sat 1000–1700, Sun 1200–1700, Jun and Sep closes 1730, Jul–Aug closes 1800. Charge £. Group concessions. Guided tours by arrangement. Explanatory displays in visitor centre (touch screen audio-visual). Gift shop. Baby changing and feeding facilities. WC. Wheelchair access. Disabled WC. Car parking. Telephone (01450) 377615.

This 15th-century fortified tower house, stronghold of the Douglases, tells the story of Hawick and Scotland using period sets, costumed figures and audio-visuals. Themes include Border Reivers and Hawick's renowned knitwear industry.

---

516 DRUMMOND CASTLE GARDENS 5 L13

Drummond Castle, Muthill, Crieff. 2 miles (3km) south of Crieff. Nearest railway station Gleneagles, bus service from Stirling to Crieff. Open Easter, then May–Oct, daily 1300–1800; last entry 1700. Charge ££. WC. Limited wheelchair access. Disabled WC. Car and coach parking. Telephone (01764) 681257 or 681433 weekends. www.drummondcastlegardens.co.uk

One of Scotland's largest formal gardens with magnificent early Victorian parterre, fountains, terracing and topiary. It is laid out in the form of a St Andrews cross. The multi-faceted sundial by John Mylne, master mason to Charles I, has been the centrepiece since 1630.

---

517 DRUMMOND HILL **5 K12**

FE. At Kenmore, 4.5 miles (7km) west of Aberfeldy, off the A827. Nearest railway station Pitlochry, bus service from Kenmore. Access at all reasonable times. Free. Picnic area and WCs at Dalerb. Wheelchair access at Dalerb. Disabled WC. Car parking. www.forestry.gov.uk

Historically important for both forestry and capercaillie, Drummond Hill has forest walks with stunning views of Loch Tay. Also mountain bike routes. Picnic area at Dalerb beside Loch Tay, one mile west of Kenmore on A827.

---

518 DRUMPELLIER COUNTRY PARK **6 K16**

Townhead Road, Coatbridge. 2 miles (3km) from Coatbridge. By rail to Coatbridge Sunnyside or Central stations, then bus to park. Park open all year during daylight. Visitor centre open daily, May and Sep 1100–1730; Jun–Aug 1030–1930; Oct–Apr 1200–1600. Free. Explanatory displays. Ranger guided walks. Gift shop. Tearoom. WC. Limited wheelchair access. Disabled WC. Car and coach parking. Telephone (01236) 422257. www.northlan.gov.uk

Five hundred acres (202ha) of woodland, heathland and a loch. There is a visitor centre, café, ranger service, road train as well as angling, boating, nature trails, 18-hole golf course and driving range, butterfly house, pets' corner, birdwatching and play areas.

---

519 DRUMTOCHTY FOREST **3 Q11**

FE. Drumtochty, Aberdeenshire. Between Auchenblae and the Cairn o'Mount road, B974. Access at all times unless timber harvesting in progress. Free. Charge for ranger guided walks/events. Explanatory displays. Leaflet available. Picnic area. WC (summer only). Ranger guided walks. Disabled WC. Car and coach parking. www.forestry.gov.uk

Two waymarked walks along an old mill lade leading through a beautiful small gorge. A third waymarked walk leads along fairly level ground to a bench, before climbing steps to return through an oak wood. Waymarked cycle trails can be used as a loop to start and return to the car park, or as a link to miles and miles of waymarked cycle trails in adjacent Fetteresso Forest. A peaceful and beautiful forest.

---

520 DRUMTRODDAN CUP AND RING MARKS **4 J21**

HS. Off the A714, 2 miles (3km) north east of Port William, Wigtownshire. Nearest railway station Stranraer, bus services from Dumfries, Stranraer and Dalbeattie then walk. Access at all times. Free. Telephone 0131 668 8800. www.historic-scotland.gov.uk

A group of Bronze Age cup and ring markings in bedrock. An alignment of three stones stands 400 yards (365m) south.

---

521 DRYBURGH ABBEY **5 P17**

HS. Dryburgh, St Boswells, Melrose. Near St Boswells on the B6404, 5 miles (8km) south east of Melrose. Bus service from Newtown to St Boswells, alight at College Stop, then 20 minute walk. Open all year, daily 0930–1830. Charge £. Group concessions. Guided tours. Explanatory displays. Gift shop. Picnic area. WC. Wheelchair access. Car and coach parking. Telephone (01835) 822381. www.historic-scotland.gov.uk

The ruins of a Premonstratensian abbey. One of the four Border abbeys founded in the reign of David I by Hugh de Morville, Constable of Scotland. Mainly remains of transepts and cloisters. Sir Walter Scott and Field Marshall Earl Haig are buried here.

---

522 DRYHOPE TOWER **5 N17**

Off A708 near St Mary's Loch, 15 miles (24km) west of Selkirk. Access at all reasonable times. Free.

A stout tower, now ruinous but originally four storeys high, rebuilt circa 1613. Birthplace of Mary Scott, the Flower of Yarrow, who married the freebooter Auld Wat of Harden in 1576 – ancestors Sir Walter Scott was proud to claim.

---

523 DRYMEN POTTERY **4 J15**

The Square, Drymen, Stirlingshire. 20 miles (32km) north of Glasgow. Car and coach parking nearby. Bus from Glasgow or Balloch (by train to Balloch). Open all year (except Christmas Day and New Year), daily 1000–1600. Free. Gift shop. Coffee shop. WC. Wheelchair access to shop and tearoom only. Disabled WC. Telephone (01360) 660458.

Pottery studio with a large coffee and gift shop. Licenced pub upstairs.

---

524 DUART CASTLE **4 F13**

Craignure, Isle of Mull, Argyll. Off the A849 on the east of Mull. By ferry from Oban to Craignure, coach (Mull Experience) from Craignure. By launch from Oban to Castle jetty, weather permitting. Open May–Oct, daily 1030–1800. Charge ££. Grounds free. Group concessions. Guided tours on request. Explanatory displays. Leaflet in French, German, Italian and Spanish. Gift shop. Tearoom and picnic area. WC. Wheelchair access to shop and tearoom only. Car and coach parking. Telephone (01680) 812309. www.duartcastle.com

Built on a cliff overlooking the Sound of Mull, this is one of the oldest inhabited castles in Scotland and the home of the 28th Chief of Clan Maclean. The keep was built in 1360 adjoining the original courtyard. Because the clan supported the Stewarts, the castle was taken by the Duke of Argyll in 1691. After the 1745 Rising, it was used as a garrison for Government troops and then fell into ruin. It was restored by Sir Fitzroy Maclean in 1911. The keep contains dungeons with figures of prisoners from the Spanish Armada and exhibitions of clan history. Also an exhibition of *The Swan*, one of Cromwell's ships that sank directly below the castle in 1653. There are fine views from the wall walk around the top of the keep.

---

525 DUFF HOUSE COUNTRY GALLERY **3 P7**

Banff, Aberdeenshire. Between Banff and Macduff, 47 miles (75km) north of Aberdeen. Nearest railway station Huntly, bus from Elgin or Aberdeen to Banff, then five minute walk. Open all year 1100–1700; Oct–Mar, Thu–Sun only, telephone for details. Charge ££. Group concessions. Guided tours by arrangement. Explanatory displays. Gift shop. Tearoom. Children's play area and action playground. WC. Audio guides and induction loops. Wheelchair access. Disabled WC. Car and coach parking. Telephone (01261) 818181. www.duffhouse.org.uk

Constructed between 1735 and 1740 by William Adam for William Duff of Braco, the house has been in turn a ducal residence, a hotel, a sanatorium, a prisoner of war camp, and is now a country house gallery of the National Galleries of Scotland. It is one of the finest examples of Georgian baroque architecture in Britain. It contains a fine collection of paintings, furniture, tapestries and artefacts drawn from the National Galleries, the Erskine of Torrie Institute and several private lenders.

---

526 DUFFUS CASTLE **3 M7**

HS. Off B9012, 5 miles (8km) north west of Elgin, Moray. Nearest railway station Elgin, bus from Elgin then ten minute walk. Open at all times. Free. Car parking. Telephone (01667) 460232. www.historic-scotland.gov.uk

Massive ruins of a fine motte and bailey castle surrounded by a moat, still complete and filled with water. A fine 14th-century tower crowns the Norman motte, the original seat of the de Moravia family, the Murrays, now represented by the dukedoms of Atholl and Sutherland.

---

527 DULLATUR **6 K15**

HS. Dullatur. 0.6 mile (1km) east of Dullatur. Nearest railway station Croy, bus from Glasgow (Buchanan Street). www.historic-scotland.gov.uk

A well-preserved section of ditch. Part of the Antonine wall (see 59).

---

528 DULSIE BRIDGE 3 L8

Inverness-shire. Off the A939 from Ferness, take the B9007 south, turn right onto an unclassified road to Dulsie.

An old stone bridge dating from 1764 spans the spectacular Findhorn Gorge at this well-known beauty spot.

---

529 DUMBARTON CASTLE 6 J15

HS. Castle Road, Dumbarton. Off the A814 in Dumbarton on Dumbarton Rock. Nearest railway station Dumbarton East, bus from Glasgow then 20 minute walk. Open Apr–Sep, Mon–Sat 0930–1830, Sun 1400–1830; Oct–Mar, Mon–Sat 0930–1830, Sun 1400–1630, closed Thu pm and Fri. Charge £. Group concessions. Guided tours. Explanatory displays. Gift shop. Picnic area. WC. Car parking. Telephone (01389) 732167. www.historic-scotland.gov.uk

Spectacularly sited on a volcanic rock, the site of the ancient capital of Strathclyde. The most interesting features are the 18th-century artillery fortifications, with the 19th-century guns. Also a mostly modern barrack, a dungeon, a 12th-century gateway and a sundial gifted by Mary, Queen of Scots.

---

530 DUMFRIES AND GALLOWAY AVIATION MUSEUM 5 L19

Heathhall Industrial Estate, Heathhall, Dumfries. Access from A75 Dumfries bypass, or from town centre via A701. Nearest railway station Dumfries, 2 miles (3km), bus to Heathhall stops within 0.5 mile (1km). Open first weekend in April (or Easter if sooner)–Oct, Sat–Sun 1000–1700; Jul and Aug also Wed–Fri 1100–1600; also some bank holidays. Charge £. Group concessions by arrangement (including school groups). Guided tours. Explanatory displays. Gift shop. Light refreshments available. Garden. WC. Limited wheelchair access. Disabled WC. Car and coach parking. Telephone (01387) 251623.

Opened in 1977 and regarded as one of the foremost volunteer-run aviation museums in the UK. Various aircraft are on display and under restoration, including a spitfire, hawker, hunter and a trident airliner. In the former control tower is a varied collection of memorabilia ranging from aero engines to uniforms and documentation.

---

531 DUMFRIES ICE BOWL 5 L19

King Street, Dumfries. Nearest railway and bus stations Dumfries. Open all year, 0900–2200 except Christmas and New Year. Charge ££. Charge dependent on activity. Group concessions. Gift shop. Restaurant. WC. Wheelchair access. Disabled WC. Car and coach parking. Telephone (01387) 251300.

Curling, skating, ice disco, ice hockey matches and bowls hall.

---

532 DUMFRIES MUSEUM AND CAMERA OBSCURA 5 L19

The Observatory, Rotchell Road, Dumfries. 0.5 mile (1km) west of Dumfries centre. 15 minute walk from railway station, seven minute walk from bus station. Open Apr–Sep, Mon–Sat 1000–1700, Sun 1400–1700; Oct–Mar, Tue–Sat 1000–1300 and 1400–1700. Free. Charge £ for Camera Obscura. Explanatory displays. Leaflet in French, German, Spanish, Italian and Russian. Gift shop. Terraced gardens. WC. Wheelchair access (museum only). Disabled WC. Car parking. Telephone (01387) 253374. www.dumgal.gov.uk/museums

Situated in the 18th-century windmill tower on top of Corbelly Hill, the museum is the largest in south west Scotland, with collections inaugurated over 150 years ago. Exhibitions trace the history of the people and landscape of Dumfries and Galloway. The camera obscura (charge £) was installed in 1836 and gives a table-top panorama of Dumfries and the surrounding area. Note no wheelchair access to camera obscura.

---

533 DUN BEAG BROCH 2 D8

HS. 1 mile (2km) west of Bracadale, Skye. Bus service from Kyle of Lochalsh to Sligachan or Portree, bus from there past Struan, then short walk. Access at all times. Free. Car parking. Telephone (01667) 460232. www.historic-scotland.gov.uk

A fine example of a Hebridean broch, apparently occupied until the 18th century.

---

534 **DUN CANNA** **2 H5**

Ardmair, north of Ullapool, Ross and Cromarty.

The site of a Viking Fort. Also a flat pebble beach with good swimming.

---

535 **DUN CARLOWAY** **2 C3**

HS. On the A858, 1.5 miles (2.5km) south of Carloway and 16 miles (25.5km) west north-west of Stornoway, Isle of Lewis (Western Isles). Ferry from Ullapool to Stornoway, bus service from Stornoway to Carloway road end. Access at all times. Free. Car and coach parking. Telephone 0131 668 8800. www.historic-scotland.gov.uk

One of the best preserved Iron Age brochs in Scotland.

---

536 **DUN DORNAIGIL BROCH** **3 J3**

HS. 10 miles (16km) south of Hope, Sutherland. Post bus from Lairg via Altnahara to Hope, alight before Alltnacaillich. Access at all times. Free. Car parking. Telephone (01667) 460232. www.historic-scotland.gov.uk

A well-preserved broch standing to a height of 22 feet (6.5m) above the entrance passage.

---

537 **DUNADD FORT** **4 F14**

HS. Kilmartin Glen. 1 mile (2km) west of Kilmichael Glassary, Argyll. Nearest railway station Oban, then bus to Lochgilphead. Access at all times. Free. Telephone 0131 668 8800. www.historic-scotland.gov.uk

A spectacular site occupied since the Iron Age. The well-preserved hill fort is part-Roman, when it was a stronghold of Dalraida, the kingdom of the Scots.

---

538 **DUNAGOIL VITRIFIED FORT** **4 G16**

Isle of Bute. From A844, turn left after Kingarth Hotel onto unclassified road to Dunagoil for 0.25 mile (0.5km).

On a commanding site at the south of the island, this ancient fort is clear evidence of Iron Age habitation.

---

539 **DUNASKIN HERITAGE MUSEUM** **4 J18**

Dalmellington Road, Waterside, Patna, Ayrshire. Adjacent to A713 Ayr to Castle Douglas/Dumfries road. Nearest railway station Ayr, buses from Ayr and Cumnock. Open Apr–Oct, daily 1000–1700. Charge ££. Group concessions. Guided tours. Explanatory displays. Gift shop. Licenced restaurant. Children's play area. WC. Wheelchair access. Disabled WC. Car and coach parking. Telephone (01292) 531144. www.dunaskin.org.uk

Journey back in time at this open-air industrial museum. Local coal, ironstone and limestone was smelted here to make pig iron – the museum describes how the rural valley of Doon was transformed into a busy industrial complex during the 19th century. Craighton Pit Experience contains many original artefacts from local pits and mines. Chapel Row Cottage has been restored to recreate an ironworks cottage of around 1914. The Scottish Industrial Railway Centre will be based at Dunaskin from 2004.

---

540 **DUNAVERTY ROCK** **4 F18**

At Southend, Mull of Kintyre, dominating beach and golf course. Access at all times. Free.

Formerly the site of Dunaverty Castle, a Macdonald stronghold. In 1647, about 300 people were put to death here by Covenanters under General Leslie. The rock is known locally as Blood Rock.

541 DUNBAR LEISURE POOL **5 P15**

Castle Park, Dunbar. Above the harbour in Dunbar. Nearest railway station Dunbar, bus from Edinburgh. Open all year except Christmas and New Year, daily from 1000. Charge dependent on activity. Group concessions. Café. Crèche. WC. Wheelchair access. Disabled WC. Car and coach parking. Telephone (01368) 865456.

Leisure pool with large flume, bubble bed, tropical temperatures and gently sloping beach. Also sauna, steam room, activity hall and gym. The café has spectacular views of the harbour and coast.

---

542 DUNBAR TOWN HOUSE MUSEUM **5 P15**

High Street, Dunbar, East Lothian. In Dunbar High Street, at corner of Silver Street. Bus or rail from Edinburgh. Open Apr–Oct, daily 1230–1630. Free. Explanatory displays. Gift shop. Limited wheelchair access. Car and coach parking. Telephone (01368) 863734.

Museum of local history and archaeology.

---

543 DUNBEATH HERITAGE CENTRE **3 M4**

Old School, Dunbeath, Caithness. Bus from Inverness, Wick or Thurso. Open Apr–Oct, daily 1000–1700; Nov–Mar, Mon–Fri 1100–1500. Charge £. Children free. Group concessions. Guided tours. Interpretive display. Gift shop. Picnic area. WC. Wheelchair access. Disabled WC. Car and coach parking. Telephone (01593) 731233.

Landscape interpretation centre, Neil Gunn's Highland River, local history, archaeology and specialist bookshop.

---

544 DUNBLANE MUSEUM **6 K14**

The Cross, Dunblane, Perthshire. 6 miles (9.5km) north of Stirling. Bus from Perth, Stirling or Glasgow. Railway station within 500 yards (457m). Open May–Sep, Mon–Sat 1030–1630. Free. Guided tours on request. Explanatory displays and video. Gift shop. WC. Limited wheelchair access. Car and coach parking. Telephone (01765) 823440. www.dunblanemuseum.org.uk

A museum located in barrel-vaulted rooms built in 1624. Contents include paintings, books, and artefacts which illustrate the life of the cathedral and its congregation from St Blane to the restoration in 1893. Large collection of communion tokens.

---

545 DUNCANSBY HEAD **3 N2**

The north east point of mainland Scotland, 18 miles (29km) north of Wick. Access at all times. Free.

The lighthouse on Duncansby Head commands a fine view of Orkney, the Pentland Skerries and the headlands of the east coast. A little to the south are the three Duncansby Stacks, huge stone needles in the sea. The sandstone cliffs are severed by great deep gashes (geos) running into the land. One of these is bridged by a natural arch.

---

546 DUNCHRAIGAIG CAIRN **4 F14**

HS. Kilmartin Glen. 1.25 miles (2km) south of Kilmartin, Argyll. Nearest railway station Oban, then bus to Lochgilphead. Access at all times. Free. Picnic area. Car parking. Telephone 0131 668 8800. www.historic-scotland.gov.uk

A Bronze Age cairn excavated in the last century.

---

547 DUNCRYNE HILL **4 J15**

Between Balloch and Drymen, just off A811 at the east end of Gartocharn. Access at all times. Free.

Known locally as The Dumpling, due to its shape, this small hill can be climbed using a short steep path. The reward at the top is one of the best views of Loch Lomond.

---

548 DUNDEE, CAIRD HALL **5 N13**

City Square, Dundee. Close to rail and bus stations. Opening hours are dependent on programme – telephone (01382) 434451 for further details. Charges vary depending on event. Group concessions. Guided tours on request during the week (subect to programme). Explanatory displays. Gift shop. Refreshments available. WC. Induction loop. Wheelchair access. Disabled WC. Car and coach parking. Telephone (01382) 434030. www.cairdhall.co.uk

A multi-use facility staging an array of events throughout the year, e.g. opera, ballet, pop and classical concerts and exhibitions.

---

549 **DUNDEE, CAMPERDOWN WILDLIFE CENTRE** **5 N13**

Camperdown Country Park, Coupar Angus Road, Dundee. 3 miles (4km) north of Dundee on A923. Nearest railway and bus stations Dundee. Open Mar–Sep, daily 1000–1630; Oct–Feb, daily 1000–1530. Charge £. Children under 3 free. Group concessions. Explanatory displays. Gift shop. Picnic area. WC. Special needs play area. Wheelchair access. Disabled WC. Car and coach parking. Telephone (01382) 432661. www.angusanddundee.co.uk

Over 80 species of native Scottish wildlife; brown bears, lynx, arctic foxes and other more unusual species, such as Britain's rarest mammal, the pine martin. Walkabout map and wildlife trail – complete the wildlife trail and you qualify for a free certificate. Special needs play area. Boating pond, kiddies cars, trampolines and golf course.

---

550 **DUNDEE, CLATTO COUNTRY PARK** **5 N13**

Dalmahoy Drive, Dundee. Take A932 Dundee to Coupar Angus road and cross the Kingsway. At next roundabout turn right and follow signs. Local bus service. Park and woodland open at all times. Telephone to confirm visitor centre opening hours. Charge for watersports. Picnic area. Children's play area. WC. Limited wheelchair access. Disabled WC. Car and coach parking. Telephone (01382) 436505. www.dundeecity.gov.uk

Parkland surrouding 24 acres (10ha) of water. A variety of watersports are available, with hire and tuition. Visitor centre and woodland walks.

---

551 **DUNDEE CONTEMPORARY ARTS** **5 N13**

152 Nethergate, Dundee. In the centre of Dundee, within five minutes walk of railway station and 15 minutes from bus station. Open all year: galleries and shop, Tue–Sun 1030–1730 (Thu and Fri closes 2000); centre and café/bar, daily 1030–0000. Free. Charge for cinema. Group concessions. Guided tours. Explanatory displays. Gift shop. Café-bar. Baby changing facilities. WC. Induction loop in cinema. Wheelchair access. Disabled WC. Car and coach parking. Telephone (01382) 909900. www.dca.org.uk

Centre for contemporary art and film with two galleries, two screen cinema, print studio, craft shop, visual research centre and activity room. Courses, workshops, talks and tours are offered.

---

552 **DUNDEE, DISCOVERY POINT** **5 N13**

Discovery Quay, Dundee. In Dundee, beside the railway station. Opposite railway station in Dundee, 10 min walk from bus station. Open daily Apr–Oct, 1000–1800; Nov-Mar, 1000–1700 (except Christmas and New Year). Sun open from 1100. Last entry one hour before closing. Charge £££. Children under 5 free. Group concessions. Guided tours by arrangement (available in French and German). Explanatory displays. Gift shop. Café. WC. Induction loop system. Limited wheelchair access (virtual reality tour of below decks available). Disabled WC. Car and coach parking. Telephone (01382) 201245. www.rrsdiscovery.com

Dundee's flagship attraction centred around Royal Research Ship *Discovery*, Captain Scott's famous polar exploration ship. Spectacular exhibits and special effects recreate the historic voyages of *Discovery*, built in Dundee at the turn of the century, such as the ship's rescue from the ice by Dundee whaler *Terra Nova* and the *Morning*. Visitors can step on board *Discovery* herself, experience life below decks and feel the atmosphere of the ward room where Scott and his officers talked of the perils of a journey to where no man had gone before. Children's interactive games, giant jigsaws and quiz boards add to the fun and enjoyment for the whole family.

553 DUNDEE, HM FRIGATE UNICORN 5 N13

Victoria Dock, Dundee. Just east of road bridge, 0.5 mile (1km) from rail station. Nearest railway station Dundee, then 15 minute walk; ten minute walk from bus station. Open Apr–Oct, daily 1000–1700; Nov–Mar, Wed–Fri 1000–1600, Sat–Sun 1000–1600. Other times by arrangement (closed over Christmas and New Year). Charge ££. Children under 5 free. Group concessions. Guided tours. Explanatory displays. Gift shop. Tearoom. WC. No guide dogs. Limited wheelchair access. Car and coach parking. Telephone (01382) 200893.

Unicorn was launched at Chatham in 1824 and is the third oldest ship, and one of the best preserved, in the world. A navy drill ship in Dundee until 1968.

---

554 DUNDEE, THE HOWF 5 N13

Meadowside, Dundee. In Dundee city centre.

An historic graveyard which was formerly the garden of Greyfriars Monastery, gifted to the people of Dundee by Mary, Queen of Scots. Until 1778 it was the meeting place of the Nine Trades of Dundee and on the great variety of gravestones are seen the signs and symbols of the old craft guilds.

---

555 DUNDEE, JUNGLE KIDS 5 N13

Dronley Road, Birkhill, Dundee. On the Coupar Angus road, 1.5 miles (2.5km) from Camperdown Park entrance. Bus from Dundee centre. Open all year, Mon–Fri 1100–1830, Sat 1000–1830, Sun 1100–1830. Adults free; charge £–££ children. Group concessions. Café. Internet access. WC. Wheelchair access. Disabled WC. Car and coach parking. Telephone (01382) 580540. www.junglekids.co.uk

A large indoor play centre for children up to 12 years, including a selection of slides, ball pools, large climbing frames; soft play area for children under 3. Birthday party rooms. Supervision. Viewing lounge for parents with CCTV monitor.

---

556 DUNDEE LAW 5 N13

Access at all reasonable times. Free. Car park at top of hill. Floodlit at night.

The Law is the highest point in the city, and takes its name from the old Scots word for a hill. It is the remains of a volcanic plug and was later the site of an ancient hill fort. Atop the Law is Dundee's War Memorial with a beacon which is lit four times a year. Magnificent panoramic views across Dundee and the surrounding countryside to Fife and the northern mountains.

---

557 DUNDEE, MCMANUS GALLERIES 5 N13

Albert Square, Dundee. In Dundee centre, ten minute walk from bus and railway stations. Open all year, Mon–Sat 1030–1700 (Thu closes 1900), Sun 1230–1600. Free. Guided tours by arrangement. Explanatory displays. Gift shop. Café. WC. Induction loop system in selected galleries. Wheelchair access and disabled parking (wheelchair on request). Disabled WC. Telephone (01382) 432084. www.dundeecity.gov.uk

Victorian Gothic building designed by Sir George Gilbert Scott containing collections of national importance. Features local history, costume, natural history, archaeology, decorative arts, a superb Scottish Victorian art collection and a changing exhibition and events programme throughout the year. Also the magnificent Albert Hall, with its fine stained glass window and vaulted roof.

---

558 DUNDEE, MERCAT CROSS 5 N13

Nethergate, in Dundee city centre. Access at all times.

On the south side of St Mary's Tower, this is a replica of Dundee's old mercat cross which formerly stood in the Seagate. On top of the shaft is a unicorn sculpted by Scott Sutherland, RSA.

---

559 DUNDEE, MILLS OBSERVATORY 5 N13

Balgay Hill, Glamis Road, Dundee. In the heart of Balgay Park, signposted from major routes access via Glamis Road. Buses pass the park. Open Apr–Sep,

Tue–Fri 1100–1700, Sat–Sun 1230–1600; Oct–Mar, Mon–Fri 1600–2200, Sat–Sun 1230–1600. Free. Charge for events. Charge for groups (includes presentation). Guided tours for groups by arrangement. Explanatory displays. Gift shop. Refreshments available. WC. Car and coach parking. Telephone (01382) 435846. www.mills-observatory.co.uk

Constructed in 1935 for the people of Dundee, the Mills Observatory is today Britain's only full-time public observatory. Located in picturesque wooded surroundings, it houses a 10-inch (25cm) refracting telescope. Panoramic views over the Tay to Fife.

---

560 DUNDEE, ST ANDREW'S CHURCH AND THE GLASITE HALL 5 N13

King Street, Dundee. In Dundee city centre.

St Andrew's Church was designed by Samuel Bell and completed in 1772. It was built and paid for entirely by the Nine Trades' Guild of Dundee and there are fine stained glass windows depicting the trades emblems. Immediately to the east is a curious building completed in 1777.

---

561 DUNDEE, SENSATION 5 N13

Greenmarket, Dundee. In central Dundee. Nearest railway and bus stations, Dundee. Open all year daily (except Christmas Day, Boxing Day and New Year's Day), summer 1000–1800; winter 1000–1700. Last admission 1630. Charge £££. Concessions for pre-booked groups. Children under free. Explanatory displays, staff available to help. Gift shop. Café. Soft play area. WC. Wheelchair access. Disabled WC. Car and coach parking. Telephone (01382) 228800. www.sensation.org.uk

An innovative science centre, housed in a striking building on part of a former rail yard site. Sensation brings science to life with over 65 fun, interactive exhibits, based around the senses and designed for everyone from 4 to 94.

---

562 DUNDEE, TAY RAIL BRIDGE 5 N13

Dundee. Visible on entering the city from the west on A85 or east on A92.

The present bridge, carrying the main railway line from London to Aberdeen, was completed in 1887. It replaced the first Tay Rail Bridge which was blown down by a storm in 1879 with the loss of 75 lives. At 2 miles and 73 yards long (3.28km) it was the world's longest rail bridge when opened.

---

563 DUNDEE, UNIVERSITY OF DUNDEE BOTANIC GARDEN 5 N13

Riverside Drive, Dundee. Nearest railway station Dundee, bus from city centre. Open daily, Mar–Oct 1000–1630; Nov–Feb 1000–1530. Charge £. Guided tours. Explanatory displays. Gift shop. Coffee shop and plant sales. WC. Wheelchair access. Disabled WC. Car and coach parking. Telephone (01382) 647190. www.dundee.ac.uk/botanic

Designed and inaugurated in 1971. Botanic and teaching garden with a fine collection of trees and shrubs, landscaped naturalistically. Two large tropical and temperate plant houses. Award-winning visitor centre.

---

564 DUNDEE, VERDANT WORKS 5 N13

West Hendersons Wynd, Dundee. Ten minute walk from bus and railway stations. Open daily Apr–Oct, 1000–1700; Nov–Mar 1000–1600 except Christmas and 1–2 Jan. Sun opens 1100. Last entry one hour before closing. Charge £££. Children under 5 free. Group concessions. Explanatory displays and introductory talk. Gift shop. Café. WC. Loop system. Wheelchair access. Disabled WC. Car and coach parking. Telephone (01382) 225282.

European Museum of the Year 1999. A restored 19th-century jute works surrounding a cobbled courtyard. One of the few surviving and complete examples of the industry. Visitors can view the period office (unchanged since the last century), discover why Dundee became the jute capital of the world and see working machinery processing jute to woven cloth. Also reconstructed tenement balcony, outside loo and the contrasting conditions inside the home of a wealthy jute baron.

---

565 DUNDONALD CASTLE 6 J17

Dundonald, Kilmarnock, Ayrshire. On the A759, 5 miles (8km) west of Kilmarnock. Follow signs from A77 and A78. Bus from Kilmarnock, Irvine or Troon. Open Apr–Oct, daily 1000–1700. Charge £. Guided tours. Explanatory displays. Staff provide information. Visitor centre with interpretive display. Gift shop. Tearoom and picnic area. WC. Wheelchair access to visitor centre/ interpretive display only. Disabled WC. Car and coach parking. Telephone (01563) 851489. www.dundonaldcastle.org.uk

A large prominent stone castle, built by Robert Stewart in the 1370s, probably to mark his succession to the Scottish throne as Robert II in 1371. Two great feasting halls, one above the other, with great vaults beneath. The third medieval castle to be built on the site, preceded by a hill fort between 500 and 200 BC. Remains of an earlier, but equally grand 13th-century castle of the Stewarts are visible.

---

566 DUNDRENNAN ABBEY 5 K21

HS. Dundrennan, Kirkcudbright. On the A711, 6.5 miles (10.5km) south east of Kirkcudbright. Bus to Dundrennan from Kirkcudbright or Dalbeattie. Open Apr–Sep, Mon–Sat 0930–1830, Sun 1400–1830; Oct–Mar, Sat–Sun 0930–1630. Charge £. Group concessions. Guided tours. WC. Blind visitors may touch carvings. Limited wheelchair access. Car and coach parking. Telephone (01557) 500262. www.historic-scotland.gov.uk

The beautiful ruins, amid a peaceful setting, of a Cistercian abbey founded in 1142 by King David I. Includes much later Norman and transitional work. The east end of the church and the chapter house are of high quality. It is believed that Mary, Queen of Scots spent her last night in Scotland here in May 1568.

---

567 DUNFALLANDY STONE 5 L12

HS. 1 mile (2km) south of Pitlochry, Perthshire. Nearest railway station Pitlochry, bus from Perth to Pitlochry. Access at all times. Free. Telephone 0131 668 8800. www.historic-scotland.gov.uk

A fine Pictish sculptured stone with a cross on one face and figures on both faces.

---

568 DUNFERMLINE ABBEY AND PALACE 6 M15

HS. St Margaret Street, Dunfermline, Fife. Short walk from Dunfermline railway and bus stations. Open Apr–Sep, Mon–Sat 0930–1830, Sun 1400–1830; Oct–Mar, Mon–Sat 0930–1830, Sun 1400–1630, closed Thu pm and Fri. Charge £. Group concessions. Guided tours. Explanatory displays. Gift shop. Telephone (01383) 739026. www.historic-scotland.gov.uk

The remains of the great Benedictine abbey founded by Queen Margaret in the 11th century. The foundations of her church are under the present nave, built in the 12th century in the Romanesque style. At the east end are the remains of St Margaret's shrine, dating from the 13th century. Robert the Bruce is buried in the choir, now the site of the present parish church (closed during the winter). Of the monastic buildings, the ruins of the refectory, pend and guest house remain. The guest house was later reconstructed as a royal palace where Charles I was born.

---

569 DUNFERMLINE MUSEUM 6 M15

Viewfield Terrace, Dunfermline, Fife. In Dunfermline centre between the rail and bus stations. Telephone for access. Guided tours by arrangement. Free. Wheelchair access to ground floor. Car and coach parking. Telephone (01383) 313838.

The headquarters for Fife Council's museums in west Fife. Telephone for information on collections, displays and other west Fife venues.

570 **DUNFERMLINE PUBLIC PARK** **6 M15**

Leys Park Road, Dunfermline. In centre of Dunfermline, easily accessed from local car parks, adjacent railway station and Fife Cycle Network. Open at all times. Free. Refreshments available at nearby Carnegie Hall. WC. Wheelchair access. Disabled WC. Car parking.

The park dates back to 1889 when it was purchased by the council. Mature trees surround large open spaces with panoramic views of the south side of the city to the Firth of Forth and beyond. The park is linked to the Music Institute and the refurbished Carnegie Hall, where performances from Scottish National Opera, a Royal Marine Band, small children's theatre groups and local amateur productions can be enjoyed.

---

571 **DUNGLASS CASTLE AND HENRY BELL OBELISK** **6 J15**

On the shore of the River Clyde near the village of Bowling. A right of way exists from A814 to the Castle but visitors should ask for access at main gate of Esso terminal. Access at all times. Free.

Ruined castle on the shore of the River Clyde. Former seat of the Colquhoun family which dates back to the 14th century. Obelisk erected within the grounds to the memory of Henry Bell, first provost of Helensburgh and pioneer of the steam boat.

---

572 **DUNGLASS COLLEGIATE CHURCH** **5 Q15**

HS. On an estate road west of A1 (signposted Bilsdean), 1 mile (2km) north west of Cockburnspath, East Lothian. Nearest railway station Dunbar, bus to Cockburnspath, then 1 mile (2km) walk. Access at all times. Free. Car parking. Telephone 0131 668 8800. www.historic-scotland.gov.uk

A handsome cross-shaped church with vaulted nave, choir and transepts, all with stone slab roofs. Founded in 1450 for a college of canons by Sir Alexander Hume.

---

573 **DUNKELD** **5 M12**

NTS. The Ell Shop, Dunkeld, Perthshire. Off A9, 15 miles (24km) north of Perth. By rail (station 1 mile/1.5km from village). NTS shop open Apr–Sep, Mon–Sat 1000–1730, Jun–Aug also Sun 1330–1730; Oct–Christmas, Mon–Sat 1000–1630. Access to village all year. Explanatory displays. Gift shop. Cafés in village (not NTS). WC. Subtitled video. Wheelchair access. Disabled WC. Car and coach parking. Telephone (01350) 727460. www.nts.org.uk

Attractive village with mostly ruined Gothic cathedral on banks of River Tay. The National Trust for Scotland owns many houses dating from the rebuilding of the town in 1689 after the Battle of Dunkeld. They have been carefully restored. NTS shop in restored Ell House; Atholl Memorial Fountain. Many delightful walks.

---

574 **DUNKELD BRIDGE** **5 M12**

Over the River Tay at Dunkeld. Parking available. Access at all times. Free. Riverside path not suitable for wheelchairs.

One of Thomas Telford's finest bridges, a seven-arched bridge and tollhouse built in 1809. An attractive riverside path leads from here downstream to the famous Birnam Oak, last relic of Macbeth's Birnam Wood, and then around the village of Birnam. Best view is from riverside garden. Wheelchair users should approach from the square through the archway.

---

575 **DUNKELD CATHEDRAL** **5 M12**

HS. High Street, Dunkeld, Perthshire. 15 miles (24km) north north-west of Perth. Nearest railway station Birnam, bus from Perth, then 15 minute walk from Birnam. Open Apr–Sep, Mon–Sat 0900–1830, Sun 1400–1830, Oct–Mar, Mon–Sat 0930–1600, Sun 1400–1600. Closed New Year's Day. Free. Explanatory displays. Picnic area. Cathedral shop. WC. Wheelchair access. Telephone 0131 668 8800. www.historic-scotland.gov.uk

Beautifully situated on the banks of the River Tay. The restored choir is now the parish church. Originally 12th-century, but nave and great north west tower from 15th century.

576 DUNNET HEAD 3 M2

B855, 12 miles (19km) north east of Thurso. Access at all times. Free. Car parking.

This bold promontory of sandstone rising to 417 feet (127m) is the northernmost point of the Scottish mainland. There are magnificent views across the Pentland Firth to Orkney and a great part of the north coast to Ben Loyal and Ben Hope. The windows of the lighthouse are sometimes broken by stones hurled up by the winter seas.

---

577 DUNNINALD 5 Q12

Dunninald, Montrose, Angus. 2 miles (3km) south of Montrose. Nearest railway station Montrose, then taxi. Open Jul, Tue–Sun 1300–1700 (garden from 1200). Charge for house and garden ££, garden only £. Group concessions. Guided tours. Explanatory displays. Small gift shop. Teas available at weekends, picnics welcome. Garden (dogs must be kept on lead). WC. Wheelchair access to garden only. Disabled WC. Car and coach parking. Telephone (01674) 674842.

This family home, the third Dunninald to be built on the estate, was designed by James Gillespie Graham in the gothic revival style, and was completed for Peter Arkley in 1824. Set in a planned landscape dating from 1740, there is an attractive walled garden.

---

578 DUNNOTTAR CASTLE 3 Q10

Dunnottar Castle Lodge, Stonehaven. On A92, 2.5 miles (4km) south of Stonehaven. Bus from Stonehaven or Montrose. Open Easter Mon–second week of Oct, Mon–Sat 0900–1800, Sun 1400–1700; third week of Oct–Easter Sun, Fri–Mon 0930–sunset. Charge ££. Children under 5 free. Group concessions. Guidebook. Picnics welcome. WC. Free entry for blind visitors and companion. Car and coach parking. Telephone (01569) 762173.

A spectacular ruin 160 feet (48.5m) above the sea. An impregnable fortress to the Earls Marischals of Scotland. The site for the successful protection of the Scottish crown jewels against the might of Oliver Cromwell's army.

---

579 DUNROBIN CASTLE AND GARDEN 3 L5

Golspie, Sutherland. Off A9, 1 mile (2km) north of Golspie. Nearest railway station at foot of Castle Drive, bus service from Inverness. Open Apr–May and Oct, Mon–Sat 1030–1630, Sun 1230–1630; Jun–Aug, Mon–Sat 1030–1730, Sun 1230–1730. Charge £££. Group concessions. Guided tours (available in German, pre-booking essential). Explanatory displays. Gift shop. Tearoom. Garden. WC. Car and coach parking. Telephone (01408) 633177.

Set in a great park with magnificent formal garden overlooking the sea. Dunrobin Castle was originally a square keep, built circa 1275 by Robert, Earl of Sutherland, after whom it was named Dun Robin. For centuries this has been the seat of the Earls and Dukes of Sutherland. The present outward appearance results from extensive changes made 1845–50. Fine paintings, furniture and a steam-powered fire engine. Falconry displays and museum.

---

580 DUNSINANE HILL VITRIFIED FORT 5 M13

SE of Collace, off A94 Perth/Coupar Angus road. Access at all reasonable times. Free.

Magnificent views from summit, reached by steep footpath beginning on north side of hill.

---

581 DUNSKEY CASTLE 4 G20

Just south of Portpatrick. Access at all reasonable times. Free.

Impressive early 16th-century castle ruins in a dramatic cliff top setting. Reach the castle from the cliff top footpath which ascends from the old quarry at the south end of Portpatrick waterfront. Take care at the edge of the cliffs.

582 DUNSKEY GARDENS AND WOODLAND WALKS 4 G20

Dunskey House, Portpatrick. 1 mile (1.5km) from Portpatrick. Bus service to Portpatrick. Open Easter–Oct, daily 1000–1700. Charge £. Group concessions. Guided tours by arrangement. Explanatory displays. Small gift shop. Licenced tearoom. Plant sales. WC. Wheelchair access (except woodland gardens). Disabled WC. Car and coach parking. Telephone (07769) 662194. www.dunskey.com

A charming, recently renovated 18th-century walled garden with working greenhouses and interesting woodland gardens. See also 583 Dunskey Trout Lochs.

---

583 DUNSKEY TROUT LOCHS 4 G20

Dunskey House, Portpatrick, Stranraer. 1 mile (1.5km) from Portpatrick. Bus service to Portpatrick. Fishing from Mar–Oct. Charge £££. Car parking. Telephone (01776) 810364 or 810 848. www.dunskey.com

Two exclusive trout lochs for fly-fishing only. Boat and bank fishing. Licensed tearoom providing home made meals all day. See also 582 Dunskey Gardens and Woodland Walks.

---

584 DUNSTAFFNAGE CASTLE AND CHAPEL 4 F13

HS. Off the A85 by Loch Etive, 3.5 miles (5km) north of Oban, Argyll. Nearest railway station Oban, bus from Oban to Dunbeg then 1 mile (2km) walk. Open Apr–Sep, Mon–Sun 0930–1830; Oct–Mar 0930–1630 (closed Thu and Fri). Charge £. Group concessions. Guided tours. Explanatory displays. Gift shop. WC. Limited wheelchair access. Car and coach parking. Telephone (01631) 562465. www.historic-scotland.gov.uk

A fine, well-preserved 13th-century castle built on rock. Nearby, ruins of what was an exceptionally beautiful chapel.

---

585 DUNVEGAN CASTLE 2 D7

Dunvegan, Isle of Skye. On A850, 1 mile (2km) north of Dunvegan village. By train to Kyle of Lochalsh or bus from Portree. Open Mar–Oct, daily 1000–1730; in winter 1100–1600. Charge £££. Children under 5 free. Group concessions. Explanatory displays. Gift shop. Restaurant, tearoom and picnic area. WC. Limited wheelchair access. Disabled WC. Car and coach parking. Telephone (01470) 521206. www.dunvegancastle.com

Historic stronghold of the Clan Macleod, set on the sea loch of Dunvegan, the home of the chiefs of Macleod for 800 years. Possessions on view include books, pictures, arms and treasured relics. Trace the history of the family and clan from the days of their Norse ancestry through 30 generations to the present day. Boat trips from the castle jetty to the seal colony. Extensive gardens and grounds. Audio-visual room. Clan exhibition with items belonging to Bonnie Prince Charlie.

---

586 DURISDEER CHURCH 5 L18

6 miles (9.5km) north east of Thornhill on A702. Access at all reasonable times. Free.

Dating from 1699, the church houses the Queensberry Marbles, which represent the recumbent figures of the second Duke and Duchess of Queensberry. In the vault lie lead coffins, containing ancient remains of the Clan Douglas.

---

587 DWARFIE STANE 1 B11

HS. Towards the north end of the island of Hoy, Orkney. Ferry from Stromness to Linkness then 3 mile (5km) walk. Access at all times. Free. Car parking. Telephone (01856) 841815. www.historic-scotland.gov.uk

A huge block of sandstone in which a Neolithic burial chamber has been cut. No other known example in the British Isles. See also 942 Hoy RSPB Nature Reserve and 1322 Old Man of Hoy.

---

588 DYCE SYMBOL STONES 3 Q9

HS. At Dyce Old Church, 5 miles (8km) north west of Aberdeen. Bus from Aberdeen to Dyce then 1.5 mile (2.5km) walk to Dyce Old Kirk. Access at all times. Free. Car parking. Telephone (01466) 793191. www.historic-scotland.gov.uk

Two fine examples of Pictish symbol stones in the ruined parish church, one with the older type of incised symbols, and the other with symbols accompanied by a Celtic cross and decoration.

---

589 EARL'S PALACE — 1 B10

HS. In Birsay at the north end of mainland Orkney, 11 miles (17.5km) north of Stromness. Tour bus from Kirkwall to Birsay. Access at all times. Telephone (01856) 721205. www.historic-scotland.gov.uk

The gaunt remains of the courtyard palace built in the 16th century by Robert Stewart, Earl of Orkney.

---

590 EARTHQUAKE HOUSE — 5 K13

The Ross, Comrie. Bus service to Comrie. Open Apr–Oct at all times. Free. Explanatory displays. Car parking. Telephone (01764) 652578 (Crieff Tourist Information Centre).

Situated on the highland boundary fault line, Earthquake House contains replica and modern seismic measuring instruments. Explanatory boards are on the exterior of the building (no access to the interior).

---

591 EAS COUL AULIN FALLS — 2 H4

At the head of Loch Glencoul, 3 miles (4.5km) west of A894 near Unapool. For boat trips to waterfall telephone Statesman cruises (01571) 844446.

The tallest waterfall in Britain, dropping 658 feet (200m). Seals and the occasional elusive otter may be seen on the loch.

---

592 EASDALE ISLAND FOLK MUSEUM — 4 F13

Easdale Island, By Oban, Argyll. On B844, 16 miles (25.5km) south of Oban. Car and coach parking on the mainland. Nearest railway station at Oban. Bus to Seil Island. Passenger ferry to Easdale Island. Open Apr–mid Oct, daily 1030–1730. Charge £. Group concessions. Guided tours. Explanatory displays. Tearoom on the island. WC. Braille information available. Wheelchair access (access to the museum is by one step, however, ferry access can be difficult). Telephone (01852) 300370. www.slate.org.uk

The museum contains a fascinating pictorial collection showing the industrial and domestic life of the Slate Islands in the 19th century. Records of the slate quarriers, the volunteers, Friendly Societies, education and public health. Also a comprehensive study of the area's geology.

---

593 EASSIE SCULPTURED STONE — 5 N12

HS. In Eassie churchyard, near Glamis, 7 miles (11km) west south-west of Forfar, Angus. Access at all times. Free. Telephone 0131 668 8800. www.historic-scotland.gov.uk

A fine elaborately carved monument with richly decorated Celtic cross on one side and Pictish symbols and processional scenes on the reverse.

---

594 EAST LINKS FAMILY PARK — 5 P15

Dunbar, East Lothian. Just off A1 Beltonford roundabout near Dunbar. Nearest railway station at Dunbar. Regular bus service (request Tilton Stables stop). Open daily, 1000–1700 (closes 1800 during school summer holidays; closed 5 Jan–14 Feb). Charge ££ (all inclusive ticket). Group concessions. Guided tours. Explanatory displays. Catering van and picnic area. WC. Wheelchair access. Disabled WC. Car and coach parking. Telephone 07775 713646 or 01368 863607. www.eastlinks.co.uk

A 20-acre (8 ha) farm, featuring a narrow gauge railway that carries visitors on a train safari around the farm, past all the animals. Also level walkway throughout the farm. Go-garting, all-weather sledging, milkcan skittles, horse shoe pitching, child-sized rabbit warren, sand diggers, soft play, bouncy castle and 2-acre (1ha) woodland maze.

595 EASTCOTE HOUSE ARCHERY CENTRE 5 P18

Eastcote, Hawick, Roxburghshire. On the A698, 2 miles (3km) east of Hawick. Bus from Hawick. Open Wed–Mon 1100–2100 (closed Tue). Charge dependent on activity. Archery shop. WC. Wheelchair access with assistance. Car parking. Telephone (01450) 870008. www.eastcote-archery.co.uk

A family-run archery centre offering introductory lessons, courses, coaching and use of archery facilities.

---

596 EASTER AQUHORTHIES STONE CIRCLE 3 Q9

HS. Approximately 1 mile (2km) west of Inverurie, Aberdeenshire. Nearest railway station Inverurie. Bus from Aberdeen to Inverurie then 2.5 mile (4km) walk. Access at all times. Free. Car parking. Telephone (01466) 793191. www.historic-scotland.gov.uk

A recumbent stone circle about 4000 years old.

---

597 EATHIE BURN 3 K7

Rosemarkie, north of Fortrose, Black Isle.

Fossils may be found on the foreshore.

---

598 EDEN ESTUARY CENTRE 5 N13

Main Street, Guardbridge, Fife. By main entrance for paper mill. Bus from Cupar, Dundee or St Andrews. 1 mile (2km) from Leuchars station. Open daily 0900–1700 (except for Leuchars Air show, Christmas Day and New Year's Day). Free. Guided tours can be arranged via ranger. Explanatory displays. WC. Wheelchair access to centre only. Disabled WC. Car parking. Telephone 01334 473047 or 07939 169291.

A small centrally-heated hide overlooking Eden Estuary local nature reserve, with displays relating to natural and local history of the site and its management.

---

599 EDGE OF THE WORLD RIB RIDES 4 E12

Ledaig, Tobermory, Argyll. Trips depart from Ledaig car park, Tobermory. Local bus service. Open Apr–Oct, daily 0900–2100. Charge £££. Group concessions. Gift shop. Refreshment available. WC. Limited wheelchair access. Disabled WC. Car and coach parking. Telephone (01688) 302808. www.edge-ofthe-world.co.uk

A variety of scenic and informative wildlife powerboat excursions in and around the beautiful surrounding waters of Tobermory and as far as Ardnamurchan (Britain's most westerly point). The local skipper has an expert knowledge of Mull. Frequent wildlife sightings include seals, cormorants, porpoises and even dolphins and minke whales.

---

600 EDINBANE POTTERY 2 D7

Edinbane, Isle of Skye. Just off the A850, 14 miles (22.5km) from Portree, 8 miles (13km) from Dunvegan, 48 miles (77km) from Skye bridge. Buses from Portree or Dunvegan. Open Easter–Oct, daily 0900–1800; winter Mon–Fri only. Free. Explanatory displays. Gift shop. Children's play area. Wheelchair access. Car and coach parking. Telephone (01470) 582234. www.edinbane-pottery.co.uk

Workshop and gallery, specialising in both wood-fired and salt-glaze handmade functional pottery. Work in progress may be seen.

---

601 EDINBURGH, THE ADAM POTTERY 6 N15

76 Henderson Row, Edinburgh. 1 mile (2km) north of Princes Street. Bus from city centre. Metered on-street parking (free on Sat). Open Mon–Sat 1000–1730, except Christmas and New Year. Free. Gift shop. Telephone 0131 557 3978.

Wheel-thrown stoneware and porcelain with colourful high-fired glazes. Functional and decorative items. Work by other ceramicists also made on the premises. Visitors are welcome to watch any work in progress.

602 EDINBURGH, AULD REEKIE TOURS 6 N15

45-47 Niddry Street, (just off Royal Mile). Tours leave from Tron Church on the Royal Mile. Exhibition open all year, daily 1000–1900. Tours at various times. Telephone for information. Exhibition £, tours ££.

Costumed guides take visitors back into Edinburgh's grisly past on Underground and Witchcraft tours. Also Medieval Torture Exhibition.

---

603 EDINBURGH, BANK OF SCOTLAND MUSEUM 6 N15

Bank of Scotland Head Office, The Mound, Edinburgh. Between the Old and New Towns, just off the Royal Mile and five minutes walk from Waverley station . Open Jun–Sep, Mon–Fri 1000–1645. Free. Guided tours on request. Explanatory displays. Telephone 0131 529 1288. www.bankofscotland.co.uk and www.hbosplc.com

A small but unusual museum telling the 300-year story of Scotland's first bank set against the economic development of the country. Features early adding machines, banknotes and forgeries, bullion chests and gold coins, maps, plans and photographs. Free postcards.

---

604 EDINBURGH, BRASS RUBBING CENTRE 6 N15

Chalmers Close, 81 High Street, Edinburgh. Just off the Royal Mile opposite the Museum of Childhood (see 643), also access from Jeffrey Street. Nearest railway station Waverley; tour bus from station or ten minute walk. Open Apr–Sep, Mon–Sat 1000–1645 (last rubbings at 1545); during Edinburgh Festival also Sun 1200–1700. Free. Charge for making rubbings. Group concessions. Explanatory displays. Gift shop. Car parking. Telephone 0131 556 4364. www.cac.org.uk

Housed in the historic Trinity Apse, thought to have been founded in 1460 by Queen Mary of Gueldres, consort of King James II of Scotland, as a memorial to her husband. Offers a fine collection of replicas moulded from ancient Pictish stones, medieval church brasses and rare Scottish brasses. No experience needed to make a rubbing; instruction and materials provided.

---

605 EDINBURGH, BRITANNIA

See 666 Edinburgh, Royal Yacht Britannia.

---

606 EDINBURGH BUS TOURS 6 N15

Waverley Bridge, Edinburgh. All tours depart from Waverley Bridge in the centre of Edinburgh. Waverley Bridge is next to Waverley Railway Station and passed by all main bus routes. Tours all year, departing regularly each day. Telephone or visit website for details. Charge £££. Group concessions. Limited wheelchair access. Telephone 0131 220 0770. www.edinburghtour.com

Edinburgh Bus Tours incorporates City Sightseeing, The Edinburgh Tour, MacTours and the Britanniatour, taking in places of historic and cultural interest in the city centre and outlying areas. All tours operate on a hop on, hop off bases and tickets are valid for 24 hours

---

607 EDINBURGH BUTTERFLY AND INSECT WORLD 6 N16

Dobbies Garden World, Lasswade, Midlothian. Just off A720 Edinburgh city bypass at the Gilmerton junction. Bus from Edinburgh. Open all year (except Christmas and New Year's Day), 0930–1730; winter 1000–1700. Charge ££. Group concessions. Guided tours for groups by arrangement. Explanatory displays. Gift shop. Restaurant, tearoom and picnic areas. WC. Wheelchair access. Disabled WC. Car and coach parking. Telephone 0131 663 4932. www.edinburgh-butterfly-world-co.uk

Visitors can walk through an indoor tropical rainforest inhabitied by thousands of the world's most beautiful butterflies. Also Bugs and Beasties exhibition, featuring hundreds of live creepy crawlies, snakes, lizards and frogs. Daily 'meet the beasties' handling sessions. Garden centre, birds of prey centre and children's play parks.

608 EDINBURGH, CALEDONIAN BREWERY VISITOR CENT

42 Slateford Road, Edinburgh. On A7 Lanark road, 2 miles (3km) fro Street. Local bus service. Open all year. Tour times vary, please teleph confirm. Charge £££. Group concessions. Guided tours. Explanatory di Gift shop. WC. No guide dogs. Disabled WC. Car and coach parking. Te 0131 337 1286. www.caledonian-brewery.co.uk

A unique reminder of a bygone era when the city boasted over 40 breweries and was one of the great brewing capitals of Europe. Beer is still brewed today using hand selected natural ingredients and the original brewers' equipment – still fired by direct flame and the last of their kind still working in any British brewery.

---

609 EDINBURGH, CAMERA OBSCURA **6 N15**

Camera Obscura, Castlehill, The Royal Mile, Edinburgh. Adjacent to Edinburgh Castle (see 612) at the top of the Royal Mile. Nearest railway station Waverley, then ten minute walk or bus from Princes Street. Open daily (except Christmas Day), summer 0930–1800 (later in high summer); winter 1000–1700. Charge £££. Group concessions. Guided tours (available in foreign languages by arrangement). Explanatory displays in six languages. Gift shop. WC. Telephone 0131 226 3709.

Edinburgh's oldest attraction. An 1850s camera obscura captures a live panorama of the city below while guides tell Edinburgh's story. Visitors can spy on passers-by or pick vehicles up in the palm of their hand. Three-D hologram display (the largest in Europe) and photographs of old Edinburgh. Superb views of Edinburgh from the terrace (telescopes free).

---

610 EDINBURGH CANAL CENTRE **6 M15**

The Bridge Inn, 27 Baird Road, Ratho, Midlothian. In Ratho, 7 miles (11km) west of Edinburgh off the A8 or A71. Bus from Waterloo Place, Edinburgh. Sightseeing cruises, Easter–Jun, Sat–Sun 1430; Jul–Sep daily 1430. Santa cruises, Dec, Sat–Sun hourly from 1000 (daily during Christmas week). Restaurant cruises also available, booking required. Charge by facility. Explanatory displays. Sightseeing canal cruises Apr-Oct. Gift shop. Restaurant/bar and restaurants on boats. Garden. Play area. Wildfowl reserve. Towpath for walks and cycling. WC. Wheelchair access with assistance to building and restaurant boat. Disabled WC. Car and coach parking. Telephone 0131 333 1320 or 1251. www.bridgeinn.com

Built circa 1750, the inn became a canalside inn with the opening of the Union Canal in 1822. Canal boat restaurants cater for meals, dances, weddings, etc. Sightseeing cruises and Santa cruises in December.

---

611 EDINBURGH, CANONGATE KIRK **6 N15**

The Kirk of Holyroodhouse, Canongate, Edinburgh. Opposite Huntly House Museum in the Royal Mile. Nearest railway station Waverly 15 minute walk, local bus service and tour buses. Open all year, Sun 1000–1230; also Jun–Sep, Mon–Sat 1030–1630. Free. Guided tours for groups by arrangement. Information sheets in thirty languages. Gift shop. Wheelchair access. Telephone 0131 556 3515.

Historic 300-year-old Church of Scotland, recently renovated and restored. Parish church of the Palace of Holyroodhouse and Edinburgh Castle, with Frobenius organ and Normandy tapestry.

---

612 EDINBURGH CASTLE **6 N15**

HS. Castlehill, Edinburgh. In the centre of Edinburgh at the top of the Royal Mile. Nearest railway station Waverley. Local bus service and tour buses. Open all year (except Christmas Day and Boxing Day), Apr–Oct, daily 0930–1800; Nov–Mar 0930–1700. Last entry 45 minutes before closing. Charge £££. Guided tours (audio guide in six languages). Explanatory displays. Gift shop. Restaurant. WC. Braille texts and models of Crown Jewels for handling. Wheelchair access. A courtesy vehicle (provided by the Bank of Scotland) takes disabled visitors to the top of the castle; there are ramps and lift access to the Crown Jewels, Stone of Destiny and associated exhibition; a wheelchair stair climber gives access to the War Memorial. Disabled WC. Car and coach parking. Telephone 0131 225 9846. www.historic-scotland.gov.uk

One of the most famous castles in the world with battlements overlooking the Esplanade where the floodlit Military Tattoo is staged each year. The oldest part, St Margaret's Chapel, dates from the Norman period. The Great Hall was built by James IV; the Half Moon Battery by the Regent Morton in the late 16th century. The Scottish National War Memorial was erected after World War I. The castle houses the Crown Jewels (Honours) of Scotland, the Stone of Destiny, the famous 15th-century gun Mons Meg and the One o'clock gun. See also 649 Edinburgh, National War Museum of Scotland and 661 Edinburgh, Regimental Museum of The Royal Scots.

---

613 EDINBURGH, CERAMIC EXPERIENCE — 6 N15

8 Hopetoun Street, Edinburgh. Off Leith Walk, close to John Lewis. Waverley Railway Station and Lothian Bus Station nearby. Open all year (except Christmas and New Year), daily 1000–1730; Sep–Mar, Tue and Thu closes 2230. Free admission. Charge from £ for materials. Café. WC. Wheelchair access. Disabled WC. Car and coach parking. Telephone 0131 556 0070. www.ceramicx.biz

A painting studio with a difference. Hundreds of items to decorate, from tiles to teapots, dogs to dinner plates and a large, friendly environment in which to paint. Two ball pools for small children and quiet seating areas with sofas for nursing mothers. Friendly and helpful staff. All pieces are glazed to a professional and dishwasher safe finish.

---

614 EDINBURGH, CITY ART CENTRE — 6 N15

2 Market Street, Edinburgh. In city centre opposite Waverley station. Open all year (except Christmas), Mon–Sat 1000–1700, Sun during Festival and special exhibitions. Free. Charge for special exhibitions. Guided tours on request (book in advance). Explanatory displays. Gift shop. Licensed restaurant/café. WC. Induction loop. Wheelchair access. Disabled WC. Telephone 0131 529 3993. www.cac.org.uk

Houses the City of Edinburgh's permanent fine art collection and stages a programme of temporary exhibitions from all over the world. Six floors of display galleries (with escalators and lifts). Education programme of workshops, lectures, events and educational publications.

---

615 EDINBURGH, CITY OF THE DEAD HAUNTED GRAVEYARD TOUR — 6 N15

40 Candlemaker Row, Edinburgh. Tours depart from Mercat Cross, next to St Giles Cathedral, Royal Mile. Close to railway and bus station. Tours operate daily all year. Apr–Oct at 2030, 2115 and 2200; Nov–Mar at 1930 and 2030. Office open for bookings 1000–2200. Charge £££. Group concessions. Guided tours. Gift shop. WC. Wheelchair access with assistance. Car parking. Telephone 0131 225 9044. www.blackhart.uk.com

In a locked mausoleum, in a locked prison, in ancient Greyfriars graveyard lurks the Mackenzie poltergeist – possibly the best documented supernatural case in history. Only this tour has the key. Hundreds of tour members have experienced cold spots, rapping noises, cuts, bruising and physical attacks. In the past three years, over 120 visitors have been knocked unconcious. Through Edinburgh's hidden Old Town wynds, the expert guides will weave tales of humour, horror and fascinating history.

---

616 EDINBURGH, CRAIGMILLAR CASTLE — 6 N15

HS. Craigmillar Castle Road, Edinburgh. Off A68 (Dalkeith road), 2.5 miles (4km) south east of Edinburgh city centre. Bus from Edinburgh city centre to Little France, stop on Old Dalkeith Road. Open Apr–Sep, Mon–Sat 0930–1830, Sun 1400–1830; Oct–Mar, Mon–Sat (closed Thu pm and Fri) 0930–1830, Sun 1400–1630. Charge £. Group concessions. Guided tours. Explanatory displays and visitor centre. Gift shop. Tearoom. WC. Limited wheelchair access. Disabled WC. Car and coach parking. Telephone 0131 661 4445. www.historic-scotland.gov.uk

Imposing ruins of massive 14th-century keep enclosed in the early 15th century by an embattled curtain wall. Within are the remains of the stately ranges of apartments dating from the 16th and 17th centuries. The castle was burned by Hertford in 1544. Strong connections with Mary, Queen of Scots.

---

617 EDINBURGH, THE DEAN GALLERY **6 M15**

Belford Road, Edinburgh. In the centre of Edinburgh, 15 minute walk from Princes Street and ten minutes from Haymarket railway station. Local bus service to Belford Road or Queensferry Road, then walk. Open all year except Christmas, Mon–Sat 1000–1700, Sun 1400–1700. Free. Charge for temporary exhibitions. Group concessions. Guided tours by arrangement (0131 624 6410). Explanatory displays. Gift shop. Restaurant. WC. Wheelchair access. Disabled WC. Car parking. Telephone 0131 624 6200. www.natgalscot.ac.uk

Situated across the road from the Scottish National Gallery of Modern Art (see 673), the Dean Gallery houses the Gallery of Modern Art's extensive collections of Dada and Surrealism. In 1994, Edinburgh-born sculptor Sir Eduardo Paolozzi offered a large body of his work to the National Galleries of Scotland. This collection of prints, drawings, plaster maquettes, moulds and the contents of his studio is how housed in the Dean Gallery. The gallery also accommodates a remarkable library and archive of artists' books, catalogues and manuscripts relating in particular to the Dada and Surrealist movement, but also to 20th century art as a whole. Landscaped gardens and commanding views south over Edinburgh.

---

618 EDINBURGH, DOM GALLERY IN EDINBURGH'S OLDEST HOUSE **6 N15**

8 Advocates Close, 357 High Street, Edinburgh. In the centre of Edinburgh. Nearest railway station Waverley, within one minute walk, close to all bus routes. Open all year, Thu–Tue 1100–1730 (closed Wed). Admission by donation. Explanatory displays. Gift shop. WC. Telephone 0131 225 9271.

DOM is an international collective of artists, musicians and writers, whose work at Advocate's Close includes an ever-evolving exhibition of works. Number 8 Advocate's Close is Edinburgh's oldest surviving house. Known as Henry Cant's tenement, it was built in the 1480s. This would have been a very prestigious home and the fireplaces bear favourable comparison to those found in Scottish castles of the same period.

---

619 THE EDINBURGH DUNGEON **6 N15**

31 Market Street, Edinburgh. Adjacent to Edinburgh Tattoo office. Car and coach parking nearby. Open all year, daily from 1000; Jul–Aug closes late (telephone for details). Closed Christmas Day. Charge £££. Children under 15 must be accompanied by an adult. Group concessions. Gift shop. Refreshments available in shop. WC. Wheelchair access. Disabled WC. Telephone 0131 240 1000. www.thedungeons.com

The Edinburgh Dungeon transports visitors back to the darkest chapters of Scotland's history. Visitors come face to face with the notorious murderers, Burke and Hare, join in the clan wars, wander through the plague ravaged streets of old Edinburgh and join James VI on a one-way boatride to confront the infamous cannibal Sawney Bean in Witchfynder.

---

620 EDINBURGH, EAGLE ROCK **6 M15**

HS. On the shore of the River Forth about 2.5 mile (0.5km) west of Cramond, Edinburgh. Nearest railway station Edinburgh, bus from city centre to Cramond, then short walk. Access at all times. Free. Telephone 0131 668 8800. www.historic-scotland.gov.uk

A much-defaced carving on natural rock, said to represent an eagle.

---

621 EDINBURGH, FORTH RAIL BRIDGE **6 M15**

South Queensferry, 10 miles (16km) north west of Edinburgh. Access at all times. Telephone 0131 319 1699.

Opened on 4 March 1890 by the Prince of Wales. The bridge

was designed on the cantilever principle with three towers 340 feet (104m) high. The engineers were Sir John Fowler and Benjamin Baker. See also 751 Forth Bridges Exhibition.

---

622 EDINBURGH, THE FRUITMARKET GALLERY — 6 N15

45 Market Street, Edinburgh. In city centre adjacent to Waverley station. Two car parks nearby. Bus stop outside gallery. Open Mon–Sat 1100–1800, Sun 1200–1700 (later during Festival). Free. Guided tours by arrangement. Explanatory displays. Gift and bookshop. Restaurant. WC. Induction loop. Disabled lift. Wheelchair access. Disabled WC. Telephone 0131 225 2383. www.fruitmarket.co.uk

Originally built in 1938 as a fruit and vegetable market, the building now contains an acclaimed art gallery with a national and international reputation for diverse and challenging contemporary exhibitions and an extensive education and events programme, along with an acclaimed contemporary bookshop and café.

---

623 EDINBURGH, FUN PARK — 6 N15

Portobello Promenade, Edinburgh. Bus from city centre. Open daily 1000–2300 (except Christmas Day). Charge for entertainments. Group concessions. Explanatory displays. Gift shop. Restaurant and tearoom. WC. Limited wheelchair access. Disabled WC. Car and coach parking. Telephone 0131 669 1859.

A family entertainment centre with various amusements – soft play area, dodgems, carousel, juvenile rides (merry-go-round), full-size ten-pin bowling lanes, American pool hall and full-size snooker tables.

---

624 EDINBURGH, GEOFFREY (TAILOR'S) TARTAN WEAVING MILL AND EXHIBITION — 6 N15

555 Castlehill, Edinburgh. Beside Edinburgh Castle at the top of the Royal Mile. Car parking nearby. Nearest railway station Waverley, then five minute walk. Open all year (except Christmas Day and New Year's Day), Mon–Sat 0900–1730, Sun 1000–1730; Mar–Oct closes 1830. Free. Charge for photo in Scottish costume and to try weaving on pedal loom. Tours for groups of ten or more (charge, pre-booking required). Explanatory displays. Gift shop. Restaurant and café. Baby changing facilties. WC. Limited wheelchair access. Disabled WC. Telephone 0131 226 1555. www.tartanweavingmill.co.uk

A working tartan weaving mill where visitors can see the production of tartan cloth and try weaving on a 60-year-old pedal loom. Visitors can also have their photo taken in ancient Scottish costume and search for a tartan in the Clans and Tartans Information Bureau. Specialist Highland dress, cashmere, crystal, ceramics and Scottish gifts for sale.

---

625 EDINBURGH, GEORGIAN HOUSE — 6 M15

NTS. 7 Charlotte Square, Edinburgh. Near city centre, ten minute walk from Waverley railway station. Open Mar–Oct, Mon–Sat 1000–1700, Sun 1400–1700; Nov–Christmas, Mon–Sat 1100–1600, Sun 1400–1600. Charge ££. Group concessions. Guided tours by arrangement. Explanatory displays. Information sheets in 12 languages. Gift shop. WC. Audio-visual programme with induction loop, Braille guidebook. Limited wheelchair access. Telephone 0131 226 3318. www.nts.org.uk

On the north side of Charlotte Square, designed by Robert Adam. A typical house in Edinburgh's New Town, furnished as it would have been by its first owners in 1796. Video programmes on the building of the New Town and A Day in the Life of the Georgian House.

---

626 EDINBURGH, GEOWALKS VOLCANO TOURS — 6 N15

Walks available for groups in the Edinburgh area. Walks usually start within reach of public transport. Changing and varied programme Mar–Oct; please contact for details. Charge ££–£££ dependant on walk. Guided tours. WC usually available in locality. Car and coach parking. Telephone 0131 555 5488. www.geowalks.co.uk

Discover extinct volcanos, hidden views, stunning scenery, the secrets of the local landscape and over 400 million years of history. Explore the beautiful surroundings of Fife and the Lothians, and the dramatic cityscape of Edinburgh. Join Dr Angus Miller for a walk back in time. Walks vary from 2–5 hours, covering a variety of terrain.

---

627 EDINBURGH, GLADSTONE'S LAND 6 N15

NTS. 477b Lawnmarket, Royal Mile, Edinburgh. Near city centre, ten minutes walk from Waverley railway station. Open Apr–Oct, Mon–Sat 1000–1700, Sun 1400–1700. Charge ££. Group concessions. Guided tours by arrangement. Explanatory displays. Information sheets in European languages and Japanese. Gift shop. Refreshments nearby. Tours for blind visitors by arrangement, Braille guidebook. Limited wheelchair access. Telephone 0131 226 5856. www.nts.org.uk

Typical example of the 17th-century tenements of Edinburgh's Old Town, clustered along the ridge between the Castle and the Palace of Holyroodhouse – the Royal Mile. Completed in 1620 and originally home to a prosperous Edinburgh merchant, Thomas Gledstanes, the house contains original painted ceilings and some contemporary furniture.

---

628 EDINBURGH, GORGIE CITY FARM 6 M15

51 Gorgie Road, Edinburgh. On the A71 Kilmarnock road, 1 mile (2km) south west of Haymarket station. Bus from city centre. Open daily (except Christmas and New Year's Day), summer 0930–1630; winter 0930–1600. Free. Guided tours (charge £). Explanatory displays. Gift shop. Café and picnic area. Baby changing facilities. Play park. WC. Induction loop for talks/tours. Wheelchair access. Disabled WC. Car parking. Telephone 0131 337 4202.

A 2 acre (1ha) farm with various farm animals, commonly kept pets, herbs, vegetables and a wildlife garden. Special events throughout the year, craft classes, educational workshops and tours. Education centre.

---

629 EDINBURGH, GRAYLINE SIGHTSEEING TOURS 6 N15

Lower Floor, 81 Salamander Street, Leith, Edinburgh. Couresy collections from hotels and guest houses in Edinburgh. Tours take place all year. Booking lines open all year, daily 0700–2200. Charge £££. Group concessions. Regular stops ensure opportunities to visit gifts shops and get a meal. Larger coaches have WC on board. Deaf and blind passengers encouraged to join tours. Assistance always given to ensure passengers get most from the tours. Wheelchair access with assistance (coaches can carry wheelchair in luggage hold). Telephone 0131 555 5558. www.graylinetours.com

Comprehensive daily guided sightseeing tours to various locations in Scotland. The tours incorporate wonderful countryside, history and music. Also airport transfers, conference transfers, spouse programmes and short breaks. Assistance with itineraries.

---

630 EDINBURGH, GREYFRIARS BOBBY 6 N15

By Greyfriars churchyard, corner of George IV Bridge and Candlemaker Row. Access at all times. Free.

Statue of Greyfriars Bobby, the Skye terrier who, after his master's death in 1858, watched over his grave in the nearby Greyfriars Churchyard for 14 years.

---

631 EDINBURGH, GREYFRIARS KIRK 6 N15

2 Greyfriars Place, Edinburgh. In Edinburgh Old Town, 15 minute walk from Waverley railway station. Bus from city centre to George IV Bridge. Open Easter–Oct, Mon–Fri 1030–1630, Sat 1030–1430; churchyard open every day 0900–1800 (except New Year's Day). Free. Group visits by prior arrangement (£); donation requested from children's groups. Guided tours (available in French and Gaelic by arrangement). Explanatory displays and videos. Gift shop. Refreshments for groups available with advance notice. Baby changing facilities. WC. Tours to suit blind visitors (by arrangement). Loop induction (services and talks). Wheelchair access and disabled parking. Disabled WC. Telephone 0131 225 1900/226 5429. www.greyfriarskirk.com

Edinburgh's first Reformed Church (1620). On display is the National Covenant (signed at the church in 1638), Scotland's finest collection of 17th- and 18th-century funeral monuments, fine 19th-century windows by Ballantyne, Peter Collins' organ (1990) with carvings of Scottish flora and fauna, memorabilia about Greyfriars Bobby (see 630). Millennium window by Douglas Hogg and Millennium kneelers portraying kirk history.

---

632 EDINBURGH, HEART OF SCOTLAND TOURS 6 N15

25 Waterloo Place, Edinburgh. Tours leave from 25 Waterloo Place in Edinburgh city centre (eastern extension of Princes Street). Five minute walk from Waverley Railway Station, on main bus routes. Tours take place throughout the year. Booking hotline open daily, Apr–Oct 0700–2200; Nov–Mar 0700–2000. Charge £££. Group concessions. Car and coach parking. Telephone 0131 558 8855. www.heartofscotlandtours.co.uk

One-day minibus tours to Loch Ness, Loch Lomond, Stirling Castle, St Andrews and other beautiful parts of Scotland. The tours have been specially designed to include famous sights and some hidden gems, with lots of interesting stops, including the well-liked Heart of Scotland 'walk and talk' in the Scottish countryside. Fully guided by knowledgeable driver/guides who share their passion for Scotland's story. Small tour groups make for a welcoming atmosphere.

---

633 EDINBURGH, HOLYROOD ABBEY 6 N15

HS. At the foot of the Canongate (Royal Mile), Edinburgh, in the grounds of the Palace of Holyroodhouse. Local bus service and tour bus. Access and charges same as Palace of Holyroodhouse. No free entry for Friends of Historic Scotland at this site. Telephone 0131 668 8800. www.historic-scotland.gov.uk

The ruined nave of the 12th- and 13th-century Abbey church, built for Augustinian canons. The abbey and palace are administered by the Lord Chamberlain. See also 654 Edinburgh, Palace of Holyroodhouse.

---

634 EDINBURGH, HOLYROOD PARK 6 N15

HS. In Edinburgh, immediately to the east of Holyrood Palace and Abbey. Local bus service and tour buses. Open at all times. Free. Car parking. Telephone 0131 556 1761. www.historic-scotland.gov.uk

There has probably been a royal park here since the Augustinian Abbey was founded in the early 12th century; but it was formally enclosed in 1541 during James V's reign. Within the park is a wealth of archaeology, including the remains of four hill forts, other settlements and round them a fascinating landscape of prehistoric and early-medieval farming activity.

---

635 EDINBURGH, HUB FESTIVAL CENTRE 6 N15

348 Castlehill, Edinburgh. On the Royal Mile, close to Edinburgh Castle. Nearest railway station Waverley. Open all year except Christmas Day, daily 0930–2200. Charge for performances. Gift shop. Café bar. WC. Festival Brochure available in braille and audio tape. Induction loop. Wheelchair access. Disabled WC. Telephone 0131 473 2015. www.eif.co.uk/thehub

The permanent home for the Edinburgh International Festival housed in the former Tolbooth Church. Many of the original, gothic interiors of the church have been maintained and are complemented by new, comtemporary interior design. The centre offers a booking office, exhibition area and café. Café concerts throughout the year.

---

636 EDINBURGH, INGLEBY GALLERY 6 N15

Ingleby Gallery, 6 Carlton Terrace, Edinburgh. Nearest railway station Waverley, then 15 minute walk. Open all year (unless hanging an exhibition), Tue–Sat 1000–1700. Free. Information provided. WC. Wheelchair access. Car parking. Telephone 0131 556 4441. www.inglebygallery.com

The Ingleby Gallery is situated on the ground floor of an Edinburgh town house which is also the family home. Specialises in modern British and contemporary art, with an emphasis on painting, sculpture and photography. Artists include Howard Hodgkin, Andy Goldsworthy, Ian Hamilton Finlay, Sean Scully and Callum Innes.

---

637 EDINBURGH, JOHN KNOX HOUSE 6 N15

43-45 High Street, Edinburgh. In the Royal Mile within easy walking distance of Waverley railway station. Open all year, Mon–Sat 1000–1700; Jul–Sep, Sun 1200–1600. Also open in evenings if show on at Netherbow Theatre. Charge £. Group concessions. Explanatory displays. Gift shop. Café. Courtyard. WC. Staff have been trained to assist deaf and blind visitors. Limited wheelchair access. Disabled WC. Telephone 0131 556 9579.

A picturesque 15th-century house associated with John Knox, the religious reformer, and James Mossman, keeper of the Royal Mint to Mary, Queen of Scots. The house contains many original features including a painted ceiling in the Oak Room. Exhibition on the life and times of John Knox and James Mossman.

---

638 EDINBURGH, LAURISTON CASTLE 6 M15

Cramond Road South, Edinburgh. At Davidson's Mains, 3 miles (5km) west of Edinburgh centre. Bus from city centre. Admission to castle by guided tour only. Apr–Oct, Sat–Thu tours at 1120, 1220, 1420, 1520 and 1620; Nov–Mar, Sat–Sun tours at 1420 and 1520. Tours last approximately 50 minutes. Castle grounds open all year, daily 0900–dusk. Charge ££. Foreign language guide sheets available. Picnic area. WC. Disabled WC. Car and coach parking. Telephone 0131 336 2060. www.cac.org.uk

A 16th-century tower house with extensive 19th-century additions. Built about 1590 by Archibald Napier whose son John invented logarithms. In the early 18th century Lauriston was owned by financier John Law who held high office in the court of pre-revolution France. The last private owners were the Reid family, and the castle contains William Reid's extensive collections of furniture and antiques – a snapshot of the interior of a Scottish country house in the Edwardian era. Thirty acres (12ha) of beautiful gardens and parkland with panoramic views of the Firth of Forth.

---

639 EDINBURGH, LITERARY PUB TOUR 6 N15

The Beehive Inn, Grassmarket, Edinburgh. In Edinburgh old town, ten minutes walk from Princes Street and the Royal Mile. Nearest railway station Waverley, then 15 minute walk. Tours Jun–Sep, daily 1930; Mar–May and Oct–Nov, Thu–Sun 1930; Dec–Feb, Fri 1930. Additional tours Jul–Aug, telephone to confirm. Charge £££. Customised tours for groups arranged. Guided tours. Four pubs visited. WC. Limited wheelchair access. Car and coach parking. Telephone 0131 226 6665. www.scot-lit-tour.co.uk

This two hour promenade performance, led by professional actors, begins at the historic Beehive Inn, in the Grassmarket, and follows a route through the streets, wynds, courtyards and old taverns of the Old and New Towns of Edinburgh. The lives and work of Scotland's great poets, writers and colourful characters from the past 300 years are described, from Robert Burns and Walter Scott to Muriel Spark and *Trainspotting*.

---

640 EDINBURGH, MALLENY GARDEN 6 M16

NTS. Balerno. Off the A70 Lanark road in Balerno near Edinburgh. By bus from Edinburgh centre. Open Apr–Oct, daily 0930–1900; Nov–Mar, daily 0930–1600. House not open to public. Charge £ (honesty box). Group concessions. WC. Limited wheelchair access. Car and coach parking. Telephone 0131 449 2283. www.nts.org.uk

Dominated by four 400-year-old clipped yew trees, this peaceful garden features fine herbaceous borders and a large collection of old-fashioned roses. The National Bonsai Collection for Scotland is also housed here.

---

641 EDINBURGH, MERCAT WALKING TOURS 6 N15

Mercat House, 12 Niddry Street South, Edinburgh. All tours leave from the

Mercat Cross (Royal Mile) beside St Giles Cathedral. Nearest railway station Waverley, then five minute walk. All year, daily 1030–2130. Charge £££. Group concessions. Guided tours (available in Dutch, French, German, Italian). Explanatory displays. Gift shop. WC. Car and coach parking. Telephone 0131 557 6464. www.mercattours.com

Award-winning dramatised history and ghost tours of the Royal Mile. Tours visit the wynds and closes of Old Edinburgh and include a visit to the most extensive underground vaults open to the public beneath the South Bridge.

---

642 EDINBURGH, MIDLOTHIAN SKI CENTRE — 6 N16

Hillend, Near Edinburgh. Just south of the city bypass off the A702 at Lothianburn junction. Nearest railway station Edinburgh, bus from city centre. Open winter, Mon–Sat 0930–2100, Sun 0930–1900; summer Mon–Fri 0930–2100 weekends 0930–1700. Chairlift ride £. Group concessions. Explanatory displays. Refreshments available. WC. Limited wheelchair access. Disabled WC. Car and coach parking. Telephone 0131 445 4433. www.ski.midlothian.gov.uk

Europe's longest and most challenging artificial ski slope. Two main slopes, a fun slope and two nursery slopes. Equipment hire, skiing/snowboarding, coaching and instruction for all levels, chair lift and two ski tows. Chairlift open to all visitors, with terrific views.

---

643 EDINBURGH, MUSEUM OF CHILDHOOD — 6 N15

42 High Street, Edinburgh. In the Royal Mile. Open all year, Mon–Sat 1000–1700; Jul–Aug also Sun 1400–1700. Free. Explanatory displays. Gift shop. WC. Mini-com for the deaf, blind visitors may handle artefacts. Limited wheelchair access. Disabled WC. Telephone 0131 529 4142. www.cac.org.uk

This unique museum has a fine collection of childhood-related items including toys, dolls, dolls' houses, costumes and nursery equipment. It has a programme of changing exhibitions and activities.

---

644 EDINBURGH, MUSEUM OF EDINBURGH — 6 N15

142 Canongate, Royal Mile, Edinburgh. In the Royal Mile. Nearest railway station Waverly 15 minute walk, local bus service and tour buses. Open all year (except Christmas and New Year), Mon–Sat 1000–1700. During Festival open Sun 1400–1700. Free. Explanatory displays. Gift shop. WC. Telephone 0131 529 4143. www.cac.org.uk

A restored 16th-century mansion, the Museum of Edinburgh is the city's main museum of local history, with period rooms and reconstructions relating to the city's traditional industries. There are also collections of Edinburgh silver and glass, Scottish pottery, shop signs and relics relating to Field Marshall Earl Haig, the World War I general.

---

645 EDINBURGH, MUSEUM OF FIRE — 6 N15

Lothian and Borders Fire Brigade Headquaters, Lauriston Place, Edinburgh. In city centre. Nearest railway station Waverley, then 20 minute walk or local bus. Open all year (except for first two weeks in Aug, and Christmas and New Year), Mon–Fri 0900–1630 by appointment. Free. Guided tours. Explanatory displays. WC. Wheelchair access. Disabled WC. Telephone 0131 228 2401. www.lothian.fire-uk.org

An integral part of the brigade's fire education programme, the museum tells the history of the oldest municipal fire brigade in the United Kingdom. Housed in the historic headquarters building, it shows the development of fire fighting in an exciting and educational way. Displays a range of fire engines from 1806, and many other fire related items.

---

646 EDINBURGH, MUSEUM OF SCOTLAND — 6 N15

Chambers Street, Edinburgh. In the centre of Edinburgh's Old Town. Within ten minutes walk of Princes Street and Waverley railway station; close to most major bus routes. Open all year, Mon–Sat 1000–1700 (Tue closes 2000), Sun 1200–1700. Free. Group concessions. Guided tours (also audio tours).

Explanatory displays. Gift shop. Restaurant (tearoom and bistro in adjoining Royal Museum). Rooftop garden. WC. Free radio aids and personal access guides, telephone 0131 247 4206. Wheelchair access (level access at Tower entrance). Disabled WC. Telephone 0131 225 7534 or 0131 247 4027 minicom. www.nms.ac.uk

The Museum of Scotland tells the history of Scotland from its geological beginnings to the present day. A striking piece of architecture to hold the treasured objects of Scotland's past and present.

647 EDINBURGH, NATIONAL GALLERY OF SCOTLAND 6 N15

The Mound, Edinburgh. In city centre, just off Princes Street. Nearest railway and bus stations ten minute walk. Open all year, Mon–Sat 1000–1700, Sun 1200–1700. Closed Christmas Day and Boxing Day. Free. Small charge for temporary exhibitions. Guided tours by prior arrangement (telephone 0131 624 6506). Room plan. Gift shop. WC. Acoustic guide for visually impaired. Limited wheelchair access. Disabled WC. Telephone 0131 624 6332. www.natgalscot.ac.uk

The building was designed by William Henry Playfair and the foundation stone laid by Prince Albert in 1850. The gallery opened to the public in 1859. The collection contains outstanding paintings, drawings and prints by the greatest artists from the Renaissance to Post-Impressionism, including Velásquez, El Greco, Titian, Vermeer, Constable, Monet and Van Gogh. It also houses the national collection of Scottish art featuring works by Taggart, Wilkie, Ramsay and Raeburn.

648 EDINBURGH, NATIONAL LIBRARY OF SCOTLAND 6 N15

George IV Bridge, Edinburgh. In the Old Town just off the High Street. Nearest railway station Waverley, then ten minute walk, or bus from Princes Street. Open all year (except Easter, Christmas, New Year and Edinburgh autumn holiday in Sep). Exhibitions open (summer only) Mon–Sat 1000–1700, Sun 1400–1700. Free. Guided tours. Explanatory displays. Gift shop. Self-service refreshment area. WC. Wheelchair access with assistance. Disabled WC. Telephone 0131 226 4531. www.nls.uk

Founded in 1682, the library is a treasure house of books and manuscripts, with reading rooms open for research to scholars from home and abroad. For the general public and visitors, it has a programme of exhibitions on Scottish themes.

649 EDINBURGH, NATIONAL WAR MUSEUM OF SCOTLAND 6 N15

Edinburgh Castle, Edinburgh. Within Edinburgh Castle at the heart of the city. Nearest railway station Waverley, then 15 minute walk, close to most major bus routes. Open Apr–Oct, daily 0945–1745; Nov–Mar, daily 0945–1645. Museum entry included in admission charge for Edinburgh Castle. Explanatory displays and audio guide (English). Gift shop. Café within castle. Reference library available by appointment. WC. Induction loop. Wheelchair access. Disabled WC. Car and coach parking. Telephone 0131 225 7534. www.nms.ac.uk

The National War Museum of Scotland explores the Scottish experience of war and military service over the last 400 years – presented in galleries housed in mid-18th century buildings within Edinburgh Castle. See also 612 Edinburgh Castle and 661 Edinburgh, Regimental Museum of The Royal Scots.

650 EDINBURGH, NELSON MONUMENT 6 N15

32 Calton Hill, Edinburgh. On Calton Hill, above Waterloo Place at the east end of Princes Street. Nearest railway station Waverley, then 15 minute walk. Open Apr–Sep, Mon 1300–1800, Tue–Sat 1000–1800; Oct–Mar, Mon–Sat 1000–1500. Charge £. Explanatory displays. Gift shop. Picnic area. WC. Car and coach parking. Telephone 0131 556 2716. www.cac.org.uk

One of the first monuments to Admiral Nelson, built between 1807 and 1815. A telescope-shaped tower with a time-ball on the top. The latter is wound up every day (except Sunday) and dropped at 1300. The timeball was linked to the 1 o'clock gun at Edinburgh Castle and acted as a visual signal to ships in Leith docks to set their chronometers, enabling them to calculate longitude. Nelson's Trafalgar signal is flown every year on 21 October. Good views from top.

651 **EDINBURGH, NEWHAVEN HERITAGE MUSEUM** **6 N15**

24 Pier Place, Edinburgh. Bus service from Princes Street. Open all year, daily 1200–1700. Free. Explanatory displays. Gift shop. Induction loop for video. Wheelchair access. Car and coach parking. Telephone 0131 551 4165. www.cac.org.uk

This museum is situated in the historic fishmarket overlooking the harbour. It tells the story of Newhaven and its people. Find out about fishing and other sea trades, customs and superstitions. Displays tell the stories of the Society of Free Fishermen and the development of this tightly-knit community. Reconstructed sets of fishwives and fishermen, displays of objects and photographs, and first-hand written and spoken accounts of people's lives. Hands-on exhibits, music and video.

---

652 **EDINBURGH, NO. 28 CHARLOTTE SQUARE** **6 N15**

NTS. 28 Charlotte Square, Edinburgh. In the city centre. Nearest railway station Waverley, then ten minute walk. Open all year, Mon–Sat 1000–1700, Sun 1200–1700. Shop open Mon–Sat 1000–1730, Sun 1000–1700; coffeehouse daily 1000–1800. Restaurant at No. 27 Charlotte Square, 1800–2300. Free. Explanatory displays. Gift shop. WC. Wheelchair access. Telephone 0131 243 9300. www.nts.org.uk

An attractive gallery overlooking Charlotte Square and displaying a collection of 20th-century Scottish paintings.

---

653 **EDINBURGH, OUR DYNAMIC EARTH** **6 N15**

107 Holyrood Road, Edinburgh. Nearest railway station Waverley. Local bus or tour bus. Open Apr–Oct, daily 1000–1800 (last entry 1650); Nov–Mar, Wed–Sun 1000–1700 (last entry 1550). Charge £££. Carers of disabled visitors free. Group concessions. Explanatory displays. Gift shop. Restaurant and bar. Children's play area, terrace. WC. Large print text. Wheelchair access. Disabled WC. Car and coach parking. Telephone 0131 550 7800. www.dynamicearth.co.uk

Through dramatic special effects, stunning wrap-around images and state-of-the-art interactives, visitors discover the story of the planet, from the start of time to an unknown future. See the Restless Earth volcano erupt, walk through the tropical rainforest thunderstorm and meet an ever-changing menagerie of animals. Take a dramatic helicopter flight over the magnificent Scottish mountains and feel the chill of ice in the polar region.

---

654 **EDINBURGH, PALACE OF HOLYROODHOUSE** **6 N15**

Canongate, Edinburgh. At the foot of the Royal Mile, 15 minute walk from Waverley railway station. By tourist bus. Open all year, daily Apr–Oct 0930–1800 (last entry 1715); Nov–Mar, 0930–1630 (last entry 1545). Closed Christmas and Good Friday; before, during and after Royal and State visits; and also at other times. Charge £££. Children under 5 free. Group concessions. Guided tours Nov–Mar (available in foreign languages). Gift shop. Picnic area. Garden in summer. WC. Guide for blind visitors. Limited wheelchair access. Disabled WC. Car and coach parking. Telephone 0131 556 7371; recorded information on 0131 556 1096. www.royal.gov.uk

The official residence of The Queen in Scotland. The oldest part is built against the monastic nave of Holyrood Abbey (see 633), little of which remains. The rest of the palace was reconstructed by the architect Sir William Bruce for Charles II. Home of Mary, Queen of Scots for six years and where she met John Knox. Rizzio was murdered here and Prince Charles Edward Stuart held court here in 1745. The State Apartments house tapestries and paintings. The Picture Gallery has portraits of over 80 Scottish kings painted by De Wet 1684–6.

---

655 **EDINBURGH, PARISH CHURCH OF ST CUTHBERT** **6 N15**

5 Lothian Road, Edinburgh. St Cuthbert's Church lies in a graveyard below the castle just beyond the west end of Princes Street Gardens. Local bus to Princes Street and Lothian Road. Open end Apr–early Sep, Mon–Sat 1000–1600. Sun open for worship. Free. Guided tours (leaflets in English, Czech, Dutch, French, German, Italian, Spanish and Swedish). Explanatory displays. Gift shop. Refreshments available. WC. Induction loop during services. Wheelchair access. Disabled WC. Car parking. Telephone 0131 229 1142. www.st-cuthberts.net

This is the seventh church on this site. Tradition has it that St Cuthbert had a small cell church here at the head of the Nor'Loch. Recorded history tells that King David I, gifted lands to 'the Church of St Cuthbert, hard by the Castle of Edinburgh'. The present building was built in 1894 to a design by Hippolyte Blanc, but retained the 1790 tower. Interior was reorganised in 1990 by Stewart Tod. Features Renaissance style stalls, marble communion table, alabaster mural, stained glass by Tiffany. Famous names in graveyard.

---

656 EDINBURGH, PARLIAMENT HOUSE **6 N15**

11 Parliament Square, Edinburgh. Behind the High Kirk of St Giles, Royal Mile. Open all year, Mon–Fri 1000–1600. Free. Explanatory displays. Postcards and booklets for sale. WC. Disabled WC. Telephone 0131 225 2595.

Built 1632–9, this was the seat of Scottish government until 1707, when the governments of Scotland and England were united. Now the Supreme Law Courts of Scotland, Parliament Hall has a fine hammer beam roof and portraits by Raeburn and other major Scottish artists. Access (free) to the splendid Signet Library on an upper floor is by prior written request only, to: The Librarian, Signet Library, Parliament House, Edinburgh. Outside is the medieval Mercat Cross, which was restored in 1885 by W. E. Gladstone. Royal proclamations are still read from its platform.

---

657 EDINBURGH, THE PEOPLES STORY **6 N15**

Canongate Tolbooth, 163 Canongate, Edinburgh. Near the foot of the Royal Mile, ten minute walk from Waverley station and bus station. Open all year (except Christmas and New Year), Mon–Sat 1000–1700; Jun–Sep 1000–1800; during the Edinburgh Festival, also Sun 1400–1700. Free. Explanatory displays. Gift shop. WC. Induction loop. Limited wheelchair access, to ground and first floor only. Disabled WC. Telephone 0131 529 4057. www.cac.org.uk

In the picturesque Canongate Tolbooth, built in 1591. Tells the story of the life, work and pastimes of the ordinary working people of Edinburgh from the late 18th century. Sights, sounds and smells. Room reconstructions, rare artefacts and everyday objects.

---

658 EDINBURGH, JAMES PRINGLE WEAVERS LEITH MILLS **6 N15**

70-74 Bangor Road, Leith, Edinburgh. In Leith, 1 mile (2km) from Edinburgh city centre. Bus from Edinburgh centre. Open Apr–Oct, Mon–Sat 0900–1730, Sun 1000–1700; Nov–Mar, Mon–Sat 0900–1700, Sun 1000–1700. Free. Explanatory displays. Gift shop. Restaurant. WC. Wheelchair access. Disabled WC. Car and coach parking. Telephone 0131 553 5161. www.ewm.co.uk

Large shop selling woollens, tartans, clothing and gifts. Tailor-made outfits. Clan Tartan Centre with a computer which will provide visitors with a printed certificate detailing any clan connection, information on the clan chief, origins, heraldic emblems, plant badge and other historic information. Also whisky shop, golf shop and designer brand shop.

---

659 EDINBURGH PRINTMAKERS **6 N15**

23 Union Street, Edinburgh. At the east end of Edinburgh near the Playhouse Theatre. Nearest railway station Waverley, then 15 minute walk, or bus from city centre. Open all year (except Christmas and New Year), Tue–Sat 1000–1800. Free. Guided tours of studios by appointment. Explanatory displays. WC. Limited wheelchair access. Telephone 0131 557 2479. www.edinburgh-printmakers.co.uk

Edinburgh's main studio for practising artists who make limited edition prints. Visitors can watch artists at work and see the huge range of prints for sale in the gallery. Courses in print-making.

---

660 EDINBURGH, RABBIE'S TRAIL BURNERS **6 N15**

207 High Street, Edinburgh. In the Royal Mile, five minute walk from Waverley station. Open all year, May–Sep 0815–2000; Oct–Apr 0815–1800. Charge £££. Group concessions on application. Guided tours. Gift shop. Wheelchair access with assistance. Telephone 0131 226 3133. www.rabbies.com

Scottish Highland minicoach tours to all areas of the Highlands. Bespoke tours, individually arranged, also available.

---

661 EDINBURGH, REGIMENTAL MUSEUM OF THE ROYAL SCOTS 6 N15

Edinburgh Castle, Edinburgh. In the castle at the top of the Royal Mile. Car and coach parking in winter only. Nearest railway station Waverley, then ten minute walk . Open daily Apr–Sep, 0930–1730; Oct–Mar, Mon–Fri 0930–1600. Free but charge for entry to castle. Explanatory displays. Gift shop. Restaurant and tearoom. WC. Wheelchair access with assistance (courtesy coach within castle, wheelchair access to museum). Disabled WC. Telephone 0131 310 5017.

The museum of the oldest regiment in the British Army, housed in Edinburgh Castle. Contains paintings, artefacts, silver and medals which tell the story of the regiment from its formation in 1633 to the present day. See also 612 Edinburgh Castle and 649 Edinburgh, National War Museum of Scotland.

---

662 EDINBURGH, ROBIN'S GHOST AND HISTORY TOURS 6 N15

Mercat House, 12 Niddry Street South, Edinburgh. Tours begin from the Mercat Cross, High Street, next to St Giles Cathedral and from outside the Tourist Information Centre, east end of Princes Street. Tours run all year, daily (except Christmas). Times vary. Telephone or visit website for confirmation. Charge ££. Group concessions. Guided tours. Telephone 0131 557 6464. www.mercattours.com

Discover the hidden history of Edinburgh with Scotland's original, biggest and best ghost and history walking tours. By day the guides escort visitors through the heart of Edinburgh's proud and notable Old Town. At night ghost tours recall tales of ghastly, grisly crimes, witchcraft and unexplained incidents from Edinburgh's past. Includes visits to the underground vaults.

---

663 EDINBURGH, ROYAL BOTANIC GARDEN 6 N15

20a Inverleith Row, Edinburgh. 1 mile (2km) north of the city centre. Entrances on Inverleith Row (East Gate) and Arboretum Place (West Gate). On-street parking. Bus from city centre to the east gate. Open daily (except Christmas Day and New Year's Day) from 1000; closes Nov–Feb at 1600; Mar and Oct 1800; Apr–Sep 1900. Free. Guided tours (Apr–Sep). Explanatory displays. Gift shop. Licensed café. Baby changing facilities, exhibitions and events, wedding and conference facilities. WC. Wheelchair access (wheelchairs available). Disabled WC. Telephone 0131 552 7171. www.rbge.org.uk

Visitors can discover the wonders of the plant kingdom in Scotland's premier garden. Established in 1670 on an area the size of a tennis court, it now comprises over 70 acres (28ha) of beautifully landscaped grounds. Spectacular features include the world-famous Rock Garden, the Chinese Hillside and a magnificent arboretum. The amazing glasshouses, featuring Britain's tallest Palm House, leads you on a trail of discovery through Asia, Africa, the Mediterranean and the Southern Hemisphere.

---

664 EDINBURGH, ROYAL MUSEUM 6 N15

Chambers Street, Edinburgh. In the centre of Edinburgh's Old Town. Within ten minute walk of Princes Street and Waverley railway station; close to most major bus routes. Open all year (except Christmas Day), Mon–Sat 1000–1700 (Tue closes 2000), Sun 1200–1700. Free. Guided tours and audio tours. Explanatory displays. Gift shop. Tearoom and bistro (restaurant in ajoining Museum of Scotland). Lecture theatre. Baby changing facilities. WC. Induction loop; free radio aids and personal access guides, telephone 0131 247 4206. Wheelchair access (level access at Tower entrance). Disabled WC. Telephone 0131 225 7534 or 0131 247 4027 minicom. www.nms.ac.uk

The museum houses international collections in a wonderful Victorian glass-topped building. Collections include applied arts, geology and zoology, natural history, social and technical history, jewellery and costume, Egyptian and African treasures, many new permanent galleries as well as exciting temporary exhibition programme. Lectures, concerts and activities for children.

665 **EDINBURGH, ROYAL SCOTTISH ACADEMY** **6 N15**

The Mound, Edinburgh. Located on Princes Street at the foot of the Mound. Nearest railway and bus stations ten minute walk. Telephone 0131 558 7097. www.royalscottishacademy.org

Re-opened in 2003, after major building and refurbishment work. The Royal Scottish Academy, established in 1826, is Scotland's oldest gallery which specialises in showing contemporary art, ranging for works by Academicians and Associates of the Academy (Annual Exhbition May–Jun) to works from students at all Scottish colleges of art and architecture (Students Exhibition Mar). For details of other exhibitions visit website.

666 **EDINBURGH, THE ROYAL YACHT BRITANNIA** **6 N15**

Ocean Drive, Leith, Edinburgh. 2 miles (3km) from the centre of Edinburgh, at Ocean Terminal shopping and leisure centre in the port of Leith. Dedicated bus service runs direct from Waverley Bridge. Open all year, Apr–Sep daily, 0930–1630; Oct–Mar daily, 1000–1530. Charge £££. Group concessions. Guided tours by audio tape (also available in French, German, Italian, Spanish, Dutch and Japanese). Explanatory displays. Gift shop. Refreshments nearby. WC. Audio script for deaf visitors. Wheelchair access. Disabled WC. Car and coach parking. Telephone 0131 555 5566. www.royalyachtbritannia.co.uk

Visitors can experience life on board by exploring the five decks of *Britannia*, from the top of the bridge to the depths of the gleaming engine room.

667 **EDINBURGH, ST GILES' CATHEDRAL** **6 N15**

High Street, Edinburgh. In the Royal Mile, halfway between Edinburgh Castle and Palace of Holyroodhouse. Bus from city centre. Five minute walk from Waverley railway station. Open all year. Sat 0900–1700, Sun 1300–1700; May–Sep, Mon–Fri 0900–1900; Oct–Apr, Mon–Fri 0900–1700. Admission by donation. Guided tours for groups by arrangement. Explanatory displays. Gift shop. Restaurant. WC. Wheelchair access with assistance. Telephone 0131 225 9442. www.stgiles.net

Discover 1000 years of history in the heart of Edinburgh. St Giles' Cathedral was founded in the 1120s and was the church of John Knox during the Reformation. Highlights of a visit include the beautiful stained glass windows, impressive Rieger organ (1992) and famous Thistle Chapel, home of the Knights of the Order of the Thistle. The cathedral also houses memorials to many prominent Scots. Regular concerts held throughout the year, telephone for details.

668 **EDINBURGH, ST JOHN'S** **6 N15**

Princes Street, Edinburgh. Located at the west end of Princes Street. Car park nearby. Nearest railway and bus stations 15 minute walk. Open all year, Mon–Fri 0730–1600, Sat 0800–1230, Sun for worship. Free. Guided tours by arrangement. Gift shop. Café. Wheelchair access with assistance. Disabled WC. Car parking. Telephone 0131 229 7565.

St John's, The Church of St John the Evangelist, is one of architect William Burn's finest early 19th-century buildings. It also has one of the finest collections of stained glass in the country. There is a fine collection of modern paintings and sculptures. Outside are the graves of many famous Scots such as Sir Henry Raeburn, Scotland's finest portrait painter, and James Donaldson, the founder of the School for the Deaf.

669 **EDINBURGH, ST MARY'S CATHEDRAL** **6 M15**

Palmerston Place, Edinburgh. At the West End, near Haymarket. Nearest railway station Haymarket, then five minute walk. Bus from city centre. Open all year, Mon–Fri 0730–1800; Sat–Sun 0730–1700. Free. Guided tours by arrangement. Explanatory displays. Gift stall. Crèche on Sun at 1030. WC. Induction loop. Wheelchair access. Disabled WC. Telephone 0131 225 6293. www.cathedral.net

An Episcopal cathedral built in 1879, with the western towers added in 1917. The central spire is 276 feet (84m) high. Impressive interior. Nearby is the charming Old Coates House, built in the late 17th century and now the Episcopal Church's Theological Institute.

---

670 EDINBURGH, ST TRIDUANA'S CHAPEL 6 N15

HS. At Restalrig Church, off Restalrig Road South, 1.5 miles (2.5km) east of Edinburgh city centre. Nearest railway station Waverley, bus from city centre. Open all year, Mon–Fri 0900–1700 (see keyholder). Free. Telephone 0131 554 7400. www.historic-scotland.gov.uk

The lower part of the chapel built by James III, housing the shrine of St Triduana, a Pictish saint. The hexagonal vaulted chamber is unique.

---

671 EDINBURGH, SCOTCH WHISKY HERITAGE CENTRE 6 N15

354 Castlehill, Edinburgh. At the top of the Royal Mile in Edinburgh. Waverley station within walking distance. Open daily (except 25 Dec) 1000–1700, hours extended in summer. Charge £££. Reduced admission for disabled. Group concessions. Guided tours (translations in eight languages). Explanatory displays. Gift shop. Whisky bar, coffee shop and restaurant. WC. Script available for deaf, braille also available. Wheelchair access. Disabled WC. Telephone 0131 220 0441. www.whisky-heritage.co.uk

The mystery of Scotch whisky revealed – learn about malt, grain and blended whisky, take a barrel ride through whisky history and meet the resident ghost. Also free taste of whisky for adults. Whisky Bond Bar selling over 270 different whiskies.

---

672 EDINBURGH, SCOTT MONUMENT 6 N15

East Princes Street Gardens, Edinburgh. Close to Waverly train station and St Andrew's bus station. Open Apr–Sep, Mon–Sat 0900–1800, Sun 1000–1800; Oct–Mar, daily 0900–1500. Charge £. Group concessions. Explanatory displays. Refreshments nearby. Telephone re disabled access. Telephone 0131 529 4068.

One of Edinburgh's most famous landmarks, completed in 1844. The monument commemorates the great Scottish writer, Sir Walter Scott. At 200 feet high (61m) there are 287 steps to the top rewarding the visitor with superb views of Edinburgh and its surroundings. The statue of Sir Walter Scott was sculpted by Sir John Steell in Carrara marble.

---

673 EDINBURGH, SCOTTISH NATIONAL GALLERY OF MODERN ART 6 M15

Belford Road, Edinburgh. 20 minute walk from west end of the city centre. Nearest railway station Edinburgh Haymarket, limited bus service. Open all year, Mon–Sat 1000–1700, Sun 1200–1700. Closed Christmas Day and Boxing Day. Free. Small charge for temporary exhibitions. Guided tours by prior arrangement (telephone 0131 624 6410). Room plan. Gift shop. Restaurant and picnic area. WC. Wheelchair access. Disabled WC. Car and coach parking. Telephone 0131 624 6200. www.natgalscot.ac.uk

The building was designed in the 1820s by Sir William Burn and was formerly a school. It has bright spacious rooms and extensive grounds providing the perfect setting for sculptures by Barbara Hepworth, Eduardo Paolozzi, Henry Moore and others. The bulk of the collection, which amounts to almost 4000 works of art, has been amassed since 1960. There are examples of work by Matisse, Kirchner, Picasso, Magritte, Miró, Dali and Ernst. The gallery houses an unrivalled collection of 20th-century Scottish art including work by Charles Rennie Mackintosh, Peploe, Fergusson and Cadell. The greatest strengths of the gallery's modern international collection are works by surrealist, German expressionist and French artists.

---

674 EDINBURGH, SCOTTISH NATIONAL PORTRAIT GALLERY 6 N15

1 Queen Street, Edinburgh. In city centre, five minute walk from Princes Street. Nearest railway and bus stations ten minute walk. Open all year, Mon–Sat

1000–1700, Sun 1200–1700. Closed Christmas Day and Boxing Day. Free. Small charge for temporary exhibitions. Guided tours by prior arrangement (telephone 0131 624 6410). Explanatory displays. Gift shop. Restaurant. WC. Wheelchair access with assistance. Disabled WC. Telephone 0131 624 6200. www.natgalscot.ac.uk

The gallery, built in the 1880s and designed by Sir Robert Rowland Anderson, provides a unique visual history of Scotland, told through the portraits of the figures who shaped it – royalty, poets, philosophers, heroes and rebels. All the portraits are of Scots but not all are by Scots. The collection holds works by great English, European and American masters such as Van Dyck, Gainsborough, Copley, Rodin, Kokoschka and Thorvaldsen. The gallery also houses the National Photography Collection.

---

675 EDINBURGH, SCOTTISH PARLIAMENT VISITOR CENTRE 6 N15

Committee Chambers (Ground Floor), George IV Bridge, Edinburgh. In the centre of Edinburgh at the junction of George IV Bridge and the Royal Mile. Nearest railway station Waverley, then five minute walk. Local bus service. Open all year, Mon–Fri 1000–1700; other times, see press for details. Free. Explanatory displays. Gift shop. WC. Tactile map in visitor centre. Wheelchair access. Disabled WC. Telephone 0131 348 5000 or 0845 278 1999; textphone 0131 348 5415. www.scottish.parliament.uk

The visitor centre explains the past, present and future of Scotland's Parliament through colourful displays, exhibitions and state-of-the-art interactive computer systems.

---

676 EDINBURGH, SHAPING A NATION 6 M15

Unit B, 130 Dundee Street, Fountainpark, Edinburgh. Nearest railway station Haymarket, then ten minute walk or local bus. Open all year, Mon–Thu 1400–2000, Fri 1400–2100, Sat–Sun 1200–2100. Charge £. Group concessions by arrangment. Guided tours by request. Explanatory displays. Gift shop and internet café. WC. Wheelchair access. Disabled WC. Car parking. Telephone 0131 229 0300. www.shaping-a-nation.co.uk

Shaping A Nation provides a fun and exciting hands-on experience for all the family. Discover the true Scotland through informative displays and interactive exhibits. Explore Scottish creativity and innovation that has truly changed the world. Experience a spectacular helicopter ride across Scoltand on Europe's largest digital thrill ride.

---

677 EDINBURGH, STILLS GALLERY 6 N15

23 Cockburn Street, Edinburgh. In the Old Town just off the High Street. Nearest railway station Waverley, then two minute walk. Contact for opening hours. Free. Guided tours on request. Explanatory displays. Gift shop. WC. Wheelchair access. Disabled WC. Telephone 0131 622 6200.

A contemporary art gallery. Open access photography and digital imaging labs open to visitors.

---

678 EDINBURGH, SUNTRAP GARDEN 6 M15

43 Gogarbank, Edinburgh. Between the A8 and A71, 1 mile (2km) west of city centre. Bus service from Waterloo Place. Open daily all year except Christmas and New Year, daily 1000–1600. Charge £. Free to NTS members and children. WC. Wheelchair access. Disabled WC. Car parking. Telephone 01506 854387 and 0131 339 2891.

A 3 acre (1.2ha) site with several gardens in one – Italian, rock, oriental, formal, pond, peat and woodland. Started in 1957 by philanthropist and keen amateur gardener George Boyd Anderson, bequeathed to the National Trust for Scotland and Lothian region as a centre for gardening advice and horticultural excellence. Now run by Oatridge College, with excellent demonstration facilities.

---

679 EDINBURGH, TALBOT RICE GALLERY 6 N15

University of Edinburgh, Old College, South Bridge, Edinburgh. In the Old Town, 0.25 mile (0.5km) from east end of Princes Street and Waverley station. Open during exhibitions, Tue–Sat 1000–1700. Opening times extended during Edinburgh Festival, telephone for information. Free. Tours available by arrangement. Explanatory displays. Book shop. WC. Wheelchair access to White Gallery. Telephone 0131 650 2210. www.trg.ed.ac.uk

The White Gallery shows around seven contemporary exhibitions each year, focusing on Scottish artists, but also artists from further afield and occasional historical exhibitions. The Red Gallery shows the University of Edinburgh's Torrie Collection.

---

680 EDINBURGH, TIMBERBUSH TOURS 6 N15

555 Castlehill, The Royal Mile, Edinburgh. Close to Edinburgh Castle. A short walk from Waverley railway station and on many bus routes. Tours available all year. Shop open Mon–Sat 0900–1800, Sun 1000–1800. Charges dependent on tour. Group concessions. Gift shop. WC. Limited wheelchair access. Telephone 0131 226 6066. www.timberbush-tours.co.uk

Tours (1, 2 and 3 day) for both independent travellers and organised groups, taking in many different locations including the Highlands and the Isle of Skye. All tours are led by knowledgeable and enthusiastic guides and there is plenty of time off the vehicle to enjoy the countryside and take photographs.

---

681 EDINBURGH, TRON KIRK VISITOR CENTRE 6 N15

122 High Street, Edinburgh. On the Royal Mile. Close to bus and railway stations. Open all year, daily Apr–Oct 1000–1730; Nov–Mar 1200–1630. Free. Guided tours. Explanatory displays. Gift shop. WC. Wheelchair access with assistance. Telephone 0131 225 8408.

Inside this magnificently converted 17th-century church lies Marlyn's Wynd – Edinburgh's first cobbled street and part of the legendary Underground City. Exhibition, craft shop, superb stained glass and the Tron Gallery showcasing some of Scotland's most promising artists.

---

682 EDINBURGH UNIVERSITY COLLECTION OF HISTORIC MUSICAL INSTRUMENTS 6 N15

Reid Concert Hall, Bristo Square, Edinburgh. Near the McEwan Hall and Students' Union in the south west corner of Bristo Square. Bus from Waverley railway station. Open Wed 1500–1700, Sat 1000–1300 (and Mon–Fri 1400–1700 during the Edinburgh International Festival); closed Christmas and New Year. Free. Guided tours by arrangement. WC. Wheelchair access. Disabled WC. Car parking. Telephone 0131 650 2423. www.music.ed.ac.uk/euchmi

Founded circa 1850 and opened to the public in 1982. The galleries, built in 1859 and still with their original showcases, are believed to be the earliest surviving purpose-built musical museum in the world. On display are 1000 items including stringed, woodwind, brass and percussion instruments from Britain, Europe and from distant lands. The history of the instruments of the orchestra, the wind band, theatre, dance, popular music, domestic music-making and brass bands is shown. Displays include many beautiful examples of the instrument-maker's art over the past 400 years.

---

683 EDINBURGH, WATER OF LEITH CONSERVATION TRUST 6 M15

Water of Leith Centre, 24 Lanark Road, Edinburgh. On Lanark Road, Slatefor, 5 miles (8km) west of city centre. Bus from city centre. Open Apr–Sep, daily 1000–1600; Oct–Mar, Wed–Sun 1000–1600. Charge £. Members free. Guided tours. Explanatory displays. Gift shop. Picnic area. Tea and coffee available. Drinks vending machine. Education programme. WC. Wheelchair access. Disabled WC. Car parking. Telephone 0131 455 7367. www.waterofleith.org.uk

The trust operates a visitor centre with fantastic interactive exhibition about the Water of Leith, its heritage and wildlife. A central point for information about the river, Water of Leith Walkway. Regular events, telephone for details

---

684 EDINBURGH, WHITE HORSE CLOSE 6 N15

Off Canongate, Royal Mile.

A restored group of 17th-century buildings off the High Street. The coaches to London left from White Horse Inn (named after Queen Mary's Palfrey), and there are Jacobite links.

---

685 THE EDINBURGH WOOLLEN MILL, JEDBURGH 5 P18

Bankend North, 1 Edinburgh Road, Jedburgh. In Jedburgh on the A68, 10 miles (16km) north of the English border. Bus from Edinburgh or Newcastle. Open all year (except Christmas Day), Apr–Oct, daily 0900–1730; Nov–Mar, daily 0900–1700. Free. Explanatory displays. Gift shop. Picnic area. WC. Wheelchair access with assistance. Disabled WC. Car and coach parking. Telephone (01835) 863585. www.ewm.co.uk

Visitors can trace their clan and tartan at the Clan Tartan Centre, fully authenticated by the Clan Chiefs of Scotland. A world of tartan from small mementos to full Highland Dress, the choice is immense. Also golf equipment, whisky shop (with over 100 different malts), selection of cashmere and ladies and gents clothing.

---

686 EDINBURGH, THE WRITERS' MUSEUM 6 N15

Lady Stair's Close, Lawnmarket, Edinburgh. City centre. Open all year, Mon–Sat 1000–1700; during Edinburgh Festival only, Sun 1400–1700. Free. Explanatory displays. Gift shop. Baby changing facilities. WC. Telephone 0131 529 4901. www.cac.org.uk

Treasure house of portraits, relics and manuscripts relating to Scotland's three great writers – Robert Burns, Sir Walter Scott and Robert Louis Stevenson. Temporary exhibitions on other writers and literary organisations.

---

687 EDINBURGH ZOO 6 M15

134 Corstorphine Road, Edinburgh. On the A8, 3 miles (5km) west of the city centre. Buses from city centre. Open daily, Apr–Sep 0900–1800; Oct and Mar 0900–1700; Nov–Feb 0900–1630. Charge £££. Group concessions. Guided tours by prior arrangement. Explanatory displays. Gift shop. Cafeterias and snack kiosks. Children's play area. WC. Reduced admission for blind visitors, companion admitted free of charge. Guide dogs allowed into selected areas. Wheelchair access with assistance. Disabled WC. Car and coach parking. Telephone 0131 334 9171. www.edinburghzoo.org.uk

Established in 1913 by the Royal Zoological Society of Scotland, this is one of Britain's largest and most exciting wildlife attractions. Explore the hillside parkland to discover over 1000 beautiful animals, many threatened in the wild. Daily penguin parade, sealion feeding, hilltop safari and lots of interesting keeper talks and events.

---

688 EDINS HALL BROCH 5 Q16

HS. On the north eastern slope of Cockburn Law, off the A6112 about 4.5 miles (7km) from Grantshouse, Berwickshire. 1 mile (2km) walk from the Duns road, then footpath for 2 miles (3km). Access at all times. Free. Car parking. Telephone 0131 668 8800. www.historic-scotland.gov.uk

One of the few Iron Age brochs in the Scottish Lowlands. Unusually large, sitting in a fort defended by ramparts and ditches, partially overlain with a later settlement. Occupied in Roman times.

---

689 EDRADOUR DISTILLERY 5 L12

Edradour, Pitlochry, Perthshire. On the A294, 2.5 miles (4km) east of Pitlochry. Nearest railway and bus station Pitlochry. Open Mar–Oct, Mon–Sat 0900–1800, Sun 1130–1700; Nov–Feb 1000–1600 (shop only). Free. Guided tours. Explanatory displays. Gift shop. WC. Limited wheelchair access. Disabled WC. Car and coach parking. Telephone (01796) 472095. www.edradour.co.uk

The smallest distillery in Scotland, established in 1825. Visitors can taste a hand-crafted single malt whisky.

---

690 EDROM CHURCH 5 Q16

HS. In Edrom chruchyard, Berwickshire, off A6015, 3.5 miles (5.5km) north east of Duns. Access at all times. Free. Car parking. Telephone 0131 668 8800. www.historic-scotland.gov.uk

A fine Norman chancel arch from the church built by Thor Longus circa 1105.

---

691 **EDROM NURSERIES** **5 Q16**

Coldingham, Eyemouth, Berwickshire. On A1107, 12 miles (19km) north of Berwick upon Tweed. Follow brown tourist signs. Telephone to confirm opening times. Free. Explanatory displays. WC. Car and coach parking. Telephone (018907) 71386. www.edromnurseries.co.uk

Plant nursery offering a comprehensive selection of alpines, bulbous plants, ericaceous plants, ferns, woodland plants and trees and shrubs.

---

692 **EDZELL CASTLE AND GARDEN** **3 P11**

HS. Edzell, by Brechin, Angus. At Edzell, off B966, 6 miles (9.5km) north of Brechin. Nearest railway station Montrose, bus service from Montrose or Brechin to Edzell. Open Apr–Sep, daily 0930–1830; Oct–Mar, Mon–Sat 0930–1630 (closed Thu pm and Fri), Sun 1400–1630. Charge £. Group concessions. Guided tours. Explanatory displays and visitor centre. Gift shop. Picnic area. WC. Limited wheelchair access. Disabled WC. Car and coach parking. Telephone (01356) 648631. www.historic-scotland.gov.uk

A remarkable and very beautiful complex with a late medieval tower house incorporated into a 16th-century courtyard mansion, and walled garden with a bathhouse and summerhouse laid out by Sir David Lindsay in 1604. The carved decoration of the garden walls is unique in Britain.

---

693 **EGLINTON COUNTRY PARK** **6 J17**

Irvine. In Irvine, 2 miles (3km) south east of Kilwinning. Nearest railway stations at Irvine and Kilwinning, regular bus service passes entrance. Country park open all year, dawn to dusk. Visitor centre open Apr–mid Oct, daily, 1000–1630. Free. Explanatory displays. Ranger guided walks, events programme. Gift shop. Tearoom and picnic area. Children's play area, indoor soft play area (booking essential for parties). WC. Limited wheelchair access (electric scooters available). Disabled WC. Car and coach parking. Telephone (01294) 551776.

A 988 acre (400ha) country park built around the ruin of Eglington Castle. The visitor centre tells the story of the Eglington Estate and the Eglington/Montgomerie family. Country park comprises woodlands, wetlands and gardens. Ranger service provides guided walks and events. Opportunities for cycling, angling and horse riding.

---

694 **EILEACH AN NAOIMH** **4 E14**

HS. On an island of that name in the Garvellach group, north of Jura, Argyll. Transport by boat on request, dependent on weather. Telephone Craobh Haven Boat Trips (01852) 500664 or Ruby Cruises (01852) 500616 for details. Access at all times. Free. Telephone 0131 668 8800. www.historic-scotland.gov.uk

The ruins of beehive cells, a chapel and a graveyard. Associated by local tradition with St Columba.

---

695 **EILEAN DONAN CASTLE** **2 G9**

Dornie, by Kyle of Lochalsh, Ross and Cromarty. On the A87, 8 miles (13km) east of Kyle of Lochalsh. Nearest railway station Kyle, bus from Glasgow, Inverness and Kyle. Also taxi from Kyle. Open Apr–Oct, daily 1000–1730; Mar and Nov, daily 1000–1530. Charge ££. Group concessions for larger groups. Registered disabled free. Guided tours (translations available in Dutch, French, German, Italian and Spanish). Explanatory displays. Gift shop. Coffee shop. Baby changing facilities. WC. Wheelchair access to visitor centre. Disabled WC. Car and coach parking. Telephone (01599) 555202. www.eileandonancastle.com

On an islet (now connected by a causeway) in Loch Duich, this picturesque and inhabited castle dates back to 1214. It passed into the hands of the Mackenzies of Kintail who became the Earls of Seaforth. In 1719 it was garrisoned by Spanish Jacobite troops and was blown up by an English man o' war. Now completely restored and the home of the MacRaes.

---

696 **ELCHO CASTLE** **5 M13**

HS. Rhynd, Perth. On the River Tay, 3 miles (5km) south east of Perth. Nearest railway station Perth, no bus. Open Apr–Sep, daily 0930–1830. Charge £. Group concessions. Guided tours. Explanatory displays. Gift shop. Picnic area. WC. Limited wheelchair access. Telephone (01738) 639998. www.historic-scotland.gov.uk

A handsome and complete fortified 16th-century mansion. Notable for its tower-like jambs or wings and for the wrought-iron grills protecting its windows. An ancestral seat of the Earls of Wemyss.

---

697 **ELECTRIC BRAE** **4 H18**

On A7, 20 miles (32km) south of Ayr (also known as Croy Brae). Access at all times. Free.

An optical illusion is created so that a car appears to be going down the hill when it is in fact going up.

---

698 **ELGIN CATHEDRAL** **3 M7**

HS. Elgin, Morayshire. In Elgin on the A96. Nearest railway station Elgin, bus from Aberdeen or Inverness. Open Apr–Sep, daily 0930–1830; Oct–Mar, Mon–Sat 0930–1630, Sun 1400–1630, closed Thu pm and Fri. Charge £. Group concessions. Guided tours. Explanatory displays. Gift shop. Limited wheelchair access. Car and coach parking. Telephone (01343) 547171. www.historic-scotland.gov.uk

The superb ruin of what was perhaps the most beautiful cathedral in Scotland. It was known as the Lantern of the North. Founded in 1224 but burned in 1390 by the Wolf of Badenoch, after which it was modified. It fell into ruin after the Reformation. The octagonal chapter house is the finest in Scotland. A Pictish slab lies in the choir.

---

699 **ELGIN MUSEUM** **3 M7**

1 High Street, Elgin, Moray. On the A96, 35.5 miles (57km) east of Inverness. Bus or train from Inverness or Aberdeen. Open Apr–Oct, Mon–Fri 1000–1700, Sat 1100–1600, Sun 1400–1700; in winter by appointment. Charge £. Group concessions. Guided tours occasionally. Explanatory displays. Gift shop. WC. Mini induction loop. Virtual tour access to upper floor. Limited wheelchair access. Disabled WC. Car parking. Telephone (01343) 543675. www.elginmuseum.org.uk

An independent museum interpreting the natural and human heritage of Moray. Internationally known for its fossils and Pictish stones.

---

700 **ELIE WATERSPORTS** **6 P14**

Harbour, Elie, Fife. 15 miles (24km) east of Kirkcaldy. Local bus service. Open Easter–mid Oct, daily. Charge varies depending on activity. Group concessions. Gift shop. Picnic area. WC. Limited wheelchair access. Disabled WC. Car and coach parking. Telephone (01333) 330962. www.eliewatersports.com

Elie Watersports provides hire and instruction in windsurfing, sailing, kayaking and waterskiing on the sheltered waters of Elie Bay. Sandy beach. RYA training centre. Also inflatable rides and pedal boats and mountain bikes for hire.

---

701 **ELLISLAND FARM** **5 L19**

Holywood, Dumfries. Off the A76, 6.5 miles (10.5km) north north-west of Dumfries. Bus from Dumfries. Open Easter–Sep, Mon–Sat 1000–1300 and 1400–1700, Sun 1400–1700; Oct–Easter same hours but closed Sun and Mon. Charge £. Guided tours. Explanatory displays. Picnic area. Riverside walk. WC. Limited wheelchair access. Car and coach parking. Telephone (01387) 740426. www.ellislandfarm.co.uk

The farm which Robert Burns took over in 1788, building the

farmhouse and trying to introduce new farming methods. Unsuccessful, he became an exciseman in 1789, and when the stock was auctioned in 1791 he moved to Dumfries. Burns wrote some of his most famous works at the farm, including *Tam o' Shanter* and *Auld Lang Syne*. The granary houses an audio-visual display.

702 EMBO BEACH, ANCHOR 3 L6

Embo, north of Dornoch, Sutherland.

The anchor probably came from the Prussian barque *Vesta* which was wrecked in 1876. It came ashore 300 yards (275m) north of the village and Embo fishermen rescued all 11 crew.

703 EMBROIDERY WORKSHOP 6 N14

Blacketyside Farm, Leven. On A915 coast road to St Andrews, 0.5 mile (1km) north of Leven. Local bus service from Leven to Dundee (via St Andrews), request stop. Open all year, Tue–Sat 1000–1700, Sun 1300–1700. Free. Gift shop. Garden. Wheelchair access. Car parking. Telephone (01333) 423985. www.embroideredoriginals.co.uk

A tiny craft workshop and gift shop, housing an extensive range of original handmade designs. Visitors can watch craftspeople at work. Situated on a farm amid beautiful open countryside, with attractive walks and spectacular views.

704 ETTRICK BAY 4 G16

On the Isle of Bute. From A844 take Ettrick Bay turning, 2.5 miles (4km) north of Rothesay, then continue for 3 miles (5km). Access at all times. Free. Tearoom. WC.

A popular and safe beach with tearoom and toilet facilities.

705 EYEMOUTH MUSEUM 5 R16

Auld Kirk, Manse Road, Eyemouth. Town centre. Nearest railway station Berwick-upon-Tweed, bus service from Berwick and Edinburgh. Open Apr–Jun and Sep, Mon–Sat 1000–1700, Sun 1200–1500; Jul–Aug, Mon–Sat 1000–1700, Sun 1200–1600; Oct, Mon–Sat 1000–1600. Charge £. Accompanied children free. Group concessions. Guided tours by arrangement. Explanatory displays. Shop and visitor information centre. Car and Coach parking nearby. Wheelchair access to main exhibition area. Telephone (01890) 750678.

The museum contains a magnificent tapestry which was sewn by local ladies to commemorate the Great East Coast Fishing Disaster of 1881, when 189 fishermen were drowned. Also exhibitions on farming, milling, blacksmith and wheelwright, and of course local fishing heritage.

706 EYNHALLOW CHURCH 1 B10

HS. On the island of Eynhallow, Orkney. Enquire at Kirkwall Tourist Information Centre for private hire to Eynhallow. Access at all times. Free. Telephone (01856) 841815. www.historic-scotland.gov.uk

The ruins of a 12th-century church and domestic buildings.

707 FAIR ISLE 1 F8

NTS. Between Orkney and Shetland. Flights from Shetland, ferry from Grutness, Shetland. Open all year. Free. Gift shop. Telephone (01463) 232034. www.nts.org.uk

One of Britain's most isolated inhabited islands. It is perhaps most famous for the intricately patterned knitwear which bears its name, a traditional craft which continues today. Fair Isle is important for birdlife, and offers many opportunities for ornithological study. The island also has much of archaeological interest, and traditional crofting is still in evidence. Accommodation is available at the bird observatory (01595 760258) or in bed and breakfast houses.

708 FAIRY GLEN RSPB NATURE RESERVE — 3 K7

RSPB. Rosemarkie, Black Isle, Ross-shire. 16 miles (25.5km) from Inverness, 0.25 miles (0.5km) from Rosemarkie on A832. Regular bus service from Inverness stops in Rosemarkie. Reserve open at all times. Free. Explanatory displays. Refreshments and facilities in Rosemarkie. Car and coach parking. Telephone (01463) 715000. www.rspb.org.uk/scotland

One mile (1.5km) of attractive woodland glen with a stream and two waterfalls, on the edge of a coastal village. Lots of woodland plants to see, and breeding dippers and grey wagtails. The glen has many tales and legends connected with it and is reputed to be the home of a black witch.

---

709 FALCONER MUSEUM — 3 M7

Tolbooth Street, Forres, Moray. On the A96, 11 miles (17.5km) west of Elgin. Nearest railway station Forres. Bus service from Aberdeen and Inverness. Open Apr–Oct, Mon–Sat 1000–1700; Nov–Mar, Mon–Thu 1100–1230 and 1300–1530. Free. Guided tours. Explanatory displays. Gift shop. Induction loop. Limited wheelchair access. Car and coach parking. Telephone (01309) 673701. www.moray.org/museums

Founded in 1871, Falconer Museum contains a wealth of Moray heritage. From social history and the early history of Moray to the story of the Corries Folk Group.

---

710 THE FALKIRK WHEEL — 6 L15

Lime Road, Tamfourhill, Camelon, Falkirk. At the interchange between the Union and the Forth and Clyde canals, close to Tamfourhill, south Falkirk. Bus service or taxi from Falkirk High railway station. Open Apr–Oct, daily 0900–1800; Nov–Mar, daily 1000–1500 (closed Christmas Day and during Jan for scheduled maintenance). Charge £££. Group concessions. Guided tours. Explanatory displays. Gift shop. Café. Children's play area. WC. Written script available for barge ride interpretation. Dedicated disabled car parking spaces. Fresh drinking water for guide and hearing dogs in visitor centre. Wheelchairs available for use in visitor centre and around the site. Wheelchair access (but no wheelchair access onto trip boats at present). Disabled WC. Car and coach parking. Telephone (01324) 619888. www.thefalkirkwheel.co.uk

The world's first and only rotating boat lift. Linking two canals with water levels 115 feet (35m) apart, it is has replaced 11 locks and is the centrepiece of the Millennium Link, the project that re-established the waterway link between the west and east coast of Scotland. Visitor centre and boat trips through the wheel (pre-booking required on 08700 500208). Events take place throughout the year.

---

711 FALKLAND PALACE, GARDEN AND OLD BURGH — 6 N14

NTS. Falkland, Cupar, Fife. On A912, 10 miles (16km) from junction 8, M90, and 11 miles (17.5km) north of Kirkcaldy. Bus stop in High Street. Palace and garden open Apr–May and Sep–Oct, Mon–Sat 1100–1730, Sun 1330–1730; Jun–Aug, Mon–Sat 1000–1730, Sun 1330–1730. Charge for palace and garden ££, garden only £. Group concessions. Guided tours by arrangement. Explanatory displays. Guidebook in French and German, text in seven languages. Gift shop. Garden. WC. Tape tour for visually impaired. Limited wheelchair access (wheelchair available). Car and coach parking. Telephone (01337) 857397. www.nts.org.uk

Country residence of the Stewart kings and queens. The gardens contain the original royal tennis court, built in 1539 and the oldest in Britain.

---

712 FALLS OF ACHARN — 5 K12

South Loch Tay road, 2 miles (3.2km) south west of Kenmore, by Acharn village. Access at all reasonable times. Free.

Waterfalls on the Acharn burn, nearly 0.5 mile (1km) south of where the burn enters Loch Tay.

---

713 FALLS OF BRUAR — 3 L11

At Bruar, 10 miles (16km) north of Pitlochry, off A9. Car parking.

Robert Burns visited the Bruar gorge in 1787. At that time the steep slopes were bare and Burns wrote *The Humble Petition of Bruar Water*, urging the Duke of Atholl to plant its bleak banks with trees. When Burns died in 1796, the duke created a wild garden in his memory.

---

714 FALLS OF CLYDE WILDLIFE RESERVE AND VISITOR CENTRE 6 L17

The Scottish Wildlife Trust Visitor Centre, New Lanark, Lanarkshire. 30 miles (48km) south east of Glasgow. Nearest railway station Lanark, bus from Lanark. Open all year, Mon–Sun 1100–1700. Reserve open daylight hours. Free. Guided tours. Explanatory displays. Gift shop. Picnic area. WC. Wheelchair access to visitor centre, partial access to reserve. Disabled WC. Car and coach parking. Telephone (01555) 665262. www.swt.org

The reserve comprises one of Britain's most spectacular waterfalls set in a mosaic of ancient woodland, meadow and ancient monuments. Over 100 species of birds have been recorded on the reserve, with unsurpassed views of breeding peregrine falcons. The visitor centre has a small exhibition with interactive computers and wildlife-inspired gifts for sale. The ranger service based at the visitor centre provides a comprehensive events programme, including badger watches, bat walks, insect expeditions and waterfall day walks.

---

715 FALLS OF DOCHART 5 K13

Killin. Access to this island and to the graveyard available from Tourist Information Centre in Killin. Free.

Dramatic waterfalls rushing through the centre of this picturesque Highland village. On the island of Inchbuie in the river is the burial ground of Clan McNab.

---

716 FALLS OF FOYERS 3 J9

Foyers, on the eastern shore of Loch Ness. Car park in village, then walk.

These falls, which are particularly spectacular in spate, are surrounded by woodland trails. The falls were visited and written about by Robert Burns.

---

717 FALLS OF GLOMACH 2 G8

NTS. Highland. 18 miles (28km) east of Kyle of Lochalsh, north east off A87. Open all year. Free. Car and coach parking. www.nts.org.uk

At 370 feet (112m), this is one of the highest waterfalls in Britain, set in a steep narrow cleft in remote countryside. The falls are a 5 mile (8km) walk from the car park at Dorusduain.

---

718 FALLS OF ROGIE 3 J7

FE. Car park on east side of A835, 2 miles (3km) west of Contin. Nearest railway station at Garvie. Access at all times. Free. Explanatory displays. Picnic area. WC. Car and coach parking. Telephone (01463) 791575. www.forestry.gov.uk

The word Rogie comes from the Norse language and means splashing foaming river. The car park is the starting point for three trails leading to a larch-decked suspension bridge which crosses the Blackwater River. Impressive views of the falls which, although not particularly high, are greatly enahced by their beautiful woodland setting. Leaping salmon may be viewed from the bridge.

---

719 FALLS OF SHIN 3 K5

Lairg, Sutherland. Off the A836, 5 miles (8km) north of Bonar Bridge. Bus from Inverness or Lairg. Salmon leap and waterfall open all year. Visitor centre open all year, daily 1000–1800. Free. Gift shop. Restaurant. WC. Wheelchair access. Disabled WC. Car and coach parking. Telephone (01549) 402231. www.fallsofshin.com

Waterfalls in a beautiful wooded section of the Achany Glen.

Popular for watching salmon leaping as they migrate upstream. The visitor centre is a popular stop.

---

720 **FARAID HEAD AND BALNAKEIL BAY** **3 J2**

North of Durness, Sutherland.

The Balnakeil area is of outstanding nature conservation interest for its outcrops of Durness limestone and the associated plant communities. Faraid Head, behind the beautiful Balnakeil beach, is a narrow headland with dunes, coastal grasslands and steep cliffs. During the summer months a ranger service is operated from the Tourist Information Centre where advice on guided walks and areas of wildlife interest can be obtained.

---

721 **FARIGAIG** **3 J9**

FE. By Inverfarigaig on south side of Loch Ness, 18 miles (29km) south west of Inverness. Open daily all year. Free. Guided tours by arrangment. Forest exhibition. Public toilets open Easter-Sep. WC. Wheelchair access. Car parking. Telephone (01320) 366322. www.forestry.gov.uk

Farigaig Forest offers excellent views over Loch Ness and across Inverfarigaig to Dum Dearduil, the site of a vitrified Iron Age fort dating from around 500 BC. The forest comprises large specimen conifers, introduced from America during the last century, and a mixture of native trees including birch, rowan, alder, ash, willow, hazel, elm and oak.

---

722 **FASKALLY FOREST** **3 L11**

FE. 1 mile (1.5km) north of Pitlochry, on B8019. Access at all reasonable times. Free. WC. Wheelchair access on Dunmore Walk. Car parking. www.forestry.gov.uk

Compact, wonderfully mixed woodland beside Loch Faskally. Quite and peaceful at all times but a riot of colour in autumn, especially around Loch Dunmore.

---

723 **FASQUE** **3 P11**

Fettercairn, Laurencekirk. On the B974, 0.5 mile (1km) north of Fettercairn village. Bus from Brechin or Laurencekirk. Open for groups and tour bookings only, all year, by prior arrangement. Charge ££. Guided tours. Explanatory displays. Gift shop. Refreshments can be pre-booked. WC. Limited wheelchair access. Car and coach parking. Telephone (01561) 340569.

A spectacular example of a Victorian 'upstairs-downstairs' stately home bought by Sir John Gladstone in 1829. Home to Prime Minister William Ewart Gladstone for much of his life. An unspoiled old family home where little has changed. Exhibition of William Gladstone memorabilia. Family church nearby welcomes visitors. Beautiful grounds with deer park.

---

724 **FAST CASTLE** **5 Q15**

Off A1107, 4 miles (6.5km) north west of Coldingham. Access at all times. Free. Car parking.

The scant, but impressive remains of a Home stronghold, perched on a cliff above the sea. Care should be taken on the cliffs.

---

725 **FENTON BARNS ARTS AND CRAFTS GALLERY** **6 P15**

Fenton Barns Retail Village, North Berwick, East Lothian. 3 miles (5km) from North Berwick, between Drem and Direlton. Nearest railway station at Drem. Open all year, daily 1000–1800. Free. Tours on request. Explanatory displays. Gift shop. Tearoom and picnic area. Garden and pets corner. WC. Wheelchair access. Disabled WC. Car and coach parking. Telephone (01620) 850355. www.fentonbarnsworld.com

Four unique galleries, three working studios housed in the former RAF Drem buildings, and the largest arts and crafts supply store in the area. Scottish sculpture gardens, classes and workshops, make and take projects for all.

726 FENTON BARNS GOLF CENTRE 6 P15

Fenton Barns, North Berwick, East Lothian. On the B1345, between Drem and North Berwick. Nearest railway station Drem. Open daily all year (except Christmas Day) 0900–2100. Free. Charge for balls. Restaurant. Playground. WC. Wheelchair access with assistance. Disabled WC. Car and coach parking. Telephone (01620) 850475.

A floodlit driving range and nine-hole 3-par golf course. Part of a retail and leisure village, including a farm shop, coffee shop and archery centre.

---

727 FERRYCROFT COUNTRYSIDE CENTRE 3 K5

Lairg, Sutherland. Nearest railway station Lairg. Bus service from Inverness. Open Apr–Oct, daily 1000–1700. Free. Explanatory displays. Gift shop. Tea and coffee available. Picnic area. Garden with play equipment. WC. Wheelchair access (excluding archaeological trail). Disabled WC. Car and coach parking. Telephone (01549) 402160.

A Tourist Information Centre where visitors can learn about Sutherland. The audio-visual displays show the many changes to Sutherland's landscape from the Ice Age to the present day. Themes include forest cover, inhabitants, hydro-electric schemes, wildlife, conservation and archaeology. There are indoor puzzles and a play area for children. Visitors can also book accommodation, buy maps and books, exchange currency and obtain angling permits. Archaeological trail and forest walks.

---

728 FETLAR INTERPRETIVE CENTRE 1 H2

Beach of Houbie, Fetlar, Shetland. On the island of Fetlar, 4 miles (6.5km) from the car ferry. Bus service to Gutcher (Yell) then ferry to Fetlar. Open May–Sep, Tue–Sun 1230–1730. Free. Guided tours (available in French, German and Italian). Explanatory displays. Gift shop. Tea and coffee machine. Picnic area. WC. Wheelchair access. Disabled WC. Car and coach parking. Telephone (01957) 207. www.fetlar.com

Museum and visitor information centre with interpretive and interactive display on Fetlar's history, folklore, flora, fauna and geology. Extensive archive of photographs, audio recordings and historic local film. Award-winning exhibition on the history of antiseptic surgery (school packs available).

---

729 FETTERCAIRN ARCH 3 P11

In Fettercairn. On B9120, 4 miles (6.5km) west of Laurencekirk, Kincardineshire. Access at all times. Free.

Stone arch built to commemorate the visit to Fettercairn by Queen Victoria and the Prince Consort in 1861.

---

730 FETTERCAIRN DISTILLERY VISITOR CENTRE 3 P11

Distillery Road, Fettercairn, Laurencekirk. 0.5 mile (1km) west of Fettercairn. Bus from Brechin or Laurencekirk. Open Easter–Sep, Mon–Sat 1000–1630 (last tour 1600), Sun 1200–1630 (last tour 1530). Free. Guided tours. Explanatory displays with information sheets in foreign languages. Gift shop. WC. Limited wheelchair access. Disabled WC. Car and coach parking. Telephone (01561) 340205.

A distillery visitor centre with tours which describe the processes of whisky making. Audio-visual presentation. Includes a free dram of Old Fettercairn (12-year-old malt whisky).

---

731 FIFE AIRPORT 6 N14

Goatmilk, Glenrothes, Fife. Off the B921, 2 miles (3km) west of Glenrothes. Nearest railway station Kirkcaldy or Thornton, bus from Glenrothes then short walk or taxi. Open all year, Mon–Sat 0830–2100, Sun 0830–2030 (no circuits allowed until 0930). Charges dependant on activity. Trial flights £££ for half hour. Explanatory displays. Gift shop. Restaurant and bar (meals 1200-1400 and 1830-2100, snacks 1400-1830). Beer garden. WC. Wheelchair access. Disabled WC. Car parking. Telephone (01592) 753792. www.tayviation.co.uk

A regional airport which is also the home of Fife Flying Club, providing all forms of flying training. Includes the Tipsy Nipper Restaurant, with good views of the airfield.

732 FIFE FOLK MUSEUM 5 N14

The Weigh House, High Street, Ceres, Fife. Bus from Cupar, St Andrews, Dundee or Kirkcaldy. Easter and May–Oct, daily 1400–1700. Charge £. Accompanied children free. Group concessions. Guided tours by arrangement. Explanatory displays. Gift shop. Terraced garden. Limited wheelchair access. Car and coach parking. Telephone (01334) 828180.

A local museum housed in a 17th-century tollbooth and 18th-century cottages overlooking the Ceres Burn. The collection illustrates the social, economic and cultural history of rural Fife and includes an outdoor display of agricultural implements. There is a heritage trail.

733 FINAVON DOOCOT 5 P12

NTS. Angus. 6 miles (10km) north of Forfar, off A90. Open all year. Free. Explanatory displays. Car and coach parking. Telephone (01738) 631296. www.nts.org.uk

A 16th-century dovecot, the largest in Scotland, Finavon Doocot had 2400 nesting boxes. It is believed to have been built by the Earl of Crawford. Visitors should obtain the key from the Finavon Hotel.

734 FINDHORN FOUNDATION 3 M7

The Park, Findhorn, Forres. Off the A96, 25 miles (40km) east of Inverness. Nearest railway station and coach stop Forres, local bus from Forres. Visitor Centre open Apr–Oct, Mon–Fri 0900–1230 and 1400–1700, Sat and Sun 1400–1700; Oct–Mar, daily 1400–1700. Charge £. Children free. Group concessions. Guided tours (by arrangement in Dutch, French, German, Italian, Portuguese and Spanish). Explanatory displays. Gift shop. Café. WC. Wheelchair access. Disabled WC. Car and coach parking. Telephone (01309) 690311. www.findhorn.org

The Findhorn Foundation Community was established in 1962 and has grown from a handful of people to more than 400 living in harmony with spirit and with nature. Visitors can see ecological barrel houses, turf roofs, innovative architecture, renewable energy sources such as a wind turbine and solar panels, and a Living Machine natural sewage treatment system.

735 FINDHORN HERITAGE CENTRE AND ICE HOUSE 3 M7

Northshore, Findhorn, Forres. 5 miles (8km) north east of Forres, from Kinloss take B9011 to Findhorn. Nearest railway station Forres; local bus service from Forres to Findhorn. Open May and Sep, Sat–Sun 1400–1700; Jun–Aug, Daily 1400–1700. Admission by donation. Group concessions. Guided tours. Explanatory displays. Gift shop. Children's activity area. WC. Wheelchair access. Disabled WC. Car and coach parking. Telephone (01309) 690659.

Discover the intriguing history and ecology of Findhorn village in the heritage centre. Explore the unique historical undergound icehouse, an ancient monument.

736 FINLAGGAN TRUST 4 D16

The Cottage, Ballygrant, Isle of Islay. 2 miles (3km) off A846 from Port Askaig. Open Apr, Sun, Tue and Thu 1300–1630; May–Sep, daily 1300–1630; Oct, Sun, Tue and Thu 1300–1600. Charge £. Group concessions. Guided tours by prior arrangement. Explanatory displays. Gift shop. WC. Wheelchair access to visitor centre. Car and coach parking. Telephone (01496) 840644. www.islay.com

Islay, known as the Cradle of Clan Donald and Finlaggan, is the main headquarters of the Lords of the Isles and a place of pilgrimmage for clan members today. The interpretive centre describes the history of the area and details the archaeological finds to-date.

737 FINLAYSTONE COUNTRY ESTATE **6 J15**

Finlaystone Country Estate, Langbank, Renfrewshire. 3 miles (4km) east of Port Glasgow. Bus service to Langbank. Open all year, daily 1100–1700. Charge £. Guided tours for groups and schools must be booked in advance. Explanatory displays. Gift shop. Tearoom (summer only) and picnic area. WC. Scented garden. Limited wheelchair access. Disabled WC. Car and coach parking. Telephone (01475) 540505. www.finlaystone.co.uk

Finlaystone Country Estate is a combination of spectacular gardens, with views overlooking the River Clyde, and mixed woodlands with burn and waterfalls. Extensive woodland play areas, including a pirate ship, fort and wigwams.

---

738 FISHER STUDIO AND GALLERY **6 P14**

11-13 High Street, Pittenweem, Fife. In Pittenweem town centre, on A917, 9 miles (14.5km) south of St Andrews. Regular bus service from Kirkcaldy and St Andrews. Open all year except during February, daily, summer 1000–1800; winter 1000–1700. Free. Gift shop. Refreshments available nearby. WC. Wheelchair access. Car parking. Telephone (01333) 312255. www.fishergallery.co.uk

The gallery and studio shows work by many Scottish artists, particularly artists living in Fife. It is also the home and studio of artists John and Anna Fisher, whose work is always on display. Pittenweem has a thriving artistic community and holds an annual festival of the arts during the first week in August.

---

739 FISHING MULL'S RIVERS AND LOCHS **4 D12**

Tostarie, Torloisk, Ulva Ferry, Isle of Mull. On island of Mull. Transport can be provided locally. Open Mar–Oct, daily. Charge £££ by half or full day. Telephone (01688) 500249.

Mull offers fantastic fishing for salmon, sea trout and brown trout. The proprietor will guide visitors around the rivers and lochs, showing the best spots for fish, taking into account weather and water conditions. As well as outstanding fishing, Mull has spectacular scenery and abundant wildlife, and it is all taken in during a half or whole day's fishing. Novices and professionals catered for. Everything, from tackle to transport, can be arranged.

---

740 FLAG HERITAGE CENTRE

See 102 Athelstaneford Heritage Centre.

---

741 FLAT CAT GALLERY **5 P16**

2 Market Place, Lauder, Berwickshire. In Lauder town centre, off A68. Bus from Edinburgh to Jedburgh stops in town. Open all year, daily 0930–1700. Free. Explanatory displays. Gift shop. Coffee shop. Children's toy box. WC. Wheelchair access. Disabled WC. Car and coach parking. Telephone (01578) 722808. www.flatcatgallery.com

Changing exhibitions of paintings, sculpture, ceramics, jewellery and furniture by artists from the Borders and further afield. Also a resident restorer of middle-eastern rugs and textiles. A good stock of carpets on display.

---

742 FLODDEN MONUMENT **5 P17**

Town centre, Selkirk. Access at all times. Free.

The monument was erected in 1913 on the 400th anniversary of the battle and is inscribed O Flodden Field. The memorial is the work of sculptor Thomas Clapperton, and commemorates the lone survivor of the 80 Selkirk men who marched to Flodden.

---

743 FLOORS CASTLE **5 Q17**

Kelso, Roxburghshire. Open Apr–Oct, daily 1000–1630. Charge £££. Group concessions. Guided tours by prior arrangement. Explanatory displays. Gift shop. Restaurant and coffee shop (both with outdoor seating) and picnic area. Garden Centre. WC. No guide dogs. Wheelchair access. Disabled WC. Car and coach parking. Telephone (01573) 223333.

Floors Castle is the home of the Roxburghe family. The apartments display an outstanding collection of French 17th- and 18th-century furniture, many fine works of art and tapestries, Chinese and Dresden porcelain and a Victorian collection of birds. The extensive parkland and gardens overlooking the River Tweed provide delightful walks and picnic areas. The walled garden contains splendid herbaceous borders and is best seen in July, August and September.

---

744 FLOW COUNTRY — 3 M3

Caithness. At Golticlay, just north of Rumster Forest on the Lybster to Achavanich road.

A view of the open peatlands of central Caithness. To the west, beyond Loch Rangag and Loch Ruard, these ancient peatlands have remained unchanged for thousands of years. Blar nam Faoileag National Nature Reserve is visible and is part of the largest single expanse of actively growing blanket bog remaining in Britain. These peatlands, with their extraordinary surface patterns of pools and ridges, collectively form what is commonly known as the Flow Country.

---

745 FORDYCE JOINER'S WORKSHOP VISITOR CENTRE — 3 P7

Church Street, Fordyce, Banffshire. In Fordyce 4 miles (6.5km) south west of Portsoy. Car and coach parking nearby. Open all year, Thu–Mon 1000–1800. Free. Explanatory displays. Garden. WC. Wheelchair access. Disabled WC. Telephone (01771) 622906. www.aberdeenshire.gov.uk/heritage

Visitors can learn about the importance of the rural carpenter/joiner to the local community over the last century and a half, in the days before mass-produced goods. Displays of early tools and machinery, photographs, and an audio-visual presentation. Demonstration by wood craftsman. Victorian style garden. Fordyce is one of Scotland's best conserved small villages and largely traffic-free. It is built around a 16th-century castle and an early church containing splendid canopied tombs.

---

746 FORRESTER PARK GOLF RESORT — 6 M15

Pitdinnie Road, Cairneyhill, by Dunfermline, Fife. By junction of A985 and A994, west of Dunfermline. Nearest railway stations at Dunfermline and Inverkeithing. Open all year, daily, summer weekdays from 0800, weekends from 0700; winter weekdays from 0900, weekends from 0800. Entrance free, charge for golf from £££. Group concessions. Gift shop. Restaurants. WC. Wheelchair access. Disabled WC. Car and coach parking. Telephone (01383) 880505. www.forresterparkresort.com

In the heart of the ancient Keavil Estate, this is one of Scotland's finest championship courses. Offering a superb golf shop and driving range. Open to all for pay and play golf.

---

747 FORSINARD RSPB NATURE RESERVE — 3 L3

RSPB. Forsinard, Sutherland. On the A897, 24miles (38km) inland from Helmsdale. Nearest railway station Forsinard (no bus). Reserve open at all times, visitor centre open Apr–Oct, daily 0900–1800. Free. Guided tours. Explanatory displays. WC. Wheelchair access to Visitor Centre. Disabled WC. Car and coach parking. Telephone (01641) 571225. www.rspb.org.uk/scotland

Lying at the heart of the internationally important Flow Country of Caithness and Sutherland, Forsinard nature reserve is one of the most unspoilt peatlands in the world. Birds including golden plovers, dunlins and merlins breed on the reserve. The RSPB are conserving the bogs while encouraging limited access via the visitor centre at Forsinard railway station, a bog pool tail, regular guided walks and road-side viewing.

---

748 FORT CHARLOTTE — 1 G5

HS. Lerwick, Shetland. In centre of town. Open Apr–Sep, Mon–Sat 0900–1830, Sun 1400–1830. Free. Telephone (01466) 793191. www.historic-scotland.gov.uk

A pentagonal artillery fort, with bastions projecting from each corner and massive and high walls. Built in 1665 to protect the Sound of Bressay from the Dutch, but taken by them and burned in 1673. Rebuilt in 1781.

---

749 FORT GEORGE **3 K7**

HS. Visitor Centre, Ardersier, Inverness. Off the A96, by Ardersier, 11 miles (17.5km) east of Inverness. Nearest railway station Inverness, bus service from Inverness. Tour bus from Inverness. Open Apr–Sep, daily 0930–1830; Oct–Mar, Mon–Sat 0930–1630, Sun 1400–1630. Charge £££. Group concessions. Guided tours. Explanatory displays and visitor centre. Gift shop. Tearoom and picnic area. WC. Wheelchair access with assistance. Disabled WC. Car and coach parking. Telephone (01667) 462777. www.historic-scotland.gov.uk

A vast site of one of the most outstanding artillery fortifications in Europe. It was planned in 1747 as a base for George II's army and was completed in 1769. Since then it has served as a barracks. It is virtually unaltered and presents a complete view of the defensive system. There is a reconstruction of barrack rooms in different periods and a display of muskets and pikes. Includes the Highlanders Regimental Museum (see 923).

---

750 FORTH AND CLYDE CANAL **6 K16**

The Forth and Clyde Canal flows from Bowling on the River Clyde on Scotland's west coast, to the town of Grangemouth on the River Carron in the east, joining with the Union Canal to Edinburgh at the Falkirk Wheel. Excellent links all along the canal's route. Access at all times. Free. Fishing, canoeing, cycling, boat hire, boat trips, guided walks, picnic spots and charity, British Waterways Scotland and canal society events and activities. Telephone (01324) 671217. www.scottishcanals.co.uk and www.waterscape.com

The Forth and Clyde Canal (F&C) passes through a whole range of landscapes – tranquil rural and bustling urban – as it nears the heart of the city of Glasgow. There is lots to see and do all along its length and each of the towns it passes through is worth a stop in itself. Sailing the F&C takes visitors right to the doorstep of the magnificent Falkirk Wheel (see 710) which links the F&C with the Union Canal (see 1690).

---

751 FORTH BRIDGES EXHIBITION **6 M15**

Queensferry Lodge Hotel, St Margaret's Head, North Queensferry, Fife. On the B981 off the A90, 8 miles (13km) north of Edinburgh. Bus or train from Edinburgh. Open all year (except Christmas) 0900–2100. Free. Explanatory displays. Gift shop. Restaurant and coffee shop. WC. Wheelchair access with assistance. Disabled WC. Car and coach parking. Telephone (01383) 410000.

An exhibition telling the fascinating story of the rail and road bridges. The bridges can be viewed from a gallery, or travel over the road bridge to South Queensferry for a stunning view of both bridges. See also 621 Edinburgh, Forth Rail Bridge.

---

752 FORTINGALL YEW **5 K12**

Fortingall, 9 miles (14.5km) west of Aberfeldy. Access at all reasonable times. Car parking.

The surviving part of the great yew in an enclosure in the churchyard is reputedly over 3000 years old, perhaps the oldest tree in Europe. The attractive village, which was rebuilt in 1900 with many thatched cottages, is claimed to be the birthplace of Pontius Pilate and has been a religious centre since St Columban times.

---

753 FORTROSE CATHEDRAL **3 K7**

HS. In Fortrose, Ross and Cromarty, 8 miles (13km) south south-west of Cromarty. Nearest railway and bus stations Inverness, bus to Fortrose. Open at all times. Free. Car parking. Telephone (01667) 460232. www.historic-scotland.gov.uk

The surviving fragments consist of the 13th-century vaulted undercroft of the chapter house and the south aisle of the nave, a 14th-century vaulted structure, both finely worked, with two canopied monuments and other memorials.

---

754 **FORVIE NATIONAL NATURE RESERVE** **3 R8**

11 miles (17.5km) north of Aberdeen. Take A92 then A975 for 2.5 miles (4km) through village of Newburgh. Aberdeen to Peterhead buses stop by request at Collieston road, then 20 minute walk. Visitor centre open Apr–Oct, daily. Reserve open at all times. Free. Displays, video presentation and large print information boards. WC (open Apr–Oct only). Jigsaws and feely boxes. Hide is wheelchair accessible with assistance. Wheelchair access with assistance. Car parking. Telephone (01358) 751330. www.snh.org.uk

The reserve is a huge area of sand dunes and coastal heath lying next to the Ythan Estuary. Sea cliffs, the estuary and the riverside combine to make this a particularly rich area for a variety of plants and other wildlife (including the largest colony of breeding eider duck in Britain and four species of terns). The estuary is also home to geese and waders in winter. The visitor centre includes information on the history of the reserve. Waymarked walks on well-defined tracks.

---

755 **FOULDEN TITHE BARN** **5 R16**

HS. On the A6105, 4 miles (6.5km) south east of Chirnside, Berwickshire. Bus from Berwick-upon-Tweed to Duns. View exterior only. Telephone 0131 668 8800. www.historic-scotland.gov.uk

A two-storey tithe barn with outside stair and crow-stepped gables.

---

756 **FOWLIS WESTER SCULPTURED STONE** **5 L13**

HS. In the church at Fowlis Wester, 6 miles (9.5km) north east of Crieff, Perthshire. Nearest railway station Perth; bus from Perth to Fowlis Wester. Access at all times. Free. Telephone 0131 668 8800. www.historic-scotland.gov.uk

A tall cross-slab carved with Pictish symbols, figure sculpture and Celtic enrichment. A replica stands in the village square.

---

757 **FRASERBURGH HERITAGE CENTRE** **3 R7**

Quarry Road, Fraserburgh, Aberdeenshire. In Fraserburgh town centre, adjacent to the Museum of Scottish Lighthouses (see 1274) which is well signposted. Open Apr–Oct, Mon–Sat 1100–1700, Sun 1300–1700. Charge £. Children under 5 free. Group concessions. Group and school visits are welcome during the closed season by prior arrangement. Please telephone (01346) 513802 to book. Explanatory displays. Gift shop. Activities for children. WC. Wheelchair access. Car and coach parking. Telephone (01346) 512888.

The Centre describes the history of Fraserburgh and its community over the past 400 years, from the bustling quayside in the age of sail to the haute couture of dress designer Bill Gibb.

---

758 **THE FUN HOUSE** **3 L9**

Hilton Coylumbridge, Aviemore. On B970, 2.5 miles (4km) from Aviemore. Nearest railway station at Aviemore. Open all year, daily 1000–1800. Charges dependent on age and activity, from £. Group concessions. American themed diner. Fully registered creche open all year, daily 0800–2100. WC. Wheelchair access. Disabled WC. Car and coach parking. Telephone (01479) 813081. www.aviemorefunhouse.co.uk

A large indoor facility for all the family, with Cyril the Squirrel's softplay tree house, adventure mini golf (indoors and out) and ten pin bowling.

---

759 **FYRISH MONUMENT** **3 K7**

Above village of Evanton on Fyrish Hill, off A9. Access at all times. Free.

Curious monument erected in 1782 by Sir Hector Munro who rose from the ranks and distinguished himself at the relief of Seringapatam. The monument is a replica of the Indian gateway and was built to provide work at a time of poverty and unemployment in the Evanton area.

760 FYVIE CASTLE 3 Q8

NTS. Fyvie, Turriff, Aberdeenshire. Off A947, 8 miles (12.5km) south east of Turriff and 25 miles (40km) north west of Aberdeen. Bus from Aberdeen bus station to Fyvie village (1 mile/1.5km). Castle open late Apr–May and Sep, daily 1330–1730; Jun–Aug, daily 1100–1730; weekends in Oct 1330–1730. Grounds open all year, daily 0930–sunset. Charge £££. Group concessions. Guided tours by arrangement. Explanatory displays. Information sheets in six languages. Gift shop. Tearoom and picnic area. WC. Braille sheet and guide-book. Limited wheelchair access (wheelchair available). Disabled WC. Car and coach parking. Telephone (01651) 891266. www.nts.org.uk

The castle is probably the grandest example of Scottish baronial architecture. The five towers of Fyvie Castle enshrine five centuries of Scottish history, each named after one of the five families who owned the castle. The oldest part dates from the 13th century. Contemporary decoration, important collection of portraits, arms and armour, and 17th-century tapestries. The grounds and Fyvie Loch were designed around the beginning of the 18th century. Castles of Mar exhibition, restored racquets court, ice house, bird hide, restored patent earth closet, lakeside walks.

---

761 GAELIC WHISKIES – WHISKY EXHIBITION 2 F9

An Oifig, Eilean Iarmain, Sleat, Isle of Skye. On the A851, 8 miles (13km) south of Broadford. Bus from Armadale or Broadford. Open all year, Mon–Fri 0900–1730; Jun–Sep, Sat 1030–1400. Free. Explanatory displays and short talk (English or Gaelic). Gift shop. Meals available in Hotel Eilean Iarmain next door. Art gallery open in summer. WC. Wheelchair access. Disabled WC in hotel. Car and coach parking. Telephone (01471) 833266. www.gaelic-whiskies.co.uk

The only whisky company with its headquarters in the Hebrides. An exhibition about whisky is located in historic buildings, once the Isle Ornsay harbour shop.

---

762 GAIRLOCH HARBOUR 2 F6

Gairloch, Ross-shire. 75 miles (120km) west of Inverness. Local bus service. Harbour open all year, daily. For navigation information, contact the Harbour Master. Free. Refreshments available nearby. Usual harbour facilities, including chandlery. WC. Wheelchair access with assistance. Disabled WC. Car and coach parking. Telephone (01445) 712140. www.gairloch.co.uk

The area offers clean, sandy beaches and lots of wildlife. Various boat and fishing trips can be made from the harbour.

---

763 GAIRLOCH HERITAGE MUSEUM 2 F6

Achtercairn, Gairloch, Ross-shire. In Gairloch, on A832 70 miles (112km) north west of Inverness. Bus from Inverness or Achnasheen (station). Open Apr–Sep, Mon–Sat 1000–1700; Oct, Mon–Fri 1000–1330. Winter by prior arrangement. Charge £. Group concessions. Explanatory displays. Gift shop. Restaurant. Hands-on activities for children, demonstrations and talks. WC. Wheelchair access. Car and coach parking. Telephone (01445) 712287. www.gairlochheritagemuseum.org.uk

A museum displaying all aspects of life in a typical west Highland parish from the Stone Age to the present day, including archaeology, fishing, agriculture and domestic arts. Reconstructed croft house room, schoolroom, dairy and shop. The lens from the local lighthouse and preserved fishing boats are also on display. Archive and library.

---

764 GAIRLOCH MARINE LIFE CENTRE AND SAIL GAIRLOCH 2 F6

Pier Road, Gairloch, Ross-shire. At Gairloch harbour on A832. Infrequent bus service from Inverness. Open May–mid Sep, Mon–Fri 0930–1600, Sat–Sun 1200–1530; Easter and late Sep, Mon–Fri 1000–1400, telephone to confirm. Free. Charge £££ for cruises (duration 2 hours minimum). Group concessions. Guided tours. Explanatory displays. Gift shop. WC. Wheelchair access. Disabled WC. Car parking. Telephone (01445) 712636. www.porpoise-gairloch.co.uk

Porpoise, dolphin and whale surveys have been conducted for the Sea Watch Foundation for over ten years. At the centre, visitors can see photo displays, video and computer presentation, maps and charts along with survey records. The whole of marine life is covered, from jelly fish through to birds, seals and whales. Sail Gairloch Cruises take place daily subject to weather conditions and demand.

---

765 GALLOWAY COUNTRY STYLE 5 K20

High Street, Gatehouse-of-Fleet. Bus from Dumfries or Stranraer. Open all year except Christmas and New Year, daily 1000–1700. Free. Guided tours by arrangement. Explanatory displays. Gift shop. Coffee shop. Children's play area. WC. Limited wheelchair access. Disabled WC. Car and coach parking. Telephone (01557) 814001.

A kilt-making workshop where visitors can see operations and learn about the history of kilts and how they are made.

---

766 GALLOWAY DEER RANGE 4 J20

Laggan O'Dee, New Galloway. 10 miles (16km) from Newton Stewart and 9 miles (14.5km) from New Galloway on A712. Open late Jun–mid Sep, walks Tue and Thu 1100 and 1400, Sun 1430. Charge £. Guided tours. Explanatory displays. No guide dogs. Car and coach parking. Telephone (07771) 748400 or 401. www.forestry.gov.uk/gallowayforestpark

Created in 1977 to enable visitors to see red deer in a semi-natural habitat of 500 acres (200ha). Good photo opportunities.

---

767 GALLOWAY HYDROS VISITOR CENTRE 5 K20

Kirkcudbright, Dumfries and Galloway. On A711, 2 miles (3km) north of Kirkcudbright. Bus service to Kirkcudbright. Open late May–early Sep, Mon–Fri 0930–1700. Charge £. Guided tours. Explanatory displays. Gift shop. Tearoom. WC. Written tour in large text on non-glare paper. Limited wheelchair access. Disabled WC. Car and coach parking. Telephone (01557) 330114. www.scottishpower.co.uk

Located at Tongland Power Station. The visitor centre tells the story of the construction of the Galloway Hydros Scheme in the 1930s and the operation of the power station. Tongland Dam and reservoir is nearby.

---

768 GALLOWAY SAILING CENTRE 5 K20

Parton, Castle Douglas, Dumfries and Galloway. On the A713, 10 miles (16km) north of Castle Douglas, on the shore of Loch Ken. Nearest railway station Dumfries, bus from Dumfries/Castle Douglas. Collection from station by arrangement. Open Apr–Oct, daily 0900–1800. Free. Charge for activities. Group concessions. Explanatory displays. Gift shop. Café and picnic area. Children's play area. WC. Wheelchair access with assistance. Disabled WC. Car and coach parking. Telephone (01644) 420626.

Tuition in sailing, windsurfing and canoeing. Also improvised raft-building, quad bikes and gorge scrambling. Residential courses and boat hire. Groups welcome.

---

769 GALLOWAY SMOKEHOUSE 4 J20

Carsluith, Newton Stewart, Wigtownshire. On A75, 2 miles south of Creetown. Bus service from Dumfries or Stranraer. Open all year, daily 0900–1730. Car parking. Telephone (01671) 820354. www.gallowaysmokehouse.co.uk

Visitors can take a tour around a traditional smokehouse. The shop sells award-winning smoked foods.

---

770 GALLOWAY WILDLIFE CONSERVATION PARK 5 K21

Lochfergus Plantation, Kirkcudbright, Dumfries & Galloway. 1 mile (2km) east of Kirkcudbright, on B727. Nearest bus stop Kirkcudbright. Open Mar–Oct, daily 1000–dusk; Nov–Feb, Sat–Sun 1000–1700. Charge ££. Group concessions. Explanatory displays. Gift shop. Tearoom and picnic areas. Baby changing facilities, children's play area. WC. British sign language guided tour. No guide dogs. Wheelchair access with assistance. Disabled WC. Car and coach parking. Telephone (01557) 331645. www.gallowaywildlife.co.uk

A varied collection of nearly 150 animals from all over the world can be seen within the peaceful and natural settings, where the woodland has been tailored to provide large and imaginative enclosures. Threatened species to be seen at the park inlcude red pandas, bush dogs, maned wolves, otters, lemurs and, of course, the famous Scottish wildcat.

---

771 GARLOGIE MILL POWER HOUSE MUSEUM 3 Q9

Garlogie, Skene, Aberdeenshire. Near the B9119/B9125 junction, 11 miles (17.5km) west of Aberdeen. Nearest railway station Inverurie, bus from Inverurie. Telephone for details of opening times. Free. Explanatory displays. Gift shop. Picnic area. WC. Limited wheelchair access. Disabled WC. Car and coach parking. Telephone (01771) 622906. www.aberdeenshire.gov.uk/heritage

Visitors can relive the early days of the industrial revolution and see the rare beam engine which powered the woollen mill, the only one of its type to have survived intact in its original location. Displays feature the history of the mill, with award-winning audio-visual presentation.

---

772 GARTMORN DAM COUNTRY PARK 6 L14

Sauchie, Near Alloa. 1.25 miles (2km) east of A908, Sauchie. Bus to Sauchie from Alloa. Open all year. Free. Explanatory displays. Gift shop, refreshments, WC and disabled WC available during summer and winter weekends. Sunken garden, orienteering course. Wheelchair access. Car parking. Telephone (01259) 214319. www.clacksweb.org.uk

The country park is a peaceful retreat for visitors to walk, cycle, horse ride or fish. Extensive network of paths. Gartmorn Dam itself is a 170 acre (69ha) resevoir engineered by Sir John Erskine to power pumps which drained mines.

---

773 GARVAMORE BRIDGE 3 K10

6 miles (9.5km) west of Laggan Bridge, 17 miles (27km) south west of Newtonmore. Access at all times. Free.

This two-arched bridge at the south side of the Corrieyairick Pass was built by General Wade in 1735.

---

774 GEARRANNAN BLACKHOUSE VILLAGE 2 C3

Gearrannan Blackhouse Village, Gearrannan, Carloway, Isle of Lewis. Bus service to village during summer. Open Apr–Sep, Mon–Sat 1100–1730. Charge £. Additional charge for guided tours and special events. Group concessions. Guided tours. Explanatory displays. Gift shop. Tearoom and picnic area. WC. Wheelchair access. Disabled WC. Car and coach parking. Telephone (01851) 643416. www.gearrannan.com

On the exposed Atlantic coast of the Isle of Lewis, a traditional blackhouse village restored to recreate 1955, when it was alive and bustling with activity. Innovative touch screen presentation of the history of the village with text and audio commentary.

---

775 GEILSTON GARDEN 6 J15

NTS. Cardross, Dumbarton. On A814 at west end of Cardross, 18 miles (29km) north of Glasgow. Nearest railway station Cardross, then 1 mile (1.5km) walk. Bus from Helensburgh or Dumbarton. Open Apr–Oct, daily 0930–1700. Charge £ (honesty box). Explanatory displays. WC. Limited wheelchair access. Disabled WC. Car and coach parking. Telephone (01389) 841867. www.nts.org.uk

Small estate typical of those owned on the banks of the Clyde by tobacco barons and factory owners who made their money in 19th-century Glasgow. Charming garden with walled area and wooded glen.

---

776 LADY GIFFORD STATUE 5 M16

Village clock, in West Linton, 17 miles (27km) south south-west of Edinburgh. Access at all reasonable times.

Statue on the front of the village clock at West Linton, carved in 1666 by the Laird Gifford, a Covenanter and skilled stonemason. The clock is on the site of a well, disused since Victorial times. Laird Gifford also executed panels (1660 and 1678) on a house opposite, depicting Lady Gifford and the entire family genealogy.

---

777 **GILNOCKIE TOWER** **5 N19**

Hollows, Canonbie, Dumfries and Galloway. On the A7, 2 miles (3km) north of Canonbie. Bus from Carlisle or Galashiels. Tours Easter–Oct 1430 sharp; at other times by arrangement. Charge £. Group concessions. Guided tours. Explanatory displays. Gift shop. WC. No guide dogs. Car and coach parking. Telephone (01387) 371876.

A tower house built in 1525 by the Border freebooter Johnie Armstrong and originally called Holehouse (from the quarry beside which it stands). Managed by the Clan Armstrong Centre.

---

778 **THE GLAIDSTANE** **6 H16**

1 mile (1.6km) north of Millport, Isle of Cumbrae. Access at all reasonable times. Free. Picnic area. Car parking.

At 417 feet (127m), the highest point on Cumbrae. Excellent views to the Isles of Arran and Bute, the Ayrshire coast and Arrochar Alps to the north.

---

779 **GLADSTONE COURT MUSEUM** **5 M17**

North Back Road, Biggar, Lanarkshire. On the A702, 26 miles (41.5km) south of Edinburgh. Bus from Biggar or Edinburgh. Open Easter–mid Oct, Mon–Sat 1100–1630, Sun 1400–1630. Charge £. Group concessions. Guided tours. Explanatory displays. Gift shop. Activity sheets and hands-on sessions for children. WC. Limited wheelchair access. Car and coach parking. Telephone (01899) 221573.

An indoor street museum of shops and windows. Grocer, photographer, dress maker, bank, school, library, ironmonger, chemist, china merchant, telephone exchange.

---

780 **GLAMIS CASTLE** **5 N12**

Glamis, Angus. On A94, 6 miles (9.5km) west of Forfar. Bus from Dundee. Open daily Apr–Oct, 1030–1730, Jul–Aug opens 1000. Charge £££. Wheelchair users free admission. Group concessions. Guided tours (by arrangement for groups in French, German, Italian, Spanish or Portuguese). Explanatory displays. Gift shop. Restaurant, kiosk and picnic area. Playpark, garden. WC. Disabled WC. Car and coach parking. Telephone (01307) 840393. www.glamis-castle.co.uk

There has been a building on this site from very early times and Malcolm II is said to have died here in 1034. One of the oldest parts is Duncan's Hall, legendary setting for Shakespeare's *Macbeth*. The present castle was modified in the 17th century. Famous for being the childhood home of Queen Elizabeth, The Queen Mother, and birthplace of Princess Margaret. Fine collections of china, painting, tapestries and furniture. Two exhibitions, Coach House and Elizabeth of Glamis. Annual events include the Strathmore Vintage Vehicle Club Extravaganza and a Grand Scottish Prom (both in July). Nature trails and pinetum.

---

781 **GLASDRUM WOOD** **4 G12**

Car park on north side of Loch Creran, 2 miles (3km) east of the new Creagan Bridge and A828 Oban/Fort William road. On Oban/Fort William bus route. Access at all times. Free. Parking and picnic area suitable for less able visitors. Car parking. Telephone 01546 603611 (Scottish Natural Heritage). www.snh.org.uk

Nature reserve. This wild woodland climbs from the seashore near the head of Loch Creran up the slopes of Ben Churalain. The changes in altitude and the presence of both acid and lime-rich rocks make for a rich variety of trees, plants and insects. The reserve is also notable for a range of butterfly species, including the rare chequered skipper. Steep woodland trail.

782 GLASGOW ART GALLERY AND MUSEUM, KELVINGROVE 6 K16

Kelvingrove, Glasgow. Located in the west end of Glasgow. Nearest railway station Partick, nearest underground station Kelvinhall. Bus service from city centre. Open all year, Mon–Thu and Sat 1000–1700, Fri and Sun 1100–1700. Free. Guided tours. Explanatory displays. Gift shop. Café and picnic area. WC. Wheelchair access. Disabled WC. Car and coach parking. Telephone 0141 287 2699. www.glasgow.gov.uk

This fine national art collection contains superb paintings and sculptures, silver and ceramics, European armour, weapons and firearms, clothing, and furniture. The natural history of Scotland is treated in depth and there are displays of relics from Scotland's history and prehistory. Activities for children and temporary exhibitions. NB: Glasgow Art Gallery and Museum is closing for refurbishment, reopening in early 2006. See 800 Glasgow, McLellan Galleries.

783 GLASGOW, THE BARRAS 6 K16

Gallowgate, 0.25 miles (0.5km) east of Glasgow Cross. Open all year, Sat and Sun 0900–1700, Wed–Fri 1000–1600. Free.

Glasgow's world-famous market, with an amazing variety of stalls and shops. Founded one hundred years ago, the Barras is now home to over 800 traders. Look out for the Barras archways, children's crèche and buskers. Numerous licensed premises and cafés. All markets are covered.

784 GLASGOW, BEARSDEN BATHHOUSE 6 J15

HS. On Roman Road, Bearsden, near Glasgow. Nearest railway station Glasgow, bus from city centre. Access at all times. Free. Wheelchair access with assistance. Telephone 0131 668 8800. www.historic-scotland.gov.uk

The well-preserved remains of a bathhouse and latrine built in the 2nd century AD to serve a fort. See also 59 Antonine Wall.

785 GLASGOW BOTANIC GARDEN 6 J15

730 Great Western Road, Glasgow. At the west end of Glasgow off the A82, 1.5 miles (2.5km) from the city centre. Bus from city centre or underground to Hillhead station. Open all year, 0700–dusk; glasshouses open 1000–1645 (1615 in winter). Free. Guided tours by arrangement. Explanatory displays. Café. WC. Wheelchair access. Disabled WC. Telephone 0141 334 2422.

The gardens were formed in 1817 to provide a source of plant material for use in teaching medicine and botany. Today they are valued by tourists and as a centre for education, conservation and research. Specialist plant collections include exotic Australian tree and filmy ferns, orchids and tropical begonias.

786 GLASGOW, THE BURRELL COLLECTION 6 J16

Pollok Country Park, 2060 Pollokshaws Road, Glasgow. Nearest railway stations, Pollokshaws West or Shawlands, bus service from city centre. Park bus runs every hour, on the half hour, from front entrance of Pollok Country park to the Burrell. Open all year, Mon–Thu and Sat 1000–1700, Fri and Sun 1100–1700. Free. Guided tours (available in French and German). Explanatory displays. Gift shop. Restaurant and café. WC. Audio guides for visually impaired visitors. Wheelchair access. Disabled WC. Car and coach parking. Telephone 0141 287 2550. www.glasgow.gov.uk

This award-winning building houses a world-famous collection gifted to Glasgow by Sir William Burrell. Visitors can see art objects from Iraq, Egypt, Greece and Italy. Tapestries, furniture, textiles, ceramics, stained glass and sculptures from medieval Europe, and drawings from the 15th to 19th centuries. Regular temporary exhibitions.

787 GLASGOW CATHEDRAL 6 K16

HS. Cathedral Square, Glasgow. At the east end of Cathedral Street. Nearest railway station Glasgow Queen Street, bus from city centre. Open Apr–Sep, Mon–Sat 0900–1830, Sun 1400–1830; Oct–Mar, Mon–Sat 0900–1630, Sun 1400–1630. Free. Guided tours. Gift shop. Limited wheelchair access. Telephone 0141 552 6891. www.historic-scotland.gov.uk

The only Scottish mainland medieval cathedral to have survived the Reformation complete (apart from its western towers). Built during the 12th and 13th centuries over the supposed tomb of St Kentigern. Notable features are the elaborately vaulted crypt, the stone screen and the unfinished Blackadder Aisle. The parish church of Glasgow.

---

788 GLASGOW, CLYDEBUILT **6 J16**

Scottish Maritime Museum at Braehead, King's Inch Road, Glasgow. Located at Braehead shopping centre. Nearest railway station Paisley, regular bus service. Open all year (except Christmas Day and New Years Day), Mon–Thu and Sat 1000–1800, Sun 1100–1700. Charge ££. Group concessions. Guided tours on request. Explanatory displays. Gift shop. Children's play area. WC. Wheelchair access. Disabled WC. Car and coach parking. Telephone 0141 886 1013.

Clydebuilt tells the history of Glasgow's river, its ships and its people, over the past 300 years. Hands-on and interactive computer activities. Also *Kyles*, the oldest Clyde built ship afloat in the UK.

---

789 GLASGOW, COLLINS GALLERY **6 K16**

University of Strathclyde, 22 Richmond Street, Glasgow. Glasgow city centre. Nearest railway station Glasgow Queen Street, then five minute walk. Open all year Mon–Fri 1000–1700, Sat 1200–1600, closed Sun, public holidays and exhibition changeover weeks. Free. Guided tours by arrangement. Explanatory displays. Gift shop. Refreshments. WC. Wheelchair access. Disabled WC. Telephone 0141 548 2558 or 0141 553 4145. www.strath.ac.uk/culture/collins

Temporary exhibition gallery showing annual programme of ten shows ranging from contemporary, fine and applied art, photography, technology and design, and multi-media installations. Active education programme. Most works are for sale.

---

790 GLASGOW, FOSSIL GROVE **6 J15**

Victoria Park, Glasgow. Nearest railway station Jordanhill, bus from Argyle Street or from Hope Street. Open daily Apr–Sep, 1200–1700. Free. Explanatory displays. Gift shop. WC. Wheelchair access. Disabled WC. Car and coach parking. Telephone 0141 950 1448. www.glasgow.gov.uk

Glasgow's oldest tourist attraction, discovered by accident and now designated a Site of Special Scientific Interest by Scottish National Heritage. Fossil stumps and roots of trees which grew here 350 million years ago.

---

791 GLASGOW, GALLERY OF MODERN ART **6 K16**

Royal Exchange Square, Glasgow. In Glasgow city centre. Nearest railway stations Glasgow Queen Street and Central station; or by underground to Buchanan Street. Open all year (except Christmas and New Year), Mon–Thu and Sat 1000–1700, Fri and Sun 1100–1700. Free. Guided tours. Explanatory displays. Gift shop. Restaurant/tearoom. WC. Wheelchair access. Disabled WC. Telephone 0141 229 1996. www.glasgow.gov.uk

The elegant Royal Exchange building displays works by living artists from across the world. A wide range of contemporary temporary exhibitions plus a programme of events including music, drama, dance and workshops.

---

792 GLASGOW, GEORGE SQUARE **6 K16**

Glasgow city centre. Access at all times. Free.

The heart of Glasgow with the City Chambers and statues of Sir Walter Scott, Queen Victoria, Prince Albert, Robert Burns, Sir John Moore, Lord Clyde, Thomas Campbell, Dr Thomas Graham, James Oswald, James Watt, William Gladstone and Sir Robert Peel.

---

793 GLASGOW, GREENBANK GARDEN **6 K16**

NTS. Flenders Road, Clarkston, Glasgow. Off M77 and A726, 6 miles (10km) south of city centre. By bus from city centre. Open all year except Christmas and New Year, daily 0930–sunset (walled garden closes 1700). Charge ££. Group concessions. Guided tours of garden. Explanatory displays. Gift shop. Tearoom in summer, picnic area. WC. Gardening advice for disabled. Wheelchair access (wheelchairs available). Disabled WC. Car and coach parking. Telephone 0141 639 3281. www.nts.org.uk

Attractive garden surrounding an elegant Georgian house (only open summer, Sunday 1400–1700). Wide range of ornamental plants, annuals, perennials, shrubs and trees – especially interesting for owners of small gardens. Fountain garden and woodland walks.

---

794 GLASGOW, HORROR WALKING TOUR 6 K16

Tours leave from Tourist Information Centre, George Square, Glasgow. Close to rail and bus stations. Booking line open all year, daily. Charge £££. Group concessions. Wheelchair access. Telephone 0141 586 5378. www.mercat-glasgow.co.uk

A guided horror walk of Glasgow by fully costumed, knowledeable guide. Informative fun.

---

795 GLASGOW, HOUSE FOR AN ART LOVER 6 J16

Bellahouston Park, 10 Dumbreck Road, Glasgow. 3 miles (5km) south of city centre. Bus from city centre, by underground to Ibrox or train to Dumbreck. Open Apr–Sep, Sat 1000–1500, Sun–Thu 1000–1600; Oct–Mar, weekends 1000–1600, Mon–Fri by arrangement. Charge ££. Children under 10 free. Group concessions. Guided tours. Explanatory displays. Gift shop. Café/restaurant. WC. Audio loop with video. Wheelchair access. Disabled WC. Car and coach parking. Telephone 0141 353 4770. www.houseforanartlover.co.uk

A house designed in 1901 by Charles Rennie Mackintosh but not built until 1989–96. Exhibition and film showing the construction. Permanant exhibition of Mackintosh rooms. Sculpture park. Situated in parkland adjacent to magnificent Victorian walled gardens.

---

796 GLASGOW, HUNTERIAN ART GALLERY 6 K16

82 Hillhead Street, Glasgow. In the west end of Glasgow, near Hillhead underground station. Bus or underground from city centre. Open all year, Mon–Sat 0930–1700 (Mackintosh House closed daily 1230–1330). Free. Explanatory displays. Gift shop. Sculpture courtyard. Childrens activities arranged by Hunterian Museum and Art Gallery during Jul and Aug (0141 330 2193). WC. Limited wheelchair access. Disabled WC. Telephone 0141 330 5431.

A prestigious art gallery housing many important works by old masters, impressionists and Scottish paintings from the 18th century to the present day. The William Hunter collection includes works by Chardin, Rembrandt and Koninck. Many important works by Whistler. The print gallery has a changing display from a collection of 15,000 prints. Also houses the Mackintosh House, a reconstructed interior of the architect's own house in Glasgow, using original furniture, prints and designs.

---

797 GLASGOW, HUNTERIAN MUSEUM 6 K16

University of Glasgow, University Avenue, Glasgow. In the west end of Glasgow. Nearest underground station Hillhead or Kelvinbridge. Open all year (except public holidays), Mon–Sat 0930–1700. Free. Charge for some temporary exhibitions. Explanatory displays. Gift shop. Refreshments in visitor centre. Childrens activities arranged by Hunterian Museum and Art Gallery during Jul and Aug (0141 330 2193). WC. Wheelchair access. Disabled WC. Car parking. Telephone 0141 330 4221. www.hunterian.gla.ac.uk

Scotland's first public museum was established in 1807 based on the vast collections of Dr William Hunter (1718–83). Many items from his valuable collections are on display together with new and exciting additions. See displays of dinosaurs from Scotland, Romans in Scotland, geology, archaeology, the history of science and coins.

---

798 GLASGOW, HUTCHESONS' HALL 6 K16

NTS. 158 Ingram Street, Glasgow. In city centre near both Central and Queen

Street rail stations. Open all year (except public holidays and 24 Dec–6 Jan), Mon–Sat 1000–1700. Free. Explanatory displays and video programme. Gift shop. WC. Induction loop and subtitled video programme. Limited wheelchair access. Disabled WC. Telephone 0141 552 8391. www.nts.org.uk

Built 1802–5, this is one of the most elegant buildings in Glasgow. Its frontage incorporates statues from an earlier building (1641) of local philanthropists George and Thomas Hutcheson. Enlarged in 1876. Glasgow Style exhibition and shop.

---

799 GLASGOW, THE LIGHTHOUSE 6 K16

11 Mitchell Lane, Glasgow. In city centre, between Buchanan Street and Mitchell Street. Within walking distance of Glasgow Central and Queen's Street railway stations, St Enoch and Buchanan Street underground stations, and all city centre buses. Open all year, Mon and Wed–Sat 1030–1700, Tue 1100–1700, Sun 1200–1700. Charge £. Group rates, family tickets and membership available on request. Group concessions. Guided tours. Explanatory displays. Gift shop. Restaurant and café. WC. Wheelchair access. Disabled WC. Car parking. Telephone 0141 221 6362. www.thelighthouse.co.uk

An unrivalled opportunity to experience architecture and design through a changing programme of world-class exhibitions, displays and events. Spanning six floors, The Lighthouse also contains the award-winning Mackintosh Centre, Mackintosh Tower with stunning city views, Wee People's City, design shop and stylish rooftop café/bar.

---

800 GLASGOW, MCLELLAN GALLERIES 6 K16

270 Sauchiehall Street, Glasgow. Nearest railway station Queen Street, nearest underground station Cowcaddens. Open for temporary exhibitions only, telephone for details. Charges vary. Explanatory displays. Gift shop. WC. Wheelchair access. Disabled WC. Telephone 0141 565 4100. www.glasgow.gov.uk

This purpose-built exhibition gallery which opened in 1854 provides Glasgow with a superb temporary exhibition venue, the largest outside London. The galleries will show a selection of the finest pieces from Glasgow Art Gallery and Museum (see 782) during its temporary closure. Entitled Art Treasures of Kelvingrove, the exhibition will run until the end of 2005.

---

801 GLASGOW, MARTYRS' SCHOOL 6 K16

Parsons Street, Glasgow. In centre of Glasgow, close to bus and train stations. Car parking nearby. Open all year, Mon–Sat 1000–1700, Sun 1100–1600. Free. WC. Limited wheelchair access. Disabled WC. Telephone 0141 552 2356. www.glasgowmuseums.com

One of the earliest buildings by Charles Rennie Mackintosh, commissioned in 1895. Although some of the building is used as offices for Glasgow's museum staff, much of the building is open to the public.

---

802 GLASGOW, MUSEUM OF TRANSPORT 6 K16

Kelvin Hall, 1 Bunhouse Road, Glasgow. Located in the west end of Glasgow. Nearest railway station Partick, nearest underground station Kelvinhall. Bus service from city centre. Open all year, Mon–Thu and Sat 1000–1700; Fri and Sun 1100–1700. Free. Guided tours. Explanatory displays. Gift shop. Café. WC. Wheelchair access. Disabled WC. Car and coach parking. Telephone 0141 287 2720. www.glasgow.gov.uk

The history of transport on land and sea with vehicles from horse-drawn carriages to motor cycles, fire engines, railway engines, steam and motor cars. The Clyde Room contains ship models. Also a recreated Glasgow street circa 1938, and a reconstructed underground station.

---

803 GLASGOW, NECROPOLIS 6 K16

Castle Street, behind Glasgow Cathedral. Access restricted: contact Cemeteries and Cremations, Port Dundas Place, Glasgow. Telephone 0141 287 3961.

Remarkable and extensive burial ground laid out in 1833, with numerous elaborate tombs of 19th-century illustrious Glaswegians and others; of particular interest is the Menteith Mausoleum of 1842.

---

804 GLASGOW, PEOPLE'S PALACE 6 K16

Glasgow Green, Glasgow. Nearest railway station Central and Queen Street, bus from city centre. Open all year, Mon–Thu and Sat 1000–1700, Fri and Sun 1100–1700. Free. Guided tours. Explanatory displays. Gift shop. Café. Winter Garden. WC. Wheelchair access. Disabled WC. Car and coach parking. Telephone 0141 554 0223. www.glasgow.gov.uk

Opened in 1898, this collection displays the story of Glasgow and its people, and its impact on the world from 1175 to the present day. Important collections relating to the tobacco and other industries, stained glass, ceramics, political and social movements including temperance, co-operation, woman's suffrage and socialism. Photographs, film sequences and reminiscences bring to life the city's past.

---

805 GLASGOW, POLLOK HOUSE 6 J16

NTS. Pollok Country Park, 2060 Pollokshaws Road, Glasgow. Off M77, 3 miles (5km) south of Glasgow city centre. Nearest railway stations Pollokshaws West or Shawlands, frequent buses from city centre. Open Apr–Oct, daily 1000–1700; Nov–Mar, daily 1100–1600 (closed Christmas and New Year). Charge ££. Group concessions. Guided tours by arrangement. Explanatory displays. Gift shop. Restaurant. WC. Limited wheelchair access. Car and coach parking. Telephone 0141 616 6410. www.nts.org.uk

The house was built in 1740 and extended in 1890 by Sir John Stirling Maxwell. Set within Pollok Country Park (not NTS), the house contains a renowned collection of paintings and furnishings appropriate for an Edwardian country house.

---

806 GLASGOW, PROVAND'S LORDSHIP 6 K16

3 Castle Street, Glasgow. Opposite St Mungo's Museum. Nearest railway and bus stations in city centre. Open all year (except Christmas and New Year) Mon–Thu and Sat 1000–1700, Fri and Sun 1100–1700. Free. Guided tours by arrangement. Explanatory displays. Limited wheelchair access. Car and coach parking. Telephone 0141 552 8819. www.glasgow.gov.uk

The oldest dwelling in Glasgow, built in 1471 as a manse for the St Nicholas Hospital, just opposite Glasgow Cathedral. Period displays and furniture. Tranquil recreated medieval/renaissance herb garden. See 810 Glasgow, St Mungo Museum for facilities.

---

807 GLASGOW, QUEEN'S CROSS CHURCH 6 K15

870 Garscube Road, Glasgow. 0.5 mile (1km) west of city centre. Bus from city centre. Open all year, Mon–Fri 1000–1700, Sun 1400–1700; closed some public holidays. Charge £. Children free. Guided tours by arrangement. Gift shop. Refreshments. WC. Wheelchair access with assistance. Car parking. Telephone 0141 946 6600. www.crmsociety.com

The only church designed by Charles Rennie Mackintosh and now the headquarters of the Charles Rennie Mackintosh Society, which has extensively restored the building. Built 1897–9 in a perpendicular Gothic style. Reference library and specialist shop.

---

808 GLASGOW, ROUKEN GLEN 6 J16

Thornliebank, south Glasgow. Access at all times. Free. Information centre. Tearoom. WC. Limited wheelchair access. Telephone 0141 577 3913.

One of Glasgow's most attractive parks with lovely shaded walks and a waterfall. Children's playground, boating pond and garden centre.

---

809 GLASGOW, ROYAL HIGHLAND FUSILIERS REGIMENTAL MUSEUM 6 K16

518 Sauchiehall Street, Glasgow. In Charing Cross area of Glasgow. Bus from city centre. Open all year, Mon–Thu 0830–1630, Fri 0830–1600. Free. Guided tours. Explanatory displays. Gift shop. WC. Induction loop. Wheelchair access with assistance. Disabled WC. Car parking. Telephone 0141 332 0961. www.rhf.org.uk

A museum exhibiting medals, badges, uniforms and records which illustrate the histories of The Royal Scots Fusiliers, The Highland Light Infantry, the Royal Highland Fusiliers and Princess Margaret's Own Glasgow and Ayrshire Regiment.

---

810 GLASGOW, ST MUNGO MUSEUM OF RELIGIOUS LIFE AND ART 6 K16

2 Castle Street, Glasgow. Next to Glasgow Cathedral. Nearest railway station Glasgow Queen Street, bus from city centre. Open daily (except Christmas and New Year), Mon–Thu and Sat 1000–1700, Fri and Sun 1100–1700. Free. Guided tours. Explanatory displays. Gift shop. Restaurant. Zen garden. WC. Wheelchair access. Disabled WC. Telephone 0141 553 2557. www.glasgow.gov.uk

A unique museum exploring the universal themes of life, death and the hereafter through beautiful and evocative art objects associated with different religious faiths. Three galleries focus on art, world religions and religion in Scottish history. Includes Britain's only authentic Japanese Zen garden.

---

811 GLASGOW SCHOOL OF ART 6 K16

167 Renfrew Street, Glasgow. In Glasgow city centre, 10-15 minute walk from both railway stations. Entry by guided tour only. Tours run all year, Mon–Fri 1100 and 1400, Sat 1030 and 1130. Additional tours Jul–Sep, Sat–Sun 1030, 1130 and 1300. Depending on demand, extra tours are oftenrun during this period. Telephone for further information. Charge ££. Children under 10 free. Group concessions. Guided tours. Gift shop. Café. WC. Limited wheelchair access. Disabled WC. Telephone 0141 353 4526. www.gsa.ac.uk

The Glasgow School of Art is Charles Rennie Mackintosh's architectural masterpiece. Still a working art school, the Mackintosh building continues to be admired and respected and has taken its place as one of the most influential and significant structures of the 20th century. Regular guided tours let you experience this famous and fascinating art school.

---

812 GLASGOW, SCIENCE CENTRE 6 K16

50 Pacific Quay, Glasgow. On the south bank of the River Clyde, across from SECC. Take junction 24 off M8 and follow brown tourist signs. From M77, stay in left hand lane as motorway merges with M8, exit at junction 21 and follow brown tourist signs. Nearest underground Ibrox or Cessnock, by bus from city centre, or rail to SECC and walk over Bells Bridge or Millennium Bridge. Science Mall open all year, daily 1000–1800; IMAX® Theatre open late Thu–Sat, telephone to confirm programme times. Tower temporarily closed for engineering work, telephone or visit website for update. Charge £££ (joint ticket for Science Centre and IMAX® theatre available). Group concessions. Explanatory displays. Gift shop. Tearoom. WC. Interpretation facilities for deaf and blind visitors. Theatres fitted with induction loops. Wheelchair access. Disabled WC. Car and coach parking. Telephone 0141 420 5000. www.gsc.org.uk

The award-winning Glasgow Science Centre (GSC) is one of Scotland's must-see visitor attractions. GSC encapsulates the world of science and technology in new, fun and exciting ways. With over 300 interactive exhibits based over three floors, the Science Mall also offers live science shows, workshops and demonstrations, as well as the Virtual Science Theatre and the ScottishPower Space Theatre, one of the finest planetariums in the world. Scotland's only IMAX® Theatre shows film in both 2D and 3D large-format that will amaze and astound visitors. With a screen the height of five double-decker buses and a 12,000 watt sound system, the IMAX® gives visitors a unique view of the world.

---

813 GLASGOW, SCOTLAND STREET SCHOOL 6 K16

225 Scotland Street, Glasgow. 1 mile (2km) south of the city centre, opposite

Shields Road underground station. Open daily excluding public holidays, Mon–Thu and Sat 1000–1700, Fri and Sun 1100–1700. Free. Guided tours. Explanatory displays. Gift shop. Vending machines. WC. Wheelchair access. Disabled WC. Car and coach parking. Telephone 0141 287 0500.

A magnificent building with twin leaded towers and Glasgow style stone carving designed by Charles Rennie Mackintosh in 1904. Now housing a permanent exhibition on the history of education. There are Victorian, World War II, 1950s and 1960s classrooms, a drill hall and an Edwardian cookery room. Regularly changing exhibitions include subjects such as other cultures, Mackintosh, art, craft, and exhibitions designed for children. Activity sessions. The museum is run by Glasgow City Council.

---

814 GLASGOW, SCOTTISH FOOTBALL MUSEUM 6 K16

Hampden Park, Letherby Drive, Glasgow. Mount Florida area in the south of Glasgow off B768. Nearest railway station Mount Florida, Glasgow, bus service from city centre. Open all year, Mon–Sat 1000–1700, Sun 1100–1700 (closed subject to events). Charge ££. Additional charge for stadium tour (booking advised). Guided tours. Explanatory displays. Gift shop. Tearoom. WC. Wheelchair access. Disabled WC. Car and coach parking. Telephone 0141 616 6104. www.scottishfootballmuseum.org.uk

Glasgow was the site of the world's first football international in 1872, when Scotland and England drew 0-0. The museum features the origins and history of the game, women's football, junior football and football fans. Visitors can visit the reconstructed changing rooms and press box. Also memorabilia of Scottish football players.

---

815 GLASGOW, THE TALL SHIP AT GLASGOW HARBOUR 6 K16

100 Stobcross Road, Glasgow. From Glasgow city centre, follow signs for SECC West off Clydeside Expressway. Nearest railway station Finnieston/Exhibition Centre. Open all year daily, Mar–Oct 1000–1700; Nov–Feb 1100–1600. Charge ££. Child free with paying adult. Group concessions. Guided tours on request. Explanatory displays. Gift shop. Restaurant and picnic area. Children's activities. WC. Wheelchair access with assistance. Disabled WC. Car and coach parking. Telephone 0141 222 2513. www.thetallship.com

Glasgow's maritime heritage is brought to life at the Tall Ship at Glasgow Harbour, home to the *Glenlee* (1896). Exhibitions and childrens activities.

---

816 GLASGOW, TENEMENT HOUSE 6 K16

NTS. 145 Buccleuch Street, Glasgow. A short walk from both city centre railway stations. Open Mar–Oct, daily 1400–1700. Charge ££. Group concessions. Guided tours by arrangement. Explanatory displays. Guidebook available in French and German. WC. Braille guide, audio tour. Disabled WC. Telephone 0141 333 0183. www.nts.org.uk

A typical late Victorian Glasgow tenement flat, retaining many original features. The furniture and possessions of the woman who lived here for 50 years give a fascinating glimpse of life in the early 20th century. Exhibition on ground floor about tenement life.

---

817 GLASGOW, THE NATIONAL PIPING CENTRE 6 K16

30-34 McPhater Street, Cowcaddens, Glasgow. In city centre, five–ten minute walk from railway stations and close to the Royal Scottish Academy of Music and Drama. Five minute walk from Buchanan bus station, two minute walk from Cowcaddens underground. Museum open all year, daily 1000–1600. Café bar open all year, Mon–Sat 0800–2200; Jun–Sep, Sun 0800–1800. Charge £. Group concessions. Guided tours (recordings in French, German or Italian). Explanatory displays. Gift shop. Café. WC. Wheelchair access with assistance. Disabled WC. Telephone 0141 353 0220. www.thepipingcentre.co.uk

A national and international centre of excellence for the bagpipes and their music, incorporating a school with rehearsal rooms and a performance hall, a museum and interpretation centre, a reference library and conference facilities. Housed in a fine listed building.

818 **GLASSGOW, VICTORIA PARK**

See 790 Glasgow, Fossil Grove.

819 **GLASGOW, WAVERLEY PADDLE STEAMER** **6 K16**

Anderston Quay, Glasgow. Nearest railway station Glasgow city centre or Anderston. Buses from city centre. Sailings from Easter–Oct, various times. Telephone for full details of departure points and times. Charge £££. Group concessions. Explanatory displays. Some tours have inclusive commentary. Gift shop. Bar meals and light refreshments. Baby changing facilities. WC. Limited wheelchair access. Disabled WC. Car and coach parking. Telephone (0845) 1304647. www.waverleyexcursions.co.uk

Historically one of the most interesting vessels still in operation in the country, the *Waverley* is the last paddle steamer to be built for service on the Clyde, and is now the last sea-going paddle steamer in the world. A variety of cruises from Glasgow and Ayr along the Clyde coast.

820 **GLASGOW, WILLOW TEA ROOMS** **6 K16**

217 Sauchiehall Street, Glasgow. In precinct area above Henderson the Jeweller. Open all year, except Christmas Day and 1–2 Jan, Mon–Sat 0930–1630, Sun and bank holidays 1200–1600. Free. Gift shop. Restaurant. High chairs available. WC. Telephone 0141 332 0521. www.willowtearooms.co.uk

The Willow Tea Rooms are housed in an original Charles Rennie Mackintosh building, designed for Miss Cranston 1904–28. Re-opened in 1983, the tearoom still has the original glass and mirror work and doors, and functions as a restaurant serving light meals, teas and coffees.

821 **GLASS CREATIONS** **3 M2**

Thurso Glass Studio, Riverside Road, Thurso, Caithness. First right on entry over bridge to Thurso. Nearest railway station Thurso. Open all year, Mon–Sat 1000–1700. Free. Explanatory displays. Gift shop. Wheelchair access. Car parking. Telephone (01847) 894017. www.glasscreations.ukf.net

On the banks of the river Thurso with uninterrupted views of salmon, seals and otters. The studio uses the lampworking method to create glass items and sculptures. Demonstrations in glass blowing on request. Small orders completed for visitors on holiday.

822 **THE GLASSHOUSE AT EDINBURGH CRYSTAL** **6 M16**

Eastfield, Penicuik, Midlothian. In Penicuik, south of Edinburgh. Regular bus from Edinburgh, free minibus from Waverley Bridge, Edinburgh Apr–Sep. Open all year, Mon–Sat 1000–1700, Sun 1100–1700. Charge £. Visitor centre free. Group concessions. Explanatory displays. Self guided tour (available in foreign languages). Gift shop. Coffee shop and picnic area. WC. Tour synopsis in braille and large print. Wheelchair access. Disabled WC. Car and coach parking. Telephone (01968) 675128. www.edinburgh-crystal.com

Visitors can watch and talk to the craftsmen, and discover the history of Edinburgh Crystal. Also opportunity to try blowing and cutting crystal (must be booked in advance).

823 **GLEBE CAIRN** **4 F14**

HS. In Kilmartin Glen, Argyll. Nearest railway station Oban, then bus to Kilmartin. Access at all times. Free. Telephone 0131 668 8800. www.historic-scotland.gov.uk

An early Bronze Age burial cairn with two burial chambers (cists).

824 **GLEN AFFRIC NATIONAL NATURE RESERVE** **2 H9**

31 miles (50km) south west of Inverness. From A831 at Cannich take the unclassified road south beyond Cannich village to Loch Affric. Reserve open at all times. Free. Picnic tables and interpretation boards. Waymarked walks. Programme of ranger-led guided walks during summer. WC (seasonal) at Dog

Falls and River Afric car parks. Disabled WC (seasonal) at River Affric car park. Wheelchair access with assistance (three main car parks are fairly flat and each one has accessible picnic table, some of the forest road at River Affric car park is less steep). Car parking. Telephone (01320) 366322. www.snh.org.uk

Known as one of the most beautiful glens in Scotland, Glen Affric is a mix of high mountains, lochs, rivers and part of the ancient Caledonian Pine forest. Main features include Dog Falls in the lower Glen, Loch Affric and the wilder West Affric owned by the National Trust for Scotland (see 1718).

---

825 GLEN ESK FOLK MUSEUM 3 P11

The Retreat, Glenesk, Brechin, Angus. 18 miles (29km) up Glen Esk off the B966. Open Easter–Jun, Sat–Sun 1200–1800; Jul–Oct, daily 1200–1800. Charge £. Group concessions. Guided tours for schools and young people's groups only. Explanatory displays. Gift shop. Tearoom. WC. Limited wheelchair access. Disabled WC. Car and coach parking. Telephone (01356) 670254.

A museum housing antiques, documents and artefacts reflecting the history of Glen Esk and surrounding area. Records, costumes, photographs and tools portray the daily life in a close-knit rural community. Shop sells a range of local craft and gift items. The interpretive centre houses a large relief model of Glen Esk, a stable in original form and displays on past and present local life.

---

826 GLEN FINGLAS 4 J14

Off A821, approximately 5 miles (8km) west of Callander. Access at all times. Free. Explanatory displays. Refreshments at Brig O'Turk. Car parking. Telephone (01764) 662554. www.woodland-trust.org.uk

The glen carries the Finglas Water south east to the Black Water between Loch Achray and Loch Venacher. Acquired by the Woodland Trust in 1996, there is an ongoing programme of restoration to native woodland. Waymarked walking trails of various grades.

---

827 GLEN GRANT DISTILLERY AND GARDEN 3 N7

Rothes, Aberlour, Banff. At the north end of Rothes, about 10 miles (16km) south of Elgin on the A941. Bus from Elgin. Open Apr–Oct, Mon–Sat 1000–1600, Sun 1230–1600. Free. Under 8s not allowed into production area. Group concessions. Guided tours. Explanatory displays. Gift shop. Garden. WC. Limited wheelchair access. Car and coach parking. Telephone (01340) 832118.

At Glen Grant Distillery fine single malt whisky has been produced since 1840. Founded by brothers John and James Grant, it was inherited by Major James Grant in 1872, whose study has been recreated. Celebrated for his journeys in India and South Africa, he created a romantic woodland garden which has now been restored. Visitors can tour the distillery, sample a dram in the study or heather-thatched pavillion and explore the garden.

---

828 GLEN LYON GALLERY 5 K12

Boltachan, By Aberfeldy, Perthsire. Off the B846, 1 mile (1.5km) north of Aberfeldy. Nearest railway sation Pitlochry, bus to Aberfeldy. Open Mar–Dec, daily 1000–1800. Free. Explanatory displays. Wheelchair access. Disabled WC. Car and coach parking. Telephone (01887) 820202.

A unique gallery. All works of art are exclusively by renowned artist, Alan B. Hayman who specialises in wildlife art and sculpture. The gallery setting is atmospheric and beautifully Scottish.

---

829 GLEN MORAY DISTILLERY 3 M7

Bruceland Road, Elgin. Off the A96 to Inverness, at the western outskirts of Elgin. Nearest railway station Elgin, local bus stops at Grays Hospital then 0.4 mile (0.5km) walk. Open all year except Christmas and New Year, Mon–Fri. Tours at 0930, 1030, 1130, 1330, 1430 and 1530. Charge £. Guided tours. Explanatory displays. Gift shop. WC. Limited wheelchair access. Car parking. Telephone (01343) 542577. www.glenmoray.com

Originally built as a brewery and converted to a distillery in 1987. Constructed in the classic square layout of a Scottish farm, the distillery features an attractive courtyard surrounded by the buildings where the whisky is produced.

---

830 GLEN NEVIS VISITOR CENTRE (IONAD NIBHEIS) **2 H11**

Glen Nevis, Fort William. 1.25 miles (2km) up Glen Nevis, located 2 miles (3km) east of Fort William. Nearest railway station Fort William, hourly local bus service to Glen Nevis. Open May–early Sep, daily 0900–1700. Free. Explanatory displays. Gift shop. Refreshments and picnic area. WC. Wheelchair access. Disabled WC. Car parking. Telephone (01397) 705922.

Information on the history, geology, flora and fauna of Ben Nevis and Glen Nevis. Ranger guided walks Jun–Aug.

---

831 GLEN OF ROTHES TROUT FISHERY **3 N7**

Rothes, Aberlour, Moray. On the A941, 7 miles (11km) south of Rothes. Bus from Elgin. Open all year (except Christmas Day and New Year's Day), daily 0830–2200 or dusk. Charge for fishing. Group concessions. Explanatory displays. Snack shop and picnic area. Rod hire and bait, flies and tackle for sale. WC. Limited wheelchair access. Disabled WC. Car and coach parking. Telephone (01340) 831888. www.glenofrothes.com

A fishery with 6 acres (2.4ha) of lochs and a visiting osprey. Visitors can fish for rainbow, brown, blue rainbow and brook trout from the banks. Bait fishing available on seperate loch. Heated fishing hut. Tuition from qualified Scottish Game Angling Instructor and REFFIS guide, booking essential.

---

832 GLEN ORD DISTILLERY VISITOR CENTRE **3 J7**

Muir of Ord, Ross and Cromarty. Just off the A832 on the outskirts of Muir of Ord, 15 miles (24km) west of Inverness. Bus from Inverness or Dingwall, or rail to Muir of Ord. Open Jan–Feb, Mon–Fri 1130–1500; Mar–June, Mon–Fri 1000–1700; Jul–Sep, Mon–Sat 1000–1700, Sun 1200–1600; Oct, Mon–Fri 1100–1600; Nov–Dec, Mon–Fri 1130–1500 (last guided tour 1 hour before closing). Charge ££. Children under 8 are not permitted into production areas. Guided tours. Explanatory displays. Gift shop. Picnic area. WC. Wheelchair access. Disabled WC. Car and coach parking. Telephone (01463) 872004.

The sole survivor of nine distilleries which once operated around Glen Ord. Licensed in 1838. The tour and exhibition show the history of the Black Isle and the main processes of distilling. Complimentary tasting.

---

833 GLEN QUEY **6 L14**

In Glendevon, accessed from A823, 4 miles (6.5km) south of Gleneagles and north of Muckhart. Access at all times. Free. Telephone (01764) 662554. www.woodland-trust.org.uk

The Glendevon sites of Glen Quey and Glen Sherup (see 834) cover more than 2471 acres (1000ha), separated only by a Forestry Commission plantation. Glen Quey has a long distance footpath running through, which is utilised by walkers from Dollar and Castle Campbell to Glendevon.

---

834 GLEN SHERUP **6 L14**

In Glendevon, accessed from A823, 4 miles (6.5km) south of Gleneagles and north of Muckhart. Access at all times. Telephone (01764) 662554. www.woodland-trust.org.uk

The Glendevon sites of Glen Sherup and Glen Quey (see 833) cover more than 2471 acres (1000ha), separated only by a Forestry Commission plantation. At Glen Sherup there is a circular hill ridge walk, with spectacular views, connecting the high tops in Glen Quey via Tarmangie Hill to Cairnmorris Hill and Ben Shee.

---

835 GLENARN GARDENS **4 H15**

Glenarn Gardens, Glenarn Road, Rhu, by Helensburgh, Argyll & Bute. In the village on Glenarn Road. Coach parking by arrangment only. Open Mar–Sep, from dawn to dusk. Charge £. Guided tours. Leaflet provided. Refreshments by arrangement for groups. Plant sales. Limited wheelchair access. Telephone (01436) 820493.

A west coast garden in a sheltered glen overlooking the Gareloch, famous for the collection of rare and tender rhododendrons. Also fine magnolias and many other interesting ericaceous plants. Colour all year round. A network of paths with small bridges connect the different parks of the garden - the pond, walled garden, woodland, greenhouse and the productive vegetable patch.

---

836 GLENBARR ABBEY VISITOR CENTRE 4 F17

Glenbarr, Tarbert, Argyll. On the A83, 12 miles (19km) north of Campbeltown. Bus from Glasgow. Open Easter–Oct daily (except Tue), 1000–1730. Charge £. Group concessions. Guided tours (available in German). Explanatory displays. Gift shop. Tearoom. Short woodland walk. WC. Limited wheelchair access. Car and coach parking. Telephone (01583) 421247.

A house in the 18th-century Gothic Revival style, the seat of the lairds of Glenbarr since 1796, designed by James Gillespie Graham. Tours are conducted by the 5th laird, Angus Macalister, whose home this is. Among items displayed are 19th-century fashions, Spode, Sèvres and Derby china, gloves worn by Mary, Queen of Scots, thimble collection.

---

837 GLENBUCHAT CASTLE 3 N9

HS. Bridge of Buchat. 14 miles (22.5km) west of Alford, Aberdeenshire. Bus from Aberdeen or Alford to Strathdon. Access at all times. Free. Car parking. Telephone (01466) 793191. www.historic-scotland.gov.uk

A fine example of a Z-plan tower house, built in 1590.

---

838 GLENCOE 2 G11

NTS. Visitor Centre, Glencoe, Ballachulish, Argyll. On A82, 17 miles (27km) south of Fort William. Bus from Edinburgh, Glasgow or Fort William. Site open all year (free). Visitor centre open Mar–Apr and Sep–Oct, daily 1000–1700; May–Aug, daily 0930–1730. Charge £. Group concessions. Explanatory displays. Guided walks in glen. Gift shop. Snack bar and picnic area. WC. Induction loop. Wheelchair access to visitor centre. Disabled WC. Car and coach parking. Telephone (01855) 811307. www.nts.org.uk

Dramatic and historic glen, scene of the 1692 massacre of part of the MacDonald clan by soldiers of King William. Its steep sided mountains offer superb walking and climbing. Red deer, wild cat, golden eagle and rare arctic plants can be seen among the breathtaking peaks and spectacular waterfalls. Ranger service. Video programme on massacre. Display on history of mountaineering.

---

839 GLENCOE AND NORTH LORN FOLK MUSEUM 4 H12

Glencoe, Argyll. Off the A82 in Glencoe village. Bus from Glasgow, Inverness, Oban and Fort William. Open Easter and May–Sep, Mon–Sat 1000–1730. Charge £. Children free. Group concessions. Explanatory displays. Gift area. Wheelchair access. Car and coach parking. Telephone (01855) 811314.

A local museum in four heather-thatched buildings and two outbuildings. Many exhibits reflect Highland rural life, history, geology and wildlife.

---

840 GLENCOE SKI CENTRE 4 H12

Kingshouse, Glencoe, Argyll. On the A82, 30 miles (48km) south of Fort William, 12 miles (19km) from station at Bridge of Orchy. Nearest railway station Bridge of Orchy, bus from Glasgow. Open for skiing Christmas–Apr; chairlift and restaurant open Jun–Aug. Charge ££. Telephone for winter skiing charges. Group concessions. Explanatory displays. Gift shop. Restaurant (café on plateau). WC. Limited wheelchair access. Disabled WC. Car and coach parking. Telephone (01855) 851226. www.ski-glencoe.co.uk

Scotland's original ski centre, Glencoe is renowned for its exhilarating skiing and friendly atmosphere. For skiers and boarders of all standards, Glencoe provides on-site facilities including ski and snowboard school and hire departments. The chairlift and restaurant are open in summer.

---

841 GLENDRONACH DISTILLERY 3 P8

Forgue, Huntly, Aberdeenshire. On junction of B9001 and B9024 between Huntly and Inverurie. Open all year, Mon–Fri, tours at 1000 and 1400. Other times by arrangement. Closed Christmas and New Year. Free. Guided tours. Audio-visual displays. Gift shop. Picnic areas. Woodland. WC. Limited wheelchair access. Disabled WC. Car and coach parking. Telephone (01466) 730202.

A traditional malt whisky distillery established in 1825. The grounds contain The Gordon Wood in commemoration of the Gordon Highlanders. Highland cattle in the grounds.

---

842 GLENEAGLES CRYSTAL 6 M15

9 Simpson Road, East Mains Industrial Estate, Broxburn, West Lothian. In Broxburn, 4 miles (6.5km) from Newbridge on the M8/M9 junction. Bus from Edinburgh. Open daily except Christmas and New Year, Mon–Sat 1000–1700, Sun 1100–1600. Free. Viewing window. Gift shop. Coffee and juice available. Wheelchair access. Car and coach parking. Telephone (01506) 852566. www.gleneagles-crystal.com

A factory shop with viewing area where visitors can watch crystal cutters at work.

---

843 GLENELG BROCHS 2 F9

HS. About 8 miles (13km) south east of Kyle of Lochalsh, Ross and Cromarty. Nearest railway station Kyle of Lochalsh, limited post bus service to Glenelg. Access at all times. Free. Telephone (01667) 460232. www.historic-scotland.gov.uk

Two Iron Age broch towers standing over 30 feet (9m) high, with well-preserved structural features.

---

844 GLENELG CANDLES ARTS AND CRAFTS CENTRE 2 F9

Glenelg, Rosshire. In Glenelg, 2 miles (3km) from car ferry to Skye and 7 miles (11km) from Shiel Bridge on the A87. By post bus from Kyle of Lochalsh (nearest railway station). Open Mar–Oct daily, 0930–1700; Nov–Feb, Mon–Fri 1000–1600 workshop only open, telephone to confirm. Free. Demonstrations. Gift shop. Licensed coffee shop selling all-day light lunches and home baking (organic and local produce used). Picnic area. Garden. WC. Wheelchair access. Disabled WC. Car and coach parking. Telephone (01599) 522313. www.glenelgcandles.co.uk

A candle workshop where visitors can see demonstrations of handmade Highland landscape candles, or browse among paintings by local artists, books and gifts.

---

845 GLENFARCLAS DISTILLERY 3 M8

Glenfarclas, Ballindalloch, Banffshire. On the A95, 4 miles (6.5km) west of Aberlour. Open all year: Apr–Sep, Mon–Fri 1000–1700; Oct–Mar 1000–1600; Jun–Sep, also Sat 1000–1700. Charge ££. Group concessions. Guided tours. Explanatory displays. Gift shop. WC. Wheelchair access to visitor centre only. Disabled WC. Car and coach parking. Telephone (01807) 500257. www.glenfarclas.co.uk

Established in 1836 and family owned since 1865. Glenfarclas means 'valley of green grass land'. Distillery tours and free tasting.

---

846 GLENFIDDICH DISTILLERY 3 N8

Dufftown, Banffshire. On the A941, 0.3 mile (0.5km) north of Dufftown. Bus from Keith or Elgin stations. Open all year (except Christmas and New Year), Mon–Fri 0930–1630; Easter–Oct, also Sat 0930–1630 and Sun 1200–1630. Free. Guided tours (in summer in European languages). Explanatory displays. Gift shop. Picnic area. WC. Wheelchair access. Disabled WC. Car and coach parking. Telephone (01340) 820373. www.glenfiddich.com

A distillery, opened in 1887, producing the only Highland single malt whisky that is distilled, matured and bottled at its own distillery. Visitors can tour the distillery and bottling hall after an audio-visual introduction. Free sample.

---

847 GLENFINNAN MONUMENT 2 G10

NTS. Information Centre, Glenfinnan, Inverness-shire. On A830, 18.5 miles (30km) west of Fort William. By rail to Glenfinnan Station (1 mile/1.5km). Site open all year. Information centre open Apr–mid May and Sep–Oct, daily 1000–1700; mid May–Aug, daily 0930–1800. Charge £. Group concessions. Explanatory displays. Audio programme in French, Gaelic and German. Gift shop. Snack bar and picnic area. WC. Audio tour. Wheelchair access to information centre (wheelchair available). Disabled WC. Car and coach parking. Telephone (01397) 722250. www.nts.org.uk

Set amid superb Highland scenery at the head of Loch Shiel, the monument was erected in 1815 in tribute to the clansmen who died for the Jacobite cause. It is on the site where Bonnie Prince Charlie raised his standard in 1745. Displays and audio-visual programme in information centre.

---

848 GLENFINNAN VIADUCT 2 G10

At Glenfinnan, near Loch Shiel.

Spectacular railway viaduct.

---

849 GLENGOULANDIE DEER PARK 5 K12

Glengoulandie, Foss, by Pitlochry, Perthshire. On the B846, 8 miles (13km) north west of Aberfeldy. Open Easter–Oct, daily 0900 to 1 hour before sunset. Charge £. Group concessions. Gift shop. Café and picnic area. WC. No guide dogs. Car and coach parking. Telephone (01887) 820684. www.glengoulandie.co.uk

Situated at the foot of Schiehallion, the 'magic mountain'. The deer park is home to native animals housed in a natural environment. There are fine herds of red deer and Highland cattle. Cars can drive through the park, or it can be explored on foot. Dogs must be kept in car at all times. Caravan park adjacent to Deer Park, with static caravans to let as well as serviced pitches.

---

850 GLENGOYNE DISTILLERY 4 J15

Dumgoyne, Killearn, Glasgow. On the A81, 3 miles (5km) north of Strathblane. Bus from Glasgow or Stirling. Open all year, Mon–Sat 1000–1600, Sun 1200–1600. Charge ££. Accompanied children under 18 free. Group concessions. Guided tours (available in French, German or Spanish). Explanatory displays. Gift shop. Scenic waterfall walk. WC. Wheelchair access. Disabled WC. Car and coach parking. Telephone (01360) 550254. www.glengoyne.com

First licensed in 1833, this is Scotland's most southerly Highland distillery and the closest to Glasgow. Nestling in the Campsie Hills, it draws water from a waterfall. The distillery produces Scotland's only unpeated whisky. Conducted tours show the main process of distilling. Heritage Room houses cooperage display, old artefacts and shop. Visitors taste a dram in reception room, overlooking dam, glen and waterfall.

---

851 GLENKINCHIE DISTILLERY 6 N15

Pencaitland, Tranent, East Lothian. 2 miles (3km) from Pencaitland on the A6093 (signposted). Nearest railway station Longniddry, bus from Edinburgh to Pencaitland. Open all year, Mon–Fri 1200–1600; Easter–Oct also Sat–Sun. Charge ££. Under 18s free. Group concessions. Guided tours (available in French, German, Italian or Spanish). Explanatory displays. Gift shop. WC. Wheelchair access. Disabled WC. Car and coach parking. Telephone (01875) 342004.

Set in a small valley, the only remaining malt whisky distillery close to Edinburgh. Visitors can see all aspects of the traditional distilling craft, with sample tasting. Exhibition includes a scale model of a malt distillery made for the British Empire Exhibition of 1924.

852 **GLENLIVET DISTILLERY** **3 M8**

Ballindalloch, Banff. About 10 miles (16km) north of Tomintoul. Nearest railway and bus stations Elgin. Open Apr–Oct, Mon–Sat 1000–1600, Sun 1230–1600. Free. Under 8s not allowed into production area. Group concessions. Guided tours. Visitor centre with audio-visual programme and exhibition. Gift shop. Café. WC. Wheelchair access with assistance to visitor centre. Disabled WC. Car and coach parking. Telephone (01340) 821720. www.theglenlivet.com

High in the foothills of the Cairngorm Mountains, the Glenlivet Distillery is situated in one of the most scenic and romantic glens in the Scottish Highlands. The Glenlivet has a rich cultural and historical heritage and the visitor centre presents the story of its history and that of the surrounding area. The guided distillery tour also includes the chance to see inside a vast bonded warehouse and to sample a dram.

---

853 **GLENLIVET ESTATE** **3 M9**

Glenlivet Estate Office, Main Street, Tomintoul, Ballindalloch. On the A939, 14 miles (22km) south east of Grantown-on-Spey. Estate walks and trails open all year. Information centre open when staff are present; generally Mon–Fri 0900–1700. Free. Guided tours. Explanatory displays. Picnic areas. Waymarked walks and cycle trails. Ranger service. WC. Audio guide to estate. Wheelchair access to visitor centre. Disabled WC. Car and coach parking. Telephone (01807) 580283. www.crownestate.co.uk/glenlivet

A large Highland estate in the Cairngorms National Park, encompassing some of the finest landscapes of the Grampian Highlands. A network of over 60 miles of waymarked trails provides access for walkers, mountain bikers and Nordic skiers along forest roads and farm and estate tracks. A variety of ranger services enable visitors to learn about the history, countryside, wildlife and management of the local area. An estate information centre (in Tomintoul) is open (free) throughout the year. Free maps/guides to the walking/cycling trails are available.

---

854 **GLENLUCE ABBEY** **4 H20**

HS. Glenluce, Newton Stewart, Wigtownshire. Off the A75, 2 miles (3km) north of Glenluce. Nearest railway station Stranraer (10 miles/16km), bus from Stranraer to Newton Stewart, then 1.5 mile (2.5km) walk. Open Apr–Sep, daily 0930–1830; Oct–Mar, Sat 0930–1630, Sun 1400–1630. Charge £. Group concessions. Guided tours. Explanatory displays. Gift shop. Tearoom. WC. Limited wheelchair access. Disabled WC. Car and coach parking. Telephone (01581) 300541. www.historic-scotland.gov.uk

The remains of a Cistercian abbey founded circa 1192, including a handsome early 16th-century chapter house. Includes an exhibition of *objets trouvés*. Lovely tranquil setting.

---

855 **GLENMORANGIE DISTILLERY VISITOR CENTRE** **3 K6**

Tain, Ross and Cromarty. On the A9, 0.5 mile (1km) north of Tain. Bus or train from Tain or Inverness. Open all year, Mon–Fri 0900–1700; Jun–Oct, Sat–Sun (restricted hours). Charge £. Guided tours (translations in French, German, Italian or Spanish). Explanatory displays. Gift shop. WC. Limited wheelchair access. Disabled WC. Car and coach parking. Telephone (01862) 892477. www.glenmorangie.com

Describes 150 years of the distillery's history. Personal and informative tours, and free sample.

---

856 **GLENMORE VISITOR CENTRE** **3 L9**

FE. Ski Road, Glenmore, Aviemore, Inverness-shire. 7 miles (11km) along Ski Road from Aviemore. Bus from Aviemore. Open all year (except Christmas Day, Boxing Day and New Year) daily, 0900–1700. Free. Guided tours by prior arrangement. Explanatory displays. Gift shop. Forest café and picnic area. Water sports facilities. WC. Wheelchair access to visitor centre. Disabled WC. Car and coach parking. Telephone (01479) 861220. www.forestry.gov.uk

The Glenmore Forest Park is situated in the foothills of the Cairngorm National Nature Reserve. Caravan and camping site, visitor centre, car parks and picnic areas. Waymarked walks, off-road cycle routes, lochside activities, bird watching. Ranger services. Guided walks and tours.

857 GLENTROOL VISITOR CENTRE — 4 J19

FE. Glentrool, Newton Stewart. 8 miles (13km) north of Newton Stewart, 3 miles (5km) west of Loch Trool and Stroan Bridge in Galloway Forest Park. Open daily, Apr–Sep 1030–1730, Oct 1030–1630. Free. Explanatory displays. Gift shop. Tearoom and picnic area. Events schedule and details of waymarked trails and cycle routes at visitor centre. WC. Wheelchair access. Disabled WC. Car and coach parking. Telephone (01671) 840301. www.forestry.gov.uk

The gateway to Glen Trool, Scotland's largest forest park covering 18780 acres (7600ha) of forest, moorland and loch. Exhibits on Loch Trool.

---

858 GLENTURRET DISTILLERY — 5 L13

The Hosh, Crieff, Perthshire. On the A85 towards Comrie, 1.25 miles (2km) from Crieff. Open all year (except 25–26 Dec), Mon–Sat 0930–1800, Sun 1200–1800. Last tour 1630. Charge £££. Children under 5 free. Group concessions. Guided tours (translation sheets in European languages and Japanese). Audio-visual presentation and exhibition. Gift shop. Restaurants and bar. WC. Limited wheelchair access. Disabled WC. Car and coach parking. Telephone (01764) 656565. www.famousgrouse.com

The oldest Highland malt distillery in Scotland (established in 1775) where whisky is still produced in the traditional manner. Home of Scotland's number one whisky, The Famous Grouse. Free tasting. Picturesque setting.

---

859 GLENWHAN GARDENS — 4 H20

Dunragit, Stranraer, Wigtownshire. Off A75, 6 miles (10km) east of Stranraer. Bus from Stranraer. Open Apr–Sep, daily 1000–1700; other times by arrangement. Charge £. Wheelchair users free admission. Group concessions. Guided tours (available in French). Explanatory displays. Small shop. Licensed restaurant. Dog walking area (dogs on lead allowed in garden). WC. Wheelchair access with assistance. Disabled WC. Car and coach parking. Telephone (01581) 400222. www.glenwhan.co.uk

A beautiful and spectacular 12 acre (5ha) garden overlooking Luce Bay and the Mull of Galloway, begun in 1979 and hewn from the hillside creating two small lakes. A rich habitat for many tender species, including alpines, scree plants and conifers. Woodland with bluebells, snowdrops, specie rhododendrons, azaleas and shrub roses. A plantsman's garden. Also rare ducks, guinea fowl, chickens peacocks and red squirrels. Primula Arena.

---

860 GOATFELL — 4 G17

NTS. Isle of Arran. Access from Cladach on A841 Brodick to Lochranza road. Ferry from Ardrossan to Brodick. Open all year. Free. Explanatory displays. Car and coach parking. Telephone (01770) 302462. www.nts.org.uk

At 2866 feet (873m), Goatfell is the highest peak on Arran, dominating the skyline of the island and affording impressive views from the top. Fine rock climbing and ridge walking.

---

861 NIEL GOW'S OAK — 5 L12

FE. Walk from the Hermitage (see 905), near Dunkeld. Nearest railway station Dunkeld. Access at all reasonable times. Free. Car and coach parking. www.forestry.gov.uk

Famous fiddle player Niel Gow (1727-1807) lived at nearby Inver and, according to local folklore, liked to sit here and play.

---

862 GRACEFIELD ARTS CENTRE — 5 L19

28 Edinburgh Road, Dumfries. In centre of Dumfries. Open all year, Tue–Sat 1000–1700. Craft shop and café/bar. Wheelchair access to studios and assisted access to galleries. Car and coach parking. Telephone (01387) 262084. www.web-link.co.uk/gracefield.htm

Changing exhibitions and art courses. Also a regular Saturday Club for children.

---

863 GRAIN EARTH HOUSE — 1 B10

HS. At Hatson, about 1 mile (2km) north west of Kirkwall, Orkney. Open at all times. Key held by Ortak (see 1338) in Kirkwall. Free. Telephone 0131 668 8800. www.historic-scotland.gov.uk

A well-built Iron Age earth house with an underground chamber supported on stone pillars.

---

864 GRAMARYE STUDIO 2 F8

An Cuilionn, Achmore, Stromeferry, Ross-shire. 10 miles (16km) north of Kyle of Lochalsh, just off A890. Nearest railway station Stromeferry. Open Apr–Oct, Wed–Fri 1030–1730; May also open Mon and Tue. Free. Explanatory displays. Wheelchair access. Car parking. Telephone (01599) 544264. www.gramayrestudio.co.uk

Working craft studio and sales area, featuring hand printed linocuts and colourful papier mâché items finished in unusual papers. Also hand crafted cards, notelets, gift tags and unique gift packaging.

---

865 GRAMPIAN TRANSPORT MUSEUM 3 P9

Alford, Aberdeenshire. On the A944, 25 miles (40km) west of Aberdeen. Bus from Aberdeen. Open daily, Apr–Sep 1000–1700; Oct 1000–1600. Charge ££. Reduced admission for educational groups. Group concessions. Guided tours for schools by arrangement. Explanatory displays. Gift shop. Tearoom (open Sun Apr-Oct; daily Jul and Aug) and picnic area. Adventure playground. WC. Wheelchair access with assistance. Disabled WC. Car and coach parking. Telephone (019755) 62292. www.gtm.org.uk

Dramatic displays, working exhibits and video presentations trace the history of travel and transport. Many of the exhibits are changed every year. Lots to see and do for all the family.

---

866 GRANTOWN MUSEUM AND HERITAGE TRUST 3 M8

Burnfield House, Burnfield Avenue, Grantown-on-Spey. Open Mar–Dec, Mon–Sat 1000–1600. Charge £. Children under 10 free. Group concessions. Explanatory displays. Gift shop. Picnic area. Garden. WC. Induction loop. Wheelchair access. Disabled WC. Car and coach parking. Telephone (01479) 872478. www.grantownmuseum.com

Located at Burnfield House, a refurbished school originally built in 1865. The permanent exhibition tells the story of Sir James Grant's Town – a fine example of a planned town – bringing the history of Grantown-on-Spey to life through audio-visual and traditional displays.

---

867 GRASSIC GIBBON CENTRE 3 Q11

Arbuthnott, Laurencekirk, Kincardineshire. On B967, 3 miles (5km) from Inverbervie (A92) or Fordoun (A90). Nearest railway station Montrose or Stonehaven, limited bus service from Stonehaven and school buses. Open Apr–Oct, daily 1000–1630. Groups at other times by arrangement. Charge £. Group concessions. Explanatory displays and video presentation. Gift shop. Restaurant, tearoom and picnic area. Children's play area. WC. Wheelchair access. Disabled WC. Car and coach parking. Telephone (01561) 361668. www.grassicgibbon.com

Visitor centre dedicated to the life and times of the novelist Lewis Grassic Gibbon (James Leslie Mitchell).

---

868 GREEN HALL GALLERY 3 N8

The Green Hall Gallery, 2 Victoria Street, Craigellachie, Aberlour. 12 miles (19km) south of Elgin on A95. Nearest railway station Elgin, bus to Craigellachie. Open all year, Mon–Sat 0900–1300 and 1400–1730, Sun 1400–1730. Free. Gift shop. Wheelchair access. Car parking. Telephone (01340) 871010. www.aboutscotland.com/greenhall

Situated in the old Gospel Hall built circa1890. Featuring over 100 prints and a selection of handmade cards. Original oils and watercolours also on display, featuring local scenes, animals, birds, flowers and fish. Commissions undertaken.

---

869 GREENHILL COVENANTER HOUSE 5 M17

Burnbraes, Biggar, Lanarkshire. In Biggar, on the A702, 26 miles (41.5km) from

Edinburgh. Bus from Edinburgh or Lanark. Open May–Sep, Sat–Sun 1400–1630, at other times by appointment. Charge £. Group concessions. Guided tours. Explanatory displays. Picnic area. Garden. Children's activity sheets. Limited wheelchair access. Car and coach parking. Telephone (01899) 221572.

Farmhouse, rescued in a ruinous condition and rebuilt at Biggar, 10 miles (16km) from its original site. Exhibits include relics of local Covenanters, Donald Cargill's bed (1681), 17th-century furnishings and costume dolls.

---

870 GREENKNOWE TOWER 5 P17

HS. On the A6089, 0.5 mile (1km) west of Gordon on the Earlston road, Berwickshire. Bus from Kelso or Edinburgh to Gordon, then walk. Open at all times (see keyholder). Free. Telephone 0131 668 8800. www.historic-scotland.gov.uk

A handsome tower house on an L-plan, built in 1581 and still retaining its iron yett (gate).

---

871 GRETNA GREEN, WORLD FAMOUS OLD BLACKSMITH'S SHOP CENTRE 5 N20

Gretna Green, Dumfries and Galloway. On the Scottish/English border off M74 or A75, 15 miles (24km) south of Lockerbie. Nearest railway station Gretna Green, bus from Dumfries or Carlisle. Open daily all year, 0900–1700 in winter; Jun and Sep 0900–1900; Jul–Aug 0900–2000; Oct–Nov and Apr–May 0900–1800. Charge £. Children under 10 free. Group concessions. Guided tours (leaflets and audio guide in seven languages). Explanatory displays. Gift shop. Restaurant, tearoom and picnic area. Sculpture park. Various art outlets. Children's play area. WC. Wheelchair access. Disabled WC. Car and coach parking. Telephone 01461 338441 or 338224. www.gretnagreen.com

The Blacksmith's Shop is famous around the world for runaway marriages. The unique *Gretna Green Story* involves the visitor in the legends of its romantic history and leads into the magnificent anvil and carriage museum. The Tartan Shop presents Scotland's finest independent collection of Scottish and UK merchandise – cashmere, tartans, crystal, luxury foods and gifts. Tartan information centre. Tax-free shopping and worldwide mailing services.

---

872 GRETNA HALL BLACKSMITH'S SHOP 5 N20

Gretna Green. 1 mile (1.5km) north of the border with England. Nearest railway station Gretna Green (0.5 mile/1km). Open mid Apr–mid Oct, daily 0830–2100; mid Oct–mid Apr 0900–1700. Charge £. Children under 14 free. Guided tours (leaflets available in Dutch, French, German, Italian and Spanish). Explanatory displays. Gift shop. Restaurant, bar and picnic area. Gardens. WC. Wheelchair access. Disabled WC. Car and coach parking. Telephone (01461) 337635. www.gretna-green-weddings.com

Built in 1710, the Gretna Hall blacksmiths has an interesting history associated with weddings, which are still performed here.

---

873 GREY CAIRNS OF CAMSTER 3 N3

HS. Off the A9, on the Watten Road, 5 miles (8km) north of Lybster, Caithness. Nearest railway station Wick, bus from Wick to Lybster, request stop at road end for cairns, then 8 mile (13km) walk. Access at all times. Free. Car parking. Telephone (01667) 460232. www.historic-scotland.gov.uk

Two Neolithic chambered burial cairns – one long with two chambers and projecting 'horns'; one round with a single chamber.

---

874 GREY MARE'S TAIL 5 M18

NTS. Adjacent to A708, 10 miles (16km) north east of Moffat, Dumfries and Galloway. Open all year. Ranger service Apr–Sep. Free. Explanatory displays, remote camera link to waterfall and wildlife. Wheelchair access to reception area. Car and coach parking. Telephone (01556) 502575. www.nts.org.uk

Spectacular 200 feet (61m) waterfall in landscape of geological interest and rich in wild flowers. Herd of wild goats. Marked paths – please keep to these for your safety.

875 **GROAM HOUSE MUSEUM** **3 K7**

High Street, Rosemarkie, Ross and Cromarty. In Rosemarkie on the A832, 15 miles (24km) north east of Inverness. Bus from Inverness. Open Easter week, daily 1400–1630; May–Sep, Mon–Sat 1000–1700, Sun 1400–1630; Oct–Apr, weekends 1400–1600. Free. Guided tours by prior arrangement. Explanatory displays and videos. Gift shop. Limited wheelchair access. Car and coach parking. Telephone (01381) 620961.

Award-winning Pictish museum. The centre-piece in a stunning display of locally-found stones is the maginificent 8th-century Rosemarkie cross-slab. Part of the nationally important collection of original work by George Bain, the artist responsible for the revival of Celtic art, is also exhibited. Temporary exhibitions of local history or Pictish interest.

---

876 **NEIL M. GUNN MEMORIAL VIEWPOINT** **3 J7**

Heights of Brae, Strathpeffer. Access at all reasonable times. Free. Car parking.

Memorial for the author Neil M. Gunn, who lived nearby.

---

877 **HACKNESS, MARTELLO TOWER** **1 B11**

HS. At Hackness, at the south east end of the Island of Hoy, Orkney. Ferry from Stromness to Lyness on Hoy, then 10 mile (16km) walk or passenger ferry to Longhope and a 3 mile (5km) walk. For access see keyholder. Free. Telephone (01856) 841815. www.historic-scotland.gov.uk

An impressive tower (one of a pair) built between 1813 and 1815 to provide defence against the French and American privateers for the British convoys assembling in the sound of Longhope. Renovated in 1866 and used again in World War I.

---

878 **HADDO HOUSE** **3 Q8**

NTS. Ellon, Aberdeenshire. Off B999, 4 miles (6.5km) north of Pitmedden, 19 miles (30km) north of Aberdeen. By bus from Aberdeen. Open Easter–Sep and weekends in Oct, daily 1330–1730. Garden and country park open all year, daily 0930–sunset. Charge £££. Group concessions. Guided tours by arrangement. Explanatory displays. Information sheets in four languages. Gift shop. Restaurant. Garden and country park. WC. Limited wheelchair access (wheelchairs available). Disabled WC. Car and coach parking. Telephone (01651) 851440. www.nts.org.uk

Elegant house designed by William Adam in 1731 for the 2nd Earl of Aberdeen. Much of the interior is Adam Revival, dating from the 1880s. Beautiful library; permanent exhibition of James Giles' paintings. Adjacent country park is run by Aberdeenshire County Council.

---

879 **HAILES CASTLE** **5 P15**

HS. Off the A1, 1.5 miles (2.5km) south west of East Linton, East Lothian. Nearest railway station Dunbar, bus to Pencraig (request stop), then 15 minute walk. Access at all times (see keyholder). Free. Picnic area. Car parking. Telephone 0131 668 8800. www.historic-scotland.gov.uk

A beautifully-sited ruin incorporating a 13th-century fortified manor which was extended in the 14th and 15th centuries. Includes a fine 16th-century chapel and two vaulted pit-prisons.

---

880 **HALISTRA POTTERY** **2 D7**

7 Halistra, Waternish, Isle of Skye. 2 miles (3km) after Stein turn left down Carnach Road, pottery is the third building on the right. Open Apr–Oct, daily 1000–1800; Nov–Mar, Mon–Thu 1000–1800. Free. Demonstrations and explanation by resident potter. Wheelchair access. Car parking. Telephone (01470) 592347. www.halistra-pottery.co.uk

Situated on Waternish peninsula, one of the craft centres of Skye, this is a purpose built gallery and open plan workshop allowing visitors to see the pottery being made. Wonderful views across Loch Dunvegan to the outer isles.

---

881 **HALLIWELL'S HOUSE MUSEUM** **5 P17**

Market Place, Selkirk. In Selkirk, 35 miles (56km) south of Edinburgh. Bus from Edinburgh, Carlisle or Berwick. Open Apr–Sep, daily 1000–1700, Sun 1000–1400; Jul and Aug 1000–1730, Sun 1000–1400; Oct, Mon–Sat 1000–1600. Free. Explanatory displays. Gift shop. WC. Wheelchair access. Disabled WC. Car and coach parking. Telephone (01750) 20096.

A local museum in a row of 19th-century cottages. One of the best collections of domestic ironmongery in the country. Based on local history, the museum traces the growth of Selkirk, from the Stone Age to its role as an important textile-producing centre.

---

882 HAMILTON PARK RACECOURSE 6 K16

Bothwell Road, Hamilton. On A723, 10 miles (16km) south of Glasgow, accessed from M74, junction 5 and M8, junction 6. Nearest railway station at Hamilton. Charge £££. Children under 16 free. Group concessions. Restaurants. WC. Wheelchair access (special viewing area, lifts to all levels). Disabled WC. Car and coach parking. Telephone (01698) 283806. www.hamilton-park.co.uk

A world of manicured lawns and leafy paddocks. The course hosts flat racing from April through to September, and the summer evening meetings are popular social occasions. Grandstand and grounds available for hire.

---

883 HAMILTON TOY COLLECTION 5 K14

111 Main Street, Callander. On the High Street in Callandar, 16 miles (25.5km) north west of Stirling on A84. Nearest railway station Stirling, bus service to Callandar passes door. Open Easter–Oct, Tue–Sun 1200–1630. Charge £. Group concessions. Guided tours for groups by special arrangement only. Gift shop. WC. Limited wheelchair access. Disabled WC. Car parking. Telephone (01877) 330004.

A family-run toy museum comprising five rooms of toys dating from between 1880 and 1980. Teddy bears, trains (running layout), dolls, toy soldiers, dolls houses and accessories, cars, bygones, planes, ships, children's books, science fiction toys and associated memorabilia.

---

884 HANDA ISLAND FERRY TRIPS 2 H3

Handa Island is 6 miles (10km) north of Scourie. Passenger ferry leaves from Tarbet, off A894, 2 miles (3km) north of Scourie. Nearest railway station Lairg, post bus from Lairg stops on request at Tarbet junction. Open Apr–Sep, Mon–Sat. First ferry 0930. Crossings on demand and weather dependent. Last outbound journey usually at 1400, last return journey at 1700. Charge £££. Visitors are asked to make small contribution towards cost of managing the island. Guided tours by arrangement. Explanatory displays. Restaurant and WC (including disabled) at Tarbet. No dogs. Car and coach parking. Telephone 01463 714746 (Scottish Wildlife Trust). www.swt.org.uk

Handa Island is internationally famous for its sea bird colonies including the largest breeding colony of guillemots in Britain. The island is also renowned for its magnificent Torridonian Sandstone cliffs, which rise to a height of 400 feet (122m) along the dramatic northern edge of the island. From this viewpoint you may also see many of the area's marine wildlife such as dolphins, porpoises, seals and the occasional whale. A footpath circles the island. Visitors are asked to stay on the path or boardwalk at all times for safety and to avoid disturbing the wildlife. No dogs allowed.

---

885 HARBOUR ARTS CENTRE 6 H17

Harbour Arts Centre, Harbour Street, Irvine. Nearest railway station Irvine, then ten minute walk. Open all year, Tue–Fri 1000–1600, Sat 1000–1300, Sun 1400–1700; also open Fri 2000–0100. Free. Charge for performances and workshops. Group concessions. WC. Wheelchair access. Disabled WC. Car parking. Telephone (01294) 274059. www.harbourarts.org.uk

The centre currently offers activities and events in a diverse range of art forms, including theatre, music, visual art and literature. Located by scenic Irvine Harbour.

---

886 HARBOUR COTTAGE GALLERY, KIRKCUDBRIGHT 5 K21

Castlebank, Kirkcudbright. Beside the harbour in Kirkcudbright. Bus from Dumfries. Open Mar–Dec, daily 1030–1230 and 1400–1700; Apr–Oct, also

Sun 1400–1700. Charge £. Children free. Group concessions. Limited wheelchair access. Telephone (01557) 330073. www.kirkcudbright.co.uk

An 18th-century cottage restored and opened in 1957 as a gallery exhibiting the work of artists in Galloway.

---

887 HARBOUR VIEW GALLERY 2 E2

Harbour View Gallery, Port of Ness, Isle of Lewis. Near Butt of Lewis, 28 miles (45km) north of Stornoway on A857. Daily bus service from Stornoway. Open Mar–Oct, Mon–Sat 1030–1700; Nov–Feb by appointment. Free. Wheelchair access with assistance. Car parking. Telephone (01851) 810735. www.abarber.co.uk

Artist's studio gallery in a scenic location at the northern tip of the Isle of Lewis, situated above the old harbour and beach at Port of Ness. Contemporary, original watercolours by island based artist Anthony J. Barber. Also prints and cards.

---

888 KIER HARDIE STATUE 5 K18

Cumnock town centre. Access at all times. Car parking.

Bust outside the Town Hall to commemorate James Keir Hardie (1856–1915), an early socialist leader, and founder of the Independent Labour Party in 1893.

---

889 HARESTANES COUNTRYSIDE VISITOR CENTRE 5 P17

Ancrum, Jedburgh, Scottish Borders. 3 miles (5km) north of Jedburgh, well sign-posted from A68, A698 and B6400. Buses from Jedburgh, Edinburgh, Kelso, Galashiels, Hawick. Open Apr–Oct, daily 1000–1700. Free. Charges for guided walks and some activities/events. Explanatory displays. Gift shop. Tearoom and picnic area. Children's play park. WC. Limited wheelchair access. Disabled WC. Car and coach parking. Telephone (01835) 830306.

Housed in converted farm buildings and comprising both indoor and outdoor attractions. Changing exhibitions, walk routes and guided walks, activities and events. Wildlife garden and wooden games room. Waymarked walks include view of Waterloo Monument. This prominent landmark on the summit of Peniel Heugh (741 ft/226m high) was built after the battle of Waterloo by the Marquess of Lothian and his tenants. No access to interior.

---

890 HARMONY GARDEN 5 P17

NTS. Melrose, Borders. Opposite Melrose Abbey. Bus from Edinburgh. Open Apr–Sep, Mon–Sat 1000–1730, Sun 1330–1730. Charge £ (honesty box). Explanatory displays. Limited wheelchair access. Car and coach parking. Telephone (01721) 722502. www.nts.org.uk

This attractive walled garden was built in the early 19th century, in a fine conservation area. The garden is lovely throughout the seasons, with a rich display of spring bulbs, colourful herbaceous and mixed borders, and fruiting apricots. The garden is set against the beautiful backdrop of Melrose Abbey ruins, with the Eildon Hills in the distance.

---

891 HARRIS TWEED WEAVING AND KNITTING 2 C5

4 Plockropool, Isle of Harris, Western Isles. On Golden Road, 5 miles (8km) south of Tarbert. Bus from Tarbert. Open all year, Mon–Sat 0900–1900. Free. Gift shop. WC. Wheelchair access. Car and coach parking. Telephone (01859) 511217.

Visitors can see Harris tweed being woven. Also demonstrations of warping, bobbin winding and wool plying.

---

892 HARTMOUNT WOODTURNING AND CABINET MAKING STUDIO 3 K6

Tigh an Fhraoich, Hartmount, Tain, Ross-shire. Off minor road to Scotsburn, 3 miles (5km) south of Tain. Bus and rail services to Tain. Transport from Tain if required. Open all year, including evenings (on request). Free. Guided tours. Explanatory displays. Gift shop. Two acre (1ha) garden. Wheelchair access. Car parking. Telephone (01862) 842511.

Family business (member of the Guild of Master Craftsman) with over 35 years experience. Custom-built woodworking shop and display area. Work produced to client's requirements. Mainly local hardwoods used. Various exotic hardwoods used in small quantities. Courses throughout the year, one-to-one tuition.

---

893 JOHN HASTIE MUSEUM 6 K16

8 Threestanes Road, Strathaven, Lanarkshire. On the A726, 6 miles (10km) south of East Kilbride, beside Strathaven Park. Bus from East Kilbride and Hamilton. Coach parking nearby. Open Apr–Sep, daily 1230–1630. Free. Guided tours by arrangement. Explanatory displays. Gift shop. Adjacent to Strathaven Park. Wheelchair access with assistance. Telephone (01357) 521257.

A local history museum with displays on the town, weaving, commerce, Covenanters, ceramics. Temporary display gallery.

---

894 HAWICK CASHMERE COMPANY VISITOR CENTRE 5 P18

Trinity Mills, Duke Street, Hawick. Signposted in Hawick. Bus from Edinburgh or Carlisle. Open all year, Mon–Sat 0930–1700; May–Oct also Sun 1100–1600. Closed Christmas and New Year, and local holiday (first weekend in June). Free. Explanatory displays. Gift shop. WC. Wheelchair access. Car and coach parking. Telephone (01450) 371221. www.hawickcashmere.com

A specialist manufacturer of the finest quality knitwear, supplying some of the world's leading retailers, fashion houses and designers. Visitors can watch garments being knitted on the latest computer programmed machinery. The viewing gallery contains an informative display illustrating the cashmere fibre's long journey from goat to garment. Extensive retail area offering a wide range of classic and contemporary knitwear for men and women.

---

895 HAWICK MUSEUM AND THE SCOTT GALLERY 5 P18

Wilton Lodge Park, Hawick, Borders. In Hawick public park. Bus from Edinburgh or Carlisle. Open Apr–Sep, Mon–Fri 1000–1200 and 1300–1700; weekends 1300–1700; Oct–Mar, Mon–Fri 1300–1600, Sun 1400–1600. Charge £. Group concessions. Guided tours by arrangement. Explanatory displays. Gift shop. WC. Limited wheelchair access. Car and coach parking. Telephone (01450) 373457.

This 200-year-old mansion house, set in over 100 acres (40ha) of award-winning parkland, houses Hawick's long-established museum and art gallery. A programme of museum and art exhibitions compliments permanent displays on local industrial history, natural history, ethnography, domestic bygones and militaria.

---

896 HAYES GARDEN LAND 4 J17

Tarbolton Road, Symington, Kilmarnock. On the A77, 4 miles (6.5km) west of Kilmarnock. Bus from Kilmarnock, Irvine, Troon, Ayr or Glasgow. Open all year (except Christmas–New Year), Mon–Sat 0900–1730, Sun 1000–1730. Free. Gift shop. Tearoom. Garden centre. WC. Wheelchair access. Disabled WC. Car and coach parking. Telephone (01563) 830204. www.hayesgardenland.com

Garden centre with coffee lounge offering home baking.

---

897 HAZLEHEAD PARK 3 Q9

Groats Road, Aberdeen. 4 miles (6.5km) from city centre on west side of Aberdeen on B9189. Open 0800–1 hour before dusk. Free. Restaurant. WC. Wheelchair access. Disabled WC. Car and coach parking. Telephone (01224) 522734. www.aberdeencity.gov.uk

Nature trails and woodland bridle paths. Privet maze, flower gardens, rose walk, heather garden, fountain and arbours. Children's play areas, crazy golf and table tennis.

---

898 HEADS OF AYR PARK 4 H18

Dunure Road, Ayr. On the A719, 4 miles (6.5km) south of Ayr. Bus from town centre. Open daily Apr–Oct, 1000–1700. Charge ££. Charge for activities. Group concessions. Guided tours for schools. Explanatory displays. Gift shop. Snack bar barn. Garden, pets' corner. WC. Wheelchair access. Disabled WC. Car and coach parking. Telephone (01292) 441210. www.headsofayrpark.co.uk

Comprising 125 acres (50.5ha) with beautiful views over the Firth of Clyde. Animals include buffalo, wallabies, rhea and rabbits. Reptile house. Buggy rides. Trampolines, toy tractors. Quad biking. Indoor and outdoor play areas.

---

899 HEATHERGEMS — 5 L12

22 Atholl Road, Pitlochry, Perthshire. In Pitlochry, behind the Tourist Information Centre. Open Mar–Oct, daily 0900–1730; winter Mon–Sat 0900–1700. Free. Explanatory displays. Gift shop. Wheelchair access. Car parking. Telephone (01796) 474391.

A Scottish jewellery factory and visitor centre. Visitors can see products being made. Seated video area and a large shop.

---

900 HEBRIDEAN BREWING COMPANY — 2 D4

18A Bells Road, Stornoway, Isle of Lewis. Short walk from ferry terminal, bus station and town centre. Open Easter–Oct, daily 0900–1700. Free. Guided tours available by arrangement. Gift shop. WC. Wheelchair access. Disabled WC. Telephone (01851) 700123. www.hebridean-brewery.co.uk

The only brewery in the Outer Hebrides, producing cask and bottled real ales. All brewing and bottling takes place on site.

---

901 HEBRIDEAN CRUISES — 2 F10

Arisaig Harbour, Inverness-shire. On A830, 7 miles (11km) south of Mallaig. Railway station at Arisaig, 10 minute walk from harbour. Bus stop five minute walk from harbour. Open Easter–end Sep, Mon–Sat 0900–1730, Sun 0900–1300. Charge £££. Group concessions. Snacks available on all islands, hot drinks can be purchased on board. WC on all islands. Limited wheelchair access. Car and coach parking. Telephone (01687) 450224. www.arisaig.co.uk

Cruise to the idyllic islands of Eigg, Muck and Rum, with time ashore to explore. Regular close sightings of whales, dolphins, seals, otters, puffins, eagles and much more. Visit Kinloch Castle on Rum, climb the Sgurr or stroll along the 'Singing Sands' on Eigg, or explore the beauty of Rum. Something for all ages.

---

902 HEBRIDEAN JEWELLERY — 2 B8

Iochdar, South Uist, Western Isles. Located at the north end of South Uist near Benbecula. Bus service from ferry terminals. Open all year, Mon–Fri 0900–1730, Sat 0930–1730, closed Sun. Free. Gift shop. WC. Wheelchair access with assistance. Car and coach parking. Telephone (01870) 610288.

Celtic jewellery shop and workshop. Visitors can see five jewellers working with silver, gold and gemstones. Commissions undertaken.

---

903 HEBRIDEAN WHALE AND DOLPHIN TRUST — 4 E12

28 Main Street, Tobermory, Isle of Mull. In the centre of Tobermory. Bus service from Craignure ferry terminal. Open all year, Mon–Sat 1000–1700, Sun 1100–1600. Free. Guided tours on request. Explanatory displays. Gift shop. Children's corner with computer games. Wheelchair access. Car parking. Telephone (01688) 302620. www.hwdt.org

Visitor centre offering information on marine issues and local species, The trust carries out research projects (such as eco-tourism, minke whale photo ID) and education (school visits).

---

904 HERMANESS NATIONAL NATURE RESERVE VISITOR CENTRE — 1 G1

Shorestation, Burrafirth, Unst, Shetland. On the B9086, 3 miles (5km) north west of Haroldswick. Bus from Lerwick to Baltasound, Unst. Open Apr–Sep, daily 0900–1800. Free. Explanatory displays. WC. Wheelchair access with assistance. Disabled WC. Car parking. Telephone (01957) 711278 when open, otherwise (01595) 693345.

An interpretive display for the neighbouring Hermaness National Nature Reserve. Simulates the sights and sounds of the sea bird cliffs. Useful for those unable to visit the reserve.

---

905 THE HERMITAGE **5 L12**

NTS. Off A9, 2 miles (3km) west of Dunkeld, Perthshire. By bus from Perth or Dunkeld. Open all year. Free. Charge for parking. Explanatory displays. Guided walks by rangers. Disabled parking near folly. Car and coach parking. Telephone (01796) 473233 or (01350) 728641. www.nts.org.uk

Interesting walks in mixed conifer and deciduous woodland. The focus is a delightful folly, Ossian's Hall, in a gorge of the River Braan. Ranger service.

---

906 HERMITAGE CASTLE **5 P19**

HS. Hawick, Roxburghshire. In Liddesdale, Roxburghshire, 5.5 miles (9km) north east of Newcastleton. Bus service from Hawick to Hermitage School House then 1 mile (2km) walk. Open Apr–Sep, daily 0930–1830. Charge £. Group concessions. Guided tours. Gift shop. Picnic area. Car and coach parking. Telephone (01387) 376222. www.historic-scotland.gov.uk

A vast eerie ruin of the 14th and 15th centuries, consisting of four towers and connecting walls, outwardly almost perfect. Much restored in the 19th century. Associated with the de Soulis family, but with the Douglases after 1341.

---

907 HERMITAGE PARK **6 H15**

In Helensburgh town centre. Nearest railway station Helensburgh. Access at all times. Free.

Formal gardens, play area, putting green, bowling green. Features a memorial bust to John Logie Baird, the inventor of television, who was born in Helensburgh.

---

908 HEUGHHEAD FISHINGS **3 P10**

Strachan, Banchory, Aberdeenshire. On B9033, 3 miles (5km) south of Banchory. Nearest railway station at Aberdeen (18 miles/29km). Bus service to Banchory. Open Apr–Sep, Mon–Sat during daylight hours. Other times by arrangement with ghillie. Charge £££. Hire of rods, etc extra. Group concessions. Full cooking and washroom facilities available in fishing hut. Wheelchair access with assistance. Car parking. Telephone (07968) 861537. www.heughhead.co.uk

Heughhead Fishings extends to one mile (1.5km) of left bank fishing on the River Feugh. Fishing is separated into an upper and lower beat, consisting of five and four named pools respectively. Species of fish include salmon, sea trout and brown trout. The brown trout and salmon seasons run from May to September, with the months of July, August and September seeing the most salmon. Sea trout can be expected from early June onwards. A purpose-built fishing hut provides full facilities whilst retaining a character in harmony with the surrounding environment.

---

909 HIGHLAND ADVENTURE SAFARIS **3 L12**

Drumdewan Farmhouse, Dull, Aberfeldy, Perthshire. On B846, 3 miles (5km) west of Aberfeldy. Open all year, daily 0900–1700. Free entry to centre, charge from ££ for safari tours. Guided tours. Explanatory displays. Refreshments available. Audio visual experience and shop overlooking a field with grazing red deer. WC. Wheelchair access. Car parking. Telephone (01887) 820071. www.highlandadventuresafaris.co.uk

The visitor centre is the launch pad for the award-winning Highland Safaris. It also incorporates an exciting gold panning flume, where visitors can pan for indigenous semi precious gems and 'Scottish gold'.

---

910 HIGHLAND AND RARE BREEDS CROFT **3 J9**

Auchterawe Road, Fort Augustus. Footpath walk begins beside the local Tourist

Information Centre. Open Mar–Oct, daily 1000–1800. Charge £. Group concessions. Guided tours. Explanatory displays. Picnic areas. WC. Wheelchair access. Disabled WC. Car and coach parking. Telephone (01320) 366433.

Footpath walk around enclosed fields containing red deer, highland cattle, various breeds of sheep, goats, pigs, hens and pheasants, ducks and shetland ponies.

---

911 HIGHLAND AND RARE BREEDS FARM 2 H5

Elphin, Sutherland. On the A835, 15 miles (24km) north of Ullapool. Bus from Ullapool. Open May–Sep, 1000–1700. Charge ££. Children under 3 free. Group concessions. Guided tours (leaflets in five foreign languages). Explanatory displays. Gift shop. Picnic area. WC. Limited wheelchair access. Car and coach parking. Telephone (01854) 666204.

The Scottish Farm Animal Centre which has over 36 breeds of animals, ancient and modern, in 15 acres (6ha) of farmland, river and mountain scenery. A croft has been adapted for education and conservation. A working organic farm has an exhibition of farm tools, farming demonstrations, guided tours and information sheets.

---

912 HIGHLAND FOLK MUSEUM, KINGUSSIE 3 K10

Duke Street, Kingussie, Inverness-shire. In Kingussie, 12 miles (19km) south west of Aviemore off the A9. Nearest railway station Kingussie. Buses from Inverness, Perth or Edinburgh. Open Apr–Oct, telephone to confirm times. Charge £. Guided tours (Nov–Mar). Explanatory displays. Gift shop. Picnic area. Garden. WC. Wheelchair access. Disabled WC. Car and coach parking. Telephone (01540) 661307.

An open air museum, partly housed in an 18th-century shooting lodge. Features a Black House from Lewis, a clack mill and exhibits of farming equipment. Indoors, a fine display of barn, dairy, stable and an exhibition on Highland tinkers. Special features on costume, musical instruments and Highland furniture.

---

913 HIGHLAND FOLK MUSEUM, NEWTONMORE 3 K10

Aultlarie, Newtonmore, Inverness-shire. In Newtonmore off the A9, 15 miles (24km) south west of Aviemore; 65 miles (104km) north of Perth. Nearest railway station Newtonmore. Buses from Inverness, Perth or Edinburgh. Open Apr–Oct, telephone to confirm times. Charge ££. Group concessions. Explanatory displays and costumed guides. Gift shop. Café and picnic area. Children's play area. WC. Limited wheelchair access. Disabled WC. Car and coach parking.

A fascinating glimpse into 300 years of social history in the Highlands – an 18th-century farming township with turf houses authentically furnished with box beds and cruisie lamps; an early 20th-century school complete with many of its original fittings; a clockmakers workshop; curling hut and pond; and working croft.

---

914 HIGHLAND GLIDING CLUB 3 M7

Easterton Airfield, Birnie, Elgin. 4 miles (6.5km) south of Elgin. Birnie is signposted off A941. The airfield is signposted from the Birnie Inn. Nearest railway station at Elgin. Local bus service. Weather permitting, flying takes place all year, Sat and Sun; May–Aug also Wed evenings. No flying takes place in rain, poor visibility or strong crosswinds. No charge for admission or parking. Trial lesson from £££. Groups of 6–12 persons can arrange exclusive use of facilities by appointment. No catering facilities but plenty of space for picnics. WC for members and visitors only. Wheelchair access (grass surfaces, no footpaths). Car and coach parking. Telephone (01343) 860272. www.highglide.co.uk

The Highland Gliding Club welcomes visitors at all times when flying is taking place. Trial lessons with a qualified instructor in modern two-seater gliders are offered subject to availability. During a trial lesson, the student will have the opportunity to take control of the glider, but is not obliged to do so. All visitors must comply with safety instructions given by club members.

---

915 HIGHLAND HEATHERS 5 K13

Muirend, South Crieff Road, Comrie, Perthshire. On road parallel to A85, 6 miles (9.5km) west of Crieff. Local bus service stops 0.5 mile (1km) away. Open all year, daily 1000–1800 (closed Nov and Jan–Mar, Tue). Free. Car parking. Telephone (01764) 670440. www.highlandheathers.co.uk

Visitors can browse through the heather garden and walk around the working nursery. Free horticultural and design advice. More than 190 different varieties of heather available. Also conifers, shrubs, cut and dried flowers, indoor and bedding plants, free range eggs and sundries.

---

916 HIGHLAND MARY'S MONUMENT 4 J17

At Failford, on B743, 3 miles (4.5km) west of Mauchline. Access at all times. Free.

The monument commemorates the place where, it is said, Robert Burns parted from his Highland Mary, Mary Campbell. They exchanged vows, but she died the following autumn.

---

917 HIGHLAND MARY'S STATUE 6 H15

Castle gardens, near Dunoon pier. Access at all times. Car parking.

The statue of Burns' Highland Mary at the foot of the Castle Hill. Mary Campbell was born on a farm in Dunoon and exchanged vows with Burns. However, she died the following autumn and Burns went on to marry Jean Armour.

---

918 HIGHLAND MUSEUM OF CHILDHOOD 3 J7

The Old Station, Strathpeffer, Ross and Cromarty. On the A834, 5 miles (8km) west of Dingwall. Nearest railway station Dingwall, bus from Dingwall. Open Apr–Oct, Mon–Sat 1000–1700, Sun 1400–1700; Jul and Aug, closes 1900 Mon–Fri. Charge £. Group concessions. Guided tours by appointment. Explanatory displays. Gift shop. Tearoom and picnic area. WC. Tape tour for partially sighted. Wheelchair access. Car and coach parking. Telephone (01997) 421031. www.hmoc.freeserve.co.uk

Located in part of the old station, the museum tells the story of childhood in the Highlands over the last century through a fascinating doll and toy collection. Audio-visual displays and hands-on activities for children.

---

919 HIGHLAND PARK DISTILLERY 1 B10

Holm Road, Kirkwall, Orkney. 1 mile (2km) outside Kirkwall. Taxi from Kirkwall. On local bus route. Open Apr–Oct, Mon–Fri 1000–1700 (tours every half hour, last tour 1600); May–Aug also open Sat 1000–1700 and –Sun 1200–1700; Nov–Mar, Mon–Fri tour at 1400, shop open 1300–1700. Closed Christmas and New Year. Charge ££. Children under 12 free. Group concessions. Guided tours (translations in French, German and Norwegian). Explanatory displays (and audio-visual in English, French, German and Italian). Gift shop. Coffee shop. Evening use of function suite for meetings, functions or tasings. WC. Wheelchair access. Disabled WC. Car and coach parking. Telephone (01856) 874619. www.highlandpark.co.uk

A 200-year-old distillery. Visitors can tour the distillery and traditional floor maltings (still in use). Most days there is also a kiln burning. Visitor centre.

---

920 HIGHLAND STONEWARE 2 G4

Lochinver, Assynt, Sutherland. 98 miles (157km) north of Inverness. Bus service from Inverness. Open all year (except Christmas), Mon–Fri 0900–1800; Easter–Oct also Sat 0900–1700. Free. Explanatory displays (visitors can also walk around factory and speak to artists at work). Gift shop. Children's play area nearby. Wheelchair access with assistance. Car and coach parking. Telephone (01571) 844376. www.highlandstoneware.com

Highland Stoneware was formed in 1974, and has built an international reputation for quality and innovation. Visitors can watch the craftspeople at work to see the full range of making and decorating skills used in creating the unusual and distinctive pottery.

---

921 HIGHLAND WILDLIFE PARK 3 L9

Kincraig, Kingussie, Inverness-shire. On the B9152, 7 miles (11km) south of

Aviemore. Nearest railway station Kingussie. Bus from Inverness, Perth and Edinburgh. Open daily all year (weather permitting): Apr–Oct 1000–1800; Jun–Aug 1000–1900; Nov–Mar 1000–1600. Last entry two hours before closing. Charge £££ per person (reduced rates in winter). Group concessions. Guided tours. Explanatory displays. Gift shop. Coffee shop and picnic area. Baby changing facilities. Children's play area. Kennels for pets. WC. No guide dogs. Wheelchair access to visitor centre. Disabled WC. Car and coach parking. Telephone (01540) 651270. www.highlandwildlifepark.org

Visitors can discover Scottish wildlife, from native species to those creatures long extinct, and explore themed habitats on foot. Cars can be driven around the main reserve (those without a car will be driven by staff). Wolves, otters, bison, beaver, lynx, capercaillie and more. Themed special events at weekends. Managed by the Royal Zoological Society of Scotland.

---

922 HIGHLAND WINERIES 3 J8

Moniack Castle, By Inverness. Off the A862, 7 miles (11km) west of Inverness. Nearest railway station Inverness, bus from Inverness to Inchmore then 1 mile (2km) walk. Open Mar–Oct, daily (except Sun) 1000–1700; Nov–Apr 1100–1600. Charge £. Children free. Group concessions. Guided tours. Gift shop. Picnic area. WC. Limited wheelchair access. Car and coach parking. Telephone (01463) 831283.

A family business in a 16th-century castle producing country wines, liqueurs, meat and game preserves, all made by hand. Tour, tastings, video and talk by tour guide.

---

923 THE HIGHLANDERS REGIMENTAL MUSEUM (QUEEN'S OWN HIGHLANDERS COLLECTION) 3 K7

Fort George, Ardersier, Inverness. At Fort George (see 749), 14 miles (22.5km) east of Inverness. Nearest railway station Inverness, bus service from Inverness. Tour bus from Inverness. Open Apr–Sep daily, 1000–1800; Oct–Mar, Mon–Fri 1000–1600. Free. Explanatory displays. Gift shop. Refreshments nearby. WC. Limited wheelchair access. Disabled WC. Car and coach parking. Telephone (01463) 224380.

A regimental museum with collections of medals, uniforms and other items showing the history of the Queen's Own Highlanders, Seaforth Highlanders, The Queen's Own Cameron Highlanders, and Lovat Scouts.

---

924 GRISELDA HILL POTTERY 5 N14

Kirkbrae, Ceres, Cupar, Fife. 3 miles (5km) south east of Cupar. Nearest railway station Cupar. Open all year, Mon–Fri 0900–1630, Sat–Sun 1200–1700. Free. Guided tours. Explanatory displays. Visitor centre and shop. WC. Wheelchair access. Disabled WC. Car and coach parking. Telephone (01334) 828273. www.wemyss-ware.co.uk

Since 1985, the Griselda Hill pottery has revived the production of Wemyss Ware, the famous Scottish hand-painted pottery. Visit the working pottery, shop and visitor centre in the former steading of the Ceres Manse, in the heart of rural Fife.

---

925 HILL HOUSE 6 H15

NTS. Upper Colquhoun Street, Helensburgh. Off B832, 23 miles (37km) north west of Glasgow. Nearest railway station Helensburgh, then 1.5 mile (2.5km) walk. Open Apr–Oct, daily 1330–1730. Charge £££. Groups must pre-book and arrive prior to 1300. Explanatory displays. Gift and design shops. Gift shop. Tearoom. Garden. WC. Braille information sheet. Limited wheelchair access. Disabled WC. Car parking. Telephone (01436) 673900. www.nts.org.uk

Charles Rennie Mackintosh designed this house for the publisher Walter Blackie in 1904. A masterpiece of domestic architecture synthesizing traditional Scottish style with avant-garde innovation, this extraordinary building still looks modern today. Mackintosh, with his wife Margaret, also designed the interiors and most of the furniture.

---

926 HILL O' MANY STANES 3 N4

HS. At Mid Clyth, 4 miles (6.5km) north east of Lybster, Caithness. Nearest railway and bus stations Wick, bus from Inverness or Wick to Mid Clyth road end, then 1 mile (2km) walk. Access at all times. Free. Telephone (01667) 460232. www.historic-scotland.gov.uk

More than 22 rows of low slabs arranged in a slightly fan-shaped pattern, which may have formed a prehistoric astronomical observatory.

---

927 HILL OF TARVIT MANSION HOUSE AND GARDEN 5 N14

NTS. Cupar, Fife. Off A916, 2.5 miles (4km) south of Cupar. By bus to Ceres, then 1 mile (1.5km) walk. Open Apr–Jun, Sep and weekends in Oct, daily 1330–1730; Jul–Aug, daily 1100–1730. Gardens and grounds open Apr–Sep, daily 0930–2100; Oct–Mar, daily 0930–1630. Charge for house and garden ££, garden only £ (honesty box). Group concessions. Guided tours by arrangement. Explanatory displays. Information sheets in four languages. Gift shop. Tearoom and picnic area. Garden. WC. Limited wheelchair access (wheelchair available). Disabled WC. Car and coach parking. Telephone (01334) 653127. www.nts.org.uk

Fine Edwardian house designed by Sir Robert Lorimer and built in 1906 for a Dundee industrialist to provide a setting for his important collection of French, Chippendale-style and vernacular furniture. Superb paintings, including works by Raeburn and Ramsay. Formal gardens also designed by Lorimer. Restored Edwardian laundry in grounds. Woodland walk.

---

928 HILTON OF CADBOLL CHAPEL 3 L6

HS. At Hilton of Cadboll, 12 miles (19km) north east of Invergordon, Ross and Cromarty. Nearest railway station Fearn (request stop), bus service from Inverness. Access at all times. Free. Telephone (01667) 460232. www.historic-scotland.gov.uk

The foundation remains of a small rectangular chapel.

---

929 HISTORYLINKS MUSEUM 3 L6

The Meadows, Dornoch, Sutherland. On A9, 40 miles (64km) north of Inverness. Bus from Inverness or Tain (station). Open May–Sep, Mon–Sat 1000–1600. Charge £. Group concessions. Explanatory displays. Gift shop. WC. Wheelchair access. Disabled WC. Car parking. Telephone (01862) 811275. www.historylinks.org.uk

Historylinks is dedicated to the history and development of the Royal Burgh of Dornoch. Interpretive displays, historic objects and local tales give visitors a precious insight into Dornoch's past. Learn about the treachery of Picts and Vikings, feuding clans and witchcraft. See the golf professional's workshop where Donroch's Donald Ross honed his skills before designing 500 American courses. Follow the fortunes of the Dornoch railway and learn how Andrew Carnegie, the world's richest man, came to live at Skibo. Children can have fun dressing up, being 'locked' in the stocks or completing quizzes and puzzles.

---

930 HM CUSTOMS AND EXCISE MUSEUM AND EXHIBITION 6 H15

Custom House, Custom House Quay, Greenock. 25 miles (40km) west of Glasgow, two minute walk from Greenock station. Open all year (closed some bank holidays), Mon–Fri 1000–1600. Free. Guided tours. Explanatory displays. WC. Disabled WC. Car parking. Telephone (01475) 881450.

A magnificent building which has been used a customs office since its completion in 1819. The museum shows the diverse and colourful history of the organisation and highlights the great variety of work undertaken by the department.

---

931 JAMES HOGG MONUMENT 5 N18

By Ettrick, 1 mile (1.5km) west of B7009. Access at all times. Free. Car parking.

A monument on the site of the birthplace of James Hogg (1770–1835), a friend of Scott known as the Ettrick Shepherd. His grave is in the nearby church.

932 **HOLM OF PAPA WESTRAY CHAMBERED CAIRN** **1 C9**

HS. On the island of Holm of Papa Westray, Orkney. Ferry from Kirkwall to Westray, then Papa Westray, then to Holm of Papa. Access at all times. Free. Telephone (01856) 841815. www.historic-scotland.gov.uk

A massive tomb with a long narrow chamber divided into three, with 14 beehive cells opening into the walls. There are engravings on the walls.

---

933 **HOLMWOOD HOUSE** **6 K16**

NTS. 61-63 Netherlee Road, Glasgow. Off B767 in Cathcart, Glasgow. Nearest railway station Cathcart, frequent buses from Glasgow city centre. Open Apr–Oct, daily 1330–1730. Charge ££. Groups must pre-book. Group concessions. Guided tours by arrangement (audio tour in French and German). Explanatory displays. Grounds, riverside walk. WC. Induction loop. Adapted audio tour for visitors with learning difficulties. Wheelchair access. Disabled WC. Car and coach parking. Telephone 0141 637 2129. www.nts.org.uk

Alexander Greek Thomson, Glasgow's greatest Victorian architect, designed this villa for a local mill owner in 1857. Many rooms are richly ornamented in wood, plaster and marble and visitors can see in progress the restoration of Thomson's original stencilled decoration and elaborate friezes.

---

934 **HOLY TRINITY CHURCH** **6 L14**

12 Keir Street, Bridge of Allan, Stirling. 2 miles (3km) south of exit 11 on M9. Nearest railway station Bridge of Allan, then ten minute walk. Bus from Stirling. Open Jun–Sep (except during weddings), Sat 1000–1600. Free. Guided tours. Explanatory displays. Gift shop. WC. Wheelchair access. Car and coach parking. Telephone (01786) 834155.

An attractive 19th-century building with fine timbered roof and excellent stained glass windows. The chancel furnishings, consisting of pulpit, communion table, chair, organ screen and choir rail, were designed in 1904 by Charles Rennie Mackintosh in light oak and represent a unique aspect of Mackintosh's style. Four complementing chairs, gifted in 1999, and a font in light oak add modern interest.

---

935 **HOPETOUN HOUSE** **6 M15**

South Queensferry, West Lothian. 12 miles (19km) north west of Edinburgh. Nearest railway station Dalmeny, bus from Edinburgh to South Queensferry then 2 mile (3km) walk. Open end Mar–Sep, daily 1000–1730 (last entry 1630). House can be opened out of season by prior arrangement. Charge £££. No charge for admission to restaurant only. Group concessions. Guided tours. Explanatory displays. Gift shop. Restaurant, tearoom and picnic area. WC. Limited wheelchair access (many of trails in grounds are accessible by wheelchair but house accessed via steps). Disabled WC. Car and coach parking. Telephone 0131 331 2451. www.hopetounhouse.com

A gem of Europe's architectural heritage and the residence of the Marquis of Linlithgow. Set in 100 acres (40ha) of magnificent parkland on the shore of the Firth of Forth with fine views of the famous bridges. Built 1699–1707 by William Bruce and extended by William Adam from 1721. Features original furniture, carriage collection, paintings by famous artists, 17th-century tapestries, rococo ceilings and Meissen ceramics.

---

936 **HOSWICK VISITOR CENTRE** **1 G5**

Hoswick, Sandwick, Shetland. 14 miles (22.5km) south of Lerwick. Regular bus service. Open May–Sep, Mon–Sat 1000–1700, Sun 1200–1700. Free. Explanatory displays. Presentations on request. Gift shop. Tearoom. WC. Wheelchair access. Disabled WC. Car and coach parking. Telephone (01950) 431405. www.sandwick-community.co.uk

Previously a weaving shed and now an exhibition of old weaving looms and radios. The history of the area is illustrated with photographs of mining, crofting, fishing and knitting. Variety of documents on the social history of Shetland.

937 HOUSE OF DUN 3 P11

NTS. Montrose, Angus. On A935, 3 miles (5km) west of Montrose. By bus from Montrose. Open Apr–Jun, Sep and weekends in Oct, daily 1330–1730; Jul–Aug, daily 1100–1730. Garden and grounds open all year, daily 0930–sunset. Charge for house and garden £££, garden only £ (honesty box). Group concessions. Guided tours by arrangement. Explanatory displays. Gift shop. Restaurant. Adventure playground. WC. Braille information sheets, subtitled video programme. Wheelchair access with assistance (wheelchairs available). Car and coach parking. Telephone (01674) 810264. www.nts.org.uk

Beautiful Georgian house overlooking Montrose Basin, designed in 1730 by William Adam and with superb contemporary plasterwork. Home in 19th century to Lady Augusta Kennedy-Erskine, daughter of William IV and the actress Mrs Jordan. Many of her belongings remain, as well as her wool work and embroidery. Restored Victorian walled garden and attractive woodland walks.

---

938 HOUSE OF MENZIES 5 L12

Castle Menzies Farm, Aberfeldy, Perthshire. 2 miles (3km) out of Aberfeldy on B846. Nearest railway station Pitlochry, local bus service to Aberfeldy. Open May–Sep, Mon–Sat 1000–1700, Sun 1100–1700; Oct–Dec and Apr, Tue–Sat 1000–1700, Sun 1100–1700; Jan–Mar, Thu–Sat 1000–1700, Sun 1100–1700. Free. Gift shop. Licensed coffee shop with freshly made light meals and baking. Baby changing facilities. WC. Wheelchair access. Disabled WC. Car parking. Telephone (01887) 829666. www.houseofmenzies.com

Situated within an original doocot and cattle court, the House of Menzies features work by contemporary Scottish artists, potters and silversmiths, over 100 New World wines (tasting and sales area), and a wide range of Scottish delicatessan products.

---

939 HOUSE OF THE BINNS 6 M15

NTS. Linlithgow, West Lothian. Off A904, 15 miles (24km) west of Edinburgh, 3 miles (5km) east of Linlithgow. By bus from Linlithgow. Open May–Sep, daily (except Fri) 1330–1730. Charge ££. Group concessions. Guided tours. Explanatory displays. Information sheets in seven languages. Picnic area. Parkland. WC. Braille information sheets. Photo album of upper rooms available at reception. Limited wheelchair access. Disabled WC. Car and coach parking. Telephone (01506) 834255. www.nts.org.uk

Home of the Dalyell family since 1612. General Tam Dalyell raised the Royal Scots Greys here in 1681. The architecture reflects the early 17th-century transition from fortified stronghold to spacious mansion. Elaborate plaster ceilings dating from 1630. Woodland walk to panoramic viewpoint over Firth of Forth. Famous for snowdrops and daffodils in spring.

---

940 HOXA TAPESTRY GALLERY 1 B11

Neviholm, Hoxa, St Margaret's Hope, Orkney. On mainland 3 miles (5km) from St Margaret's Hope and 18 miles (29km) south of Kirkwall. Open Apr–Sep, Mon–Fri 1000–1730, Sat and Sun 1400–1800. Oct–Mar by appointment. Charge £. Studio free. Group concessions. Guided tours. Explanatory displays. Gift shop. No guide dogs. Wheelchair access with assistance. Car and coach parking. Telephone (01856) 831395. www.hoxatapestrygallery.co.uk

The gallery shows the work of Leila Thomson who weaves in the High Gobelin technique. Her theme is the life and the landscape of Orkney. Visitors can watch her weaving, view her work and purchase cards and prints of the tapestries.

---

941 HOY RSPB NATURE RESERVE 1 A11

RSPB. Hoy, Orkney. On north west side of Hoy, opposite Dwarfie Stane footpath entrance (car and coach parking at Rackwick). Ferry from Stromness to Moness Pier (Linksness), or Houton to Lyness. Reserve open at all times. Free. Explanatory displays (interpretation boards) and leaflets. Hoy ranger provides free guided walks. WC at ferry terminal and Rackwick. Telephone (01856) 791298. www.rspb.org.uk/scotland

RSPB site close to the Old Man of Hoy sea stack. Visitors will see and hear a wide range of birds, including skylarks, sea birds, peregrines and golden plovers. The site contains the highest hill in Orkney (1571 feet/479m), natural field landscapes, lochans and a healthy population of mountain hares. Also Racknier Crofting Museum, the remains of a Bronze Age settlement and Berriedale, the remnants of Britain's most northerly native woodlands. See also 587 Dwarfie Stane and 1321 Old Man of Hoy.

942 HUME CASTLE — 5 P17

Hume, Kelso, Roxburghshire. On the B6364, 6 miles (9.5km) north of Kelso. Bus from Kelso, 6 miles (9.5km). Open daily 0900–2100. Free. Explanatory displays. Car parking.

A ruined castle, destroyed by Cromwell and partially rebuilt by the Earl of Marchmont. Good views of the Tweed valley and beyond.

943 HUNTER HOUSE — 6 K16

Maxwelton Road, Calderwood, East Kilbride. 3 miles (4.5km) east of East Kilbride town centre. Nearest railway station East Kilbride, bus from town centre. Open Apr–Sep, daily 1230–1630. Free. Guided tours by arrangement. Explanatory displays with interactive computers and touch table. Gift shop. Tearoom. Soft play area. WC. Large print text. Wheelchair access. Disabled WC. Car and coach parking. Telephone (01355) 261261.

An exhibition about the lives of John and William Hunter, pioneering 18th-century medical surgeons. Audio-visual presentation on East Kilbride new town.

944 HUNTINGTOWER CASTLE — 5 M13

HS. Huntingtower, Perth. Off the A85, 3 miles (5km) north west of Perth. Nearest railway and bus stations Perth, bus from Perth. Open Apr–Sep, daily 0930–1830; Oct–Mar, Mon–Sat 0930–1630, Sun 1400–1630, closed Thu pm and Fri. Charge £. Group concessions. Guided tours. Gift shop. Picnic area. Limited wheelchair access. Car and coach parking. Telephone (01738) 627231. www.historic-scotland.gov.uk

A 15th-century castellated mansion, known as Ruthven Castle until 1600. Two fine and complete towers, now linked by a 17th-century range. There are fine painted ceilings.

945 HUNTLY NORDIC AND OUTDOOR CENTRE — 3 P8

Hill of Haugh, Huntly, Aberdeenshire. On the outskirts of Huntly by castle. Nearest railway station Huntly, bus from Aberdeen or Inverness. Open winter, Mon–Tue and Thu–Fri 1100–1600, Sat–Sun 0930–1700; telephone for summer hours. Charge ££. Group concessions. Guided tours (booking essential). Explanatory displays. Shop. Refreshments available. WC. Wheelchair access. Disabled WC. Car and coach parking. Telephone (01466) 794428. www.huntly.net/hnoc

Cross-country ski centre with year-round artificial ski track suitable for all the family. From December to April a fully serviced ski centre offers ski hire and lessons for all abilities. Fifteen miles (25km) of machine-prepared ski trails in Clashindarroch Forest, Rhynie. Current conditions available on website or answerphone. Also hire of mountain bikes and rollerskis. Self-guided or accompanied cycle tours, cycling skills courses.

946 THE HYDROPONICUM, GARDEN OF THE FUTURE — 2 G5

Achiltibuie, Ross-shire. North of Ullapool in the Coigach Peninsula. Open Easter–Sep, daily 1000–1800; also tours in Oct, Mon–Fri 1200 and 1400. Charge ££. Group concessions. Guided tours. Gift shop. Café and picnic area. Children's activities. Access to shore. WC. Wheelchair access to lower level (wheelchair provided if required). Disabled WC. Car and coach parking. Telephone (01854) 622202. www.thehydroponicum.com

A pioneering indoor garden created for the 21st century, overlooking the beautiful Summer Isles. Guided tours take visitors around modern growing houses, each with different climatic zones. Here lush, sub-tropical fruit trees, exotic flowers, scented plants, vegetables and herbs all grow without soil or pesticides.

947 THE HYNISH STORY — 4 C12

Hynish, Isle of Tiree. At Hynish village, western Tiree. Ferry from Oban, by air from Glasgow. Open May–Sep, daily. Telephone or visit website to confirm times. Admission by donation. Explanatory displays. Teas available during summer. Wheelchair access (but not to signal tower). Car parking. Telephone (01865) 311468. www.hebrideantrust.org

The exhibition tells the story of the construction of the lighthouse located 11 miles (17.5km) south west of Tiree. Skerryvore lighthouse was constructed on the infamous reef of the same name, by a team led by Alan Stevenson (uncle of Robert Louis Stevenson). The exhibition focuses on the role of Tiree, and Hynish in particular, in this great feat of Victorian engineering. A guides takes visitors up to the Signal Tower observation deck.

---

948 ICEBERG GLASSBLOWING STUDIO — 3 J8

Victoria Buildings, Drumnadrochit, Inverness-shire. In Drumnadrochit on the A82. Bus from Inverness or Fort William. Open daily summer, 1000–2100; winter, 1000–1600 (closed Mon). Free. Explanatory talk given on request. Gift shop. Wheelchair access. Car parking. Telephone (01456) 450601. www.iceberg-glass.co.uk

A glass-blowing studio manufacturing both solid and hollow glassware, mostly small delicate pieces including vases, Christmas decorations, animals, and modern jewellery. Visitors can see the manufacturing process.

---

949 INCHCAILLOCH NATURE RESERVE — 4 J14

On Inchcailloch island, Loch Lomond opposite Balmaha. Ferry from McFarlanes boatyard, Balmaha (01360) 870214. Access all year, warden service from Easter–mid Sep. Free. Charge for camping (telephone to arrange) and ferry crossing. Picnic and barbecue area at Port Bawn. Telephone for disabled access. Car and coach parking. Telephone (01786) 450362.

Protected oak woodland of European importance. The island lies on the highland boundry fault providing a great opportunity to see the distinction between lowland and highland areas of Loch Lomond. Woodland birds, deer, bluebell wood. Two miles (3km) of waymarked paths, taking visitors to a beach with picnic and barbecue facility.

---

950 INCHCOLM ABBEY — 6 M15

HS. On Inchcolm Island in the Firth of Forth. Nearest railway station Dalmeny, bus from Edinburgh. Reached by ferry (30 minutes) from South Queensferry. Open Apr–Sep, daily 0930–1830. Charge £. Additional charge for ferry. Group concessions. Guided tours. Explanatory displays. Gift shop. Picnic area. WC. Limited wheelchair access. Car and coach parking. Telephone 0131 331 4857 or (01383) 823332. www.historic-scotland.gov.uk

The ruins of an Augustinian house founded circa 1123 and including a 13th-century octagonal chapter house. The best preserved group of monastic buildings in Scotland. The island is famed for its seals, wildlife and coastal defences from two world wars.

---

951 INCHKENNETH CHAPEL — 4 E12

HS. On the island of Inch Kenneth off the west coast of the Isle of Mull, Argyll. Access at all times. Free. Telephone 0131 668 8800. www.historic-scotland.gov.uk

A simple building of a distinctive west Highland type, with good medieval monuments in the graveyard.

---

952 INCHMAHOME PRIORY — 5 K14

HS. On an island in the Lake of Mentieth, Perthshire. Access by boat from Port of Menteith, on A81, 4 miles (6.5km) east of Aberfoyle. Bus from Glasgow or Stirling to Port of Menteith, then short walk to ferry. Open Apr–Sep, daily 0930–1830. Charge ££. Group concessions. Guided tours. Gift shop. Picnic area. WC. Limited wheelchair access. Disabled WC. Car parking. Telephone (01877) 385294. www.historic-scotland.gov.uk

The beautifully situated ruins of an Augustinian monastery founded in 1238, with much 13th-century building surviving. Briefly housed Mary, Queen of Scots as an infant in 1547.

953 INNERPEFFRAY CHAPEL 5 L13

HS. Innerpeffray, Crieff. 4 miles (6.5km) south east of Crieff. Nearest railway station Perth, bus from Perth to Crieff, then bus to Innerpeffray. Car parking. Telephone 0131 668 8800. www.historic-scotland.gov.uk

A rectangular collegiate church founded in 1508. Still retains its altar and evidence of its furnishings. See also 955 Innerpeffray Library.

---

954 INNERPEFFRAY LIBRARY 5 L13

Innerpeffray, Crieff, Perthshire. On the B8062, 4 miles (6.5km) south east of Crieff. Open Mar–Oct, Mon–Wed and Fri–Sat 1000–1245 and 1400–1645, Sun 1400–1600; Nov–Feb by appointment only. Charge £. Group concessions. Guided tours. Tearoom. WC. Wheelchair access with assistance to chapel; difficult access to library. Car and coach parking. Telephone (01764) 652819.

The first lending library in Scotland, founded in 1680. A collection of 3000 titles printed between 1500 and 1800 now housed in a purpose-built library completed in 1762. Many rare and interesting volumes, including books from the library of The Great Marquis of Montrose. Adjacent collegiate chapel built in 1508, burial place of the Drummond family. See also 954 Innerpeffray Chapel.

---

955 THE INSCH CONNECTION 3 P8

Railway Station, Insch, Aberdeenshire. Open Apr–Oct, Wed and Sun 1330–1700. Opening at other times by appointment. Admission free but donations welcome. WC. Wheelchair access (entry from station platform). Telephone (01464) 821354.

A volunteer-run museum encompassing both railway and local Insch history, including a scale model of the railway, photographs, artefacts, archive material and everyday stories of how life used to be in Insch.

---

956 INSH MARSHES RSPB NATURE RESERVE 3 L10

RSPB. Insh, Kingussie, Inverness-shire. On the B970, 2 miles (3km) south of Kingussie. Nearest railway station and bus stop Kingussie. Reserve open at all times. Free, but donations welcome. Guided tours. Explanatory displays. Picnic area. Bird-watching hides and nature trails. Car and coach parking. Telephone (01540) 661518. www.rspb.org.uk/scotland

Insh Marshes is one of the most important wetlands in Europe and the best time to visit this reserve is between Nov and Jun. In spring lapwings, redshanks and curlews nest here and in winter the marshes flood, providing roosting and feeding for flocks of whooper swans and greylag geese. There are three nature trails with good views of the reserve from the B970, but due to the rocky terrain none are accessible for wheelchairs or pushcahirs. There are also two birdwatching hides.

---

957 INTERNATIONAL PURVES PUPPETS 5 M17

Biggar Puppet Theatre, Broughton Road, Biggar, South Lanarkshire. Bus from Edinburgh or Hamilton, nearest railway station Lanark. Please telephone for scheduled performances. Open Easter–Aug, Tue–Sat 1000–1630 (also Sun, Mon when performances scheduled); open all year for group bookings. Charge ££. Guided tours £ (please book). Group concessions. Guided tours (also available in French). Explanatory displays. Gift shop. Tearoom and picnic area. Play area, gardens and pets' corner. WC. Wheelchair access (telephone to confirm for theatre performances). Disabled WC. Car and coach parking. Telephone (01899) 220631. www.purvespuppets.com

A unique Victorian puppet theatre seating 100 and set in beautiful grounds. Mysterious glowing scenery, large-scale puppets, secret passages and magical starry ceiling. Regular performances in many languages for all ages. Backstage and museum tours.

---

958 INVERARAY BELL TOWER 4 G14

The Avenue, Inveraray, Argyll. In centre of town. Approach through the arches by the Argyll Hotel, then up the avenue. Nearest railway station Arrochar, bus from Glasgow or Oban. Open May–Sep, daily 1000–1300 and 1400–1700. Charge

£. Children under 5 free. Group concessions. Explanatory displays. Gift shop. Picnic area and garden. Limited wheelchair access. Car and coach parking.

This 126 feet (38.5m) high granite tower houses Scotland's finest ring of bells and the world's second-heaviest ring of ten bells. Excellent views, pleasant grounds. Opportunities to see bells and ringers in action. Recordings always available when tower open. Easy staircase to top viewing gallery in bell chamber.

---

959 INVERARAY CASTLE — 4 G14

Inveraray, Argyll. On the A83, 0.5 mile (1km) north of Inveraray. Nearest railway station Arrochar, bus from Glasgow or Oban. Open Apr, May and Oct, Mon, Thu and Sat 1000–1300 and 1400–1745, Sun 1300–1745; Jun–Sep, Mon–Sat 1000–1745, Sun 1300–1745. Charge £££. Group concessions. Guided tours (available in French and German by arrangement). Explanatory displays. Gift shop. Tearoom and picnic area. WC. Limited wheelchair access. Disabled WC. Car and coach parking. Telephone (01499) 302203. www.inveraray-castle.com

The Duke of Argyll's family, the senior branch of the Campbell Clan, moved from Loch Awe to Inveraray in the first half of the 15th century. The present building, in the style of a castle, was erected between 1745 and 1790 to replace an earlier traditional fortified keep, and marks the start of more settled times. It was designed by Roger Morris and Robert Mylne. On display are the famous collections of armour, French tapestries, fine examples of Scottish and European furniture, and a wealth of other works of art together with a genealogical display in the Clan Room. Gardens open by appointment only.

---

960 INVERARAY JAIL — 4 G14

Church Square, Inveraray, Argyll. In Inveraray centre. Nearest railway station Arrochar, bus from Glasgow or Oban. Open Apr–Oct, daily 0930–1700; Nov–Mar, daily 1000–1600 (closed Christmas Day and New Year's Day). Last entry one hour before closing. Charge £££. Group concessions. Explanatory displays (translated to French, German, Dutch and Italian). Costumed guides. Gift shop. WC. Induction loop in courtroom. Limited wheelchair access to ground floor (free of charge). Disabled WC. Telephone (01499) 302381. www.inverarayjail.co.uk

Award-winning attraction. Visitors can see a medieval punishment exhibition, listen to trials in the superb 1820 courtroom, visit the airing yards, talk with guides dressed as warders, prisoners and matron, experience life inside prison and try the crank machine, whipping table and hammocks, before comparing all this with a new exhibition *In Prison Today*.

---

961 INVERARAY MARITIME MUSEUM — 4 G14

Arctic Penguin, The Pier, Inveraray, Argyll. In Inveraray centre. Nearest railway station Arrochar, bus from Glasgow or Oban. Open all year, daily 1000–1800, closed Christmas and New Year's Day. Charge ££. Group concessions. Guided tours by prior arrangement. Explanatory displays. Gift shop. Play area. WC. Limited wheelchair access. Disabled WC. Car and coach parking. Telephone (01499) 302213.

A fascinating collection of maritime displays, memorabilia, archive film and entertaining hands-on activities on board one of the last iron ships built (1911). Graphic tableaux in the hold depict the hardships suffered on emigrant ships during the Highland clearances. Inveraray was the birthplace of Neil Munro, author of the *Para Handy* stories. Scotland's last working Clyde Puffer (a small cargo vessel) takes visitors on a short cruise of Loch Fyne.

---

962 INVERARAY WOOLLEN MILL — 4 G14

The Anvil, Inveraray, Argyll. Off the A83. Nearest railway station Arrochar, bus from Glasgow or Oban. Open all year, daily summer 0900–1700; spring and autumn 1000–1730; winter 1000–1700. Free. Explanatory displays. Gift shop. Coffee shop. WC. Limited wheelchair access. Car and coach parking. Telephone (01499) 302166. www.ewm.co.uk

Situated in an old blacksmith's shop dating back to 1787, the mill shop has a wide selection of quality knitwear, clothing accessories and gifts.

963 INVERBEG GALLERIES **4 J14**

Inverbeg, Loch Lomond. At Inverbeg on the A82, 3 miles (5km) north of Luss. Bus from Glasgow. Open daily all year (except Christmas Day), 1000–1800, closed Thu pm. Free. Guided tours. Explanatory displays. Gift shop. Wheelchair access with assistance. Car and coach parking. Telephone (01436) 860277. www.visit-lochlomond.com/inverbeggalleries

An internationally renowned art gallery with one of the largest selections of oil and watercolour paintings and prints in the UK.

964 INVERESK LODGE GARDEN **6 N15**

NTS. Inveresk Village, Musselburgh, East Lothian. On A6124, just south of Musselburgh. By bus from Edinburgh or Musselburgh. Open Apr–Oct, Mon–Fri 1000–1800, Sat–Sun 1200–1800; Nov–Mar, Mon–Fri 1000–1630, Sun 1400–1700. Charge £. Group concessions. Explanatory displays. WC. Wheelchair access with assistance. Disabled WC. Car and coach parking. Telephone (01721) 722502. www.nts.org.uk

Attractive terraced garden in historic village of Inveresk. Excellent range of roses and shrubs and a beautiful display of colour in autumn. The peaceful atmosphere of a secret garden, yet very accessible from the centre of Edinburgh.

965 INVEREWE GARDEN **2 F6**

NTS. Poolewe, Ross and Cromarty. On A832, 6 miles (10km) north east of Gairloch. Infrequent bus from Inverness. Visitor centre open mid Mar–Oct, daily 0930–1730; closed in winter. Garden open mid Mar–Oct daily 0930–2100; Nov–mid Mar, daily 0930–1700. Charge ££. Group concessions. Explanatory displays. Guidebook in French and German, text in four languages. Gift shop. Restaurant. Guided garden walks mid Apr-mid Sep, Mon-Fri 1330. Plant sales. WC. Guide dogs only. Wheelchair access (wheelchairs available). Disabled WC. Car and coach parking. Telephone (01445) 781200. www.nts.org.uk

A world-famous garden created from a once-barren peninsula on the shore of Loch Ewe by Victorian gardener Osgood Mackenzie. Exotic plants from many countries flourish here in the mild climate created by the North Atlantic Drift. Spectacular lochside setting among pinewoods, with superb views.

966 INVERKEITHING MUSEUM **6 M15**

The Friary, Queen Street, Inverkeithing, Fife. In Inverkeithing, 1 mile (2km) from north end of the Forth Road Bridge. Nearest railway station Inverkeithing, then ten minute walk. Bus from Edinburgh or Dunfermline. Open all year, Thu–Sun 1100–1230 and 1300–1600. Free. Explanatory displays. Car parking. Telephone (01383) 313594.

Local history of Inverkeithing and Rosyth. Small display on Admiral Greig, founder of the Russian navy.

967 INVERLOCHY CASTLE **2 H11**

HS. 2 miles (3km) north east of Fort William, Inverness-shire. Nearest railway and bus stations Fort William, bus from Fort William, request stop. Limited access due to major consolidation work (telephone for details) – view exterior only. Car parking. Telephone 0131 668 8800. www.historic-scotland.gov.uk

A fine well-preserved 13th-century castle of the Comyn family in the form of a square with round towers at the corners. The largest tower was the donjon or keep.

968 INVERNESS AQUADOME AND SPORTS CENTRE **3 K8**

Bught Park, Inverness. 1 mile (1.5km) west of Inverness town centre off the A82. Nearest railway and bus stations Inverness. Open all year except 25–26 Dec and 1–2 Jan. Charge ££. Children under 18 months free, reduced rates for under 4s. Group concessions. Guided tours. Cafés. WC. Wheelchair access. Disabled WC. Car and coach parking. Telephone (01463) 667500.

The Aquadome has a wide variety of activities from high tech fitness gym, dance studio and classes, basketball to badminton, children's camps, coaching and athletics stadium, 8-line (25m) competition pool, leisure waters with wave pool, flumes, outdoor pool, river and kiddies pool. Also beauty salon, sun beds, sauna, steam room and spa pool. Indoor climbing centre.

---

969 INVERNESS, CALEDONIAN CANAL **3 K8**

Canal Office, Seaport Marina, Muirtown Wharf, Inverness. Access at all times. Free. Limited wheelchair access – contact office for details. Car parking. Telephone (01463) 233140. www.scottishcanals.co.uk

Designed by Thomas Telford and completed in 1822, the Caledonian Canal links the lochs of the Great Glen (Loch Lochy, Loch Oich and Loch Ness). It provides a coast to coast shortcut between Corpach near Fort William and Clachnaharry at Inverness. The canal has been described as the most beautiful in Europe – the spectacular Highland scenery of lochs, mountains and glens is unusual for a canal. A wide variety of craft use the canal throughout the year and can usually be seen at close quarters as they pass through locks and bridges. There are a number of pleasure cruises available on the canal and small boats are available for hire. See also 287 Caledonian Canal Heritage Centre, 975 Jacobite Cruises and 1287 Neptune's Staircase.

---

970 INVERNESS CATHEDRAL **3 K8**

11 Kenneth Street, Inverness. On the west bank of the River Ness, below Ness Bridge, ten minute walk from railway and bus stations. Open daily 0830–1800. Explanatory displays and guide books. Gift shop. Tearoom (and other facilities) open May-Sep, Mon-Sat 1030-1530. WC. Induction loop. Car parking. Telephone 01463 225553/07080 651456. www.invernesscathedral.co.uk

The cathedral church of the Diocese of Moray, Ross and Caithness, the first new cathedral to be completed in Britain since the Reformation. Built 1866–69 in the Gothic style to the design of Alexander Ross. Features twin towers with a ring of ten bells, octagonal chapter house, monolithic pillars of polished Peterhead granite, stained glass, sculpture, carved reredos, angel font after Thorvaldsen (Copenhagen), founder's memorial, icons presented by the Tsar of Russia. In beautiful riverside setting.

---

971 INVERNESS, CHISHOLMS HIGHLAND DRESS **3 K8**

47-51 Castle Street, Inverness. Inverness town centre. Ten minute walk from railway and bus stations. Open all year, Mon–Sat 0900–1730 and 0700–2100 during summer. Free. Guided tours by request. Explanatory displays. Gift shop. Limited wheelchair access. Telephone (01463) 234599.

Display of kilt-making and of Scottish Highland dress. There are also models in Highland dress and uniforms from 1745 to the present day. Tartans, swords and other weapons on show.

---

972 INVERNESS CITY SIGHTSEEING OPEN TOP TOUR **3 K8**

City Sightseeing, Inverness Railway Station, Academy Street, Inverness. Tour pick-up point outside Inverness Tourist Information Centre. Tours run end May–end Sep, daily. Charges from ££. Group concessions. Taped commentary around Inverness. Fully-guided tours of other attractions. Wheelchair access with assistance. Telephone 01463 224000 or 01789 298866.

Open top bus tours around the city of Inverness, Culloden battlefield, Cawdor Castle and Fort George – explore Inverness or visit all of these attractions.

---

973 INVERNESS, DISCOVER LOCH NESS **3 K8**

Trips depart from Inverness Tourist Information Centre, Castle Wynd, Inverness. Train and bus stations nearby. Trips run all year, daily, departing at 1030 (summer additional trip at 1530, winter 1430). Half day trip returns at 1515, all day trip returns 1740. Telephone to confirm. Booking advisable. Charges vary according to trip. Group concessions. Guides have expert knowledge of local history, heritage and natural history. Short video shown on bus. Gift shop. Refreshments available at attractions visited. WC at visitor attractions and on boats. No dogs. Car parking. Telephone freephone 0800 7315564. www.discoverlochness.com

Various tours of Loch Ness and the surrounding area, featuring a boat trip on the loch and visits to Urquhart Castle and Loch Ness 2000. As well as information on the Loch Ness mystery, the trips give visitors an insight in the natural history, culture and people of the area.

---

974 **INVERNESS, FLORAL HALL AND COFFEE SHOP** **3 K8**

Bught Lane, Inverness. In Bught Park, off the A82, 1.5 miles (2.5km) from city centre. Open Apr–Oct, Mon–Sun 1000–1830; Nov–Mar, daily 1000–1600 (closed Christmas–New Year). Charge £. Children 12 and under free. Guided tours. Explanatory displays. Coffee shop with home baking. WC. Gardening feature containing sensory and tactile plant material. Wheelchair access. Disabled WC. Car and coach parking. Telephone (01463) 222755. www.invernessfloralhall.com

An award-winning subtropical indoor oasis landscaped with a wonderful array of exotic plants and cacti. Children will be fascinated by the friendly koi carp which swim in the pond below the cascading waterfall. Attractive outdoor display garden.

---

975 **INVERNESS, JACOBITE CRUISES** **3 K8**

Tomnahurich Bridge, Glenurquhart Road, Inverness. 1 mile (1.5km) west of Inverness town centre on the A82. On local bus route. Tours and cruises Apr–Dec, daily at various times. Please telephone or visit website. Charge £££. Group concessions. Commentary in Dutch, French, German, Italian, Japanese and Spanish. Licensed snack bar on board. WC. Wheelchair access for round trip cruises (toilets down eight steps); difficult access for combined cruise and coach tours. Car and coach parking. Telephone (01463) 233999. www.jacobitecruises.co.uk

Coach and cruise tours around Inverness and on and around Loch Ness, with the option to visit places of interest. Enjoy dramatic scenery along the way. Tours start from 1 hour cruise, up to all day trips. See also 969 Caledonian Canal, 1697 Urquhart Castle, 1138 Loch Ness 2000.

---

976 **INVERNESS, MORAY FIRTH DOLPHIN CRUISES** **3 K8**

Shore Street Quay, Shore Street, Inverness. Ten minute walk from town centre at harbour. Free bus service from Tourist Information Centre departs 15 minutes before each cruise. Open Mar–Oct, 0900–1800, telephone for times of cruises. Charge £££. Children under 3 free. Group concessions on application. Guided tours. Explanatory displays. Gift shop. Refreshments. WC. Telephone re disabled access. Car and coach parking. Telephone (01463) 717900. www.netmedia.co.uk/users/dolphins

The Moray Firth dolphins are the largest resident population in Britain. Moray Firth Dolphin Cruises operate the *M.V. Miss Serenity*, which will carry 90 passengers in comfort. The company participates in the International Dolphin Watch programme. A good opportunity to see common and grey seals, porpoise, minke whales, terns, gannets, razor bills, kittiwakes and ospreys.

---

977 **INVERNESS MUSEUM AND ART GALLERY** **3 K8**

Castle Wynd, Inverness. In Inverness centre. Inverness railway and bus stations five minute walk. Local bus stops nearby. Open all year (except public holidays), Mon–Sat 0900–1700. Free. Gift shop. Coffee shop. WC. Limited wheelchair access. Telephone (01463) 237114.

Displays of natural and human history of Inverness and the Highlands. Exhibition of Highland and Inverness silver, weapons and musical instruments. Temporary exhibitions and events.

---

978 **INVERNESS, JAMES PRINGLE WEAVERS** **3 K8**

Holm Mills, Dores Road, Inverness. On the B862, 1.5 miles (2.5km) south west of Inverness. Nearest railway station Inverness, bus from Inverness. Open daily, Jan–Feb 1000–1700; Mar–Oct 0900–1730; Nov–Dec 0900–1700. Free. Guided tours of weaving factory. Explanatory displays. Gift shop. Restaurant. WC. Wheelchair access with assistance. Disabled WC. Car and coach parking. Telephone (01463) 223311. www.ewm.co.uk

Tartan is woven in an original mill dating back to 1798. Weave your own piece of tartan. Also cashmere, lambswool, tweeds, whisky and golf equipment.

---

979 INVERNESS, RIVERSIDE GALLERY 3 K8

11 Bank Street, Inverness. In Inverness town centre by the River Ness. Open all year, Mon–Fri 0900–1730, Sat 0930–1630. Free. Limited wheelchair access. Car parking. Telephone (01463) 224781. www.riversidegallery.info

Original paintings and prints by local artists. Scottish landscapes, sporting, natural history and still life are all featured.

---

980 INVERNESS, SCOTTISH KILTMAKER VISITOR CENTRE 3 K8

Hector Russell Kiltmaker, 4-9 Huntly Street, Inverness. In the centre of Inverness. Open May–Sep, Mon–Sat 0900–2100, Sun 1000–1700; Oct–May, Mon–Sat 0900–1700. Charge £. Group concessions. Guided tours (leaflet in French). Explanatory displays. Gift shop. Coach parking. Telephone (01463) 222781. www.hectorrussell.com

Scotland's only visitor attraction devoted to the kilt. You can learn all about its history and development, its tradition and culture, as well as how it is worn today. Audio-visual, costume and tartan displays create a colourful, authentic and memorable experience. You can also see kilts being made in the world's largest kiltmaking workshop.

---

981 INVERNESS, SCOTTISH SHOWTIME 3 K8

Spectrum Centre, 1 Margaret Street, Inverness. In city centre beside bus station, close to railway station. Jun–Jul, Mon–Thu and Aug–Sep, Mon–Fri 2030–2230. Charge £££. Group concessions. Refreshments available. WC. Priority seating for deaf and blind. Wheelchair access. Disabled WC. Car parking. Telephone (01349) 830930. www.scottishshowtime.com

An award-winning family show. This professional production, which has been running for over 30 years, is a fast moving and colourful spectacle – a blend of a typical Highland ceilidh and a Scottish evening, including traditional song, dance and music.

---

982 INVERSNAID RSPB NATURE RESERVE 4 J14

RSPB. By Aberfoyle, Stirlingshire. 15 miles (24km) west of Aberfoyle at end of B829 and an unclassified road. Nearest railway station at Stirling (35 miles/56km). Post bus from Aberfoyle and minibuses from Callander and Aberfoyle. Bus stop at Inversnaid Hotel is 0.5 mile (1km) from reserve. Reserve open at all times. Free. WC Mar–Oct only. Nature trail. Car and coach parking. Telephone 0141 331 0993. www.rspb.org.uk/scotland

Inversnaid is set on the east shore of Loch Lomond. The woodland rises steeply from the shores of the loch and then gives way to open moorland. In the summer, pied flycatchers and redstarts breed here, along with resident birds. Buzzards nest on the crags in the wood and black grouse can sometimes be seen on the moorland.

---

983 IONA 4 D13

NTS. Argyll. An island off the south west tip of the Isle of Mull. Car and coach parking at Fionnphort. By ferry from Oban to Craignure, bus from Craignure to Fionnphort, by ferry to Iona. Day tours from Oban in summer. Open all year. Free. Explanatory displays. Gift shop. Coffee shop at Abbey (not NTS). WC. Limited wheelchair access. Telephone Telephone NTS Regional Office (01631) 570000. www.nts.org.uk

The island where Columba began to spread the gospel in 563 AD. Superb long sandy beaches and turquoise seas. Unrivalled views.

---

984 IONA ABBEY 4 D13

HS. Isle of Iona, Argyll. On an island off the south west tip of the Isle of Mull.

Car and coach parking at Fionnphort. By ferry from Oban to Craignure, bus from Craignure to Fionnphort, by ferry to Iona. Day tours from Oban in summer. Open all year. Charge £. Group concessions. Guided tours. Explanatory displays. Gift shop. WC. Induction loop for services. Limited wheelchair access. Telephone (01681) 700512. www.historic-scotland.gov.uk

Iona's wealth of historical and religious attractions and artefacts include the abbey church and cloisters, St Columba's shrine, the site of St Columba's writing cell and a superb collection of over 180 medieval carved stones. In the graveyard many early Scottish kings and chiefs are buried alongside monks. Nearby are the remains of the 13th-century nunnery.

---

985 IRON FAIRY AT KELTNEYBURN SMITHY — 5 K12

Keltneyburn Smithy, By Aberfeldy, Perthshire. 5 miles (8km) west of Aberfeldy. Take B846 and follow signpost for Fortingall. Keltneyburn is 0.25 mile (0.5km) along this road. Open all year, Mon–Fri 0900–1700; Apr–Oct, also Sat–Sun 1000–1600; weekends in winter by arrangement. Free. Gift shop. Wheelchair access. Car and coach parking. Telephone (01887) 830267. www.ironfairy.co.uk

A family-run traditional smithy. As well as traditional blacksmithing, the family produce contemporary sculpture, furniture and gifts. The bothy showroom contains the handcrafted designs. Larger sculptures can be seen outside, around the car park.

---

986 ISLAND ENCOUNTER, WILDLIFE/BIRDWATCH SAFARIS — 4 E12

c/o Arla Beag Cottage, Arle, Aros, Isle of Mull. Ferry from Oban to Craignure; visitors collected from ferry and other locations on Mull by arrangement. Open Mar–Oct, daily 1030–1700. Charge £££. Group concessions. Guided tours. Picnic lunch provided. Limited wheelchair access. Telephone (01680) 300441.

Island Encounter wildlife/birdwatch safaris offer whole day trips for visitors wishing to see and experience wildlife and birds in areas of the island not usually visited. Binoculars, telescopes and lunch provided. Otters and eagles a priority.

---

987 ISLAY WOOLLEN MILL — 4 D16

Bridgend, Islay. On the Askaig Road, 1 mile (2km) from Bridgend. Open all year, Mon–Sat 1000–1700. Closed Christmas and New Year. Free. Guided tours. Explanatory displays. Gift shop. Picnic area. WC. Car and coach parking. Telephone (01496) 810563.

An early Victorian mill containing a tweed and woollen factory which produces tartan including all the tartans used in the films *Braveheart* and *Rob Roy*. Also a shop.

---

988 ISLE OF ARRAN DISTILLERY VISITOR CENTRE — 4 G17

Lochranza, Isle of Arran. 14 miles (22.5km) north of Brodick. By ferry to Brodick and then by courtesy bus. Open mid Mar–end Oct daily, 1000–1800. Winter, telephone to confirm times. Charge ££. Children under 12 free. Group concessions. Guided tours. Explanatory displays. Gift shop. Restaurant and picnic area. Gardens. WC. Induction loop for audio-visual programme. Wheelchair access with assistance. Disabled WC. Car and coach parking. Telephone (01770) 830264. www.arranwhisky.com

This is the newest single malt whisky distillery in Scotland, and has been in production since August 1995. Tours explain how whisky is made. The visitor centre has interactive displays and a short film illustrating whisky production on Arran over the last 150 years. Audio-visual room set in mock 18th-century crofter's inn. Shop sells local goods and whisky products.

---

989 ISLE OF ARRAN HERITAGE MUSEUM — 4 G17

Rosaburn, Brodick, Isle of Arran. 1.5 miles (2.5km) north of Brodick Pier. Bus from Brodick Pier. Open Easter–Oct daily, 1030–1630. Charge £. Children under 5 free. Group concessions. Guided tours. Explanatory displays. Gift shop. Tearoom and picnic area. Garden, children's play area. WC. Wheelchair access. Disabled WC. Car and coach parking. Telephone (01770) 302636. www.arranmuseum.co.uk

An original 18th-century croft farm with smiddy, cottage, coach house and stables. Extensive garden and special display area which is changed annually. Exhibits on shipping, geology, archaeology and local history.

---

990 ISLE OF BUTE DISCOVERY CENTRE 4 G16

Victoria Street, Rothesay, Isle of Bute. On Rothesay seafront, close to ferry and bus terminal. Open Apr–Oct, Mon–Fri 0900–1700 (Jul and Aug closes 1800), Sat–Sun 1000–1700; Nov–Mar, Mon–Fri 0900–1700, Sat and Sun 1000–1600. Free. Explanatory displays. Gift shop. Bistro with panoramic views over Rothesay Bay. WC. Wheelchair access. Disabled WC. Telephone (08707) 200619. www.visitbute.com

Housed in Rothesay's famous 1924 Winter Garden, now fully restored to its former glory, this exciting award-winning centre is a must see for all visitors to the beautiful island of Bute. A unique multi-media exhibition showcases the island's many attractions, and includes fascinating film footage of bygone Bute, and the island today. Genealogy Centre helps visitors trace their local family roots. Discovery Theatre features all the latest film releases. Also comprehensive and friendly Tourist Information Centre.

---

991 ISLE OF ISLAY NATURAL HISTORY TRUST 4 D16

Islay Wildlife Information Centre, Port Charlotte, Isle of Islay. Below the youth hostel in Port Charlotte. Local bus service. Open Easter–Oct, Sun–Fri 1000–1500; Jul–Aug open daily, 1000–1700; Nov–Easter by arrangement. Charge £. Children under 5 free. Tickets valid for 1 week. Group concessions. Explanatory displays. Gift shop. Children's room, activities. WC. Wheelchair access. Disabled WC. Car parking. Telephone (01496) 850288.

The Wildlife Information Centre has displays on all aspects of Islay's wildlife and landscape, as well as an extensive reference library, a children's room and a laboratory where children and adults can try a number of hands-on activities such as dissecting owl pellets and making seaweed pictures. Family activity sessions during July and August.

---

992 ISLE OF JURA DISTILLERY 4 E16

Craighouse, Isle of Jura, Argyll. By ferry from Islay. Open by arrangement. Free. Guided tours. Gift shop. Limited wheelchair access. Disabled WC. Car and coach parking. Telephone (01496) 820240. www.isleofjura.com

A distillery built in 1810 on a site where illegal distillation occurred for almost 300 years.

---

993 ISLE OF MAY NATIONAL NATURE RESERVE 5 P14

6 miles (10km) south east of Anstruther in the East Neuk of Fife. Can only be accessed by boat – boat trips depart from Anstruther. Island open to visitors Apr–Sep. Free entry to nature reserve; charge for boat trip. Easy walking over two main paths. No dogs. WC. Wheelchair access with assistance (limited to visitor centre and road to top of island which is steep and uneven). Disabled WC. Telephone (07770) 950430. www.snh.org.uk

The Isle of May is a haven for thousands of nesting sea birds which flourish on the steep sea cliffs and rocky shores and supports one of the largest grey seal colonies in north east Britain. A 7th-century chapel is close to the visitor centre and has its own interpretation boards. Other features include two lighthouses. All visitors met by warden who will give information on what to see and can answer questions. See 56 Anstruther Pleasure Trips to the Isle of May.

---

994 ISLE OF MULL LANDROVER WILDLIFE EXPEDITIONS 4 E12

Torr Buan, Ulva Ferry, Isle of Mull, Argyll. Tours run all year. Charge £££. Charge includes refreshments and lunch. Group concessions. Guided tours. Explanatory displays. No guide dogs. Car parking. Telephone (01688) 500121. www.scotlandwildlife.com

Explore Mull's wildlife and the island's immensely varied habitats, guided by a Hebridean wildlife expert. Visitors usually see otters, sea eagles, golden eagles, seals, deer, porpoises etc.

995 ISLE OF MULL MUSEUM 4 E12

Main Street, Tobermory, Isle of Mull. Main Street, Tobermory, Isle of Mull. By ferry from Oban to Craignure, bus from Craignure. Open Easter–Oct, Mon–Fri 1000–1600, Sat 1000–1300. Charge £. Explanatory displays. Wheelchair access.

An exhibition of items, facts and photo's of Mull's history.

---

996 ISLE OF SKYE FALCONRY 2 D7

Kirklee, Kensaleyre, Portree, Isle of Skye. On A87, 5 miles (8km) north of Portree. Nearest railway station at Kyle of Lochalsh, bus station at Portree. Open all year (except Christmas Day), daily. Booking essential. Charges vary. Telephone or visit website for details. Car parking. Telephone (01470) 532489. www.isleofskye-falconry.co.uk

Award-winning falconry. Visitors can see and handle birds from around the world in a closely supervised environment. Bird of prey displays, hawk walks, bird of prey introduction, management and children's courses. Also hunting days (Oct–Mar only).

---

997 ISLE OF ULVA BOATHOUSE VISITOR CENTRE 4 E12

Isle of Ulva. On the north west side of Mull; from Salen take B8035 then B8073 to Ulva Ferry. Post bus service. Open Apr–Oct, Mon–Fri; Jun–Aug also Sun. Charge ££. Charge £ for mountain bikes. Group concessions by arrangement. Explanatory displays. Gift shop. Tearoom/oyster bar. Waymarked walks. WC. Limited wheelchair access. Car parking. Telephone (01688) 500264. www.ulva.mull.com

Provides information on the history of Ulva and also the local natural history. Five waymarked walking trails. See also 998 Sheila's Cottage.

---

998 ISLE OF ULVA, SHEILA'S COTTAGE 4 E12

Isle of Ulva. On the north west side of Mull. From Salen take B8035 then B8073 to Ulva Ferry. Post bus service. Open Apr–Oct, Mon–Fri; Jun–Aug also Sun. Charge ££. Limited wheelchair access. Car parking. Telephone (01688) 500264 or 500241. www.ulva.mull.com

A faithful reconstruction of a traditional thatched croft house which was home to Sheila MacFadyen in the early 19th century. Also a display depicting the fascinating history of Ulva, from Mesolithic man to the present day. See also 997 Isle of Ulva Boathouse Visitor Centre.

---

999 ISLESBURGH EXHIBITION 1 G5

King Harald Street, Lerwick, Shetland. In Lerwick town centre, within walking distance from harbour and bus station. Jun–early Sep, Mon and Wed 1900–2130. Charge £. Tea and coffee and Shetland bannocks with home made jam sold for supper. Car and coach parking. Telephone (01595) 692114. www.islesburgh.org.uk

A popular annual exhibition that has been held since 1947 to preserve and promote the traditional and contemporary arts and culture of Shetland. Locally produced knitwear and the work of local artists and craftspeople is for sale and on display. Also a reconstruction of a 1920s crofthouse, occasional film shows, fiddle music and Shetland dancing displays and archive and present-day photographs

---

1000 ITALIAN CHAPEL 1 C11

Lambholm, Orkney. On mainland at St Mary's, 7 miles (11km) south of Kirkwall. Bus from Kirkwall. Open daily all year in daylight. Admission by donation. Booklets in English and Italian. Wheelchair access. Car and coach parking. Telephone (01856) 781268.

Two Nissen huts transformed into a chapel by Italian prisoners of War.

1001 JARLSHOF PREHISTORIC AND NORSE SETTLEMENT 1 G6

HS. Sumburgh, Shetland. On the A970 at Sumburgh Head, 22 miles (35km) south of Lerwick. Bus from Lerwick. Open Apr–Sep, daily 0930–1830. Charge £. Group concessions. Guided tours. Explanatory displays and visitor centre.

Gift shop. WC. Limited wheelchair access. Car and coach parking. Telephone (01950) 460112. www.historic-scotland.gov.uk

An extraordinarily important site with a complex of ancient settlements within 3 acres (1.2ha). The oldest is a Bronze Age village of oval stone huts. Above this there is an Iron Age broch and wheelhouses, and even higher still an entire Viking settlement. On the crest of the mount is a house built around 1600. The displays explain Iron Age life and the history of the site.

1002 JEDBURGH ABBEY — 5 P18

HS. Abbey Bridgened, Jedburgh. Off the A68 in Jedburgh. Bus service from Edinburgh, Kelso and Galashiels. Open Apr–Sep, daily 0930–1830; Oct–Mar, Mon–Sat 0930–1630, Sun 1400–1630. Charge ££. Group concessions. Guided tours. Explanatory displays and visitor centre. Gift shop. Tearoom and picnic area. WC. Limited wheelchair access. Disabled WC. Car and coach parking. Telephone (01835) 863925. www.historic-scotland.gov.uk

One of the Border abbeys founded by David I circa 1138 for Augustinian canons. The remarkably complete church is mostly Romanesque and early Gothic. The west front has a fine rose window and there is a richly carved Norman doorway. The remains of the cloisters have recently been uncovered and finds from the excavations are displayed. Exhibition of life in the monastery.

1003 JEDBURGH CASTLE JAIL AND MUSEUM — 5 P18

Castle Gate, Jedburgh. In Jedburgh. Nearest railway station Edinburgh or Carlisle, bus from Edinburgh or Carlisle. Open Mon–Sat 1000–1630, Sun 1300–1600. Charge £. Group concessions. Guided tours by arrangement. Explanatory displays. Gift shop. Picnic area. Baby changing facilities. WC. Limited wheelchair access. Disabled WC. Car and coach parking. Telephone (01835) 863254.

A refurbished reform prison dating from 1824. Designed by Archibald Elliot to principles advocated by the prison reformer John Howard. Displays in the Jailer's House provide an insight into the development of the Royal Burgh of Jedburgh, while the history of the jail is told in the two adjoining cell blocks. One of the few remaining examples of a Howard reform prison in Britain.

1004 JEDFOREST DEER AND FARM PARK — 5 P18

Mervinslaw Estate, Camptown, Jedburgh. On the A68, 5 miles (8km) south of Jedburgh. Open Easter–Aug, daily 1000–1730; Sep–Oct 1100–1630. Charge ££. Group concessions. Guided tours. Explanatory displays. Gift shop. Tearoom, picnic and barbecue area. Children's play area. WC. Limited wheelchair access. Disabled WC. Car and coach parking. Telephone (01835) 840364.

A Borders working farm with sheep, suckler cows, and red deer. Large display of rare breeds, including sheep, cattle, pigs, goats, poultry and waterfowl. Old and new breeds are compared. Emphasis on physical contact with animals and involvement with farm activities. Display with written and pictorial information. Daily bulletin board, coded walks, adventure land, conservation and wet areas. Birds of prey with daily displays, hawk walks and tuition. Educational resources material and guide book. Ranger-led walks and activities. Crazy golf. Range of scenic, dedicated dog walks open all year at no charge.

1005 JERDAN GALLERY — 5 P14

42 Marketgate South, Crail, Fife. On A917, 4 miles (6.5km) from Anstruther, 10 miles (16km) from St Andrews. Local bus route from Leven to Dundee passes Crail. Telephone to confirm opening times. Free. Limited wheelchair access. Car and coach parking. Telephone (01333) 450797. www.thejerdangallery.co.uk

Changing exhibitions and gallery artists, jewellery and glass. Attractive gallery garden contains sculptures and works of art.

1006 JOHN O' GROATS — 3 N2

Caithness. Bus from Wick or Thurso. Tourist office. Gift shop. Refreshments. WC. Car and coach parking.

John O' Groats claims to be the most northerly point of mainland Scotland, but in fact Dunnet Head, to the west, is. Named after Jan de Groot, a Dutch ferryman who settled there in the 16th century. A few miles further east is Duncansby Head (see 545).

1007 JOHN O' GROATS FERRIES **3 N2**

Ferry Office, John O'Groats, Caithness. Bus from Wick or Thurso. Office open all year, daily 0800–1800. Wildlife cruises Jun–Aug, daily at 1430. Day trips to Orkney, May–Sep, daily at 0900. Charges vary depending on tour. Group concessions. Refreshments available in John O' Groats and on Orkney. WC. Wheelchair access with assistance. Car and coach parking. Telephone (01955) 611353. www.jogferry.co.uk

Wildlife cruises in a comfortable 250-passenger boat with easy gangway access. Visitors can see gannets, skuas, fulmars, seals, porpoises and even the occasional whale. Also puffins, razorbills, kittiwakes and guillemots. Day trips to Orkney give visitors a full tour of the island in the company of a local driver.

1008 JOHN O' GROATS KNITWEAR **3 N2**

County Road, John O'Groats, Caithness. Bus from Wick or Thurso. Open all year, daily, Jan–Mar and Oct–Dec 1000–1630; Apr–May 1000–1700; Jun–Sep 0900–1800. Free. Gift shop. WC. Wheelchair access. Car and coach parking. Telephone (01955) 611326. www.ewm.co.uk

A superb selection of quality knitwear, clothing, accessories and souvenirs in the unique location of mainland Britain's most northerly village.

1009 ELMA JOHNSON'S ISLAND TRAILS **1 G5**

Tourist Information Centre, Market Cross, Lerwick, Shetland. Regular tours at various times between May and September. Charge £££. Car parking. Telephone (01595) 693434. www.visitshetland.com

Guided tours offering peoples' stories, rather than architectural tours, including Shetland's oldest streets, smugglers and press gangs, a Shetland croft and traditional Shetland entertainment. Customised tours also offered.

1010 JOHN PAUL JONES COTTAGE MUSEUM **5 L20**

Arbigland, Kirkbean, Dumfries. Off the A710, 14 miles (22.5km) south of Dumfries. Nearest railway station Dumfries, bus from Dumfries to Kirkbean then 1 mile walk. Open Apr–Jun and Sep, Tue–Sun 1000–1700; Jul–Aug same hours but also open Mon. Charge £. Group concessions. Guided tours. Audio-visual displays. Gift shop. WC. Wheelchair access. Disabled WC. Car and coach parking. Telephone (01387) 880613. www.jpj.demon.co.uk

Based around the cottage in which John Paul Jones, the Father of the American Navy, spent his first 13 years before becoming an apprentice in the merchant navy. The original building has been restored to the style of a gardener's cottage of the 1740s, with period furnishings, a replica of the cabin of the *Bonhomme Richard*, and a room containing a model of John Paul Jones and one of the cannons he is known to have used. The cottage gardens have been laid out in period style. Interpretive display and shop in former kennels. Caravan and camp site for Caravan Club members only

---

1011 KAGYU SAMYE LING TIBETAN BUDDHIST MONASTERY **5 N19**

Eskdalemuir, Dumfries and Galloway. On the B709, 16 miles (25.5km) from Lockerbie. Nearest railway station Lockerbie, bus or taxi from Lockerbie. Open all year, daily, temple 0400–2200; café and shop 1330–1700. Admission by donation. Guided tours by arrangement. Explanatory displays. Gift shop. Restaurant, tearoom and picnic area. WC. Wheelchair access with assistance. Disabled WC. Car and coach parking. Telephone (01387) 373232. www.samyeling.org

A magnificent Tibetan temple in traditional Buddhist style, in beautiful surroundings. Also guest house for visitors who attend courses on meditation, therapy, arts and tai chi. Gardens and riverside walk.

1012 KAILZIE GARDENS 5 N17

By Peebles. 2.5 miles (4km) east of Peebles on B7062. Bus from Peebles. Open Mar–mid Oct daily, 1100–1730; in winter during daylight. Charge £. Group concessions. Guided tours. Explanatory displays. Gift shop. Licenced café, picnic area. Snacks available in fishing hut. WC. Wheelchair access with assistance. Disabled WC. Car and coach parking. Telephone (01721) 720007.

Seventeen acres (6.8ha) of gardens in the beautiful Tweed valley. The 1812 walled garden is semi-formal, with fine herbaceous borders and shrub roses. Formal rose garden and greenhouses. Woodland and burnside walks. Rhododendrons in season. Duck pond and stocked trout pond (rod hire available). Osprey viewing project. Children's play area and 18-hole putting green.

1013 KARTSTART, DYCE 3 Q9

Unit 7A, Stoneywood Business Centre, Stoneywood Road, Dyce, Aberdeen. Off A947 Aberdeen to Dyce road. Open all year, Mon–Fri 1200–2200, Sat–Sun 1200–2100 (track closed 1730–1830 daily). Charge £££. Explanatory displays. Refreshments available. WC. Wheelchair access. Disabled WC. Telephone (01224) 772727. www.kartstartscotland.co.uk

The opportunity to experience the thrill of real motor sport. All weather facility. Cub Kart (3–8 year olds), Cadet Karts (8 years and upwards), Senior and V-Twin pro-karts. All equipment provided. See also 1014 Kartstart, Kirkcaldy.

1014 KARTSTART, KIRKCALDY 6 N14

Unit 1, Merchant Place, Mitchelston Industrial Estate, Kirkcaldy. Just off A92, Dunfermline to Kirkcaldy link road. Nearest railway and bus stations Kirkcaldy. Open all year, daily 1200–1730 and 1830–2200 (Sat and Sun closes at 2100). Closed Christmas and New Year. Admission free. Charge £££ for driving. Group concessions. Explanatory displays. Café. WC. Wheelchair access. Disabled WC. Car and coach parking. Telephone (01592) 650200. www.kartstartscotland.co.uk

The largest indoor kart circuit (350m) in Scotland. Offers the opportunity to experience the thrill of real motor sport. All weather facility. Mini-quads, cadet karts, senior karts, pro-karts. See also 1013 Kartstart, Dyce.

1015 KEEN OF HAMAR NATIONAL NATURE RESERVE 1 H2

Keen of Hamar, Baltasound, Unst, Shetland. On the A968, 1 mile (1.5km) east of Baltasound. Bus from Lerwick. Open daily all year. Free. Guided tours on advertised days. No guide dogs. Car parking. Telephone (01595) 693335.

An important botanical site with unique habitat and landscape. A number of specialist plants grow on the serpentine soil.

1016 KEILLS CHAPEL 4 F15

HS. 6 miles (9.5km) south west of Tayvallich, Argyll. Bus from Lochgilphead to Tayvallich, then walk or taxi. Access at all times. Free. Telephone 0131 668 8800. www.historic-scotland.gov.uk

A small west Highland chapel housing a collection of grave slabs and Keills Cross.

1017 KEITH AND DUFFTOWN RAILWAY 3 N8

Dufftown Station, Dufftown, Banffshire. 50 miles (80km) west of Aberdeen on the A96, on B9014 from Keith. Coach parking by arrangement. Keith Scotrail Station is 15 minute walk from Keith Town Station. Bus service from Elgin to Dufftown. Open from Easter–end Sep, Sat and Sun. Telephone or visit website for details. Charge ££–£££ for return journey. Group concessions. Heritage can be arranged, please telephone or visit website for information. Explanatory displays, audio-visual presentation and exhibition. Gift shop. Café offering meals and snacks all day. Dinner Dates usually held Fri and Sat evenings. WC. Wheelchair access (but telephone in advance as not all trains have access). Disabled WC. Car parking. Telephone 01340 821181 (Tue, Thu and Sat–Sun during operating season). www.keith-dufftown.org.uk

Explore an area where the climate and geology are perfect for malt whisky distilling – fifty per cent of Scotland's whisky distillers are here. Sit back, relax and be prepared for enchantment as the train meanders through an ever-changing landscape of colour, with tiny rivers coiling their way through a gentle patchwork of hamlets, fertile farm land and dark green forest, with an abundance of wildlife. A delightful round trip of 22 miles (35km).

1018 KELBURN CASTLE AND COUNTRY CENTRE 6 H16

South Offices, Fairlie, Ayrshire. On the A78, about 2 miles (3km) south of Largs. Bus from Largs and other towns (train to Largs). Centre open daily, Easter–Oct, 1000–1800; winter 1100–dusk. Castle open Jul–Aug; riding centre open all year. Charge ££. Group concessions. Guided tours. Explanatory displays. Gift shop. Licensed tearoom, café and picnic areas. Gardens, pets' corner, childrens play areas. WC. Limited wheelchair access. Disabled WC. Car and coach parking. Telephone (01475) 568685. www.kelburncountrycentre.com

Historic home of the Earls of Glasgow, and still lived in today. The original Norman keep is now enclosed in a castle built in 1581. A new mansion (Kelburn House) was added to this in 1700, followed later by a Victorian wing. The buildings are surrounded by spectacular natural scenery including waterfalls. Breathtaking views over the Firth of Clyde. Activities include glen walks, riding (with all-weather arena), assault and adventure courses, and Scotland's most unusual attraction – the Secret Forest, with fantasy follies and hidden secrets. Exhibitions and ranger centre. Special events most weekends.

1019 KELLIE CASTLE AND GARDEN 6 P14

NTS. Pittenweem, Fife. On B9171, 3 miles (5km) north of Pittemweem. Limited bus service. Open Apr–Sep, daily 1330–1730; Oct, Sat and Sun 1330–1730. Gardens open all year, daily 0930–sunset. Charge ££. Group concessions. Guided tours by arrangement. Explanatory displays in five languages. Gift shop. Tearoom and picnic area. Adventure playground. WC. Induction loop. Limited wheelchair access (wheelchair available). Car and coach parking. Telephone (01333) 720271. www.nts.org.uk

The oldest part of Kellie Castle dates from 1360, and most of the present building was completed around 1606. It was sympathetically restored by the Lorimer family, who lived here in the 1870s. Late Victorian organic walled garden. Lorimer exhibition in the summerhouse.

1020 KELSO ABBEY 5 Q17

HS. In Bridge Street, Kelso, Roxburghshire. Bus service from Edinburgh and Galashiels. Open at all times. Free. Telephone 0131 668 8800. www.historic-scotland.gov.uk

The west end of the great abbey church of the Tironensians, who were brought to Kelso in 1128 by David I. One of the great Border abbeys – even in its fragmentary state, this is superb architecture.

1021 KELSO RACECOURSE 5 Q17

Kelso, Roxburghshire. Off A6089 and A699, north of Kelso. Nearest railway stations Berwick and Carlisle. Racing Oct–May, 14 fixtures a year (usually five before Christmas). Charges vary. Children under 16 free. Reductions for advance sales. Guided tours available by arrangement in advance. Two restaurants and fast food area. WC. Wheelchair access. Disabled WC. Car and coach parking. Telephone 01573 224767 (race days only). www.kelso-races.co.uk

Britain's friendliest course, with a reputation for a fun day out for racing fanatics, families and new racegoers. Top quality National Hunt fixtures are held each season, culminating with the May Kelso Racing Carnival.

1022 KEMPOCK STONE 6 H15

Castle Mansions of Gourock. Access at all reasonable times. Free.

Granny Kempock's stone, of grey schist 6 feet (2m) high, was probably significant in prehistoric times. In past centuries it was used by fishermen in rites to ensure fair weather. Couples intending to wed used to encircle the stone to get Granny's blessing.

1023 KERRACHAR GARDENS 2 H4

Kerrachar, Kylesku, Sutherland. On the south shore of Loch a' Chairn Bhain. Sea access only, from Kylesku slipway. Bus service from Ullapool to Kylesku. Open mid May–mid Sep, Tue, Thu and Sun. Boat departs Kylesku slipway 1300. Usually additional extended visits during season, telephone or visit website for details. Charge £££. Children under 12 free, children 12–16 half-price. Ticket includes return boat trip. Guided tours. Picnic area. Car and coach parking. Telephone (01571) 833288. www.kerrachar.co.uk

Situated in an extremely remote and beautiful location, Kerrachar is only accessible by a 30 minute boat trip from Kylesku. The gardens contain a wide range of shrubs and perennials, including many unusual species, some of which are for sale.

1024 KID'Z PLAY 4 J17

The Esplanade, Prestwick, Ayrshire. In Prestwick, five minute walk from rail and bus stations. By rail or bus from Glasgow. Open daily (except Christmas, Boxing Day and New Year's Day): 0930–1900, Fri and Sat 0930–1930. Charge £ children, adults free. Group concessions. Café. Baby changing facilities. WC. Wheelchair access. Disabled WC. Car and coach parking. Telephone (01292) 475215. www.kidz-play.co.uk

An indoor adventure play area for children up to 12 years. Soft play adventure area for under 5s.

1025 KILBERRY SCULPTURED STONES 4 F16

HS. At Kilberry Castle off the B8024, 17 miles (27km) south south-west of Lochgilphead, on west coast of Knapdale, Argyll. Access at all times. Free. Telephone 0131 668 8800. www.historic-scotland.gov.uk

A fine collection of late medieval sculptured stones gathered from the Kilberry estate.

1026 KILCHURN CASTLE 4 H13

HS. At the north east end of Loch Awe, 2.5 miles (4km) west of Dalmally, Argyll. Nearest railway station Loch Awe, bus to Loch Awe from Oban or Glasgow. Regular sailings to Kilchurn by steamer from Loch Awe Pier in village, contact ferry company (01838) 200400 or 200449. Open in summer at all times; closed in winter. Free. Charge for boat trip. Telephone 0131 668 8800. www.historic-scotland.gov.uk

A substantial ruin based on a square tower built by Colin Campbell of Glenorchy circa 1550, but much enlarged in 1693 by Ian, Earl of Breadalbane, whose arms are over the gateway with those of his wife. It incorporates the first purpose built barracks in Scotland. Spectacular views down Loch Awe.

1027 KILDALTON CROSS 4 E16

HS. On the island of Islay, 2 miles (3km) east north-east of Port Ellen, Argyll. Limited post bus service. Access at all times. Free. Telephone 0131 668 8800. www.historic-scotland.gov.uk

The finest intact High Cross in Scotland, from the late 8th century.

1028 KILDONAN CHURCH 3 L4

10 miles (16km) north of Helmsdale on A897 Strath of Kildonan road. Walk up track from Kildonan Farm.

The present church, completed in 1896, contains the old pulpit with the foot marking of Alexander Sage, minister from 1787–1824, a man of 'great bodily weight'. His son, the Rev Donald Sage wrote *Memorabilia Domestica*, an interesting account of Highland life in the 18th and 19th centuries.

1029 KILDRUMMY CASTLE 3 P9

HS. Kildrummy, by Alford, Aberdeenshire. 10 miles (16km) south west of Alford on the A97. Nearest railway station Huntly or Aberdeen, local bus service. Open Apr–Sep, daily 0930–1830. Charge £. Group concessions. Guided tours. Explanatory displays. Gift shop. WC. Limited wheelchair access. Disabled WC. Car and coach parking. Telephone (01975) 571331. www.historic-scotland.gov.uk

Called the Queen of Highland castles, this was the stronghold of the Earls of Mar and headquarters for organising the 1715 Jacobite rising. Scotland's most complete 13th-century castle.

1030 KILDRUMMY CASTLE GARDENS 3 N9

Kildrummy, Alford, Aberdeenshire. Off the A97, 10 miles (16km) west of Alford (via A944). Nearest railway station Aberdeen, bus service to Strathdon. Open Apr–Oct, daily 1000–1700. Charge £. Children free. Guided tours. Explanatory displays. Gift shop. Tearoom and picnic areas. Play area and video room. WC. Wheelchair access with assistance. Disabled WC. Car and coach parking. Telephone 019755 71277 or 71203. www.kildrummy-castle-gardens.co.uk

The shrub and alpine garden in an ancient quarry are of interest to botanists for their great variety. The water gardens lie below the ruins of the 13th-century castle of Kildrummy. Specimen trees are planted below in the Back Den. Interesting old stones. Museum and art exhibition.

1031 KILLIECRANKIE 3 L11

NTS. Pitlochry, Perthshire. On the B8079, 3 miles (5km) north of Pitlochry. Bus from Pitlochry. Site open all year, daily (free). Visitor centre open Apr–Oct, daily 1000–1730. Car parking £. Explanatory displays. Guidebook in French and German, information sheets in seven languages. Gift shop. Snack bar and picnic area. WC. Braille guidebook. Remote camera in visitor centre allows viewing of wildlife. Wheelchair access with assistance to visitor centre (wheelchair available). Disabled WC. Car and coach parking. Telephone (01796) 473233. www.nts.org.uk

Site of the 1689 battle of Killiecrankie, won by the Highland Jacobites under Bonnie Dundee, this dramatic wooded gorge is now a haven for wildlife. Visitors can see Soldiers Leap, where a fleeing government soldier made a spectacular jump over the River Garry during the battle. The visitor centre exhibition features the battle and natural history of the area.

1032 KILMAGAD WOOD 6 M14

Kinnesswood, Loch Leven. Off A911 between Kinnesswood and Scotlandwell, approximately 4 miles (6km) south east of Milnathort. Local parking difficult. Access at all times. Free. Telephone (01764) 662554. www.woodland-trust.org.uk

Kilmagad is a popular place for recreation. The steep nature of the slopes provide excellent viewpoints across the Leven Basin. A number of less formal routes cross the site and connect with longer distance routes. Visitors come to walk the Tetley Trail, a permissive medium-distance route around the villages of Scotlandwell and Kinnesswood. A selection of the trail follows an asserted right of way, which contours around the lower slopes of the site.

1033 KILMAHOG WOOLLEN MILL 5 K14

Kilmahog, Callander, Trossachs. 1 mile (2km) north of Callander. Open Apr–Sep, Mon–Sat 0930–1730, Sun 1000–1700; Oct–Mar, Mon–Sat 1000–1700, Sun 1200–1600. Free. Gift shop. Restaurant. WC. Wheelchair access with assistance. Car and coach parking. Telephone (01877) 330268. www.ewm.co.uk

A 250-year-old mill with the original waterwheel. Visitors can trace the history of Scottish clans and tartans. Knitwear, clothing, gifts and a large selection of whisky for sale.

1034 KILMARTIN HOUSE MUSEUM OF ANCIENT CULTURE 4 F14

Kilmartin, Argyll. On the A816, 9 miles (14.5km) north of Lochgilphead. Nearest railway station Oban, bus from Oban or Lochgilphead. Open all year, daily 1000–1730 (except Christmas and New Year). Charge ££. Group concessions. Guided tours by arrangement. Audio-visual displays. Gift shop. Café. Garden. WC. Wheelchair access. Disabled WC. Car parking. Telephone (01546) 510278. www.kilmartin.org

Award-winning archaeological museum which examines the relationship between Scotland's richest prehistoric landscape and its people, over 5000 years. Ancient monuments, local artefacts and bookshop.

1035 KILMARTIN SCULPTURED STONES 4 F14

HS. In Kilmartin Churchyard, Kilmartin, Argyll. On the A816, 9 miles (14.5km) north of Lochgilphead. Nearest railway station Oban, bus from Oban or Lochgilphead. Access at all times. Free. Car parking. Telephone 0131 668 8800. www.historic-scotland.gov.uk

Carved west Highland grave slabs housed in a former mausoleum and in the church. One cross dates from the 16th century.

1036 KILMICHAEL GLASSARY CUP AND RING MARKS 4 F14

HS. Kilmartin Glen. Near the schoolhouse in village of Kilmichael Glassary, 5 miles north of Lochgilphead, Argyll. Nearest railway station Oban, then bus to Lochgilphead. Access at all times. Free. Telephone 0131 668 8800. www.historic-scotland.gov.uk

Bronze Age cup and ring carvings on a natural rock outcrop.

1037 KILMODAN SCULPTURED STONES 4 G15

HS. At Clachan of Glendaruel, on the A886, 8 miles (13km) north of Colintraive, Argyll. Access at all times. Free. Telephone 0131 668 8800. www.historic-scotland.gov.uk

A group of west Highland carved grave slabs in a churchyard.

1038 KILMORACK GALLERY 3 J7

Old Kilmorack Church, by Beauly. 2 miles (3km) west of Beauly along the Cannich road. Local bus service. Open Apr–Nov and during Christmas, daily 1100–1730; other times by arrangement. Free. Guided tours. WC. Wheelchair access. Car parking. Telephone (01463) 783230. www.kilmorackgallery.co.uk

Kilmorack Gallery is the largest private art gallery in the Highlands, specialising in work by leading Scottish artists. The gallery is housed in a spectacular 18th-century church which remains largely unchanged since it was re-cast in 1835.

1039 KILMORY CAIRNS 4 G17

At south end of Arran, 3.5 miles (5.5km) north east of Kilmory village, off A841. Access at all times. Free.

Cairn Baan is a notable Neolithic long cairn. Half a mile (0.5km) south west of A841 at the Lagg Hotel is Torrylin Cairn, a Neolithic chambered cairn.

1040 KILMORY CASTLE GARDENS 4 G15

Kilmory Castle, Lochgilphead, Argyll. On A83, 2 miles from centre of Kilmory, by council buildings. Bus service from Glasgow. Open all year, daily 0900–1800. Free. Guided tours by special arrangement only. Explanatory displays. Picnic area. WC. Wheelchair access. Car parking. Telephone (01546) 602127. www.argyll-bute.gov.uk

The garden was started in the 1770s and included around 100 varieties of rhododendron – it supplied plants for Kew Gardens. Now attached to the local council buildings, the gardens have been restored, with woodland walks, nature trails, herbaceous borders and a sensory trail. The gardens form part of Kilmory Woodland park, which also offers a network of woodland walks linking a lochside picnic area, bird hide, superb viewpoints and archaeological sites with year round programme of events for all the family.

1041 KILMORY KNAP CHAPEL 4 F15

HS. On the shore between Loch Sween and Loch Caolisport in South Knapdale. Access at all times. Free. Telephone 0131 668 8800. www.historic-scotland.gov.uk

A small medieval west Highland church with a collection of typical grave slabs. In the church is Macmillan's Cross, a splendid piece of medieval carving.

1042 KILMUN ARBORETUM 6 H15

5.6 miles (9km) north of Dunoon in Kilmun village. Access at all times. Free. Limited wheelchair access. Car parking. www.forestry.gov.uk

There are a variety of different walks around this Forest Enterprise arboretum, where a wealth of exotic tree species can be found, including many fine examples of Eucalyptus.

1043 KILMUN (ST MUNN'S) CHURCH 6 H15

Kilmun, Argyll. 6 miles (10km) from Dunoon on A880. Bus service from Dunoon. Open May–Sep, Tue and Thu 1330–1630; Other dates and times by appointment. Admission by donation. Guided tours. Leaflets available. Gift shop. Tearoom. WC. Wheelchair access with assistance (wheelchair ramps installed). Car and coach parking. Telephone (01369) 840342.

On the site of a 10th-century Celtic monastery. The tower of a 15th-century collegiate church still stands. The present building by Thomas Burns dates from 1841, with the interior re-modelled in 1899. Important stained glass. Water-powered organ. Ancient graveyard including fine 18th-century carved stones. Mausoleum of Dukes of Argyll. Douglas vault. Grave of Elizabeth Blackwell, the first lady doctor.

1044 KILPATRICK DUN 4 G17

HS. 1 mile (2km) south of Blackwaterfoot, Isle of Arran. By ferry from Ardrossan to Brodick, bus from Brodick to Blackwaterfoot. 0.5 mile (1km) walk to site. Free. Telephone 0131 668 8800. www.historic-scotland.gov.uk

The ruins of a circular drystone homestead of unknown date, with a more recent enclosure wall.

1045 KILRAVOCK CASTLE 3 L7

Croy, Inverness-shire. 6 miles (10km) west of Nairn on B9101. Nearest railway station Nairn. Telephone or visit website for details of castle tours.. Charge for castle tours ££, gardens £. Group concessions. Guided tours for groups by prior arrangement. Gift shop. Restaurant and picnic area. Garden. WC. No guide dogs. Limited wheelchair access. Car and coach parking. Telephone (01667) 493258. www.kilravockcastle.com

Presently underdoing redevelopment, the extensive grounds and garden of this 15th-century castle are noted for the large variety of beautiful trees, some centuries old. There are sports facilities and a tree garden, nature trails and river host an abundance of wildlife.

1046 KILT ROCK 2 E7

Off A855, 17 miles (27km) north of Portree, Skye. Can be seen from the road. Care should be taken not to go too near the edge of the cliff. Car parking.

The top rock is composed of columnar basalt, the lower portion of horizontal beds, giving the impression of the pleats in the kilt. There is a waterfall nearby.

1047 KILWINNING ABBEY 6 H17

HS. In Kilwinning, Ayrshire. Nearest railway station Kilwinning, bus service from Irvine. Access at all times but may be viewed from outside only. Free. Car parking. Telephone 0131 668 8800. www.historic-scotland.gov.uk

The ruins of a Tironensian-Benedictine abbey. Most of the surviving fragments, which consist of parts of the church and chapter house, appear to date from the 13th century.

1048 KIN KRAFT CENTRE FOR SCOTTISH CRAFTS 6 M14

Kinross Services Area, Turfhills, Kinross. Off junction 6 on the M90. Open Mar–Dec, daily 1000–1730; Feb, Sat–Sun 1000–1730. Free. Explanatory displays. Gift shop. Refreshments nearby. WC. Wheelchair access. Car and coach parking. Telephone (01577) 861300.

Visitors can see craftwork demonstrations.

1049 KING'S KNOT 6 L14

HS. Below the Castle Rock in Stirling. Nearest railway station Stirling, buses from Glasgow and Edinburgh. Access at all times. Free. Telephone 0131 668 8800. www.historic-scotland.gov.uk

The earthworks of a splendid formal garden, probably made in 1628 for Charles I.

1050 KINKELL CHURCH 3 Q9

HS. On the east bank of the River Don, off the B993, 2 miles (3km) south of Inverurie, Aberdeenshire. Nearest railway station Inverurie, bus from Aberdeen. Access at all times. Free. Telephone (01466) 793191. www.historic-scotland.gov.uk

The ruins of a 16th-century parish church with a fine sacrament house dated 1524 and the grave slab of Gilbert of Greenlaw, killed in battle in 1411.

1051 KINLOCH FOREST AND LEITIR FURA WALK 2 F9

FE. On the Isle of Skye (Sleat) 4 miles (6.5km) south of Skulamus along A851 at Kinloch car park. Access at all times. Free. Explanatory displays. Car parking. www.forestry.gov.uk

Leitir Fura is a ruined township located in Kinloch Forest, a fine example of native woodland. The 4 mile (6.5km) walk overlooks the Sound of Sleat providing fine views and good opportunities to see wildlife.

1052 KINLOCH MUSEUM 2 D4

Laxay (Lacasaigh), Lochs, Isle of Lewis. On A859, 12 miles (19km) south of Stornoway. Bus service between Stornoway and Tarbert. Open on request. Admission free but donations welcome. Explanatory displays. WC. Wheelchair access. Disabled WC. Car parking. Telephone (01851) 830359. www.lochs.net

A small museum and working base for Kinloch Historical Society, dealing with the genealogy and history of the locality.

1053 KINLOCHLAICH GARDENS 4 G12

Kinlochlaich House, Appin, Argyll. On the A828, entrance beside the police station at Appin. Bus from Oban or Fort William. Open Apr–Oct, Mon–Sat 0930–1730, Sun 1030–1730; Nov–Mar, Mon–Sat 0930–1730. Christmas and New Year by appointment. Admission by donation (£). WC. Guide dogs by arrangement. Wheelchair access with assistance (gravel paths, slight slope). Disabled WC. Car parking. Telephone (01631) 730342. www.kinlochlaich-house.co.uk

A walled garden behind Kinlochlaich House surrounded by mature trees in outstanding Highland scenery. Built with the house at the end of the 18th century by John Campbell. Garden plant centre offering an extensive range of plants. Dogs not permitted.

1054 KINNAIRD HEAD LIGHTHOUSE 3 R7

HS. On a promontory in Fraserburgh, Aberdeenshire. Nearest railway station Aberdeen, then bus to Fraserburgh. Open all year, daily, telephone for details. Charge £. Joint ticket with Museum of Scottish Lighthouses (see 1275). Explanatory displays in visitor centre. Gift shop. Tearoom. WC. Limited wheelchair access. Disabled WC. Car and coach parking. Telephone (01346) 511022. www.historic-scotland.gov.uk

A fine 16th-century castle built for the Fraser family but altered to take the first lighthouse built by the Commissioners of the Northern Lighthouses in 1787. The light is still in working order but has been replaced by a small unmanned light nearby. Managed by the Kinnaird Head Trust.

1055 KINNEIL HOUSE 6 L15

HS. On the western outskirts of Bo'ness, West Lothian. Bus from Falkirk. View exterior only. Car parking. Telephone 0131 668 8800. www.historic-scotland.gov.uk

A 15th-century tower set in a public park. Remodelled by the Earl of Arran between 1546 and 1550 and transformed into a stately home for the Dukes of Hamilton in the 1660s.

1056 KINNOULL HILL WOODLAND PARK 5 M13

FE. c/o Tay Forest District Office, Inverpark, Dunkeld, Perthshire. 1 mile (1.5km) east of Perth. Open at all times. Free. Explanatory displays. Limited wheelchair access. Car parking. Telephone 01350 727284 or council 01738 475000. www.forestry.gov.uk

Comprising five hills (Corsiehill, Deuchny Hill, Barnhill, Binn Hill and Kinnoull Hill). Kinnoull Hill, the highest and most impressive, offers spectacular views over the Ochil and Lomond hills. There are four waymarked forest walks.

1057 KINSMAN BLAKE CERAMICS 5 P17

Barn House, Smailholm, Roxburghshire. On the A68, 6 miles (9.5km) east of St Boswells. Open all year, daily 1000–1700 (occasionally open in the evening). Free. Demonstrations given to groups on prior notice (charge). Gift shop. Wheelchair access. Car parking. Telephone (01573) 460666.

A small family pottery where visitors are welcome in the workshop. Demonstrations or explanations as required. Specialists in decorative techniques. Well-stocked showroom, includes paintings and woodcuts.

1058 KINTAIL AND MORVICH 2 G9

NTS. Highland. 16 miles (26km) east of Kyle of Lochalsh, north off A87. Bus from Inverness and Glasgow. Open all year. Countryside Centre at Morvich, May–Sep, daily 0900–2200. Charge £ (honesty box). Explanatory displays. WC. Wheelchair access with assistance. Car and coach parking. Telephone (01599) 511231. www.nts.org.uk

A west Highland estate which includes the Falls of Glomach and the Five Sisters of Kintail, four of which are over 3000 feet (914.5m). The site of the Battle of Glen Shiel, which took place in 1719, is within this area, 5 miles (8km) from Morvich. The best access to the mountains is from the Countryside Centre at Morvich.

1059 KIPPEN PARISH CHURCH 5 K14

Fore Road, Kippen, Stirling. Off the A811, 9 miles (14.5km) west of Stirling. Bus from Stirling. Open daily 0930–1700. Free. Explanatory displays. Garden. WC. Limited wheelchair access. Car and coach parking.

A church built in 1824, but modernised in 1924 under the guidance of Sir D. Y. Cameron RA. He and others donated works of art which, with distinguished Webster Windows, make it one of the most beautiful churches in Scotland.

1060 KIRBUSTER FARM MUSEUM 1 B10

Birsay, Orkney. At north end of mainland Orkney, 11 miles (17.5km) north of Stromness. Open Mar–Oct, Mon–Sat 1030–1300 and 1400–1700, Sun 1400–1700. Free. WC. Limited wheelchair access. Car parking. Telephone (01856) 771268. www.orkney.org/museums

Museum housed in an Orkney farm, unusual in that it was of a higher standard than the average Orkney farm of the time. Larger and better lit than its contemporaries (see 397 Corrigall Farm Museum), it was also unusual in that the animals were housed in seperate buildings. Collection of farm implements and machinery, cottage garden.

1061 KIRK OF CALDER 6 M15

Main Street, Mid Calder, West Lothian. 12 miles (19km) west of Edinburgh, off A71 on B7015 in the village of Mid Calder. Nearest railway station Livingston, bus service from Edinburgh. Open May–Sep, Sun 1400–1600. Free. Guided tours. Explanatory displays. Gift shop. Tearoom. WC. Induction loop. Limited wheelchair access. Car and coach parking. www.kirkofcalder.co.uk

This 16th-century parish church won the West Lothian award for conservation in 1992. Famous visitors include John Knox, David Livingstone, Frederick Chopin and James 'Paraffin' Young. Fine stained glass windows. Visitors can learn about four centuries of Scottish history.

1062 KIRK YETHOLM — 5 Q17

Off B6352, 8 miles (12.5km) south east of Kelso.

Attractive village, once famous as the home of the Scottish gypsies, now the northern end of the Pennine Way.

1063 KIRKAIG FALLS — 2 G4

Inverkirkaig, south of Lochinver, Caithness.

Popular beauty spot and walk.

1064 KIRKCALDY MUSEUM AND ART GALLERY — 6 N14

War Memorial Gardens, Kirkcaldy, Fife. Adjacent to the railway station in Kirkcaldy, ten minute walk from bus station. Open all year except public holidays, Mon–Sat 1030–1700, Sun 1400–1700. Free. Explanatory displays. Gift shop. Café. Garden. WC. Wheelchair access. Disabled WC. Car parking. Telephone (01592) 412860.

A collection of fine and decorative arts of local and national importance. There is an outstanding collection of 18th–20th century Scottish paintings and probably the largest public collection of works (outside the National Galleries of Scotland) by William McTaggart and the Scottish colourist S. J. Peploe. There is also an award-winning permanent museum display, Changing Places, which tells the story of the social, industrial and natural heritage of the area. Lively changing exhibitions programme featuring art, craft, photography, social and natural history.

1065 KIRKCHRIST FISHINGS — 4 J20

Kirkchrist Farm, Kirkcowan. 6 miles (9.5km) south west of Newton Stewart. Open all year, daily 0900–1 hour after sunset. Different charges for catch and release and two or three fish. Car parking. Telephone (01671) 830336.

Rainbow and brown trout fishing on nine stocked ponds, and salmon and brown trout fishing on the Ivy Tree and Boat Hill pools of the River Bladnoch. A high stocking level with an average weight of over 3.5lb is maintained in the stocked ponds. The record rainbow trout is 16.5lb and the brown trout is 10.5lb.

1066 KIRKHILL FOREST — 3 Q9

FE. Near Aberdeen, on the north side of the A96 between Blackburn and Dyce roundabouts. Access at all times unless timber harvesting in progress. Free. Explanatory displays. Leaflet available. Car and coach parking. www.forestry.gov.uk/aberdeenwoods

This forest has something for everyone: two waymarked walks, one of which leads to Tappie Tower with good views north west over Bennachie; a waymarked cycle trail; and Trail Quest cycle orienteering. Waymarked horse trail (permit required) and a permanent orienteering course.

1067 KIRKMADRINE EARLY CHRISTIAN STONES — 4 G21

HS. In the Rhinns of Galloway, 2 miles (3km) south west of Sandhead, Wigtownshire. Nearest railway station Stranraer, bus from Stranraer. Access at all times. Free. Telephone 0131 668 8800. www.historic-scotland.gov.uk

Three of the earliest Christian memorial stones in Britain, dating from the 5th or early 6th century, displayed in a porch of a former chapel.

1068 KIRRIEMUIR GATEWAY TO THE GLENS MUSEUM — 5 N12

The Townhouse, 32 High Street, Kirriemuir, Angus. In the centre of Kirriemuir, 6 miles (9.5km) from A94. Nearest railway station Dundee, bus to Kirriemuir from Dundee and Forfar. Open all year, Mon–Wed and Fri–Sat 1000–1700, Thu 1300–1700 (closed Christmas and New Year). Free. Guided tours in the evening by arrangement. Explanatory displays. Small gift area. WC. Induction loop. Limited wheelchair access (touch screen computer duplicates information upstairs). Disabled WC. Telephone (01575) 575479.

Housed in Kirriemuir's oldest building (1604). Exhibitions on Kirriemuir from its earliest days, with a stunning model of the town circa 1604. Also features on the western Angus Glens including a Highland wildlife display full of birds and animals. An interactive computer allows the visitor to discover Kirriemuir and the glens' historical wildlife and geological interest. Details of walks in the area.

1069 KIRROUGHTREE VISITOR CENTRE 4 J20

FE. Galloway Forest Park, Stronord, Newton Stewart. Open daily, Apr–Sep 1030–1700; Oct 1030–1630. Free. Guided tours. Gift shop. Café and picnic area. Adventure play area. WC. Wheelchair access. Disabled WC. Car and coach parking. Telephone (01671) 402165. www.forestry.gov.uk

The visitor centre runs various activities during the year. Also waymarked cycle trails, walks and a forest drive.

1070 KISIMUL CASTLE 2 A10

HS. Castlebay, Isle of Barra, Western Isles. On a tiny island in the bay of Castlebay, Isle of Barra. By air to Barra. Ferry to Castlebay from Oban and Lochboisdale. Ferry to island. Open daily Apr–Sep, 0930–1830; Oct, Mon–Wed and Sat 0930–1630, Thu 0930–1230, Sun 1400–1630, closed Fri. Charge ££. Gift shop. Guide dogs welcome if they can use a small boat. Telephone (01871) 810313. www.historic-scotland.gov.uk

The only significant surviving medieval castle in the Western Isles, Kisimul Castle is the seat of the Chiefs of Clan Macneil. Explore the great hall, kitchen, chapel, dungeon and tower.

1071 KNAP OF HOWAR 1 C9

HS. On the west side of the island of Papa Westray, Orkney. Ferry from Kirkwall to Westray then to Papa Westray. Access at all times. Free. Telephone (01856) 841815. www.historic-scotland.gov.uk

Probably the oldest standing stone houses in north west Europe. Two Neolithic dwellings, approximately rectangular with stone cupboards and stalls.

1072 KNAPDALE FOREST 4 F15

FE. Near Lochgilphead, Argyll. Access at all times. Free. Explanatory displays. Picnic area. Schedule of events during summer months. Wheelchair access. Car parking. www.forestry.gov.uk

The name Knapdale is derived from Cnap (hill) and Dall (field). The forest is flanked to the north by the Crinan Canal and to the west by the Sound of Jura and Loch Sween. Historical and archaeological sites include ancient Castle Dounie. Waymarked walks and cycle rides, from where seals, otters and porpoises can be seen. See also 148 Barnluasgan Visitor Centre.

1073 KNOCK OF CRIEFF 5 L13

Ferntower Road, Crieff. Within a short walk from the centre of Crieff. Access at all reasonable times. Free. Guided tours by arrangment with ranger service. Explanatory displays, leaflet available. Refreshments and WC nearby. Car parking. Telephone (01738) 475256.

A mixed woodland site located in beautiful Strathearn. The Knock has been incorporated into the Crieff walks system along with other council countryside properties.

1074 KNOCKHILL RACING CIRCUIT 6 M14

Dunfermline, Fife. On the A823, 6 miles (9.5km) north of Dunfermline. Open all year, daily 0900–1700, closed two weeks at Christmas. Charge £££ (some events free). Group concessions. Gift shop. Restaurant, tearoom and picnic area. WC. No guide dogs. Limited wheelchair access. Disabled WC. Car and coach parking. Telephone (01383) 723337. www.knockhill.co.uk

Scotland's National Motor Sports Centre with racing events for motor cars and motor cycles most weekends between April and October. Visitors can watch or participate. Karts, quadbikes, skid pan and on-road defensive driving.

1075 KNOCKNAGAEL BOAR STONE — 3 K8

HS. In Highland Council Offices, Glenurquhart Road, Inverness. On ground floor of council chambers. Nearest railway and bus stations Inverness. Access all year (except public holidays), Mon–Fri, 0930–1630. Free. Telephone (01667) 460232. www.historic-scotland.gov.uk

A rough slab incised with the Pictish symbols of a mirror-case and a wild boar. Can be viewed at any time through window.

1076 KNOWE OF YARSO CHAMBERED CAIRN — 1 B10

HS. On the island of Rousay, Orkney. Bus from Kirkwall to Tingwall then ferry to Rousay. Access at all times. Free. Telephone (01856) 841815. www.historic-scotland.gov.uk

An oval cairn with concentric walls enclosing a chambered tomb divided into three compartments. Neolithic.

1077 KYLERHEA OTTER HAVEN — 2 F9

FE. Kylerhea, Isle of Skye. Open daily all year round. Free. Explanatory displays. Summer warden. Public toilets Easter-Sep. Wheelchair access. Car parking. www.forestry.gov.uk

Kylerhea is a superb place for otters – and from the hide you may be lucky enough to see them. Specially constructed paths are designed to protect the habitat and the wildlife, and visitors should keep to the designated paths and leave the shoreline undisturbed. Success in seeing an otter will be mostly down to your own skills in field craft, an element of luck, and patience. As well as otters, there are falcons, waders, sea birds and seals in the area.

1078 KYLES OF BUTE — 4 G15

Narrow arm of the Firth of Clyde, between Isle of Bute and Argyll. For viewpoint follow A8003 for 2.5 miles (4km) north east of Tighnabruaich. Car parking.

A 16-mile (25.5km) stretch of water which presents a constantly changing view of great beauty. It can perhaps be best appreciated from the A8003, Tighnabruaich to Glendaruel road, where there are two view indicators. The western indicator (Scottish Civic Trust) looks over the West Kyle and identifies many features. The eastern one (NTS) looks over Loch Ridden and the East Kyle.

1079 LADYKIRK — 5 Q16

4 miles (6.5km) east of Swindon and 0.5 miles (0.5km) from Norham off B6470. Access at all reasonable times. Car parking.

Ladykirk was built in 1500 by James IV, in memory of Our Lady who had saved him from drowning. As the Border was only 300 yards away and in constant dispute, he ordered it built to withstand fire and flood – hence the all-stone construction of the kirk with no wooden rafters and, until this century, stone pews. The Wardens of East March met regularly in the parish to resolve disputes between Scotland and England. In 1560, a copy of the last peace treaty between them was signed in Ladykirk, marking the end of sporadic warfare.

1080 LAEL FOREST GARDEN — 2 H6

6 miles (9.5km) south of Ullapool on A835 to Inverness.

Extending to 17 acres (7ha), the garden was set aside in 1933 for interesting and ornamental trees of native and foreign origin.

The oldest specimen trees were planted around 1870 and there are now some 150 different trees and shrubs.

1081 LAGAVULIN DISTILLERY VISITOR CENTRE 4 D16

Port Ellen, Isle of Islay. 3 miles (5km) from ferry on A846. Air to Islay (airport 5 miles). Bus from Port Askaig to Port Ellen, then to Ardbeg passing distillery. Tours all year, Mon–Fri 1000, 1130 and 1430. Telephone for appointment. Charge ££. Guided tours. Gift shop. WC. Wheelchair access to reception centre and pier. Disabled WC. Car and coach parking. Telephone (01496) 302730.

Home of the famous Lagavulin single malt, established in 1816. The distillery is set beside the ruins of Dun Naomhaig Castle, ancient stronghold of the Lords of the Isles. Tours and tastings.

1082 LAGGANGAIRN STANDING STONES 4 H20

HS. At Killgallioch, New Luce on the Southern Upland Way, Wigtownshire. Nearest railway station Stranraer, bus to New Luce on school days and Tue and Fri only. Difficult access signposted through Forestry Commission land. Free. Telephone 0131 668 8800. www.historic-scotland.gov.uk

Two stones carved with early Christian crosses.

1083 LAIDHAY CROFT MUSEUM 3 M4

Laidhay, Dunbeath, Caithness. On the A9, 1 mile (2km) north of Dunbeath. Nearest railway station Wick, bus from Wick. Open two weeks Mar and Nov; Apr–Oct, daily 1000–1800. Charge £. Group concessions. Guided tours on request. Tearoom and picnic area. WC. Wheelchair access. Disabled WC. Car and coach parking. Telephone (01593) 731244.

An early 18th-century croft complex with stable, dwelling house and byre under one rush thatched roof. Separate cruck barn with winnowing doors. Completely furnished in period style. Crofting hand tools, machinery and harness on view.

1084 LAING MUSEUM 5 M13

High Street, Newburgh, Fife. In Newburgh town centre. Nearest railway, Newburgh, bus service from Cupar, Perth and Dundee. Open Apr–Sep daily 1200–1700; Oct–Mar open by appointment. Free. Guided tours by prior arrangement. Explanatory displays. Gift shop. Refreshments nearby. Car parking. Telephone (01337) 883017 or (01334) 412933.

The museum was gifted to the town by Alexander Laing, a much respected local scholar and historian, and first opened in 1896. One gallery is devoted to Laing and his collections while the other holds temporary exhibitions with a local flavour.

1085 WILLIAM LAMB MEMORIAL STUDIO 5 Q12

Market Street, Montrose, Angus. Situated in the Trades Close off the High Street in Montrose. By rail or bus from Aberdeen, Dundee, Edinburgh or Glasgow. Open Jul–mid Sep, daily 1400–1700; other times by appointment. Free. Guided tours. Explanatory displays. Gift shop. WC. Limited wheelchair access. Telephone (01674) 673232. www.angus.gov.uk

The working studio of the famous Montrose sculptor includes displays of his sculptures, etchings, paintings and drawings. Also featured are his workroom and tools and his living room with self-styled furniture. See 1239 Montrose Museum and Art Gallery.

1086 LAMONT MEMORIAL 6 H15

In Dunoon's west bay. Access at all times. Free. Car parking.

Stone Celtic Cross erected in 1906 to mark the massacre of the Lamonts by the Campbells in 1646.

1087 LANDMARK FOREST THEME PARK 3 L9

Carrbridge, Inverness-shire. On the B9153 (old A9), 7 miles (11km) north of Aviemore. Nearest railway station Carrbridge, bus from Edinburgh, Inverness or local bus/taxi from Aviemore. Open all year (except Christmas Day), 1000–1800 (closes 1700 in winter, 1900 mid Jul–late Aug). Charge £££.

Group concessions. Large information display. Gift shop. Restaurant and snack bar. Dogs welcome on leads, owners must clean up. WC. Limited wheelchair access. Disabled WC. Car and coach parking. Telephone 0800 731 3446. www.landmark-centre.co.uk

Scotland's most exciting heritage park with wild watercoaster ride, nature trail, treetop trail, Clydesdale horse, steam-powered sawmill demonstrations, forestry skill area, viewing tower, maze, adventure play area, microworld exhibition, minielectric cars and remote-controlled trucks.

1088 LANTERN GALLERY OF FINE ART **3 M7**

18 South Guildry Street, Elgin, Morayshire. 400m from Elgin railway station. Limited car parking. Open all year, Tue–Sat 1100–1700. Free. Wheelchair access with assistance. Telephone (01343) 546864.

Paintings for sale by Roy and Anne Munn and other local artists. Local scenes and landscapes, boats, birds, flowers, still life and craft work.

1089 LAPHROAIG DISTILLERY **4 D16**

Port Ellen, Isle of Islay. Open all year (except Jul and first two weeks Aug), Mon–Thu. Tours at 1015 and 1415. All visits by arrangement only. Free. Guided tours. Explanatory displays. Gift shop. WC. Limited wheelchair access. Disabled WC. Car and coach parking. Telephone (01496) 302418.

A traditional malt whisky distillery established in 1815.

1090 LARGS MUSEUM **6 H16**

Kirkgate House, Manse Court, Largs, Ayrshire. Nearest railway station Largs, bus from Glasgow and Ayr. Open Jun–Sep, daily 1400–1700. Free. Guided tours. Explanatory displays. Wheelchair access. Telephone (01475) 687081.

The museum holds a small collection of local bygones and a library of local history books and photographs, put together by the local history society. Holds the key to the Skelmorlie Aisle, adjacent, which belongs to Historic Scotland.

1091 LARGS OLD KIRK **6 H16**

HS. In Bellman's Close, off High Street in Largs, Ayrshire. Nearest railway station Largs, bus from Glasgow and Ayr. Open May–Sep, Mon–Sat 1400–1700, Sun 1400–1700. Keys from Largs Museum. Free. Telephone (01475) 672450. www.historic-scotland.gov.uk

A splendid mausoleum with a painted ceiling illustrating the seasons. Added to the parish church in 1636 by Sir Robert Montgomerie of Skelmorlie. Contains an elaborate carved stone tomb in Renaissance style.

1092 LAST HOUSE MUSEUM **3 N2**

John O'Groats, Caithness. Bus service to John O'Groats. Open all year, Jun–Aug, daily 0800–2000; Sep–Oct, daily 0900–1800; Nov–Feb Mon–Sat 1000–1600, Sun 1200–1600; Mar–May Tue–Sun 0900–1700, Mon 1200–1600. Free. Explanatory displays. Picnic area. Wheelchair access. Car and coach parking. Telephone (01955) 611250.

A local history museum featuring photographs and a collection of artefacts. Also photographs of shipwrecks in the Pentland Firth, Scapa Flow and views of Stroma. All postcards purchased are stamped with the Last House in Scotland and John O' Groats' postmark.

1093 LAUDERDALE AISLE, ST MARY'S CHURCH, HADDINGTON **6 P15**

HS. In Haddington, East Lothian. Nearest railway station Drem, bus from Edinburgh. Access at all times. Free. Telephone 0131 668 8800. www.historic-scotland.gov.uk

The former sacristy of the great 15th-century parish church. Contains a splendid early 17th-century monument in marble with alabaster effigies.

1094 LEADHILLS AND WANLOCKHEAD RAILWAY 5 L18

The Station, Leadhills, South Lanarkshire. 6 miles (9.5km) from M74, junction 13 or 14. Car parking, limited coach parking by arrangement. Nearest railway station Sanquhar or Lanark, then bus. Open May–Oct, Sat–Sun 1100–1700. Charge £. Members free. Group concessions. Guided tours. Gift shop. Picnic area. WC in village. Wheelchair access with assistance. Telephone (01555) 820778. www.leadhillsrailway.co.uk

Britain's highest adhesion railway, reaching 1498 feet (456.5m) above sea level. Originally built in 1900 for the transport of refined lead to central Scotland. Today the railway runs through picturesque countryside. The diesel hauled journey takes approximately 25 minutes. Steam weekend in July/August. See also 1095 Leadhills Miner's Library and Reading Room.

1095 LEADHILLS MINER'S LIBRARY AND READING ROOM 5 L18

15 Main Street, Leadhills, Lanarkshire. On the B797, south of Abington; take junction 13 (Abington) from M74. Nearest railway station Lanark, bus service from Lanark. Open May–Sep, Wed, Sat and Sun 1400–1600. Charge £. Children free. Explanatory displays. Car and coach parking. Telephone (01659) 74456. www.lowtherhills.fsnet.co.uk

The lead miner's subscription library established in 1741 with rare books, detailed 18th-century mining documents, and local records and history. Public park. See also 1094 Leadhills and Wanlockhead Railway.

1096 LEDMORE AND MIGDALE WOOD 3 K6

Spinningdale, between Dornoch and Bonar Bridge on A949. Nearest railway station Ardgay 2.5 miles (4km). Bus from Ardgay to Spinningdale (twice daily). Access at all times. Free. Explanatory displays. Waymarked trails. Picnic area. Wheelchair access with assistance. Car parking. Telephone (01764) 662554. www.woodland-trust.org.uk

One of the largest oakwoods and colony of juniper bushes in the north of Scotland. Also Scots pine, birch, hazel, willow and ash trees. An area of great archaeological interest. To-date 28 different features have been recorded, including several chambered cairns dating from over four thousand years ago.

1097 LEITH HALL AND GARDEN 3 P8

NTS. Huntly, Aberdeenshire. On B9002, 34 miles (54km) north west of Aberdeen. By bus from Aberdeen. Open Easter, May–Sep and weekends in Oct, daily 1330–1730. Garden and grounds open all year, daily 0930–sunset. Charge £££. Group concessions. Guided tours by arrangement. Explanatory displays. Information sheets in five languages. Tearoom and picnic area. Garden. WC. Limited wheelchair access (wheelchair available). Disabled WC. Car and coach parking. Telephone (01464) 831216. www.nts.org.uk

Mansion house which was home to the Leith family for 300 years. Exhibition on family's military history. The house is set in a 286-acre (116-ha) estate with ponds, trails and a bird hide. Formal and informal gardens noted for colour and diversity.

1098 LENNOXLOVE HOUSE 6 P15

Lennoxlove Estate, Haddington, East Lothian. On the B6369, 1 mile (2km) from Haddington. Bus from Haddington. Open Easter–Oct, Wed, Thu and Sun 1400–1630. Charge ££. Group concessions. Guided tours (available in French, German and Spanish). Garden café. Garden. WC. Limited wheelchair access. Disabled WC. Car and coach parking. Telephone (01620) 823720. www.lennoxlove.com

The home of the Duke of Hamilton. It features a 14th-century keep originally built for Maitland of Lethington, Secretary of State to Mary, Queen of Scots, and houses mementoes belonging to Mary, together with furniture, paintings and porcelain once part of the Hamilton Palace collection.

1099 LERWICK TOWN HALL 1 G5

Lerwick, Shetland. In Lerwick town centre, within walking distance from harbour and bus station. Open all year, Mon–Fri 0900–1300 and 1400–1700. Free. Guided tours. WC. Wheelchair access. Disabled WC. Car and coach parking. Telephone (01595) 744502 or 744508.

Lerwick Town Hall stands on a commanding site on the ridge in the older part of the town known as Hillhead. Built between autumn 1881 and summer 1883, the chief attraction of the hall is the series of stained glass windows, gifted at the time of construction. These represent leading personalities in the early history of the islands, from Norwegian inhabitation in the 9th century to the pledging of the islands to Scotland in 1469.

1100 LETHAM GLEN 6 N14

Sillerhole Road, Leven, Fife. On the A915, on the outskirts of Leven. Bus from Kirkcaldy or Leven. Glen open daily all year. Nature centre, telephone for opening times. Free. Guided tours by arrangement. Explanatory displays in nature centre. Picnic areas. Pets' corner. WC. Limited wheelchair access. Car parking. Telephone (01333) 429231.

The nature centre displays information and pictures about wildlife. Various exhibits throughout the year. Nature trail through the glen. Booklets and maps, pets' corner. Picturesque surroundings.

1101 LETTERSHUNA RIDING CENTRE 4 G12

Appin, Argyll. On A828, 25 miles (40km) south of Fort William and 20 miles (32km) north of Oban. Bus from Oban or Fort William. Open all year, daily. First ride of morning at 1030, first ride of afternoon at 1400, last ride of day at 1630. Charges dependent on length of ride. WC. Wheelchair access. Car parking. Telephone (01631) 730227.

A small family-run riding centre established in 1973. Specialises in small groups, with all rides led by Ride Leader. One and 2 hour rides for experienced riders confident in trotting and cantering. Half-hour or 1 hour ride for all-comers, with the pace geared to the slowest member of the group. Nervous riders and the very young will be led if necessary.

1102 LEVENGROVE PARK 6 J15

In Dumbarton, follow High Street across old bridge, main entrance in Clydeshore Road. Free. WC.

Beautiful open park stretching to the shores of the River Clyde. Formal flower gardens and magnificent trees. Contains the ruins of an old parish church and the burial place of the Dixon family. Putting green, crazy golf.

1103 LEVENMOUTH SWIMMING POOL AND SPORTS CENTRE 6 N14

Promenade, Leven, Fife. In centre of Leven, 12 miles (19km) east of St Andrews. Nearest railway station in Kirkcaldy. Local bus service. Open all year, Mon–Fri 0800–2200, Tue and Thu open at 0700, Sat–Sun closes 2100. Charge £. Group concessions. Refreshments available. Swimming pool, creche, sports hall, solarium and sauna. WC. Wheelchair access. Disabled WC. Car parking. Telephone (01333) 592500.

One of Fife's leading leisure facilities. Free-form swimming pool with beach entry, spa bath, water cannon, waves and flume slide. Fitness suite with both aerobic and resistance equipment.

1104 LEWIS LOOM CENTRE 2 D4

3 Bayhead, Stornoway, Lewis. In Stornoway town centre. Bus station within 0.25 miles (0.5km). Open all year, daily 0900–1800; other times by arrangement. Charge £. Craft shop free. Group concessions. Guided tours. Explanatory displays. Gift shop. WC. Wheelchair access. Car and coach parking. Telephone (01851) 704500 (work) or (01851) 703117 (home). www.lewisloomcenter.co.uk

An enjoyable introduction to the history of Harris tweed. Information on sheep breeds and plant dyes, and demonstrations of hand spinning, looms and all aspects of producing finished cloth. Craft shop selling mostly local produce, tweeds and knitwear.

1105 LEYDEN OBELISK AND TABLET 5 P18

Denholm, on A698 north east of Hawick. Access at all times. Free.

The village was the birthplace of John Leyden (1776-1811), poet, orientalist and friend of Sir Walter Scott. An obelisk was set up in 1861 and a tablet on a thatched cottage records his birth there. Another famous son of Denholm was Sir James Murray, editor of the *Oxford English Dictionary*, whose birth is commemorated on a tablet on a house in the Main Street.

1106 LIDDESDALE HERITAGE CENTRE 5 P19

Townfoot Kirk, South Hermitage Street, Newcastleton, Roxburghshire. 21 miles (33.5km) from Hawick on B6399, 23 miles (37km) from Carlisle on A7; follow signposts to Newcastleton/Canonbie. Infrequent bus from Carlisle or Hawick to Newcastleton. Open Easter–Sep, Wed–Mon 1330–1630. Charge £. Residents of Liddesdale free. Group concessions by arrangement. Explanatory displays. Small gift shop. WC. Wheelchair access. Car and coach parking. Telephone (01387) 375283. www.liddesdaleheritagecentre.scotshome.com

Liddesdale Heritage Association is a voluntary community group who run Liddesdale Heritage Centre and Museum in the former Congregational Church (built in 1804) within the planned village of Newcastleton (built 1793). Displays on the history of Liddesdale and its people, and a unique commorative bicentenery tapestry. Many books and articles on the Borders region. Facilities available for genealogical research. Waverley Line railway memorabilia. Exhibitions are staged during July and August.

1107 LINCLUDEN COLLEGIATE CHURCH 5 L19

HS. In Abbey Lane, on western outskirts of Dumfries, 1 mile (2km) from A76. Local bus service. Open at all times (contact keyholder). Charge £. Telephone 0131 668 8800. www.historic-scotland.gov.uk

The rich remains of a collegiate church founded in 1389 by Archibald the Grim, 3rd Earl of Douglas. The splendid chancel was probably added by his son, Archibald, the 4th Earl, and houses the exquisite monumental tomb of his wife, Princess Margaret, daughter of King Robert III.

1108 LINDEAN MILL GLASS 5 P17

Lindean Mill, Galashiels. On the A7, 1 mile (2km) north of Selkirk. Bus from Edinburgh or Carlisle. Open all year, Mon–Thu 0900–1200 and 1300–1700 (to 1600 Fri), weekends by appointment; closed local holidays. Free. Gift shop. Limited wheelchair access. Car parking. Telephone (01750) 20173. www.lindeanmillglass.co.uk

Scotland's premier glass studio where visitors can watch glassware being made by hand. Seconds shop and gallery.

1109 J. F. LINDSAY TARGEMAKER 3 K8

Balquhidder, Main Street, North Kessock, by Inverness. 4 miles (6.5km) north of Inverness off A9, take first junction left after Kessock bridge. Bus from Inverness to North Kessock. Open all year, 0900–1900. Telephone to confirm as space is limited. Free. Explanatory displays. Gift shop. Wheelchair access. Car parking. Telephone (01463) 731577. www.targemaker.co.uk

Small workshop making high quality hand-crafted reproductions of original Jacobite targes (shields). The targemaker is happy to answer questions. Photos may be taken holding targe and sword. Targes, swords and other items for sale.

1110 LINLITHGOW CANAL CENTRE 6 L15

Canal Basin, Manse Road, Linlithgow, West Lothian. In Linlithgow, five minute walk from station. Bus or rail from Edinburgh or Glasgow. Open Easter–Sep, weekends 1400–1700. Museum free, charge for boat trips. Explanatory displays. Gift shop. Tearoom and picnic area. WC. Wheelchair access to museum and tearoom. Disabled WC. Telephone (01506) 671215. www.lucs.org.uk

Historic canal basin on the Edinburgh and Glasgow Union Canal with small museum in former stable. Trip boats *Victoria* (replica 12-seater Victorian steam packet boat, 1/2 hour town stretch trips) and *St Magdalene* (40 seater, 21/2 hour trip to

Avon Aqueduct). Also trips to Falkirk Wheel (4 hours), last Sunday of month. Booking essential on 01506 843194.

1111 LINLITHGOW PALACE 6 L15

HS. Kirkgate, Linlithgow, West Lothian. Nearest railway station Linlithgow, then ten minute walk. Bus from Falkirk and Edinburgh. Open Apr–Sep, daily 0930–1830; Oct–Mar, Mon–Sat 0930–1630, Sun 1400–1630. Charge £. Group concessions. Guided tours. Gift shop. Picnic area. WC. Limited wheelchair access. Car and coach parking. Telephone (01506) 842896. www.historic-scotland.gov.uk

The magnificent ruin of a great royal palace set in its own park beside Linlithgow Loch. The Great Hall and Chapel (late 15th century) are particularly fine. The quadrangle has a richly-carved 16th-century fountain. A favoured residence of the Stewart monarchs from James I. Works commissioned by James I, III, IV, V and VI can be seen. Both King James V and Mary, Queen of Scots were born here.

1112 THE LINLITHGOW STORY 6 L15

Annet House, 143 High Street, Linlithgow, West Lothian. In Linlithgow 800 yards (731m) from the station. Bus or rail from Edinburgh or Glasgow. Open Apr–Oct, Mon–Sat 1000–1700, Sun 1300–1600. Charge £. Group concessions. Guided tours by prior arrangement. Explanatory displays. Gift shop. Picnic area in terraced garden. WC. Limited wheelchair access. Car and coach parking. Telephone (01506) 670677. www.linlithgowstory.org.uk

A small museum of local history which tells the story, not only of the Stewart kings of Scotland who built and lived in Linlithgow Palace (see 1111), but also of the ordinary people who lived and worked in the burgh. Housed in a late 18th-century merchant house.

1113 LINN BOTANIC GARDENS AND NURSERY 6 H15

Cove, Helensburgh, Dunbartonshire. On the B833, 10 miles (16km) from Garelochhead. Nearest railway station Helensburgh, then bus. Garden open all year dawn to dusk; plant sales open daily 1100–1700. Charge for garden £. Children under 12 free. Group concessions by arrangement. Guided tours for groups by arrangement. Plant name labels. Refreshments nearby. Car and coach parking. Telephone (01436) 842242.

A garden developed since 1971 around a listed Clyde coast villa in the style of Greek Thompson. Thousands of unusual, exotic and rare plants, extensive water garden, formal ponds and fountains, herbaceous borders, glen with waterfall, cliff garden and rockery. Signed route of just over half-mile (1km) through garden.

1114 LINN OF TUMMEL 3 L11

NTS. Walk from Garry Bridge, 2.5 miles (4km) north of Pitlochry on B8019. Access at all reasonable times. Free. Car parking. www.nts.org.uk

Follow a riverside nature trail through mixed woodland to the meeting place of the Rivers Garry and Tummel. The Linn of Tummel (pool of the tumbling stream) comprises a series of rocky rapids in a beautiful setting.

1115 LISMORE HISTORICAL SOCIETY 4 F12

The Old School House, Achnacroish, Isle of Lismore, Argyll. Halfway down Lismore, approximately 5 miles (8km) from either ferry terminal. Nearest railway stations at Appin and Oban, then ferry to Lismore. Open Easter–end Sep, daily 1000–1700. Charge £. Guided tours. Explanatory displays. Wheelchair access. Car parking. Telephone (01631) 760346.

A reconstructed thatched croft house circa 1890. Built by the islanders and depicting a way of life long disappeared from Lismore. Heritage centre depicting the local history.

1116 LITTLE GALLERY 2 D8

7 Portnalong, Isle of Skye. 3 miles (5km) west of Talisker distillery on the

B8009. Bus service runs twice-daily Mon-Fri. Open Easter–Oct, daily 1000–1800; Nov–Easter by arrangement. Free. Explanatory displays. Wheelchair access. Car parking. Telephone (01478) 640254. www.the-little-gallery.co.uk

Overlooking Loch Harport, the gallery displays etchings, prints and watercolours depicting the Cuillin, Skye landscapes and the native flora and fauna.

1117 LITTLE TREASURES DOLLS HOUSE AND TOY MUSEUM 3 Q9

Petersfield, Kemnay, Aberdeenshire. On B993 14 miles (22.5km) north of Aberdeen, between Inverurie and Kemnay. Nearest railway station at Inverurie. Limited bus service from Inverurie and Kemnay. Open all year, Fri–Sat and Mon 1000–1700, Sun 1300–1700; Jul, Aug and Dec open daily. Open at other times by appointment. Charge £. Free entry to shop. Group concessions. Guided tours by arrangement. Explanatory displays. Gift shop. Picnic area. WC. All exhibits labelled. Car and coach parking. Telephone (01467) 642332. www.littletreasures.uk.com

A delightful private collection of dolls houses, miniature displays and antique and collectable toys, attractively arranged for visitors' enjoyment. The adjoining shop stocks dolls houses, furniture and accessories, gifts, crafts and collectables. Something for all ages.

1118 DAVID LIVINGSTONE CENTRE 6 K16

NTS. 165 Station Road, Blantyre, Glasgow. Off the A724 in Blantyre, within walking distance of Blantyre station. Open early Jan–Mar and Nov–Dec, Mon–Sat 1030–1630, Sun 1230–1630; Apr–Oct, Mon–Sat 1000–1730, Sun 1230–1730. Charge £. Explanatory displays. Gift shop. Tearoom. Playground, riverside walks. WC. Limited wheelchair access. Disabled WC. Car and coach parking. Telephone (01698) 823140. www.nts.org.uk

In the tenement where Livingstone was born. Displays chart his life, from his childhood in the Blantyre mills to his exploration of Africa.

1119 LOANHEAD STONE CIRCLE 3 Q8

HS. Near Daviot, off B9001, 5 miles (8km) north west of Inverurie, Aberdeenshire. Nearest railway station Inverurie, bus from Inverurie, then 1 mile (2km) walk. Access at all times. Free. Car parking. Telephone (01466) 793191. www.historic-scotland.gov.uk

The best known of a group of recumbent stone circles about 4000 to 4500 year old. Encloses a ring cairn and is beside a small burial enclosure.

1120 LOCH CENTRE 6 N15

Well Wynd, Tranent, East Lothian. In Tranent centre. Bus from Edinburgh. Open all year (except Christmas and New Year), Mon–Fri 0900–2200, weekends 0900–1700. Charge by activity. Group concessions. Café. Crèche. WC. Wheelchair access. Disabled WC. Car and coach parking. Telephone (01875) 611081.

Swimming pool with sauna, steam room, bodyworks gym, activity hall, dance studios, soft play area and meeting rooms.

1121 LOCH DOON CASTLE 4 J19

HS. Off the A713, 10 miles (16km) south of Dalmellington, Ayrshire. Nearest railway station Ayr, bus from Ayr. Access at all times. Free. Car parking. Telephone 0131 668 8800. www.historic-scotland.gov.uk

An early 14th-century castle with an eleven-sided curtain wall of fine masonry. Once known as Castle Balliol. Originally it stood on an island in Loch Doon but it was moved to its present site in the 1930s before its original site was flooded during the construction of a hydro-electric scheme.

1122 LOCH ERIBOLL 3 J3

Situated between Tongue and Durness in the north of Sutherland.

Reputedly the deepest sea loch or inlet in Britain. Both the loch itself and its shores are steeped in history. Despite the inhospitable landscape of today, archaeological remains indicate that people have lived here for at least the last 4000 years.

1123 LOCH FAD FISHERY 4 G16

Loch Fad, Isle of Bute. On the B878, 0.75 mile (1km) from Rothesay pier. Nearest railway station Wemyss Bay. Open for fly fishing Mar–late Dec and bait fishing mid Mar–early Oct. Charge £££. Group concessions. Explanatory displays. Picnic area. WC. Limited wheelchair access. Disabled WC. Car and coach parking. Telephone (01700) 504871. www.lochfad.com

Fishing for rainbow or brown trout from banks or boats.

1124 LOCH FITTY TROUT AND COARSE FISHERY 6 M14

Kingseat, By Dunfermline, Fife. On B912, 3 miles (4km) west of Cowdenbeath and north east of Dunfermline. Nearest railway station at Dunfermline. Bus service from Dunfermline. Open Mar–Nov, daily 0830–dusk. Charge dependent on limit. Tackle shop. Tearoom and picnic areas. WC. Wheelchair access. Car and coach parking. Telephone (01383) 620666. www.lochfitty.co.uk

Loch Fitty is a shallow, fertile naturally formed loch of approximately 170 acres (69ha). It is an attractive beauty spot in a rural setting, giving excellent trout and coarse fishing. Delightful walks around a young tree plantation. Lots of birds, including heron, buzzards, greater spotted woodpeckers, tree creepers, jays, grebes and a host of other more common birds. In the spring, an osprey has sometimes been seen. There are four separate fishing areas within the loch, each offering different sport for both boat and shore fishing (boats must be booked in advance).

1125 LOCH FLEET 3 K5

Off A9 between Dornoch and Golspie (3 miles/5km). Limited train and bus services from Inverness and Thurso. Access at all times. Free. Summer walks by ranger service. Information panels on both south and north shores. Car parking. Telephone 01408 633602 (Scottish Natural Heritage). www.snh.org.uk

This nature reserve occupies a stunning coastal location where a river flows through a tidal basin. Common seals regularly haul out on the mudflats at low tide and visitors can enjoy great views of wildfowl and waders. Sand dunes and coastal heath are rich in wild flowers and the attractive pinewood plantations provide a home for flowers more usually seen in ancient native pinewoods.

1126 LOCH GARTEN RSPB OSPREY CENTRE 3 L9

RSPB. By Nethybridge, Inverness-shire. Off the B970, 8 miles (13km) north east of Aviemore. Bus from Aviemore then 2 mile (3km) walk, or Strathspey steam railyway from Aviemore to Boat of Garten, then 4 mile (6.5km) walk. Open Apr–Aug, daily 1000–1800. Caperwatch daily, Apr–mid May 0530–0830 (telephone to confirm). Charge £. RSPB/Wildlife Explorer members free on production of membership card. Explanatory displays in visitor centre. Gift shop. WC. Wheelchair access to centre. Disabled WC. Car and coach parking. Telephone (01479) 821409. www.rspb.org.uk/scotland

A public viewing facility overlooking the famous Loch Garten osprey tree-top nest. Direct viewing with telescopes or binoculars; CCTV transmits pictures of the nest to the centre. To avoid disturbance, view capercaillie from the centre. Nature trails through rare Caledonian pine forest offer views of crested tits, Scottish crossbills and red squirrels.

1127 LOCH GRUINART RSPB NATURE RESERVE 4 D16

Deep inlet on north coast of Islay. Signed from A847 Bridgend to Bruichladdich road, 3 miles (5km) from turn off. Reserve open at all times. Visitor centre open Apr–Oct, daily 1000–1700; Nov–Mar, daily 1000–1600 (closed 25–26 Dec and 1–2 Jan). Free. Guided tours. Explanatory displays. Nature trails and birdwatching hide. WC. Wheelchair access. Disabled WC. Car and coach parking. Telephone (01496) 850505. www.rspb.org.uk/scotland

During the spring there are hundreds of breeding wading birds (lapwings, redshanks and snipe) and the nights resound to the call of the corncrake. Hen harriers nest on the moor and hunting golden eagles and peregrines occur all year round. Loch Gruinart is famous for the large numbers of barnacle and white-fronted geese that spend the winter on Islay. The reserve can be seen easily from the road. In the visitor centre, a live video camera allows visitors to get even closer views of the grazing geese.

1128 LOCH INSH WATERSPORTS 3 L9

Kincraig, Inverness-shire. 7 miles (11km) south of Aviemore. Nearest railway and bus stations Aviemore. Watersports from Apr–Oct, daily 0830–1730; Skiing, Dec–Apr. Charge per activity. Group concessions. Explanatory displays and audio-visual room. Gift shop. Restaurant, bar and open balcony, picnic area. Children's adventure area. Beach. WC. Wheelchair access (including showers for beach). Disabled WC. Car and coach parking. Telephone (01540) 651272. www.lochinsh.com

Watersports include sailing, windsurfing, canoeing, salmon/trout fishing and rowing. Dry ski slope skiing, mountain biking, archery. Hire and instruction. The 2 mile (3km) interpretation/fun trail and stocked fishing lochan were especially designed with wheelchair users in mind. Three childrens' adventure areas.

1129 LOCH LEVEN CASTLE 6 M14

HS. By Kinross, Tayside. On an island in Loch Leven. Accessible by boat from Kinross. Bus service from Edinburgh to Kinross. Open Apr–Sep, daily 0930–1830. Charge ££. Charge includes ferry. Group concessions. Guided tours. Gift shop. Picnic area. WC. Limited wheelchair access. Car parking. Telephone (07778) 040483. www.historic-scotland.gov.uk

A late 14th- or early 15th-century tower on one side of an irregular courtyard. The prison of Mary, Queen of Scots in 1567.

1130 LOCH LEVEN NATIONAL NATURE RESERVE 6 M14

See 1699 Vane Farm RSPB Nature Reserve.

1131 LOCH LOMOND 4 J14

Cruises available from a number of operators, including: at Balloch, Sweeney's Cruises (01389) 752376, and Mullens Cruises (01389) 751481 (group booking); at Balmaha, McFarlane and Son (01360) 870214; at Luss, Round the Islands Cruises (Mar-Oct, Luss Pier); at Tarbet, Cruise Loch Lomond (01301) 702356.

Loch Lomond, the largest stretch of inland water in Britain, and framed by lovely mountain scenery, is a popular centre for all watersports. Cruises around the banks and attractive small islands are available. See also 1132 Loch Lomond and the Trossachs National Park, 168 Ben Lomond, 1161 Lomond Shores and 1184 Maid of the Loch.

1132 LOCH LOMOND AND THE TROSSACHS NATIONAL PARK 4 J14

Access at all times. Free. Car and coach parking. Telephone (01389) 722600.

Loch Lomond, the Trossachs area and the Argyll Forest Park, renowned for its beauty, comprise Scotland's first National Park. The area offers many activities and opportunities for walking. See 168 Ben Lomond, 1131 Loch Lomond, 1161 Lomond Shores and 1184 Maid of the Loch.

1133 LOCH LOMOND GARDEN CENTRE 4 J14

Main Road, Balmaha, Stirlingshire. Beside Loch Lomond on B837, 3 miles (5km) from Drymen. Open all year, daily 1000–1730. Free. Explanatory displays. Gift shop. Restaurant and coffee shop overlooking Loch Lomond. Children's play area. WC. Wheelchair access. Disabled WC. Car and coach parking. Telephone (01360) 870233.

Garden centre with large gift shop. Sensory garden.

1134 LOCH LOMOND, SWEENEY'S CRUISES 6 J15

Riverside, Balloch, Dunbartonshire. At south end of Loch Lomond, 30 minutes from Glasgow. Railway station in Balloch. Cruises around the loch operate daily throughout the year. Telephone for timetable. Charge £££. Children under 4 free. Group concessions. Fully stocked bar. Tea and coffee available. WC. Wheelchair access with assistance. Car and coach parking. Telephone (01389) 752376. www.sweeney.uk.com

Sweeney's Cruises have been operating on Loch Lomond for almost 100 years. Today they sail five passenger boats. Live commentary on all cruises. Private charter available.

1135 LOCH MORAR 2 F10

South east of Mallaig. Rail, bus and ferry from Fort William. Car parking.

Said to be the deepest freshwater loch in Britain and the home of Morag, a monster with a strong resemblance to the Loch Ness Monster.

1136 LOCH NAM UAMH CAIRN 2 F10

Off A830, south of Arisaig. Car parking.

The loch is famous for its association with Bonnie Prince Charlie. The memorial cairn on the shore marks the spot from where Prince Charles Edward Stewart sailed for France on 20 September 1746, after having wandered round the Highlands as a fugitive with a price of £30,000 on his head.

1137 LOCH NESS 3 K8

Between Inverness and Fort William.

This striking 24-mile (38.5-km) long loch in the Great Glen forms part of the Caledonian Canal which links Inverness with Fort William. Up to 700 feet (213m) deep, the loch contains the largest volume of freshwater of any lake in the British Isles. Famous worldwide for its mysterious inhabitant, the Loch Ness Monster, it is also ideal for cruising and sailing.

1138 LOCH NESS 2000 3 J8

The Official Loch Ness Exhibition Centre, The Drumnadrochit Hotel, Drumnadrochit, Inverness. In Drumnadrochit on the A82, 15 miles (24km) south of Inverness. Bus from Inverness or Fort William. Open Easter–May 0930–1730; Jun–Sep 0930–1830; Jul–Aug 0900–2030; Oct 0930–1800; winter 1000–1600. Charge £££. Disabled visitors free. Group concessions. Explanatory displays. Gift shop. Restaurants. Garden, pets' corner, boat trips on Loch Ness. WC. Wheelchair access. Disabled WC. Car and coach parking. Telephone (01456) 450573. www.loch-ness-scotland.com

A fully automated multi-room presentation takes visitors through themed areas describing Loch Ness from the pre-history of Scotland, exploring the cultural roots of the story in Highland folklore; and into the present controversy and all the phases of investigation and exploration. Includes the world's largest inflatable and one of the world's smallest submersibles. Also Loch Ness boat trips aboard the famous *Deepscan*, and themed shops.

1139 LOCH NESS CLAYWORKS 3 J9

Bunloit, Drumnadrochit. Leave A82 Lewiston Bridge, drive to the end of Bunloit Road. Open all year, daily. Free. Gift shop. Wheelchair access with assistance. Car parking. Telephone (01456) 450402.

Situated in a beautiful area with stunning views, this is a small and prolific pottery producing a wide range of colourful artistic and domestic pieces including mugs, bowls, plates, jugs, vases, oil lamps, night lights and more. Items can be purchased.

1140 LOCH NESS, ORIGINAL VISITOR CENTRE 3 J8

Drumnadrochit. Bus from Inverness or Fort William. Open all year, Mar–May 0900–1900; Jun–Aug; 0900–2200; Sep–Oct 0900–2000; Nov–Feb

0900–1700. Charge ££. Teachers and guides free. Group concessions. Explanatory displays. Cinema exhibition (in Dutch, French, German, Italian, Japanese, Spanish and Swedish). Gift shop. WC. Wheelchair access. Disabled WC. Car and coach parking. Telephone (01456) 450342. www.lochness-centre.com

The story of Loch Ness, the monster, and other mysteries of the area is presented in a wide-screen cinema. Exhibition, various gift shops.

1141 LOCH NESS TRAVEL CO — 3 J8

Based in West Lewiston, by Drumnadrochit, Loch Ness. On A82, 16 miles (25.5km) south west of Inverness. Some tours start from Inverness. Bus from Inverness or Fort William. Tours take place all year. Charge dependent on tour. Car parking. Telephone (01456) 450550. www.lochnesstravel.com

Personalised car/minicoach day tours around Loch Ness, the Highlands and specialist Whisky, Castle and Wildlife tours. Also guided 2–3 day minibus tours around the Highlands and Islands. Coach available for larger groups.

1142 LOCH OF KINNORDY RSPB NATURE RESERVE — 5 N12

RSPB. By Kirriemuir. Loch of Kinnordy, 0.5 miles (1km) west of Kirriemuir on B951. Bus service to Kirriemuir. Reserve open daily 0900–dusk (closed Sep and Oct, Sat only). Charge £. Non-members car park £. Explanatory displays and occasional guided walks. Limited wheelchair access. Car parking. Telephone (01738) 630783. www.rspb.org.uk/scotland

The lochs, mires and fens are surrounded by farmland. On the reserve wildfowl, wading birds and ospreys vist regularly in the spring and summer, when black-necked grebes may also occur. In winter, the reserve is full of wildfowl. There is a nature trail of 550 yards (500m) and three bird watching hides, some accessible to wheelchairs.

1143 LOCH OF THE LOWES VISITOR CENTRE — 5 M12

Loch of the Lowes, Dunkeld, Perthshire. 2 miles (3km) north east of Dunkeld. Nearest railway station Dunkeld and Birnam, bus from Perth to Dunkeld. Open Apr–Sep, 1000–1700. Admission by donation, children free. Explanatory displays. Gift shop. Selection of fresh rolls, cakes, fruit and juices available daily. WC. Limited wheelchair access. Disabled WC. Car and coach parking. Telephone (01350) 727337.

A visitor centre with wildlife displays and small aquaria, manned by volunteers and ranger staff. Observation hide at lakeside with fitted binoculars and telescopes. Live nest camera to osprey eyrie. Birds include breeding ospreys, great crested grebe, tufted duck, coot, mallard, and occasionally cormorants, heron and goldeneye duck.

1144 LOCH OF STRATHBEG RSPB NATURE RESERVE — 3 R7

RSPB. Crimond, Fraserburgh, Aberdeenshire. Starnafin visitor centre is 1 mile (1.5km) from Crimond village on A90, between Peterhead and Fraserburgh. Public transport is infrequent. Access to all hides is difficult without a vehicle. Reserve open at all times. Charge £. RSPB members free. Explanatory displays. Events programme (leaflet available from visitor centre). WC. Limited wheelchair access. Disabled WC. Car and coach parking. Telephone (01346) 532017. www.rspb.org.uk/scotland

The loch covers 544 acres (220ha) and is the largest dune loch in Britain, surrounded by marshes, reedbeds, grassland and dunes. Visitors can see many different species of birds including large flocks of wintering geese and swans, and summer breeding waders including lapwing and redshank, from the four hides and trails. A visitor centre provides panoramic views and detailed information.

1145 LOCH SHIEL CRUISES — 2 G10

c/o Glenfinnan House Hotel, Glenfinnan, Fort William. On the A830, 15 miles (24km) north west of Fort William. Bus or rail from Fort William. Open Easter–Oct, daily 0900–1700 and special evening cruises. Charge ££–£££. Group concessions. Guided tours (in French or German by request).

Explanatory displays. Refreshments and bar on boat. WC. Telephone for disabled access. Car and coach parking. Telephone (01687) 470322. www.highlandcruises.co.uk

Pleasure cruises from Glenfinnan and Acharacle on Loch Shiel, one of Scotland's most beautiful and historic lochs. A wide variety of rare wildlife, best seen from the water.

1146 LOCH SLOY HYDRO ELECTRIC STATION **4 H14**

By Inveruglas on the A82, Loch Lomondside. Car and coach parking. Telephone (01796) 484000 to arrange visits.

Opened in 1950, Loch Sloy was the first of the Hydro Electric Boards major generating plants to come into service. Station open to organised parties on application (charge). Interesting walk to Loch Sloy dam across the road.

1147 LOCH TAY POTTERY **5 K12**

Fearnan, Aberfeldy, Perthshire. Off the A827 (Fortingall Road), 3 miles (5km) from Kenmore. Open all year daily, 1000–1700. Free. Gift shop. Wheelchair access with assistance. Car parking. Telephone (01887) 830251.

A showroom and workshop in a former croft. Andrew Burt produces a wide variety of stoneware pots for kitchen and other domestic use and decoration. Visitors can watch him at work.

1148 LOCH-AN-EILEIN POTTERY **3 L9**

Rothiemurchas, Aviemore, Highland. 2 miles (3km) south west of Aviemore on the Loch-An-Eilein road. Open all year, Tue–Sun 1000–1700. Free. Gift shop. Picnic area. WC. Pot-making sessions suitable for blind visitors. Wheelchair access with assistance. Car parking. Telephone (01479) 810837. www.penspots.co.uk

Small rural craft pottery making terracotta domestic wares, glazed in blues and greens. The pottery is situated on the Rothiemurchus estate near Aviemore. Hands-on make your own pot activity on Tuesday and Thursday mornings.

1149 LOCHCARRON CASHMERE WOOL CENTRE **5 P17**

Waverley Mill, Huddersfield Street, Galashiels. In Galashiels centre. Bus from Edinburgh to within 1.25 miles (2km). Open all year, Mon–Sat 0900–1700; Jun–Sep, Sun 1200–1700. Tour £ (children under 14 free), museum free. Group concessions. Guided tours. Explanatory displays. Gift shop. WC. Personal guide for blind visitors. Wheelchair access. Disabled WC. Car parking. Telephone (01896) 751100. www.lochcarron.com

A woollen mill manufacturing cashmere from spun yarn to finished garment. Produces a huge range of pure wool tartans. Tour of mill and museum illustrating the history of Galashiels and its trade.

1150 LOCHHILL EQUESTRIAN CENTRE **5 K20**

Ringford, Castle Douglas, Dumfries and Galloway. 4 miles (6.5km) north of Kirkcudbright. From Ringford follow signs for New Galloway and Laurieston (A762). Take first left (concealed junction) as you leave Ringford. Straight on at crossroads. Lochhill is first farm on left. Open all year. Charge dependent on activity. WC. Wheelchair access with assistance. Car parking. Telephone (01557) 820225. www.kirkcudbright.co.uk/activity/lochhill.htm

Equestrian and trekking centre located in the Galloway hills. Lessons and hacks for beginners and more experienced riders. Children can spend a morning or afternoon learning how to groom and look after a pony. Riding parties organised.

1151 LOCHINDORB **3 L8**

Unclassified road off A939, 10 miles (16km) north west of Grantown-on-Spey.

On an island in this lonely loch stand the ruins of a 13th-century castle, once a seat of the Comyns. It was occupied in person by Edward I in 1303 and greatly strengthened. In 1336 Edward III raised the siege in which the Countess of Atholl was beleaguered by the Regent Moray's troops. In 1371 the castle became the stronghold of the Wolf of Badenoch, the vicious Earl of Buchan who terrorised the area. The castle was dismantled in 1456.

1152 LOCHMABEN CASTLE **5 M19**

HS. On the south shore of Castle Loch, by Lochmaben, Dumfries and Galloway. Off the B7020, 9 miles (14.5km) east north-east of Dumfries. Nearest railway station Lockerbie, bus from Lockerbie or Dumfries. Access at all times but view exterior only. Car parking. Telephone 0131 668 8800. www.historic-scotland.gov.uk

The ruins of a royal castle, originally built by the English in the 14th century but extensively rebuilt during the reign of King James VI. Surrounded by extensive remains of earthworks, including a rectangular peel (timber pallisaded enclosure).

1153 LOCHORE MEADOWS COUNTRY PARK **6 M14**

Crosshill, Lochgelly, Fife. Nearest railway station Lochgelly, bus from Lochgelly or Edinburgh. Open Apr–Sep, daily 0900–1930; Oct–Mar, daily 0900–1700. Free. Explanatory displays in visitor centre. Café. WC. Braille maps for woodland trail. Wheelchair access. Disabled WC. Car and coach parking. Telephone (01592) 414300.

Green and pleasant countryside around a large lake reclaimed from coal mining waste in the 1960s. A slide show, displays and ranger-guided walks tell the story of the reclamation. Ancient historical remains. Wildlife study, walks, picnics. Activities include fishing, sailing, windsurfing, canoeing, golf, riding. Adventure play area.

1154 LOCHRANZA CASTLE **4 G16**

HS. At Lochranza on the north coast of the Isle of Arran. Ferry from Ardrossan to Brodick, bus from Brodick. Open at all times (apply to custodian). Free. Car parking. Telephone 0131 668 8800. www.historic-scotland.gov.uk

A fine tower house, probably a 16th-century reconstruction of an earlier building. Reputed to be where King Robert the Bruce landed on his return in 1307.

1155 LOCHTER FISHERY **3 Q8**

Oldmeldrum, Inverurie, Aberdeenshire. West of Oldmeldrum, 4miles (7km) north east of Inverurie. Nearest bus stop 1 mile (1.5km). Open all year, daily, fishery 0800–dusk; gift shop 0900–1700; restaurant 0900–1600; activities 0900–dusk (advance booking required). Charge £££ for fishing and activities. Group concessions. Tours by appointment. Explanatory displays. Gift shop. Restaurant overlooks main fly fishing loch. Picnic and barbecue areas. WC. Wheelchair access with assistance. Disabled WC. Car and coach parking. Telephone (01651) 872000. www.lochter.net

Set in a beautiful valley with spectacular views of the surrounding hills. Four fishing lochs for fly and bait fishing. Activities offered include clay pigeon shooting, gass rally karting, off-road driving, archery, target golf, obstacle driving, paint jousting and mini digger challenge. Also putting green, nature walks, fish feeding, falconry displays, children's play area and bouncy castle.

1156 LOCHWINNOCH RSPB NATURE RESERVE **6 J16**

RSPB. Largs Road, Lochwinnoch, Renfrewshire. South west of Glasgow on A737 Irvine road, near Lochwinnoch village. Lochwinnoch railway station adjacent to reserve, for bus services telephone reserve. Visitor centre open all year daily, 1000–1700 (except Christmas and New Year). Reserve open at all times. Charge £. RSPB members free. Charge for some events. Guided tours as per events schedule or by prior arrangement. Explanatory displays. Gift shop. Light snacks available, picnic area. Wildlife garden, birdwatching hides. WC. Wheelchair access. Disabled WC. Car and coach parking. Telephone (01505) 842663. www.rspb.org.uk

A varied nature reserve encompassing marshland, open water and woodland. A range of wildlife can be seen all year round, including great-crested grebes and the elusive otter. The visitor centre, with telescopes and reading material, will help visitors get the most from their visit.

1157 LOGAN BOTANIC GARDEN **4 G21**

Port Logan, Stranraer, Wigtownshire. 14 miles (22.5km) south of Stranraer, off the B7065. Open Mar and Oct, daily 1000–1700; Apr–Sep, daily 1000–1800. Charge ££. Group concessions. Guided tours for groups by arrangement (charge £). Explanatory displays. Gift shop. Licensed salad bar. WC. Limited wheelchair access. Disabled WC. Car and coach parking. Telephone (01776) 860231.

Experience the southern hemisphere in Scotland's most exotic garden. Logan's exceptionally mild climate allows a colourful array of tender plants to thrive. Tree ferns, cabbage palms, unusual shrubs, climbers and tender perennials are found within the Walled, Water, Terrace and Woodland Gardens. The Discovery Centre provides activities and information for all ages and the Soundalive self-guided tours enable visitors to make the most of the garden. Logan Botanic Garden is one of the National Botanic Gardens of Scotland. Visitors can also explore Logan House Garden (entry via the botanic garden).

1158 LOGAN FISH POND MARINE LIFE CENTRE **4 G21**

Port Logan, Stranraer, Wigtownshire. Off the B7056, 14 miles (22.5km) south of Stranraer, 1 mile (2km) from Logan Botanic Garden (see 1158). Nearest railway and bus stations Stranraer. Open Mar–Oct, daily 1200–1700. Charge ££. Group concessions. Guided tours (available in Dutch, French, German and Spanish). Explanatory displays. Gift shop. Picnic area. Beach. WC. Limited wheelchair access. Car and coach parking. Telephone (01776) 860300. www.loganfishpond.co.uk

A fully restored Victorian fish larder in a unique setting – a tidal pool created by a blowhole which formed during the last Ice Age. The rock fissure through which the tide flows is now the setting for the unusual cave marine aquaruim, containing a large variety of species from the Irish Sea.

1159 LOGIE FARM RIDING CENTRE **3 L8**

Logie Farm, Glenferness, Nairn. On the A939, 10 miles (16km) from Nairn. Open all year, daily 1000–1700. Charge for riding £££ (per hour). Group concessions. Explanatory displays. WC. No guide dogs. Car parking. Telephone (01309) 651226. www.angelfire.com/fm/logiefarm

A riding centre with quality horses and ponies. Traffic-free riding, stunning scenery, an extensive cross-country course, show jumping and dressage areas, outdoor arena and first class instruction. Riding holidays for adults or unaccompanied children. Livery yard and approved student training centre.

1160 LOGIE STEADING **3 L7**

Forres, Moray. 6 miles (10km) south of Forres on A940. Nearest railway station and bus service Forres. Open Easter–Christmas, daily 1030–1700. Free. Charge for gardens £ (children free). Explanatory displays. Tearoom. WC. Wheelchair access with assistance. Disabled WC. Car and coach parking. Telephone (01309) 611378. www.logie.co.uk

Originally built as a model farm in the 1920s, the steading has been converted to house an unusual visitor centre. Art gallery (contemporary Scottish art), secondhand books, antique country furniture, furniture restoration including cane and rush seating, textiles, glass engraving, dress making, plant shop. River Findhorn Heritage Centre, walk and playground. Walled garden.

1161 LOMOND SHORES **6 J15**

Balloch, Glasgow. At the southern tip of Loch Lomond. Nearest railway station Balloch. Telephone or visit website to confirm opening times. Entry to Lomond

Shores free, charge (£££) for attraction only. Guided tours. Explanatory displays. Restaurants, café, bars and picnic areas. Unique retail crescent. Baby changing facilities. Children's play area, beach and events area. WC. Wheelchair access. Disabled WC. Car and coach parking. Telephone (01389) 222406. www.lochlomondshores.com

Loch Lomon Shores is set amidst the breath taking beauty of Loch Lomond. A mixture of leisure and retail, there is quite literally something for everyone to enjoy. Experience Loch Lomond like never before through the giant screen film *Legend of Loch Lomond*, fly over the loch or travel back in time with our adventurous young otter, Ollie. Discover Scotland's first national park through the interactive exhibition, park rangers and tourist information centre.

1162 LONGSHEDS EQUESTRIAN 5 K20

Kelton, Castle Douglas, Dumfries and Galloway. 3 miles (5km) south of Dumfries and 2 miles (3km) south of Castle Douglas. Follow signs to Threave Gardens and take next road on right. Bus to Dumfries and Castle Douglas. Open all year, daily 1000–1700. Charge from £££, depending on activity. Visitors will be shown local places of interest when on a trek or hack. Hot and cold drinks and snacks available. Gift shop selling Longsheds clothing. WC. Limited wheelchair access. Car parking. Telephone (01556) 680498. www.longsheds.co.uk

Riding centre catering for all sizes and ages. Horses or ponies matched to each visitor. Lessons, treks and hacks available.

1163 LOSSIEMOUTH FISHERIES AND COMMUNITY MUSEUM 3 M7

2 Pitgaveny Quay, Lossiemouth, Moray. Bus from Elgin. Open Easter–Sep, Mon–Sat 1000–1700. Charge £. Group concessions. Guided tours (leaflets in French and German). Explanatory displays. Gift shop. WC. Wheelchair access to ground floor only. Disabled WC. Car and coach parking. Telephone (01343) 813772.

Exhibits on the history of fishing and the local community. Features a study of Ramsay McDonald, the first Labour Prime Minister, born in Lossiemouth.

1164 LOST GALLERY 3 N9

Strathdon, Aberdeenshire. On A97 in Cairngorms National Park, 48 miles (77km) west of Aberdeen. Open all year, Wed–Mon 1100–1700. Free. WC. Limited wheelchair access. Disabled WC. Car parking. Telephone (01975) 51287. www.lostgallery.co.uk

Contemporary art in an idyllic setting. The gallery is set deep in the tranquility of Glen Nochty, a delightful drive through the woodland that surrounds Strathdon in Upper Donside. It is housed in a 19th-century farmhouse on Moss Hill. Over 60 paintings, oil, watercolours, mixed media and photography, and over 60 indoor and outdoor sculptures.

1165 LOUDOUN HALL 4 J17

Boat Vennel, South Harbour Street, Ayr. In Ayr town centre, near cross. Open by arrangement only. Admission by donation. Guided tours. Explanatory displays. Refreshments available by arrangement. AV equipment for lectures and seminars. Limited wheelchair access (stairs suitable for ambient disabled only). Car and coach parking. Telephone (01292) 611290.

Loudon Hall is one of Ayr's oldest and finest buildings dating back to the late 15th century. Once in the garden ground there had been a brew house and bake house, the hall has been restored as a cultural centre. The forecourt is a public space with integrated art works and a performance space used for occasional music and drama events.

1166 LOUDOUN HILL 6 K17

3 miles (4.8km) E of Darvel. Access at all reasonable times. Free.

An imposing rock, 1036 feet (316m) above sea level, offering far reaching views over the Ayrshire countryside. This unusual hill is the plug of an extinct volcano, and was the scene of victories over English forces by William Wallace in 1297, and Robert the Bruce in 1307. Bruce's victory is commemorated by a stone at the summit.

1167 LOW PARKS MUSEUM 6 K16

129 Muir Street, Motehill, Hamilton, Lanarkshire. Off junction 6 on the M74. Nearest railway station Hamilton, bus from Glasgow. Open all year, Mon–Sat 1000–1700, Sun 1200–1700. Free. Guided tours. Explanatory displays. Gift shop. Garden. WC. Large print text. Wheelchair access. Disabled WC. Car and coach parking. Telephone (01698) 328232.

Combines the former Hamilton District Museum with the Cameronians (Scottish Rifles) Regimental Museum. Displays on the Hamilton Estate and settlement in the area, coal mining, textiles, agriculture, covenantors and Cameronians (Scottish Rifles) Regiment. Changing exhibition programme and activities.

1168 LYTH ARTS CENTRE 3 N2

Lyth, Wick, Caithness. 4 miles (6.5km) off the A99 between Wick and John o' Groats. Nearest railway station at Wick. Exhibitions open Jul–Aug, daily 1430–1630. Open Apr–Dec for evening performances as advertised locally. Exhibitions £. Performances £££. Explanatory displays. Gift shop. Snack bar. Garden. WC. Wheelchair access. Car parking. Telephone (01955) 641270. www.caithness.org

Up to ten new exhibitions of contemporary fine art shown simultaneously each season, ranging from local landscapes to the work of established British and foreign artists. Regular performances by touring drama, music and dance companies. NB: Centre closed for renovation until July 2004. Please check with Tourist Information Centres or visit website for update.

1169 MABIE FARM PARK 5 L20

Burnside Farm, New Abbey Road, Mabie, Dumfries. 15 minutes from Dumfries and the A75. Farm lies on the edge of Mabie Forest – take A710 Solway Coast road towards New Abbey, through Islesteps and follow signposts after approximately 1 mile (1.5km). Open Apr–Oct, daily 1000–1700 (unless pre-booked for birthday party). Charge ££. Group concessions if pre-booked. Guided tours for educational visits. Gift shop. Tearoom, picnic areas and farm shop. WC. Wheelchair access. Disabled WC. Car and coach parking. Telephone (01387) 259666. www.mabiefarm.co.uk

Lots of animals to meet, including donkeys, horses and ponies, chicks and guinea pigs. Also adventure playground, giant flume slide, go-carts, quad bikes, grass sledge, astro slide and bouncy castles.

1170 MABIE FOREST 5 L20

FE. 4 miles (6.5km) south of Dumfries. Free access at all times. Picnic areas and barbecues. Forest walks. Children's play area. Bike hire. Wheelchair access. Car parking. Telephone (01387) 247745. www.forestry.gov.uk

This popular forest attracts both locals and visitors, and offers a wide range of facilities and activities. Situated on the site of an old sawmill, it is the perfect place to relax, get some fresh air and take in the stunning views across the Solway Firth. Mountain biking for all abilities from quiet forest roads to technical single track. Programme of ranger-led activities throughout the year.

1171 MACALLAN DISTILLERY 3 N8

Craigellachie, Banffshire. On B9102 opposite Craigellachie, 15 miles (24km) south of Elgin. Nearest railway station at Elgin. Limited bus service to Craigellachie. Open Easter–Oct, Mon–Sat 0930–1700 (last tour at 1530); Nov–Easter limited opening, telephone for details. Booking advisable for all tours. Free. Special interest tours £££. Gift shop. WC. Tours for deaf visitors can be organised. Limited wheelchair access. Disabled WC. Car parking. Telephone (01340) 872280.

A working distillery with tours for small groups (up to ten people) from the visitor centre. The shop sells the full range of Maccallan whiskies, artefacts and handcrafted gifts.

1172 SIR HECTOR MACDONALD MONUMENT 3 J7

Overlooking the town of Dingwall from the Mitchell Hill Cemetery.

This monument was erected in memory of General Sir Hector MacDonald (1853–1903) who became an outstanding soldier, starting his career in the Gordon Highlanders. Known as Fighting Mac, he was born in the nearby parish of Ferintosh.

1173 MACDUFF CASTLE 6 N14

East Wemyss, Fife, beside the cemetary overlooking the sea.

Reputed to be home of MacDuff of Shakespeare's *Macbeth*, now in ruins.

1174 MACDUFF MARINE AQUARIUM 3 Q7

11 High Shore, Macduff, Banff. In Macduff close to the harbour. Bus service from Aberdeen and Elgin to Macduff. Open daily all year except Christmas and New Year, 1000–1700. Charge ££. Children under 5 free with paying adult. All day tickets. Group concessions. Guided tours (available in French and German). Explanatory displays. Gift shop. Picnic area. WC. Limited sign language, audio tour. Wheelchair access with assistance. Disabled WC. Car and coach parking. Telephone (01261) 833369. www.marine-aquarium.com

Exciting displays feature the sea life of the Moray Firth. The central exhibit, unique in Britain, holds a living kelp reef. Divers feed the fish in this tank. Other displays include an estuary exhibit, splash tank, rock pools, deep reef tank and ray pool. Young visitors especially enjoy the touch pools. Talks, video presentations and feeding shows throughout the week.

1175 MACHRIE MOOR STONE CIRCLES 4 G17

HS. 3 miles (5km) north of Blackwaterfoot on the west coast of the Isle of Arran. Ferry from Ardrossan to Brodick, bus from Brodick then 1.5 mile (2.5km) walk to site. Access at all times. Free. Telephone 0131 668 8800. www.historic-scotland.gov.uk

The remains of five Bronze Age stone circles. One of the most important sites of its kind in Britain.

1176 MACKINNON MILLS 6 K16

Kirkshaws Road, Coatbridge, North Lanarkshire. Just off the A8, 10 miles (16km) east of Glasgow. Nearest railway station Whifflet, bus from Glasgow. Open all year, daily; Jan–Nov, Mon–Fri 1000–1730, Sat–Sun 1000–1800; Dec 0900–1800. Free. Explanatory displays. Gift shop. Refeshments from snacks to three-course meals available. WC. Wheelchair access. Disabled WC. Car and coach parking. Telephone (01236) 440702. www.ewm.co.uk

Mackinnon Mills offers factory shopping – classic and fashion knitwear, designer label garments, co-ordinated casuals and everything for the golfer. Also gift department.

1177 MCLEAN MUSEUM AND ART GALLERY 6 H15

15 Kelly Street, Greenock, Renfrewshire. At the west end of Greenock close to rail and bus stations. By rail or bus from Glasgow, railway station Greenock. Open all year (except national and local public holidays) Mon–Sat 1000–1700. Free. Guided tours by arrangement. Explanatory displays. Gift shop. Small garden with seats. WC. Wheelchair access except top floor. Disabled WC. Telephone (01475) 715624.

A museum showing local history, maritime exhibits, ethnography, Egyptology, big game mounts and fine art. Also items relating to James Watt. Programme of temporary exhibitions.

1178 MACLEAN'S CROSS 4 D13

HS. On the island of Iona, off the west coast of Mull, Argyll. By passenger ferry (no cars) from Fionnphort, Mull. Day tours from Oban in summer. Nearest railway station Oban, bus service from Craignure. Parking in Fionnphort. Access at all times. Free. Telephone 0131 668 8800. www.historic-scotland.gov.uk

A fine 15th-century free-standing cross.

1179 MACLELLAN'S CASTLE **5 K21**

HS. Kirkcudbright. Off High Street (A711), Kirkcudbright. Bus from Dumfries and Stranraer. Open Apr–Sep, daily 0930–1830. Charge £. Group concessions. Guided tours. Explanatory displays. Gift shop. WC. Limited wheelchair access. Telephone (01557) 331856. www.historic-scotland.gov.uk

A handsome castellated mansion overlooking the harbour, dating from 1577, complete except for the roof. Elaborately planned with fine detail. A ruin since 1752.

1180 MADE IN SCOTLAND **3 J7**

The Made in Scotland Shop and Restaurant, Station Road, Beauly, Inverness-shire. 12 miles (19km) north west of Inverness on the A862. Regular bus from Inverness to Beauly. Open all year, Mon–Sat 0930–1730, Sun 1000–1700. Free. Gift shop. Restaurant and tearoom. WC. Wheelchair access. Disabled WC. Car and coach parking. Telephone (01463) 782821.

One of Scotland's largest craft centres, housing the cream of Scottish designer and handmade products.

1181 MAES HOWE **1 B10**

HS. Stenness, Orkney. Off A965, 9 miles (14.5km) west of Kirkwall, Orkney. Bus from Kirkwall or Stromness, tour bus from Kirkwall. Open Apr–Sep, daily 0930–1830; Oct–Mar, Mon–Sat 0930–1630, Sun 1400–1630, closed Thu pm and Fri. Charge £. Group concessions. Guided tours. Explanatory displays. Gift shop. Tearoom. WC. Limited wheelchair access. Car and coach parking. Telephone (01856) 761606. www.historic-scotland.gov.uk

The finest megalithic (Neolithic) tomb in the British Isles, consisting of a large mound covering a stone-built passage and a large burial chamber with cells in the walls. Runic inscriptions were carved in the walls by Vikings and Norse crusaders. Admission, shop and tearoom are at the nearby 19th-century Tormiston Mill (see 1659).

1182 MAGGIE'S HOOSIE **3 R7**

26 Shore Street, Inverallochy, Fraserburgh, Aberdeenshire. At the east end of Fraserburgh Bay. Open Jun–Sep, Mon–Sat 1400–1630. Charge £. Children free.

A preserved but and ben fisher cottage with earth floor, box beds and original furnishings.

1183 MAGNUM LEISURE CENTRE **6 H17**

Harbourside, Irvine, Ayrshire. At Irvine harbour, five minutes from Irvine railway station. Open Tue–Thu 1000–2200; other days 0900–2200; closed Christmas and New Year. Charge by activity or day ticket (££). Guided tours by prior arrangement. Explanatory displays. Gift shop. Café, bar and vending machines. WC. Wheelchair access with assistance. Disabled WC. Car and coach parking. Telephone (01294) 278381.

Scotland's largest indoor leisure facility set in an attractive beachpark/harbourside location. Leisure pool with flumes and Scotland's only Thunderbowl white knuckle ride. Leisure pool (also outdoor pool). Ice rink. Cinema. Softplay area. Ten court sports hall. Fitness/aerobic studio, steam room, sauna and spa baths. Bowling rink.

1184 MAID OF THE LOCH **6 J15**

The Pier, Pier Road, Balloch. Nearest railway station Balloch. Opening hours vary, during summer daily from 1100 until evening. Free. Explanatory displays. Gift shop. Restaurant and bar. WC. Wheelchair access to the pier, partial access to the deck at present. Disabled WC. Car and coach parking. Telephone (01389) 711865. www.maidoftheloch.co.uk

Maid of the Loch is the largest UK inland waterways vessel ever built, a paddle steamer originally launched in 1953 and laid up in 1981. Now under restoration, visitors can see an exhibition and watch the restoration underway. See also 168 Ben Lomond, 1131 Loch Lomond, 1132 Loch Lomond and the Trossachs National Park, 1161 Lomond Shores.

1185 MAIDEN STONE 3 Q9

HS. Near Chapel of Garioch, 4.5 miles (7km) north west of Inverurie, Aberdeenshire. Bus from Aberdeen, 1.5 mile (2.5km) walk from Oyne fork. Access at all times. Free. Telephone (01466) 793191. www.historic-scotland.gov.uk

A 9th-century Pictish cross-slab bearing a Celtic cross on one side and a variety of Pictish symbols on the other.

1186 MAISON DIEU CHAPEL 3 P11

HS. In Maison Dieu Lane, Brechin, Angus. Nearest railway station Montrose, bus from Montrose or Dundee to Brechin. Access at all times. Free. Telephone 0131 668 8800. www.historic-scotland.gov.uk

Part of the south wall of a chapel belonging to a medieval hospital founded in the 1260s, with finely-detailed doors and windows.

1187 MALLAIG HERITAGE CENTRE 2 F10

Station Road, Mallaig, Inverness-shire. In Mallaig centre between railway station and Marine Hotel, off A830. By rail or bus from Fort William or by ferry. Open Jul–Sep, Mon–Sat 1000–1700, Sun 1300–1600; Apr–Jun and Oct, Mon–Sat 1100–1600; Nov–Mar telephone for details. Charge £. Free admission for carers accompanying disabled. Group concessions. Guided tours by appointment. Explanatory displays. Video film show and multimedia access point. Gift shop. Garden. WC. Large print guides for partially sighted. Wheelchair access. Disabled WC. Telephone (01687) 462085. www.mallaigheritage.org.uk

Exhibits and displays all aspects of the history of Mallaig and West Lochaber – social history, crofting, fishing, railway archaeology, maritime history, and the Knoydart clearances. Children's quizzes and play area

---

1188 MALLAIG MARINE WORLD 2 F10

The Harbour, Mallaig, Inverness-shire. In Mallaig 100 yards (91m) from the station. By rail or bus from Fort William or by ferry from Skye. Open Jun–Sep, Mon–Sat 0900–2100, Sun 1000–1800; Oct–May, Mon–Sat 0900–1700, Sun 1000–1700 (Nov–Mar, closed Sun). Charge £. Children under 5 free. Group concessions. Guided tours on request. Explanatory displays. Leaflets available in nine European languages. Gift shop. Pond garden. WC. Wheelchair access. Disabled WC. Car and coach parking. Telephone (01687) 462292.

Aquarium and exhibition featuring local marine species. A fishing display features the Mallaig fishing fleet and a video illustrates boats at work.

1189 MANDERSTON 5 Q16

Duns, Berwickshire. Off the A6105, 2 miles (3km) east of Duns. Nearest railway station Berwick-upon-Tweed, then bus to road end at Manderston. Open from May–Sep, Thu and Sun; house 1400–1700, gardens until dusk. Charge for house and garden £££, gardens only ££. Group concessions. Guided tours by arrangement (available in French). Gift shop. Tearoom and picnic area. Garden. WC. Car and coach parking. Telephone (01361) 883450. www.manderston.co.uk

An Edwardian stately home set in 56 acres (22.6ha) and surrounded by formal gardens, stables, dairy, lake and woodland garden. Features include the sumptuous staterooms, the only silver staircase in the world, a racing room and the first privately-owned biscuit tin museum. Domestic quarters in period style.

1190 MAR LODGE ESTATE 3 M10

NTS. Braemar, Aberdeenshire. Access from the A93 on unclassified road, 5 miles (8km) west of Braemar. Bus to Braemar. Estate open all year. Mar Lodge open on special days, telephone for details. Free. Car parking. Telephone (013397) 41433. www.nts.org.uk

Part of the core area of the Cairngorms, internationally recognised as the most important nature conservation landscape in Britain. The estate contains four of the five highest mountains in the UK. Outstanding wildlife, short- and long-distance walks. Ranger service.

1191 MARKLE FISHERIES 5 P15

Markle, East Linton, East Lothian. Just off the A1, 4 miles (6.5km) south of Haddington. Bus to East Linton, then ten minute walk. Open all year (weather permitting) except Christmas Day and New Year's Day, 0800–dusk. Various charges £££. Group concessions. Explanatory displays. Shop. Vending machine for drinks and snacks. WC. Limited wheelchair access. Disabled WC. Car and coach parking. Telephone (01620) 861213. www.marklefisheries.com

Three spring-fed lakes, totalling 9.5 acres (3.8ha), which are regularly stocked with trout and coarse fish. Bank fishing. Children's bait pond. Tackle hire and shop and tuition. Also ornamental fish such as coy carp for sale.

1192 MARRBURY SMOKEHOUSE 4 J19

Bargrennan, Near Glentrool, Newton Stewart, Dumfries and Galloway. On A714, 19 miles (30.5km) south of Girvan, 9 miles (14.5km) north west of Newton Stewart. Car parking, coach parking by arrangement. Nearest railway station Barrhill, local bus service. Open all year, Tue–Fri 1100–1600, Sat 1000–1400. Opening hours occasionally extended during summer months. Telephone or visit website for details. Free. Guided tours may be available to paying customers or diners, as and when convenient. Explanatory displays and information on local facilities. Gift shop. Restaurant (dinner by reservation only). WC. Wheelchair access. Telephone (01671) 840241. www.visitmarrbury.co.uk

Traditional Scottish smokehouse run by the Marr family, net and coble salmon fishermen on the River Cree since 1920. A wide range of luxury smoked Scottish foods are sold, with free recipe and cookery tips.

1193 MAR'S WARK 6 L14

HS. At the top of Castle Wynd, Stirling. Nearest railway station Stirling, bus from Glasgow and Edinburgh. Open at all times. Free. Telephone 0131 668 8800. www.historic-scotland.gov.uk

A remarkable Renaissance mansion built by the Regent Mar in 1570, of which the façade is the main surviving part.

1194 MARY, QUEEN OF SCOTS' HOUSE 5 P18

Queen Street, Jedburgh. In the centre of Jedburgh. Bus from Edinburgh or Newcastle. Open Easter–Oct, Mon–Sat 1000–1645, Sun 1000–1630. Charge £. Group concessions. Explanatory displays. Booklets in European languages. Gift shop. Formal garden. Limited wheelchair access (ground floor). Car and coach parking. Telephone (01835) 863331.

A 16th-century castle which is now a visitor centre devoted to the memory of Mary, Queen of Scots, who stayed here in 1566 while she was ill.

1195 MARY-ANN'S COTTAGE 3 M2

Westside, Dunnet, Caithness. At Dunnet, 10 miles (16km) east of Thurso. Open Jun–Sep, Tue–Sun 1400–1630. Charge £. Guided tours (visit only by guided tours). Explanatory displays. Gift shop. WC. Wheelchair access with assistance. Car parking. Telephone (01847) 851765.

A cottage built in 1850 by John Young. The croft was successively worked by three generations of the family, ending with Mary-Ann and James Calder. All the furniture, fittings and artefacts are original, the way of life and working practices changing little over the generations.

1196 MARYCK MEMORIES OF CHILDHOOD 2 H4

Unapool, Kylesku, Sutherland. On A874, 0.5 mile (1km) south of Kylesku bridge, midway between Ullapool and Durness. Open Easter–Oct, daily 1000–1730. Charge £. Children under 5 free. Wheelchair access. Car parking. Telephone (01971) 502341.

The exhibition includes dolls, doll's houses, teddy bears and toys from between 1880 and the present day. The craft shop has a range of items for sale, most made in Scotland and some handmade locally. Toys and dressing up opportunities for the under-8s (parental supervision required).

1197 **LADY MARY'S WALK** 5 L13

Milnab Street, Crieff. Walk from the centre of Crieff. Access at all reasonable times. Free. Guided tours by arrangment with ranger service. Walks panel, leaflet available. Refreshments and WC nearby. Wheelchair access. Car parking. Telephone (01738) 475256.

A favourite walk of Lady Mary Murray, whose family owned the surrounding land in the early 19th century. It provides a peaceful stroll beside the picturesque River Earn, along an avenue of mature oak, beech, lime and sweet chestnut trees.

1198 **MAYBOLE COLLEGIATE CHURCH** 4 H18

HS. South of the A77 in Maybole, Ayrshire. Nearest railway station Maybole, bus from Ayr. Not open to the public – view exterior only. Telephone 0131 668 8800. www.historic-scotland.gov.uk

The roofless ruin of a 15th-century church built for a small college established in 1373 by John Kennedy of Dunure.

1199 **MCCAIG'S TOWER** 4 F13

On a hill overlooking Oban. Access at all times. Free.

McCaig was a local banker who tried to curb unemployment by using local craftsmen to build this tower (1897–1900) as a memorial to his family. Its walls are 2 feet (0.5m) thick and from 30–47 feet (9–14m) high. The courtyard within is landscaped and the tower is floodlit at night in summer. An observation platform on the seaward side was added in 1983.

1200 **MCCAIG'S WAREHOUSE** 4 F13

Unit 3/4, The Heritage Centre, Oban, Argyll. On harbour front in Oban. Rail and bus service from Glasgow. Open Jun–Sep, Mon–Fri 0900–1900, Sat 0900–1730, Sun 1000–1700; Apr, May and Oct, Mon–Sat 0900–1730, Sun 1000–1700; Nov–Mar, Mon–Sat 1000–1700, Sun 1100–1600. Free. WC. Wheelchair access. Disabled WC. Telephone (01631) 566335. www.ewm.co.uk

An amazing range of knitwear, clothing, accessories and gifts. The Spirit of Scotland whisky shop offers a large selection of single malts and blended whiskies. Free tasting sessions.

1201 **MEADOW WELL** 3 M2

In Thurso, Caithness.

Once a major source of the local water supply and where the local fishwives gathered to sell fresh fish.

1202 **MEADOWMILL SPORTS CENTRE** 6 N15

Meadowmill, Tranent, East Lothian. Off the A198, north of the A1 and 2 miles (3km) outside Tranent. Prestonpans station, bus from Edinburgh. Open daily (except Christmas and New Year); Mon–Fri 0900–2200, weekends 1000–1700. Charge by activity. Group concessions. Café and vending machines. Crèche. WC. Wheelchair access. Disabled WC. Car and coach parking. Telephone (01875) 614900.

A sports centre offering all kinds of activities including a gym, free weights room, soft play room, activity hall and sports pitches.

1203 **THE MEFFAN** 5 N12

20 West High Street, Forfar, Angus. In Forfar centre, 3 miles (5km) from A94. Nearest railway station Dundee, bus from Dundee, Brechin and Aberdeen. Open all year (except Christmas and New Year), Mon–Sat 1000–1700. Free. Guided tours by arrangement. Explanatory displays. Gift shop. WC. Wheelchair access with assistance (ground floor only). Disabled WC. Telephone (01307) 464123. www.angus.gov.uk/localhistory

Two art galleries with constantly changing exhibitions featuring art from contemporary Scottish artists and Angus collections. *The Forfar Story* features original Pictish stones from Angus, an interactive guide to the stones, a walk through an old Forfar vennel with its shoppies and a witch burning scene.

1204 MEIGLE SCULPTURED STONES 5 N12

HS. Meigle Museum, Dundee Road, Meigle, Perthshire. On the A94 in Meigle, 12 miles (19km) west south-west of Forfar, Angus. Bus service from Dundee or Perth to Meigle. Open Apr–Sep, daily 0930–1830. Charge £. Group concessions. Guided tours. Explanatory displays. Gift shop. WC. Wheelchair access. Disabled WC. Telephone (01828) 640612. www.historic-scotland.gov.uk

One of the most notable collections of Dark Age sculpture in Western Europe. Twenty-five sculptured monuments of the Early Christian period.

1205 MEIKLEOUR BEECH HEDGE 5 M12

10 miles (16km) east of Dunkeld, on A93. Access at all times. Free. Car parking.

An incredible living wall of beech trees, 100 feet (30m) high and 1/3 mile (530m) long. The trees were planted in 1745 and are now officially recognised in the *Guinness Book of Records* as the highest hedge in the world.

1206 MELLERSTAIN HOUSE 5 P17

Gordon, Berwickshire. Off the A6089, 7 miles (11km) north west of Kelso. Bus from Galashiels or Kelso. Open Easter weekend, then May–Sep, Wed–Mon 1230–1700 (restaurant 1130–1730). Charge £££. Group concessions for pre-booked tours. Guided tours by arrangement. Explanatory displays. Gift shop. Restaurant. WC. Limited wheelchair access. Car and coach parking. Telephone (01573) 410225. www.mellerstain.com

A superb Georgian mansion designed by William and Robert Adam. Features exquisite plaster ceilings, beautiful interior decoration, fine period furniture, marvellous art collection. Award-winning terraced garden and grounds.

1207 MELROSE ABBEY 5 P17

HS. Abbey Street, Melrose. Main Square, Melrose, Roxburghshire. In Melrose, off the A7 or A68. Bus services from Edinburgh, Kelso, Jedburgh and Galashiels. Open Apr–Sep, daily 0930–1830; Oct–Mar, Mon–Sat 0930–1630, Sun 1400–1630. Charge ££. Group concessions. Guided tours. Explanatory displays. Audio guide. Gift shop. Tearoom, picnic area. WC. Wheelchair access with assistance. Disabled WC. Car and coach parking. Telephone (01896) 822562. www.historic-scotland.gov.uk

The ruins of the Cistercian abbey founded by King David I circa 1136. It was largely destroyed by an English army in 1385 but rebuilt in the early 15th century. It is now probably the most famous ruin in Scotland because of the elegant and elaborate stonework which remains. The Commendator's House contains a large collection of *objets trouvés*.

1208 MELVILLE GOLF CENTRE 6 N16

South Melville, Lasswade, Near Edinburgh. 7 miles (11km) south of Edinburgh centre, just off the city bypass. Bus from Edinburgh. Golf course open all year, daily dawn to dusk. Golf range and shop open Mon–Fri 0900–2200, weekends 0900–2000. Happy Hour daily, 1700–1800. Charge for range £, course £££. Group concessions. Golf shop, equipment and clothing. Picnic area and hot and cold vending machines. . WC. Wheelchair access. Disabled WC. Car and coach parking. Telephone 0131 663 8038 (range and shop) 0131 654 0224 (bookings). www.melvillegolf.co.uk

Golf centre. Nine-hole play-and-pay course, floodlit range, four-hole short game area and putting. Full shoe and equipment hire. PGA tuition.

1209 MELVILLE MONUMENT 5 K13

One mile (1.5km) north of Comrie, 6 miles (9.5km) west of Crieff. Access at all times by footpath from parking place on Glen Lednock road. Free. Car parking.

The obelisk in memory of Lord Melville (1742–1811) stands on Dunmore, a hill of 840 feet (256m), with delightful views of the surrounding countryside. The access path is linked to the scenic 4-mile (6.5km) Glen Lednock circular walk, running from Comrie and back through varied woodland (signposted).

1210 MEMSIE CAIRN 3 R7

HS. Near Rathen, 3.5 miles (5.5km) south of Fraserburgh, Aberdeenshire. Nearest railway station Aberdeen, bus from Fraserburgh to Memsie. Access at all times. Free. Telephone (01466) 793191. www.historic-scotland.gov.uk

A large stone-built cairn, possibly Bronze Age, but enlarged during field clearance in the last two centuries.

1211 MERKLAND CROSS 5 M20

HS. At Merkland Smithy, near Ecclefechan, Dumfries and Galloway. Nearest railway station Gretna, bus from Gretna, Lockerbie or Dumfries. Access at all times. Free. Telephone 0131 668 8800. www.historic-scotland.gov.uk

A fine carved wayside cross, dating from the 15th century.

1212 MERSEHEAD RSPB NATURE RESERVE 5 L20

By Caulkerbush, Dumfriesshire. 18 miles (29km) south west of Dumfries on A710 just before Caulkerbush. First turn on left after Southwick Home Farm. Daily service from Dumfries stops 1 mile (1.5km) from reserve on A710. Reserve open at all times. Visitor centre open summer, daily 1000–1800; winter, daily 1000–1700. Free. Donation requested. Guided tours. Explanatory displays. Picnic area, two nature trails, two bird watching hides, viewing area. WC. Limited wheelchair access. Disabled WC. Car and coach parking. Telephone visitor centre 01387 780679, reserve 01387 780298. www.rspb.org.uk/scotland

Mersehead is an exciting reserve covering a large area of farmland, wet meadows, saltmarsh and mudflats on the north shore of the Solway. It is important for wintering wildfowl including barnacle geese, teals, wigeons and pintails. The RSPB are managing the reserve to encourage lapwings, snipe, redshanks and waterfowl to breed here, plus a range of farmland finches and buntings.

1213 METHIL HERITAGE CENTRE 6 N14

272 High Street, Methill, Fife. 8 miles (13km) east of Kirkcaldy on A915 or A955. Coach parking nearby. Bus from Kirkcaldy, Glenrothes or St Andrews. Open all year (except public holidays), Tue–Thu 1100–1630, Sat 1300–1630. Free. Explanatory displays. Gift shop. Tearoom. WC. Wheelchair access. Disabled WC. Telephone (01333) 422100.

A lively community museum, interpreting the social and individual history of the area. Permanent exhibition and a varied programme of temporary displays.

1214 MID-ARGYLL SWIMMING POOL 4 F15

Oban Road, Lochgilphead, Argyll. On outskirts of Lochgilphead. Bus service from Glasgow. Open all year (except Christmas and New Year), Mon–Fri 0900–2100, Sat–Sun 1000–1500. Charge £. Group concessions. Refreshments available. WC. Wheelchair access. Disabled WC. Car and coach parking. Telephone (01546) 606676.

A small community swimming pool. Sauna and sunbed facilties

1215 MIDHOWE BROCH AND CAIRNS 1 B10

HS. On the west coast of the island of Rousay, Orkney. Bus from Kirkwall to Tingwall, then ferry to Rousay. Access at all times. Free. Telephone (01856) 841815. www.historic-scotland.gov.uk

An Iron Age broch and walled enclosure situated on a promontory cut off by a deep rock ditch. Adjacent is Midhowe Stalled Cairn, a huge and impressive Neolithic chambered tomb in an oval mound with 25 stalls. Now protected by a modern building.

1216 MILL OF ELRICK FISH FARM 3 R8

Auchnagatt, Ellon, Aberdeenshire. 7 miles (11km) north of Ellon. Bus service via Ellon. Open all year, Thu–Tue 0800–2000 or dusk if earlier. Charges vary according to type of fishing and fish caught. Additional charge for equipment hire. Group concessions. Fishing hut. WC. Limited wheelchair access (ramp access to WC but must walk a few steps to lochside). Disabled WC. Car and coach parking. Telephone (01358) 701628. www.elrickfishfarm.co.uk

Two lochs – the Any Method Loch, set up especially for beginners and suitable for fly, spool or bait fishing; the Fly Only Loch, for more advanced fishers.

1217 MILL ON THE FLEET 5 K20

High Street, Gatehouse-of-Fleet, Castle Douglas, Dunfries and Galloway. In Gatehouse-of-Fleet by the river. Buses from Dumfries or Stranraer. Open late Mar–Oct, daily 1030–1700. Last entry one hour before closing. Charge £. Group concessions. Guided tours on request. Explanatory displays. Gift shop. Tearoom. Baby changing facilities. WC. Wheelchair access (including car parking). Disabled WC. Telephone (01557) 814099. www.gatehouse-of-fleet.co.uk

An exhibition housed in a restored 18th-century cotton mill, telling the history of the town. Temporary and permanent exhibits. Craft shop.

1218 MILL TRAIL VISITOR CENTRE 6 L14

Glentana Mill, West Stirling Street, Alva, Clackmannanshire. On the A91, 8 miles (13km) east of Stirling. Bus from Stirling or Alloa. Open all year (except Christmas and New Year), Jan–Jun and Sep–Dec 1000–1700; Jul–Aug 0900–1700. Free. Explanatory displays. Gift shop. Coffee shop. Baby changing facilities. Children's play area. WC. Portable induction loop. Wheelchair access. Disabled WC. Car and coach parking. Telephone (01259) 769696.

An exhibition telling the story of spinning and weaving in Clackmannan (the Wee County). Features the experience of a 13-year-old working in the mills. Original weaving and knitting looms. Shop sells wide variety of local craft goods, books and knitwear.

1219 MILLBUIES LOCHS 3 M7

Longmorn, 5 miles (7.5km) south of Elgin on A941 to Rothes. Open Jan–Dec (fishing Mar–Oct) daily. Free. Car parking.

The lochs are in a wooded setting with numerous walks where wildlife and flora can be seen. Four boats are available for anglers.

1220 HUGH MILLER'S COTTAGE 3 K7

NTS. Church Street, Cromarty, Ross and Cromarty. Off A832 in Cromarty, 22 miles (35km) north east of Inverness. By bus from Inverness. Open May–Sep, Mon–Sat 1100–1300 and 1400–1700, Sun 1400–1700. Charge £. Group concessions. Explanatory displays. Information sheets in five languages. Braille guide sheets and captioned video. Limited wheelchair access. Car and coach parking. Telephone (01381) 600245. www.nts.org.uk

Birthplace of Hugh Miller (1802–56), famous stonemason, geologist, writer and church reformer. Thatched cottage, built circa 1698, with restored cottage garden. Many of Miller's belongings, including fine fossil collection. Video about his life.

1221 THE MILLERS 3 Q9

North Lurg, Midmar, Aberdeenshire. On B9119 Aberdeen/Tarland road, 3 miles (5km) west of Echt. Open all year (except Christmas and New year). Shop Mon–Fri 0900–1730, Sat 0900–1700, Sun 0930–1700. Restaurant Mon–Sat 0930–1630, Sun 0930–1700. Free. Explanatory displays. Gift shop. WC. Wheelchair access (wheelchair for customers' use). Disabled WC. Car and coach parking. Telephone (01330) 833462. www.millersmidmar.info

A unique visitor and retail centre with restaurant, food shop, gift department, book room and country and casual clothing department. Local history and food exhibition.

1222 MILNHOLM CROSS 5 P19

One mile (1.5km) south of Newcastleton beside B6357. Access at all times. Car parking.

Erected circa 1320, and owned by the Clan Armstrong Trust, Milnholm Cross is a memorial to Alexander Armstrong who was murdered in Hermitage Castle some 4 miles (6.5km) away. It faces the ruin of Mangerton Castle, seat of the Armstrong chiefs for 300 years.

1223 MILTON HAUGH FARM SHOP 5 P12

Carmyllie, Arbroath, Angus. On B961, 2 miles (3km) west of Redford, just north of Carnoustie. Local bus service. Open all year. Shop Mon–Sat 0900–1700, Sun 1000–1700; coffee shop, daily 1000–1600. Free. WC. Wheelchair access. Disabled WC. Car and coach parking. Telephone (01241) 860579. www.miltonhaugh.com

Well-established farm shop and coffee shop, offering a wide variety of Scottish and local produce. A country park is being developed, with pond, trees and wildflowers.

1224 MINE HOWE 1 C10

Mine Howe, Veltitigar Farmhouse, Tankerness, Orkney. Off the Kirkwall to Derness road. Open May and late Sep, Weds and Sun 1100–1400; Jun–Aug daily, 1100–1700; early Sep daily, 1100–1600. Telephone to confirm opening which may be extended. Charge £. Children under 5 free. Large groups by arrangement. Leaflet available. Small gift shop. No guide dogs. Car and coach parking. Telephone (01856) 861234, out of season (01856) 861209.

Unique to Europe, this mysterious Iron Age archaeological site was re-discovered in 1999 and further excavated by television's *Time Team* in 2000. Twenty-six feet (8m) underground, down steep steps, there is a small chamber with two side chambers. Related to the site there is a broch, round howe and long howe.

1225 MINIATURE RAILWAY 5 P12

West Links Park, Arbroath, Angus. By the seafront to the west of Arbroath. Nearest railway station Arbroath 2 miles (3km), local bus service. Open Easter–Sep, Sat and Sun 1400–1700 (Jul–mid Aug daily), weather permitting. Charge £. Group concessions. Leaflet available (book for sale). Snack bar near-by. WC. Wheelchair access. Disabled WC. Car and coach parking. Telephone (01241) 879249. www.geocities.com/kmr_scotland

Open since 1935, the small trains run alongside the British Rail Aberdeen to Edinburgh main line from West Links Station, which is complete with platforms, booking office, footbridge, signal box, turntable and locomotive shed. The 0.5 mile (1km) round trip includes a tunnel. There are six locomotives, two of which are coal-fired steam.

1226 MOAT PARK HERITAGE CENTRE 5 M17

Kirkstyle, Biggar, Lanarkshire. In Biggar. Bus from Edinburgh. Open Easter–mid Oct, Mon–Sat 1100–1630, Sun 1400–1630. Charge £. Group concessions. Guided tours. Explanatory displays. Gift shop. Picnic area. Children's activity sheets. WC. Blind visitors may handle artefacts by arrangement. Limited wheel-chair access. Disabled WC. Car parking. Telephone (01899) 221050.

A former church adapted to display the history of the Upper Clyde and Tweed Valleys, from the days of the volcano and the glacier to the present. A fine collection of embroidery, including the largest known patchwork cover containing over 80 figures from the 1850s. Archaeology collection.

1227 MOFFAT MUSEUM 5 M18

The Old Bakehouse, The Neuk, Church Gate, Moffat, Dumfries and Galloway. In Moffat centre. Buses from Dumfries, Glasgow or Edinburgh. Open Easter and May–Sep, Mon–Sat (except Wed pm) 1030–1300 and 1430–1700, Sun 1430–1700. Charge £. Explanatory displays. Gift shop. Telephone (01683) 220868.

Located in an old bakehouse with a Scotch oven. Tells the story of Moffat and its people, border raids, Covenanters, education, sports and pastimes, famous people. A short video presentation.

1228 MOFFAT WOOLLEN MILL 5 M18

Ladyknowe, Moffat, Dumfries and Galloway. Located behind Esso filing station. Nearest railway and bus stations Dumfries, bus to Moffat. Open Apr–Oct, daily 0900–1730; Nov–Mar, daily 0900–1700. Free. Explanatory displays. Gift shop. Restaurant. WC. Wheelchair access. Disabled WC. Car and coach park-ing. Telephone (01683) 220134. www.ewm.co.uk

Visit the working weaving exhibition. The mill offers a good selection of cashmere, Aran, lambswool and traditional tartans and tweeds. Trace Scottish clan history and heraldry at the Clan History Centre and receive a certificate illustrating your clan history. Also whisky shop with over 200 malts, and golf department.

1229 MOINE MHOR 4 F14

Car park on B8025, 2 miles (3km) south of Kilmartin and 6 miles (9.5km) north of Lochgilphead via the A816. On Lochgilphead/Kilmartin bus routes. Access at all times. Free. Interpretive panels and leaflets. Picnic area. Trail suitable for less able visitors. Car parking. Telephone 01546 603611 (Scottish Natural Heritage). www.snh.org.uk

The best views of this nature reserve are from the Crinan Canal (see 435) near Bellanoch or the ancient hill fort of Dunadd (see 537). From here you can see the waterlogged system of pools and bogs alongside the gentle twists and turns of the River Add. Down at bog level look out for hen harriers and curlews, as well as an impressive range of dragonflies. All visitors should stay on the paths to avoid wet and uneven ground and hidden holes.

1230 MOIRLANICH LONGHOUSE 4 J13

NTS. c/o NTS Office, Lynedoch, Main Street, Killin, Perthshire. Off A827, 1 mile (1.5km) north west of Killin. Open Easter Sunday and May–Sep, Wed and Sun 1400–1700. Charge £. Group concessions. Guided tours for groups by prior arrangement. Explanatory displays. Limited wheelchair access. Car parking. Telephone (01567) 820988 Mon-Fri 0900-1500. www.nts.org.uk

An outstanding example of a traditional cruck-frame cottage and byre dating from the mid 19th century. Inhabited until 1968, the house retains many original features and is furnished according to archaeological evidence.

1231 MONCREIFFE HILL WOOD 5 M13

Bridge of Earn, Perthshire. South of Perth, off M90 at junction 9 or A912, take minor road to Rhynd following tourist signposting. Access at all times. Free. Car parking. Telephone (01764) 662554. www.woodland-trust.org.uk

The magnificent slopes of Moncreiffe Hill Wood occupy a prominent position about two miles south of Perth. A visit to this spectacular 333 acre (134ha) wood, which is owned and managed by the Woodland Trust, will allow visitors to enjoy outstanding views along the River Tay and Strathearn and you may also catch a glimpse of some of the wildlife which inhabits the wood, such as deer, red squirrels and birds of prey.

1232 MONIKIE COUNTRY PARK 5 P12

Main Lodge, Monikie, Angus. Off the B962 between Dundee and Arbroath. Bus from Dundee. Open daily, May–Jul 0900–2100, Aug–Nov 0900–1700, Dec–Jan 0900–1600 (closed Christmas and New Year), Feb–Apr 0900–1700. Free. Charge for parking (£) and watersports. Group concessions. Guided tours by ranger. Explanatory displays. Picnic area. Barbecue area (requires booking). WC. Limited wheelchair access. Disabled WC. Car and coach parking. Telephone (01382) 370202.

The country park comprises 185 acres (75ha), with reservoirs, woodland and grassland. Instruction and hire for windsurfing, sailing, canoeing (May–September). Also rowing boats. Play area, orienteering trails and woodland walks.

1233 MONREITH ANIMAL WORLD AND MUSEUM 4 J21

Low Knock Farm, Monreith, Wigtownshire. On the A747, 0.5 mile (1km) from Monreith. Bus from Newton Stewart and Stranraer. Open late Mar–Oct, daily 1000–1700. Charge £. Children under 3 free. Group concessions. Explanatory displays. Gift shop. Picnic area. WC. No guide dogs. Limited wheelchair access. Disabled WC. Car and coach parking. Telephone (01988) 700217.

Collection of animals and birds, including otters, pigmy goats, owls, waterfowl and small mammals, in natural spacious surroundings. Reptile collection. Small museum on Gavin Maxwell.

1234 MONSTER ACTIVITIES 2 H10

Great Glen Water Park, South Laggan, By Spean Bridge, Inverness-shire. On A82, 25 miles (40km) north of Fort William and 35 miles (56km) south of Inverness. Nearest railway station at South Spean Bridge. Bus stop on main road. Open all year, daily 0930–1730. Charge varies depending on activity. Group concessions. Guided tours. Explanatory displays. Restaurant, tearoom and picnic area. WC. Wheelchair access with assistance. Car and coach parking. Telephone (01809) 501340. www.monsteractivities.com

Established since 1997 to provide the widest range of outdoor activities in Scotland. Visitors are offered a comprehensive programme of tailor-made activities, specialising in the brest of the outdoor world, including white water rafting. Fun for all ages and abilities.

1235 MONTEVIOT HOUSE GARDENS 5 P18

Monteviot, Jedburgh, Roxburghshire. Off the B6400, 4 miles (6.5km) north of Jedburgh (off A68). Nearest railway station Berwick-upon-Tweed 35 miles (56km). Open Apr–Oct, daily 1200–1700. Charge £. Children under 16 free. Ten per cent discount on plants for OAPs. Guided tours for groups by prior arrangement. WC. Limited wheelchair access. Disabled WC. Car and coach parking. Telephone (01835) 830380.

Gardens on the bank of the River Teviot with several feature areas – river garden, rose terraces and a water garden. Plants for sale.

1236 MONTROSE AIR STATION MUSEUM 5 Q12

Waldron Road, Montrose, Angus. At the north end of Montrose on the A92. 15 minute walk from rail station, buses from Aberdeen and Dundee. Open all year, Sun 1200–1700. Other times by arrangement. Charge £. Group concessions. Guided tours. Explanatory displays. Gift shop. WC. No guide dogs. Limited wheelchair access. Car and coach parking. Telephone (01674) 673107 or 674210. www.rafmontrose.org.uk

RFC/RAF and wartime artefacts and memorabilia housed in the wartime RAF Montrose HQ. Various aircraft on display outside, also pillbox and Anderson shelter.

1237 MONTROSE BASIN WILDLIFE CENTRE 5 Q12

Rossie Braes, Montrose. 1 mile (1.5km) south of Montrose on A92. From Aberdeen, Edinburgh and Glasgow to railway station Montrose, local bus service then short walk. Open Apr–Oct, daily 1030–1700. Telephone for confirmation of opening Nov–Mar. Charge £. Group concessions. Guided tours. Explanatory displays. Gift shop. Vending machine and picnic area. WC. Touch tables for blind visitors. Limited wheelchair access. Disabled WC. Car and coach parking. Telephone (01674) 676336. www.montrosebasin.org.uk

Television cameras bring the wildlife literally into the centre. Unique displays show how a tidal basin works and the routes of migrating birds. Magnificent views of wildlife on the basin through high powered telescopes and binoculars. Interactive displays.

1238 MONTROSE MUSEUM AND ART GALLERY 5 Q12

Panmure Place, Montrose, Angus. On the Mid Links a few minutes walk from the High Street. By rail or bus from Aberdeen, Edinburgh, Dundee or Glasgow. Open all year (except 25–26 Dec and 1–2 Jan), Mon–Sat 1000–1700. Free. Guided tours. Explanatory displays. Gift shop. WC. Wheelchair access with assistance. Car and coach parking. Telephone (01674) 673232. www.angus.gov.uk

Tells the story of Montrose from prehistoric times, including local geology and wildlife. On show are various Pictish stones, pottery, whaling and Napoleonic artefacts. Art gallery. See also 1085 William Lamb Memorial Studio.

1239 MONTROSE SEAFRONT SPLASH ADVENTURE PLAY AREA 5 Q12

Trail Drive, Montrose. 1 mile (1.5km) south of Montrose town centre. Railway station in Montrose. No direct bus service. Open all year, daily. Telephone for details. Free. Information boards. Café and picnic areas. WC. 24-hour Radar toilet. Disabled parking. Wheelchair access. Car and coach parking.

A play area providing a variety of play opportunities for toddlers and older children, including those with disabilities. Paddling pool and water play during summer. Pitch and putt. Family orientated amusement arcade. Beach changing facilities. Adjacent is a 4 mile (6.5km) area of beach with dog control in the immediate area of Seafront Splash.

1240 MONUMENT HILL **4 H13**

Off the old road to Inveraray, 2 miles (3km) south west of Dalmally. Access at all times. Free.

Monument to Duncan Ban Macintyre (1724–1812), the Burns of the Highlands, who was born near Inveroran.

1241 MONYMUSK ARTS CENTRE **3 P9**

Monymusk, Inverurie. 18 miles (29km) west of Aberdeen, 3 miles (5km) south west of Kemnay on the B993. By rail to Aberdeen or Inverurie, then bus to Monymusk. Open May–Sep, daily 1000–1600; telephone for other times. Free. Guided tours. Explanatory displays. Gift shop. Small garden. WC. Wheelchair access. Disabled WC. Car and coach parking. Telephone (01467) 651220 or 651213.

Located in an 18th-century stone-polishing mill converted to a church in 1801. Wide selection of local crafts during summer months. Art exhibition every two weeks and small educational resource centre of 18th century local social history and geography, featuring some early maps. Craft-worker often in residence.

1242 MOONSTONE MINIATURES **5 K20**

4 Victoria Street, Kirkpatrick Durham. 14 miles (22.5km) west of Dumfries, 4 miles (6.5km) east of Castle Douglas off the A75 at Springholm. Open Jun–Sep, Wed–Fri 1000–1700 and at other times by arrangement. Charge £. Children under 5 free. Guided tours. Explanatory displays. Gift shop. Wheelchair access with assistance (by appointment). Car and coach parking. Telephone (01556) 650313. www.moonstone-miniatures.uk.com

One-twelfth size display of stately homes, shops and humble cottages. Cabinets of miniature marvels.

1243 MORAG'S FAIRY GLEN **6 H15**

In Dunoon at the end of the West Bay, 1 mile (1.5km) from Dunoon Pier.

This delightful glen was gifted to the town by Bailie George Jones.

1244 MORAY FIRTH WILDLIFE CENTRE **3 N7**

Tugnet, Spey Bay, Buckie, Moray. At the end of the B9104, 5 miles (8km) north of Fochabers on the A96. Nearest railway station Keith (12 miles/19km). Bus to Fochabers. Open daily Mar–Oct 1030–1700, Jul and Aug closes 1930; telephone to confirm times during winter. Charge £. Group concessions. Explanatory displays. Gift shop. Tearoom, picnic area and wildlife garden. WC. Wheelchair access. Disabled WC. Car and coach parking. Telephone (01343) 820339. www.mfwc.co.uk

Housed in a former salmon fishing station built in 1768 and providing an ideal place to watch ospreys hunting, seals, dolphins, otters and many birds. An exhibition describes the Moray Firth dolphins and the marine environment. Hands-on activities for children. A base for research projects studying the dolphins. Environmental resource room.

1245 MORAY LEISURE CENTRE **3 M7**

Borough Briggs Road, Elgin, Moray. In Elgin, behind Tesco supermarket. Elgin rail station 1 mile (2km), bus station 0.25 mile (0.5km). Open all year, daily 0700–2200. Various admission charges. Group concessions. Guided tours by arrangement. Explanatory displays. Café bar, vending machines and picnic area. Crèche. WC. Wheelchair access. Disabled WC. Car and coach parking. Telephone (01343) 550033. www.moray-leisure-centre.co.uk

A leisure centre providing for many different activities. Ice rink, swimming and leisure pools, health and fitness suite, relaxation suite (sauna, steam room, spa pool and solarium), squash courts, child care, complimentary practice suite and soft play area.

1246 MORAY MOTOR MUSEUM **3 M7**

Bridge Street, Elgin, Moray. 30 miles (48km) west of Inverness. Open Apr–Oct, daily 1100–1700. Charge £. Group concessions. Explanatory displays. Gift shop. WC. Wheelchair access. Disabled WC. Car and coach parking. Telephone (01343) 544933.

Unique collection of high quality cars and motorbikes.

1247 MORTON CASTLE **5 L18**

HS. On the A702, 17 miles (27km) north north-west of Dumfries. Beside Morton Loch. Nearest railway station Dumfries, bus from Dumfries. Closed to the public – view from the outside only. Telephone 0131 668 8800. www.historic-scotland.gov.uk

The well-preserved ruin of a fine late 13th-century hall house, a stronghold of the Douglases.

1248 MORVEN GALLERY **2 D3**

Upper Barvas, Isle of Lewis. 12 miles (19km) west of Stornoway. Bus from Stornoway. Open Mar–Oct, Mon–Sat 1030–1730. Free. Guided tours on request. Explanatory displays. Gift shop. Tearoom. WC. Wheelchair access. Car and coach parking. Telephone (01851) 840216. www.morvengallery.com

Fine art by local painters and sculptors. Ceramics, tapestry, carvings and contemporary designer knitwear. Talks, slide shows and conference facility. Workshops and children's activities.

1249 MOSS FARM ROAD STONE CIRCLE **4 G17**

HS. 3 miles (5km) north of Blackwaterfoot, Isle of Arran. Ferry from Ardrossan to Brodick, bus from Brodick. Access at all times. Free. Telephone 0131 668 8800. www.historic-scotland.gov.uk

The remains of a Bronze Age cairn surrounded by a stone circle.

1250 MOSSAT TROUT FISHERY **3 P9**

Little Bridgend Farm, Mossat, near Alford, Aberdeenshire. On A97, 14 miles (22.5km) south of Huntly and 34 miles (54.5km) east of Aberdeen. Clearly signposted. Nearest railway station at Huntly. Bus service from Huntly and Aberdeen. Open all year, daily 0800–dusk (early morning fishing by arrangement). Prices vary depending on number of fish limit. Reduction for children 12 and under. Additional charge for tackle hire and tuition. Group concessions. Free guided tours by arrangement. Refreshments available in fishing bothy. Picnic area. WC. Wheelchair access (the lochs are surrounded by easy access grass banks but no wheelchair access to the fishing bothy). Car and coach parking. Telephone (01464) 861000. www.mossattroutfishery.co.uk

Situated in a peaceful location, amid beautiful scenery and lots of wildlife. Fly fishing is offered over three naturally fed lochs and a stretch of the Mossat Burn for rainbow trout, American brown trout, brown, blue and golden trout. Suitable for beginner or expert. Tuition and tackle hire available.

1251 MOSSATBURN WATER GARDEN CENTRE **3 P9**

Mossat, Alford, Aberdeenshire. On A944, 7 miles (11km) west of Alford. Bus service to Lumsden (1.5 miles/2.5km). Open Mar–Sep, daily 0930–1800; Oct–Dec and Feb, Wed–Mon 1000–1600 (closed from Christmas to end of Jan). Refreshments available nearby. WC. Wheelchair access with assistance. Car and coach parking. Telephone (019755) 71235.

A 0.75 acre (1km) site of mature gardens and ponds, established in 1986. Shop sells water features, pumps, filters, statues, water and nursery plants, coldwater fish and Koi, gifts.

1252 MOSSBURN ANIMAL CENTRE **5 M19**

Hightae, Lockerbie. Off B7020 (Dalton) from Lochmaben. Open all year daily, 1000–1600. Admission by donation. Guided tours. Tearoom. Children's play areas.

WC. Wheelchair access with assistance. Disabled WC. Car and coach parking. Telephone (01387) 811288.

Mossburn is an animal welfare centre where you can see and handle rescued animals, from pigs and horses to Thai water dragons, who now live in a healthy, happy and secure environment. Also shop selling antiques, crafts, bric a brac and gifts.

1253 MOTHERWELL CONCERT HALL AND THEATRE 6 K16

Civic Centre, Motherwell. Off junction 6 on M74, then to Airles Road to town centre. Nearest railway station Motherwell. Telephone to confirm times and charges which are dependent on performances. Bar and refreshments. WC. Wheelchair access. Disabled WC. Car and coach parking. Telephone (01698) 302993. www.northlan.gov.uk

The refurbished Theatre and Concert Hall at the Civic Centre is the venue for performances by some of the finest and foremost stars of theatre, television and stage. Doubles as Motherwell Moviehouse showing a programme of popular films.

1254 MOTHERWELL HERITAGE CENTRE 6 K16

1 High Road, Motherwell. Opposite library in Motherwell. Off junction 6 on M74, then to Hamilton Road to town centre. Nearest railway station Motherwell, then five minute walk. Regular bus service. Open all year, Mon–Sat 1000–1700 (Thu closes 1900) Sun 1200–1700; closed 25–26 Dec and 1 Jan. Free. Guided tours on request. Explanatory displays. Gift shop. Tearoom. Garden. WC. Wheelchair access. Disabled WC. Car and coach parking. Telephone (01698) 251000. www.northlan.gov.uk

A superb new heritage attraction, telling the story of the Motherwell area from Roman times to the present day. Visit the Technopolis interactive media display and walk through time to see the industrial heyday of the area, social and political upheavals and the development of the modern town. Family history research room, exhibition gallery and special events programme.

1255 MOTORING HERITAGE CENTRE 6 J15

Main Street, Alexandria, Dunbartonshire. Nearest railway station at Alexandria. Open all year (closed Christmas Day and New Year), daily 1000–1800. Charge £. Group concessions. Guided tours. Explanatory displays. Gift shop. Licensed bar. WC. Wheelchair access. Disabled WC. Car and coach parking. Telephone (01389) 607862.

A motor heritage centre situated in what was once the world's largest motor car works, now Loch Lomond Galleryies Display traces the history of the once-famous Argyll marque and the story of Scottish motoring. Visitors can sit in a Model T Ford, see unique archive film and fascinating cars.

1256 MOTTE OF URR 5 L20

Off B794, 5 miles (7.5km) north east of Castle Douglas. Access at all reasonable times. Free.

The most extensive motte and bailey castle in Scotland, dating from the 12th century AD, although the bailey may have been an earlier earthwork of hillfort type.

1257 MOUNT STUART 4 G16

Mount Stuart, Isle of Bute. 5 miles (8km) south of Rothesay. By ferry from Wemyss Bay to Rothesay, bus from Rothesay. Courtesy shuttle between reception and house. House and gardens open May–Sep, Mon, Wed and Fri–Sun 1100–1630 (house), 1000–1700 (gardens). Apr and Oct please telephone. Charge £££. Group concessions. Guided tours (1230 and 1430). Explanatory displays. Visitor centre. Gift shop. Tearoom and picnic areas. Children's adventure play area. WC. Induction loop. Wheelchair access. Disabled WC. Car and coach parking. Telephone (01700) 503877. www.mountstuart.com

Spectacular Victorian Gothic house, the ancestral home of the Marquess of Bute. Splendid interiors, art collection and architectural detail. Mature Victorian pinetum, arboretum and exotic gardens, waymarked walks. Three hundred acres (121ha) of ground and gardens. Audio-visual presentation.

1258 MOUSA BOAT TRIPS 1 G5

Leebitton, Sandwick, Shetland. Departure point for Mousa ferry is Sandwick, 15 miles (24km) south of Lerwick on A970. Bus service from Lerwick and Sumburgh to Sandwick. The ferry runs mid Apr–mid Sep, daily (weather permitting). Charge £££. Group concessions. Guided tours available on specific dates (telephone or visit website for details). Map of island and general information given to all ferry passengers. Complimentary hot drinks and home-bakes served on board. Tearoom in Sandwick. WC. Wheelchair access to ferry but island terrain unsuitable for wheelchairs. Disabled WC. Car and coach parking. Telephone (01950) 431367. www.mousaboattrips.co.uk

Short ferry journery to the tranquil and picturesque island of Mousa, location of Mousa Broch. Abundant wildlife, including common and grey seals, otters, porpoises and, occasionally, killer whales. Mousa is a RSPB Nature Reserve and famous for the breeding seabirds, including arctic terns, arctic skuas and great skuas, and over 6000 pairs of tiny, noctural storm petrels. The ferry has been fitted with a specially designed hydrophone, to allow passengers to listen to the animals. Also local history cruises – the ferry journey includes a description of the local history, illustrated with old photographs.

1259 MOUSA BROCH 1 G5

HS. On the island of Mousa, Shetland. Bus from Lerwick to Sandwick, about 14 miles (22km) south of Lerwick. By boat from Sandwick to Mousa, May–Sep, Mon–Fri pm and Sat and Sun am (and some evenings). Access at all times. Free. Telephone (01466) 793191. www.historic-scotland.gov.uk

The finest surviving Iron Age broch tower, standing over 40 feet (12m) high. The stair can be climbed to the parapet.

1260 MUCKLE FLUGGA AND OUT STACK 1 G1

Unst Island, Shetland. At the northern tip of Shetland. Depart from the pier, Mid Yell. Minibus to departure point, booking essential. Open May–Sep, Wed 1000–1700 (weather permitting). Charge £££. Group concessions. Guided tours (available in French). Explanatory displays. Fare includes picnic lunch and tea, and hot drinks on boat. WC. Car parking. Telephone (01950) 422493.

All-day guided tour by motor boat to the seal islands of Yell Sound, the sensational cliffs of the west coast of Unst, around Muckle Flugga lighthouse and Out Stack and on to the Scottish Natural Heritage Centre at Hermaness National Nature Reserve (see 904) at Burrafirth. See also 1308 Noss Nature Reserve and 1558 Shetland Wildlife Tours.

1261 MUGDOCK COUNTRY PARK 6 J15

Craigallian Road, Milngavie, Glasgow. 10 miles (16km) north of Glasgow. Nearest railway station Milngavie, bus from Glasgow. Summer shuttle to visitor centre from railway station. Open daily all year (except Christmas Day). Free. Charge for events and barbecue hire. Castle tours on request. Explanatory displays. Countryside events programme. Gift shop. Tearoom, picnic and barbecue areas. WC. Tactile map. Wheelchair access. Disabled WC. Car and coach parking. Telephone 0141 956 6100. www.mugdock-country-park.org.uk

Seven hundred acres (260ha) of beautiful countryside – lakes, woodland and moorland. Mugdock and Craigend Castles. Countryside events – orienteering, archery, cycling and bridle ways. Visitor centre, garden centre, craft shops, play areas, walks and Victorian walled garden

---

1262 JOHN MUIR BIRTHPLACE 5 P15

126-128 High Street, Dunbar. In centre of town. Nearest railway station Dunbar, buses from Edinburgh and Berwick-upon-Tweed. Open Apr–Jul, Mon–Sat 1100–1300 and 1400–1700, Sun 1400–1700. Free. Explanatory displays. Gift shop. Limited wheelchair access. Car and coach parking. Telephone (01368) 860187.

The birthplace of John Muir, founding figure of the worldwide conservation movement. He was born in 1838 in this house. On the ground floor his father ran a business. His boyhood was spent in Dunbar until his family emigrated in 1849. Recently extensively refurbished.

1263 MUIR O' FAULD SIGNAL STATION 5 L13

HS. East of Ardunie, Perthshire. Nearest railway station Perth, bus from Perth to Crieff, then Crieff to Kinkell Bridge. Access at all times. Free. Telephone 0131 668 8800. www.historic-scotland.gov.uk

The site of a Roman watch tower. See also 82 Ardunie Roman Signal Station.

1264 MULL OF GALLOWAY RSPB NATURE RESERVE 4 H21

RSPB. By Drummore, Mull of Galloway. 5 miles (8km) south of Drummore. Reserve open at all times. Free. Limited wheelchair access to reserve. Car and coach parking. Telephone 01671 402861, visitor centre (summer only) 01778 40539. www.rspb.org.uk/scotland

The most southerly point of Scotland offers excellent views over the Solway Firth. The cliffs are home to thousands of breeding birds, including razorbills, guillemots and puffins. Visit nesting birds between Apr and Jul. Over 2000 pairs of gannets breed on a small outcrop called Scare Rocks.

1265 MULL OF GALLOWAY VISITOR CENTRE AND LIGHTHOUSE 4 H21

Mull of Galloway, near Drummore, Dumfries & Galloway. 5 miles (8km) south of Drummore. Visitor centre open Apr–Oct, daily 1000–1600. Lighthouse tours Apr–Sep, Sat–Sun 1000–1530 (118 steps, not suitable for babies, toddlers and visitors with mobility difficulties). Admission to visitor centre free but donations appreciated. Charge £ for lighthouse tour. Explanatory displays. WC. Disabled parking available next to visitor centre. Wheelchair access. Disabled WC. Car and coach parking. www.mull-of-galloway.co.uk

Run in conjunction with the RSPB, who have a warden on site five days a week. The visitor centre is located in the building originally designed to house the workmen who built the lighthouse in 1828. It was later used as a byre for the lighthouse keepers. Impressive audio visual displays, including a DVD of local scenery and wildlife. Visitors can listen to the calls of birds common to the area. Also extensive information on the history and geology of the Mull of Galloway.

1266 MULL POTTERY AND CAFÉ/BISTRO 4 E12

Baliscate Estate, Salen Road, Tobermory, Isle of Mull. Salen Road is by speed limit sign into Tobermory. Bus service between Craignure and Tobermory will stop. Car parking and parking for small coaches only. Open all year, daily. Studio/workshop Mon–Sat 0930–1800, Sun 1030–1800; café 1000–1700; bistro from 1800 with last orders 2030. Free. Displays on pottery production. Gift shop. Outdoor seating. Baby changing facilities. Outside tie rings for dogs. WC. Limited wheelchair access. Telephone (01688) 302347. www.mull-pottery.com

The pottery produces distinctive hand thrown pieces from white stoneware porcelain. Visitors will see exhibition pieces and Iona and Seashore tableware as well as Scottish landscapes, woodturning and gifts. The café and bistro serve homebaking, snacks and evening meals.

1267 MULL RAIL 4 F12

Old Pier Station, Craignure, Isle of Mull, Argyll. In Craignure, 0.25 mile (0.5km) south east of ferry terminal. By ferry from Oban to Craignure. Open Easter–mid Oct, daily 1100–1700. Charge (single) £, (return) ££. Group concessions. Gift shop. Wheelchair access and adapted coaches. Car and coach parking. Telephone (01680) 812494. www.mullrail.co.uk

Scotland's only (narrow gauge) island passenger railway running between Craignure and Torosay Castle (see 1661). Scenic journey lasts 20 minutes. Steam and diesel locomotives.

1268 MULL THEATRE 4 E12

Dervaig, Isle of Mull, Argyll. 0.25 mile (0.5km) outside Dervaig on unclassified Salen road. Bus service from Tobermory. Open Apr–Oct (6 nights a week Jul–Sep). Charge £££. Some shows cost less, e.g. children's programmes. Check publicity for details. Group concessions. Refreshments available at interval. WC. Car parking. Telephone (01688) 302828. www.mulltheatre.com

With just 43 seats, Mull Little Theatre is the smallest professional repertory theatre in the country. Its unique performance space is home to the acclaimed Mull Theatre Company whose productions tour throughout Scotland. The venue also plays host to a range of touring shows from the UK and beyond. "The people of Mull and their visitors are luckier than they know to have McCrone and his company around, plugging them into the mainstream of Scottish theatrical life with so little fuss and so much grace." Joyce McMillan, *The Scotsman*.

1269 MUNESS CASTLE 1 H2

HS. At the south east corner of the island of Unst, Shetland. Bus from Lerwick. Open at all times (apply to keyholder). Free. Explanatory displays. Limited wheelchair access. Car and coach parking. Telephone (01466) 793191. www.historic-scotland.gov.uk

A late 16th-century tower house with fine detail and circular towers at diagonally opposite corners. The most northerly castle in the British Isles.

1270 MUSEUM OF ABERNETHY 5 M13

School Wynd, Abernethy. In the centre of Abernethy. Car and coach parking nearby. Regular bus service from Perth. Open mid May–Sep, Thu–Sun 1300–1700. Free. Donations welcome. Explanatory displays. Gift shop. WC. Limited wheelchair access. Disabled WC. Telephone (01738) 850889.

An independent museum housed in a restored 18th-century cattle byre and stable in the centre of the historic village of Abernethy. The museum depicts life in the parish of Abernethy from Pictish times to the present day.

1271 MUSEUM OF FLIGHT 6 P15

East Fortune Airfield, North Berwick, East Lothian. 20 miles (32km) east of Edinburgh. Bus from Haddington or North Berwick. Open all year (except Christmas and New Year), daily, Easter–Oct 1030–1700; Jul–Aug closes 1800; Nov–Easter closes 1600. Charge £. Children under 16 free. Group concessions. Guided tours. Explanatory displays. Gift shop. Tearoom and picnic area. Baby changing facilities. Garden. WC. Wheelchair access and disabled parking. Disabled WC. Car and coach parking. Telephone (01620) 880308. www.nms.ac.uk/flight

Scotland's national museum of aviation with a large collection of over 40 aircraft (including Britain's oldest aeroplane, a Spitfire and a Vulcan bomber) in the hangars of a wartime airfield. Special exhibitions on space flight, early aviation, air traffic control and the R34 airship. Regular events. An outstation of the National Museums of Scotland.

1272 MUSEUM OF LEAD MINING 5 L18

Wanlockhead, Biggar, Lanarkshire. On the B797 between Abington (A74) and Mennock (A76). Nearest railway station Sanquhar. Regular bus service to Wanlockhead (9 miles). Open Apr–Oct, daily 1100–1630; Nov–Mar by arrangement. Charge ££. Group concessions. Guided tours. Explanatory displays and interactive computer presentations. Visitor centre. Gift shop. Tearoom. WC. Wheelchair access. Disabled WC. Car and coach parking. Telephone (01659) 74387. www.leadminingmuseum.co.uk

A museum tracing 300 years of lead mining in Scotland's highest village, set in the dramatic Lowther Hills. Features heritage trail, beam engine, tours of a lead mine, period cottages, miners' library, displays of minerals. Gold panning centre.

1273 MUSEUM OF SCOTTISH COUNTRY LIFE 6 K16

Philipshill Road, Wester Kittochside, East Kilbride, South Lanarkshire. Nearset railway stations East Kilbride (3 miles/5km), or Hairmyres (1 mile/1.6km), regular bus service from Glasgow. Open all year, daily 1000–1700. Charge £. Children 18 and under free. Guided tours. Explanatory displays. Gift shop. Café and picnic area. WC. Induction loop in lecture theatre. Limited wheelchair access. Disabled WC. Car and coach parking. Telephone (01355) 224181. www.nms.ac.uk/countrylife

This unique museum offers visitors an insight into the working lives of people in rural Scotland and shows how the countryside was once worked by generations of farmers. Built on a 170 acres (69ha) farm, the museum houses the National Country Life Collection. There is also an events area and the original Georgian farmhouse and steading. The farm follows a pattern of seasonal work to show ploughing, seed time, haymaking and harvest. Special events are held throughout the year.

1274 MUSEUM OF SCOTTISH LIGHTHOUSES 3 R7

Kinnaird Head, Fraserburgh, Aberdeenshire. In Fraserburgh. Bus from Aberdeen. Open Apr–Oct, Mon–Sat 1000–1800, Sun 1200–1800; Nov–Mar, Mon–Sat 1000–1600, Sun 1200–1600. Charge ££. Children under 6 free. Joint ticket with Kinnaird Head Lighthouse (see 1055). Group concessions. Guided tours. Explanatory displays including multi-screen projector show and touch screens. Gift shop. Café. WC. Limited wheelchair access. Disabled WC. Car and coach parking. Telephone (01346) 511022. www.lighthousemuseum.demon.co.uk

Housed in a former castle which became the first lighthouse built by the Northern Lighthouse Board in 1787, now a monument to Scotland's lighthouse service. Shows the skill and dedication, the science and romance of Scotland's lighthouses. Tour to the top of the lighthouse. Special events and children's holiday activities.

1275 MUSEUM OF THE CUMBRAES 6 H16

Garrison Stables, Millport, Isle of Cumbrae. Just behind the garrison on Millport's seafront. Ferry from Largs, bus from Cumbrae slip to Millport. Open Apr–Sep, Thu–Mon 1000–1300 and 1400–1700. Free. Explanatory displays. Gift shop. Picnic area. Wheelchair access (disabled WC on request). Car parking. Telephone (01475) 531191. www.northayrshiremuseums.org.uk

The museum tells the story of the islands of Great and Wee Cumbrae. Displays show how the town of Millport developed and celebrate Millport's heyday as a holiday resort.

1276 MUSSELBURGH LINKS, THE OLD GOLF COURSE 6 N15

Balcarres Road, Musselburgh. At the east end of Musselburgh High Street. Nearest railway station Musselburgh, bus from Edinburgh. Open all year during daylight hours. Charges on application. Group concessions. Explanatory displays. Gift shop. Refreshments available. WC. No dogs. Limited wheelchair access. Car and coach parking. Telephone 0131 665 5438. www.musselburgholdlinks.co.uk

Mary, Queen of Scots is said to have played this course in 1567, although the oldest documentary evidence dates from 1672. Between 1874 and 1889 the course hosted six Open Championships and was the scene of many great matches between the leading players of the day. Today golfers can hire hickory clubs and replica balls to emulate the masters of the past.

1277 MUSSELBURGH RACECOURSE 6 N15

Linkfield Road, Musselburgh, East Lothian. Off A1, 6 miles (9.5km) east of Edinburgh. Nearest railway station in Edinburgh and Musselburgh. On race days a courtesy bus runs from Musselburgh station. Twenty-four race days throughout the year. Charges vary. Children under 16 free. Telephone or visit website for information. Restaurants, bars and snack outlets. WC. Wheelchair access with assistance. Disabled WC. Car and coach parking. Telephone 0131 665 2859. www.musselburgh-racecourse.co.uk

A venue for horseracing since 1816, originally known as Edinburgh Races with meetings held on Leith Sands. Today the course hosts Flat racing and National Hunt meetings. There is a nine-hole golf course within the racecourse. Refurbished Edwardian grandstand and landscaped lawns.

1278 MUSSELBURGH SPORTS CENTRE 6 N15

Newbigging, Musselburgh. On the A6124 to Inveresk, on the outskirts of Musselburgh. Nearest railway station Musselburgh, bus from Edinburgh. Open all year (except Christmas and New Year), Mon, Wed and Fri 0700–2130, Tue and Thu 0900–2130, weekends 0900–1700. Charge by activity. Group concessions. Café. Crèche. WC. Wheelchair access. Disabled WC. Car and coach parking. Telephone 0131 653 6367.

A sports centre with swimming pool, sauna, steam room, squash courts, gym and coached activities.

1279 MUTHILL CHURCH AND TOWER 5 L13

HS. On the A822 in Muthill. 5 miles (8km) south of Crieff on A822. Nearest railway station Perth, bus service from Perth to Crieff, then bus to Muthill, also buses from Stirling. Access at all times. Free. Telephone 0131 668 8800. www.historic-scotland.gov.uk

The interesting ruins of an important 15th-century parish church, with a tall Romanesque tower at its west end.

1280 MUTHILL VILLAGE MUSEUM 5 L13

Station Road, Muthill, Perthshire. 5 miles (8km) south of Crieff on A822. Nearest railway station Perth, bus service from Perth to Crieff, then bus to Muthill, also buses from Stirling. Open Jun–Sep, Wed, Sat and Sun 1230–1500. Admission by donation. Explanatory displays. Refreshments nearby. WC. Limited wheelchair access. Car parking.

Collection of local objects from yesteryear – pictures, photographs, implements, kitchenware. Model castle and steam railway display.

1281 MYRETON MOTOR MUSEUM 6 N15

Myreton, Aberlady, East Lothian. Off the A198 just east of Aberlady. Nearest railway station Drem or bus from Edinburgh. Open Apr–Oct, daily 1000–1600; Nov–Mar, Sun 1300–1500. Charge ££. Group concessions. Explanatory displays. Small gift shop. Picnic area. WC. Wheelchair access. Car and coach parking. Telephone 01875 870288/079470 66666.

A varied collection of road transport from 1897, including motor cars, cycles, motorcycles, commercials. Period advertising, posters and signs. Pedal cars.

1282 NAIRN LEISURE PARK AND SWIMMING POOL 3 L7

Marine Road, Nairn. On the A96, 15 miles (24km) east of Inverness. Nairn station, bus from Nairn to within 0.5 mile (2km). Swimming pool open all year, Mon–Fri 0800–2100; weekends 0900–1700. Leisure park games complex open Easter–May and Sep, 1400–1700; Jun–Aug 1100–1800. Charge £. Explanatory displays. Vending machines. WC. Wheelchair access. Disabled WC. Car parking. Telephone (01667) 452061.

Leisure park with aerial runway, adventure play trails, trim trail, adventure fort, outdoor giant board games, woodland suspension bridge, toddlers' playground, swimming pool and steam room, woodland walks, outdoor games complex. Beside Nairn beaches.

1283 NAIRN MUSEUM 3 L7

Viewfield House, Viewfield Drive, Nairn. Just off A96 Inverness to Aberdeen road. Open end Mar–end Oct, Mon–Sat 1000–1630; Nov Sat–Sun only. Charge £. School groups free. Group concessions. Guided tours. Explanatory displays. Gift shop. Picnic area. WC. Wheelchair access. Car and coach parking. Telephone (01667) 456791. www.nairnmuseum.co.uk

A local history museum with five rooms of displays and a changing exhibition each month. Local and family history research room and children's area.

1284 NATIONAL WALLACE MONUMENT 6 L14

Abbey Craig, Hillfoot Road, Stirling. 1.5 miles (2.5km) north north-east of Stirling. Nearest railway station Stirling, local bus service. Minibus runs between car park and monument, charge £. Open all year daily; Jan–Feb and Nov–Dec 1030–1600; Mar–May and Oct 1000–1700; June 1000–1800; Sept 0930–1700; Jul–Aug 0930–1830. Closed Christmas and New Year. Last recommended admission 45 minutes prior to closing. Charge ££. Group concessions by prior arrangement. Explanatory displays and audio-visual displays. Gift shop. Tearoom and picnic area. WC. (access to grounds, limited access to the monument). Disabled WC. Car and coach parking. Telephone (01786) 472140.

Join William Wallace, Scotland's Braveheart, in his epic struggle for a free Scotland. Experience the heat of the decisive battle, immerse yourself in the turbulent politics of the era, gaze in awe at Wallace's mighty two-handed broadsword. Climb the 246 steps to the top of the tower and be rewarded with one of the best views in Scotland.

1285 NEIDPATH CASTLE **5 M17**

Peebles, Tweeddale. 1 mile (2km) west of Peebles on A72. Bus service from Peebles post office. Open Easter–Sep, Mon–Sat 1100–1700, Sun 1300–1700. Charge £. Historic House members/Great British Heritage passes accepted. Group concessions. Guided tours by prior arrangement. Explanatory displays. Gift shop. Picnic area. Grounds. WC. Limited wheelchair access. Car and coach parking. Telephone (01721) 720333.

A rare example of a 14th-century castle converted into a tower house in the 17th century. Displayed in the great hall is an exhibit of beautiful batiks depicting the life of Mary, Queen of Scots. The Laigh Hall contains informative displays. Good views from the parapet walks. Neidpath Castle is often used as a film location. Resident ghost, the Maid of Neidpath.

1286 NELSON TOWER **3 M7**

Grant Park, Forres. On A96, 11 miles (17.5km) west of Elgin. Nearest railway station Forres. Bus service from Aberdeen and Inverness. Open May–Sep, Tue–Sun 1400–1600. Free. Explanatory displays. Gift shop. Picnic area. Car and coach parking. Telephone (01309) 673701. www.moray.org/museums

Nelson Tower was built by the Trafalgar Club to commemorate Nelson's victory at Trafalgar. Displays on Lord Nelson and views of old Forres. There are also spectacular views of the Moray Firth from the tower.

1287 NEPTUNE'S STAIRCASE **2 H11**

Off A830 at Banavie, 3 miles (4.5km) north west of Fort William. Car parking.

A series of eight locks, built between 1805 and 1822, which raises Telford's Caledonian Canal (see 969) 64 feet (19.5 metres). See also 287 Caledonian Canal Heritage Centre.

1288 NESS HERITAGE CENTRE **2 E2**

Habost (Tabost), Ness, Lewis. Towards the Butt of Lewis, 28 miles (45km) from Stornoway on the A857. Bus service from Stornoway or taxi. Open Jun–Sep, Mon–Sat 1000–1730; Oct–May, Mon–Fri 1000–1730. Charge £. Guided tours (French and German by arrangement). Explanatory displays. Gift shop. Tea and coffee available, lunch can be arranged with advance notice. Genealogy archive and desk top publishing facilities. WC. Wheelchair access. Disabled WC. Car and coach parking. Telephone (01851) 810377.

The Heritage centre (Comunn Eachdraidh Nis), a registered museum, provides a unique insight into the social and cultural heritage of the Western Isles. Over 500 artefacts and 7000 photographs illustrate the lifestyle of a people carving out an existence on the very edge of Europe. Genealogical information spanning 250 years proves an invaluable resource to visitors tracing their family histories and the adjoining tele-centre offers technological support and DTP services. Books, maps, videos and tapes for sale.

1289 NESS OF BURGI **1 F6**

HS. At the south eastern point of Scatness, Shetland, about 1 mile (2km) south west of Jarlshof. Bus from Lerwick. Access at all times. Free. Telephone (01466) 793191. www.historic-scotland.gov.uk

A defensive stone blockhouse, probably from the Iron Age, with some features resembling a broch.

1290 NETHER LARGIE CAIRNS **4 F14**

HS. Kilmartin Glen. Between Kilmartin and Nether Largie, Argyll. Nearest railway station Oban, then bus to Kilmartin. Access at all times. Free. Telephone 0131 668 8800. www.historic-scotland.gov.uk

One Neolithic and two Bronze Age cairns. There is access to the chamber in the north cairn.

1291 NETWORK CARRADALE HERITAGE CENTRE **4 F17**

Carradale, Argyll. On B842, 22 miles (35km) south of Tarbert and 14 miles (22.5km) north of Campbeltown. Bus service from Campbeltown. Open Easter–Oct, daily 1030–1630. Admission by voluntary contribution. Explanatory displays. Gift shop. Tearoom. WC. Wheelchair access. Disabled WC. Car parking. Telephone (01583) 431296.

The centre contains graphic displays featuring the history of fishing, farming and forestry in the Carradale area. Hands-on activities for children. Forestry walks.

1292 NEVERLAND ADVENTURE PLAY CENTRE **5 L19**

Park Lane, Dumfries. Near Dumfries Swimming Pool in the town centre. 0.75 mile (1km) from Dumfries railway station, local bus service. Open all year except Christmas and New Year's Day, daily 1000–1700. Charge £, accompanying adults free. Group concessions. Refreshments and seating area. Baby changing facilities. WC. Wheelchair access. Car parking. Telephone (01387) 249100.

Adventure play centre for children aged up to ten. Themed on J.M. Barries story of *Peter Pan*. There are rope bridges, slides, a ball pool, Indian encampment and Captain Hook's pirate ship. Special area for under fours. Located beside the River Nith, with a pleasant seating area for adults overlooking the river. Parent/guardian supervision required.

1293 NEW ABBEY CORN MILL **5 L20**

HS. New Abbey, Dumfries. On the A710, in New Abbey, 8 miles (13km) south of Dumfries. Nearest railway station Dumfries, bus from Dumfries and Dalbeattie. Open Apr–Sep, daily 0930–1830; Oct–Mar, Mon–Sat 0930–1630, Sun 1400–1630, closed Thu pm and Fri. Charge £. Group concessions. Guided tours. Explanatory displays in visitor centre, with video about milling. Gift shop. Picnic area. Telephone (01387) 850620. www.historic-scotland.gov.uk

A carefully renovated water-driven oatmeal mill in working order and demonstrated regularly to visitors in the summer months.

1294 NEW LANARK WORLD HERITAGE SITE **6 L17**

New Lanark Mills, Lanark. Less than 1 hour from Glasgow (M74) and Edinburgh (A70). 1 mile (2km) south of Lanark. Nearest railway station Lanark, then local bus service. Open all year, daily 1100–1700. Closed Christmas Day and New Year. Charge £££. Group concessions. Guided tours. Explanatory displays. Gift shop. Tearoom and picnic areas. Children's play area, hotel and self-catering accommodation. WC. Induction loop for dark ride and audio-visual show. Wheelchair access with assistance. Disabled WC. Car and coach parking. Telephone (01555) 661345. www.newlanark.org

Long famous as a beauty spot and the site of Robert Owen's (1771–1858) social and educational reforms, this 18th-century cotton mill village is Scotland's latest UNESCO World Heritage Site, carefully restored as a living community, with award-winning visitor centre and hotel. Highlights include a futuristic dark ride and a theatre show. Other attractions include working textile machinery, historic classroom, Saving New Lanark exhibition, interactive gallery, millworker's house, village store and Robert Owen's house. The village is surrounded by native woodlands, now protected as a wildlife reserve. See 714 Falls of Clyde Wildlife Reserve and Visitor Centre.

1295 NEWARK CASTLE **6 J15**

HS. Port Glasgow, Renfrewshire. On the A8 in Port Glasgow, Renfrewshire. Nearest railway and bus station Port Glasgow, then 15 minute walk. Open Apr–Sep, daily 0930–1830. Charge £. Group concessions. Guided tours. Gift shop. WC. Limited wheelchair access. Car and coach parking. Telephone (01475) 741858. www.historic-scotland.gov.uk

A large turreted mansion house in a remarkably good state of preservation, with a 15th-century tower, a courtyard and hall.

1296 NEWBARNS PROJECT **5 L20**

Newbarns, Colvend, Dalbeattie. On A710 1 mile (1.5km) east of Colvend. Car parking in the field immediately adjacent to the A710. Open Jul–Sep, daily 1000–1300 and 1400–1600, weather permitting. Free. Donations welcome. Guided tours. Wheelchair access with assistance. www.sat.org.uk

In the summer of 2002 a site survey was undertaken and an exploratory trench was opened. On completion of this, it was decided by the Stewartry Archaeological Trust and the landowner, Sir Norman Arthur, to continue. After discussion with various archaeologists, it was agreed that the excavation had revealed a crannog cairn. Visitors are welcome to take a guided tour and participate in excavation, surveying, etc.To the north west of the crannog another site has been identified as a possible hut circle.

1297 NEWTON STEWART MUSEUM **4 J20**

York Road, Newton-Stewart, Wigtownshire. In Newton Stewart. Nearest railway station Stranraer, bus from Stranraer or Dumfries. Open Easter–Sep, Mon–Sat 1400–1700; Jul and Aug also Mon–Fri 1000–1230; Jul–Sep, Sun 1400–1700. Charge £. Explanatory displays. Gift shop. WC. Wheelchair access (except gallery). Car and coach parking. Telephone (01671) 402472.

Contains a wealth of historical treasures and exciting and interesting displays of the natural and social history of Galloway.

1298 NIGG BAY BIRD RESERVE **3 K7**

Cromarty Firth, north of Invergordon, Ross and Cromarty.

The best access is along the shore from Barbaraville.

1299 NOAH'S ARK **3 P9**

Old Schoolhouse Croft, Craigievar, Alford, Aberdeenshire. On A980 between Lumphanan and Alford, 0.5 mile (1km) past Crossroads Hotel (signposted O'Neil Corse). Local bus service passes Crossroads Hotel. Open by appointment only, May–Sep 1000–1700. Charge £. Children under 3 free. Groups by advance booking. Group concessions. Guided tours. Explanatory displays. Gift shop. Refreshments available in shop, picnic area. Play area and pets' corner. WC. No guide dogs. Wheelchair access with assistance. Car and coach parking. Telephone (013398) 83670.

A unique experience for visitors of all ages on a working farm. Guided tours let visitors feed and tend to the animals. The information centre is packed full of facts on farming and farm animals. Farm shop. Beautiful surroundings.

1300 NOLTLAND CASTLE **1 B9**

HS. On the island of Westray, Orkney. Ferry from Kirkwall to Westray. Access at all times. Charge £. Telephone (01856) 841815. www.historic-scotland.gov.uk

A fine ruined Z-plan tower built between 1560 and 1573, but never completed. Remarkable for the large number of gun loops and the impressive winding staircase.

1301 NORTH AYRSHIRE MUSEUM **6 H17**

North Ayrshire Museum, Manse Street, Saltcoats. Just beside Safeways supermarket car park. Nearest railway and bus stations Saltcoats. Open all year, daily 1000–1300 and 1400–1700 (closed public holidays, Wed and Sun). Free. Guided tours. Explanatory displays. Gift shop. Children's activity area. WC. Wheelchair access. Disabled WC. Telephone (01294) 464174. www.northayrshiremuseums.org.uk

Local history museum housed in a mid 18th-century parish church. Displays on cottage life, Ayrshire whitework, fine art, maritime history, archaeology and natural history. Reference and photographic collection. Children's activity and discovery area.

1302 NORTH BERWICK SPORTS CENTRE **6 P15**

Grange Road, North Berwick, East Lothian. On the outskirts of North Berwick near The Law. Nearest railway station North Berwick, bus from Edinburgh.

Open all year (except Christmas and New year), Mon–Fri 0900–2200, weekends 0900–1700. Charge by activity. Group concessions. Café. Crèche. WC. Wheelchair access. Disabled WC. Car and coach parking. Telephone (01620) 893454.

Swimming pool, sauna, steam room, activity hall, squash courts, trampolines, body conditioning and many coached activities.

1303 NORTH GLEN GALLERY AND WORKSHOP **5 L20**

North Glen, Palnackie, Castle Douglas, Dumfries and Galloway. Off A711 between Dalbeattie and Auchencairn. Nearest railway station Dumfries, bus service to Palnackie (0.6 mile/1km). Open all year, daily 1000–1800 (telephone to confirm). Other times by appointment. Charge £. Glass-blowing demonstrations. Gift shop. Picnic area. Wheelchair access with assistance. Car parking. Telephone (01556) 600200. www.tipiglen.dircon.co.uk

Gallery, workshop and home base of international artist Ed Iglehart who works with many collaborators to produce individual works of glass. Glass-blowing demonstrations. Chandeliers, experimental structures, wine goblets and many other objects. Starting point for many walks.

1304 NORTH SHORE POTTERY **3 M4**

Mill of Forse, Latheron, Caithness. South east Caithness. Nearest railway station Helmesdale or Wick, bus service from Wick stops at entrance. Open all year, Tue–Sat 1000–1700; Jul–Aug, daily 1000–1700. Free. Guided tours and demonstrations, special events days. Explanatory displays. Gift shop. Picnic area. Garden. Wheelchair access. Disabled WC. Car parking. Telephone (01593) 741777.

Studio and showroom located in a restored oatmeal mill. Visitors can see the potter at work, creating hand thrown pots, salt-glazed and reflecting the local landscape.

1305 NORTH THIRD TROUT FISHERY **5 K14**

Greathill House, Stirling. 5 miles (8km) south west of Stirling. Open Mar-Oct daily; Mar–Apr 1000–1700; May–Aug 1000–2300; Sep–Oct 1000–1700. Charge £££. Children free with paying adult. Discounts for OAP and UB40 Tue and Wed. WC. Car and coach parking. Telephone (01786) 471967.

A rainbow trout fly-only fishery with over 120 acres (48ha) of water set in magnificent surroundings and offering both boat and bank angling. Famed for producing large numbers of fish in excess of 10lb each year. Expert advice and tuition available.

1306 NORTHERN NATURAL HISTORY **3 L5**

Greenhill, Brora, Sutherland. On the A9, 1.5 miles (2.5km) north of Brora. Nearest railway station Brora, bus from Inverness to Brora. Open all year (except bank holidays), Mon–Fri 0830–1700. Free. Explanatory displays. WC. Limited wheelchair access. Car parking. Telephone (01408) 621500. www.nnh.co.uk/taxidermy

Taxidermy workshop with work for sale.

1307 NORTHLANDS VIKING CENTRE **3 N3**

Auckengill, Keiss, Wick, Caithness. On the A99, 10 miles (16km) north of Wick. Nearest railway station Wick, bus from Wick. Open Jun–Sep, daily 1000–1600. Charge £. Group concessions. Explanatory displays. Gift shop. Picnic area. WC. Wheelchair access with assistance. Car and coach parking. Telephone (01955) 607771.

A display explaining the heritage of Caithness including the pre-Viking kingdom of the Catti and the Norse settlers. Features models of the Viking settlement at Freswick, a Viking longship and currency.

1308 NOSS NATIONAL NATURE RESERVE **1 G5**

Noss Island, Shetland. Managed by Scottish Natural Heritage (01595) 693345. On an island off the east coast of Bressay by Lerwick. By boat (7 miles/11km) from Victoria Pier, Lerwick in M.V. Dunter II. May–Sep, Tue–Sun

1000 sailing. Charge £££. Group concessions. Guided tours (available in French). Explanatory leaflet. WC on board. Car parking. Telephone Shetland Wildlife Tours (01950) 422483.

A unique three-hour tour of some of Europe's finest scenery and wildlife habitats. Visitors can see up to 100,000 sea birds and dozens of seals at close range. Spectacular caves, sea statues and rock arches. Entertaining commentary on geology, local history and folklore of Bressay and Noss islands. Puffins visible before second week in August. See also 1260 Muckle Flugga and Outstack, and 1558 Shetland Wildlife Tours.

1309 NUNTON STEADINGS — 2 B7

Benbecula, Western Isles. West of the B892 Balivanich to Creagorry road. Local bus service. Open all year, Mon–Fri 0900–1700. Free. Some special events may have a charge. Explanatory displays. WC. Wheelchair access with assistance. Disabled WC. Car and coach parking. Telephone (01810) 602039.

Nunton Steadings is an 18th-century farm on the island of Benbecula. The steadings were built for the Clanranald family, who were the proprietors of South Uist and Benbecula. The buildings have been restored and made available for community use, keeping many of the historical features. Come to Nunton to learn about the natural and social history of the local area and join in a ceilidh.

1310 OATHLAW POTTERY AND GALLERY — 5 N12

By Forfar, Angus. 1 mile (1.5km) from A90, north of Forfar. Open Apr–Oct, Tue–Sat 0900–1700; winter please telephone to check. Free. Car and coach parking. Telephone (01307) 850272. www.oathlawpotteryandgallery.com

A working studio pottery and gallery, set around a delightful small courtyard of 19th-century steading buildings. During the year there are ongoing exhibitions of work designed and made in the studio, featuring ceramics in stoneware and raku. Also summer and winter exhibitions of fine and applied art. Telephone or visit website for information.

1311 OBAN DISTILLERY VISITOR CENTRE — 4 F13

Stafford Street, Oban, Argyll. In centre of Oban. Within walking distance from railway station and bus stops. Open Dec–Feb, Mon–Fri 1230–1600; Mar and Nov, Mon–Fri 1000–1700; Easter–Jun and Oct, Mon–Sat 0930–1700; Jul–Sep, Mon–Fri 0930–1900, Sat 0930–1700, Sun 1200–1700. Last tour one hour before closing. . Charge ££. Children free. Guided tours. Explanatory displays. Leaflet in French, German, Italian and Spanish. Gift shop. WC. No guide dogs. Limited wheelchair access. Disabled WC. Telephone (01631) 572004.

Take a guided tour and learn about the ancient craft of distilling. Visitor centre with exhibition and audio-visual programme tells the history of Oban. Shop with single malts, gifts and souvenirs.

1312 OBAN HIGHLAND THEATRE — 4 F13

George Street, Oban, Argyll. In centre of Oban, 0.5 mile (1km) from station. Car and coach parking nearby. Open daily in summer from 1400; in winter Mon–Fri from 1800, Sat 1400. Charge ££. Group concessions. Explanatory displays. Gift shop. WC. Wheelchair access. Disabled WC. Telephone (01631) 562444.

A complex of two cinemas, theatre and exhibition area. Occasional videos focussing on Oban, Lorn and the Isles.

1313 OBAN RARE BREEDS FARM PARK — 4 F13

Glencruitten, Oban, Argyll. 2 miles (3km) from Oban along the Glencruitten Road. Nearest railway station Oban, bus from Oban. Open late Mar–Oct, 1000–1800 (Jun–Aug closes 1900); Nov–Dec, Sat–Sun 1100–1600. Charge £££. Wheelchair users free. No admission charge to tearoom. Group concessions. Guided tours by prior arrangement. Explanatory displays. Gift shop. Tearoom and picnic areas. Children's parties. WC. Limited wheelchair access.

Disabled WC. Car and coach parking. Telephone (01631) 770608. www.obanrarebreeds.com

Displays rare breeds of farm animals – cattle, sheep, pigs, poultry, goats. Pets' corner and pure bred rabbits and guinea pigs. Woodland walk and beautiful views. Souvenir shop.

1314 OBAN ZOOLOGICAL WORLD — 4 F13

Ariogan Cottage, Upper Soroba, Oban, Argyll. 1 mile (1.5km) south of Oban. Limited bus service from Oban. Open all year, daily (except Christmas and Boxing Day) summmer 1000–1800; winter 1100–1600. Charge ££. Group concessions. Guided tours. Explanatory displays. Gift shop. Tearoom and picnic area. WC. Limited wheelchair access. Disabled WC. Car and coach parking. Telephone (01631) 562481. www.obanzoologicalworld.co.uk

A small, family-run zoo specialising in small monkeys, tropical animals and reptiles. Pets corner.

1315 OCHIL HILLS WOODLAND PARK — 6 L14

0.5 miles (1km) north of A91 between Alva and Tillicoutry. Bus from Alloa and Stirling. Access at all times. Free. Explanatory displays. Picnic areas. Play area. Limited wheelchair access. Car parking. Telephone (01259) 450000. www.clacksweb.org.uk

The remains of the grounds of Alva House (now demolished). Woodland walks and children's play area.

1316 OISEVAL GALLERY — 2 D3

James Smith Photography, Brue, Isle of Lewis. Bus from Stornoway. Open all year, Mon–Sat 1000–1730. Free. Explanatory displays. Limited wheelchair access. Car and coach parking. Telephone (01851) 840240. www.oiseval.co.uk

An exclusive collection of photographic landscapes and seascapes of the Outer Hebrides, including images of St Kilda.

1317 OLD BRIDGE HOUSE MUSEUM — 5 L19

Mill Road, Dumfries. In Dumfries town centre on the west bank of the River Nith at Devorgilla's Bridge. Nearest railway station 15 minute walk. Nearest bus station two minute walk. Open Apr–Sep, Mon–Sat 1000–1700, Sun 1400–1700. Free. Explanatory welcome in English, French and German. Leaflet (also available in Dutch, Italian, Russian and Spanish). Limited wheelchair access (steps to front door). Car and coach parking. Telephone (01387) 256904. www.dumgal.gov.uk/museums

Built in 1660, the house is furnished in period style to illustrate life in Dumfries over the centuries. Rooms include kitchens of 1850 and 1900, a Victorian nursery and a dental surgery dating from 1900. Devorgilla's Bridge was originally built circa 1280 by Lady Devorgilla Balliol, who endowed Balliol College, Oxford.

1318 OLD BYRE HERITAGE CENTRE — 4 E12

Dervaig, Isle of Mull, Argyll. 1.5 miles (2.5km) south west of Dervaig (0.6 mile/1km private road off Torloisk road at Dervaig end). Nearest railway station Oban, then ferry to Craignure with limited bus service connecting to Dervaig. Open Easter–Oct, daily 1030–1830, last show at 1730. Charge £. Group concessions. Explanatory displays and film. Gift shop. Tearoom. Sun terrace. WC. Wheelchair access to tearoom and gift shop only. Disabled WC. Car and coach parking. Telephone (01688) 400229.

A genuine stone byre which has been converted into a museum, tearoom and gift shop. Audio-visual show.

1319 OLD GALA HOUSE — 5 P17

Scott Crescent, Galashiels, Selkirk. In Galashiels, 0.25 mile (0.5km) from town centre. Bus from Edinburgh or Carlisle. Open Apr–Sep, Tue–Sat 1000–1600, Jun–Aug also Mon 1000–1600 and Sun 1400–1600; Oct Tue–Sat 1300–1600. Gardens open at all times. Free. Guided tours by arrangement. Explanatory displays. Gift shop. Refreshments and picnic area. Garden. WC. Limited wheelchair access. Disabled WC. Car and coach parking. Telephone (01896) 752611.

Dating from 1583 and set in its own grounds, the former home of the Lairds of Gala is now an interpretive centre. Displays tell the story of the house, its inhabitants and the early growth of Galashiels. Features painted ceilings (1635), a painted wall (1988) and the Thomas Clapperton Room. The Christopher Boyd Gallery hosts an exciting programme of exhibitions.

1320 OLD HAA VISITOR CENTRE 1 G3

Burravoe, Yell, Shetland. On the island of Yell. Public transport limited. Open Apr–Sep, Tue–Thu and Sat 1000–1600, Sun 1400–1700. Admission by donation. Explanatory displays. Gift shop. Tearoom. Garden. WC. Car and coach parking. Telephone (01957) 722339.

The oldest building on Yell, with exhibitions on local flora and fauna, arts and crafts, and local themes of historic interest. Photographs, video and sound recordings of local musicians, story telling. Genealogical information by arrangement. Craft shop and art gallery.

1321 OLD MAN OF HOY 1 A11

North west coast of Isle of Hoy, Orkney.

A 450-feet (137m) high isolated stack (pillar) standing off the magnificent cliffs of north west Hoy. The Old Man of Hoy can also be seen from the Scrabster to Stromness Ferry. A challenge to experienced climbers. See also 587 Dwarfie Stane and 941 Hoy RSPB Nature Reserve.

1322 OLD MAN OF STOER 2 G4

2 mile (3km) walk from Stoer Lighthouse, north of Lochinver, Sutherland.

This is the most westerly point of Sutherland and on a clear day it is possible to see the Hebridean Island of Lewis.

1323 OLD MANSE GALLERY 3 P11

Old Manse, Western Road, Insch, Aberdeenshire. In Insch, 25 miles (40km) north west of Aberdeen. Nearest railway station Insch, bus from Inverurie or Huntly. Open by appointment, please telephone. Free. Gift shop. WC. Wheelchair access. Car and coach parking. Telephone (01464) 820392. www.celticcarpetsscotland.com

Sales display of oriental and Celtic carpets (Celtic designs can be made to customers' requirements). Permanent exhibition of work from the Royal Society of Miniature Painters, the Society of Limners and the Russian Fedoskino School. Also local scenes in mixed media. Commissions accepted for portraits and landscapes.

1324 OLD PARISH CHURCH, HAMILTON 6 K16

Strathmore Road, Hamilton. In the centre of town, five minute walk from railway and bus stations. Nearest railway and bus stations Hamilton. Open all year, Mon–Fri 1030–1530, Sat 1030–1200, Sun after the 1045 service. Evenings by appointment. Free. Guided tours. Refreshments by arrangement. WC. Induction loop. Limited wheelchair access. Disabled WC. Car and coach parking. Telephone (01698) 281905. www.hope.fsnet.co.uk

The oldest building in Hamilton, a Georgian masterpiece designed by William Adam 1732–4, and the only church designed by him. The roof timbers are full of lead shot as Adam used timbers from an old man of war. Embroidery work by Hannah Frew Paterson and exceptionally detailed and engraved glass windows depicting the history of church, by Anita Pate. Well-preserved and maintained 11th-century Netherton Cross and Covenanting memorials.

1325 OLD PLACE OF MOCHRUM 4 H20

Off B7005, 11 miles (17.5km) west of Wigtown. No access to the public but can be seen from the road.

Known also as Drumwalt Castle, this is a mainly 15th- and 16th-century construction with two picturesque towers.

1326 OLD ROYAL STATION, BALLATER **3 N10**

Station Square, Ballater. Nearest railway station Aberdeen, bus service from Aberdeen to Ballater. Open daily, Oct–May 1000–1700; Jun and Sep 0930–1800; Jul–Aug 0930–1900; also Easter weekend 1000–1800. Free. Explanatory displays. Gift shop. Restaurant. WC. Induction loop. Wheelchair access. Disabled WC. Car and coach parking. Telephone (013397) 55306. www.aberdeen-grampian.com

Restored Victorian railway station containing displays on the 100 year history of royal use. Unique royal waiting room built for Queen Victoria. Also Tourist Information Centre.

1327 OLD SCATNESS IRON AGE VILLAGE **1 G6**

A970 Virkie, Sumburgh, Shetland. On the A970, 22 miles (35km) south of Lerwick, turning right after airport traffic lights. Airport bus passes the gate. Open from Jul 2002, telephone for details. Charge £. Guided tours during excavation. Explanatory displays. Gift shop Jul-Aug. Snacks available. WC. Limited wheelchair access. Disabled WC. Car and coach parking. Telephone (01595) 694688. www.shetland-heritage.co.uk/amenitytrust/

Iron Age Broch and village with excavations in progress. Village stands up to head height. Visitor centre. Replicas of some buildings. During excavations (Jul–Aug) living history and displays. Further facilities under development.

1328 ON THE ROCKS **2 G4**

114 Achmelvich, Lochinver, Sutherland. 98 miles (157km) north of Inverness and 3 miles (5km) north of Lochinver. Bus service from Inverness. Open all year, daily 1000–1700. Free. Explanatory displays. Gift shop. Wheelchair access with assistance. Car parking. Telephone (01571) 844312.

Silk painting, art courses and gem cutting.

1329 ORBOST GALLERY **2 D8**

Dunvegan, Isle of Skye. 4 miles (6.5km) south of Dunvegan off the A863. Open Apr–Oct, daily 1000–1800; other times by appointment. Free. Explanatory displays. WC. Wheelchair access. Car and coach parking. Telephone (01470) 521207.

Paintings and prints of the landscape of Skye and adjacent highlands. Also caligraphy, wood engravings and a selection of antique prints. Picture framing service available and artists' materials on sale.

1330 ORCADIAN STONE COMPANY **3 L5**

Main Street, Golspie, Sutherland. 60 miles (96.5km) north of Inverness on A9. Nearest railway station Golspie, bus from Inverness stops nearby. Open Easter–end Oct, Mon–Sat 0900–1730. Charge £ (museum); students free. Group concessions. Explanatory displays. Gift shop. Picnic area. Garden. WC. Limited wheelchair access. Car and coach parking. Telephone (01408) 633483.

A high quality geological exhibition featuring: worldwide fossils; a comprehensive collection of Highland rocks, minerals and fossils, with geological relief model and diorama; worldwide minerals chosed for beauty and rarity. The gift shop sells mineral specimens, stones clocks, vases and other items, jewellery and geological books and maps.

1331 ORCHARDTON TOWER **5 L20**

HS. Off A711, 6 miles (9.5km) south east of Castle Douglas, Kirkcudbrightshire. Nearest railway station Dumfries, bus from Dumfries to Palnackie. Open at all times, apply to custodian at nearby cottage. Free. Car parking. Telephone 0131 668 8800. www.historic-scotland.gov.uk

A charming and unique circular 15th-century tower house. Built by John Cairns.

1332 ORD OF CAITHNESS **3 M4**

At the hairpin bends on the A9, north of Helmsdale, Sutherland.

Spectacular views of the Caithness coastline. In the early morning or late evening, herds of red deer can often be seen.

1333 ORD SUMMIT **3 J5**

West of Lairg village, Sutherland.

Dotted with burial mounds, hut circles, a burnt mound (a type of ancient barbecue) and topped by two chambered cairns dating back 5000 years. The view from the summit is stunning.

1334 ORKNEY CHAIR **1 B10**

Orkney Chair Maker, Rosegarth House, St Ola, Kirkwall, Orkney. In Orphir Road (A964), 1.5 miles (2.5km) from town centre. Open all year, Mon–Fri 0900–1200 and 1400–1600. Free. Explanatory displays. Gift shop. Car parking. Telephone (01856) 873521. www.orkney-chairs.co.uk

See craftspeople at work making traditional Orkney chairs.

1335 ORKNEY MUSEUM **1 B10**

Tankerness House, Broad Street, Kirkwall, Orkney. Central Kirkwall, opposite St Magnus Cathedral. Open May–Sep, Mon–Sat 1000–1700, Sun 1400–1700; Oct–Apr, Mon–Sat 1030–1230 and 1330–1700. Free. Guided tours by prior arrangement. Explanatory displays. Gift shop. Garden. WC. Wheelchair access. Disabled WC. Telephone (01856) 873191.

The museum describes island life through 6000 years, with additional special exhibitions. It is housed in a merchant-laird's mansion, with courtyard and gardens, dating from 1574.

1336 ORMISTON MARKET CROSS **6 N15**

HS. On the B6371 in Ormiston. 2 miles (3km) south of Tranent, East Lothian. Nearest railway station at Wallyford, bus from Edinburgh to Ormiston. Telephone 0131 668 8800. www.historic-scotland.gov.uk

A 15th-century cross on a modern base in the main street. A symbol of the right of the inhabitants to hold a market.

1337 ORPHIR CHURCH AND THE EARL'S BU **1 B11**

HS. By the A964, 8 miles (13km) west south-west of Kirkwall, Orkney. Bus from Kirkwall to Houton. Access at all times. Free. Car and coach parking. Telephone (01856) 841815. www.historic-scotland.gov.uk

Earl's Bu are the foundation remains of what may have been a Viking palace. Nearby are the remains of Scotland's only 12th-century circular medieval church.

1338 ORTAK VISITOR CENTRE **1 B10**

Hatson Industrial Estate, Kirkwall, Orkney. Ten minute walk from centre of Kirkwall. Open all year, Mon–Sat 0900–1700; winter 0900–1300 and 1400–1700. Free. Explanatory displays. Gift shop. Complimentary refreshments. WC. Limited wheelchair access. Disabled WC. Car and coach parking. Telephone (01856) 872224.

The Ortak Visitor Centre houses a permanent exhibition with a video presentation describing how modern jewellery is made and telling the story of Ortak.

1339 OTTERSHOP **2 E9**

Wildlife and Tourist Information Centre, Central Car Park, Broadford, Isle of Skye. Nearest railway station Kyle of Lochalsh, bus from Kyle of Lochalsh. Open all year, Mon–Fri 0930–1700; summer also Sat–Sun 1000–1600. Free. Guided tours can be arranged with the International Otter Survival Fund (IOSF). Displays on otters and wildlife. Gift shop. WC nearby. Wheelchair access with assistance. Car and coach parking. Telephone (01471) 822713. www.otter.org

The Ottershop provides general tourist information and information on the wildlife and environment of Skye to make the most of your visit to the island. Find out where and how to watch for animals such as otters and seals, and also the best places to walk without disturbing these creatures. It is also the local biological recording centre with a wide database. The Ottershop has a unique selection of gifts and books for that extra special something to take home. Run by the IOSF and all profits are used to conserve otters worldwide.

1340 OUR LADY OF THE ISLES **2 B7**

North of South Uist, Western Isles. Access at all reasonable times. Free.

On Reuval Hill – the Hill of Miracles – is the statue of the Madonna and Child, erected in 1957 by the Catholic community with contributions from all over the world. The work of Hew Lorimer, it is 30 feet (9m) high.

1341 OUR LADY OF THE SEA **2 A10**

Heaval, on the Isle of Barra, Western Isles.

Heaval is the highest point in Barra at 1257 feet (383m), and on the slopes of the hill is erected an attractive statue of the Madonna and Child, symbol of the islanders' faith.

1342 OVERTOUN ESTATE **6 J15**

Via Milton Brae, By Dumbarton. Park open all year, daily. Free. Car parking. Telephone (01389) 732610. www.overtounhouse.com

Historic gardens, picnic areas, spectacular views, Victorian architecture, and wildlife. Self-guided walks of grounds.

1343 OWEN'S WAREHOUSE **6 L17**

Mill 2, Level 3, New Lanark. 1 mile (2km) south of Lanark. Bus service from Lanark. Open all year, Mon–Sat 1000–1700, Sun 1100–1700. Free. Guided tours. Explanatory displays. Gift shop. Refreshments available on site. WC. Wheelchair access. Disabled WC. Car and coach parking. Telephone (01555) 662322. www.ewm.co.uk

A large selection of lambswool and Aran knitwear, wax jackets, waterproofs and high street fashions. Also the Golf Company for golf enthusiasts, containing clothing and equipment.

1344 PAIRC MUSEUM **2 D5**

Old School, Gravir, South Lochs, Isle of Lewis. 25 miles (40km) from Stornoway. Bus service from Stornoway. Open Jul–Sep, daily 1400–1700. Admission by donation. Guided tours. Explanatory displays. Gift shop. Wheelchair access with assistance. Car and coach parking. Telephone (01851) 880225. www.lochs.net

Run by the Pairc Historical Society, most of the artefacts, such as photographs, certificates and a working loom, were given to the museum by local people. Booklets on individual villages, compiled by the society, are on sale, together with information on local points of interest, legends and characters.

1345 PAISLEY ABBEY **6 J16**

Abbey Close, Paisley, Renfrewshire. In central Paisley. Nearest railway station Paisley Gilmour Street. Open all year, Mon–Sat 1000–1530, Sun for services only (1100, 1215 and 1830). Free. Guided tours by arrangement. Explanatory displays. Gift shop. Tearoom. WC. Induction loop system. Wheelchair access with assistance. Disabled WC. Telephone 0141 889 7654. www.paisleyabbey.org.uk

A fine Cluniac abbey church founded in 1163. Some 12th-century walls remain, but most of the nave dates from the 14th and 15th centuries. The transept and choir lay in ruins from 16th to 19th centuries, but are now fully restored. Fine medieval carvings in St Mirin Chapel. Also tombs of Princess Marjory Bruce and King Robert III in the choir. Fine stained glass and Cavaille-Coll Organ. The Abbey contains the Barochan Cross, a weathered Celtic cross attributed to the 10th century. See also 227 Brechin Cathedral Round Tower.

1346 **PAISLEY MUSEUM AND ART GALLERIES** 6 J16

High Street, Paisley. In Paisley centre. Nearest railway station Paisley, Gilmour Street. Open all year Tue–Sat 1000–1700, Sun 1400–1700, public holidays 1000–1700. Free. Explanatory displays. Gift shop. WC. Limited wheelchair access. Disabled WC.

Displays a world-famous collection of Paisley shawls. Also the local, industrial and natural history of Paisley and Renfrewshire. Important ceramic collection and many 19th-century Scottish paintings.

1347 **PALACERIGG COUNTRY PARK** 6 K15

Palacerigg Road, Cumbernauld, Glasgow. 3 miles (5km) east of Cumbernauld. Nearest railway station Cumbernauld, then 1.5 mile (2.5km) walk to park, bus from Glasgow to Cumbernauld, but no link to park. Visitor centre open all year, Apr–Sep 1000–1800; Oct–Mar 1000–1630. Free. Explanatory displays. Gift shop. Tearoom and picnic areas. WC. Limited wheelchair access. Disabled WC. Car and coach parking. Telephone (01236) 720047. www.northlan.gov.uk

A 700 acre (283ha) country park with a Scottish and north European animal collection. Home to populations of roe deer, owls, bison, wildcat, lynx and moufflon. Approximately 7 miles (11km) of nature trails and bridle paths. Eighteen-hole golf course. Ranger service.

1348 **PANBRIDE CHURCH** 5 P12

Panbride, Carnoustie, Angus. Nearest railway station Carnoustie.

The first mention of Panbride was in 1178 when William I gave the church and parish to Arbroath Abbey. At the church gates is a loupin stane, used to assist church-goers mounting horses. By the loupin stane there is a footpath which heads north to Muirdrum. Follow this footpath for a few hundred yards to reach the top of the fairy steps and make a wish on the third step.

1349 **PARALLEL ROADS** 2 H10

Glen Roy, unclassified road off A86, 18 miles (29km) north east of Fort William. Free.

These parallel roads are hillside terraces marking levels of lakes dammed by glaciers during the Ice Age.

1350 **PARENT LARCH** 5 M12

Close to Dunkeld Cathedral (see 575). Access at all reasonable times. Free. www.hiltondunkeldhouse.co.uk

The sole survivor from a group of larches planted here as seedlings over 250 years ago. The young trees had been collected from the Tyrol mountains in central Europe in 1738. These trees became famous as the seed source for the large-scale larch plantings carried out by the Dukes of Atholl on the hillsides around Dunkeld.

1351 **RON PARKER SCULPTURE** 3 L8

Beachens Two, Dunphail, Forres, Moray. 9.5 miles (15km) south of Forres on A940. Nearest railway and bus stations Forres. Open all year (except Christmas and New Year), daily 0900–1800. Free. Guided tours. Sale of exhibited work. WC. Wheelchair access. Car parking. Telephone (01309) 611273.

Wood sculpture workshop where each piece is individually handmade from managed local hardwoods. No two sculptures are the same. A wide range of large and small work is available for sale. Visitors are always welcome at the workshop and may bring their own wood to be worked to their own design.

1352 **JAMES PATERSON MUSEUM, MONIAIVE** 5 K19

Meadowcroft, North Street, Moniaive, Thornhill, Dumfries and Galloway. Telephone (01848) 200583.

An exhibition dedicated to the life and times of the artist. Memorabilia, reference library and works connected to the

Glasgow Boys and other well-known artists of the period. NB: the collection will shortly move to Glasgow University Library and the display material to The Crichton (see 431).

1353 PAXTON HOUSE 5 R16

Paxton, Berwick-upon-Tweed. On the B6461, 5 miles (8km) west of Berwick-upon-Tweed. Nearest railway station Berwick-upon-Tweed, then connecting bus from railway and bus station to Paxton House. Open Apr–Oct, daily 1100–1730; grounds, shop and tearoom, 1000–1730. Charge for house and grounds £££, grounds only £. Group concessions. Guided tours (information in French and German). Explanatory displays. Gift shop. Restaurant, tearoom and picnic areas. Croquet, boathouse, museum, adventure playground, squirrel hide. WC. Tactile tour by arrangement. Limited wheelchair access. Disabled WC. Car and coach parking. Telephone (01289) 386291. www.paxtonhouse.com

Winner of several tourism awards and one of the finest 18th-century Palladian houses in Britain. Designed by John and James Adam and built in 1758 by Patrick Home for his intended bride, Sophie de Brandt, an aristocrat from the court of King Frederick the Great of Prussia. Interiors by Robert Adam. The largest collection of Chippendale furniture in Scotland, and fine Regency furniture by Trotter of Edinburgh. An outstation of the National Galleries of Scotland. Over 80 acres (32ha) of grounds and gardens, including a mile of the River Tweed.

1354 PEEL FARM COFFEE AND CRAFTS 5 N12

Lintrathen, by Kirriemuir, Angus. Off the B954, 20 miles (32km) north of Dundee, 6 miles (9km) from Alyth; also off B951, 9 miles (14.5km) from Kirriemuir. Nearest railway station Dundee, then bus to Kirriemuir or Alyth, then walk (contact Angus Transport Forum on 01356 665000. Open Mar–Dec, daily 1000–1700. Free. Guided tours. Explanatory displays. Gift shop. Tearoom and picnic area. Play area. WC. Wheelchair access. Disabled WC. Car and coach parking. Telephone (01575) 560718. www.peelfarm.com

A working farm in an unspoilt area of rural Angus close to the majestic Reekie Linn waterfall. Warm country welcome with home baking, prize-winning jam and snack lunches. Craft demonstrations (Sat 1400–1630). Also antiques and crafts, furnishings, patchwork fabrics and gifts for sale. Farm shop.

1355 PEEL RING OF LUMPHANAN 3 P10

HS. 0.5 mile (1km) south west of Lumphanan, Aberdeenshire. Nearest railway station Aberdeen, bus from Aberdeen. Access at all times. Free. Car parking. Telephone (01466) 793191. www.historic-scotland.gov.uk

A major early medieval earthwork 120 feet (36.5m) in diameter and 18 feet (5.5m) high. The site of a fortified residence. Links with Shakespeare's *Macbeth*.

1356 PERTH, BELL'S CHERRYBANK GARDENS 5 M13

The Bell's Cherrybank Centre, Perth. On western outskirts of Perth. Open Easter–Oct, daily 1000–1700. Charge £. Children free. Group concessions. Guided tours. Explanatory displays. Gift shop. Tearoom. WC. Wheelchair access. Disabled WC. Car and coach parking. Telephone (01738) 472800. www.scotlandsgarden.org.uk

The gardens contain the Bell's National Heather Collection. This is the largest collection in the UK and has over 900 varieties from all over the world, with plants flowering every month of the year. Other features include a dovecot, aviary, play area and putting green, acoustic pool, hidden pool, pond, the Rocky Island, natural burn, sculpture collection and a fountain.

1357 PERTH, BLACK WATCH REGIMENTAL MUSEUM 5 M13

Balhousie Castle, Hay Street, Perth. Entrance from Hay Street and North Inch. Public transport by summer city bus tour only. Open May–Sep, Mon–Sat (including public holidays) 1000–1630, (closed last Sat in Jun); Oct–Apr, Mon–Fri 1000–1530. Closed Dec 23–Jan 4 inclusive. Other times by appointment. Free. Explanatory displays and audio tour. Gift shop. WC. Car parking. Telephone 0131 310 8530. www.theblackwatch.co.uk

Balhousie Castle houses the Regimental Headquarters and Museum of the Black Watch Regiment, describing its history from 1740 to the present day. Displays of silver, colours, uniforms and medals.

1358 PERTH, BRANKLYN GARDEN 5 M13

NTS. 116 Dundee Road, Perth. On A85 near Perth city centre, 25 minute walk from Perth railway station. Buses from Perth and Dundee stop near the garden. Open Mar–Oct, daily 0930–sunset. Charge £. Group concessions. Guided tours of the garden. Explanatory displays. Gift shop. WC. Limited wheelchair access. Disabled WC. Car and coach parking. Telephone (01738) 625535. www.nts.org.uk

Started in 1922 on the site of a former orchard, Branklyn is an outstanding 2 acre (0.8ha) garden with rhododendrons, alpines, herbaceous and peat garden plants.

1359 PERTH, CAITHNESS GLASS VISITOR CENTRE 5 M13

Inveralmond Industrial Estate, Perth. On A9 Perth western bypass at the Inveralmond roundabout. Nearest railway and bus stations Perth, bus service to site Mon-Fri. Visitor centre open all year, Mon–Sat 0900–1700 (Sun, Mar–Nov 1000–1700 then Dec–Feb 1200–1700). Glass-making all year, Mon–Fri 0900–1630 (except Christmas and New Year). Free. Explanatory displays and factory viewing. Gift shop. Licenced restaurant. Baby changing facilities. WC. Wheelchair access. Disabled WC. Car and coach parking. Telephone (01738) 492320. www.caithnessglass.co.uk

See the fascinating process of glass-making. Also paperweight collectors gallery, audio-visual theatre and children's play area. Factory shop.

1360 PERTH CITY SIGHTSEEING OPEN TOP TOUR 5 M13

Perth Railway Station. Pick up point outside bus station. Tours run Jun–Aug, Mon–Sat.. Charge £££. Group concessions. Taped commentary. Wheelchair access with assistance. Telephone (01789) 294466. www.city-sightseeing.com

An open top bus tour encompassing all the highlights of Perth city centre and Scone Palace.

1361 PERTH, DEWARS CENTRE 5 M13

Glover Street, Perth. In centre of Perth. Within walking distance of bus and railway stations. Open all year, daily 0800–midnight; skating at scheduled times, telephone to confirm. Free. Charge by activity, equipment hire. Group concessions. Explanatory displays. Restaurant/coffee shop. WC. Wheelchair access. Disabled WC. Car and coach parking. Telephone (01738) 624188. www.curlingscotland.com

A range of sporting activities is available at the centre: curling, ice skating and indoor bowling are offered in a multi-purpose building housing conference, catering and leisure facilities.

1362 PERTH, DAVID DOUGLAS MEMORIAL 5 M13

In the grounds of the old church at Scone; walk from Quarrymill Woodland Park (see 1367). Access at all reasonable times.

David Douglas was one of the greatest plant hunters and explorers of America's north west. He introduced over 200 new plants to Britain, including many trees and commonly grown garden plants.

1363 PERTH, FERGUSSON GALLERY 5 M13

Corner of Tay Street and Marshall Place, beside the river. Five–ten minute walk from bus and train station. Open all year (except Christmas and New Year), Mon–Sat 1000–1700. Free. Explanatory displays. Gift shop. WC. Enlarged label text. Limited wheelchair access (wheelchair available). Disabled WC. Car and coach parking. Telephone (01738) 441944. www.pkc.gov.uk/ah/museums_galleries.htm

An art gallery devoted to the work of the Scottish colourist painter, John Duncan Fergusson (1874–1961) and housing the largest collection of his work. Three galleries, two of which are circular, show changing thematic displays of his paintings, drawings, watercolours and sculpture. An extensive archive is available for consultation by appointment. NB: the gallery will be closed until approximately the end of 2004. Part of the collection can be seen at Perth Museum and Art Gallery (see 1364).

1364 **PERTH MUSEUM AND ART GALLERY** **5 M13**

George Street, Perth. In central Perth. Local bus route passes door. Walking distance from rail and bus stations. Open all year (except Christmas and New Year), Mon–Sat 1000–1700. Free. Explanatory displays. Gift shop. WC. Wheelchair access. Disabled WC. Car parking. Telephone (01738) 632488. www.pkc.gov.uk/ah/museums_galleries.htm

Collections of local history, fine and applied art, natural history and archaeology allow visitors a fascinating look into life in Perthshire throughout the ages. Permanent and changing exhibitions. Please telephone or visit website for details of current exhibitions and events.

1365 **PERTH, NOAH'S ARK ACTIVITY CENTRE** **5 M13**

Glendevon Farm, Western Edge, Perth. Off the Western Bypass (A9). Nearest railway station Perth, bus from city centre to top of Burghmuir Road, then ten minute walk. Open all year daily (except Christmas and New Year), 1030–1830; please telephone to confirm. Charge children £–££; adults charge for karting only. Group concessions. Explanatory displays. Café and picnic area. WC. Wheelchair access. Disabled WC. Car and coach parking. Telephone (01738) 445568. www.noahs-ark.co.uk

A specially equipped and supervised children's softplay barn for under-12s. Also indoor kart tracks for adults and children, no booking required, ten pin bowling alley, ceramic studio and trampoline (seasonal).

1366 **PERTH, QUARRYMILL WOODLAND PARK** **5 M13**

Isle Road, Perth. On the outskirts of Perth along A93 Blairgowrie road. Access at all times. Car park open May–Oct 0800–1900; Nov–Apr 0800–1630. Free. Explanatory displays. Gift shop. Visitor centre and coffeeshop during summer. Barbecue (can be booked). WC. Limited wheelchair access. Disabled WC. Telephone (01738) 633890.

Twenty-seven acres (11ha) of woodland around the Annety Burn. Paths specially designed for disabled visitors.

1367 **PERTH RACECOURSE** **5 M13**

Scone Palace Park, Perth. Located in the grounds of Scone Palace park. Nearest railway station Perth 3 miles (5km), free bus from city centre. Racing from Apr–Sep. Charge £££. Children free. Group concessions. Restaurant, tearoom, bar and picnic area. Creche. WC. Limited wheelchair access. Disabled WC. Car and coach parking. Telephone 01738 551597 (ticket hotline). www.perth-races.co.uk

Steeplechasing in a beautiful setting, with good facilities and a unique atmosphere. See also 1370 Scone Palace.

1368 **PERTH, ST JOHN'S KIRK** **5 M13**

St John's Place, Perth. In Perth centre. Open May–Sep, Mon–Sat 1000–1600, Jun–Sep, Sun 1200–1400; winter open by appointment. Free. Guided tours by arrangement. Explanatory displays in European languages and Japanese. WC. Induction loop during services. Wheelchair access. Disabled WC. Telephone (01738) 638482. www.perthshire.co.uk

Consecrated in 1242, this fine cruciform church, largely dates from the 15th century and was restored 1923–6. Here in 1559 John Knox preached his momentous sermon urging the 'purging of the churches from idolatry'. It is frequently a venue for music and drama productions. Furnishings include modern commissioned pieces as well as historic items.

1369 **PERTH, ST NINIAN'S CATHEDRAL** **5 M13**

North Methven Street, Perth. Junction of Atholl Street and North Methven in Perth city centre. Nearest bus and railway stations Perth. Open all year,

Mon–Fri 0900–1700, Sun 0800–1400. Special arrangements can be made for viewing outwith these times. Free. WC. Wheelchair access. Disabled WC. Car parking. Telephone (01738) 632053. www.perthcathedral.co.uk

St Ninian's Cathedral, Perth, the first cathedral church (except for St Paul's Cathedral, London) built in Britain since the Reformation, was the production of two giants of the 19th century Gothic revival – William Butterfield and J.L. Pearson. As importantly, it is a monument to the faith fo the Scottish Episcopal Church. There are ten stained glass windows (the west window shows 12 pictures of the fall and redemption of man), the Baldachhino (made of Cornish granite), war memorial, portable font, pulpit, chapel of St Andrews, the site of Bishop Torry's tomb and the Lady Chapel

---

1370 PERTH, SCONE PALACE 5 M13

Scone, Perth. On the A93 (to Blairgowrie), 2 miles (3km) north east of Perth. Nearest railway station Perth, limited bus service from Perth. Open Apr–Oct, daily 0930–1645 (closes 1715). Charge for palace and grounds £££, grounds only ££. Group concessions. Explanatory displays. Gift shop. Restaurant, tea-room and picnic area. Adventure playground. Gardens with woodland walks and maze. WC. Limited wheelchair access. Disabled WC. Car and coach parking. Telephone (01738) 552300. www.scone-palace.co.uk

A castellated palace, enlarged and embellished in 1803, incorporating the 16th-century and earlier palaces. Notable grounds and a pinetum. The home of the Earl of Mansfield. Magnificent collection of porcelain, furniture, ivories, 18th-century clocks and 16th-century needlework. The Moot Hill at Scone, known in the 8th century and earlier, was the site of the famous Coronation Stone of Scone (the Stone of Destiny), brought there in the 9th century by Kenneth MacAlpine, King of Scots. In 1296, the Stone was seized by the English and taken to Westminster Abbey. In 1997 the Stone was returned to Scotland and is now in Edinburgh Castle (see 612). The ancient Abbey of Scone was destroyed by followers of John Knox. See also 1368 Perth Racecourse.

1371 PERTH, SCONE STUDIOS 5 M13

Angus Road, Scone, Perthshire. 2 miles (3km) north of Perth. Nearest railway station in Perth. Open all year, Mon–Sat 1000–1700. Free. Gift shop. Inn close by for refreshments. Garden with benches. Wheelchair access with assistance. Car and coach parking. Telephone (01738) 553662. www.sconestudios.co.uk

Founded by Charles Harris, award-winning artist and well-know for his criticism of modern art. The gallery exhibits traditional, realistic landscapes and portraits.

1372 PERTH SCULPTURE TRAIL 5 M13

The Perthshire Public Art Trust, c/o Perth Museum and Art Gallery, 78 George Street, Perth. Sculpture park in Perth (Norie-Miller Park, Rodney Gardens, Bellwood Riverside Park and Moncrieffe Island) access via Dundee Road. Nearest railway station Perth. Open at all times. Free. Guided tours. Explanatory displays. Leaflet available. Picnic area. Garden. Tactile sculptures. Wheelchair access (except Moncrieffe Island). Car and coach parking. Telephone (01738) 632488.

Perth Sculpture Trail extends through 1 mile (1.5km) of riverside parkland. Permanent public artworks have been specially created by national and international artists. Visitors may drop in to enjoy part of the trail for a few minutes or stay and enjoy the entire site.

1373 PERTH, SOUTAR HOUSE 5 M13

27 Wilson Street, Perth. In Craigie, Perth. Car parking nearby. Within 0.5 mile (1km) of Perth railway and bus station; local bus service. Open by prior arrangement. Free. Guided tours. Explanatory displays. Garden. Limited wheelchair access. Telephone (01738) 643687.

This is the former home of the Perth poet William Soutar. The room where he lay bedridden for 14 years, his father's wood panelling of most of the ground floor of the house and the stained glass have been meticuloursly preserved. Part of Soutar's library has been restored to his room, together with copies of his work, photographs and settings of some of his poems to music by contemporary composers from Benjamin Britten to James Macmillan.

1374 PERTH THEATRE 5 M13

Perth Theatre, 185 High Street, Perth. In the centre of Perth. Nearest railway station Perth, then five minute walk; coach and bus service to city centre. Open all year, Mon–Sat 1000–1930 (closes 1730 on days with no performances). Charge £££ dependant on show. Group concessions. Guided tours (backstage tours), also tours for the visually impaired by arrangement. Explanatory displays. Restaurant, café and bar. WC. Induction loop, infra-red enhanced hearing, signed performances and audio description for selected performances. Wheelchair access (disabled parking by arrangement). Disabled WC. Car parking. Telephone (01738) 621031. www.perththeatre.co.uk

Perth Theatre is open all year and offers a wide variety of events produced by Perth Theatre Company and visiting companies, including comedies, musicals, dramatic theatre and children's and family shows.

1375 PERTH, THE EDINBURGH WOOLLEN MILL 5 M13

Huntingtower Park, Perth. Just off A9 on A85 Perth/Crieff road. Bus service from Perth town centre. Open all year, Mon–Sat 0900–1700, Sun 1000–1700. Free. Explanatory displays. Gift shop. Restaurant. WC. Wheelchair access. Disabled WC. Car and coach parking. Telephone (01738) 474170. www.ewm.co.uk

A large selection of lambswool and Aran knitwear, wax jackets and high street fashions. Also golf clothing and equipment, gifts and souvenirs.

1376 PERTHSHIRE VISITOR CENTRE 5 M12

Bankfoot, Perth. In Bankfoot, off the A9, 6 miles (9.5km) north of Perth. Bus from Perth. Open Apr–Sep, 0900–2000; Oct–Mar, daily 0900–1900. Charge £. Group concessions. Explanatory displays. Gift shop. Restaurant and tearoom. Play area. WC. Wheelchair access. Disabled WC. Car and coach parking. Telephone (01738) 787696. www.macbeth.co.uk

A shop with information for visitors to Perthshire. The *Macbeth Experience* is a multi-media audio-visual presentation showing the comparison between Shakespeare's play and the real Scottish king. The site includes a large retail emprium.

1377 PETERHEAD MARITIME HERITAGE 3 R8

The Lido, South Road, Peterhead. On the south side of Peterhead. Bus from Aberdeen. Open Jun–Aug, Mon–Sat 1030–1700, Sun 1130–1700. Charge £. Group concessions. Guided tours. Explanatory displays. Gift shop. Tearoom. Children's playground. WC. Wheelchair access. Disabled WC. Car and coach parking. Telephone (01779) 473000. www.aberdeenshire.gov.uk/heritage

Tells the story of Peterhead maritime life in sound and vision. Features audio-visual display on marine life, interactive display on fishing, whaling, navigation and the oil industry, observation box with telescope views across Peterhead Bay.

1378 PHOENIX BOAT TRIPS 3 L7

Nairn Harbour. 12 miles (19km) east of Inverness. Railway station at Nairn. Local bus service. Open Apr–Sep. One 2 hour trip per day. Telephone or visit website for information. Charge £££. Group concessions. Tea and coffee available. Boat WC. Limited wheelchair access. Car and coach parking. Telephone (01667) 456078. www.greentourism.org.uk/phoenix.html

Enjoy a 2 hour boat trip to see the beauty of the Moray Firth. Visit the local seal colony sunning themselves on the sand banks of Ardersier. Further down the coast, visitors will see the ramparts of Fort George. There is also the possibility of a visit from the bottle nose dolphins of Rosemarkie Bay. Skipper provides local information. Member of Dolphin Space Watch Programme.

1379 PICARDY SYMBOL STONE 3 P8

HS. Near Mireton, Insch, Aberdeenshire. Nearest railway station Inverurie, bus from Huntly or Inverurie. Access at all times. Free. Telephone (01466) 793191. www.historic-scotland.gov.uk

One of the oldest and simplest Pictish symbol stones, possibly 7th century.

1380 PICKAQUOY CENTRE 1 B10

Muddisdale Road, Kirkwall, Orkney. Open all year, Mon–Fri 1000–2200, Sat–Sun 1000–2000 (many activities must be booked in advance). Creche open all year, Mon and Fri 1000–1200. Charge dependent on activity. Wheelchair access and changing facilities. Disabled WC. Telephone (01856) 879900. www.pickaquoy.com

Sports and events hall, health and fitness suite, floodlit athletics track and outdoor playing fields, print studio and darkroom, adventure play areas for under 10s and toddlers, football and hockey pitch, cinema with video and sound recording studios. Caravan and camping park within the centre complex

---

1381 PICTAVIA 3 P11

By Brechin Castle Centre, Haughmuir, Brechin, Angus. At the southern Brechin junction off A90, 25 miles (40km) north of Dundee. Nearest railway station Montrose. Bus service from Brechin. Open summer, Mon–Sat 0900–1800, Sun 1000–1800; winter, Mon–Fri 0900–1700, Sat 0900–1800, Sun 1000–1800. Charge ££. Group concessions. Explanatory displays. Gift shop. Restaurant (within the centre). Garden centre, countryside park, farmyard animals. WC. Wheelchair access. Disabled WC. Car and coach parking. Telephone (01356) 626241. www.pictavia.org.uk

Discover Scotland's ancient past through the legacy of the ancient Picts. Pictavia offers an insight into the culture and heritage of these enigmatic people who were central to the foundation of what is now known as Scotland. Interactive exhibits, replicas and artefacts. An all-weather attraction set in the beautiful countryside park by Brechin Castle Centre (see 226).

1382 PIER ARTS CENTRE 1 B10

Victoria Street, Stromness, Orkney. Bus from Kirkwall. By ferry from Scrabster in Caithness. Open all year (except Christmas and New Year), Tue–Sat 1030–1230 and 1330–1700. Free. Explanatory displays. Gift shop. Picnic area. WC. Limited wheelchair access. Car and coach parking. Telephone (01856) 850209. www.pierartscentre.com

Former merchant's house (circa 1800), coal store and fishermen's sheds which have been converted into a gallery. Permanent collection of 20th-century paintings and sculpture as well as changing exhibitions.

1383 PIEROWALL CHURCH 1 B9

HS. At Pierowall on the island of Westray, Orkney. Ferry from Kirkwall to Westray. Access at all times. Free. Car parking. Telephone (01856) 841815. www.historic-scotland.gov.uk

The ruins of a medieval church with some finely lettered tombstones.

1384 PIPERDAM GOLF AND COUNTRY PARK 5 N13

Fowlis, Dundee, Angus. On A923 Coupar Angus road. Open all year, daily. Charge dependent on activity. Bar and restaurant. Pro shop. Limited wheelchair access. Car parking. Telephone (01382) 581374. www.piperdam.com

Golf and fishing in beautiful surroundings with views. The Osprey course is par 72 and is 6500 yards off the medal tees. Also floodlit driving range

---

1385 PITFOUR SPORTING ESTATES 3 R8

Old Deer, Mintlaw, Aberdeenshire. 10 miles (16km) east of Peterhead. Bus service to Mintlaw. Open mid Mar–end Oct, daily 0900–2200. Charge £££.

Additional charges for boat and engine hire. Group concessions. Tea and coffee available. Barbecue facilities. Car parking. Telephone (01771) 624448. www.assf.net/subpages/pitfour.htm

Fly fishing for rainbow and brown trout on a 33 acre (13ha) lake, surrounded by mature forest. Bank and boat fishing. Troutmasters and ASSF water. Tuition available.

1386 PITLOCHRY BOATING STATION **5 L12**

Loch Faskally, Clunie Bridge Road, Pitlochry. At north end of Pitlochry. Nearest railway station Pitlochry, buses from Perth or Inverness. Parking for cars and small coaches. Open Mar–Nov, daily 0830–1730. Rowing boats from ££, fishing boats from £££. Group concessions. Gift shop. Tearoom and picnic area. WC. Wheelchair access. Disabled WC. Telephone (01796) 472919.

Rowing and fishing boats for hire. Also crafts and fishing tackle for sale. Local walks.

1387 PITLOCHRY CHILDREN'S AMUSEMENT PARK **5 L12**

Armoury Road, Pitlochry, Perthshire. In the centre of Pitlochry, off the main street on road to dam and fish ladder. 546 yards (500m) from railway station. Open Easter–Oct, daily 1030–1800. Admission free. Charge £ per ride. Group concessions. Picnic area and snack bar. WC. Wheelchair access. Car parking. Telephone (01796) 472876. www.childrensamusementpark.co.uk

Have a fun day out for all the family, young and old. Pirate ship, cups and saucers, magic roundabout, bumper cars, boats and orbiter shuttles, water blasters, super trucks, family amusement arcade and much more.

1388 PITLOCHRY FESTIVAL THEATRE **5 L12**

Port-Na-Craig, Pitlochry, Perthshire. West of the town between the River Tummel and the bypass. Nearest railway station Pitlochry, buses from Perth or Inverness, short walk from railway station. Open May–Oct, Mon–Sat; Sun only when there is a concert. Free. Charge for performances. Group concessions. Guided tours. Gift shop. Restaurant and tearoom. Scottish Plant Collectors Garden. WC. Induction loop. Audio description. Wheelchair access. Disabled WC. Car and coach parking. Telephone 01796 484626 box office. www.pitlochry.org.uk

One of Scotland's most admired repertory theatres with a resident company performing a rolling repertoire throughout the summer season. Beautifully situated overlooking the river. Art gallery. Sunday concerts and literary events. See also 1539 Scottish Plant Collectors' Garden.

1389 PITLOCHRY KNITWEAR **5 M18**

4 Bath Place, Moffat, Dumfries and Galloway. Bus from Lockerbie or Dumfries. Open daily (except Christmas Day and New Year's Day), Mon–Sat 0930–1700, Sun 1030–1700. Free. Explanatory displays. Gift shop. WC. Car and coach parking. Telephone (01683) 220354. www.ewm.co.uk

A shop specialising in ready-made tartan garments, a large selection of Aran and other quality knitwear lines. Souvenirs and gifts. Clan research and certificates.

1390 PITMEDDEN GARDEN **3 Q8**

NTS. Pitmedden village. On A920, 14 miles (22km) north of Aberdeen near Ellon. By bus from Aberdeen. Open May–Sep, daily 1000–1730. Charge ££. Group concessions. Explanatory displays. Information sheets in four languages. Gift shop. Tearoom and picnic area. WC. Tactile map. Limited wheelchair access (wheelchairs available). Disabled WC. Car and coach parking. Telephone (01651) 842352. www.nts.org.uk

Pitmedden's centrepiece is the Great Garden, originally laid out in 1675 by Sir Alexander Seton. Estate also includes the Museum of Farming Life, herb garden, wildlife garden and woodland walk.

1391 PITMUIES GARDENS **5 P12**

House of Pitmuies, Guthrie, Forfar. 7 miles (11km) east of Forfar, 1 mile (1.5km) west of Friockheim on A932. Nearest railway station Arbroath, 8 miles (13km);

infrequent bus service. Open Apr–Oct, daily 1000–1700. Charge £. Children free. Guided tours. Explanatory displays. Picnic areas. WC. Limited wheelchair access. Car and coach parking. Telephone (01241) 818245.

Adjacent to an 18th-century house and courtyard, two walled gardens lead down to a small river with an informal riverside walk with fine trees and two unusual buildings – a turreted dovecote and a Gothic washhouse. Massed spring bulbs. In summer the gardens are resplendent with old-fashioned roses, herbaceous plants and borders of blue delphiniums.

1392 PITTENCRIEFF HOUSE MUSEUM — 6 M15

Pittencrieff Park, Dunfermline, Fife. On the outskirts of West Dunfermline in Pittencrieff Park, ten minute walk from centre . Nearest railway station Dunfermline. Open daily, Apr–Sep 1100–1700, Oct–Mar 1100–1600. Free. Explanatory displays. Gift shop. Tearoom and picnic area in park. WC. Wheelchair access to ground floor only. Disabled WC. Car and coach parking. Telephone (01383) 722935 or 313838.

A 17th-century mansion, converted by Sir Robert Lorimer into three galleries, when the house was bought by Andrew Carnegie early this century. Displays on the history of the house and park. Art gallery with lively temporary exhibition programme.

1393 PITTENCRIEFF PARK — 6 M15

Dunfermline. Located at the west end of Dunfermline High Street, off A994 Pittencrieff Street. Nearest railway and bus stations Dunfermline. Open all year. Glasshouses, Mon–Fri 0830–1530, Sat–Sun 1300–1600. Free. Charge for parking during summer. Explanatory displays. Refreshments available during summer. Baby changing facilities, play areas, formal flower gardens. WC. Limited wheelchair access. Disabled WC. Car and coach parking. Telephone (01383) 313700.

Landscaped park. The glasshouses are planted with a mixture of perennial and seasonal plants.

1394 PLAY ZONE — 5 K20

Blackpark Road, Castle Douglas, Dumfries and Galloway. Local bus service. Open all year, school term Tue, Wed, Fri and Sat 1030–1700, Sun 1130–1600; school holidays, Mon–Sat 1030–1700, Sun 1130–1600. Adults free, charge for children. Group concessions. Tearoom overlooking play area. Baby changing facilities. WC. Wheelchair access. Disabled WC. Car parking. Telephone (01556) 505855.

Children's indoor adventure soft play area with slide into ball pool. Separate area for toddlers.

1395 PLODDA FALLS — 2 H8

From Drumnadrochit take the A831, turning left before Cannich onto the unclassified road to Tomich.

Waterfalls 100 foot (30.5m) high, south of the village of Tomich. They are particularly impressive when in spate.

1396 PLUSCARDEN ABBEY — 3 M7

Elgin, Moray. By the B9010, 6 miles (9.5km) south west of Elgin. School bus only from Elgin. Open daily 0445–2045. Free. Guided tours on request (French and other languages by prior arrangement). Explanatory displays. Gift shop. Baby changing facilities. Garden. WC. Induction loop. Wheelchair access. Disabled WC. Car and coach parking. Telephone (01343) 890257. www.pluscardenabbey.org

Originally a Valliscaulian house, the monastery was founded in 1230. In 1390 the church was burned, probably by the Wolf of Badenoch who burned Elgin about the same time. It became a dependent priory of the Benedictine Abbey of Dunfermline in 1454 until the suppression of monastic life in Scotland in 1560. Thereafter the buildings fell into ruin, until 1948 when a group of Benedictine monks from Prinknash Abbey returned to restore it. Monastic church services open to the public. Visitor centre, retreats and garden.

1397 POLKEMMET COUNTRY PARK **6 L16**

Park Centre, Polkemmet Country Park, Whitburn, West Lothian. On the B7066 west of Whitburn. Nearest railway station Fauldhouse or Bathgate. Open all year, daily 0900–1800. Free. Charge for activities. Restaurant, bar, picnic and barbecue sites. WC. Limited wheelchair access. Disabled WC. Car and coach parking. Telephone (01501) 743905.

A public park with mature woodland, a 9-hole golf course, golf driving range and bowling green. Also barbecue site (bookable) and large children's play area (the Fantasy Forest). Rhododendrons in summer. Reception and restaurant/bar at the Park Centre.

1398 POLMADDY SETTLEMENT **5 K19**

FE. 6 miles (9.5km) north of New Galloway on the A713, just past Carsfard Loch on the right. Access at all times. Free. Explanatory displays. Car parking.

The last settlement in this area before the clearances of the 19th century. A short waymarked trail has interpretation boards explaining the layout of the settlement. There are some remaining features such as foundations.

1399 PORT ELLEN PLAYING FIELDS ASSOCIATION **4 D16**

Port Ellen Playing Fields Association, Port Ellen, Isle of Islay. In Port Ellen, next to Ramsay Hall. Local bus service. Open May–Sep, daily 1200–1600 and 1800–2100. No admission charge. Payment for use of equipment. Café. Disabled WC nearby. Outside seating. WC. Limited wheelchair access. Car parking. Telephone (07831) 249611.

Facilities and equipment hire for putting, tennis and bowls. Also bicycle hire.

1400 PORT NA CON SOUTERRAIN **3 J2**

0.5 miles (1km) north of Port na Con pier, near Durness, Sutherland.

Marked by two cairns at the east side of the road, this is a well preserved souterrain (Iron Age store room). Take extreme care and enter at your own risk.

1401 PORTMOAK MOSS **6 M14**

Between Kinnesswood and Scotlandwell, off A911. Access at all times. Free. Wheelchair access. Car parking. Telephone (01764) 662554. www.woodland-trust.org.uk

Once a peat bog, part of common land where local people could dig for peat and obtain turf for roofing. In the early 1960s the land was drained and planted with mixed conifers. Today it is under restoration to encourage regeneration of native trees such as birch, rowan, willow and Scots pine. Circular walk within the wood approximately 1.25 miles (2km) long.

1402 BEATRIX POTTER EXHIBITION **5 M12**

Birnam Institute, Station Road, Birnam, by Dunkeld. 15 miles (24km) north of Perth on A9. Nearest railway station and bus stop Birnam and Dunkeld, then five minute walk. Open all year, daily 1000–1700. Free. Explanatory displays. Gift shop. Restaurant/coffee shop, picnic area. Garden. WC. Induction loop system. Wheelchair access. Disabled WC. Car and coach parking. Telephone (01350) 727674. www.birnaminstitute.com

Housed in the Birnam Institute, a Victorian building erected in 1883. Visitors can enjoy the garden, and woodlands where the famous author walked. Changing exhibitions and arts programme.

1403 A. D. POTTERY **5 M16**

Kirkdean Farm, Blyth Bridge, West Linton. On A701, 0.5 mile (1km) south of Blythbridge. Open all year, daily 1000–1630 (please telephone in advance to confirm). Free. Gift shop. WC. Wheelchair access. Disabled WC. Car and coach parking. Telephone (01721) 752617.

The pottery offers a wide range of handmade thrown and decorated pottery goods, including mugs, jugs, blowls, clocks and lamps. Viewing workshop allows visitors to see how each item is made.

1404 PRESSMENNAN WOOD 5 P15

1 mile (1.5km) south east of Stenton, off B6370. Access at all times. Free. Car parking. Telephone (01764) 662554. www.woodland-trust.org.uk

Purchased by the Woodland Trust in 1988, the wood comprises 210 acres (85ha) of woodland (under restoration). The wood was formerly part of the Biel and Dirleton Estate. Pressmennan Lake was formed artificially in 1819 by constructing a dam at the eastern end of a narrow, marsh glen. Waymarked walks and forest tracks.

1405 PRESTON MARKET CROSS 6 N15

HS. 0.5 mile (1km) south of Prestonpans, East Lothian. Nearest railway station Prestonpans, bus from Edinburgh to Prestonpans, then 0.5 mile (1km) walk. Access at all times. Free. Telephone 0131 668 8800. www.historic-scotland.gov.uk

The only surviving example of a market cross of its type on its original site. A fine early 17th-century design with a cylindrical base surmounted by a cross-shaft headed by a unicorn.

1406 PRESTON MILL AND PHANTASSIE DOOCOT 5 P15

NTS. East Linton, East Lothian. Off A1, in East Linton, 23 miles (37km) east of Edinburgh. By bus from Edinburgh. Open Apr–Sep, Mon–Sat 1100–1300 and 1400–1700, Sun 1330–1700; weekends in Oct 1330–1600. Charge £. Group concessions. Guided tours by arrangement. Explanatory displays. Information sheets in six languages. Gift shop. Picnic area. WC. Limited wheelchair access. Disabled WC. Car and coach parking. Telephone (01620) 860426. www.nts.org.uk

Picturesque mill with stone buildings dating from the 18th century. The water wheel and grain milling machinery are still intact and visitors can see them in operation. Attractive surroundings with ducks and geese on millponds and short walk through fields to 16th-century Phantassie Doocot, once home to 500 pigeons.

1407 PRESTONGRANGE INDUSTRIAL HERITAGE MUSEUM 6 N15

Morison's Haven, Prestonpans, East Lothian. In Prestonpans, 9 miles (14.5km) east of Edinburgh, 15 minute walk from Prestonpans station. Bus from Edinburgh. Open Apr–Oct, daily 1100–1600. Free. Guided tours. Explanatory displays. Gift shop. Café and picnic area. WC. Wheelchair access with assistance. Disabled WC. Car and coach parking. Telephone 0131 653 2904.

A museum telling the story of many local industries. Displays include a historic Cornish beam engine. Special activities and steam days.

1408 PRESTONPANS BATTLE CAIRN 6 N15

East of Prestonpans on A198. Access at all times. Free. Car parking.

The cairn commemorates the victory of Prince Charles Edward over General Cope at the Battle of Prestonpans in 1745.

1409 PRIORWOOD GARDEN AND DRIED FLOWER SHOP 5 P17

NTS. Melrose, Roxburghshire. Off A6091 in Melrose. By bus from Edinburgh. Open Apr–Sep, Mon–Sat 1000–1730, Sun 1330–1730; Oct–Christmas, Mon–Sat 1000–1600, Sun 1330–1600. Charge £ (honesty box). Group concessions. Explanatory displays. Gift shop. Picnic area in orchard. Garden. WC nearby. Wheelchair access with assistance. Disabled WC. Car and coach parking. Telephone (01896) 822493. www.nts.org.uk

A unique garden overlooked by ruins of Melrose Abbey, specialising in plants suitable for drying. Visitors can watch and learn about the drying process and buy or order dried flower arrangements in the shop. The adjacent orchard includes many varieties of historic apple trees.

1410 PUCK'S GLEN FOREST WALKS **4 H15**

FE. 5.5 miles (9km) north of Dunoon on A880 at foot of Loch Eck. Infrequent bus service from Dunoon. Open at all times. Free. Limited wheelchair access (access to one walk). Car parking. www.forestry.gov.uk

Perhaps the finest walk in the Argyll Forest Park, meandering up the burn with numerous bridge crossings and the sound of cascading water adding to the charm of this enchanted woodland walk through giant Redwoods. Parents are advised to keep children under control at all times.

1411 PUDDLEDUCKS TEAROOM AND GARDENS **6 L14**

Hillfoots Road, Blairlogie, Stirling. 3 miles (5km) north west of Stirling. Open all year, Mon–Sat 1030–1615, Sun 1200–1615. Free. WC. Wheelchair access with assistance. Car parking. Telephone (01259) 761467.

Tearoom with verandah overlooking the Ochill Hills and beautiful gardens in which visitors are invited to walk. Paths, pergolas and a duck pond. Garden shop.

1412 PUFFIN DIVE CENTRE **4 F13**

Port Gallanach, Oban, Argyll. 1.5 miles (2.5km) south of Oban. Open all year, daily 0800–1830. Charge dependent on activity. Picnic area and snack van. WC. Car and coach parking. Telephone (01631) 566088. www.puffin.org.uk

A comprehensive dive centre for all, from complete beginners to experienced divers. Also scenic tours about a fast super rib boat.

1413 PULTENEY DISTILLERY **3 N3**

Huddart Street, Wick, Caithness. Railway and bus station in Wick. Tours Apr–Sep, daily at 1030, 1230, 1330 and 1530; Oct–Mar by arrangement. Telephone to confirm. Free. Refreshments available. Wheelchair access with assistance. Car parking. Telephone (01955) 602371. www.oldpulteney.com

The visitor centre offers a tour of the distillery and a historical journey of the whisky making process and the seafaring history of Wick.

1414 QUARRELWOOD **3 M7**

FE. West of Elgin, from 8-Acres Hotel to Spynie Kirk Road. Car park 0.5 mile (1km) along this road from A96. Bus from Elgin to Forres along A96. Open all year. Free. Explanatory displays. Leaflet available. Picnic area. Guided walks and events. Limited wheelchair access (easy trail opposite Spynie Hospital, east of wood). Car parking. www.forestry.gov.uk

Oakwood and pine forest. Part owned by Moray Council and managed by Quarrelwood Woodland Park Association. Two waymarked trails lead from modern to ancient henge monuments and to Cutties Hillock, the site of ancient reptile finds.

1415 QUEEN ELIZABETH FOREST PARK VISITOR CENTRE **4 J14**

FE. Queen Elizabeth Forest Park, Aberfoyle. Open Easter–Oct, daily 1000–1800; Nov–Dec daily, 1100–1700 for Christmas tree sales. Explanatory displays. Gift shop. Tearoom and picnic area. Shop. Cycle routes, walks and forest drive. WC. Wheelchair access. Disabled WC. Car and coach parking. Telephone (01877) 382258. www.forestry.gov.uk

The Queen Elizabeth Forest Park was first designated a Forest Park by the Forestry Commission in 1953, to mark the coronation of Queen Elizabeth II. It encompasses mountain and moorland, forest and woodland, rivers and lochs, and is home to a rich variety of animal and plant life. The visitor centre is situated on a hillside above Aberfoyle, with spectacular views in all directions, and provides information on all aspects of the forest and activities throughout the year. Resident woodcarver. Orienteering routes.

1416 QUEEN'S VIEW, LOCH LOMOND **6 J15**

Off A809, 12 miles (19km) north north-west of Glasgow. Access at all times. Free. Car parking.

From the west side of the road a path leads to a viewpoint where, in 1879, Queen Victoria had her first view of Loch Lomond.

1417 QUEEN'S VIEW VISITOR CENTRE **3 L11**

FE. Strathtummel, By Pitlochry, Perthshire. 7 miles (11km) west of Pitlochry on B8019. Open Apr–Oct. Charge for parking £. Explanatory displays, audio-visual show. Educational visits by arrangement. Gift shop. Tearoom. WC. Wheelchair access. Disabled WC. Car and coach parking. Telephone (01350) 727284. www.forestry.gov.uk

The centre, close to the viewpoint, is the focal point of the Tay Forest Park and provides an ideal introduction, describing the history of the people and forests in Highland Perthshire. The view across Loch Tummel to the mountain of Schiehallion and beyond is stunning. The viewpoint is thought to have been visited by Queen Victoria in 1866, but is more likely named after Queen Isabella, wife of Robert the Bruce.

1418 QUEENSFERRY MUSEUM **6 M15**

53 High Street, South Queensferry, West Lothian. Off the A90, 12 miles (19km) west of Edinburgh. Bus from Edinburgh. Open all year, Mon and Thu–Sat 1000–1300 and 1415–1700, Sun 1200–1700. Free. Explanatory displays. Gift shop. Car and coach parking nearby. Mini induction loop. Telephone 0131 331 5545. www.cac.org.uk

A museum telling the story of the town, known as the Queen's Ferry in honour of the saintly Queen Margaret (died 1093), who encouraged pilgrims to use the ferry crossing to travel to the shrine of St Andrew in Fife. Describes the development of the Queensferry Passage, the growth of the former Royal Burgh and the building of the Forth Bridges. Displays on life, work and pastimes, including the annual Ferry Fair and a life-size model of the Burry Man.

1419 QUENDALE WATER MILL **1 F6**

Quendale, Shetland. 4 miles (6.5km) from Sumburgh Airport. Open May–Sep, daily 1000–1700. Charge £. Group concessions. Guided tours. Explanatory displays and video programme. Gift shop. Hot and cold drinks available. WC. Wheelchair access. Disabled WC. Car and coach parking. Telephone 01950 460969 (during working hours). www.quendalemill.shetland.co.uk

A restored 19th-century over-shot water mill with displays of old croft implements, photographs and family history. Souvenirs and local crafts in reception area.

1420 QUIRANG **2 E7**

Off unclassified Staffin to Uig road, 19 miles (30.5km) north of Portree, Isle of Skye. Access at all times. Free. Limited car parking.

An extraordinary mass of towers and pinnacles into which cattle were driven during forays. A rough track (not suitable for the elderly or infirm) zigzags up to the Needle, an imposing obelisk 120 feet (36.5m) high. Beyond the Needle, in a large amphitheatre, stands the Table, a huge grass-covered rock mass. Impressive views.

1421 QUOYNESS CHAMBERED TOMB **1 C9**

HS. On the east side of Els Ness on the south coast of the island of Sanday, Orkney. Ferry from Kirkwall to Sanday. Access at all times. Free. Telephone (01856) 841815. www.historic-scotland.gov.uk

A megalithic tomb with triple retaining walls containing a passage with a main chamber and six secondary cells. Neolithic.

1422 RAEMOIR TROUT FISHERY **3 P10**

Raemoir Road, Banchory. 1 mile (1.5km) north of Banchory on the A980. Nearest railway station Aberfeldy (16 miles/25.5km), nearest bus service Banchory. Open all year (subject to weather), daily 0830–dusk. Charges on application. Group concessions. Picnic area. Tea, coffee, soft drinks and snacks available. Barbecue for use of patrons. Wheelchair access. Car and coach parking. Telephone (01330) 820092. www.raemoirtroutfishery.co.uk

The fishery has three fly only lochans and a small bait pond for beginners and children, set in a superb natural setting with a large variety of wildlife inhabiting both the waters and the surrounding land. Notable sightings include otters and osprey.

1423 RAMMERSCALES HOUSE — 5 M19

Hightae, Lochmaben, Dumfries and Galloway. On the B7020, 2.5 miles (4km) from Lochmaben. Open late Jul–mid Aug, Sun–Fri 1400–1700. Charge ££. Group concessions. Guided tours for parties. WC. No guide dogs. Car and coach parking. Telephone (01387) 810229.

An 18th-century Georgian manor house with magnificent views over Annandale. Contains contemporary art and library with 6000 volumes. Extensive and attractive grounds with walled garden.

1424 RANDOLPH'S LEAP — 3 L7

Off B9007, 7 miles (11km) south west of Forres. Access at all times. Free. Car parking.

The River Findhorn winds through a deep gorge in the sandstone, and from a path above are impressive views of the clear brown water swirling over rocks or in still dark pools. Randolph's Leap is the most striking part of this valley.

1425 RANNOCH FOREST — 5 K12

FE. On south shore of Loch Rannoch, 3 miles (5km) west of Kinloch Rannoch. Access at all reasonable times. Free. Picnic area. WC. Disabled WC. Car parking. www.forestry.gov.uk

There are fine forest walks on the southern shores of Loch Rannoch, offering panoramic views of the loch and distant hills.

1426 RAVENS ROCK FOREST WALK — 3 J5

Sutherland. At Linsidemore on the A837. Leaflet available from Forest Enterprise and Tourist Information Centres.

A delightful and under-frequented walk alongside the deep gorge of the Allt Mor Burn, through old mixed woods of mature conifers and beech trees. The paths are easy and there is plenty to keep children interested. The partially suspended path leads you upward to magnificent views over the burn towards Strathoykel.

1427 RAVENSCRAIG PARK — 6 N14

Dysart Road, Kirkcaldy, Fife. Along Fife coastal path. Access at all times. Free. Picnic area. WC. Car parking.

Woodland park, beach and coastal walks. Also putting course and trampolines and access to the ruins of 15th-century Ravenscraig Castle.

1428 RED CASTLE — 5 P12

Off A92, 7 miles (11km) south of Montrose. Access at all times. Free.

This red stone tower on a steep mound beside the sandhills of Lunan Bay probably dates from the 15th century, when it replaced an earlier fort built for William the Lion by Walter de Berkely. Robert the Bruce gave it to Hugh, 6th Earl of Ross, in 1328.

1429 RED KITE VIEWING — 3 K8

North Kessock Tourist Information Centre, North Kessock, by Inverness. On the Black Isle at the north end of Kessocck Bridge, Inverness, off the A9 northbound. Nearest railway station Inverness 3 miles (5km); local bus service stops at the centre. Open late Apr–Jun, Mon–Sat 1000–1700, Sun 1200–1700; Jul–Aug, Mon–Sat 1000–1730, Sun 1100–1730; late Sep–late Oct, Mon–Sat 1000–1600. Free. Explanatory displays. Gift shop. Picnic area. Seal and Dolphin Centre, walks. WC. Wheelchair access. Car and coach parking. Telephone (01463) 731505.

The red kite is one of the most beautiful birds of prey in Europe. Using a closed-circuit television camera system, live pictures are beamed back to a monitor in the North Kessock Tourist Information Centre. From the comfort of the Tourist Information Centre, and safe in the knowledge that these rare birds are not being disturbed, you may have the chance to see close-up pictures of wild red kites nesting in the Highlands. Please confirm with the Tourist Information Centre before visiting.

1430 RED SMIDDY — 2 F6

Poolewe, north east of Gairloch on A832.

Poolewe was an important centre for early ironworking and the remains of Scotland's earliest blast furnace – the red Smiddy – lies close to the village on the banks of the River Ewe.

1431 REEKIE LINN FALLS — 5 N12

South west of Kirriemuir on B954. Picnic area.

Spectacular waterfall in the natural gorged woodland, its spume effects accounting for its smoky description.

1432 REELIG GLEN — 3 J8

FE. At Moniack, 8 miles from Inverness. 1 mile (0.5km) south of A862 Inverness to Beauly road. Bus service between Inverness and Beauly. Open at all times. Free. Explanatory displays. Picnic area. Limited wheelchair access. Car parking. Telephone (01463) 791575. www.forestry.gov.uk

Woodland walk with viewpoint and picnic place. A feature is the number of specimen trees on the walk, with some of the tallest trees in Britain. Leaflet available from Forest Enterprise, Smithton.

1433 RENNIBISTER EARTH HOUSE — 1 B10

HS. On the A965 about 4.5 miles (7km) west north-west of Kirkwall, Orkney. Bus service from Kirkwall or Stromness. Access at all times. Free. Telephone (01856) 841815. www.historic-scotland.gov.uk

A good example of an Orkney earth house, consisting of a passage and underground chamber with supporting roof pillars.

1434 RENNIE'S BRIDGE — 5 Q17

Kelso. Access at all times. Free.

A fine five-arched bridge built over the River Tweed in 1803 by Rennie to replace one destroyed by the floods of 1797. On the bridge are two lamp posts from the demolished Old Waterloo Bridge in London, which Rennie built in 1811. There is also a fine view to Floors Castle (see 743).

1435 REST AND BE THANKFUL — 4 H14

FE. At the head of Glen Croe on A83, 4 miles (6.5km) north west of Argarten, 6 miles (10km) north of Arrochar. Frequent bus services from the south. Access at all times. Free. Wheelchair access. Car and coach parking.

The well-known viewpoint and landmark at the summit of the old Rest and Be Thankful road, where cattle drovers enjoyed a break after a tough climb and one of the military roads built in 1748 by General Wade to provide access to the west coast of Scotland after the 1745 rebellion.

1436 RESTENNETH PRIORY — 5 N12

HS. Off the B9113, 1.5 miles (2.5km) east north-east of Forfar, Angus. Nearest railway station Arbroath, bus from Arbroath. Access at all times. Free. Car parking. Telephone 0131 668 8800. www.historic-scotland.gov.uk

The ruins (chancel and tower) of an Augustinian priory church. The lower part of the tower is early Romanesque.

1437 REVACK GARDENS **3 M8**

Revack Lodge, Revack Estate, Grantown-on-Spey, Moray. On the B970, 1 mile (2km) south of Grantown-on-Spey. Nearest railway station Aviemore, bus from Grantown-on-Spey (request stop). Coaches by appointment only. Open all year (except Christmas and New Year), daily 1000–1730. Free. Gift shop. Restaurant and tearoom. WC. Wheelchair access. Disabled WC. Car and coach parking. Telephone (01479) 87807.

Walled garden, ornamental lakes, garden centre, adventure playground and gift shop.

1438 RHUE BEACH **2 G5**

West of Ullapool.

A good family beach, with safe swimming and also the possibility of catching a glimpse of seals and various sea birds.

1439 RHYMER'S STONE VIEWPOINT **5 P17**

1 mile (1.5km) east of Melrose, off Melrose bypass. Bus service to Melrose. Access at all times. Free. Information board. Picnic area. Wheelchair access. Car and coach parking. Telephone (01896) 822758.

Rhymer's Stone is situated in an area steeped in mythology and marks the site of the Eildon Tree, beneath which, legend says, Thomas the Rhymer met the Fairie Queen in the 13th century. There is an easy uphill stroll of approximately 200m to the stone and the attractive viewing area offer panoramic views over the Tweed valley and Eildon Hills.

1440 RI CRUIN CAIRN **4 F14**

HS. Kilmartin Glen. 1 mile (2km) south west of Kilmartin, Argyll. Nearest railway station Oban, then bus to Kilmartin. Access at all times. Free. Car parking. Telephone 0131 668 8800. www.historic-scotland.gov.uk

A Bronze Age burial cairn with the covering removed to reveal three massive cists. Axe heads are carved on one of the cist slabs.

1441 RING OF BRODGAR STONE CIRCLE AND HENGE **1 B10**

HS. Between Loch of Harray and Loch of Stenness, 5 miles (8km) north east of Stromness, Orkney. Bus service from Kirkwall or Stromness. Access at all times. Free. Car and coach parking. Telephone (01856) 841815. www.historic-scotland.gov.uk

A magnificent circle of upright stones with an enclosing ditch spanned by causeways. Neolithic. See also 1601 Stones of Stenness.

1442 RISPAIN CAMP **4 J21**

HS. Behind Rispain Farm, 1 mile (2km) west of Whithorn, Wigtownshire on the A746. Nearest railway station Stranraer, bus from Stranraer or Newton Stewart, then walk 1 mile (2km). Access at all times. Free. Telephone 0131 668 8800. www.historic-scotland.gov.uk

A rectangular settlement defended by a bank and ditch. 1st or 2nd century AD.

1443 RIVERSIDE GRANARY **5 M12**

Lower Mill Street, Blairgowrie, Perthshire. In Blairgowrie centre. Buses from Perth or Dundee. Open Feb–Mar, daily (except Tue) 1000–1700; Apr–Sep, daily 1000–1700; Oct–Dec, daily except Tue 1000–1700. Free. Gift shop. Coffee shop selling homemade soups and cakes. Picnic area. WC. Wheelchair access to ground floor. Disabled WC. Car and coach parking. Telephone (01250) 873032. www.segima-fine-art.co.uk

An art and craft gallery in a converted grain mill.

1444 ROB ROY AND TROSSACHS VISITOR CENTRE **5 K14**

Ancaster Square, Callander, Perthshire. In Callander, 16 miles (25.5km) north west of Stirling on the A84. Nearest railway station Stirling, buses from Stirling and Edinburgh. Open Jan–Feb, Mon–Fri 1100–1500, Sat–Sun 1100–1600;

Mar–May and Oct–Dec, daily 1000–1700; Jun, daily 0930–1800; Sep, daily 1000–1800; Jul–Aug, daily 0900–1800. Last admission 45 minutes prior to closing. Charge ££. Group concessions. Guided tours (translations in French, German, Italian and Spanish). Explanatory displays. Gift shop. Play area. WC. Wheelchair access. Disabled WC. Car parking. Telephone (01877) 330342.

Rob Roy MacGregor. Hero or villain? Patriot or thief? Learn about the life and times of Scotland's most famous Highlander. Hear his innermost thoughts, witness his exploits and decide who was the real Rob Roy. Step back in time and explore a reconstructed 18th-century farmhouse, just as Rob Roy would have experienced it.

1445 ROB ROY'S GRAVE — 4 J13

West end of Balquhidder Churchyard, off A84, 14 miles (22.5km) north north-west of Callander. Access at all reasonable times. Free.

Three flat gravestones enclosed by railings are the graves of Rob Roy, his wife and two of his sons. The church itself contains St Angus' Stone (8th century), a 17th-century bell from the old church, and old Gaelic Bibles.

1446 ROB ROY'S STATUE — 3 Q10

West end of Peterculter by the A93. Access at all times. Free.

Statue of Rob Roy standing above the Leuchar Burn. It can be seen from the bridge on the main road.

1447 ROCKCLIFFE — 5 L20

NTS. Dumfries and Galloway. 7 miles (11km) south of Dalbeattie, off A710. Open all year. Free. Explanatory displays. Restaurant and tearoom in village. Ranger led walks in summer. WC. Car and coach parking. Telephone (01556) 502575. www.nts.org.uk

The NTS owns several sites in and around the picturesque village of Rockcliffe on the Solway Firth. These include the Mote of Mark which is an ancient hill fort, Rough Island which is a bird sanctuary with access on foot at low tide, and Muckle Lands and Jubilee Path which is a beautiful stretch of coastline between Rockcliffe and Kippford.

1448 ROSEISLE FOREST — 3 M7

FE. Moray Forest District Office, Balnacoul, Fochabers, Moray. A96 west from Elgin, then B9013 Burghead road. Turn left at College of Roseisle then entrance is 2 miles (3km) . Bus route from Kinloss to Burghead then 0.5 mile (1km) walk. Open all year. Charge for parking (season ticket available). Picnic and barbecue area. WC (closed in winter). Guided walks and events. Limited wheelchair access. Disabled WC. Car and coach parking. Telephone (01343) 820223. www.forestry.gov.uk

Pine forest giving access to the beach. Picnic tables, barbecues and play area make this site ideal for a family picnic. Waymarked low level walks. Ranger service.

1449 ROSSAL INTERPRETIVE TRAIL — 3 K3

1 mile (1.5km) from the car park at Syre, on B873 Altnaharra to Bettyhill road, Sutherland.

A pre-clearance village of great historic interest. Several displays and explanations.

1450 ROSSLYN CHAPEL — 6 N16

Roslin, Midlothian. In Roslin, 7 miles (11km) south west of Edinburgh. Nearest railway station Edinburgh, bus from Edinburgh. Open all year, Mon–Sat 1000–1700, Sun 1200–1645. Charge ££. Group concessions. Guided tours (information in French, German, Italian and Spanish). Explanatory displays. Gift shop. Tearoom. Garden. WC. Wheelchair access (except for crypt). Disabled WC. Car and coach parking. Telephone 0131 440 2159. www.rosslynchapel.org.uk

A 15th-century chapel with unique carving throughout, including the legendary Apprentice Pillar, many references to Freemasonry and the Knights Templar. The only medieval church in Scotland used by the Scottish Episcopal Church.

1451 ROTHESAY CASTLE 4 G16

HS. Castlehill Street, Rothesay, Isle of Bute. By ferry from Wemyss Bay on the A78. Nearest railway station and ferry Wemyss Bay, buses from Largs and Glasgow via Greenock. Open Apr–Sep, daily 0930–1830; Oct–Mar, Mon–Sat 0930–1630, Sun 1400–1630 closed Thu pm and Fri. Charge £. Group concessions. Guided tours. Explanatory displays. Gift shop. WC. Limited wheelchair access. Telephone (01700) 502691. www.historic-scotland.gov.uk

A remarkable 13th-century castle of enclosure, circular in plan, with 16th-century forework. Breaches made by Norsemen in 1240 are evident. A favourite residence of the Stewart kings.

1452 ROTHIEMURCHUS ESTATE 3 L9

Rothiemurchus, Aviemore, Inverness-shire. On the B970, 1.5 miles (2.5km) from Aviemore . Nearest railway station Aviemore, bus from Aviemore. Open all year, daily 0930–1730 (except Christmas Day). Charge dependent on activity. Guided tours. Explanatory displays. Gift shop. Farm shop. Picnic area. WC. Wheelchair access to limited areas. Disabled WC. Car and coach parking. Telephone (01479) 812345. www.rothiemurchus.net

Guided walks, Landrover safari tours with countryside rangers. A range of tours for groups to see Highland cattle, deer and the fishery, Loch an Eilein. Various photographic viewpoints. Loch and river fishing, clay pigeon shooting and off-road driving can be booked at Rothiemurchus visitor centre. Fresh and smoked trout, venison and quality foods are available from the farm shop. Quality Scottish knitwear and craftwork from the Old School shop. Card shop. Visitor centre at Loch an Eilein.

1453 ROUGH CASTLE 6 L15

HS. Off the B816, 6 miles (9.5km) west of Falkirk. Nearest railway and bus stations Falkirk. Access at all times. Free. Telephone 0131 668 8800. www.historic-scotland.gov.uk

The best preserved length of the Antonine Wall. A rampart and ditch, together with the earthworks of a fort. Also a short length of military way with quarry pits. See also 59 Antonine Wall.

1454 ROVING EYE 1 B11

Houton Pier, Mainland, Orkney. Houton is on the south coast of Mainland Orkney. Subject to weather conditions, boat trips leave Houton Pier daily at 1320. Telephone 01856 811309 for up-to-date information. Charge £££. Not suitable for children under 4. Group concessions available, please arrange in advance. Car parking. Telephone (01856) 811360. www.orknet.co.uk

Trips aboard *MV Guide* to view images of the sunken German fleet in Scapa Flow via a remote equipped underwater vehicle. The trip includes a video giving the background to the scuttling of the fleet. The return journey passes colonies of seals and a variety of seabirds.

1455 ROXBURGH CASTLE 5 Q17

Off A699, 1 mile (1.5km) south west of Kelso. Access at all times. Free.

The earthworks are all that remain of the once mighty castle, destroyed by the Scots in the 15th century, and the walled Royal Burgh which gave its name to the county. The present village of Roxburgh dates from a later period.

1456 ROYAL BURGH OF STIRLING VISITOR CENTRE 6 L14

Castle Esplanade, Stirling. Located at Stirling Castle esplanade. Nearest railway and bus stations Stirling. Open daily, Apr–Jun and Sep–Oct 0930–1800; Jul–Aug 0930–1800; Nov–Mar 0930–1700. Free. Guided tours. Explanatory displays. Gift shop. WC. Wheelchair access with assistance. Car and coach parking. Telephone (01786) 462517. www.visitscottishheartlands.org

The story of Royal Stirling, from the wars of independence and life in the medieval burgh, to the present day. Sound and light exhibition, multi-lingual audio-visual show.

1457 ROYAL LOCHNAGER DISTILLERY 3 N10

Craithie, Ballater. 9 miles (14.5km) from Braemar on A93, situated near Balmoral Castle. Nearest bus service stops within 1 mile (1.5km). Open Easter–Oct, Mon–Sat 1000–1700, Sun 1200–1600; Nov–Easter, Mon–Fri 1000–1700. Last tour 1 hour before closing. Charge ££. Under 18s free, children under 8 not permitted to take tour. Guided tours. Exhibition area. Whisky shop. WC. Limited wheelchair access. Disabled WC. Car parking. Telephone (012297) 42700.

Guided tours of a traditional working distillery, with sample dram. The distillery shop has a range of rare and unusual malt whiskies.

1458 ROZELLE HOUSE GALLERIES 4 J17

Rozelle Park, Monument Road, Ayr. In Rozelle Park, 2.5 miles (4km) from town centre. Nearest railway station Ayr. Open Apr–Oct, Mon–Sat 1000–1700, Sun 1400–1700; Nov–Mar, Mon–Sat only (closed Christmas and New Year's Day). Free. Gift shop. Coffee shop and picnic area. WC. Limited wheelchair access. Car and coach parking. Telephone (01292) 445447.

Built in 1760 by Robert Hamilton, in the style of Robert Adam. Rebuilt in 1830 by David Bryce. Now a gallery for art and museum exhibitions.

1459 RUM 2 D10

Island 16.5 miles (25km) from mainland Scotland, between Isle of Skye and Ardnamurchan peninsula. Ferry service from Mallaig (telephone 01687 462403 or visit www.calmac.co.uk), boat trips from Arisaig (telephone 01687 450224 or visit www.arisaig.co.uk). Charge for boat trip. Simple nature trails from Kinloch village. Special events and guided walks during the summer. Shop and café in Kinloch. Telephone (01687) 462026. www.snh.org.uk

The largest of the small isles and a spectacular sight when approaching from sea. The Rum Cuillin mountains are the remains of an extinct volcano and attract geologists from all over the world. The island is home to a magnificent array of birds, animals and wild plants, and also possesses some fo the best preserved pre-Clearance villages and landscapes in the Highlands. Waymarked and rough walks.

1460 RUMBLING BRIDGE 6 M14

A823 at Rumbling Bridge. Access at all reasonable times. Free. Car parking.

The River Devon is spanned here by two bridges, the lower one dating from 1713, the upper one from 1816. A footpath from the north side gives good access to spectacular and picturesque gorges and falls, one of which is known as the Devil's Mill. Another, Cauldron Linn, is a mile downstream, whilst Vicar's Bridge is a beauty spot a mile beyond this.

1461 RUTHVEN BARRACKS 3 K10

HS. On the B970, 0.5 mile (2km) south of Kingussie, Inverness-shire. Nearest railway station Kingussie, bus service from Aviemore then 15 minute walk. Access at all times. Free. Car parking. Telephone (01667) 460232. www.historic-scotland.gov.uk

The ruins of an infantry barracks erected in 1719 with two ranges of quarters and a stable block. Captured and burned by Bonnie Prince Charlie's army in 1746.

1462 RUTHWELL CROSS 5 M20

HS. In Ruthwell Church on the B724, 8.5 miles (13.5km) south east of Dumfries. Nearest railway station Dumfries, buses from Dumfries, Gretna or Annan. Access at all times. Free. Car parking. Telephone 0131 668 8800. www.historic-scotland.gov.uk

An Anglian Cross, sculptured in high relief and dating from the end of the 7th century. Considered to be one of the major monuments of Dark Age Europe. Carved with Runic characters.

1463 SADDELL ABBEY 4 F17

Saddell Village, by Campbeltown, Argyll. B842, between Campbeltown (8 miles/13km) and Carradale (4 miles/6.5km). Look out for brown sign and then sign for car park at entrance to Saddell village. On bus route between Campbeltown and Carradale. Open all year, during daylight hours (visitors should respectfully remember that the site lies within a consecrated graveyard which is still in use). Free. Explanatory displays. Limited wheelchair access. Car and coach parking. www.saddellabbeytrust.org

Founded in the 13th century by the legendary celtic warrior Somerled, the conserved ruin of what remains of Saddell Abbey gives little indication of the site's historical significance. Apart from Iona itself, Saddell Abbey was once the most important ecclesiastical site in Scotland. In addition to the abbey, an award-winning shelter displays medieval grave slabs and effigies depicting giant green warriors, sympathetically displayed in a stunning setting.

1464 ST ABB'S HEAD 5 Q15

NTS. Off A1107, 2 miles (3km) north of Coldingham, Berwickshire. By bus from Edinburgh, by rail to Berwick-upon-Tweed. Reserve open all year, daily. Centre open Apr–Oct, daily 1000–1700. Site free. Charge for centre and parking £. Group concessions. Explanatory displays. Tearoom. Guided walks by rangers. WC. Wheelchair access to centre. Disabled WC. Car and coach parking. Telephone (018907) 71443. www.nts.org.uk

A National Nature Reserve. The most important location for cliff-nesting sea birds in south east Scotland. Remote camera link to the centre provides glimpses of nesting birds. Spectacular walks around the headland, above 300 ft (91m) cliffs. Exhibition on wildlife.

1465 ST ANDREWS AQUARIUM 5 P13

The Scores, St Andrews, Fife. Nearest railway station Leuchars 4 miles (6.5km), connecting bus to St Andrews. Buses from Dundee and Edinburgh. Open all year (except Christmas and New Year), daily from 1000; please telephone to confirm winter opening times. Charge £££. Free to wheelchair users. Group concessions. Explanatory displays. Gift shop. Restaurant, coffee shop and picnic area. WC. Limited wheelchair access. Disabled WC. Car and coach parking. Telephone (01334) 474786.

Over 30 dramatic displays of native sea creatures. Everything from shrimps and starfish to sharks and conger eels. Graceful rays nose the surface of their display to watch you watching them. Visitors can see the enchanting resident seals and diving ducks. *Magical Kingdom of the Seahorse* exhibition.

1466 ST ANDREW'S BOTANIC GARDEN 5 P13

The Canongate, St Andrews. Nearest railway station Leuchars 4 miles (6.5km), connecting bus to St Andrews. Buses from Dundee and Edinburgh. Bus from town centre. Garden open May–Sep, 1000–1900; Oct–Apr, 1000–1600. Glasshouses open all year daily, 1000–1600. Charge £. Reduced admission for disabled visitors and carers. Group concessions. Guided tours by arrangement. Explanatory displays. Gift shop. Tea hut. WC. Limited wheelchair access. Car and coach parking. Telephone (01334) 476452 or 477178. www.st-andres-botanic.org

Founded in 1887–8 by Dr John Wilson in St Mary's College, South Street, but moved to this site in 1960. Eighteen acres (7ha) of impressively landscaped gardens and glasshouses with a wide range of plants which have won international recognition. Peat, rock, heath and water gardens bounded by the Kinness Burn.

1467 ST ANDREW'S CASTLE 5 P13

HS. The Scores, St Andrews, Fife. On the A91 in St Andrews, Fife. Nearest railway station Leuchars 4 miles (6.5km), connecting bus to St Andrews. Buses from Dundee and Edinburgh, ten minute walk from bus station. Open Apr–Sep, daily 0930–1830; Oct–Mar, Mon–Sun 0930–1630. Charge ££. Joint admission ticket with St Andrew's Cathedral and St Rule's Tower. Group concessions. Guided tours. Explanatory displays in visitor centre. Gift shop. WC. Limited wheelchair access. Disabled WC. Telephone (01334) 477196. www.historic-scotland.gov.uk

The ruins of the castle of the Archbishops of St Andrews, dating in part from the 13th century. Notable features include a bottle dungeon and mine, and counter-mine tunnelling made during the siege that followed the murder of Cardinal Beaton in 1546. These siege works are the finest of their kind in Europe. An exhibition shows the history of the castle and the cathedral.

1468 ST ANDREW'S CATHEDRAL AND ST RULE'S TOWER — 5 P13

HS. The Scores, St Andrews, Fife. On the A91 in St Andrews. Nearest railway station Leuchars 4 miles (6.5km), connecting bus to St Andrews. Buses from Dundee and Edinburgh, ten minute walk from bus station. Open Apr–Sep, daily 0930–1830; Oct–Mar, Mon–Sun 0930–1630. Charge £. Join admission ticket with St Andrews Castle. Group concessions. Guided tours. Explanatory displays in visitor centre. Gift shop. Limited wheelchair access, assistance may be required. Telephone (01334) 472563. www.historic-scotland.gov.uk

The remains of one of the largest cathedrals in Scotland and the associated domestic ranges of the priory. The precinct walls are well preserved. A museum houses an outstanding collection of early Christian and medieval monuments and *objets trouvés*. St Rule's Tower in the precinct is part of the first church of the Augustinian canons at St Andrews, built early in the 12th century. Splendid views from the top of the tower.

1469 ST ANDREW'S GUIDED WALKS — 5 N13

Nearest railway station Leuchars 4 miles (6.5km), connecting bus to St Andrews. Buses from Dundee and Edinburgh. Tours by appointment. Charge ££. Children under 12 free. Group concessions. Guided tours (available in French and German). Walks can be managed by wheelchair users and visitors with other special needs can be catered for. Telephone (01334) 850638.

Guided walks of St Andrews cover the area around the cathedral, castle, university and golf course. General and specialist tours available. Qualified Blue Badge guides.

1470 ST ANDREW'S LINKS — 5 P13

Pilmour House, St Andrews, Fife. Clubhouse and golf practice centre located off A91 at entrance to St Andrews. Follow A91 into town, turn left into Golf Place and continue to West Sands Road. Nearest railway station at Leuchars, 10 minutes by bus or taxi. St Andrews bus station is 5 minute walk from first tee of Old Course. In summer courses and clubhouses open daily from 0600. The Old Course opens at 0630 Mon–Sat and is closed Sun. In winter courses are open during dayling hours, clubhouses open at 0800. Charges dependent on course and time of year. Guided walk on Old Course Jun weekends only, Jul–Aug daily. Information boards, bar/lounge and golf shops in both clubhouses. A la carte restaurant in Links Clubhouse. Further golf shop behind the 18th green of the Old Course. WC. Disabled WC. Car and coach parking. Telephone (01334) 466666. www.standrews.org.uk

St Andrews Links is the largest public golf complex in the world comprising six public golf courses, including the world famous Old Course, two public clubhouses, a golf practice centre and three shops. St Andrews Links Trust, a charitable organisation set up by an Act of Parliament in 1974, is responsible for the preservation and maintenance of the courses and facilities. Free shuttle bus service between clubhouses. Golf club and shoe hire.

1471 ST ANDREWS MUSEUM — 5 P13

Kinburn Park , Doubledykes Road, St Andrews, Fife. Nearest railway station Leuchars 4 miles (6.5km), connecting bus to St Andrews. Buses from Dundee and Edinburgh. Open Apr–Sep, daily 1000–1700; Oct–Mar (except Christmas and New Year), daily 1030–1600. Free. Guided tours by arrangement. Explanatory displays. Gift shop. Restaurant and picnic area. Baby changing facilities. Parkland. WC. Wheelchair access. Disabled WC. Car parking. Telephone (01334) 412690 or 412933.

Opened in 1991 in Kinburn House, a Victorian mansion set in

pleasant parkland. The museum traces the development of the city as a pilgrimage shrine to St Andrew, Scotland's patron saint, and as a power centre for medieval kings and bishops, with Scotland's largest cathedral and first university. Also a changing programme of temporary exhibitions, supported by a range of talks, concerts and children's activities throughout the year.

1472 ST ANDREW'S OPEN TOP BUS TOUR **5 P13**

St Andrews Bus Station, City Road, St Andrews. Tour starts from Church Street, stopping at bus station. Tours operate end Jun–end Aug, daily. Charge £££. Wheelchair access with assistance. Telephone (01334) 474238. www.stagecoachbus.com

A one hour tour around St Andrews with stops at the Golf Museum, Aquarium, historic university buildings, St Andrews Cathedral and St Andrews Bay Golf Resort. Commentary is provided.

1473 ST ANDREW'S POTTERY SHOP **5 P13**

4 Church Square, St Andrews, Fife. In pedestrian area in town centre next to public toilets. Nearest railway station Leuchars 4 miles (6.5km), bus station five minute walk, service from Edinburgh, Dundee and Perth. Open Jul–Aug, Mon–Sat 0930–1900, Sun 1130–1630; Sep–Jun, Mon–Sat 0930–1730, Sun 1130–1630. Free. Explanatory displays. Gift shop. Wheelchair access. Car parking. Telephone (01334) 477744.

Shop selling full range of pots made locally by well-known potter, George Young. Video of pottery processes. Also exclusive Scottish outlet for Pithoi Greek garden pots.

1474 ST ANDREW'S PRESERVATION TRUST MUSEUM AND GARDEN **5 P13**

12 North Street, St Andrews, Fife. Near the cathedral in St Andrews. Nearest railway station Leuchars 4 miles (6.5km), connecting bus to St Andrews. Buses from Dundee and Edinburgh. Open Easter, May–Sep and St Andrew's week (Nov) daily 1400–1700. Free. Guided tours by arrangement. Explanatory displays. Gift shop. Garden. Wheelchair access with assistance. Telephone (01334) 477629.

A charming 16th-century building with a beautiful sheltered garden. Displays include old shops and businesses in the town and some of Scotland's earliest photographs. Changing exhibitions.

1475 ST BLANE'S CHURCH, KINGARTH **4 G16**

HS. At the south end of the Isle of Bute, 8.5 miles (13.5km) south of Rothesay. By ferry from Wemyss Bay on the A78. Nearest railway station and ferry Wemyss Bay, buses from Largs and Glasgow via Greenock. Access at all times. Free. Car parking. Telephone 0131 668 8800. www.historic-scotland.gov.uk

The ruins of a 12th-century Romanesque chapel set within the foundations of a Celtic Monastery.

1476 ST BRIDE'S CHURCH, DOUGLAS **5 L17**

HS. In Douglas, 12 miles (19km) south south-west of Lanark. Nearest railway station Lanark, bus from Lanark. Open at all times (apply to keyholder). Free. Telephone (01555) 851657. www.historic-scotland.gov.uk

The restored choir and south side of the nave of a late 14th-century parish church. The choir contains three canopied monuments to the Douglas family.

1477 ST BRIDGET'S KIRK, DALGETY **6 M15**

HS. Off the A92 at Dalgety Bay, 2 miles (3km) south west of Aberdour, Fife. Nearest railway station Aberdour, bus from Kirkcaldy or Dunfermline. Access at all times. Free. Telephone 0131 668 8800. www.historic-scotland.gov.uk

The shell of a medieval church much altered in the 17th century for Protestant worship. At the west end of the building is a burial vault, with a laird's loft above, built for the Earl of Dunfermline.

1478 ST CLEMENT'S CHURCH, RODEL **2 C6**

HS. At Rodel, at south end of Isle of Harris (Western Isles). Ferry to Tarbert, Stornoway or Leverburgh. Bus from Stornoway to Tarbert on to Rodel. Access at all times. Free. Telephone 0131 668 8800. www.historic-scotland.gov.uk

A fine 16th-century church built by Alexander MacLeod of Dunvegan and Harris. Contains his richly-carved tomb.

1479 ST COLUMBA CENTRE **4 D13**

HS. Fionnphort, Isle of Mull, Argyll. 38 miles (61km) from Craignure and situated behind Fionnphort village, near ferry terminal for Iona. Ferry from Oban to Craignure, then bus to Fionnphort. Open Easter–Sep, daily 1100–1700. Group concessions. Explanatory displays. Gift shop. Tea and coffee available. Wheelchair access. Disabled WC. Car and coach parking. Telephone (01681) 700640. www.historic-scotland.gov.uk

Exhibition on St Columba, Iona and Celtic heritage of interest to all visitors. Opportunities to practice script writing.

1480 ST COLUMBA'S CAVE **4 F15**

On west shore of Loch Killisport (Caolisport), 1 mile (1.5km) north of Ellary, 10 miles (16km) south west of Ardrishaig. Access at all times. Free.

Traditionally associated with St Columba's arrival in Scotland, the cave contains a rock-shelf with an altar, above which are carved crosses. A large basin, perhaps a Stone Age mortar, may have been used as a font. The cave was occupied from the Middle Stone Age. In front are traces of houses and the ruins of a chapel (possibly 13th century). Another cave is nearby.

1481 ST CORMAC'S CHAPEL **4 F15**

HS. On Eilean Mor, a small island off the coast of Knapdale in the Sound of Jura. Bus from Lochgilphead to Tayvallich, from there no public transport. Half-day charter boat trips for groups from Crinan, telephone Gemini Cruises (01546) 830238. Access at all times. Free. Telephone 0131 668 8800. www.historic-scotland.gov.uk

A chapel with a vaulted chancel containing the effigy of an ecclesiastical figure. Probably 12th century.

1482 ST CYRUS **3 Q11**

Off A92, 6 miles (9.5km) north of Montrose. At end of Beach Road, past church, a steep path leads down to the reserve. Bus service from Aberdeen and Montrose to St Cyrus village. Access to reserve at all times (no access to tern breeding area Apr–Aug). Visitor centre open Apr–Oct, daily; Nov–March, Mon–Fri. Free. Please keep dogs on lead. Car parking. Telephone 01674 830736 (Scottish Natural Heritage). www.snh.org.uk

Nature reserve. The cliffs and dunes of St Cyrus support a distinctive range of plants, including many southern species. The reserve is also noted for its variety of insects, particularly butterflies and over 200 kinds of moth. Breeding birds include stonechats and whinchats, and visitors are likely to see fulmars nesting on the cliffs. Excellent views from cliff top at village end.

1483 ST DUTHAC'S CHAPEL **3 K6**

Tain, Ross and Cromarty.

Built in the 11th or 12th century and now in ruins. Robert the Bruce's wife and daughter were captured here in 1306. James IV made an annual pilgrimage to this chapel. See also 1625 Tain Through Time.

1484 ST FERGUS ART GALLERY **3 N3**

Wick Library, Sinclair Terrace, Wick, Caithness. Nearest railway station Wick, then 0.25 mile (0.5km) walk. Open all year, Mon–Thu 1330–1800, Wed 1000–1230, Fri 1330–2000, Sat 1030–1300. Free. Explanatory displays. Gift shop. Car and coach parking. Telephone (01955) 603489.

The gallery is situated in an attractive 19th-century building that also houses the town's library and county archives. Exhibitions change regularly and include a touring exhibition and work by artists in the Highlands. All mediums are catered for from sculpture, painting and ceramics to jewellery and handmade paper.

1485 ST FILLAN'S CAVE — 6 P14

Cove Wynd, Pittenweem, Fife. 1 mile (2km) west of Anstruther. Nearest railway station Cupar, bus from Dundee or Edinburgh. Open all year, Easter–Oct, Mon–Sat 0900–1730; Nov–Easter, Tue–Sat 0900–1730, Sun 1200–1700. Charge £. Guided tours by arrangement. Wheelchair access with assistance. Car parking. Telephone (01333) 311495.

A cave associated with St Fillan, a 7th-century missionary to the Picts, who lived in the area. Renovated in 1935 and rededicated for worship. Renovated again in 2000 to provide disabled access.

1486 ST JOHN'S CHURCH, DUNOON — 6 H15

Argyll Street, Dunoon. Ferry from Gourock. Open late May–late Sep, Mon–Fri 1000–1200. Free. Guided tours. Refreshments. Garden. WC. Wheelchair access. Car and coach parking. www.stjohnsdunoon.org.uk

A magnificent nave and aisles church by R. A. Bryden (1877) with Gothic spired tower. Galleried concert hall interior, raised choir behind central pulpit, organ 1895. Interesting stained glass.

1487 ST KILDA — 2 A1

NTS. Western Isles. 60 miles (96.5km) west of the Isle of Harris. For details of access contact NTS Regional Office on telephone number below. Access by arrangement. Telephone (01631) 570000. www.nts.org.uk

Evacuated in 1930, these remote islands are now a World Heritage Site, unrivalled for their sea bird colonies and rich in archaeological remains. Each year NTS work parties carry out conservation work.

1488 ST MAGNUS CATHEDRAL, KIRKWALL — 1 B10

Broad Street, Kirkwall, Orkney. In the centre of Kirkwall. Car and coach parking nearby, and disabled parking. Bus from ferries or taxi from airport. Open Apr–Sep, Mon–Sat 0900–1800, Sun 1400–1800; Oct–Mar, Mon–Sat 0900–1300 and 1400–1700. Graveyard open all year. Free. Guided tours by arrangement. Explanatory displays. Bookstall. Braille guide. Wheelchair access to half the building. Telephone (01856) 874894.

Founded by Jarl Rognvald and dedicated to his uncle, St Magnus. The remains of both men are in the massive east choir piers. The original building dates from 1137–1200, but sporadic additional work went on until the late 14th century. It contains some of the finest examples of Norman architecture in Scotland, with small additions in transitional styles and some early Gothic work. In regular use as a church. See also 1489 St Magnus Centre.

1489 ST MAGNUS CENTRE — 1 B10

Palace Road, Kirkwall, Orkney. East of St Magnus Cathedral cemetery. Bus station in Kirkwall, tour buses stop near centre. Open Apr–Sep, Mon–Sat 0930–1730, Sun 1330–1730; Oct–Mar, Mon–Sat 1230–1400. Free. Guided tours and audio guide. Explanatory displays. Gift shop. Tea and coffee available. WC. Wheelchair access. Disabled WC. Car parking. Telephone (01856) 878326.

A source of information on St Magnus and his cathedral. A 17 minute video, Saga of Saint Magnus, tells the story of St Magnus in six languages. Study library. Spectacular views of the east end of St Magnus Cathedral (see 1488).

1490 ST MARGARET'S CAVE — 6 M15

In Dunfermline, below Bruce Street car park, down 80 steps. By rail or bus from Edinburgh, 20 minute walk from rail station and ten minute walk from bus station. Open Easter–Sep, daily 1100–1600. Free. Guided tours by appointment. Explanatory displays. Gift shop. Car and coach parking. Telephone (01383) 314228 or 313838.

A site of Catholic pilgrimage where Margaret, 11th-century queen and saint, sought refuge for meditation and prayer.

1491 ST MARTIN'S KIRK, HADDINGTON **6 P15**

HS. On the eastern outskirts of Haddington, East Lothian. Nearest railway station Drem, bus from Edinburgh. Access at all times. Free. Telephone 0131 668 8800. www.historic-scotland.gov.uk

The ruined nave of a Romanesque church, altered in the 13th century.

1492 ST MARY'S CHAPEL, CROSSKIRK **3 M2**

HS. Off the A836, 6 miles (9.5km) west of Thurso, Caithness. Nearest bus and railway stations Thurso, bus from Thurso. Access at all times. Free. Car parking. Telephone (01667) 460232. www.historic-scotland.gov.uk

A simple dry-stone chapel, probably 12th century.

1493 ST MARY'S CHAPEL, ROTHESAY **4 G16**

HS. On the A845, 0.5 mile (1km) south of Rothesay on the Isle of Bute. By ferry from Wemyss Bay on the A78. Nearest railway station and ferry Wemyss Bay, buses from Largs and Glasgow via Greenock. Open Apr–Sep, daily 0800–1700; Oct–Mar closed Fri. Free. Telephone 0131 668 8800. www.historic-scotland.gov.uk

The late-medieval remains of the chancel of the parish church of St Mary, with fine tombs.

1494 ST MARY'S CHURCH, AUCHINDOIR **3 P8**

HS. Near Lumsden, 3 miles (5km) north of Kildrummy, Aberdeenshire. Bus from Huntly. Access at all times. Free. Telephone (01466) 793191. www.historic-scotland.gov.uk

The ruins of one of the finest medieval parish churches in Scotland, roofless, but otherwise complete. There is a rich early Romanesque doorway and a beautiful early 14th-century sacrament house.

1495 ST MARY'S CHURCH, GRAND TULLY **5 L12**

HS. Off the A827 at Pitcairn Farm, 3 miles (5km) east north-east of Aberfeldy, Perthshire. Nearest railway station Pitlochry, bus from Perth to Aberfeldy (request stop for St Mary's Church). Open at all times. Free. Car parking. Telephone 0131 668 8800. www.historic-scotland.gov.uk

A simple 16th-century parish church with a finely painted wooden ceiling illustrating heraldic and symbolic subjects.

1496 ST MARY'S CHURCH, ST ANDREWS **5 P13**

HS. Kirkheugh, St Andrews. Behind the cathedral in St Andrews, Fife. Nearest railway station Leuchars 4 miles (6.5km), connecting bus to St Andrews. Buses from Dundee and Edinburgh. Access at all times. Free. Telephone 0131 668 8800. www.historic-scotland.gov.uk

The scanty foundations of a small cruciform church on the edge of a cliff. This was the earliest collegiate church in Scotland and was destroyed in the Reformation.

1497 ST MARY'S COLLEGIATE CHURCH, HADDINGTON **6 P15**

Sidegate, Haddington. In Haddington. Bus from Edinburgh. Open Easter–Sep, Mon–Sat 1100–1600, Sun 1430–1630. Free. Guided tours (leaflets in foreign languages). Explanatory displays. Audio tapes. Tearoom and picnic area. Gift shop and book shop. Brass rubbing centre (Sat 1100-1300). WC. Wheelchair access. Disabled WC. Car and coach parking. Telephone (01620) 826275. www.kylemore.btinternet.co.uk/stmarys.htm

A magnificent 14th-century medieval cruciform church, East Lothian's Cathedral. Destroyed during the Siege of Haddington in 1548, but completely restored 1971–3. Features Burne Jones and Sax Shaw windows; Lammermuir pipe organ. The Lauderdale Chapel is a focus for ecumenical unity. A popular venue for televised services and commercial recordings, concerts and art exhibitions. In picturesque surroundings beside the River Tyne.

1498 ST MARY'S LOCH **5 N17**

Off A708, 14 miles (22.5km) east south-east of Selkirk. Access at all times. Free. Car parking.

On the route of the Southern Upland Way, this 3-mile (4.5km) long loch is used for sailing and fishing. On the neck of land separating it from Loch of the Lowes, at the south end, stands Tibbie Shiel's Inn. The inn was kept by Tibbie Shiel (Elizabeth Richardson, 1783–1878) from 1823, and was a meeting place for many 19th-century writers. Beside the road towards the north end of the loch is a seated statue of James Hogg, the Ettrick Shepherd, author of *Confessions of a Justified Sinner* and a friend of Scott, who farmed in this district.

1499 ST MICHAEL'S PARISH CHURCH, LINLITHGOW **6 L15**

Kirkgate, Linlithgow. In the centre of the town. By rail or bus from Edinburgh then five minute walk. Open Jun–Sep, daily 1000–1600; Oct–May, Mon–Fri 1000–1530. Free. Guided tours by prior arrangement (available in French or German). Explanatory displays. Gift shop. Picnic area. Wheelchair access. Car parking. Telephone (01506) 842188. www.stmichaels-parish.org.uk

A medieval parish church consecrated in 1242 on the site of an earlier church. Close association with the royal house of Stewart and Mary, Queen of Scots, born in nearby Linlithgow Palace (see 1112) and baptized in the church. The church is recognisable from afar by the contemporary aluminium crown on the tower, replacing the medieval stone crown removed in 1820. A restored Willis organ was installed in 2002

1500 ST MONANS WINDMILL **6 P14**

St Monans, Fife. 1 mile (2km) west of Pittenweem, 0.25 mile (0.5km) from St Monans. Nearest railway station Leuchars 4 miles (6.5km), connecting bus to St Andrews, buses from St Andrews or Leven. Open on request to keyholder (Spar and Post Office in St Monans). Open Jul–Aug, 1200–1600. Free. £5 deposit for key during winter. Explanatory displays. Books for sale. Picnic area. Car and coach parking.

Late 18th-century windmill on coastal path. Saltpans close by.

1501 ST NINIAN'S CAVE **4 J21**

HS. At Physgill, on the shore 4 miles (6.5km) south west of Whithorn, Wigtownshire. Nearest railway station Stranraer, bus from Newton Stewart or Stranraer, alight at junction to Cave Walk, then 4 mile (6.5km) walk. Free. Car and coach parking. Telephone 0131 668 8800. www.historic-scotland.gov.uk

A cave traditionally associated with the saint. Early crosses found here are housed at Whithorn Museum. The crosses carved on the walls of the cave are now weathered.

1502 ST NINIAN'S CHAPEL, ISLE OF WHITHORN **4 J21**

HS. At Isle of Whithorn, 3 miles (5km) south east of Whithorn, Wigtownshire. Nearest railway station Stranraer, bus from Newton Stewart or Stranraer to Isle of Whithorn. Access at all times. Free. Car and coach parking. Telephone 0131 668 8800. www.historic-scotland.gov.uk

The restored ruins of a 13th-century chapel, probably used by pilgrims on their way to Whithorn.

1503 ST NINIAN'S CHAPEL, TYNET **3 N7**

Tynet, Fochabers, Moray. On the A98, 3 miles (5km) east of Fochabers. Nearest railway station Elgin, bus from Buckie or Elgin. Open all year, dawn to dusk. Mass at 0830 on Sun. Free. Explanatory displays. Picnic area. Wheelchair access with assistance. Car parking. Telephone (01542) 832196.

Built in 1755 by the Laird of Tynet, ostensibly as a sheepcote, but secretly as a Catholic chapel (extensively altered since). The oldest post-Reformation Catholic church still in use.

1504 ST NINIAN'S, ISLE OF BUTE 4 G16

South west of Rothesay along B878 for 2.5 miles (4km), joining A844 at Milton then unclassified road to Straad. Access at all times. Free.

The foundations of St Ninian's chapel, dating back to the 6th century, together with its surrounding garth wall are still clearly visible on this remote peninsula.

1505 ST ORLAND'S STONE 5 N12

HS. In a field near Cossans Farm, 4.5 miles (7km) west of Forfar, Angus. Access at all times. Free. www.historic-scotland.gov.uk

An early Christian sculptured slab with a cross on one side and Pictish symbols and figures on the other.

1506 ST PETER'S KIRK AND PARISH CROSS 3 M7

HS. In Duffus Churchyard in Duffus, Moray. Bus from Elgin. Access at all times. Free. Telephone (01667) 460232. www.historic-scotland.gov.uk

The roofless remains of the church include the base of a 14th-century western tower, a 16th-century vaulted porch and some interesting tombstones. There is also a 14th-century cross.

1507 ST RONANS WELLS INTERPRETIVE CENTRE 5 N17

Wells Brae, Innerleithen, Peebleshire. On the A72, 6 miles (9.5km) from Peebles. Bus from Edinburgh. Open week before and week after Easter, and Jun–Oct, Mon–Fri 1000–1300 and 1400–1700, Sat–Sun 1400–1700. Free. Guided tours. Explanatory displays. Gift shop. Open air tearoom and picnic area. Garden. WC. Wheelchair access. Disabled WC. Car and coach parking. Telephone (01721) 724820.

A site associated with a novel by Sir Walter Scott. Memorabilia of Scott and James Hogg, information and photographs of local festival. The well water can be tasted.

1508 ST RONANS WOOD 5 N17

Innerleithen. On the A72, 6 miles (9.5km) from Peebles. Bus from Edinburgh or Peebles to Innerleithen. Car and coach parking nearby. Access at all reasonable times. Free. Telephone (01764) 662554. www.woodland-trust.org.uk

St Ronans provides excellent public access and is criss-crossed by innumerable paths. To the north a path continues from the site to Lee Pen (a mountain 1647 feet/502m high). Visitors to St Ronans will enjoy fine views of Innerleithen, Walkerburn, the Tweed Valley and Traquair House.

1509 ST SERF'S CHURCH, DUNNING 5 M13

HS. In Dunning, Perthshire. Nearest railway station Perth, bus from Perth to Dunning. Open Apr–Sep, daily 0930–1830; Oct closed Thu pm, Fri and Sun am. Telephone (01764) 684497. www.historic-scotland.gov.uk

The parish church of Dunning, with a square Romanesque tower and tower arch. The rest of the church was rebuilt in 1810, but contains some of the original fabric. The church houses the Dupplin Cross, a 9th-century freestanding cross heavily decorated with spiral work, interlacing and figures of men, animals and birds. It is believed to symbolise the uniting of the Picts and Scots into one nation.

1510 ST VIGEANS SCULPTURED STONES 5 P12

HS. 0.5 mile (1km) north of Arbroath, Angus. Nearest railway station Arbroath, bus services from Dundee or Montrose. Open Apr–Sep daily, 0930–1830. Free. Explanatory displays. Telephone 0131 668 8800. www.historic-scotland.gov.uk

A fine collection of 32 early Christian and Pictish stones set into cottages in the village of St Vigeans.

1511 SAMYE LING TIBETAN BUDDHIST MONASTERY

See 1011 Kagyu Samye Ling Tibetan Buddhist Monastery.

1512 SANDAIG MUSEUM 4 B12

The Thatched Cottage Museum, Sandaig. In Sandaig village, western Tiree. Ferry from Oban or by air from Glasgow. Open Jun–Sep, Mon–Fri 1400–1600. Admission by donation. Guided tours. Guide booklet supplied. Restaurant adjacent. Wheelchair access with assistance. Car and coach parking. Telephone (01865) 311468. www.hebrideantrust.org

Located in a terrace of traditional thatched buildings, the museum houses a unique collection of items illustrating life in a late 19th-century cottar's home. The adjoining byre and barn display elements of agricultural work at the croft, a testimony to the Hebridean islanders' self-sufficiency.

1513 SANDHAVEN MEAL MILL 3 R7

Sandhaven, Fraserburgh, Aberdeenshire. On the B9031, 2.5 miles (4km) west of Fraserburgh. Open May–Sep, weekends 1400–1630. Free. Guided tours. Explanatory displays. Limited wheelchair access. Car and coach parking. Telephone (01771) 622906. www.aberdeenshire.gov.uk/heritage

Visitors can see how oatmeal used to be ground in this typical 19th-century Scottish meal mill. Working demonstrations.

1514 SANDWOOD BAY 2 H3

4 miles (6.5km) walk north from Kinlochbervie, north west Sutherland.

A relatively undisturbed bay with great views. The beach is said to be haunted.

1515 SANQUHAR TOLBOOTH MUSEUM 5 K18

High Street, Sanquhar, Dumfries and Galloway. In the town centre near station. Nearest railway station Sanquhar, buses from Dumfries or Kilmarnock. Open Apr–Sep, Tue–Sat 1000–1300 and 1400–1700, Sun 1400–1700. Free. Explanatory displays and audio-visual presentation. Gift shop. Limited wheelchair access. Car and coach parking. Telephone (01659) 50186.

Located in a fine 18th-century tolbooth. Tells the story of Upper Nithsdale. Features world famous Sanquhar knitting, mines and miners of Sanquhar and Kirkconnel, history and customs of the Royal Burgh of Sanquhar, three centuries of local literature, life in Sanquhar jail, the earliest inhabitants, and the people of Upper Nithsdale, at home and at work.

1516 SAVINGS BANKS MUSEUM 5 M20

Ruthwell, Dumfries. Off the B724, 10 miles (16km) east of Dumfries. Bus from Dumfries or Annan. Open daily (except Sun–Mon in winter), 1000–1300 and 1400–1700. Free. Guided tours (leaflets in European languages, Russian, Chinese and Japanese). Explanatory displays. WC. Touch facilities for blind visitors. Wheelchair access. Car and coach parking. Telephone (01387) 870640. www.savingsbankmuseum.co.uk

Housed in the original 1800 village meeting place, the museum traces the savings bank movement from its founding here in 1810 by the Rev Henry Duncan, to its growth and spread worldwide. Also displays the work of the Ruthwell Friendly Society from 1795, an early insurance scheme providing sick pay, widows pensions, funeral grants and the chance to buy staple foods at cost price. Features restoration of the 8th-century runic Ruthwell Cross (see 1463).

1517 SAWMILL WOODLANDS CENTRE 2 D4

Castle Grounds, Stornoway, Isle of Lewis. Overlooking Stornoway harbour. Open all year, Mon–Sat 1000–1700. Free. Guided walks. Displays on natural heritage and local history. Shop selling gifts and local crafts. Café. Picnic area. WC. Wheelchair access. Disabled WC. Car and coach parking. Telephone (01851) 706916.

A woodland resource centre located in the grounds of Lews Castle. The centre is the starting point for walks throughout the grounds.

1518 SCALLOWAY CASTLE 1 G5

HS. In Scalloway, 6 miles (9.5km) west of Lerwick, Shetland. Bus from Lerwick. Access at all times. Free. Explanatory displays. Car parking. Telephone (01466) 793191. www.historic-scotland.gov.uk

A fine castellated mansion built in 1600 in medieval style by Patrick Stewart, Earl of Orkney. Fell into disuse in 1615.

1519 SCALLOWAY MUSEUM 1 G5

Main Street, Scalloway, Shetland. 7 miles (11km) west of Lerwick. Bus stop at the Public Hall. Open May–Sep, Mon 0930–1130 and 1400–1630, Tue–Fri 1000–1200 and 1400–1630, Sat 1000–1230 and 1400–1630. Sun by arrangement. Admission by donation. Guided tours. Explanatory displays. Gift shop. WC. Wheelchair access. Disabled WC nearby. Car and coach parking. Telephone (01595) 880783 or 880666.

Artefacts and photographs cover the history of Scalloway over the past 100 years, including its involvement with the fishing industry. A major section is devoted to Scalloway's unique role in World War II, when it was a secret base for Norwegian freedom fighters, as 16 Norwegian fishing boats ran a shuttle service to Norway carrying in weapons, ammunition and radio sets, returning with refugees. Realising the importance of this operation, the US Government donated three submarine chasers which operated between 1942 and 1945. Books on the shuttle service are available.

1520 SCAPA FLOW VISITOR CENTRE 1 B11

Lyness, Stromness, Orkney. A few minutes' walk from Lyness ferry terminal. Open all year Mon–Fri 0900–1630; mid May–Oct also Sat and Sun 1030–1530. Free. Guided tours. Explanatory displays. Gift shop. Restaurant. WC. Custodian trained in sign language. Limited wheelchair access (easy access to part of the site). Disabled WC. Car and coach parking. Telephone (01856) 791300.

Scapa Flow was a major naval anchorage in both wars and the scene of the surrender of the German High Seas Fleet in 1919. Today a centre of marine activity as Flotta is a pipeline landfall and tanker terminal for North Sea Oil. The visitor centre is housed in the old pumphouse which was used to feed fuel to ships. See also 1454 Roving Eye.

1521 SCOTKART INDOOR KART RACING CENTRE, CAMBUSLANG 6 K16

Westburn Road, Cambuslang, Glasgow. 4 miles (6.5km) from city centre (off M74 at Cambuslang exit). Bus from Glasgow centre or train to Cambuslang. Track open daily (except Christmas Day and New Year's Day), 1200–2130. Booking office open 0930–1800. Charge £££. Also race meetings. Group concessions. Snack bar. Viewing gallery and changing rooms. WC. Limited wheelchair access. Disabled WC. Car and coach parking. Telephone 0141 641 0222. www.scotkart.co.uk

A large indoor motorsport centre featuring 200cc pro-karts capable of over 40mph. The track can be booked for practice lapping (1100–1700, subject to availability) or visitors can compete in a professionally organised race meeting. All equipment and instruction provided. See also 1522 Scotkart Indoor Kart Racing Centre, Clydebank.

1522 SCOTKART INDOOR KART RACING CENTRE, CLYDEBANK 6 J15

Scotkart Indoor Kart Racing Centre, John Knox Street, Clydebank. 5 miles (8km) from Glasgow city centre, off Dumbarton Road. Nearest railway station Yoker. Track open daily (except Christmas Day and New Year's Day), Mon–Fri 1200–2130, Sat–Sun and school holidays 1200–2130. Booking office open daily 1000–1800. Charge £££. Race meetings £££. Snack bar. Corporate meeting room, viewing gallery and changing rooms. WC. Limited wheelchair access. Disabled WC. Car and coach parking. Telephone 0141 641 0222. www.scotkart.co.uk

A large indoor motorsport centre featuring 200cc pro-karts capable of over 40mph. The track can be booked for practice lapping or visitors can compete in a professionally organised race meeting. All equipment and instruction is provided. See also 1521 Scotkart Indoor Kart Racing Centre, Cambuslang.

1523 SCOTLAND'S SECRET BUNKER — 5 P13

Crown Buildings, Troywood, St Andrews, Fife. On the B9131, 5 miles (8km) from St Andrews. Nearest railway station Leuchars 4 miles (6.5km), connecting bus to St Andrews. Open Apr–Oct, daily 1000–1800. Last admission 1700. Bookings taken throughout the year for parties, weddings and corporate events. Charge £££. Group concessions. Guided tours. Explanatory displays. Gift shop. Café. WC. Car and coach parking. Telephone (01333) 310301. www.secretbunker.co.uk

The amazing labyrinth built 100 feet (30.5m) underground where central government and the military commanders would have run the country in the event of nuclear war. Its existence was only revealed in 1993 and it is now open to the public. Visitors can see the nuclear command centre with its original equipment. Three cinemas show authentic cold war films. There is a display of vehicles in the grounds.

1524 SCOTS DYKE — 5 N19

Off A7, 7 miles (11km) south of Langholm. Access at all reasonable times, but not easily identified. Free.

The remains of a wall made of clods of earth and stones, which marked part of the border between England and Scotland.

1525 SCOTSTARVIT TOWER — 5 N14

HS. Off the A916, 3 miles (5km) south of Cupar, Fife. Nearest railway station Cupar, bus from Cupar or Ceres. Access at all times during summer; apply to keyholder at Hill of Tarvit House. Free. Car parking. Telephone 0131 668 8800. www.historic-scotland.gov.uk

A handsome and well-built 15th-century tower house remodelled in the mid 16th century. Renowned as the home of Sir John Scot, author of *Scot of Scotstarvit's Staggering State of the Scots Statesmen*.

1526 CAPTAIN SCOTT AND DR WILSON CAIRN — 3 N11

In Glen Prosen on unclassified road north west of Dykehead. Access at all times. Free.

The cairn replaces the original fountain which was erected in memory of the Antarctic explorers, Captain Scott and Dr Wilson. Early planning for the expedition took place at Dr Wilson's home in the glen.

1527 SIR WALTER SCOTT'S COURTROOM — 5 P17

Market Place, Selkirk. In Selkirk, 25 miles (40km) south of Edinburgh. Bus from Edinburgh, Carlisle or Berwick. Open Apr–Sep, daily Mon–Fri 1000–1600, Sat 1000–1400; May–Aug also Sun 1000–1400; Oct, Mon–Sat 1300– 1600. Free. Guided tours for groups by appointment. Explanatory displays. Gifts for sale. Tearoom. WC. Induction loop. Disabled WC. Car and coach parking. Telephone (01750) 20096.

The bench and chair from which Sir Walter Scott, as Sheriff of Selkirk, administered justice for 30 years are displayed, as are portraits of Scott, James Hogg and Mungo Park. Watercolours by Tom Scott RSA. Audio-visual display.

1528 SCOTT'S VIEW — 5 P17

B6356, 4 miles east of Melrose. Access at all reasonable times.

A view over the Tweed to the Eildon Hills, beloved by Scott. Here the horses taking his remains to Dryburgh for burial stopped, as they had so often before for Sir Walter to enjoy this panorama.

1529 SCOTTISH ANTIQUE AND ARTS CENTRE 5 N13

Abernyte, Perthshire. 1.5 miles (2.5km) from the A90. Bus from Dundee or Perth. Open all year, daily (except Christmas and New Year's Day) 1000–1700. Free. Guided tours. Explanatory displays. Gift shop. Restaurant, tearoom and picnic area. Créche, garden centre. WC. Wheelchair access. Disabled WC. Car and coach parking. Telephone (01828) 686401.

A large antique and arts centre with 1000 items of furniture, collectibles, new and traditional furniture, paintings, sculpture and gifts. Also at Doune.

1530 SCOTTISH CRANNOG CENTRE 5 K12

Kenmore, Perthshire. 6 miles (10km) west of Aberfeldy on A827, 14 miles (22.5km) east of Killin on A827. Nearest railway station Pitlochry, bus services from Pitlochry or Aberfeldy. Car and coach parking permitted at nearby hotel. Open daily, Mar–Oct 1000–1730; Nov 1000–1600. Last tour 1 hour before closing.. Charge ££. Group concessions. Guided tours. Explanatory displays. Gift shop. Refreshments by arrangement. WC. Wheelchair access with assistance. Disabled WC. Car and coach parking. Telephone (01887) 830583. www.crannog.co.uk

A unique recreation of an Iron Age loch dwelling, authentically built from evidence obtained from underwater archaeological excavations of crannogs in the loch. Visitors can walk back in time and experience the life of crannog-dwellers. There are a wide range of ancient craft demonstrations and plenty of hands-on activities. Exhibition with information panels and several short videos. This is an all-weather attraction.

1531 SCOTTISH DEER CENTRE 5 N13

Cupar, Fife. On the A91, 3 miles (5km) west of Cupar. Nearest railway station Cupar, bus from Cupar or Kinross. Open all year, daily 1000–1800. Charge ££. Group concessions available (groups must be pre-booked a week in advance and consist of more than 10 people in total). Guided tours. Ranger tours around deer park, wolf wood and falconry display. Explanatory displays. Gift shop. Coffee shop, takeaway service, indoor and outdoor picnic areas. Indoor and outdoor play areas. WC. At certain times of year, depending on breeding cycle, guided tours can contain an opportunity to touch the animals and feel antlers/coat, which blind customers often enjoy (please telephone for details). Wheelchair access. Disabled WC. Car and coach parking. Telephone (01337) 810391. www.ewm.co.uk

The Scottish Deer Centre is set in fifty-five acres (22ha) of beautiful countryside and boasts a 140 head of deer covering 9 different species. Experience the spectacular falconry displays and take the opportunity to see one of Scotland's greatest wild animals, the grey wolf. There is also an aerial walkway, viewing platforms and trailer rides. The Courtyard contains shops offering a wide selection of knitwear, outerwear, gifts, golf clothing and equipment, and specialities such as venison and malt whiskies in the Highland smokehouse.

1532 SCOTTISH FISHERIES MUSEUM 6 P14

Harbourhead, Anstruther, Fife. In Anstruther, 10 miles (16km) south of St Andrews. Nearest railway station Leuchars 4 miles (6.5km), then bus to St Andrews. Bus from St Andrews or Leven. Open all year (except Christmas and New Year), Mon–Sat 1000–1630, Sun 1100–1600. Charge ££. Group concessions. Guided tours for groups by arrangement. Explanatory displays. Gift shop. Tearoom. WC. Wheelchair access. Disabled WC. Car and coach parking. Telephone (01333) 310628. www.scottish-fisheries-museum.org

Housed in 16th- to 19th-century buildings, the award-winning museum dieplays fishing and ships' gear, model and actual fishing boats (including *Fifie* and *Zulu* in harbour). Interior of a fisherman's cottage and extended reference library.

1533 SCOTTISH HYDRO-ELECTRIC VISITOR CENTRE 5 L12

Pitlochry Power Station, Pitlochry, Perthshire. In Pitlochry on the river Tummel. Nearest railway and bus stations Pitlochry. Open Apr–Oct, Mon–Fri 1000–1730; Jul–Aug and bank holidays also Sat–Sun. Charge £. Salmon viewing and downstairs exhibition is free. Audio-visual displays (French and German). Gift shop. WC. Limited wheelchair access. Disabled WC. Car and coach parking. Telephone (01796) 473152. www.scottish-southern.co.uk

An exhibition shows how Scottish and Southern Energy's hydro-electric power stations are controlled and operated, and the Salmon Story. Visitors can also observe salmon coming upstream in the fish ladder and see into the station's turbine hall.

1534 SCOTTISH LIQUEUR CENTRE **5 M13**

Hilton, Bankfoot, Perthshire. 7 miles (11km) north of Perth at the Bankfoot exit of the A9. Regular bus service from Perth. Open all year (except Christmas and New Year), Mon–Sat 1000–1800. Free. Explanatory displays. Gift shop. Refreshments and WC nearby. Wheelchair access. Car and coach parking. Telephone (01738) 787044. www.scottish-liqueur-centre.co.uk

The family-run company produces original Scottish liqueurs. Free tutored tastings of products are offered, together with a brief presentation on the company's history and development. Quality local crafts and paintings on display.

1535 SCOTTISH MARITIME MUSEUM **6 H17**

Laird Forge, Gottries Road, Irvine, Ayrshire. In Irvine, at Harbourside, five minute walk from station. Open all year (except Christmas and New Year), daily 1000–1700. Charge £. Group concessions. Guided tours. Explanatory displays. Gift shop. Tearoom. WC. Limited wheelchair access. Disabled WC. Car and coach parking. Telephone (01294) 278283.

The museum reflects all aspects of Scottish maritime history. Vessels can be seen afloat in the harbour and under cover. Visitors can experience life in a 1910 shipyard worker's flat and visit the Linthouse Engine Shop, originally built in 1872.

1536 SCOTTISH MINING MUSEUM **6 N16**

Lady Victoria Colliery, Newtongrange, Midlothian. On the A7, 10 miles (16km) south of Edinburgh. Bus from Edinburgh. Open Feb–Oct, daily 1000–1700; Nov–Jan, daily 1100–1600. Charge ££. Group concessions. Guided tours by prior arrangement (ex-miners as guides). Audio guides in French, German and Italian. Explanatory displays. Gift shop. Restaurant and picnic area. Children's play area, tourist information. WC. Wheelchair access. Disabled WC. Car and coach parking. Telephone 0131 663 7519. www.scottishminingmuseum.com

Visitors will marvel at the sheer size of the Scottish Mining Museum, and be astounded by the engineering brilliance behind all the machinery. Retrace the footsteps of thousands of miners and their families. Exhibitions, interactive film theatres, coalface, roadway, magic helmets.

1537 SCOTTISH NATIONAL GOLF CENTRE **5 N13**

Drumoig, Leuchars, by St Andrews, Fife. 8 miles (13km) from St Andrews. Rail and bus services to St Andrews. Open all year, Mon–Fri 0900–2200, Sat–Sun 0900–1900. Charges dependent on activity. Group concessions. Bistro and bar. WC. Wheelchair access with assistance. Disabled WC. Car and coach parking. Telephone (01382) 541144. www.sngc.scottishgolf.com

Indoor practice area and outdoor driving range/short game area. Also sports halls, fitness suite and treatment room. Various packages and golf schools for all ages and abilities.

1538 SCOTTISH OFF-ROAD DRIVING CENTRE **5 M14**

Strathmiglo, Fife. Open daily 0900–1700. Charge £££ per vehicle (holds 4). Group concessions. Self-service tea and coffee. WC. Car and coach parking. Telephone (01337) 860528. www.scotoffroad.co.uk

An off-road driving range covering a 100 acres (40ha) site. Vehicle provided or visitors can bring their own vehicle for a reduced charge.

1539 SCOTTISH PLANT COLLECTORS' GARDEN **5 L12**

Pitlochry Festival Theatre, Port-Na-Craig, Pitlochry, Perthshire. Nearest railway station Pitlochry, buses from Perth or Inverness, short walk from railway station. Open

Apr–Oct, Mon–Sat 1000–1700; May–Oct also Sun 1100–1700. Guided tours available. Charge £. Group concessions. Explanatory displays. Gift shop. Restaurant, tearoom and picnic area. WC. Wheelchair access. Disabled WC. Car and coach parking. Telephone (01796) 484600. www.scottishplantcollectorsgarden.com

Scotland's newest garden celebrates 300 years of plant collecting by Scotsmen. Art and sculpture are combined with landscape features to provide a unique experience. Also facilities for outdoor performances, both musical and theatrical. See also 1388 Pitlochry Festival Theatre.

1540 SCOTTISH RAPTOR CENTRE 6 M14

Turfhills, Kinross. Close to junction 6 of M90, 15 miles (24km) south of Perth. Nearest railway station Perth, buses from Perth or Edinburgh. Open all year Mon–Sat, Apr–Oct 0900–1700; Nov–Mar 1000–1600. Charge ££. Group concessions. Guided tours. Explanatory displays. Gift shop. Picnic area. WC. Limited wheelchair access. Disabled WC. Car and coach parking. Telephone (01577) 865650. www.tsrc.co.uk

Scotland's largest bird of prey and reptile visitor centre. As well as the collections of birds and reptiles, the centre offers flying displays, falconry courses and Meet the Birds sessions (advance booking essential).

1541 SCOTTISH SEABIRD CENTRE 6 P15

The Harbour, North Berwick. Car parking (coach parking by arrangement). By train or bus from Edinburgh, bus from Dunbar and Haddington. Open all year, summer, daily 1000–1800; winter telephone to confirm times (closed Christmas). Charge ££. Children under 5 free. Explanatory displays. Gift shop. Restaurant/café. WC. Wheelchair access. Disabled WC. Telephone (01620) 890202. www.seabird.org

Visitors can discover the secret and fascinating world of Scotland's sea birds by studying the birds close up, in their natural environment – without disturbing them. Remote cameras and the latest technology provide amazing live pictures of puffins, gannets and many other sea birds. Breathtaking views across the Firth of Forth to the Bass Rock and Fife.

1542 SCOTTISH SEALIFE SANCTUARY 4 G12

Barcaldine, Connel, Oban, Argyll. On the A828, 10 miles (16km) north of Oban. Nearest railway station Oban, bus from Oban. Open all year, daily from 1000; summer closes 1800; telephone or visit website for winter hours. Last admission 1 hour before closing. Charge £££. Group concessions. Explanatory displays, talks and demonstrations. Gift shop. Restaurant, coffee shop and picnic area. Adventure playground. Nature trail. WC. Touch pools for blind visitors. Wheelchair access (a specific wheelchair route accesses 95 per cent of displays). Disabled WC. Car/coach parking. Telephone (01631) 720386. www.sealsanctuary.co.uk

Scotland's leading marine conservation experience displaying an amazing variety of sea creatures in over 35 fascinating natural marine habitats, from sharks and seahorses to otters and seals. The sanctuary is in a picturesque setting amongst a mature spruce forest on the shores of Loch Creran.

1543 SCOTTISH TARTANS MUSEUM 3 N7

The Institute, Mid Street, Keith. In Keith Institute Hall. Nearest railway station Keith, local bus service. Open May, Mon–Sat 1100–1500; Jun–Sep, Mon–Sat 1100–1600. Charge £. Group concessions. Explanatory displays. Refreshments nearby. WC. Wheelchair access. Car parking. Telephone (01542) 888419. www.keithcommunity.co.uk

The museum contains accounts of famous Scotsmen and explains the development of tartans and the kilt. Over 700 tartans on display.

1544 SCOTTISH VINTAGE BUS MUSEUM 6 M15

M90 Commerce Park, Lathalmond, Dunfermline, Fife. On the B915, 2 miles (3km) west of junction 5 on the M90 and 2 miles north of Dunfermline. Open Easter–early Oct, Sun 1230–1700. Charge £. Increased charge for special events. Group concessions. Guided tours. Explanatory displays. Gift shop.

Refreshments. WC. Wheelchair access (not onto vehicles). Disabled WC. Car and coach parking. Telephone (01383) 623380. www.busweb.co.uk/svbm

A collection of over 150 historic buses from the 1920s, mostly of Scottish origin, which can be seen in all stages of restoration. Also many artefacts depicting Scottish bus history. Visitors can observe restoration work or travel in a vintage bus around the site. Occasional special events.

1545 SCOTTISH WOOL CENTRE 4 J14

Aberfoyle, Stirlingshire. Off Main Street in Aberfoyle. Nearest railway station Stirling, buses from Stirling or Glasgow. Open daily Apr–Oct, 0930–1800, Nov–Mar 1000–1700. Admission free. Charge ££ live show. Group concessions. Guided tours. Show programmes in European languages and Japanese. Explanatory displays. Gift shop. Coffee shop. WC. Wheelchair access. Disabled WC. Car and coach parking. Telephone (01877) 382850. www.ewm.co.uk

Visitor centre and theatre telling the story of Scottish sheepdog skill, with a live show using Border Collie dogs. There is also a birds of prey avery. Watch traditional spinners in action and browse through the shops which contain a wide range of top quality woollens, knitwear, gifts and souvenirs.

1546 SEABEGS WOOD 6 L15

HS. 1 mile (2km) west of Bonnybridge, Stirlingshire. Nearest railway and bus stations Falkirk. Access at all reasonable times. Free. Telephone 0131 668 8800. www.historic-scotland.gov.uk

A stretch of rampart and ditch of the Antonine Wall (see 59).

1547 SEA EAGLE VIEWING 2 E8

RSPB. Aros Experience, Viewfield Road, Portree, Isle of Skye. On A850 south of Portree. Bus service from Portree. Centre open all year daily, May–Sep 0900–2300; Oct–Apr 0900–1800. Sea eagle viewing mid May–end Aug, daily 0900–1800. Charge £. Free to RSPB members. Explanatory displays. Gift shop. Refreshments available. WC. Limited wheelchair access. Disabled WC. Car and coach parking. Telephone (01478) 613649. www.rspb.org.uk/scotland

Located in the Aros Experience. Displays and camera offer live footage of sea eagle and grey heron nest sites. RSPB staff are present May–Aug. See also 97 Aros Experience.

1548 SEAL ISLAND CRUISES 2 H11

Town Pier, Fort William. In Fort William next to the Crannog Restaurant, just off Fort William bypass on the shore of Loch Linnhe. Nearest railway and bus station Fort William. Sailing times: history cruise, 1000 and 1400; Seal Island cruise, 1100 and 1500; evening buffet cruise (buffet optional), 1830. Charge from ££–£££ dependant on cruise. Group concessions. Explanatory displays. Gift shop. Picnic area by pier, bar on board. Car and coach parking. Telephone (01374) 705589. www.crannog.net

A variety of boat trips. See a working salmon farm and a colony of grey and common seals on Seal Island (90 minutes), learn the history of Fort William on a cruise around the bay (50 minutes) or indulge in an evening buffet cruise (90 minutes).

1549 SEALLAM! EXHIBITION AND GENEALOGY CENTRE 2 C6

Seallam! Visitor Centre, Northton, Isle of Harris. 17 miles (27km) south of Tarbert on A859. Ferry service from Uig and North Uist, bus service from Stornoway or Tarbert. Open all year, Mon–Sat 1000–1700 and by appointment for evenings. Charge £. Group concessions. Guided tours (also available in Gaelic). Explanatory displays. Gift and book shop. Refreshments and picnic area. Baby changing facilities. WC. Wheelchair access. Disabled WC. Car and coach parking. Telephone (01859) 520258. www.seallam.com

A major exhibition on the Hebrides and a genealogical resource.

1550 SEAPROBE ATLANTIS GLASS BOTTOM BOAT TRIPS 2 F8

Old Ferry Slipway, Kyle of Lochalsh. 75 miles (120km) west of Inverness and north of Fort William on A87. Bus and railway station in Kyle. Boat trips available

Easter–end Oct, daily 1030–1630. Charge £££. Children under 4 free. Group concessions. Guided tours. Explanatory displays. Gift shop. Refreshments available. WC. Wheelchair access with assistance. Car and coach parking. Telephone Freephone 0800 980 4846. www.seaprobeatlantis.com

Seaprobe Atlantis is the only semi-submersible glass bottom boat in the UK, offering everyone the opportunity to explore the underwater world in comfort and safety. Operating from the Marine Special Area of Conservation at Kyle of Lochalsh, the *Atlantis* offers regular daily trips to explore all the scenery and wildlife above and below the waves. Underwater viewing gallery. Remote operated underwater vehicle filming images onto plasma screens. See spectacular scenery, beautiful underwater kelp forests, fish, jellyfish, seals, seabirds, otters, porpoise and the World War II *Port Napier* shipwreck.

1551 SELKIRK GLASS VISITOR CENTRE — 5 P17

Dunsdale Haugh, Selkirk. On the A7 to the north of Selkirk. Bus from Edinburgh or Carlisle. Open all year (except Christmas and New Year), Mon–Fri 0900–1700, Sat 0900–1700, Sun 1100–1700. Free. Explanatory displays. Gift shop. Award-winning coffee shop with patio. WC. Wheelchair access. Disabled WC. Car and coach parking. Telephone (01750) 20954.

Visitors can view the complete glassmaking process (Mon-Fri only to 1630) and can purchase quality seconds and other gifts in the shop.

1552 SETON COLLEGIATE CHURCH — 6 N15

HS. Longniddry, East Lothian. Off the A198, 1 mile (2km) south east of Cockenzie. Nearest railway station Longniddry, bus to Seton Church road end from Edinburgh or North Berwick. Open Apr–Sep, daily 0930–1830. Charge £. Group concessions. Guided tours. Explanatory displays. Car and coach parking. Telephone (01875) 813334. www.historic-scotland.gov.uk

The chancel and apse of a fine 15th-century church. Transept and steeple added in 1513.

1553 SHAMBELLIE HOUSE MUSEUM OF COSTUME — 5 L20

New Abbey, Dumfries. On the A710, 7 miles (11km) south of Dumfries. Car parking (coach parking by arrangment). Bus from Dumfries. Open Apr–Oct, daily 1100–1700 (grounds from 1030). Charge £. Children free. Guided tours (leaflets in French, German and Dutch). Explanatory displays. Gift shop. Tearoom and picnic area. Gardens. WC. Limited wheelchair access (road from car park is steep, staff can open gate to allow parking by house). Telephone (01387) 850375.

A museum housed in a mid-Victorian country house designed by David Bryce. Costume displays in period room settings from the National Museums Collection. An outstation of the National Museums of Scotland.

1554 SHAWBOST SCHOOL MUSEUM — 2 D3

Shawbost, Isle of Lewis. 19 miles (31km) north west of Stornoway. Bus from Stornoway. Open Apr–Sep, Mon–Sat 0930–1630. Admission by donation. Explanatory displays. WC. Wheelchair access with assistance. Disabled WC. Car and coach parking. Telephone (01851) 710212.

Created under the Highland Village Competition of 1970, the museum illustrates the old way of life in Lewis.

1555 SHETLAND CROFT HOUSE MUSEUM — 1 G6

South Voe, Boddam, Dunrossness, Shetland. On an unclassified road, east of the A970, 25 miles (40km) south of Lerwick. Bus from Lerwick to Boddam. Open May–Sep, daily 1000–1300 and 1400–1700. Admission free but donations welcome. Guided tours. WC. Car and coach parking. Telephone (01950) 460557.

A 19th-century drystone and thatched croft, consisting of interconnected house, barn, byre, kiln and stable with watermill nearby. Furnished throughout with period implements, fixtures and furniture. Exhibits include box beds, sea chests, working mill and quern.

1556 SHETLAND MUSEUM 1 G5

Lower Hillhead, Lerwick, Shetland. In the town centre near the Town Hall. Open Mon, Wed and Fri 1000–1900, Tue, Thu and Sat 1000–1700. Free. Explanatory displays. Gift shop. WC. Wheelchair access with assistance. Disabled WC. Car and coach parking. Telephone (01595) 695057.

A museum covering all aspects of Shetland's history and prehistory. Archaeology from neolithic to medieval times including early Christian sculpture, Viking grave finds, medieval domestic and fishing items. Maritime displays cover fisheries, merchant marine and shipwrecks. Models, fishing gear, maritime trades. Agriculture and domestic life collection, including basketwork, peat cutting, 19th-century social history. Costume display and textiles. Temporary art exhibitions.

1557 SHETLAND TEXTILE WORKING MUSEUM 1 G4

Weisdale Mill, Weisdale, Shetland. 7 miles (11km) west of Lerwick, take A971 and turn right on B9075 for 0.6 mile (1km). Local bus from Lerwick (not Sun) then 0.5 mile (1km) walk. Open mid Mar–Sep, Tue–Sat 1030–1630, Sun 1200–1630. Charge £. Children admitted free. Group concessions. Guided tours, staff available to talk about exhibits. Explanatory displays. Café. WC. Wheelchair access. Disabled WC. Car parking. Telephone (01595) 830419.

A unique collection of Shetland textiles illustrating the history of spinning, knitting and weaving in the islands from their earliest development to the present day. Augmented by a fine collection of artefacts used in the production of these items. Workshops in spinning and knitting arranged and visitors have the opportunity to see demonstrations of local craft skills.

1558 SHETLAND WILDLIFE TOURS 1 G6

Longhill, Maywick, Shetland. Pick-up/drop-off service available on all tours, booking essential. Telephone for details of tours. Charge £££ (dependent on tour). Group concessions. Guided tours. Explanatory displays. Telephone (01950) 422493.

Half-day to seven-day wildlife tours throughout the Shetland Islands with expert naturalist guides. See also 1261 Muckle Flugga and Out Stack, and 1309 Noss Nature Reserve.

1559 SHIELDAIG ISLAND 2 F7

NTS. Highland. Situated in Loch Torridon, off Shieldaig village, A896. Open all year. Free. Car and coach parking. Telephone (01445) 791368. www.nts.org.uk

This 32 acre (13ha) island is almost entirely covered in Scots pine, which once formed vast forests covering much of the Scottish Highlands.

1560 SHILASDAIR 2 D7

Carnach, Waternish, Isle of Skye. 22 miles (35km) north west of Portree on A850, then B886. Open Apr–Oct, daily 1000–1800; other times by appointment. Free. Guided tours. Explanatory displays. Gift shop. Coffee (free). WC. Wheelchair access. Disabled WC. Car and coach parking. Telephone (01470) 592297. www.shilasdair-yarns.co.uk

Fleece from the owner's flock of fine woolled sheep, plus exotic fibres are dyed with natural dyes in a unique and expansive range of colours. Hand and commercially spun yarns, knitkits and designer garments available. Dye garden, dyehouse and spinning workshop.

1561 SHINAFOOT ART STUDIOS 5 L13

Shinafoot, Dunning Road, Auchterarder, Perthshire. 1 mile (1.5km) north of Auchterarder on B8062. Nearest railway station Gleneagles. Open all year, daily 1000–1700. Free. Car and coach parking. Telephone (01764) 663639. www.shinafoot.co.uk

Year-round art courses and painting holidays for all ages and abilities. Also picture framing, art materials and paintings for sale.

1562 SHOTTS HERITAGE CENTRE 6 L16

Shotts Library, Benhar Road, Shotts, Lanarkshire. In Shotts town centre. Nearest railway station Shotts, buses from Motherwell or Wishaw. Open all year (except public holidays), Mon–Tue 0930–1900, Wed 0930–1200, Thu–Sat 0930–1700. Free. Guided tours by arrangement (telephone 0141 304 1841). Explanatory displays. Headphone sets. Wheelchair access. Car and coach parking. Telephone (01501) 821556. www.northlan.gov.uk

Displays three life-size exhibits – Covenanters, a coal mine and 1940s shop front scene. Photographs and illustrations of local history and heritage.

1563 SINCLAIR AND GIRNIGOE CASTLE 3 N3

Caithness. Noss Head, near Wick.

Built by Earl William Sinclair in the 1470s. The older part of the castle, Girnigoe, dates from between 1476 and 1486. The new wing, locally known as Castle Sinclair, was built in 1607. The castle was largely destroyed during a siege in 1690.

1564 SKAILL HOUSE 1 A10

Breckness Estate, Sandwick, Orkney. Beside Skara Brae, 5 miles (8km) north of Stromness. No access by public transport. Open Apr–Sep, Mon–Sat 0930–1830, Sun 0930–1830. Charge ££. Joint ticket with Skara Brae (see 1566) available from visitor centre. Group concessions. Guided tours. Explanatory displays. Gift shop. Garden. WC. Wheelchair access to ground floor. Disabled WC. Car and coach parking. Telephone (01856) 841501. www.skaillhouse.com

The most complete 17th-century mansion house in Orkney. Built for Bishop George Graham in the 1620s, it has been inhabited by successive lairds, who have added to the house over the centuries. On show – Captain Cook's dinner service from his ship the *Resolution*, and gunroom with sporting and military memorabilia. Surrounded by spacious gardens.

1565 SKARA BRAE PREHISTORIC VILLAGE 1 A10

HS. Sandwick, Orkney. On the B9056, 19 miles (30km) north west of Kirkwall. Bus from Stromness, tour bus from Kirkwall. Open Apr–Sep, daily 0930–1830; Oct–Mar, Mon–Sat 0930–1630, Sun 1400–1630. Charge ££. During summer joint ticket with Skail House (see 1565). Group concessions. Guided tours. Explanatory displays. Gift shop. Restaurant, tearoom and picnic area. Wheelchair access with assistance. Disabled WC. Car and coach parking. Telephone (01856) 841815. www.historic-scotland.gov.uk

The best preserved group of Stone Age houses in Western Europe. The houses are joined by covered passages and contain stone furniture, heaths and drains. They give a remarkable picture of life in Neolithic times.

1566 SKELBO CASTLE 3 L5

Located north of Dornoch at Skelbo, Sutherland.

This site was probably chosen by invading Norsemen for the protection of the ships, beached on the shores of Loch Fleet, in the 9th century. The ruins can be seen from the roadside.

1567 SKIPNESS CASTLE AND CHAPEL 4 G16

HS. On the coast at Skipness on the B8001, 10 miles (16km) south of Tarbert, Argyll. Bus from Tarbert to Skipness, then 0.5 mile (1km) walk. Exterior view only. Car parking. Telephone 0131 668 8800. www.historic-scotland.gov.uk

A fine 13th-century castle with a 16th-century tower house in one corner. Nearby is an early 14th-century chapel with fine grave slabs.

1568 SKYE MUSEUM OF ISLAND LIFE 2 D7

Kilmuir, Isle of Skye. On the A855, 5 miles (8km) north of Uig. Bus from Portree to Kilmuir, ask driver for museum stop. Open Apr–Oct, Mon–Sat

0930–1730. Charge £. Group concessions. Guided tours. Explanatory displays. Gift shop. WC. Wheelchair access. Disabled WC. Car and coach parking. Telephone (01470) 552206.

An interesting museum of rural life housed within a group of thatched cottages. It depicts the lifestyle of the crofting community of the island a century or so ago and displays a wide range of agricultural tools and implements. One house is furnished with period furniture.

1569 SKYE SEPENTARIUM 2 E9

The Old Mill, Harrapool, Broadford, Isle of Skye. On the A850, 8 miles (13km) north west of Kyleakin. Nearest railway station Kyle of Lochalsh, buses from Kyle, Kyleakin or Armadale. Open Easter–Oct, Mon-Fri 1000–1700; Jul–Aug also Sun; and bank holidays. Charge £. Group concessions. Guided tours for groups by arrangement. Explanatory displays. Gift shop. Coffee shop. WC. Wheelchair access. Car and coach parking. Telephone (01471) 822209. www.skyeserpentarium.org.uk

A unique award-winning reptile exhibition and breeding centre in a converted water mill. Visitors can watch a world of snakes, lizards, frogs and tortoises in bright natural surroundings. Also a refuge for neglected and illegally imported reptiles. Frequent informative snake handling sessions. Baby snakes for sale.

1570 SKYELINE CERAMICS 2 F9

Grianach, Harrapool, Broadford, Isle of Skye. At Heaste Road junction in Broadford. Railway stations on mainland at Kyle (8 miles/13km) and Mallaig (15 miles/24km) plus ferry trip. Open all year, Easter–Oct, Tue–Fri 1000–1300 and 1400–1800 with late nights Tue and Thu (often also open Mon and Sat); Oct–Easter times vary, telephone to confirm. Free. Visitors are welcome to watch the work in progress. Gift shop. Wheelchair access. Car parking. Telephone (01471) 822023.

A small working studio with a shop. There are book ends, sheep with character, porcelain pictures, delicate shell-like bowls, pebble people and more. The work is inspired by Skye's mountains, hills and their inhabitants and each piece is individually made by hand using stone and porcelain clays.

1571 SKYESKYNS 2 D7

17 Lochbay, Waternish, Isle of Skye. On the B886, 4.5 miles (7km) from the A850, 19 miles (30km) north of Portree. Kyle station, bus from Portree or Kyle. Open Apr–Oct, daily 1000–1800. Free. Guided tours (available in French). Explanatory displays. Gift shop. WC. Limited wheelchair access. Car and coach parking. Telephone (01470) 592237. www.skyeskyns.co.uk

Showroom visitors are offered guided tours of the tanning workshop, the only one of its kind in Scotland. They can see the traditional tools of the trade in use – the beam, paddles, drum, buffing wheel, combs and iron. Demonstrations of rare tanning skills and hand-finishing of finest lambswool rugs. Wide range of leather goods.

1572 SMA' SHOT COTTAGES 6 J16

11-17 George Place, Paisley. By rail or bus from Glasgow. Open Apr–Sep, Wed and Sat 1200–1600. Free. Guided tours. Gift shop. Tearoom. Garden. WC. Limited wheelchair access. Telephone 0141 889 1708.

A former 18th-century weaver's cottage, with domestic accommodation and loom shop, linked by a garden to a 19th-century artisan's house, both fully furnished. Exhibition of historic photographs and a fine collection of china and linen. Run by the Old Paisley Society.

1573 ROBERT SMAIL'S PRINTING WORKS 5 N17

NTS. 7-9 High Street, Innerleithen, Peebleshire. In Innerleithen, 30 miles (48km) south of Edinburgh. Buses from Edinburgh or Peebles. Open Easter and May–Sep, Mon–Sat 1000–1300 and 1400–1700, Sun 1400–1700; Oct, Sat 1000–1300 and 1400–1700, Sun 1400–1700. Charge £. Group concessions. Guided tours. Explanatory displays. Gift shop. Limited wheelchair access. Car and coach parking. Telephone (01896) 830206. www.nts.org.uk

Restored printing works using machinery and methods of the early 20th century. Visitors can watch the printer at work and try setting type by hand. Victorian office with many historic items. Reconstructed waterwheel.

1574 SMAILHOLM TOWER **5 P17**

HS. Off the B6404, 6 miles (9.5km) north west of Kelso, Roxburghshire. Occasional bus from Kelso and St Boswells then 1.5 mile (2.5km) walk. Open Apr–Sep, daily 0930–1830. Charge £. Group concessions. Guided tours. Explanatory displays. Gift shop. Car and coach parking. Telephone (01573) 460365. www.historic-scotland.gov.uk

A small rectangular 16th-century Border peel tower sited on a rocky outcrop within a stone barmkin wall. Well-preserved and containing an exhibition of costume figures and tapestries relating to Sir Walter Scott's *Minstrelsy of the Scottish Borders*. Scott spent some of his childhood at nearby Sandyknowe Farm.

1575 SMITH ART GALLERY AND MUSEUM **6 L14**

Dumbarton Road, Stirling. In Stirling, a short walk from the bus and rail stations. On Stirling Heritage Bus route. Open all year, Tue–Sat 1030–1700, Sun 1400–1700. Free. Guided tours for special exhibitions. Explanatory displays. Gift shop. Tearoom. WC. Induction loop. Wheelchair access. Disabled WC. Car and coach parking. Telephone (01786) 471917. www.smithartgallery.demon.co.uk

Displays and exhibitions on the history of Stirling. Fine art, natural history, garden. Educational programme (telephone for details).

1576 SMITHY HERITAGE CENTRE **2 G8**

Lochcarron, Strathcarron, Ross and Cromarty. On the A896, 1 mile (2km) east of Lochcarron. Nearest railway station Strathcarron, then 1.5 mile (2.5km) walk. Open Easter–Oct, Mon–Sat 1000–1700. Free. Guided tours by arrangement (available in Gaelic). Explanatory displays with video. Picnic area. Limited wheelchair access. Car and coach parking. Telephone (01520) 722246.

A restored smithy with information on the history of the building, the business and the blacksmith who worked in it. Walk through a plantation of native trees. Speakers, demonstrations and crafts at advertised times. See also 132 Balnacra Pottery.

1577 SMOO CAVES **3 J2**

In Durness, Sutherland.

This impressive limestone cave has formed at the head of a narrow coastal inlet. An easy and safe access path has been made from the road above leading into the cave. With its entrance at least 100 feet (30m) wide this is arguably one of the largest cave entrances in Britain. A wooden pathway extends into the cave and allows viewing of the second inner chamber where the Allt Smoo falls from an opening in the roof above. In the outer cave there is an ancient midden which would indicate that Stone Age man once lived here.

1578 SOPHIE'S DOLLS HOUSE MUSEUM AND MINIATURE WORLD **4 J20**

29 Queen Street, Newton Stewart. In Newton Stewart, 100 yards (91m) from the bus terminus. Open Easter–Oct, Mon–Sat 1000–1600; Nov–Easter, Tue–Sat 1000–1600 (closed 25 Dec–31 Jan). Charge £. Group concessions. Explanatory displays. Guides (also available in German). Gift shop. Baby changing facilities. WC. Wheelchair access. Disabled WC. Car and coach parking. Telephone (01671) 403344.

A high quality collection of over 50 house displays which show life through the ages, at home and abroad, in one-twelfth scale. The displays are complemented by over 200 dolls, most of which have been specially commissioned for the individual settings.

1579 SOUTER JOHNNIE'S COTTAGE **4 H18**

NTS. Main Road, Kirkoswald, Ayrshire. On A77 in Kirkoswald, 4 miles (6.5km) south west of Maybole. Buses from Ayr or Girvan. Open Apr–Sep and weekends in Oct, daily 1130–1700. Charge £. Group concessions. Explanatory displays. Cottage garden. Limited wheelchair access. Car and coach parking. Telephone (01655) 760603. www.nts.org.uk

Thatched cottage, home of the souter (cobbler) who inspired the character Souter Johnnie in Robert Burns' poem *Tam O'Shanter*. Burns memorabilia and reconstructed workshop. Restored alehouse with life-size stone figures of Burns' characters.

1580 SOUTH LISSENS POTTERY **6 M14**

22 Church Street, Milnathort, Kinross. In Milnathort, 2 miles (3km) from Kinross Tourist Information Centre. Nearest railway station Perth, buses from Perth or Edinburgh. Open all year, Mon–Sat (closed Wed) 1000–1800, Sun 1200–1700 (closed Christmas and New Year). Free. Gift shop. WC. Wheelchair access. Car parking. Telephone (01577) 865642.

A pottery workshop located in an old Presbyterian church built in 1769. Traditional country pottery and contemporary pots decorated with unusual lustre effects.

1581 SPEAN BRIDGE WOOLLEN MILL **2 H10**

Spean Bridge, Inverness-shire. On the bridge at Spean Bridge next to Spean Bridge railway station. Bus from Fort William. Open Apr–Sep, Mon–Sat 0900–1730, Sun 1000–1500; Oct–Mar, daily 1000–1600. Free. Explanatory displays. Gift shop. Restaurant. Garden. WC. Wheelchair access. Disabled WC. Car and coach parking. Telephone (01397) 712260. www.ewm.co.uk

A picturesque weaving mill in a former farm steading. Clan tartan centre, whisky tasting, knitwear and gifts.

1582 SPEY VALLEY SMOKEHOUSE **3 M8**

Achnagonalin, Grantown-on-Spey. On the outskirts of Grantown-on-Spey on the B970. Open all year, Mon–Fri 0900–1700; also Apr–Sep, Sat 1000–1400. Free. Explanatory displays and audio-visual presentation. Gift shop. Picnic area. Children's play area. WC. Wheelchair access. Disabled WC. Car and coach parking. Telephone (01479) 873078.

With a history of salmon smoking since 1888, the Spey Valley Smokehouse offers visitors the opportunity to experience the traditional smoking process in the most modern facilities. Gourmet salmon products available for purchase.

1583 SPEYSIDE COOPERAGE VISITOR CENTRE **3 N8**

Dufftown Road, Craigellachie, Banffshire. On the A941, 1 mile (2km) south of Craigellachie. Buses from Dufftown or Elgin. Open all year, Mon–Fri 0930–1630. Charge ££. Group concessions. Guided tours. Explanatory displays (in French, German, Italian, Spanish and Japanese). Gift shop. Light refreshments and picnic area. Baby changing facilities. WC. Limited wheelchair access. Disabled WC. Car and coach parking. Telephone (01340) 871108.

Award-winning working cooperage with unique visitor centre. Visitors can watch skilled coopers and apprentices repairing oak casks for the whisky industry. An exhibition traces the history and development of the cooperage industry. Shop specializes in quality wooden items. Highland cattle can be seen.

1584 SPEYSIDE HEATHER CENTRE **3 L9**

Skye of Curr, Dulnain Bridge, Inverness-shire. Off the A95, 9 miles (14.5km) from Aviemore, 6 miles (9.5km) from Grantown-on-Spey. Nearest railway station Aviemore, nearest bus stop Dulnain Bridge. Open all year daily, 0900–1800 (reduced opening hours Jan–Feb). Admission free. Charge £ for exhibition. Group concessions. Guided tours (text in twelve languages). Explanatory displays. Gift shop. Tearoom/restaurant and picnic area. Play area and show garden. WC. Wheelchair access. Disabled WC. Car and coach parking. Telephone (01479) 851359. www.heathercentre.com

An exhibition, craft shop, garden centre and show garden, with heather as a speciality. Includes the famous Clootie Dumpling Restaurant and a gallery and antiques shop.

1585 SPEYSIDE HORN AND COUNTRY CRAFTS 3 L9

Rowan Tree Restaurant, Loch Alvie, Aviemore, Inverness-shire. On the B9152, 2 miles (3km) south of Aviemore. Nearest railway station Aviemore, then limited bus service (suggest taxi). Open Apr–Oct, Mon–Sat 1100–1600. Free. Guided tours and workshop demonstrations. Explanatory displays. Gift shop. Tearoom. WC. Wheelchair access. Car and coach parking. Telephone (01479) 811503. www.speyside-horn.co.uk

Visitors can hear about and see the wide variety of horns used today and see a video demonstration in which craftsmen show techniques developed by the Scottish tinkers.

1586 SPEYSIDE POTTERY 3 M8

Ballindalloch, Banffshire. 5 miles (8km) west of Aberlour, on the A95 near the Glenfarclas Distillery. Open Apr–Oct, daily 1000–1700. Free. Explanatory displays. Wheelchair access with assistance. Car parking. Telephone (01807) 500338. www.scottishpotters.org

Workshop and showroom for onsite production of wood fired, functional stoneware pottery. Production can be viewed.

1587 SPLIT STONE, MELVICH 3 L2

1 mile (1.5km) east of Melvich in the north of Sutherland.

Local history says that an old woman was returning from a shopping trip and was chased by the devil. She ran round and round the stone and the devil in his temper split it. The woman escaped.

1588 SPRINGBANK DISTILLERY 4 F18

Campbeltown. In the centre of Campbeltown. Local bus service. Open Easter–Sep, tour Mon–Thu 1400 by appointment only. Charge £. Guided tours. WC. Limited wheelchair access. Car parking. Telephone (01586) 552009.

Founded in 1828, the distillery remains under the control of the great-great grandson of the original founder. Springbank Distillery is the only distillery in Scotland to carry out the entire distilling process, from traditional malting through to bottling.

1589 SPYNIE PALACE 3 N7

HS. Elgin, Morayshire. Off the A941, 2 miles (3km) north of Elgin. Nearest railway station Elgin, buses from Aberdeen or Inverness, then bus to Spynie. Open Apr–Sep, daily 0930–1830; Oct–Mar Sat 0930–1630, Sun 1400–1630. Charge £. Group concessions. Guided tours. Gift shop. Picnic area. WC. Limited wheelchair access. Disabled WC. Car and coach parking. Telephone (01343) 546358. www.historic-scotland.gov.uk

The residence of the bishops of Moray from the 14th century to 1686. Dominated by the massive tower built by Bishop David Stewart in the 15th century. Spectacular views of Spynie Loch.

1590 STAFFA 4 D12

NTS. Island 6 miles (10km) north east of Iona and 7 miles (11km) west of Mull, Argyll. Boat cruises from Iona, Mull or Oban. Open all year. Landing charge £. Guided tours by boat. Telephone NTS Regional Office (01631) 570000. www.nts.org.uk

Romantic uninhabited island famed for its extraordinary basaltic column formations. The best known of these is Fingal's Cave, inspiration for Mendelssohn's *Hebrides* overture. Visitors can view the cave from a boat, or land on the island if weather conditions permit. A colony of puffins nests on the island.

1591 STANYDALE TEMPLE 1 F4

HS. 3.5 miles (5.5km) east north-east of Walls, Shetland. Bus from Lerwick to Bridge of Walls. Access at all times. Free. Telephone (01466) 793191. www.historic-scotland.gov.uk

A Neolithic hall, heel-shaped externally and containing a large oval chamber. Surrounded by the ruins of houses, walls and cairns of the same period.

1592 STEINACLEIT CAIRN AND STONE CIRCLE **2 D3**

HS. At the south end of Loch an Duin, Shader, 12 miles (19km) north of Stornoway, Isle of Lewis (Western Isles). Ferry from Ullapool to Stornoway, then bus service from Stornoway to Saidar Larach. Access at all times. Free. Telephone 0131 668 8800. www.historic-scotland.gov.uk

The remains of an enigmatic building of early prehistoric date.

1593 STENTON GALLERY **5 P15**

Stenton, East Lothian. On the B6370 (Hillfoots Trail), signposted from A1 and expressway. Transport can be arranged for groups. Open Fri–Wed, 1200–1700 during exhibitions (telephone or email for details). Free. Guided tours by arrangement (multi-lingual). Talks, lectures and demonstrations. Coffee available. WC. Limited wheelchair access. Car parking. Telephone (01368) 850256. www.stentongallery.com

Contemporary art from throughout Scotland in a regularly changing programme of exhibitions.

1594 THE STEWARTRY MUSEUM **5 K21**

St Mary Street, Kirkcudbright. In Kirkcudbright centre. Nearest railway station Dumfries, bus from Dumfries. Open May–Jun and Sep, Mon–Sat 1100–1700; Jul–Aug, Mon–Sat 1000–1800 (Jun–Sep also Sun 1400–1700); Oct–Apr, Mon–Sat 1100–1600. Free. Group concessions. Guided tours for groups by arrangement. Explanatory displays. Gift shop. Picnic area. WC. Wheelchair access with assistance. Telephone (01557) 331643.

A wide range of exhibits reflecting the social and natural history of the Stewartry of Kirkcudbright. Features illustrations, pottery and jewellery by Jessie M. King and the work of her husband, E. A. Taylor, Phyllis Bone and other Kirkcudbright artists. Special temporary exhibitions, family and local history information services.

1595 STIRLING CASTLE **6 L14**

HS. Castle Wynd, Stirling. At the head of Stirling old town. Nearest railway station Stirling, buses from Glasgow and Edinburgh. Open Apr–Sep, daily 0930– 1800; Oct–Mar daily 0930–1700. Last entry 45 minutes before closing. Charge £££. Charge includes admission to Argyll's Lodging. Group concessions. Guided tours. Explanatory displays. Gift shop. Café and picnic area. WC. Courtesy vehicle provided by the Bank of Scotland. Limited wheelchair access. Disabled WC. Car and coach parking. Telephone (01786) 450000. www.historic-scotland.gov.uk

Considered by many as Scotland's grandest castle, it is certainly one of the most important. The castle architecture is outstanding and the Great Hall and Chapel Royal are amongst the highlights. Mary, Queen of Scots was crowned here and narrowly escaped death by fire in 1561. Medieval kitchen display and exhibition on life in the royal palace. Tapestry weaving studio and full summer events programme. See also 85 Argyll and Sutherland Highlanders Regimental Museum.

1596 STIRLING OLD BRIDGE **6 L14**

HS. In Stirling just beside the Customs Roundabout off the A9. Nearest railway station Stirling, buses from Glasgow and Edinburgh. Access at all times. Free. Telephone 0131 668 8800. www.historic-scotland.gov.uk

A handsome bridge built in the 15th or early 16th century. The southern arch was rebuilt in 1749 after it had been blown up during the '45 rebellion to prevent the Stuart army entering the town.

1597 STIRLING OLD TOWN JAIL **6 L14**

St John Street, Stirling. At the top of the Old Town in Stirling, five minute walk from rail and bus stations. Nearest railway station Stirling, tour bus in summer. Open all year daily, Apr–Sep, 0930–1730; Mar and Oct, 0930–1630; Nov–Feb, 0930–1530 (closed Christmas and New Year). Charge ££. Group concessions. Guided tours (available in French, German, Italian and Spanish). Explanatory displays. Gift shop. Garden and grounds. WC. Scripts for the deaf. Limited wheelchair access (limited access to upper floor). Disabled WC. Car parking. Telephone (01786) 450050.

Experience life as a prisoner in a Victorian jail where history really comes to life through live performances. Meet Stirling's notorious hangman and look out for a possible jail break! Take a tour of the jail which inlcudes a modern day prison exhibition and find out how crime and punishment is dealt with today in comparison with Victorian times.

1598 STOCKS, STONES AND STORIES, EXHIBITION OF CRIEFF STOCKS AND CROSSES — 5 L13

c/o Crieff Tourist Information Centre, Town Hall, High Street, Crieff. In Crieff town centre. Bus from Perth and Stirling. Open Apr–Jun and Sep–Oct, Mon–Sat 0930–1730, Sun 1100–1600; Jul–Aug, Mon–Sat 0930–1830, Sun 1100–1700; Nov–Mar, Mon–Fri 0930–1700, Sat 1000–1400. Free. Explanatory displays. WC nearby in town centre. Wheelchair access. Car and coach parking. Telephone (01764) 652578. www.perthshire.co.uk

A fascinating exhibition in the basement of Crieff Town Hall, housing three of the town's conserved historical monuments: the Crieff Burgh cross (a pictish cross slab of the 9th century); the Drummond or Mercat cross; and the town stocks – unique in design. Panels give historical and conservation information for each object.

1599 STONEFIELD CASTLE HOTEL AND GARDEN — 4 F15

Stonefield, Tarbert, Argyll. 2 miles (3km) north of Tarbert on A83. Glasgow to Campbeltown bus stops at hotel entrance. Gardens open all year, dawn–dusk. Free. Guided tours by arrangement. Gift shop. Restaurant, bar and coffee lounges. WC. Limited wheelchair access. Car and coach parking. Telephone (01880) 820836. www.innscotland.com

Stonefield Castle was built in 1837 for the Campbell family. The house is now a 4 star hotel and the gardens, which were planted mainly from seed in the 1830s, are open to the public. Stonefield boasts the second largest collection of Himalayan rhododendrons in the UK, along with other exotic shrubs and trees. With its spectacular location on the shores of Loch Fyne, the gardens are influenced by the Gulf Stream, often producing the first blooms of the season as early as March.

1600 STONES OF STENNESS — 1 B10

HS. Between Loch of Harray and Loch of Stenness, about 5 miles (8km) north east of Stromness, Orkney. Buses from Kirkwall or Stromness. Access at all times. Free. Car and coach parking. Telephone (01856) 841815. www.historic-scotland.gov.uk

The remains of a stone circle surrounded by traces of a circular earthwork. See also 1441 Ring of Brodgar Stone Circle and Henge.

1601 STOREHOUSE OF FOULIS — 3 K7

Foulis Ferry, Evanton, Ross and Cromarty. 16 miles (26km) north of Inverness on A9, 1 mile (1.5km) north of Cromarty Bridge. Nearest railway station and bus service Inverness. Open all year daily, 0930–1730; closed Christmas and New Year's Day. Charge ££. Group concessions. Explanatory displays. Gift shop. Restaurant and picnic area. WC. Wheelchair access. Disabled WC. Car and coach parking. Telephone (01349) 830000. www.storehouseoffoulis.co.uk

Discover the secret of the Munro clan and explore the stories of seven centuries of land and people brought to life in the rogue's gallery. *Son et lumière* shows. Also information on the behaviour of seals, which visitors might see from the shore.

1602 STORR — 2 E7

Two miles (3km) from A855, 8 miles (12.5km) north of Portree, Isle of Skye. Free. Car parking.

A series of pinnacles and crags rising to 2360 feet (719m). No access, but can be seen from the road. The Old Man of Storr, at the east end of the mountain, is a black obelisk, (160 feet/49m) high, first climbed in 1955. Visitors can see Storr from the main road; due to erosion it is now closed to walkers.

1603 STORYBOOK GLEN 3 Q10

Maryculter, Aberdeen. On the B9077, 6 miles (9.5km) west of Aberdeen. Nearest railway station Aberdeen, bus from Aberdeen to Peterculter, then 1 mile (2km) walk. Open Mar–Oct, daily 1000–1800; Nov–Feb, weekends only 1100–1600. Charge ££. Group concessions. Explanatory displays. Gift shop. Restaurant and picnic area. WC. Wheelchair access. Disabled WC. Car and coach parking. Telephone (01224) 732941. www.storybookglenaberdeen.com

A 28 acre (11.5ha) spectacular theme park with over 100 models of nursery rhymes, old and new, set in beautiful scenic gardens. McDonald farm with all the usual animals.

1604 STRACHUR SMIDDY MUSEUM 4 G14

The Clachan, Strachur, Argyll. On the A815 beside Loch Fyne, 20 miles (32km) north of Dunoon and 20 miles (32km) east of Inveraray. Buses from Dunoon or Inveraray. Open Easter–Sep, daily 1300–1600. Charge £. Group concessions. Guided tours. Explanatory displays. Gift shop. WC. Wheelchair access. Disabled WC. Car and coach parking. Telephone (01369) 860565. www.opraappers.nl/strachursmiddy/museum.htm

Dating from before 1790, now restored to working order. On display are bellows, anvil, boring beam, hammers, tongs and other tools of the blacksmith and the farrier. Occasional demonstrations. Also a craft shop with a selection of modern craftwork.

1605 STRANRAER MUSEUM 4 G20

Old Town Hall, George Street, Stranraer. In town centre, five minutes walk from ferry terminals. Nearest railway station Stranraer, trains from Glasgow and Ayr. Open all year, Mon–Fri 1000–1700, Sat 1000–1300 and 1400– 1700 (closed on bank holidays). Free. Explanatory displays. Gift shop. WC. Wheelchair access. Disabled WC. Telephone (01776) 705088. www.dumgal.gov.uk

Permanent display on local history, archaeology, farming and polar exploration. Temporary exhibition programme throughout the year with supporting educational and family activities. Enquiry and identification service available.

1606 STRATHCLYDE COUNTRY PARK 6 K16

366 Hamilton Road, Motherwell, Lanarkshire. 10 miles (16km) south of Glasgow on the M74, exit at junction 5 or 6. Nearest railway station Motherwell, buses from Motherwell and Hamilton. M&D's Theme Park (located in park) provide special bus service at weekends/public holidays. Park grounds open all year daily, dawn to dusk; watersports centre open daily 0800–2000. Free. Charge for watersports (group concessions by prior arrangement). Guided tours. Explanatory displays in visitor centre. Restaurant, tearoom, barbecue and picnic areas. Ranger service. WC. Wheelchair access. Disabled WC. Car and coach parking. Telephone (01698) 266155. www.northlan.gov.uk

A 1000 acre (404ha) countryside park set in the Clyde valley. Artificial lake, mixed parkland and woodlands, and a variety of recreational facilities, including watersports. Woodland trails, countryside walks, sports pitches, sandy beaches, a caravan site, a hotel, an inn and M & Ds, Scotland's first theme park. The visitor centre depicts the history and wildlife of the park. Also remains of a Roman bathhouse.

1607 STRATHEARN RECREATION CENTRE 5 L13

Pittenzie Road, Crieff. Adjacent to Crieff High School. Local bus service. Open all year, Mon–Fri 1000–2200, Sat–Sun 1000–1800 (closed Christmas and New Year). Charge £. Children under 5, carers of disabled and spectators free. Group concessions. Guided tours. Explanatory displays. Vending machines. WC. Wheelchair access. Disabled WC. Car and coach parking. Telephone (01764) 653779. www.perthandkinrossleisure.co.uk

Heated swimming pool, fitness suite and fully equipped sports hall offering table tennis, basketball, indoor bowls, football, volleyball, badminton and many other activities.

1608 STRATHISLA DISTILLERY 3 N7

Seafield Avenue, Keith, Banffshire. In Keith. Nearest railway station Keith, then five minute walk. Bus from Aberdeen or Elgin. Open Apr–Oct, Mon–Sat 1000–1600,

Sun 1230–1600. Charge ££ (includes shop voucher). Under 18s free; children under 8 not admitted to production areas. Guided tours. Reception centre with video presentation. Self-guided tours with coffee and shortbread (and sample whisky). Handbook. Gift shop. WC. Limited wheelchair access. Disabled WC. Car and coach parking. Telephone (01542) 783044. www.chivas.com

The oldest working distillery in the Highlands, established in 1786, and home to Chivas Regal blended Scotch whisky. Self-guided tour of the distillery and guided tour of the fitting store and warehouses. Whisky tasting.

1609 STRATHNAVER MUSEUM — 3 K3

Clachan, Bettyhill, by Thurso, Sutherland. 12 miles (19km) east of Tongue. Bus from Thurso. Open Apr–Oct, Mon–Sat 1000–1300 and 1400–1700; telephone to arrange admission during winter. Charge £. Group concessions. Guided tours. Explanatory displays. Books available for sale. Leaflets available. Limited wheelchair access. Car and coach parking. Telephone (01641) 521418.

A local museum housed in the former parish church of Farr. Shows the story of the Strathnaver Clearances and the Clan Mackay. Collection of local artefacts, including prehistoric and Pictish items.

1610 STRATHSPEY STEAM RAILWAY — 3 L9

Aviemore Station, Dalfaber Road, Aviemore. 35 miles (56km) south of Inverness. Nearest railway station Aviemore, buses from Edinburgh, Inverness and Perth. Daily service Jun–Sep, see timetable for service outwith these months. Charge £££. NB: prices for complete round trip. Other fares available between any two stations. Group concessions. Explanatory displays. Gift shop. Refreshments on train. WC. Wheelchair access with assistance. Disabled WC. Car and coach parking. Telephone (01479) 810725. www.strathspeyrailway.co.uk

A steam railway, re-opened in 1978, and running between Aviemore, Boat of Garten and Broomhill (10 miles/16km).

1611 STRUIE VIEWPOINT — 3 K6

South of Dornoch Firth on B9176.

Overlooking the picturesque Dornoch Firth. The Sutherland mountains are marked on an indicator board.

1612 JOHN MCDOUALL STUART MUSEUM — 6 N14

Rectory Lane, Dysart, Kirkcaldy, Fife. In Dysart, 2 miles (3km) east of Kirkcaldy. Bus from Kirkcaldy. Open Jun–Aug, daily 1400–1700. Free. Explanatory displays. Gift shop. WC. Telephone (01592) 412860.

An exhibition about the great 19th-century explorer of Australia, located in the house where he was born. There is a small permanent exhibition about Stuart and about the history of Dysart.

1613 STUDIO JEWELLERY WORKSHOP AND GALLERY — 2 H7

Achnasheen, Ross and Cromarty. At railway station in Achnasheen. Open all year, daily 0900–1730. Free. Explanatory displays. Gift shop. Café and picnic area. Children's play area. WC. Wheelchair access. Disabled WC. Car and coach parking. Telephone (01445) 720227.

Craft centre incorporating jewellery/silversmithing workshop. Viewing windows allow visitors to watch work going on, but demonstrations are not given. Silver and gold jewellery and small silverware are on sale, together with other craft items.

1614 SUENO'S STONE — 3 M7

HS. At the east end of Forres, Moray. Nearest railway station Elgin, bus from Elgin. Access at all times. Free. Car parking. Telephone (01667) 460232. www.historic-scotland.gov.uk

The most remarkable sculptured monument in Britain, standing over 20 feet (6m) high (now enclosed in glass). Probably a cenotaph dating from the end of the first Millennium AD.

1615 SUMBURGH HEAD RSPB NATURE RESERVE 1 G6

RSPB. Sumburgh, Shetland. Southern-most tip of Mainland Shetland, 2 miles (3km) from Sumburgh airport. Reserve open at all times. Free. Guided tours. Limited wheelchair access. Car and coach parking. Telephone (01950) 460800. www.rspb.org.uk/scotland

The cliffs around Sumburgh Head attract thousands of breeding seabirds, including puffins, guillemots, shags and fulmars. Gannets are regularly seen off-shore and sometimes whales and dolphins.

1616 SUMMERLEE HERITAGE PARK 6 K16

Heritage Way, Coatbridge, Lanarkshire. In the centre of Coatbridge near the stations. Nearest railway station Coatbridge, bus from Glasgow. Open daily, Apr–Oct 1000–1700; Nov–Mar 1000–1600 (closed Christmas and New Year). Free. Charge for tram ride. Guided tours of mine. Explanatory displays. Gift shop. Tearoom and picnic areas. Play area and extensive grounds. WC. Limited wheelchair access. Disabled WC. Car and coach parking. Telephone (01236) 431261. www.northlan.gov.uk

Summerlee Heritage Park is described as Scotland's noisiest museum, interpreting the history of the local steel and engineering industries and of the communities that depended upon them. It contains reconstructed miners rows, a mine and a tramway. Guided tours include the coal mine where visitors go underground and see the workings of a mine. The Ironworks Gallery houses a programme of temporary exhibitions. Workshops and craft demonstrations held regularly.

1617 SUMMER QUEEN CRUISES 2 G5

1 Royal Park, Ullapool, Ross-shire. 55 miles (88km) north west of Inverness on A835. Bus from Inverness. Open Apr–Oct; four-hour trip, Mon–Sat 1000; two-hour trip, daily 1415 also Sun 1100. Group concessions. Refreshments available. WC. Limited wheelchair access. Telephone (01854) 612472. www.summerqueen.co.uk

An attractive group of islands, the largest of which is Tanera Mhor. Pleasure cruises give views of seals, birdlife and extraordinary rock formations. A four-hour cruise takes in all the Summer Isles and lands on Tanera Mhor where visitors can purchase the unique Summer Isles stamp. Also a two-hour cruise around the Isle of Martin.

1618 SWANSON ART GALLERY 3 M2

Davidsons Lane, Thurso, Caithness. Bus service from Inverness. Car and coach parking nearby. Open all year, Mon–Wed 1300–1700, Fri 1300–2000, Sat 1000–1300 (closed Thu and Sun). Free. Explanatory displays. Gift shop. WC. Wheelchair access. Telephone (01847) 896357.

The gallery displays regularly changing exhibitions of a wide range of contemporary art and crafts such as ceramics, jewellery and textiles.

1619 SWANSWATER FISHERY 5 K14

Sauchieburn, Stirling. 3 miles (5km) south of Fettercairn. Exit junction 9 from M9, take A872 and follow signs for Swanswater Fishery. Bus and train stations in Stirling town centre. Open all year (except Christmas and New Year's Day) from 0800, closing times vary according to season. Charges dependent on duration and location of fishing. Group concessions. Fishing lodge supplying complimentary hot drinks. Soup, soft drinks, crisps and sweets for sale. Microwave for anglers' use. Limited selection of flies and nylon on sale. Tackle can be hired. Wheelchair access to all the ponds. Car parking. Telephone (01786) 814805. www.swanswater-fishery.co.uk

Fly fishing on three ponds. The main water is approximately 10 acres (4ha) with boats for hire (book in advance). The two smaller ponds are particularly suitable for beginners and children. All waters are stocked daily with rainbow, steelhead, gold, brown, blue and tiger trout. Tuition available by arrangement.

1620 SWEETHEART ABBEY 5 L20

HS. New Abbey, Dumfries. 7 miles (11km) south of Dumfries. Nearest railway station Dumfries; bus from Dumfries and Dalbeattie. Open Apr–Sep, daily 0930–1830; Oct–Mar, Mon–Sat 0930–1830, Sun 1400–1630 (closed Thu pm and Fri). Charge £. Group concessions. Guided tours. WC. Limited wheelchair access. Disabled WC. Car and coach parking. Telephone (01387) 850397. www.historic-scotland.gov.uk

Splendid ruin of a late 13th-century and early 14th-century Cistercian abbey founded by Dervorgilla, Lady of Galloway, in memory of her husband John Balliol. Apart from the abbey, the principal feature is the well-preserved precinct wall, enclosing 30 acres (12ha).

1621 SYMINGTON PARISH CHURCH 4 J17

Brewlands Road, Symington, near Kilmarnock, Ayrshire. Just off A77, 4 miles (6.5km) north of Prestwick airport. Regular bus service from Glasgow and Ayr. On-street parking only. Workship takes place all year, Sun 1030. The church can always be opened on request – see church notice board and local press. Free. Guided tours can be arranged. Refreshment available locally. WC. Wheelchair access with assistance. Telephone Session Clerk on (01563) 830289. www.symingtonchurch.com

Norman church founded in 1160 AD by a local landowner Simon Loccard. It is understood that the village derived its original name of 'Symonstown' from him. The church is without doubt one of the oldest and most beautiful in Scotland. The oak beam roof with some of the original timbers, along with the stained glass windows by some of the finest artists of their generation make it a remarkably well-preserved part of Scotland's heritage.

1622 TAIGH CHEARSABHAGH MUSEUM AND ARTS CENTRE 2 B7

Lochmaddy, North Uist, Western Isles. 109 yards (100m) from Lochmaddy Pier. Open all year, Mon–Sat 1000–1700. Charge £. Children under 12 free. Gallery free. Group concessions. Explanatory displays. Gift shop. Tearoom. WC. Wheelchair access. Disabled WC. Car and coach parking. Telephone (01876) 500293. www.taigh-chearesabhagh.org

Local museum and art gallery with over 500 archive photos of North Uist. Also sculpture trail.

1623 TAIGH DHONNCHAIDH ARTS AND MUSIC CENTRE 2 E2

44 Habost, Ness, Isle of Lewis. 28 miles (45km) north west of Stornoway at the northerly tip of Lewis. Bus service from Stornoway or taxi. Opening times vary. Please telephone or visit website for information. Charges dependent upon event. Information boards and leaflets. Refreshments available nearby. WC. Wheelchair access. Disabled WC. Car parking. Telephone (01851) 810166. www.taighdhonnchaidh.com

Taigh Dhonnchaidh – Gaelic for Duncan's House – is an arts and music centre located in Ness, the most northerly community in the Hebridean chain. Classes in traditional music, song, dance and art. The centre also hosts a series of festivals, a summer school, concerts, lectures and ceilidhs presented by local and touring artists.

1624 TAIN THROUGH TIME 3 K6

Tower Street, Tain, Ross and Cromarty. 1 mile (2km) off A9. Railway station and bus stations Tain. Open Easter–Oct, daily 1000–1800; other times by appointment. Charge ££. Carers/group leaders free. Group concessions. Guided tours. Explanatory displays. Gift shop. Churchyard with seats. WC. Limited wheelchair access. Disabled WC. Car and coach parking. Telephone (01862) 894089. www.tainmuseum.demon.co.uk

Comprises St Duthuc's Chapel and Collegiate Church, which was an important medieval pilgrimage site (see 1484); the Pilgrimage visitor centre with an audio-visual interpretation of the history of Tain; and Tain and District Museum offering an insight into the local history.

1625 TALISKER DISTILLERY VISITOR CENTRE 2 D8

Carbost, Isle of Skye. On B8009, just off A863 where it joins A87 at Sligachan. Bus from Portree. Open Apr–Jun and Oct, Mon–Fri 0900–1630; Jul–Sep, Mon–Sat 0900–1630; Nov–Mar, Mon–Fri 1400–1630. Last tour 1630. Charge ££. Guided tours. Explanatory displays. Gift shop. Picnic area. WC. Limited wheelchair access. Disabled WC. Car parking. Telephone (01478) 614308. www.malts.com

The only distillery on Skye. An exhibition tells the history of the distillery and its place in the community.

1626 TAM O' SHANTER EXPERIENCE 4 J18

Murdochs Lone, Alloway, Ayr. 2 miles (3km) south of Ayr. Nearest railway station Ayr, bus service from centre of Ayr. Open Apr–Oct, daily 0930–1730; Nov–Mar, daily 1000–1700. Closed Christmas and New Year. Admission to restaurant, shop and gardens free. Charge £ for audio visual theatre. Group concessions. Explanatory displays. Gift shop. Restaurant. Children's play area, baby changing facilities. WC. Induction loop. Wheelchair access. Disabled WC. Car and coach parking. Telephone (01292) 443700.

Walk your way through history, and experience the Burns mystery and magic with two audio-visual presentations. The first tells the story of Burns and leads you on to the second presentation which is the poem *Tam O'Shanter* in the words of Burns, using the latest technology. See also 263 Burns National Heritage Park.

1627 TANGWICK HAA MUSEUM 1 F3

Eshaness, Shetland. About 40 miles (64km) north of Lerwick via A970 and B9078. Open May–Sep, Mon–Fri 1300–1700, Sat–Sun 1100–1900. Free. Explanatory displays. Gift shop. WC. Limited wheelchair access. Disabled WC. Car and coach parking. Telephone (01806) 503389.

A museum in a restored 17th-century house built by the Cheyne family. Shows various aspects of life (agriculture, fishing, spinning and knitting) in Northmavine through the ages, using photographs and artefacts. Exhibition changes annually.

1628 TANTALLON CASTLE 5 P15

HS. North Berwick, East Lothian. Off the A198, 3 miles (5km) east of North Berwick. Nearest railway station North Berwick, buses from North Berwick and Dunbar pass Tantallon Castle road end. Open Apr–Sep, daily 0930–1830; Oct–Mar, Mon–Sat 0930–1630, Sun 1400–1630 (closed Thu pm and Fri). Charge £. Group concessions. Guided tours. Explanatory displays. Gift shop. Picnic area, refreshments available in shop. WC. Limited wheelchair access. Car and coach parking. Telephone (01620) 892727. www.historic-scotland.gov.uk

Set on the edge of the cliffs looking out to the Bass Rock, this formidable castle was a stronghold of the Douglas family. It features earthwork defences and a massive 50 foot (15m) high curtain wall. Display includes replica gun.

1629 TARBAT DISCOVERY CENTRE 3 L6

Tarbatness Road, Portmahomack, Tain, Ross-shire. From Inverness take the A9, turning towards Portmahomack. Open Mar–May 1400–1700; May–Sep 1000–1700; Oct–Dec 1400–1700. Group visits at other times by appointment. Charge ££. Children under 12 free, children 12–18 £. Group concessions on application. Activity room with touch screen displays, audio-visual presentation. Gift shop. WC. Wheelchair access (except to crypt). Disabled WC. Telephone (01862) 871351. www.tarbat-discovery.co.uk

Housed in a beautifully restored 18th-century church, records show that this site had a church on it as early as the 13th century. Recent archaeology has revealed the remains of a wealthy 8th-century Pictish monastic community, the finds from which are displayed in the treasury. A recreated archaeological pit explains how the valuable artefacts were uncovered. St Coleman's Gallery describes how the local community has developed over the ages.

1630 TARBERT GOLF CLUB 4 F15

Kilberry Road, Tarbert. On B8024 Kilberry road (1 mile/1.5km off A83 south of Tarbert). Charge £££. Licensed clubhouse open weekends. WC. Limited wheelchair access. Car and coach parking. Telephone (01880) 820565.

Picturesque nine-hole golf course overlooking west Loch Tarbert.

1631 TARVES MEDIEVAL TOMB 3 Q8

HS. In Tarves churchyard, 15 miles (24km) north west of Aberdeen. Nearest railway station Aberdeen, bus from Aberdeen. Access at all times. Free. Telephone (01466) 793191. www.historic-scotland.gov.uk

The fine altar tomb of William Forbes, the laird who enlarged Tolquhon Castle. Remarkable carving.

1632 TAVERSOE TUICK CHAMBERED CAIRN 1 B9

HS. On the island of Rousay, Orkney. Bus from Kirkwall to Tingwall and then ferry to Rousay. Access at all times. Free. Telephone (01856) 841815. www.historic-scotland.gov.uk

A Neolithic chambered mound with two burial chambers, one above the other.

1633 TAYNISH 4 F15

Small car park 1 mile (1.5km) south of Tayvallich, on partly unmetalled road. Bus from Lochgilphead to Tayvallich. Access at all times. Free. Reserve leaflet. Waymarked routes with all ability access to Taynish Mill picnic area. Car parking. Telephone 01546 603611 (Scottish Natural Heritage). www.snh.org.uk

Nature reserve. The ancient deciduous woodland at Taynish is one of the largest in Britain. It lies on a scenic peninsula overlooking Loch Sween and has an atmosphere all of its own. The woodland's dripping ferns and mosses mingle with marshland and grassland to support over 300 plant species and more than 20 kinds of butterfly. Look out, too, for the colourful marine life of the loch shores.

1634 TEALING DOVECOT AND EARTH HOUSE 5 N12

HS. 0.5 mile (1km) down an unclassified road to Tealing, Angus, off the A929, 5 miles (8km) north of Dundee. Access at all times. Free. Telephone 0131 668 8800. www.historic-scotland.gov.uk

The dovecot dates from the late 16th century, and is an elegant little building. The earth house, of Iron Age date, comprises an underground passage, now uncovered.

1635 TEAMPULL NA TRIONAID 2 B7

Cairinis (Carinish), close to A865, North Uist.

Ruined remains of an important ecclesiastical site, founded by Beatrice, daughter of Somerled, Lord of the Isles, in about 1203 on the foundations of an earlier place of worship. A major centre of learning in medieval times.

1636 TEMPLE WOOD STONE CIRCLES 4 F14

HS. 0.25 mile (0.5km) south west of Nether Largie, Argyll. Access at all times. Free. Telephone 0131 668 8800. www.historic-scotland.gov.uk

A circle of upright stones about 3000 years old, and the remains of an earlier circle.

1637 TENTSMUIR NATIONAL NATURE RESERVE 5 P13

At north east edge of Fife, where the Tay enters the North Sea, 1.5 miles (2.5km) east of Tayport or north from Forest Enterprise Kinshaldy car park (off B945). Open at all times. Free. WC and disabled WC, picnic tables, barbecue for hire and children's adventure trail at Kinshaldy car park. Limited wheelchair access (tracks through forest are typical metalled road forest tracks; main paths in the reserve are grass and sand). Car and coach parking. Telephone Scottish Natural Heritage 01382 553704; Forest Enterprise 01350 727284. www.snh.org.uk; www.forestry.gov.uk

A large area of sand dunes and beach at the mouth of the Tay estuary, forming an important roosting and feeding area for huge concentrations of seaduck, waders and wildlfowl, as well as a haul-out area for over 2000 common and grey seals. The reserve's grassland and dunes are especially favoured by a wide variety of colourful butterflies.

1638 TEVIOT WATER GARDENS — 5 Q17

Kirkbank House, Kelso, Roxburghshire. Midway between Kelso and Jedburgh on A698. Nearest railway stations Berwick and Carlisle, bus from Kelso. Gardens open Apr–Oct, daily 1000–1700. Smokery open Apr–Sep, Mon–Sat 1000–1630; Oct–Mar, Mon–Sat closes 1630. Free. Guided tours by arrangement. Explanatory displays. Gift shop. Tearoom. WC. Limited wheelchair access. Disabled WC. Car parking. Telephone (01835) 850734.

The water gardens are on four levels, set amidst scenic Borders countryside. The lowest garden flows down to the River Teviot. Teviot Game Fare Smokery is produced and sold here.

1639 THIRLESTANE CASTLE — 5 P16

Lauder, Berwickshire. Off A68 at Lauder. Bus from Edinburgh. Open Easter weekend and May–Oct, daily, from 1030. Last admission 1615. Charge for castle and grounds £££, grounds only £. Group concessions. Guided tours until 1400. Explanatory displays. Gift shop. Café and picnic tables in grounds. Adventure playground, woodland walk. WC. Limited wheelchair access. Disabled WC. Car and coach parking. Telephone (01578) 722430. www.thirlestanecastle.co.uk

One of the seven great houses of Scotland, Thirlestane Castle was rebuilt in the 16th century as the home of the Maitland family. It became the seat of the Earls of Lauderdale and was enlarged in the 17th century by the Duke of Lauderdale, who commissioned the magnificent plasterwork ceilings in the state rooms. Still a family home, Thirlestane houses a large collection of early toys in the nursery wing, and the Border Country Life Exhibition. The old servants' hall serves as the café, and there are picnic tables alongside the adventure playground and woodland walk.

1640 THREAVE CASTLE — 5 K20

HS. Castle Douglas, Dumfries and Galloway. North of the A75, 3 miles (5km) west of Castle Douglas. Nearest railway station Dumfries, bus from Dumfries, then long walk to the boat over to island. Open Apr–Sep, daily 0930–1830. Charge £. Charge includes ferry. Group concessions. Guided tours. Picnic area. WC. Car and coach parking. Telephone (07711) 223101. www.historic-scotland.gov.uk

A massive tower built in the late 14th century by Archibald the Grim, Lord of Galloway. Round its base is an artillery fortification built before 1455, when the castle was besieged by James II. The castle is on an island, approached by boat.

1641 THREAVE GARDEN AND ESTATE — 5 K20

NTS. Castle Douglas, Dumfries and Galloway. Off A75, 1 mile (2km) west of Castle Douglas. Bus to Castle Douglas. Visitor centre open Apr–Oct, daily 0930–1730; Nov–Christmas and Mar, Wed–Sun 1000–1600. Estate and garden open all year, daily 0930–sunset. Charge ££. Group concessions. Guided tours. Explanatory displays, information in four languages. Gift shop. Restaurant. Plant sales. WC. Induction loop in visitor centre. Wheelchair access (wheelchairs and batricars available). Disabled WC. Car and coach parking. Telephone (01556) 502575. www.nts.org.uk

Threave Garden has a spectacular springtime display of daffodils, colourful herbaceous beds in summer, and striking trees and heathers in autumn. The visitor centre has an exhibition and delightful terraced restaurant. Threave Estate is a wildfowl refuge, with bird hides and waymarked trails.

1642 THREE FOLLIES AT AUCKENGILL — 3 N2

Auckengill, Caithness on the A9 Wick to John O' Groats road, 6 miles (9.5km) south of John O' Groats.

The first folly on the left was a boats lantern; the second held a barometer, a log book and weather information; the third is known as Mervin's tower, built for a small boy who spent all his time with the workmen. The motto means hasten slowly.

1643 THE THREE HILLS ROMAN HERITAGE CENTRE **5 P17**

The Ormiston, The Square, Melrose, Roxburghshire. Train to Berwick or Edinburgh, then bus to Galashiels or Earlston, then Melrose. Open Apr–Oct, daily 1030–1630. Charge £. Guided tours of the site Thu 1320-1700, (£) includes tea/juice and biscuits. Additional tours Jul–Aug, Tue, telephone to confirm. Explanatory displays and audio guide. Gift shop. Refreshments nearby. Baby changing facilities. WC. Wheelchair access. Disabled WC. Car and coach parking. Telephone (01896) 822651. www.trimontium.fnet

An exhibition illustrating daily life on the Roman frontier at Trimontium fortress, the remains of which can be seen on the tour. Museum contains *objets trouvés*.

1644 THURSO HERITAGE MUSEUM **3 M2**

Town Hall, High Street, Thurso. Open Jun–Sep, Mon–Sat 1000–1300, 1400–1700. Charge £. Group concessions. Guided tours on request. Explanatory displays. Wheelchair access with assistance. Disabled WC. Car and coach parking. Telephone (01847) 892692.

A varied collection which includes historical Pictish stones, fossils, relics of the flagstone industry, local military memorabilia, and reconstructions of granny's kitchen and living room. Historical perspective of local figures in the community, and photographic history of the area.

1645 TIGHNABRUAICH VIEWPOINT **4 G15**

NTS. North east of Tighnabruaich, Argyll on A8003. Access at all times. Free. Explanatory displays. www.nts.org.uk

A high vantage point, with explanatory indicators identifying surrounding sites. Spectacular views over the Kyles of Bute and the islands of the Firth of Clyde.

1646 TIME CAPSULE **6 K16**

100 Buchanan Street, Coatbridge, North Lanarkshire. Off M8 in Coatbridge. Nearest railway stations Whifflet or Sunnside stations, Coatbridge, bus from Glasgow. Open all year (except Christmas and New Year), daily 1000–2100. Charge dependent on activity. Group concessions. Small gift shop. Café/bar. WC. Wheelchair access. Disabled WC. Car and coach parking. Telephone (01236) 449572. www.northland.gov.uk

Swim through primeval swamps, ride the rapids, skate with a 14 foot (4m) woolly mammoth and slide down the time tunnel. Also Nardini's Water Babies Park, ideal for toddlers.

1647 TIMESPAN HERITAGE CENTRE AND ART GALLERY **3 M5**

Dunrobin Street, Helmsdale, Sutherland. 70 miles (112.5km) north of Inverness, on A9 to John O'Groats. Nearest railway station Helmsdale, buses from Inverness and Wick. Open Apr–Oct, Mon–Sat 0930–1700, Sun 1400–1700; Jul and Aug closes 1800. Charge ££. Group concessions. Guided tours by prior arrangement. Explanatory displays. Gift shop. Café. Art gallery. WC. Wheelchair access. Disabled WC. Car and coach parking. Telephone (01431) 821327. www.timespan.org.uk

Award-winning Timespan features the dramatic story of the Highlands, including Picts and Vikings, murder at Helmsdale Castle, the last burning of a witch, the Highland Clearances, the Kildonan Goldrush, and the North Sea oilfields. Scenes from the past are re-created with life-size sets and sound effects. Audio-visual presentation. Herb garden, beside Telford's bridge over the River Helmsdale. Art gallery with changing programme of exhibitions by leading contemporary artists.

1648 TOBERMORY DISTILLERY **4 E12**

Tobermory, Isle of Mull. By ferry from Oban to Craignure, bus from Craignure.

Open Easter–Oct, Mon–Fri 1000–1700. Charge £. Children under 18 free. Guided tours. Explanatory displays. Gift shop. Limited wheelchair access. Car and coach parking. Telephone (01688) 302647.

Malt whisky is distilled using traditional methods. Guided tours and a video presentation reveal the ingredients and distilling process.

1649 THE TOLBOOTH — 6 L14

Jail Wynd, Stirling. In the centre of Stirling, near the castle. Nearest railway and coach station, Stirling. Open daily (telephone for times). Charge varies according to programme. Group concessions by arrangement. Guided tours. Explanatory displays. Refreshments available. Gift shop selling Scottish crafts and specialist CDs. WC. Induction loop and infra red system. Wheelchair access. Disabled WC. Car parking. Telephone (01786) 274002. www.stirling.gov.uk/tolbooth

Close to Stirling Castle, the Tolbooth is a vibrant centre for music and the arts. Facilities include auditorium, attic studio (with great views) and digital recording studio.

1650 TOLBOOTH ART CENTRE — 5 K21

High Street, Kirkcudbright. In Kirkcudbright centre. Nearest railway station Dumfries, bus from Dumfries. Open May–Jun and Sep, Mon–Sat 1100–1700, Jul–Aug, Mon–Sat 1000–1800 (Jun–Sep also Sun 1400–1700); Oct–Apr, Mon–Sat 1100–1600. Free. Group concessions. Guided tours by arrangement. Explanatory displays. Gift shop. Tearoom. WC. Wheelchair access. Disabled WC. Telephone (01557) 331556.

An interpretive centre located in the 17th-century tolbooth. Exhibition about the town's history as an artists' colony, including paintings by important Kirkcudbright artists. Audio-visual presentations about the town's art heritage and the artist Jessie M. King. Temporary exhibitions programme.

1651 TOLBOOTH MUSEUM — 3 Q10

The Harbour, Stonehaven. In Stonehaven centre. By rail or bus to Stonehaven. Open May–Oct, Wed–Mon 1330–1430. Free. Guided tours. Explanatory displays. Gift shop. Limited wheelchair access. Car parking. Telephone (01771) 622906. www.aberdeenshire.gov.uk/heritage

Stonehaven's oldest building, the Earl Marischal's 16th-century storehouse which served as Kincardineshire's Tolbooth from 1600–1767. Features imprisoned priests, links with the sea and local bygones.

1652 TOLLPARK AND GARNHALL — 6 K15

HS. West of Castlecary, Stirlingshire. Nearest railway station Cumbernauld, bus from Glasgow (Buchanan Street) to Castlecary. Access at all times. Free. Telephone 0131 668 8800. www.historic-scotland.gov.uk

A well-preserved section of the ditch of the Antonine Wall (see 59).

1653 TOLQUHON CASTLE — 3 Q8

HS. Tarves, By Ellon, Aberdeenshire. North of A920, 7 miles (11km) east north-east of Oldmeldrum, Aberdeenshire. Bus from Aberdeen to Tarves then 1 mile (2km) walk. Open Apr–Sep, daily 0930–1830; Oct–Mar, Sat 0930–1630, Sun 1400–1630. Charge £. Group concessions. Guided tours. Gift shop. Picnic area. WC. Limited wheelchair access. Disabled WC. Car and coach parking. Telephone (01651) 851286. www.historic-scotland.gov.uk

Built for the Forbes family, the castle has an early 15th-century tower which was enlarged in the mid 16th century with a large mansion around a courtyard. Noted for its highly ornamented gatehouse, set within a barmkin with adjacent pleasance.

1654 TOMATIN DISTILLERY — 3 L8

Tomatin, Inverness-shire. Just off the A9, 15 miles (24km) south of Inverness, buses from Inverness or Aviemore. Nearest bus stop 0.5 mile (1km) away.

Open all year, Mon–Fri 0900–1700, Sat 0900–1200; last tour 1530. Free. Advance notice required for large groups. Guided tours. Explanatory displays and video. Gift shop. WC. Wheelchair access. Disabled WC. Car and coach parking. Telephone (01808) 511444.

One of Scotland's largest malt whisky distilleries and over one hundred years old.

1655 TOMB OF THE EAGLES **1 B11**

Liddle, South Ronaldsay, Orkney. On South Ronaldsay, 20 miles (32km) south of Kirkwall. Ferry, then bus to Burwick in summer (to St Margaret's Hope in winter). Open Apr–Oct 0930–1800; Nov–Mar 1000–1200. Charge ££. Group concessions. Guided tours with some bad weather clothing provided. Explanatory displays. Gift shop. Baby changing facilities. WC. Personal guide for blind visitors in hands-on museum. Limited wheelchair access (easy access in visitor centre). Disabled WC. Car and coach parking. Telephone (01856) 831339. www.tomboftheeagles.co.uk

Tour starts at museum, which contains original artefacts, and proceeds to 5000-year-old tomb. Also a Bronze Age house. Cliff walk and wildlife to see en route.

1656 TOMINTOUL MUSEUM **3 M9**

The Square, Tomintoul, Moray. The square, Tomintoul. Open Apr–May and Oct, Mon–Fri 0930–1200 and 1400–1600; Jun–Aug, Mon–Sat 0930–1200 adn 1400–1630; Sep, Mon–Sat 0930–1200 and 1400–1600. Free. Guided tours. Explanatory displays. Gift shop. Car and coach parking. Telephone (01309) 673701. www.moray.org/museums

Located in the square of one of the highest villages in Britain, Tomintoul Museum features a reconstructed crofter's kitchen and smiddy, and displays on local wildlife.

1657 TOMNAVERIE STONE CIRCLE **3 P10**

HS. Near Mill of Wester Coull, about 3 miles (5km) north west of Aboyne, Aberdeenshire. Nearest railway station Aberdeen, bus to Aboyne, then walk. Access at all times. Free. Telephone (01466) 793191. www.historic-scotland.gov.uk

A recumbent stone circle about 4000 years old.

1658 TORHOUSKIE STONE CIRCLE **4 J20**

HS. Off the B733, 4 miles (6.5km) west of Wigtown. Nearest railway station Stranraer, buses from Stranraer, Newton Stewart or Dumfries, alight at Kirkcowan (5 miles/8km) or Wigton (4 miles/6.5km). Access at all times. Free. Telephone 0131 668 8800. www.historic-scotland.gov.uk

A Bronze Age recumbent circle of 19 boulders on the edge of a low mound.

1659 TORMISTON MILL **1 B10**

HS. On the A965 about 9 miles (14.5km) west of Kirkwall, Orkney. Open Apr–Sep, Mon–Sat 0930–1830, Sun 1400–1830; Oct–Mar, Mon–Sat 0930–1830, Sun 1400–1630, closed Thu pm and Fri. Explanatory displays. Gift shop. Tearoom. WC. Car and coach parking. Telephone (01856) 761606. www.historic-scotland.gov.uk

An excellent late example of a Scottish water mill, probably built in the 1880s. The water wheel and most of the machinery have been retained. Now forms a reception centre for visitors to Maes Howe (see 1181).

1660 TOROSAY CASTLE AND GARDENS **4 F12**

Craignure, Isle of Mull. 1.5 mile (2.5km) south east of Craignure. Local bus service and Mull Little Railway runs from Craignure to Torosay. Open Apr–Oct, daily 1030–1700; Nov–Easter, daily 1030–sunset, garden only. Charge ££. Group concessions. Guided tours by arrangement. Explanatory displays. Gift shop. Tearoom and picnic area. Garden. Holiday cottages. WC. Limited wheelchair access (easy access to garden). Disabled WC. Car and coach parking. Telephone (01680) 812421. www.holidaymull.org/members/torosay

This Victorian family home contains furniture, pictures and scrapbooks dating from Edwardian times. Torosay is surrounded by 12 acres (5ha) of gardens, including formal terraces and a statue walk, set amidst fuchsia hedges. Woodland and water gardens, eucalyptus walk and rockery all contain many and varied plants. The gardens offers extensive views past Duart Castle and the Sound of Mull to the mountains of Lorne. See also 1267 Mull Rail.

1661 TORPHICHEN PRECEPTORY 6 L15

HS. In Torphichen village on the B792, 5 miles (8km) south south-west of Linlithgow, West Lothian. Bus from Linlithgow to Bathgate via Torphichen. Open Apr–Oct, Sat 1100–1700, Sun and bank holidays 1400–1700. Charge £. Explanatory displays. WC. Car and coach parking. Telephone (01506) 654142. www.historic-scotland.gov.uk

The tower and transepts of a church built by the Knights Hospitaller of the Order of St John of Jerusalem in the 13th century, but much altered.

1662 TORR A'CHAISTEAL FORT 4 G17

HS. 4 miles (6.5km) south of Blackwaterfoot, Isle of Arran. Ferry from Ardrossan to Brodick, bus from Brodick. Access at all times. Free. Telephone 0131 668 8800. www.historic-scotland.gov.uk

A circular Iron Age fort on a ridge.

1663 TORRIDON 2 G7

NTS. Visitor Centre, Torridon, Achnasheen, Ross-shire. Off A896, 9 miles (14.5km) south west of Kinlochewe. Estate, deer park and deer museum open all year. Visitor centre open May–late Sep, Mon–Sat 1000–1700, Sun 1400–1700. Charge £. Explanatory displays. Guided walks by rangers. WC. Wheelchair access to visitor centre and deer museum only. Disabled WC. Car parking. Telephone (01445) 791221. www.nts.org.uk

Around 16,000 acres (6475ha) of some of Scotland's finest mountain scenery whose peaks rise over 3000 feet (914m). Of major interest to geologists, Liathach and Beinn Alligin are of red sandstone, some 750 million years old. The visitor centre at the junction of A896 and Diabaig road has an audio-visual presentation on the local wildlife. Deer museum (unmanned) and deer park open all year. Ranger led walks in season.

1664 TORRIESTON FOREST WALKS 3 M7

FE. From Elgin take the B9010 Dallas road, then the Pluscarden minor road. Torrieston car park is 1 mile (1.5km) beyond Miltonduff. Open at all times. Free. Leaflet available. Picnic area. WC (closed in winter). Guided walks and events. Limited wheelchair access (wheelchair accessible trail on south side of road). Disabled WC. Car parking. Telephone (01343) 820223. www.forestry.gov.uk

Three varied walks of between 1 and 2 miles (1.5–3km) on the forested hillside above Pluscarden Abbey (see 1396). Ranger service.

1665 TORRYLIN CAIRN 4 G18

HS. 0.25 miles (0.5km) south east of Lagg on the south coast of the Isle of Arran. By ferry from Ardrossan to Brodick, bus from Brodick to Lagg. Access at all times. Free. Telephone 0131 668 8800. www.historic-scotland.gov.uk

A Neolithic chambered cairn with its compartments visible.

1666 TOUCHSTONE MAZE 3 J7

Strathpeffer, west of Dingwall.

A large-scale labyrinth pathway amongst standing stones and turf walls. The maze has been built to incorporate alignments with sun and moon positions.

1667 TOWARD CASTLE **4 H15**

2 miles (3km) south of Innellan on A815. Access at all times. Free.

Ruins of the seat of the Clan Lamont, destroyed by the Campbells in 1646.

1668 TOY MUSEUM **2 D8**

Holmisdale House, Glendale, Isle of Skye. 7 miles (11km) west of Dunvegan. Post bus from Dunvegan. Open all year, Mon–Sat 1000–1800. Charge £. Group concessions. Guided tours. Explanatory displays. Gift shop. Garden with waterfall. WC. Artefacts can be handled by blind visitors. Wheelchair access. Disabled WC. Car and coach parking. Telephone (01470) 511240. www.toy-museum.co.uk

Award-winning toy museum, with a unique display of toys, games and dolls from Bisque to Barbie, Victorian to Star Wars. Includes Meccano's largest model, the Giant Blocksetting Crane. Also on display are early examples of Pinball.

1669 TRALEE RALLY KARTING **4 G12**

18 Keil Crofts, Benderloch, by Oban. 8 miles (13km) north of Oban on A828. Local bus service. Open Easter–mid Sep, weekends, Bank Holidays, Easter school holidays, Whitsun week and summer school holidays, 1000–1800 weather permiting. No booking required but telephone in advance if weather is doubtful. Charge £££. Snacks available. Picnic area. WC. Wheelchair access. Car parking. Telephone (01631) 720297.

Arrive and drive. Off-road rally karting for all the family to enjoy. Junior and senior karts available. Helmets and overalls provided.

1670 TRAPRAIN LAW **5 P15**

Off A1, 5 miles (7.5km) west of Dunbar. Access at all times. Free.

A whale-backed hill, 734 feet (224m) high, with Iron Age fortified site, probably continuing in use as a defended Celtic township until the 11th century. A treasure of 4th-century Christian and pagan silver excavated here in 1919 is now in the Museum of Antiquities, Queen Street, Edinburgh.

1671 TRAQUAIR HOUSE **5 N17**

Innerleithen, Peeblesshire. 6 miles (10km) south east of Peebles, 29 miles (46.5km) south of Edinburgh. Off A72 on B709, signposted. Nearest railway station Edinburgh, bus to Innerleithen then 1.5 mile (2.5km) walk. Open mid Apr–Sep, daily 1200–1700; Oct 1100–1600. Charge £££. Group concessions. Guided tours. Explanatory displays. Gift shop. Restaurant. WC. Limited wheelchair access. Disabled WC. Car and coach parking. Telephone (01896) 830323.

Dating back to the 12th century, this is said to be the oldest continuously inhabited house in Scotland. Twenty-seven Scottish and English monarchs have visited the house, including Mary, Queen of Scots, of whom there are relics. William the Lion held court here in 1175. The well-known Bear Gates were closed in 1745, not to be reopened until the Stuarts should ascend the throne. Ale is regularly produced at the 18th-century brewhouse. Exhibitions and special events are held during the summer months. Craft workshops, brewery with ale tasting (£), woodland and River Tweed walks and maze.

1672 TREASURES OF THE EARTH **2 G11**

Corpach, Fort William. 4 miles (6.5km) from Fort William, on A830. Bus from Fort William. Open all year (except Christmas and Jan), daily 1000–1700; Jul–Sep 0930–1900. Charge ££. Group concessions. Guided tours for groups by arrangement. Explanatory displays. Leaflet in French, German, Italian and Spanish. Gift shop. WC. Wheelchair access. Disabled WC. Car and coach parking. Telephone (01397) 772283.

This is a large collection of gemstones and crystals, displayed in recreated caverns and mines, just as they were found beneath the earth. Nuggets of gold and silver, aquamarines, red garnets, rubies, opals and diamonds are amongst many other gemstones and crystals on display, some weighing hundreds of kilos.

1673 TRINITY ARTS **6 P14**

3 Midshore, Pittenweem, Fife. On A915, 10 minutes from St Andrews. Bus service from St Andrews. Open all year, Mon–Sat 1030–1300 and 1400–1800, Sun 1100–1630. Free. Wheelchair access. Car and coach parking. Telephone (01333) 313360. www.trinity4arts.co.uk

Art material shop and art gallery displaying prints and originals of local and abstract art. Framing service.

1674 TROSSACHS DISCOVERY CENTRE **4 J14**

Main Street, Aberfoyle, Stirling. Nearest railway station Stirling, buses from Stirling or Glasgow. Open Apr–Jun, daily 1000–1700; Jul–Aug, daily 0930–1800; Sep–Oct, daily 1000–1700; Nov–Mar, Sat–Sun 1000–1600. Free. Explanatory displays. Gift shop. Children's play area. WC. Interactive screen for deaf visitors. Wheelchair access. Disabled WC. Car and coach parking. Telephone (01877) 382352.

The Discovery Centre contains interactive touch screens and interpretive displays describing local geography, geology and famous local characters. Also shop selling local maps, guides and gifts.

1675 TROSSACHS PIER COMPLEX **4 J14**

Loch Katrine, by Callander, Perthshire. 8 miles (13km) west of Callander on A821. Bus service from Callander in summer months. Open Easter–Oct, daily 0900–1700, Sat 1000–1700. Boat trips at 1100, 1345 and 1515 (charge £). Free. Charge £ for parking. Guided tours. Explanatory displays. Gift shop. Café. WC. Wheelchair access with assistance, disabled parking, lift to café. Disabled WC. Car and coach parking. Telephone (01877) 376316.

Set in the heart of the Trossachs, the complex has extensive lochside walks and cycle routes, and cruises on Loch Katrine on a steam ship first launched in 1899.

1676 TROSSACHS WOOLLEN MILL **5 K14**

Kilmahog, Callander, Trossachs. 1 mile (2km) north of Callander. Open May–Sep, daily 0900–1730; Oct–Apr, daily 1000–1630. Free. Explanatory displays. Gift shop. Coffee shop. WC. Wheelchair access. Car and coach parking. Telephone (01877) 330178. www.ewm.co.uk

Resident weaver demonstrates skilled weaving techniques to produce the unique Trossachs Woollen Rug, available in the mill shop. Also quality knitwear, outerwear and gifts.

1677 TROTTERNISH ART GALLERY **2 E6**

Kilmaluag, Duntulm, Isle of Skye. 25 miles (40km) north of Portree on the A855. Bus service from Portree. Open Apr–Sep, daily, 0900–1900; Oct–Mar, daily 0900–1730 (closed Christmas). Free. Retail gallery. Limited wheelchair access. Car parking. Telephone (01470) 552302.

Working landscape gallery set in a beautiful part of Skye with magnificent and spectacular pinnacles and cliffs. Wide selection of originals, and mounted photographic work. All artwork exclusive to gallery.

1678 TULLIBARDINE CHAPEL **5 L13**

HS. Off the A823, 6 miles (9.5km) south east of Crieff, Perthshire. Nearest railway station Perth, bus from Perth to Crieff, then bus to Tullibardine. Open May–Sep only; keyholder at adjacent farmhouse. Free. Explanatory displays. Telephone 0131 668 8800. www.historic-scotland.gov.uk

One of the most complete and unaltered small medieval churches in Scotland. Founded in 1446 and largely rebuilt circa 1500. Good architectural detail.

1679 TULLICH FISHERY 3 N10

Braehead House, Tullich, By Ballater, Aberdeenshire. 2 miles (3km) east of Ballater on A93. Bus service from Ballater. Open all year, daily dawn–dusk. Charges vary. Group concessions. Explanatory displays. Picnic area. WC. Wheelchair access. Car and coach parking. Telephone (013397) 55648.

Fly fishing on a 6 acre (2.5ha) loch and a bait loch set in the heart of Royal Deeside. Both lochs are well stocked with high quality rainbow trout.

1680 TURNBERRY CASTLE 4 H18

Off A719, 6 miles (9.5km) north of Girvan. Access at all reasonable times. Free.

The scant remains of the castle where Robert the Bruce was probably born in 1274.

1681 TWEED BRIDGE 5 Q17

A698 at Coldstream, 9 miles (14.5km) east north-east of Kelso.

The 300-feet (91-m) long bridge was built in 1766 by Smeaton. In the past the bridge was a crossing into Scotland for eloping couples taking advantage of Scotland's easier marriage laws.

1682 TWEEDDALE MUSEUM AND GALLERY 5 N17

Chambers Institute, High Street, Peebles. In the town centre. Bus from Edinburgh. Open all year, Mon–Fri 1000–1200 and 1400–1700; Easter–Oct also Sat 1000–1300 and 1400–1600. Free. Guided tours. Explanatory displays. WC. Car and coach parking. Telephone (01721) 724820.

A 19th-century building housing a museum and gallery. Temporary exhibitions of art and craftwork. Gallery of local history and ornamental plasterwork.

1683 TWELVE APOSTLES 5 L19

400m off B729 towards Dunscore, north of Dumfries. Park beside first road on left and walk 100m to waymark and stile. Access at all reasonable times. Free.

The largest stone circle on the Scottish mainland.

1684 PETER TYLER – WOODTURNER 3 K8

Milton of Tordarroch, Dunlichity, By Farr, Inverness-shire. 9 miles (14.5km) south of Inverness, 5 miles (8km) west of A9. Open Apr–Dec, Mon–Sat 1000–1730; Apr and Oct–Dec closed Mon. Free. Explanatory displays. Gift shop. Picnic area. Wheelchair access with assistance (gravel path). Car parking. Telephone (01808) 521414. www.petertyler.fsbusiness.co.uk

Producing a wide range of turned domestic woodware using local Scottish hardwoods. Visitors can watch the craftsman at work. Locally handmade craftwork available. The shop and workshop are in a scenic valley with abundant birdlife and views over moorland.

1685 TYREBAGGER FOREST 3 Q9

FE. Take the A96 from Aberdeen, turning left between Blackburn and Dyce roundabouts onto the B979, then 0.3 miles (0.5km). Access at all times unless timber harvesting in progress. Free. Explanatory displays. Leaflet available. Car parking. www.forestry.gov.uk

Two waymarked walks and a wider walks network. There are nine sculptures placed in the forest, each designed by an international artist, many with small information panels. Map boards, a leaflet and waymarking posts keep the visitor on the right paths. No cycling or horseriding permitted because of the vulnerable nature of the paths.

1686 UDALE BAY RSPB NATURE RESERVE 3 K7

RSPB. By Jemmimaville, Black Isle. 0.5 mile (1km) west of Jemimaville on

B9163. Bus service from Inverness. Reserve open at all times. Free. Explanatory displays. Wheelchair access. Car parking. Telephone (01463) 715000. www.rspb.org.uk/scotland

The vast area of sand and mud deposits is a National Nature Reserve. Udale Bay is a mecca for birdwatchers. Herons, greylag, geese, widgeon, teal, mallard, goldeneye and shelduck can all be found here in good numbers. The hide has full disabled access and can comfortably accommodate ten people. Best visited within two hours of high tide, the reserve can offer spectacular views of flocks of birds.

1687 UI CHURCH **2 E4**

At Aiginis, off A866, 2 miles (3km) east of Stornoway, Isle of Lewis. Access at all reasonable times. Free. Car parking.

Ruined church (pronounced eye) containing some finely carved ancient tombs of the Macleods of Lewis.

1688 UIG POTTERY **2 D7**

Uig, Isle of Skye. Bus from Portree. Open Apr–Oct, Mon–Sat 0900–1800, Sun 1000–1600; Nov–Mar, Mon–Sat 0900–1700. Free. Gift shop. WC. Wheelchair access. Disabled WC. Car and coach parking. Telephone (01470) 542345. www.uigpottery.co.uk

A pottery making unique and functional pieces.

1689 ULLAPOOL MUSEUM AND VISITOR CENTRE **2 H5**

7-8 West Argyle Street, Ullapool. In Ullapool centre. Bus from Inverness. Open Apr–Oct, Mon–Sat 0930–1730; Nov–Feb, Sat 1000–1600; Mar, Mon–Sat 1100–1500. Charge £. Group concessions. Explanatory displays. Gift shop. WC. Induction loop for audio-visual presentation. Large print text. Alternative methods of accessing upstairs displays. Limited wheelchair access (disabled set down point outside building). Disabled WC. Telephone (01854) 612987.

Housed in an A listed historic building, a former Telford Parliamentary Church. The award-winning museum interprets the natural and human history of the Lochbroom and Coigach area. This includes the establishment of Ullapool by the British Fisheries Society in 1788 and the voyage of the *Hector* in 1773, the first emigrant ship to sail direct from Scotland to Nova Scotia. The museum displays artefacts, photographs, community tapestries and quilts, and uses audio-visual and computer technology. Maps and records are available for study. There is also a genealogy enquiry service.

1690 UNION CANAL **6 L15**

From Edinburgh Quay, Fountainbridge, Edinburgh, via Ratho and Linlithgow to the Falkirk Wheel. Excellent links along the canal's route. Access at all times. Free. Fishing, canoeing, cycling, boat hire, boat trips, guided walks, picnic spots and charity, British Waterways Scotland and canal society events and activities. Telephone (01324) 671217. www.scottishcanals.co.uk and www.waterscape.com

The Union Canal, one of Scotland's registered Ancient Monuments, has been beautifully restored and there are many extremely pleasant places along its length to enjoy the canal experience – with or without a boat! Many restaurants, hotels, bed and breakfasts, pubs, boat hire and luxury holiday hire boats are in the towns and villages along the Lowland Canals. The spectacular Falkirk Wheel (see 710) joins the Union Canal to the Forth and Clyde Canal (see 750). The wheel alone makes visiting the Union Canal a 'not to be missed' experience. See also 610 Edinburgh Canal Centre and 1110 Linlithgow Canal Centre.

1691 UNION SUSPENSION BRIDGE **5 Q16**

Across River Tweed, 2 miles (3km) south of Paxton on unclassified road.

This suspension bridge, the first of its type in Britain, was built by Samuel Brown in 1820, and links England and Scotland.

1692 UNST — 1 G2

NTS. Shetland. At the northern tip of Shetland. Ferry from Aberdeen to Lerwick, then two further ferries. Open all year. Free. Car parking. Telephone (01463) 232034. www.nts.org.uk

Four-thousand-acre (1619ha) estate at the northernmost tip of Britain, interesting for its geology, botany and bird life. The west coast areas are especially beautiful. The land is mostly farmed and there is an excellent Shetland Pony stud.

1693 UNST BOAT HAVEN — 1 H1

Haroldswick, Unst, Shetland. At the north end of Unst. Ferry from Mainland Shetland. Open May–Sep, daily 1400–1700. Charge £. Explanatory displays. Gift shop. Adjacent tearoom. Wheelchair access. Disabled WC. Car and coach parking. Telephone (01957) 711528.

The main museum floor area represents a Shetland beach scene, with various traditional boats drawn up and 'afloat'. Around the walls are sections relating to particular aspects of Shetland's maritime heritage – herring fishing, line fishing and boat building, and written information, old photographs and models. One end of the building is covered by a mural of a Shetland beach scene in the 1880s, and the other by a large wall mirror. Also a fine collection of Unst seashells, a bottle message from America and a selection of poems.

1694 UNST HERITAGE CENTRE — 1 H1

Haroldswick, Unst, Shetland. At the north end of Unst. Ferry from Mainland Shetland. Open May–Sep, daily 1400–1700. Charge £. Children free. Explanatory displays. Sales area. WC. Wheelchair access. Disabled WC. Car and coach parking. Telephone (01957) 711528.

Local history and family trees of Unst.

1695 UNSTAN CHAMBERED CAIRN — 1 B10

HS. About 3.5 miles (5.5km) north north-east of Stromness, Orkney. Bus from Kirkwall or Stromness. Access at all times. Free. Telephone (01856) 841815. www.historic-scotland.gov.uk

A mound covering a Neolithic stone burial chamber, divided by slabs into five compartments.

1696 UP HELLY AA EXHIBITION — 1 G5

St Sunniva Street, Lerwick, Shetland. In Lerwick. Open May–Sep, Sat and Tue 1400–1600, Fri 1900–2100. Charge £. Children under 6 free. Group concessions. Explanatory displays. WC. Wheelchair access. Car and coach parking.

An exhibition of artefacts, photographs, costumes and a replica galley from the annual fire festival of *Up Helly Aa*. Audio-visual show.

1697 URQUHART CASTLE — 3 J8

HS. Drumnadrochit, Inverness. An the A82 beside Loch Ness, 2 miles (3km) south east of Drumnadrochit. Nearest railway station Inverness, bus service from Inverness. Open Apr–Sep, daily 0930–1830; Oct–Mar, daily 0930– 1630. Charge £££. Group concessions. Guided tours. Explanatory displays. Café. Shop selling local products. WC. Disability buggies available. Wheelchair access. Disabled WC. Car and coach parking. Telephone (01456) 450551. www.historic-scotland.gov.uk

The ruins of one of the largest castles in Scotland, which fell into decay after 1689 and was blown up in 1692 to prevent it being occupied by Jacobites. Most of the existing remains date from the 16th century and include a tower. The visitor centre tells the story of the castle.

1698 VALLEYFIELD WOOD — 6 L15

On the north side of A985, High Valleyfield, near Culross, Fife. Open all year. Free. Wheelchair access.

Beautiful woodland walks, originally the gardens of a mansion house, landscaped by Sir Humphrey Repton.

1699 VANE FARM RSPB NATURE RESERVE **6 M14**

RSPB. Kinross, Tayside. 1 mile (2km) along the B9097 east of junction 5 off M90. Nearest railway station Lochgelly, bus service from Edinburgh to Kinross (5 miles/8km). No bus to reserve. Reserve open at all times. Visitor centre open all year, daily 1000–1700 (except Christmas and New Year). Charge £. RSPB/Wildlife Explorer members free on production of membership card, group leaders free. Group concessions. Guided tours by arrangement. Explanatory displays. Gift shop. Tearoom and picnic area. Two nature trails, observation room. WC. Wheelchair access to visitor centre. Disabled parking. Disabled WC. Car and coach parking. Telephone (01577) 862355. www.rspb.org.uk/scotland

Vane Farm Visitor Centre overlooks Loch Leven, a national nature reserve, where thousands of geese and ducks spend the winter. Two trails take visitors to hides overlooking the wetlands and loch and through woodlands to Vane Hill. There is no disabled access to the trails, but there are telescopes in the tearoom enabling visitors to see the whole reserve.

1700 VENNEL GALLERY **6 H17**

10 Glasgow Vennel, Irvine, Ayrshire. In Irvine town centre off High Street. Nearest railway and bus stations Irvine. Open all year (except public holidays), Mon–Tue and Thu–Sat 1000–1300 and 1400–1700. Free. Guided tours. Explanatory displays. Gift shop. WC. Wheelchair access. Telephone (01294) 275059. www.northayrshiremuseums.org.uk

Gallery with a programme of changing exhibitions of contemporary art and crafts. The gallery includes the Heckling Shop, where Robert Burns worked, and the Lodging House where he lived in 1781.

1701 VERTICAL DESCENTS **2 G11**

Inchree Falls, Inchree Holiday Centre, Onich. 8 miles (13km) south of Fort William off A82, 1 mile (1.5km) from Onich. Bus services from Fort William, Oban and Glasgow. Open May–Sep. Activities are run daily. Charge dependent on activity. Group concessions. Car and coach parking. Telephone (01855) 821593. www.activities-scotland.com

Exhilarating, active and adventurous activities including canyoning, fun yakking, climbing and mountain biking.

1702 VICTORIA FALLS **2 G7**

Off A832, 12 miles (19km) north west of Kinlochewe, near Slattadale. Access at all times. Free. Car parking.

Waterfall named after Queen Victoria who visited Loch Maree and the surrounding area in 1877.

1703 VIEWPARK GARDENS **6 K16**

New Edinburgh Road, Viewpark, Uddingston. Off M74 at Bellshill exit. Open Apr–Sep, Mon–Thu 1000–1600, Fri 1000–1500, Sat–Sun 1000–1700; Oct–Easter, Mon–Thu 1000–1600, Fri 1000–1200. Free. Guided tours by prior arrangement. WC. Wheelchair access. Car and coach parking. Telephone (01698) 818269.

With its ornamental gardens and colourful displays, the gardens comprise glasshouse displays, plant collections, horticultural demonstrations, and various themed gardens including Highland, Japanese and Demonstration.

1704 VIKINGAR **6 H16**

Greenock Road, Largs, Ayrshire. 25 miles (40km) from Glasgow on A78. Nearest railway station Largs, bus from Glasgow. Open all year, Apr–Sep, daily 1030–1730; Oct and Mar, daily 1030–1530; Nov–Feb, Sat–Sun 1030–1530. Charge dependent on activity. Group concessions. Guided tours (language sheets available). Explanatory displays. Gift shop. Café and vending machine.

Swimming pool. Soft play area. WC. Braille sheet. Written tour for hearing impaired. Wheelchair access. Disabled WC. Car and coach parking. Telephone (01475) 689777. www.vikingar.co.uk

The history of the Vikings in Scotland, including the Battle of Largs in 1263. Also swimming pool, sauna and health suite, and a 500-seat cinema. There is a Winter Garden café, children's play area and an activity room.

1705 VILLAGE GLASS 6 L14

14 Henderson Street, Bridge of Allan, Stirlingshire. 4 miles (6.5km) north of Stirling on A9. Nearest railway station Stirling, bus from Stirling. Open all year, Mon–Fri 0900–1700, Sat 1000–1700. Free. Guided tours and demonstrations. Gift shop. WC. Wheelchair access. Car parking. Telephone (01786) 832137. www.villageglass.co.uk

Unique glass studio. Watch the craftsman and witness beautiful glassware being created.

1706 VOGRIE COUNTRY PARK 6 N16

Gorebridge, MIdlothian. 2 miles (3km) east of Gorebridge on B6372. Open all year daily, from dawn to dusk. Free. Small charge for parking. Guided tours by arrangement. Explanatory displays. Tearoom during summer. Picnic areas and two barbecue sites (book in advance). WC. Sensory garden. Limited wheelchair access. Disabled WC. Car and coach parking. Telephone (01875) 821990. www.midlothiancouncil.gov.uk

There are over 5 miles (8km) of woodland and riverside walks giving visitors year round interest and variety. Nature trails, interpretation and guided walks. Historic house open to visitors. Garden centre, model railway, golf course and an adventure play area. Events field for hire.

1707 WADE'S BRIDGE 5 L12

On B846, north of Aberfeldy. Access at all times. Free. Car parking.

Bridge across the River Tay, considered to be the finest of all Wade's bridges. The Black Watch Memorial is a large cairn surmounted by a kilted soldier, erected close to the bridge in Queen Victoria's Jubilee Year. Easy access across lawn to river bank.

1708 MAGGIE WALLS MONUMENT 5 L13

1 mile (1.5km) west of Dunning, Perthshire, on B8062. Access at all times. Free. Wheelchair access with assistance. Car and coach parking. Telephone (01764) 684448.

The monument marks the spot where Maggie Wall was allegedly burned as a witch in 1657.

1709 WALTZING WATERS 3 K10

Balvail Brae, Newtonmore, Inverness-shire. On the main street in the village of Newtonmore. Bus service from Inverness or Perth, bus stop at entrance. Open Feb–early Jan, daily. 45 minute show on hour, every hour, 1000–1600. End Mar–end Oct, additional shows at 1700 and 2030. Charge ££. Group concessions. Gift shop. Coffee shop. Play park. WC. Wheelchair access (except coffee shop). Disabled WC. Car and coach parking. Telephone (01540) 673752.

Indoor water, light and music spectacular in theatrical setting.

1710 WANLOCKHEAD BEAM ENGINE 5 L18

HS. In Wanlockhead, Dumfries and Galloway, on the A797. Nearest railway station Sanquhar, buses from Sanquhar, Ayr or Dumfries. Access at all times. Free. Telephone 0131 668 8800. www.historic-scotland.gov.uk

An early 19th-century wooden water-balance pump for draining a lead mine. Nearby is the Museum of Lead Mining (see 1273).

1711 WATER MILL AND TEAROOM 3 L11

Ford Road, Blair Atholl, Pitlochry. 5 miles (8km) north of Pitlochry off A9.

Railway station and bus stop 200 yards (182m). Open Apr–Oct, Mon–Sat 1030–1730, Sun 1100–1730. Charge £. Group concessions. Guided tours by arrangement. Explanatory displays. Gift shop. Tearoom. Garden. WC. Wheelchair access (easy access to garden, short flight of stairs to tearoom, difficult access to mill). Disabled WC. Car and coach parking. Telephone (01796) 481321.

Dating from 1613, this working museum produces oatmeal and flour which is on sale in the tearoom. The stoneground oatmeal flour is an ingredient in a variety of baking on sale at the mill and locally. Also available is honey from local beehives.

1712 WATER SAMPLING PAVILION, STRATHPEFFER — 3 J7

Strathpeffer, west of Dingwall.

An opportunity for visitors to sample the sulphur waters, which made Strathpeffer Spa renowned as a destination for Victorians.

1713 WATERLINES — 3 N4

Lybster Harbour, Lybster, Caithness. 13 miles (21km) south of Wick on main A99. Bus service to Lybster stops within 0.5 mile (1km). Open May–Sep, daily 1100–1700. Charge £. Group concessions by arrangement. Guided tours. Explanatory displays. Coffee shop and picnic area. Terrace. WC. Wheelchair access. Disabled WC. Car and coach parking. Telephone (01593) 721520.

Displays on the natural heritage of the east Caithness coast and the history of Lybster harbour, once the third most important herring port in Scotland. Live CCTV on bird cliffs. Wooden boatbuilding display. Shower and laundry facilities for yachts.

1714 WATLING LODGE — 6 L15

HS. In Falkirk, signposted from the A9. Nearest railway and bus stations Falkirk. Access at all times. Free. Telephone 0131 668 8800. www.historic-scotland.gov.uk

The best section of the ditch of the Antonine Wall (see 59).

1715 WEAVERS COTTAGE — 6 J16

NTS. Shuttle Street, Kilbarchan, Paisley. Off A737, 5 miles (8km) west of Paisley. Nearest railway station Johnstone (2 miles/3.5km), bus from Paisley, Glasgow or Johnstone. Open Apr–Sep, daily 1330–1730; weekends in Oct, 1330–1730. Charge £. Group concessions. Explanatory displays and subtitled video. Explanatory text (available in Spanish). Cottage garden. WC. Subtitled video. Car parking. Telephone (01505) 705588. www.nts.org.uk

This typical cottage of an 18th-century handloom weaver contains looms, weaving equipment and domestic utensils. Attractive cottage garden. Weaving demonstrations (check for times).

1716 WEEM WOOD — 5 L12

FE. 1.5 miles (2.5km) west of Aberfeldy, on the B846. Nearest railway station Pitlochry, bus service to Aberfeldy. Access at all reasonable times. Free. Guided tours (occasional – see what's on guide). Picnic area. Wheelchair access to picnic area only. Car parking. www.forestry.gov.uk

A circular path takes walkers across ancient woodland-covered crags to St David's Well, a natural spring named after a 15th-century local laird who lived as a hermit in one of the caves on the hillside. Look out for sculptures around the walk.

1717 WELL OF SEVEN HEADS — 2 H10

Off A82 on the west shore of Loch Oich. Access at all times. Free. Car parking.

A curious monument inscribed in English, Gaelic, French and Latin and surmounted by seven men's heads. It recalls the grim story of the execution of seven brothers for the murder of the two sons of a 17th-century chief of Keppoch.

1718 WEST AFFRIC — 2 H8

NTS. Highland. 22 miles (35.5km) east of Kyle of Lochalsh, off A87. Open all year. Free. Guided walks by rangers. Telephone (01599) 511231. www.nts.org.uk

Stretching over 9,000 acres (3642ha), this is magnificent and challenging walking country. It includes one of the most popular east–west Highland paths, once the old drove road taking cattle across Scotland from the Isle of Skye to market at Dingwall.

1719 WEST HIGHLAND DAIRY 2 F8

Achmore, Stromeferry, Kyle. 0.3 mile (0.5km) down lane towards Fernaig and Portnacullin from Achmore village. Parking available for small coaches only. Open Mar–Dec, daily 1000– 1800. Free. Dairy shop. Picnic area. Wheelchair access with assistance. Car and coach parking. Telephone (01599) 577203. www.westhighlanddairy.co.uk

Small commercial dairy producing cheeses, some award-winning, ice cream, yogurt and dairy desserts. Once a month, courses are offered covering all aspects of dairying.

1720 WEST HIGHLAND HEAVY HORSES 2 E9

Trekking at Armadale Farm, tours at Armadale Castle Gardens, Sleat, Isle of Skye. 0.5 mile (1km) north of Armadale ferry terminal, 21 miles (34km) south west after the Skye Bridge at Kyle of Lochalsh, on A851. Car and passenger ferry from Mallaig to Armadale. Bus from Kyle of Lochalsh. Trekking offered all year. Tours at Armadale Castle Gardens summer, daily, and occasional days spring and autumn. Telephone or visit website for details. Charge dependent on tour taken (from ££–£££). Group concessions. Guided tours. All facilities available at Armadale Castle Gardens. Wheelchair access with assistance (every effort taken to accommodate all visitors). Car and coach parking. Telephone 01471 844759; mobile 07769 588565. www.westhighlandheavyhorses.com

Based at Armadale Castle Gardens (see 93) and Armadale Farm. Trekking and tours using heavy horses (Clydesdales and Shires). Visitors can take a tour on board a dray, to Armadale Castle or along the shoreline, or ride along the beach or up onto higher ground. Also teaching and training short breaks and holidays.

1721 WEST HIGHLAND WOOLLEN COMPANY 2 H5

5 Shore Street, Ullapool, Wester Ross. On harbour front in Ullapool. Open all year, Mon–Sat 0900–1800, Sun 1100–1600; Jul and Aug late night opening Mon–Sat untill 2200. Free. Car and coach parking. Telephone (01854) 612399. www.ewm.co.uk

This superb store situated on the beautiful harbour front has a large selection of Scottish knitwear, clothing, accessories and gifts.

1722 WEST PORT 5 P13

HS. In South Street, St Andrews, Fife. Nearest railway station Leuchars, 4 miles (6.5km), connecting bus to St Andrews. Buses from Dundee and Edinburgh. Ten minute walk from bus station. Free. www.historic-scotland.gov.uk

One of the few surviving city gates in Scotland, built in 1589 and renovated in 1843.

1723 WESTQUARTER DOVECOT 6 L15

HS. Near Lauriston, West Lothian, 2 miles (3km) east of Falkirk. Bus from Falkirk. Access at all times. Free. Telephone 0131 668 8800. www.historic-scotland.gov.uk

A handsome rectangular dovecot with a heraldic panel dated 1647 over the entrance doorway.

1724 WESTRAY HERITAGE CENTRE 1 B9

Pierowall, Westray, Orkney. 7 miles (11km) from ferry terminal, minibus to Pierowall village during summer. Open May–Sep, Tue–Sat 1400–1700 (Jul–Aug also open 1000–1200), Sun–Mon 1130–1700. Charge £. Children under 5, youth and school groups free. Group concessions. Explanatory displays. Gift shop. Tearoom and picnic area. WC. Wheelchair access. Disabled WC. Car and coach parking.

A display on the natural heritage of Westray. Many children's hands-on activities. Large collection of black and white photos. Information on local cemetaries. Local memories of wartimes, schooldays, Noup Head lighthouse, kirks and sea transport.

1725 WESTSIDE CHURCH **1 B9**

HS. At Bay of Tuquoy on the south coast of the island of Westray, Orkney. Ferry from Kirkwall to Westray. Access at all times. Free. Telephone (01856) 841815. www.historic-scotland.gov.uk

A roofless 12th-century Romanesque church.

1726 WHALEBONE ARCH **2 D3**

Bragar, on the western side of the Isle of Lewis.

This arch is made from the huge jawbone of a blue whale that came ashore in 1920.

1727 WHALIGOE STEPS **3 N3**

At Ulbster, Caithness.

Three hundred flagstone steps descend the steep cliffs to a small quay below, built in the 18th century. Care should be taken in wet or windy conditions – not suitable for the young or infirm.

1728 WHITEASH AND ORDIEQUISH CYCLE TRAILS **3 N7**

FE. Entrance 1 mile (1.5km) east of Fochabers village. Open all year except when timber harvesting – contact District Office. Free. Leaflet available. Picnic area at Winding Walks. Car parking. Telephone (01343) 820223. www.forestry.gov.uk

Three medium grade mountain bike trails through mixed forest, suitable for either a family outing or a more adventurous cycle ride. Spectacular views of Moray. Also adventurous downhill trails off-track. See also 1735 Winding Walks Forest Walks.

1729 WHITHORN PRIORY AND MUSEUM **4 J21**

HS. 6 Bruce Street, Whithorn, Newton Stewart. In Whithorn. Nearest railway station Dumfries, bus from Newton Stewart and Stranraer. Open Easter–Oct, 1030–1700. Free. For details of charges see 1730 Whithorn Trust Discovery Centre. Priory museum free to Historic Scotland Members. Guided tours. Explanatory displays. Gift shop. WC. Wheelchair access with assistance. Telephone (01988) 500508. www.historic-scotland.gov.uk

The cradle of Christianity in Scotland, founded in the 5th century. The priory for Premonstratensian canons was built in the 12th century and became the cathedral church of Galloway. In the museum is a collection of early Christian stone, including the Latinus stone, the earliest Christian memorial in Scotland, and the Monreith Cross, the finest of the Whithorn school of crosses.

1730 WHITHORN TRUST DISCOVERY CENTRE **4 J21**

45-47 George Street, Whithorn. Off A75. Open Apr–Oct, daily 1030–1700. Charge £. Joint ticket with Whithorn Priory and Museum (see 1729). Group concessions. Guided tours. Explanatory displays and audio-visual show. Gift shop. Tearoom and picnic area. WC. Limited wheelchair access. Disabled WC. Car and coach parking. Telephone (01988) 500508.

The site of an abandoned town. One thousand years ago the Anglo-Saxons called it *Hwiterne*; earlier it was called *Candida Casa*, the Shining House. Fifteen hundred years ago St Ninian, Scotland's first saint, built a church here.

1731 WIDEFORD HILL CHAMBERED CAIRN **1 B10**

HS. On Wideford Hill, 2 miles (3km) west of Kirkwall, Orkney. Access at all times. Free. Telephone (01856) 841815. www.historic-scotland.gov.uk

A fine Neolithic chambered cairn with three concentric walls and a burial chamber with three large cells.

1732 WIGTOWN MARTYRS' MONUMENT **4 J20**

In Wigtown. Access at all reasonable times. Free. Car parking.

Monument to the 17th-century Covenanters. Their gravestones are in the churchyard and a stone shaft on the shore markes the spot where two women were drowned at the stake in 1685.

1733 WILTON LODGE PARK AND WALLED GARDEN **5 P18**

Wilton Park Road, Hawick. 0.5 mile (1km) from the town centre. Open all year, daily 0730–1600. Free. Tearoom open Apr–Oct (variable). WC. Wheelchair access. Car and coach parking. Telephone (01450) 378023.

Comprises 107 acres (43ha) of garden with extensive shrubberies and a large selection of mature trees.

1734 WILTONBURN COUNTRY CASHMERES **5 P18**

Wiltonburn Farm, Hawick. 1.5 miles (2.5km) from Hawick, 2 miles (3km) from A7. Open all year (except Christmas Day and New Year's Day) from 1000. Please telephone to confirm. Free. Wheelchair access with assistance. Car parking. Telephone (01450) 372414. www.wiltonburnfarm.co.uk

Situated on a working hill farm, the showroom contains designer cashmere knitwear, costume jewellery, paintings, furniture and country gifts. Also art courses.

1735 WINDING WALKS FOREST WALKS **3 N7**

FE. Entrance 1 mile (1.5km) east of Fochabers village. Nearest bus at Fochabers. Open at all times. Free. Leaflet available. Picnic area. Guided walks and events. Wheelchair access with assistance. Car parking. Telephone (01343) 820223. www.forestry.gov.uk

A maze of paths wind through the magnificent trees of a dramatic steep-sided gully. Four walks from 1.5 miles (3km) to 3 miles (6km) with magnificent views over the Moray countryside. Ranger service.

1736 WINTON HOUSE **6 N15**

Pencaitland, East Lothian. 14 miles (22.5km) east of Edinburgh off A1 at Tranent. Lodge gates south of New Winton (B6355) or Pencaitland (A6093). Open May, Aug and Sep, first weekend 1230–1630; other times by prior arrangement. Charge ££. Group concessions. Guided tours. Explanatory displays. Tearoom and picnic area. WC. Limited wheelchair access. Disabled WC. Car and coach parking. Telephone (01875) 340222. www.wintonhouse.co.uk

A 15th-century tower house restored palatially with famous stone twisted chimneys and magnificent plaster ceilings. Still a family home after 500 years, it houses many treasures which include paintings by many of Scotland's notable artists, fine furniture and an exhibition of family costumes and photoraphs. The grounds contain specimen trees, woodland walks, terraced gardens and loch.

1737 WINTON POTTERY **6 N15**

Winton Estate, Pencaitland, East Lothian. 14 miles (22.5km) south east of Edinburgh on B6355. Open by arrangement all year, and during Apr, Jun and Dec. Free. Guided tours. Gift shop. Limited wheelchair access. Car and coach parking. Telephone (01875) 340188.

The pottery is situated in the grounds of a stately home (see 1736 Winton House) in a former stable block. Specialising in thrown and hand-built stoneware for domestic use, as well as plant holders and sundials. Demonsrations are availble by arrangement.

1738 WITCH'S STONE **3 L6**

In the Littletown area of Dornoch, Sutherland.

An upright slab bearing the date 1722, marking the place where the last witch in Scotland was burned.

1739 WOLFSTONE **3 L5**

Sutherland. Situated in a lay-by, 6 miles (9.5km) south of Helmsdale at Loth.

The stone markes the spot where, in 1700, the last wolf in Scotland was killed.

1740 WOODFALL GARDENS 4 J21

Woodfall Cottage, Glasserton, Whithorn, Newton Stewart, Dumfries and Galloway. 2 miles (3km) south west of Whithorn, by Glasserton Church at junction of A746 and A747. Open mid May–mid Sep, Thu and Sun 1000–1730. Charge £. Children free. Season ticket available. Group concessions if booked in advance. Guided tours available by prior arrangement. Free handout. Plant sales, including fruit and vegetables grown on the premises. Nearest disabled WC in Whithorn. Wheelchair access. Car parking. Telephone (01988) 500692. www.woodfall-gardens.co.uk

The 3 acres (1ha) of walled gardens were built in the 18th century to supply Glasserton House and esate with flowers, fruit and vegetables. After World War II, the house was demolished and the gardens fell into disuse. Recently, efforts to revitalise the gardens started. Visitors can enjoy the parterre, the production vegetable and herb gardens and many colourful mixed borders.

1741 WOODSIDE NURSERY 5 P17

Near Harestanes, Ancrum, Jedburgh. 4 miles (6.5km) north of Jedburgh. Turn right off A68 onto B6400 and continue for 0.5 mile (1km). Open Mar–Oct, daily 0930–1730; Nov–Feb, Wed–Fri 1000–1530. Closed Chrimas and New Year. Free. Explanatory displays. Plant sales. Picnic area. Occasional sculpture displays. Organic demonstrations and trials. Wheelchair access. Car parking. Telephone (01835) 830315. www.bradleygardens.co.uk

The sales area is situated in a sheltered Victorian walled garden. The rest of the site is under development and includes herbaceous borders, shrubbery, herb and bog garden.

1742 WOOL STONE 5 P15

In Stenton, B6370, 5 miles (7.5km) south west of Dunbar. Access at all reasonable times. Free. Car parking.

The medieval Wool Stone, used formerly for the weighing of wool at Stenton Fair. See also the 14th-century Rood Well, topped by a cardinal's hat, and the old doocot.

1743 WORKING SHEEP DOGS 3 L9

Leault Farm, Kincraig, Kingussie, Inverness-shire. 6 miles (10km) south of Aviemore on B9152. Nearest railway station Kingussie. Demonstations May–Nov daily except Sat, May and Oct times by arrangement; Jun and Sep, 1200 and 1600; Jul–Aug, 1000, 1200, 1400 and 1600. Charge ££. Group concessions. Explanatory displays and demonstrations. Gift shop. Wheelchair access. Car and coach parking. Telephone (01540) 651310.

Displays of up to eight Border Collies and their skilful handlers. Traditional hand-shearing displays – visitors can participate. Also ducks, puppies and orphan lambs.

1744 WWT CAERLAVEROCK WETLANDS CENTRE 5 M20

East Park Farm, Caerlaverock, Dumfries. 9 miles (14.5km) south east of Dumfries. Open daily (except Christmas Day), 1000–1700. Charge ££. Carers of disabled visitors free. Group concessions. Guided tours. Explanatory displays. Gift shop. Tearoom and picnic area. Waymarked trails. WC. No dogs apart from guide dogs. Limited wheelchair access. Car and coach parking. Telephone (01387) 770200. www.wwt.org.uk and www.snh.org.uk

A 1,350 acre (546ha) nature reserve of mudflats and merse used by thousands of duck, geese and waders. Home to the rare natterjack toad and many beautiful flowers. Hides and observation towers.

1745 YARROW 5 N17

A708, west from Selkirk. Car parking.

A lovely valley praised by many writers including Scott, Wordsworth and Hogg. Little Yarrow Kirk dates from 1640, Scott's great-great-grandfather was minister there. Deuchar Bridge dates from the 17th century. On the surrounding hill are the remains of ancient Border keeps.

INDEX

Visitor attractions are indexed under the following subjects:

Abbey, cathedral or church
Art gallery or museum
Art or craft centre
Castle
Castle or historic house (view from the outside only)
Country park
Distillery, brewery or winery
Fishing
Forest trail
Garden or plant nursery
Golf course or centre
Guided tour
Historic house
Monument, notable building or antiquity
Nature reserve
Outdoor activity centre
Pleasure boat trip
Pony trekking or horse riding
Sailing
Scenic or architectural feature
Skiing
Theatre, art or leisure centre
Visitor centre or speciality attraction
Wildlife or farm park

1054 Kinnaird Head Lighthouse
1060 Kirbuster Farm Museum
1064 Kirkcaldy Museum and Art Gallery
1083 Laidhay Croft Museum
1084 Laing Museum
1085 William Lamb Memorial Studio
1090 Largs Museum
1092 Last House Museum
1106 Liddesdale Heritage Centre
1112 The Linlithgow Story
1116 Little Gallery
1117 Little Treasures Dolls House and Toy Museum
1118 David Livingstone Centre
1138 Loch Ness 2000
1163 Lossiemouth Fisheries and Community Museum
1164 Lost Gallery
1167 Low Parks Museum
1177 McLean Museum and Art Gallery
1182 Maggie's Hoosie
1187 Mallaig Heritage Centre
1195 Mary-Ann's Cottage
1196 Maryck Memories of Childhood
1203 The Meffan
1213 Methil Heritage Centre
1220 Hugh Miller's Cottage
1226 Moat Park Heritage Centre
1227 Moffat Museum
1236 Montrose Air Station Museum
1238 Montrose Museum and Art Gallery
1246 Moray Motor Museum
1248 Morven Gallery
1254 Motherwell Heritage Centre
1255 Motoring Heritage Centre
1262 John Muir Birthplace
1270 Museum of Abernethy
1271 Museum of Flight
1272 Museum of Lead Mining
1273 Museum of Scottish Country Life
1274 Museum of Scottish Lighthouses
1275 Museum of the Cumbraes
1280 Muthill Village Museum
1281 Myreton Motor Museum
1283 Nairn Museum
1297 Newton Stewart Museum
1301 North Ayrshire Museum
1303 North Glen Gallery and Workshop
1307 Northlands Viking Centre
1316 Oiseval Gallery
1317 Old Bridge House Museum
1318 Old Byre Heritage Centre
1319 Old Gala House
1320 Old Haa Visitor Centre
1329 Orbost Gallery
1335 Orkney Museum
1344 Pairc Museum
1346 Paisley Museum and Art Galleries
1352 James Paterson Museum, Moniaive
1357 Perth, Black Watch Regimental Museum
1363 Perth, Fergusson Gallery
1364 Perth Museum and Art Gallery
1377 Peterhead Maritime Heritage
1392 Pittencrieff House Museum
1407 Prestongrange Industrial Heritage Museum
1418 Queensferry Museum
1443 Riverside Granary
1458 Rozelle House Galleries
1471 St Andrews Museum
1474 St Andrew's Preservation Trust Museum and Garden
1484 St Fergus Art Gallery
1512 Sandaig Museum
1515 Sanquhar Tolbooth Museum
1516 Savings Banks Museum
1519 Scalloway Museum
1523 Scotland's Secret Bunker
1527 Sir Walter Scott's Courtroom
1532 Scottish Fisheries Museum
1535 Scottish Maritime Museum
1536 Scottish Mining Museum
1543 Scottish Tartans Museum
1544 Scottish Vintage Bus Museum
1553 Shambellie House Museum of Costume
1554 Shawbost School Museum
1555 Shetland Croft House Museum
1556 Shetland Museum
1557 Shetland Textile Working Museum
1562 Shotts Heritage Centre
1568 Skye Museum of Island Life
1575 Smith Art Gallery and Museum
1578 Sophie's Dolls House Museum and Miniature World
1593 Stenton Gallery
1594 The Stewartry Museum
1597 Stirling Old Town Jail
1605 Stranraer Museum
1609 Strathnaver Museum
1612 John McDouall Stuart Museum
1616 Summerlee Heritage Park
1622 Taigh Chearsabhagh Museum and Arts Centre
1627 Tangwick Haa Museum
1644 Thurso Heritage Museum
1650 Tolbooth Art Centre
1651 Tolbooth Museum
1656 Tomintoul Museum
1668 Toy Museum
1677 Trotternish Art Gallery
1682 Tweeddale Museum and Gallery
1688 Uig Pottery
1693 Unst Boat Haven
1694 Unst Heritage Centre
1696 Up Helly Aa Exhibition
1700 Vennel Gallery
1711 Water Mill and Tearoom
1724 Westray Heritage Centre

Art or craft centre

52 An Tobar Arts Centre, Gallery and Café
53 An Tuireann Arts Centre
57 Anta Scotland
86 Argyll Pottery
94 Johnnie Armstrong Gallery
114 Aultbea Woodcraft and Hardwood Café
115 Aurora Crafts
123 Balbirnie Craft Centre
132 Balnacra Pottery
133 Balnakeil Craft Village
146 The Barn Gallery
211 Border Fine Arts Gallery
212 Borgh Pottery
268 Butterworth Gallery
317 Carron Pottery, Craft Shop and Art Gallery
344 Ceramic Experience, Crieff
369 Clog and Shoe Workshop
387 Coll Pottery
406 Craft Daft
407 Craft Daft on a Raft
422 Crail Pottery
449 Crusader Hobby Ceramics
474 Dalton Pottery Art Café
477 Dandelion Designs and Images Gallery
478 Barbara Davidson Pottery
491 Designs Gallery and Café
523 Drymen Pottery
600 Edinbane Pottery
601 Edinburgh, The Adam Pottery
613 Edinburgh, Ceramic Experience
703 Embroidery Workshop
725 Fenton Barns Arts and Crafts Gallery
745 Fordyce Joiner's Workshop Visitor Centre
821 Glass Creations
844 Glenelg Candles Arts and Crafts Centre
864 Gramarye Studio
868 Green Hall Gallery
880 Halistra Pottery
887 Harbour View Gallery
891 Harris Tweed Weaving and Knitting
892 Hartmount Woodturning and Cabinet Making Studio
899 Heathergems
902 Hebridean Jewellery
920 Highland Stoneware
924 Griselda Hill Pottery
938 House of Menzies
948 Iceberg Glassblowing Studio
979 Inverness, Riverside Gallery
985 Iron Fairy at Keltneyburn Smithy
1048 Kin Kraft Centre for Scottish Crafts
1057 Kinsman Blake Ceramics
1088 Lantern Gallery of Fine Art
1108 Lindean Mill Glass
1139 Loch Ness Clayworks
1147 Loch Tay Pottery

Distillery, brewery or winery

Fishing

Forest trail

Garden or plant nursery

445 Croy Hill
447 Cruck Cottage
493 Devil's Beef Tub
499 Divach Falls
501 Dollar Glen
522 Dryhope Tower
528 Dulsie Bridge
540 Dunaverty Rock
545 Duncansby Head
547 Duncryne Hill
554 Dundee, The Howf
556 Dundee Law
560 Dundee, St Andrew's Church and the Glasite Hall
562 Dundee, Tay Rail Bridge
570 Dunfermline Public Park
571 Dunglass Castle and Henry Bell Obelisk
573 Dunkeld
574 Dunkeld Bridge
576 Dunnet Head
591 Eas Coul Aulin Falls
597 Eathie Burn
621 Edinburgh, Forth Rail Bridge
634 Edinburgh, Holyrood Park
684 Edinburgh, White Horse Close
697 Electric Brae
702 Embo Beach, Anchor
704 Ettrick Bay
707 Fair Isle
710 The Falkirk Wheel
712 Falls of Acharn
715 Falls of Dochart
716 Falls of Foyers
717 Falls of Glomach
718 Falls of Rogie
719 Falls of Shin
729 Fettercairn Arch
748 Fort Charlotte
750 Forth and Clyde Canal
751 Forth Bridges Exhibition
752 Fortingall Yew
773 Garvamore Bridge
777 Gilnockie Tower
778 The Glaidstane
792 Glasgow, George Square
798 Glasgow, Hutchesons' Hall
801 Glasgow, Martyrs' School
803 Glasgow, Necropolis
811 Glasgow School of Art
820 Glasgow, Willow Tea Rooms
824 Glen Affric National Nature Reserve
838 Glencoe
848 Glenfinnan Viaduct
860 Goatfell
874 Grey Mare's Tail
877 Hackness, Martello Tower
905 The Hermitage
969 Inverness, Caledonian Canal
983 Iona
1046 Kilt Rock
1058 Kintail and Morvich
1062 Kirk Yetholm
1063 Kirkaig Falls
1078 Kyles of Bute
1079 Ladykirk
1122 Loch Eriboll
1131 Loch Lomond
1135 Loch Morar
1137 Loch Ness
1146 Loch Sloy Hydro Electric Station
1151 Lochindorb
1166 Loudoun Hill
1201 Meadow Well
1219 Millbuies Lochs
1243 Morag's Fairy Glen
1287 Neptune's Staircase
1321 Old Man of Hoy
1322 Old Man of Stoer
1332 Ord of Caithness
1333 Ord Summit
1340 Our Lady of the Isles
1349 Parallel Roads
1395 Plodda Falls
1406 Preston Mill and Phantassie Doocot
1410 Puck's Glen Forest Walks
1416 Queen's View, Loch Lomond
1420 Quirang
1424 Randolph's Leap
1431 Reekie Linn Falls
1432 Reelig Glen
1434 Rennie's Bridge
1435 Rest and Be Thankful
1438 Rhue Beach
1439 Rhymer's Stone Viewpoint
1447 Rockcliffe
1449 Rossal Interpretive Trail
1460 Rumbling Bridge
1461 Ruthven Barracks
1482 St Columba's Cave
1485 St Fillan's Cave
1490 St Margaret's Cave
1498 St Mary's Loch
1500 St Monans Windmill
1514 Sandwood Bay
1528 Scott's View
1559 Shieldaig Island
1574 Smailholm Tower
1576 Smoo Caves
1587 Split Stone, Melvich
1590 Staffa
1596 Stirling Old Bridge
1602 Storr
1611 Struie Viewpoint
1642 Three Follies at Auckengill
1645 Tighnabruaich Viewpoint
1659 Tormiston Mill
1663 Torridon
1666 Touchstone Maze
1667 Toward Castle
1670 Traprain Law
1681 Tweed Bridge
1690 Union Canal
1691 Union Suspension Bridge
1698 Valleyfield Wood
1702 Victoria Falls
1707 Wade's Bridge
1717 Well of Seven Heads
1718 West Affric
1726 Whalebone Arch
1727 Whaligoe Steps
1745 Yarrow

Skiing

642 Edinburgh, Midlothian Ski Centre
840 Glencoe Ski Centre
945 Huntly Nordic and Outdoor Centre

Theatre, art or leisure centre

60 Aquatec
106 Aubigny Sports Centre
108 Auchenhakvie Leisure Centre
158 Beacon Leisure Centre
269 The Byre Theatre of St Andrews
314 Carnegie Leisure Centre
426 Crawford Arts Centre
531 Dumfries Ice Bowl
541 Dunbar Leisure Pool
548 Dundee, Caird Hall
614 Edinburgh, City Art Centre
635 Edinburgh, Hub Festival Centre
862 Gracefield Arts Centre
885 Harbour Arts Centre
957 International Purves Puppets
968 Inverness Aquadome and Sports Centre
981 Inverness, Scottish Showtime
1103 Levenmouth Swimming Pool and Sports Centre
1120 Loch Centre
1168 Lyth Arts Centre
1183 Magnum Leisure Centre
1202 Meadowmill Sports Centre
1214 Mid-Argyll Swimming Pool
1245 Moray Leisure Centre
1253 Motherwell Concert Hall and Theatre
1268 Mull Theatre
1278 Musselburgh Sports Centre
1282 Nairn Leisure Park and Swimming Pool
1302 North Berwick Sports Centre
1312 Oban Highland Theatre
1361 Perth, Dewars Centre
1374 Perth Theatre
1380 Pickaquoy Centre
1382 Pier Arts Centre
1388 Pitlochry Festival Theatre
1402 Beatrix Potter Exhibition
1529 Scottish Antique and Arts Centre
1607 Strathearn Recreation Centre
1623 Taigh Dhonnchaidh Arts and Music Centre
1649 The Tolbooth

Visitor centre or speciality attraction

1 100 Aker Wood Visitor Centre
2 The Abbey Mill
21 Aberdeen, Satrosphere
30 Achiltibuie Smokehouse
35 Adventureland and Beachcomber Amusements
41 Alford Valley Railway
50 Amazonia Rainforest Experience
55 Annan Historic Resources Centre
58 Antartex Village
65 Archaeolink Prehistory Park
78 Ardnamurchan Point Visitor Centre
91 Arisaig – the Land, Sea and Islands Centre
97 Aros Experience
98 Arran Aromatics Visitor Centre
101 Assynt Visitor Centre
102 Athelstaneford, Flag Heritage Centre
104 Atholl Estates Information Centre
118 Ayr Racecourse
130 Balmichael Visitor Centre
139 Banchory Woollen Mill
141 Bannockburn Heritage Centre
148 Barnluasgan Visitor Centre
152 Barry Mill
156 Baxters Highland Village
157 Bayanne House
164 Belwade Farm
171 Ben Nevis Woollen Mill
174 Bennachie Centre
181 The Big Idea
184 Birkhill Fireclay Mine
207 Bonawe Iron Furnace
208 Bo'ness and Kinneil Railway
213 Borreraig Park
220 Braemar Highland Heritage Centre
224 Breadalbane Folklore Centre
233 Bright Water Visitor Centre
241 Brora Heritage Centre
263 Burns National Heritage Park
267 Butterchurn and Scottish Food and Craft Centre
276 Cairngorm Gliding Club
277 CairnGorm Mountain Railway
278 Cairngorm Reindeer Centre
279 Cairngorm Sleddog Adventure Centre
283 Caithness and Sutherland Natural History Display
284 Caithness Glass Visitor Centre, Wick
288 Caledonian Railway, Brechin
290 Callanish, Stones, Sky and Sacred Landscape
297 Campbeltown Heritage Centre
303 Carberry Candle Cottage
321 Cashmere Visitor Centre
330 Castle Keep
358 Clan Gunn Heritage Centre and Museum
360 Clansman Centre
363 Clatteringshaws Visitor Centre
382 Coats Observatory
386 Colfin Smokehouse
393 Confectionary Factory Visitor Centre
428 Cream o' Galloway
434 Crieff Visitor Centre
446 Cruachan Power Station
456 Culloden
458 Culross Palace
468 Daldon Border Collies
482 Dee Valley Confectioners
483 Deep Sea World
503 Dolphins and Seals of the Moray Firth
507 Doune Broch Centre
509 Dounreay Visitor Centre
552 Dundee, Discovery Point
553 Dundee, HM Frigate Unicorn
555 Dundee, Jungle Kids
559 Dundee, Mills Observatory
561 Dundee, Sensation
604 Edinburgh, Brass Rubbing Centre
605 Edinburgh, Britannia
607 Edinburgh Butterfly and Insect World
609 Edinburgh, Camera Obscura
610 Edinburgh Canal Centre
619 The Edinburgh Dungeon
623 Edinburgh, Fun Park
624 Edinburgh, Geoffrey (Tailor's) Tartan Weaving Mill and Exhibition
653 Edinburgh, Our Dynamic Earth
656 Edinburgh, Parliament House
658 Edinburgh, James Pringle Weavers Leith Mills
666 Edinburgh, The Royal Yacht Britannia
671 Edinburgh, Scotch Whisky Heritage Centre
675 Edinburgh, Scottish Parliament Visitor Centre
676 Edinburgh, Shaping a Nation
683 Edinburgh, Water of Leith Conservation Trust
685 The Edinburgh Woollen Mill, Jedburgh
727 Ferrycroft Countryside Centre
731 Fife Airport
734 Findhorn Foundation
735 Findhorn Heritage Centre and Ice House
736 Finlaggan Trust
740 Flag Heritage Centre
757 Fraserburgh Heritage Centre
758 The Fun House
761 Gaelic Whiskies – Whisky Exhibition
762 Gairloch Harbour
764 Gairloch Marine Life Centre and Sail Gairloch
765 Galloway Country Style
767 Galloway Hydros Visitor Centre
769 Galloway Smokehouse
774 Gearrannan Blackhouse Village
783 Glasgow, the Barras
788 Glasgow, Clydebuilt
790 Glasgow, Fossil Grove
799 Glasgow, The Lighthouse
807 Glasgow, Queen's Cross Church
812 Glasgow, Science Centre
814 Glasgow, Scottish Football Museum
817 Glasgow, The National Piping Centre
818 Glasgow, Victoria Park
822 The Glasshouse at Edinburgh Crystal
830 Glen Nevis Visitor Centre (Ionad Nibheis)
842 Gleneagles Crystal
853 Glenlivet Estate
856 Glenmore Visitor Centre
857 Glentrool Visitor Centre
867 Grassic Gibbon Centre
871 Gretna Green, World Famous Old Blacksmith's Shop Centre
872 Gretna Hall Blacksmith's Shop
882 Hamilton Park Racecourse
889 Harestanes Countryside Visitor Centre
894 Hawick Cashmere Company Visitor Centre
903 Hebridean Whale and Dolphin Trust
909 Highland Adventure Safaris
936 Hoswick Visitor Centre
943 Hunter House
954 Innerpeffray Library
962 Inveraray Woollen Mill
971 Inverness, Chisholms Highland Dress
974 Inverness, Floral Hall and Coffee Shop
9789 Inverness, James Pringle Weavers
980 Inverness, Scottish Kiltmaker Visitor Centre
987 Islay Woollen Mill
990 Isle of Bute Discovery Centre
991 Isle of Islay Natural History Trust
997 Isle of Ulva Boathouse Visitor Centre
998 Isle of Ulva, Sheila's Cottage
1006 John O' Groats
1008 John O' Groats Knitwear
1011 Kagyu Samye Ling Tibetan Buddhist Monastery
1013 Kartstart, Dyce
1014 Kartstart, Kirkcaldy
1017 Keith and Dufftown Railway
1021 Kelso Racecourse
1024 Kid'z Play
1031 Killiecrankie
1033 Kilmahog Woollen Mill
1068 Kirriemuir Gateway to the Glens Museum

1069 Kirroughtree Visitor Centre
1074 Knockhill Racing Circuit
1087 Landmark Forest Theme Park
1094 Leadhills and Wanlockhead Railway
1095 Leadhills Miner's Library and Reading Room
1100 Letham Glen
1104 Lewis Loom Centre
1109 J. F. Lindsay Targemaker
1110 Linlithgow Canal Centre
1115 Lismore Historical Society
1140 Loch Ness, Original Visitor Centre
1149 Lochcarron Cashmere Wool Centre
1158 Logan Fish Pond Marine Life Centre
1161 Lomond Shores
1174 Macduff Marine Aquarium
1176 Mackinnon Mills
1184 Maid of the Loch
1188 Mallaig Marine World
1192 Marrbury Smokehouse
1200 McCaig's Warehouse
1217 Mill on the Fleet
1218 Mill Trail Visitor Centre
1221 The Millers
1225 Miniature Railway
1228 Moffat Woollen Mill
1237 Montrose Basin Wildlife Centre
1239 Montrose Seafront Splash Adventure Play Area
1242 Moonstone Miniatures
1257 Mount Stuart
1265 Mull of Galloway Visitor Centre and Lighthouse
1267 Mull Rail
1277 Musselburgh Racecourse
1288 Ness Heritage Centre
1291 Network Carradale Heritage Centre
1292 Neverland Adventure Play Centre
1293 New Abbey Corn Mill
1294 New Lanark World Heritage Site
1299 Noah's Ark
1306 Northern Natural History
1326 Old Royal Station, Ballater
1330 Orcadian Stone Company
1339 Ottershop
1343 Owen's Warehouse
1359 Perth, Caithness Glass Visitor Centre
1365 Perth, Noah's Ark Activity Centre
1367 Perth Racecourse
1373 Perth, Soutar House
1375 Perth, The Edinburgh Woollen Mill
1376 Perthshire Visitor Centre
1381 Pictavia
1387 Pitlochry Children's Amusement Park
1389 Pitlochry Knitwear
1393 Pittencrieff Park
1394 Play Zone
1419 Quendale Water Mill
1429 Red Kite Viewing
1444 Rob Roy and Trossachs Visitor Centre
1452 Rothiemurchus Estate
1456 Royal Burgh of Stirling Visitor Centre
1465 St Andrews Aquarium
1479 St Columba Centre
1489 St Magnus Centre
1507 St Ronans Wells Interpretive Centre
1511 Samye Ling Tibetan Buddhist Monastery
1513 Sandhaven Meal Mill
1517 Sawmill Woodlands Centre
1520 Scapa Flow Visitor Centre
1521 Scotkart Indoor Kart Racing Centre, Cambuslang
1522 Scotkart Indoor Kart Racing Centre, Clydebank
1530 Scottish Crannog Centre
1533 Scottish Hydro-Electric Visitor Centre
1538 Scottish Off-Road Driving Centre
1541 Scottish Seabird Centre
1542 Scottish Sealife Sanctuary
1545 Scottish Wool Centre
1547 Sea Eagle Viewing
1549 Seallam! Exhibition and Genealogy Centre
1571 Skyeskyns
1572 Sma' Shot Cottages
1573 Robert Smail's Printing Works
1576 Smithy Heritage Centre
1579 Souter Johnnie's Cottage
1581 Spean Bridge Woollen Mill
1582 Spey Valley Smokehouse
1583 Speyside Cooperage Visitor Centre
1584 Speyside Heather Centre
1598 Stocks Stones and Stories, Exhibition of Crieff Stocks and Crosses
1601 Storehouse of Foulis
1603 Storybook Glen
1610 Strathspey Steam Railway
1624 Tain Through Time
1626 Tam O' Shanter Experience
1629 Tarbat Discovery Centre
1643 The Three Hills Roman Heritage Centre
1646 Time Capsule
1647 Timespan Heritage Centre and Art Gallery
1672 Treasures of the Earth
1674 Trossachs Discovery Centre
1676 Trossachs Woollen Mill
1689 Ullapool Museum and Visitor Centre
1704 Vikingar
1709 Waltzing Waters
1710 Wanlockhead Beam Engine
1712 Water Sampling Pavilion, Strathpeffer
1713 Waterlines
1719 West Highland Dairy
1720 West Highland Heavy Horses
1721 West Highland Woollen Company
1730 Whithorn Trust Discovery Centre
1743 Working Sheep Dogs

Wildlife or farm park

11 Aberdeen, Doonies Farm
89 Argyll Wildlife Park
111 Auchingarrich Wildlife and Highland Cattle Centre
191 Black Isle Wildlife and Country Park
201 Blair Drummond Safari and Adventure Park
410 Craig Highland Farm
549 Dundee, Camperdown Wildlife Centre
594 East Links Family Park
628 Edinburgh, Gorgie City Farm
687 Edinburgh Zoo
766 Galloway Deer Range
770 Galloway Wildlife Conservation Park
849 Glengoulandie Deer Park
898 Heads of Ayr Park
910 Highland and Rare Breeds Croft
911 Highland and Rare Breeds Farm
921 Highland Wildlife Park
1004 Jedforest Deer and Farm Park
1169 Mabie Farm Park
1223 Milton Haugh Farm Shop
1233 Monreith Animal World and Museum
1244 Moray Firth Wildlife Centre
1252 Mossburn Animal Centre
1313 Oban Rare Breeds Farm Park
1314 Oban Zoological World
1531 Scottish Deer Centre
1540 Scottish Raptor Centre
1558 Shetland Wildlife Tours
1569 Skye Sepentarium